第9版

憲法訴訟法

鄭 宗 燮

博 英 社

CONSTITUTIONAL LITIGATION

Ninth Edition

BY

CHONG, JONG-SUP

Ph.D. in Law
PROFESSOR OF LAW
SCHOOL OF LAW
SEOUL NATIONAL UNIVERSITY

2019

Parkyoung Publishing & Company
Seoul, Korea

許營 先生님, 金亮均 前裁判官님께

自 序
-제 9 판-

「憲法訴訟法」 제 9 판을 출간한다. 2014년 2월 제 8 판을 출간한 후 5년 남짓 세월이 흘렀다. 憲法裁判所는 지난 해에 30주년을 맞이하였고, 그 동안 우리 憲政史에 기록될 만한 중요한 사건에 관한 결정들을 적지 않게 선고하였다. 그리고 憲法訴訟과 관련된 법령도 변경된 것이 많다.

이번 본서의 개정 작업에서는 이처럼 변경된 사정들을 반영하여 많은 부분을 변경하고 추가하였다. 먼저 憲法裁判所의 實務를 반영하여 목차를 체계적으로 다시 설계하고, 학생이나 실무가들이 필요한 내용을 쉽게 찾아서 볼 수 있도록 사항색인도 정비였다. 다음으로, 제 8 판 개정 이후 더 이상 큰 의미를 갖지 못하는 오래된 판례, 변경된 판례는 삭제하고, 최근에 선고된 주요 판례들로 대체하였다. 물론 최초의 판례는 기재하여 동일한 취지의 판례가 어느 때부터 시작되었는지를 알 수 있도록 하였다.

그리고 우리나라에서는 위헌정당해산심판도 있었고, 특히 대통령에 대한 탄핵심판이 두 번이나 있었다. 그 동안 우리는 스스로 산업화와 민주화에 성공하였다고 自畵自讚하였지만, 한국에서 입헌주의와 민주주의는 여전히 불안정하다. 노무현대통령에 대한 탄핵심판은 기각되었고, 박근혜대통령에 대한 탄핵심판은 인용되었다. 그리고 후자의 경우에는 이를 계기로 하여 정권이 교체되었다. 이러한 정권의 교체는 헌법국가에서는 흔하지 않은 비정상적인 현상이다. 후자의 경우에는 단순히 탄핵재판에서 인용된 사실이 있다는 것에 그치는 것이 아니라 한국 정치의 많은 문제점들이 노정된 것이기도 하므로 이에 대한 심도 깊은 연구와 분석이 필요하다. 아무튼 이러한 정당해산심판과 탄핵심판을 거치면서 제도적으로 미비한 부분도 발견되었고, 법리적으로 다시 검토를 필요로 하는 점들도 드러났다. 이 책에서는 政黨解散審判, 彈劾審判 부분에 관하여는 憲法裁判所가 심판결정에서 설시한 법리를 충실히 소개하는 정도에서 그쳤다. 마지막으로 憲法裁判所法 등 주요 법령의 개정 내용 및 그에 따른 실무의 변화를 알기 쉽게 설명하였다.

돌이켜 보면, 최근 5년은 헌법재판에 있어 매우 중요한 시기였다. 憲法裁判所는 처음으로 政黨解散審判 사건을 심리하여 정당을 해산하는 결정을 선고하였다. 그리고 사상 초유의 彈劾審判 인용결정으로 현직 大統領이 罷免되기도 하였다. 憲法裁判

所가 정치적 분쟁의 중심으로 들어가 이를 전면에서 해결하는 기관으로 역할을 한 것이다. 그러나 이러한 정치적 분쟁을 憲法裁判所의 심판이라는 정치적 사법작용을 통해 해결하는 것이 과연 바람직한 것인지, 憲法裁判所의 결정이 법리적으로나 현실적으로 충분한 검토를 거친 후 나온 것인지, 헌법재판소의 심리과정이 합당했는지 하는 물음에 대해서는 학문적, 역사적 평가의 문제가 남아있다. 위 결정들에 대해서는 학계에서 이미 다양한 시각에서 문제점을 지적하고 있으며, 이 책에서도 간략히 언급하였다. 憲法裁判所는 이러한 비판을 겸허히 수용하여 성숙한 재판을 위한 토양으로 삼아야 할 것이다.

　　大法院과 憲法裁判所의 관계에서도 그간 많은 문제점이 발견되었다. 한국의 법원조직이 가지고 있는 官僚的 病弊에 대해서는 나는 오래 전부터 『헌법학원론』을 통하여 지적하여 왔다. 그간에 양 기관 간에는 위헌법률심판을 놓고 갈등을 빚는 것뿐만 아니라 재판에 대한 헌법소원의 도입에 대한 극단적인 반대와 방해, 그리고 급기야 헌법재판소를 대법원의 하나의 部로 전락시키려는 기도나 헌법재판소의 권위를 추락시키기 위하여 직급이 낮은 판사를 헌법재판소 재판관으로 지명하려는 기도, 헌법재판소에 파견한 판사를 통하여 재판기밀을 사전에 빼내려는 시도 등은 정상적인 국가에서는 찾아보기 어려운 행태이다. 이제는 법원이 오랫동안 누적된 폐단을 일소하고 헌법이 정하고 있는 재판기관으로서의 본연의 모습을 찾는 노력이 필요하다. 헌법개정의 사항이지만, 대법원장이 憲法裁判所 재판관의 인선, 즉 헌법기관의 구성에 관여하는 것은 바람직하지 못하다. 대법원장이 재판관 3인을 지명하도록 하고 있는 현행 헌법에 대해서는 이미 이론적으로 많은 비판이 제기되어 왔다. 개헌을 하게 되는 때에는 반드시 이를 폐지하고 바른 방안을 마련하여야 한다.

　　그 동안 憲法裁判所는 우리 사회의 각종 문제들에 대하여 중요한 결정을 많이 선고하였다. 따라서 이 책을 처음 출간할 때와는 달리 그간의 방대해진 판례를 헌법소송의 이론으로 분석·정리하여 책에 반영하는 작업은 쉬운 일이 아니었다. 이번 개정 작업에 있어서는 憲法裁判所의 李珍哲 憲法研究官이 정성을 다하여 도와주었다. 독자와 함께 감사한 마음을 전한다.

　　이 책이 헌법소송에 관한 독자들의 이해를 돕고, 나아가 한국 헌법재판의 발전과 憲法國家 실현에 기여할 수 있기를 기원한다.

己亥年(2019년) 立春

鄭 宗 燮

-제 8 판-

「憲法訴訟法」 제 8 판을 출간한다. 한국의 헌법재판은 그 동안 눈부신 발전을 하였다. 그 결과 한국의 헌법재판은 세계적으로 최고의 수준에 다다랐고, 한국이 주도가 되어 2012년 「아시아헌법재판소연합」의 결성을 성공시켰는가 하면, 올해는 「세계헌법재판회의」 제 3 차 총회가 서울에서 개최된다. 그 동안 한국의 헌법재판소는 헌법재판을 통하여 헌법의 실현에서 눈부신 성과를 내었을 뿐 아니라 헌법소송법에서도 판례를 통하여 정밀한 법리를 구축하여 왔다. 이제 한국의 헌법재판은 독일, 미합중국과 어깨를 나란히 할 수준에 이르렀다. 이러한 발전에는 한국 헌법학의 큰 기여도 있다. 헌법재판이 발전하는 과정에서는 헌법학계의 이론 개발과 헌법재판소의 판례에 대한 성찰적 비판이 큰 역할을 하였다. 뿐만 아니라, 헌법재판의 과정에 헌법학자들이 헌법재판실무연구회, 헌법연구위원, 헌법연구원 등으로 전문가로서 재판 실무에 적극적으로 참여하는 방식은 재판기관과 공동체간의 의사소통에 있어서 세계적으로 발전된 한국적 모델이기도 하다.

이번에 새로 개정판을 출간하면서 그 동안 판례상 변화된 내용과 새로 나온 판례상의 법리를 충분히 반영하고, 헌법소송에 관한 이론도 보완하였다. 그 동안 헌법재판소는 재판부의 변경에 따라 기존의 판례를 전면적으로 수정하는 태도를 보인적이 적지 않은데, 이러한 변화가 정당성을 가지려면 기존의 판례의 법리가 잘못되었음을 충실히 논증하는 것이 타당하다. 그렇지 않고 재판부의 구성이 바뀌었다고 하여 종래의 판례가 폐기되고 전면적으로 법리의 변화를 가져오면 국민의 입장에서는 국민이 재판부를 선택할 수 있는 권리를 가지는 것이 타당하다는 결론에 도달할 수 있다. 헌법재판소의 결정에서 재판관이 개별의견을 표시할 수 있으나, 그 의견이 이론이나 학설상으로 받아들이기 어려운 재판관 개인의 주관적 의견에 지나지 않는 것이라면 이는 개별의견제도의 취지와 어긋나며, 평의가 충분히 이루어지지 않았다는 것을 나타내는 것에 지나지 않고 결국 헌법재판소의 재판의 설득력과 정당성에 의문을 야기시키게 된다. 이제는 재판관의 개별의견표시가 헌법재판의 성숙된 수준에 합당하게 보다 신중하게 행사될 필요가 있다. 권위주의가 지배하던 과거에는 반대의견의 표시가 '위대한 소수자'로 평가할 수 있는 여지도 있었지만, 오늘날과 같이 세계적으로 모든 지식이 공유되는 상황에서는 이론적인 합리성에 비추어 납득하기 어려운 주장은 '무지한 소수자'로 될 가능성이 더 크다. 보다 성숙된 헌법재판의 미래를 위해서 그간의 판례에 나타난 개별의견에 대한 분석을 하는 작업이 필요한 이유도 여기에 있다.

날로 발전하는 헌법소송의 이론을 추적하면서 충분히 책에 반영하는 일은 쉽지 않다. 그러나 그 동안 서술에서 간명했던 부분은 다시 손질을 하여 이해하기 쉽게 하였고, 판례도 다시 손질을 하였다. 이번 개정 작업에는 헌법재판소에 재직하고 있는 李珍哲 憲法研究官이 정성을 다하여 도와 주었다. 독자와 함께 감사하게 고마움을 전한다. 이 책이 한국 헌법재판의 발전에 기여할 수 있기를 기원한다.

2014年 新春

제 5 판 自 序

-제 5 판-

「憲法訴訟法」 제 5 판을 출간한다. 2006년 9월 제 4 판을 출간한 후 1년 반이 지났다. 그 동안에 헌법소송과 관련된 법령도 변경된 것이 많고, 헌법재판의 판례도 많이 생산되었다. 이러한 내용은 모두 제 5 판에 반영하였다. 헌법재판의 절차와 관련해서는 憲法裁判所法의 내용이 충분하지 않았는데, 2007년 12월 「헌법재판소 심판규칙」이 제정되어 그마나 절차상의 문제들을 명확히 할 수 있게 되었다. 이러한 내용도 모두 반영하였다. 그런데 심판규칙의 내용 가운데는 법률에서 정해야 하는 사항도 있는바, 憲法裁判所法의 개정이 있기까지는 심판규칙으로 운용하되, 헌법소송에 관한 절차법의 내용을 충분히 담을 수 있도록 헌법재판소법을 개정하는 경우에는 심판규칙에서 법률적 수준으로 옮겨야 하는 내용과 헌법재판소법의 수준에서 두어야 하는 헌법소송절차에 관한 규정을 종합하여 헌법소송절차에 관한 규정을 완비할 필요가 있다.

2007년 6월에는 형사소송법의 개정이 행해져서 모든 고소사건에 있어서 검사의 불기소처분에 대하여는 裁定申請을 할 수 있게 되어 고소인이 불기소처분에 대하여 재정신청을 하는 경우에는 불기소처분에 대한 헌법소원문제는 종전과 달리 원처분에 대한 헌법소원이나 재판에 대한 헌법소원문제로 귀착되게 되었다. 불기소처분에 대하여 바로 헌법재판을 하는 것은 헌법재판의 기능에 비추어 합당하지 않으므로, 이는 재판에 헌법소원을 인정하여 재정신청에 대한 결정을 헌법소원심판의 대상으로 삼는 것이 타당하다. 우리 헌법소원심판제도에서는 재판에 대한 헌법소원을 인정하지 않아 여러 부문에서 위헌성통제 메커니즘에 공백이 발생하고 있는데, 입헌주의와 국민의 기본권을 실질적으로 실현하기 위해서는 헌법재판소법을 개정하여 재판에 대한 헌법소원심판의 길을 여는 것이 타당하다.

헌법재판소는 근래 판례변경을 자주 하고 있는데, 이러한 판례변경이 객관적인 타당성을 가지는 경우에는 판례변경제도의 취지에 부합하는 것이지만, 재판부구성의 변경으로 인하여 재판관의 가치관에 따라 변경되는 것이면 헌법재판의 설득력을 저하시킬 우려도 있다.

헌법재판소에서 위헌으로 결정된 법률에 근거하여 행해진 행정처분이 어떠한 효력을 가지는가 하는 문제에서는 취소사유설과 무효설이 있는데, 이 문제에 대하여 자세히 서술하였다.

우리 헌법재판소가 아시아지역에서 처음으로 헌법재판의 돛을 올려 항해를 하기 시작한 이후에 민주화와 입헌주의의 정착에 많은 공헌을 하였다. 이는 세계적으로도 인정되고 있어 그 이후 민주화로 나아가는 나라에서는 한국의 헌법재판이 항상 참고가 되었다. 이제는 아시아지역에서도 타이완, 인도네시아, 몽골, 타일랜드, 카자흐스탄, 우즈베키스탄 등이 헌법재판소를 창설하여 헌법재판을 활성화시키고 있는바, 서로간의 경험과 판례들이 憲法裁判의 實質化에 기여하는 단계로 나아가고 있다. 일본국과 중국에서도 헌법재판소에 의한 헌법재판에 대하여 논의가 활발하다.

입헌주의와 헌법국가는 미합중국이나 유럽의 서양 선진국에서 近代國家를 만들면서 이를 고안하고 발전시켜 갔기에 후발국은 이를 모범으로 하여 제도를 수입하여 가는 양상을 보였지만, 각 나라마다 역사, 전통, 삶의 양식, 공동체의 특성에서 차이가 있기에 이제는 자기에게 알맞은 입헌주의를 만들어 갈 필요가 있다. 여기서도 헌법의 보편성과 구체성이라는 문제가 제기된다. 헌법재판은 이를 실현하는 것이기에 만연히 서구의 나라를 그대로 추종할 수 없고, 보다 우리에게 맞는 헌법질서를 찾아 내는 것이 필요하다고 본다. 이런 점에서는 서구 여러 나라의 헌법경험도 고려하여야 하지만, 아시아지역의 헌법경험도 서로 나눌 필요가 있다고 본다.

헌법재판에서도 미합중국이나 독일, 프랑스 등 서구 나라의 헌법판례만을 주시할 것이 아니라 일본국, 타이완, 중국 등 아시아지역의 여러 나라에서 생산되고 있는 헌법판례를 연구하고 고려할 필요가 있다. 어느 나라나 그 공동체의 특성으로 인하여 헌법재판에서 자기들대로 고민과 숙고가 있기에 이런 점을 참고하여 한국이라는 공동체를 보다 면밀하게 들여다보는 것이 필요하다고 할 것이다.

이번 제 5 판의 개정작업에는 서울지방법원 林孝亮 判事와 서울대학교 대학원에서 헌법학을 공부하면서 사법연수원의 입소를 앞둔 金大赫 君이 수고를 맡아 주었다. 헌법재판소 헌법연구관으로 봉직한 후 서울대학교 법과대학 교수로 부임한 全鍾杙 교수님의 조언도 많은 도움이 되었다. 감사를 드린다.

2008年 新春

-제 2 판-

「憲法訴訟法」 제 2 판을 출간한다. 2002년에 초판을 간행한 지 2년 만에 내놓는 셈이다. 그간에 나는 이 「憲法訴訟法」이 대학에서 한 학기에 강의하기에 분량이 많을 것 같아 「憲法訴訟法」을 바탕으로 하여 강의용 교재로 「헌법재판강의」도 저술하였다. 그리고 헌법소송과 관련한 헌법재판소의 축적된 판례들을 선정하고 편집하여 「判例憲法訴訟法」도 출간하였다. 이러한 연구와 저술을 하면서, 나는 우리 헌법재판이 날로 번창하고 헌법재판제도도 더욱 개선되어 발전하기를 기원하였다.

우리나라의 헌법재판제도는 우리나라에 입헌주의와 민주주의를 정착시킴에 있어 실로 중대한 것일 뿐 아니라, 우리나라는 아시아지역에서 헌법재판의 종주국이라는 중요한 역할을 수행하고 있기 때문에 이의 발전을 위한 이론적 연구와 교육은 헌법학자에게 더 없이 중요한 의미를 가지는 것이다. 그래서 나는 이러한 과제를 실천적 이론과 이론적 실천이라는 나의 헌법학연구의 기본적인 자세에서 접근해왔으며, 능력의 부족에도 불구하고 지속적으로 국내외의 여러 자료들을 추적하며 연구하여 왔다.

「憲法訴訟法」 제 2 판을 출간하면서 한 가지 보람을 찾는다면, 초판에서 현행 제도의 문제점을 지적하고 때로 입법론으로 私見을 제안하기도 한 내용들이 斯界의 권위자들이 수용하여 주어 2003년의 憲法裁判所法의 개정에 많이 반영되었다. 부족한 지식과 능력이지만 이렇게 나라의 발전에 조그만 기여라도 한 부분이 있음을 발견했을 때 그간의 노력이 헛되지 않았구나 하는 學人으로서의 기쁨도 느끼며, 나라의 제도를 발전시키기 위하여 밤낮으로 생각하고 애써 온 여러 분들의 노고가 더욱 감사하게 느껴진다. 이러한 헌법재판의 발전과 제도의 개선에 쏟은 가장 큰 功은 마땅히 헌법재판의 실제를 담당하고 있는 헌법재판소 재판관들과 헌법연구관들에게 돌아가야 할 것이고, 그에 반해 이런 재판의 실제에 필요한 지식과 이론을 적시에 충실하게 제공하지 못해온 나의 능력과 지식이 미미하여 송구스럽기만 하다.

　　이제 우리나라 헌법재판은 세계적으로도 훌륭한 평가를 받고 있다. 20세기 후반기에 인류는 전지구적으로 전개된 「전지구적 민주화」라는 민주주의의 제 3 의 파도를 겪으면서, 국가의 민주화에는 무엇보다 입헌주의의 실현이 중요하고, 이를 실천하는 데는 헌법재판이 필수적이라는 인식을 가지게 되었다. 그리하여 이 당시 민주화로 이행한 대부분의 나라들이 헌법재판제도를 헌법제도로 채택하였다. 20세기를 「헌법재판의 시대」(era of constitutional review)라고 부르게 만든 현상이기도 하다. 헌법재판을 제도화하는 단계에서는 거의 예외 없이 우리나라가 채택한 「오스트리아−독일」형의 「헌법재판소제도」를 채택하였고, 동유럽의 구 공산권 국가들의 헌법제정에 있어 미합중국의 많은 법률가들이 관여하였음에도 미합중국의 사법심사제도보다는 이러한 헌법재판소제도를 채택하였다. 사법심사제도는 미합중국에서 연방최고법원의 판례에 의해 처음 출현한 것이지만, 이 제도는 헌법재판이라는 시스템의 면에서 볼 때 헌법재판제도라는 전체 내용상의 부족함이나 위헌결정의 효력 그리고 재판주체의 정당성 등의 문제에서 많은 약점이 있는 예외적인 형태라서 새로 민주화로 이행하는 이러한 나라들이 벤치마킹(benchmarking)하기에는 적합하지 않았다. 그리하여 이들 나라들은 「오스트리아−독일」형의 헌법재판소제도를 채택하였다. 한때 우리나라에서는 헌법재판의 관할을 놓고 헌법재판소가 관장하는 것이 옳으냐 대법원이 관장하는 것이 옳으냐 하는 논의가 있었고, 이러한 맥락에서 헌법재판의 형태별로 유럽형이냐 미국형이냐 하는 것으로 나누는 견해도 있었지만, 나는 이러한 인식이나 접근이 근본에서 오류라고 지적한 바가 있고, 헌법재판이라면 원리나 시스템에서 단연 「오스트리아−독일」형의 헌법재판소제도가 옳다고 하였다. 따라서 1987년헌법이 채택한 헌법재판소제도는 우리 국민의 올바른 선택이며, 모두 이를 발전시키는 데 주력하여야 한다고 주장하여 왔다. 오늘날 헌법재판제도에 관한 외국의 문헌들을 보면, 우리나라가 일찍부터 이러한 헌법재판소제도를 채택한 것이 옳았다는 것이 판명된다.

　　「憲法訴訟法」의 초판에는 체제와 설명에서 흡족하지 못한 부분이 많았다. 제 2 판에서는 이러한 점들을 대폭 개선하여 체제와 설명에서 보다 체계적으로 다듬었고, 새로운 내용도 추가하여 보완하였다. 소개한 판례에서는 그간에 나온 헌법재판소의 판례들을 추가하였고, 보다 적합한 판례를 찾아 기존에 소개한 판례를 교체하기도 했다. 초판의 미흡함에 대한 부채를 조금이나마 덜 수 있지 않을까 하고 스스로 위로해 보기도 한다. 이러한 부족함에도 불구하고 대한민국 학술원은 「憲法訴訟法」을 2003년도 우수학술도서로 지정하여 주어 이에 대한 감사하고 미안한 마음 그지없다. 계속 정진하라는 격려라고 보고 앞으로도 열심히 연구할 것을 다짐해 본다.

　　「憲法訴訟法」의 제 2 판에서 책이 어느 정도 다듬어졌다고 보여, 원래 이 책을 저술할 때 獻呈하고자 했던 바를 밝혀 이 小著를 나의 스승이신 許營 선생님과 헌법재판소 헌법연구관으로 봉직할 때 보좌해드렸던 金亮均 前재판관님께 헌정해 올리고자 한다. 허영 선생님께서는 이 땅에 독재와 권위주의통치가 기승을 부리던 시대에 일찍부터 헌법재판의 중요성을 강조하시고 「오스트리아−독일」형의 헌법재판소제도를 국내에 열성으로 소개하셨고, 1987년헌법의 개정과정에서는 東奔西走하시며 이 제도의 채택에 노력하셨다. 김양균 재판관님께서는 헌법재판소 초대 재판관으로 계시면서 헌법재판에 대한 강한 신념을 가지시고 이의 정착과 발전을 위하여 丹心으로 애를 쓰셨다. 나는 이 분들의 열정과 실천을 곁에서 보면서 이론과 실천에서 실로 많은 것을 배우고 헌법재판의 연구에 정진할 수 있는 강한 동기를 얻었다. 그간 내가 헌법재판에 대한 여러 책을 출간할 수 있었던 것은 두 분의 가르침과 실천과 격려로부터 배양된 힘에 의한 것임을 밝혀 놓고자 한다.「憲法訴訟法」의 저술로 조금이나마 그 은혜에 보답해드리고자 한다.

　　제 2 판의 개정작업에서도 헌법재판소의 金顯哲, 全鍾杙 두 분 헌법연구관님이 많은 도움을 주셨고, 사법연수원에서 연수중에 있는 林孝亮 군이 귀한 시간을 내어 원고의 교정을 많이 도와 주었다. 감사의 마음을 전한다. 또한 저자의 헌법연구에 항상 열성으로 지원해 주시는 博英社의 安鍾萬 회장님과 제 2 판의 지루한 작업에도 불구하고 원고를 다듬고 책의 체제 일신에 많은 정성을 쏟아주신 博英社의 宋逸根 주간님과 金善敏 과장님, 趙成皓 과장님께도 독자들과 함께 감사를 드린다.

2004年 立春日

-제 1 판-

　　우리나라 헌법재판제도의 역사는 제헌헌법인 1948年憲法에서부터 비롯된다. 1948년 건국을 한 후 50년이 넘은 2002년 현재에서 뒤돌아 보면 독재와 권위주의 통치 등으로 얼룩진 우리 현대사의 굴곡으로 인하여 헌법재판제도와 헌법재판의 실제에서도 많은 迂餘曲折이 있었던 것을 발견할 수 있다. 이런 역사의 渦中에서도 1960년에 있었던 4 · 19 민주항쟁과 1987년 6월에 있었던 민주화 대투쟁은 우리 현대사에 획기적인 헌법재판제도를 가져오게 했다. 한국의 민주화에 대한 열망이 넘쳐 흐르던 역사의 이 전환점에서 둘다 공히 憲法裁判所를 설치하는 성과를 가져왔다. 4 · 19 민주항쟁으로 우리 헌법사에서 최초로 등장한 憲法裁判所制度는 21세기인 지금에서 보아도 현대적이면서 진보적인 것이었는데, 이를 실천하기 위해 1961년 憲法裁判所法을 제정하자마자 1개월 뒤에 5 · 16 군사쿠데타가 발생하여 현대적인 헌법재판소제도는 출범도 하지 못하고 억압과 독재의 파도 속으로 사라졌다. 그 이후 고난과 비극의 역사가 번갈아 전개되었고 자연 헌법도 규범력을 제대로 발휘하지 못했다. 헌법이 장식물이나 명목적인 존재로만 전시되어 있는 상태에서 헌법재판이 제대로 이루어질리는 만무한 일이었다. 자연히 헌법재판도 역사의 어두운 桎梏 속에서 헤맬 수밖에 없었다. 그러나 자유와 권리를 위한 우리 국민의 끈질긴 투쟁과 민주화에 대한 식지 않은 열망은 결국 1987년에 대대적으로 분출되어 종래의 권위주의통치를 극복해 나가는 길을 열게 되었다.

　　지금의 헌법재판소는 이런 뜨거운 열기 아래 개정된 1987年憲法에 의해 다시 새롭게 부활하였다. 종래 헌법위원회나 대법원의 위헌법률심사가 실패한 암담한 역사를 반성하고 이를 획기적으로 극복하는 방안으로 헌법재판소를 만들었다. 4 · 19 민주항쟁의 열기로 구워낸 憲法裁判所의 출현 이래 우리 역사에서 두 번째로 등장한 헌법재판소였다. 이러한 헌법재판소의 등장은 여전히 아시아에서 최초로 등장한 것이었다. 헌법재판소가 처음 출범할 당시에는 아직 독재와 권위주의통치로 인한 패배감이 가시지 않아 헌법재판소의 활동에 대해 회의적인 시각이 없지 않았으나, 헌법재판소는 첫 심판에서부터 위헌결정을 하면서 이런 회의적이고 비관적인 시각을 보기 좋게 극복하여 나갔다.

　1989년 처음으로 헌법재판소가 활동을 개시한 이래 10여 년 동안 수많은 도전과 역경을 지혜와 용기로 헤치고 나온 지금에는 그의 머리에 月桂冠이 씌워져 있고, 국내외적으로 성공에 대한 讚辭가 따르고 있다. 그 동안 헌법재판소가 처리한 사건만 해도 勿驚 7,000여 건에 달하고, 그 결과로 나온 판례만 해도 산처럼 쌓여 있다. 그에 따라 헌법재판에 대한 논의와 연구도 활발히 진행되어 왔고, 보다 나은 헌법재판을 가지기 위한 제안도 속속 나오고 있다. 이제 헌법은 우리의 생활 속에 살아 숨쉬는 규범으로 되었는데, 역사의 동적인 관점에서 보면 이는 헌법재판이 쌓아올린 지대한 공이라고 할 수 있다.

　이러한 헌법재판의 발전과 그에 대한 활발한 논의가 전개되면서 미처 생각하지 못한 문제들도 발생하였고, 이론적인 논의도 다양하게 전개되었다. 따라서 지금쯤에는 그 동안의 공과에 대한 평가와 체계적인 정리가 필요하고, 여러 방향에서 전개된 논의들도 보다 이론적으로 가닥을 잡을 필요가 생겼다. 나는 헌법재판소가 출범하던 초기에 憲法研究官으로 봉직하면서 헌법과 헌법재판에 대하여 연구하여 왔지만, 그간 게으름과 淺學菲才함으로 인하여 이러한 변화를 제대로 따라잡지도 못했고, 헌법재판의 발전에 도움이 되는 길도 제대로 제시하지 못했다. 늘 풀리지 않는 많은 문제들과 씨름하며 무능과 죄책감 속에서 고민만 하여 왔을 뿐이고, 斯界의 諸賢들이 논의를 할 때면 뒤늦게 깨닫기가 일쑤였다. 헌법학 공부에 들어선 지 20여 星霜을 넘었어도 해결하지 못한 과제들이 여전히 숱하게 쌓여 있지만, 모자라는 두뇌에 늘 고뇌만 한다고 하여 어느 날 갑자기 豁然大悟할 것 같지도 않아 그간 공부하고 정리한 내용을 부족한 상태로나마 한 권의 책으로 묶어 내기로 하였다. 그것이 이제 여기 상재하는 「憲法訴訟法」이다. 「憲法訴訟法」이라는 책은 국내에서 처음으로 나오는 것이라 생소할지 모르겠으나 헌법재판을 하는 나라에서는 당연히 있어야 할 분야이다. 그래서 나는 일찍부터 법과대학에서도 헌법과 따로 헌법소송법의 과목이 개설되어야 한다는 의견을 제시하였고, 내가 봉직하던 대학에 헌법소송을 정규 교과목으로 개설하기도 하였다. 이런 헌법소송법은 예컨대 독일에서는 Verfassungsprozeßrecht라는 분야로 발전하여 왔고, 미합중국에서도 constitutional litigation이라는 분야로 전개되고 있다.

　아무튼 이번에 上梓하는 「憲法訴訟法」은 현행 헌법인 1987年憲法에 기초한 현재의 헌법소송에 관한 저술이기도 하지만, 1948년 우리나라에서 최초로 헌법이 제정된 이래 전개된 헌법재판의 파행으로 인하여 헌법소송에 관한 실제적이고 심도 있는 이론적인 논의가 이루어질 수 없었음을 감안하면 대한민국의 건국 이래 처음으로 내놓는 우리나라의 헌법소송에 대한 이론적이고 체계적인 저술작업이기도 하다. 그런 만큼 앞으로 보완하고 개척해야 할 부분도 많다. 斯界의 諸賢들은 부족한 저자에 대하여 가르침과 叱正을 아끼지 마시기 바란다.

　헌법학자에게 부과된 주된 과제는 헌법이 사회공동체에 제대로 실현되도록 노력하는 것이다. 憲法의 實現은 다양한 방법으로 실현할 수 있다. 이론적인 작업을 통하여 헌법을 실현하는 데 기여할 수도 있고, 실천적인 작업을 통하여 헌법실현에 기여할 수도 있다. 때로는 대학의 울타리를 넘어 직접 행동으로 실천할 수도 있다. 그런데 나는 이미 나의 일련의 헌법학 연구에서 밝혔듯이 이론적 실천과 실천적 이론을 기치로 내세우고 그 동안 작업을 진행시켜 왔는데, 헌법재판의 경우 헌법연구관으로 헌법재판소에 봉직한 것이 이론적 실천의 한 모습 이라면 그간의 연구 논문의 발표나 이 책의 출간과 같은 것은 실천적 이론의 작업이 가지는 한 모습이다. 이론적 실천이 보다 실천적인 것이 되려면 구호나 행동보다 그런 실천을 힘있 게 뒷받침하는 견고한 실천적 이론이 뒷받침되는 것이 긴요하다. 헌법소송에서의 그 동안의 이론적 논의들을 평가하고 정리하여 이론적인 체계를 정립하려고 하는 나의 시도는 이런 전 체적인 맥락 속에 놓여 있다.

　　이미 현행 헌법하에서 헌법재판이 시행되고 그 동안 훌륭한 업적을 쌓아놓았음에도 불구 하고 이제야 이「憲法訴訟法」을 上梓하는 것은 주로 나의 나태함과 지식의 부족에 기인하는 것이기도 하지만, 다소의 변명을 하자면 그 긴 기간 동안 많은 자료들——때로 혼란스럽기도 한 자료들——을 접하면서 진정한 헌법소송의 법리를 찾아 내려고 노력한 것에도 기인한다. 이러한 노력은 한편으로는 실체법인 헌법과 헌법소송의 관계에 대하여 올바른 시각을 확립하 는 것과 다른 한편 외국의 제도나 실제와 비교하여 우리나라 헌법소송의 법리를 올바로 정립 하는 것에 집중되었다. 그러한 노력의 성과 가운데 일부분이 이 책이다.

　　헌법소송은 헌법재판을 절차적인 면에서 보는 것이다. 그래서 헌법소송은 헌법재판에 관 한 절차법적인 논의라고 할 수 있다. 그러나 헌법재판이 가지는 특성에 비추어 볼 때, 헌법소 송은 통상의 소송과는 많은 점에서 차이가 있다. 이러한 차이를 이해하지 못하면 통상의 소 송에 관한 논의들을 헌법소송에 단순히 대입시키는 愚를 범할 수 있다. 헌법재판은 본질적으 로 실체법인 헌법을 실현하고 보호하는 국가작용이고, 헌법소송은 이런 헌법재판의 본질과 기능을 절차법적으로 철저하게 구체화시키는 것이다.

　　따라서 헌법소송에는 헌법과 동떨어진 그 자체 독자적인 논의가 있을 수 없다. 헌법소송 의 논의도 예외 없이 헌법에 의해 지배된다. 헌법의 법리는 그대로 헌법소송법의 법리를 지 배하고 창출한다. 따라서 憲法訴訟法은 憲法實體法에 종속되어 있다는 명제가 성립한다. 대한 민국에서 작동하고 있는 헌법소송은 '大韓民國憲法'에 충실히 복무하도록 되어 있다. 헌법소 송의 문제도 헌법의 여러 원리와 제도를 실현시키는 것이어야 한다. 헌법에는 크게는 민주주 의와 법치주의의 문제와 같이 근본적으로 공동체와 국가의 작동, 그러한 공동체 내에 살고 있는 구성원을 어떻게 보아야 하는가 하는 문제가 가로 놓여 있다. 민주주의는 無에서 有를 창조해 내고 새로운 질서를 형성하는 원리이고, 법치주의는 有를 전제로 하여 법규범을 적용 하고 有를 실현시키는 원리이다. 따라서 민주주의를 실현하는 기관과 법을 집행하는 기관의 역할이 달라야 함은 당연하고, 국회와 헌법재판소 간에는 각자의 역할과 권한행사에서 한계 가 있다. 마찬가지로 일반법원도 법집행자로서 자기에게 주어진 역할만 해야 할 뿐이며, 기본 적으로 국회가 만든 법률에 복종하여야 한다. 일반법원이 헌법재판소의 역할을 할 수 없고, 헌법재판소 역시 일반법원의 역할을 해서는 안 된다. 탄핵심판이나 권한쟁의심판이나 일부 헌법소원심판 등이 외형상으로 對審構造를 취하고 있다고 하여 민사소송, 형사소송, 행정소송 의 논의를 그대로 적용할 수 없는 이유도 여기에 있다. 헌법실체법과 헌법소송법 사이에 존 재하는 이런 법리를 올바로 이해하지 않고 순전히 절차법적인 논의에만 매달리면 형식논리와 기교에만 도취되어 결국에는 헌법의 내용을 왜곡하는 결과를 초래하기도 한다. 헌법소송법이 주권자가 정한 헌법의 내용을 왜곡시키거나 부정하는 결과를 가져온다면 그런 헌법소송법은 필요가 없고 그러한 논의나 제도는 그 자체 바로 헌법에 위반되는 것이다. 이 책에서 나는 헌법과 헌법소송법 간의 이러한 관계를 정립하는 데 많은 노력을 경주하였다.

韓國의 憲法訴訟法을 어떻게 정립할 것인가. 이 과제는 이 책을 구성하고 저술할 때 중심축을 이루었던 과제였다. 그래서 우리나라가 건국되는 시기부터 현재 이르기까지 논의되고 전개된 헌법재판의 역사를 파헤쳐 보고 재음미하는 데 집중하여 이 땅에 있었던 헌법재판의 전체적인 맥락 속에서 현재의 논의를 전개하기로 하였다. 우리의 제도를 보면, 과거 독재와 권위주의통치의 시기 동안 헌법재판이 충실히 행해지지 않았기 때문에 우리나라에서는 헌법재판에 대해 아무런 구상도 없었던 것이라고 생각하기 쉬우나 우리의 현대사 전개에서 있었던 국가의 건립에 대한 고뇌들과 그 많은 민주화에의 요구들은 헌법재판과 헌법소송에 대해서도 상당한 수준의 흔적들을 남겨 놓았다. 과거에 있었던 논의들과 제도들의 의미를 재음미하고, 여기서 取捨選擇할 것을 살펴보면서 이들이 현재의 제도와 역사적으로 어떠한 의미연관을 가지는지 판독하려고 노력하였다. 그런 과정에서 우리 제도에 특수한 점과 외국의 논의나 제도를 우리의 것에 그대로 적용하거나 대입할 수 없는 부분도 발견해 내었다. 이 책에서 외국의 제도에 대하여 참고로 언급한 내용 가운데는 우리의 제도와 비교하여 우리의 제도가 보다 나은 것이라는 것을 확인하는 경우도 있고, 외국의 제도를 참고하여 우리의 제도를 개선하는 것이 좋겠다는 염원이 담긴 것도 있다.

나는 오래 전에 우리 법학계——법학만이 아니라 우리 학계도 포함된다——에 '수입법학'의 무모함과 위험성 그리고 '외국콤플렉스'로 인하여 초래되는 오류에 대해 비판을 하였다. 외국에 대한 열등의식이나 비하감과 수입법학의 폐해는 헌법소송에도 여전하다. 나는 기회가 있을 때마다 해당 문제들에 대해 나의 의견을 발표하였다. 나는 이 책에서 우리 제도에도 그대로 적용될 수 있는 외국의 논의나 제도는 참작하였지만, 우리가 가지고 있는 독특한 제도에 외국의 논의를 무분별하게 적용하려는 태도는 받아들이지 않았다. 우리와는 다르지만 외국의 논의나 제도를 소개한 부분은 우리의 제도와 외국의 제도가 차이가 있다는 점을 밝히거나 우리의 제도상 문제가 있는 부분은 외국의 그것들과 비교하여 개선의 방법을 도모해 보기 위한 목적을 가지고 있다. 헌법소송법의 영역에서도 역시 '韓國憲法訴訟法'의 정립이 나의 과제라면 이 책은 이런 나의 과제를 수행하고자 한 노력이기도 하다. 소송법의 이론이 소송제도의 특성과 보편성에 따라 특수한 것도 있고 보편적인 것도 있다. 따라서 이론적 논의에서는 이런 점을 고려하여 새롭게 이론을 구성하여야 하는 경우도 많았다. 외국의 논의들을 참고한 경우에도 모자이크를 하듯이 여러 논의를 모아 놓는 작업은 하지 않았다. 학자라면 이제는 외국의 것을 번안하는 수준을 넘어 '지금 여기'의 제도들과 규범을 들여다 보고 그에 대해 구체적인 논의를 할 수 있어야 한다고 믿는다. 아직 학문적 후진성에서 탈피하지 못하고 있는 우리 사회라고 하더라도 정보가 수도 없이 생산되고, 많은 정보들이 누구에게나 공개되어 있는 오늘날에는 과거와 같이 외국의 논의를 체계도 없이 거론하며 狐假虎威하는 것으로 學者然하는 것은 더 이상 통용될 수 없다고 본다.

이 책에 담긴 많은 논의들은 새로운 분야를 개척해온 일단의 성과이므로 아직도 보완하고 다듬어야 할 부분이 많다. 헌법재판의 각종 심판을 살펴보면, 아직 선례가 없는 부분이 많고, 이론적인 논의가 아예 없거나 성숙되지 않은 부분도 적지 않다. 또 헌법소송, 행정소송, 형사소송, 민사소송 사이의 관계에 관해서도 심도 있는 연구성과들이 국내외를 막론하고 충분하지 않다. 이런 형편에서 이 책을 출간하게 되어 여간 어깨가 무겁지 않다. 이런 모든 점들을 고려하여 이 책에서는 이론적으로 논증이 뒷받침된 견해는 가능한 한 관련 부분에 인용하려고 노력하였다. 혹시 나의 불찰로 빠진 자료들이 있으면 계속 보완하겠다. 나의 보잘 것 없는 이런 노력이 우리나라 헌법소송법의 분야에 조그만 고임돌을 하나 놓는 역할이라도 된다면 더 이상 바랄 것이 없다. 남의 연구 성과를 베끼지 말고 종래의 논의들을 재검토하고 음미하면서 보다 새로운 영역을 개척하고 논의를 발전시켜 가는 생산적인 학문적 작업들이 생겨나는 데 이 책의 저술이 약간이라도 기여하였다면 하찮은 연구성과이지만 더 없는 보람이라고 생각한다.

　　우리나라에서 헌법재판소가 이렇게 성공하고 외국으로부터 좋은 평가를 받고 있는 이 시점에서 우리 주위를 둘러보면, 우리가 민주화의 상징으로 헌법재판소를 만든 이후 다른 여러 나라도 민주화의 일환으로 憲法裁判所를 속속 설치하였다. 오스트리아와 독일은 헌법재판소제도의 종주국이지만, 이탈리아, 스페인, 포르투갈, 에쿠아도르, 페루, 칠레, 아르헨티나, 과테말라, 벨기에, 터키, 폴란드 등도 우리보다 일찍 헌법재판소를 설치하여 헌법재판을 하였다. 폴란드와 우리나라에서 민주화의 상징과 실천으로 헌법재판소를 설치하여 헌법재판을 활발하게 전개한 후, 그 다음으로 독재나 권위주의통치에서 민주화로 이행한 나라에서는 거의 예외 없이 憲法裁判所制度를 채택하였다. 러시아, 헝가리, 유고슬라비아, 세르비아, 불가리아, 크로아티아, 알바니아, 마케도니아, 루마니아, 체코, 슬로바키아, 슬로베니아, 라트비아, 아르메니아, 아제르바이잔, 우크라이나, 벨라루시, 그루지아, 우즈베키스탄, 카자흐스탄, 키르키즈, 타일랜드, 몽골리아, 인도네시아 등이 그 대표적인 나라들이다. 그 외 남아프리카공화국, 가봉, 이집트, 이디오피아, 말리, 마다가스카르, 스리랑카 등 여러 나라가 있다. 이러한 여러 나라는 헌법재판소제도를 두고 있지만 그 권한에서는 다양하고, 각기 자기 나라의 문제를 해결하는 데 합당한 제도들을 구상하였다.

　　우리나라의 경우도 결국 헌법재판의 공통적인 요소는 보편성을 찾아 발전시키되, 우리가 해결해야 할 우리의 문제를 푸는 데 있어서 우리 방식에 의한 각종의 새로운 심판절차들이 필요하면 헌법재판의 목록에 계속 추가해 가야 한다. 이는 한국 헌법재판의 발전에 있어서 적극 수행해야 할 과업이기도 하다.

　　이 책에는 헌법소송에 대한 이론만이 아니라, 헌법재판소의 판례도 체계적으로 평가하여 해당 부분에 실었다. 판례를 어떻게 이해할 것인가 하는 것은 판례해석이라는 또 하나의 큰 과제이기도 하지만, 헌법재판소가 해당 판례에서 판시한 내용 중 헌법소송의 이론의 면에서 중요한 의미를 가지는 것은 가능한 한 직접 인용하였다. 헌법재판소의 결정의 이유에는 주문에 결정적인 근거가 되는 主論(ratio decidendi)과 그와 다소간의 거리를 가지는 傍論(obiter dictum)이 있지만, 이들의 구분이 명확하지 않아 때로는 傍論에 해당하는 내용도 중요한 의미를 가지는 것은 직접 인용하였다. 이렇게 인용한 것은 헌법의 해석이나 헌법소송의 실제에서 판단기준으로 기여할 수 있다고 생각했기 때문이다. 판례의 주문 이외에 주론에도 국가기관이 기속되는가 하는 문제에서는 견해가 대립되고 있지만, 주론에 국가기관이 기속되지 않는다고 하더라도 헌법재판소의 판단 가운데 중요한 내용은 헌법의 적용이나 국가의 운용에서 일응 존중하고 적극 고려하는 것이 바람직하다고 생각한다. 이러한 헌법재판소의 판단은 헌법이론이나 헌법해석 그리고 헌법소송이론의 발전에도 적지 않은 역할을 하므로 진지하게 음미하고 검토할 필요가 있다. 그간의 헌법재판소의 판례를 살펴보면, 짧은 기간 내에 헌법소송에서 제기된 많은 문제들에 대해 법리를 발견하고 이론을 전개하였다. 이러한 공적은 대부분 헌법재판소 재판관의 노력에 의한 것이라고 해도 과언이 아니다. 헌법재판의 실제와 경험이 일천했던 우리의 상황에서 이렇게 많은 업적을 쌓아올릴 수 있었던 것은 헌법재판에 종사한 재판관의 열성과 노력이 있었기 때문에 가능하였다. 판례상 전개된 많은 쟁점과 이론들을 제대로 판독해 내지 못하지 않았나 하는 두려움도 앞선다. 많은 가르침이 있기를 기대한다.

　　그 동안 헌법소송에 대하여 연구할 수 있었던 것은 많은 분들의 격려와 가르침이 있었기에 가능했다. 曺圭光 초대 헌법재판소장님, 金容俊 2대 헌법재판소장님, 金亮均 초대 재판관님, 金汶熙 초대 재판관님, 申昌彦 재판관님, 鄭京植 재판관님, 趙昇衡 재판관님께서는 각별히 보살펴 주시고 연구를 독려해 주셨다. 이 자리를 빌어 진심으로 감사를 올린다. 이 책의 출간이 이 분들의 기대에 조금이라도 부응하는 것이 될 수 있다면 더 없는 영광이겠지만, 오히려 실망만 안겨드릴까 걱정이 앞설 뿐이다.

　　이 책을 저술하는 과정에서 나는 원고의 초고를 많은 전문가들에게 보이고 고견을 구하였다. 사법연수원 교수인 李元一 부장판사님, 검찰의 盧丸均 부장검사님, 李文鎬 부장검사님, 국회의 林仁圭 전문위원님, 헌법재판소 헌법연구관을 역임한 黃道洙 박사님, 헌법재판소의 金顯哲 헌법연구관님, 金河烈 헌법연구관님, 全鍾杙 헌법연구관님 등 실무와 이론에 해박한 여러분들께서 바쁜 업무중에서도 해묵은 정을 잊지 않고 원고를 자상히 검토한 후 귀중한 의견을 주시거나 필요한 자료를 제공해 주셨다. 서울대학교 법과대학의 申東雲 교수님, 胡文赫 교수님, 尹眞秀 교수님, 鄭印燮 교수님, 朴正勳 교수님으로부터는 원고의 집필 과정에서 질의와 토론을 통하여 소중한 말씀을 얻을 수 있었다. 진심으로 감사를 드린다. 이러한 분들로부터 많은 조언과 가르침을 받았음에도 이 책에 잘못이 있다면 그것은 전적으로 나의 책임이다. 잘못된 부분은 계속 고쳐 나갈 것을 약속드린다. 원고의 修正과 校正에는 서울대학교 대학원 박사과정의 權建甫 碩士와 석사과정의 金壽用, 金英蘭 諸氏들이 적극 도와 주었다. 고맙게 생각한다.

　　사진작품으로 책의 표지를 하겠다는 나의 제의에 해묵은 情誼로 기꺼이 수락하여 주고 책에 삽입된 사진작품까지 사용하게 해 주신 김중만 仁兄과 이 책의 출간을 독려하고 격려하여 주신 博英社의 安鍾萬 회장님, 그리고 이 책이 나오기까지 온갖 정성으로 원고를 다듬고 편집을 해 주신 博英社의 宋逸根 주간님과 金善敏, 趙成皓 두 분께도 마음깊이 감사를 드린다.

2002年 立春日

目　次

제 2 절 憲法裁判機關의 構成原理

제 3 절 憲法裁判의 獨立

제 4 장 韓國의 憲法裁判

제 1 절 形成과 展開

제 2 절 韓國 憲法裁判制度의 歷史

제 2 편 憲法裁判所

제 1 장 憲法裁判所의 地位

제 2 장　憲法裁判所의 構成과 組織

제 1 절　憲法裁判所의 構成

제 2 절　憲法裁判所의 組織

제 3 편　一般審判節次

제 1 장　裁判部의 構成

제 2 장　審判定足數

제 3 장　申請主義와 訴訟代理

제 4 장 審判의 請求

제 5 장 事件의 審理

제 1 절 審判準備節次

제 2 절 審理의 方式

제 3 절 證據調査

1. 證據調査의 開始

2. 證據調査의 實施

제 4 절 事實照會·資料提出要求

제 5 절 當事者 等의 意見提出

제 6 절 評 議

제 6 장　審　判

제 1 절　審判의　場所

제 2 절　審判의　期間

제 3 절　審判의　公開

제 4 절　審判의　指揮

제 5 절　終局決定

제 6 절　個別意見의　表示

제10장　準用 및 節次의 創設

제 1 절　準　　用

제 2 절　節次의 創設

제11장　假　處　分

제 4 편　特別審判節次

제 1 장　違憲法律審判

제 1 절　概　　觀

제 2 절   審判의 對象

제 3 절   審判의 提請

1. 提請의 要件

2. 提請의 節次

3. 意見書의 提出

제 4 절   裁判의 前提性

제 5 절　審判의　節次　및　基準

1. 槪　說

2. 立法事實의　調査

3. 審判의　基準

제 6 절　決　　定

1. 意義와　種類

2. 却下決定

3. 合憲決定

4. 違憲決定

5. 變形決定

제4절 審判의 節次

제5절 決 定

제6절 再 審

제7절 假處分

제4장 權限爭議審判

제1절 概 觀

제 2 절　當 事 者

제 3 절　審判의 請求

제 4 절　審判의 要件

제 5 절　審判의 節次

제 6 절　決　　定

1. 意義와 種類

2. 認容決定

3. 決定의 效力

제 7 절　再　審

제 8 절　假 處 分

제 5 장　憲法訴願審判

제 1 절　槪　觀

제 2 절　審判의 對象

1. 槪　說

2. 公權力의 行使

3. 公權力의 不行使

제 3 절　審判의　請求

제 4 절　審判의　要件

제 5 절　審判의　節次

제 6 절　決　　定

제 7 절　再　　審

제 8 절　假　處　分

《法令名 略語》

公選法	公職選擧法
國公法	國家公務員法
民訴法	民事訴訟法
民執法	民事執行法
法組法	法院組織法
地方教育自治法	地方教育自治에관한法律
地自法	地方自治法
彈審法	彈劾審判法
彈裁法	彈劾裁判所法
行訴法	行政訴訟法
憲委法	憲法委員會法
憲裁法	憲法裁判所法
刑訴法	刑事訴訟法

《일러두기》

法令條文表示: 법령의 조문표시에서는 특별한 경우를 제외하고는 편의상 부호를 사용하였다. 제1조 제1항 제1호는 §1① i 로 표시하였다.

判例表示: 헌법재판소 판례는 「憲」으로, 대법원의 판례는 「大」로 표시하였다. 판례는 선고일과 사건번호로 표시하고, 병합사건은 사건번호를 모두 표시하지 않고 하나의 사건번호만 표시하고 「등」으로 略하는 방식을 따랐다.

제 1 편

憲法國家와 憲法裁判

어디로 가는지도 모르는 채 어둠속을 영원히 갈 수는 없다.
길이 보이지 않으면 절망으로 스러지고 말지니,
하여 불빛이 필요하다.
어둠을 밝혀 길을 비춰줄 불빛이……
— Stefan Zweig

제 1 장   憲法裁判

[1] 第一   意義와 目的

I. 意   義

憲法裁判(Verfassungsgerichtsbarkeit, constitutional adjudication, constitutional review)이라 함은 헌법을 適用함에 있어서 憲法의 內容 또는 憲法問題에 대하여 분쟁이 발생한 경우에 獨立的 지위와 管轄權을 가진 헌법기관이 헌법이 무엇인지를 선언하여 이를 有權的으로 해결하는 憲法의 認識·實現作用을 말한다.

그런데 헌법이 국가의 最高法으로서의 지위에 있는 이상 광의로는 모든 법적 문제가 헌법문제로 귀결될 수 있기 때문에 국가의 통치기능과 국가작용의 면에서 볼 때, 헌법문제에 대한 재판이라는 것만으로 헌법재판의 범위를 확정하기는 곤란하다. 獨自的인 法概念으로서 「헌법재판」이라는 것이 존재하는가 하는 문제도 여기에서 발생한다.

헌법재판이라는 범주에 속하는 것으로 알려진 각각의 개별 재판, 즉 違憲法律審判, 彈劾審判, 政黨解散審判(예: 독일, 한국, 중화민국, 포르투갈, 인도네시아, 폴란드, 타일랜드), 憲法訴願審判(예: 독일, 오스트리아, 스위스, 스페인, 한국, 타일랜드), 權限爭議審判, 選擧裁判(예: 독일, 오스트리아, 프랑스, 포르투갈, 그리스, 리투아니아, 한국 1960년6월헌법), 國民投票의 효력에 관한 재판(예: 이탈리아), 의회의원의 자격상실에 대한 異議裁判, 基本權喪失裁判(예: 독일), 大統領 직무수행불능 및 그 權限代行과 직무로의 복귀결정(예: 프랑스, 리투아니아, 폴란드, 포르투갈), 國政諮問(예: 프랑스), 國際法規의 國內的 效力에 대한 결정(예: 독일, 오스트리아, 포르투갈, 러시아, 리투아니아, 폴란드, 스페인), 최종적인 憲法解釋(예: 중화민국, 한국 1960년6월헌법), 聯邦國家的 爭議(예: 독일, 오스트리아, 스위스) 등은 역사적으로 생겨난 시기와 배경이 다르고 성질이 다르기 때문에 이러한 것들을 모두 아우르는 통일된 의미의 헌법재판이라는 개념을 정립하는 것은 용이하지 않다. 또 나라마다 헌법재판이라는 범주에 포함되는 구체적인 재판의 형태에서도 차이가 난다. 그래서 헌법재판을 헌법실현에 있어 국가의 최고 수준에서 행해지는 國事裁判(staatsgerichtsbarkeit)의 성격을 가지는 여러 형태의 개별 재판들을 모아 놓은 集合概念이라고 하는 견해도 있다.

國事裁判이라는 개념과 용어는 1944년 대한민국임시정부의 「大韓民國臨時憲章」에도 등장한다. 통상의 민·형사재판과 구별되는 특별재판기관에서 國事裁判을 관장하는 것으로 정하였다($\substack{同憲章\\§49}$).

그러나 헌법재판이 행정재판, 민사재판, 형사재판과는 다른 속성을 가지고 있고 그에 적용되는 법리에서도 차이가 있는 점을 고려하면, 헌법재판을 단순히 집합개념에 지나지 않는 것이라고 할 수는 없다. 헌법재판의 범주에 속하는 개별 재판들을 모두 관통하는 통일된 법리를 전제로 하는 先驗的 意味로서의 헌법재판이라는 개념을 설정하는 것이 쉬운 일은 아니지만, 헌법재판에 속하는 개별 재판들에도 공통성을 지니는 일정한 특성이 있다는 점과 일정한 수준에서 獨立的인 法理와 構造를 가진다는 점에서, 헌법재판을 憲法問題에 대하여 독립적으로 관할권을 가지는 재판이라든가 헌법사건에 대한 직접적인 재판작용이라고 정의할 수 있다.

우리나라에서 憲法裁判은 憲法 제111조 제1항에서 列擧하고 있는 違憲法律審判, 彈劾審判, 政黨解散審判, 憲法訴願審判, 權限爭議審判을 일컫는 개념이다. 헌법재판소는 이렇게 열거된 사항에 대해서만 관할권을 가진다(列擧主義).

憲法 제111조 제1항은 헌법재판의 구체적인 형태를 열거하고 있다. 헌법 제111조 제1항은 여러 종류의 심판을 그 내용으로 정하고 있지만, 憲法史的으로 볼 때, 이런 각종의 심판에 대하여 「헌법재판」이라는 통일된 용어와 개념으로 이해하는 것은 우리나라에서도 정착되었다. 1948年憲法을 제정하던 과정에서도 탄핵심판과 위헌법률심판은 일반법원에서 관장하는 통상의 일반 재판과 성질을 달리하는 것으로 이해하여 일반법원과 분리·독립된 관할권을 가지는 재판기관에서 행하는 재판으로 정하였다. 독일의 경우, 역사상 과거 사용해오던 「國事裁判」(Staatsgerichtsbarkeit)이라는 개념과 다르게 「憲法裁判」(Verfassungsgerichtsbarkeit)이라는 개념과 용어를 처음 사용한 것은, 1929년 獨逸國法學者大會에서 H. Triepel이 「國事裁判의 本質과 發展」(Wesen und Entwicklung der Staatsgerichtsbarkeit)이라는 제목의 보고서에서 오스트리아의 용어인 Verfassungsgerichtsbarkeit라는 말을 수용한 것에서 비롯한다.

Ⅱ. 目　　的

헌법재판은 憲法의 規範力과 實效性을 보장하고, 헌법에서 보장하고 있는 基本權을 實現하며, 국가작용의 合憲性을 보장하여 모든 국가작용이 헌법질서 속에서 행해지도록 함으로써 헌법을 보호하고 실현하는 것을 목표로 삼는다. 헌법재판이 입헌주의(constitutionalism)와 자유민주주의(liberal democracy)의 핵심적 징표 중의 하나로 평가되는 이유도 여기에 있다.

(1) 헌법의 규범력과 실효성의 보장

成文憲法을 가지고 있는 국가에 憲法裁判은 헌법을 守護하고 실현하는 것을 第

一의 목적으로 삼는다. 헌법을 수호하는 것은 成文法 국가에서 최고의 지위에 있는 헌법으로 하여금 規範力과 實效性을 가지게 하는 것을 말한다. 규범통제나 탄핵심판 등 모든 종류의 헌법재판이 이러한 가치를 실현하는 데 목적을 두고 있다.

실정법이 규범력과 실효성을 가지도록 하는 것에는 여러 가지 방법이 있지만, 가장 효과적인 것은 강제력을 가지고 있는 재판을 통하여 이를 보장하는 것이다. 헌법재판은 立憲主義와 憲法國家를 실현함에 있어서 매우 효과적인 수단이다. 헌법은 특정 공동체를 존속·유지하게 하고, 그 공동체의 구성원이 행복을 추구하면서 스스로 자유로이 의사를 결정할 수 있도록 하는 원리와 가치를 보장하고 있는데, 헌법재판은 이러한 원리와 가치가 국민의 생활이나 국가작용에서 규범력과 실효성을 가지고 유지될 수 있도록 한다. 헌법재판은 그 특성상 통상의 재판과 달리 執行力에서 일정한 한계를 가지고 있기 때문에 實效性의 면에서 충분하지 못한 면도 있지만, 헌법재판이 헌법으로 하여금 실효성을 가지도록 하는 점에는 의문의 여지가 없다.

헌법재판은 다원적인 사회공동체에서 갈등하고 대립하는 이익들을 조정하여 헌법질서 안으로 통합하는 기능을 한다. 헌법재판소는 각종 심판을 통하여 헌법과 헌법질서의 통일성을 유지하고 사회공동체의 근본가치들을 보호하며, 헌법의 기본권조항을 해석·적용하고, 국가권력의 행사에서 위헌성을 제거하는 역할을 통하여 사회와 국가 내에서 서로 대립하거나 갈등하는 의사와 이익들을 조정하고 통합한다. 이러한 면은 헌법재판소가 사회공동체 내에서 헌법이 규범력을 가지고 해당 공동체를 통합할 수 있도록 만드는 부분이다.

그런데 유의할 점은, 헌법재판이 결과적으로 이런 역할을 수행한다고 하더라도 국회와 같이 정치적으로 적극 나서서 사회를 통합하고 질서를 형성하는 것은 아니라는 것이다. 이는, 헌법재판이 정치적 성격을 가진다고 하더라도 사회의 가치와 질서를 형성함에 있어서 일정한 한계를 가질 수밖에 없는 이유이기도 하다. 헌법재판소의 권한 행사에 있어서 요구되는 한계선도 이 지점에서 설정된다.

(2) 기본권의 보장

18세기 말 북아메리카의 영국 식민지 여러 state에서 제정한 「權利宣言」(權利章典)에서 기본권이 실정화되거나 실정 헌법의 구성요소로 된 이래, 오늘날까지 立憲主義國家에서는 기본권을 보장하는 權利章典(bill of rights)을 실정 헌법에 明示하여 정하고 있다(基本權의 實定化). 이런 실정 헌법을 가지고 있는 입헌주의국가에서 헌법을 수호하고 실현하는 것은 국민의 기본권을 보호하고 실현하는 것을 의미하기도 한다. 실정 헌법에 기본권을 明文化하여 보장하고 있는 「基本權的 立憲主義」(Grundrechtskonstitutionalismus)

에서 헌법의 규범력과 실효성을 확실하게 보장하는 방법은 재판기관을 통한 기본권
의 실현이다. 따라서 헌법재판은 기본권을 보장하는 데 있어서 필수불가결한 효과적
인 수단이다.

　　국가가 헌법재판을 수행한다는 것은 국가가 기본권과 대립하는 지위에 있다는
인식에서 나아가 이제는 국가가 적극적으로 기본권을 보호하고 실현하는 지위에 있
다는 인식의 전환을 의미한다(國家의 地位・役割에 대한 認識의 轉換). 근대 초기 시민
적 법치주의에서는 국가와 개인의 자유는 대립적인 지위에 있고, 국가는 자유에 대
하여 침해적이고 적대적인 지위에 있었으나, 법치주의와 권리에 대한 인식이 심화되
면서 현대 법치주의에서는 국가는 개인의 자유와 권리를 적극적으로 보호하고 실현
하는 지위로 전환되었다.

　　입헌민주국가에서 헌법이 정하는 기본권을 실현하는 제 1 차적인 의무는 국가에게
부과되어 있으므로 국회, 정부, 법원이 가장 먼저 자기에게 주어진 권한을 행사하여
이러한 의무를 수행하여야 한다. 그러나 국회, 정부, 법원이 이러한 의무를 수행하지
않거나 권한을 남용하는 경우에는 최후로 기본권을 효과적으로 보장하는 장치가 필요
하다. 헌법재판은 국가의 권력적 작용을 바탕으로 하여 기본권 보장의 最後 堡壘로서
그 역할을 수행하는 것이다. 국가적 권력이든 사회적 권력이든 어떠한 권력에 의해
기본권이 침해될 우려가 있거나 침해된 경우에 제 1 차적으로 기본권을 구제해야 하는
임무는 국가권력에게 있고, 최종적으로는 기본권의 주체가 자기의 기본권을 스스로
지켜야 하지만, 이런 메커니즘 속에서 기본권의 주체가 최후의 방어선을 펼치기 직전
에 권력적 작용으로 국민의 기본권을 보호하고 실현하는 것이 헌법재판이다. 위헌법
률심판, 헌법소원심판, 탄핵심판, 정당해산심판에서 이러한 점을 확인할 수 있다.

　　헌법재판에서 기본권을 보장하는 대표적인 심판제도로 憲法訴願審判制度와 違
憲法律審判制度를 들 수 있다. 국회가 기본권을 침해하는 법률을 제정한 경우에는
위헌법률심판이나 법률에 대한 헌법소원심판을 통하여 해당 법률이나 법률조항의 효
력을 상실시킨다. 위헌법률심판제도는 헌법상의 기본권을 침해하는 법률의 효력을
상실시켜 기본권을 보호하고, 의회에서 다수에 의해 소수의 기본권이 부정되거나 침
해되는 것을 바로잡아 실질적 민주주의를 실현하는 데 효과적인 힘을 발휘한다. 특
히 헌법소원심판은 국가 공권력의 적극적인 행사나 소극적인 불행사로 인하여 기본
권이 침해된 경우에 이를 구제하는 강력한 수단이다. 기본권의 보장에 있어서 헌법
소원심판제도가「헌법재판의 꽃」이라고 평가되는 이유도 여기에 있다. 다만, 우리나
라의 경우에 憲法裁判所法은 헌법소원심판의 대상에서 법원의 재판을 제외하고 있기
때문에(憲裁法
§68①) 재판이라는 이름으로 국민의 기본권이 침해되는 사태에 대해서는 효과

적으로 대응할 수 없게 되어 있다. 국민의 자유와 권리가 언제나 모든 종류의 국가권력에 의해 침해될 가능성에 노출되어 있음을 고려하면, 어떠한 국가권력도 헌법소원심판의 대상에서 제외되어서는 안 될 것이다([246]Ⅱ).

彈劾審判制度, 政黨解散審判制度, 權限爭議審判制度도 간접적으로 기본권의 보장을 실현하는 데 기여한다. 탄핵심판제도는 직무상 권한을 남용하여 위법한 행위를 한 자를 公職에서 배제하는 방법을 통하여 權力濫用으로 인한 기본권과 기본권적 가치의 침해를 방지하거나 제거하는 데 기여하고, 정당해산심판제도는 정당이라는 집단의 힘으로 기본권을 보장하고 있는 헌법을 부정하거나 헌법질서를 顚覆하려는 기도를 제거하여 憲法國家와 기본권을 실현하는 데 기여한다. 권한쟁의심판제도는 권력의 남용과 오용으로 인하여 기본권의 침해가 발생하는 것을 방지하는 역할을 간접적으로 수행한다. 국가의 권한 배분이 잘못되어 잘못된 권력에 의해 기본권이 침해되는 경우를 방지하거나 바로잡는 데 기여를 한다.

(3) 국가작용의 합헌성 보장

헌법재판은 기본권을 보호하고 실현하는 목적을 가지는 것 이외에 헌법에 의해 창설된 국가작용이 실정 헌법에 맞게 이루어지도록 하는 것을 목적으로 한다. 실정 헌법은 권력분립원리에 따라 국가권력을 분리한 후 국가의 세부적 기능에 따라 權限을 配分하고 있는데, 실제에서는 이러한 기능이 혼동되거나 침해되는 일이 발생할 수 있다. 이러한 혼동된 국가작용은 한편으로 국민의 기본권을 침해하기도 하고 다른 국가기관의 권한을 침해하여 국가기능을 왜곡하기도 하며 헌법질서를 교란하기도 한다. 입헌주의는 이러한 혼란을 방치하지 않는다. 헌법재판이 권력의 분립을 보장하고 국가기관간에 발생하는 권한의 분쟁을 해결하는 것은 이러한 목적을 실현하기 위한 것이다. 권한쟁의심판에서 보듯이, 헌법재판은 국가작용의 합헌성 보장 이외에도 헌법이 원래 구상한대로 국가기능을 정상화시키는 역할을 수행한다. 헌법재판소로 하여금 선거재판을 관장하게 하여 헌법이 채택하고 있는 代議制度가 제 기능을 원활하게 수행할 수 있게 하거나, 대통령의 권한대행에 관한 절차에 관여하게 하여 국정이 합헌적으로 운영되도록 하게 하는 것도 국가작용의 합헌성을 실현하는 것이다(현행법상으로는 선거재판과 대통령권한대행관여는 헌법재판소의 관장사항으로 되어 있지 않다).

憲法國家에서는 헌법을 최고의 법규범으로 설정하여 모든 국가권력으로 하여금 이에 구속되도록 하고 있으므로, 어떠한 경우에도 국가권력이 「헌법으로부터 자유로운 상태」에 놓여 있는 것을 허용하지 않는다. 국가권력은 언제나 헌법에 羈束된다. 헌법재판은 국가권력을 헌법에 기속시켜, 모든 국가작용이 헌법에 합치되도록 한다.

입법작용, 행정작용, 법원의 재판작용 등 모든 국가작용으로 하여금 헌법에 기속되도록 하며, 이러한 국가작용은 중앙정부의 수준에서 행해지는 것이든 지방자치단체의 수준에서 행해지는 것이든 차이가 없다. 위헌법률심판제도, 헌법소원심판제도, 탄핵심판제도, 정당해산심판제도, 권한쟁의심판제도 등 각종의 심판제도는 이러한 국가작용의 합헌성을 보장하고 실현하는 효과적인 수단이다. 다만, 우리나라의 경우 憲法裁判所法에서 재판에 대한 헌법소원심판제도를 인정하지 않고 있기 때문에 ($\binom{憲裁法}{§68①}$) 裁判作用의 合憲性 保障에 있어서는 취약한 점이 있다.

(4) 헌법의 보호

헌법재판은 강력한 憲法保護手段의 하나이다. 위에서 본 헌법재판의 목적에 해당하는 내용들도 결국은 헌법보호라는 범주에 포함된다. 實定憲法과 成文憲法을 채택하고 있는 立憲主義國家에서 헌법의 보호는 法治主義의 기본적 전제에 해당한다. 헌법의 보호는 헌법에 대해 가해지는 다양한 형태의 공격과 파괴행위에 대응하여 헌법을 수호하는 것인데, 헌법에 대한 침해는 그 영역에서 사회영역에서 발생하기도 하고, 국가영역에서 발생하기도 한다. 개별 국민이나 단체 등이 私的 利益을 추구하기 위하여 헌법을 침해하기도 하고, 기본권을 남용하여 헌법의 부정과 파괴를 기도하기도 한다. 국가의 공권력은 헌법을 수호하고 실현하는 것이 제1차적인 목적이지만, 사람이 그 공권력을 행사하기 때문에 권력의 남용과 오용이 발생하고 그에 의해 헌법의 침해와 파괴가 발생한다.

헌법재판은 이러한 헌법의 침해에 대하여 헌법을 효과적으로 보호한다. 사회공동체에서 政黨解散審判은 집단적이고 조직적인 수준에서 헌법을 부정하고 파괴하는 「조직된 憲法의 敵」의 企圖에 대하여 해당 정당을 해산함으로써 헌법침해행위의 상태 또는 위험을 제거하여 헌법을 보호한다. 基本權喪失裁判은 헌법이 보장하고 있는 기본권을 남용하여 헌법과 공동체의 질서를 부정하거나 파괴하는 행위에 대하여 制裁를 가하여 헌법을 보호한다. 위에서 보았듯이, 국가영역에 있어서 憲法訴願審判은 공권력의 행사 또는 불행사에 의한 기본권의 침해를 제거하여 헌법에 보장된 기본권을 보호하며, 違憲法律審判은 국가의 입법권에 의해 행해지는 헌법의 침해를 예방하거나 제거하여 국가권력에 의한 헌법침해행위로부터 헌법을 보호한다. 權限爭議審判은 국가의 公權力作用에 있어서 권한의 행사와 의무의 수행에서 발생하는 혼란을 제거하고, 권력분립을 실현하여 헌법질서를 유지·보호한다. 彈劾審判은 공직자가 국가권력의 행사에서 권한을 남용하거나 의무를 올바로 이행하지 아니하여 헌법이나 법률에 위배되는 행위를 한 때 그를 公職에서 罷免시킴으로써 헌법을 보호한다.

[2] 第二 性 質

憲法裁判은 국가의 공권력의 작용으로서 특수한 성질을 가지고 있다. 헌법재판은 입법부의 입법작용, 행정부의 행정작용, 법원의 사법작용 어느 하나에 속하지 않는 독자적인 성질을 가지고 있는 국가작용이다. 헌법재판은 목적과 기능에서 입법작용, 행정작용, 사법작용을 통제하여 헌법을 실현하는 작용이므로 입법부, 행정부, 법원의 작용과는 본질적으로 구별된다.

헌법재판은 裁判作用로서의 성질도 가지고 있고, 규범통제의 경우에는 立法作用으로서의 성질도 가지고 있으며, 政治作用으로서의 성질도 가지고 있다. 헌법재판이 가지고 있는 이와 같은 특성으로 인하여 헌법재판작용을 국가작용 중 입법작용, 행정작용, 사법작용과 구별하여 「제4의 국가작용」이라고 하기도 한다($\frac{許營d.}{20}$).

이러한 복합적인 성질은 각각의 개별심판에 따라 다소 차이를 보이고 있지만, 대체적으로 공통적으로 내재되어 있다.

이와 같은 헌법재판의 특성으로 인하여 헌법재판기관의 지위, 구성방법, 재판에 적용되는 원리 등에 있어서 입법기관, 행정기관, 법원 등과 같은 다른 국가기관의 경우와 구별된다.

I. 裁判作用으로서의 性質

(1) 내 용

헌법재판은, 헌법재판소라는 재판기관에 의해 旣判力과 羈束力이 따르는 有權的 判斷이 행해진다는 점과 이 유권적 결정에 따라 헌법규범이 실효성을 가지고 유지되며, 분쟁이 해결되고 법규범이 통제되며, 국민이나 당사자의 권리가 보호된다는 점에서 분명히 재판작용이다. 즉 독립된 재판관으로 구성된 헌법재판소가 헌법과 법률에 의해 정해진 권한과 절차에 근거하여 객관적인 憲法($\frac{헌법규범, 헌법원}{칙, 헌법원리 포함}$)이라는 유일한 審判規準에 따라 최종적인 유권적 결정을 내린다는 의미에서 헌법재판은 법인식 작용으로서 재판작용이다.

헌법재판에서는 그 성질상 재판의 실효성을 높이는 강제수단이 一般法院에서 행해지는 통상의 재판과 비교하여 상대적으로 충분하지는 못하지만, 그것이 헌법재판이 가지는 재판작용으로서의 성질을 부인하게 만들지는 못한다.

(2) 개별 심판과 재판작용

이런 재판작용으로서의 성질은 違憲法律審判, 憲法訴願審判, 權限爭議審判, 彈劾審判, 政黨解散審判이 모두 지니고 있다. 이러한 헌법재판은 재판작용으로서 旣判力과 確定力을 지니고, 개별 심판에 따라서는 그 성질상 羈束力이 발생하기도 한다.

예컨대 권한쟁의심판에서 헌법재판소가 결정을 하면 심판의 대상이 된 국가기관이나
지방자치단체의 권한의 존부나 범위는 결정 내용에 따라 확정되어 모든 국가기관과
지방자치단체를 羈束하는데, 이런 효력은 헌법재판소가 결정으로서 행한 재판작용에
의해 생겨나는 것이다.

(3) 기   능

헌법재판이 가지는 이러한 재판작용으로서의 성질은 憲法裁判의 限界를 설정하
는 원리로 작용한다. 헌법재판이 입법작용이나 정치작용과 같은 재판작용 이외의 다
른 성질을 지닌다고 하더라도 이를 이유로 재판작용으로서의 성질을 배제할 수 없
다. 이러한 점은 憲法裁判所의 構成原理에서도 입법부나 행정부 또는 각종 정치기관
의 경우와 다른 면을 보여 준다.

憲法은 제 5 장의 제101조 제 1 항에서 「司法權은 법관으로 구성된 법원에 속한다」고
정하고 있고, 제 6 장에 따로 헌법재판소를 정하고 있다. 여기서 국가의 작용과 기능
가운데, 법적 개념상 憲法裁判이 司法과 어떻게 다른가 하는 것이 문제가 된다. 헌
법재판이 단순히 권리구제의 수단에 그치는 것이 아니고 헌법의 보장을 실현하는
수단임을 고려하면, 헌법재판은 그 성질이 민사재판이나 형사재판 같은 통상의 재
판과는 전혀 다르다. 프랑스의 1958년헌법은 제 7 편에서 헌법재판소에 대하여 정하
고 이와 따로 제 8 편에서는 「司法權」(De l'autorité judiciaire)을 정하고 있다. 프랑스에
서는 민·형사의 재판작용을 사법이라고 하고, 그와 성질이 다른 행정재판이나 헌법
재판은 이에 포함시키지 않는다. 개념상 「裁判」(juridictionnel)과 「司法」(judiciaire)이 구
별되어 이해되고 있다. 그래서 행정법원도 통상의 법원과 다른 특별법원으로 설치
하고 있다. 행정재판을 사법의 범주에 포함시키는 것은 영미식의 사고이다. 독일연
방헌법은 제 9 장의 「裁判」(Rechtsprechung)에 헌법재판권, 통상의 민·형사재판권, 행
정재판권 등이 포함된다고 하고, 이를 국가작용 중 입법권, 집행권과 병렬시켜 정하
고 있다. 이는 국가의 재판작용을 전통적인 민·형사재판을 의미하는 「司法」(Justiz)이
라는 개념에서 탈피하여 실정화한 것이다. 헌법재판은 헌법을 보장하고 유지시키며
실현하는 재판작용이라는 점에서 기본적으로 객관소송의 성질을 띠게 되며, 따라서
전통적인 사법의 개념으로서는 이를 포섭할 수 없다. 미합중국의 사법심사는 附隨
的 違憲審査의 성질을 가지는 것으로서 「私權모델」(private right model)이며, 따라서 헌
법상의 事件性과 爭訟性(case and controversy)이 강하게 지배한다. 우리나라의 헌법재판
은 이런 「사권모델」과 달리 「特殊機能모델」(special function model)에 해당하기 때문에
(H.P. Monaghan, 1365 이하) 미합중국연방헌법이 정하고 있는 사건성과 쟁송성의 법리는 우리나라
헌법재판에 그대로 적용될 수 없음을 유의할 필요가 있다.

Ⅱ. 立法作用으로서의 性質

(1) 내   용

헌법재판이 입법작용으로서의 성질을 가지는가 하는 문제는 법률의 위헌여부에

대한 재판을 둘러싸고 발생한다. 具體的 規範統制, 抽象的 規範統制, 法律에 대한 憲法訴願審判을 통하여 행해지든, 權限爭議審判 등과 같은 절차에서 해당 심판절차의 전제로서 행해지든, 또는 그 절차에서 부수적으로 행해지든, 법률의 위헌여부에 대한 재판이 행해지는 경우에 이 문제가 제기된다.

국가의 작용에서 원래 어떤 법률이나 법률조항이 헌법에 위반되면 국회가 해당 법률을 廢止하거나 改正한다. 이러한 개정에는 헌법과 합치하지 않는 부분이나 의미를 削除하는 것도 있고, 헌법에 합치되도록 내용을 變更하거나 追加하는 것도 있다. 국회가 행하는 이러한 행위를 입법행위라고 하고, 그러한 국가작용을 입법작용이라고 한다.

그런데 이러한 것과 규범가치적으로 等價的인 효력이 헌법재판에 의해서도 발생한다. 헌법재판소가 어떤 법률을 위헌이라는 이유로 효력을 상실시키는 것은 사실상 국회가 행하는 법률의 폐지와 等價의 효력을 가지며, 어떤 법률이나 법률조항의 일부를 위헌이라고 하여 효력을 상실시키는 것은 국회가 법률의 일정 부분을 削除하는 개정행위와 등가의 효력을 가진다. 또 헌법재판소가 법률조항의 일정한 의미를 헌법에 합치하지 않는다고 하여 제거하는 限定違憲決定은 국회가 해당 법률조항의 내용을 헌법에 합치하도록 變更하는 것과 동등한 가치로 평가되는 행위이다. 한정위헌결정은 헌법재판소의 헌법합치적 법률해석의 결과로 나타난다. 같은 헌법합치적 법률해석을 하더라도 법원은 해당 법률을 합헌적으로 해석·적용만 할 수 있을 뿐 법률의 일부 의미·내용을 제거할 수 없음에 반하여, 헌법재판소는 법률의 일부 의미·내용을 제거할 수 있다. 헌법재판이 가지는 특성 때문이다. 憲法不合致決定을 하면서 法律改善促求決定을 하는 경우에도 국회로 하여금 법률을 개정하게 하는 결과를 가져온다. 그리고 立法不作爲에 대한 違憲決定은 국회로 하여금 일정한 법률이나 법률조항의 제정을 사실상 요구하는 것이므로 이는 법률의 제정과 등가의 행위로 평가할 수 있다.

이와 같이 법률의 위헌여부에 대한 헌법재판소의 이러한 작용은 국회가 행하는 법률의 制定, 廢止, 改正(削除, 變更, 追加)과 사실상 동등한 가치를 가지는 것이다. 이러한 점에서 법률의 위헌여부에 대한 헌법재판소의 재판은 가치평가적으로 입법작용이라고 평가된다(鄭宗燮d, 42 이하). H. Kelsen의 적절한 표현과 같이, 국회의 입법작용을 「적극적 입법작용」(positive legislature)이라고 한다면, 헌법재판소의 법률에 대한 규범통제작용은 「소극적 입법작용」(negative legislature)이라고 할 수 있다.

(2) 입법작용으로서의 성질과 입법행위

법률의 위헌여부에 대한 재판이 이런 입법작용으로서의 성질을 가진다고 하여 헌법재판이 곧 입법행위인 것은 아니다. 헌법재판의 중심적인 기능은 어디까지나 재판작용이기 때문에 헌법재판은 법률의 위헌여부에 대한 재판에 있어서도 가치평가적으로 사실상 입법작용으로서의 성질을 가지는데 그친다.

법률에 대한 규범통제가 입법작용으로서의 성질을 가진다는 의미는 憲法原理의 면에서 중요한 내용을 함유하고 있다. 즉 國民主權原理가 지배하는 국가에서 국가의 입법행위는 民主的 正當性(=民主主義的 正當性 democratic legitimacy, demokratische Legitimität)을 확보한 국회에 의해 행해지기 때문에, 어떤 국가기관이 규범가치적으로 사실상 이런 입법행위와 等價의 행위를 하는 경우에는 그 기관 역시 국회에 버금가는 民主的 正當性을 확보하는 것이 원리상 국민주권원리에 합치한다. 이런 점에서 보면, 법률에 대한 규범통제가 입법작용으로서의 성질을 가진다는 것은 헌법재판소와 규범통제심판이 憲法的 正當性(立憲主義的 正當性 constitutional legitimacy) 이외에 민주적 정당성도 확보할 것을 요구한다. 법률에 대한 규범통제재판이 민주적 정당성을 가져야 하고, 이러한 재판을 하는 헌법재판소가 민주적 정당성을 가져야 한다. 이런 점 때문에 법률의 위헌여부에 대한 재판(위헌법률심판, 법률에 대한 헌법소원, 입법부작위에 대한 헌법소원) ─ 美合衆國에서는 司法審査(judicial review) ─ 을 둘러싸고 민주적 정당성의 문제가 제기되어 왔다(金雲龍b, 392 이하).

미합중국에서 司法審査(=위헌법률심사)의 正當性(legitimacy)에 대한 논의는 주로 사법심사와 민주주의의 관계에 초점이 맞추어져 왔다. 헌법을 제정하던 당시부터 이 문제가 제기되었는데, 문제의 초점은 국민에 의해 선출되지 아니한 司法官이 국민의 선거에 바탕을 두고 있는 국민대표기관인 의회가 제정한 법률의 효력에 대하여 결정 하는 것이 권력분립이나 민주주의원리에 비추어 타당하지 않고, 사법관이 지배하는 司法國家를 초래할 것이라는 점이다. 그러나 의회도 헌법을 침해하는 입법을 하는 경우가 있고, 이는 국가기관의 유권적인 판단에 의해 통제되어야 한다는 법리에 의해 사법심사는 정당성을 확보하고 있다. 즉 민주주의에서도 국민의 자유와 권리가 보장되어야 한다는 점(實質的 民主主義 substantive democracy), 다수결주의에 근거하여 국민의 자유와 권리를 결정할 수 없다는 점(反多數決主義 counter-majoritarianism), 이러한 자유와 권리가 성문헌법에서 정하고 있기 때문에 헌법이 최고규범으로서 규범력을 가져야 한다는 점(立憲主義 constitutionalism), 헌법은 국민이 정한 것이기 때문에 국가권력인 입법권도 헌법에 복종하여야 한다는 점(國民主權 popular sovereignty), 국가의 어떤 행위도 헌법적 한계를 넘어서는 안 되는 제한된 권력에 의한 국가일 때만 국가작용이 권위와 정당성을 가진다는 점(制限權力理論 theory of limited powers), 어떤 국가기관도 자기의 잘못에 대하여 스스로 심판할 수 없다는 점(自然的 正義 natural justice), 국가기관은 상호 견제되어야 한다는 점(權力分立 separation of power), 국가행위의 헌법위반여부에 대한 재판은 독립적이고 선례존중적이며 전문적인 재판기관에서 관장해야 한다는 점(獨立裁判機關에 의한 裁判的 統制)에 근거하여 헌법재판기관에 의한 사법심사는 정당성을 확보하고 있다.

(3) 규범통제와 민주적 정당성

헌법재판이 민주적 정당성을 가져야 한다는 것은 국민이 정한 헌법의 해석에서도 요구되는 것이지만, 법률의 위헌여부에 대한 재판에서도 그 성질상 요구된다. 헌법의 내용, 즉 국민의 의사를 확정하는 것에는 국민에게 바탕을 둔 정당화가 이루어져야 하며, 다양한 시각과 가치관이 그에 작용해야 한다. 특히 국회가 입법과정에서 해당 사안의 위헌여부를 충분히 검토하고 심사하여(국회가 다수의 법률가인 국회의원으로 이루어지든가, 위원회의 심사에서 법률가인 국회의원이 다수 참가하고 공청회나 청문회에서 위헌여부에 대한 검토가 행해진 경우를 상정해 보라) 합헌이라는 결론을 얻어 입법한 경우에 헌법재판소가 이런 입법에 대하여 위헌이라고 하는 경우 國會의 憲法解釋과 憲法裁判所의 憲法解釋이 충돌하는 사태가 발생한다. 헌법이 헌법재판제도를 두는 이상 헌법재판소의 헌법해석이 최종적인 것이기 때문에 국회의 헌법해석은 원칙적으로 헌법재판소의 헌법해석에 우선할 수 없다(다만, 위헌결정이 국회를 기속하느냐 하는 점에서는 논란이 있다). 그렇지만 이런 경우에도 헌법재판소가 민주적 정당성을 가지지 못하는 때에는 헌법재판소의 헌법해석이 민주적 정당성을 강하게 확보하고 있는 국회에 우선한다는 것을 立憲主義만으로 정당화하는 것은 國民主權原理나 民主主義原理의 면에서 설득력을 충분히 확보하기 어렵다. 그렇기 때문에 헌법재판에서 원리상으로는 立憲主義(constitutionalism)가 우위에 있지만 民主主義(democracy)가 배제되는 것은 아니다.

법률의 위헌여부에 대한 재판에서 존재하는 이러한 국회와 헌법재판소의 관계 및 입법작용으로서의 성질을 고려해 보면, 헌법재판에서 민주적 정당성을 확보할 필요가 인정된다. 다만, 이런 점이 헌법재판을 脫司法化 또는 脫裁判化시켜 헌법재판을 전적으로 政治化시키는 것은 아니라는 것을 유의할 필요가 있다. 법률의 위헌여부재판에서 입법작용으로서의 성질만 강조하면 자칫 헌법재판소가 입법자가 되고, 민주적으로 선출된 국회의 자리를 헌법재판소가 차지하여 민주주의를 질식시키는 결과를 초래할 수도 있다. 헌법해석에서 客觀主義와 主觀主義의 대립에서 볼 수 있듯이, 극단적인 주관주의가 국가의 입법기능을 규범통제로 대체하는 위험을 초래하고 민주주의를 질식시킬 수 있음을 유의해야 한다. 따라서 법률의 위헌여부재판이 입법작용으로서의 성질을 가지는 경우에도 사법작용으로서의 성질이 배제되지 않는다.

(4) 규범통제에 있어 헌법재판소와 국회

법률의 위헌여부재판이 입법작용으로서의 성질을 가진다고 하는 것은 입법자, 즉 國會와 憲法裁判所의 關係를 설정하는 데 중요한 의미를 가진다. 헌법이 등장하기 전 집행권에 대한 法律의 優位 또는 議會의 優位에 근거한 古典的 의미의 法治國家(=法律國家)에 의하면, 국회의 입법형성의 자유는 국가작용에서 무엇보다 중요한 비중을 가졌다. 행정과 사법은 이런 立法形成의 自由에 의한 입법에 기속되는 것이 그 귀결이었다.

그러나 자연권적 성질을 가진 자유와 권리들을 포함한 가치들이 헌법에서 기본권으로 보장되면서 자연권과 실정권 사이의 전통적인 대립·투쟁이 소멸됨으로 인하여 法律國家(Gesetzstaat)는 憲法國家(Verfassungsstaat)에 더 이상 대항할 수 없게 되었고, 의회주권은 국민주권에 기초하고 있는 입헌주의 앞에서 무력화되었다. 헌법국가와 입헌주의가 최고의 원리로 지배하는 현대 법치국가에서는 입법자도 자연 헌법에 기속되기에 이르렀다. 이러한 헌법의 최고규범성은 憲法의 優位를 형성했고, 현대 법치국가는 법률국가에서 헌법국가로 모습을 바꾸었다.

이런 헌법국가원리하에 헌법재판소가 헌법국가를 실현하기 위해 입법자의 권력행사를 통제하게 되자 입법자는 더 이상 헌법재판의 예외로 존재할 수 없게 되었다. 그 결과 헌법재판소는 입법자가 제정한 법률의 위헌여부재판을 통하여 실질적으로 입법자의 역할까지 담당하고 있다. 그러나 아무리 헌법국가원리가 지배한다고 하더라도 헌법재판소가 국회를 대신할 수 없다. 헌법국가에서도 헌법은 어디까지나 輪廓規範으로 존재하면서 개방성, 탄력성, 추상성, 미완성성을 가지고 공동체로 하여금 변화하는 상황에 적응하게 하는 것이고, 그 구체적인 법질서를 형성하는 것은 민주적 정당성을 가진 입법자의 주된 임무이고 보면, 헌법재판에서도 헌법재판소와 국회는 각각 원래의 자기 역할과 영역을 가지고 있다. 헌법재판소가 법률의 위헌여부재판에서 헌법이 가지는 윤곽규범으로서의 특성을 간과하고 모든 내용을 一義的으로 확정지을 때 헌법은 개방성과 추상성 등이 공급하는 생명력을 잃게 되고 입법자인 국회도 입법형성의 자유를 상실하고 헌법재판소에 종속하게 된다. 이렇게 되면 헌법국가라는 이름 아래 헌법재판소의 재판관들이 국가와 국민 생활의 모든 것을 결정하는「司法官國家」가 수립되고, 헌법재판소가 입법자의 자리를 찬탈하는 결과를 초래한다.

이러한 법리에 비추어 볼 때, 법률의 위헌여부재판이 입법작용으로서의 성질을 가지더라도 국회의 입법형성의 자유는 보장되어야 하고, 규범통제작용은 국회의 입법형성의 자유 앞에서 넘지 못할 한계선을 발견하게 된다고 할 것이다. 입법형성의 자유와 그 한계는 헌법재판소의 결정에 의해 정해지는 것이 아니고, 헌법의 범위 안에서 사물이나 사항의 본질에 의해 정해지는 것이다. 따라서 헌법재판이 입법작용으로서의 성질을 가지는 경우에도 그 한계는 명확하며, 이러한 한계가 설정될 때 비로소 공동체 내에서 國民主權과 民主主義가 원래의 생명력을 가지게 되고 국가작용에서 민주적 정당성의 메커니즘이 작동하게 된다. 헌법재판소가 위헌으로 결정한 법률과 동일한 법률을 다시 제정할 수 있는가 하는 위헌결정의 기속력 문제에서 국회는 다시 동일한 법률을 제정할 수 있다고 보는 견해는 국회의 입법권이 헌법재판소에 의해 지배될 수 없다는 것을 말하는 것이다([148] I (2)).

　　그런데 국회와 헌법재판소 간의 이러한 관계가 헌법재판소가 자기의 권한 행사를 자제하게 만드는 이른바 「司法自制」(judicial self-restraint)를 정당화하는 것은 아니라는 점을 유의할 필요가 있다. 헌법재판소가 자기에게 주어진 권한을 행사하지 않는 것은 직무의 포기 또는 직무유기일 수 있다. 헌법재판소가 규범통제재판에서 변형결정을 하는 경우에도 사안의 성질상 변형결정이 불가피하기 때문에 행하는 것이지 사법자제의 표현으로 행하는 것이 아니다. 헌법재판소에 자제가 요구된다면, 이는 적극적으로 질서와 법규범을 형성하는 정치작용에서 정치적인 영향력과 파장을 고려하여 과도한 정치작용을 해서는 안 된다는 의미에 그친다. 이러한 것은 헌법재판이 정치작용으로서의 성질을 가진다고 하더라도 그러한 정치작용은 진정한 정치작용과 달리 한계를 가진다는 것을 뜻한다.

Ⅲ. 政治作用으로서의 性質

(1) 내　　용

　　헌법재판이 정치적인 성질을 가지는 것은 輪廓規範인 헌법의 정치적 성질에서도 기인한다. 헌법재판이 헌법의 해석·적용행위이고, 이는 정치적 성질을 지니고 있는 헌법을 전제로 하므로 헌법재판은 실제에서 정치적 성질을 띠게 된다. 여기서 정치작용이라 함은 공동체의 의사와 질서를 적극적으로 形成하는 작용을 의미한다. 헌법재판이 어떤 경우에 어느 정도로 정치작용으로서의 성질을 가지는가 하는 것은 헌법재판의 各種 審判節次에 따라 다르게 나타날 수 있다. 따라서 헌법재판이 가지는 정치작용으로서의 성질을 인정한다고 하더라도 각종 심판절차에서는 이러한 성질이 정도와 수준에서 다르게 작용한다.

(2) 개별 심판과 정치작용

　　法令의 違憲與否를 판단함에 있어서 헌법을 해석하는 데는 政治性이 개입한다. 특히 過剩禁止原則의 위반을 이유로 위헌이라는 판단을 하는 경우에는 판단의 상황구속적인 속성으로 인하여 정치성이 개입할 여지가 있다. 입법작용이 동시에 정치성을 가지고 있는 점을 고려하면, 헌법재판이 입법작용으로서의 성질을 가지는 규범통제재판에서는 정치작용으로서의 성질이 부각될 수 있다. 그러나 規範統制도 재판작용이고 보면, 이러한 정치작용으로서의 성질이 재판작용으로서의 성질을 부정하게 만들지는 못한다.

政黨解散審判의 경우 민주적 기본질서의 위반여부를 판단함에 있어서 정치성이 강하게 작용할 수 있다. 한 나라의 정치활동에서 차지하는 정당의 지위에 비추어 볼 때, 어떤 정당을 해산하는 일은 간단하지 않다. 이미 정당해산이 문제가 되는 상황은 정치세력들 사이에 타협과 공존이 불가능할 정도로 심각한 수준에 이른 것일 수도 있으므로 이 상황에서 헌법재판소가 해산여부를 결정하는 것은 정치의 소용돌이한 가운데 서는 것이며, 법치주의 형식을 가지고 정치적인 행위를 하는 것이기도 하다. 특히 정당해산의 사유가 되는 「政黨의 目的이나 活動이 民主的 基本秩序에 違背될 때」를 판단함에 있어서 민주적 기본질서가 구체적으로 어떤 내용을 담고 있는 것인지를 확정하는 것은 헌법해석의 문제이기는 하지만, 헌법재판소가 정치적 이데올로기의 대립과 갈등의 상황 속으로 들어가는 것이다. 이 경우에는 헌법재판소 재판관 각자의 개인적 이념과 가치관이 큰 비중을 가질 여지가 생길 수 있다. 정당해산심판은 정치적 성격이 강하게 부각되기 때문에 대부분의 경우에는 정당해산심판의 절차로 가기 전에 정치세력들간에 어떠한 결말을 보게 된다.

그러나 政黨解散審判이 이런 정치성을 띤다고 하여도 이것 역시 어디까지나 재판작용이고 보면 정당의 해산을 정치적인 고려를 중심으로 하여 결정할 수는 없다. 여기에서도 중요한 것은 憲法規範의 當爲的 意味이고, 이런 헌법규범의 인식작용이다. 헌법재판소는 정당해산심판에서 순전히 법적인 판단을 할 수 있을 뿐이지 정치적인 판단을 할 수는 없다. 정당의 목적이나 활동이 민주적 기본질서에 위배되는지의 여부를 결정하면 이에 따라 심판하여야 하지 여기에 정치적 판단을 더하여 해당 정당의 해산여부를 결정하는 것이 아니다. 정당해산여부에 대한 순수한 법적 판단이 현실에 어떤 정치적 효과와 영향을 가져온다는 것과 정치적인 고려에 따라 정당해산여부를 판단하여야 한다는 것은 성질상 서로 전혀 다른 것이다. 따라서 정당해산심판에서도 立憲主義는 여전히 중요한 의미를 가진다.

彈劾審判의 경우에도 정치성이 작용한다. 특히 대통령제를 취하고 있는 국가에서는 국가원수이자 행정수반인 대통령에 대한 탄핵심판은 헌법과 법률의 위반이라는 법적 쟁점이 주된 것이기는 해도 이러한 판단에는 고도의 정치성이 개입할 수밖에 없다. 法治主義에 따를 때, 공무원이 헌법이나 법률에 위반하여 직무를 집행한 경우에는 공직에서 罷免시켜도 부당한 점이 없지만, 국가 운용의 실제에서는 이 문제가 단순하지 않다. 국민에 의해 직접 선출되어 민주적 정당성을 보유하고 있는 대통령을 파면시키는 것이나 국가조직에서 최고의 지위에 있으면서 독립성이 강하게 보장

되어 있는 헌법재판소장, 헌법재판소 재판관, 대법원장, 대법관을 그 직에서 파면시
키는 것은 形式的 法治主義의 논리에만 의존하여 결정할 수 없다. 이들의 탄핵심판
에서는 국가 조직의 운영에 있어서 인물 충원의 관점, 해당 인물의 능력, 업무의 중
요성과 연속성, 국가의 대외적인 권위와 신뢰도, 국가질서의 통합력 등이 고려된다.
이런 점들은 국회가 탄핵소추를 의결하는 과정에서 고려되지만, 헌법재판소도 이런
여러 가지 점들을 고려하게 된다. 국회의 탄핵소추의 의결에서 헌법재판소의 탄핵심
판에 이어지는 전체의 과정은 法治主義의 原理에 따라 행해지고 모든 절차가 실정법
에 따라 진행되는 것이지만, 탄핵소추의 의결에서 국회가 판단하는 것과 파면 여부
를 판단하는 헌법재판소의 판단에는 법치주의 이외에 高度의 國家政策的이고 政治的
인 고려가 개입하게 된다. 이런 점은 탄핵심판이 사안에 따라 高度의 政治的인 성격
을 띨 수 있음을 보여 준다.

　　그런데 탄핵심판절차에서 소추된 당사자에 대한 파면여부는 헌법재판소의 결정
이라는 사법적 행위의 효과로서 정해지는 것이므로 裁判作用이다. 공직에서 파면되
는 것과 파면된 자가 결정선고가 있은 날로부터 5년을 경과하지 아니하면 공무원이
될 수 없는 것 등은 헌법재판소의 파면결정의 효력이다(憲裁法 §53 ①, §54②). 따라서 탄핵심판에
는 사안에 따라 정도를 달리하면서 정치성이 개입하지만 재판작용으로서의 성질은
여전히 그 중심에 놓여 있다.

　　權限爭議審判에서는 정치작용으로서의 성질이 약화된다. 오히려 권한쟁의심판은
정치영역에서 정치행위들이 가열되어 격렬하게 대립·갈등하는 상황을 평화적으로
해결하는 역할을 한다. 예컨대 국회에서 소수파 국회의원이 다수파 국회의원들이나
국회의장의 권한 남용에 대하여 권한쟁의심판을 통하여 다툴 수 있게 함으로써 정치
적 의사형성의 장에서 발생하는 극한 대립의 상황을 평화적으로 해결할 수 있게 한
다. 다수의 횡포에 대하여 소수에게 反論의 기회를 제공함으로써 소수의 목소리를
보호하는 少數의 保護(Minderheitenschutz)라는 민주주의의 요청을 법적인 裁判節次를
통해 해결하는 것이 權限爭議審判이 가지는 하나의 기능이다(C. Umbach/Th. Clemens, 838). 그러나 국가
또는 공동체 내의 권한의 배분에서 어떻게 하는 것이 국가와 공동체의 기능에 합당
한 것인가를 판단함에 있어서는 정치적인 요소가 고려될 여지가 존재한다.

　　(3) 기　　능
　　헌법재판이 가지는 이러한 정치작용으로서의 성질은 헌법재판이 일반법원에서
행해지는 통상의 재판과 구별되는 요소이기도 하다. 따라서 정치적으로 無色하여야
하는 일반법원이 이러한 특성을 가지고 있는 헌법재판을 관장하는 것은 적합하지 않

다. 헌법재판을 국가의 立法作用, 行政作用, 司法作用과 구별하여 제4의 國家作用
으로 파악하는 것도 이런 점을 고려한 것이다.

　　헌법재판이 정치적 성질을 가지고 있는 점은 일반 재판의 경우와 비교하여 헌법
재판에서 재판관의 法發見과 法形成의 기능을 광범하게 인정하는 길을 열어 놓는 결
과를 가져온다. 헌법해석은 헌법제정권자의 의사를 확인하고 확정하는 것이기는 하
지만, 그러한 憲法認識作用에 있어서 재판관은 실제 법발견과 법형성의 행위를 하게
된다. 그런데 법형성은 기본적으로 민주주의의 영역이고 이는 헌법제정권자와 국회
에서 이루어지므로 헌법재판에서 이러한 법형성을 적극적으로 수행하는 것은 자칫
「司法의 優位」(judicial supremacy)를 불러와 국민이 지배하는 것이 아니라 司法官이 지
배하는 「司法國家」(Justizstaat)를 초래할 수 있다. 국민의 지배 대신에 「裁判官의 支
配」(rule of judge)가 이루어질 때, 사회공동체의 力動性과 國民主權과 民主主義는 후퇴
하고 만다. 따라서 헌법재판이 정치적 성질을 가지고 있다고 하더라도 헌법해석에서
재판관에게 과도한 법형성의 권한을 인정할 수는 없다. 헌법해석이 재판관의 자의적
인 가치판단이 아니라 역사를 통하여 발견 또는 형성되고 적용되면서 검증된 객관적
이고 합리적인 원리(principle)에 의해 지배된다는 것도 헌법재판이 가지는 정치적 성
질의 한계를 말해 준다.

　　미합중국에서 헌법의 해석을 둘러싸고 등장한 原意主義(originalism) 또는 解釋主義
　(interpretivism)와 非原意主義(nonoriginalism) 또는 非解釋主義(noninterpretivism)의 대립은
　미합중국연방헌법의 규정이 가지는 특성 때문에 생겨난 것이기도 하지만, 헌법재판
　이 가지고 있는 사법작용으로서의 성질과 정치작용으로서의 성질로 말미암아 생겨
　나는 문제이기도 하다. 原意主義는 그 태도에 있어서 엄격한 태도에서 완화된 태도
　에 이르기까지 편차는 있으나, 기본적으로 헌법해석을 법발견이라고 이해하고, 헌법
　해석에서 객관주의를 추구하면서, 해석의 대상인 헌법전이나 헌법적 자료의 문언과
　명백한 의미 그리고 헌법제정권자의 원래 의사나 의도(original intent)에 근거하여 헌법
　을 해석하여야 한다는 견해를 취하고 있다. 헌법해석에서 중립성과 비정치성을 강
　조하고 해석자의 주관적 의견을 배제하고자 한다. 헌법이 침묵하고 있는 내용을 정
　하는 것은 무엇이 법인가를 정하는 입법자의 몫에 해당하며 재판기관에 의해 정해
　질 수 있는 것이 아니라고 본다. 선출되지 않은 재판관에 의한 司法審査(judicial
　review)는 다수결원리(majority principle)를 본질로 하는 민주주의의 궤도에서 벗어난 것
　이라는 시각을 견지하고, 司法積極主義(judicial activism)는 민주주의와 합치하기 어려
　운 것이라고 본다. 특히 개인의 자유는 다수결에 의해 정해지는 것이 아니므로 재
　판관의 개인적 가치나 주관이 개입하는 것은 타당하지 않다고 한다. 헌법의 발달
　(constitutional evolution)은 헌법개정의 방법만으로 이루어진다고 본다. 원전(text)의 해석
　에 철저한 해석주의적 태도를 견지한다. 非原意主義는 기본적으로 헌법해석을 법형
　성 또는 법창조라고 이해하고, 객관주의를 지양하고 주관주의를 취하며, 의미가 一

義的이지 않은 이상 재판관은 헌법전이나 헌법적 자료 또는 헌법제정권자의 원래 의사나 의도의 애매하고 확정적이지 아니한 文言과 완벽하지 않은 내용에 구속받지 말고 이를 넘어서서 사회 변화의 요구와 사건 해결에 가장 합당한 응답을 추구하면 된다고 본다. 입법자의 의도가 불분명하거나 명시적이지 않은 권리라도 이를 보호하기 위해 재판기관이 헌법을 해석하는 것은 허용된다고 본다. 민주주의는 다수결 원리 외에도 실질적 가치와 절차적 규범을 포함하는 것이므로 이런 해석에 바탕을 두는 사법심사는 민주주의와 합치하는 것이라고 보고, 사법적극주의가 민주주의와 모순되는 것은 아니라고 한다. 헌법의 의미는 헌법개정뿐만 아니라 헌법해석을 통해서도 발달한다고 본다. 전통, 현재 통용되는 가치, 자연법, 재판관의 가치관 등이 헌법해석에서 중요한 기능을 한다고 본다. 헌법의 대상이 가지는 의미가 일의적이지 않고 애매한 경우 중립적이고 비정치적인 해석의 가능성에 대해 회의적인 태도를 취한다. 원전의 문언해석을 넘어서는 비해석주의적 태도를 견지한다. 原意主義 對 非原意主義가 반드시 보수주의 대 진보주의라는 등식은 성립하지 않는다. 미합중국의 연방최고법원은 그 동안 재판의 실제에서 수차에 걸쳐 양쪽의 견해를 오가는 태도를 보이고 있다. 原意主義와 非原意主義에도 엄격한 태도와 완화된 태도가 존재하고 고려해야 할 항목에서도 다양한 차이를 보이고 있어 양극 사이에는 스펙트럼이 넓게 존재한다.

(4) 가처분과 정치작용

헌법재판이 지니는 정치작용으로서의 성격은 헌법재판의 각종 심판절차에서 행하는 가처분의 경우에 민감하게 작용한다. 헌법재판소가 한계를 정하지 않고 가처분을 발하는 경우 법질서를 변경하거나 새로 형성하는 역할을 광범하게 수행하게 되므로 사실상 강한 정치행위를 하게 된다. 따라서 가처분에 대한 재판에서도 어디까지나 헌법재판소는 재판작용으로서 행하는 가처분의 수준에 머물 수 있게 자제하여 헌법재판의 한계를 넘지 않도록 유의하는 것이 필요하다. 물론 이러한 헌법재판소의 신중한 태도가 가처분이 필요한 경우에 이를 거부하는 사유가 되어서는 안 된다.

[憲 2002. 4. 25.-2002헌사129] 「헌법재판소법 제40조 제1항에 따라 준용되는 행정소송법 제23조 제2항의 집행정지규정과 민사소송법 제714조의 가처분규정에 의하면, 법령의 위헌확인을 청구하는 헌법소원심판에서의 가처분은 위헌이라고 다투어지는 법령의 효력을 그대로 유지시킬 경우 회복하기 어려운 손해가 발생할 우려가 있어 가처분에 의하여 임시로 그 법령의 효력을 정지시키지 아니하면 안 될 필요가 있을 때에 허용된다. 다만, 사인간의 법률관계나 행정청의 구체적 처분의 효력을 정지시키는 것이 아니라 현재 시행되고 있는 법령의 효력을 정지시키는 것일 때에는 그 효력의 정지로 인하여 파급적으로 발생되는 효과가 클 수도 있기 때문에 이러한 점까지 고려하여 신중하게 판단하여야 한다. 그러므로 법령의 효력을 정지시키는 가처분은 비록 일반적인 보전의 필요성이 인정된다고 하더라도 행정소송법 제23조 제3항이 규정하는 바와 같이 공공복리에 중대한 영향을 미칠 우려가 있을

때에는 인용되어서는 안 될 것이다.」

[憲 2006. 2. 23.-2005헌사754] 「법령의 효력을 정지시키는 가처분은 비록 일
반적인 보전의 필요성이 인정된다고 하더라도 행정소송법 제23조 제3항이 규정하는
바와 같이 공공복리에 중대한 영향을 미칠 우려가 있을 때에는 인용되어서는 안 될
것인바, 위 제소금지조항에 대한 가처분을 인용한 뒤 종국결정에서 청구가 기각되
었을 때 침해되는 주된 공익은 부당하게 재임용에서 탈락된 교원들이 입은 불이익
이 장기간의 구제요구에도 불구하고 다시 이 사건의 본안심판청구에 대한 종국결정
시까지 기다려야 한다는 점이다. 그러나 위와 같은 공익이 공공복리에 중대한 영향
을 미친다고 보기 어렵고, 또한 이를 제소금지조항에 대한 가처분을 기각한 뒤 종
국결정에서 청구가 인용되었을 때 신청인이 입게 되는 손해나 권리침해와 비교형량
해 볼 때 신청인이 입게 되는 불이익이 더 클 것으로 보인다. 따라서 법 제9조 제
1항은 그 효력이 정지되어야 할 것이다.」

[3] 第三 憲法裁判機關

Ⅰ. 憲法裁判所와 大法院

헌법상 헌법재판기관의 대표적인 것은 憲法裁判所이다. 그러나 憲法 제107조 제
2항으로 인하여 大法院도 예외적으로 헌법재판의 기능을 맡는 경우가 있다.

憲法 제107조 제1항은 「法律이 헌법에 위반되는 여부가 裁判의 前提가 된 경우
에는 법원은 헌법재판소에 提請하여 그 심판에 의하여 재판한다」고 정하고 있음과
동시에 憲法 제111조에서 憲法裁判所는, 법원의 제청에 의한 법률의 위헌여부심판,
탄핵의 심판, 정당의 해산심판, 국가기관 상호간·국가기관과 지방자치단체간 및 지
방자치단체 상호간의 권한쟁의에 관한 심판, 법률이 정하는 헌법소원에 관한 심판을
관장한다고 정하고 있다. 이와 같이 헌법재판의 각종 심판절차에 대한 관할은 헌법
재판소가 독점하고 있다. 그래서 우리나라 헌법재판을 독립된 헌법재판기관이 관장
하는 시스템이라고 하며, 일반적으로 이러한 것을 「헌법재판의 집중형 시스템」
(centralized system of constitutional review)이라고 부르기도 한다($^{\text{M. Cappelletti}}_{\text{1971: 53 이하}}$).

법원과는 독립된 헌법재판기관이 헌법재판을 관장하는 「집중형 시스템」은 H. Kel-
sen에 의해 고안된 것으로 1920년 오스트리아헌법에서 제도화한 이후 이탈리아, 독
일 등 유럽의 대부분의 국가가 이를 채택하였다. 20세기 후반에 이르러 본격적으로
확산된 전지구적인 민주화의 물결(=「민주주의의 제3의 물결」)에 의한 「새로운 민주주
의」(new democracy)의 출현시기에 민주화로 이행한 대부분의 국가들은 헌법에서 헌법
재판을 제도화하면서 「집중형 시스템」을 채택하여, 오늘날 「집중형 시스템」은 현대
헌법재판의 주류적인 형태로 되었다($^{\text{T. Ginsburg,}}_{\text{6 이하}}$).

그런데 憲法 제107조 제2항은 「命令·規則 또는 處分이 헌법이나 법률에 위반

되는 여부가 裁判의 前提가 된 경우에는 大法院은 이를 최종적으로 審査할 권한을 가진다」고 정하고 있다. 이것은 具體的 規範統制에서 법률을 제외한 명령 또는 규칙 등의 위헌여부심사를 헌법재판소가 아닌 대법원이 관장한다는 것을 정하고 있는 것이다. 따라서 이런 한도 내에서 대법원도 헌법을 해석하여 명령이나 규칙 등의 위헌여부를 결정하는 권한을 가지고 있다는 의미에서 헌법재판기관의 역할을 담당하고 있다.

이와 같이 현행 헌법상 具體的 規範統制는 二元化되어 있는 구조를 취하고 있다. 즉 法律의 違憲與否審判은 憲法裁判所가 관장하고, 命令 또는 規則 등의 違憲與否審査는 大法院이 관장하고 있다.

Ⅱ. 具體的 規範統制의 二元化 問題點

이런 구체적 규범통제의 이원화 구조는 헌법을 보장함에 있어 필수불가결한 헌법질서의 통일성을 유지하는 데 있어서는 치명적인 약점을 가지고 있다. 규범통제의 이원화는 헌법해석에서 憲法裁判所와 大法院이 견해를 달리할 수 있다는 것을 허용하게 된다.

우리 실정법의 구조상 법규범의 존재와 효력은 「憲法 → 法律 → 命令 → 規則」의 垂直的 段階를 이루고 있으므로 상위 법규범의 효력이 상실되면 그에 근거하여 위임받은 하위 법규범의 효력도 상실한다. 즉 법규범의 위임에 있어서 특정 내용을 상위규범인 법률에서 하위규범인 명령에 위임한 경우 母法인 법률의 해당 규정이 효력을 상실하면 위임을 받은 명령의 해당 규정의 효력도 상실한다. 대법원도 판례에서 이를 인정하고 있다(예: 大 1996. 4. 9.-95
누11405). 따라서 헌법재판소가 법률이나 법률조항에 대하여 위헌으로 결정하여 효력을 상실시킨 경우에는 그에 근거하여 위임을 받은 명령의 위헌여부를 판단함에 있어 헌법재판소와 대법원 사이에 의견이 달라질 여지가 없다.

그러나 법률규정과 명령규정이 위임관계에 있지 않은 상태에서 해당 법률규정의 위헌여부를 헌법재판소가 판단하고, 해당 명령규정의 위헌여부를 대법원이 판단함에 있어서 동일한 헌법조항을 해석해야 할 경우가 발생할 수 있는데, 이런 경우 헌법재판소와 대법원의 헌법해석이 서로 다른 경우에는 헌법규범의 의미를 확정함에 있어서 不統一이 발생한다. 또 동일한 법규범의 위헌여부의 판단에서도 헌법재판소와 대법원 사이에 의견의 불일치를 초래하여 법질서의 통일을 파괴할 수 있다. 예컨대 어떤 시행령의 조항에 대하여 대법원이 憲法 제107조 제2항에 의거한 절차에서 합헌이라고 해석하여 적용하였지만, 그 후에 그 시행령의 동일한 조항에 대한 헌법소원심판에서 헌법재판소가 위헌이라고 해석한 경우에는 동일한 시행령 조항의 효력과 적용에서 서로 상이한 결과가 발생한다.

결국 이런 具體的 規範統制의 二元化는 헌법해석의 통일 또는 헌법질서와 법질서의 통일성을 유지하지 못하게 하여 立憲主義 또는 憲法國家의 실현에 심대한 장애를 유발하고, 실정법규범의 효력상의 체계에 不整合을 초래하며, 헌법해석을 둘러싸고 憲法裁判所와 大法院 사이에 갈등을 불러온다(同旨: 金雲龍b, 110). 법규범구조와 헌법재판의 본질상 이러한 것은 체계상의 오류이므로 구체적 규범통제의 일원화를 통하여 이 문제를 해결하는 것이 필요하다(鄭宗燮b, 89).

실정 헌법이 존재하고 이를 전제로 한 헌법재판이 법원과 독립된 기관에서 행해지는 이상 憲法規範의 의미와 憲法秩序의 통일이라는 요청에 따라 헌법재판소의 견해가 최종적인 것이 되어야 한다. 1960年6月憲法은 憲法裁判所의 관장사항으로 「憲法에 관한 最終的인 解釋」을 정하고 있었다. 이는 당시 헌법재판소의 관할이던 법률의 위헌여부심사, 국가기관간의 권한쟁의, 정당의 해산, 탄핵심판, 대통령·대법원장과 대법관의 선거에 관한 소송뿐만 아니라 이런 각종 심판 이외의 구체적 규범통제 절차에서 헌법해석이 문제가 될 때 헌법해석에 관한 최종적인 관할은 헌법재판소가 가진다는 것을 정한 것이다(憲法 §83의3; 憲裁法 §9). 그러므로 이런 규정이 있든 없든 無關하게 헌법재판의 각종 심판에 있어서 헌법해석은 헌법재판의 본질상 당연히 헌법재판소가 최종적인 관할권을 가진다.

제 2 장   憲法裁判과 憲法

제 1 절   裁判機關에 의한 憲法裁判

[4]   第一   憲法裁判의 射程距離

헌법재판은 헌법재판기관의 재판작용이라는 점에 특징이 있다. 헌법규범을 해석하고 적용하는 것은 국회, 대통령, 행정부, 법원도 이를 행하지만, 실정 헌법규범의 의미를 최종적으로 확정하고 재판을 통하여 규범력을 발생하게 하는 것은 헌법재판이다.

헌법재판은 재판기관의 재판행위이므로 여기에는 필연적으로 실정 헌법의 적용이 있게 된다. 따라서 헌법재판에서는 헌법의 해석·적용이 핵심적인 행위를 이룬다. 이런 헌법의 해석행위는 헌법재판에서 행해지는 실정 헌법에 대한 最終的인 有權解釋이다.

헌법은 그 규범적인 특성으로 인하여 未完成性, 開放性, 抽象性이 강하게 나타난다. 헌법의 특정 규정은 명확하여 그 의미의 확정이 용이한 경우도 있으나, 대부분의 규정은 윤곽규정으로서 이러한 특성을 가지고 있다. 헌법에서 정하고 있는 민주주의원리, 법치주의원리, 복지국가원리가 구체적으로 어떠한 내용을 가지고 있으며, 개별적 기본권을 정하고 있는 조항도 그 保護領域이 어디까지인가 하는 것은 헌법해석을 통하여 확정된다. 뿐만 아니라 憲法 제10조와 憲法 제37조 제 1 항에서 어떠한 개별적 기본권을 도출할 것인가 하는 것도 헌법재판소의 헌법해석을 통하여 확정된다. 이러한 원리나 가치의 규범적 의미를 확정하는 문제는 시대의 변천에 따라 달라지고 공동체가 처한 구체적인 상황과 역사적 배경과 단계 그리고 해당 사건이 자리잡고 있는 특수성 등에 따라 달라지는 부분이 있으므로 헌법해석에 관해서는 태도와 방법에서 다양한 양상이 존재하게 된다.

다양한 憲法解釋의 態度와 方法 가운데 헌법재판소가 어떠한 태도와 방법을 취하느냐에 따라 그 당시의 헌법의 의미가 확정되고, 헌법질서가 형성된다. 헌법재판소의 헌법해석이 실정 헌법의 의미를 「확인」하는 것인가 아니면 실질적으로 헌법의 의미를 「창설」하는 것인가 하는 문제는 중요한 쟁점이지만, 실정 헌법의 의미를 확인한다고 하는 경우에도 헌법재판소가 헌법해석에서 취하는 태도와 방법에 따라 그에 따른 헌법의 의미와 헌법질서가 확정된다. 물론 헌법재판소의 이런 헌법해석이 한번의 결정으로 고정되고 불변의 것으로 되는 것은 아니다. 헌법재판소는 판례의 변경을 통하여 스스로 행한 헌법해석을 변경할 수도 있고, 구체적인 사건을 통하여 점진적으로 자기의 의견을 견고하게 하거나 완화하기도 한다.

헌법재판소가 헌법해석을 통하여 확정하는 헌법의 의미 또는 내용은 헌법재판에서 審判의 規準 내지 基準으로 작용한다. 그런데 다른 한편으로 이러한 헌법해석은 심판의 규준으로만 작용하는 것이 아니라 헌법재판소가 헌법해석에 있어서 어떠한 태도를 취하느냐에 따라 헌법재판소가 어디까지 권한을 행사할 수 있는가 하는 점도 정해진다. 따라서 헌법해석은 헌법재판소의 권한의 범위와 정도를 정함에 있어서도 중요한 의미를 가진다. 이런 점에서 보면, 헌법재판소의 관할권은 열거주의에 의해 헌법에 열거되어 있다고 하더라도 세부적인 권한의 범위와 정도에 대해서는 헌법재판소 스스로 확장하거나 축소할 수 있는 권한을 가진다고 할 수 있다. 열거주의의 범위 내에서 구체적으로 어떠한 경우에 헌법재판소에 심판을 청구할 수 있는가 하는 심판청구의 가능성 문제는 헌법재판소가 헌법해석에서 취하는 태도나 방법과 밀접 불가분한 연관을 가지고 있다. 따라서 헌법재판소의 심판권한의 범위는 전체적으로는 열거주의에 의해 정해지지만 세부적으로는 헌법재판소의 헌법해석에 의해 정해진다고 할 수 있다.

[5] 第二   憲法裁判에서의 憲法裁判所와 法院

I. 憲法의 適用과 憲法裁判

形式的 意味에서 보면, 헌법재판소는 憲法 제111조 제 1 항에 열거된 헌법재판에 관하여 獨占的이고 排他的인 관할권을 가진다. 이런 면에서는 헌법재판은 헌법재판소에 의해 이루어진다고 할 수 있다.

그러나 實質的 意味에서 보면, 헌법재판은 헌법재판소 이외에 法院에 의해서도 이루어진다. 일반법원이 법률을 적용하여 재판을 하는 경우에도 그 법률은 합헌적인 것이어야 하며, 법률의 합헌적인 해석과 적용은 법원의 재판에서 본질필연적으로 요구되는 것이다. 법원도 국가기관으로서 국민의 기본권 보장이나 헌법의 준수와 수호에 있어 제 1 차적인 의무를 지고 있기 때문이다. 법원이 민사재판에서 양 당사간에 기본권의 충돌이 발생하는 경우에 이를 헌법에 합치하도록 조정해야 하는 점이나 형

사재판에서 피해자의 사생활의 비밀이나 명예의 보호와 피고인의 표현의 자유가 충
돌하는 경우에 헌법에 합치하는 판단을 하여 有罪與否를 결정해야 하는 점은 법원도
재판에서 적지 않게 헌법재판의 기능을 수행한다는 것을 말해 준다. 다만, 법률이
헌법에 합치하는지의 여부에 대하여 최종적인 결정을 하는 권한은 헌법재판소가 가
지며, 헌법재판소가 憲法의 最終的 有權解釋을 한다는 점에서 헌법재판소와 법원이
구별된다. 헌법재판소와 법원이 헌법의 해석을 놓고 서로 다른 의견을 제시한 경우
에 법적으로는 헌법재판소의 해석에 따라 헌법의 의미와 헌법질서가 확정되지만, 실
제에서 양 기관은 모두 법적 의견의 표시에서 부담을 지게 되어 서로 견제한다고 볼
수 있다.

Ⅱ. 限定違憲決定 및 限定合憲決定

이런 점을 고려하면, 헌법재판소가 限定違憲 또는 限定合憲의 결정을 하는 경우
에는 신중한 태도를 취할 필요가 있다. 구체적인 사건에서 법원이 앞으로 직면하게
될 모든 경우의 사건을 헌법재판소가 미리 하나씩 판단하여 법률의 해석과 적용에서
어떤 것은 위헌이고 어떤 것은 합헌이라고 하기에는 위험이 따르기 때문이다. 이러
한 한정위헌과 한정합헌은 법원의 재판권을 제한하는 것이 될 수 있고 자칫 법원의
재판을 저해할 수도 있다.

그리고 법원도 위헌여부심판제청의 절차에서 당사자의 신청이 있는 경우이든 법
관이 직권으로 제청하는 경우이든 판사가 최선을 다하여 숙고한 끝에 합헌임에 의문
의 여지가 없다고 確信을 가지는 경우가 아닌 한 헌법재판소에 위헌여부심판을 제청
하는 것이 타당하다. 특히 재판의 전제가 된 법률이 기본권을 제한하는 것인 경우에
는 이러한 제청을 할 때 비로소 헌법재판에 있어서 법원의 참여기능이 살아난다.

Ⅲ. 彈劾審判, 政黨解散審判, 權限爭議審判

법원에 의한 이런 실질적인 헌법재판은 법원에 구체적인 사건이 係屬되는 경우
에 있을 수 있으므로 탄핵심판, 정당해산심판, 권한쟁의심판에서는 헌법재판소만이
독점적으로 형식적 의미의 헌법재판과 실질적 의미의 헌법재판을 수행한다.

Ⅳ. 憲法訴願審判의 補充性

기본권의 보호는 위헌법률심판을 통해서도 이루어지고 헌법소원심판을 통해서
도 이루어진다. 위에서 본 것과 같이, 기본권의 보호와 실현에서 법원은 제1차적인
의무를 지고 있으므로 위헌법률심판절차에서도 이런 의무를 소홀히 해서는 안 된다.

권리구제의 메커니즘에서 볼 때, 헌법소원심판절차는 직접 기본권 침해여부를

판단하는 것이므로 기본적으로 통상적인 일반적 권리구제절차를 보충하는 것이다 ([236] I). 따라서 법원도 그 성질상 허용되는 범위 내에서는 권리구제에서 당사자가 헌법소원심판절차로 사건을 가져가지 않도록 자신이 처리하는 자세를 취하는 것이 필요하다. 이 사항은 재판관할권의 문제이어서 대부분 법률에서 정하고 있지만, 原告適格이나 訴의 利益, 소송의 대상의 문제로서 법원의 판단에 의해 확정되는 여지도 있다. 이런 점에서 헌법재판소는 헌법소원심판이 가지는 補充的 性格을 지킬 필요가 있다.

그러나 어떤 경우에도 기본권의 보호에서 공백이 발생하는 것을 방치할 수는 없으므로 법원과 헌법재판소는 相補的인 관계에서 그 역할을 수행해야 할 것이다. 이는 헌법소원심판절차에서 심판을 청구하기 이전에 통상의 권리구제절차를 밟았는가 하는 적법성의 요건을 따질 때 고려해야 할 점이다. 헌법소원심판의 청구에서 보충적 성격을 요구하는 것이 기본권의 보호에 공백을 초래하는 결과를 가져오는 경우에는 보충성은 후퇴할 수밖에 없다.

제 2 절 憲法裁判과 立憲主義

[6] 第一 概 說

현대 입헌주의는 立法權은 헌법에 구속되고 집행권과 재판권은 法과 法律에 구속된다는 것을 핵심적 내용으로 한다(예: 독일연방 헌법 §20③). 헌법재판은 무엇보다 각종의 국가작용으로 하여금 헌법에 합치하도록 만드는 데 근본적인 존재의의가 있다. 헌법재판은 국회의 입법작용, 행정부의 행정작용, 법원의 재판작용이 합헌성을 확보하도록 권력을 통제하며, 국가기관 또는 지방자치단체 상호간에 발생하는 권한쟁의에 대한 심판을 통하여 각 국가기관 또는 지방자치단체에 상응하는 권한의 배분을 확인하고, 이를 통하여 國家法의 秩序를 유지하게 한다.

뿐만 아니라 헌법재판은 고도로 헌법정책적이고 정치적인 성격을 가지는 憲法事件에 대해서도 헌법이 무엇인지를 선언한다. 예컨대 탄핵심판, 정당해산심판, 대통령이나 국회의원 선거재판(현행법은 이를 헌법재판소의 관 장사항으로 정하고 있지 않음), 중요한 국정문제의 결정·자문(예컨대 대통령의 직 무수행 불능 판단, 국가의 중요정책에 대한 헌법적 자문 등 현행법은 이를 헌법재판소의 관장사항으로 정하고 있지 않음) 등이 이러한 범주에 속한다.

근대 國民主權主義와 立憲主義가 성립한 이후 헌법규정은 직접 적용되는 法으로서 확정되었고, 오늘날 대부분 입헌민주국가에 있어서 재판기관에 의한 憲法裁判은

基本權의 保障, 代議民主主義, 法治主義(權力分立, 法律의 優位, 行政의 法律合致性, 裁判의 獨立, 行政에 의한 權利侵害에 대한 재판기관의 구제 등), 成文憲法主義와 함께 立憲主義 또는 憲法國家(Verfassungsstaat)의 필수적인 구성요소를 이루고 있다.

［ 7 ］ 第二　立法作用에 대한 統制

Ⅰ. 立法作用과 憲法的 統制

헌법재판소는 헌법재판을 통하여 국가의 입법작용을 통제한다. 국가의 입법작용은 입법기관인 국회의 法律의 制定・改正行爲와 행정부의 行政立法이나 사법부의 司法立法과 같은 형태로 구체화된다. 이러한 입법작용은 입법행위의 과정과 결과로 나타나는데, 헌법재판소는 입법행위의 과정과 결과가 모두 헌법에 합치되도록 입법작용에 대하여 통제를 한다. 입법행위의 과정에 대한 통제는 權限爭議審判을 통하여 효과적으로 이루어진다(규범통제의 심판에서 立法行爲의 결과인 法律 이외에 입법행위의 과정이 헌법에 합치하는지의 여부를 헌법재판소가 심판할 수 있는가 하는 점에 대해서는 긍정설과 부정설이 대립한다. [113] Ⅳ). 입법행위의 결과인 법률, 명령, 규칙, 조례 등에 대한 통제는 대표적으로 規範統制와 憲法訴願審判을 통하여 이루어지고, 때로 權限爭議審判을 통해서도 이루어진다.

Ⅱ. 規範統制

국가의 입법행위의 결과, 즉 法律에 대한 통제는 법원에 係屬된 구체적 사건이 기초가 되어 그 사건에 전제가 되는 법률에 대해 위헌여부를 심판하는 具體的 規範統制(konkrete Normenkontrolle, concrete review)의 방식과 구체적 사건이 기초가 되지 않는 경우에도 법률의 위헌여부를 심판하는 抽象的 規範統制(abstrakte Normenkontrolle, abstract review)의 방식이 있다. 그리고 법률이 직접 국민의 기본권을 침해한 경우에 기본권의 침해를 받은 기본권 주체가 헌법재판소에 헌법소원심판을 직접 청구하여 해당 법률의 위헌여부를 다투는 방식도 있다(法律에 대한 憲法訴願審判). 국회가 헌법으로부터 법률을 제정하여야 할 의무를 지시받고 있음에도 이를 수행하지 않는 입법부작위가 발생한 경우에도 헌법재판소는 이러한 입법부작위의 위헌여부에 대해 심판한다(立法不作爲에 대한 憲法訴願審判). 입법작용에 있어서는 국회가 기본적으로 立法形成의 自由를 가지고 있으므로 헌법재판소가 실제 어느 수준과 정도로 국회의 입법작용에 대해 통제할 수 있는가 하는 것을 획일적으로 확정하기란 쉽지 않지만, 이런 통제는 필요하다.

규범통제는 헌법소송절차의 형태에 따라 여러 경로를 통하여 이루어질 수 있다. 법률에 대한 헌법소원심판, 재판에 대한 헌법소원심판에서 사건에 적용된 법률이나 법률조항의 위헌여부심판, 구체적 규범통제절차에서의 심판, 추상적 규범통제절차에서의 심판, 국가기관의 권한쟁의심판에서 전제가 되는 법률의 위헌여부심판 등이 그

것이다. 우리나라에서는 具體的 規範統制, 法律에 대한 憲法訴願審判, 立法不作爲에
대한 憲法訴願審判을 인정하고 있다.

　　規範統制를 분류하거나 그 유형에 대하여 논의할 때, 具體的 規範統制와 抽象的 規
範統制로 분류하는 경우가 있다. 그런데 이 때 「추상적」(abstrakt)이라는 말에 대해서
는 정리할 필요가 있다. 통상 우리나라와 독일의 경우에서 보듯이, 규범통제의 재판
에서 위헌인 법률이나 법률조항에 대해 일반적으로 효력을 상실시키는 제도에서는
규범통제에 이르는 경로 또는 契機의 차이에 따라 구체적 규범통제와 추상적 규범
통제로 분류하기도 한다. 이 때 말하는 具體的 規範統制는, 우리 憲法과 憲法裁判
所法에서 정하고 있는 法律의 違憲與否審判節次와 같이 통상의 일반법원에 구체적
인 사건이 계속되어 있고, 그 당해 재판에서 전제가 된 법률이나 법률조항에 대하
여 위헌 여부심판의 提請이 있는 경우(憲法裁判所法 제68조 제 2 항의 헌법소원심판청구는
이런 제청에 갈음하는 행위이다), 이에 대해 위헌여부심판을 하는 것을 일컫는다. 이와
달리 독일에서 볼 수 있듯이, 구체적 사건을 계기로 하지 않고 연방정부, 일정 수
이상의 연방의회의원 등 특정의 헌법기관들이 법률이나 법률조항에 대해 위헌여부
심판을 청구하고, 이에 대해 헌법재판소가 위헌여부심판을 하는 것을 抽象的 規範
統制라고 한다. 그런데 「추상적」이라는 의미가 이와 다른 수준에서 사용되기도 한
다. 법률이나 법률조항에 대한 위헌결정의 효력과 관련하여 당해 사건에 대해서만
위헌인 법률이나 법률조항을 적용하지 않는 형식으로 재판하는 것을 본안 판단에
부수하여 판단한다고 하여 「附隨的」(inzident) 재판이라고 부르는 것에 비하여, 당해
사건에 대해서만 적용을 배제하는 것이 아니라 당해 사건을 넘어 일반적으로 위헌
인 법률이나 법률조항의 효력을 상실시키는 재판을 「抽象的」 재판이라고도 한다. 독
일에서는 일반법원에서 法規命令(Rechtsverordnung), 規則(Satzung), 기본법 제정 이전의
법률(vorkonstitutionelle Gesetz)에 대해서는 개별적으로 효력을 배제하는 附隨的 規範統
制(inzidente Normenkontrolle)의 재판을 한다. 이와 같이 「추상적」이라는 말의 의미가
혼용되고 그 개념에 혼선이 있는 점으로 인하여 구체적 규범통제나 추상적 규범통
제라는 용어를 사용하기를 피하는 견해도 있다. 法律에 대한 憲法訴願審判에 대해
서는 이것이 지니고 있는 규범통제로서의 측면을 고려하여 규범통제의 한 형태로
분류하는 견해도 있고(個人的 規範統制), 규범통제의 유형에 포함되지 않는다는 견해
도 있다.

　　추상적 규범통제에서는 규범의 합헌·유효를 확인하는 제도를 마련할 필요가 있다.
가령 법원, 행정청 등 중앙정부의 기관이나 지방자치단체가 어떤 법률이나 법령에
대해 헌법에 합치하지 않는다고 판단하고 이를 적용하지 아니한 경우에 해당 규범
이 헌법에 합치하는 유효한 것임을 확인할 필요가 있는데, 이 때 규범의 합헌·유
효를 확인하는 심판의 청구를 인정할 필요가 있다. 독일의 연방헌법재판소법 제76조
는 이런 제도를 명문화하여 놓고 있다.

Ⅲ. 權限爭議審判

국가의 입법작용에서 입법행위의 과정에 대한 헌법적 통제는 權限爭議審判을 통

해서도 이루어진다. 국회의 소수파가 다수파의 橫暴에 대하여 다툴 수 있게 하거나 입법과정의 절차가 왜곡된 경우에 이에 대해 다투는 길은 권한쟁의심판제도에서 마련되어 있다. 권한쟁의심판절차에서 國會議員이나 國會 交涉團體에게 當事者適格을 인정하는 것이나 第3者의 訴訟擔當을 인정하는 것은 입법작용에 대한 통제에 있어서 권한쟁의심판이 수행하는 기능면에서 중요한 의미를 지닌다.

[8] 第三 執行作用에 대한 統制

Ⅰ. 執行作用과 憲法的 統制

헌법재판소는 국가의 법집행작용에 대하여 헌법적 통제를 한다. 여기서 말하는 집행작용은 대통령과 행정부의 권력작용을 말한다. 이를 세분하면 行政作用(Verwaltung)과 統治作用(Regierung)으로 나눌 수 있는데, 헌법재판소는 통치행위를 포함한 이런 집행작용에 대해 통제를 한다. 집행작용에 대한 헌법적 통제는 국민에 대한 집행작용과 국가기관 또는 지방자치단체 등에 대한 집행작용을 포함한 국가의 모든 집행작용에 대해 행해진다.

국가의 법집행작용은 국가 기능의 배분에 따라 입법작용이나 재판작용과 구별되는데, 때로는 외형에서는 집행작용의 형식을 지니지만 실질에서는 입법작용이나 재판작용의 기능을 하는 것이 있다. 국가작용에서 立法作用과 이를 집행하는 執行作用, 裁判作用을 언제나 명확하게 나누기는 쉽지 않다. 그러나 헌법이 정하고 있는 이들 통치권력의 기능적 배분과 권한의 범위는 명확하게 설정되어야 국가가 정상적으로 활동할 수 있다. 헌법재판은 헌법이 정하고 있는 입법작용, 집행작용, 재판작용의 범위와 한계를 명확히 하여 국가기능이 정상적으로 이루어지도록 만든다.

Ⅱ. 憲法裁判과 行政爭訟

국민이 국가의 법집행작용으로 인하여 기본권을 침해받은 경우에는 憲法裁判所法 제68조 제1항 단서에 의하여 먼저 행정쟁송절차와 같은 통상의 권리구제절차를 통하여 권리구제를 시도해야 하기 때문에 헌법재판소에 바로 심판을 청구할 수는 없다. 따라서 집행작용에 대한 통제는 이러한 통상의 권리구제절차를 거친 다음 그에 이어지는 절차인 재판에 대한 헌법소원심판을 통하여 간접적으로 이루어진다.

그러나 통치행위나 행정작용 중 통상의 권리구제절차를 통하여 기본권의 침해를 다툴 수 없는 경우에는 직접 해당 집행작용에 대해 헌법소원심판을 청구할 수 있는데, 이런 경우에는 집행작용에 대해 헌법재판에 의한 직접적인 통제가 이루어진다.

우리나라의 경우, 裁判에 대한 憲法訴願審判은 원칙적으로 금지되어 있고(憲裁法 §68①),

헌법재판소가 위헌으로 선고한 법률이나 법률조항을 적용한 재판에 대해서만 헌법소원심판을 행하는 것이 가능하므로(예: 憲 1997. 12. 24.-96헌마172등.), 행정작용에 대하여 행정소송을 통하여 다투고 나면, 이로 인하여 행정작용의 헌법 위반여부를 다툴 수 있는 길이 봉쇄되는 결과를 가져온다. 이 결과 현행법하에서는 행정작용에 대하여 헌법재판을 통한 통제가 이루어지는 영역은 매우 협소하다. 그래서 原行政處分에 대한 憲法訴願審判의 허용 문제에 대한 논의가 전개되고 있으나, 헌법재판소는 원칙적으로 이를 허용되지 않는 것으로 본다(예: 憲 1998. 5. 28.-91 헌마98등.). 원행정처분에 대한 헌법소원심판이 허용되면 행정작용에 대한 헌법적 통제가 효과적으로 이루어질 수 있다([245] I (2)).

Ⅲ. 權限爭議審判

국가의 집행작용에 대한 통제는 권한쟁의심판을 통하여 효과적으로 이루어진다. 국가의 통치기능에 따른 권한의 배분이 법을 집행하는 국가기관이나 지방자치단체에 의해 혼선을 빚게 되는 경우에 이를 헌법과 법률이 정한 원래의 체계에 합치하도록 바로잡아 권력분립을 유지하는 것이 권한쟁의심판의 기능이다.

[9] 第四　裁判作用에 대한 統制
Ⅰ. 裁判作用과 憲法的 統制

헌법재판은 국가의 재판작용에 대해서도 헌법적 통제를 한다. 국가의 재판작용은 적극적인 裁判과 소극적인 裁判拒否 또는 裁判遲延 등으로 나타난다. 헌법재판은 법원의 재판작용이 헌법의 테두리 내에서 이루어지도록 만들어 헌법질서가 유지되게 한다.

국가의 재판작용은 때로 재판이라는 이름으로 입법작용을 하거나 법집행작용을 한다. 특히 법관의 법창조와 법형성의 역할이 적극 인정되는 경우나 실정법국가에서 법관의 법발견의 영역이 확대되면 실제에서 법관에 의한 입법행위가 발생한다. 실정법의 해석과 적용에서 법관에 의한 법발견과 법형성이 전혀 부정될 수는 없지만, 실정법국가에서 이를 강조하는 것은 立法에 대한 司法의 優位를 초래할 위험이 있다. 따라서 실정법국가에서도 입법작용과 집행작용간에는 경계를 설정하는 것이 필요하다. 憲法裁判은 국가의 입법작용과 재판작용의 경계선을 설정하고, 이에 의하여 입법작용과 재판작용의 범위와 한계를 확정한다.

재판작용에 대하여 헌법적 통제가 제대로 이루어지지 못하고, 재판작용이 국민이 제정한 헌법의 영역에서 일탈한 상태를 그대로 방치하는 것은 違憲的 裁判의 길을 열어 놓는 것일 뿐만 아니라, 국민의 지배 대신에 法官의 자의적인 支配를 인정하고 「司法의 優位」를 심화시키는 결과를 초래한다.

Ⅱ. 裁判에 대한 憲法訴願審判

　　헌법재판이 헌법적 통제를 하는 법원의 재판작용에는 積極的인 裁判行爲와 재판을 행하지 않는 消極的인 不作爲가 포함된다. 재판에 대한 헌법소원심판이 인정되는 경우에는 국민은 법원에서 받은 재판이 합헌적인 법률이나 명령 등에 근거를 두지 않은 것이거나, 법률을 잘못 해석하거나 적용하여 자신의 기본권을 침해한 것이라고 판단할 때에는 재판에 대하여 직접 헌법소원심판을 청구하여 기본권 침해여부를 다툰다. 이러한 재판에는 판결, 결정, 명령 등 각종의 재판형태가 모두 포함되고, 민사재판, 형사재판, 행정재판, 군사재판 등 모든 분야의 재판이 포함된다. 통상 裁判에 대한 憲法訴願審判은 일반법원의 最終審 判決을 대상으로 한다.

　　헌법재판소가 법원의 재판행위에 대해 심판하는 경우에는 既判力을 가진 판결을 직접 취소할 수 있다. 이 경우 법원의 재판이 가지는 기판력은 실정법의 규정에 의해 제한된다. 헌법재판소는 재판을 하지 아니한 재판 부작위에 대해서는 위헌임을 확인하는 선언을 한다.

　　헌법재판소가 재판에 대해 이런 심판을 한다고 하여 일반법원의 上級法院이거나 최종심법원의 판결에 대한 上告審으로서의 지위를 가지는 것은 아니다. 여기에 헌법재판소에 의한 재판의 통제가 가지는 한계가 있다. 헌법재판소는 오로지 법원의 재판이 국민의 기본권을 침해하였는지 여부만 심판한다. 따라서 심판의 기준도 엄격하고 제한적일 수밖에 없다. 여기서는 무엇보다 어떠한 자유나 권리가 헌법적 수준에서 보장되는 기본권에 해당하는 것인가 아니면 법률이나 그 이하의 법규범에서 보장되는 것인가를 구별하는 것이 중요하다. 이를 정확히 구별하지 못하면 재판에 대한 헌법소원은 헌법재판소로 하여금 최종심법원에 대한 상고심으로 만들 위험성이 크다.

　　우리나라에서는 裁判에 대한 憲法訴願審判은 원칙적으로 금지되어 있고($\binom{憲裁法}{§68①}$), 헌법재판소가 위헌으로 선고한 법률이나 법률조항을 적용한 재판에 대해서만 헌법소원심판이 이루어지므로 재판작용에 대한 헌법적 통제는 미흡한 수준에 있다([246]).

Ⅲ. 權限爭議審判

　　국가의 재판작용에 대한 통제는 재판작용으로 인하여 다른 국가기관의 권한이 부정되거나 침해되는 결과가 발생하는 것을 방지한다. 재판이라는 이름으로 입법행위를 하거나(法解釋의 限界 問題) 행정행위를 하는 것은 통치기능에 따른 각 국가기관과 지방자치단체의 역할을 歪曲하는 결과를 가져온다. 이러한 경우에 권한쟁의심판은 국가의 재판작용의 범위를 확정해준다.

[10] 第五 國家作用의 正常化와 憲法秩序의 維持

　　權限爭議審判은 국가기관들 상호간, 국가기관과 지방자치단체 사이, 지방자치단체들 상호간에 權限의 存否나 範圍에 관하여 다툼이 있을 때 이를 해결함으로써 立憲主義와 權力分立을 실현시킨다. 한 나라에서 각각의 국가기관이 어떠한 권한을 가지며, 지방자치단체가 어떠한 권한을 가지느냐 하는 것은 憲法과 국가조직에 관한 법률들에 정해져 있지만, 그 규정이 애매하거나 권한의 행사와 의무의 이행에 있어 실제상 견해의 차이가 발생함으로 인하여 권한과 의무의 존부나 범위를 둘러싸고 분쟁이 발생할 수 있다. 이 경우에 헌법재판소가 유권적 판단을 내려 이를 해결하는 것이 권한쟁의심판이다.

　　이런 권한쟁의심판에도 國家的 水準에서 요구되는 政策的 判斷이 필요하다. 국가의 조직과 작용은 각 나라마다 특색을 가지고 있으며, 그것은 각 나라가 직면하는 국가적 과제들을 가장 잘 수행할 수 있는 방향에서 결정된다. 따라서 이 문제를 결정하는 것에는 국가의 조직원리나 법원리 이외에 그 나라가 처한 여러 환경적 요건들이 고려된다. 이런 환경적 요건들은 具體性과 個別性을 띤 것이며, 그것은 時間性과 空間性의 영향을 받기도 한다. 국가적 수준에서 지방자치를 실시하는 경우 중앙정부와 지방자치단체에게 국가권력을 배분하는 중요한 내용은 국민대표기관인 국회에서 법률로 정하지만, 그럼에도 권한의 존부와 범위에 있어서 불명확한 부분에 대해 다툼이 생겨 헌법재판소의 심판대상이 되었을 때는 헌법재판소는 이 문제에 대해 판단을 하여야 한다. 중앙정부와 지방자치단체 사이에 국가권력을 어떠한 수준에서 배분할 것이냐 하는 것은 본질적으로 그 나라의 국민이 결정하여야 하는, 공동체의 중요한 사항이고, 이런 것들은 대부분 보편성을 가지고 있지 않다. 그것은 한편으로 국가질서에서 國民主權과 立憲主義를 어떤 수준에서 실현시키느냐 하는 문제와도 연관이 있기 때문에 이런 문제에서 헌법재판소는 실질적으로 국민대표기관으로서의 지위에서 판단을 내려야 한다. 이런 것은 국가기관 상호간이나 지방자치단체 상호간의 경우에도 수준에서 차이가 나타날 뿐 성질은 본질적으로 같다.

　　이와 같이 권한쟁의심판은 국가권력의 배분과 그에 따른 국가의 조직과 기능이라는 국가구조의 틀(constitution)을 온전하게 유지시켜 立憲主義를 실현할 수 있게 한다.

[11] 第六 違法行爲를 한 公職者의 罷免

　　국가는 共同體를 존속·유지하게 하고 國民의 全體利益과 公益을 창출하고 실현하는 데 그 존재의 목적이 있다. 이를 실현하기 위하여 헌법은 公職制度를 마련하여 각 기능에 합당하게 권한을 배분하고 합법적인 권한의 행사와 의무의 이행을 통하여 직무를 수행하게 한다. 그런데 공직자가 직무를 수행함에 있어서 헌법과 법률을 위반하는 때에는 국가기능이 왜곡되므로 이러한 행위를 한 공직자에 대해 統制나 制裁를 가하여 직무의 수행이 헌법과 법률에 합치되도록 할 필요가 있다. 탄핵심판제도는 통상의 징계제도나 형사적 제재만으로 국가업무의 합법적 수행이 어렵다고 판단될 경우 公職에서 해당 당사자를 追放하여 국가작용을 정상화시키고 헌법질서를 온전하게 유지하는 것이다.

국가가 본래의 국가기능을 수행하기 위하여 부과한 권한의 행사나 의무의 이행이 오히려 헌법이나 법률이 정하는 바를 부정하고 왜곡하는 결과를 가져온 경우 이는 국가권력에 의한 憲法 및 合法性體系의 侵害를 의미한다. 탄핵심판제도는 이런 헌법이나 합법성체계에 대한 침해가 발생한 경우에 바로 헌법 또는 법률을 위반한 당사자를 국가영역에서 추방하여 헌법을 보호하고 입헌주의를 실현시킨다.

[12] 第七 違憲政黨으로부터의 憲法保護와 政黨의 存續保護

Ⅰ. 違憲政黨으로부터의 憲法保護

실정 헌법을 가지고 있는 나라에서도 입헌주의는 사회영역과 국가영역으로부터 언제나 威脅과 攻擊을 받을 수 있는 상태에 놓여 있다. 사회영역에서는 개인이나 조직에 의해 헌법을 부정하거나 침해하는 행위가 발생하지만,「조직된 憲法의 敵」에 의해 헌법이 공격을 받는 대표적인 경우가 정당이라는 조직에 의해 행해지는 憲法侵害行爲이다. 정당은 정치사회에서 국가권력에 대하여 직접적이고 효과적으로 영향을 미치는 지위에 있기 때문이다.

政黨解散審判制度는 정당의 수준에서 발생하는 헌법에 대한 공격과 침해를 제거하여 立憲主義와 憲法國家를 실현하는 수단이다. 따라서 위헌정당에 대한 해산심판은 헌법재판의 한 유형으로서 헌법을 보호하고 입헌주의를 실현시키는 기능을 한다([178]Ⅱ(1)).

Ⅱ. 政黨의 存續保護

그런데 민주주의국가에서 정치는 주로 정당을 중심으로 행해지고, 이러한 정당의 활동이 위축되면 민주주의나 정치가 왜곡되므로 한편으로는 위헌정당에 의한 헌법의 침해를 제거하면서 다른 한편으로는 합헌적인 정당의 활동을 보호할 필요가 있다. 정당의 합헌적인 활동이 위헌적인 것으로 오해되어 정당이 행정권력에 의해 아무렇게나 해산될 수 있게 방치하는 것은 헌법이 정하고 있는 정당의 보호와 배치된다. 이런 면에서 정당에 대해 위헌이라는 이유로 이를 해산하는 경우에 헌법재판의

절차에 의하도록 하는 것은 헌법이 보장하고 있는 政黨의 設立과 活動의 自由를 보
장하는 것이기도 하다([181]Ⅱ(2)).

　　이와 같이, 정당의 설립과 활동의 자유를 헌법이 보장하는 경우에 헌법재판소에
의한 정당해산심판은 정당에 의한 헌법의 침해를 제거하는 憲法의 保護와 헌법재판
이 아닌 국가작용에 의해 정당이 해산되는 것을 배제함으로써 확보되는 政黨의 存續
保護가 실현되도록 한다.

　　　헌법에 위반되는 정당을 재판을 통하여 해산하는 제도는, 행정권력에 의해 정당의
　　　활동이 금지되거나 해체된 경험을 가졌거나, 공산주의정당이나 사회주의정당에 의
　　　한 자유민주주의체제의 전복기도로 인하여 체제의 위기를 경험하거나 공산주의세력
　　　과 자유민주주의세력이 內戰(civil war)의 형태로 전쟁을 경험한 나라에서 헌법재판의
　　　한 형태로 제도화되었다. 이는 민주주의를 부정하고 파괴하는 「민주주의의 적」에게
　　　민주주의라는 이름으로 그 체제파괴적 행위를 인정할 수 없다는 가치적 결단에 기
　　　초하고 있는 것이며, 현실에서의 체험을 통하여 제도가 구상되고 실정화 된 것이다.
　　　예컨대 독일의 경우 바이마르공화국에서 정당활동의 자유가 인정되던 것이 나치의
　　　국가사회주의가 등장함으로 인하여 1933년에 나치당을 제외한 일체의 정당활동을
　　　금지하는 법률에 의해 일당독재를 경험하였고, 동시에 제2차대전 후 좌익정당에 의
　　　한 체제전복의 위기에 노출되면서 헌법재판기관에 의한 정당해산제도를 제도화하
　　　고, 재판을 통하여 위헌정당을 해산하였다. 우리나라는 1950년 북한공산주의세력에
　　　의해 도발된 자유민주주의체제를 전복하려는 내전을 겪었고, 1958년 美軍政 법령이
　　　었던 「정당에관한규칙」(군정법령제55호)에 근거하여 행정권에 의해 정당이 해산(=등록취소)되
　　　고 1961년의 5·16군사쿠데타로 조직된 軍事革命委員會의 포고령(제6호)에 의해 그 해
　　　5월 23일 모든 기성 정당이 해산되었던 경험을 가지고 있다. 공산주의세력과 전쟁
　　　을 한 후 사회주의 중국과 분단되어 대립하고 있는 中華民國(=타이완=臺灣)의 경우
　　　는 2000년 헌법을 개정하여(修正憲法 §5) 정당의 목적이나 행위가 中華民國의 존재 또는 자
　　　유민주적 헌정질서를 危害하는 때에 위헌으로 이를 해산할 수 있는 정당해산심판권
　　　을 司法院의 憲法法庭(Constitutional Court)에 부여하였다. 2002년 헌법을 개정하여 헌
　　　법재판소제도를 도입한 인도네시아는 2003년 8월 13일 憲法裁判所法을 시행하면서
　　　헌법을 침해한 정당을 해산하는 정당해산심판제도를 채택하였다. 공산주의국가에서
　　　자유민주주의로 체제전환을 한 폴란드에서도 정당해산심판제도를 채택하였다. 행정
　　　권력으로부터 정당활동의 자유가 보장되고, 자유민주주의 사회나 체제의 안정에 의
　　　해 공산주의자나 사회주의자의 활동이 영향력을 발휘하지 못하는 나라(영·중·미)에서는
　　　이러한 정당해산심판제도가 실정화되지 않은 모습도 보이고 있다. 그러나 체제를
　　　전복하거나 헌법질서를 부정·파괴하는 정당에 대하여 국가가 정당활동을 금지하는
　　　제도를 두고 있는 경우는 많다. 미합중국의 캘리포니아주는 위헌·반정부 정당에
　　　대하여 명칭사용이나 예비선거참여를 금지하고 있다. 예컨대, 오스트리아, 프랑스,
　　　포르투갈, 덴마크, 스위스에서는 이러한 정당을 금지하고 있고, 스페인, 日本國에서
　　　는 헌법재판을 통하지 않고도 이러한 정당을 해산할 수 있도록 제도화하고 있다.

제 3 장   憲法裁判을 支配하는 原理

제 1 절   憲法裁判의 支配原理

[13]   第一   憲法의 最高規範性

　헌법을 공동체의 법구조에서 최고의 지위에 놓고 모든 종류의 국가작용을 헌법에 따라 창설하고 효력을 부여하는 現代 立憲主義國家에서 헌법은 예외 없이 언제나 共同體의 法構造와 法秩序의 最高의 지위를 점하고 있다. 모든 하위규범을 정립하는 국가작용이나 이를 집행하는 국가작용은 모두 헌법에 의해 創設된 권력작용이므로 입헌주의의 실현은 당연히 憲法의 最高規範性을 유지하고 실현하는 것이다. 오늘날 입헌주의국가에서 헌법의 최고규범성은 合法性의 原理(principle of legality)를 의회가 제정하는 법률의 수준을 넘어 憲法的 正義(constitutional justice)라는 테두리 속에서 실현시키는 것이다. 서구법의 역사와 발전에서 보면, 이런 憲法的 正義는 法的 正義의 形式(forms of legal justice)들에 대한 自然的 正義의 實質(substance of natural justice)의 결합을 실현시킨 것이기도 하다($\underset{1971:\ 42}{\text{M. Cappelletti}}$). 成文憲法의 제정은 이러한 헌법적 정의에 대하여 법적 의미와 실정적 의미를 부여하는 것을 의미했다.

　헌법의 최고규범성이나 헌법의 우위를 실현하는 방법에는 여러 수단이 있는데, 규범적 효력의 면에서 이를 가장 효과적으로 실현하는 방법은 재판기관이 헌법을 裁判規範으로 하여 모든 국가작용의 위헌여부를 심판함으로써 위헌인 국가작용의 효력을 제거하는 것이며, 이것이 헌법재판이다. 따라서 헌법의 최고규범성은 헌법재판을 지배하는 원리로 자리잡고 있으며 憲法裁判의 正當性은 憲法의 優位에 그 근거를 두고 있다. 憲法裁判이 작동하지 않는 실정법구조에서 헌법이 實效性을 상실하고 名目的이거나 裝飾的일 수밖에 없는 이유는 현실에서 헌법의 최고규범성을 제대로 확보하지 못하고 있기 때문이다. 헌법재판이 없는 입헌주의는 공허할 수밖에 없다.

　헌법이 명실공히 법규범으로서 規範力을 발휘하고, 공동체에서 行爲規範과 裁判規範으로 작동할 수 있도록 하기 위해 현대 입헌주의국가는 예외 없이 憲法裁判制度

를 헌법에 두고 있다. 헌법이 헌법의 규범력을 유지하고 실효성을 확보하기 위하여
스스로 헌법재판을 인정하는 것은 헌법국가와 입헌주의에서 나오는 本質必然的인 귀
결이기도 하다. 따라서 헌법재판에서는 어떤 경우에도 헌법의 최고규범성을 부정할
수 없고 후퇴시킬 수 없다. 이러한 것은 憲法訴訟을 지배하는 원리로 모든 세부 절
차에까지 미친다. 헌법소송의 법리나 장치들이 단순히 기술적인 것이 될 수 없는 것
도 이런 憲法實體法의 原理가 憲法訴訟法의 영역을 지배하고 있기 때문이다.

　　美合衆國에서 생겨난 司法審査(judicial review)는 이념적으로 憲法의 最高規範性과「憲
　法의 優位」(supremacy of the constitution; Vorrang der Verfassung)에 기초를 두고 있다. 1803
　년 Marbury v. Madison사건에서 판례에 의해 제도화된 사법심사제도는 전통적으로
　서양의 고대부터 내려온「最高法」(higher law) 사상, 즉 세속적 통치나 국가작용을 신
　성하고 보편적인 불변의 보다 높은 原理(higher principles)나 法에 羈束시켜 국가작용이
　아무렇게나 행해지지 못하도록 하여야 한다는 사상과 실정법 규범에서 헌법은 최고
　의 우월적인 지위를 가지며 이러한 우월적인 지위는 재판기관에 의한 사법심사를
　통하여 실현될 수 있다는 것에 기초를 두고 있다. 즉 헌법은 국가 내에서 가장 상
　위에 있는 실정법이고 개별 실정 법률들은 이 상위규범에 합치할 때만 효력을 가지
　고 적용될 수 있다는 법리이다. 이 결과 미합중국에서는 헌법의 최고성이 모든 헌
　법적 논의의 당연한 전제가 되어 있다. 이런 사법심사의 관념은 라틴 아메리카의
　많은 나라에 영향을 끼쳤다. 예컨대, 1887년 아르헨티나에서는 최고법원의 판례(Sojo
　사건)로 수용되었다. 제 1 차 대전 이후 1918년의 오스트리아헌법과 1919년의 바이마
　르헌법에서는 특별한 헌법분쟁절차로 그 관념이 수용되었고, 다시 제 2 차 대전 이후
　에는 이탈리아, 서독, 프랑스, 포르투갈, 스페인과 같은 유럽의 대부분 나라에서 사
　법심사의 관념이 다양한 형태로 헌법에 실정화되었다. 獨逸의 경우에는 1849년의 프
　랑크푸르트헌법(=파울스키르헤헌법)에서 헌법의 우위를 인정하고 오늘날의 헌법소원심
　판제도와 유사한 것을 인정하였음에도 재판기관에 의한 규범통제를 제도화하지는
　못하였다. 분권화된 영주국가에서 근대적 연방국가로 이행하고 군주제에서 민주제
　로 넘어가는 독일 정치의 발전과정상 민주주의와 법치주의가 성숙하지 못하여 미합
　중국과 같이 강력한 중앙의 연방법원을 가지지 못하였고, 그리하여 근대 초기에는
　이런 규범통제를 발전시키기에 한계가 있었다. 이런 과정에서 권력분립원칙상 법관
　은 입법자가 만든 법률에 무조건 종속되어야 하는가 아니면 유효한 법률에만 구속
　되는가 하는 문제도 제기되었고, 의회와 법원의 관계가 어떠하여야 하며 또 군주의
　명령에 대해 법원은 어떠한 권한을 행사할 수 있느냐 하는 문제도 제기되었다. 1919
　년 바이마르헌법에서도 Reich의 법률이 Reich헌법에 위반하는 경우 이를 통제하는
　규범통제에 대한 제도를 두지 못했다. 그러나 바이마르공화국시대에 규범통제가 필
　요하다는 것은 격렬한 논쟁을 거치면서 법리적으로나 이론적으로 성숙되었고, 미약
　한 수준이지만 國事裁判所(Staatsgerichtshof)도 법률에 대하여 위헌선언을 한 적이 있었
　다. 당시 國事裁判所는 각 Land間의 헌법쟁송, Land헌법 또는 법률에 위반한 대신
　들에 대한 訴追, Reich와 Land間의 쟁송에 대하여 관할권을 가지고 있었다. 각 Land
　의 법률과 Reich법률 사이의 불합치에 관한 추상적 규범통제는 Reich재판소가 관장

하였다. 이런 과정을 거친 후 1949년 獨逸基本法에서는 규범통제를 헌법제도로서 제도화하였고, 현재 독일은 抽象的 規範統制, 具體的 規範統制, 憲法訴願審判, 權限爭議審判, 政黨解散審判, 彈劾審判, 基本權喪失審判, 選擧裁判, 聯邦訴訟 등 체계적이고 精緻한 헌법재판을 제도화하여 헌법의 최고성과 규범력을 실현하고 있다. 오스트리아는 規範統制, 憲法訴願審判, 權限爭議審判, 彈劾審判, 選擧裁判, 國民投票에 관한 裁判을 헌법재판으로 제도화하여 헌법의 규범력을 실현하고 있다. 英國의 경우에는 higher law의 관념이 내려왔으나 성문헌법이 없는 상태에서 議會主權의 이념이 강하여 議會優位原理(parliamentary supremacy)에 따라 규범통제를 제도적으로 발전시키지 못했다. 프랑스의 경우에는 1799년헌법, 1852년헌법, 1946년헌법, 1958년헌법에서 입법에 대한 헌법적 통제의 가능성을 인정하였으나, 지금에 이르기까지 제도화에는 성공하지 못하고 정치적인 성격을 가지는 기관인 憲法裁判所(Conseil constitutionnel)를 유지하고 있는 형편이다. 事前的·豫防的 規範統制의 방식으로 입법권과 행정권의 관할을 통제하고 중요한 국정에 대해 정치적으로 諮問을 하며, 選擧裁判과 國民投票를 관장한다. 1989년에 규범통제제도를 실질화시키는 개혁을 시도하였으나 성공하지 못했다(鄭宗燮b.³⁶³). 프랑스의 규범통제제도는 입법과 행정의 관계 그리고 사법에 대한 소극적 태도 등 프랑스 특유의 역사와 여건에 바탕을 두고 있는 충분히 성숙되지 못한 제도이므로 이를 규범통제의 한 유형으로 파악하기는 어렵다. 스페인에서는 事前的·豫防的 規範統制, 抽象的 規範統制, 具體的 規範統制, 憲法訴願審判, 權限爭議審判, 기타 법규범에 대한 異議裁判 등으로 헌법재판을 제도화하고 있고, 이탈리아에서는 具體的 規範統制, 權限爭議審判, 彈劾審判 등을 헌법재판으로 제도화하고 있다. 터키는 抽象的 規範統制, 具體的 規範統制, 彈劾審判, 政黨解散審判, 議員의 免責特權 剝奪과 議員職 喪失決定의 違憲與否審判 등을 헌법재판으로 제도화하고 있다.

[14] 第二 基本權의 保障

근대 입헌주의가 형성되면서 나타난 특징 중의 하나가 權利章典(bill of rights)을 實定 憲法에 수용한 것이다. 대부분 나라의 헌법은 국민의 자유와 기본적인 권리를 헌법적 수준에서 보장하는 권리장전과 국가의 성격과 조직 및 작용을 정하는 통치구조를 정하고 있다. 따라서 기본권이 권리로서 실현될 수 있고, 침해를 받았을 때 이를 구제할 수 있기 위해서는 실효성을 가지는 재판의 방법을 통하지 않을 수 없다. 헌법에 보장된 내용을 실효성 있게 실현하는 것이 바로 헌법재판이다. 여기서 기본권의 보장은 헌법재판을 지배하는 원리로 작용하게 된다.

기본권의 보장이 헌법재판을 지배하는 원리로 작용한다는 것은 헌법재판의 어떤 결론도 기본권을 침해하는 것이 되어서는 안 된다는 것을 의미하는 동시에 헌법소송 절차의 어떠한 부분도 기본권을 침해하는 것이 되어서는 안 된다는 것을 의미한다. 헌법재판의 세부적인 절차가 헌법실체법에서 보장하고 있는 기본권을 침해할 수 없는 것도 이런 연유이다. 즉 기본권을 침해하는 청구기간의 제한이나 당사자의 제한 또는 재판의 효력 등이 어떤 경우에도 인정될 수 없는 것은 기본권의 보장이 헌법재판을 지배하는 원리이기 때문이다.

제 2 절   憲法裁判機關의 構成原理

[15] 第一 槪   說

헌법재판소의 구성방법은 國家의 構成原理와 憲法裁判의 特性에 의해 정해진다. 앞에서 보았듯이, 헌법재판은 국가의 입법작용, 행정작용, 법원의 재판작용과 구별되는 제4의 국가작용으로서 특수한 성질을 지니고 있다. 따라서 이러한 헌법재판을 수행하는 헌법재판소 역시 헌법재판의 특성에 따라 구성되어야 한다. 헌법재판의 특성은 기본적으로 헌법의 특성과 헌법재판의 목적과 기능 그리고 헌법해석의 특성에 의해 지배되고 있으므로 헌법재판소의 구성방법도 헌법과 헌법재판 및 헌법해석이 가지는 특성에 의해 지배된다. 헌법재판소의 구성에서 포착되는 이런 특수한 점이 다른 헌법기관을 구성하는 경우와 다른 점이다. 물론 헌법재판소의 구성에서도 국가의 구성원리인 法治國家原理와 民主國家原理가 작용한다.

헌법재판소의 구성에 관한 이러한 원리에 따를 때, 헌법재판소의 구성에는 專門性의 原理와 民主的 正當性의 原理가 요구된다(許營c, 137 이하; 鄭宗燮d, 49 이하). 법치국가원리나 민주국가원리 또는 전문성의 원리나 민주적 정당성의 원리는 그 성질상 原理(principle)에 해당하므로 이러한 원리들이 서로 결합하는 경우에는 어느 하나의 원리가 다른 원리를 배제하지는 못하고, 각 원리들은 헌법재판의 본질에 합당하게 조절된다. 따라서 이러한 원리간의 결합에서는 각 원리가 작동하는 조건에 따라 각 원리들이 가지는 비중에서 차이를 보일 수 있다.

[16] 第二 專門性의 原理

I. 法治國家原理와 專門性의 原理

헌법재판소의 구성원리는 헌법재판의 특성에 의해 결정된다. 헌법재판이 공동체 구성원의 多數의 意思에 의해 행해지지 않고 보다 전문적인 지식과 능력을 가진 인물들로 하여금 헌법재판을 행하게 하는 것은 공동체적 삶의 원리, 법의 원리와 본질, 규범질서의 원리 등을 정확히 인식하고 이를 밝혀내어 구체적인 사건을 해결하는 일에는 전문적인 지식, 식견, 경험, 능력 등이 요구되기 때문이다. 急進的 民主主義에 의하면 공동체의 모든 진리와 규범가치는 오로지 다수의 의사에 의해 결정된다고 보지만, 공동체 구성원의 多數 意志가 항상 보편적인 진리와 인간의 행복을 결정할 수 있는 것은 아니며, 最高의 法原理와 같은 普遍的인 法原理·法價値와 事物의 本性과 이치가 다수의 의사에 의해 결정되는 것은 아니다. 인간이 지니고 있는 利己的 慾望, 恣意性, 可變性, 派黨性 등은 항상 권력의 자의적인 행사를 초래할 위험성을 가지고 있다. 이런 위험성을 지니고 있는 것에 사물의 옳고 그름에 대한 판단과 다툼이 있는 분쟁의 해결을 맡기는 것은 타당하지 않다. 여기서 法治主義는 民主主義와 함께 공동체를 지도하는 원리로 작동하는 이유가 있으며, 민주주의도 인간의 존엄과 가치를 실현하는 보다 높은 가치에 복무하지 않으면 안 되는 「실질적 민주주의」이고 「제한된 민주주의」(limited democracy)일 때만 인정될 수 있다. 인간 속에 내재하고 있는 자의성, 가변성, 이기적 욕심 등을 통제하면서 공동체의 존속과 삶의 질서를 안정되게 하는 보편적인 가치와 일반적인 규범을 찾아내는 작업은 法治主義에서 추구하고 있는 것들이다. 재판에 있어서 전문성과 능력을 요구하는 것은 裁判의 公正性과 正確性을 확보하려는 것이고, 재판의 공정성과 정확성은 判斷의 恣意性과 判斷基準의 可變性을 통제한다. 이렇듯이 재판에서 요구되는 전문성의 원리는 법치국가원리에 의해 요구된다.

　　그런데 전문성의 원리에서 의미하는 전문성이 지식의 전문성만에 한정되는 것은 아니다. 전문성은 경험에 의해서도 확보될 수 있다는 점을 고려하는 것이 필요하다. 이 점은 재판관의 자격을 결정하는 판단기준을 설정함에 있어서 중요한 의미를 가진다. 헌법재판을 수행하는 재판관의 자격 요건을 법지식만에 한정할 수 없고, 인간의 삶, 공동체의 존속과 발전, 국가의 발전, 미래에 대한 전망과 통찰력 등 공동체와 국가를 전체적으로 인식할 수 있는 능력도 재판관의 자격요건으로 요구하는 이유가 여기에 있다. 헌법재판은 국가의 헌법질서를 형성하고, 국가의 운명과 발전에 영향을 주기 때문에 인간의 삶의 많은 영역 가운데 하나에 지나지 않는 법에 관한 지식을 가진 사람만으로 헌법재판기관을 구성하는 것은 위험할 뿐 아니라, 헌법 재판의 기능을 왜곡할 수도 있다.

Ⅱ. 專門性의 原理의 具現

　　우리나라에서는 헌법재판소의 구성에서 헌법재판소 재판관의 자격요건을 제한하는 방식으로 專門性의 原理를 구현하고 있다([21] Ⅱ (2)).

　　憲法裁判所法은 헌법재판소의 구성에서 專門性의 原理를 실질화하고 재판업무에서의 전문성을 강화하기 위하여 憲法硏究官制度를 두어 재판업무에서 전문적 지식에 기초하여 재판관들을 보좌하도록 하고 있다([36]).

[17] 第三 民主的 正當性의 原理

Ⅰ. 民主國家原理와 民主的 正當性의 原理

헌법재판기관은 전문성의 원리에 의해서만 구성되는 것이 아니다. 여기에는 民主國家原理와 憲法裁判의 特性에서 요구되는 民主的 正當性의 原理가 구성원리로 요구된다. 민주적 정당성의 원리는 전문성의 원리를 실현하는 수준에서도 요구되고, 헌법재판소를 구성하는 방법에서도 요구된다.

Ⅱ. 憲法解釋에서의 觀點의 多樣性

헌법질서와 국가의 근본규범에 관한 판단은 하나의 획일적인 판단기준에 의해 결정되는 것이 아니다. 이 문제에 있어서는 다양한 觀點들이 경쟁하므로 헌법재판기관의 구성에서는 각기 다양한 가치관과 시각을 가진 인물들을 골고루 배치하는 것이 필요하다. 따라서 헌법재판소는 헌법재판에 필요한 높은 수준의 지식, 식견, 경륜 등을 가진 인물들로 구성되어야 하는 동시에 이러한 인물들은 가치관에 있어서 어떤 하나의 가치관이나 성향을 가진 것으로 통일되어서는 안 되고, 憲法의 解釋에서 가능한 한 다양한 가치관과 성향이 경쟁하여 합리적인 결론이 도출될 수 있도록 배치되어야 한다.

이런 다양한 가치관과 성향의 경쟁은 공동체 구성원들이 가지고 있는 다양한 가치관과 성향의 경쟁을 반영하는 것이 되고, 헌법재판에 필요한 헌법해석에 있어서 다양한 견해들간의 경쟁을 의미하며, 헌법재판의 책임성(accountability)을 구현하는 것이기도 하다. 裁判官의 數도 임의적으로 결정되는 것이 아니라 이런 기능이 충분히 발휘될 수 있는 조건을 갖추는 수준에서 결정되는 것이다. 헌법관과 사물을 보는 관점에 있어서 多樣性을 확보하는 것은 專門性의 原理에서 요구되는 것인 동시에 民主的 正當性의 原理에서 요구되는 것이기도 하다.

Ⅲ. 民主的 正當性의 原理의 具現

헌법이 공동체 구성원들이 결정한 최고규범이라면, 이런 최고규범의 의미를 구체화하고 확정하는 일은 國民主權原理에 따라 기본적으로 공동체 구성원 스스로 하여야 하지만 헌법재판에서는 전문성의 원리 때문에 그 형태가 수정된다. 그러나 그 修正된 형태가 국민과 단절된 사람들에 의한 헌법해석이 되어서는 안 된다. 모든 국가작용이 그렇듯이, 헌법재판에서도 국민과 연결된, 국민으로부터 부여받은 정당성을 가져야 하는데 이것이 민주적 정당성이다. 국민들이 헌법재판에서 요구되는 수준의 전문성을 갖춘 인물들 가운데 재판관을 選出하여 헌법재판소를 구성하는 방법이나, 재판관에 대한 信任投票로 連任與否를 결정하는 방법은 헌법재판기관의 구성에 있어서 이런 민주적 정당성의 원리를 실현하는 한 예이다.

우리나라에서는 국민에 의해 선출된 大統領이 憲法裁判所의 裁判官을 임명하되, 재판관 9인 중 3인은 大法院長이 지명하고, 3인은 國會에서 선출하며, 나머지 3인은 대통령이 바로 임명하는 방식을 취하고, 憲法裁判所의 長은 國會의 同意를 얻어 재판관 중에서 대통령이 임명하는 방식을 취하고 있다($\binom{憲法\ §111}{③,\ ④}$). 헌법재판소의 구성에서 요구되는 민주적 정당성을 확보함에 있어서는 취약한 점이 있다.

國會法($\binom{1988.\ 6.\ 15.\ 全改\ 법률\ 제4010호.}{개정\ 2000.\ 2.\ 16.\ 법률\ 제6266호.}$)의 人事聽聞制度에 따라($\binom{國會法\ §46의}{3,\ §65의2}$) 국회에서 선출하는 재판관과 국회에서 임명동의여부를 결정하는 憲法裁判所長에 대하여 인사청문을 실시한다. 이는 국민대표기관인 국회가 헌법재판소의 구성에 실질적으로 관여하는 것이고, 공개로 진행되는 인사청문은 국민에게 그 과정을 알리어 헌법재판소의 구성에서 민주적 정당성을 확보하는 데 기여한다.

人事聽聞節次(hearing)는 국회가 다른 국가기관의 구성에 있어서 人事權者의 權限濫用과 인사의 歪曲을 방지하기 위하여 통제를 하고, 인사권의 행사에 있어서 그 일부 과정을 국민에게 공개하여 국가기관의 구성에서 투명성과 민주적 정당성을 확보하기 위한 것이다. 그런 의미에서 헌법재판소의 구성에서 인사청문을 실시하는 것은 긍정적인 의미가 있다. 그러나 國會에서 선출하는 재판관의 경우 스스로 선출하는 사람에 대하여 인사청문을 하는 것은 自家撞着이며 제도적 취지와 합치하지 않는다. 국회가 선출하는 과정에서 당사자에 대한 자료수집의 절차로 의문 사항에 대하여 질의하거나 확인하는 절차(인터뷰절차)를 공개적으로 운영하는 것은 가능하다.

[18] 第四 獨立性의 原理

I. 法治國家原理와 獨立性의 原理

헌법재판은 그 본질과 성질상 국가작용 가운데 입법작용, 행정작용, 법원의 사법작용과 다른 것이므로 이를 관장하는 기관은 국회, 대통령, 행정부, 법원과 독립되어 구성된다. 이러한 것은 국가작용의 성질에 의하여 결정되는 국가기능의 배분에 따른 것으로 법치국가원리에 의하여 요구되는 것이다.

이러한 것은 형식은 물론이고 실질에서도 헌법재판기관은 입법부, 대통령과 행정부, 법원 어느 하나에 소속되어서는 안 된다는 것을 의미한다. 형식에서는 헌법재판기관을 이들 헌법기관과 독립된 기관으로 하더라도 실질에서 어느 기관이 주도적으로 구성하여 그 영향이 미치도록 하는 것은 타당하지 않다. 예컨대 국회에서 헌법재판소 재판관을 모두 선출한다고 하더라도 헌법재판소는 국회와 분리되어 설치되어야 하고, 헌법재판을 함에 있어 국회의 영향력이 미쳐서는 안 된다.

특히 독립성의 원리는 헌법재판이 재판의 모습을 띠기는 하지만 이것이 통상의 법원에서 행하는 재판과 다르다는 것을 의미한다. 憲法裁判機關의 구성에 독립성의 원리가 적용된다는 것은 헌법재판기관은 憲法爭訟에 관하여 독점적인 관할권을 가지고 通常法院(ordinary court)과 분리되어 존재하는 독립된 기관으로 구성되어야 한다는 점을 의미한다. 이는 헌법재판기관이 하는 憲法裁判(Verfassungsgerichtsbarkeit)은 일반법원이 행하는 司法裁判(ordentliche Gerichtsbarkeit)과 다르다는 것과 국가작용 가운데 憲法裁判權은 司法裁判과 명백히 구별된다는 것에 바탕을 두고 있다.

헌법재판소의 구성에 적용되는 이러한 독립성의 원리는 헌법재판권의 작용에도 적용되어 헌법재판소의 독립이라는 것으로 구현된다.

Ⅱ. 獨立性의 原理의 具現

헌법은 헌법재판소를 제3장 입법부, 제4장 대통령과 행정부, 제5장 법원과 독립하여 제6장에서 따로 설치하고 있다. 그리고 헌법재판소를 구성함에 있어 국회, 대통령, 대법원장이 관여하는 방식을 취하고 있어, 국회, 대통령과 행정부, 법원 가운데 어느 하나의 기관에 속하도록 하지 않고 있으며, 헌법재판소의 구성에 국회, 대통령, 대법원장이 관여하여도 재판관을 선출한 다음에는 이들 중 어떤 기관으로부터도 영향을 받지 못하게 하고 있다.

우리 헌법사에서도 1948년헌법이래 지금까지 이러한 독립성의 원리에 따라 헌법재판기관을 구성하여 왔으며, 다만, 1962년헌법과 1969년헌법에서는 탄핵심판은 탄핵심판위원회를 설치하여 그로 하여금 관장하게 하고, 위헌법률심사만 통상법원인 대법원으로 하여금 관장하게 하였다.

제3절   憲法裁判의 獨立

[19] 第一 意 義

헌법재판의 독립이라 함은 헌법재판소가 행사하는 憲法裁判權 행사의 공정성과 중립성을 보장하기 위하여 헌법재판소의 업무를 헌법재판소 이외의 다른 국가기관으로부터 독립시키는 것을 말한다. 헌법재판의 독립은 裁判의 獨立, 裁判官의 獨立,

憲法裁判所의 獨立을 그 내용으로 하는데, 여기서 가장 중요한 요소는 재판의 독립이다. 재판관의 독립과 헌법재판소의 독립은 헌법재판에서 재판의 독립을 달성하기 위해 필수불가결하게 요구되는 조건이다. 헌법재판의 독립에서는 재판의 독립이 핵심을 이루기 때문에 아무리 재판관의 독립과 헌법재판소의 독립이 이루어져 있다고 하더라도 재판의 독립을 이룰 수 없으면 헌법재판의 독립은 이룰 수 없다. 헌법은 헌법재판의 독립에 관하여 법원의 경우와 같이 제103조와 같은 명문의 규정을 두고 있지 않으나, 헌법재판의 독립은 헌법이 정하고 있는 헌법재판의 본질에서 당연히 도출되는 헌법원리이다. 憲法裁判所法은 이런 헌법원리를 명문화하여 「裁判官은 憲法과 法律에 의하여 그 良心에 따라 獨立하여 審判한다」라고 헌법재판의 독립을 정하고 있다($\frac{憲裁法}{\S 4}$).

　　독립된 헌법재판기관에 의해 수행되는 형태의 헌법재판은 20세기 후반 전지구적으로 퍼져나간 「전지구적 민주화」(global democratization)에 따른 「새로운 민주주의」(new democracy)의 중심적이고 보편적인 내용을 이루고 있는데, 이런 헌법재판기관이 관장하는 헌법재판에 있어 헌법재판의 독립은 현대 헌법국가와 자유민주주의체제의 징표적 요소를 이루고 있다. 우리 헌법은 헌법재판의 독립을 실현하기 위하여 헌법 제111조가 정하는 헌법재판권을 재판관으로 구성하는 헌법재판소에만 속하게 하여 ($\frac{憲法}{\S 111①}$) 헌법재판소의 헌법재판권 독점을 실현하고, 헌법재판소와 재판관이 국회, 행정부, 법원 등 다른 국가기관으로부터 독립되어 있음을 명문화하고 있다. 헌법재판소의 조직도 국회가 제정하는 법률로서 정하도록 하여($\frac{憲法}{\S 113③}$) 행정부나 법원의 간섭을 배제하고 있고, 헌법기관인 헌법재판소에게 자율입법권인 규칙제정권을 보장하여 그 자율성을 보장하고 있다($\frac{憲法}{\S 113②}$). 동시에 헌법은 재판관의 任期와 법률이 정하는 바에 따른 連任에 대하여 정하고($\frac{憲法}{\S 112①}$), 재판관의 자격을 명시하고 있으며($\frac{憲法}{\S 111②}$), 재판관의 정치적 중립($\frac{憲法}{\S 112②}$)과 신분($\frac{憲法}{\S 112③}$)도 두텁게 보장하고 있다.

［20］ 第二　裁判의 獨立

Ⅰ. 槪　念

　　헌법재판소의 재판관은 헌법재판에 영향을 줄 수 있는 어떠한 영향력으로부터도 독립하여 재판하여야 한다. 재판관은 오로지 헌법과 법률에 의하여 그 직무상의 양심에 따라 심판한다. 憲法裁判所法은 「裁判官은 憲法과 法律에 의하여 그 良心에 따라 獨立하여 審判한다」라고 재판관의 독립을 정하고 있다($\frac{憲裁法}{\S 4}$). 헌법재판이 정치적 성질을 지니고 있다고 하더라도 정치적인 파당성을 띠거나 정치적인 영향을 받아 심리·결정되어서는 안 된다.

　　헌법재판소 재판관의 독립에 대하여 憲法裁判所法 제 4 조는 「裁判官은 憲法과 法律

에 의하여 그 良心에 따라 獨立하여 審判한다」라고 정하고 있다. 그러나 이 내용이 헌법에는 명시적으로 규정되어 있지 않다. 그 사항의 성질이 헌법적 사항이라는 점과 「法官은 憲法과 法律에 의하여 그 良心에 따라 獨立하여 審判한다」라고 법관의 독립에 대하여 정하고 있는 憲法 제103조의 규정에 비추어 볼 때, 헌법재판소 재판관의 독립에 관한 규정도 헌법에 명시하는 것이 타당하다. 1987년 헌법개정시에 발생한 헌법입법(constitution making)상의 不備이다.

II. 內　容

헌법재판의 독립이 지니는 성질에 비추어 볼 때, 헌법재판에서 재판의 독립은 헌법과 법률에 의한 재판, 재판관의 양심에 의한 재판, 외부적 힘으로부터의 독립된 재판을 그 내용으로 한다.

(1) 헌법과 법률에 의한 재판

憲法裁判所法 제4조가 정하고 있는 바에 따라, 헌법재판소의 재판관은 헌법재판을 함에 있어서는 헌법과 법률에 의하여 재판하여야 한다.

(a) 헌법과 법률에의 구속

헌법재판소 재판관은 헌법재판을 함에 있어서 오로지 헌법과 법률에 따라 재판하기 때문에($\frac{憲裁法}{\S4}$), 명령, 규칙, 처분 등에는 구속되지 않는다. 여기서 말하는 헌법이란 재판의 規準이 되는 헌법규정과 헌법재판의 근거, 절차 등에 관하여 정하고 있는 헌법규정 및 관습헌법과 명시적으로 쓰여지지 않은 헌법을 포함한다. 헌법재판에서 法律은 원칙적으로 헌법재판의 규준이 되지 못하지만, 탄핵심판이나 권한쟁의심판에서는 법률의 규정이 심판의 규준으로 적용되는 때가 있다. 헌법재판의 각종의 심판은 이에 대한 구체적인 내용과 절차를 정하고 있는 법률($\frac{대표적인 예:}{憲法裁判所法}$)에 따라 행해져야 한다. 이런 범위 내에서 재판관은 법률이 정하는 절차와 내용에 따라 헌법재판을 행한다. 재판관은 어떤 경우에도 헌법재판의 심판규준이 되는 헌법의 내용을 법률로 대체하여 재판할 수 없다.

(b) 헌법·법률의 해석·적용상의 한계

헌법과 법률에 따라 재판을 한다고 할 때에도 헌법과 법률의 해석과 적용에서 재판관이 어느 정도의 권한을 가지는가 하는 것이 문제가 된다. 특히 헌법의 해석을 놓고 재판관의 헌법해석의 範圍와 限界가 문제가 된다. 실정 헌법을 가지고 있는 이상 憲法制定權者가 정한 범위를 넘어선 해석을 하는 것은 헌법개정에 해당하는 것이어서 헌법해석의 한계를 벗어난 것이라고 할 것이다. 따라서 재판관은 헌법과 법률에 따라 재판을 하는 경우에도 헌법과 법률의 해석의 한계를 벗어나지 않아야 한다는 한계를 지니고 있다.

(c) 합헌인 법률의 적용

재판관이 헌법과 법률에 따라 재판을 하는 경우에도 위헌인 법률을 적용하여 재판하는 것은 헌법재판의 본질에 어긋난다. 헌법재판에서도 법률에 의한 재판이라고 함은 합헌인 법률에 의한 재판을 의미한다. 따라서 헌법재판에서는 어떤 경우에도 위헌인 법률을 적용하여 재판할 수 없다. 헌법재판의 절차와 관련하여 어떤 법률이나 법률조항의 위헌여부가 문제가 되는 경우에는 헌법재판소가 先決的으로 먼저 위헌인 법률이나 법률조항을 제거하고 재판하여야 한다.

(2) 재판관의 양심에 의한 재판

憲法裁判所法 제 4 조가 정하고 있는 바에 따라, 헌법재판소의 재판관은 헌법재판을 함에 있어서는 良心에 따라 재판하여야 한다.

(a) 양심의 의미

재판관이 양심에 따라 재판을 한다고 하는 의미는 재판관 개인이 사적으로 지니는 주관적인 양심이 아니라 재판업무를 공정하게 수행하면서 헌법의 인식·적용에서 정확성을 확보하는 객관적인 재판을 수행하는 주체인 「재판관으로서의 良心」에 따라 재판한다는 것을 의미한다. 따라서 재판관은 자신이 신봉하는 주관적인 인간관, 세계관, 사회관, 종교관, 신념에 입각하여 자신의 주관적 세계의 명령에 따라 재판할 것이 아니라 헌법재판의 본질을 직시하고 해당 사안을 객관적이고 합리적으로 해결하기에 가장 적합한 法認識을 얻을 수 있게 하는 직무수행에서 요구되는 「직무상의 양심」의 명령에 따라 재판하여야 한다.

(b) 「직무상의 양심」의 우선

따라서 재판관이 재판을 함에 있어서 자신의 주관적이고 개인적인 양심과 직무상의 양심이 충돌되는 경우에는 자신의 개인적인 양심에 따를 것이 아니라 직무상의 양심에 따라야 한다. 특히 종교적이거나 이념적인 문제가 사안의 성격을 결정하고 있는 경우에 재판관이 개인적으로 지니고 있는 종교 또는 종교관이나 이념에 지배되어 재판을 하게 되면 재판관의 개인적 양심, 신앙, 신념, 이념 등에 따라 재판의 결론이 달라지는 오류를 범하게 된다. 이런 점에서 재판관이 재판을 함에 있어 憲法 제19조에 의해 보장받는 양심과 憲法裁判所法 제 4 조에 의해 요구되는 양심이 충돌하는 경우에는 전자를 후퇴시켜야 한다.

이러한 것은 헌법재판의 본질과 헌법재판소 재판관이라는 직무의 성질에서 요구되는 가치에 의해 憲法 제19조가 보장하는 재판관의 개인적 양심의 자유가 제한을 받는 것을 의미한다. 그러므로 재판관은 재판을 함에 있어 憲法 제19조의 양심과 직

무상의 양심이 충돌하는 경우에는 헌법 제19조에서 정하고 있는 양심의 자유를 주장
할 수 없다.

(3) 외부적 힘으로부터 독립된 재판

헌법재판의 독립을 실현하는데는 재판을 수행하는 재판관이 재판관 이외의 외부
의 힘으로부터 독립되어야 한다. 재판관은 헌법재판에 있어 재판의 당사자로부터 독
립되어야 할 뿐 아니라, 다른 국가기관으로부터도 독립되어야 한다. 재판의 독립은
재판관이 동료 재판관으로부터의 독립도 요구하고, 정치세력이나 사회의 각종 세력
으로부터의 간섭을 배제할 것도 요구한다.

(a) 소송당사자 등으로부터의 독립

재판의 독립이 이루어지기 위해서는 재판관은 재판의 당사자로부터 독립하여 재
판하여야 한다. 재판관은 헌법재판의 각종 심판에서 당사자나 이해관계인 또는 참고
인 등으로부터 독립하여 제3자의 지위에서 재판하여야 한다.

이러한 소송당사자 등으로부터의 독립은 재판관의 당사자 등에 대한 不偏不黨性
을 확보하여 재판의 공정성을 실현하기 위한 것이다. 따라서 재판관은 재판을 어느
쪽 당사자에게도 편향되게 진행하여서는 안 된다. 그 당사자가 국민이든 국가기관이
든 마찬가지이다. 재판관의 除斥·忌避·回避制度는 소송당사자로부터 재판의 독립
을 보장하는 데 기여한다.

(b) 다른 국가기관으로부터의 독립

재판의 독립은 헌법재판소 이외의 다른 국가기관으로부터의 독립을 요구한다. 국
회, 행정부, 법원, 중앙선거관리위원회 등 어떠한 국가기관도 심판절차에서 법이 인
정하는 범위에서 의견을 제출할 수는 있으나, 헌법재판소의 재판에 개입할 수 없다.

(i) **국회로부터의 독립**　　헌법재판의 독립상 국회는 헌법재판소의 재판에 관
여할 수 없다. 헌법재판소는 법률의 위헌성을 심판하고 권한쟁의심판을 수행하면서
국회를 직접 통제하므로 국회가 국민대표기관이라고 하더라도 헌법재판소의 재판에
는 관여할 수 없다. 국회의원이 재판관을 겸하는 것은 허용되지 않는다. 헌법재판소
의 권한에 대해서는 헌법이 직접 정하고 있으므로 국회는 법률로서 헌법재판소의 권
한을 폐지하거나 변경할 수 없다.

국회가 헌법재판소에 대하여 국정감사나 국정조사를 하는 경우에도 헌법재판소
의 재판 자체에 대해서는 간섭할 수 없다. 그러나 헌법재판소에 재판이 계속중인 사
건에 대해서는 재판에 간섭하거나 관여할 목적이 아니고 실체를 밝히기 위하여 따로
해당 사건에 대하여 국정조사를 할 수 있고, 국정조사에 필요한 범위 내에서는 재판

기록상의 자료를 조사하는 것도 가능하다(竝行調査). 헌법재판소의 재판에 영향을 줄 목적으로 국회 또는 국회의원의 명의로 사건의 처리에 대한 견해를 미리 표명하거나 국회의원이 국민을 선동하거나 여론을 조작하거나 조성하여 사건을 일정한 방향으로 유도하는 것은 재판의 독립을 침해하는 위법행위이다.

　　재판을 진행하고 있는 재판관에 대하여 국회가 탄핵소추를 하는 것은 재판의 독립에 배치되지 않는다. 재판관이 재판을 진행하고 있다고 하더라도 직무와 관련하여 헌법과 법률을 위반한 경우에는 국회가 탄핵소추를 하는 것이 헌법을 수호하고 헌법재판의 공정성과 합법성을 확보할 수 있기 때문이다.

　　(ii) **행정부로부터의 독립**　　　재판의 독립은 행정부가 헌법재판소의 재판에 간섭하는 것을 금지한다. 행정기관이 소송당사자이거나 의견을 제출할 수 있을 때에는 그 지위에서만 소송절차에 참여할 수 있을 뿐이다.

　　헌법재판의 경우에도 대통령은 재판관의 연임을 거부하는 방법으로 재판에 영향력을 행사할 수 있으나, 임명에 있어 법적인 하자가 없는 이상 대법원장이 지명하거나 국회가 선출한 재판관에 대해 연임을 거부하는 것은 타당하지 않다.

　　헌법재판소장의 임명에 있어서 국회의 동의나 대통령의 임명은 헌법재판에 간접적으로 영향을 줄 수 있다. 재판관의 연임에 있어서 국회가 선출절차에서 과거 특정 재판에서 나타난 해당 재판관의 의견에 대하여 간섭을 하거나 공격을 하는 것은 타당하지 않다. 뿐만 아니라 대통령이 국회가 선출하거나 대법원장이 지명한 인사에 대하여 그가 표시한 과거의 재판상의 의견을 들어 재판관의 임명을 거부하는 것도 대통령의 재판관임명권의 남용에 해당한다. 대통령의 이러한 권력남용에 대해서는 강력히 통제하여야 한다. 국회나 대통령의 이러한 행위를 허용하게 되면 재판관이 되고자 하는 사람을 미리 국회나 대통령의 기호에 합치되도록 길들이는 것을 용인하는 것이 된다. 이런 점에서 재판관의 임명에 대한 현재의 방식에 관하여는 재검토가 필요하다. 임기를 더 길게 하고 연임할 수 없게 하면서 헌재재판관수의 1/2 또는 1/3씩 교체하는 방식도 하나의 대안이 될 수 있다.

　　(iii) **법원 등으로부터의 독립**　　　법원은 헌법재판소의 재판에 관여할 수 없다. 권한쟁의심판이나 헌법소원심판(예: 재판 또는 재판지연에 대한 헌법소원심판)에서 법원은 당사자로 참여할 수 있으나 헌법재판소의 재판에는 관여할 수 없다. 헌법재판소의 재판관은 법원의 판사의 직을 겸할 수 없다.

　　(iv) **헌법재판소 내부로부터의 독립**　　　재판관은 헌법재판을 함에 있어서 헌법재판소 내부의 다른 재판관으로부터도 독립된다. 헌법재판소의 재판관실은 각기 서로 독립된 城이다. 동료 재판관들로 구성되는 재판관회의나 헌법재판소의 행정은 재판관의 재판활동에 어떠한 영향도 미쳐서는 안 된다. 재판관은 재판의 결론에 관하여 評議에서

논의를 하지만, 재판관 각자가 의견을 형성하고 표시함에 있어 서로 간섭할 수 없다.

　　재판에서 헌법재판소의 의견과 달리 하는 관여 재판관의 의견을 따로 표시하게 할 것인가 하는 것은 법률정책적인 문제인데, 현행 헌법재판에서는 위헌법률심판, 탄핵심판, 정당해산심판, 권한쟁의심판, 헌법소원심판 등 모든 개별 심판에서 심판에 관여한 모든 재판관은 결정서에 의견을 표시하여야 한다($\binom{憲裁法}{§36③}$). 이러한 개별의견의 표시는 재판의 독립을 보장하는 데 기여한다.

　　(v) **사회세력 등으로부터의 독립**　　헌법재판에서도 재판의 독립을 실현하기 위해서는 재판은 정치세력이나 각종의 사회세력으로부터 독립하여 행해져야 한다. 이는 법원의 재판의 경우와 동일하다. 재판관의 행동과 활동에 대한 국민의 감시활동은 재판의 독립과 저촉되지 않으나, 재판관에 대한 인신공격, 정치적 압력, 강압, 비난 등 재판관 개인에게 직접 영향을 주는 행위는 재판의 독립과 재판관의 독립을 침해하는 것이 된다.

[21] 第三 裁判官의 獨立

I. 概　念

　　재판관의 독립이란 헌법재판권을 행사하는 주체인 재판관이 재판업무를 공정하게 수행할 수 있도록 하기 위하여 외부의 영향력으로부터 독립되어야 한다는 것을 말한다. 헌법재판이 독립성을 확보함에 있어서는 재판업무를 수행하는 재판관의 身分이 다른 국가기관이나 외부의 간섭으로부터 독립되어 있을 것이 불가결의 요건이다. 헌법재판을 수행하는 재판관이 다른 기관이나 외부의 힘에 의해 함부로 지위를 상실하거나 신분상의 不利益을 입는 한 재판이 공정하게 이루어질 수 없다. 따라서 헌법재판에서는 재판관이 자신의 신분을 유지하고 평온한 상태에서 업무를 수행하게 하는 것이 本質必然的으로 요구된다.

　　헌법은 이러한 헌법재판소 재판관의 독립을 보장하기 위하여 資格의 法定主義, 任期와 停年의 보장, 政治的 中立의 보장, 身分의 保障을 정하고 있다.

II. 內　容

(1) 재판에 대한 책임면제

　　헌법재판소 재판관이 헌법과 법률에 따라 적법하게 재판을 한 이상, 그 재판의 결과에 대해서는 어떠한 책임도 지지 않는다. 이를 재판에 대한 責任免除라고 한다.

(2) 재판관 자격의 법정주의

　　헌법재판의 독립성과 전문성을 확보함에 있어서 재판업무를 수행하는 재판관은 그에 합당한 능력, 지식, 소양, 경륜 등을 갖추어야 한다. 따라서 재판관에게는 그 직무에 적합한 일정한 자격이 필수적으로 요구된다. 일정한 자격을 가진 자만 재판관이 될 수 있게 하는 것은 국회, 행정부, 법원으로부터 재판관의 독립을 유지하게 해준다. 국회의원이나 행정부의 공무원 또는 법관이 헌법재판을 할 수 없게 하는 것이다. 이와 같이 재판관의 자격제도는 법관의 독립을 유지하는 데 필수적이다.

헌법은 재판관의 자격으로 법관의 자격을 가질 것을 요구하고 있고($\binom{憲法}{\S111②}$), 憲法裁判所法은, 헌법재판소 재판관의 경우 15년 이상 i) 판사·검사·변호사, ii) 변호사의 자격이 있는 자로서 국가기관, 국·공영기업체, 법인에서 법률에 관한 사무에 종사한 자, iii) 변호사의 자격이 있는 자로서 공인된 대학의 법률학조교수 이상의 직에 있었던 자일 것과 그와 동시에 나이가 40세 이상일 것을 자격요건으로 정하고 있다($\binom{憲裁法}{\S5①}$).

재판관의 임명에는 헌법과 법률이 정하고 있는 일정한 자격과 요건이 요구되므로($\binom{憲裁法}{\S5②}$) 이러한 자격과 요건을 갖추지 못한 자가 재판관으로 임명된 경우에는 당연히 그 임명은 무효이고 해임된다.

(3) 재판관의 임기와 정년

헌법재판소 재판관의 임기는 6년이며, 법률이 정하는 바에 의하여 連任할 수 있다($\binom{憲法}{\S112①}$). 헌법재판소장에 대해서는 따로 연임을 금지하는 규정이 없으므로 헌법재판소장도 연임할 수 있다($\binom{重任이\ 금지된\ 대법원장}{의\ 경우와\ 차이가\ 있다}$). 헌법에서는 정하고 있지 않지만, 憲法裁判所法은 재판관의 정년을 65세로, 헌법재판소장의 정년을 70세로 정하고 있다($\binom{憲裁法}{\S7②}$).

(a) 임 기

공직의 근무에서 임기제도란 법률이 정하는 사유가 없는 한 任期 동안 그 직에서 解任되지 않는다는 것을 말한다. 헌법재판소 재판관에 대하여 임기를 두는 것은 임기 동안에 재판관의 신분적 변동이 없게 하여 재판관의 독립을 보장하는 동시에 일정한 기간 이후 헌법재판소의 구성을 변경하여 헌법재판이 가지는 責任性을 실현하고 헌법재판에서의 新陳代謝를 원활하게 한다.

재판관이 그 업무를 수행함에 있어 법이 정하는 사유가 없는 한 임기 동안에는 그 직에서 해임되지 않도록 하는 것은 외부의 힘으로부터 재판관의 독립을 보장하는 데 있어 중요한 기여를 한다. 일반법원의 법해석보다는 정치적인 요소가 상대적으로 강한 헌법재판에서는 특히 재판관이 公明正大하게 재판업무에 충실한 이상 현직에 재직함에 있어서는 헌법의 해석·적용으로 인하여 어떠한 영향도 받지 않아야 재판을 공정하고 객관적으로 수행할 수 있다. 재판관이 재판의 결과에 따라 임명권자인 대통령의 조치에 의해 그 직의 근무여부가 결정된다면 헌법재판은 인사권자나 외부의 힘에 의해 좌우되어 공정성과 객관성을 잃게 되고 헌법질서는 특정인 또는 특정세력의 이해관계나 의사에 따라 좌우된다. 이렇게 되면 국민주권의 이념도 왜곡되고 헌법의 규범력도 상실하게 된다.

이와 같이 재판관의 임기제도는 임기 동안 재판관의 독립을 보장하는 의미도 가지지만, 이와 동시에 일정한 기간마다 재판관으로서 적합성을 가지는지를 심사하여 재판관으로서 적합성을 가지지 않는 자를 재판관의 직에서 객관적으로 배제시키는 기능도 하고, 새로운 인물을 충원하는 기능도 한다. 이러한 것은 헌법재판이 가지는 민주주의적 책임성을 실현하는 기능이다. 이처럼 임기제도는 재판관의 독립을 보장하고, 헌법재판의 전문성, 공정성, 민주성, 책임성을 실현시키는 데 기여한다.

헌법재판소 재판관을 連任할 수 있게 하는 것은 헌법재판의 계속성을 유지하는데 기여하는 면도 있으나, 헌법재판소의 독립에 영향을 미칠 수 있다. 連任(renewable term)의 방식은 연임하고자 하는 재판관으로 하여금 정치적인 고려를 하게 할 여지를 만들어 주고, 이로 인하여 헌법재판에서 국회, 대통령, 정당, 대법원장 등의 의사와 이해관계 등을 고려하게 만들 위험이 있으며, 연임하는 수가 많은 경우에는 헌법재판의 신진대사를 저해하고 책임성을 약화시킬 우려가 있다.

헌법재판에서 독립성과 책임성간에 균형을 유지하며 이를 조화롭게 실현하는 방안으로는 임기(예: 9년 또는 12년)를 두되, 재판관을 1/3씩 교체하고, 연임을 금지하는 방안이 적합성에서 우월하다고 보인다. 스페인에서는 재판관의 임기는 9년이고 3년마다 1/3씩 교체하며, 연임은 허용하지 않고 있다. 이탈리아에서는 재판관의 임기는 9년이고, 연임을 금지하고 있다. 독일에서는 연방헌법재판소 재판관은 임기가 12년이고, 連任이 금지되어 있는데, 이에 대해서는 헌법재판의 독립성과 책임성을 보장하기 위한 것이라고 본다. 재판관의 정년은 68세이다. 오스트리아에서는 헌법재판소 재판관은 임기가 없이 70세를 정년으로 재직한다. 재판관의 신분을 보장하는 다른 방법으로는 재판관직을 終身職으로 할 수 있다. 예컨대 미합중국의 연방최고법원(U.S. Supreme Court)의 재판관은 임기가 없다. 그런데 종신제는 재판관의 신분보장에서는 임기제보다 강화된 것이지만, 헌법재판에서의 신진대사를 저해하고 책임성을 약화시키는 요인이 된다.

(b) 정　　년

재판관의 정년제도는 재판관이 일정한 연령에 이르면 퇴직하게 하는 제도이다. 이는 헌법재판소의 老化를 방지하고 新陳代謝를 촉진하는 기능을 한다. 임기제도가 없이 정년제도만 두는 경우에는 재판관은 법이 정하는 사유가 없는 한 정년까지 재직여부에 영향을 받지 않을 수 있어 재판관의 독립이 강하게 보장되지만, 종신제와 유사하게 헌법재판의 노화를 초래하고 책임성을 약화시키는 요인이 되기도 한다. 우리나라는 헌법재판소 재판관의 경우 임기제도와 정년제도를 동시에 두는 방식을 통하여 재판관의 독립을 보장하는 동시에 헌법재판의 신진대사를 원활하게 하여 책임성을 보장하고 있다.

(4) 재판관의 신분보장

재판관의 독립은 재판관의 신분을 보장함을 통해서도 보장된다.

(a) 파면의 제한

재판관의 신분을 보장하기 위하여 헌법은 彈劾 또는 禁錮 이상의 刑의 宣告에 의하지 아니하고는 재판관을 罷免할 수 없도록 정하고 있다($^{憲法}_{\S112③}$).

재판관에 대한 탄핵은 권력통제의 기능을 가지는 동시에 신분보장의 기능도 가진다. 헌법재판소 재판관에 대한 탄핵여부는 헌법재판소가 스스로 심판하는데, 재판의 성격상 불가피한 방법이다.

(b) 불리한 처분 등의 금지

헌법이나 헌법재판소가 적극적으로 정하고 있지는 않지만, 당연히 헌법재판소의 재판관은 직무와 관련하여 일체의 불리한 처분을 받지 아니하고, 어떠한 경우에도 재판관을 강제로 휴직하게 할 수 없다.

(c) 강제퇴직의 제한

헌법에는 재판관의 강제퇴직에 관한 규정이 없다($^{법관의\ 경우\ 憲法\ \S106②}_{이\ 있는\ 것과\ 차이가\ 있다.}$). 따라서 헌법재판소의 재판관에 대해서는 원칙적으로 강제로 퇴직하게 할 수 없다고 할 것이다.

헌법재판소 재판관에 대한 강제퇴직의 문제에 있어서는 재판관이 중대한 심신상의 장해로 인하여 직무를 수행할 수 없는 경우가 문제가 된다. 이 경우에는 우선적으로 재판관이 辭任하는 방법으로 해결하지만, 재판관이 사임하기를 거부하는 경우에는 재판업무의 성질에 비추어 볼 때 헌법 제106조 제2항을 유추하여 예외적으로 임명권자인 대통령이 퇴직하게 할 수 있다고 할 것이다. 이에 관하여는 헌법의 개정이 있을 때까지는 憲法裁判所法에서 명시적으로 정해두는 것이 필요하다.

(5) 재판관의 지위의 존중과 보수

재판관의 신분보장에 있어서는 헌법재판소의 장이나 재판관의 지위에 적합한 대우를 하여 신분보장을 실질화하는 것이 필요하다. 헌법재판소가 국회, 정부, 대법원과 同列의 헌법기관이라면 헌법재판소장과 재판관도 이에 상응하게 대우하는 것이 신분보장을 실질화할 수 있다. 憲法裁判所法은 헌법재판소장의 대우와 보수는 대법원장의 예에 의하며, 재판관은 政務職으로 하고, 그 대우와 보수는 대법관의 예에 의한다고 정하고 있다($^{憲裁法}_{\S15}$). 국회 또는 행정부가 헌법재판소의 재판에 대하여 불만을 가지고 재판관의 보수에 관한 예산을 고의적으로 삭감하거나 동결하는 조치는 재판관의 독립을 침해하는 것이어서 헌법에 위반된다.

(6) 행위의 제한

재판관의 독립을 보장하기 위하여 재판관에게는 재판에 영향을 미칠 다른 공직을 맡거나 영리행위 또는 정치적·사회적 활동을 하는 것을 금지하는 것이 필요하다. 헌법재판을 함에 있어서 利害關係의 衝突(conflict of interest)을 회피하고 정치적·국가적·사회적 영향력을 배제하여 헌법재판의 공정성을 보장하여야 하기 때문이다.

(a) 겸직의 제한

憲法裁判所法 등은 재판관이 i) 국회 또는 지방의회의 의원의 직, ii) 국회·정부 또는 법원의 공무원의 직, iii) 법인·단체 등의 고문·임원 또는 직원의 직을 겸하는 것을 금지하고 있다($\frac{憲裁法 §14:}{地自法 §35① ii}$). 지방자치단체의 장도 겸직할 수 없다($\frac{地自法}{§96① i}$). 재판관이 국회의원선거의 후보자가 되고자 하는 경우에는 지역구 국회의원 選擧日 前 90일까지 그 직을 그만두어야 하고, 비례대표국회의원선거나 비례대표시·도의원선거 및 보궐선거 등에서 후보자가 되고자 하는 경우에는 候補者登錄申請 前까지 그 직을 그만두어야 한다($\frac{公選法§53}{① i, ②}$).

이러한 것은 헌법재판의 공정성과 정치적 중립성을 보장하여 헌법재판의 독립을 실현하기 위한 것이다.

> 헌법재판소 재판관의 겸직제한은 헌법재판의 독립과 관련이 없는 부분에는 적용되지 않는다. 따라서 헌법재판을 보다 성숙시키고 발전시킬 수 있는 직은 재판관이 겸직할 수 있다. 따라서 憲法裁判所法에서 정하고 있는 직 이외의 직은 겸직할 수 있다. 다만, 헌법재판소법에서 겸직을 금지하고 있지는 않지만 사실상 헌법재판의 공정성과 권위에 좋지 않은 영향을 줄 우려가 있는 직은 맡지 않는 것이 바람직하다. 대학교수의 직은 겸직할 수 있다. 이론과 실무간의 대화와 상호영향은 헌법재판의 설득력과 발전 등에 기여할 수 있으므로 헌법재판소 재판관과 대학교수를 겸직하게 하는 것은 바람직하다고 보인다. 독일의 경우에 聯邦憲法裁判所法은 연방헌법재판소 재판관이 다른 직을 겸직할 수 없도록 정하고 있으나, 대학교수의 직은 겸할 수 있게 하고 있다.

(b) 파견근무의 금지

헌법재판이 올바로 기능하고 공정성을 확보해야 하는 점이나 헌법재판이 정당한 권위를 가져야 하는 점에서 볼 때, 헌법재판소의 재판관은 다른 국가기관에 파견되어 근무할 수 없다. 파견근무의 금지를 정하고 있는 명시적인 규정은 없지만, 국가의 작용과 헌법재판의 기능에 비추어 보면 헌법재판소의 재판관이 다른 국가기관에 파견되어 근무해야 할 여지가 존재하지 않는다.

(c) 정치에의 관여 금지

憲法 제112조 제2항이 재판관으로 하여금 정당에 가입하거나 정치에 關與하는 것을 금지하고 있는 것도 헌법재판이 직접 정치적인 영향을 받게 되는 것을 방지하기 위한 것이다. 이는 헌법재판의 정치적 중립성을 실현하는 것에 기여한다. 憲法裁判所法도 이를 확인하여 「재판관은 정당에 가입하거나 정치에 관여할 수 없다」고 정하고 있다($\frac{憲裁法}{\S 9}$).

(d) 영리행위의 금지

헌법재판소의 재판관은 營利를 목적으로 하는 사업을 營爲할 수 없다($\frac{憲裁法}{\S 14}$). 영리를 목적으로 하는 이상 일체의 사업행위가 금지된다. 그러나 이러한 영리행위의 금지는 재판관의 가족, 친척, 인척에게는 미치지 않는다.

[22] 第四 憲法裁判所의 獨立

Ⅰ. 概 念

헌법재판소의 독립이란 헌법재판의 독립을 유지하기 위하여 헌법재판소의 구성이나 조직·운영에서 외부로부터의 독립을 유지하는 것을 말한다. 이러한 헌법재판소의 독립은 권력분립의 당연한 내용을 이루는 것으로 법원의 독립과 마찬가지로 다른 국가기관으로부터의 독립이 핵심을 이룬다. 헌법 제111조 제1항에서 헌법재판소의 관장사항을 명시적으로 정하고 있는 것에는 헌법재판소의 권한, 조직, 운영이 다른 국가기관으로부터 독립되어 있다는 내용을 포함하고 있다.

Ⅱ. 內 容

(1) 헌법재판소의 구성에서의 독립

헌법재판소의 독립은 헌법재판소의 구성에서의 독립을 포함하고 있다. 헌법재판소는 원칙적으로 국회, 행정부, 법원으로부터 독립되어 구성되어야 재판의 공정성을 확보할 수 있다. 헌법재판소가 그 구성에서부터 헌법재판소 이외의 국가기관에 의해 좌우되는 경우에는 헌법재판소는 그 국가기관으로부터 직·간접으로 영향을 받을 위험이 농후하다. 이렇기 때문에 헌법재판의 독립이라는 법리로부터 헌법재판소의 독립이 도출된다.

(a) 국회로부터의 독립

헌법재판소의 독립이 보장되려면 그 구성에 있어 국회로부터도 독립되는 것이 바람직하다. 그러나 우리 헌법은 9인의 재판관 가운데 3인에 대해서는 국회에서 선출한 자를 대통령이 임명하게 정하고 있고, 헌법재판소장과 국회에서 선출하는 재판관에 대해서는 국회에서 인사청문을 하게 하고 있으므로 이 한도 내에서 국회는 헌법재판소의 구성에 관여하고 있다.

　　헌법재판소의 구성에서 이러한 국회의 관여가 인정된다고 하더라도 이런 관여가 헌법재판의 독립에 어떠한 제약도 야기하지 않도록 하는 것이 필요하다. 국회에서의 선출절차나 인사청문도 헌법재판소의 기능이나 독립과 부합하는 것이어야 한다. 따라서 국회가 헌법재판소장의 임명에 대한 동의절차나 3인의 재판관의 선출절차에서 해당 인물의 해당직에의 적합성을 객관적으로 판단하지 않고 헌법재판소 재판관을 길들이거나 헌법재판소에 대하여 국회의 지배력을 미치려는 목적으로 이런 절차를 이용하는 것은 허용되지 않는다.

(b) 행정부로부터의 독립

　헌법재판소의 독립은 그 구성에서 행정부로부터의 독립도 포함하고 있다. 따라서 행정부는 헌법재판소의 구성에 관여할 수 없고, 어떠한 공무원도 재판관을 겸할 수 없다. 다만, 헌법은 헌법재판소장과 재판관을 대통령이 임명한다고 정하고 있어($\substack{憲法\\ §111②, ④}$) 이 범위 내에서 대통령은 헌법재판소의 구성에 관여한다([31]). 헌법정책적으로는 헌법재판소의 구성에 대통령이 관여할 수 없도록 하는 방식으로 헌법을 개정하는 것을 고려할 수 있다.

(c) 법원으로부터의 독립

　헌법재판소의 독립은 그 구성에서 법원으로부터도 독립하는 것이 타당하다. 다만, 헌법은 9인의 재판관 가운데 3인의 재판관은 대법원장이 지명하도록 정하고 있으므로 이 범위 내에서 대법원장은 헌법재판소의 구성에 관여한다. 이러한 방식은 문제가 많다. 헌법정책적으로 재검토를 요한다.

　그러나 헌법재판소의 구성상의 독립에 따라 법원의 법관은 헌법재판소의 재판관을 겸직할 수 없다.

(2) 헌법재판소의 조직·운영에서의 독립

　헌법재판소의 독립은 헌법재판소의 조직·운영에서의 독립을 그 내용으로 한다. 헌법재판소의 조직과 운영에서 다른 국가기관이 간섭하거나 관여하면 해당 국가기관의 권력적 영향력이 헌법재판소에 미치게 되어 헌법재판의 공정성을 확보하기 어렵게 된다.

(a) 헌법재판소의 조직과 운영의 법률주의

　헌법은 헌법재판소의 조직과 운영에서의 독립을 보장하기 위하여 「헌법재판소의 조직과 운영 기타 필요한 사항은 법률로 정한다」고 하여($\substack{憲法\\ §113③}$), 憲法裁判所의 組織에

서의 法律主義를 취하고 있다. 이는 행정부의 행정행위로 인한 헌법재판소에의 간섭
을 배제하는 것이다. 헌법재판소가 가지는 自律規則制定權도 법률에 저촉하지 아니
하는 범위 안에서 인정된다($\binom{憲法}{\S 113②}$).

(b) 규칙제정권

　　헌법재판소는 국회, 대법원과 같이 자신의 사무처리에 관하여 자율적으로 규칙
을 정하는 권한을 가진다. 이러한 규칙제정권은 헌법에 의하여 헌법재판소에 부여된
것이기 때문에 따로 근거법률을 필요로 하지 않는다. 憲法 제113조는 「헌법재판소는
법률에 저촉되지 아니하는 범위 안에서 심판에 관한 절차, 內部規律과 사무처리에
관한 規則을 제정할 수 있다」라고 정하고 있고($\binom{憲法}{\S 113②}$), 憲法裁判所法은 이를 확인하여
「헌법재판소는 이 법과 다른 법률에 저촉되지 아니하는 범위에서 심판에 관한 절차,
내부규율과 사무처리에 관한 규칙을 제정할 수 있다」라고 정하고 있다($\binom{憲裁法}{\S 10①}$). 헌법재
판소에 규칙제정의 자율성을 부여한 규정이다. 이에 의하여 제정되는 규칙을 憲法裁
判所規則이라고 하는데, 헌법재판소규칙은 官報에 게재하여 이를 공포한다($\binom{同條}{②}$).

　　헌법재판소의 자율적인 규칙제정권은 헌법재판소의 직무와 행정의 독립을 보장
한다. 따라서 헌법재판소는 직무의 수행에 있어서 원칙적으로 어느 기관으로부터도
감독을 받지 않는다. 헌법재판소장은 헌법재판소에 소속하는 공무원을 임명하거나
면직하는 권한을 가지며, 헌법재판소에 소속한 공무원의 最高上官으로서 헌법재판소
공무원에 대해 직무상 지시와 감독을 하는 권한을 가진다.

(c) 입법의견의 제출

　　헌법에 의하면, 헌법재판소의 조직은 오로지 국회가 제정하는 법률에 의해서만
정해지므로 국회 이외의 다른 어떠한 국가기관도 헌법재판소의 조직에 관여하는 행
위를 할 수 없다. 헌법재판소의 내부규율과 사무처리에 있어서는 오직 법률과 헌법
재판소가 정하는 규칙에 따르며, 다른 국가기관이 정하는 규칙이나 조치에는 따르지
않는다. 또 국회가 헌법재판소의 조직이나 운영 등에 관한 입법권을 가진다고 하더
라도 이런 국회의 입법권이 헌법재판소의 기능을 변질시키는 것이 되어서는 안 된다.

　　그래서 憲法裁判所法은, 헌법재판소장이 헌법재판소의 조직·인사·운영·심판
절차 그 밖에 헌법재판소의 업무에 관련된 법률의 제정 또는 개정이 필요하다고 인
정하는 경우에는 그로 하여금 국회에 書面으로 그 의견을 제출할 수 있도록 정하고
있다($\binom{憲裁法}{\S 10의2}$). 이는 헌법재판소의 조직과 활동에서 국회에 일반적으로 종속되는 것을
방지하고 헌법재판소의 독립을 보장하기 위한 것이다.

Ⅲ. 限　界

헌법재판소의 독립에는 실정법상 또는 법리상의 한계가 있다. 우리 헌법의 경우에도 일정한 수준에서 헌법재판소의 독립에 한계를 정하고 있다.

(1) 헌법재판소의 구성상의 한계

헌법은 헌법재판소장을 국회의 동의를 거쳐 대통령이 임명하게 하고 있고, 9인의 재판관 가운데 3인은 국회에서 선출하게 하고 3인은 대법원장이 지명하게 하여 대통령이 임명하도록 하고 있으므로 헌법재판소의 구성상의 독립에서는 이러한 헌법상의 한계를 지니고 있다.

그러나 이러한 것은 현행 실정법상의 한계인데, 헌법정책적으로는 헌법재판소의 구성방식에 있어 헌법재판의 독립에 합치하는 보다 적합하고 타당한 방법을 고안할 수 있고, 헌법을 개정하여 이를 변경할 수 있다.

(2) 예산편성상의 한계

헌법에 의할 때, 헌법재판소의 예산은 행정부가 편성하고, 국회가 심의·확정한다. 이러한 범위에서 헌법재판소의 운영에 필요한 예산에 있어서 독립은 인정되지 않는다.

그런데 행정부가 헌법재판소의 예산을 편성하는 점을 이용하여 행정부나 대통령이 헌법재판소에 대하여 영향력을 행사하려고 한다든지 국회가 헌법재판소의 재판을 통제하기 위하여 헌법재판소의 예산을 삭감하는 것은 권한의 남용에 해당한다. 위헌법률심판, 탄핵심판, 권한쟁의심판, 정당해산심판 등에서 헌법재판소와 국회는 의견을 달리 할 가능성이 상존하므로 헌법재판소의 결정이 국회의 정치적 의도와 합치하지 않을 때에는 예산을 통하여 헌법재판소를 통제할 가능성이 있다. 국회나 행정부가 헌법재판소의 재판에 대하여 불만을 가지고 보복을 하거나 통제를 하기 위하여 고의적으로 헌법재판소의 예산을 삭감하는 것은 헌법재판소의 독립을 침해하는 것이어서 위헌이다.

헌법재판소의 독립을 충실히 실현하기 위해서는 법률이 정하는 일정한 예산편성의 원칙에 따라 헌법재판소가 스스로 예산을 편성하게 하는 것이 바람직하다. 헌법재판소법은 헌법재판소의 경비를 독립하여 국가의 예산에 계상하도록 하고 있고, 이 경비 중에는 예비금도 포함된다고 정하고 있다(憲裁法 §11①,②).

(3) 권력통제상의 한계

헌법재판소의 독립이 헌법재판소의 구성과 운영에서의 독립을 의미하지만, 헌법재판행위도 권력작용이기 때문에 헌법재판권의 남용이 발생할 가능성은 항상 존재하고 있다. 따라서 헌법재판소의 권력남용에 대해서는 통제하는 장치가 필요하다. 이러한 권력통제상 필요한 범위에서 행해지는 행위는 헌법재판의 독립이나 헌법재판소의 독립을 침해하는 것이 아니다.

　　헌법재판소는 國政監査및調査에관한法律($^{1988. 8. 5. 법}_{률 제4011호}$)에 따라 국회에 의해 국정감사나 국정조사를 받는데, 이러한 것은 권력통제원리에 의하여 인정되는 것이므로 헌법재판소의 독립을 침해하는 것이 아니다. 헌법재판소에 대한 국회의 국정감사·조사는 헌법재판소의 권력남용을 통제하는 수단으로서 그 역할을 수행한다. 따라서 헌법재판소의 독립을 내세워 이러한 통제를 거부하지 못한다.

제 4 장   韓國의 憲法裁判

제 1 절   形成과 展開

I. 「最高法」思想과 憲法裁判

憲法裁判이라는 관념은 인간의 법규범질서에는 어떤 最高의 法이 존재하고 이런 최고의 법에는 그 하위의 법규범이 저촉되어서는 안 되며, 하위법규범이 상위법규범에 위반되는 경우에는 이는 효력을 가지지 못한다는 것을 바탕으로 하고 있다.

이러한 관념은 동양과 서양에서 공통으로 형성되어 전개되었다(예: 기원 전의 中國 儒家思想, 수메르의 법사상(me법개념), 유대의 律法思想, 그리스의 법사상). 우리 역사에서는 최고의 통치자인 임금이라고 하더라도 권력을 마음대로 행사할 수 없고, 王도 복종하고 따라야 할 上位의 규범이 있다는 관념이 존재하였는데, 이런 사상은 天法, 天意, 天命 등으로 관념화되었고, 이런 관념이 더 구체화되어 「祖宗成憲」 또는 「祖宗之法」이라는 개념으로 형성되었다. 이러한 개념은 朝鮮 初期에 이미 견고하게 확립되었다. 최고의 법이 이미 존재하고 하위의 법이나 권력행사의 잘잘못은 이에 비추어 심판되어야 한다는 이런 관념은 우리가 근대 입헌주의와 헌법재판을 수용하는 단계로 이행하는 데 있어 그 바탕을 형성하였다고 할 것이다. 미합중국의 경우에도 식민지 시기에 영국의회의 잘못된 법률에 대항하는 사상으로 식민지 지식인에 의해 最高法(higher law) 사상이 형성되고 유포되었다. 이러한 식민지 시대의 경험과 사상은 훗날 미합중국의 司法審査制度를 탄생하게 만든 바탕이 되었다.

II. 韓國에서의 憲法裁判의 形成

우리나라에서 헌법재판, 특히 사법심사에 대한 관념은 美軍政期에도 발견된다. 미군정기에 大法院은 1947년 9월 2일 선고한 [1947民上第88號] 사건에서 妻의 行爲能力을 제한하는 依用民法 제14조에 대하여 그 적용을 배제하는 결정을 하였는데, 이를 두고 실질적 헌법에 의한 헌법재판이라고 평가하는 견해와 헌법이 존재하지 않는 상황에서 대법원은 이런 재판을 할 수 없다는 견해가 대립하였다. 아무튼 이 판결은 大韓民國憲法을 심판규준으로 하여 행한 것은 아니어서 우리나라의 최초의 헌법재판이라고 할 수는 없으나, 이 판결에는 「現下의 國是」라는 개념이 등장하기도 했고, 그에 대한 찬반논의 가운데는 「생성중인 국가 조선의 실질적 헌법」이라는 관념이 나타나기도 했는데, 그 법리상의 타당성을 떠나 헌법재판의 관념은 스며 있다고 평가할 수 있다. 이렇듯이 우리 역사에서 보건대, 헌법재판이라는 관념은 이미 미군정기하에서도 생소한 것이 아니었다고 보인다.

韓國에서 헌법재판이 실정 헌법에서 제도화된 것은 1948年憲法의 제정에서 시작한다. 진정한 헌법재판은 실정 헌법을 전제로 하여 성립하는 것이기 때문에 制憲憲法인 1948年憲法이 제정되면서 비로소 본래적 의미의 헌법재판이 헌법제도로서 제도화되었다. 우리나라의 경우 1948年憲法부터 헌법재판은 통상의 법원이 아닌 독립된 헌법재판기관에서 다루어야 한다는 철학이 정립되어 헌법문제를 전담하는 독립된 헌법재판기관을 설치하였다.

독일의 경우에 헌법재판의 관념은 1495년에 창설된 라이히궁정법원(Reichskammergericht)과 라이히궁정참사원(Reichshofrat)과 같은 신성로마제국의 라이히법원(Reichgericht)에서 행한 재판의 전통 속에서 발견된다고 본다. 그러나 독일에서도 헌법생활에서 발생하는 문제를 전문적으로 다루는 재판을 제도적으로 실현한 것은 1949년에 제정된 독일연방공화국 기본법(Grundgesetz der Bundesrepublik Deutschland von 1949)에서 비롯되었다. 이 기본법이 제정되기 이전인 19세기에는 독일동맹(Deutsches Bund)과 Land에 國事裁判所(＝同盟裁判所)가 있었고, 이는 동맹국간의 분쟁과 동맹헌법에 의해 보장되는 국민의 권리침해에 관한 분쟁을 관장하는 것으로 하였으나, 동맹국들의 찬성을 얻지 못하여 실제에서는 국사재판이 행해지지 않았고, 19세기 프로이센에는 국사재판소가 없었다. 상당한 수준의 헌법재판의 형태를 정한 1849년의 라이히헌법(Reichsverfassung. 'Paulskirchenverfassung'이라고도 부름)은 시행되지 못했고, 1871년의 비스마르크헌법(Bismarckverfassung)은 國事裁判所(Staatsgerichtshof)를 인정하지 않았다. 1879년에 설립된 라이히법원도 헌법재판을 전혀 행하지 않았다. 1919년의 바이마르헌법(Weimare Verfassung)이 정한 국사재판소는 Land 내의 기관쟁의, Land와 Reich간의 기관쟁의, 大臣들에 대한 訴追에 대해서만 관할권을 가진 것이었다([13]). 1949년 독일연방헌법에서 정한 헌법재판은 세계 헌법사에서 유례를 찾아보기 어려울 만큼 광범한 관할권을 가지는 거의 완벽한 형태를 가진 것이었다. 그래서 그 후 헌법재판을 제도화하고자 하는 여러 나라에서 독일의 헌법재판을 그 典範으로 삼았다. 韓國의 경우 1961년6월 헌법과 1987년헌법에서 채택한 헌법재판소제도는 독일의 이런 제도에서 많은 영향을 받았다. 헝가리에서 대표적으로 볼 수 있는 것과 같이, 1989년과 1990년에 진행된 동유럽의 민주화과정에서 공산주의 · 사회주의체제로부터 자유민주주의체제로 전환한 많은 체제전환국들은 이른바 「오스트리아-독일 모델」(österreichisch-deutsches Modell)을 수용하여 독립된 헌법재판소에 헌법재판권을 부여하는 제도를 채택하였다.

헌법재판은 본질과 기능에서 일반법원의 재판과는 다르므로 일반법원에서 헌법재판을 관장하는 것은 법리적으로 합당하지 않다. 법원과 분리된 독립된 헌법재판기관에서 헌법재판을 하는 경우에는 일반법원에 요구되는 수준의 「司法自制」(judicial selfrestraint)는 요구되지 않는다. 오히려 독립된 헌법재판기관은 의회, 행정부, 법원을 통제하는 지위에서 이들 통치권력을 통제하는 것이 필요하다. 헌법재판소가 이런 통제의 수준에서 적극적인 자세를 취하는가 소극적인 자세를 취하는가 하는 것은 여건과 상황에 따라 다르게 나타날 수 있다. 미합중국에 있어서 聯邦最高法院(U.S. Supreme Court)이 헌법재판에서 적극적인 태도를 보여 憲法裁判所라고 평가되는 것(예컨대 R. Posner, 83)과는 대조적으로 오스트리아 헌법재판소는 독립된 헌법재판기관이지만 헌법재판에서 소극적인 태도를 보이고 있다. 각 나라의 재판제도와 재판의 현실은 해당 국가의 역사, 법문화, 현실적 여건, 상황, 국가적 과제 등에 따라 달리 나타난다.

　　대한민국헌법이 제정된 이후 우리나라에서 헌법재판이 발달하고 전개되어온 과정을 보면, 제일 먼저 헌법재판제도를 실정 헌법에 명문화한 1948年憲法이 주목된다. 그 이후 현행 헌법에 이르기까지 헌법이 9차례에 걸쳐 개정되는 과정에서 헌법재판제도의 내용에서 변화를 가져온 것은 1960年6月憲法, 1962年憲法, 1972年憲法, 1987年憲法이다.

제 2 절　　韓國 憲法裁判制度의 歷史

[23]　第一　1948年憲法

I. 憲法의 制定 過程에서의 論議

　　1948年憲法을 제정하던 과정을 보건대, 당시 법원측은 법원이 규범통제권을 모두 가져야 한다는 의견을 가지고 이를 草案에 반영하였으나, 憲法及政府組織法 起草專門委員인 俞鎭午의 「憲法委員會制度의 構想」에 따라 規範統制가 二元化되는 모습을 띠게 되었다. 이것은 행정재판에서 영미식의 「司法國家型」 구상과 위헌법률심판에서 위헌심판의 제청권은 法院에 주되 그 심판은 다른 기관에서 하도록 하기 위해 미합중국의 방식과 프랑스의 헌법위원회제도를 절충한 구상에서 비롯되었다. 물론 당시 유진오는 제헌헌법에 둘 헌법위원회는 우리나라의 독특한 제도이며 프랑스의 헌법위원회를 그대로 받아들인 것이 아님을 분명히 하였다(鄭宗燮b, 119 이하). 憲法案 起草專門委員이었던 俞鎭午는 제헌국회에서 헌법안을 설명하면서 헌법위원회제도의 구상에 대하여 다음과 같이 설명하였다.

「한 걸음 더 나아가서 국회에서 제정된 법률이 헌법에 위반되는 경우에는 어떻게 하느냐 하는 이 문제에 관해서는 우리는 제80조 제2항에서 憲法委員會라는 한 새로운 제도를 생각해냈습니다. 종래의 각국 제도를 보면 미국에서는 법률이 헌법에 위반되느냐 안 되느냐 하는 것을 판단하는 권리는 재판소가―다만 대심원뿐만 아니라 모든 재판소가―이것을 가지고 있습니다. 그와 반대로 대륙계통 및 일본같은 데서는 법률이 헌법에 위반되는 여부는 오로지 국회가 스스로 판단하게 이렇게 되어 있던 것입니다. 국회에서 헌법에 위반되지 않는다는 인정을 받아서 제정된 법률은 의례히 헌법에 합치되는 것이라고 이러한 해석을 받아 왔던 것입니다. 그러므로 하나는 司法權優越主義라고 할 수 있고, 하나는 國會의 優越主義라고 할 수가 있겠습니다. 그러나 우리 조선에서는 법률이 헌법에 위반되느냐 안 되느냐 하는 문제를 제기할 권한을 재판소에 주었습니다. 그러나 문제를 제기하기만 했지 과연 그것이 헌법에 위반된다 안 된다 하는 판단은 재판소에 주지 아니하고 대법관 5인과 국회의원 5인으로써 구성되는 憲法委員會에서 이것을 결정하게 한 것입니다. 이 새 제도가 잘 운용되어서 우리나라가 훌륭한 法制國家의 성과를 올리기를 우리는 기대하는 바입니다.」($\binom{國會圖書}{館, 109}$)

建國 당시 그는 특히 헌법위원회제도를 구상한 이유를 다음과 같이 피력하였다.

「내가 법률의 위헌심사권을 미국식으로 법원에 넘겨 주지 않고 憲法委員會라는 새로운 제도를 구상한 데는 몇 가지의 이유가 있었다. 첫째는 당시의 우리나라 법원에 그러한 권한을 맡기는 데 대한 불안감이었다. 민·형사의 재판에 관하여 그들이 우리나라에 있어서 유일한 권위자라는 점에 관해서는 아무도 異議가 없는 바이지만, 당시의 우리나라 법원관계자들은 公法學의 지식을 너무나 결여하고 있는 것으로 나는 보고 있었다. 아니 그보다도 더 기본적으로 법사상의 변천에 대한 인식부족을 염려하였던 것이라고 말하는 편이 더 진상에 가까울는지 모른다. 위에서도 잠깐 언급한 바와 같이 나는 아담 스미스적 자유방임주의는 20세기 중엽에 처한 한국의 현실에 적합하지 않는 것으로 확신하였고, 그 때문에 당시 우리나라에 와 있던 미국인의 대부분이 품고 있는 것과 같은 민주주의의 개념에 대해 불만과 불안을 느끼고 있었으므로 그 불만과 불안이 그대로 우리나라의 법률가들에게 향해졌던 것이다. 그러나 그보다도 더 근본적인 이유는 국가권력기구조직의 기본원리에 관한 나의 견해로부터 온 것이었다. 미국의 사법적 위헌법률심사제도는 그 대통령제와 함께 몬테스큐적 권력분립사상의 산물이며, 各人의 자유와 권리를 확보하기 위하여 국가권력을 相互牽制시키고 강화하려는 18세기적 개인주의사상의 표현이므로 그것은 국제관계가 긴밀하지 않던 시대, 그리고 경제가 풍요하고 국가의 세입이 남아 돌아가 국가권력의 개입에 의한 그 시급한 해결이 至上命令的으로 요청되는 오늘날에 있어서는 도저히 그대로 유지될 수 없는 것이라는 것이 나의 신념이었다. 이것은 나 하나만의 신념이 아니라 미국의 학설과 경험이 또한 뒷받침해 주는 바였다. 미국학자들도 국가권력은 성질상 분립하여야 하지만($\binom{통합이 되면 독재정}{치가 되는 까닭에}$), 그 분립은 결코 절대적인 것이 아니라, 국가의사의 통일을 위하여 3권은 獨立 independence인 동시에 상호의존 interdependence하는 것이라고 말하고 있으며($\binom{예:}{Crowin}$), 또 루즈벨트대통령

시대의 행정부–입법부 대 사법부의 경제입법을 圍繞한 충돌도 미국식 司法的 違憲審査制度에 대한 再考를 요청하는 성질의 것이었다. 어쨌든 미국식 司法的 違憲審査制度는 미국인의 큰 업적임에는 틀림없지만, '외국에서는 기꺼이 모방하는 나라가 없는 제도'(Carl J. Friedrich)였다. 대략 이러한 이유로 나는 大陸諸國의 憲法裁判所制度와 전후의 불란서 제3공화국의 憲法委員會制度 등을 참작하여 미국식제도와 불란서식제도의 절충이라고 볼 수 있는 憲法委員會를 구상하였던 것인데, 심의가 법원장에 이르자 당시 서울지방법원장이었던 張暻根씨는 나의 구상에 반대하고 미국식제도를 채택할 것을 강경하게 주장하고 나섰다.」(俞鎭午·41~42)

1948년 6월 23일 국회에 상정된 憲法案에서는 「大法院은 법률의 정하는 바에 의하여 命令, 規則과 處分이 헌법과 법률에 위반되는 여부를 최종적으로 심사할 권한이 있다」라고 하고, 「법률이 헌법에 위반되는 여부가 재판의 전제가 되는 때에는 法院은 憲法委員會에 提請하여 그 결정에 의하여 재판한다」고 하여, 법률의 위헌여부 심판에서 憲法委員會制度가 채택되었다. 동시에 탄핵사건을 심판하기 위하여 彈劾裁判所制度를 채택하였다. 탄핵재판은 그 성질에서 民·刑事裁判과 다른 헌법상의 특수한 재판이기 때문에 이를 다룰 특별한 재판기관으로서 탄핵재판소를 설치하기로 하였다. 이러한 안은 그 후 제헌국회에서 讀會를 거쳐 확정되었다.

Ⅱ. 制　度

1948年憲法에서 헌법재판은 구조상 구체적 규범통제와 탄핵재판으로 이원화되어 제도화되었고, 그에 따라 憲法委員會와 彈劾裁判所가 따로 설치되었다.

(1) 헌법위원회와 탄핵재판소

制憲憲法인 1948年憲法에서는 헌법재판기관으로 일반법원과 독립된 憲法委員會를 설치하였다. 헌법위원회는 法律의 違憲與否審判에 대해서만 관할권을 가졌다($^{憲法}_{§81}$). 彈劾審判은 헌법위원회와 구별되는 별도의 기관인 彈劾裁判所에서 다루게 하였다($^{憲法}_{§47}$). 이러한 헌법재판을 구체화하는 하위 법률로서 1950년 2월 21일 憲法委員會法($^{1950.2.21.}_{법률 제100호}$)과 彈劾裁判所法($^{1950.2.21.}_{법률 제101호}$)이 制定되었다.

憲法委員會는 부통령을 위원장으로 하고 大法官 5인과 國會議員 5인의 위원으로 구성되었고($^{憲法}_{§81}$), 국회의원과 대법관 가운데서 각각 豫備委員을 두었는데, 이 예비위원은 위원이 사고로 인하여 위원회에 출석할 수 없을 때에 출석하여 위원의 직무를 대행하는 권한을 가지고 있었다($^{憲委法}_{§2}$).

1948年憲法은 대통령, 부통령, 국무총리, 국무위원, 審計院長, 法官 기타 법률이 정하는 공무원이 그 직무수행에 관하여 헌법 또는 법률에 違背한 때에는 국회는 탄핵의 소추를 할 수 있었는데($^{憲法}_{§46}$), 탄핵재판소는 이런 탄핵사건을 심판하기 위하여

설치되었다($^{憲法}_{§47}$). 彈劾裁判所는 부통령을 재판장으로 하고 大法官 5인과 國會議員 5
인의 심판관으로 구성되었다($^{憲法}_{§47}$). 대법관인 심판관은 대법관 전원으로 구성한 대법
관회의에서 선출하였다($^{彈裁法}_{§4}$). 국회의원인 심판관은 국회에서 단기무기명투표로 배수
를 선출하고 그 가운데에서 다시 동일한 방식으로 선거하였다($^{同法}_{§5}$). 탄핵재판소의 경
우에도 豫備審判官을 두었는데, 그 역할도 헌법위원회의 예비위원과 같이 심판관이
사고가 있을 때 재판장의 지명에 의하여 심판관의 직무를 행하는 데 있었다($^{同法}_{§2}$).

(2) 구체적 규범통제

구체적 규범통제에서 법률의 위헌여부심사의 제청은 당해 사건의 담당판사 또는
소송당사자의 申請에 의하여 판사 3인으로서 구성하는 合議部의 決定으로써 當該法
院이 행하였다($^{憲委法}_{§9}$). 현행 1988년 헌법재판소법에서 위헌여부심판제청신청에 대한
법원의 기각결정에 대하여 헌법재판소법 제68조 제2항의 헌법소원심판을 청구할 수
있도록 하고 있는 것과 달리, 위와 같은 합의부의 결정에 대하여 담당판사 또는 소
송당사자가 異議가 있을 때에는 抗告할 수 있었으며, 이런 항고에 관하여는 民事訴
訟法의 규정을 準用하였다($^{同法}_{§9}$). 이러한 항고절차는 구체적 규범통제의 절차에 포함
되는 것이었다. 하급법원이 提請書를 송부할 때에는 대법원을 경유하여야 했으며,
이 때 대법원은 意見書를 添附할 수 있었다($^{同法}_{§12}$). 법원에서 이런 제청을 한 경우에는
당해 사건의 재판은 停止하였다. 憲法委員會가 제청을 受理하였을 때에는 대법원으
로 하여금 각급법원에 있어서 당해 법률을 적용하여야 할 사건의 審理를 中止시키도
록 하였다($^{同法}_{§10}$).

헌법위원회는 제청된 법률조항의 違憲與否만을 결정하였는데, 그 조항의 위헌결
정으로 인하여 當該法律의 全部를 시행할 수 없다고 인정할 때에는 法律 全部를 違憲
이라고 결정할 수 있었다($^{同法}_{§18}$). 헌법위원회의 위헌결정은 원칙적으로 將來에 향하여
효력을 발생하였으며, 刑罰條項은 遡及하여 그 효력을 喪失하였다($^{同法}_{§20}$). 將來效原則主
義였다. 헌법위원회의 결정에 관계한 위원과 예비위원은 위원회의 결정에 異議가 있
을 때에는 決定書에 異見을 발표할 수 있었다($^{同法}_{§21}$). 個別意見公表를 任意的인 방식으
로 제도화한 것이었다. 헌법위원회의 결정은 官報에 게재하여 公告하여야 했다($^{同法}_{§22}$).

(3) 탄핵재판

국회에서 탄핵소추를 의결한 때에는 국회는 소추를 수행하기 위한 소추위원 3인
을 單記無記名投票로 선거하였다($^{彈裁法}_{§2}$). 탄핵소추가 제기된 때에는 탄핵재판소는 지
체없이 審理를 開始하여야 했다($^{同法}_{§13}$). 국회가 탄핵소추를 하였음에도 탄핵재판소가
심리를 지체하는 것은 소추된 당사자의 권리를 침해하고 국가의 업무수행에 중대한

차질을 초래하기 때문이었다. 탄핵재판소는 상당하다고 인정할 때에는 언제든지 소추를 받은 자의 직무를 정지할 수 있었다($\substack{同法\\§28}$). 탄핵재판은 口頭辯論에 의거하도록 하였으며($\substack{同法\\§15}$), 評議는 공개하지 않았고($\substack{同法\\§21}$), 재판에는 이유를 붙이도록 했다($\substack{同法\\§23}$).

　　탄핵의 소추를 받은 자는 罷免裁判의 宣告에 의해 파면되었다($\substack{同法\\§27}$). 탄핵재판소는 이미 재판을 거친 사유에 대하여 다시 탄핵의 재판을 할 수 없었다($\substack{同法\\§22}$). 탄핵소추를 받은 자가 그 裁判前에 免官된 경우에는 탄핵의 소추를 棄却하여야 했다($\substack{同法\\§30}$). 탄핵재판소의 終局裁判은 官報에 게재하여 公示하여야 했다($\substack{同法\\§26}$).

Ⅲ. 憲法의 改正

　　제1차 헌법개정으로 개정된 1952年憲法에도 이러한 헌법재판제도의 기본적인 내용은 그대로 유지되었고, 헌법위원회의 구성에서 국회의원 5인이 民議院議員 3인과 參議院議員 2인으로 변경되었다($\substack{憲法\\§81}$). 1952年憲法의 이러한 내용은 1954年憲法에서도 그대로 유지되었다.

Ⅳ. 實　際

　　憲法委員會는 1950년부터 업무를 시작했는데, 그 활동은 미미하여 10년간 6건의 사건을 처리하는 데 그쳤다. 舊歸屬財産處理法 제35조와 舊歸屬財産處理法施行令 제44조($\substack{大統領令\\제298호}$)의 위헌여부심사($\substack{1952. 3. 29. 결정,\\4284年 憲委 제1·2호}$), 農地改革法 제18조 제1항 후단 및 제24조 제1항 후단의 위헌여부심사($\substack{1952. 9. 9. 결정,\\4285年 憲委 제1호}$), 非常事態下의 犯罪處罰에 관한 特別措置令 제9조의 위헌여부심사($\substack{1952. 9. 9. 결정,\\4285年 憲委 제2호}$), 戒嚴法 제13조의 위헌여부심사($\substack{1953. 10. 8. 결정,\\4286年 憲委 제2호}$), 南朝鮮過渡政府行政命令 제9호(非常時 電力委員會의 設置에 관한 規程)의 위헌여부심사($\substack{1954. 2. 27. 결정,\\4286年 憲委 제1호}$), 法律 제120호(簡易訴請節次에 의한 歸屬解除決定의 確認에 관한 法律)의 위헌여부심사($\substack{1954. 3. 26. 결정,\\4287年 憲委 제1호}$)가 그것인데, 이 가운데 農地改革法사건과 非常事態下의 犯罪處罰에 관한 特別措置令사건에서는 위헌선언을 하였고, 나머지에 대해서는 합헌선언을 하였다($\substack{憲裁a,\\1 이하}$).

[24] 第二　1960年6月憲法

Ⅰ. 制　度

　　1960년 4·19항쟁으로 표출된 立憲主義와 民主主義의 실현에 대한 국민의 熱望에 따라 헌법이 개정되면서 헌법재판제도에 획기적인 변화를 가져왔다. 독재를 방지하고 국가권력의 남용에 대해 효과적으로 통제하며, 국민의 자유와 권리를 실효적으로 보장할 수 있는 「헌법의 수호자」로서 헌법재판을 구상하였다. 종전의 헌법위원회와 탄핵재판소를 폐지하고 단일의 憲法裁判所를 설치하였으며, 헌법재판소의 관장사항을 법률의 위헌여부심사, 헌법에 관한 최종적인 해석, 국가기관간의 권한쟁의심판, 정당해산심판, 탄핵재판, 대통령·대법원장·대법관의 선거에 관한 소송으로 하여 명실공히 현대적인 헌법재판의 面貌를 갖추었다(鄭宗燮J., 385 이하).

(1) 헌법재판소

1954年憲法에 이어 개정된 1960年6月憲法에서는 그 동안 憲法委員會가 그 역할과 활동에서 기대한 만큼의 효과를 충분히 얻지 못하였던 점을 고려하여 憲法委員會를 없애고 憲法裁判所制度를 도입하였다. 새로 채택된 헌법재판소는 법률의 위헌여부심사, 헌법에 관한 최종적인 해석, 국가기관간의 권한쟁의심판, 정당해산심판, 탄핵재판, 대통령·대법원장·대법관의 선거에 관한 소송을 관장하였다. 헌법재판소의 관장사항은 현행 1987年憲法의 헌법재판소의 그것과 흡사하다. 이러한 헌법의 규정을 구체화한 법률로 1961년 4월 17일 憲法裁判所法(1961. 4. 17. 법률 제601호)이 제정되었다.

憲法裁判所는 대통령, 대법원, 참의원이 각 3인씩 선임하는 9인의 審判官으로 구성되었다(憲法 §83의4). 大統領이 3인을 임명하고, 大法院은 在籍大法官의 과반수의 찬성에 의해 大法官會議에서 선출한 3인을 심판관으로 선임하였고, 參議院은 在籍議員 과반수의 찬성으로 3인의 심판관을 선임하였다(憲裁法 §3 ①,②). 심판관은 전원 법관의 자격을 가진 자로 하였다(同法 §2). 심판관의 임기는 6년으로 하고 2년마다 3인씩 改任하였다(憲法 §83의4). 임기제로 신진대사를 활발하게 하고 신분을 보장하는 동시에 심판관 전원의 一時的 交替에 따른 문제점을 해소하기 위하여 2년마다 1/3씩 교체하는 방식을 취하였다.

憲法裁判所長은 심판관 중에서 在籍審判官 과반수의 찬성으로 互選하여 대통령이 확인하는 방식을 취하였다(憲裁法 §5②,③). 헌법재판소장은 헌법재판에서 裁判長이 되고(同法 §8③), 헌법재판소의 행정사무를 관장하며 소속공무원을 지휘·감독하였다(同法 §5④). 헌법재판소장이 사고가 있을 때에는 심판관 중 年齡順에 의하여 연장자가 그 직무를 代理하였다(同條 ⑤).

憲法裁判의 獨立을 보장하기 위하여 심판관은 政黨에 가입하거나 정치에 관여할 수 없었고, 모든 公職과 私職에 취임하거나 營業에 종사할 수 없었으며, 심판관이 겸할 수 없는 職에 취임한 때에는 당연히 退職되는 것으로 정하였다(同法 §4). 헌법재판의 독립에서 중요한 의미를 가지는 심판관의 報酬와 待遇는 大法官의 예에 準하였다(同法 §2②). 헌법재판소의 經費는 독립하여 國費豫算에 計上하였다(同法 §7①).

憲法裁判所는 심판관 5인 이상의 출석으로 심리하며, 심판관 5인 이상의 찬성으로 심판하였다(同法 §8①). 다만, 법률의 위헌결정과 탄핵판결은 심판관 6인 이상의 출석으로 심리하고 6인 이상의 찬성으로 심판하였다($^{憲法 §83의4;}_{憲裁法 §8①}$). 헌법재판소는 심판사건이 제기된 때에는 지체없이 심리를 개시하여야 했다($^{憲裁法}_{§17①}$). 헌법재판소의 對審과 재판의 宣告는 공개한 법정에서 행하였다. 다만, 安寧秩序 또는 선량한 풍속을 해할 우려가 있는 때에는 결정으로써 공개를 停止할 수 있었다($^{同法}_{§18}$). 헌법재판소의 終局裁判은 官報에 게재하여 公示하도록 했다($^{同法}_{§21②}$).

(2) 구체적 규범통제, 추상적 규범통제, 법률에 대한 헌법소원

헌법재판소는 法律의 違憲與否審査를 관장하였다($^{憲法}_{의3 §83}$). 이러한 헌법의 규정에 의하면, 입법자는 모든 종류의 규범통제를 제도화할 수 있었다. 즉 具體的 規範統制뿐만 아니라 抽象的 規範統制도 입법화할 수 있었다. 憲法裁判所法도 구체적 규범통제와 추상적 규범통제에 대해서 정하고 있었다.

구체적 규범통제절차에서 특징적인 것은 법률의 위헌여부심사나 헌법에 관한 최종적인 해석을 헌법재판소에 제청하는 권한을 법원 이외에 當事者도 가지고 있었다는 점이다($^{憲裁法}_{§9①}$). 具體的 規範統制節次에서 당사자로 하여금 바로 헌법재판소에 재판의 전제가 된 법률의 위헌여부심사를 물을 수 있게 한 것이다.

法院에 사건이 係屬됨이 없는 경우에도 법률의 위헌여부심사를 헌법재판소에 提請할 수 있었다. 이것은 규범통제 가운데 抽象的 規範統制에 해당한다. 이 경우 제청인에 대해서는 한정한 것이 없다. 법원에 사건이 계속됨이 없는 경우에 법률의 위헌여부를 제청하는 때에는 提請書에 i) 제청인의 표시, ii) 위헌이라고 해석되는 법률조항, iii) 위헌이라고 해석되는 理由, iv) 기타 필요한 사항을 기재하여야 했다($^{同法}_{§10②}$). 이러한 경우에 제청인을 국회와 같은 국가기관에 한정하면 추상적 규범통제가 이루어지고, 제청인을 일반 국민에까지 확대하면 법률의 위헌여부심사에 있어서 일종의 民衆訴訟이 이루어지게 된다. 당시 민주주의에 대한 열망이 위헌법률심사에도 반영된 것으로 보인다. 이러한 제도는 제청인에 옴부즈맨(ombudsman)을 포함시킬 경우 옴부즈맨제도를 활성화시킬 수 있다. 1997년 타일랜드의 憲法은 옴부즈맨제도와 헌법재판제도를 결합시킨 제도를 두었다. 추상적 규범통제절차를 인정하면서 제청인의 범위에 제한을 두지 않은 것은 매우 진보적인 형태였다.

규범통제에서 위헌법률심사의 제청이 있으면 제청법원 또는 당해 법원의 사건이 당연히 정지되지는 않았다. 헌법재판소가 결정으로 헌법재판소의 판결이 있을 때까지 당해 사건을 정지시킬 수는 있었다($^{同法}_{§9①}$). 헌법재판소가 당해 사건을 정지시키는 결정을 한 경우에는 이를 대법원에 통고하도록 하였고, 대법원은 각급 법원에 있어서 당해 법률 또는 헌법조항을 적용하여야 할 사건의 審理를 中止시키도록 하였다

(同條). 위헌결정이 가지는 將來效에서 발생할 법적용의 불평등의 문제를 해소하고 重複提請의 번거로움과 낭비를 방지하기 위한 것이다. 그런데 이는 종래의 것과 다른 것이었다. 종래에는 법원이 위헌법률심사를 제청하면 당해 소송사건의 재판은 停止되었으나, 새 憲法裁判所法은 법원에 계속된 당해 소송사건의 재판을 정지시키는 권한을 헌법재판소에 부여하였다. 이러한 헌법재판소에 의한 재판정지제도는 법원에 사건이 계속됨이 없이, 법률의 위헌여부를 제청하였거나 헌법에 관한 최종적 해석을 제청한 경우도 마찬가지로 준용되었다(同法§10③).

　법률의 위헌여부심사사건에 있어서 헌법재판소는 제청서를 受理한 날로부터 90일 이내에 판결을 선고하여야 했다(同法§17②). 헌법재판소에 의해 위헌의 판결을 받은 법률 또는 법률조항은 판결이 있은 날로부터 법률로서의 효력을 상실했다. 다만, 형벌에 관한 조항은 소급하여 그 효력을 상실했다(同法§22②).

　헌법이 정하고 있는 법률의 위헌여부심사에는 法律에 대한 憲法訴願(＝憲法訴請)制度도 포함되어 있었다. 1960년 헌법을 개정할 당시에 헌법안에서는 기본권의 침해를 구제하는 수단으로 헌법소원제도를 명시하여 도입하는 것으로 되어 있었으나 헌법에는 이것이 빠졌다. 그래서 국가의 모든 형태의 공권력의 행사나 불행사에 의하여 기본권이 침해된 경우에 이를 구제하는 수단으로서의 헌법소원제도는 채택되지 않았다. 그러나 규범통제의 영역에서 기본권의 침해에 대한 구제와 헌법질서의 유지와 보호를 실현하기 위한 수단으로 인정되는 법률에 대한 헌법소원제도는 법률의 위헌여부심사의 한 형태로 인정되었다(鄭宗燮k, 437 이하).

(3) 헌법에 관한 최종적 해석

　헌법은 헌법재판소로 하여금 헌법에 관한 最終的 解釋을 관장하도록 하였다. 실정 헌법을 가지고 있고 독립된 헌법재판기관인 헌법재판소를 둘 때에 헌법재판소가 헌법에 관하여 최종적인 해석권을 가지는 것은 헌법질서의 통일과 헌법해석의 통일을 실현하는 데 필수적이다. 이는 국가의 모든 작용에 적용되는 것이다. 헌법에 관한 有權的 解釋이 구구하면 實定 憲法秩序의 통일성을 유지하기 어렵고, 헌법질서의 통일성이 유지되지 않으면 헌법제정권자인 국민의 의사가 둘 이상으로 분열되는 결과를 초래하여 立憲主義와 憲法國家는 실현될 수 없다.

　헌법에 관한 최종적인 해석은 법원에 사건이 계속된 경우에도 행해졌고, 법원에 사건이 계속됨이 없는 경우에도 행해졌다. 憲法裁判所法은「法院에 繫屬中인 사건에 관하여 법원 또는 당사자가 憲法에 관한 最終的 解釋을 헌법재판소에 提請하였을 때에는……」(憲裁法§9①)이라고 정하여 법원에 사건이 계속된 경우에 법률의 위헌여부심사와는 별도로 최종적인 헌법해석을 헌법재판소에 구할 수 있게 하였다. 헌법에 관한 최종적 해석을 헌법재판소에 구하는 것은 법원에 사건이 계속되지 아니한 경우에도 가능하였다. 법원의 사건과 무관하게 헌법의 최종적 해석을 구하는 때에도 별도로 제청하도록 하였다. 이 경우의 提請書에는 i) 제청인의 표시, ii) 해석을 요구하는 憲法의 條項, iii) 당해 헌법조항에 대한 提請人의 解釋, iv) 기타 필요한 사항을 기재하도록 하였다(同法 §10②).

　　憲法裁判所法은 「憲法解釋에 관한 헌법재판소의 判決은 법원과 기타 국가기관 및 지방자치단체의 기관을 羈束한다」(同法 §22①)고 정하여, 헌법재판소가 한 헌법에 관한 최종해석이 가지는 羈束力을 명문화하였다. 헌법의 해석은 官報에 揭載하여 公示하여야 했다(同法 §21②).

　　법원에 사건이 계속되어 있지 아니한 일반적인 경우에 헌법재판소로 하여금 헌법에 관한 최종적인 해석을 하게 하고, 제청인에 있어서도 국가기관 이외에 일반 국민까지 포함하면, 명실공히 헌법은 국민의 일상생활과 모든 국가활동에 생생하게 살아 있게 된다. 헌법재판소가 가지는 헌법의 최종적 해석기능을 이러한 수준으로까지 확대한 것은 비교법적으로도 획기적인 것이었는데, 여기에도 당시의 민주주의와 헌법의 수호자에 대한 국민의 열망이 관철된 것으로 보인다.

(4) 권한쟁의심판

　　1960年6月憲法은 헌법재판소의 관장사항에 권한쟁의심판을 포함시켰는데, 우리 헌법사에서 최초로 권한쟁의가 헌법재판의 형태로 인정된 것이다. 권한쟁의에 관한 심판은 提請書의 제출로 개시되었다(憲裁法 §11①). 권한쟁의심판을 제청하는 提請書에는 i) 提請機關의 표시, ii) 권한쟁의의 要旨, iii) 관계법령의 조항, iv) 기타 필요한 사항을 기재하도록 하였다(同法 §11①). 헌법재판소는 권한쟁의심판에서 관계국가기관에 權限爭議審判提請의 사실을 통지하고, 쟁점이 된 권한에 의한 處分의 停止를 命令할 수 있었다(同條 ②). 假處分에 해당하는 것이다. 憲法에는 권한쟁의심판이 國家機關間의 權限爭議에 한정되어 있었으나, 憲法裁判所法은 권한쟁의에 관한 헌법재판소의 판결은 모든 國家 또는 地方自治團體의 機關을 羈束한다고 정하고 있었다(憲裁法 §22③).

(5) 정당해산심판

　　1960年6月憲法은 정당의 목적이나 활동이 헌법의 民主的 基本秩序에 위배될 때에는 정부가 대통령의 승인을 얻어 소추하고 헌법재판소가 판결로써 그 정당의 해산을 명하도록 정하였다(憲法 §13). 이에 의거하여 위헌정당의 해산에서는 정부가 憲法裁判所法이 요구하는 기재사항을 기재한 訴追書를 제출하여야 했고, 이 소추서에는 대통

령의 訴追承認書를 첨부하여야 했다($^{憲裁法}_{§12}$). 정당의 해산을 명하는 헌법재판소의 판결을 받은 때에 당해 정당은 卽時 解散되는 것으로 하였다($^{同法}_{§22⑤}$). 헌법재판소의 裁判書에는 合議에 관여한 각 심판관의 意見을 添書하도록 하였다($^{同法}_{§14}$). 정당의 해산을 명하는 판결을 한 때에는 그 재판의 謄本을 정부와 당해 정당의 대표자에게 송달하여야 했다($^{同法}_{§13}$).

(6) 탄핵재판

국회가 탄핵소추를 의결한 때에 국회는 소추위원 3인을 선임하여야 했으며, 소추위원은 탄핵재판의 심리와 선고에 관여하였다($^{憲裁法}_{§15}$). 탄핵의 소추를 받은 자는 헌법재판소의 罷免裁判의 宣告에 의하여 파면되었다($^{同法}_{§22④}$). 탄핵의 소추를 받은 자가 재판 전에 免職된 때에는 탄핵소추를 棄却하였다($^{同法}_{§16}$). 이미 재판을 거친 사건에 대해서는 다시 재판하지 못하였다($^{同法}_{§20}$). 一事不再理의 효력이 미치기 때문이었다. 헌법재판소는 탄핵소추된 사건이 동일한 사유로 형사소송에 계속되어 있는 때에는 그 刑事訴訟이 종결될 때까지 탄핵재판의 진행을 中止할 수 있었다($^{同法}_{§23}$). 이러한 탄핵재판의 中止는 피고사실에 대하여 법원과 헌법재판소간에 서로 다른 결론이 생기는 것을 가능한한 피하고, 사실의 확정에 있어서는 事實審法院의 의견을 존중하기 위한 것이었다.

(7) 선거재판

선거에 관한 소송은 모든 사건에 우선하여 심리하도록 하였다($^{憲裁法}_{§17①但}$). 대의기관의 구성에 있어서 지체로 인하여 국정의 空白이 발생하는 것을 방지하고자 한 것이다. 이미 재판을 거친 사건에 대해서는 다시 裁判하지 못했다($^{同法}_{§20}$). 一事不再理의 효력이 미치기 때문이었다.

Ⅱ. 憲法의 改正

1960年6月憲法에서 정한 헌법재판에 관한 내용은 1960年11月憲法에서도 변경됨이 없이 그대로 유지되었다.

Ⅲ. 實　　際

1960年6月憲法과 1960年11月憲法은 우리 憲法史에서 현대적인 헌법재판의 모습을 가장 충실하게 갖추는 계기를 마련하였다. 뿐만 아니라 비교법적인 관점에서도 진보적인 모습을 띤 것이었다. 이는 4 · 19 이후에 분출된 민주주의에 대한 기대와 열기가 투영되어 나타난 것으로 보인다.

그러나 憲法裁判所가 구성되기도 전에, 그것도 憲法裁判所法이 공포된 후 1개월

만인 1961년 5월 16일 5·16 군사쿠데타가 발생하여 1960年 4·19항쟁 이후 국민의 기대를 담아 채택했던 헌법재판소제도는 그 제도의 우수함과 발전가능성에도 불구하고 결국 출범도 하지 못하고 말았다. 따라서 실제 헌법재판은 이루어지지 않았다. 이후 우리 헌법사에서 이와 같은 높은 수준의 헌법재판은 나타나지 않았고, 1987년 6월에 분출된 국민의 「民主化大抗爭」 이후 개정된 1987年憲法에 와서 이와 유사한 수준의 헌법재판이 등장하였다.

[25]　第三　1962年憲法

Ⅰ. 制　　度

1962年憲法은 1961년 5월 군사쿠데타를 주도한 세력들에 의해 추진된 헌법의 개정으로 등장하였다. 여기서는 「미국식 민주주의」를 한다는 이름 아래 종래의 제도를 완전히 폐지하고, 大法院에서 위헌법률심사와 정당해산판결만 하게 하고 彈劾審判委員會를 따로 두는 수준에서 헌법재판의 기능을 현저히 약화시켰다.

4·19항쟁 이후에 등장했던 헌법재판소제도와 비교하면 그 수준에서 急轉直下로 떨어진 것이었는데, 이는 우리 현대사에서 민주주의 세력과 군사쿠데타 세력간의 力關係가 나타난 것이기도 하다. 이 당시 법학계에서는 위헌법률심사권을 대법원에 부여하고 헌법재판을 축소하는 것에 반대하면서 헌법재판소를 두어야 한다는 의견을 내었다. 헌법안의 심의과정에서 專門委員會의 다수의견은 헌법재판소를 설치하는 것이었는데 審議會에서 일반법원인 대법원에 최종적 심사권을 부여하고 구체적 규범통제에 한정하는 것으로 되었다($\frac{金哲洙c.}{86}$).

(1) 대법원과 탄핵심판위원회

1962年憲法은 1960年6月憲法과 1960年11月憲法에서 채택하였던 憲法裁判所制度를 폐지하고 법령 등의 위헌여부심사와 정당해산판결만 大法院에서 하도록 하였다($\frac{憲法}{§102}$). 탄핵심판은 彈劾審判委員會가 관장하게 하였다($\frac{憲法}{§62}$). 군사쿠데타 이후 헌법재판은 그 형체를 잃어버리고 이와 같이 미미한 수준에서만 형식적으로 유지되었다. 이미 헌법이라는 것이 裝飾的인 것으로 인식되었기 때문에 立憲主義와 憲法國家를 실현하기 위한 제도적 장치를 두는 것은 올바로 고려되지 않았다. 탄핵심판위원회의 설치와 권한 및 절차를 규정하기 위하여 1964년 12월 31일 彈劾審判法($\frac{1964. 12. 31.}{법률 제1683호}$)을 제정하였다.

법률 또는 명령 등의 위헌여부심사를 하는 대법원은 大法院長과 大法院判事로 구성되었다($\frac{憲法}{§99}$). 재판의 審理와 判決은 공개하였으며, 다만 審理는 안녕질서를 방해하거나 선량한 풍속을 해할 염려가 있을 때에는 법원의 결정으로 공개하지 아니할 수 있었다($\frac{憲法}{\S105}$).

　　彈劾審判委員會는 대법원장을 위원장으로 하고 대법원판사 3인과 국회의원 5인의 위원으로 구성되었다. 다만 대법원장을 심판할 경우에는 국회의장이 위원장이 되었다($\frac{憲法}{\S62②}$). 대법원판사인 심판위원은 대법원판사회의에서 선출하였고, 국회의원인 심판위원은 국회에서 선출하였다($\frac{彈審法}{\S10①}$). 심판위원회에는 8인의 豫備審判委員을 두었는데, 3인은 대법원판사회의에서 선출하고, 5인은 국회에서 선출하였다($\frac{同條}{②}$).

(2) 구체적 규범통제

　　법률, 명령, 규칙, 처분이 헌법이나 법률에 위반되는 여부가 재판의 전제가 된 때에는 대법원은 이를 최종적으로 심사할 권한을 가졌다($\frac{憲法}{\S102}$). 당시 구체적 규범통제의 절차에 관하여는 상세하게 정하고 있는 것이 없어서(당시 法院組織法에도 이런 절차를 정하고 있지 않았다) 과연 이런 헌법의 규정에 비추어 볼 때, 대법원만 위헌여부심사권을 독점하는가 아니면 하급법원도 위헌여부심사권을 가지는가 하는 것이 문제가 되었고, 학설이 찬반으로 나누어졌다. 하급법원도 위헌여부심사권을 가진다고 한 견해는 하급법원은 당해 사건에서 위헌으로 판단한 법률을 적용하지 않는 것에 그친다(適用拒否)는 것을 전제로 하고 있었다. 하급법원도 위헌법률심사권을 가진다고 본 것이 당시의 다수설이었다($\frac{金哲洙b}{87 이하}$). 당시 서울고등법원은 憲法 제102조의 위헌법률심사권은 대법원만 가지고 있다고 판시하기도 했다($\frac{서울고법 1964.}{7. 16.-64로159}$).

(3) 정당해산재판

　　정당의 목적이나 활동이 민주적 기본질서에 위배될 때에는 정부는 大法院에 그 해산을 제소할 수 있고, 정당은 대법원의 判決에 의하여 해산되었다($\frac{憲法}{\S7③}$). 정당해산을 명하는 판결은 대법원 법관 定數의 5분의 3 이상의 찬성을 얻어야 했다($\frac{憲法}{\S103}$). 정당해산재판을 대법원의 관할로 함에 따라 대법원도 정치적인 성격이 강한 재판을 하지 않을 수 없었는데, 이는 대법원의 기능이나 성격에 부합하지 않는 것이었다. 당시 미합중국 연방최고법원은 정당해산재판에 대한 관할권을 가지고 있지 않았다.

(4) 탄핵심판

　　대통령, 국무총리, 국무위원, 행정각부의 장, 법관, 중앙선거관리위원회위원, 감사위원 기타 법률이 정하는 공무원이 그 직무수행에 있어서 헌법이나 법률을 위배한 때에는 국회는 탄핵의 소추를 의결할 수 있었으며($\frac{憲法}{\S61①}$), 彈劾訴追는 국회의원 30인 이상의 發議가 있고, 在籍議員 과반수의 찬성으로 議決하였다($\frac{同條}{②}$). 탄핵의 소추는 소추위원이 訴追議決書의 정본을 심판위원회에 제출함으로써 행하였다($\frac{彈審法}{\S7①}$). 탄핵소추의 의결을 받은 자는 탄핵결정이 있을 때까지 그 권한행사가 정지되었다($^{憲法}_{§61③}$).

　　탄핵사건의 심리와 재판의 선고는 공개하였다($^{彈審法}_{§20}$). 그러나 評議는 비공개로 하였다($^{同法}_{§24}$). 동일한 사유에 관하여 형사소송이 係屬중인 때에는 심판절차를 중지할 수 있었다($^{同法}_{§22}$). 탄핵결정은 탄핵심판위원회의 9인의 구성원 중 6인 이상의 찬성이 있어야 했다($^{憲法}_{§62③}$). 탄핵결정이 있으면 公職으로부터 罷免되었으며, 이에 의해 民事上 또는 刑事上의 責任이 免除되지는 않았다($^{憲法 §62④;}_{彈審法 §30}$). 당시 탄핵으로 파면된 자가 憲法 제61조 제1항에 정한 공무원이 되려면 資格回復의 裁判을 받은 경우에만 가능하였다($^{彈審法}_{§30}$). 자격회복의 재판은 파면재판의 선고를 받은 날로부터 3년을 경과한 때와 파면사유가 없었다는 명확한 증거가 발견된 때에 파면재판을 받은 자의 청구로 彈劾審判委員會가 할 수 있었다($^{同法}_{§31}$). 자격회복의 종국재판을 받으면, 파면재판으로 인하여 상실하였던, 다른 법률의 규정에 의한 자격을 회복하였다($^{同法}_{§32}$). 파면결정에는 이유를 달아야 했으며, 파면사유와 이를 인정한 증거를 명시하도록 했다($^{同法}_{§26}$).

II. 憲法의 改正

　　1962年憲法에서 헌법재판에 관하여 정한 내용은 1969年憲法에도 동일하게 유지되었다.

III. 實　　際

　　1962年憲法과 1969年憲法이 유지되던 시기 동안에 대법원의 위헌법률심사는 활발하지 못하였다. 1960년대 있었던 대법원의 위헌여부심사는 모두 합헌으로 결론이 났다. 대법원은 死刑制度를 합헌이라고 선고하였고($^{大 1963. 2.}_{28.-62도241}$), 强姦罪에 대해서도 합헌이라고 선고하는 판례($^{大 1967. 2.}_{28.-67도1}$)를 남기는 데 그쳤다.

　　그런데 1971년에 대법원은 國家賠償法 제2조 제1항 단항(=단서조항)과 法院組織法 제59조 제1항 단항에 대하여 위헌판결($^{대법원 1971. 6. 22. 전원}_{합의 상고기각 70다1010}$)을 선고하였다($^{憲裁b.}_{978 이하}$). 이것이 1969年憲法이 개정될 때까지 유일하게 있었던 위헌판결이었다. 그런데 이 판결이 있은 후 집권세력은 법원에 대하여 강력한 탄압을 가하였는데, 그것이 우리 憲法史에 기록된 이른바「제1차 司法波動」이다. 獨裁 또는 强權統治에서 국가권력의 행사는 집권세력의 의사를 표현하는 것이었기 때문에 어떤 법률에 대해 위헌이라고 판결하는 것 자체가 집권세력에 대한 挑戰으로 간주되었다. 이러한 상황에서는 대법원이 위헌법률심사권을 제대로 행사하기 어려웠다.

　　정당해산사건은 없었다. 탄핵판결을 한 사건도 없었다.

[26] 第四 1972年憲法

I. 制   度

1972년 朴正熙정부는 장기집권을 기도하기 위하여 民族統一과 「韓國的 民主主義」를 내세워 새로운 憲法秩序가 필요하다고 하였다. 이에 따라 박정희 대통령을 계속 연임할 수 있게 하는 동시에 國家權力을 大統領에게 집중시키는 이른바 「維新體制」를 감행하였다. 이에 따라 憲法도 개정되었다. 憲法裁判에서는 憲法委員會를 새로 설치하였다.

(1) 헌법위원회

1972년에 「維新憲法」인 1972年憲法이 등장하면서 1960年6月憲法 이래 사라졌던 憲法委員會를 다시 부활시켜 법률의 위헌여부심판, 탄핵심판, 정당해산심판을 관장하게 하였다. 이러한 헌법재판을 구체화하기 위하여 1973년 2월 16일 憲法委員會法 $\binom{1973. 2. 16.}{法律 제2530호}$이 제정되었다.

헌법위원회는 9인의 위원으로 구성되었다. 헌법위원회 위원의 자격요건에는 법관의 자격을 요구하지 않았다. 당시 위원은 i) 대통령·국회의장·대법원장·국무총리·국무위원·법제처장의 직에 있던 자, ii) 20年 이상 판사·검사 또는 변호사의 직에 있던 자, iii) 판사·검사 또는 변호사의 자격이 있는 자로서 20年 이상 법원·검찰청·법무부·국방부·법제처·국회사무처 또는 법원행정처에서 법률사무를 專擔한 자, iv) 20年 이상 公認된 법과대학에서 法律學助敎授 이상의 직에 있던 자 중에서 임명하였다$\binom{憲委法}{§3}$.

9인의 위원은 모두 대통령이 임명하였는데, 대통령이 임명하기 전 國會가 3인을 선출하고 大法院長이 3인을 지명하였다. 대통령은 직접 3인을 임명하였다. 우리나라 憲法裁判制度史에서 憲法裁判機關을 구성하는 이런 방식은 이 때 등장하여 현재까지 내려오고 있다.

당시 제도상 특이한 점은 헌법위원회에는 위원 중에서 대통령이 임명하는 委員長과 常任委員 1인을 두고, 나머지 위원은 모두 非常任 名譽職으로 한 것이었다$\binom{憲委法}{§9, §10①}$. 상임위원은 별정직국가공무원으로 하고, 대우와 보수는 대법원판사의 예에 준하였다$\binom{同法}{§10②}$. 비상임위원은 일당과 여비 기타 실비보상을 받을 수 있었다$\binom{同法}{§10①}$. 이러한 구성에서 볼 수 있듯이, 이 당시 헌법위원회는 명목상으로 설치하였을 뿐 실제 업무를 수행할 것이라고 기대하지 않았다. 유신체제로 박정희독재를 강화하던 때에 헌법재판은 이러한 의도와 어울릴 수 없는 성질의 것이었다.

憲法委員會는 위원 7인 이상의 출석으로 審理하였으며, 법률의 위헌결정, 탄핵결정, 정당해산결정은 위원 6인 이상의 찬성으로 행하였고, 그 이외의 결정은 출석 위원 과반수의 찬성으로 행하였다(憲委法 §9).

(2) 구체적 규범통제

1972年憲法은 헌법위원회의 관장사항으로 법원의 제청에 의한 법률의 위헌여부 심판을 정하고 있었다(憲法 §109①). 법률이 헌법에 위반되는 여부가 裁判의 前提가 된 때에는 당해 사건의 담당판사 또는 소송당사자의 申請에 의하여 당해 사건이 係屬中인 各級法院의 合議部의 決定을 거쳐 당해 법원이 위헌여부심판을 提請하였다. 軍法會議에서 위헌여부를 提請할 때에도 동일했다(憲委法 §12). 제청은 제청서의 제출로 하였다(同法 §14). 합의부의 결정에 대하여 담당판사나 소송당사자가 異議가 있는 때에는 抗告할 수 있게 하였고, 이런 항고절차에는 民事訴訟法의 규정을 준용하였다(同條 ②,③). 소송당사자가 법원 합의부의 결정에 대하여 이의를 할 수 있도록 한 것은 1950年의 憲法委員會法에서 정하고 있던 것과 동일하였다. 이러한 異議절차가 1987年憲法하의 憲法裁判所法에서는 성질에서 원래의 헌법소원심판과 다른 憲法訴願審判이라는 이름의 절차로 출현하였다(憲裁法 §68②).

> 이 당시 법률의 위헌여부심판제청의 절차는 복잡하게 만들어진 것이 특색이었는데, 여기에는 숨겨진 정치적인 의도가 있었다고 볼 부분이 있다(鄭宗燮b. 32 이하). 당시 憲法委員會法은, 지방법원이나 고등법원이 어떤 법률이 헌법에 위반된다고 판단하여 위헌법률심판을 제청하는 경우에도 대법원의 합의부가 위헌여부심판의 제청이 불필요하다고 결정하면 헌법위원회에 위헌법률심판을 제청하지 않는다고 정하였다(憲委法 §15③). 이른바 대법원의 「不送付決定權」 또는 「一次的 審査權」이라고 불린 것이다. 독재와 권위주의통치에 있어 법률의 위헌시비가 생기는 것은 바로 정권의 존립에 영향을 주기 때문에 현실에서는 가능한 한 법률에 대한 違憲是非를 통제하는 것이 필요하였다. 대법원에게 부여한 이런 「不送付決定權」은 정치세력이 법원에서 발생할 위헌법률심판제청을 손쉽게 통제하는 장치이기도 했다. 전국에 설치된 모든 법원의 판사들을 통제하는 것보다는 대법원의 구성권을 장악하고 있는 집권세력(대법원장은 국회의 동의를 얻어 대통령이 임명했고, 대법원장이 아닌 법관은 대법원장의 제청에 의해 대통령이 임명했다)이 대법원의 위헌법률심사제청을 통제하는 것이 더 효과적이었다. 憲法委員會法 제15조 제3항의 이런 규정에 대하여 이는 헌법에 근거가 없고 오히려 憲法 제105조 제1항과 모순된다는 비판이 있었다. 이러한 비판에 대해 憲法委員會法을 개정하기는커녕 오히려 1980年憲法을 개정하면서 「법원은 법률이 헌법에 위반되는 것으로 인정할 때에는 憲法委員會에 제청하여……」(憲法 §105①)라고 정하고, 이를 대법원의 「불송부결정권」을 인정하는 근거인양 보아 憲法委員會法은 「대법원은…… 헌법에 위반되는 것으로 인정될 때에는 그 제청서를 헌법위원회에 송부하여야 한다」(憲委法 §15③)라고 표현만 다르게 바꾸어 여전히 대법원의 「불송부결정권」을 存置시켰다.

법원에서 법률의 위헌여부심판을 憲法委員會에 제청하였을 때에 당해 사건의 재판은 停止되었으며($\substack{同法\\§13}$), 憲法委員會가 제청을 受理하였을 때에는 大法院은 各級法院에 대하여 당해 법률을 적용하여야 할 사건의 재판을 停止하도록 했다($\substack{同條\\②}$). 당시 위헌결정된 법률의 효력이 결정이 있은 날로부터 상실되는 將來效의 규정($\substack{同法\\§18①}$)에 따른 문제를 해결하기 위한 것이다.

법률의 위헌결정에는 위원 6인 이상의 찬성이 필요했다($\substack{憲法\\§119①}$). 憲法委員會는 제청된 법률 또는 법률조항의 위헌여부만을 결정했다. 그러나 법률조항의 위헌결정으로 인하여 당해 법률 전부를 施行할 수 없다고 인정할 때에는 그 전부에 대하여 위헌의 결정을 할 수 있었다($\substack{憲委法\\§16}$). 위헌결정은 법원 기타 국가기관이나 지방자치단체를 기속하는 羈束力을 가졌다($\substack{同法\\§18②}$).

(3) 탄핵심판

1972年憲法은 헌법위원회의 관장사항으로 탄핵심판을 정하고 있었다($\substack{憲法\\§109①}$). 彈劾의 訴追는 訴追委員이 訴追議決書의 正本을 憲法委員會에 제출함으로써 행하였다($\substack{憲委法\\§21}$). 탄핵사건의 심판은 辯論의 全趣旨와 證據調査의 결과를 종합하여 正義 및 衡平의 원리에 입각하여 행한다고 하였으며, 당사자가 期日에 출석하지 아니한 때에는 다시 기일을 정하여야 했고, 被訴追者가 정당한 사유 없이 출석하지 아니한 때에는 그 陳述을 듣지 아니하고 심판할 수 있었다($\substack{同法\\§27}$). 憲法委員會는 동일한 사유에 관하여 刑事訴訟이 係屬하는 동안에는 심판절차를 停止할 수 있었다($\substack{同法\\§28}$).

被訴追者는 彈劾決定의 宣告에 의하여 그 公職에서 罷免되었다($\substack{同法\\§30}$). 彈劾決定을 받은 자는 탄핵결정의 선고를 받은 날로부터 3年이 經過하지 아니하면 당시 憲法 제99조 제1항에 규정된 공무원이 될 수 없었다($\substack{同法\\§31}$). 즉 이런 유예기간이 경과되어야 資格回復이 가능하였다. 탄핵소추를 받은 자가 그 심판 전에 파면된 경우에는 彈劾訴追를 棄却하였다($\substack{同法\\§32}$). 탄핵결정은 위원 6인 이상의 찬성으로 행하였다($\substack{憲法\\§119①}$)

(4) 정당해산심판

1972年憲法은 헌법위원회의 관장사항으로 정당해산심판을 정하고 있었다($\substack{憲法\\§109①}$). 당시 헌법은, 정당의 목적이나 활동이 민주적 기본질서에 위배되거나 국가의 存立에 危害가 될 때에는 정부는 憲法委員會에 그 해산을 제소할 수 있고, 정당은 憲法委員會의 결정에 의해 해산된다고 정하였다($\substack{憲法\\§17③}$). 과거의 헌법과 비교해 볼 때, 정당해산의 사유로 「국가의 존립에 위해가 되는 경우」가 추가되었다.

이런 제소는 國務會議의 審議를 거쳐 提訴狀을 제출함으로써 이루어졌다($\substack{憲委法 §33\\①, §34}$). 政黨의 解散을 命하는 결정이 선고된 때에는 당해 정당은 해산되었다($\substack{同法\\§36}$). 정당해산의 결정은 위원 6인 이상의 찬성이 있어야 했다($\substack{憲法\\§119①}$). 政黨解散의 提訴가 있은 때 또는 그 제소가 係屬되지 아니하게 되었거나 결정이 선고된 때에는 위원장은 그 사실을 國會와 中央選擧管理委員會에 通知하여야 했다($\frac{憲委法}{§37}$).

Ⅱ. 憲法의 改正

1980年憲法에서도 1972年憲法에서 정하고 있었던 헌법위원회제도를 그대로 답습하여 헌법위원회로 하여금 법률의 위헌여부심판, 탄핵심판, 정당해산심판을 맡게 하였다. 다만, 법률의 위헌여부심판에서 1972年憲法이「법률이 헌법에 위반되는 여부가 裁判의 前提가 된 때에는 법원은 憲法委員會에 제청하여 그 결정에 의하여 재판한다」($\frac{憲法}{§105①}$)라고 정한 것과 달리 1980年憲法은「법률이 헌법에 위반되는 여부가 裁判의 前提가 된 경우에 법원은 법률이 헌법에 위반되는 것으로 인정할 때에는 憲法委員會에 제청하여 그 결정에 의하여 재판한다」라고 변경하였고, 당시 憲法委員會法($^{1982. 4. 2.}_{개정 법}_{률제 3551호}$)은 이를 구체화한 내용으로 하급법원 또는 대법원에서 違憲與否提請이 있으면 大法院判事 全員의 2/3 이상으로 이루어진 合議體에서 당해 법률의 헌법위반여부를 결정하고 여기에서 헌법에 위반되는 것으로 인정할 때에 그 제청서를 헌법위원회에 송부한다고 정하였다($\frac{憲委法}{§15③}$). 이러한 규정이 의도한 바는 앞에서 본 것과 같다.

1982년에 개정된 憲法委員會法은 위원의 자격요건 가운데 종래 20년으로 한 것을 15년으로 하향 조정하고,「판사·검사 또는 변호사의 자격이 있는 자로서 20년 이상 법원·검찰청·법무부·국방부·법제처·국회사무처 또는 법원행정처에서 법률사무를 專擔한 자」를「판사·검사 또는 변호사의 자격이 있는 자로서 15년 이상 國家機關, 國·公營企業體, 政府投資機關 기타 法人에서 法律에 관한 사무에 종사한 자」로 변경하였다($\frac{憲委法}{§3}$).

Ⅲ. 實　　際

과거 1962年憲法과 1969年憲法에서 대법원에게 법률의 合憲決定權(=이른바「1次的 審査權」)이 주어지고 국가배상법 등에 대한 위헌판결에서 위헌의견에 가담한 대법원판사들이 법관재임용에서 전원 탈락한 사태를 체험하면서 법원은 위헌여부심판을 제청하는 일에서 상당히 위축되었다. 집권세력은 법관재임용제도를 이용하여 이러한 결과를 얻었다. 1972年憲法, 즉 維新憲法 아래에서는 아예 헌법위원회에 위헌여부심판의 제청이 한 건도 없었기 때문에 헌법재판은 행해지지 않았다. 1977년 5월 13일 大法院은 대법원판사 전원일치로「국가안전과 공공질서의 수호를 위한 대통령 긴급조치」, 즉 緊急措置 제9호에 대하여 위헌여부심판제청을 신청한 것을 받아들이지 않은 법원의 결정에 대하여 긴급조치는 사법적 심사가 되지 않는다는 이유를 들어 법원의 이러한 결정이 위법하지 않다고 하는 결정($^{大 1977. 5.}_{13.-77모19}$)을 하였다($\frac{法行}{702}$.).

이러한 상황과 개정된 憲法委員會法(1982. 4. 2. 法律 제3551호)의 내용으로 인하여 1980年憲法이 발효된 全斗煥政府에서도 위헌법률심판은 단 1건도 행해지지 못했고, 헌법위원회는 休眠狀態로 전락하였다. 1972年憲法에서부터 1987年憲法이 발효되기 전까지 오랜 기간 동안 우리 헌법사에서 헌법재판은 암흑기를 맞이하였다. 단 한 건의 위헌여부심판도 없이 긴 기간이 흘렀고, 그 동안 우리 헌법은 규범력을 거의 상실하고 장식물처럼 존재하였다. 이 기간 동안 탄핵심판이나 정당해산심판도 전혀 없었다.

[27] 第五 1987年憲法

I. 制　度

1987년 6월에 있었던 국민들의 「民主化大抗爭」은 그 동안 전개되었던 독재와 권위주의통치를 청산하고자 한 것이었다. 그 결과 새로 개정된 1987年憲法에서는 憲法訴願審判制度를 역사상 처음으로 도입하면서 憲法裁判所制度가 보다 발전된 모습으로 다시 채택되었다. 1960년 4월의 4·19 民主抗爭이 憲法裁判所制度를 탄생시켰다면 1987년 6월의 民主化大抗爭은 그 동안 사라졌던 憲法裁判所制度를 다시 부활시켰다.

(1) 헌법재판소

현행 1987年憲法이 새로 만들어지면서 현재의 憲法裁判所制度가 도입되었다. 종전 경험에 비추어 헌법위원회나 대법원에게 헌법재판을 맡기는 것이 국민의 기본권보호에 미흡하다는 판단 아래 헌법재판소를 설치하고 위헌법률심판, 탄핵심판, 정당해산심판, 권한쟁의심판, 헌법소원심판을 관장하도록 하였다. 명실공히 현대적 헌법재판제도에 가장 근접한 형태의 헌법재판제도를 가진 것은 1960年6月憲法에서 憲法裁判所制度를 채택했던 경험 이래 두 번째의 일이다. 특히 우리나라에 처음으로 도입된 憲法訴願審判制度는 공권력의 행사 또는 不行使로 인하여 기본권이 침해된 경우에 국민이 직접 이를 구제하여 달라는 청구를 할 수 있는 제도로서 우리나라의 헌법재판 역사상 매우 중요한 의미를 지닌다. 이러한 헌법재판제도의 획기적인 전환은 종래 독재와 권위주의통치의 舊體制를 청산한다는 의미에서 완전히 換骨奪胎한 제도를 구상한 것에서 비롯되었다. 이러한 구상에는 그 바탕에 민주화에 대한 국민의 열망과 힘이 작용하고 있었다.

憲法裁判所는 9인의 재판관으로 구성되는데, 9인의 재판관은 대통령이 임명하고, 그 중 3인은 미리 국회에서 선출하고 3인은 대법원장이 미리 지명한다. 나머지 3인은 대통령이 직접 임명한다. 1988년 9월 1일 憲法裁判所法(1988. 8. 5. 법률 제4017호)이 發效되고,

그 달 15일에 재판관 9명이 임명됨으로써 현재의 헌법재판소가 출범하였다. 새로운 제도인 헌법재판소는 盧泰愚政府에서 출범하였다.

(2) 관　할

헌법재판소는 具體的 規範統制, 彈劾審判, 政黨解散審判, 權限爭議審判, 憲法訴願審判을 관장한다.

Ⅱ. 成　果

우리나라 헌법재판제도의 역사에서 획기적인 전환점을 맞이한 헌법재판소에 대해서는 초기에 회의적인 시각도 있었다. 오랜 과거의 어두운 그림자 속에서 새로 만들어진 헌법재판소가 과연 제대로 기능을 다할 수 있겠는가 하는 점에 확신이 가지 않았기 때문이었다.

그러나 헌법재판소는 최초의 사건에서 위헌선고를 함으로써 역사의 수레바퀴를 굴리기 시작하여 이런 회의적인 시각을 점차 불식시켜 갔다. 아시아지역에서 우리나라는 1987年憲法을 통하여 헌법재판소제도를 최초로 실정 헌법에 법제화하였는데, 20餘年이 지난 현재의 시점에서 한국의 헌법재판은 성공을 거두었다고 국내외적으로 평가받고 있다. 이러한 헌법재판의 성공에는 재판관들의 의지와 법학자들의 노력 그리고 변호사들의 진지한 위헌에 대한 다툼과 국민들의 憲法守護意志가 크게 작용하였다(安京煥, 74 이하; 鄭宗燮g, 226 이하; 鄭宗燮h, 61 이하). 과거와 비교해 볼 때, 헌법재판소 재판관들은 적극적인 태도를 유지하면서 헌법재판에 임하였다. 헌법재판소가 사건을 처리한 전체적인 통계는 憲法裁判所의 홈페이지(http://www.ccourt.go.kr)에서 확인할 수 있다.

[28] 第六　表로 본 韓國 憲法裁判制度의 變遷

1948年憲法에서 시작하여 1987年憲法에 이르기까지 우리나라 헌법재판제도의 변천을 표로 보면 다음과 같다.

韓國 憲法裁判制度의 變遷

헌법 / 항목	1948年憲法-1952年憲法-1954年憲法	1960年6月憲法-1960年11月憲法	1962年憲法-1969年憲法	1972年憲法	1980年憲法	1987年憲法
政　府	李承晩政府	張勉政府	朴正熙政府	→	全斗煥政府	盧泰愚政府-金泳三政府-金大中政府-盧武鉉政府-李明博政府-朴槿惠政府-文在寅政府-
政府形態	大統領制	議會主義制	大統領制	→	→	→
憲法裁判機關	憲法委員會 彈劾裁判所	憲法裁判所	大法院 彈劾審判委員會	憲法委員會	→	憲法裁判所
構　成	憲法委員會: 11인 위원(부통령, 대법관 5인, 국회의원 5인[1952年憲法: 민의원의원 3인, 참의원의원 2인]) 彈劾裁判所: 11인 심판관(재판장 1인, 대법관 5인, 국회의원 5인)	9인 심판관(대통령·대법원·참의원 각 3인 선임)	大法院(대법원장, 대법원판사) 彈劾審判委員會(대법원장, 대법원판사 3인, 국회의원 5인)	9인 위원(대통령의 임명: 국회 선출 3인, 대법원장 지명 3인, 대통령 임명 3인)	→	9인 재판관(대통령의 임명: 국회 선출 3인, 대법원장 지명 3인, 대통령 임명 3인)
管　轄	憲法委員會: 법률의 위헌여부재판 彈劾裁判所: 탄핵심판	1. 법률의 위헌여부심사 2. 헌법에 관한 최종적 해석 3. 국가기관 간의 권한쟁의 4. 정당의 해산 5. 탄핵재판 6. 대통령·대법원장, 대법관의 선거에 관한 소송	大法院: 법률의 위헌여부심사, 정당해산 彈劾審判委員會: 탄핵심판	1. 법률의 위헌여부심판 2. 탄핵심판 3. 정당의 해산	→	1. 법률의 위헌여부심판 2. 탄핵심판 3. 정당해산심판 4. 권한쟁의심판 5. 헌법소원심판

제 2 편

憲法裁判所

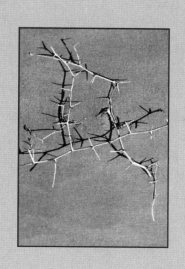

하늘이 명하신 것을 本性이라 하고, 본성을 따르는 것을 道라 하고, 도를 品節하는 것을 聖人의 가르침이라고 한다. 道란 한순간도 떠날 수 없는 것이니 떠날 수 있으면 그것은 도가 아니다. 그리하여 군자는 그 보이지 않는 바에도 경계하고 삼가며, 들리지 않는 바에도 두려워하고 조심한다. 지극히 숨어 있는 것보다 드러남이 없으며 지극히 희미함보다 더 또렷하게 나타남이 없으니 따라서 군자는 하나의 정한 이치에 온 정성을 다한다.　　　　　　　　　　　　　　　　　　　　 ─「中庸」

제1장 憲法裁判所의 地位

[29] 第一 憲法機關

I. 獨立된 憲法裁判機關

憲法은 제6장에서 憲法裁判機關으로서 憲法裁判所를 설치하고 헌법재판소의 관장사항, 구성 등에 대하여 정하고 있다. 이는 제3장에서 국회, 제4장에서 정부, 제5장에서 법원을 정한 것과 구별되는 것으로 헌법재판소가 국회, 정부, 법원이 아닌 독립된 헌법기관임을 정하고 있는 것이다.

《헌법재판소의 명칭》

우리나라 헌법재판소의 명칭은 「憲法裁判所」이다. 우리 헌법사에서 이러한 명칭은 1960年6月憲法에서 처음 채택하였다. 이러한 헌법재판소라는 명칭과 관련하여 「裁判所」라는 용어가 재판기관을 지칭하는 데 적합하지 않다고 보는 견해는 憲法法院, 憲法院 등으로 부르는 것을 선호하기도 한다. 그래서 constitutional court 또는 Verfassungsgericht를 憲法法院, 憲法院으로 번역하기도 한다. 이러한 것은 재판기관을 法院이라고 부르는 것을 염두에 둔 것으로 보인다. 우리나라에서 「法院」 또는 「裁判所」라는 명칭이 사용된 것을 살펴보기로 한다. 甲午改革(1894) 이후 軍國機務處에 의해 만들어져 1895년(開國 504년) 3월 25일(음력)에 공포된 「裁判所構成法」(법률제1호)에 의하여 地方裁判所, 漢城及仁川 其他 開港場 裁判所, 巡廻裁判所, 高等裁判所, 特別法院의 5종의 재판소가 설치되었고(同法§1), 1899년(光武 3년) 5월 30일에 개정된 「裁判所構成法」(법률제3호)에서는 고등재판소를 平理院으로 개칭하였다(同法§1). 1905년 11월 乙巳保護條約이라는 이름으로 일본제국주의가 우리의 강토를 침탈한 후 그 해 12월 統監府와 理事廳을 설치하고, 1906년 6월 26일 「韓國에서의 裁判事務에 관한 法律」(법률제56호)과 그에 의한 「統監府法務院官制」(칙령제164호)를 시행하였는데, 한국에 거주하는 일본인에 대한 재판을 하기 위해 2審級制로 하여 理事廳이 1심을 관장하고 統監府法務院이 上訴審을 관장하였다. 1908년(隆熙 元年) 12월 27일에 전면 개정된 「裁判所構成法」에서는 재판소를 區裁判所, 地方裁判所, 控訴院, 大審院의 4종으로 나누었다(同法§1). 이런 4종류의 재판소의 명칭은 일본국의 「裁判所構成法」의 그것과 동일하다. 1909년 7월 「韓國司法 및 監獄事務의 委託에 관한 韓日覺書」를 조인하고 1909년 10월 18일 공포한 「統監府裁判所令」(칙령제236호)에서는 統監府裁判所를 區裁判所, 地方裁判所, 控訴院, 高等法院으로 나누었다(同法§1). 1910년 8월 29일 韓日合倂을 강제로 달성한 후, 그 해 10월 1일 「朝鮮總督府裁判所令」($\binom{制令}{제5호}$)을 공포·시행하였고, 재판소는 종전의 것을 그대로 유지하였다. 일본제국주의는 강제로 점령한 식민지에서 식민지형의 법원화를 추진하였는데, 조선에서도 이런 작업을 추진하는 과정에서 1912년 4월 區裁判所를 폐지하고, 재판기관의 명칭도 본국의 제도와 차별하여 지방재판소를 地方法院으로, 控訴院을 覆審法院으로 변경하였다($\binom{同法}{§1}$). 이는 1895년 4월 일본이 군사력으로 臺灣을 領有하고 1896년 民政을 실시한 후, 그 해 5월 1일 「臺灣總督府法院條例」($\binom{制令}{제1호}$)에 의해 식민지형 법원제도로 이미 실시한 바가 있는 地方法院, 覆審法院, 高等法院의 형태를 한국에도 적용한 것이다. 대만에서는 본국의 제도와 차별화하기 위하여 판사를 「判官」이라고 지칭하였다. 이미 대만에서 실시된 이런 식민지형 법원제도는 1906년 關東都督府法院의 설치를 거쳐 1908년 9월 地方法院과 覆審法院의 2심급제의 법원제도로 구축되었다($\binom{申東雲, 402 \ 이하；}{文竣暎, 101 \ 이하}$). 이와 같이 「法院」이라는 용어는, 대한제국 당시 예외적으로 황실사건을 다루는 기관에 한정하여 사용된 적이 있었으나, 그 후 일본제국주의가 식민지통치에서 본국의 「裁判所」와 차별화하기 위해 주로 사용되었다. 일본에서는 「裁判所」라는 말은 1868년(明治元年)부터 사용되었고 이 당시에는 행정상의 통할기관을 의미하였다가 그 후 1871년(明治 4년)에 司法省이 설치되고 東京裁判所가 설치되면서 오늘날 court라는 의미로 사용되기 시작하였다($\binom{渡部萬}{藏, 261}$). 1875년에는 大審院을 설치하여 이를 사법성으로부터 분리하면서, 區裁判所, 府縣裁判所, 上等裁判所, 大審院으로 재편되었고, 1876년에는 府縣裁判所를 地方裁判所로 개칭하고, 지방행정관이 판사를 겸임하는 것을 금지하였다. 1882년 治罪法의 실시에 따라 재판기구는 治安裁判所, 始審裁判所, 重罪裁判所, 控訴裁判所, 大審院, 高等法院(국사범, 황실사건 등 취급)으로 재편되었다. 1889년에 欽定憲法으로 제정하여 공포한 「大日本帝國憲法」에서는 「裁判所」라는 용어를 사용했고, 1890년의 「裁判所構成法」($\binom{법률}{제6호}$)에서는 區裁判所, 地方裁判所, 控訴院, 大審院으로 하였다. 우리나라에서는 1945년 해방 당시에는 地方法院, 覆審法院, 高等法院으로 종전의 제도가 유지되었으나, 1945년 10월 11일 軍政廳任命辭令 제12호에서 고등법원을 大法院으로, 복심법원을 控訴院이라고 개칭되었고, 1946년 12월 16일 司法部命令으로 종래 기관의 명칭을 개칭하여 확정하였다. 즉 大法院은 그대로 大法院으로, 控訴院은 高等審理院으로, 地方法院은 地方審理院으로, 地方法院支廳은 地方審理院支院으로 개칭하였고, 判事는 審判官으로 정하였다($\binom{金炳華,}{16, 20}$). 1948年憲法에서 大法院과 高等法院이라는 명칭이 사용되었고, 法院組職法($\substack{1949.\ 9.\ 26.\\ 법률\ 제51호}$)에서 법원을 地方法院, 高等法院, 大法院의 3종류로 하였다. 영어의 court를 법원으로, judge를 법관으로 번역하는 것이 해당 개념을 정확히 표현하는 용어인가 하는 점에 관해서는 수긍하기 어려운 의문이 있다. 裁判所나 裁判官이라는 말이 더 적합한 것이 아닐까 한다. 다만, 「所」라는 말이 주로 장소를 지칭하고, 역사적으로나 옛날에 官衙를 지칭한 적이 있음을 고려하면 court를 裁判院으로, constitutional court를 憲法裁判院이라고 하는 것도 생각해 볼 수 있다.

어느 헌법기관이든 헌법을 수호하고 헌법을 실현하는 것이지만, 특히 헌법재판소는 다른 헌법기관이나 국가기관과 달리 최후의 헌법수호기관으로서의 지위를 가진다. 다른 국가기관이 헌법을 침해하는 경우에 이러한 침해행위에 대해 통제하는 권한을 가짐으로써 헌법재판소는 명실공히 최후의 헌법수호기관이다.

헌법재판소는 다른 헌법기관이나 국가기관과의 관계에서 상급기관으로 존재하는 것이 아니라 국회, 대통령, 대법원과 同列의 지위에 있는 최고의 헌법기관으로서 헌법질서를 통합하는 역할을 수행한다. 헌법재판소는 그 기능과 권한에 있어서도 국회, 행정부, 법원과 따로 존재하는 독립적인 지위를 가지므로 우리나라는 권력분립에서 四權分立이라고 할 수 있다. 여기서 유의할 점은, 헌법재판소가 헌법에서 정하는 다른 헌법기관의 행위에 대해서 합헌성 통제를 하는 것이나 법원과 달리 국회의 입법행위나 국가기관 상호간의 권한쟁의에 대해서도 권한을 적극적으로 행사할 수 있는 것이 헌법재판소가 가지는 헌법기관으로서의 지위에서 바로 도출되는 결론은 아니라는 점이다. 이런 것은 헌법재판의 특성과 헌법재판소의 관할을 구체적으로 정하는 실정 헌법의 규정에서 나오는 결론이다. 헌법재판소가 헌법에 의해 구성되고 헌법으로부터 직접 권한을 부여받으며 헌법의 기본질서를 구체적으로 형성하는 기능을 수행하는 憲法機關으로서의 지위를 가지고 법규범적으로 헌법의 최종적인 해석에 대한 권한을 독점한다고 하여 헌법 위에 존재하는 것은 아니며, 同列의 다른 헌법기관 위에 군림하는 것도 아니다. 헌법재판소는 헌법재판의 절차에 있어서도 정당한 이유가 있는 경우를 제외하고는 재판절차의 창설자가 될 수 없고, 그 내용이 헌법에 위반되지 않는 한 국회에 의해 제정된 憲法裁判所法이 정하는 절차에 따라 재판을 해야 한다.

우리나라에서 憲法裁判所長은 실제 의전상으로 대통령, 국회의장, 대법원장 다음으로 네 번째의 지위를 가진다. 그러나 법적 지위에서는 대통령, 국회의장, 대법원장과 동렬의 지위에 있다. 내각책임제(=의회주의제정부)의 정부형태를 취하고 있는 독일에서는 의전상 헌법재판소장(Präsident des BVerfG)은 연방대통령(Bundespräsident), 연방의회의장(Bundestagspräsident), 연방참사원의장(Bundesratspräsident), 연방수상(Bundeskanzler)에 이어 다섯 번째의 위치에 있다.

Ⅱ. 規則制定權

헌법재판소는 국회, 대법원과 같이 자신의 사무처리에 관하여 자율적으로 규칙을 정하는 권한을 가진다. 이런 자율적 규칙은 근거법률을 필요로 하지 않고 헌법에 의거하여 헌법재판소가 바로 제정한다. 憲法 제113조는 「憲法裁判所는 법률에 저촉되지 아니하는 범위 안에서 審判에 관한 절차, 內部規律과 事務處理에 관한 規則을 制定할 수 있다」라고 정하고 있고(憲法 §113②), 憲法裁判所法은 이를 확인하여 「憲法裁判所는 이 법과 다른 법률에 저촉되지 아니하는 범위에서 審判에 관한 절차, 內部規律과 事務處理에 관한 規則을 制定할 수 있다」라고 정하고 있다(憲裁法 §10①). 헌법재판소에

規則制定의 自律性(Geschäftsordnungsautonomie)을 부여한 규정이다. 이에 의하여 제정되는 규칙을 憲法裁判所規則이라고 하는데, 憲法裁判所規則은 관보에 게재하여 이를 공포한다($\binom{同條}{②}$).

　　이러한 헌법재판소의 자율적인 규칙제정권은 헌법재판소의 직무와 운영의 독립을 보장한다. 따라서 헌법재판소는 직무의 수행에 있어서 원칙적으로 어느 기관으로부터도 감독을 받지 않는다. 헌법재판소장은 헌법재판소에 소속하는 공무원을 임명하거나 면직하는 권한을 가지며, 헌법재판소에 소속한 공무원의 최고 상관으로 헌법재판소 공무원에 대해 직무상 지시와 감독을 하는 권한을 가진다.

　　직무상의 독립을 보장하는 것과 관련하여 유의할 점이 있다. 憲法裁判所는 國政監査및調査에관한法律($\binom{1988. 8. 5.}{법률 제4011호}$)에 따라 國會에 의해 國政監査나 國政調査를 받는데, 이러한 것은 권력분립의 권력통제원리에 의하여 인정되는 것이므로 헌법재판소의 독립을 침해하는 것이 아니다. 직무상의 독립을 보장함에 있어서는 재정적인 독립이 중요한데, 예산을 통하여 정부나 국회가 헌법재판소를 장악하거나 통제하는 것을 방지할 필요가 있다. 헌법재판소가 예산안을 직접 편성하여 국회에 직접 제출할 수 있게 하는 경우에도 국회가 헌법재판소를 통제할 가능성은 상존하므로 이를 주시할 필요가 있다. 위헌법률심판이나 탄핵심판, 권한쟁의심판, 정당해산심판 등에서 헌법재판소와 국회는 의견을 달리 할 가능성이 상존하므로 헌법재판소의 결정이 국회의 정치적 의도와 합치하지 않을 때에는 예산을 통하여 헌법재판소를 통제할 가능성이 있다.

[30] 第二　法院과 區別되는 憲法裁判機關

　　헌법재판소도 재판기관이다. 이것은 헌법재판소가 단순한 정치기관이 아니라는 것을 말한다. 헌법재판소의 재판은 구속력을 가지고 당사자 또는 국가기관을 구속한다. 헌법재판소가 위헌이라고 결정한 법률이나 법률조항은 효력을 상실하고, 여타 국가기관의 행위도 위헌으로 결정된 경우에는 그 효력을 상실한다. 탄핵심판을 받은 자는 해당 직에서 파면되고, 위헌정당으로 결정된 정당은 해산되며 유사한 정당을 설립할 수 없다. 이런 점에서 헌법재판은 명백히 사법작용인 재판으로서의 성격을 가지고, 따라서 헌법재판소도 재판기관으로서의 성질을 가진다.

　　더 나아가 헌법재판소는 제1심과 상소심의 구조를 가지는 통상의 일반법원의 재판작용과 분리되어 존재하고, 이러한 분리된 지위에서 법원의 재판에 대해서도 그 합헌성여부를 심판한다($\binom{현재 예외적으로만 법원의}{재판에 대한 헌법소원심판 인정}$). 이런 점에서 헌법재판소는 법원의 재판구조의 외부에 존재한다. 이는 강학상 「협의의 사법작용」이라고 할 때 법원의 재판작용만을 의미하고 헌법재판을 제외하는 이유이기도 하다.

제2장 憲法裁判所의 構成과 組織

제1절 憲法裁判所의 構成

[31] 第一 構 成

Ⅰ. 構成方法

(1) 협동적 구성방식

헌법재판소의 재판관(justice)은 大統領이 임명한다(憲法§111②). 다만, 재판관 9인 가운데 3인은 국회에서 選出(election)하고, 3인은 대법원장이 指名(nomination)하는데, 이들 6인을 재판관으로 任命(appointment)하는 권한은 대통령이 보유하고 있다. 나머지 3인은 대통령이 다른 절차 없이 직접 임명한다(憲法§111③). 이와 같이 헌법재판소는 국회, 대통령, 대법원장의 협동으로 구성된다.

국회에서 3인을 선출한다는 의미는 국회 본회의에서 국회의원이 자유로이 판단하여 선거하는 것을 의미한다. 그러나 헌법재판소가 출범한 당시부터 현재까지 정치 현실에서는 3인의 재판관 중 2인은 여당의 몫으로 하고 1인은 야당의 몫으로 하는 것으로 되었다. 국회에서 선출한 재판관이 퇴임하거나 사임한 경우에 그 재판관이 있었던 자리가 여당의 몫이었는가 야당의 몫이었는가에 따라 해당 몫을 가지는 交涉團體가 실질적으로 후임 재판관을 정하여 의견을 제시하고 다른 정당은 이를 인정하는 태도를 취하고 있다.

《재판관의 명칭》
헌법재판소 재판관의 명칭은 「憲法裁判所 裁判官」이다. 헌법재판소 재판관을 사람에 따라서는 「憲法裁判官」이라고도 부르지만 정확한 명칭이 아니다. 독일에서도 연방헌법재판소 재판관의 정식 명칭은 「聯邦憲法裁判所 裁判官」(Richter des Bundesverfassungsgerichts)이다. 흔히 「聯邦憲法裁判官」(Bundesverfassungsrichter)이라고 하기도 하고, 연방헌법재판소 재판관들 중에도 스스로 그렇게 부르는 사람도 있으나 이것은 잘못된 것이라는 지적이 있다.

우리 헌법재판제도의 역사에서 보건대, 헌법재판기관의 구성에 국회, 대통령, 법원이 협동하는 이러한 방식은 1972年憲法의 헌법위원회의 구성에서 채택된 후 현재까지 이어지고 있다. 현행 헌법재판소의 구성방법에는 대통령이 직접 임명하는 경우와 대법원장이 지명하는 경우에는 내외적으로 아무런 통제장치가 없어 대통령이나 대법원장 개인의 주관적 선호와 결정에 의존할 수 있는 가능성이 열려 있다. 헌법기

憲法裁判機關 構成方法의 變遷

項目＼憲法	1948年憲法－1952年憲法－1954年憲法	1960年6月憲法－1960年11月憲法	1962年憲法－1969年憲法	1972年憲法－1980年憲法	1987年憲法
憲法裁判機關	憲法委員會 彈劾裁判所	憲法裁判所	大法院 彈劾審判委員會	憲法委員會	憲法裁判所
構 成	憲法委員會: 11인 위원(부통령, 대법관 5인, 국회의원 5인[1952年憲法: 민의원의원 3인, 참의원의원 2인]) 彈劾裁判所: 11인 심판관(재판장 1인, 대법관 5인, 국회의원 5인)	9인 심판관(대통령·대법원·참의원 각 3인 선임)	大法院(대법원장, 대법원판사) 彈劾審判委員會(대법원장, 대법원판사 3인, 국회의원 5인)	9인 위원(국회 선출 3인, 대법원장 지명 3인, 대통령 임명 3인)	9인 재판관(국회 선출 3인, 대법원장 지명 3인, 대통령 임명 3인)
任命 등	憲法委員會: 대법관인 위원·예비위원: 대통령의 임명 국회의원인 위원·예비위원: 국회에서 선출 彈劾裁判所: 대법관인 심판관: 대법원회의에서 선거 국회의원인 심판관: 국회에서 선거	대법원의 심판관 선임: 대법관회의에서 선거 참의원의 심판관 선임: 선거 → 6인의 심판관 선임에 대해 대통령의 선임 확인 나머지 3인: 대통령이 선임	大法院: 대법원장: 법관추천위원회의 제청+국회의 동의+대통령의 임명 대법원판사: 법관추천회의의 동의 얻어 대법원장의 제청+대통령의 임명 彈劾審判委員會: 대법원판사인 심판위원: 대법원판사회의에서 선출 국회의원인 심판위원: 국회에서 선출	대통령의 임명	→

관을 구성함에 있어 개인의 주관적 선호와 의사가 절대적인 힘을 발휘하도록 하는 것은 타당하지 않다. 개선이 필요하다($\substack{同旨: 許營 \\ d. 110}$). 역대 헌법재판기관의 구성방법을 표로 보면 위와 같다.

(2) 국회의 인사청문

헌법재판소의 재판관을 임명함에 있어서는 사전에 국회의 人事聽聞을 거쳐야 한다. 대법원장이 지명하는 3인의 재판관에 있어서는 재판관후보자를 국회의 인사청문(hearing)을 거쳐 지명하고, 대통령이 직접 임명하는 3인의 재판관도 사전에 국회의 인사청문을 거쳐 임명한다($\substack{憲裁法 \\ §6②}$). 국회에서 선출하는 재판관의 경우에도 인사청문을 거치도록 하고 있다($\substack{國會法 §46의 3, \\ §65의 2}$). 대통령이 직접 임명하는 재판관과 대법원장이 지명하는 재판관의 임명에 있어서 국회의 인사청문은 권력통제의 기능을 한다.

憲法裁判所長은 재판관 중에서 사전에 국회의 同意를 얻어 임명하기 때문에($\substack{憲法 \\ §111④}$) 재판관으로 임명하는 절차와 헌법재판소장으로 임명하는 절차는 분리되고, 각 절차마다 인사청문을 실시하여야 한다. 재판관으로 임명하는 절차에서 대통령이 직접 임명하고자 하는 후보자와 대법원장이 지명한 후보자에 대하여 실시하는 국회의 인사청문은 자문적·참고적인 성질을 가지는 것임에 반하여 헌법재판소장을 임명하는 절차에서 실시하는 인사청문($\substack{國會法 \\ §46의 3}$)은 후보자에 대한 국회의 동의 여부를 결정하는 절차의 구성부분인 점에서 서로 구별된다. 그리고 대통령이 직접 임명하는 재판관과 대법원장이 지명하는 재판관의 임명에 있어서 실시하는 국회의 인사청문은 權力統制의 기능을 하지만, 국회 스스로 선출하는 자에 대한 인사청문은 이러한 기능을 가지지 않을 뿐 아니라 인사청문의 기능에 부합하지도 않는다. 국회에서는 재판관으로 선출할 대상자에 대한 정보수집과 인사자료의 조사를 행하고 필요한 경우에 면접(interview)을 하면 된다.

Ⅱ. 裁 判 官

(1) 재판관의 법적 지위

헌법재판소의 재판관은 대통령에 의해 임명되지만, 헌법재판소에 소속한 재판관이다. 이런 점에서 헌법재판소 재판관은 일반법원의 법관과는 직무상 분리되어 있을 뿐 아니라 다른 국가기관으로부터도 직무상 독립되어 있다.

헌법재판소는 憲法機關이지만 헌법재판소 재판관은 헌법기관이 아니며, 헌법재판소에 소속한 재판관이다. 헌법재판소의 재판관은 서로간에 독립되어 있다. 모든 재판관은 동일하고 동등한 권한과 지위를 가진다.

待遇와 報酬에서 憲法裁判所長은 大法院長과 同列에 있고, 헌법재판소의 재판관은 大法院의 大法官과 同列에 있으나($\substack{憲裁法 \\ §15①}$), 이런 同列的인 지위가 헌법재판소의 장이나 재판관이 지니는 본래의 지위에 어떤 변화를 가져오는 것은 아니다.

(2) 재판관의 임명

헌법재판소의 재판관은 대통령이 임명한다($\substack{憲法 \\ \S111②}$). 국회에서 선출하는 3인과 대법원장이 지명하는 3인을 재판관으로 임명하는 권한도 대통령이 가지고 있다. 나머지 3인도 대통령이 직접 임명한다($\substack{憲法 \\ \S111③}$).

재판관의 임기가 만료되거나 임기중 재판관이 결원된 때에는 임기만료 또는 결원된 날로부터 30일 이내에 후임자를 임명하여야 한다. 다만, 국회에서 선출한 재판관이 국회의 폐회 또는 휴회중에 그 임기가 만료되거나 결원이 된 때에는 국회는 다음 집회가 개시된 후 30일 이내에 후임자를 선출하여야 한다($\substack{憲裁法 \\ \S6⑤}$).

(3) 재판관의 자격

헌법재판소 재판관으로 임명되는 자는 法官의 자격을 가지고 있어야 한다($\substack{憲法 \\ \S111②}$). 법관의 자격은 法院組織法($\substack{1987. 12. 4. 개정 \\ 법률 제3992호}$) 제42조 제2항에서 판사는 10년 이상 법원조직법 제42조 제1항 각 호의 직에 있던 사람 중에서 임용한다고 정하고 있다. 憲法裁判所法은, 재판관의 자격요건으로서 15년 이상 i) 판사·검사·변호사, ii) 변호사의 자격이 있는 자로서 국가기관, 국·공영기업체, 「공공기관의 운영에 관한 법률」 제4조에 따른 공공기관 또는 그 밖의 법인에서 법률에 관한 사무에 종사한 자, iii) 변호사의 자격이 있는 자로서 공인된 대학의 법률학 조교수 이상의 직에 있던 자로서(2 이상의 직에 있던 자의 재직기간은 이를 통산한다) 40세 이상일 것을 정하고 있다($\substack{憲裁法 \\ \S5①}$). 재판관의 자격요건으로 경력과 나이의 요건을 정하는 것은 헌법재판에서 요구되는 전문성을 충분히 확보하기 위한 것이다.

이런 재판관의 자격요건에서 볼 때, 우리나라 헌법재판소는 법률가만으로 구성되는 재판기관이라고 할 수 있다.

　　헌법정책적으로 볼 때, 재판관 9인 중 4인 정도는 실제 법원에서 법관으로 근무한
　　경력을 가진 자로 정해두는 것이 필요하다. 법관으로서 재판을 하면서 법발견을 한
　　경험을 헌법재판에 반영하는 것은 필요하기 때문이다. 나머지 5인 정도는 검사, 변
　　호사, 법학교수, 장관 등의 경력을 가진 자 가운데서 임명하는 것도 바람직한 방법
　　가운데 하나이다. 헌법재판의 특성에 비추어 볼 때, 재판관의 다수를 법률가들로 구
　　성하는 것은 좋으나, 법관만으로 구성하는 것은 바람직하지 않다. 재판관의 성향에
　　있어서도 다양성을 갖출 수 있게 하는 것이 필요하다. 예컨대, 오스트리아에서는 재
　　판관의 자격요건으로 법학이나 정치학의 과정을 이수한 자로 하되, 법관의 자격은
　　요구하지 않는다. 다만, 법률가, 행정공무원, 법학교수의 경력으로 전문성을 확보하
　　고 있다. 이탈리아에서는 재판기관의 전·현직판사, 법학교수, 20년 이상 법조실무
　　경력을 가진 변호사를 자격요건으로 요구하고 있다. 스페인에서는 재판관의 자격으
　　로 법관, 검찰관, 대학교수, 공무원, 변호사 중 15년 이상 종사한 경력을 요구한다.

프랑스에서는 전직 대통령이 당연직 재판관이 되고, 그 이외에는 자격요건이 광범하게 열려 있다. 변호사, 법학교수, 외교관, 국회의원, 장관 출신의 인사들이 다수 재판관으로 봉직하였다. 독일의 경우 聯邦憲法裁判所法은 연방헌법재판소 재판관이 되고자 하는 사람에게 법관의 자격을 가질 것을 요구하고 있어 연방헌법재판소로 하여금 순수한 법률가로 구성하는 재판기관(reines Juristengericht)으로서의 성격을 가지게 하고 있고, 8인으로 구성되는 2개의 재판부(Senat)마다 각각 3인의 재판관은 聯邦法官(Bundesrichter)에서 선출하도록 정하고 있다. 재판관이 법관의 자격을 가져야 하는지에 관하여 獨逸聯邦憲法에는 명시적으로 정하고 있는 규정이 없다. 독일의 경우 법학교수는 법관의 자격을 가지고 있으므로 헌법재판소 재판관으로 활동하는데 지장이 없다. Land의 國事裁判所(Staatsgericht)나 憲法裁判所(Verfassungsgericht)에서는 부분적으로 법관의 자격이 없는 자도 재판관이 될 수 있다($\binom{鄭宗燮 b,}{302 이하}$).

헌법재판기관의 지위에서 볼 때, 그 재판관의 임명요건은 엄격하고 헌법재판의 기능에 적합해야 한다. 憲法裁判所法은 i) 다른 법령에 따라 공무원으로 임용하지 못하는 자, ii) 금고 이상의 형을 선고받은 자, iii) 탄핵에 의하여 파면된 후 5년이 지나지 아니한 자는 재판관으로 임명할 수 없다고 정하고 있다($\binom{憲裁法}{§5②}$).

Ⅲ. 憲法裁判所의 長

헌법은 「헌법재판소의 장은 국회의 동의를 얻어 재판관 중에서 대통령이 임명한다」라고 정하고 있기 때문에 헌법재판소장은 언제나 재판관 가운데서 임명된다($\binom{憲法}{§111④}$). 헌법재판소장은 헌법재판소의 장인 동시에 재판관으로서의 지위를 가지므로 헌법재판에서는 다른 재판관과 동일한 권한과 지위를 가진다. 헌법재판에서 헌법재판소장은 재판부를 구성하는 다른 재판관들과의 관계에서 동료 중의 1인이다. 따라서 헌법재판소장은 심판에 있어 다른 재판관에 대하여 어떠한 지시도 할 수 없고, 영향을 미치는 행위를 해서도 안 된다.

[32] 第二 合議制 單一裁判部

Ⅰ. 裁 判 部

헌법재판소는 9인의 재판관으로 구성되는 단일의 「裁判部」로 이루어져 있다. 헌법소원심판절차에 존재하는 지정재판부와 구별하기 위하여 강학상 이를 「全員裁判部」라고 부르기도 한다.

헌법재판소의 관할은 憲法과 憲法裁判所法에 의해 열거적으로 정해져 있다. 단일의 재판부가 관장하는 사항은 재판의 전제가 된 위헌법률심판, 정당해산심판, 권한쟁의심판, 법률이 정하는 헌법소원심판, 탄핵심판에 한정된다.

Ⅱ. 指定裁判部

헌법재판은 이런 합의제 단일재판부를 중심으로 행해진다. 다만, 憲法裁判所法은 「헌법재판소장은 헌법재판소에 재판관 3명으로 구성되는 지정재판부를 두어 헌법소원심판의 사전심사를 담당하게 할 수 있다」($^{憲裁法}_{§72①}$)고 정하여 헌법소원심판절차에서 임의적으로 지정재판부를 둘 수 있게 정하고 있다. 「지정재판부의구성과운영에관한규칙」($^{1988.\ 10.\ 15.\ 헌재규칙\ 제5호,}_{개정\ 1998.\ 4.\ 17.\ 동규칙\ 제95호}$)은 헌법재판소에 제1지정재판부, 제2지정재판부, 제3지정재판부를 둔다고 정하여($^{同規則}_{§2①}$), 현재 3개의 지정재판부가 설치되어 있다. 각 지정재판부의 구성원은 재판관회의의 의결을 거쳐 헌법재판소장이 편성한다($^{同規則}_{§3}$). 제1지정재판부의 재판장은 헌법재판소장이 된다($^{同規則}_{§4}$). 헌법소원심판절차에서 지정재판부를 두는 경우에도 한정된 사항($^{憲裁法}_{§72③}$)에 대하여 심판청구의 적법성심사만 할 뿐이지 본안판단은 하지 않는다.

현행법에 의하면 指定裁判部는 헌법소원심판절차에서 심판청구의 적법성을 심사하여 사건을 재판부로 회부할 것인가 아니면 청구를 却下할 것인가를 결정한다. 헌법재판소의 실무에서는 이런 헌법소원심판의 청구가 憲法裁判所法 제68조 제1항에 의한 헌법소원심판청구이든 同法 제68조 제2항에 의한 헌법소원심판청구이든 구별하지 않고 지정재판부에서 사전심사를 한다. 헌법소원심판절차에서도 그 심판청구가 적법하지만 본안판단의 대상이 되는 청구인의 주장이 전혀 터무니 없는 것인 경우에는 지정재판부에서 예외적으로 棄却하는 결정을 할 수 있게 하는 것이 보다 효율성이 높다고 지적하는 견해도 있다. 단일재판부가 존재하는 상태에서 지정재판부에서 인용결정을 하는 것은 예외적인 경우라고 하더라도 바람직하지 않다.

[33] 第三 外國 憲法裁判所의 構成方法 등

현재 헌법재판소의 구성방법은 대통령이나 대법원장의 주관적 의사가 절대적인 힘을 발휘하게 되어 있기 때문에 전문성의 원리와 민주적 정당성의 원리가 제대로 구현되지 못하고 있다. 헌법재판소의 구성을 지배하는 원리가 제대로 적용되는 구성방법으로 개선하는 것이 필요하다.

우리나라의 제도를 개선함에 있어서는 먼저 헌법재판기관의 구성원리에 합치하는 방법을 찾는 것이 필요하고, 외국의 여러 헌법재판소의 구성방법과 그 시스템을 연구하여 올바른 방안을 탐색하는 것도 필요하다.

獨逸聯邦憲法裁判所의 경우 16인의 재판관은 聯邦議會(Bundestag)와 聯邦參事院(Bundesrat)에서 1/2씩 선출한다. 여기에는 연방주의와 민주주의의 원리적 요청을 충족시키려는 관점이 고려되어 있다. 연방참사원에서 선출하는 경우에는 본회의에서 직접 선거하지만, 연방의회에서 선출하는 경우에는 현실에서 연방의회 본회의에서 비례선거로 선출한 12인의 위원으로 구성하는 裁判官選出委員會(Wahlausschuß)를 통하여 간접으로 선출된다. 이 점에 대해서는 연방헌법에서 정하지 않은 내용이라는 점에서 위헌이라는 주장과 함께 비판이 제기되고 있다.

독일에서는 재판관의 선출에 정당이 개입하여 실질적으로 정당간에 그 몫을 인정하는 태도가 유지되고 있다. 이에 대해서는 사법기관이라는 점에 더 비중을 두고 헌법재판소가 정치화된다는 관점에서 비판하는 견해가 있는가 하면, 헌법재판의 특성상 이러한 정치적인 요소는 오히려 재판관의 성향에 균형을 가져올 수 있고, 소수의 보호에 도움이 된다고 보는 견해도 있다. 연방의회에서 선출하는 경우 2/3의 찬성을 얻도록 한 것은 상대다수를 기준으로 하는 경우에 발생할 수 있는 다수정당의 독식을 방지하고, 2/3라는 기준을 충족하기 위하여 다수정당이 소수정당과 타협하고 협조를 구하지 않으면 안 되게 하는 장점을 가지고 있다. 이런 정당간의 협조 속에서 현실 정치에서는 연방헌법재판소의 구성에서 다양한 정당이 모두 그 나름의 영향력을 가지고 있다.

그런데 연방헌법재판소의 구성에 정당이 강한 영향력을 가지고 있는 독일에서도 현실 정치에서는 재판관이 되려는 자가 특정 정당의 당원이거나 특정 정당과 아주 가까운 것이 이득을 보는 것은 아니다. 오히려 정치세력과 적당한 거리를 유지하는 중립적인 인물이 더 선호된다. 이런 현상은 그 나라 정치현실이나 정치문화와 관련되어 나타나는 것이다. 같은 방식의 제도가 다른 나라에서는 독일과 다른 결과를 가져올 수 있다. 아무튼 독일의 경우에도 연방헌법재판소의 구성방법에 대해서는 논의가 분분하다.

오스트리아에서는 헌법재판소장과 부소장을 제외한 12인 재판관 중, 6인의 재판관은 연방정부가 제청하고 대통령이 임명하며, 나머지 6인의 재판관은 연방하원과 연방상원에서 각 3인씩 선정하여 제청하면 대통령이 임명한다.

이탈리아에서는 15인 재판관 중 1/3은 대통령이 지명하고, 1/3은 의회의 합동회의에서 선출하며, 1/3은 대법원 및 최고행정법원에서 지명한다.

스페인에서는 12인 재판관 중 상원과 하원이 각 4인씩 선출하여 제청하고, 행정부와 사법부가 각 2인씩 제청하여 국왕이 임명한다(鄭宗燮b, 302 이하).

외국 헌법재판소의 구성방법과 시스템을 표로 정리하여 보면 다음과 같다.

外國 憲法裁判所의 構成方法 등

사항 국가	재판관 수	재판관의 임명	재판소장의 임명	임기	정년	재임 여부	재판관의 자격	겸직 금지
오스트리아	14인(예비 재판관: 6인)	8인(예: 3): 연방정부 제청 3인(예: 2): 연방하원 3배수 제청 3인(예: 1): 연방상원 3배수 제청 (모두 연방대통령이 임명)	소장, 부소장: 연방정부의 제청+연방대통령 임명	없음	70세		소장, 부소장, 재판관, 예비재판관은 법학, 정치학 과정을 이수하고 이러한 학력을 요구하는 직에 10년 이상 종사한 경력을 지닐 것 연방정부 제청의 8명은 적어도 법관, 행정공무원, 법학교수 중 어느 하나의 직에 있었을 것	연방정부·주정부의 구성원, 상·하원 의원, 기타 일반적 대표기관의 구성원, 정당의 당원·소속원 겸직 금지
독　일	16인	8인: 연방의회 선출 8인: 연방참사원 선출	소장, 부소장: 연방의회와 연방참사원에서 교대로 선출	12년	68세	불가	40세 이상일 것 연방의회의원의 피선거권과 법관의 자격을 가질 것 양원에서 각각 선출되는 재판관들 중 3명씩은 연방최고법원(일반, 행정, 조세, 가사, 노동법원)의 법관일 것	연방의회, 연방참사원, 연방정부 및 이에 상응하는 란트(Land)의 헌법기관의 직 겸직 금지 법학교수 외에 일체의 공·사직 겸직 금지
이탈리아	15인	5인: 대통령 지명 5인: 의회 합동회의 선출 5인: 최고법원 및 최고행정법원 지명	헌재 재판관 호선	9년	없음	불가	상급의 재판관할권을 가진 재판기관(최고법원, 최고행정법원, 회계검사원)의 전·현직 판사, 법학교수, 20년 이상 경력 변호사	의회의원, 지방의회의원, 변호사, 기타 법률이 정하는 직 겸직 금지
프랑스	10인(선출직: 9인 당연직: 전직 대	3인: 대통령 임명 3인: 하원의장 임명 3인: 상원의	대통령 임명	9년	없음	불가	없음(국민에게 일반적으로 요구되는 공직취임 요건만 요구됨)	각료, 의회의원, 경제사회평의회 의원, 정당 지도자, 지방의원 등

사항 국가	재판관 수	재판관의 임명	재판소장의 임명	임기	정년	재임 여부	재판관의 자격	겸직 금지
	통령[종 신])	장 임명						그 자격과 양 립할 수 없는 직이나 선출직 겸직 금지
스페인	12인	4인: 상원 선 출 4인: 하원 선 출 2인: 행정부 지명 2인: 사법일 반평의회 지 명 (위 각 기관 의 제청+국 왕 임명)	헌재 전원재 판부에서 선 출+국왕 임 명	9년 (3년 마다 1/3씩 교체)	없음	불가	법관, 검찰관, 대 학교수, 공무원, 변호사 중에서 임명 모두 15년 이상 승인된 전문직에 법률가로서 종사 했을 것	호민관 (Defensor del Pueblo), 상· 하원의원, 국 가·지방자치 단체의 정무· 행정직, 법관· 검찰관 등의 법 률가, 정당·노 동조합 등의 각 종 단체의 간부 및 구성원, 전 문영리활동직, 법관 외의 사법 부의 모든 직책 겸직 금지
포르투갈	13인	10인: 의회 선 출 3인: 헌재 재 판관 10인이 선출	소장, 부소 장: 헌재 재 판관 호선	9년	없음	불가	법관(6인 이상), 법률가	장관, 의회의 원, 기타 모든 공·사직, 정당 의 지도자와 구 성원 겸직 금지
벨기에	12인	상원 또는 하 원이 정수의 2배수 제청+ 국왕 임명	각 언어 그 룹이 1인씩 소장을 임명 1년마다 교체		70세		5년 이상 고등법 관 또는 의회의원 이었던 자	의회의원, 법 관, 모든 공직 겸직 금지
알바니아	9인	5인: 의회 선 출 4인: 대통령 임명	헌재 재판 관 호선(임 기: 3년, 재 임 불가)	12년		불가	우수한 법률가(법 률직 또는 법학고 등교육 10년 이상 경험)	장관, 의회의 원, 법관, 예비 법관, 정당 또 는 정치단체, 노동조합의 구 성원 겸직 금지 재판의 공정성 을 의심스럽게 하는 모든 공·사의 활동 금지

사항\국가	재판관 수	재판관의 임명	재판소장의 임명	임기	정년	재임 여부	재판관의 자격	겸직 금지
아르메니아	9인	5인: 의회의 장+의회 선출 4인: 대통령 임명	대통령 임명	9년	70세	불가	최소 7인 재판관은 법학소양을 갖출 것	연구, 교육, 예술을 제외한 모든 공·사직 또는 보수를 받는 직업 겸직 금지
불가리아	12인	4인: 대통령 임명 4인: 의회 선출 4인: 최고법원재판관 및 최고행정재판관 합동회의 선임	헌재 재판관 호선 (비밀투표+절대다수결, 임기: 3년)		없음		높은 직업적 윤리적 자질을 갖춘 법률가+15년 이상 직업 경험	모든 선출직, 일체의 공·사직 겸직 금지 보수를 받는 모든 활동, 정당 또는 노동조합 가입 금지
크로아티아	16인	주대표 상원(comitats) 제청+대의원에 의한 선출	헌재 재판관 호선(임기: 4년)	8년	없음	불가	법관, 검찰관, 변호사, 우수한 법률가인 법학교수	일체의 직업과 공직 겸직 금지
헝가리	11인	의회에서 선출 (2/3 찬성)	헌재 재판관 호선(임기: 3년)	9년	70세	1회 한 연임	45세 이상+법학박사, 대학교수, 20년 법률실무경험자	과거 4년간 정부구성원, 정당원, 지도적 지위에 있는 공무원 겸직 금지 일체의 정치활동 금지
리투아니아	9인	대통령, 국회의장, 최고법원장이 제출한 명부에서 3인씩 의회가 선출	대통령 제청+의회 선출	9년	없음	불가	법학 소양을 갖추고 10년간 직업 경험 또는 교육활동	법관과 동일한 고용종사 또는 정치활동종사에 대한 제약
마케도니아	9인	의회 선출 (절대다수)	헌재 재판관 호선(임기: 3년, 재임 불가)	9년	없음	불가	우수한 법률가	일체의 공적 지위 및 공직, 정당소속원 겸직 금지
폴란드	15인	의회 선출	헌재 재판관회의 추천+대통령 임명	9년	없음	불가	법률 지식이 우수한 자	정당 및 노동조합원, 재판소 및 재판관의 독립과 양립될 수 없는

사항 국가	재판관 수	재판관의 임명	재판소장의 임명	임기	정년	재임 여부	재판관의 자격	겸직 금지
								공직 겸직 금지
체 코	15인	상원 동의+ 대통령 임명	대통령 임명	10년	없음	가능	고등법학교육을 이수, 전과가 없 을 것, 상원의원 피선자격 보유, 최저 10년간의 법률가 경험	재산관리, 학술 교육문학예술 활동을 제외한 보수를 받는 일 체의 직업활동 금지
루마니아	9인	3인: 하원 선 출 3인: 상원 선 출 3인: 대통령 임명	헌재 재판관 호선(임기: 3년)	9년	70세 (72세 까지 연장 가능)	불가	법학고등교육을 이 수, 높은 직업적 능 력을 가진 자로서 최저 18년간 법률 가 또는 법학교육 활동	법학고등교육 을 제외한 공· 사직 겸직 금지
러시아	19인	연방 대통령 제청+연방의 회 선출 (절대 다수)	헌재 재판 관 호선(비 밀투표, 임 기: 3년, 재 임가능)	12년	70세	불가	40세 이상+나쁜 평판이 없는 시민 +법학고등교육 이수+15년간 직 업적 경험+법학 분야 높은 자질	일체의 선출직, 고등연구교육 및 개인적 창작 활동을 제한 일 체의 공·사직 겸직 금지
세르비아	9인	대통령 제청+ 의회 선출	대통령 제청 +의회 선출 (임기: 5년, 재임 불가)	종신	없음		법학교육을 받은 자	일체의 공적 직업 활동금지
슬로바키아	10인	국가평의회 가 20인 명부 에서 선출+ 대통령 임명		7년		가능	40세 이상+국가 평의회 의원 피선 자격+법학고 등교육을 이수 +15년간의 법률 가 경력	재산관리, 학술 교육문학예술 활동을 제외한 일체의 정치· 산업·상업활 동, 국가기관에 서의 일체의 활 동 금지
슬로베니아	9인	대통령 제청+ 의회 선출	헌재 재판관 호선(임기: 3년)	9년		불가	슬로베니아 시민 +법률전문가	일체의 공·사직 직업활동, 정당 소속원 겸직 금 지
유고슬라비 아	7인	대통령 제청+ 연방의회 선출	헌재 재판관 호선(임기: 3년, 재임 불가)	9년	없음	불가	법학교육 이수	일체의 공직 겸 직 금지

사항 국가	재판관 수	재판관의 임명	재판소장의 임명	임기	정년	재임 여부	재판관의 자격	겸직 금지
중화민국	15인	입법원의 사전동의+총통 임명	소장, 부소장: 입법원의 사전동의+총통 임명	8년(소장, 부소장의 임기는 보장 안됨)	70세 (사건 처리 금지) 65세 이상 (사건 처리 축소)	불가	10년 이상 최고법원의 탁월한 법관, 9년 이상 입법위원, 10년 이상 법학교수, 국제재판소 법관 또는 공법학 또는 비교 법학의 권위자, 법학연구나 정치경험이 있는 자로서 명망이 있는 자(어느 하나에 해당하는 자의 총수가 전체의 1/3을 초과할 수 없음)	정당소속 금지 영리행위 금지 일체의 공직 금지
인도네시아	9인	3인: 의회 지명 3인: 대통령 지명 3인: 최고법원 추천 (전원 대통령령으로 임명)	소장, 부소장: 헌재 재판관 호선	5년 (소장, 부소장: 재판관 회의에서 투표 임기: 3년)	67세	1회 한해 가능	40세 이상+인도네시아 국민+5년 내 형사처벌 없을 것+파산선고 없을 것+10년 이상 법실무 종사+법학 학위(law degree) 취득	다른 국가공무원, 정당의 당원, 영업행위, 변호사활동, 기타 공직활동 금지
몽 골	9인	3인: 의회 추천 3인: 대통령 추천 3인: 최고법원 추천 (모두 의회가 임명)	헌재 재판관 호선	6년	규정 없음	허용	40세 이상+정치 또는 법실무경험+형사 전과 없을 것	대통령, 의원, 수상, 정부공무원, 대법관 겸직 금지 행정, 정당활동, 상업활동 금지, 노동조합 위원장 겸직 금지
태 국	9인	3인: 최고법원 재판관 중 최고법원 재판관 회의에서 선출 2인: 최고행정법원판사	(헌재재판관선정위원회에서 선정한 후보에 대해 상원에서 인준을 거부	9년	70세	불가	판사 외 법률가 출신 2인, 정치학자출신 2인 재판관의 자격: 출생시 타이 국적+45세 이상+과거에 수상, 선거	상임·유보수 정부공무원, 국가기관·국책사업·지방정부기관 당국자 내지 피고용자, 국책사

국가 \ 사항	재판관 수	재판관의 임명	재판소장의 임명	임기	정년	재임 여부	재판관의 자격	겸직 금지
태 국		중 최고행정 법원판사 회 의에서 선출 2인: 법률가 중 헌재 재판 관선정위원 회에서 후보 선정, 상원의 동의 2인: 정치학 자 중 헌재재 판관선정위 원회에서 후 보 선정, 상 원의 동의 (선출된 자들 에 대한 상원 의 임명 권고 +국왕 임명)	한 경우라 도, 헌재재 판관선정위 원회 위원 의 만장일 치+상원의 장의 임명 권고+국왕 임명으로 임명 가능)				관리위원, 옴부 즈맨, 헌법상 각 종 위원회의 위 원이었거나 검찰 부 총장 내지 장 관급 이상의 직 위, 교수 이상의 직위 또는 30년 이상 법률가였을 것+하원의원 결 격사유에 해당되 지 않을 것+상·하원의원, 정무 직 공무원, 지방 의회의원, 지방 행정관이 아닐 것+임명 전 3년 동안 정당원이 아니었을 것+선 거관리위원, 옴 부즈맨, 헌법상 각종 위원회의 위원이 아닐 것	업·국가기관 의 장 혹은 자 문역, 영리 목 적 동업·회 사·조직참여, 사인의 피고용 자, 별개의 독 립한 직업 겸 직 금지
그루지아	9인	3인: 대통령 임명 3인: 의회 선 출 3인: 최고법 원 임명	헌재 재판 관 호선	10년	규정 없음	불가	35세 이상+고등 법학교육	일체의 직업 겸직 금지 과학·교육활 동을 제외한 소득활동과 정 당 가입, 정치 활동 금지
라트비아	7인	3인: 의원 10 인 이상 추천 2인: 내각 추 천 2인: 최고법 원 추천위원 회 추천+의 회 승인	헌재 재판관 호선	10년	70세	불가	대학 수준의 법 학 교육+10년 이 상 법조 실무 또 는 10년 이상 법 학분야 연구·교 육+법률상의 법 관임용 결격사유 없을 것	공직, 교육·예술활동 이외 의 유보수 직 업 겸직 금지 정당 가입 금지
벨로루시	12인	6인: 대통령 임명 6인: 상원 선 출	상원 동의+대통령 임명	11년	70세	허용	고등법학교육 상 급 법률가 자격+일반적으로 학위 가 있을 것+높은	사업 기타 소 득활동 금지 (교육·연구 활동 허용)

사항 국가	재판관 수	재판관의 임명	재판소장의 임명	임기	정년	재임 여부	재판관의 자격	겸직 금지
							도덕 수준을 지닌 자	상원의원, 정당 기타 정치 대중조직 가입 금지
아제르바이잔	9인	대통령 추천+의회 임명	대통령 임명	10년	규정 없음	1회 가능	30세 이상+선거권+고등법학교육+5년 이상 법조실무	공직(일체의 선출직·임명직), 사업·상업 기타 소득활동(교육·학문·예술활동 제외), 정당가입, 정치활동, 재판관 보수 및 교육·학문·예술활동 수입을 제외한 일체의 수입활동 금지
우크라이나	18인	6인: 대통령 임명 6인: 의회 선출 6인: 법관회의 (Congress of Judges of Ukraine)	헌재 재판관 호선(임기 3년) 임명	9년		불가	40세 이상+고등법학교육 이수+10년 이상의 실무경험+임명 당시 20년 전부터 우크라이나에 거주+우크라이나어에 능통	
남아프리카공화국	11인 (대통령, 부통령, 9인의 재판관)	사법서비스위원회 후보명단작성+대통령 임명(임명시 인종·성별 구성 고려 요함)	소장, 부소장: 사법서비스위원회의 권고+대통령 임명	12년	70세	불가	남아공 시민재판관 중 최소 4인은 임명 당시 판사일 것	
마다가스카르	9인	3인: 대통령 임명 2인: 하원 선출 1인: 상원 선출	헌재 재판관 호선	6년		불가		정부공무원, 의회의원 그 외의 선출직 공무원 겸직 금지, 유보수의 직업활동,

사항\국가	재판관수	재판관의 임명	재판소장의 임명	임기	정년	재임여부	재판관의 자격	겸직 금지
		3인: 최고행정위원회 임명						정당 가입 금지
터 키	11인 (예비재판관: 4인)	모두 대통령 임명 2인(예: 2): 파기원 판사 중 선정 2인(예: 1): 국참사원 구성원 중 선정 1인: 고등군사법원판사 중 선정 1인: 고등군사행정법원판사 중 선정 1인: 회계법원판사 중 선정 1인: 고등교육기관 교수 중 선정 3인(예: 1): 행정부 고위 공무원 또는 변호사 중 선정	헌재 재판관 호선	없음	65세		교수·행정부 고위 공무원·변호사 출신 재판관들의 자격: 40세 이상+고등 교육 이수(교수: 15년 이상 고등교육기관에서 봉직, 행정부 고위 공무원: 15년 이상 공직에 종사, 변호사: 15년 이상 개업)	일체의 공·사직 겸직 금지

　　우리나라의 헌법재판소제도는 「오스트리아–독일모델」이고, 독일의 연방헌법재판소가 우리 제도에 가장 큰 영향을 미치고 있으므로 양국의 헌법재판소를 비교하여 보면 다음과 같다.

	독일연방헌법재판소	한국 헌법재판소
헌법 규정	독일연방헌법 제9장	대한민국헌법 제6장
근거 법률	연방헌법재판소법	헌법재판소법
관장사항	규범통제심판 -추상적 규범통제 -구체적 규범통제 헌법소원심판 권한쟁의심판 탄핵심판(대통령·· 재판관) 정당해산심판 기본권 상실재판 선거재판	규범통제심판 -구체적 규범통제 헌법소원심판 권한쟁의심판 탄핵심판 정당해산심판
구 성	8인의 원(Senat) 2개	9인의 재판부 3인의 지정재판부 3개
각원/부의 관할	제1원: 기본권재판 제2원: 국사재판 * 관할에 의심이 있는 경우 6인위원회에서 결정 * 각 원마다 3인의 부(Kammer) 설치: 헌법소원의 　사전심사, 구체적 규범통제의 부적법한 제청 각하	재판부: 지정재판부 이외의 사건 지정재판부: 헌법소원심판에서의 사전심사
재판관의 수	16인(각원 8인)	9인
재판관의 임기	12년	6년
연임여부	불가능	가능
재판관의 정년	68세가 되는 달의 말일	65세(* 헌재소장: 70세)
재판관의 자격 요건	법관 자격 보유	40세 이상+법관 자격 보유
재판관의 선정	연방의회와 연방참사원에서 각각 반수 선출 (각 원의 8인 중 3인은 3년 이상 경력의 연방 최고법원 재판관에서 선출)	3인: 국회 선출 3인: 대법원장 지명 3인: 대통령 임명
재판관의 임명	연방대통령	대통령
헌재소장의 임명	연방의회와 연방참사원이 교대로 선출+연방 대통령 임명	국회의 동의+대통령 임명
재판관의 겸직 금지	독일 대학의 법학교수 이외 직은 일체 겸직 금지	국회의원, 지방의회의원, 지방자치단체장, 국회 · 정부 · 법원의 공무원, 법인 · 단체 등 의 고문 · 임원 · 직원 겸직 금지
재판관 보좌인력	연구관	연구관(헌법연구관, 헌법연구관보)
헌법소원심판 의 대상	모든 공권력에 의한 기본권 침해 * 헌법개정에 대한 헌법소원도 가능(헌법의 일정	법원의 재판을 제외한 공권력에 의한 기본권 침해

	내용: 의회에 의한 헌법개정 사항, 나머지 내용: 헌법제정 사항으로 이원화 구조) * 재판소원이 대부분 차지	
규칙제청권	양원합동회의에서 규칙 제정	규칙 제정

제 2 절 憲法裁判所의 組織

[34] 第一 裁判官會議

憲法裁判所法은 재판관회의를 두고 있다($^{憲裁法}_{§16}$). 헌법은 헌법재판소의 조직에 관하여 법률로 정한다고 하고 있고, 이에 따라 憲法裁判所法에서 헌법재판소의 조직의 하나로 재판관회의를 두고 있다. 재판관회의는 재판관 전원으로 구성된다는 점에서는 재판부와 동일하지만, 재판권을 행사하지 아니한다는 점에서 심판절차에서의 裁判部와 구별된다.

재판관회의는 裁判官 全員으로 구성하며, 헌법재판소장이 의장이 된다($^{同條}_{①}$). 재판관회의는 헌법재판소규칙의 제정과 개정 등에 관한 사항, 예산요구 · 예비금지출과 결산에 관한 사항, 사무처장 · 사무차장 · 헌법재판연구원장 · 헌법연구관 및 3급 이상 공무원의 임면에 관한 사항, 특히 중요하다고 인정되는 사항으로서 헌법재판소장이 재판관회의에 부치는 사항등을 의결한다($^{同條}_{④}$). 재판관회의는 재판관 7인 이상의 출석과 出席人員 過半數의 찬성으로 議決한다($^{同條}_{②}$).

재판관회의의 운영에 관한 사항은 「헌법재판소재판관회의규칙」$^{(1988. 9. 24. 헌재규칙 제1호, 개)}_{정 2011. 9. 19. 동규칙 제274호}$에서 정하고 있다. 재판관회의는 정례재판관회의와 임시재판관회의가 있다. 정례재판관회의는 매월 첫째주 목요일에 소집하고, 임시재판관회의는 필요에 따라 헌법재판소장 또는 재판관 3인 이상의 요구에 의하여 헌법재판소장이 소집한다($^{동규}_{칙 §2}$). 의장은 회의를 주재하고 의결된 사항을 집행한다($^{동규}_{칙 §3}$).

[35] 第二 憲法裁判所長

헌법재판소장은 헌법재판소를 대표하고, 헌법재판소의 사무를 총괄하며, 소속공무원을 지휘 · 감독한다. 헌법재판소장이 궐위되거나 부득이한 사유로 직무를 수행할 수 없을 때에는 다른 재판관이 헌법재판소규칙으로 정하는 순서에 따라 그 권한을 대행한다($^{憲裁法}_{§12③, ④}$).

헌법재판소장은 재판관회의의 의장이 되고($^{同法}_{\S16①}$), 의결에 있어 표결권을 가진다($^{同條}_{③}$).

[36] 第三 憲法研究官 等

I. 憲法研究官

憲法裁判所에 憲法裁判所規則으로 정하는 數의 憲法研究官을 둔다($^{憲裁法}_{\S19①}$).

헌법연구관은 헌법재판소장의 명을 받아 사건의 심리 및 심판에 관한 조사·연구에 종사하며($^{同條}_{③}$), 특정직 국가공무원이다($^{同條}_{②}$).

헌법재판소장은 다른 국가기관에 대하여 그 소속공무원을 헌법연구관으로 근무하게 하기 위하여 헌법재판소에의 派遣勤務를 요청할 수 있다($^{同條}_{⑨}$). 이에 따라 판사, 검사, 행정부 공무원 등이 파견 나와 헌법연구관으로 근무하기도 한다. 헌법재판소 사무차장은 헌법연구관의 직을 겸할 수 있다($^{同條}_{⑩}$).

憲法研究官은 i) 判事·檢事 또는 辯護士의 자격이 있는 자, ii) 公認된 大學의 법률학 조교수 이상의 직에 있던 자, iii) 국회·정부 또는 법원 등 국가기관에서 4級 이상의 공무원으로서 5년 이상 법률에 관한 사무에 종사한 자, iv) 법률학에 관한 박사학위 소지자로서 국회·정부·법원 또는 헌법재판소 등 국가기관에서 5년 이상법률에 관한 사무에 종사한 자, v) 법률학에 관한 박사학위 소지자로서 헌법재판소규칙으로 정하는 대학 등 공인된 연구기관에서 5년 이상 법률에 관한 사무에 종사한 자 가운데서 헌법재판소장이 재판관회의의 議決을 거쳐 任免한다($^{同條}_{④}$). 헌법재판소법 제19조 제6항이 정하는 결격사유가 없어야 헌법연구관에 임용될 수 있다.

憲法研究官의 임기는 10년이고, 연임할 수 있으며, 정년은 60세이다($^{同條}_{⑦}$).

헌법재판에서 헌법연구관의 역할은 중요하다. 법이론에 대한 전문지식을 바탕으로 하여 수행하는 헌법재판에 대한 기초자료의 조사·연구와 보고서는 재판관의 사건 심리와 재판소 및 재판관의 의견 작성에 있어서 중요한 의미를 가진다. 이를 위하여 각 나라마다 연구관을 확보하고 있고, 그 운용에 있어서도 다양한 모습을 보이고 있다. 우리나라에서는 헌법연구관을 헌법재판소장이 임용하거나 그의 요청으로 경력 판사, 검사, 공무원 등의 직에 있는 자를 파견을 받아 근무하게 하고 있다. 재판관마다 각자 채용할 수는 없다. 미합중국 연방최고법원(U.S. Supreme Court)의 연구관(law clerk)은 각 재판관이 스스로 재량으로 채용하며, 이들은 법과대학원(law school)을 우수한 성적으로 졸업한 秀才로서 대부분 법률가의 자격은 가지고 있으나 법관은 아니다. 국가로부터 봉급을 받으며, 대부분 2년 또는 3년 정도 근무한다. 각 재판관별로 소속된 연구관의 근무방식에 따르는 업무수행상의 어려운 점을 해결하기 위하여 house lawyer 또는 staff lawyer이라고 부르는 연구관을 4년 임기로 채용하여 연방최고법원이나 연방최고법원장의 일을 지원하게 하고 있다. 독일에서 연구관(wissenschaftlicher Mitarbeiter)은 법원이나 행정부처 등에서 연방헌법재판소에 파견되어 근무하는데, 대부분은 각종 법원의 법관 중에서 선발된다. 대학교수, 공무원 가운데 서도 선발된다. 재판관마다 3명 이하의 연구관을 배정받아 스스로 연구관을 선발하 며 재판관의 의사에 반하여 연구관을 배치할 수 없도록 연방헌법재판소규칙으로 정 하고 있다. 연구관은 재판부에 소속되어 있는 것이 아니라, 각 재판관에 소속되어 있다. 연구관은 재판관의 직무를 보좌하고 재판관의 지시를 받아 업무를 수행하는 데, 대체로 결정서의 작성에 조력하고 구두변론을 준비하며 재판자료 등을 수집한 다. 대부분 3년 정도 근무한다. 미합중국과 독일에서는 연구관으로 종사하는 것은 법률가 또는 법학교수의 엘리트코스로 평가받고 있다(梁三承, 242 이하; 鄭宗燮c, 171 이하; K. Schlaich, 35 이하).

Ⅱ. 裁判官과 憲法研究官

헌법재판에 있어 헌법연구관이 어느 정도로 재판에 영향을 미치는가는 외부에서 알기 어렵다. 이 문제는 재판관과 헌법연구관 사이에 있을 수 있는 개인적인 부분이 다. 헌법연구관을 어떻게 활용하고 재판관과 헌법연구관간의 관계를 어떻게 설정하 는가는 전적으로 해당 재판관이 판단하는 성질의 것이다.

어떤 경우이든 헌법연구관은 재판에 관여할 수 없다. 헌법연구관의 역할이나 기 능상 당연하다. 현실에서도 헌법연구관이 재판부의 評議나 裁判에 관여하는 경우는 전혀 없다.

裁判官과 憲法研究官의 관계는 헌법연구관이 실질적으로 헌법재판에 관여하는 것이 아니냐 하는 관점에서 주로 거론되고 있다. 헌법연구관의 역할은 실정법에 명시되 어 있고, 헌법연구관은 재판에 전혀 관여할 수 없는 것이 명백함에도 연구관의 사 건검토보고서의 작성이나 판결서 초안 작성에의 직접적 또는 간접적인 관여가 재판 관에게 상당한 영향을 미치고 재판관과 개인적인 관계에서도 영향을 줄 수 있다는 점에서 관심의 대상이 된다. 연구관을 두고 있는 美合衆國 聯邦最高法院이나 獨逸 聯邦憲法裁判所의 경우에도 이런 문제가 제기되고 있다. 비판적인 견해는 헌법재판 기관에서 이루어지는 헌법재판이 실질적으로「裁判官에 의한 裁判」이 아니라「研究 官에 의한 裁判」이라거나 그럴 위험성이 있다고 지적한다. 독일에서는 재판에 미치 는 研究官의 영향력을 비판하여 연구관들이 사실상「第3院」(dritter Senat)으로 기능한 다고 지적하기도 한다. 이런 문제는 裁判官에 의한 裁判을 받을 권리, 憲法裁判의 獨立, 裁判官에 의한 憲法裁判의 獨占이라는 관점에서 제기된다. 그러나 어느 나라 에서든 재판관이 이런 지적을 인정한 경우를 발견하기는 쉽지 않다. 재판은 여전히 재판관에 의해 이루어진다는 것이고, 이런 점에서「재판관에 의한 재판」이 손상되는 일은 없다고 표명하고 있다(鄭宗燮c, 175 이하; 全鍾杙, 375 이하; K. Schlaich, 36.).

Ⅲ. 研究委員 및 研究員

헌법재판소에는 그 밖에 법학 등의 분야의 박사학위 소지자들이 헌법연구위원 (憲裁法 §19의3) 및 연구원으로 채용되어 사건의 심리 및 심판에 관한 조사·연구에 종사하고 있다. 헌법연구위원과 연구원의 자격요건 등에 관하여는「헌법재판소공무원규칙」

$\binom{1988.\ 11.\ 15.\ 헌재규칙\ 제8호,\ 개}{정\ 2013.\ 12.\ 10.\ 헌재규칙\ 제312호}$에서 자세히 규정하고 있다. 헌법연구관, 헌법연구관보와 헌법연구위원은 憲法裁判所法에서 정하고 있는 헌법재판제도상의 職임에 반하여 연구원은 헌법재판소가 規則으로 둔 연구보조인력이다.

Ⅳ. 憲法裁判研究院

헌법과 헌법재판의 연구 그리고 헌법연구관, 사무처 공무원 등의 교육을 위하여 헌법재판소에 헌법재판연구원을 둔다($\frac{憲裁法}{§19의4}$①). 헌법재판연구원은 헌법재판에 필요한 이론적인 연구와 자료의 수집, 분석을 통하여 헌법재판을 지원하고, 헌법재판의 결과를 국내외적으로 알리며, 한국의 헌법재판의 결과를 국제적으로 공유하는 데 기여한다.

[37] 第四 事 務 處
Ⅰ. 業務 및 職員

헌법재판소의 행정사무를 처리하기 위하여 헌법재판소에 事務處를 두고 있다($\frac{憲裁法}{§17}$①). 사무처는 순전히 헌법재판소의 행정사무를 처리하는 것을 위하여 존재하므로 헌법재판에 관여하거나 영향을 주는 업무는 어떤 경우에도 할 수 없다.

사무처 공무원은 憲法裁判所長이 任免한다. 다만, 3級 이상의 공무원의 경우에는 재판관회의의 결정을 거쳐야 한다($\frac{同法}{§18}$④). 헌법재판소장은 다른 국가기관에 대하여 그 소속 공무원을 사무처 공무원으로 근무하게 하기 위하여 헌법재판소에의 派遣勤務를 요청할 수 있다($\frac{同條}{⑤}$).

Ⅱ. 事務處長과 事務次長

사무처에 事務處長과 事務次長을 둔다($\frac{憲裁法}{§17}$②).

사무처장은 헌법재판소장의 指揮를 받아 사무처의 사무를 管掌하며, 소속 공무원을 指揮·監督한다($\frac{同條}{③}$). 사무처장은 국회 또는 국무회의에 출석하여 헌법재판소의 행정에 관하여 발언할 수 있다($\frac{同條}{④}$). 憲法裁判所長이 한 處分에 대한 行政訴訟의 被告는 憲法裁判所 事務處長으로 한다($\frac{同條}{⑤}$). 事務處長은 政務職으로 하고, 보수는 國務委員의 보수와 같은 액으로 한다($\frac{憲裁法}{§18}$①).

事務次長은 사무처장을 보좌하며, 사무처장이 부득이한 사유로 직무를 수행할 수 없을 때에는 그 직무를 代行한다($\frac{憲裁法}{§17}$⑥). 사무차장은 政務職으로 하고, 보수는 차관의 보수와 같은 액으로 한다($\frac{憲裁法}{§18}$②).

Ⅲ. 室 局 課

헌법재판소의 사무처에는 행정사무를 원활하게 처리하기 위하여 기능과 조직에
서 室·局·課를 두고 있다.

事務處에 室·局·課를 둔다($\frac{憲裁法}{§17⑦}$). 室에는 실장, 局에는 국장, 課에는 과장을 두
며, 사무처장·사무차장·실장 또는 국장 밑에 政策의 企劃, 計劃의 立案, 硏究·調
査, 審査·評價 및 弘報業務를 보좌하는 審議官 또는 擔當官을 둘 수 있다($\frac{同條}{⑧}$). 憲
法裁判所法에 規定하지 아니한 사항으로서 사무처의 조직·직무범위, 사무처에 두는
공무원의 정원 그 밖에 필요한 사항은 憲法裁判所規則으로 정한다($\frac{同條}{⑨}$).

사무처에 하부조직으로 기획조정실, 행정관리국, 심판사무국, 심판자료국, 공보
관을 두고 있다. 「헌법재판소 사무기구에 관한 규칙」($\frac{1998. 11. 1. 헌재규칙 제7호, 개}{정 2013. 12. 30. 동규칙 제316호}$)은 헌법재
판소의 사무기구의 조직과 직무범위에 관하여 규정하고 있다.

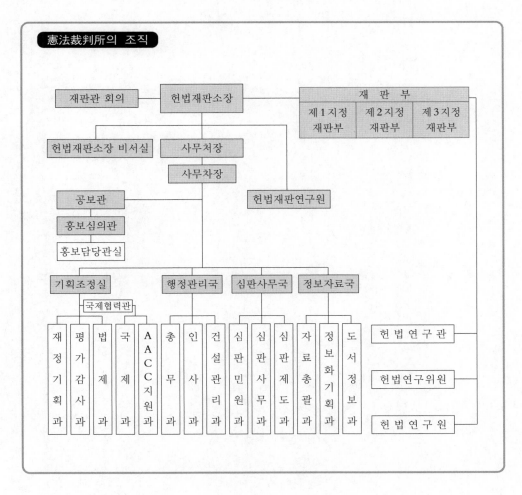

제 3 편

一般審判節次

대저 참된 선비라 함은 세상에 나아가면 한 시대에 道를 행하
여 이 백성으로 하여금 자유로운 즐거움을 누리게 하고, 관직
에서 물러나면 은거하면서 萬歲에 가르침을 전하여 배우는 사
람으로 하여금 큰 잠에서 깨어나게 하는 것이다. 세상에 나아
가서 행할 道術이 없고, 물러나 뒤에 전할 만한 가르침이 없
다면 비록 참된 선비라고 말해도 나는 이를 믿지 않는다.
— 栗谷 李珥

제 1 장 裁判部의 構成

[38] 第一 裁 判 部

헌법재판소에서 심판을 하기 위해서는 재판부가 구성되어야 한다. 헌법재판소의 심판은 憲法裁判所法에 특별한 규정이 있는 경우를 제외하고는 裁判官 全員으로 구성되는 「裁判部」에서 管掌한다($\frac{憲裁法}{§22①}$). 이를 講學上 全員裁判部라고 부르기도 한다. 憲法裁判所法에서는 指定裁判部라고 하지 않는 한 이런 전원재판부를 「裁判部」라고 표시하고 있다. 따라서 통상 재판부라고 하면 원칙적으로 전원재판부를 지칭한다($\binom{\text{이 책에서도 지정재판부라고 명기하지 않는 한 재판부}}{\text{라는 용어는 전원재판부를 지칭하는 의미로 사용한다}}$).

재판부는 재판의 주체이므로 똑같이 재판관 전원으로 구성되더라도 행정조직인 裁判官會議($\frac{同法}{§16}$)와 구별된다([34]).

[39] 第二 指定裁判部

전원재판부의 예외로 憲法裁判所法이 인정하는 것으로는 憲法裁判所法 제68조 제 1 항의 헌법소원심판절차에서 事前審査를 담당하는 指定裁判部가 있다. 지정재판부를 두는 것은 필요적인 것은 아니나, 지정재판부를 두는 경우에는 재판관 3명으로 이를 구성한다($\frac{憲裁法}{§72①}$). 따라서 헌법재판소에는 3개의 지정재판부가 구성된다([32]).

헌법소원심판절차에서도 사전심사만 지정재판부에서 관장하고, 나머지 심판은 재판부에서 관장한다.

[40] 第三 裁判官의 排除

憲法裁判所法이 인정하는 지정재판부 이외에 재판관 전원으로 구성되지 않는 예외적인 재판부의 구성으로는 재판관이 해당 재판에서 배제된 경우를 들 수 있다. 예컨대 재판관이 除斥, 忌避, 回避로 인하여 재판에서 배제되거나 公務上의 出張 또는 休暇 등으로 인하여 재판에 관여할 수 없게 된 경우가 이에 해당한다.

헌법재판에서 재판관의 배제는 중요한 문제를 야기한다. 9명의 재판관 중에서

한 사람이라도 재판에 관여하지 않는 경우에는 헌법의 해석을 놓고 발생하는 의견의 차이에 심각한 불균형을 초래할 수 있다. 특히 재판관들의 성향이나 가치지향이 다양하게 분포되어 있는 경우에는 가능한 한 재판관 전원이 재판에 관여하여야 할 것이다. 제척·기피·회피의 사유는 헌법재판의 공정성을 확보하기 위해 요구되는 필요한 범위에서 정확하게 적용되어야 하고, 재판관의 출장·휴가 등으로 인한 不參은 긴요한 경우가 아닌 한 止揚되어야 한다.

헌법의 해석을 둘러싸고 재판관들의 성향에 따라 의견이 갈라지는 것이 뚜렷한 경우에 제척·기피·회피로 재판관이 재판에서 배제되는 것은 재판의 결과에 심대한 영향을 줄 수 있다. 憲法裁判所法은 기피의 경우 동일 당사자에 대하여 2명 이상의 재판관을 기피할 수 없다고 제한하고 있다(憲裁法 §24④). 이에 대하여 憲法裁判所는 합헌 결정을 하였다(憲 2016. 11. 24. -2015헌마902). 그러나 기피의 사유가 존재함에도 이러한 제한을 두어 기피할 수 없게 하는 것은 재판의 공정성을 확보하는 데 문제를 야기시킨다. 이러한 방식은 재판관의 배제원리와도 합치하지 않을 뿐 아니라 헌법재판의 원리와도 합치하기 어렵다. 이러한 경우는 기피 대상의 裁判官數를 제한할 것이 아니라 豫備裁判官制度를 채택하여 문제를 해결하는 것이 보다 타당하다([42] Ⅱ (4)).

제 2 장 審判定足數

[41] 第一 審理定足數

헌법재판소의 재판부는 裁判官 7명 이상의 출석으로 사건을 審理한다(憲裁法 §23①). 6명 이하의 재판관으로 구성된 재판부에서 한 결정은 「결정의 不存在」가 된다. 憲法裁判所法 제72조 제1항에 의해 구성되는 指定裁判部는 항상 재판관 3명의 출석으로 사건을 심리한다.

헌법재판소 재판관은 탄핵의 대상에 해당하고(憲法 §112③), 국회에서 탄핵소추의 의결이 있으면 이를 받은 자는 헌법재판소의 심판이 있을 때까지 그 권한행사가 정지된다(憲裁法 §50). 따라서 헌법재판소 재판관들 가운데 3명 이상의 재판관들이 탄핵소추의 의결을 받는 경우에는 헌법재판소는 재판업무를 수행할 수 없는 사태가 발생한다. 이런 사태를 방지하는 방안으로는 국회가 한번에 재판관 3명 이상에 대해 탄핵소추의 의결을 할 수 없도록 하는 방안과 예비재판관을 두는 방안을 고려할 수 있다. 현재로서는 헌법재판소의 정상적인 업무수행에 비추어 볼 때, 3명 이상의 재판관들이 동시에 업무를 수행할 수 없게 하는 결과를 가져오는 탄핵소추의 의결은 할 수 없다고 할 것이다. 3명 이상의 재판관들에 대하여 탄핵소추의 문제가 발생한 경우에는 시차를 두고 탄핵소추의결을 하여 헌법재판의 마비를 피해 갈 수 있다.

[42] 第二 決定定足數

憲法裁判所法 제23조 제2항은 헌법재판소의 사건의 결정에 있어서 필요한 정족수를 單純多數決의 경우와 特別多數決의 경우로 나누어 정하고 있다.

I. 單純多數決

헌법재판소의 재판부는 憲法裁判所法에서 특별다수결로 정하고 있는 경우를 제외하고는 나머지 경우에서 終局審理에 관여한 재판관의 過半數의 贊成으로 사건에 관한 決定을 한다(憲裁法 §23②). 예컨대 권한쟁의심판에서는 과반수의 찬성으로 사건에 관한 결정을 한다. 가처분심판도 단순다수결에 의한다.

Ⅱ. 特別多數決

憲法裁判所法은 특별다수결로 결정하는 경우를 정하고 있다. 우리 헌법재판제도사에서 자주 채택했던 특별다수결의 방식에 의하면 위헌법률심판과 헌법소원심판에서 헌법해석에 있어서 少數의 支配가 발생할 우려가 있다.

(1) 특별다수결의 경우

(a) 특별다수결의 적용

헌법재판소의 재판부가 i) 法律의 違憲決定을 하는 경우, ii) 彈劾의 決定을 하는 경우, iii) 政黨解散의 決定을 하는 경우, iv) 憲法訴願에 관한 認容決定을 하는 경우, v) 종전에 헌법재판소가 判示한 헌법 또는 법률의 解釋 適用에 관한 의견을 變更하는 경우에는 재판관 6명 이상의 찬성이 있어야 한다(憲法 §113①; 憲 裁法 §23②但).

> 동일한 심판대상에 대한 결정에 있어서 그 전 사건의 결정에서 표시한 주문의 표현을 나중 사건의 결정에서 변경하는 경우에는 주문 내용의 기본적인 견해의 변경이 아닌 한 판례의 변경에 해당하지 않는다(예: 憲 1997. 1. 16.–92헌바6등).

(b) 특별다수결 방식의 연혁

특별다수결의 방식은 우리 헌법재판제도의 역사에서 자주 채택했던 것이다. 1948年憲法, 1952年憲法, 1954年憲法에서는 위헌법률판결과 탄핵판결에서 2/3 이상의 찬성을 필요로 했고, 1960年6月憲法과 1960年11月憲法에서는 각종 심판 가운데 위헌법률판결과 탄핵판결에서는 2/3 이상의 찬성을 요구했다. 1972年憲法과 1980年憲法에서는 모든 심판에서 2/3 이상의 찬성을 요구했다. 1987年憲法에서는 권한쟁의심판을 제외한 모든 심판의 인용결정(법률에 대한 위헌결정 포함)에서 2/3 이상의 찬성을 요구하고 있다.

1962年憲法과 1969年憲法에서는 법률·명령·규칙의 위헌여부심판이 대법원의 관할로 되어 있었는데, 위헌여부결정의 정족수에 대해서는 정하고 있지 않았다. 당시 法院組織法(1949. 9. 26. 법률 제51호, 일부 개정 1963. 6. 18. 법률 제1360호) 제59조가 정하는 「合議審判은 過半數로써 決定한다」는 규정에 따라 과반수로 결정하였다. 그러나 1970년 8월 7일 法院組織法을 개정하여 「大法院判事全員의 3分의 2 이상의 出席과 出席人員 3分의 2 이상의 贊成으로 決定한다」라고 변경하였는데, 1971년 6월 22일 대법원은 國家賠償法(1967. 3. 3. 법률 제1899호) 제2조 제1항 단서에 대해 위헌판결을 하면서, 법령의 위헌여부판결을 할 때 결정정족수를 헌법에서 따로 정하지 않은 이상 다수결에 의하여야 하므로 개정된 法院組織法의 위 제59조에 대하여 위헌이라고 판시하였다(大 1971. 6. 22.–70다1010. 이런 판단은 공교롭게도 16인의 대법원판사 중 2/3 이상인 11인의 찬성으로 이루어졌다. 만일 2/3 미만이고 과반수인 9인 또는 10인의 대법원판사들이 이런 의견을 가졌더라면 어떻게 판단하였을까 하는 점이 흥미롭다).

[大 1971. 6. 22.－70다1010] 「1970. 8. 9. 법률 제2222호로 개정된 현행 법원조직
법 제59조 제1항은 "합의심판은 헌법 및 법률에 다른 규정이 없으면 과반수로서 결정
한다. 다만 대법원이 제7조 제1항 제1호의 규정에 의한 합의심판을 하는 때에는
대법원판사 전원의 3분의 2 이상의 출석과 출석인원 3분의 2 이상의 찬성으로 결정한
다"라고 규정하고 있으며, 위 법원조직법 제59조 제1항 단항의 적용여하에 따라서
국가배상법 제2조 제1항 단항의 적용문제의 결론이 달라짐으로 법원조직법 제59조
제1항 단항의 위헌여부를 심사한다. 법원의 법률, 명령, 규칙 또는 그 법률 등의 조
항의 위헌결정의 효력은 그 법률 등을 무효화하는 것이 아니고 다만 구체적 사건에
그 법률, 명령, 규칙 또는 그 일부 조항의 적용을 거부함에 그치는 것이고, 이 위헌
심사와 사건의 재판이 불가분의 관계에 있고 법관의 과반수로써 재판하여야 함은 재
판의 근본원칙이기 때문에 헌법 제102조는 1948. 7. 17. 제정헌법 제81조 제4항의 헌
법위원회의 위헌결정의 합의정족수의 제한, 1960. 6. 15. 개정헌법 제83조의4 제5항의
헌법재판소의 위헌판결과 탄핵판결의 합의정족수의 제한, 또는 현행헌법 제62조 제3
항의 탄핵결정의 합의정족수의 제한 등과 같은 제한을 하지 아니하고, "(1) 법률이
헌법에 위반되는 여부가 재판의 전제가 된 때에는 대법원은 이를 최종적으로 심사할
권한을 가진다." "(2) 명령, 규칙, 처분이 헌법이나 법률에 위반되는 여부가 재판의
전제가 된 때에는 대법원은 이를 최종적으로 심사할 권한을 가진다"라고 규정하여
특별한 제한 없이 일반원칙 즉 과반수로써 위헌결정을 할 수 있다는 것을 간접적으
로 규정하고, 이를 전제로 하여 이에 대한 예외로서 헌법 제103조에서 "정당해산을
명하는 판결은 대법원 법관정수의 5분의 3 이상의 찬성을 얻어야 한다"고 제한하였
다. 그러므로 이 합의정족수는 삼권분립제도를 채택한 헌법의 근본정신으로 보나, 이
합의정족수를 제한하는 경우에는 반드시 헌법 자체에서 규정하여 온 경위에 비추어
일반법률로써는 제한할 수 없다고 보아야 할 것이고, 특히 법원의 위헌심사권은 사법
권에 의하여 입법부가 제정한 헌법에 위반된 법률의 적용을 거부함으로써 위헌입법
을 억제하여 헌법을 수호하고 사법권과 입법권이 균형을 갖도록 하자는 것이므로 헌
법의 근거 없이 법원의 위헌심사권을 제한할 수 없다 할 것이다. 그러므로 개정 전
법원조직법 제59조 제1항에서 합의심판은 과반수로 결정한다는 원칙을 천명하였던
것이다. 그런데 1970. 8. 7. 법률 제2222호로 개정한 현행 법원조직법 제59조 제1항은
"합의심판은 헌법 및 법률에 다른 규정이 없으면 과반수로서 결정한다. 다만, 대법원
이 제7조 제1항 제1호의 규정에 의한 합의심판을 하는 때에는 대법원판사 전원의
3분의 2 이상의 출석과 출석인원 3분의 2 이상의 찬성으로 결정한다"라고 규정하여
합의정족수를 제한하여 위헌심사권을 제한하고, 동법 부칙 제3항에서 "이 법 시행
당시 대법원이 법률, 명령 또는 규칙이 헌법에 위반한다고 재판한 종전의 판결에 따
라 재판하는 경우에도 제59조 제1항 단서를 적용한다"고 규정하였는바, 위 개정 법
원조직법 및 같은 법 부칙의 규정은 위에서 본 바와 같이 아무런 제한 없이 일반원
칙에 따라 법률 등의 위헌심사를 할 수 있는 권한을 대법원에 부여한 헌법 제102조에
위반하여 대법원의 위헌심사권을 제한하여 헌법의 근거 없이 과반수 법관의 의견으
로 재판할 수 없다는 재판의 본질에 어긋나는 것을 요구하는 결과가 되고, 법원조직
법 제59조 제1항 단항을 적용한다면 대법원 법관 16명 전원이 출석하여 합의하는 경
우에는 헌법 제103조에서 제한한 정당해산의 판결은 대법원 법관 10명의 찬성으로 할

수 있음에도 불구하고 헌법에 제한이 없는 법률 등의 위헌판결은 11명의 대법원 법관의 찬성이 있어야 할 수 있게 되는 모순이 생기게 될 것이므로 법원조직법 제59조 제1항 단항 및 같은 법 부칙 제3항은 헌법 제102조에 위반됨이 명백하다.」

우리 헌법재판제도사에서 헌법재판의 각종 심판에서 채택하였던 결정정족수의 변천을 표로 보면 아래와 같다.

決定定足數의 變遷

項目 \ 憲法	1948年憲法-1952年憲法-1954年憲法	1960年6月憲法-1960年11月憲法	1962年憲法-1969年憲法	1972年憲法-1980年憲法	1987年憲法
憲法裁判機關	憲法委員會 彈劾裁判所	憲法裁判所	大法院 彈劾審判委員會	憲法委員會	憲法裁判所
構成	憲法委員會: 11인 위원 彈劾裁判所: 11인 심판관	9인 심판관	大法院(대법원장, 대법원판사) 彈劾審判委員會: 9인 위원	9인 위원	9인 재판관
定足數	위헌법률판결: 2/3 이상 찬성 탄핵판결: 2/3 이상 찬성	위헌법률판결, 탄핵판결: 6인 이상 찬성 나머지: 5인 이상 찬성	위헌법률판결: 과반수(1970. 8. 7. 이후 大法院判事全員의 3분의 2 이상의 출석과 출석인원 3분의 2 이상의 찬성) 정당해산: 대법원법관 정수 5분의 3 이상 찬성 탄핵결정: 6인 이상 찬성	6인 이상 찬성	위헌법률결정, 탄핵결정, 정당해산, 헌법소원인용, 판례변경: 6인 이상 찬성
管轄	憲法委員會: 법률의 위헌여부재판 彈劾裁判所: 탄핵심판	1. 법률의 위헌여부심사 2. 헌법에 관한 최종적 해석 3. 국가기관간의 권한쟁의 4. 정당의 해산 5. 탄핵재판 6. 대통령·대법원장, 대법관의 선거에 관한 소송	大法院: 법률의 위헌 여부 심사, 정당해산 彈劾審判委員會: 탄핵심판	1. 법률의 위헌여부심판 2. 탄핵심판 3. 정당의 해산	1. 법률의 위헌여부심판 2. 탄핵심판 3. 정당해산심판 4. 권한쟁의심판 5. 헌법소원심판

(c) 특별다수결 방식에 대한 검토

우리나라의 경우 법률의 위헌결정을 함에 있어서 9명의 재판관 중 6명 이상의 재판관이 찬성하여야 한다는 特別多數決의 방식에 대해서는 음미해 볼 부분이 있다. 통상 어떤 사항의 可否를 판단함에 있어서 이런 특별다수의 방식은 소수의 횡포를 가져올 뿐 아니라, 위헌여부를 표결로 결정하는 경우에는 재판관들 가운데 소수 재판관들이 憲法制定權者인 국민의 의사를 정하는 것이 된다. 따라서 위헌법률심판이나 헌법소원심판과 같이 표결로 헌법의 의미를 확정하는 사안에서는 單純多數決로 결정하는 것이 타당하다.

단순다수결의 방식을 채택하는 경우에는 정당성의 확보라는 점에서 裁判官의 數를 고려할 필요가 있다. 단순다수결의 방식을 채택하면서 재판관의 수가 적은 경우에는 소수의 재판관이 국회가 제입법한 법률의 효력을 상실시킨다는 점에서 정당성을 확보하는 데 어려울 수 있다. 그래서 단순다수결의 방식으로 재판하는 경우에는 재판관을 12인 이상으로 정하는 것이 정당성의 확보라는 면에서 보다 견고하다. 또 재판관의 수를 홀수로 정하느냐 짝수로 정하느냐 하는 문제도 고려할 필요가 있다. 단순다수결의 경우 1표 차이로 결론이 달라진다고 하는 경우에는 정당성과 설득력의 면에서 다소 허약할 수 있다. 재판관의 수가 짝수인 경우에는 결론이 달라지려면 최소 2표 차이가 있게 되므로 정당성과 설득력의 면에서 보다 강하다고 할 수 있다.

獨逸聯邦憲法裁判所의 경우 2개의 재판부에서 각 재판부의 결정은 8인의 재판관 중 6인 이상의 출석으로 하되, 출석한 재판관 過半數의 贊成으로 위헌을 선고한다. 贊反 同數의 경우에는 위헌으로 선고할 수 없다. 미합중국의 경우 9인의 재판관으로 구성되는 연방최고법원(U.S. Supreme Court)에서는 6인의 출석으로 재판관회의가 이루어지며, 단순다수결로 표결한다. 日本國의 경우 最高裁判所는 所長인 長官을 포함한 15인의 재판관으로 구성되는 合議體인 大法廷에서 법령 등의 위헌여부심사를 하는데, 「법률, 명령, 규칙 또는 처분이 헌법에 적합하지 않다는 재판을 하는 데는 8인 이상의 재판관의 의견이 일치되어야 한다」고 하여 단순다수결로 표결한다(最高裁判所裁判事務處理規則 1947. 11. 1. 最高裁規則 제6호, 개정 1965. 最高裁規則 제5호) §12).

(2) 판례상 위헌결정정족수의 계산방법

(a) 유형 1

위헌법률심판에서 단순위헌이라는 재판관수는 6명인 미만이지만 한정합헌 또는 한정위헌이라는 裁判官의 數와 합하여 6명 이상이 되는 경우에는 한정합헌 또는 한정위헌의 부분에서 일치하므로 이러한 일치하는 부분이 주문으로 선고된다고 보는 것이 憲法裁判所의 판례이다(예: 憲 1992. 2. 25.-89헌가104).

［憲 1992. 2. 25.-89헌가104］「이 사건에 있어서 관여재판관의 평의의 결과는 단순합헌의견 3, 한정합헌의견 5, 전부위헌의견 1의 비율로 나타났는데, 한정합헌의

[42] 第二 決定定足數

견(5)는 질적인 일부위헌의견이기 때문에 전부위헌의견(1)도 일부위헌의견의 범위내
에서는 한정합헌의 의견과 견해를 같이 한 것이라 할 것이므로 이를 합산하면 헌법
재판소법 제23조 제2항 제1호 소정의 위헌결정정족수(6)에 도달하였다고 할 것이
며 그것이 주문의 의견이 되는 것이다(법원조직법 제66조, 제2항 참조).」

(b) 유형 2

憲法裁判所는 위헌의견의 재판관수가 5명이고 헌법불합치의견의 재판관수가 2
명인 경우에는 헌법불합치의 결정을 선고하고 있다(예: 憲 1997. 7. 16.-95헌가6등). 법률이 헌법에 위반
되어 위헌이라고 하더라도 헌법불합치의 결정과 같이 당해 법률의 효력을 유지할 수
있도록 하는 때는 위헌임을 이유로 법률의 효력을 상실시키기 위해서는 재판관 6명
이상의 찬성이 필요하기 때문이라고 보인다. 그러나 위헌결정과 헌법불합치결정이
상호 호환관계에 있지 않고, 主文의 선택은 쟁점별로 순차적으로 이루어져야 한다고
보면, 이러한 계산방법은 타당하다고 보기 어렵다([59]).

法律 등 법규범의 위헌결정에서 재판관의 의견이 3說 이상으로 나누어지는 경우,
법규범에 대한 위헌여부심판이 가지는 객관소송으로서의 성질에 비추어 볼 때, 해
당 재판의 성질에 합치하도록 주문을 결정해야 한다. 法院組織法 제66조 제3항은
민·형사재판의 合議에서 3說 이상이 나누어지는 경우에 대하여 정하고 있는데, 이
는 주관소송의 성질에 따르는 것이므로 법규범의 위헌여부심판에서 이를 준용할 수
없다는 점을 유의할 필요가 있다.

(3) 「위헌불선언」 결정의 문제

(a) 위헌법률심판

위헌법률심판의 결정에서 재판관 6명 이상의 찬성이 없어서 위헌으로 선고할
수는 없지만 재판관 9명 중 과반수인 5명이 위헌이라는 의견을 낸 경우에 主文의 표
시에서 「違憲不宣言」으로 표시한 경우와 합헌결정의 주문으로 표시한 경우가 있다.

위헌의견이 과반수이지만 6명에 미치지 못한 경우 초기에 헌법재판소는 주문에
서 「違憲不宣言」으로 표시하였다(예: 憲 1989. 12. 22.-88헌가13; 1993. 5. 13. -90헌바22등; 1994. 6. 30.-92헌바23). 주문은 「○○법 제○조
는 헌법에 위반된다고 선언할 수 없다」라고 표시한다. 이러한 주문의 형태는 憲法裁
判所法이 정하는 특별다수결의 요구로 인하여 나타난 것이다. 이런 위헌불선언의 주
문은, 위헌결정에서의 특별다수결의 요건에 의해 해당 법률이나 법률조항이 효력에
서는 유효하지만 심각한 문제가 있다는 점을 밝혀두는 이점이 있고, 차후 법률의 개
정이나 헌법재판소의 판례의 변경에도 영향을 줄 수 있다.

그러나 점차 헌법재판소는 위헌여부에 대한 결론을 분명히 하기 위하여 위헌불
선언이라는 주문으로 표시하는 것을 止揚하고 合憲決定의 주문으로 표시하고 있다.

한정위헌의견의 재판관수가 5명인 경우에 합헌결정의 주문인 「……은 헌법에 위반되지 아니한다」라고 표시한 것이 있다(예: 憲 1996. 2. 16.-96헌가2등; 1996. 12. 26.-90헌바19등). 4명 재판관의 의견이 합헌의견이고 5명 재판관의 의견이 위헌의견인 경우에도 합헌결정의 주문으로 표시한 것이 있다(예: 憲 1999. 7. 22.-98헌가3; 1999. 7. 22.-98헌가5).

> [憲 1999. 7. 22.-98헌가3] 「【주문】 특정경제범죄가중처벌등에관한법률 제 9 조 제 1 항 및 제10조 제 2 항·제 3 항 중 제 9 조 제 1 항에 관한 부분은 헌법에 위반되지 아니한다. 【이유】……이 사건 법률조항에 대하여 재판관 조승형, 재판관 고중석, 재판관 이영모, 재판관 한대현 등 4명이 합헌이라는 의견이고, 재판관 김용준, 재판관 김문희, 재판관 이재화, 재판관 정경식, 재판관 신창언 등 5명이 위헌이라는 의견인 바, 위헌의견에 찬성한 재판관은 5인이어서 다수이기는 하지만 헌법 제113조 제 1 항, 헌법재판소법 제23조 제 2 항 단서 제 1 호에서 정한 법률의 위헌결정을 위한 심판정족수에는 이르지 못하여 위헌결정을 할 수 없으므로 주문과 같이 결정한다.」

(b) 헌법소원심판

憲法裁判所法 제68조 제 1 항에 의한 법률에 대한 헌법소원심판에서 i) 위헌의견의 재판관수가 5명인 경우에 헌법재판소는 청구를 기각하는 것으로 주문을 표시하고 있고(예: 憲 1997. 1. 16.-90헌마110등; 1997. 12. 24.-97헌마16), ii) 위헌의견의 재판관 수가 5명이고 각하의견의 재판관 수가 4명인 경우에도 기각결정을 하고 있다(예: 憲 2000. 2. 24.-97헌마13등. 이는 동시표결방식 때문에 생기는 결과이다).

(4) 예비재판관

현행 제도처럼 사건의 심리나 결정에서 7명 이상의 출석을 필요로 하는 경우에 3명 이상이 출석하지 않거나 출석할 수 없을 때에는 문제가 발생한다. 이런 경우를 대비하여 비상임 재판관인 예비재판관을 둘 필요가 있다. 특별다수결의 방식이든 단순다수결의 방식이든 표결에 있어서 재판부 정원의 반수 이상을 차지하는 一定數 이상의 재판관의 출석이 필요하므로 심판에 필요한 재판관의 출석 정수를 만족시키기 위해서도 豫備裁判官이 필요하다. 현행 제도와 같은 방식은 재판의 정당성과 공정성을 확보하는 데 있어서도 약점이 있고, 헌법의 해석과 헌법질서의 확인·형성에서도 타당성을 확보하기 어려우며, 헌법소원심판에서는 청구의 인용가능성을 감소시킬 여지도 초래하므로 豫備裁判官制度의 도입이 필요하다. 헌법재판의 정당성과 설득력을 확보하기 위해서는 항상 재판부 구성원 9명 전원이 사건의 심리와 결정을 하는 것이 타당하다.

> 독일연방헌법재판소에서는 8명의 재판관으로 구성되는 하나의 재판부에서 최소 6명의 출석이라는 표결요건이 갖추어지지 못하는 경우를 대비하여 다른 재판부 재판관 중에서 추첨절차를 통하여 6명의 출석을 충족하는 데 필요한 수의 재판관을 해당

재판부의 재판장이 재판관 대행자로 지명할 수 있게 하고 있다. 이러한 것은 2개의 재판부를 운용하기 때문에 가능하다. 우리나라와 같이 단일한 재판부로 헌법재판소가 구성된 경우에는 예비재판관제도가 필요하다. 오스트리아, 터키 등과 같은 나라에서 예비재판관을 두는 것을 참고할 필요가 있다. 우리나라에서도 1950년에 제정된 憲法委員會法($^{1950.\,2.\,21.}_{법률\ 제100호}$)에서는 豫備委員制度를 두었고($^{同法}_{\S2}$), 1950年에 제정된 彈劾審判法($^{1950.\,2.\,21.}_{법률\ 제101호}$)에서는 豫備審判官制度를 두었다($^{同法}_{\S5}$).

1961년의 憲法裁判所法($^{1961.\,4.\,17.}_{법률\ 제601호}$)에서는 豫備審判官을 두지 않았고, 1973年의 憲法委員會法($^{1973.\,2.\,16.}_{법률\ 제2530호}$)과 1982년의 憲法委員會法($^{1982.\,4.\,2.}_{법률\ 제3551호}$)에서도 豫備委員을 두지 않았다.

현행 憲法裁判所法($^{1988.\,8.\,5.\ 법률\ 제4017호,\ 개정}_{2003.\,3.\,12.\ 법률\ 제6861호}$)에서도 예비재판관을 두지 않고 있다.

제3장 申請主義와 訴訟代理

[43] 第一 申請主義

I. 申請主義

　　憲法裁判所法은 헌법재판에서 申請主義(Antragserfordernis)를 정하고 있다. 위헌법률심판에서는 법원의 審判提請이 있어야 하고($\frac{憲裁法}{§41①}$), 위헌법률심판절차에 해당하는 憲法裁判所法 제68조 제2항에 의한 심판절차에서도 심판청구가 있어야 한다($\frac{同法}{§68②}$).

　　우리나라의 경우 위헌법률심판에서 申請主義가 적용되기 때문에 심판의 주체인 헌법재판소는 직권으로 절차를 개시할 수 없다. 그런데 입헌주의의 실현이라는 면에서 볼 때, 규범통제에서 신청주의의 예외를 두지 않는 것이 타당한가 하는 문제가 있다. 현행법에 의하면, 법원만이 제청할 수 있게 하는 방식과 달리 당사자도 제청을 신청할 수 있게 하고 이 신청이 기각되면 憲法裁判所法 제68조 제2항에 의해 심판을 청구할 수 있게 하여 규범통제에서 협소한 신청주의를 극복하고는 있다. 그런데 법원과 당사자 모두 위헌여부심판을 구하지 않고 있는 상태에서 재판의 전제가 되고 있는 법률의 위헌여부에 대한 판단이 憲法國家의 실현에 중요한 의미를 가지는 경우에는 헌법재판소가 당해 법원에 대하여 제청할 것을 명하는 提請命令制度를 둘 필요도 있다. 이러한 제청명령에는 헌법재판소가 직권으로 하는 「職權提請命令」과 제3자의 신청에 의한 「申請에 의한 提請命令」이 있다.

　　헌법소원심판에서는 심판청구가 있어야 한다($\frac{同條}{①}$). 탄핵심판의 경우에도 심판청구가 있어야 하고($\frac{同法}{§49②}$), 정당해산심판의 경우에도 심판청구가 있어야 하며($\frac{同法}{§55}$), 권한쟁의심판의 경우에도 심판청구가 있어야 한다($\frac{同法}{§61①}$).

　　그런데 심판의 청구가 존재하여야 한다는 것이 곧 이러한 심판절차가 주관소송으로서 특성을 가진다는 것을 의미하는 것은 아니다. 이러한 신청주의가 곧바로 처분권주의의 적용을 완벽하게 보장하는 것도 아니다. 따라서 헌법재판에서는 청구인의 청구취하가 있음에도 헌법재판의 각종 심판절차가 가지는 객관적인 요소로 인하여 심판의 이익이 인정되어 헌법재판소가 심판을 하는 경우도 있다.

Ⅱ. 審判의 請求

(1) 의   의

헌법재판에서 심판청구는 청구권자가 헌법재판소에 대해 일정한 내용의 審判을 구하는 신청이다. 따라서 헌법재판에서 심판청구는 헌법재판소의 審判을 目的으로 하는 소송절차의 開始形式이며, 이런 심판청구가 있어야 비로소 헌법재판의 해당 절차가 開始된다. 심판청구는 이에 의해 헌법재판의 訴訟關係가 형성되고 헌법재판소에의 訴訟係屬이 발생하는 소송행위이다. 헌법재판은 심판청구에 의해 개시되고 심판으로 종료된다.

(2) 청구의 특정

심판청구는 헌법재판소의 심판을 구하는 것이므로 헌법재판소에 대해 누가 무엇에 대해 심판을 구하는지를 특정하여야 한다.

위헌법률심판에서는 제청법원($\substack{憲裁法 §68②의 청 \\ 구에서는 청구인}$)을 분명히 하여야 하고, 탄핵심판, 정당해산심판, 권한쟁의심판, 헌법소원심판에서는 각 절차에서 요구되는 당사자와 심판의 대상을 분명히 하여야 한다. 헌법소원심판에서는 피청구인의 표시가 요구되지 않는다. 憲法과 憲法裁判所法이 정하는 각종 심판절차에 있어서 政府가 當事者($\substack{參加人을 \\ 포함한다}$)인 때에는 法務部長官이 이를 代表한다($\substack{憲裁法 \\ §25①}$). 소송법이론에서 심판의 대상을 訴訟物이라고 하는데, 헌법재판의 각종 심판에서도 소송물이 분명히 특정되어야 한다.

(3) 신청인의 주장책임

憲法裁判所法이 申請主義를 채택하고 있으므로 그 절차를 개시하고자 하는 신청인에게는 기본적인 주장책임이 존재한다. 무엇보다 신청의 대상을 특정하여야 하고 심판대상 법률이나 공권력 작용이 위헌으로 해석되는 구체적인 이유를 제시하여야 한다. 위헌법률심판에서는 법원이 제청신청시 제청서에 위헌이라고 해석되는 이유를 기재하여야 하며($\substack{憲裁法 \\ §43}$), 헌법재판소법 제68조 제2항에 의한 심판절차에서는 청구인이 청구서에 이를 기재하여야 한다($\substack{憲裁法 \\ §71②}$). 헌법재판소법 제68조 제1항에 의한 헌법소원심판에서도 청구인은 침해의 원인이 되는 공권력의 행사 또는 불행사와 함께 청구이유를 청구서에 기재하여야 한다.

헌법재판소의 결정을 보면, 구체적인 위헌성주장을 포함하지 않은 헌법소원심판청구의 경우 각하결정을 하거나($\substack{예: 憲 1998. 9. \\ 30.-98헌바3}$) 기본권이 침해되었다는 막연한 주장에 대하여는 기본권을 침해하고 있는 상황을 구체적으로 적시하지 아니하였다는 이유로 판단하지 아니한 경우가 있다($\substack{예: 憲 2003. 12. \\ 18.-2002헌바91등}$).

(4) 청구와 직권주의

위헌법률심판의 경우에는 職權主義로 인하여 심판의 대상을 청구와 관련되는 범위 내에서 변경할 수 있다. 신청주의는 적법한 신청이 있는 것으로 충족된다.

위헌법률심판에서 헌법재판소는 제청법원의 제청내용이나 제청법원의 당해 소송사건의 당사자 또는 법무부장관이 제출한 의견에 구속되지 아니하므로 이러한 것들에서 개진되지 아니한 쟁점에 대해서도 판단할 수 있다. 이런 점에서 헌법재판에서의 申請主義는 處分權主義와 구별된다.

직권주의에 의하면, 헌법재판소는 헌법소원심판에서도 청구인이 주장하는 피청구인이나 청구취지에 구속되지 않고 직권으로 피청구인과 심판의 대상을 확정할 수 있다(피청구인의 표시는 심판청구서의 필 요적 기재사항이 아니다([255]Ⅱ(1))). 憲法裁判所의 판례도 같은 취지이다(예: 憲 1989. 9. 4.-88헌마22; 1992. 10. 1.-91헌마31; 1993. 5. 13.-91 헌마190; 2003. 3. 27.-2001헌바39).

[憲 1989. 9. 4.-88헌마22] 「헌법소원심판이 청구되면 헌법재판소로서는 청구인의 주장에만 얽매여 판단을 한정할 것이 아니라 가능한 한 모든 범위에서 헌법상의 기본권 침해의 유무를 직권으로 심사하여야 할 것……」

[憲 1993. 5. 13.-91헌마190] 「헌법재판소법 제25조, 제26조, 제30조, 제31조, 제32조, 제37조, 제68조, 제71조 등에 의하면 헌법소원심판제도는 변호사 강제주의, 서면심리주의, 직권심리주의, 국가비용부담 등의 소송구조로 되어 있어서 민사재판과 같이 대립적 당사자간의 변론주의 구조에 의하여 당사자의 청구취지 및 주장과 답변만을 판단하면 되는 것이 아니고, 헌법상 보장된 기본권을 침해받은 자가 변호사의 필요적 조력을 받아 그 침해된 권리의 구제를 청구하는 것이므로 소송비용과 청구양식에 구애되지 않고 청구인의 침해된 권리와 침해의 원인이 되는 공권력의 행사 또는 불행사에 대하여 직권으로 조사 판단하는 것을 원칙으로 하고 있다. 따라서 헌법소원심판은 그 청구서와 결정문에 반드시 피청구인을 특정하거나 청구취지를 기재하여야 할 필요가 없다. 그러므로 헌법소원심판청구서에 피청구인을 특정하고 있더라도 피청구인의 잘못된 표시는 헌법소원심판청구를 부적법하다고 각하할 사유가 되는 것이 아니며 소원심판대상은 어디까지나 공권력의 행사 또는 불행사인 처분 자체이기 때문에 심판청구서에서 청구인이 피청구인(처분청)이나 청구취지를 잘못 지정한 경우에도 권리구제절차의 적법요건에 흠결이 있는 것이 아니어서 직권으로 불복한 처분(공권력)에 대하여 정당하게 책임져야 할 처분청(피청구인)을 지정하여 정정할 수도 있고 처분청을 기재하지 아니할 수도 있다. 따라서 헌법재판소는 청구인의 심판청구서에 기재된 피청구인이나 청구취지에 구애됨이 없이 청구인의 주장요지를 종합적으로 판단하여야 하며 청구인이 주장하는 침해된 기본권과 침해의 원인이 되는 공권력을 직권으로 조사하여 피청구인과 심판대상을 확정하여 판단하여야 하는 것이다.」

[憲 2003. 3. 27.-2001헌바39] 「이 사건 심판대상은 구 새마을금고법(1997. 12. 17. 법률 제5462호로 개정되고, 2001. 7. 24. 법률 제6493호로 개정되기 전의 것) 제66조

제 2 항 제 1 호 중 '승인'에 관한 부분의 위헌여부이고 그 내용 및 관련조항은 다음과 같다(청구인은 법 제66조 제 2 항 제 1 호 전체를 심판대상으로 청구하고 있으나, 당해 사건에서 청구인에게 적용된 부분은 위 조항 중 '승인'에 관한 부분이므로, 이 사건 심판대상을 위와 같이 한정한다.)」

(5) 헌법재판소의 심판의무

헌법재판에서 심판청구가 있으면 헌법재판소는 이에 대해 심판으로 응답할 법적인 의무를 진다. 헌법재판소의 심판은 「決定」의 형식으로 행해진다. 심판청구권자의 심판청구는 憲法 제27조 제 1 항과 제111조 제 1 항에 의해 보장되고 있는 憲法裁判을 받을 權利, 다시 말해 憲法裁判請求權의 행사이다($\binom{鄭宗燮c}{105\,이하}$).

[44] 第二 審判請求의 取下

Ⅰ. 請求의 取下

청구의 취하란 청구인이 헌법재판소에 대하여 한 심판청구의 全部 또는 一部를 撤回하는 意思表示를 말한다. 청구의 취하에 의해 헌법재판소에의 소송계속은 소급적으로 소멸되고 소송은 종료된다. 헌법재판의 각종 심판절차에서 청구의 취하가 허용되는 경우에도 상대방 당사자가 존재하고 구두변론을 한 후에는 상대방 당사자의 동의를 받아야 취하의 효력이 생긴다($\binom{憲裁法\ \S40①;}{民訴法\ \S266②}$).

Ⅱ. 個別審判節次와 請求取下의 可能性

(1) 위헌법률심판

위헌법률심판절차에서 법원의 제청은 원칙적으로 철회할 수 없고 예외적인 경우에 한하여 철회할 수 있다([125]).

(2) 탄핵심판

국회가 탄핵소추를 한 이후에 탄핵심판절차에서 다시 청구를 취하할 수 있는가에 대해서는 명시적인 규정이 없으므로 논란의 여지가 있다([162] Ⅳ). 소추위원은 탄핵소추권자가 아니므로 심판청구를 취하할 수 없다.

(3) 정당해산심판

정당해산심판절차에서 어떤 정당의 목적이나 활동이 민주적 기본질서에 위배되었다는 이유로 정부가 헌법재판소에 해산심판을 청구한 경우에는 청구상 현저한 잘못이 없는 한 사후에 그 심판청구를 취하할 수 없다고 할 것이다([183] Ⅲ).

(4) 권한쟁의심판

권한쟁의심판절차는 청구인과 피청구인이 대립하는 對立當事者의 構造를 취하고 있는데, 이에 따라 기본적으로 당사자의 處分權主義가 인정된다. 그러나 권한쟁의심판제도는 민사소송과 달리 객관소송으로서 성격을 지니고 있으므로 국가의 이익이나 헌법질서 또는 국가질서의 유지를 위해 필요한 경우에는 청구의 취하가 제한된다. 이런 점에서 권한쟁의심판에서 인정되는 처분권주의는 한계를 가지고 있다([218] Ⅲ).

(5) 헌법소원심판

헌법소원심판절차에서는 원칙적으로 처분권주의가 적용되고, 기본권침해에 대한 구제를 주된 목적으로 하므로 청구인은 심판청구를 취하할 수 있다([254] Ⅳ). 이 경우 심판청구의 취하는 이유를 기재한 書面으로 해야 한다. 審判廷에서는 口述로써 할 수 있다(憲裁法 §40①; 民訴法 §266③).

Ⅲ. 請求取下의 可能時點

청구의 취하는 헌법재판소의 終局決定이 있을 때까지 할 수 있다. 헌법재판소의 결정은 宣告時에 확정되므로 決定의 宣告前까지 청구를 취하할 수 있다.

Ⅳ. 請求取下의 取消 또는 撤回

청구의 취하는 소송행위이므로 詐欺, 强迫, 錯誤를 이유로 청구취하의 철회나 취소를 주장할 수 없다. 憲法裁判所는 청구취하의 의사표시가 있은 후에는 피청구인의 기망에 의하여 취하하였다고 하더라도 그 취하가 무효라고 할 수 없고 이를 임의로 취소할 수도 없다고 판시하였다(예: 憲 2005. 2. 15. -2004헌마911).

[憲 2005. 2. 15.-2004헌마911] 「청구인은, 피청구인이 위 불법행위에 대하여 사과를 할 것이니 이 사건 헌법소원심판청구를 취하하여 달라고 거짓말을 하여 이에 속은 청구인이 이 사건 헌법소원심판청구를 취하하였으나 이는 사기에 의한 의사표시로서 취소한다는 주장을 하면서, 이 사건 헌법소원심판청구에 대한 취하의 효력을 다투고 있다. 그러나 헌법소원심판청구의 취하는 청구인이 제기한 심판청구를 철회하여 심판절차의 계속을 소멸시키는 청구인의 우리 재판소에 대한 소송행위이고 소송행위는 일반 사법상의 행위와는 달리 내심의 의사보다 그 표시를 기준으로 하여 그 효력 유무를 판정할 수밖에 없는 것인바, 청구인의 주장대로 청구인이 피청구인의 기망에 의하여 이 사건 헌법소원심판청구를 취하하였다고 가정하더라도 이를 무효라고 할 수도 없고, 청구인이 이를 임의로 취소할 수도 없다 할 것이므로(大 1983. 4. 12.-80다3251; 1997. 6. 27.-97다6124; 1997. 10. 24.-95다11740 등 참조), 청구인의 위 주장은 받아들일 수 없다.」

청구취하의 의사표시가 타인의 強要나 暴行 등 범죄행위에 의하여 이루어진 경우에는 民事訴訟法 제451조 제1항 제5호의 사유를 유추하여 무효 또는 취소를 주장할 수 있다고 할 것이다(大 1985. 9. 24.-82,
다카312등 참조).

Ⅴ. 請求取下의 效果
(1) 소송계속의 소급적 소멸

청구가 취하되면 처음부터 소송계속이 없었던 것으로 되므로 헌법재판소의 별도의 결정 없이 소송절차가 종료되는 것이 원칙이다. 따라서 헌법재판소의 소송은 더 이상 진행할 수 없다. 그 동안 있었던 헌법재판의 절차상의 행위도 모두 없었던 것으로 된다.

(2) 예　외(심판의 이익 존재)

청구가 취하되더라도 헌법재판의 각종 심판절차에서는 예외적으로 소송이 종료되지 않고 심판이익이 존재하는 경우가 있는바, 이러한 경우에는 헌법재판소는 판단에 따른 결정을 하게 된다.

(a) 위헌법률심판

請求의 取下가 있는 경우에 헌법재판소는 절차를 종료하여야 하는지 아니면 심판을 하여야 할 공익이 있는 경우 계속하여 절차를 진행할 수 있는지에 대해서는 견해가 갈린다. 憲法裁判所法 제41조 제1항의 위헌법률심판절차에서 제청이 철회되거나 제68조 제2항의 헌법소원심판절차에서 심판청구가 취하되더라도 헌법재판소가 판단하여야 할 심판의 이익이 있으면 절차는 종료되지 않고 헌법재판소는 재판을 할 수 있다고 할 것이다([125]Ⅱ). 이 범위에서는 소송법상의 處分權主義가 인정되지 않는다.

(b) 헌법소원심판

헌법소원심판의 목적이나 기능에서 개인의 기본권 보호가 우선한다고 보는 견해는 청구가 취하되면 절차가 종료된다고 한다. 이 경우에는 권리보호이익이 소멸되었기 때문이다. 헌법소원심판절차에 處分權主義(Dispositionsmaxime)가 적용된다고 보는 견해이다. 그러나 헌법소원심판제도의 이중적 기능, 즉 기본권 보호의 기능과 헌법질서의 수호 기능을 동일하게 고려하면 헌법소원심판절차에서도 공익적 관점에서 심판의 이익이 존재하면 당사자의 심판청구의 취하에도 불구하고 절차는 계속되며 헌법재판소는 재판을 할 수 있다고 할 것이다. 이 범위에서는 헌법소원심판절차에서 처분권주의가 제한된다. 특히 법률에 대한 헌법소원심판의 경우에 이런 점이 고려될 여지가 많다.

(c) 탄핵심판 · 정당해산심판 · 권한쟁의심판

憲法裁判에서도 개별적 심판절차에 따라 대립당사자의 구조를 취하고 있는 경우에는 客觀的 法秩序를 유지하기 위한 특별한 사정이 없는 한 심판청구의 취하가 있으면 심판절차가 終了된다고 보아야 한다. 彈劾審判節次에서는 탄핵심판을 청구한후 국회가 청구를 취하할 수 있다는 명시적 규정이 없어 논란의 여지가 있으나, 청구의 취하가 인정되는 경우에는 심판절차종료선언을 한다([164] Ⅳ). 權限爭議審判節次에서는 원칙적으로 청구의 취하가 인정되므로 이러한 청구의 취하가 있으면 심판절차는 종료되지만, 심판의 이익이 인정되는 경우에는 절차가 종료되지 아니하고 헌법재판소가 판단에 나아갈 수 있다.

그러나 해당 심판절차가 가지는 기능과 성질에 비추어 審判請求의 取下가 허용되지 않거나 제한되는 경우가 있다. 政黨解散審判節次에서는 원칙적으로 심판청구를취하할 수 없으므로 이런 경우에 정부의 청구취하의 의사표시가 있더라도 헌법재판소는 본안판단을 한다([185] Ⅲ).

(3) 심판절차 종료선언

한편 청구가 취하되어 소송절차가 종료되었으나 그 종료 여부가 불분명하거나그에 관한 다툼이 있는 경우가 있다. 가령 재판관 중 일부가 취하에도 불구하고 심판의 이익이 있다고 주장하였으나 소수에 그친 경우(예: 憲 1995. 12. 15.-95헌마221등; 2001. 5. 8.-2000헌라1; 2003. 2. 11.-2001헌마386), 또는청구인이 청구취하가 무효라고 주장하는 경우(예: 憲 2005. 3. 31.-2004헌마911) 등이 그러한데, 이 경우 헌법재판소는 심판절차가 종료되었음을 명확하게 선언하기 위하여 심판절차 종료선언을 하고, 主文을 「이 사건 ○○○심판절차는……종료되었다」라고 표시한다.

［憲 1995. 12. 15.-95헌마221등］「헌법재판소법 제40조는 제 1 항에서 "헌법재판소의 심판절차에 관하여는 이 법에 특별한 규정이 있는 경우를 제외하고는 민사소송에 관한 법령의 규정을 준용한다. 이 경우 탄핵심판의 경우에는 형사소송에 관한법령을, 권한쟁의심판 및 헌법소원심판의 경우에는 행정소송법을 함께 준용한다"고규정하고, 제 2 항에서 "제 1 항 후단의 경우에 형사소송에 관한 법령 또는 행정소송법이 민사소송에 관한 법령과 저촉될 때에는 민사소송에 관한 법령은 준용하지 아니한다"고 규정하고 있는바, 헌법재판소법이나 행정소송법에 헌법소원심판청구의취하와 이에 대한 피청구인의 동의나 그 효력에 관하여 특별한 규정이 없으므로,소의 취하에 관한 민사소송법 제239조는 이 사건과 같이 검사가 한 불기소처분의취소를 구하는 헌법소원심판절차에 준용된다고 보아야 한다. 기록에 의하면 청구인들이 1995. 11. 29. 서면으로 이 사건 헌법소원심판청구를 모두 취하하였고, 이미 본안에 관한 답변서를 제출한 피청구인에게 취하의 서면이 그 날 송달되었는바, 피청구인이 그 날로부터 2주일 내에 이의를 하지 아니하였음이 분명하므로, 민사소송법제239조에 따라 피청구인이 청구인들의 심판청구의 취하에 동의한 것으로 본다. 그

렇다면 이 사건 헌법소원심판절차는 청구인들의 심판청구의 취하로 1995. 12. 14. 종료되었음이 명백하므로, 헌법재판소로서는 이 사건 헌법소원심판청구가 적법한 것인지 여부와 이유가 있는 것인지 여부에 대하여 판단할 수 없게 되었다. 다만, 청구인들의 심판청구의 취하로 인하여 이 사건 헌법소원심판절차가 종료되었다고 보는 다수의견에 대하여……와 같은 반대의견이 있으므로, 이 사건 헌법소원심판절차가 이미 종료되었음을 명확하게 선언하기로 하여 주문과 같이 결정한다.」　　이 사건 결정에는 심판이익이 인정되는 경우이기 때문에 심판절차종료선언을 할 것이 아니라 본안판단을 하여야 한다는 다음과 같은 반대의견이 있다. 「헌법소원심판절차에 있어서 일반적인 경우에는 다수의견과 같이 헌법재판소법 제40조의 규정에 의하여 민사소송법이 준용되어 심판청구의 취하가 있으면 심판절차가 종료된다. 그러나 헌법소원제도는 청구인 개인의 주관적인 권리구제뿐만 아니라 객관적인 헌법질서를 수호·유지하는 기능도 함께 가지고 있는 것이므로, 헌법소원사건에 대한 심판이 청구인의 권리구제에는 도움이 되지 않는다 하더라도 헌법질서의 수호·유지를 위하여 중요한 의미가 있는 경우에는 예외적으로 청구인이 심판청구를 취하하여도 그 심판절차는 종료되지 않는다고 보아야 할 것이다. 그리고 이 사건은 그에 대한 헌법적 해명이 객관적인 헌법질서의 수호와 유지를 위하여 중대한 의미를 지니고 있어 헌법재판의 필요성이 대단히 크다고 할 것이므로 심판청구의 취하에도 불구하고 심판절차는 종료되지 않는다고 보아야 하고, 따라서 헌법재판소로서는 재판부에서 평의한 대로 종국결정을 선고하는 것이 옳다고 생각한다.」,「헌법소원심판은 공권력의 행사 또는 불행사로 인하여 기본권침해를 당한 피해자의 주관적 권리구제에 관한 심판인 점에서, 구체적·개별적인 쟁송사건에 대한 재판인 민사·형사·행정소송 등에 관한 일반법원의 재판과 유사하다고는 하나, 헌법질서의 보장이라는 객관적인 기능도 겸하고 있으므로 그 점에서 위 일반법원의 재판과는 법적 성질을 달리하고 있다 할 것이다(헌재 1992. 1. 28.-91헌마111; 1992. 4. 14.-90헌마82; 1992. 6. 26.-90헌아1 각 결정 참조). 또한 헌법소원을 인용하는 결정은 모든 국가기관과 지방자치단체를 기속하는 효력 이른바 일반적 기속력과 대세적·법규적 효력을 가지는 것이고, 이러한 효력은 일반법원의 재판이 원칙적으로 소송당사자에게만 한정하여 미치는 것과는 크게 다르다(헌재 1995. 1. 20.-93헌아1 결정 참조). 따라서 청구 중 주관적 권리구제에 관한 점 이외에, 헌법질서의 수호·유지를 위하여 긴요한 사항으로서 그 해명이 헌법적으로 특히 중대한 의미를 지니고 있는 부분이 있는 경우에는, 비록 헌법소원심판청구의 취하가 있는 경우라 하더라도, 전자의 부분에 한하여 민사소송법 제239조의 준용에 따라 사건의 심판절차가 종료될 뿐이고, 후자의 부분에 대하여서는 헌법소원심판의 본질에 반하는 위 법률조항의 준용은 배제된다고 할 것이므로 위 취하로 말미암아 사건의 심판절차가 종료되는 것이 아니라 할 것이다. 구체적·개별적인 쟁송사건을 다루는 일반 법원의 소송절차에 있어서도, 일반 민사소송절차에서는 철저한 당사자처분주의가 인정되고 있으나 일반 행정소송이나 형사소송절차에 있어서는 소송의 공익적인 측면을 고려하여 당사자처분주의가 제한된 범위 안에서 인정되고 있는 등 소송의 성질이 다름에 따라서 당사자처분주의를 인정하는 폭이 다르다. 따라서 앞서 본 바와 같이 이들 일반 쟁송과는 법적 성질을 달리하고 있는 헌법소원심판의 소송절차에서 인정되는 당사자처분주의는 이들 쟁송의 경우보다는 훨씬 더 제한된다고 하여야 할 것이다. 그러므로 전 국민의 기본권

과 관계되는 등 헌법질서의 수호·유지를 위한 헌법적 해명이 특히 필요한 경우에
는 당사자처분주의는 제한된다고 할 것이다.」

[憲 2003. 4. 24.-2001헌마386] 「이 사건 헌법소원심판청구에 대하여 헌법재
판소는 이미 2002년 하반기부터 여러 차례의 평의 과정을 거쳐 실체적인 심리를 사
실상 종결하였고, 이로써 더 이상의 심리가 필요하지 아니한 단계에 이르렀는데,
2003. 1. 8. 청구인과 승계참가인이 공동으로 이 사건 헌법소원심판청구를 취하하였
다. 이 사건의 주된 쟁점은, 헌법재판소가 법 제68조 제2항에 의한 헌법소원사건에
서 법률조항에 대하여 한정위헌결정을 선고한 경우, 법 제75조 제7항의 "헌법소원
이 인용된 경우"에 해당하는가, 당해 소송사건이 이미 확정된 때에는 청구인이 법
제75조 제7항에 의하여 재심을 청구할 수 있는가에 관한 것이었다. 이 사건은, 종
래의 헌법재판소결정에서 이미 되풀이하여 밝힌 바 있는 한정위헌결정의 효력뿐이
아니라, '법 제68조 제2항에 의한 헌법소원이 현행 헌법재판제도 내에서 가지는 기
능은 무엇인가' 하는 근본적인 문제를 비롯하여, '법 제75조 제7항에서 말하는 "법
제68조 제2항의 규정에 의한 헌법소원이 인용된 경우"란 어떠한 경우인가'와 같이,
헌법재판소와 법원의 지위 및 권한배분에 관한 중요한 헌법적 문제가 제기된 사건
이었다. 이 사건 헌법소원심판청구가 취하될 당시, 이 사건에 관한 헌법재판소의 최
종 평결결과는 재판관 전원의 일치된 의견으로, 법 제75조 제7항에 대한 이 사건
심판청구에 관하여는 '법 제75조 제7항은 법 제68조 제2항의 헌법소원이 인용된
경우에 한정위헌결정이 포함되지 않는다고 해석하는 한도 내에서 헌법에 위반된다'
는 한정위헌결정을 선언하고, 헌법재판소의 한정위헌결정의 효력을 부인하여 청구
인의 재심청구를 기각한 이 사건 대법원판결을 취소하면서, 법 제68조 제1항 본문
에 대한 심판청구는 각하한다는 것이었다. 다만, 재판관 한대현은 이 사건 대법원판
결에 대한 심판청구와 관련하여 '이 사건 대법원판결도 법 제68조 제1항에 의한
헌법소원의 대상이 되나, 헌법재판소는 이 사건 대법원판결을 직접 취소할 것이 아
니라 단지 위 판결의 위헌성만을 확인하는데 그쳐야 한다.'는 견해를 밝혔다. 헌법
재판소가 어떠한 이유로 위와 같은 평결결과에 이르게 되었는가 하는 것에 관하여
는, 아래 4.항의 반대의견 중 "다. 이 사건 심판대상의 위헌성을 인정하는 의견의
요지"에서 밝히고 있다. 한편 법 제40조 제1항은 "헌법재판소의 심판절차에 관하여
는 이 법에 특별한 규정이 있는 경우를 제외하고는 민사소송에 관한 법령의 규정을
준용한다. 이 경우 탄핵심판의 경우에는 형사소송에 관한 법령을, 권한쟁의심판 및
헌법소원심판의 경우에는 행정소송법을 함께 준용한다"고 규정하고, 같은 조 제2항
은 "제1항 후단의 경우에 형사소송에 관한 법령 또는 행정소송법이 민사소송에 관
한 법령과 저촉될 때에는 민사소송에 관한 법령은 준용하지 아니한다"고 규정하고
있다. 그런데 헌법재판소법이나 행정소송법에 헌법소원심판청구의 취하와 이에 대
한 피청구인의 동의나 그 효력에 관하여 특별한 규정이 없으므로, 소의 취하에 관
한 민사소송법 제266조는 이 사건과 같은 헌법소원절차에 준용된다고 보아야 한다
(헌재 1995. 12.
15.-95헌마221등). 기록에 의하면 청구인과 승계참가인이 2003. 1. 8. 서면으로 이 사건 헌
법소원심판청구를 공동으로 취하하였고, 이미 본안에 관한 답변서를 제출한 피청구
인에게 취하의 서면이 2003. 1. 27. 송달되었는바, 피청구인이 그 날로부터 2주일 내
에 이의를 하지 아니하였음이 분명하므로, 민사소송법 제266조에 따라 피청구인이

청구인과 승계참가인의 심판청구의 취하에 동의한 것으로 본다. 그렇다면 이 사건 헌법소원심판절차는 청구인과 승계참가인의 심판청구의 취하로 2003. 2. 11. 종료되었으므로, 이 사건 헌법소원심판절차가 이미 종료되었음을 명확하게 선언하기로 하여 주문과 같이 결정한다.」　　이 사건 결정에는 심판이익이 인정되는 경우이기 때문에 심판절차종료선언을 할 것이 아니라 본안판단을 하여야 한다는 다음과 같은 반대의견이 있다. 「헌법소원심판은 공권력의 행사 또는 불행사로 인하여 기본권의 침해를 당한 피해자의 주관적 권리구제에 관한 심판인 점에서, 구체적·개별적인 쟁송사건에 대한 재판인 민사·형사·행정소송 등에 관한 일반 법원의 재판과 유사하다고는 하나, 헌법질서의 보장이라는 객관적인 기능도 겸하고 있으므로 그 점에서 위 일반 법원의 재판과는 법적 성질을 달리하고 있다 할 것이다. 또한 헌법소원을 인용하는 결정은 모든 국가기관과 지방자치단체를 기속하는 효력 이른바 일반적 기속력과 대세적·법규적 효력을 가지는 것이고, 이러한 효력은 일반 법원의 재판이 원칙적으로 소송당사자에게만 한정하여 미치는 것과는 크게 다르다(헌재 1995. 12. 15.-95헌마221등). 구체적·개별적인 쟁송사건을 다루는 일반 법원의 소송절차에 있어서도 일반 민사소송절차에서는 철저한 당사자처분주의가 인정되고 있으나 일반 행정소송이나 형사소송절차에 있어서는 소송의 공익적인 측면을 고려하여 당사자처분주의가 제한된 범위 안에서 인정되고 있는 등 소송의 성질이 다름에 따라서 당사자처분주의를 인정하는 폭이 다른 것인데, 일반 쟁송과는 법적 성질을 달리하는 헌법소원심판절차에서 헌법질서의 수호·유지를 위한 헌법적 해명이 특히 필요한 경우에는 당사자처분주의는 훨씬 더 제한된다고 할 것이다(헌재 1995. 12. 15.-95헌마221등). 따라서 심판청구가 주관적 권리구제의 차원을 넘어서 헌법질서의 수호·유지를 위하여 긴요한 사항으로서 그 해명이 헌법적으로 특히 중대한 의미를 지니고 있는 경우에는, 비록 헌법소원심판청구의 취하가 있는 경우라 하더라도 민사소송법 제266조의 준용은 헌법소원심판의 본질에 반하는 것으로서 배제된다고 할 것이므로, 위 취하로 말미암아 사건의 심판절차가 종료되는 것이 아니라 할 것이다. 특히 이 사건의 경우와 같이, 헌법소원심판사건에 대한 실체적 심리가 이미 종결되어 더 이상의 심리가 필요하지 아니한 단계에 이르렀고, 그 때까지 심리한 내용을 토대로 당해 사건이 헌법질서의 수호·유지를 위하여 긴요한 사항으로서 그 해명이 헌법적으로 특히 중대한 의미를 가지고 있는 경우에 해당한다고 판단되는 경우라면, 헌법재판소는 소의 취하에 관한 규정의 준용을 배제하여 심판청구의 취하에도 불구하고 심판절차가 종료되지 않은 것으로 보아야 할 것이다. 이 사건 헌법소원심판청구는 단순히 청구인의 기본권침해에 대한 구제라는 주관적인 권리구제의 측면 외에, 헌법재판소 한정위헌결정의 효력, 한정위헌결정이 법 제68조 제2항에 의한 헌법소원이 인용된 경우에 해당하는지의 여부, 어떠한 경우에 법 제75조 제7항에 의하여 재심을 청구할 수 있는지의 문제, 예외적으로 헌법소원심판의 대상이 될 수 있는 법원재판의 범위 등 헌법적으로 중대한 문제를 제기하고 있다. 그런데 이와 같은 문제들은 헌법재판권을 분리하여 각 헌법재판소와 법원에 부여하고 있는 현행 헌법재판제도에서 두 헌법기관 사이의 관할에 관한 근본적인 문제로서 헌법질서의 수호와 유지를 위하여 그 해명이 헌법적으로 특히 중대한 의미를 지니는 사안이라고 할 것이다. 또한, 앞으로도 헌법재판소가 한정위헌결정을 하였으나 당해 사건이 이미 확정된 경우에는 언제든지 이와 같

은 문제가 발생할 수 있다는 점에서도, 당해 헌법소원에 의하여 다투어지고 있는
특정의 기본권침해사례의 해결을 넘어서 다수의 유사 사건의 법적 상황을 해명해
줄 수 있으므로, 이러한 문제에 대한 헌법적 해명은 일반적인 의미를 가진다. 물론
헌법재판소는 이미 1997. 12. 24.-96헌마172등 결정에서 '법원의 재판도 예외적으로
헌법소원의 대상이 될 수 있으며, 헌법재판소의 한정위헌결정은 위헌결정의 일종으
로서 당연히 동일한 기속력을 가진다'고 밝힌 바 있으나, 이 사건 대법원판결에 의
하여 한정위헌결정의 기속력이 부인되고 있으므로, 이를 다시 한번 명백하게 확인
해야 할 필요가 있는 것이다.」

[45] 第三 訴訟代理

Ⅰ. 辯護士에 의한 訴訟代理

헌법재판의 각종 심판절차에서 당사자인 私人은 변호사를 대리인으로 선임하지
아니하면 심판청구를 하거나 심판수행을 하지 못한다. 다만, 당사자인 사인이 변호
사의 자격이 있는 경우에는 그러하지 아니하다($\frac{憲裁法}{§25③}$). 각종 심판절차에서 당사자가
國家機關 또는 地方自治團體인 경우에는 변호사 또는 변호사의 자격이 있는 소속직
원을 대리인으로 선임하여 심판을 수행하게 할 수 있다($\frac{同條}{②}$).

변호사의 자격은 辯護士法($\frac{2000.\ 1.\ 28.\ 전면개}{정\ 법률\ 제6207호}$) 제 4 조에서 정하고 있다. 이와 같이 우
리나라에서는 헌법재판에서 변호사만이 소송대리를 할 수 있다. 이것을 訴訟代理의
辯護士强制主義라고 부르기도 한다. 私人이 당사자인 경우는 헌법재판소법 제68조
제 2 항에 의한 심판절차, 헌법소원심판절차, 탄핵심판절차, 정당해산심판절차에서
존재한다.

Ⅱ. 辯護士强制主義의 合憲性

변호사강제주의에 대해서는 헌법에 위반되지 않는가 하는 논란이 제기되었다.
憲法裁判所는 이에 대하여 합헌이라고 결정하였다.

(1) 판   례

헌법재판소는 헌법재판의 각종 심판절차에서 변호사에 의한 대리를 강제하는 것
이 헌법에 위반되지 않는다고 하였다. 헌법재판소는 그 근거로, 변호사강제주의는 재
판업무에 분업화원리의 도입이라는 긍정적 측면과 재판을 통한 기본권의 실질적 보
장, 司法의 원활한 운영과 憲法裁判의 質的 개선, 裁判審理의 負擔 輕減 및 效率化,
司法運營의 민주화 등 공공복리에 기여도가 큰 점, 이 제도로 얻을 수 있는 이익이 변
호사 선임비용을 지출하지 않는 이익보다는 크다는 점, 無資力者에 대한 국선대리인제
도라는 代償措置가 별도로 마련되어 있는 점을 들고 있다($\frac{예:\ 憲\ 1990.\ 9.\ 3.-89헌마120\ 등;\ 2001.\ 9.}{27.-2001헌마152;\ 2004.\ 4.\ 29.-2003헌마783}$).

[憲 2004. 4. 29.–2003헌마783] 「변호사 강제주의는 다음과 같은 기능을 수행한다. 첫째, 법률지식이 불충분한 당사자가 스스로 심판을 청구하여 이를 수행할 경우 헌법재판에 특유한 절차적 요건을 흠결하거나 전문적인 주장과 자료를 제시하지 못하여, 침해된 기본권의 구제에 실패할 위험이 있다. 변호사 강제주의는 이러한 위험을 제거하거나 감소시켜 기본권의 침해에 대한 구제를 보장한다. 둘째, 변호사는 한편으로는 당사자를 설득하여 승소의 가망이 없는 헌법재판의 청구를 자제시키고 다른 한편으로는 헌법재판에서의 주장과 자료를 정리, 개발하고 객관화하는 기능을 수행한다. 이로써 재판소와 관계 당사자 모두가 시간, 노력, 비용을 절감할 수 있고 이렇게 하여 여축된 시간과 노력 등이 헌법재판의 질적 향상에 투입되게 된다. 셋째, 변호사는 헌법재판이 공정하게 진행되도록 감시하는 역할도 수행하는데 이것은 국가사법의 민주적 운영에 기여한다.……한편 변호사 강제주의 아래에서는 국민은 변호사에게 보수를 지급하여야 하는 경제적 부담을 지고, 자신의 재판청구권을 혼자서는 행사할 수 없게 되는 제약을 받는다. 그러나 이러한 부담과 제약은 개인의 사적 이익에 대한 제한임에 반하여 변호사가 헌법재판에서 수행하는 앞에서 본 기능은 모두 국가와 사회의 공공복리에 기여하는 것이다. 양자를 비교할 때 변호사의 강제를 통하여 얻게 되는 공공의 복리는 그로 인하여 제한되는 개인의 사익에 비하여 훨씬 크다고 하지 않을 수 없다. 더구나 헌법재판 중 헌법소원의 경우에는 당사자가 변호사를 대리인으로 선임할 자력이 없는 때 또는 공익상 필요한 때에는 국가의 비용으로 변호사를 대리인으로 선임하여 주는 광범위한 국선대리인제도가 마련되어 있다는 점(법§70), 변호사가 선임되어 있는 경우에도 당사자 본인이 스스로의 주장과 자료를 헌법재판소에 제출하여 재판청구권을 행사하는 것은 전혀 봉쇄되어 있지 않다는 점, 변호사는 본질적으로 당사자 본인의 재판청구권행사를 도와주는 것이지 이를 막거나 제한하는 것이 아니라는 점 등을 고려하면 더욱 그렇다. 그렇다면 변호사 강제주의를 규정한 법 제25조 제 3 항은 공공복리를 위하여 필요한 합리적인 규정이므로 헌법에 위반되지 아니한다.」

(2) 입 법 론

어떠한 제도가 違憲이라는 것과 不當하다는 것은 다르므로 헌법재판소가 [89헌마120등]의 결정에서 설시한 문제들이 합리적으로 해결되면 변호사에 의한 대리를 강제하는 방법을 변경할 수도 있다. 따라서 헌법재판에서 변호사만이 소송대리를 할 수 있다고 할 것인가 하는 문제는 법률정책적인 성질의 것으로 당시의 여건에 비추어 가장 적절한 형태의 제도를 만들 수 있다고 할 것이다. 변호사강제주의에 대하여 비판하는 견해도 있다(예: 許營d. 137).

독일의 경우 연방헌법재판소의 재판절차에서는 원칙상 변호사에 의한 소송대리의 강제는 없다. 구두변론절차에서만 당사자는 변호사나 법학교수를 대리인으로 선임하여야 한다. 이런 소송대리를 하는 법학교수는 모두 변호사의 자격을 가지고 있다. 구두변론 이외의 절차에서는 당사자들은 스스로 소송을 수행하거나 대리인을 선임하여 소송을 수행할 수 있다.

Ⅲ. 辯護士强制主義의 效果

헌법재판에서는 변호사의 자격을 가진 자로 하여금 소송을 수행하도록 강제하고 있으므로, 변호사가 대리인으로 선임되지 않은 심판청구나 소송수행은 부적법하다.

(1) 무자격자의 소송행위

헌법재판에서는 당사자가 변호사의 자격을 가지고 있지 않은 한 직접 소송을 수행할 수 없고, 소송대리에서는 변호사강제주의가 요구되므로 변호사의 자격을 가지지 아니한 자의 소송수행은 효력이 없다.

(2) 대리인의 추인

변호사의 자격이 없는 사인의 헌법소원심판청구나 주장 등 심판수행은 변호사인 대리인이 추인한 경우에만 적법하다. 國選代理人의 경우에도 마찬가지이다. 이런 추인에는 默示的인 追認도 포함된다. 憲法裁判所의 판례도 같은 견해이다(예: 憲 1992. 6. 26.-89 헌마132; 1995. 2. 23.- 94헌마105; 2009. 12. 29.-2008헌바64)

［憲 1992. 6. 26.-89헌마132］「헌법재판소법 제25조 제 3 항에는……라고 규정하였다. 그러므로 변호사의 자격이 없는 사인인 청구인이 한 헌법소원심판청구나 주장 등 심판수행은 변호사인 대리인이 추인한 경우만이 적법한 헌법소원심판청구와 심판수행으로서의 효력이 있고 헌법소원심판대상이 된다. 이 사건에 있어서 청구인은 변호사의 자격이 없는 사인인 당사자이기는 하나, 국선대리인이, 청구인이 한 "헌법소원 이유를 보충개진하는 바입니다"라고 기재한 헌법소원심판청구서를 제출하였으므로, 이는 국선대리인이 동 헌법소원심판청구서를 제출하기 전에 청구인이 한 이 사건 헌법소원심판청구와 주장을 추인한 것이라고 봄이 상당하다. 따라서 국선대리인이 헌법소원심판청구를 하기 전에 한 청구인의 헌법소원심판청구는 모두 이 사건 헌법소원의 심판대상이 된다. 또 동 국선대리인이 헌법소원심판청구를 한 후에 청구인이 추가한 청구나 주장은 국선대리인이 이 사건 헌법소원심판청구를 하기 전에 청구인이 한 청구와 주장을 보충한 것에 불과한 것이므로 이 또한 모두 심판대상에 포함하여 심판하기로 한다. 그리고 국선대리인이 한 헌법소원을 취소한다는 청구인의 주장취지는 국선대리인이 제출한 헌법소원심판청구서의 기재내용 중 청구인에게 불리한 부분을 취소한다는 취지로 보여진다. 그런데 국선대리인이 제출한 헌법소원심판청구서에 기재된 청구는 모두 청구인에게 불리한 것으로 보이지 아니하므로 모두 이 사건 심판대상이 된다고 할 것이다.」

［憲 1995. 2. 23.-94헌마105］ 헌법재판소는 헌법재판소법 제25조 제 3 항의 해석과 관련하여 [89헌마132]와 같이 해석한 것을 전제로 하여, 「이러한 취지는 대리인이 국선변호인인 경우에도 마찬가지로 적용된다고 볼 것이다.……이 사건에서 국선변호인이 제출한 심판청구서에는 청구인이 한 심판청구와 주장을 묵시적으로라도 추인하고 있다고 볼 내용이 없다. 그렇다면 국선변호인의 심판청구서에 기재되어 있지 아니한 청구인의 그 전의 심판청구내용과 국선변호인의 심판청구 이후에 청구

인이 제출한 추가된 별개의 심판청구와 주장은 이 사건 헌법소원심판대상이 되지 않는다고 할 것이다」라고 판시하였다.

(3) 대리인 사임 후의 기성의 소송행위의 효력

변호사인 대리인에 의한 헌법소원심판청구가 있은 후 심리과정에서 대리인이 사임하고 다른 대리인을 선임하지 않았더라도 종전에 대리인이 수행한 소송행위는 유효하다. 憲法裁判所의 판례도 같은 견해이다(예: 憲 1992. 4. 14.-91헌마156.).

[憲 1992. 4. 14.-91헌마156]　「헌법재판소법 제25조 제3항의 취지는 "재판의 본질을 이해하지 못하고 재판자료를 제대로 정리하여 제출할 능력이 없는 당사자를 보호해 주며 사법적 정의의 실현에 기여"하려는 데 있다(당 재판소 1990. 9. 3. 선고, 89헌마120, 212 결정 참조)고 할 것이고, 청구인의 헌법재판청구권을 제한하려는 데 그 본래의 목적이 있는 것이 아니므로 변호사인 대리인에 의한 헌법소원심판청구가 있었다면 그 이후 심리과정에서 대리인이 사임하고 다른 대리인을 선임하지 않았더라도 청구인이 그 후 자기에게 유리한 진술을 할 기회를 스스로 포기한 것에 불과할 뿐, 헌법소원심판청구를 비롯하여 기왕의 대리인에 의하여 수행된 소송행위 자체로서 재판성숙단계에 이르렀다면 기왕의 대리인의 소송행위가 무효로 되는 것은 아니라고 할 것이다. 이 사건 헌법소원의 경우 대리인이 사임하기까지의 사이에 수행한 절차진행으로 이미 재판성숙단계에 이르렀다고 인정되는 바인즉 이 사건 심판청구는 적법하며 위 대리인이 2회에 걸쳐 작성 제출한 위 헌법소원심판청구이유보충서의 기재범위 내에서 본안 판단하여야 할 것이다.」

제4장 審判의 請求

[46] 第一 審判請求의 方式

I. 書面主義

헌법재판절차에서의 심판청구는 書面主義에 의한 방식을 취하고 있다. 헌법재판소에의 심판청구는 審判事項別로 정하여진 청구서를 헌법재판소에 제출함으로써 한다. 다만, 위헌법률심판에 있어서는 법원의 提請書, 탄핵심판에 있어서는 국회의 訴追議決書의 正本으로 이에 갈음한다($\frac{憲裁法}{\S26①}$).

國會法 제134조 제1항에서는 탄핵소추의 의결이 있은 때 지체없이 소추의결서의 謄本을 헌법재판소에 송달한다고 정하고 있으나, 탄핵심판의 청구는 憲法裁判所法 제26조 제1항과 제49조 제2항에 따라 소추의결서의 正本을 제출함으로써 이루어진다고 할 것이다($\frac{憲法裁判所法에 부합하게 國會}{法을 개정하는 것이 필요하다}$). 이러한 청구서와 제청서의 記載事項은 憲法裁判所法의 해당 조항에서 정하고 있고($\frac{뒤의 해당 절차에서}{의 설명을 보기 바람}$), 소추의결서의 기재사항은 國會法 제133조에서 정하고 있다.

II. 到達主義

심판의 청구는 이와 같이 書面主義에 의해 행해지는데, 이 경우 심판의 청구서가 헌법재판소에 현실로 도달한 때에 심판의 청구가 있게 된다. 憲法裁判所法에서 심판청구는 청구서를 헌법재판소에 제출함으로써 한다($\frac{憲裁法}{\S26①}$)라고 한 것은 이런 到達主義를 정하고 있는 것이라고 보아야 한다. 따라서 헌법이나 다른 법률에서 특별히 다른 내용을 정하고 있지 않는 한 헌법재판의 각종 심판절차에서는 심판의 청구에서 일반원칙에 따라 도달주의가 적용된다. 憲法裁判所의 판례도 같은 태도를 취하고 있다($\frac{예: 憲 1990. 5. 21.-90헌마78; 2000. 10. 11.-2000헌마614; 2001. 9. 27.}{-2001헌마94; 2001. 11. 27.-2001헌마773; 2006. 9. 26.-2006헌마 978}$).

[憲 1990. 5. 21.-90헌마78] 「헌법소원 제기기간은 헌법이나 헌법재판소법에 특별한 규정이 없는 이상 일반원칙인 도달주의에 따라 당 재판소에 심판청구서가 접수된 날로부터 기산하여야 하는 것이지 예외적으로 법률에 특별한 규정이 있는 경우에 인정되는 발신주의에 따라 심판청구서의 발송일을 기준으로 할 것은 아니므로……」

[憲 2000. 10. 11.－2000헌마614] 「청구인이 2000. 9. 27. 헌법소원심판청구서를 등기우편으로 발송한 사실은 인정되나, 헌법소원의 제기기간은 헌법이나 법에 특별한 규정이 없는 이상 일반원칙인 도달주의에 따라 헌법재판소에 심판청구서가 접수된 날로부터 기산하여야 하는 것이다(헌재 1990. 5. 21. 90헌마78, 판례집 2, 129, 130.).」

Ⅲ. 證據書類 등의 添附

청구서에는 필요한 증거서류 또는 참고자료를 첨부할 수 있다(憲裁法§26②).

Ⅳ. 電子的 提出

각종 심판절차의 당사자나 관계인은 청구서 또는 헌법재판소법에 따라 제출할 그 밖의 書面을 電子文書(컴퓨터 등 정보처리능력을 갖춘 장치에 의하여 전자적인 형태로 작성되어 송수신되거나 저장된 정보를 말한다)化하고, 이를 정보통신망을 이용하여 헌법재판소에서 지정·운영하는 전자정보 처리조직(심판절차에 필요한 전자문서를 작성·제출·송달하는 데에 필요한 정보처리능력을 갖춘 전자적 장치를 말한다)을 통하여 제출할 수 있다(憲裁法§76①). 이렇게 제출된 전자문서는 헌법재판소법에 따라 제출된 서면과 같은 효력을 가지며(同條②), 전자정보 처리조직을 이용하여 제출된 전자문서는 전자정보 처리조직에 전자적으로 기록된 때에 접수된 것으로 본다(同條③). 헌법재판소가 운영하는 전자헌법재판센터 홈페이지 주소는 http://ecourt.ccourt. go.kr이며, 위 홈페이지를 통해 전자적으로 청구서나 서면을 제출할 수 있다.

당사자나 관계인은 헌법재판소에 제출하는 전자문서에 헌법재판소규칙으로 정하는 바에 따라 본인임을 확인할 수 있는 電子書名을 하여야 하고(同法§77①), 재판관이나 서기는 심판사건에 관한 서류를 전자문서로 작성하는 경우에 전자정부법 제2조 제6호에 따른 행정전자서명을 하여야 한다(同條②). 위 전자서명과 행정전자서명은 헌법재판소의 심판절차에 관한 법령에서 정하는 서명·서명날인 또는 기명날인으로 본다(同條③).

《사건의 접수》

헌법재판소에 심판의 청구가 있을 때 헌법재판소가 사건서류를 받아들이는 것을 접수라고 한다. 접수공무원은 정당한 이유 없이 사건의 접수를 거부하지 못하며, 흠결 보완을 위한 필요한 안내를 할 수 있다. 접수된 사건을 특정하고 간략히 부르기 위해 사건마다 사건번호와 사건명을 부여한다. 사건번호와 사건명은 그 사건이 종국에 이르기까지 변경하지 못한다. 헌법재판소에 각종 심판의 청구서 또는 사건에 관련된 서류를 제출하고자 할 때에는 심판사무국 심판행정과를 방문하여 접수담당공무원에게 심판청구서를 제출하거나 우편으로 접수하면 된다. 심판행정과의 접수담당공무원은 심판청구서를 제출받으면 사건서류의 형식적 요건을 심사하게 된다(헌법재판소사건의접수및배당에관한내규§2). 이 때 형식상으로나 내용상으로 헌법소원심판의 청구로 볼 수 없는 서류, 예컨대 陳情書·告發狀·書信 등의 형태이고 내용상으로도 공권력의 행사 또는 불행사로 인한 기본권침해를 다투는 것이 아닌(또는 그 취지가 불명확한) 경우에는 「民願事件」으로 보아 헌법재판소사무처장의 명의로 회신하고 있다. 이는 사실상 헌법소원심판청구

사건 부호	사건의 구분	비 고
헌가	위헌법률심판사건	
헌나	탄핵심판사건	
헌다	정당해산심판사건	
헌라	권한쟁의심판사건	
헌마	憲裁法 §68① 헌법소원심판사건	
헌바	憲裁法 §68② 심판사건	
헌사	각종 신청사건	접수내규에서 정한 신청사건
헌아	각종 특별사건	위 사건 이외의 심판사건

의 不受理에 해당한다고 할 수 있다. 한편, 접수된 심판청구사건은 사건유형에 따라 위헌법률심판사건과 헌법소원심판사건은 심판사무 1과에서, 탄핵심판사건·정당해산심판사건 및 권한쟁의심판사건은 심판사무 2과로 넘겨지게 되고 이후의 사건처리는 이들 課에서 진행하게 된다. 다만, 열람·등사신청의 경우 신청서 접수 및 인지 수납은 심판행정과에서 행하고, 실제로 열람·등사는 기록을 보관중인 과에서 이를 행한다(심판기록열람·복사등에관한규칙및동규칙시행에관한 내규 참조).

헌법재판소에 사건이 접수되어 행정적으로 처리되는 과정은 다음과 같이 전개된다. [사건 및 문건 등의 접수 → 서류의 심사 → 제출자의 인적 사항 기재 → 접수인 날인 → 접수증 교부 → 사건번호 및 사건명 부여 → 기록의 조제 → 사건부·접수대장 기재 → 과장 확인 → 소관과에 인계 → 과장 및 국장의 확인 → 사건의 배당]. 여기서 사건번호는 [연도구분, 사건부호, 진행번호]로 구성하고, 연도구분은 사건이 접수된 해의 서기연수의 아라비아숫자로 표시한다. 예컨대 [2001헌마125]와 같이 표시한다. 2000년 1월 1일 이전에는 예컨대 [98헌가25]와 같이 서기연수의 표시에서 10단위 이하의 아라비아숫자로 표시하였다. 사건의 구분에 따른 사건부호는 다음 표와 같다.

[47] 第二 請求書의 送達

(1) 헌법재판소가 請求書를 접수한 때에는 지체없이 그 謄本을 피청구기관 또는 피청구인에게 送達하여야 한다(憲裁法 §27①).

(2) 彈劾審判에서는 탄핵소추의 의결이 있은 때 국회의장은 지체없이 소추의결서의 謄本을 피소추자와 그 소속기관의 장에게 송달한다(國會法 §134①). 따라서 헌법재판소가 다시 소추의결서의 등본을 被訴追者에게 송달할 필요는 없지만, 재판기관인 헌법재판소에 탄핵심판절차가 개시되었음을 알린다는 점에서는 헌법재판소가 접수한 訴追議決書(正本)의 등본을 다시 송달하는 것이 바람직하다고 보인다.

　　(3) 違憲法律審判의 提請이 있으면 법무부장관 및 당해 소송사건의 당사자에게 그 提請書의 등본을 송달한다($^{憲裁法}_{§27②}$).

　　(4) 憲法裁判所法 제68조 제2항의 헌법소원심판절차에서는 사건이 지정재판부에서 재판부에 審判回附된 때에 법무부장관 및 당해 소송사건의 당사자에게 그 請求書의 등본을 송달한다($^{憲裁法 §74}_{②, §27②}$).

　　(5) 헌법재판소는 전자적인 방법으로 送達할 수 있다($^{憲裁法}_{§78}$). 헌법재판소는 당사자나 관계인이 동의한 경우에 한하여 이들에게 전자정보 처리조직과 그와 연계된 정보통신망을 이용하여 결정서나 각종 서류를 송달할 수 있는데($^{同條}_{①}$), 그 방법은 헌법재판소가 송달할 서류를 전자정보 처리조직에 입력하여 등재한 다음 그 등재사실을 헌법재판소규칙으로 정하는 바에 따라 전자적 방식으로 알리는 방법에 의하며($^{同條}_{②}$), 이렇게 이루어진 송달은 서면으로 한 것과 같은 효력을 가진다($^{同條}_{③}$). 송달의 시기는 헌법재판소가 등재사실을 전자적 방식으로 알린 때가 아니라, 송달받을 자가 등재된 전자문서를 헌법재판소규칙으로 정하는 바에 따라 확인한 때이지만, 등재사실을 통지한 날부터 2주 이내에 확인하지 아니하면 2주가 지난 날에 송달된 것으로 간주된다($^{同條}_{④}$).

[48] 第三 審判請求의 補正

Ⅰ. 請求書의 審査

　　헌법재판소에 심판청구서가 접수되어 소송기록으로 된 뒤에 사건이 주심 재판관에게 배당되면 主審 裁判官은 우선 청구서가 적법한지의 여부를 심사한다.

　　재판관이 청구서를 심사한 결과 청구서가 부적합하다고 판단한 때에, 보정할 수 있는 경우에는 재판장에게 보정을 요구할 것을 요청하고 보정할 수 없는 경우에는 부적법각하의 의견을 제출한다.

　　주심 재판관이 청구서를 심사하는 것은 민사소송에서 재판장이 訴狀을 심사하는 경우와 다르다. 이 점에서는 민사소송에 관한 법령의 규정이 준용되지 않는다고 할 것이다.

Ⅱ. 審査의 對象

　　청구서의 심사는 청구서의 必要的 記載事項이 제대로 되어 있는지의 여부 또는 대리인이 선임되어 있는지의 여부와 같은 형식적 사항에 관한 것이다. 청구의 當否는 심사의 대상이 아니다.

Ⅲ. 補正要求

　　심판청구의 보정요구는 재판장이 한다. 재판장의 보정요구에 응하거나 불응하면 그에 따른 법적 효과가 발생한다.

(1) 재판장의 보정요구

재판장은 심판청구가 부적법하지만 보정할 수 있다고 인정되는 경우에는 상당한 기간을 정하여 補正을 요구하여야 한다($\frac{憲裁法}{§28①}$). 補正期間은 不變期間이 아니다.

재판장의 보정요구에는 시간적인 제한이 없다. 변론이 개시된 뒤에도 이런 보정을 요구할 수 있다.

헌법재판의 심리에서는 職權主義가 지배하므로 직권주의가 지배하는 범위 내에서는 재판부가 청구인의 주장에 구애됨이 없이 피청구인이나 심판의 대상을 확정할 수 있으므로, 이러한 것에 해당하는 것은 보정의 대상이 되지 않는다.

보정의 대상이 아닌 사항에 대한 보정요구에 불응한 경우에는 심판청구가 부적법하다고 할 수 없으므로 각하결정을 할 수 없다.

(2) 보정서면 등본의 송달

청구인이 재판장의 보정요구에 응하여 보정서면을 제출한 때에는 지체없이 그 補正書面의 謄本을 피청구기관 또는 피청구인에게 송달하여야 한다($\frac{憲裁法}{§28②}$). 심판청구의 보정에 관한 憲法裁判所法의 이런 규정을 보건대, 헌법재판의 각종 심판절차에서 심판청구의 보정요구는 書面으로만 가능하며 전화 등 다른 방법으로는 할 수 없다고 할 것이다.

(3) 보정의 효과

재판장의 보정요구에 따라 청구인이 보정을 한 때에는 처음부터 적법한 심판청구가 있은 것으로 본다($\frac{憲裁法}{§28③}$).

(4) 보정기간의 심판기간에의 불산입

심판청구의 보정에서 補正期間은 憲法裁判所法 제38조의 규정에 의한 審判期間에 算入하지 아니한다($\frac{憲裁法}{§28④}$). 헌법소원심판절차에서 지정재판부의 재판장이 보정을 요구한 경우에도 마찬가지로 보정기간은 事前審査期間에 산입하지 아니한다($\frac{同法 §72}{⑤, 28④}$). 憲法裁判所의 판례도 같은 견해이다($\frac{예: 憲 1993. 10.}{29.-93헌마222}$).

(5) 보정불응의 효과

헌법재판에서는 재판장의 보정요구에 응하지 아니한 경우 청구서를 却下하는 것이 아니라 청구의 부적법함을 이유로 심판청구에 대해 却下決定을 한다($\frac{憲 1994. 4. 28.-}{92헌바16 참조}$). 헌법소원심판절차에서는 통상 指定裁判部에서 이러한 각하결정을 한다($\frac{憲裁法}{§72③}$). 민사소송절차에서는 재판장이 訴狀의 보정명령에 불응한 경우 소장을 각하하지만 헌법재판절차에서는 청구서를 바로 각하할 수 없다.

[49] 第四 答辯書의 提出

청구서 또는 보정서면을 송달받은 피청구인은 헌법재판소에 答辯書를 제출할 수 있다($\frac{憲裁法}{§29①}$). 답변서에는 심판청구의 취지와 이유에 대응하는 답변을 적는다($\frac{同條}{②}$).

[50] 第五 審判請求의 排斥

제청이나 심판청구가 이유가 없으면 헌법재판소는 이를 배척한다. 특히 헌법소원심판절차에서는 청구의 적법성을 미리 판단하여 재판부의 부담을 경감시키기 위하여 지정재판부에서 사전심사를 한다. 현행 헌법소원심판절차에서는 지정재판부에서 기각의 결정을 할 수는 없다($\frac{憲裁法}{§72③}$).

헌법재판소가 심판청구를 배척하는 경우에는 결정서에 각하나 기각하는 이유를 설시한다.

제5장 事件의 審理

제1절 審判準備節次

憲法裁判所는 헌법재판의 모든 개별 심판절차에서 심판절차를 효율적이고 집중적으로 진행하기 위하여 當事者의 주장과 증거를 정리할 필요가 있을 때에는 심판준비절차를 실시할 수 있다(審判規則 §11①). 개별 심판에서 이러한 심판준비절차를 거칠 필요가 있는가 하는 점은 헌법재판소가 판단한다.

헌법재판소가 심판준비절차를 거치기로 한 경우에 재판장은 재판부에 속한 재판관을 受命裁判官으로 지정하여 심판준비절차를 담당하게 할 수 있다(同條 ②).

이러한 심판준비절차는 현재 「헌법재판소심판규칙」(2012. 11. 26. 헌법 재판소규칙 제299호)으로 정하고 있으나, 헌법재판소법에서 정하여야 할 사항이다.

제2절 審理의 方式

[51] 第一 口頭辯論

I. 意義와 機能

구두변론이란 당사자 등이 辯論期日에 審判廷에서 口述로 재판부에 사실과 증거에 관한 재판자료를 제출하는 행위를 말한다.

헌법재판의 구두변론에는 當事者 이외에 利害關係人 또는 기타 參考人의 陳述도 포함된다. 헌법재판에 있어서 구두변론절차에서는 통상 參考人의 의견 진술이 함께 이루어진다.

구두변론의 절차는 재판관이 평의를 하기 전에 모두 모여 사건에 집중할 수 있는 유일한 기회이다. 이는 재판에 참여하는 재판관 전원과 대리인이 한 자리에서 직

접 대면하여 해당 사건의 쟁점에 대하여 설명하고, 의문을 해소하며, 논지를 분명하
게 하는 기회이다. 따라서 구두변론절차에서는 이미 헌법재판소에 제출한 문서를 읽
는 방법은 바람직하지 않다. 대리인이나 참고인 등 의견을 진술하는 자는 헌법재판
소에 제출한 문서의 내용을 다시 반복하여 읽는 것이 아니라, 재판관을 대면한 자리
에서 쟁점을 분명히 하고 자신의 논리를 적극적으로 개진하여 재판관을 설득시키는
일이 필요하다. 재판관도 자리에 앉아서 소극적으로 듣고만 있을 것이 아니라 재판
에서 분명히 해야 할 부분은 적극적으로 질문하여 의문을 해소하는 것이 필요하다.
이러한 구두변론은 재판관과 대리인 간에 意思疏通이 이루어지는 것 이외에 재판관
들 사이에도 변호인 등에 대한 질문을 통하여 간접적으로 의사소통을 하거나 설득의
기회를 가질 수 있게 만든다.

　　구두변론이 열리기 이전에 재판관들은 대체로 해당 사건에 대하여 자신의 견해
를 一應 정립하고 있어 대부분의 경우에는 심판정에 들어올 때에는 각자 나름대로의
결론을 내리고 있는 상태이지만, 구두변론을 통하여 쟁점이 보다 정돈되고 법리가
분명히 드러나면 자신의 견해를 변경하는 경우도 적지 않다. 따라서 재판관도 구두
변론 이전에 준비를 철저히 하고 변호인 등도 구두변론을 통하여 재판관을 충분히
설득할 수 있도록 만반의 준비를 하여 구두변론절차가 실질적으로 행해지도록 하는
것이 필요하다.

　　다른 한편으로 헌법재판이 가지고 있는 儀式(ritual)으로서의 기능을 고려하건대,
구두변론을 적절히 활용하는 것은 사회의 통합과 헌법재판의 정당성을 확보하는 데
도움이 된다. 구두변론절차를 통하여 헌법문제에 대하여 서로 대립하는 견해들이 공
개되고, 그 쟁점이 모든 국민들의 관심하에 개방된 토론의 주제로 부각될 수 있기
때문에 구두변론을 잘 활용하는 것은 공동체 내에서 國民的 合意를 찾아가는 데 있
어서 헌법재판소가 수행해야 할 역할이기도 하고, 헌법 발전의 역동성을 고려하면서
헌법질서를 형성해가는 헌법재판소의 지혜이기도 하다. 이러한 점에서 헌법재판에서
의 구두변론은 일반 소송절차에서 구두변론이 가지는 것보다 사회적 수준이나 국가
적 수준에서 더 중요한 의미와 기능을 가진다.

Ⅱ. 口頭辯論의 方式과 制限
(1) 구두변론의 방식

　　구두변론은 쟁점을 요약·정리하고 이를 명확히 하는 것이어야 한다. 사전에 제
출한 준비서면을 읽는 방식으로 하는 것은 허용하지 않는다($\substack{審判規則 \\ §12①}$).

　　재판관은 언제든지 당사자에게 질문할 수 있다($\substack{同條 \\ ②}$).

(2) 구두변론의 제한

헌법재판소가 구두변론을 여는 경우에도 헌법재판에서 소요되는 시간과 비용을 절감하고 효율성을 높이기 위해서 그에 적합한 조치를 할 필요가 있다. 그러하기에 구두변론은 시간적으로 무한정 인정될 수 없고, 복수의 대리인이 있는 경우에 항상 이들 모두에게 변론의 기회를 부여하여야 하는 것은 아니다. 재판장은 필요에 따라 각 당사자의 口頭辯論時間을 제한할 수 있는데, 이 경우에 각 당사자는 그 제한된 시간 내에 구두변론을 마쳐야 한다. 다만, 재판장은 필요하다고 인정하는 경우에 제한한 구두변론시간을 연장할 수 있다($^{同條}_{③}$). 그리고 각 당사자를 위하여 복수의 대리인이 있는 경우에는 재판장은 그 중 구두변론을 할 수 있는 대리인의 수를 제한할 수 있다($^{同條}_{④}$).

재판장은 심판절차의 원활한 진행과 적정한 심리를 도모하기 위하여 필요한 한도에서 진행중인 구두변론을 제한할 수 있다($^{同條}_{⑤}$).

이러한 구두변론의 방식과 제한은 당사자가 구두변론을 하는 경우에만 적용되는 것이 아니라 이해관계인이나 참가인이 구두변론을 하는 경우에도 해당된다($^{同條}_{⑥}$).

Ⅲ. 種　類

헌법재판절차에서는 필요적으로 구두변론이 행해지는 때와 임의적으로 구두변론이 행해지는 때가 있다.

(1) 필요적 구두변론

彈劾審判, 政黨解散審判, 權限爭議審判은 口頭辯論에 의한다($^{憲裁法}_{§30①}$). 헌법재판 가운데 탄핵심판, 정당해산심판, 권한쟁의심판은 기본적으로 對立當事者의 構造를 이루고 있어서 충분한 심리를 하기 위해서는 쌍방당사자의 의견을 심판정에서 직접 들어 볼 필요가 있다. 이 때 이루어지는 구두변론을 필요적 구두변론이라고 한다.

필요적 구두변론이 요구되는 절차에서는 반드시 구두변론을 거쳐야 하고 書面審理로 이를 대체할 수 없으며, 헌법재판소는 구술로 제출된 것만을 재판의 자료로 참작하여야 한다.

(2) 임의적 구두변론

違憲法律審判과 憲法訴願審判에서는 재판부가 필요하다고 인정하는 경우에만 변론을 열어 當事者·利害關係人 그 밖의 參考人의 陳述을 들을 수 있다($^{憲裁法}_{§30②}$). 탄핵심판, 정당해산심판, 권한쟁의심판과 달리 위헌법률심판과 헌법소원심판에서는 구두변론이 모든 사건에서 필요적으로 행해지지는 않는다.

헌법재판의 실제에서는 사회적으로 중요한 의미를 가지는 사건이나 헌법적 쟁점에 대한 논의가 공개적으로 전개되어 국민의 다양한 의견을 청취하거나 국민으로 하여금 헌법재판의 내용을 알게 할 필요가 있는 경우 또는 사건에 관하여 전문지식을 가지고 있는 참고인의 의견을 청취할 필요가 있는 경우에 구두변론이 행해진다.

Ⅳ. 節　次

(1) 신청 또는 직권에 의한 임의적 구두변론

임의적 구두변론의 경우에 구두변론은 申請에 의해 행해질 수도 있고, 헌법재판소가 스스로 구두변론을 열기로 결정함에 따라 행해지기도 한다. 구두변론을 열 것을 신청하여도 헌법재판소는 이 신청에 구속되지 않는다. 구두변론의 신청을 배척하고 이를 행하지 아니한 것에 대해서는 이의를 제기하는 절차가 없다.

(2) 변론기일

재판부가 변론을 열 때에는 期日을 정하여 당사자와 관계인을 召喚하여야 한다($\binom{憲裁法}{\S30③}$).

기일을 指定하거나 變更함에 있어서는 재판장은 재판부의 협의를 거쳐 기일을 지정하거나 변경한다. 다만, 수명재판관이 신문하거나 심문하는 기일은 그 수명재판관이 지정하거나 변경한다($\binom{審判規則}{\S20①, ②}$).

기일을 변경하거나 변론을 연기 또는 속행하는 경우에는 심판절차의 중단 또는 중지, 그 밖에 다른 특별한 사정이 없으면 다음 기일을 바로 지정하여야 한다($\binom{同條}{③}$).

기일은 기일통지서 또는 출석요구서를 송달하여 通知한다. 다만, 그 사건으로 출석한 사람에게는 기일을 직접 고지하면 된다. 기일의 간이통지는 전화·팩시밀리·보통우편 또는 전자우편으로 하거나 그 밖에 적절하다고 인정되는 방법으로 할 수 있다. 이와 같이 기일의 통지가 이루어진 때에는 사무관 등은 그 방법과 날짜를 심판기록에 표시하여야 한다($\binom{同規則 \S21}{①, ②, ③}$).

(3) 재판의 형식

구두변론이 행해지든 행해지지 않든 헌법재판소가 행하는 재판의 형식은 모두 「決定」이다. 어느 경우나 헌법재판소는 決定書를 작성하여 심판을 한다.

독일 연방헌법재판소의 경우 口頭辯論(mündliche Verhandlung)이 행해진 경우에는 「判決」(Urteil)의 형식으로 재판을 하고, 구두변론이 행해지지 아니한 경우에는 「決定」(Beschluß)의 형식으로 재판을 한다. 독일과 달리 우리나라 헌법재판에서는 재판의 형식을 구분하지 않는다. 우리나라 헌법재판소가 행하는 재판의 형식은 모두 「결정」이다. 따라서 우리나라 헌법재판소의 재판형식인 「결정」은 독일의 연방헌법재판소가 행하는「決定」(Beschluß)과 구별된다.

[52] 第二　書面審理

I. 意　　義

서면심리는 헌법재판에서 書面으로 제출된 재판자료에 의해 심리하는 것을 말한다. 헌법재판에 있어서 違憲法律審判과 憲法訴願審判은 원칙적으로 書面審理에 의한다($^{憲裁法}_{§30②}$).

서면으로 심리하는 경우에 구두로 행해진 행위는 효력을 가지지 못한다. 위헌법률심판과 헌법소원심판에서 당사자 등의 구술이 소송행위로서 효력을 가지는 경우는 재판부가 변론을 연 때에 한한다. 彈劾審判, 政黨解散審判, 權限爭議審判은 口頭辯論에 의하기 때문에($^{同條}_{①}$) 서면심리로 할 수 없다. 다만, 구두변론이 필요적으로 요구되는 절차에서도 심판청구가 부적법한 것이 명백한 때에는 구두변론을 행하지 않고 각하결정을 할 수 있다.

II. 書面審理와 辯論

서면심리에서는 심판정에서 구두로 진술할 필요가 없기 때문에 심리의 시간과 노력을 절약하고 사건의 부담을 경감할 수 있는 利點이 있다. 그러나 違憲法律審判과 憲法訴願審判에서 변론을 열 필요가 있는 경우에는 변론을 여는 것이 바람직하다. 심리의 시간과 노력의 절약 또는 헌법재판소의 사건부담의 경감만을 생각하여 변론을 열지 않는 것은 자칫 사회의 통합, 헌법질서의 형성 등과 같은 공동체 내에서 헌법재판이 수행하는 기능을 왜곡할 수 있고, 헌법재판의 정당성을 확보하는 데 충실하지 못할 수 있다.

제 3 절　證據調査

1. 證據調査의 開始

[53] 第一　申請에 의한 證據調査

I. 實定法의 規定

裁判部는 사건의 심리를 위하여 필요하다고 인정하는 경우에는 당사자의 申請에 의하여 증거조사를 할 수 있다($\substack{憲裁法 \\ §31①}$).

Ⅱ. 證據의 申請

　헌법재판에서 당사자는 증거방법에 관한 조사를 신청할 수 있는데, 이에는 방법과 시기의 제한이 있다.

(1) 의　　의

　증거의 신청이란 당사자가 憲法裁判所法 제31조 제1항에서 정하고 있는 證據方法에 관하여 조사를 요구하는 신청을 말한다.

(2) 신청의 방법

　증거의 신청은 書面 또는 口頭로 한다($\substack{憲裁法 §40①; \\ 民訴法 §161}$). 그 신청에는 증명할 사실, 특정한 증거방법, 증명할 사실과 증거방법과의 관계를 구체적으로 명시하여야 한다($\substack{審判規則 \\ §25}$).

　증인신문과 당사자신문은 부득이한 사정이 없으면 일괄하여 신청하여야 한다($\substack{審判規則 \\ §26①}$). 증인신문을 신청할 때에는 증인의 이름·주소·연락처·직업, 증인과 당사자의 관계, 증인이 사건에 관여하거나 내용을 알게 된 경위를 밝혀야 한다($\substack{同條 \\ ②}$)

　이에 관해서는 民事訴訟法의 해당 조항이 準用된다고 할 것이다($\substack{憲裁法 \\ §40①}$).

(3) 신청의 시기

　증거의 신청은 審理의 終結時까지 가능하다. 必要的 口頭辯論이 요구되는 절차에서는 口頭辯論終結時까지 신청하여야 한다.

　증거신청이 있으면 재판부는 상대방이나 이해관계인에게 증거신청에 대한 의견을 진술할 기회를 주어야 한다. 상대방이나 이해관계인은 그 증거의 證據能力, 證明力 등에 관하여 의견을 진술할 수 있다. 헌법재판에서 당사자의 평등이 요구되는 부분에서는 당사자의 평등을 보장하여야 한다. 증거조사에서도 이런 방법을 통하여 당사자의 평등을 보장하고 있다($\substack{憲裁法 §40①; 民訴 \\ 法 §274①v, §283①}$).

(4) 신청의 철회

　당사자는 재판부가 증거조사를 할 때까지 어느 때나 증거신청을 撤回할 수 있다. 재판부가 증거조사를 시작하면 증거조사의 결과가 證據共通의 原則에 따라 상대방에게 유리한 자료가 될 수도 있으므로 헌법재판의 각종 심판절차에서 이에 해당하는 경우가 생긴 때에는 상대방의 同意를 얻어야 한다($\substack{예: 大 1971. 3. \\ 23.-70다3013 참조}$).

　당사자의 증거신청이 철회되어도 재판부는 職權으로 해당 증거방법에 대해 조사할 수 있다. 재판부가 증거조사를 終了하였을 때에는 증거신청을 철회할 수 없다

$\left(\begin{smallmatrix}예: 大 1946. 10. 11.-4279\\民上32·33 참조\end{smallmatrix}\right)$.

Ⅲ. 證據調査申請의 採否

증거신청이 방식이나 증거방법에서 부적법하거나 시기를 경과한 경우에는 그 신청을 却下할 수 있다.

증거신청이 적법한 것인 때에도 증거조사의 실시여부는 재판부의 소송지휘권에 속하므로 裁判部의 裁量에 속한다. 증인의 행방불명, 목적물의 상실, 증인에 대한 拘引狀의 집행불능 등 不定期間의 障碍가 있는 경우에도 조사를 하지 않을 수 있다.

증거조사를 할 것인가 또는 하지 않을 것인가에 대한 재판은 決定으로 한다. 이 때의 결정이란 민사소송에서와 달리 헌법재판의 유일한 재판형식으로서의 決定을 말한다. 이런 신청에 대한 결정에는 증거신청을 받아들이는 證據決定과 그 신청을 배척하는 却下決定이 있다. 부적법한 증거신청에 대해 각하하는 결정이 없이 증거조사를 하지 않고 審理를 종결하면 증거신청을 默示的으로 각하한 것이 된다.

[54] 第二 職權證據調査

裁判部는 사건의 심리를 위하여 필요하다고 인정하는 경우에는 직권에 의하여 증거조사를 할 수 있다($\begin{smallmatrix}憲裁法\\§31①\end{smallmatrix}$). 이를 당사자의 신청에 의한 증거조사와 구별하여 職權證據調査라고 한다. 당사자의 주장이나 신청에 관계없이 헌법재판소 스스로 판단하여 필요한 증거를 조사한다. 이런 점에서 헌법재판에서는 職權探知主義(Untersuchungs-grundsatz)가 적용된다. 헌법재판에서는 당사자의 신청에 의한 증거조사보다는 직권증거조사가 더 중요한 의미를 가지므로 재판부는 직권증거조사에 적극적인 자세를 취하여야 한다. 민사소송과 달리 헌법재판에서는 職權證據調査가 보충적인 것이 아니다.

2. 證據調査의 實施

[55] 第一 直接審理主義

증거조사는 裁判部가 직접 審判廷에서 행하는 것이 원칙이다($\begin{smallmatrix}憲裁法 §40①·\\民訴法 §297\end{smallmatrix}$). 이를 直接調査主義라고 한다. 위헌법률심판이나 헌법소원심판에서 서면심리로 심리하는 경우에는 증거조사를 심판정에서 하지 않을 수 있다.

裁判長은 필요하다고 인정할 경우에는 裁判官 중 1명을 지정하여 憲法裁判所法 제31조 제1항의 증거조사를 하게 할 수 있다($\begin{smallmatrix}憲裁法\\§31②\end{smallmatrix}$).

[56]　第二　當事者公開主義

對立當事者의 構造를 가지는 심판절차에서 당사자는 증거조사에 참여하여 증거에 관하여 자기 주장을 개진할 수 있다. 그러나 違憲法律審判節次나 法令에 대한 憲法訴願審判節次와 같이 심판절차의 성질상 대립당사자의 구조를 가지지 않은 경우에는 그러하지 아니하다. 이런 경우에는 당사자에게 참여의 기회를 주지 않고 재판부가 바로 증거조사를 하여도 무방하다.

당사자에게 참여의 기회를 주어야 하는 경우에 증거조사를 실시할 때에는 그 기일과 장소를 당사자에게 通知하고, 긴급한 경우가 아닌 한 당사자를 출석시켜 증거조사를 하여야 한다(憲裁法 §40①; 民訴法 §167, §381). 당사자가 출석하지 아니하여도 재판부는 증거조사를 할 수 있다. 兩當事者가 모두 출석하지 아니한 경우에는 재판부가 직권으로 증거조사를 하면 된다.

[57]　第三　各種　證據方法에　대한　證據調査

재판부는 i) 당사자 또는 증인을 訊問하는 일, ii) 당사자 또는 관계인이 所持하는 문서·장부·물건 또는 그 밖의 證據資料의 提出을 요구하고 領置하는 일, iii) 특별한 학식과 경험을 가진 자에게 鑑定을 명하는 일, iv) 필요한 물건·사람·장소 또는 그 밖의 사물의 性狀이나 상황을 檢證하는 일 등 4가지의 證據方法에 대해 증거조사를 할 수 있다(憲裁法 §31①).

(1) 당사자신문

당사자신문이라 함은 당사자 본인의 진술에서 증거자료를 얻는 증거조사를 말한다.

(2) 증인신문

(a) 의　　의

증인신문이라 함은 증인의 증언에서 증거자료를 얻는 증거조사를 말한다.

특별한 학식과 경험에 의하여 얻은 과거의 사실을 보고하는 자인 鑑定證人은 증인신문절차에 의해서 조사한다. 증인이 될 수 있는 자는 당사자나 법정대리인 이외의 제3자이다.

(b) 신　　청

증인신문은 증인신문의 신청이 있어야 행해진다. 증인신문을 신청한 당사자는 헌법재판소가 정한 기한까지 상대방의 수에 12를 더한 수의 증인신문사항을 기재한 서면을 함께 제출하여야 한다. 사무관등은 제출한 서면 1통을 증인신문기일 전에 상대방에게 송달하여야 한다. 서면에 기재하는 증인신문사항은 개별적이고 구체적이어야 한다($\substack{審判規 \\ 則 §27}$).

증인의 신청이 있고 헌법재판소가 증인신청을 받아들인 경우에는 증인에게 필요적 사항이 기재된 서면으로 출석을 요구한다($\substack{同規則 \\ §28①}$). 증인이 출석요구를 받고 기일에 출석할 수 없으면 바로 그 사유를 밝혀 신고하여야 한다($\substack{同規則 \\ §29}$). 출석요구를 받은 증인이 정당한 사유 없이 출석하지 아니한 경우에는 구인할 수 있는데, 이에 관하여는 「형사소송규칙」 중 구인에 관한 규정을 준용한다($\substack{同規則 \\ §30①}$). 증언거부나 선서거부에 정당한 이유가 없다고 한 결정이 있은 뒤에 증언거부나 선서거부를 한 증인에 대한 과태료재판절차에 관하여는 「비송사건절차법」 제248조, 제250조의 규정(다만, 검사, 항고, 과태료재판절차의 비용에 관한 부분을 제외한다)을 준용한다($\substack{同條 \\ ②}$).

(c) 방　　법

증인신문은 개별적이고 구체적으로 하여야 한다. 증인신문이 i) 증인을 모욕하거나 증인의 명예를 해치는 내용의 신문, ii) 「민사소송규칙」 제91조 내지 제94조의 규정에 어긋나는 신문, iii) 이미 한 신문과 중복되는 신문, iv) 쟁점과 관계없는 신문, v) 의견의 진술을 구하는 신문, vi) 증인이 직접 경험하지 아니한 사항에 관하여 진술을 구하는 신문의 어느 하나에 해당하는 때에는 재판장은 직권 또는 당사자의 신청에 따라 이를 제한할 수 있다. 다만, ii) 내지 vi)에 규정된 신문에 관하여 정당한 사유가 있으면 그러하지 아니하다($\substack{同規則 \\ §31}$).

(d) 이의신청

증인신문에 관한 재판장의 명령 또는 조치에 대한 이의신청은 그 명령 또는 조치가 있은 후 바로 하여야 하며, 그 이유를 구체적으로 밝혀야 한다. 재판부는 이 이의신청에 대하여 바로 결정하여야 한다($\substack{同規則 \\ §32}$).

(e) 증인신문조서 열람 · 복사

증인은 자신에 대한 증인신문조서의 열람 또는 복사를 청구할 수 있다($\substack{同規則 \\ §33}$).

(3) 당사자 등 소지의 증거자료의 제출 요구 · 영치

(a) 의　　의

재판부는 증거조사로서 當事者 또는 關係人이 所持하는 文書 · 帳簿 · 物件 기타 證據資料의 提出을 요구하고 이를 領置하여 이로부터 證據資料를 얻을 수 있다. 문서나 장부의 경우에는 법령에서 따로 정한 바가 없으면 民事訴訟法의 書證에 관한 규정이 準用된다. 물건 기타 증거자료에는 문서나 장부가 아닌 모든 종류의 증거자료가 포함된다. 예컨대 사진, 전자기록, 마이크로필름, 녹화필름이나 테이프, 녹음테

이프, 컴퓨터용 자기테이프나 플로피디스켓 등도 이에 해당한다.

이런 증거자료의 제출을 요구하고 이를 영치하는 것은 이런 자료의 내용으로부터 증거를 얻고자 하는 것이다. 단순히 이런 자료의 외형이나 존재 자체를 자료로 할 때에는 檢證에 의한다.

(b) 서증신청의 방식

당사자가 서증을 신청하려는 경우에는 문서를 제출하는 방식, 문서를 가진 사람에게 그것을 제출하도록 명할 것을 신청하는 방식, 또는 문서를 가지고 있는 사람에게 그 문서를 보내도록 촉탁할 것을 신청하는 방법으로 한다($\frac{審判規則}{\S34, \S39}$). 다만, 당사자가 법령에 따라 문서의 정본이나 등본을 청구할 수 있는 경우에는 문서송부의 촉탁의 방법으로 서증을 신청하지 못한다($\frac{同規則}{\S39但}$).

문서를 제출하면서 서증을 신청할 때에는 문서의 제목·작성자 및 작성일을 밝혀야 한다. 다만, 문서의 내용상 명백한 경우에는 그러하지 아니하다. 서증을 제출할 때에는 상대방의 수에 1을 더한 수의 寫本을 함께 제출하여야 한다. 다만, 상당한 이유가 있으면 헌법재판소는 기간을 정하여 나중에 사본을 제출하게 할 수 있다. 이러한 사본은 명확한 것이어야 하며 재판장은 사본이 명확하지 아니한 경우에는 사본을 다시 제출하도록 명할 수 있다. 文書의 一部를 증거로 할 때에도 문서의 전부를 제출하여야 한다. 다만, 그 사본은 재판장의 허가를 받아 증거로 원용할 부분의 초본만을 제출할 수 있다. 헌법재판소는 서증에 대한 증거조사가 끝난 후에도 書證原本을 다시 제출할 것을 명할 수 있다($\frac{同規則}{\S35}$).

문서를 가진 사람에게 그것을 제출하도록 명하는 방법으로 서증을 신청할 때에는 i) 문서의 표시, ii) 문서의 취지, iii) 문서를 가진 사람, iv) 증명할 사실, v) 문서를 제출하여야 하는 의무의 원인을 기재한 서면으로 하여야 한다. 상대방은 이러한 신청에 관하여 의견이 있으면 의견을 기재한 서면을 헌법재판소에 제출할 수 있다($\frac{同規則}{\S38}$).

문서송부의 촉탁의 방법으로 서증을 신청할 때에는 법원, 검찰청, 그 밖의 공공기관이 보관하고 있는 기록 가운데 불특정한 일부에 대하여도 문서송부의 촉탁을 신청할 수 있다. 헌법재판소가 이러한 신청을 채택한 경우에는 기록을 보관하고 있는 법원 등에 대하여 그 기록 가운데 신청인이 지정하는 부분의 인증등본을 보내 줄 것을 촉탁하여야 한다. 그리고 이러한 촉탁을 받은 법원 등은 그 문서를 보관하고 있지 아니하거나 그 밖에 송부촉탁에 따를 수 없는 특별한 사정이 없으면 문서송부촉탁 신청인에게 그 기록을 열람하게 하여 필요한 부분을 지정할 수 있도록 하여야 한다($\frac{同規則}{\S40}$).

(c) 증거설명서의 제출

재판장은 서증의 내용을 이해하기 어렵거나 서증의 수가 너무 많은 경우 또는 서증의 입증취지가 명확하지 아니한 경우에는 당사자에게 서증과 증명할 사실의 관계를 구체적으로 밝힌 설명서를 제출하도록 명할 수 있다. 서증이 국어 아닌 문자 또는 부호로 되어 있으면 그 문서의 번역문을 붙여야 한다. 다만, 문서의 일부를 증거로 할 때에는 재판장의 허가를 받아 그 부분의 번역문만을 붙일 수 있다($\frac{同規則}{\S36}$).

(d) 서증에 대한 증거결정

당사자가 서증을 신청한 때에 i) 서증과 증명할 사실 사이에 관련성이 인정되지 아니하는 경우, ii) 이미 제출된 증거와 같거나 비슷한 취지의 문서로서 별도의 증거가치가 있음을 당사자가 밝히지 못한 경우, iii) 국어 아닌 문자 또는 부호로 되어 있는 문서로서 그 번역문을 붙이지 아니하거나 재판장의 번역문 제출명령에 따르지 아니한 경우, iv) 제36조에 따른 재판장의 증거설명서 제출명령에 따르지 아니한 경우, v) 문서의 작성자나 그 작성일이 분명하지 아니하여 이를 명확히 하도록 한 재판장의 명령에 따르지 아니한 경우의 어느 하나에 해당하는 사유가 있으면 헌법재판소는 그 서증을 채택하지 아니하거나 채택결정을 취소할 수 있다($\frac{同規則}{\S37}$).

(e) 문서가 있는 장소에서의 서증조사

제3자가 가지고 있는 문서를 문서제출신청 또는 문서송부촉탁의 방법에 따라 서증으로 신청할 수 없거나 신청하기 어려운 사정이 있으면 헌법재판소는 당사자의 신청 또는 직권에 의하여 그 문서가 있는 장소에서 서증조사를 할 수 있다. 이 경우 신청인은 서증으로 신청한 문서의 사본을 헌법재판소에 제출하여야 한다($\frac{同規則}{\S41}$).

(f) 협력의무

헌법재판소로부터 문서의 전부 또는 일부의 송부를 촉탁받은 사람 또는 문서가 있는 장소에서의 서증조사 대상인 문서를 가지고 있는 사람은 정당한 이유 없이 문서의 송부나 서증조사에 대한 협력을 거절하지 못한다. 문서의 송부촉탁을 받은 사람이 그 문서를 보관하고 있지 아니하거나 그 밖에 송부촉탁에 따를 수 없는 사정이 있으면 그 사유를 헌법재판소에 통지하여야 한다($\frac{同規則}{\S42}$).

(g) 문서제출방법

헌법재판소에 문서를 제출하거나 보낼 때에는 원본, 정본 또는 인증이 있는 등본으로 하여야 한다. 헌법재판소는 필요하다고 인정하면 원본을 제출하도록 명하거나 원본을 보내도록 촉탁할 수 있고, 당사자로 하여금 그 인용한 문서의 등본 또는 초본을 제출하게 할 수 있다. 문서가 증거로 채택되지 아니한 경우에는 헌법재판소는 당사자의 의견을 들어 제출된 문서의 原本·正本·謄本·抄本 등을 돌려주거나 폐기할 수 있다($\frac{同規則}{\S43}$).

(4) 감   정

(a) 의   의

鑑定은 재판관의 판단능력을 보충하기 위하여 감정인이 가진 특별한 학식과 경험에 속하는 의견을 보고하게 하는 증거조사를 말한다. 감정인도 증인과 같이 제3자이어야 한다. 감정인의 지정은 재판부가 결정한다. 감정에 대해서는 법령에서 따로 정하고 있지 않으면 民事訴訟法의 규정이 準用된다.

(b) 감정의 신청

감정을 신청할 때에는 감정을 구하는 사항을 적은 서면을 함께 제출하여야 한다. 이 서면은 상대방에게 송달하여야 한다(同規則 §44).

(c) 감정의 촉탁

헌법재판소는 필요하다고 인정하면 공공기관, 학교, 그 밖에 상당한 설비가 있는 단체 또는 외국의 공공기관에 감정을 촉탁할 수 있다. 이 경우 선서에 관한 규정은 적용하지 아니한다(同規則 §45).

(5) 검   증

(a) 의   의

檢證은 재판관이 그의 五官을 통하여 직접 물건·사람·장소 기타 사물의 性狀 또는 狀況을 檢查하여 그 결과를 證據資料로 하는 증거조사를 말한다. 검증물을 가지고 있는 자는 정당한 이유가 없는 한 檢證物을 제시하여 검증을 받을 의무가 있다. 이것은 公法上의 一般義務이다. 검증에 대해서는 법령에서 따로 정하고 있지 않으면 民事訴訟法의 규정이 準用된다.

(b) 검증의 신청

당사자가 검증을 신청할 때에는 검증의 목적을 표시하여 신청하여야 한다(同規則 §46).

(c) 검증할 때의 감정

수명재판관은 검증에 필요하다고 인정하면 감정을 명하거나 증인을 신문할 수 있다(同規則 §47).

헌법재판에서의 증거조사를 실효성 있게 만드는 조치가 필요하다. 헌법재판은 180일 이내에 終局決定을 선고하도록 심판기간이 정해져 있고(憲裁法 §38), 탄핵심판이나 정당해산심판과 같이 신속하게 처리하여야 할 필요가 있는 경우에는 증거조사의 실효성 확보가 매우 중요하다. 예컨대 2004년에 있었던 대통령에 대한 탄핵심판의 심리에서는 증인의 증언거부와 관계기관의 자료제출거부로 인하여 사실인정을 제대로 하지 못한 채 결정을 내린 점이 발생했다.

제 4 절 事實照會·資料提出要求

裁判部는 決定으로 다른 國家機關 또는 公共團體의 機關에 대하여 審判에 필요한 사실을 照會하거나, 기록의 송부나 자료의 提出을 요구할 수 있다. 다만, 裁判·訴追 또는 犯罪搜査가 진행중인 사건의 기록에 대하여는 송부를 요구할 수 없다($\frac{憲裁法}{§32}$).

재판부가 적법하게 행하는 사실조회나 자료의 제출요구를 받은 기관은 이에 응하여야 할 의무가 있다. 이런 재판부의 요구에 응하지 아니하는 행위는 裁判의 妨害에 해당한다.

이러한 사실조회나 자료제출요구는 국가기관 또는 공공단체의 기관에 대하여 행해지는 것이다. 私人에 대해서는 憲法裁判所法 제31조 제 1 항 제 2 호가 인정하는 증거조사를 행한다.

제 5 절 當事者 等의 意見提出

헌법재판에서는 재판과 관계가 있는 자에게 의견서를 제출할 수 있는 기회를 광범하게 보장하고 있다. 헌법재판소의 심판에 이해관계가 있는 國家機關 또는 公共團體와 法務部長官은 헌법재판소에 意見書를 제출할 수 있고($\frac{審判規則}{§10①}$), 위헌법률심판에서는 소송사건의 當事者도 헌법재판소에 의견서를 제출할 수 있다. 이러한 의견서의 제출은 제출자가 임의로 판단하여 결정하는 것이고 헌법재판소의 허락을 요하지 않는다.

다른 한편으로 헌법재판소는 이들에게 의견서를 제출할 것을 要請할 수도 있다($\frac{同}{項}$). 이러한 헌법재판소의 요청에 응할 것인가 말 것인가는 요청을 받은 자가 스스로 결정한다. 법에서 따로 정하고 있지 않는 한 의견서의 제출은 의무적인 것이 아니다.

그리고 헌법재판소는 필요하다고 인정하는 경우에 당해 심판에 이해관계가 있는 사람에게 의견서를 제출할 수 있음을 통지할 수 있다($\frac{同條}{②}$). 법률에서 따로 정하고 있지 않은 한 이해관계인은 헌법재판소로부터 이러한 통지를 받은 경우에만 의견서를 제출할 수 있다.

I. 違憲法律審判節次

(1) 의견서의 제출

위헌법률심판에서는 당해 訴訟事件의 當事者 및 法務部長官은 헌법재판소에 법률의 위헌여부에 대한 意見書를 提出할 수 있다($\frac{憲裁法}{§44}$). 여기서 말하는 당사자는 위헌법률심판절차의 당사자가 아니라 제청법원에 係屬된 소송사건의 당사자를 말한다. 헌법재판소의 위헌법률심판절차, 즉 구체적 규범통제절차에서는 당사자가 존재하지 않는다. 提請法院이나 제청법원에 계속중인 소송사건의 당사자는 구체적 규범통제절차의 당사자가 아니다.

(2) 서면주의

의견서의 제출에 있어서 口頭로 의견을 제출하는 것은 적법하지 않다. 書面主義가 적용된다.

(3) 법무부장관의 의견

一般法院에 계속된 당해 소송사건의 당사자는 당사자의 입장에 따라 해당 법률이나 법률조항의 위헌을 주장할 것이지만, 법무부장관이 언제나 해당 법률이나 법률조항의 합헌을 주장하는 의견을 제출해야 하는 것은 아니다. 법무부장관은 위헌법률심판절차에서 제청법원의 당해 소송사건의 당사자와의 관계에서 대립당사자의 지위에서 방어하는 지위에 있는 것이 아니기 때문이다. 법무부장관은 법률을 집행하는 행정부측의 대표자로서 전문적인 의견을 개진하는 것이므로 합헌이든 위헌이든 구애됨이 없이 객관적인 의견을 제출하여야 한다. 법무부장관이 의견을 낼 필요가 없다고 판단한 경우에는 의견을 내지 않을 수 있다.

실제에서는 주무 부서의 장관이 의견을 제출하고 있다. 그러나 주무 부서의 장관이 반드시 의견을 제출하여야 하는 것은 아니다. 국회는 실제에서 의견을 제출하지 않고 있다. 입법권은 국회가 가지므로 국회의장이 국회를 대표하여 국회의 의견을 제출하는 것은 타당하나 국회의 의견이 제출되지 않은 상태에서 국회의장이 의견을 제출하는 것은 타당하지 않다.

II. 憲法裁判所法 제68조 제 2 항의 憲法訴願審判節次

憲法裁判所法 제68조 제 2 항의 憲法訴願審判에서는 당해 訴訟事件의 當事者 및 法務部長官은 헌법재판소에 법률의 위헌여부에 대한 意見書를 提出할 수 있다($\frac{憲裁法 §74}{②, §44}$). 憲法裁判所法 제68조 제 2 항의 헌법소원심판은 성질상 위헌법률심판이므로 이러한 규정은 당연하다.

제청신청인이 憲法裁判所法 제68조 제 2 항에 의한 헌법소원심판을 청구하는 경우에는 이 청구는 법원의 提請에 갈음하는 것이지만 형식적으로 청구인은 헌법재판소법 제68조 제 2 항의 절차에서 당사자인 동시에 당해 법원의 소송사건의 당사자이기도 하다. 그러나 이 경우도 憲法裁判所法 제68조 제 2 항에 의한 헌법소원심판청구의 상대방(=피청구인)은 존재하지 않고, 당해 법원의 소송사건의 상대방만 존재한다. 따라서 憲法裁判所法 제68조 제 2 항의 절차에서는 청구인은 심판청구서와 준비서면으로 의견을 주장하므로 따로 의견서를 제출할 필요는 없고, 당해 법원의 소송사건의 다른 당사자는 의견서를 제출할 필요가 있을 수 있다. 당해 법원의 소송사건이 형사사건인 경우에는 법무부장관이 헌법재판소에 의견서를 제출하므로 검사는 의견서를 제출할 필요가 없다.

이 경우에도 법무부장관, 주무 부서의 장관, 국회의 의견 제출의 실제는 위에서 본 것과 같다.

Ⅲ. 憲法訴願審判節次

憲法裁判所法 제68조 제 1 항의 헌법소원심판에 利害關係가 있는 國家機關 또는 公共團體와 法務部長官은 헌법재판소에 그 심판에 관한 意見書를 제출할 수 있다($^{憲裁法}_{§74①}$).

어떤 기관이나 단체가 이해관계가 있는 국가기관 또는 공공단체인가 하는 것은 해당사건에 따라 개별적으로 판단한다. 주무 부서의 장관은 이해관계가 있는 국가기관으로서 의견서를 제출할 수 있다. 실제에서는 주무 부서의 장관이 법무부장관과 별도로 의견서를 제출하기도 한다. 법률에 대한 헌법소원심판의 경우에서도 실제에서 국회는 의견서를 제출하지 않고 있다. 법률에 대한 헌법소원심판절차에서 국회의 장이 의견서를 제출하는 것은 타당하지 않다.

Ⅳ. 國家人權委員會의 意見提出

國家人權委員會는 인권의 보호와 향상에 중대한 영향을 미치는 재판이 계속중인 경우에 헌법재판소의 要請이 있거나 필요하다고 인정할 때에는 헌법재판소에 법률상의 사항에 관하여 의견을 제출할 수 있다($^{人權委法}_{§28①}$). 國家人權委員會法이 정하는 인권침해의 조사와 구제에 있어서 국가인권위원회가 조사 또는 처리한 내용에 관하여 재판이 계속중인 경우에 헌법재판소의 요청이 있거나 필요하다고 인정할 때에는 헌법재판소에 사실상 및 법률상의 사항에 관하여 의견을 제출할 수 있다($^{同條}_{②}$).

제 6 절 評   議

[58] 第一   評議의 節次

헌법재판소의 심리가 종결되면 재판관회의에서 사건에 대한 評議를 한다. 이 때 재판장은 評議의 整理를 담당한다($^{憲裁法}_{\S35①}$). 여기서 말하는 재판관회의는 재판부가 평의를 하기 위해 소집된 회의를 말하며, 헌법재판소의 행정조직으로서 존재하는 裁判官會議($^{同法}_{\S16}$)와는 구별된다.

헌법재판소의 관례에 의하면, 사건의 주심을 맡은 재판관은 희망하는 評議日을 지정하여 해당 사건에 관한 검토보고서를 첨부한 評議要請書를 각 재판관에게 배포하는 방법으로 평의를 요청한다. 평의요청서의 배포는 평의가 있기 전 상당한 기간을 두고 행해진다. 재판관들이 해당 사건에 대한 심리내용과 주심재판관의 검토보고서를 충분히 검토할 수 있는 시간을 확보하기 위한 것이다. 재판장은 재판관들과 협의하여 평의의 일정을 확정하고, 평의의 일자와 안건 목록을 각 재판관에게 통지한다.

재판관회의에서 평의 절차가 시작되면 먼저 주심을 맡은 재판관이 사건에 대하여 검토한 내용을 발표하고 재판관들간에 평의를 한 후 최종적으로 表決(=評決)을 한다. 표결하기에 충분하지 않을 경우에는 추가 보고서를 제출하게 하기도 한다. 통상의 관례에 의할 때, 표결에서는 주심을 맡은 재판관이 먼저 의견을 제시하고, 그 다음은 직무상 최하위 서열의 재판관부터 순차적으로 의견을 제시하며, 재판장은 마지막에 의견을 제시한다.

[59] 第二   評議에서의 表決의 方式

사건에 대하여 평의를 하고 표결하는 경우에 본안전판단과 본안판단, 본안판단 사항의 각 쟁점들을 분리하여 순차적으로 표결하는가 아니면 이를 분리하지 않고 同時에 같이 표결하는가에 따라 順次表決의 방식과 同時表決의 방식으로 나뉜다.

Ⅰ. 表決의 方式
(1) 순차표결의 방식

순차표결(Stufenabstimmung)은 청구의 적법요건에 대한 판단과 본안판단을 구별하여 먼저 적법요건에 대한 표결을 하여 적법여부를 결정한 후, 적법하다고 판단하면 그 다음에는 부적법하다는 의견을 낸 재판관도 청구가 적법하다는 전제하에 본안에

대한 의견을 낸다. 이를 「쟁점별 합의제」 또는 「쟁점별 평결방식」이라고 하기도
한다.

(2) 동시표결의 방식

동시표결(Tenorabstimmung)은 청구의 적법요건에 대한 판단과 본안판단을 구별하
지 않고 각 쟁점에 대하여 재판관마다 의견을 내어 결정정족수를 충족시키는지를 정
한다. 이러한 방식에 의하면, 청구가 적법하지 않다는 의견을 낸 재판관은 본안에
대한 의견을 낼 수 없고, 청구가 적법하다고 보는 재판관만 본안에 대한 의견을 낼
수 있다. 이를 「주문합의제」 또는 「주문별 평결방식」이라고 하기도 한다.

《獨逸 헌법재판에서의 表決方式》

표결방식에 관한 이해를 돕기 위해서 독일의 논의를 살펴볼 필요가 있다(崔甲先b, 290~311). 독
일의 法院組織法 제195조에서는 "법관이나 참심원은 선행문제에 관한 표결에서 소
수에 속했다는 이유로 후속문제에 관한 표결을 거부할 수 없다"라고 규정하여 표결
에 관한 원칙을 선언하고 있다. 일반재판에서의 표결방식을 살펴보면, 民事裁判과
刑事裁判이 구별되는데, 민사재판의 경우에는 쟁점별 표결방식이 일치된 견해로 채
택되어 판례로 확립되어 있는 반면(그 이유로는 재판의 이유제시의무, 쟁점들의 논리적 전개, 개별 쟁점에 대한 고려 등이 제시되고 있다), 형사재판에서는
전체/주문별 표결방식이 통설이자 판례이다. 쟁점별 표결방식은 적극적 당사자에게
유리하고, 주문별 표결방식은 소극적 당사자에게 유리한 측면이 있는데, 형사재판에
서는 주문별 표결방식이 피고인에게 유리하고, 평가대상인 행위가 가분할 수 없는
전체이기에 주문별 표결방식이 채택된다고 한다. 다만, 민사재판이나 형사재판을 불
문하고, 訴訟條件에 대한 판단과 本案에 대한 판단은 각각 별도로 표결하며, 형사재
판에서도 罪責의 문제와 刑罰의 문제는 별도로 표결한다. 독일헌법재판에서의 표결
방식을 살펴보면, 기본권실효심판, 정당해산심판, 탄핵심판의 경우 형사소송절차와
유사하기 때문에 전체/주문별 표결방식이 적용되지만, 나머지 심판절차, 즉 위헌법
률심판, 헌법소원심판, 권한쟁의심판의 경우에는 쟁점별 표결방식이 적용된다고 본
다. 나머지 심판절차에 대하여 쟁점별 표결방식이 적용되는 법적 근거로는 聯邦憲
法裁判所法 제67조에서 "연방헌법재판소는 피청구인의 처분 또는 부작위가 기본법
의 어느 규정을 침해하는지 자신의 결정에서 확인한다"라고 정하고 있는 점
(동법 제95조 제1항도 같은 취지로 규정되어 있다), 연방헌법재판소 직무규칙 제27조 제2문에서 "관련사건에서 여러
가지 법적 문제들이 제기되면, 재판주문에 관해서 결정하기 전에 이러한 문제들을
순서대로 각각 표결한다"라고 되어 있는 점 등이 제시되며, 그 밖의 논거로는 쟁점
별 표결방식에 의해서만 비로소 모든 쟁점에서 재판의 이유가 다수의 의사에 기초
한다는 점이 보장된다는 점, 법규정이 위헌무효로 선언될 경우 입법자는 새로운 입
법을 위해 헌법재판소가 어떤 이유를 근거로 위헌이라 판단하는지 알아야 한다는
점 등이 제시된다.

Ⅱ. 憲法裁判所의 態度

우리 憲法裁判所는 「동시표결의 방식」, 즉 「주문별 평결방식」을 취하고 있다. 이러한 「동시표결의 방식」에 대해서는 재판관들간에 의견의 대립을 보인 적이 있고 (예: 憲 1994. 6. 30.-92헌바23; 이 사건에서는 본안전판단과 본안판단 간의 관계가 문제가 되었는데, 재판관 5인은 본안전판단 사항에서 단순다수결로 적법하다고 결정되었으면 모든 재판관이 본안판단에서 의견을 내어야 한다고 하였다. 이는 쟁점별 합의제를 인정하는 태도이다. 소수의견은 그렇게 하려면 판례변경을 해야 하고 6인 이상의 찬성이 있어야 한다는 입장을 견지하였다), 각하의견을 낸 재판관이 본안에 관하여도 비록 소수의견이기는 하나 의견을 낸 경우도 있다(憲 2006. 5. 25.-2003헌바115등, 위 사례에서 다수의견은 심판청구가 적법하고, 심판대상 조문이 헌법에 위반되지 않는다고 판단하였으나, 재판관 김경일, 송인준은 심판청구가 일사부재리의 원칙 내지 기판력에 따라 각하되어야 한다는 반대의견을 내었을 뿐만 아니라, 본안에 관하여도 위헌이라는 의견을 내었다. 그러나 위 사건에서는 어떠한 표결방식을 취하는지에 따라 결론이 달라지는 경우가 아니어서 헌법재판소의 표결방식에 변화가 생겼다고 보기는 어렵다).

[憲 1994. 6. 30.-92헌바23] 「소수의견은 이 사건 헌법소원에 있어서 재판의 전제성을 인정할 수 없어서 부적법하다고 각하의견을 제시하고 있을 뿐, 이 사건 심판대상규정의 위헌여부에 대한 의견을 개진하지 않고 있다. 그런데 헌법 제113조 제1항은 "헌법재판소에서 법률의 위헌결정, 탄핵의 결정, 정당해산의 결정 또는 헌법소원에 관한 인용결정을 할 때에는 재판관 6인 이상의 찬성이 있어야 한다"고 규정하고 있으므로 위의 반대해석으로 여타의 사항은 재판관 과반수의 찬성으로 결정되어야 하는 것이다. 헌법이 재판의 정족수에 대하여 위와 같은 특칙을 둔 이유는 재판관이 재판을 함에 있어서 과반수로써 재판하여야 함은 재판의 기본원칙이기 때문에 헌법상 특칙규정이 없다면 헌법은 재판관의 과반수에 의한 재판이라는 일반원칙을 승인한 것이 되므로 법률로서는 재판의 합의정족수를 달리 규정할 수 없게 되기 때문일 것이다(대법원 1971. 6. 22. 선고, 70다1010 판결 참조). 그렇다면, 헌법의 위 규정에 따른 헌법재판소법 제23조 제2항 단서의 규정상 6인 이상의 찬성을 필요로 하는 경우 이외의 사항에 관한 재판에 있어서는 원래의 재판원칙대로 재판관 과반수의 찬성으로 결정되어야 하는 것이고 그에 대하여서는 이론의 여지가 있을 수 없는 것이다(헌법재판소 제23조 제2항 본문 및 법원조직법 제66조 제1항 참조). 즉, 본안재판의 전제로서 예컨대, 헌법재판소법 제41조 제1항의 '재판의 전제성'이라든가 헌법소원의 적법성의 유무에 관한 재판은 재판관 과반수의 찬성으로 족한 것이다. 따라서 이 사건에 있어서 재판관 5인이 재판의 전제성'을 인정하였다면 이 사건 헌법소원은 일응 적법하다고 할 것이고 이 사건 헌법소원이 적법한 이상, 재판의 전제성을 부인하는 재판관 4인도 본안결정에 참여하는 것이 마땅하며 만일 본안에 대해 다수와 견해를 같이하는 경우 그 참여는 큰 의미를 갖는 것이라 할 것이다.」 그러나 4인의 재판관은 다음과 같이 주문별로 합의하여야 한다고 하며 본안에 대한 의견을 제시하지 않았다. 「우리 재판소는 발족 이래 오늘에 이르기까지 예외 없이 주문합의제를 취해 왔다(헌법재판소 1993. 5. 13. 선고, 90헌마22, 91헌바12·13, 92헌바3·4 (병합) 결정 및 헌법재판소 1994. 6. 30. 선고, 92헌가18 결정 참조). 우리는 위헌의견이 유독 이 사건에서 주문합의제에서 쟁점별 합의제로 변경하여야 한다는 이유를 이해할 수 없고, 새삼 판례를 변경하여야 할 다른 사정이 생겼다고 판단되지 아니한다.」

동시표결방식에 따른 판례상의 주문

사　건	재판관의 의견	주　문
1989. 7. 14.–88헌가5등	각하: 2, 합헌: 5, 위헌: 2(위헌법률심판)	합헌
1992. 2. 25.–89헌가104	각하: 3, 한정합헌: 5, 위헌: 1(위헌법률심판)	한정합헌
1997. 7. 16.–95헌가6등	각하: 2, 헌법불합치: 2, 위헌: 5(위헌법률심판)	헌법불합치
2009. 9. 24.–2008헌가25	합헌: 2, 헌법불합치: 2, 위헌: 5(위헌법률심판)	헌법불합치
2007. 3. 29.–2005헌바33 2009. 7. 30.–2008헌가1	합헌: 3, 일부위헌 일부헌법불합치: 1, 전부 헌법불합치: 5(위헌법률심판)	헌법불합치
2003. 4. 24.–99헌바110등	각하: 4, 헌법불합치: 4, 위헌: 1(위헌법률심판)	합헌
1997. 7. 16.–96헌라2	각하: 3, 인용: 3, 기각: 3(권한쟁의심판)	기각
2000. 2. 24.–97헌마13등	각하: 4, 인용: 5(헌법소원심판)	기각

헌법소원심판에서 재판관 9인 중 인용의견이 5인이고 각하의견이 4인인 경우에 憲法裁判所法 제23조 제2항 제1호에 규정된 헌법소원에 관한 인용결정의 정족수에 미달한다는 이유로 기각결정을 하는 것(예: 憲 2000. 2. 24.–97헌마13등)이나 권한쟁의심판에서 재판관 9인 중 각하의견이 3이고 인용의견과 기각의견이 각각 3인 경우에 인용의견이 재판관 과반수에 이르지 못하였다는 이유로 기각결정을 한 것(예: 憲 1997. 7. 16.–96헌라2)도 이런 「동시표결의 방식」을 취하기 때문에 발생한다. 「순차표결의 방식」을 취하면 주문이 달라질 수 있다.

憲法裁判所는 4인의 재판관은 특별부담금의 헌법적 허용한계를 일탈하여 국민의 재산권을 침해하였다는 이유로 위헌의견을, 4인의 재판관은 포괄위임금지의 원칙에 위배되었다는 이유로 위헌의견을, 1인의 재판관은 합헌의견을 가진 사건에서 단순위헌의 결정을 선고하였다(예: 憲 2003. 12. 18.–2002헌가2). 이 경우 쟁점별로 보면, 어느 것도 위헌결정의 정족수인 6인에 이르지 못한 상황에서 단순위헌결정을 선고한 것이므로 잘못된 것이라는 결론에 도달한다.

Ⅲ. 私　見

사건에 대하여 평의한 결과 전원일치의 의견에 도달하지 못하여 표결을 해야 하는 경우에는 언제나 본안전판단의 사항을 본안판단의 사항에 앞서 판단하여야 한다. 이는 소송절차의 본질상 심판청구의 적법여부는 본안판단을 할 수 있기 위한 本案裁判要件(Sachentscheidungsvoraussetzung)이고 本案審理要件(Sachverhandlungsvoraussetzung)이기 때문에 법리상 청구의 적법요건이 충족되지 못하면 본안판단에 들어갈 수 없기 때문이다. 이는 소송절차의 본질과 법리상 自明하다. 따라서 심판청구의 적법요건에 대하여 의견의 합치를 보지 못하는 경우에는 먼저 이에 대하여 표결을 하고, 단순다수결에 따라 소수는 다수의 의사에 승복하여야 한다. 이 경우 심판청구가 적법하다는 것이 다수의견이면 소수는 심판청구가 적법하다는 것을 전제로 하여 본안판단에 참여하여 의견을 내어야 한다.

재판에서 심판청구의 적법성은 본안재판을 할 수 있기 위한 요건이라는 점, 소송에서는 하나의 결론을 도출하여야 하기 때문에 쟁점에 대하여 서로 충돌하는 각기 다른 의견들이 공존할 수 없다는 점, 본안전판단과 본안판단을 동시에 하는 것은 소송물이론상 서로 다른 소송물을 동일하게 보는 오류를 범하는 것이라는 점, 재판관의 의견도 오류를 범할 수 있다는 점(이 때문에 판례의 변경도 인정하고 있다), 동시표결의 방식으로는 결론이 도출되지 못하는 경우(예: 憲 1997. 7. 16.-95헌가6
등: 2003. 12. 18.-2002헌가2)가 발생한다는 점을 근거로 할 때, 평의에서의 표결은 쟁점별로 순차로 표결하여 결론을 도출하는 것이 타당하다(同旨: 許營d.
154). 따라서 본안전 판단, 즉 심판청구의 적법요건에 대하여 의견이 나뉘는 경우에는 각 쟁점별로 표결하여야 하며, 다양한 의견을 단순 합산하여 적법여부를 판단할 수 없다(재판관 3인은 변호사소송대리의 위반의 의견이고 2인은 청구기간 도과의 의견인 경우에 이를 단순합산하여
재판관 5인이 부적법각하의 의견이라고 하여 심판청구를 각하하는 것은 타당하지 않다. 예컨대 憲 1998. 7.
14.-98헌라: 1998. 7. 14.-98
헌라2는 잘못된 결정이다).

본안판단의 경우에도 쟁점의 성질상 단순히 합산할 수 없는 것인 경우(예: 재판관 3인
은 합헌, 2인은
평등조항위반, 2인은 과잉금지원칙의 적합성원칙 위
반, 2인은 기본권제한법률의 목적의 정당성 부존재)에는 각 쟁점에 대하여 순차로 표결하여 그 결과에 따라 주문을 결정하여야 한다. 법률의 조항이 헌법에 합치하지 아니하는 경우라고 하더라도 위헌결정과 헌법불합치결정은 호환적인 관계에 있지 아니하므로 헌법불합치결정의 주문선택여부에 대해서도 표결하여야 한다([42]Ⅱ(2)).

[60] 第三 評議의 非公開

평의는 공개하지 아니한다(憲裁法
§34①). 이러한 평의의 비공개에는 예외가 없다. 어떠한 경우에도 평의를 공개해서는 안 된다.

평의의 결론에 찬성하지 않는 재판관이 평의의 결론에 영향을 주기 위하여 선고하기 전에 평의의 내용을 미리 언론이나 외부에 알리는 것은 금지되며, 재판관의 이러한 행위는 위법행위로서 탄핵사유가 된다. 형사적인 책임도 면할 수 없다.

[61] 第四 決定書의 作成

Ⅰ. 決定書 作成의 節次

사건에 대하여 표결이 행해지면, 그 결과에 따라 결정서를 작성한다. 통상 「헌법재판소의 의견」(court opinion)은 주심을 맡은 재판관이 평의의 내용을 기초로 하여 決定書의 초안을 작성한다. 주심을 맡은 재판관이 소수의견을 낼 경우에는 「헌법재판소의 의견」에 해당하는 의견을 낸 재판관 가운데 1인을 지정하여 결정서의 초안을 작성하게 한다.

「헌법재판소의 의견」과 다른 의견을 내고자 하는 재판관이 있어 이를 재판부에 알리면 결정서의 초안은 그 재판관에게 제공된다. 이런 절차를 거쳐서 「헌법재판소의 의견」과 반대의견 또는 보충의견이 작성되어 재판부에 최종적으로 제출되면 그에 대한 검토과정을 거쳐 決定書의 原案을 확정한다.

Ⅱ. 再評議의 要請

결정서의 원안이 확정되었다고 하더라도 재판에 관여한 재판관이 자신의 의견을 변경하고자 하는 경우에는 사건에 대한 선고가 있기 전까지 자유로이 再評議를 요청할 수 있다. 이러한 再評議의 요청이 있으면 재판관회의를 개최하여 다시 평의를 한다.

제 6 장   審   判

제 1 절   審判의 場所

헌법재판소의 결정은 선고에 의하여 비로소 대외적으로 성립하여 효력을 발생한다.

宣告는 공개된 심판정에서 재판장이 決定書原本에 의하여 主文을 읽고($\binom{憲裁法 §40①:}{民訴法 §206}$), 이유의 요지를 설명한다($\binom{審判規}{則§48}$). 이유의 요지를 설명하는 경우 필요한 때에는 다른 재판관으로 하여금 이유의 요지를 설명하게 할 수 있다. 다만, 헌법재판소 의견(=법정의견)과 다른 의견이 제출된 경우에는 재판장은 宣告時에 이를 공개하고 그 의견을 제출한 재판관으로 하여금 이유의 요지를 설명하게 할 수 있다($\binom{同}{條}$).

審判의 辯論과 終局決定의 宣告는 審判廷에서 한다. 다만, 憲法裁判所長이 필요하다고 인정하는 경우에는 審判廷 외의 장소에서 이를 할 수 있다($\binom{憲裁法}{§33}$).

제 2 절   審判의 期間

憲法裁判所는 審判事件을 접수한 날부터 180日 이내에 終局決定의 宣告를 하여야 한다. 다만, 재판관의 闕位로 7명의 출석이 불가능한 경우에는 그 闕位된 기간은 審判期間에 算入하지 아니한다($\binom{憲裁法}{§38}$).

헌법재판소의 심판기간이 180일로 되어 있는 것은 사건에 따라서는 적합하지 않을 수 있다. 사건의 성질상 180일을 초과하는 경우도 발생한다. 그런데 이런 심판기간을 초과한 경우 기간도과를 이유로 그 결정의 효력을 부정할 수는 없다. 심판기간을 합리적으로 조정하고, 사건의 성질에 따라 심판기간을 탄력적으로 운용하는 방안을 모색할 필요가 있다. 180일로 하되, 재판부에서 이유를 붙여 결정으로 기간을 연장할 수 있도록 하는 것도 하나의 방안이다. 현재 헌법재판소는 이 심판기간을 정하고 있는 憲法裁判所法 제38조를 訓示規定으로 보고 운용해오고 있다. 심판기간 이 합리적이면 이를 훈시규정으로 보는 것은 잘못이다(同旨: 許營d.). 심판기간이 합리적임에도 정당한 이유 없이 심판기간을 도과한 때는 탄핵사유가 될 수 있고, 경우에 따라서는 재판지연의 책임을 져야 한다. 심판기간 도과 후에 행해진 결정의 효력 문제와 심판기간 도과의 책임 문제는 구별된다.

제 3 절 審判의 公開

[62] 第一 公開主義

審判의 辯論과 決定의 宣告는 公開한다. 다만, 書面審理와 評議는 公開하지 아니한다(憲裁法§34①). 헌법재판소의 재판에는 원칙적으로 심리와 결정의 선고에 公開主義가 적용된다. 헌법재판의 심리에는 구두변론이 요구되는 경우와 서면심리가 요구되는 경우가 있는데, 구두변론의 경우는 공개하지만 서면심리는 공개하지 않는다. 評議는 심판의 독립성과 공정성을 위하여 성질상 공개될 수 없다.

[63] 第二 例外的 非公開

法院組織法 제57조 제 1 항 단서, 제 2 항, 제 3 항의 규정은 헌법재판소의 심판에 관하여 이를 準用한다(憲裁法§34②). 따라서 심판의 변론의 경우에도 국가의 안전보장·안녕질서 또는 선량한 풍속을 해할 우려가 있는 때에는 결정으로 이를 공개하지 아니할 수 있다. 이러한 非公開決定에서는 이유를 開示하여 선고한다. 비공개결정을 한 경우에도 재판장은 적당하다고 인정되는 자의 在廷을 許可할 수 있다.

제 4 절 審判의 指揮

[64] 第一 裁判長의 秩序維持權

재판장은 심판정의 질서와 변론의 지휘 및 評議의 整理를 담당한다(憲裁法§35①). 헌법재판소 심판정의 질서유지와 용어의 사용에 관하여는 法院組織法 제58조부터 제63조까지 규정을 준용한다(同條②). 헌법재판소의 각종 심판에서 심판정의 질서유지는 재판장이 이

를 행한다. 재판장은 심판정의 존엄과 질서를 해할 우려가 있는 자의 **入廷禁止** 또는
退廷을 명하거나 기타 법정의 질서유지에 필요한 **命令**을 **發**할 수 있다(憲裁法 §35②;
法組法 §58①, ②).

　이런 것은 헌법재판에서 **職權進行主義**가 적용됨을 의미한다. 직권진행주의의 구
체적인 권한은 재판부 또는 재판장의 **訴訟指揮權**으로 나타난다. 헌법재판에 있어서
이런 소송지휘권은 헌법재판의 **平穩, 適正, 公正, 迅速**을 실현하기 위하여 재판부
또는 재판장에게 부여된 헌법소송의 주재권한이다. 재판부 또는 재판장은 이러한 제
도적 취지에 맞추어 소송의 진행에 따라 형성되는 구체적인 상황에 합당하게 소송지
휘권을 행사하여 소송을 진행한다.

[65] 第二 錄畵 등의 禁止

　누구든지 심판정에서는 **裁判長**의 허가 없이 녹화·촬영·중계방송 등의 행위를
하지 못한다(審判規
則 §19).

[66] 第三 警察官의 派遣要求

　裁判長은 심판정의 질서유지를 위하여 필요하다고 인정할 때에는 **開廷** 전후를
불문하고 관할경찰서장에게 국가경찰공무원의 파견을 요구할 수 있다. 재판장의 이
런 요구에 의하여 파견된 국가경찰공무원은 심판정 내외의 질서유지에 관하여 재판
장의 지휘를 받는다(憲裁法 §35②;
法組法 §60①, ②).

[67] 第四 監置 등

　憲法裁判所 裁判部는 직권으로 심판정 내외에서 헌법재판에 준용되는 **法院組織
法** 제58조 제2항의 명령 또는 제59조에 위배하는 행위를 하거나 **暴言·騷亂** 등의
행위로 재판부의 심리를 방해하거나 재판의 위신을 현저하게 훼손한 자에 대하여 결
정으로 20일 이내의 **監置** 또는 100만원 이하의 과태료에 처하거나 이를 병과할 수
있다(憲裁法 §35②;
法組法 §61①). 이런 재판에 관한 절차 기타 필요한 사항은 **憲法裁判所規則**으로 정
한다(憲裁法 §35②;
法組法 §61⑥).

　헌법재판소는 이러한 감치를 위하여 헌법재판소직원·교도관 또는 국가경찰공
무원으로 하여금 즉시 행위자를 구속하게 할 수 있으며, 구속한 때로부터 24시간 이
내에 감치에 처하는 결정을 하여야 하고 이를 하지 아니하면 즉시 **釋放**을 命하여야
한다(憲裁法 §35②;
法組法 §61②). **監置**는 경찰서유치장·교도소 또는 구치소에 유치함으로써 집행한다
(憲裁法 §35②;
法組法 §61③). 감치는 피감치인에 대한 다른 사건으로 인한 구속 및 형에 우선하여 집
행하며, 감치의 집행중에는 피감치인에 대한 다른 사건으로 인한 구속 및 형의 집행

이 정지되고, 피감치인이 당사자로 되어 있는 본래의 심판사건에 대하여 소송절차는
停止된다. 다만, 법원은 상당한 이유가 있는 때에는 법원에 계속된 본래의 심판사건
에 소송절차의 續行을 명할 수 있다(憲裁法 §35②;／法組法 §61④). 法院組織法 제61조 제 1 항을 준용한
헌법재판소의 감치결정에 대하여는 抗告 또는 特別抗告를 할 수 없다고 보아야 한다.
따라서 法院組織法 제61조 제 5 항은 헌법재판에는 준용되지 않는다고 할 것이다.

［68］　第五　審判廷의　用語

　　헌법재판소의 심판정에서는 우리말, 즉 國語를 사용한다. 심판관계인이 우리말
을 하지 못하거나 듣거나 말하는 데에 장애가 있으면 통역인으로 하여금 통역하게
하거나 그 밖에 의사소통을 도울 수 있는 방법을 사용하여야 한다(審判規則 §18).

［69］　第六　準用規定

　　法院組織法 제57조 내지 제62조의 규정은 재판관이 심판정 외의 장소에서 직무
를 행하는 경우에 이를 준용한다(憲裁法 §35②;／法組法 §63).

제 5 절　終局決定

［70］　第一　終局決定

　　憲法裁判의 각종 심판절차에서 재판부가 심리를 마쳤을 때에는 終局決定을 한다
(憲裁法 §36①). 종국결정의 형태는 각종 심판절차에 따라 다르다. 却下決定, 審判節次終了宣
言決定, 合憲決定, 違憲決定, 變形決定, 棄却決定, 彈劾決定, 政黨解散決定, 權限과
義務의 確認決定 등 여러 가지가 있다.
　　각하결정은 청구가 부적법한 경우에 하는 결정이다. 제청 또는 청구의 적법여부
에 대한 판단에서 부적법하다고 보는 사유가 재판관들간에 구구하여 청구를 부적법
하게 만드는 어느 하나의 사유에 대하여 5인 이상의 재판관의 의견일치가 이루어지
지 못하면 전체적으로는 부적법하다는 의견이 5인 이상이더라도 해당 제청이나 청
구는 적법한 것이 된다. 따라서 각하결정을 하는 때에는 5인 이상의 재판관의 의견
이 일치하는 부적법사유만 그 근거로 할 수 있다.
　　헌법재판소는 권한쟁의심판에서 5인의 재판관이 결론에서는 각하의견으로 일치
하였지만 그 부적법의 이유에서 1 : 2 : 2로 의견이 서로 다른 경우에 과반수의 재판관

의 의견이 각하의견이라는 점을 근거로 하여 각하결정을 하였다(예: 憲 1998. 7. 14.-98헌라1; 1998. 7. 14.-98헌라2; 쟁점별 합의방식에 _{따르면, 각하결} _{정을 할 수 없다}).

　　합헌결정은 법령이 헌법에 합치한다는 것이고, 위헌결정은 법령이 헌법에 위반된다는 결정이다. 변형결정에는 헌법불합치결정, 한정위헌결정 등이 있다. 기각결정은 청구가 이유가 없을 때 행하는 결정이다. 탄핵결정은 탄핵심판에서 피청구인을 파면하는 결정이다. 파면결정이라고도 한다. 정당해산결정은 정당해산심판에서 정당의 해산을 명하는 결정이다. 권한쟁의심판에서는 취소결정 이외에 권한이나 의무의 존부를 확인하는 결정이 있다. 이외에도 각종 심판절차에서는 여러 가지의 결정이 있다.

　　헌법재판소는 종국결정의 형태의 하나로「審判節次의 終了宣言」의 결정을 하고 있다. 청구인이 사망하였는데 소송의 수계가 허용되지 않는 경우(예: 憲 1992. 11. 12.-90헌마33), 소송의 수계가 허용되지만 수계할 당사자가 없거나 수계의사가 없는 경우(예: 憲 1994. 12. 29.-90헌바13), 청구인이 헌법재판의 청구를 취하한 경우(예: 憲 1992. 11. 12.-90헌마33; 1995. 12. 15. -95헌마221등; 2003. 4. 24.-2001헌마386)에는 원칙적으로 심판절차가 종료되므로 헌법재판소가 결정을 할 수 없으나, 심판절차의 종료에 관하여 다툼이 있거나 불분명한 경우에는 절차관계의 종료를 명백히 확인하는 의미에서 심판절차 종료선언결정을 한다. 主文은「이 사건 심판절차는 1990. 12. 27.……으로 종료되었다」라고 표시한다. 다만, 심판절차가 종료되었다 하더라도 심판의 이익이 인정되는 경우에는 헌법재판소는 심판절차 종료선언을 하지 아니하고 판단에 나아가게 된다.

　　[憲 1992. 11. 12.-90헌마33]「원래 고용계약상의 노무공급의무는 일신전속적인 것이고(민법 제657조), 노무자가 사망하면 고용관계는 종료될 권리관계라고 할 것인바, 그렇다면 이 사건 검사의 불기소처분 때문에 침해되었다 할 고용계약상의 지위는 노무자인 청구인의 사망에 의하여 종료되고 상속인에게 승계될 것이 아니다. 그러므로 그에 관련된 이 사건 심판절차 또한 수계될 성질이 못되고 이 사건은 청구인이 사망함과 동시에 당연히 그 심판절차가 종료되었다고 할 것이다. 그렇다면 절차관계의 종료를 명백히 확인하는 의미에서 심판절차 종료를 선언하기로 하여 주문과 같이 결정한다.」

　　[憲 1994. 12. 29.-90헌바13]「헌법소원심판을 청구할 당시의 전제되는 재판이었던 대법원 90도319호 사건은 앞서 본 바와 같이 1990. 4. 24. 상고기각판결에 의하여 종료되었지만, 헌법소원이 인용되는 경우 헌법재판소법 제75조 제7항에 의하여 유죄의 확정판결에 대하여 재심을 청구할 수 있으므로 같은 법 제40조 민사소송법 제211조 제1항에 따라 청구인의 사망 후에 재심을 청구할 수 있는 자는 이 사건 헌법소원심판절차를 수계할 수 있지만, 수계할 당사자가 없거나 수계의사가 없는 경우에는 청구인의 사망에 의하여 헌법소원심판절차는 원칙적으로 종료된다고 할 것이고, 다만 수계의사표시가 없는 경우에도 이미 결정을 할 수 있을 정도로 사건이 성숙되어 있고 그 결정에 의하여 유죄판결의 흠이 제거될 수 있음이 명백한 경우 등 특별히 유죄판결을 받은 자의 이익을 위하여 결정의 필요성이 있다고 판단

되는 때에 한하여 종국결정을 할 수 있다고 할 것이다. 그런데 이 사건 헌법소원심판절차에서는 청구인이 사망한 지 4년이나 지났는데도 수계신청이 없을 뿐만 아니라 특별히 종국결정을 할 필요성이 있는 경우에 해당한다고 보이지도 아니한다. 그러므로 이 사건 헌법소원은 청구인의 사망으로 말미암아 그 심판절차가 종료되었다고 할 것이다. 그렇다면 절차관계의 종료를 명백히 확인하는 의미에서 심판절차 종료를 선언하기로 하여……」

[憲 1995. 12. 15.-95헌마221등] 「헌법재판소법 제40조는 제1항에서 "헌법재판소의 심판절차에 관하여는 이 법에 특별한 규정이 있는 경우를 제외하고는 민사소송에 관한 법령의 규정을 준용한다. 이 경우 탄핵심판의 경우에는 형사소송에 관한 법령을, 권한쟁의심판 및 헌법소원심판의 경우에는 행정소송법을 함께 준용한다"고 규정하고, 제2항에서 "제1항 후단의 경우에 형사소송에 관한 법령 또는 행정소송법이 민사소송에 관한 법령과 저촉될 때에는 민사소송에 관한 법령은 준용하지 아니한다"고 규정하고 있는바, 헌법재판소법이나 행정소송법에 헌법소원심판청구의 취하와 이에 대한 피청구인의 동의나 그 효력에 관하여 특별한 규정이 없으므로, 소의 취하에 관한 민사소송법 제239조는 이 사건과 같이 검사가 한 불기소처분의 취소를 구하는 헌법소원심판절차에 준용된다고 보아야 한다. 기록에 의하면 청구인들이 1995. 11. 29. 서면으로 이 사건 헌법소원심판청구를 모두 취하하였고, 이미 본안에 관한 답변서를 제출한 피청구인에게 취하의 서면이 그 날 송달되었는바, 피청구인이 그 날로부터 2주일 내에 이의를 하지 아니하였음이 분명하므로, 민사소송법 제239조에 따라 피청구인이 청구인들의 심판청구의 취하에 동의한 것으로 본다. 그렇다면 이 사건 헌법소원심판절차는 청구인들의 심판청구의 취하로 1995. 12. 14. 종료되었음이 명백하므로, 헌법재판소로서는 이 사건 헌법소원심판청구가 적법한 것인지 여부와 이유가 있는 것인지 여부에 대하여 판단할 수 없게 되었다. 다만 청구인들의 심판청구의 취하로 인하여 이 사건 헌법소원심판절차가 종료되었다고 보는 다수의견에 대하여,……와 같은 반대의견이 있으므로, 이 사건 헌법소원심판절차가 이미 종료되었음을 명확하게 선언하기로 하여 주문과 같이 결정한다.」 이 결정에서는 4인 재판관이 본안판단을 해야 한다는 반대의견이 있음이 주목된다.

[憲 2001. 6. 28.-2000헌라1] 「기록에 의하면 청구인들의 대리인인 변호사 ○○○이 2001. 4. 24. 서면으로 이 사건 권한쟁의심판청구를 모두 취하하였고, 이미 본안에 관하여 답변서를 제출한 피청구인들의 대리인들이 같은 달 25. 위 심판청구의 취하에 모두 동의하였으며, 같은 해 5. 8. 이 사건 심판청구를 취하한 대리인인 변호사 ○○○에게 심판청구취하를 위한 특별수권이 이루어졌음이 명백하다. 그렇다면 이 사건 권한쟁의심판절차는 청구인들의 심판청구의 취하로 2001. 5. 8. 종료되었음이 명백하므로, 헌법재판소로서는 이 사건 권한쟁의심판청구가 적법한 것인지 여부와 이유가 있는 것인지 여부에 대하여 더 이상 판단할 수 없게 되었다. 다만, 청구인들의 심판청구취하로 인하여 이 사건 권한쟁의심판절차가 종료되었다고 보는 다수의견에 대하여,……와 같은 반대의견이 있으므로, 이 사건 권한쟁의심판절차가 이미 종료되었음을 명확하게 선언하기로 하여 주문과 같이 결정한다.」 이 결정에서는 2인 재판관이 본안판단을 해야 한다는 반대의견을 내었다.

[憲 2003. 4. 24.-2001헌마386] 「헌법재판소법 제40조 제1항은 "헌법재판소

의 심판절차에 관하여는 이 법에 특별한 규정이 있는 경우를 제외하고는 민사소송에 관한 법령의 규정을 준용한다. 이 경우 탄핵심판의 경우에는 형사소송에 관한 법령을, 권한쟁의심판 및 헌법소원심판의 경우에는 행정소송법을 함께 준용한다"고 규정하고, 같은 조 제 2 항은 "제 1 항 후단의 경우에 형사소송에 관한 법령 또는 행정소송법이 민사소송에 관한 법령과 저촉될 때에는 민사소송에 관한 법령은 준용하지 아니한다"고 규정하고 있다. 그런데 헌법재판소법이나 행정소송법에 헌법소원심판청구의 취하와 이에 대한 피청구인의 동의나 그 효력에 관하여 특별한 규정이 없으므로, 소의 취하에 관한 민사소송법 제266조는 이 사건과 같은 헌법소원절차에 준용된다고 보아야 한다.……기록에 의하면 청구인과 승계참가인이 2003. 1. 8. 서면으로 이 사건 헌법소원심판청구를 공동으로 취하하였고, 이미 본안에 관한 답변서를 제출한 피청구인에게 취하의 서면이 2003. 1. 27. 송달되었는바, 피청구인이 그 날로부터 2주일 내에 이의를 하지 아니하였음이 분명하므로, 민사소송법 제266조에 따라 피청구인이 청구인과 승계참가인의 심판청구의 취하에 동의한 것으로 본다. 그렇다면 이 사건 헌법소원심판절차는 청구인과 승계참가인의 심판청구의 취하로 2003. 2. 11. 종료되었으므로, 이 사건 헌법소원심판절차가 이미 종료되었음을 명확하게 선언하기로 하여 주문과 같이 결정한다.」 이 결정에서는 소송종료선언을 하면서도 평결의 결과 및 그 이유를 밝힌 점이 주목된다. 여기에는 본안판단을 하여야 한다는 2인 재판관의 반대의견이 있다.

[71] 第二 決定書

종국결정을 할 때에는 i) 事件番號와 事件名, ii) 당사자와 審判遂行者 또는 대리인의 표시, iii) 主文, iv) 이유, v) 決定日字를 적은 決定書를 작성하고 심판에 관여한 재판관 전원이 이에 署名捺印하여야 한다($^{憲裁法}_{§36②}$).

[72] 第三 裁判官의 意見表示

심판에 관여한 재판관은 결정서에 의견을 표시하여야 한다($^{憲裁法}_{§36③}$). 헌법재판의 모든 개별 심판에서 심판에 관여한 재판관이 결정서에 의견을 표시하여야 하는 것은 의무적인 것이다. 따라서 심판에 관여한 재판관은 多數意見이든 少數意見이든 반드시 의견을 표시하여야 한다. 個別意見表示制度에 대해서는 제 6 절에서 詳說한다.

[73] 第四 決定書 正本의 送達

종국결정이 선고되면 書記는 지체없이 決定書 正本을 작성하여 이를 당사자에게 송달하여야 한다($^{憲裁法}_{§36④}$). 헌법재판소의 종국결정이 법률의 제정 또는 개정과 관련이 있으면 그 決定書 謄本을 國會 및 이해관계가 있는 國家機關에게 송부하여야 한다($^{審判規}_{則 §49}$).

[74] 第五 官報의 揭載

　　종국결정은 헌법재판소규칙으로 정하는 바에 따라 관보에 게재하거나 그 밖의 방법으로 公示한다($^{憲裁法}_{§36⑤}$). 헌법재판소의 결정은 심판정에서 선고함으로써 성립하고 효력을 발생하므로 관보의 게재가 효력발생요건은 아니다. 관보에 종국결정을 게재하는 것은 法定公示節次에 해당한다.

제 6 절　個別意見의 表示

[75] 第一 槪　念

　　憲法裁判所法은 審判에 관여한 재판관은 決定書에 의견을 표시하여야 한다고 정하고 있다($^{憲裁法}_{§36③}$). 헌법재판에서는 당연히 「憲法裁判所의 意見」(=法廷意見 court opinion)이 있어야 하고, 이런 의견은 당연히 표시되므로 문제가 되는 재판관의 의견표시는 「헌법재판소의 의견」과 견해를 달리하는 재판관들의 個別意見(individual opinion)이다.

　　憲法裁判에서 個別意見의 表示를 인정하는 것은 憲法解釋에서 相對主義와 多元主義를 인정함을 뜻한다. 이는 재판관 사이에 의견이 나누어지더라도 당해 사건은 결정정족수에 따라 최종적으로 확정되지만, 그러한 決定의 근거가 되는 憲法의 解釋에서는 최종적인 하나의 결론만이 있는 것이 아니라 여전히 미래에 향하여 개방되어 있음을 보여주는 것이다.

　　우리 제도상 特別多數決의 방식이 적용되는 경우에는 재판관들의 다수의견이라고 할지라도 「헌법재판소의 의견」이 되지 못하는 경우가 존재한다. 따라서 위와 같은 경우에 「헌법재판소의 의견」은 재판관들의 다수의견인 경우도 있고, 소수의견인 경우도 있다.

[76] 第二 沿革 및 制度的 趣旨

　　개별의견표시제도는 외국에서도 채택하고 있는 것일 뿐 아니라 1948年憲法 아래에서 이미 채택되었다. 다만, 제도가 발전하면서 개별의견의 표시가 임의적인 것에서 필요적인 것으로 바뀌었다.

Ⅰ. 沿　革

우리나라 헌법재판에서 재판관의 개별의견을 표시하는 제도는 1950년 憲法委員

會法이 제정될 때 처음으로 채택되었다. 이 때에는 개별의견을 표시하는 것이 필요적인 것이 아니고 임의적인 것이었다. 당시 憲法委員會法은 「憲法委員會의 決定에 관계한 위원과 예비위원은 위원회의 결정에 異議가 있을 때에는 決定書에 異見을 발표할 수 있다」($^{憲裁法}_{§21}$)라고 정하였다. 1961년의 憲法裁判所法은 「憲法裁判所의 裁判書에는 合議에 관여한 各審判官의 의견을 添書하여야 한다」($^{憲裁法}_{§14}$)라고 정하여 필요적인 것으로 정했다. 1973년의 憲法委員會法은 「違憲審判에 관여한 委員은 決定書에 意見을 表示하여야 한다」라고 하여 필요적인 것으로 정했다. 이 당시 의견표시는 위헌여부심판에 한정하였다. 이러한 憲法委員會法의 규정은 1982년의 개정과 1987년의 개정에서도 그대로 유지되었다.

II. 制度的 趣旨

헌법재판에 필연적으로 따르는 憲法解釋의 다양한 方法과 性向에 비추어 볼 때, 개별의견의 표시는 다양한 헌법해석의 결과를 국민들에게 그대로 알리는 기능을 한다. 헌법해석에서 재판관들간에 異見이 있다는 것을 외부에 노출시키는 것은 구체적인 사건에 대해 헌법재판소 재판관들이 어떠한 견해를 가지고 재판하였는가 하는 法發見의 過程을 국민으로 하여금 알 수 있게 하여 헌법재판의 責任性을 구현하고, 더 나아가 헌법재판소의 判例가 추후에 變更될 여지가 남아 있음을 보여 주는 것이기도 하다. 이러한 것은 당해 사건의 결정 이후 문제가 된 헌법해석에 대해 사회 구성원들이 활발하게 논의할 수 있게 하여 헌법해석이나 입법에 있어서 열린 과정을 통한 민주성의 확보와 사회공동체 구성원의 합의 도출에도 기여한다.

개별의견의 공표를 통해 국민들은 헌법재판소의 의견, 다수의견, 소수의견을 비교할 수 있다. 헌법재판소의 의견이 타당할 경우에는 憲法裁判의 說得力과 權威를 오히려 증대시킨다. 소수의견과 비교하여 다수의견이 문제점을 가지는 경우에는 다수의견을 낸 재판관에 대해 주시하고 견제할 수 있는 기회를 부여한다. 소수의견은 다수의견이 적당히 타협하는 것인지 아닌지를 알 수 있게 하는 데 중요한 역할을 하고, 다수의견에 대하여 집중적으로 분석하고 보충하거나 반대하는 논거를 제시하는 것이기 때문에 재판관들 사이에 의사소통을 촉진시키고 쟁점을 명확히 하는데 기여한다. 다수의견은 소수의견을 염두에 두기 때문에 논증에 보다 충실하게 된다.

이런 점에서 볼 때, 개별의견표시제도는 헌법재판을 보다 합리적인 것이 되도록 하고, 최종적인 有權的 憲法解釋에 대해 사회공동체가 다시 생각하고 의견을 제시할 수 있는 기회를 가질 수 있게 하여 法發展에 기여한다.

개별의견표시제도가 항상 憲法裁判의 權威를 상실시키는 것은 아니다. 반대의견

을 낸 재판관도 決定書에 署名하기 때문에 반대의견이 아닌 의견이 「헌법재판소의
의견」이라는 점을 인정한다. 따라서 아무리 반대의견이 있다고 하더라도 「헌법재판
소의 의견」은 결정으로서 효력을 가지며, 이러한 것은 전원일치의 결정과 아무런 차
이가 없다. 그러나 반대의견을 내어야 할 만한 합리적인 이유가 없는데도 반대의견
을 濫發하는 경우에는 法的 平和를 위협할 수 있고 재판관들이 사건을 충분히 심리
하지 않았다는 인상을 주게 되어 헌법재판과 헌법재판소의 권위를 추락시킬 위험이
있다. 「위대한 반대자」는 반대행위 그 자체로 위대해지는 것이 아니라, 「헌법재판소
의 의견」이 잘못되었다는 것이 객관적인 논증에 의하여 결과적으로 확인되었을 때
비로소 위대해진다. 계속적으로 잘못된 반대의견을 내는 경우에는 헌법재판의 기능
을 왜곡시킬 뿐 아니라 재판관으로서의 자질과 적격여부가 문제될 수 있다. 반대의
견을 내는 경우에는 이런 점을 신중하게 고려할 필요가 있다.

Ⅲ. 個別意見表示의 權限과 義務

憲法裁判所法은 모든 개별 심판절차에서 재판관으로 하여금 의견을 표시하도록
하고 있기 때문에 당해 사건에서 재판관이 「憲法裁判所의 意見」과 견해를 달리하는
경우에는 개별의견을 표시하여야 한다([175], [198]Ⅱ(3)). 따라서 재판관은 모든 심판
에서 의견을 표시하는 권한과 의무를 지니고 있고, 이에는 어떠한 제한도 없다. 그
러나 忌避申請에 대한 결정과 같은 절차상의 결정에는 개별의견표시가 인정되지 않
는다. 憲法裁判所는 기피신청에 대한 결정에서 개별의견의 표시가 허용되지 않는다
고 판시하였다(예: 憲 1992. 12. 24.-92헌사68. 다만, 위 판례가 현행／헌법재판소법 하에서도 유지될 수 있을지는 의문이다).

舊 憲法裁判所法 제36조 제3항은 「법률의 위헌심판, 권한쟁의심판 및 헌법소원심판
에 관여한 재판관은 결정서에 의견을 표시하여야 한다」고 정하고 있었는데, 2005.
7. 29. 개정되어 「심판에 관여한 재판관은 결정서에 의견을 표시하여야 한다」라고
하여 모든 개별 심판에 있어서 의견을 표시하도록 하고 있다. 舊 憲法裁判所法 아
래에서 헌법재판소는 탄핵심판에는 개별의견의 표시가 허용되지 않는다고 판시하였
다(예: 憲 2004. 5.／14.-2004헌나). 그런데 탄핵심판과 정당해산심판에서 재판관으로 하여금 의견을 표시
하도록 강제하는 것이 타당한가 하는 문제가 있다. 탄핵심판과 정당해산심판은 다
른 헌법재판과 달리 고도의 정치적인 상황이나 집권세력과 반대세력간의 정치투쟁
의 상황 속에서 재판을 하게 되므로 이러한 경우에 재판관에게 의견표시를 강제하
면 재판의 독립과 공정성을 확보하기 어렵게 될 위험이 크다. 특히 우리나라와 같
이 헌법재판소의 구성방법상 대통령의 영향력이 압도적이고 재판관의 연임이 인정
되는 구조에서는 이러한 위험성은 한층 높아질 수 있고, 집권세력에게 유리하게 결
론이 날 가능성이 크다. 탄핵심판과 정당해산심판의 성질과 제도의 기능에 비추어
볼 때, 이들 심판에서는 개별의견의 표시를 금지하는 것이 타당하다고 할 것이다
(反對: 許營d,／166).

［77］　第三　個別意見의 種類

　　개별의견의 표시에서 재판관이 표시하는 개별의견은 「헌법재판소의 의견」이 되지 못하는 의견이다. 이의 대표적인 것이 헌법재판소의 의견에 반대되는 「反對意見」 (dissenting opinion)이다. 반대의견과 달리 헌법재판소의 의견과 결론에서는 동일하지만 이유나 논증에서 차이를 가지는 의견이 있는데, 이를 「補充意見」(concurring opinion)이라고 한다. 실무상으로는 「別個意見」 또는 「別途意見」이라고 하기도 한다([140] Ⅴ(2)). 반대의견은 반드시 표시하여야 하지만, 보충의견은 표시하여도 되고 하지 않아도 된다.

［78］　第四　個別意見의 表示方式

　　개별의견은 재판관 개개인이 각자 표시하여도 되고, 같은 의견을 가지는 여러 재판관들이 합동하여 표시하여도 된다. 동일한 의견은 합동하여 표시하는 것이 통례이다. 반대의견 가운데서도 결론은 동일하지만 논증에서 차이가 있는 경우에는 해당 재판관이 각자의 반대의견을 표시한다. 헌법재판소는 결정에 있어서 동일한 의견은 그에 해당하는 의견을 가진 재판관들이 합동하여 이를 표시하는 방식을 취하고 있다.

［79］　第五　個別意見의 效力

　　이런 소수의견에는 규범력이 인정되지 않는다. 헌법재판소의 결정이 가지는 규범력은 「헌법재판소의 의견」으로 선고된 것에 한정된다.

　　헌법재판에서 個別意見表示制度는 미합중국의 聯邦最高法院(U.S. Supreme Court)에서 행해지는 개별의견공표제도에서 오랜 역사를 발견할 수 있다. 독일연방헌법재판소의 경우 1970년 聯邦憲法裁判所法을 개정하면서 헌법재판소의 의견으로 되는 다수 재판관의 다수의견 또는 주류의견과 달리 이에 동조하지 않고 이탈한 소수 재판관의 의견(abweichende Meinung)을 공표할 수 있게 하였다. 재판관은 각자 또는 공동으로 個別意見(Sondervotum)을 표명할 수 있다. 개별의견은 결정서를 구성하고 있으며, 공식 판례집에도 실린다. 독일의 다른 법원에는 이런 개별의견을 공표하는 것이 인정되지 않는다. 프랑스 헌법재판소의 경우에는 개별의견의 표시를 인정하지 않는다. 우리나라에서는 헌법재판소 이외에 대법원의 판결에서도 개별의견을 표시하게 하고 있다. 法院組織法은 「大法院裁判書에는 合議에 관여한 모든 大法官의 의견을 표시하여야 한다」($^{法組法}_{§15}$)라고 정하고 있다. 법원조직법이 제정될 때부터 이런 제도가 있었다. 처음 제정된 法院組織法($^{1949.\ 9.\ 26.}_{법률\ 제51호}$)은 「大法院裁判書에는 合議에 관여한 대법관의 法律上 異見을 添書할 수 있다」라고 정하고 있었다.

제 7 절   終局決定의 效力

[80] 第一 槪 說

헌법재판은 국가의 재판작용이기 때문에 그 선고에 의하여 외부적으로 재판의 존재가 명백해진다. 따라서 이를 아무렇게나 취소하거나 변경할 수 없다. 만일 헌법재판이 아무렇게나 취소되거나 변경된다면, 헌법적 분쟁도 해결할 수 없으며, 헌법재판으로 헌법질서를 형성할 수도 없고, 국민의 생활과 공동체는 매우 불안정한 헌법질서 속에 놓이게 된다. 이런 문제 때문에 헌법재판에서 결정이 선고되면 결정의 내용을 확정시키고 그에 따라 향후 당사자 및 국가기관과 지방자치기관에 대하여 행위의 기준을 제시하는 효력을 발생하게 하고, 일정한 헌법질서가 구축되게 하는 것이 필요하다. 이러한 것을 위하여 헌법재판의 개별 심판절차에서 종국결정은 헌법재판이 가지는 기능에 합당한 효력을 가진다. 이런 효력은 헌법재판의 본질과 기능에서 나온다.

헌법재판의 개별 심판절차에서 종국결정이 있게 되면 여기에는 形式的 效力인 自己羈束力과 形式的 確定力이 발생하고, 實質的 效力인 旣判力과 결정의 성질에 따른 羈束力이 발생한다. 헌법재판에서 종국결정이 가지는 효력은 일반법원의 확정판결이 가지는 효력과 유사하지만 동일한 것은 아니다. 이런 효력을 이해함에 있어서는 무엇보다 헌법재판이 가지는 客觀訴訟으로서의 성격을 고려해야 한다. 憲法裁判所法은 이와 관련하여 一事不再理($\frac{憲裁法}{§39}$)와 민·형사소송과 행정소송의 관련 규정의 준용($\frac{同法}{§40}$)을 정하고 있는데, 이런 효력은 헌법재판제도를 정하고 있는 헌법에서 나오는 것이다. 헌법이 정하는 법치국가원리를 실현하기 위하여 재판제도를 인정한 이상 그에서 요구되는 법적 안정성의 보장과 국가의 재판작용이 가지는 본질에서 이러한 효력이 인정된다.

실질적 효력에는 기속력도 있는데, 이런 기속력은 모든 종류의 헌법재판에서 인정되는 것이 아니라 헌법재판의 개별 심판의 성질에 따라 인정된다. 위헌법률심판에서는 위헌결정에 羈束力이 발생하고($\frac{同法}{§47①}$), 권한쟁의심판에서는 권한쟁의심판의 결정에 기속력이 발생한다($\frac{同法}{§67①}$). 헌법소원심판에서는 인용결정에 기속력이 발생한다($\frac{同法}{§75①}$). 이러한 효력은 헌법재판의 개별 심판절차가 가지는 성질에 따라 동일하게 인정되는 부분도 있고, 차이를 보이는 부분도 있다. 이러한 구체적인 내용은 해당 부분에서 詳說하기로 한다.

[81] 第二 自己覊束力
  I. 意   義
  (1) 개   념
    헌법재판소가 동일한 사건에서 한번 결정을 선고하면 그것으로 재판은 확정되
  고, 헌법재판소는 당해 절차에서 그 결정을 取消하거나 撤回할 수 없으며 변경할 수
  도 없다. 헌법재판소는 재판기관이기 때문에 자기가 결정한 것에 의해 스스로 구속
  을 받는다. 즉 헌법재판소는 당해 사건에 있어서 스스로 선고한 당해 결정의 법적
  효과에 구속되며, 더 이상 이를 좌지우지할 수 없다. 헌법재판소의 결정이 가지는
  이러한 효력을 自己覊束力(=不可變力)이라고 하며, 그 성질을 撤回不可性(=變更不可性
  Unwiderruflichkeit) 또는 自縛性이라고 부르기도 한다. 헌법재판에서 자기기속력은 선
  고와 동시에 발생한다.

      유의할 것은 민사소송론에서 자기기속력을 覊束力이라는 말로 표현하기도 하지만,
    憲法裁判所法 제47조 제1항과 제75조 제1항에서 정하고 있는 기속력은 자기기속력
    과 다르므로 헌법재판에서는 기속력과 자기기속력을 서로 구별하여 사용해야 할 필
    요가 있다는 점이다. 그러나 개념의 정의상 廣義의 기속력(Bindungswirkung)에는 自己
    覊束力, 形式的 確定力, 旣判力, 覊束力(狹義의 기속력)이 포함된다고 설명할 수는 있
    다([83]).

  (2) 근   거
    자기기속력은 재판에 대한 신뢰와 법적 안정성에 근거를 두고 있다. 헌법재판기
  관의 결정이 있은 후 그 결정이 함부로 철회 또는 취소되거나 변경된다면 재판의 신
  뢰와 법적 안정성을 확보할 수 없으며, 법적 분쟁도 해결할 수 없고, 헌법질서도 형
  성·유지할 수 없다. 따라서 이런 자기기속력은 재판의 본질에서 나오는 것이다. 헌법
  재판소도 이런 자기기속력을 인정하고, 그 근거를 법적 안정성에서 구한다(예: 憲 1989. 7.
  24.-89헌마141;
  1993. 2. 19.-93헌마32; 2001. 5. 2.-2001헌마237; 2002. 9. 19.-2002헌마422; 2003. 11. 25.-2003
  헌마757; 2005. 8. 16.-2005헌마728; 2006. 1. 17.-2005헌마1228; 2007. 1. 16.-2006헌아65).
    [憲 1989. 7. 24.-89헌마141] 「헌법재판소가 이미 행한 결정에 대해서는 자기기
  속력 때문에 이를 취소, 변경할 수 없다 할 것이며, 이는 법적 안정성을 위하여 불
  가피한 일이라 할 것이다.」
    [憲 2007. 1. 16.-2006헌아65] 「헌법재판소는 이미 심판을 거친 동일한 사건에
  대하여 다시 심판할 수 없는바(헌법재판소), 이는 헌법재판소가 이미 행한 결정에 대해
  서는 자기기속력 때문에 이를 취소·변경할 수 없으며 법적안정성을 위하여 불가피
  한 일이기 때문이다. 다만, 헌법재판소법 제68조 제1항에 의한 헌법소원 중 행정작
  용에 속하는 공권력작용을 대상으로 하는 권리구제형 헌법소원에 있어서는 재판부
  의 구성이 위법한 경우와 같이 절차상 중대하고도 명백한 위법이 있는 경우 등 일

정한 경우에 헌법재판소법 제40조에 따라 민사소송법 제422조(2002. 1. 26. 법률 제6626호로／개정된 민사소송법 제451조)를 준용하여 재심이 허용되는 경우가 있을 수 있다. 한편, 헌법소원심판청구가 부적법하다고 하여 헌법재판소가 각하결정을 하였을 경우에는 그 각하결정에서 판시한 요건의 흠결을 보정할 수 있는 때에 한하여 그 요건의 흠결을 보정하여 다시 심판청구를 하는 것은 모르되, 그러한 요건의 흠결을 보완하지 아니한 채로 동일한 내용의 심판청구를 되풀이하는 것은 허용될 수 없다.」

Ⅱ. 決定의 更正

헌법재판이 자기기속력을 가진다고 하더라도 決定의 更正은 인정된다. 이 부분에서는 자기기속력이 완화된다. 결정의 경정은 결정의 내용을 변경하는 것이 아니라 決定書에 기재되어 있는 표현상의 오류, 계산의 착오 기타 이와 유사한 오류를 바로잡는 것을 말한다. 이러한 결정의 오류는 그 오류가 분명한 경우에 한하여 인정된다. 判斷上의 誤謬나 判斷遺脫은 更正事由가 되지 못한다.

헌법재판소는 職權 또는 당사자의 申請에 의하여 更正決定을 할 수 있다(憲裁法 §40; 民訴法 §211 ①, ②). 헌법재판소의 更正決定에 대해서는 다툴 수 없다. 경정결정은 원래의 결정과 일체를 이루므로 결정의 宣告時에 소급하여 효력이 생긴다.

Ⅲ. 再　　審

헌법재판이 선고와 동시에 확정되면 당해 소송절차는 終了된다. 再審은 동일한 절차가 아니므로 재심을 인정하는 것이 자기기속력을 해치지는 않는다. 이 경우에는 헌법재판에서 재심을 인정할 것인가 하는 문제만 남는다.

［82］ 第三　形式的 確定力

Ⅰ. 槪　　念

(1) 의　　의

헌법재판소의 결정이 선고되면 이 결정에 대해서는 누구도 더 이상 통상의 소송절차를 통하여 不服하여 다툴 수 없다. 이러한 상태를 決定의 確定이라고 한다. 헌법재판소의 결정은 선고와 동시에 확정된다. 헌법재판의 각종 심판은 최종적인 것이므로 제청법원이나 청구인 등은 이미 선고된 결정에 대해서 불복하여 다툴 수 없다. 이를 形式的 確定力(formelle Rechtskraft)이라고 하고, 不可爭性(=不可爭力 Unanfechtbarkeit)이라고 부르기도 한다. 이런 형식적 확정력은 헌법재판소의 결정의 선고에 의해 발생하는 절차적 효력이다. 왜냐하면 헌법재판소의 결정은 最終的인 審判이고 이에 대해서 다투는 길이 없기 때문이다.

결정이 형식적으로 확정되면 헌법재판은 종국적으로 종료된다. 憲法裁判所法도 불복할 수 있는 방법과 절차에 대하여 아무런 것도 정하고 있지 않다. 憲法裁判所의 판례도 헌법재판소 결정의 형식적 확정력을 분명히 인정하고 있다(예: 憲 1990. 5. 21.-90헌마78; 1990. 10. 12.-90헌마170; 1994. 12. 29.-92헌아1; 1996. 1. 2.-96헌아1).

[憲 1990. 5. 21.-90헌마78] 「헌법소원의 심판에 대한 결정은 형식적 확정력을 갖는 것이므로 취소될 수 없고, 이에 대해서는 헌법소원의 형식에 의하여서도 그 취소나 변경을 구하는 심판청구를 제기할 수 없다.」

[憲 1990. 10. 12.-90헌마170] 「청구인의 즉시항고는 그 실질에 있어서 당 재판소 지정재판부의 각하결정에 대한 불복소원이라 할 것이며 헌법재판소의 결정에 대하여는 불복신청이 허용될 수 없는 것일 뿐만 아니라, 즉시항고는 헌법재판소법상 인정되지 아니하는 것……」

[憲 1994. 12. 29.-92헌아1] 「이 사건 심판청구는 그들이 사용한 용어("재심"이라는 용어)에 관계없이 그 실질에 있어서는 위 91헌마212 결정에 대한 불복소원에 불과하다고 보여진다. 그런데 당재판소의 결정에 대하여는 원칙적으로 불복신청이 허용될 수 없다는 것이 확립된 판례이고(당재판소 1990. 10. 12. 고지, 90헌마170 결정 등 참조) 또 당재판소는 이미 심판을 거친 동일한 사건에 대하여는 다시 심판할 수 없도록 되어 있다(헌법재판소법 제39조).」

[憲 1996. 1. 24.-96헌아1] 「이 사건 심판청구는 헌법재판소의 결정에 대한 불복소원이다. 그런데 헌법재판소는 이미 심판을 거친 동일한 사건에 대하여는 다시 심판할 수 없다(헌법재판소법 제39조). 따라서 헌법소원의 심판에 대한 결정은 형식적 확정력을 갖는 것이므로 취소될 수 없고 이에 대하여는 헌법소원 등의 형식에 의하여서도 그 취소나 변경을 구할 수 없는 것이다(헌재 89. 7. 24. 고지, 89헌마141 결정, 90. 5. 21. 고지, 90헌마78 결정).」

(2) 기속력과 구별

이러한 의미의 기판력은 憲法裁判所法 제47조 제1항, 제67조 제1항, 제75조 제1항에서 정하고 있는 기속력과 다르다. 기속력은 당사자가 아니거나 절차에 참가하지 않은 기관에게도 미친다.

헌법재판소의 판시 가운데 위헌법률심판에서 한정합헌결정을 하면서 기속력과 별개로 기판력을 인정하는 인상을 주는 것이 있다(예: 憲 1990. 6. 25.-90헌가11).

[憲 1990. 6. 25.-90헌가11] 「……이와 같은 심판이 그 한도 내에서 헌법재판소법 제47조 제1항에 따라 당해 사건인 이 사건을 떠나 널리 법원 기타 국가기관 및 지방자치단체를 기속하느냐의 여부는 별론으로 하고 제청법원은 적어도 이 사건 제청당사자로서 위 심판의 기판력을 받을 것은 물론 더 나아가 살필 때 헌법 제107조 제1항의 규정상 제청법원이 본안재판을 함에 있어서 헌법재판소의 심판에 의거하게 되어 있는 이상 위 헌법규정에 의하여서도 직접 제청법원은 이에 의하여 재판하지 않으면 안 될 구속을 받는다고 할 것이므로 이 점에서 단순합헌 아닌 합헌해석 내지는 합헌적 제한해석의 이익 내지 필요가 충분하다고 할 것이다.」

Ⅱ. 根　據

형식적 확정력은 법치국가원리와 법적 안정성에 근거를 두고 있다. 국가의 유권적인 재판에 대하여 계속 다툴 수 있게 한다면 분쟁이 종결되지 않으며, 헌법질서도 유지되기 어렵고 헌법이 규범력을 가질 수도 없다.

Ⅲ. 各種 決定과 形式的 確定力

헌법재판소의 재판부의 결정이든 지정재판부의 결정이든 모두 형식적 확정력을 가진다. 위헌법률심판에 있어서 법률에 대한 합헌결정과 법률에 대한 헌법소원심판에서의 기각결정도 형식적 확정력을 가진다. 이러한 합헌결정 또는 기각결정의 형식적 확정력이 합헌으로 결정된 법률 또는 법률조항에 대한 다툼을 방해하는 것은 아니다.

Ⅳ. 再　審

헌법재판에서 재심이 인정되는 경우([87])에는 그 범위에서 형식적 확정력이 배제된다(예: 憲 1994. 12. 29.-92헌아1; 2003. 9. 23.
-90헌마584; 2003. 11. 25.-2003헌아4).

[憲 2003. 11. 25.-2003헌아4] 「헌법재판소는 이미 심판을 거친 동일한 사건에 대하여 다시 심판할 수 없고(헌법재판소 법 제39조), 한편 헌법재판소의 결정에 대하여는 그 결정의 형식적 확정력이 재심청구에 의하여 배제되지 않는 한 불복신청이 허용되지 않는다.」

[83] 第四 旣判力

Ⅰ. 槪　念

旣判力은 종국재판이 확정되면 그 재판에 표시된 판단이 향후 당사자간의 법률관계를 규율하는 규준이 되므로 동일한 사건이 다시 문제가 될 때 당사자는 앞의 판단과 모순되는 주장을 하여 다시 다툴 수 없게 하는 효력을 말한다. 다시 말해, 기판력은 형식적 확정력이 발생한 재판이 당해 절차를 넘어 後訴에서 當事者를 구속하는 효력이며 동시에 後訴를 재판하는 裁判官을 구속하는 효력을 말한다. 이런 기판력은 확정된 종국결정에 주어진 힘이다.

이와 같이 동일한 사건에 대하여 당사자가 후에 다시 반복하여 다툴 수 없다는 점에서 기판력은 反復請求(=提訴)禁止(Wiederholungsverbot)의 효력을 의미한다. 재판의 주체가 선고한 동일 사건에 대하여 되풀이하여 다툴 길이 당사자에게 인정되지 않으면 당연히 재판의 주체가 다시 판단할 여지도 없게 되므로 기판력의 핵심은 위와 같은 반복청구금지에 있다.

자기기속력과 형식적 확정력이 당해 소송 그 자체에 관한 것이라면, 기판력은 당해 소송과 후의 소송과의 관계에 관한 것이다. 즉 前訴와 後訴의 관계에 있어서 발생하는 효력이다.

《기판력과 일사부재리의 효력》

既判力과 一事不再理의 效力을 동일한 것으로 볼 것인가 다른 것으로 볼 것인가에 대해서는 학설이 대립한다. 개념 그 자체만 놓고 보면, 통상 기판력이라 함은 재판의 효과로서 이에는 객관적 범위, 주관적 범위, 시적 범위를 지니고, 당사자에게 동일한 사건을 後訴로 제기할 수 없게 하는 효력을 말하고, 일사부재리의 효력(Sperrwirkung)은 동일 사건의 실체에 대하여 다시 반복하여 심리·결정하는 것을 허용하지 않는 것이다. 기판력은 소송법적인 법리에 의해 인정되지만, 일사부재리는 정당해산심판이나 탄핵심판에서 보듯이 정당 또는 피소추자의 권리의 보호라는 점도 고려되므로 개념과 성질에서 양자를 완전히 동일한 것으로 볼 수 없는 부분도 있다. 특히 헌법재판의 개별 심판절차에서는 개개 심판절차가 가지는 특성에 따라 기판력을 일사부재리와 동일하게 볼 수 있는 경우도 있고, 동일하게 볼 수 없는 경우도 있다. 그러나 重複危險禁止의 效力이 발생하는 범위에 있어서는 기판력에 의하든 일사부재리에 의하든 마찬가지일 수 있다. 따라서 이 범위에서는 기판력을 근거로 하여 後訴를 배척할 수도 있고 일사부재리를 근거로 하여 後訴를 배척할 수도 있다. 그런데 헌법재판의 개별 심판에서는 해당 심판제도의 특성상 당사자가 없거나 확정하기 어려운 경우가 있는데, 이런 경우에는 반복심판금지의 근거를 기판력에서 구할 것이 아니라 일사부재리에서 구하는 것이 용이하다. 예컨대 위헌법률심판제청절차에서의 법원과 같이 통상의 재판에서와 같은 당사자의 지위를 가지지 않는 경우(독일의 판례와 다수설도 이렇게 본다)에 동일한 소송에서 동일 법원이 똑같은 위헌심판제청을 반복할 수 없게 하는 것은 기판력이 아니라 一事不再理로 가능하다는 결론에 이른다. 이 때에는 기판력과 일사부재리를 동일한 것이라고 할 수 없다. 동일 법원이라고 하더라도 복수의 판사로 구성되는 합의부의 경우 구성원에 변경이 있어 새로 구성된 재판부에서 다시 위헌여부심판을 제청할 수 있게 하는 것은 이런 경우를 일사부재리에 해당한다고 볼 것인가의 여부에 따라 결론이 달라진다. 또 해당 법원의 합의부 구성원의 변경이 없더라도 헌법재판소 재판부의 구성원이 변경된 경우에 동일 법원으로 하여금 위헌여부심판제청을 다시 할 수 있게 할 것인가 하는 것도 이런 경우를 일사부재리에 해당한다고 볼 것인가의 여부에 따라 결론이 달라진다. 이러한 경우 제청법원을 기판력의 적용을 받는 당사자라고 하면 이유를 불문하고 한번 제청하면 다시는 제청을 할 수 없다는 결론에 이르게 된다. 헌법재판은 객관소송으로서의 성격을 가지기 때문에 개별 심판에서는 주관소송에서의 당사자와 달리 당사자가 명확하지 않는 경우가 많다. 따라서 객관소송으로서의 헌법재판에서는 一事不再理의 규정이 반복심판금지의 효력을 확실하게 해준다고 할 것이다. 현행 憲法裁判所法과 같이 일사부재리의 규정으로 정해두는 것이 기판력의 인정여부와 범위를 놓고 발생하는 복잡한 문제들에 빠져들지 않고 반복심판금지의 효력을 명확히 할 수 있다. 이런 일사부재리는 1961년의 憲法裁判所法에서「헌법재판소는 탄핵

과 선거에 관한 소송에 있어서 이미 재판을 거친 사건에 대하여는 다시 재판할 수 없
다」($_{§20}^{同法}$)라고 정하여 규정된 후, 1973년의 **憲法委員會法**에서 다시 「헌법위원회는 이
미 심판을 거친 사건에 대해서는 다시 심판할 수 없다」($_{§43}^{同法}$)라는 것으로 규정되었다.

Ⅱ. 根　據

기판력은 헌법이 보장하는 *法治國家原理*과 *法的 安定性*의 보장에서 도출되는 것
이며, 이를 실현하기 위하여 헌법이 제도로서 정하고 있는 재판의 본질에 바탕을 두
고 있다. 재판이라는 국가의 사법작용을 통하여 분쟁을 종국적으로 해결하고 법질서
를 확정적으로 정립함에 있어서 이런 재판의 존속 자체를 거부할 수 있게 한다면 국
가의 재판작용은 그 본래의 기능을 할 수 없게 되며, 그렇게 되면 법치국가와 법적
안정성의 실현을 어렵게 된다. 따라서 기판력은 헌법에서 도출되는 것이다. 재판에
따라서는 그 성질상 기판력이 인정되지 않는 것이 있는데, 이런 경우도 헌법의 수준
에서 인정되는 것이다.

Ⅲ. 範　圍

헌법재판에서도 이런 의미의 기판력은 원칙적으로 인정된다고 본다($_{法 §216①, §218①}^{憲裁法 §40①; 民訴}$).
탄핵심판, 정당해산심판, 권한쟁의심판에서 기판력이 인정됨은 물론 헌법소원심판이
나 위헌법률심판에도 원칙적으로 기판력이 인정된다.

헌법재판에서는 기판력이 인정된다고 보더라도 그 범위와 한계를 정하는 것은
쉽지 않다.

(1) 객관적 범위

旣判力의 客觀的 範圍는 主文에 한정된다($_{民訴法 §216①}^{憲裁法 §40①;}$). 즉 기판력은 결정의 주문에
서 발생한다. 이에 대하여 기판력은 원칙적으로 主文에 발생하지만, 결정주문만으로
는 소송물이 무엇인가를 알 수 없고 이유를 통해서만 비로소 알 수 있는 경우에는
理由가 主文과 일체불가분의 관계에 있는 理由에는 예외적으로 기판력이 발생한다는
견해가 있다($_{170}^{許營d.}$).

(2) 주관적 범위

旣判力의 主觀的 範圍는 절차의 당사자 즉 청구인과 피청구인, 그의 승계인, 절
차참가인에게 미친다($_{民訴法 §218①}^{憲裁法 §40①;}$). 절차에 참가하지 않은 자나 기관에게는 미치지 않는
다. 다만, 기속력이 미치는 범위에서는 기판력의 주관적 범위를 들어 기속력을 배제
할 수 없다.

헌법재판에서 기판력의 주관적 범위와 시적 범위는 통상의 재판에서와 달리 개별

심판절차의 특성에 따라 정해진다. 소송법상의 일반적인 논의보다 해당 헌법재판의 기능과 그에 의해 보장되는 헌법상의 실체적인 제도나 내용에 의해 결정된다. 위헌법률심판, 정당해산심판, 탄핵심판, 권한쟁의심판, 헌법소원심판 등 모든 개별 심판제도는 헌법이 정하고 있는 국가의 입법작용의 성질과 기능, 정당해산제도의 목적과 기능, 탄핵제도의 목적과 기능, 기본권 보장의 이념과 법리에 의해 지배되며, 절차적인 논의도 이러한 실체법적인 내용에 기속된다. 따라서 헌법재판에 민사소송, 형사소송, 행정소송 등 통상의 소송에 관한 법률의 규정을 준용하는 경우에도 그 준용에는 명백한 한계가 있다. 특히 정당해산심판, 탄핵심판, 권한쟁의심판, 일부 헌법소원심판과 같이 외형상 당사자가 대립하는 구조를 취하고 있는 경우에도 對審構造를 취하고 있다는 이유만으로 바로 민사소송, 형사소송, 행정소송의 절차적인 법리를 그대로 적용하는 것은 잘못된 결론에 도달할 수 있다. 헌법재판에서도 헌법재판은 어디까지나 憲法實體法이 정하는 내용을 실현시키는 헌법실현의 수단이라는 점을 고려하여 소송법상의 논의가 실체법상의 내용을 변경하거나 왜곡해서는 안 된다는 점을 유의할 필요가 있다.

Ⅳ. 判　例

(1) 기판력이론 인정 여부

憲法裁判所는 원칙적으로 憲法裁判所法 제39조에서 정한 一事不再理에 기해 판단할 뿐 旣判力에 근거하여 판단을 내리지는 않는 것으로 보인다(憲 2006. 5. 25. -2003헌바115등). 다만, 일사부재리를 규정한 헌법재판소법 제39조가 기판력의 일단이 인정됨을 明文化한 것이라거나, 사실인정과 밀접·불가분의 관련을 가진 기판력이론은 規範統制를 목적으로 하는 헌법재판에서는 그대로 원용될 수 없으므로 헌법재판소법 제39조의 일사부재리에 근거하여 판단해야 한다는 등의 소수의견이 제시된 사례는 있다(憲 2001. 6. 28.-2000헌바48; 2006. 5. 25. -2003헌바115등).

[憲 2001. 6. 28.-2000헌바48] 위 사안에서 다수의견은 종전 사건(憲 2000. 2. 24.-98헌바94)과 당해 사건이 일사부재리의 관계에 있는지, 또는 기판력에 배치되는지 등을 판단하지 않은 채 종전 사건의 판시를 그대로 인용하며 헌법에 위반되지 않는다는 취지의 결정을 하였다. 이에 대하여 재판관 4인이 각하취지의 반대의견을 제시하였다. 그 중 재판관 김영일, 김경일, 송인준은 「헌법재판소법 제39조(일사부재리)는 "헌법재판소는 이미 심판을 거친 동일한 사건에 대하여는 다시 심판할 수 없다"고 하여 헌법재판소가 결정을 선고한 후 그와 동일한 사건에 대한 심판청구는 부적법한 것으로서 각하되어야 할 것으로 규정하고 있다고 볼 것인바, 이는 헌법재판소의 결정에 반복하여 다툴 수 없다는 기판력의 일단이 인정됨을 명문화한 것이라 볼 것이다. 따라서 여기에서 일사부재리의 원칙이 적용되는 '동일한 사건'의 범위를 어떻게 볼 것인가를 일반적인 기판력이론에 따라 살피기로 한다.……이 사건 헌법소원이 위 2000헌바21 사건과의 차이점은 이 사건 법률조항이 적용될 당해 사건이 다르다는 것뿐인데, 헌법재판소가 행하는 규범통제절차에 있어서의 심판대상은 앞에서 본 바

와 같이 당해 사건에 적용할 문제의 법률조항만의 위헌 여부일 뿐이고, 당해 사건
은 법원에 남아 있어 헌법재판소의 심판대상에 편입되는 것이 아니며, 따라서 헌법
재판소는 당해 사건의 동일성 여부와는 관계없이 문제된 법률조항의 위헌 여부를
심판하게 되고, 당해 사건은 다만 헌법재판소에서의 심판의 계기를 제공하는 부수
적인 의미밖에 없다고 할 것이므로, 당해 사건이 다르다는 것이 심판대상의 동일성
을 인정함에 있어 하등의 영향을 끼칠 수 없다고 할 것이다. 또한 이 사건 헌법소
원은 이전의 합헌결정이 있은 2000. 4. 27.로부터 50일도 채 경과하지 아니한 같은
해 6. 13.에 청구된 것으로서, 결정이 내려진 이후에 그 기초가 된 생활관계가 근본
적으로 변화되었거나 혹은 헌법규정의 개정 또는 그 해석의 변경으로 인하여 그 내
용이 본질적으로 달라졌다고 볼 여지도 없다.……이 사건 헌법소원은 헌법재판소가
2000. 4. 27. 결정을 선고한 2000헌바21 사건과 동일한 사건이라 볼 것이므로 헌법재
판소법 제39조의 일사부재리의 원칙 내지는 헌법재판소결정의 기판력에 따라 부적
법 각하하여야 할 것이다.」는 취지의 반대의견을 내어 헌법재판에도 기판력이 적용
된다는 취지로 설시하였다. 한편 반대의견을 제시한 재판관 권성은 「소수의견이 내
세우는 기판력의 이론은 그 자체가 이 사건과 같은 경우에는 원용될 수 없다고 생
각한다. 규범통제를 목적으로 하는 헌법재판과 일반의 소송은 성질이 다른 측면이
있고, 그 다른 범위 내에서 일반소송의 기판력이론은 적용될 수 없을 것이다. 일반
소송에서는 사실인정이 필수적인 과정으로 되어 있고 그것이 제일차적인 중요성을
갖는다. 사실인정에 대하여는 당사자가 끊임없이 증거자료를 제출하여 자기에게 유
리한 사실인정을 시도하는 것이 통례이므로, 이러한 시도를 일정한 시점에서 차단
하여 사실관계를 확정하고 그 토대 위에서 법률관계를 확정할 필요가 있다. 그러나
규범통제를 목적으로 하는 헌법재판에 있어서는 사실인정은 제2선으로 후퇴하게 되
어 있고, 전면에 등장하는 것은 법률과 헌법의 관계이며 이것이 유일한 과제가 된
다. 사실관계는 위헌 여부가 문제되는 법률이 적용될 계기를 만드는 의미를 갖거나,
위헌판단에 참고하여야 할 주변상황으로서의 의미를 가질 뿐이다. 그러므로 사실인
정과 밀접·불가분의 관련을 가진 기판력의 이론은 규범통제를 목적으로 하는 헌법
재판에서는 그대로 원용하기 어렵다. 그러나 일반소송의 기판력이론이 갖는 효능,
즉 동일사건에 대하여 심리의 반복을 금지하고 모순된 판단을 금지함으로써 법적
안정과 소송경제를 추구하는 작용은 헌법재판에서도 필요하다. 이것은 무엇으로 달
성할 것인가. 일사부재리의 규정으로 가능하고, 그것으로 또 충분하다. 헌법재판소
법 제39조가 바로 이러한 이유에서 등장한 것이라고 이해할 것이다. 그렇다면 헌법
재판소법 제39조의 일사부재리 규정은 일반소송의 기판력이론과 연계시킬 필요없이
독자적으로 해석할 수 있는 것이고, 오히려 독자적으로 해석하여야만 하는 것이
다.……전·후의 두 사건을 비교하여 당사자가 동일하고 심판대상인 법률이 동일하
고 나아가 당해 사건까지 동일한 경우에 이 두 사건을 헌법재판소법 제39조의 이른
바 "동일한 사건"이라고 인정하는 데에서 그칠 것이 아니라, 비록 두 사건의 당해
사건이 다르고 따라서 두 개 당해 사건의 사실관계가 비록 다를지라도 그 사실관계
가 성질상 기본적으로 동일한 종류에 속하는 경우에는 문제의 법률을 그 사실에 적
용하는 과정에서 드러나게 되는 위헌여부의 쟁점은 어쩔 수 없이 동일하게 되므로,
이러한 경우에는 전·후 두 사건 사이의 동일성을 인정하는 것이 법률의 위헌 여부

를 심사하는 재판의 본질에 비추어 합당하다고 생각한다.……이러한 입장에서 이 사건을 검토하면 이 사건과 2000헌바21사건은 당사자가 동일하고 심판대상인 법률이 동일할 뿐만 아니라, 이 사건의 당해 사건에서 문제가 된 사실관계가 2000헌바21 사건의 당해 사건에서 문제가 된 사실관계와는 그 세금부과처분의 일자와 부동산이 달라서 비록 차이가 있기는 하지만 성질상으로는 온전히 같은 종류의 사실관계에 속한다.……이 사건 심판청구는 헌법재판소법 제39조에 위반된 부적법한 청구이므로 이를 각하하여야 할 것이다.」는 의견이어서 기판력이론을 원용할 필요 없이 헌법재판소법 제39조의 일사부재리 원칙에 의해서 판단하면 된다는 의견을 밝혔다.

(2) 일사부재리의 적용요건

어떠한 경우에 일사부재리가 적용되는지의 문제는 결국 헌법재판소법 제39조에서 규정한「동일한 사건」을 어떻게 해석할 것인지의 문제로 귀결된다.

(a) 심판청구 유형의 동일

헌법재판소는 심판청구의 유형이 서로 다른 경우에는 일사부재리에 저촉되지 않는다고 판시하였다(예: 憲 1997. 6. 26.-96헌가8등). 憲法裁判所法 제68조 제 1 항에 의한 심판청구와 同法 제68조 제 2 항에 의한 심판청구는 동일한 것이 아니므로 일사부재리에 저촉되지 않는다(예: 憲 1994. 4. 28.-89헌마221).

[憲 1997. 6. 26.-96헌가8등] 「이 사건 심판대상 법률조항은 구법 제19조 중 신·구법 제 3 조·제 5 조·제 8 조·제 9 조의 죄에 관한 구속기간연장부분이고 위 90헌마82 사건의 심판대상 법률조항은 신법 제19조(구법 제19조와 같다) 전부로서 양자의 심판대상 법률조항이 일부 중복되기는 하나, 90헌마82 사건은 헌법재판소법 제68조 제 1 항에 의한 헌법소원심판청구사건이고 이 사건은 같은 법 제41조 제 1 항에 의한 위헌법률심판제청사건으로서 심판청구의 유형이 상이하므로 위 두 사건이 동일한 사건이라고 할 수 없다. 따라서 이 사건 심판청구를 동일한 사건의 중복청구로 보아 헌법재판소법 제39조의 일사부재리에 위반된다는 위 주장은 받아들일 수 없다.」

(b) 심판대상 및 청구인의 동일

심판의 대상 또는 청구인이 다른 경우(예: 憲 1997. 8. 21.-96헌마48)에는 일사부재리에 저촉되지 않는다고 판시하였다.

[憲 1997. 8. 21.-96헌마48] 「이 사건 심판대상 법률조항은 국가보안법 제19조 중 같은 법 제8조의 죄에 관한 부분이고 위 90헌마82사건의 심판대상 법률조항은 국가보안법 제19조 중 제 3 조 내지 제10조의 각 죄에 관한 부분이므로 서로 중복되기는 하나, 90헌마82 사건에서 위헌으로 결정한 법률조항은 국가보안법 제 7 조 및 제10조의 각 죄에 관한 것이고 같은 법 제 8 조의 죄에 대하여는 위헌판단을 한 바 없으며 또한 두 사건들의 청구인들이 동일하지 아니하므로 두 사건이 동일한 사건

이라고 할 수 없다. 따라서 이 사건 심판청구를 동일한 사건의 중복청구로 보아 헌
법재판소법 제39조의 일사부재리에 위반된다는 위 주장은 받아들일 수 없다.」

違憲法律審判의 경우 客觀訴訟的인 성질로 인해 어떠한 경우 심판대상이 동일한
지 문제된다. 구체적으로는 請求人과 심판대상이 된 條文은 동일하지만 위헌법률심
판의 계기가 된 當該事件이 다른 경우, 이를 헌법재판소법 제39조 소정의 「동일한
사건」으로 볼 것인지 문제된다. 헌법재판소는 헌법재판소법 제68조 제2항의 헌법소
원이 거듭 청구된 경우에 관하여, 헌법재판소법 제39조 소정의 「동일한 사건」이 되
기 위해서는 청구인과 심판대상인 조문이 동일해야 할 뿐만 아니라, 當該事件도 동
일해야 한다고 판시한 바 있다(憲 2006. 5. 25. -2003헌바115등).

[憲 2006. 5. 25.-2003헌바1115등] 「헌법재판소는 종전 사건(99헌바81등: 2002헌바17등)에서 이
사건 보상규정이 헌법에 위반되지 아니한다고 결정하였으나, 청구인 정○택
(2002헌바17등 사건의 청구 인 정○택과 동일인이라)을 제외하고는 종전 사건의 당사자들과 이 사건의 당사자들이 다르
므로 동일사건이라고 할 수 없다. 그리고 청구인 정○택의 경우 종전 사건(2002헌바17 등 사건)의
당해 사건은 충북 ○○읍 소재 ○○저수지에 대한 양식어업 면허기간연장 불허가에
관한 손실보상청구사건이고, 이 사건의 당해 사건은 충주호에 대한 양식어업 면허
기간연장 불허가에 관한 손실보상청구 사건이어서 당해 사건의 내용이 다르므로 헌
법재판소법 제39조의 동일사건이라고 볼 수 없다. 따라서 이 사건 보상규정에 대한
심판청구는 헌법재판소법 제39조의 일사부재리의 원칙에 위배되지 아니한다고 할
것이다.」   위 사건에서 재판관 조대현은 다음과 같은 별개의견을 내었다. 「헌법재
판소법 제39조는 "이미 심판을 거친 동일한 사건에 대하여는 다시 심판할 수 없다"
고 규정하고 있는데, "동일한 사건"인지의 여부는 심판의 종류에 따라 구분하여 판
단하여야 한다. 구체적인 분쟁의 해결을 목적으로 하는 탄핵심판·정당해산심판·
권한쟁의심판과 구체적인 기본권의 침해 여부를 심판대상으로 삼는 권리구제형 헌
법소원심판에서는 당사자와 쟁점 및 사실관계까지 동일하여야 동일한 사건이라고
할 수 있을 것이다. 그러나 법률의 위헌 여부를 심판대상으로 삼는 심판에서는 당
사자나 재판의 전제가 되는 당해 사건의 여하에 따라 심판내용이 달라지는 것이 아
니므로 심판대상인 법률조항과 쟁점이 동일하면 동일한 사건에 해당된다고 보는 것
이 상당하다. 종전 사건(99헌바81등: 2002헌바17등)과 이 사건은 모두 심판대상인 법률조항과 쟁점이
동일하므로 동일한 사건에 해당된다고 할 수 있다. 그러나 헌법재판소법 제39조는
동일한 사건의 재심판을 절대적으로 금지하는 것이 아니라 동일한 내용의 심판을
불필요하게 반복하지 말라는 취지라고 보아야 한다. 헌법재판소법 제23조 제2항 제
2호에 따라 헌법재판소가 종전에 판시한 견해를 변경할 필요가 있을 때에는 물론이
고, 종전 심판 후에 법률해석의 여건이 변경되었거나 재판관의 구성에 변동이 생기
는 등의 사유로 다시 심판할 필요가 있을 때에는 동일한 사건이라 하여도 헌법재판
소의 판단에 따라 다시 심판할 수 있다고 보아야 한다. 2개의 종전 결정은 모두 위
헌의견 5인, 합헌의견 4인으로서 위헌정족수에 미달되어 합헌으로 선고되었고, 종

전 결정 후에 재판관 3인이 변경되어 이 사건 심판청구에 대하여 다시 심판할 필요가 있다고 할 것이므로, 이 사건 심판청구는 헌법재판소법 제39조에 위반된다고 할 수 없다.」　이에 대하여 재판관 김경일, 송인준, 권성은 반대의견을 제시하였는데, 그 구체적인 내용은 앞서 본 憲 2001. 6. 28.-2000헌바48에서 해당 재판관이 제시한 반대의견과 동일하다.

(c) 각하결정과 일사부재리

　종전 사건의 심판청구가 不適法하여 헌법재판소가 却下決定을 한 후 각하결정에서 판시한 요건의 欠缺을 補完하지 않고 다시 청구하는 것은 一事不再理에 저촉된다(예: 憲 1993. 6. 29.-93헌마123; 2002. 12. 18.-2002헌마279).

　[憲 1993. 6. 29.-93헌마123] 「헌법소원심판청구가 부적법하다고 하여 헌법재판소가 각하결정을 하였을 경우에는 그 각하결정에서 판시한 요건의 흠결을 보정할 수 있는 때에 한하여 그 요건의 흠결을 보정하여 다시 심판청구를 하는 것은 모르되, 그러한 요건의 흠결을 보완하지 아니한 채로 동일한 내용의 심판청구를 되풀이하는 것은 허용될 수 없다.」

　[憲 2003. 1. 28.-2003헌아2] 「청구인은 2001. 12. 10. 성남남부경찰서에 청구외(피고소인) 이○운을 모욕 혐의로 고소하였는바, 고소사실의 요지는 다음과 같다. 피고소인은 성남남부경찰서 ○○파출소 근무 경찰관인바, 2001. 11. 21. 19 : 00경 위 파출소 안에서 청구인에게 "정신병원에 가서 감정해 봐라."는 말을 하여 공연히 청구인을 모욕한 것이다. 피청구인이 피고소인에 대하여 혐의없음의 불기소처분을 하자 청구인은 검찰청법에 따른 항고 및 재항고를 거쳐 2002. 6. 5. 헌법재판소 2002헌마386호로 위 불기소처분의 취소를 구하는 헌법소원심판을 청구하였다. 헌법재판소는 위 헌법소원에 대하여 2002. 10. 31. 기각결정을 선고하였다. 그러자 청구인은 2003. 1. 9. 위 사건에서 피청구인은 수사과정에서 청구인이 제출한 2,000여장의 자료 중 일부만을 헌법재판소에 제출하는 등 부당한 행위를 했다며 이 사건 재심청구를 하였다.……헌법재판소법 제39조(일사부재리)의 규정에 의하면, 헌법재판소는 이미 심판을 거친 동일한 사건에 대하여는 다시 심판할 수 없다. 헌법재판소가 이미 행한 결정에 대해서는 자기기속력 때문에 이를 취소·변경할 수 없으며 이는 법적안정성을 위하여 불가피한 일이기 때문이다(헌재 1989. 7. 24. 89헌마141). 다만, 헌법재판소법 제68조 제 1 항에 의한 헌법소원 중 행정작용에 속하는 공권력작용을 대상으로 하는 권리구제형 헌법소원에 있어서는 재판부의 구성이 위법한 경우 등 절차상 중대하고도 명백한 위법이 있는 경우(헌재 1995. 1. 20. 93헌아1), 또는 일정한 경우에 헌법재판소법 제40조에 따라 민사소송법 제422조 소정의 재심에 관한 규정을 준용하여 재심이 허용되는 경우가 있을 수 있다(헌재 2001. 9. 27. 2001헌아3). 그런데 이 사건의 경우 위 재심대상결정이 재판부의 구성이 위법하거나 그 밖에 절차상 중대하고도 명백한 위법이 있는 경우가 아니고, 또한 청구인은 민사소송법상의 재심사유를 들어 다투는 것이 아니라 피청구인이 부당하게 증거자료를 제출하지 않았다는 점을 다투고 있는바, 이는 실질적으로 헌법재판소 결정에 대한 불복소원이라 아니할 수 없으므로 이 사건 심판청구는 위 일사

부재리의 법리에 따라 허용될 수 없는 것이다.」

[84] 第五 覊束力

I. 概　念

憲法裁判所法은 기속력에 대하여 따로 정하고 있다. 즉 위헌법률심판에서의 위헌결정, 권한쟁의심판의 결정, 헌법소원심판에서의 인용결정에는 기속력이 발생한다 $\left(\begin{smallmatrix} 憲裁法 §47①, \\ §67①, §75①, ⑥ \end{smallmatrix}\right)$.

法律에 대한 合憲決定은 기속력을 가지지 않는다. 헌법재판소에 의해 합헌으로 결정된 법률을 국가기관이나 지방자치단체가 적용하는 것은 그러한 합헌결정이 있기전에 법률이 유효하게 적용되던 것과 같이 그 법률이 가지고 있는 通用力 때문이다. 이런 통용력을 가지는 법률 또는 법률조항이 위헌이라고 해석되는 경우에는 언제든지 헌법재판소에 심판을 청구하여 이를 다툴 수 있다. 국회는 합헌으로 결정된 법률이라고 하더라도 더 이상 존재할 필요가 없거나 위헌이라고 판단하는 경우에는 이를폐지하거나 변경할 수 있는데, 이는 입법권의 내용으로서 당연히 인정되는 것이다.

기판력이 과거의 행위를 놓고 前訴와의 관계에서 後訴에 대하여 효력을 미치는데 반하여 기속력은 미래의 행위에 대하여 미친다. 기속력은 헌법재판소의 결정에 모순되는 행위를 금지하고, 헌법재판소의 결정에 따라 적극적으로 위헌 또는 위법인상태를 제거해야 하는 실체법적인 의무를 부과하는 효력이다. 이는 기판력과 달리모든 종국결정에 인정되는 것이 아니라 성질상 위와 같은 결정에 한정하여 인정된다.

《기판력과 기속력》

旣判力이라는 용어는 우리나라와 일본국의 실정법에서 사용하고 있다. 학자에 따라서는 기판력을 독일에서 사용하고 있는 確定力(Rechtskraft) 가운데 形式的 確定力(formelle Rechtskraft)과 구별되는 실질적 확정력(materielle Rechtskraft) 또는 실체적 확정력, 내용적 확정력이라고 하기도 한다. 覊束力(Bindungswirkung)에 대해서는 본질에서는 기판력과 동일하다고 보되(旣判力說), 기판력의 주관적 범위가 확장된 것이 기속력이라고 보는 견해도 있고, 행정소송(취소소송)에 있어서 기속력과 기판력을 통일적으로 이해하고 소송물 개념으로서 양자의 범위를 동일하게 파악하고자 하는 견해 $\left(\begin{smallmatrix} 朴正勳, \\ 106 이하 \end{smallmatrix}\right)$도 있다. 후자의 견해는 취소소송의 본질이 객관소송과 확인소송이라고 보는 전제에서 $\left(\begin{smallmatrix} 朴正勳, \\ 17 이하 \end{smallmatrix}\right)$ 확정판결의 효력 속에 종래 기판력과 기속력의 내용으로 설명되던 효력들을 통일적으로 보아 모두 포함시키고자 하는 것으로 보인다. 주관소송이냐 객관소송이냐 하는 문제를 놓고 다투어지는 행정소송에서도 이런 이해가 가능하다면 본질적으로 객관소송인 헌법소송에서는 주관소송에서 말하는 기판력이라는 개념을 동원할 필요도 없이 일사부재리의 효력과 기속력만 정하면 된다고 볼 수도 있다. 기판력의 개념과 본질을 前訴와 後訴의 관계에서 당사자의 반복청구금지에 한

정하고, 기속력의 개념을 이와 구별하여 헌법재판소의 결정에 모순되는 행위를 금지하는 것을 의미하는 것으로 정의를 하면 기속력은 이런 반복청구금지에 한정되는 것은 아니므로 양자는 다른 것으로 구별할 수밖에 없다. 이러한 이해에서는 기판력은 종류에 관계없이 모든 종국결정에 발생하지만 기속력은 이와 같은 성질로 인하여 법률에 대한 위헌결정, 권한쟁의심판의 결정, 헌법소원심판에서 인용결정에 한정하여 인정된다(特殊效力說). 그러나 위에서 본 것과 같이, 헌법재판이 객관소송이라는 점에 초점을 맞추고 이러한 효력을 모두 기속력이라는 개념으로 통일하여 파악하면, 헌법재판의 효력은 일사부재리의 효력과 기속력이라는 개념으로 모두 해결할 수 있다. 이러한 이해에 따르면, 기속력에는 앞에서 본 자기기속력, 형식적 확정력, 기판력, 협의의 기속력이 그 構成要素로 파악된다([81]).

II. 效 果

헌법재판소법은 위헌법률심판에서 위헌결정은 法院과 그 밖의 國家機關 및 地方自治團體를 기속한다고 정하고 있고(憲裁法§47①), 권한쟁의심판의 결정(同法§67①)과 헌법소원심판의 인용결정은 모든 國家機關과 地方自治團體를 기속한다고 정하고 있다(同法§75①). 따라서 기속력이 인정되는 결정이 선고되면 법원을 포함한 모든 국가기관이나 지방자치단체는 헌법재판소의 결정을 부정할 수 없고 이와 배치되는 행위를 할 수 없다. 국가기관 또는 지방자치단체가 헌법재판소의 결정에 저촉되는 행위를 한 경우에는 본안판단을 할 것도 없이 기속력에 의거하여 효력을 가지지 못하는 것으로 된다. 즉 헌법재판소가 주문에서 효력을 가지지 못한다고 결정한 법령을 유효한 것으로 전제하여 어떤 행위를 하거나 결정에서 효력을 가지지 못한다고 하였거나 기본권을 침해한다고 한 행위를 똑같이 반복하는 행위는 헌법재판소 결정의 기속력에 배치되어 효력을 가지지 못한다.

헌법재판소의 결정이 가지는 기속력에 위반한 국가기관 또는 지방자치단체의 행위는 무효라고 할 것이다. 기속력이 결정의 주문에 한정하여 인정된다고 보는 한 이러한 행위의 하자는 重大할 뿐 아니라 明白한 것이다.

III. 客觀的 範圍

기속력은 헌법재판소의 主文 이외에 이유에도 인정되는가 하는 문제가 있다. 이에 대해서는 부정설과 긍정설이 대립하고 있다. 이 문제는 주문이외에 이유에까지 기속력을 확장할 것인가 말 것인가 하는 문제가 아니라 헌법재판소와 다른 국가기관간의 문제와 관련하여 중요한 의미를 가진다. 위헌결정의 기속력은 다른 국가기관을 기속하므로 이는 헌법재판소와 입법부, 법원, 행정부, 지방자치단체간의 관계뿐 아니라 헌법재판의 한계, 권력의 분립, 입헌주의와 민주주의, 헌법재판과 입법권, 헌법재판과 통상법원의 재판권, 헌법재판과 지방자치간의 관계 문제에 연결된다.

(1) 학   설

(a) 부 정 설

기속력은 결정의 주문에만 인정된다고 본다. 당해 사건과 유사한 유사사건 및 당해 사건과 동종의 후속사건이 문제가 되면 헌법재판소에 다시 심판을 청구하여 헌법재판소의 판단에 따라야 한다는 입장이다. 즉 당해 사건의 유사사건이나 후속사건에 있어서 헌법재판소는 기속력에 위반된다는 점을 이유로 하여 배척할 수 없고 다시 본안판단을 하여야 한다고 본다. 기속력을 주문 이외의 범위로 확장하는 것은 입법권, 행정권, 법원의 재판권을 과도하게 제약하는 것으로서 헌법재판의 한계를 일탈하고 권력분립원리를 침해하는 것이라고 본다.

이유 전부에 대해 기속력을 인정할 수는 없고, 이유 가운데 주문을 근거 있게 하는 중요한 이유에 한하여 기속력이 인정된다고 하는 견해에 대해서도 그 범위를 헌법재판소가 결정하는 것도 아니고, 중요한 것과 중요하지 않은 것을 구분하는 경계의 설정이 분명하지 않으므로 오히려 법적 안정성에 혼란이 온다고 본다.

(b) 긍 정 설

부정설과 달리 기속력은 주문과 주문을 도출하는데 직접적으로 뒷받침이 된 重要한 理由(tragende Gründe)에도 인정된다고 본다(許營d.). 이와 같이 긍정설에서 가장 강력한 견해는 이유의 모든 내용이 기속력을 가지는 것이 아니라 주문을 도출한 이유 가운데 주문을 결정적으로 뒷받침하는 중요한 논증만이 기속력을 가진다고 보는 견해이다. 국가기관 및 지방자치단체는 헌법재판소의 주문과 배치되게 법령을 해석하거나 주문과 배치되는 결론을 행위준칙으로 삼을 수 없을 뿐 아니라, 주문을 이유 있게 하는 중요한 논증에서 나타난 견해나 법리도 행위준칙으로 삼아야 한다고 본다. 이 견해에서도 傍論(obiter dictum)은 기속력을 가지지 않는다고 본다.

기속력이 주문에 한정되지 않고 중요한 이유에까지 인정된다는 것은 헌법재판소의 결정이 당해 사건에만 한정되어 효력을 가지는 것이 아니라 국가기관과 지방자치단체에 대해서는 類似事件이나 後續事件에 대해서도 당해 사건에서 판단한 주문과 그 중요한 이유에 따라 행위하도록 하는 점에서 사실상 결정의 효력범위가 확장되는 결과를 인정한다. 이러한 것은 동일한 성격을 가지는 분쟁의 반복을 방지하는 효과를 가진다고 본다.

이 긍정설에서도 이유 가운데 무엇이 주문을 근거있게 하는 중요한 이유인가 하는 것은 실제에서 판단하기 쉽지 않다. 헌법재판소가 발간하는 「헌법재판소공보」나 「헌법재판소판례집」에서 기재하고 있는 「결정요지」는 재판부가 기속력의 범위를 염두에 두고 판단한 것이 아니고 판례의 편집상 따로 요약한 것이므로 이러한 「결정요지」를 중요한 이유라고 할 수는 없다. 그러나 이러한 「결정요지」는 중요한 이유가 무엇인지를 판단하는 데 있어서 중요한 참고사항이 될 수는 있다.

(C) 사 견

헌법재판의 한계나 권력분립의 원리에 비추어 볼 때 부정설이 타당하다. 또 긍정설의 약점은 중요한 이유와 중요하지 않은 이유를 구분하는 것이 분명하지 않을 뿐아니라 재판관간에 위헌의견이 분분하여 6인 이상이 의견의 합치를 보는 이유도 항상 존재하는 것은 아니라는 점이다. 이러한 구분을 헌법재판소가 하는 것이 아닌 이상 불분명한 구분으로 기속력의 범위를 정하는 것은 구구한 판단을 초래하여 헌법재판의 규범력과 정당성을 약화시킬 수 있다. 따라서 헌법재판소는 주문을 표시할 때 주문에만 기속력이 인정된다는 점을 고려하여 이에 적합한 내용의 주문을 표시하여야 한다. 당해 사건과 동종에 속하는 후속사건이나 그와 유사한 유사사건에서 다툼이 있는 경우에는 헌법재판소가 다시 판단하면 된다. 국가기관이나 지방자치단체가 헌법재판소의 결정에 설시된 이유를 존중하여 행위하는 것이 바람직하다고 판단될 때는 스스로 이에 합당하게 행위하는 것으로 족하다. 국가기관이나 지방자치단체는 통상 주문을 이유있게 하는 주된 논증의 견해나 법리를 가능한한 존중하는 것이 바람직하다고 할 것이다($\binom{\text{同旨: Ch. Gusy}}{1985:\ 245}$).

(2) 판 례

헌법재판소는 이 문제에 대하여 명백한 결론을 짓고 있지는 않다. 그러나 이유에 대하여 기속력을 인정한다고 하더라도 결정주문을 뒷받침하는 결정이유에 기속력이 인정될 것이고 그러한 경우에도 그 이유에는 적어도 재판관 6인 이상의 의견이 합치되어야 한다고 본다($\binom{\text{예: 憲 2008. 10. 30.}}{\text{-2006헌마1098}}$).

[憲 2008.10.30.-2006헌마1098] 「헌법재판소법 제47조 제1항은 "법률의 위헌결정은 법원 기타 국가기관 및 지방자치단체를 기속한다"고 규정하고, 같은 법 제75조 제1항은 "헌법소원의 인용결정은 모든 국가기관과 지방자치단체를 기속한다"고 규정함으로써 헌법재판소가 내린 법률의 위헌결정 및 헌법소원의 인용결정의 효력을 담보하기 위해서 기속력을 부여하고 있는바, 이와 관련하여 입법자인 국회에게 기속력이 미치는지 여부, 나아가 결정주문뿐 아니라 결정이유에까지 기속력을 인정할지 여부 등이 문제될 수 있는데, 이에 대하여는 헌법재판소의 헌법재판권 내지 사법권의 범위와 한계, 국회의 입법권의 범위와 한계 등을 고려하여 신중하게 접근할 필요가 있을 것이다. 이 사건에서 청구인들은, 헌법재판소가 2003헌마715등 사건에서 시각장애인에게만 안마사 자격을 인정하는 이른바 비맹제외기준이 과잉금지원칙에 위반하여 비시각장애인의 직업선택의 자유를 침해한다는 이유로 위헌결정을 하였음에도 불구하고 국회가 다시 비맹제외기준과 본질적으로 동일한 내용의 이 사건 법률조항을 개정한 것은 비맹제외기준이 과잉금지원칙에 위반한다고 한 위헌결정의

기속력에 저촉된다는 취지로 주장하는바, 이는 기본적으로 위 위헌결정의 이유 중 비맹제외기준이 과잉금지원칙에 위반한다는 점에 대하여 기속력을 인정하는 전제에 선 것이라고 할 것이다. 앞서 본 바와 같이 결정이유에까지 기속력을 인정할지 여부 등에 대하여는 신중하게 접근할 필요가 있을 것이나 설령 결정이유에까지 기속력을 인정한다고 하더라도, 이 사건의 경우 위헌결정 이유 중 비맹제외기준이 과잉금지원 칙에 위반한다는 점에 대하여 기속력을 인정할 수 있으려면, 결정주문을 뒷받침하는 결정이유에 대하여 적어도 위헌결정의 정족수인 재판관 6인 이상의 찬성이 있어야 할 것이고(헌법 제113조 제1항 및 헌법재판소법 제23조 제2항 참조), 이에 미달할 경우에는 결정이유에 대하여 기속력을 인정할 여지가 없다고 할 것인바, 앞서 본 바 와 같이 2003헌마715등 사건의 경우 재판관 7인의 의견으로 주문에서 비맹제외기준 이 헌법에 위반된다는 결정을 선고하였으나, 그 이유를 보면 비맹제외기준이 법률유 보원칙에 위반한다는 의견과 과잉금지원칙에 위반한다는 의견으로 나뉘면서 비맹제 외기준이 과잉금지원칙에 위반한다는 점과 관련하여서는 재판관 5인만이 찬성하였을 뿐이므로 위 과잉금지원칙 위반의 점에 대하여 기속력이 인정될 여지가 없다고 할 것이다. 그렇다면, 국회에서 2003헌마715등 사건의 위헌결정 이후 비맹제 외기준을 거의 그대로 유지하는 이 사건 법률조항을 개정하였다고 하더라도, 위와 같이 비맹제외기준이 과잉금지원칙에 위반한다는 점과 관련하여 기속력을 인정할 여지가 없는 이상 입법자인 국회에게 기속력이 미치는지 여부 및 결정주문뿐 아니 라 결정이유에까지 기속력을 인정할지 여부 등에 대하여 나아가 살펴 볼 필요 없이 이 사건 법률조항이 위 위헌결정의 기속력에 저촉된다고 볼 수는 없을 것이다.」

IV. 主觀的 範圍

(1) 국가기관과 지방자치단체

　기속력이 인정되는 결정이 선고되면 이런 결정은 국가기관과 지방자치단체를 기 속한다. 당해 소송의 당사자나 참가인이 아니더라도 모든 국가기관과 지방자치단체는 기속력이 발생한 결정에 기속된다. 국가기관은 대통령 및 행정부의 각종 행정기관과 각급 법원을 포함하고, 지방의회와 지방자치단체의 장과 교육자치기관도 포함한다.

(2) 법률에 대한 위헌결정의 국회에 대한 기속여부

　법률에 대한 위헌결정의 기속력이 국회의 입법행위에도 미치는가 하는 문제에 관해서는 羈束說($^{許營d.}_{174}$)과 非羈束說이 대립한다. 이러한 문제는 국회의 입법행위가 가 지는 특성 때문에 발생한다. 비기속설이 타당하다([147]I(2)(b)). 따라서 헌법재판소가 위헌이라고 결정하여 효력을 상실시킨 법률 또는 법률조항과 동일한 내용을 국회가 다시 입법하고, 이것이 위 심판절차에 의해 다시 위헌여부를 심판하게 되었을 때에, 헌법재판소는 동일한 법률 또는 법률조항에 대해서 다시 심판을 한다. 법률에 대한 헌법소원심판에서 위헌결정을 한 경우도 동일하다. 국회의 立法行爲의 특성과 위헌 법률심판의 한계상 이러한 결론에 도달하므로 헌법재판소는 종래의 판단에 구애됨이 없이 다시 심판하고 종래와 다른 판단도 할 수 있다. 여기서 유의할 점은 국회의 再立法의 문제는 覊束力의 문제이지 既判力의 문제는 아니라는 점이다.

> 헌법재판에서 인정되는 기속력은 國家領域, 즉 국가기관과 지방자치단체에 한하여 효력이 미치기 때문에 私的인 영역에는 미치지 않는다. 私人은 기속력이 발생하는 결정에 대하여 이의를 제기할 수 있다. 따라서 헌법재판소의 결정에 대하여 국민이 비판하거나 학술적으로 평가하는 것은 이런 기속력과 저촉되는 것이 아니다. 그러나 국가기관이나 지방자치단체가 헌법재판소의 결정에 따르기는 하지만 헌법재판소의 결정을 오류라거나 정당하지 않다고 하는 등으로 비난하거나 헌법재판소 또는 재판관에 대해 비판하는 것은 기속력의 취지에 비추어 바람직하지 않다. 이런 점에서 헌법재판소의 결정에 대해 국가기관이 공개적으로 비판하거나 격렬하게 불만을 나타내는 것은 삼가야 할 德目이다.

[85] 第六 形成的 效力

헌법재판소의 결정에는 이러한 효력 이외에도 憲法裁判所法에 의해 개별 심판절차의 특성상 특별한 효력이 인정되는 것이 있다. 헌법재판소가 위헌법률심판에서 한 違憲決定($^{憲裁法}_{§47②}$) 또는 다른 심판절차에서 한 법률에 대한 違憲決定($^{同法 §75⑥,}_{§47②}$)으로 인해 심판대상인 법률은 그 효력을 상실하게 되고, 탄핵심판에서 한 彈劾決定으로 인해 피소추인은 해당 공직에서 罷免되며($^{同法}_{§53①}$), 정당해산심판에서 政黨의 解散을 명하는 결정을 선고하면 해당 정당은 해산되고($^{同法}_{§59}$), 권한쟁의심판에서 권한침해의 원인이 된 피청구인의 處分을 取消하거나($^{同法}_{§66②}$), 헌법소원심판에서 기본권침해의 원인이 된 公權力의 行使를 取消하면($^{同法}_{§75③}$) 해당 처분은 廢止된다. 이러한 효력은 소송법적으로 볼 때 形成的 效力으로 이해되며, 對世的 效力을 갖는다. 따라서 해당 재판에 관여한 바 없는 국가기관이나 일반국민에 대해서도 위헌으로 결정된 법률이 더 이상 적용되지 않는 등의 효력이 미치게 됨을 유의할 필요가 있다.

[86] 第七 執 行 力

憲法裁判所法에는 헌법재판의 결정이 가지는 집행력에 대해서는 일반적으로 정하고 있는 규정이 없다. 정당해산심판에 있어서만 「政黨의 해산을 命하는 헌법재판소의 결정은 중앙선거관리위원회가 政黨法에 따라 집행한다」($^{憲裁法}_{§60}$)라고 집행력에 대하여 정하고 있다.

헌법재판에서도 헌법재판의 실효성과 관련하여 집행력을 확보하는 것이 필요하다. 결정의 집행은 결정의 목적이나 취지에 합당하여야 하고, 집행의 본질과 한계를 넘어 다른 국가기관의 권한을 침해하여서는 안 된다.

결정의 집행에서 결정의 내용을 변경하거나 축소 또는 확장하는 것은 허용되지 않는다.

오스트리아에서는 연방헌법에서 연방헌법재판소의 결정이 가지는 집행력에 대하여 정하고 있다. 오스트리아에서는 대부분 聯邦大統領이 연방헌법재판소의 결정을 집행하고 예외적인 사안에서 一般法院이 집행하는 경우도 있다($^{憲法}_{§146}$). 독일의 聯邦憲法裁判所法은 「연방헌법재판소는 그 결정에서 결정을 집행할 자를 지정할 수 있고, 개개 사건에 있어서 집행의 유형과 방법을 정할 수 있다」($^{憲法}_{§35}$)라고 정하고 있다. 이에 따라 연방헌법재판소는 재판소의 재량으로 결정의 실효성을 확보하는데 필요한 일체의 구체적인 명령이나 지시를 할 수 있고, 집행명령의 유형, 한도, 내용은 집행하여야 할 결정의 내용과 구체적인 관계에 따라 정해지고, 특히 그 재판에 관련된 개인, 단체, 행정청, 헌법기관 등의 태도에 따라 정해진다고 한다($^{BVerfGE\ 6,}_{303;\ 68,\ 140}$). 일반적이고 추상적인 집행명령은 허용되지 않고, 사건에 따라 국가기관 등 공권력의 주체에게 구체적인 집행을 위임할 수 있다고 한다($^{BVerfGE}_{2,\ 142}$).

제 7 장　再　　審

[87]　第一　意　義

　　재심이란 헌법재판소의 확정된 종국결정에 있어 재심사유에 해당하는 중대한 하자가 있는 경우에 그 결정의 취소와 이미 종결된 사건의 재심판을 구하는 非常의 불복절차이다.

　　헌법재판소의 결정이 확정되면 그 결과는 헌법질서를 형성하게 되고, 이렇게 형성된 헌법질서는 *法的 安定性*을 가지게 된다. 그런데 헌법재판이라고 하더라도 중대한 결함이 있어서 그러한 결함을 가진 상태의 법적 안정성이 입헌주의의 실현을 포함하는 正義에 비추어 심하게 문제가 될 때 법적 안정성과 정의의 이념을 조화시키기 위해 재심을 인정한다.

[88]　第二　再審의 許容與否

　　헌법재판절차에서 재심이 허용되는지가 문제된다. 憲法裁判所法을 비롯한 현행 실정법에는 헌법재판에 있어 재심이 허용되는지의 여부에 대하여 정하고 있는 바가 없다. 이러한 실정법의 침묵 가운데 법이론적으로는 이에 대하여 개별적 허용설과 일반적 허용설로 견해가 나누어져 있다.

Ⅰ. 許 容 說
(1) 개별적 허용설

　　재심의 허용여부는 헌법재판의 개별 심판절차의 종류에 따라 절차의 내용과 결정의 효과에서 차이가 있으므로 개별적으로 이를 판단하여야 한다는 견해가 있다. 憲法裁判所의 판례이다(예: 憲 1995. 1. 20.-93헌아1).

　　[憲 1995. 1. 20.-93헌아1]「헌법재판소법은 헌법재판소의 결정에 대한 재심의 허용여부에 관하여 별도의 명문규정을 두고 있지 아니하다. 이리하여 헌법재판소의 결정에 대하여 재심을 허용할 수 있는가 하는 점에 관하여 논의가 있을 수 있다. 헌법재판은 그 심판의 종류에 따라 그 절차의 내용과 결정의 효과가 한결같지 아니

하기 때문에 재심의 허용여부 내지 허용정도 등은 심판절차의 종류에 따라서 개별
적으로 판단될 수밖에 없다고 할 것이다.」

(2) 일반적 허용설

이에 대해 헌법재판에도 憲法裁判所法 제40조의 규정에 따라 심판절차의 성질에
반하지 않는 한 민사소송법의 재심에 관한 규정이 준용되어야 한다고 하는 견해가
있다(예: 「93헌아1」
의 소수의견).

(3) 사　　견

헌법재판의 개별 심판절차에서 재심을 인정할 때 그 특성상 民事訴訟法이나 刑
事訴訟法의 재심규정을 준용할 수 없는 경우도 있다. 이러한 때에는 재심에 관한 규
정의 흠결이 발생하는데, 헌법재판소는 이러한 절차상 필요한 규정이 흠결된 경우에
는 스스로 절차를 창설하는 권한을 가진다. 절차에 관한 규정이 흠결되었다고 필요
한 재판을 거부할 수는 없기 때문이다. 따라서 헌법재판의 재심에서는 원칙적으로
個別的 許容說에 따라 재심의 허용여부를 판단하는 것이 타당하다. 이런 점에서 憲
法裁判所의 견해에 동의한다.

그러나 재판부의 구성에서 위법한 점이 있는 경우에는 憲法 제111조에서 정하고
있는 모든 개별 심판에서 재심을 인정하여야 할 것이다. 개별 심판절차에서 재심이
허용되는가의 여부와 재심이 문제가 되는 경우에 대해서는 해당 부분에서 설명하기
로 한다([153], [179], 제4편 제3장 제6절, [231], [266] 이하).

Ⅱ. 憲法裁判所의 判例

(1) 헌법재판소법 제68조 제2항의 절차와 재심

헌법재판소는 憲法裁判所法 제68조 제2항의 헌법소원심판에서는 再審이 허용되
지 않는다고 본다(예: 憲 1992. 6. 26.-90헌아1; 1994. 12. 29.-92헌아
1; 1995. 1. 20.-93헌아1; 2004. 11. 23.-2004헌아47). 이에 관해서는 해당부분에서 詳說
한다([150]Ⅰ).

(2) 헌법소원심판절차와 재심

憲法裁判所는, 헌법재판소법 제68조 제1항에 의한 헌법소원 중 공권력의 작용
을 대상으로 하는 헌법소원절차에 있어서는, 헌법재판소법 제40조에 의해 준용되는
민사소송법상의 재심에 관한 규정에 따라 재심을 허용함이 상당하다고 보고, 재심사
유는 민사소송법 제451조 제1항 각 호의 사유 중 헌법소원심판에 대한 재심의 성질
상 허용되는 범위 안에서 준용된다고 본다(예: 憲 2007. 2.
22.-2006헌아50).

憲法裁判所는, 憲法裁判所法 제68조 제1항의 헌법소원심판에서는 재판부의 구

성이 위법한 경우 등 절차상 중대·명백한 위법이 있어서 재심을 허용하지 아니하면 현저히 정의에 반하는 경우에 한하여 재심이 제한적으로 인정된다고 한다(예: 憲 1995. 1. 20.-93헌아1.).

　　憲法裁判所는 憲法裁判所法 제68조 제1항의 헌법소원심판에서 재심의 허용여부에 있어 초기에는 민사소송법상의 재심사유인 判斷遺脫은 憲法裁判所法 제68조 제1항의 헌법소원심판에서의 재심사유가 되지 않는다고 하는 태도(예: 憲 1995. 1. 20.-93헌아1; 1998. 3. 26.-98헌아2)를 유지하다가, 후에 판례를 변경하여 재심사유가 됨을 인정하고 있다(예: 憲 2001. 9. 27.-2001헌아3). 이에 관해서는 해당 부분에서 詳說한다([266]).

　　그러나 법률에 대한 헌법소원심판에서는 재심을 허용하지 않는다(예: 憲 2002. 9. 19.-2002헌아4; 2004. 2. 10.-2004헌아4; 2004. 11. 23.-2004헌아47; 2006. 9. 26.-2006헌아37). 이에 관해서는 해당 부분에서 詳說한다([265]).

[89] 第三　再審의 請求 및 節次

　　헌법재판소의 판례에 따를 때에 헌법재판에서 재심이 인정되는 경우가 있다. 개별 심판에서 재심이 인정되는 경우에는 아래와 같이 재심을 청구를 하고, 이에 대하여 심리와 결정을 한다.

Ⅰ. 再審의 請求

　　재심의 청구는 재심청구서를 제출함으로써 한다. 재심청구서에는 i) 재심청구인 및 대리인의 표시, ii) 재심할 결정의 표시와 그 결정에 대하여 재심을 청구하는 취지, iii) 재심의 이유를 기재하여야 한다(審判規則 §53①). 재심청구서에는 재심의 대상이 되는 결정의 決定書 寫本을 붙여야 한다(同條②).

Ⅱ. 再審의 節次

　　재심의 심판절차에는 그 성질에 어긋나지 아니하는 범위 내에서 재심이 인정되는 개별 심판의 원래의 심판절차에 관한 규정을 준용한다(審判規則 §52).

[90] 第四　再審期間

　　憲法裁判所法은 재심에 관하여 아무것도 명시적으로 정하고 있지 않으므로 재심기간에 대해서도 정하고 있는 바가 없다. 따라서 헌법재판에서 재심을 인정하는 경우에는 헌법재판의 개별 심판의 성질에 반하지 않는 범위에서 民事訴訟法이 준용된다고 할 것이므로 헌법재판에서의 再審期間에도 民事訴訟法의 규정이 준용된다고 할 것이다. 따라서 재심청구는 당사자가 결정이 확정된 후에 再審의 事由를 안 날부터 30일 내에 제기하여야 한다. 이 기간은 不變期間이다. 결정이 확정된 후 5년을 경과한 때에는 재심을 청구하지 못한다. 재심의 사유가 결정확정 후에 생긴 때에는 위 5

년의 기간은 그 사유가 發生한 날부터 起算한다(憲裁法 §40①. 民訴法 §456).

憲法裁判所法 제40조에 의하면, 민사소송에 관한 법령 이외에 탄핵심판에서는 형사소송에 관한 법령을 함께 준용하고, 권한쟁의심판과 헌법소원심판에는 행정소송법을 함께 준용한다고 하고 있고, 민사소송에 관한 법령과 이들 법령간에 저촉이 있는 경우에는 이들 법령을 우선적으로 준용한다고 하고 있으나, 재판부의 구성에 위법한 점이 있어 재심을 인정하는 경우에는 공통적으로 민사소송법이 정하고 있는 재심기간이 준용된다고 할 것이다. 형사소송법상의 재심에는 기간의 제한이 없고 이러한 刑事訴訟法은 탄핵심판에 준용될 것이지만, 재심기간의 적용여부에 있어서 탄핵심판과 형사재판은 성질이 서로 다른 것이다.

民事訴訟法이나 刑事訴訟法을 준용하여 재심을 인정하는 경우 이외에 헌법재판소가 절차를 창설하여 재심을 인정하는 경우에도 그 재심기간에 관해서는 民事訴訟法이 준용된다고 할 것이다.

　　현행 憲法裁判所法은 개별 심판절차에서의 재심에 관하여 고려하지 않아 아무런 규정을 두고 있지 않다. 따라서 현재로서는 재심을 인정하는 경우 위와 같이 「헌법재판소 심판규칙」을 적용하고 민사소송법의 규정을 준용할 수밖에 없으나, 재심의 허용여부와 재심기간에 대해서는 憲法裁判所法에 명시하는 것이 바람직하다.

제8장 裁判官의 除斥·忌避·回避

[91] 第一 概 說

I. 制度의 目的

재판의 공정은 헌법재판에서도 재판의 생명이다. 재판의 공정성을 보장하기 위하여 헌법재판에서도 裁判官의 獨立($\substack{憲裁法 \\ §4}$)과 政治的 中立($\substack{憲法 §112①; \\ 憲裁法 §9}$) 등의 규정을 통하여 憲法裁判의 獨立을 보장하고 있다. 그러나 이런 제도만으로는 부족하다. 재판관의 성향이 헌법재판의 공정을 기하는 데 적합한 사람이어야 하므로 재판관을 지명, 선출, 임명할 때 이에 대한 고려도 필요하다.

구체적인 사건을 처리함에 있어서 해당 사건과 관련하여 특별히 형성되어 있는 관계가 재판의 공정을 유지하는 데 문제가 있는 경우에는 이런 원인을 제거하는 것이 필요하다. 裁判官의 除斥·忌避·回避는 해당 사건과 재판관의 특별한 관계로 인하여 재판의 공정성이 우려될 때 해당 재판관을 재판에서 배제하여 재판의 공정을 기하는 제도이다.

II. 憲法研究官에의 準用

除斥·忌避·回避의 制度는 기본적으로 재판관에 관하여 규율하는 것이지만 재판관의 명을 받아 사건의 심리 및 심판에 관한 조사·연구에 종사하는 憲法研究官에게도 除斥·忌避·回避의 법리가 준용된다고 보아야 할 것이다($\substack{예: 憲 2003. 12. \\ 2.-2003헌사535}$). 헌법연구관의 경우 판사, 검사, 변호사, 특정 부서 공무원으로서 해당 사건을 직접 다룬 경우도 있고 해당 사건에 직접 이해관계가 있거나 영향을 줄 수 있는 지위에 있을 수 있으므로 해당 사건에 대한 조사와 연구를 하여 재판관에게 의견이나 결과 등을 제시하는 업무의 성격상 이러한 제척·기피·회피의 법리를 준용하는 것이 필요하다($\substack{反對: 許 \\ 營d, 132}$).

III. 憲法裁判所의 事務處公務員에의 準用

제척·기피·회피의 법리는 憲法裁判所 事務處公務員에게도 準用된다고 할 것이다($\substack{憲裁法 §40①;\\ 民訴法 §50}$). 헌법재판소는 헌법재판소의 사무관 등은 기피신청의 대상이 된다고 판시하였다($\substack{예: 憲 2003. 12.\\ 2.-2003헌사536}$). 이에 대하여 반대하는 견해도 있다($\substack{許營d.\\ 132}$).

Ⅳ. 鑑定人에의 準用

鑑定人에게는 따로 忌避制度가 준용된다고 할 것이다($\substack{憲裁法 §40①;\\ 民訴法 §336}$).

[憲 2003. 12. 2.-2003헌사535] 「헌법재판소법 제40조 제1항 전문은 헌법재판소의 심판절차에 관하여 이 법에 특별한 규정이 있는 경우를 제외하고는 민사소송에 관한 법령의 규정을 준용한다고 규정하고 있는바, 민사소송법 제44조에서 기피는 그 이유를 밝혀 신청하여야 하고, 기피하는 이유와 소명방법을 신청한 날로부터 3일 내에 서면으로 제출하여야 한다고 규정하고 있다. 살피건대, 신청인은 위 지정재판부 소속 헌법연구관 전원에 대하여 기피하는 이유를 전혀 제시하지 아니하였고, 나아가 기피하는 이유와 소명방법을 신청한 날로부터 3일 내에 서면으로 제출하지 아니하였음이 기록상 명백하므로 민사소송법 제44조에 위배되어 부적법하다.」

[憲 2003. 12. 2.-2003헌사536] 「헌법재판소법 제40조 제1항 전문은 헌법재판소의 심판절차에 관하여 이 법에 특별한 규정이 있는 경우를 제외하고는 민사소송에 관한 법령의 규정을 준용한다고 규정하고 있고, 민사소송법 제50조는 법원사무관 등에 대하여 제척·기피 및 회피제도를 인정하고 있으며, 위 법원사무관등이란, 법원서기관, 법원사무관, 법원주사(보), 법원서기(보) 등 직급에 관계없이 독자적으로 재판에 관하여 직무집행을 하는 법관 외의 법원공무원을 의미한다. 따라서 위 각 법조문에 따라 직급에 관계없이 독자적으로 헌법재판에 관하여 직무집행을 하는 재판관 외의 헌법재판소 공무원인 헌법재판소 사무관 등은 기피신청의 대상이 된다고 봄이 상당하다.」

[92] 第二 裁判官의 除斥

Ⅰ. 意 義

재판관의 제척이라 함은 재판관이 특정 사건에 관하여 재판관에게 재판의 공정성을 확보하기 어려운 憲法裁判所法상의 사유가 있을 때 이 법에 의해 당연히 그 사건에 관한 직무집행에서 재판관을 배제하는 것을 말한다.

Ⅱ. 除斥의 事由

裁判官의 除斥事由는 i) 재판관이 當事者이거나 당사자의 配偶者 또는 배우자였던 경우, ii) 재판관과 당사자가 親族關係이거나 친족관계였던 경우, iii) 재판관이 사건에 관하여 證言이나 鑑定을 하는 경우, iv) 재판관이 사건에 관하여 당사자의 대리인이 되거나 되었던 경우, v) 그 밖에 재판관이 헌법재판소 외에서 직무상 또는 직업상의 이유로 사건에 관여한 경우이다($\substack{憲裁法\\ §24①}$).

제척사유로 되어 있는 당사자는 넓은 의미로 해당 사건과 관련이 있는 일체의 關聯者임을 의미한다. 親族關係는 民法이 정하는 바에 따른다($\frac{民法}{\S779}$ §767.).

Ⅲ. 職權 및 申請에 의한 除斥

(1) 직권제척

재판부는 특정 재판관에 관하여 제척사유가 있는 경우에 當事者의 申請이나 職權으로 除斥의 決定을 한다($\frac{憲裁法}{\S24②}$). 기피가 당사자의 신청에 의해 행해지는 것과 달리 제척은 당사자의 신청 이외에 헌법재판소의 직권으로도 행한다.

(2) 신청에 의한 제척

재판관에 대한 제척신청은 헌법재판소(신청 당시의 해당 재판부 또는 지정재판부 등)에 그 원인을 명시하여 申請하여야 하고, 제척의 원인과 소명방법은 신청한 날로부터 3일 내에 書面으로 제출하여야 한다($\frac{憲裁法 \S24⑥;}{民訴法 \S44①,②}$). 제척신청이 民事訴訟法 제44조의 규정에 위배되거나 소송의 지연을 목적으로 함이 명백한 때에는 재판부는 결정으로 이를 却下한다($\frac{憲裁法 \S24⑥;}{民訴法 \S45①}$). 제척을 당한 재판관은 이런 신청각하의 사유가 있는 경우를 제외하고는 지체없이 제척신청에 대한 意見書를 제출하여야 한다($\frac{憲裁法 \S24⑥;}{民訴法 \S45②}$).

제척의 신청이 있는 때에는 그 재판이 확정될 때까지 심판절차를 정지하여야 한다. 다만, 제척신청이 각하된 때 또는 종국결정을 선고하거나 긴급을 필요로 하는 행위를 하는 때에는 그러하지 아니하다($\frac{憲裁法 \S24⑥;}{民訴法 \S48}$).

Ⅳ. 除斥에 대한 裁判

(1) 제척의 결정

제척에 대한 재판은 재판부에서 決定으로 한다. 재판부는 전원재판부를 의미한다. 헌법소원심판절차에 있어서 지정재판부의 事前審査節次에서 제척의 사유가 있는 경우 지정재판부에서 제척의 결정을 하는 것이 아니라 전원재판부에서 제척의 결정을 한다. 제척신청을 당한 재판관은 이 재판에 관여하지 못한다. 다만, 의견을 진술할 수는 있다($\frac{憲裁法 \S24⑥;}{民訴法 \S46①, ②}$).

재판관에 대한 제척의 신청에 대한 결정을 한 때에는 결정서 정본을 신청인에게 바로 송달하여야 한다($\frac{審判規則}{\S51②}$).

(2) 제척결정의 성질

제척사유가 발견되면 재판부는 당연히 除斥의 決定을 하여야 한다. 재판관의 제척은 憲法裁判所法에 의하여 당연히 발생하기 때문에 除斥의 決定은 確認的 性質을 가진다.

V. 除斥決定의 效果

헌법재판소의 제척결정이 있는 때에는 해당 재판관은 그 사건에 관한 직무집행에서 배제된다. 재판뿐 아니라 해당 사건에 관한 일체의 소송행위에 관여할 수 없다.

제척결정이 없는 경우라도 제척사유가 있는 재판관이 심판에 관여한 때에는 위에서 본 바와 같이 再審事由가 된다고 할 것이다([88]).

[93] 第三 裁判官의 忌避

I. 意 義

재판관의 기피라 함은 재판관에게 특정 사건에 관하여 제척사유 이외에 재판의 공정을 기대하기 어려운 사정이 있는 경우에 당사자의 신청에 의하여 그 사건에 관한 직무집행에서 해당 재판관을 배제하는 것을 말한다.

II. 忌避의 事由

憲法裁判所法은 「재판관에게 공정한 심판을 기대하기 어려운 사정이 있는 경우 당사자는 忌避申請을 할 수 있다」라고 정하고 있다(憲裁法 §24③). 따라서 기피의 사유는 제척의 사유에는 해당하지 않으면서 「공정한 심판을 기대하기 어려운 사정이 있는 경우」이다. 이러한 사정은 당사자의 주관적인 의혹만으로는 충족되지 않고 사건과 특수한 관계가 있기 때문에 객관적으로 불공정한 심판의 가능성이 예상되는 것이어야 한다. 당사자의 증거조사신청을 받아들이지 않았다는 것은 기피의 사유가 못한다.

재판관이 과거 특정 정당에 소속되어 있었기 때문에 해당 사건과 이해관계가 있는 경우, 과거 국회의원으로서 심판대상이 된 법률의 입법에 관여한 사실이 있는 점, 과거 해당 정책의 입안이나 집행에 관여한 사실이 있는 점, 헌법 또는 헌법재판의 절차나 제도적인 문제에 관하여 학문적인 의견을 미리 개진한 사실이 있는 점 등은 원칙적으로 忌避의 사유가 되지 않는다고 보아야 한다. 그러나 이러한 사실이 해당 사건의 판단에서 매우 중요한 비중을 가지고 직접적인 연관을 가질 때에는 기피의 사유가 된다.

독일 연방헌법재판소법 제18조는 재판관이 가족관계, 직업, 가계, 정당소속 또는 이와 유사한 일반적인 관점에서 보아 소송절차의 결과에 이해관계가 있는 경우는 제척사유인 「재판관이 사건의 당사자인 때」에 해당하지 않는다고 정하고 있고, 재판관이 입법절차에 참여하였거나 당해 사건의 절차에 있어서 중요한 의미를 가질 수 있는 법적인 문제에 대해 학문적인 견해를 표명한 경우는 제척 사유인 「직무상 또는 직업상의 이유로 당해 사건에 관여한 경우」에 해당하지 않는다고 정하고 있다. 독일에서는 헌법학교수들이 재판관으로 임명되는 경우가 많다. 독일의 연방헌법재판소는 과거 헌법재판소장인 Roman Herzog가 연방대통령의 후보로 되었을 때, 헌법재판소 재판관이 정당의 공천을 받아 대통령후보로 되고 그가 이를 수락한 경우에도 제척의 사유가 될 수 없고 재판의 공정성 침해를 우려할 것은 아니라고 판시하였다($^{\text{BVerfGE 89,}}_{\text{359 이하}}$). 독일에서 「政黨國家」(Parteienstaat)理論과 「政黨國家的 民主主義」(parteienstaatliche Demokratie)론을 강력하게 주도한 G. Leibholz는 연방헌법재판소 재판관으로 봉직하면서 1965년 정당에 대한 국고보조금사건에 대한 심리를 마친 후 심판이 임박한 시점에 학술대회에 나가 주제발표를 하면서 정당에 대한 국고보조를 반대하는 견해에 대해 비판하였는데, 연방헌법재판소는 해당 사건에서 이를 이유로 한 당사자의 기피신청을 받아들여 기피결정으로 그를 심판에서 배제시켰다($^{\text{BVerfGE}}_{\text{20, 1 이하;}}$ $^{\text{20, 9}}_{\text{이하}}$). 오스트리아에서는 헌법재판소의 재판관에 대한 기피를 인정하지 않는다.

헌법재판소는, 청구인이 재판에 대한 헌법소원심판을 청구하여 그 결정이 있은 후 다시 동일한 사안을 기초로 하여 입법부작위에 대한 위헌확인심판을 청구한 경우에 앞 사건의 主審 裁判官으로 관여한 사실이 뒤 사건에서 기피의 사유로 되지는 않는다고 본다($^{\text{예: 憲 1994. 2.}}_{\text{24.-94헌사10}}$).

[憲 1994. 2. 24.-94헌사10] 「신청인이 주장하는 92헌마53 사건은 재판에 대한 헌법소원사건이고 본안사건(94헌마7)은 입법부작위 위헌확인 사건으로 위 92헌마53 사건이 본안사건의 전심재판이라고 할 수 없을 뿐만 아니라, 재판관 ○○○가 위 92헌마53 사건의 주심으로 관여한 것은 사실이지만 그와 같은 사유만으로는 그에게 본안사건의 심판에 있어서 헌법재판소법 제24조 제 3 항 소정의 재판관에게 심판의 공정을 기대하기 어려운 사정이 있다고 볼 수 없다.」

Ⅲ. 違憲法律審判에서의 忌避 許容與否

위헌법률심판절차, 즉 구체적 규범통제절차에서 기피신청은 허용되지 않는다고 보아야 한다. 구체적 규범통제는 특정인과 개인적인 이해관계가 존재하지 않는 객관적인 절차이며, 여기에는 기피신청을 할 수 있는 당사자도 없고, 제척의 경우와 달리 헌법재판소가 직권으로 기피의 결정을 할 수도 없기 때문이다.

독일연방헌법재판소는 규범통제절차에서 연방헌법재판소법상의 기피에 관한 규정을 적용하지 않고 있다($^{\text{예: BVerfGE}}_{\text{46, 34 이하}}$). 그러나 이에 대해서는 학설상 반대의견이 있다.

Ⅳ. 忌避의 申請

당사자는 憲法裁判所法이 정하는 기피사유가 있는 때에는 기피신청을 할 수 있다($^{\text{憲裁法}}_{\text{§24③}}$). 그러나 당사자는 동일한 사건에 대하여 2명 이상의 재판관을 기피할 수 없다($^{\text{同條}}_{\text{④}}$). 재판관에 대한 기피는 헌법재판소(신청 당시의 해당 재판부 또는 지정재판부 등)에 그 이유를 밝혀 申請하여야 하고, 기피하는 이유와 소명방법은 신청한 날부터 3일 이내에 書面으로 제출하여야 한다($^{\text{憲裁法 §24⑥;}}_{\text{民訴法 §44①,②}}$). 당사자가 辯論期日에 출석하여 本

案에 관한 진술을 한 때에는 기피신청을 할 수 없다($\substack{憲裁法 \\ §24③}$).

기피를 당한 재판관은 이런 기피신청이 民事訴訟法 제44조의 규정에 위배되거나 소송의 지연을 목적으로 함이 명백한 때를 제외하고는 지체없이 기피신청에 대한 意見書를 제출하여야 한다($\substack{憲裁法 §24⑥; \\ 民訴法 §45②}$).

기피의 신청이 있는 때에는 그 재판이 확정될 때까지 심판절차를 정지하여야 한다. 그러나 기피신청이 각하된 경우 또는 종국결정을 선고하거나 긴급을 필요로 하는 행위를 하는 경우에는 심판절차가 정지되지 아니한다($\substack{憲裁法 §24⑥ \\ 民訴法 §48}$). 심판절차가 정지된 경우에 그 정지된 기간은 審判期間에 산입되지 아니하고, 헌법소원심판에서 事前審査節次가 정지된 경우에도 정지된 기간은 事前審査期間($\substack{憲裁法 \\ §72④}$)에 산입되지 않는다.

V. 忌避申請에 대한 裁判

(1) 기피의 결정

기피에 대한 재판은 재판부에서 決定으로 한다. 이 때 말하는 재판부도 전원재판부를 의미한다. 기피에 대한 재판의 형식은 결정으로 한다. 기피신청을 당한 재판관은 이 재판에 관여하지 못한다. 다만, 의견을 진술할 수는 있다($\substack{憲裁法 §24⑥; \\ 民訴法 §46①, ②}$).

기피신청이 民事訴訟法 제44조의 규정에 위배되거나 소송의 지연을 목적으로 함이 명백한 때에는 재판부는 결정으로 이를 却下한다($\substack{憲裁法 §24⑥; \\ 民訴法 §45①}$).

재판관에 대한 기피의 신청에 대한 결정을 한 때에는 결정서 정본을 신청인에게 바로 송달하여야 한다($\substack{審判規則 \\ §51②}$).

(2) 기피결정의 성질

재판관의 기피는 제척과 달리 당사자의 기피신청이 이유가 있다고 받아들여 결정하는 경우에 이루어지므로 기피의 결정은 形成的 性質을 가진다.

[94] 第四 裁判官의 回避

I. 意 義

재판관의 회피라 함은 재판관이 제척 또는 기피사유가 있는 때에 스스로 해당 사건의 직무집행에서 이를 피하는 것을 말한다.

II. 回避의 事由

회피의 사유는 제척의 사유 또는 기피의 사유가 있는 때이다.

III. 回避의 節次

裁判官이 회피를 하고자 하는 때에는 裁判長의 許可를 받아야 한다($\substack{憲裁法 \\ §24⑤}$). 재판

관의 회피에 있어서는 헌법재판소의 결정을 요하지 않는다. 재판장의 허가를 받아
해당 재판관이 회피하는 것으로 족하다.

[95] 第五 制度의 問題點

　　除斥·忌避·回避의 사유나 질병 또는 출장 등으로 인하여 재판관 9인 중 3인
이상 재판에서 배제되는 사태가 발생하는 경우에 헌법재판소는 재판을 할 수 없게
된다. 기피의 경우 당사자에게 동일한 사건에서 2인 이상의 재판관을 기피할 수 없
게 하고 있지만 이 방법만으로 이런 문제를 완전히 해결할 수 없다. 결국 이런 문제
는 재판부 구성에 있어서 우리 제도가 가지고 있는 불완전함에서 발생한다. 이런 문
제를 해결하는 방법으로 非常勤의 豫備裁判官을 두는 방안을 고려할 수 있다([42]Ⅱ(4)).

제 9 장 審判費用 및 供託金

[96] 第一 審判費用

I. 國家負擔의 原則

헌법재판소의 審判費用은 國家가 負擔한다($^{憲裁法}_{§37①}$). 즉 헌법재판소를 이용하는 비용은 국민이 납부한 세금으로 충당한다. 객관소송인 헌법재판에 있어서 이러한 심판의 비용을 당사자에게 부담시키는 것은 불합리하기 때문이다. 특히 헌법재판에서는 당사자가 없는 경우도 발생하는데 이 경우에는 당연히 국가가 심판비용을 부담할 수밖에 없다. 그러나 심판비용을 국가가 부담한다고 하여 국민이 언제나 아무렇게나 헌법재판소를 이용할 수는 없다. 이러한 이용은 헌법재판청구권의 남용으로 헌법재판소의 운영에 따른 비용을 증가시키고, 타인이 헌법재판소를 이용할 기회를 침해할 수 있다. 따라서 헌법재판소의 이용은 국민이 헌법재판청구권을 정당하게 행사하고 국민 개개인에게 이용의 기회가 동등하게 보장되는 범위 내에서만 인정되는 것이다. 이런 범위 내에서 국가가 심판비용을 부담할 의무가 있다.

II. 證據調査의 費用

심판비용을 국가부담으로 하는 경우에도 當事者의 申請에 의한 證據調査의 費用은 憲法裁判所規則으로 정하는 바에 따라 그 신청인에게 부담시킬 수 있다($^{同條}_{①}$). 「헌법재판소증인등비용지급에관한규칙」($^{1991.\ 2.\ 11.\ 헌재규칙\ 제32호,\ 개}_{정\ 2010.\ 7.\ 6.\ 헌재규칙\ 제256호.}$)에 의하면 증인, 감정인 등의 비용을 헌법재판소가 지급하고 있고, 「헌법재판소참고인비용지급에관한규칙」($^{1991.\ 2.\ 11.\ 헌재규칙\ 제33호,\ 개}_{정\ 2010.\ 7.\ 6.\ 헌재규칙\ 제257호.}$)에 의거하여 참고인에 대한 연구비, 원고료, 여비, 일당, 숙박료, 식비를 지급하고 있다.

III. 當事者 부담의 訴訟費用

이러한 심판비용 이외의 費用은 당사자가 부담한다. 헌법재판에서는 모든 개별 심판절차에 있어서 당사자인 私人은 반드시 변호사를 대리인으로 선임하여야 심판청구와 심판수행을 할 수 있으므로 변호사의 선임에 따르는 비용은 당사자가 부담하고 있다. 憲法裁判所法 제68조 제 2 항의 헌법소원심판을 청구하는 경우와 憲法裁判所法 제68조 제 1 항의 헌법소원심판을 청구하는 경우에 청구인은 소송에서 승소하든 패소하든 불문하고 변호사의 선임에 따르는 비용을 부담한다. 국선대리인이 선임된 경우에는 그러하지 아니하다.

위헌법률심판절차에서 위헌제청을 신청하는 경우, 憲法裁判所法 제68조 제 2 항의 헌법소원심판을 청구하는 경우, 법령에 대한 헌법소원심판을 청구하는 경우에 그 청구가 이유 있어 잘못된 국가작용이 교정되면 모든 국민들이 그 혜택을 보는데, 청구인만이 이런 경우에 변호사의 선임에 따르는 비용을 부담하는 것은 타당하지 않다. 이런 경우에는 청구인만 이런 비용을 부담하고 청구인 이외의 국민은 無賃乘車하는 결과를 가져온다. 이 문제는 우리나라 변호사제도와도 관련되어 있는 것이기도 하지만, 타당한 제도를 만들어야 한다(예: 소송비용보상제도).

독일의 경우 연방헌법재판소의 재판절차에서 소요되는 비용은 원칙적으로 無料이다(연방헌법재판소법 §34①). 기본권상실심판의 청구나 연방대통령 또는 법관에 대한 탄핵심판의 청구가 이유가 없는 것으로 밝혀진 경우에는 피청구인에게 변호비용(Kostender Verteidigung)을 포함한 필요비용(notwendige Auslage)을 보상하도록 정하고 있다(同法 §34a①). 헌법소원심판청구가 이유가 있는 것으로 밝혀진 경우에는 청구인에게 필요비용의 전부 또는 일부를 보상하도록 정하고 있다(同條②). 그 이외의 경우에는 연방헌법재판소가 비용의 전부 또는 일부에 대해 보상을 명할 수 있다(同條③).

〔97〕第二 供 託 金
Ⅰ. 憲法訴願審判과 供託金

헌법재판소는 헌법소원심판의 청구인에 대하여 憲法裁判所規則으로 정하는 供託金의 事前 납부를 命할 수 있다(憲裁法 §37②).

헌법소원심판의 청구는 국민 개개인 누구나 할 수 있으므로 남소가 예상된다. 따라서 이러한 濫訴를 방지하기 위해서는 制裁金을 부과하는 방법도 채택할 수 있다. 우리 憲法裁判所法은 이런 공탁금제도를 헌법소원심판에 한하여 채택하고 있다.

독일에서는 헌법소원심판이나 선거소송에서의 濫訴를 방지하기 위하여 최고 5,000DM 한도 내에서 濫訴制裁를 위해 사후에 負擔金(Mißbrauchsgebuhr)을 부과하는 제도를 두고 있다(同法 §34②). 이러한 濫訴制裁金의 징수는 연방예산법(Bundeshaushaltsordnung)을 준용하여 집행한다(同條③). 헌법재판의 개별 심판절차에서 假處分申請이 받아들여지지 않은 경우에도 신청인은 이런 부담금을 지불하여야 한다. 과거에는 憲法訴願審判請求가 재판부의 심판에 회부되지 못한 경우에 최고 1,000 DM 한도 내에서 부담금을 부과하였는데, 1991년 연방헌법재판소법(Bundesverfassungsgerichtsgesetz)을 개정하면서 이를 폐지하였다.

Ⅱ. 供託金의 返還과 國庫歸屬

공탁금은 성질상 濫訴制裁金에 해당하므로 청구인에게 남소의 책임을 물을 수 없는 경우에는 당연히 청구인에게 반환되어야 한다. 그러나 그렇지 아니한 경우에는 공탁금제도의 취지에 따라 공탁금을 국고에 귀속시키는 것이 필요하다. 憲法裁判所法은, i) 헌법소원의 심판청구를 却下하는 경우, ii) 헌법소원의 심판청구를 棄却하는 경우에 그 심판청구가 권리의 남용이라고 인정되는 때에는 헌법재판소로 하여금 憲法裁判所規則이 정하는 바에 따라 공탁금의 전부 또는 일부의 國庫歸屬을 명할 수 있다고 정하고 있다(同條③). 국고에 귀속되지 않은 공탁금은 청구인에게 반환된다.

이런 공탁금은 濫訴를 방지하기 위한 것이므로 공탁금을 부과할 때는 그 이유가 분명하여야 하고, 헌법재판소는 그 이유를 명시적으로 밝혀야 한다. 헌법소원심판의 청구가 권리의 남용에 해당하는지의 여부를 판단하는 객관적인 기준을 마련할 필요가 있다. 공탁금제도를 남용하면 국민의 憲法訴願審判請求權을 침해할 수 있다.

제10장 準用 및 節次의 創設

제 1 절 準 用

[98] 第一 意 義

憲法裁判所法의 규정은 헌법재판을 수행하기에 완벽할 정도로 모든 절차에 대해 정하고 있지 않다. 憲法裁判所法이 헌법재판의 개별 심판절차에서 모든 절차적인 문제에 대해서 세부적으로 완벽하게 정하고 있지 못하기 때문에 이런 문제를 해결하는 하나의 방법으로 다른 소송법 또는 절차법에 관한 규정을 준용하는 準用規定을 두고 있다. 이에 따라 헌법재판의 절차에 관하여 憲法裁判所法에서 명시적으로 정하고 있지 않은 사항에 대해서는 헌법재판의 성질에 비추어 그에 합당하게 다른 법률의 규정을 준용하여 재판을 한다.

[99] 第二 憲法裁判所法의 準用規定

憲法裁判所法은 준용규정에 대해 정하고 있다. 헌법재판소의 심판절차에 관하여 憲法裁判所法에 특별한 규정이 있는 경우를 제외하고는 헌법재판의 성질에 반하지 아니하는 한도에서 民事訴訟에 관한 法令을 준용한다. 彈劾審判의 경우에는 刑事訴訟에 관한 법령을, 權限爭議審判 및 憲法訴願審判의 경우에는 行政訴訟法을 함께 준용한다($^{憲裁法}_{§40①}$). 彈劾審判, 權限爭議審判, 憲法訴願審判에서 이와 같이 준용할 때에 형사소송에 관한 법령 또는 행정소송법이 민사소송에 관한 법령에 저촉될 때에는 민사소송에 관한 법령은 준용하지 아니한다($^{同條}_{②}$).

[100] 第三 判 例

헌법재판소는 이런 준용규정을 근거로 하여 헌법재판에서 裁判의 脫漏가 있는 경우에는 追加決定을 해야 한다고 한다($^{예: 憲 1991. 4.}_{1.-90헌마230}$). 헌법재판의 개별 심판절차의 성질에 반하지 않는 한, 共同訴訟參加를 인정할 수 있고($^{예: 憲 1993. 7.}_{29.-89헌마248}$), 當事者 死亡時 訴訟

節次를 受繼하는 것도 인정된다($^{예:\ 憲\ 1994.\ 12.}_{29.\ -90헌바13}$). 헌법재판에서 판단유탈이 재심사유가 된다고 하였고($^{예:\ 憲\ 2001.\ 9.}_{27.\ -2001헌아3}$), 헌법소원심판절차에 소의 취하에 관한 민사소송법규정이 준용된다고 하였으며($^{예:\ 憲\ 1995.\ 12.\ 15.\ -95헌마221}_{등;\ 2003.\ 4.\ 24.\ -2001헌마386}$), 보조참가인도 위헌법률심판의 제청신청 및 憲法裁判所法 제68조 제 2 항의 심판청구를 할 수 있다고 하였다($^{예:\ 憲\ 2003.\ 5.}_{15.\ -2001헌바98}$). 임의적 당사자의 변경($^{특히\ 청구}_{인의\ 변경}$)은 헌법소원심판절차에서 원칙적으로 허용되지 않는다고 한다($^{예:\ 憲\ 1998.\ 11.\ 26.\ -94헌마}_{207;\ 2003.\ 12.\ 18.\ -2001헌마163}$).

　　문제는 이러한 준용규정으로도 절차상의 문제를 해결할 수 없는 경우에 어떻게 할 것인가 하는 점이다. 이런 경우에 헌법재판소는 절차법과 관련한 다른 법규정으로부터 類推하여 절차에 관한 결정을 할 수 있다. 다만, 그러한 유추가 불가능할 경우에는 헌법재판소는 특별한 이유가 없는 한 절차상의 欠缺에 대하여 스스로 절차를 창설하는 결정을 할 수 없다고 할 것이다. 이 문제는 국회의 입법을 통하여 해결하여야 한다.

제 2 절　節次의 創設

[101] 第一　節次의 創設

Ⅰ. 問題의 所在

　　헌법재판에서는 憲法裁判所法이 정하고 있는 명시적인 규정과 준용규정만을 가지고는 재판을 하기에 절차상 불충분한 경우가 발생할 수 있다. 이러한 경우에는 절차에 관한 법규정의 흠결(Lückenhaftigkeit)이 발생한다. 이 때 제기되는 것이 헌법재판소의 절차창설에 관한 권한의 문제이다.

Ⅱ. 節次創設의 必要性과 限界

　　위에서 보았듯이, 헌법재판은 일반법원의 재판과는 성질이 다른 국가작용이다. 따라서 헌법재판의 절차에서도 그러한 특성에 따라 스스로 그 특성에 합당한 절차를 만들 필요가 생긴다. 헌법재판에서는 통상 民事訴訟이나 刑事訴訟, 行政訴訟 등과 같은 법원의 소송절차를 준용하기도 하지만($^{憲裁法}_{§40}$), 헌법재판의 개별 심판절차의 특성에 비추어 이러한 준용이 적합하지 않으면 그 범위에서 헌법재판소는 스스로 재판을 하기 위한 절차를 창설할 수 있다. 기본적인 절차가 마련되어 있고, 부분적으로 절차에서 미비한 점이 있는 경우에 이런 절차상의 미비한 점을 이유로 하여 헌법재판을 거부할 수는 없다. 따라서 입헌주의의 실현이라는 요청과 헌법재판이 가지는 기능적 본질상 헌법재판소는 헌법재판의 각종 절차에서 스스로 절차를 창설하는 권한을 가진다고 할 것이다(同旨: 許營d, 123).

유의할 것은, 헌법재판에서 헌법재판소가 스스로 절차를 창설할 수 있는 이런 권한을 가진다고 하더라도 이는 어디까지나 유추할 수 있는 범위 내에서의 자율적인 것이고, 이를 넘어 관할의 새로운 창설과 같이 완전히 새로운 절차를 창설하는 것은 가능하지 않다는 점이다. 이러한 것은 국회의 立法事項에 해당하기 때문이다.

> 이 문제에 관하여 독일 연방헌법재판소는 「연방헌법재판소법은 충분한 절차규정을 두고 있는 것이 아니라 헌법재판절차의 특수성을 고려하여 반드시 필요한 적은 조항들에 한정하여 정하고 있다. 그 이외 다른 독일 절차법의 유추(Analogie)를 통하여 재판절차를 목적에 합치되게 형성하기 위한 법적 근거를 마련하는 것은 연방헌법재판소에 맡겨져 있다」라고 설시하기도 했고(BVerfGE 1, 108, (특히 110 이하)), 「연방헌법재판소는……기본법과 연방헌법재판소에 과한 법률을 통하여 제시된 기본방향에 의거하여 자신의 심판절차를 위한 보다 광범한 법원칙들을 발전시켜야 한다」라고 하기도 했다(BVerfGE 2, 79(특히 84)). 더 나아가 연방헌법재판소는 「자신의 재판절차에서 지배자」라고 하기도 하였으나 실제 이러한 정도의 권한을 행사하고 있지는 않다.

[102] 第二　主文 表示의 自律

主文의 形式과 表示에 대해 憲法裁判所法이 명시적으로 정하고 있지 아니하는 한 헌법재판소는 전적으로 자율적인 형성의 자유를 가진다. 憲法裁判所의 견해도 기본적으로 같은 취지이다(예: 憲 1989. 9. 8.-88헌가6).

> [憲 1989. 9. 8.-88헌가6] 「재판 주문을 어떻게 내느냐의 주문의 방식문제는 민사소송에서 그러하듯 헌법재판에 대하여서도 아무런 명문의 규정이 없으며, 따라서 재판의 본질상 주문을 어떻게 표시할 것인지는 재판관의 재량에 일임된 사항이라 할 것이다.」

주문에 한하여 기판력과 기속력이 발생한다고 보는 경우에는 헌법재판소는 주문의 내용과 표현을 어떻게 할 것인가 하는 점을 신중하게 고려하여야 한다. 이런 점에서 보면, 주문의 형식과 표현에 대해 법률이 일의적이고 확정적으로 명시하는 것은 적당하지 않다. 오히려 헌법재판소법은 주문의 형식과 표현에 대해 헌법재판소가 자율적으로 형성한다는 점을 확인하는 정도의 규정을 두는 것이 타당하다.

주문 표시에서의 自律에 의할 때, 헌법재판소가 變形決定의 主文을 스스로 만드는 것은 자기의 권한에 속하는 것이기 때문에 타당하다. 다양한 변형결정의 주문이 당해 사건에서 어느 정도로 정확한 것인가 하는 문제만 남는다.

［103］ 第三 裁判의 實效性 確保

헌법재판에서도 재판의 실효성을 확보하는 것이 필요하다. 실효성이 없는 재판은 이미 재판이 아니기 때문에 재판의 실효성은 재판의 개념필연적인 요소이다.

헌법재판의 각종 심판절차에서 재판의 실효성을 확보하는 수단에 대하여 憲法裁判所法이 명시적으로 정하고 있거나 준용규정을 통하여 해결하고 있지 못하는 때에는 헌법재판소가 訴訟節次를 자율적으로 정할 수 있는 權限에 의하여 이를 해결한다. 예컨대 실효성의 확보를 위하여 가처분이 필요함에도 불구하고 이에 관한 규정의 흠결이 있을 때 헌법재판소는 절차형성권에 근거하여 스스로 가처분을 할 수 있다.

제11장 假 處 分

[104] 第一 假處分制度의 意義

I. 意 義

헌법재판에서 假處分은 헌법재판의 本案事件에 대한 決定의 實效性을 확보하고 국가작용의 혼선과 헌법질서의 동요를 방지하기 위하여 本案決定이 있기 전에 본안 사건과 관련하여 다툼이 있는 법관계를 暫定的이고 臨時的으로 규율하는 것을 내용 으로 하는 憲法裁判所의 決定이다.

헌법재판의 개별 심판절차에서는 본안사건에 대한 결정이 이루어질 때까지 상당 한 시간을 요하고, 이 기간 동안에는 다투어지고 있는 법관계가 그대로 방치되고 있 기 때문에 경우에 따라 그러한 상태가 일종의 「完成된 事實」(faits accomplis)을 형성하 여 권리의 주체나 법질서에 회복하기 어려운 불이익을 초래할 수 있다. 이와 같이 헌법재판에서 假處分을 인정하지 않으면 헌법질서나 국가작용 또는 가처분을 신청한 신청인에게 중대하고도 회복할 수 없는 불이익이 발생하는 경우에 헌법재판소는 가 처분을 할 필요가 있다. 이러한 경우에 헌법재판소가 가처분을 하지 않으면 본안사 건에 대해 결정을 하여도 그 결정이 실효성을 가지기 어렵다.

II. 假處分의 從屬性과 暫定性

(1) 개 념

헌법재판에서 가처분은 본안사건이 헌법재판소에 계속되어 있지 않을 때에도 가 능하지만, 가처분은 본질상 본안사건에서 다투어지는 사안을 전제로 하여서만 존재 할 수 있기 때문에 가처분심판의 대상은 본안심판의 대상과 직접적인 연관성이 있어 야 한다. 이를 「本案事件에 대한 從屬性」(=本案事件關聯性)이라고 한다.

그리고 가처분은 어디까지나 잠정적인 상태를 규율한다. 이를 가처분의 暫定性 이라고 한다. 이러한 잠정성 때문에 가처분에서는 본안에서 다룰 중대한 헌법문제에 대하여 판단할 수 없다.

가처분이 지니고 있는 이런 從屬性과 暫定性 때문에 가처분결정을 통하여 本案 決定을 先取할 수 없고(本案決定先取禁止 Nichtvorwegnahme der Entscheidung in der Hauptsache. 반대설 있음), 원칙적으로 본안결정 이상의 것을 얻을 수도 없다.

(2) 종속성의 한계

가처분이 본안사건에 대하여 종속적이라고 하여 가처분결정이 언제나 본안에서 명하는 것을 넘어선 내용을 담을 수 없는 것은 아니다. 헌법재판에서는 사안의 특성 에 따라 본안의 내용을 상회하는 내용을 가처분으로 명할 수 있다. 예컨대 권한쟁의 심판에 있어서 본안에서 권한의 존부나 범위를 확인하는 경우에도 가처분에서는 권 한의 침해가 다투어지는 특정한 조치의 집행이나 처분의 효력을 정지시킬 수 있다.

(3) 가처분과 본안승소가능성

가처분이 본안사건에 대하여 종속성을 가진다고 하여 가처분결정에서 본안의 심 판대상에 대한 인용가능성(=승소가능성)의 여부를 판단하거나 관련 법령이나 사실관 계에 대해 조사·검토를 해야 하는 것은 아니다. 이러한 과정을 거쳐 가처분을 하면 가처분에 대한 재판에 많은 시간이 소요되어 가처분에서 요구하는 시간적 긴급성의 요구를 만족시킬 수 없다. 가처분에 대한 재판에서는 본안사건의 승소여부와 독립되 어 순전히 어떤 잠정적 상태를 유지하는 것이 필요하고 긴급한 것인지의 여부만 판 단하여 그 발동여부가 정해진다. 물론 본안에서 청구가 인용될 가능성이 전혀 없음 이 명백한 경우에 가처분의 결정이 발해지는 경우는 희소하지만, 그렇다고 하여 본 안에서의 인용가능여부에 대한 판단을 가처분에 대한 재판의 요건으로 삼을 수는 없 다. 이 결과 가처분에 대한 재판과 본안에 대한 재판은 그 결과에서 얼마든지 다를 수 있다. 이런 점에서는 가처분에 대한 재판은 본안과 독립되어 있다.

그러나 헌법재판에서는 가처분이 헌법질서와 국가작용에 미치는 영향력이 워낙 심대하므로 실제 가처분결정은 본안의 결과를 미리 고려하지 않을 수 없다. 사실상 본안결정을 先取하는 셈이다. 이러한 것은 헌법재판이 가지는 한계이기도 하다. 헌 법재판소가 헌법질서의 핵심적인 문제를 두고 정치적인 분쟁이 있는 경우, 국제법적 인 의미를 가지는 경우, 외교적인 문제에 관한 것인 경우에 가처분결정을 극히 자제 해야 하는 것도 이런 한계에서 비롯된다.

헌법재판소는 가처분의 신청에 있어 본안사건이 부적법하거나 이유가 없음이 명 백한 경우에는 가처분을 명할 수 없다는 태도를 취하고 있다(예: 憲 1999. 3. 25.-98헌사98; 2000. 12. 8.-2000헌사471).

［憲 1999. 3. 25.-98헌사98］ 「헌법재판소가 직권 또는 청구인의 신청에 따라 심 판대상이 된 피청구기관의 처분의 효력을 정지하는 가처분신청은 본안사건이 부

적법하거나 이유없음이 명백하지 않는 한, 가처분을 인용한 뒤 종국결정에서 청구가 기각되었을 때 발생하게 될 불이익과 가처분을 기각한 뒤 청구가 인용되었을 때 발생하게 될 불이익에 대한 비교형량을 하는 것이 가장 중요한 요건이 될 수밖에 없고 이 비교형량의 결과 후자의 불이익이 전자의 불이익보다 큰 때에 한하여 가처분결정을 허용할 수 있는 것이다.」

(4) 가처분의 본안소송화의 문제

헌법재판에서 가처분은 본안결정이 있기 전까지의 법관계의 불안정한 상태를 배제하거나 법규범의 적용이나 공권력의 행사에 따르는 위험을 방지하기 위해 잠정적으로 효력이 미치지 않는 상태를 유지하는 것이므로 실제에서 법질서나 국가작용에 미치는 威力이 강하다. 가처분이 가지는 이런 위력은 실제에 있어서 본안결정으로 해결될 것들을 사실상 假處分의 段階에서 해결하게 만드는 경우가 적지 않은데, 이러한 것을 假處分의 本案訴訟化 傾向이라고 한다. 가처분의 본안소송화 경향을 인정하지 않을 수 없다고 하더라도 헌법재판에서는 권력분립과 헌법재판의 한계가 고려되어야 한다.

［105］　第二　個別 審判에서의 假處分

Ⅰ. 根　　據

헌법재판소법은 헌법재판의 개별 심판에서 모두 가처분을 정하고 있지는 않다. 개별 심판 중 政黨解散審判과 權限爭議審判에서만 가처분을 허용하는 명시적인 규정을 두고 있고, 나머지 심판에서는 침묵을 하고 있다. 이로 인하여 나머지 심판들에서도 가처분이 허용되는가 하는 문제가 발생한다.

(1) 명시적 규정

憲法裁判所法은 政黨解散審判($\binom{憲裁法}{§57}$)과 權限爭議審判($\binom{同法}{§65}$)에서 가처분을 허용하는 명시적인 규정을 두고 있다. 당사자의 신청 또는 직권에 의한 가처분을 인정하고 있다. 이에 대한 상세한 논의는 해당 부분에서 하기로 한다([204], [233] 이하).

(2) 해 석 론

憲法裁判所法이 명시적으로 정하고 있지 아니한, 헌법소원심판, 탄핵심판, 위헌법률심판에서 가처분이 인정되는가 하는 논의가 있다.

違憲法律審判, 憲法訴願審判, 彈劾審判에서 가처분에 대한 명시적인 규정이 없는 것은 절차규정의 欠缺로 보아 헌법재판소가 가지고 있는 헌법재판의 절차를 창설할 수 있는 힘에 의해 가처분을 선고할 수 있다고 보는 것이 타당하다. 특히 유의할 것은 헌법재판에서 가처분을 인정함에 있어서 憲法裁判所法 제40조의 준용규정을 근거로 하여 민사소송에 관한 법령에서 정하는 가처분의 규정을 준용하는 데는 주의를 요한다는 점이다. 왜냐하면 헌법재판은 민사소송과 본질적으로 다르기 때문에 헌법재판의 특성에 비추어 준용할 수 있는 법리와 내용만 준용하여야 하고, 그 이외의 것은 憲法裁判所法 제57조와 제65조의 규정 및 실정법상의 절차에 관한 규정들에서 유추하여 가처분을 인정하는 근거를 찾아야 할 필요가 있기 때문이다. 이런 점에서 헌법재판에서 가처분을 인정하는 근거로 헌법재판소가 가지는 절차창설의 권한은 중요한 의미를 가진다([101]).

위헌법률심판, 헌법소원심판, 탄핵심판에서 가처분이 허용되는 경우에, 당사자가 있는 때에는 당사자의 신청에 의해서도 가처분이 가능하고, 헌법재판소가 직권으로 가처분을 할 수도 있다.

위헌법률심판, 헌법소원심판, 탄핵심판에서 가처분이 인정되는지의 문제에 대하여 아래에서 상세히 살펴보기로 한다.

독일의 경우 獨逸聯邦憲法裁判所法은 제32조에서 假處分(einstweilige Anordnung)에 대해 일반적으로 정하고 있다. 그리고 聯邦大統領과 聯邦法官의 彈劾審判($_{§58I}^{§53}$), 憲法訴願審判($_{II}^{§93}$), 選擧訴訟($_{§16II}^{選擧訴訟法}$)에서 다시 가처분에 관한 규정을 두고 있다. 연방대통령과 연방법관의 경우에 탄핵소추되어도 직무집행이 정지되지 않으므로 이들의 직무집행을 정지시키기 위해서는 직무집행를 정지시키는 가처분을 명하여야 한다. 독일에서는 위와 같이 3개의 심판절차에서만 가처분을 인정하는 명문규정을 두고 있기 때문에 權限爭議審判과 具體的 規範統制에서 가처분이 허용되는 것인가 하는 문제에 대해 찬반의 의견이 대립하고 있다.

Ⅱ. 憲法訴願審判과 假處分

헌법소원심판절차에서 가처분의 허용여부와 가처분이 인정되는 사안 그리고 지정재판부에서도 가처분을 명할 수 있는가 하는 점에 대하여 살펴볼 필요가 있다.

(1) 허용여부
(a) 허용근거

憲法裁判所法에 假處分의 규정이 없는 헌법소원심판절차에서 헌법재판소가 가처분의 결정을 할 수 있는가 하는 것이 문제가 된다. 이에 대해서는 가처분을 명시적으로 정하고 있는 정당해산심판절차에서의 규정($_{§57}^{憲裁法}$)과 권한쟁의심판절차에서의 규정($_{§65}^{同法}$)의 반대해석을 통하여 憲法裁判所法의 개정이 없이는 가처분을 할 수 없다는 견해가 있을 수 있다. 그러나 가처분에 대해 명시적 규정이 없는 것은 절차규정의 欠缺이라고 할 것이고, 헌법소원심판절차의 성질에 비추어 볼 때, 헌법재판소는 헌법소원심판절차에서 가처분을 선고할 수 있다고 할 것이다.

(b) 각종 개별 사안과 가처분

헌법소원심판절차에서 가처분을 인정할 경우에도 법령에 대한 헌법소원심판절차와 그 외의 다른 공권력의 행사에 대한 헌법소원심판절차를 나누어 고찰할 필요가 있다.

법령에 대한 헌법소원심판에서 청구를 인용할 경우에 심판대상인 법령이나 법령 의 조항이 위헌으로 결정된 때에는 효력의 상실에 있어서 一般的 效力을 가지므로 이는 규범통제에서 가처분이 인정되는가 하는 문제와 동일한 수준에서 논의되어야 한다. 위헌으로 선고된 법령이 일반적으로 효력을 상실하는, 법령에 대한 헌법소원 심판에서 가처분이 인정되면 이와 동일하게 위헌으로 선고된 법령의 효력상실이 일 반적 효력을 가지는 규범통제에서도 원칙적으로 가처분을 인정하여야 한다([268]I).

立法不行爲에 대한 헌법소원심판에서는 성질상 가처분이 허용되지 않는다.

檢事의 不起訴處分에 대한 헌법소원심판은 불기소처분에 대하여 광범하게 재정 신청이 인정되므로 대부분 허용되지 않지만, 예외적으로 이것이 허용되는 경우에도 불기소처분에 대한 헌법소원심판은 원래의 헌법소원심판의 기능에 부합하지 아니하 기 때문에([245] V (2)) 가처분(예: 기소 명령, 불기소처분의 효력 정지)을 허용하는 것은 제도의 모순만 가중시키 므로 가처분이 적합하지 않다고 할 것이다.

(2) 판 례

이 문제에 있어서 憲法裁判所는 憲法裁判所法 제68조 제1항의 憲法訴願審判에서 도 가처분을 인정할 수 있다고 판시하여 판례로서 해결하고 있다(예: 憲 2000. 12. 8.-2000헌사471; 2002. 4. 25.-2002헌사129; 2006. 2. 23.-2005헌사754; 2014. 6. 5.-2014헌사592). 이러한 憲法裁判所 판례를 보면, 첫째, 법령이 아닌 공권력행사는 물론 법률, 대통령령 등 법령에 대한 헌법소원심판절차에서도 가처분을 허용하고 있 다. 둘째, 공권력의 효력을 정지시키는 가처분뿐만 아니라 임시의 지위를 정하기 위 한 가처분도 허용하고 있다(憲 2014. 6. 5.-2014헌사592).

헌법재판소는 憲法裁判所法 제68조 제1항의 헌법소원심판에서 가처분을 인정하는 실정법상의 근거로 憲法裁判所法 제40조 제1항과 그에 따라 준용되는 行政訴訟法 제23 조 제2항의 집행정지규정 및 民事執行法 제300조의 가처분규정을 들고 있다([269]Ⅱ).

지정재판부에서는 헌법소원심판사건에서 3인의 재판관의 일치된 의견으로 각하 결정만을 할 수 있을 뿐이므로(憲裁法 §72③) 가처분에 대한 인용결정은 할 수 없으며 원칙적 으로 전원재판부에서 할 수 있다. 다만, 가처분신청에 대한 각하결정은 지정재판부 에서 할 수 있는 것으로 보아야 한다. 헌법재판소의 결정 중에는 지정재판부에서 가 처분신청에 대하여 간략히 이유없다고 하며 기각한 사례가 보인다(예: 憲 1997. 12. 17.-97헌사189; 1997. 12. 23.-97헌사200).

Ⅲ. 彈劾審判과 假處分

탄핵심판절차에서 가처분이 인정될 수 있는가 하는 문제는 憲法裁判所法에서 정하고 있는 權限行使停止制度를 고려하여 살펴볼 필요가 있다.

(1) 탄핵소추의결을 받은 자의 권한행사정지와 가처분

彈劾審判에서는 탄핵소추의 의결이 있으면 헌법재판소의 심판이 있을 때까지 탄핵소추의 의결을 받은 자의 권한행사는 정지되므로 탄핵소추의결을 받은 자의 직무집행을 정지하기 위한 가처분은 인정할 여지도 없고 필요도 없다.

(2) 탄핵소추의결의 효력정지 가처분 문제

탄핵심판의 경우에도 탄핵소추의 의결을 받은 자가 탄핵소추의결의 효력을 정지시키는 가처분을 신청할 수 있는가 하는 문제가 있기 때문에 탄핵심판에서도 가처분의 허용여부는 여전히 논의의 여지를 남기고 있다. 憲法裁判所法 제50조의 權限行使停止制度를 이해함에 있어서 탄핵소추의결을 받은 자의 권한행사를 絶對的으로 정지시키는 효과를 얻고자 하는 것이라고 이해하는 경우에는 탄핵소추의결의 효력을 정지시키는 가처분을 인정할 여지가 없다. 그러나 탄핵소추의 의결에 의해 소추받은 자의 권한행사정지가 절대적인 것이 아니라고 이해하는 경우에는 탄핵소추의 의결을 받은 자에게 탄핵소추의결의 효력을 정지시키는 가처분을 신청할 수 있는 권리를 인정할 여지가 있다. 우리 헌법상의 탄핵제도를 어떠한 것으로 이해하느냐에 따라 그 답이 달라질 수 있다.

이 문제에서는 법관이나 헌법재판소 재판관에 대한 탄핵과 같이 탄핵이 신분보장의 기능을 하고 있는 경우와 이와 달리 그러하지 아니한 경우를 나누어 양자를 서로 다르게 보아야 할 것인가 하는 점도 고려할 여지가 있다([162]Ⅱ(4)).

Ⅳ. 規範統制와 假處分

규범통제절차에서는 가처분의 허용여부와 여기서 가처분결정이 가지는 특수성이 문제가 된다.

(1) 허용여부

법령에 대한 헌법소원심판에서 가처분이 인정되면(예: 憲 2006. 2. 23.-2005헌사754) 憲法裁判所法 제41조 제1항의 구체적 규범통제와 同法 제68조 제2항의 헌법소원심판에서도 법령의 효력을 정지시키는 가처분을 인정하지 않을 수 없다(同旨: 許營d., 180).

규범통제절차에 있어서 가처분은 규범에 대한 직접적인 가처분 이외에 憲法裁判所法 제68조 제2항의 절차에서 당해 법원에 계속중인 재판의 정지를 명하는 가처분과 재판의 집행을 정지하는 가처분이 있다([156](2)).

(2) 特 수 성

구체적 규범통제에서 재판의 전제가 된 법률의 적용을 중지하거나 일정한 의미로만 적용하는 가처분은 일반적인 효력을 가지므로 엄격한 조건하에 행하여야 한다. 이러한 법률의 적용을 일반적으로 중지하는 가처분은 국회의 입법권에 대한 중대한 제한이 될 뿐 아니라 법적 안정성을 동요시키는 결과를 가져오므로 그에는 일정한 한계가 있다. 따라서 헌법재판소는 이러한 가처분의 결정에 있어서 엄격하고 신중할 필요가 있다.

(3) 판   례

憲法裁判所는 憲法裁判所法 제68조 제 2 항의 憲法訴願審判에서 그 심판의 계기가 된 민사소송절차의 일시정지를 구하는 가처분신청이 이유가 없다고 하여 기각결정을 한 적이 있다(예: 憲 1993. 12. 20.-93헌사81, 위 사건에서 재판관 한병채는 헌법재판소법 제68조 제 2 항 헌법소원심판절차는 규범통제절차이고, 동법 제41조에 의한 위헌법률심판의 경우 당해 사건의 재판절차가 정지되는 점에 비추어 가처분신청을 인용하여야 한다는 취지의 반대의견을 내었다). 재판에서 청구를 배척하는 경우에 청구가 부적법한 경우에도 본안이 이유가 없는 때에는 심판청구의 적법여부를 판단함이 없이 본안에서 배척하기도 하므로 이 판례를 憲法裁判所法 제68조 제 2 항의 憲法訴願審判에서 위와 같은 가처분을 인정한 것이라고 속단하기는 어렵다([156](2)).

[106] 第三 假處分決定의 要件

가처분의 경우에는 헌법재판의 개별 심판절차의 성질에 반하지 않는 범위 내에서 원칙적으로 民事執行法의 규정이 準用된다. 따라서 대체로 헌법재판에서 기존의 상태를 그대로 유지하는 경우에 당사자 등의 이익, 공공복리, 정상적인 국가작용, 헌법질서의 유지 등에 가해질 현저한 損害를 피하거나 急迫한 위험을 방지하기 위하여 또는 기타 필요한 이유에 의하여 가처분을 명할 수 있다(憲裁法 §40①; 民執法 §300).

이에 의할 때, 가처분결정의 요건으로 i) 기존의 상태를 그대로 유지하는 경우 당사자 등의 이익이나 법질서에 가해질 회복하기 어려운 損害를 피하거나, 急迫한 위험을 방지하거나 또는 기타 필요한 이유가 있고(假處分決定의 事由), ii) 그 효력을 緊急하게(緊急性), iii) 정지시켜야 할 필요가 있을 것(必要性)을 들 수 있다(예: 憲 1999. 3. 25.-98헌사98; 2000. 12. 8.-2000헌사471). 개별 심판절차의 해당부분에서 詳論하기로 한다([234], [273]).

독일의 경우 聯邦憲法裁判所法 제32조는 중대한 손해를 피하거나, 급박한 위력(Gewalt)을 방지하거나 공공복리를 위한 다른 중대한 이유로 緊急하게 어떤 상태를 잠정적으로 규율해야 할 때 가처분을 명할 수 있다고 정하고 있다.

이와 같이 가처분결정을 함에 있어서는 가처분결정의 사유가 있어야 하고, 가처분을 함에 있어서 必要性과 緊急性이 갖추어져야 한다.

Ⅰ. 假處分決定의 事由

가처분결정을 함에 있어서 기존의 상태를 그대로 유지하는 경우에 당사자 등의 이익이나 법질서에 가해질 회복하기 어려운 손해를 피하거나, 급박한 위험을 방지하거나 기타 필요한 이유가 있어야 한다. 헌법재판에서도 憲法訴願審判과 같이 主觀的 權利救濟의 성격이 상대적으로 강한 때에는 당사자의 이익 또는 기본권의 실현이 고려되지만, 그 이외에는 대부분 법질서 또는 국가작용에서의 피해여부, 즉 넓은 의미의 公共福利가 고려된다. 헌법재판이 가지고 있는 客觀訴訟으로서의 성격 때문이다. 예컨대 위헌법률심판이나 법률에 대한 헌법소원심판 등에서 헌법질서의 유지와 같은 공공복리가 고려되는 것을 들 수 있다. 그러나 유의할 점은 법률이라는 것이 정책이기도 하므로 헌법재판소는 법률의 효력을 정지하는 데 신중하지 않으면 안 된다. 본안심판에서 결과적으로 違憲으로 결정되면 몰라도 合憲으로 결정되는 경우에는 법률의 효력을 정지하는 것이 국가적으로 또는 사회적으로 불이익을 가져올 수 있고, 또 대외 정책에도 영향을 미칠 수 있기 때문이다.

헌법가치와 법질서의 유지, 국가의 작용, 공공복리 등에 가해질 손해를 피할 필요가 있는지를 판단할 때에는 헌법재판의 正當性의 문제가 전면으로 부각될 가능성이 있고, 헌법재판이 어느 정도로 政治性을 지닐 수 있는가 하는 문제가 등장한다. 또 국가의 정책이 어디까지 재판으로 결정되는 것인가 하는 司法과 民主主義 사이에 놓여 있는 예민한 문제가 수면 위로 나타날 수 있다. 헌법재판은 정치성을 가지는 것이기도 하지만 다른 한편 재판작용이기도 하다는 점을 고려할 때, 裁判機關이 국가 정책의 방향을 결정하고 수행하는데 어디까지 개입할 수 있는가 하는 점에 대해 熟考하는 것도 필요하다.

특히 法規範에 대하여 假處分決定을 함에 있어서는 엄격한 태도를 유지하는 것이 필요하다. 법규범이 가지는 一般的 效力과 헌법재판이 가지는 機能上의 限界가 있기 때문에 법규범에 대한 가처분결정의 판단기준은 다른 심판절차에서보다 엄격할 수밖에 없다. 규범통제가 가지는 입법작용으로서의 성질을 감안하더라도 헌법재판소가 입법기관을 대체할 수는 없다는 점을 유의할 필요가 있다. 이러한 점은 法規範에 대한 가처분을 명할 때만 발생하는 것도 아니다. 헌법재판작용에도 상대적 차이가 있을 뿐 權力分立原理가 적용되기 때문에 다른 統治機關의 권한행사에 대해 헌법재판소가 가처분결정을 할 때에도 신중한 태도가 요구된다. 따라서 가처분을 발하는

요건에서는 원칙적으로 엄격한 자세를 유지하는 것이 필요하다. 그렇다고 하여 假處
分制度를 질식시키는 태도를 가져서는 안 된다.

Ⅱ. 緊 急 性

가처분에서는 기존의 법률관계나 공권력 행사의 효력 등을 緊急하게 정지시킬
필요가 있어야 한다. 긴급하다고 하는 것은 가처분결정을 지체할 수 없거나 가처분
결정의 사유에 해당하는 상태 또는 현상이 시간적으로 매우 근접해 있다는 것을 의
미한다.

어떠한 경우가 이러한 때에 해당하는가 하는 것은 구체적인 사안에서 개별적으
로 판단한다. 당사자 등의 불이익 또는 법질서에서의 피해의 발생을 방지함에 있어
적절한 시기에 헌법재판소가 본안에 대한 결정을 宣告할 수 있는 경우에는 이런 緊
急性이 존재하지 않는다. 本案決定으로 문제가 해결되기 때문이다. 다른 방법으로
가처분신청의 목적을 달성할 수 있는 경우에도 이러한 긴급성은 인정되지 않는다고
할 것이다.

Ⅲ. 必 要 性

가처분결정을 함에 있어서는 가처분을 명할 필요성이 존재하여야 한다. 이러한
필요성을 판단함에 있어서는 가처분을 발한 뒤 본안에서 청구가 기각되었을 때 발생
하게 될 不利益과 가처분을 발하지 않고 청구가 인용되었을 때 발생하게 될 不利益
을 서로 比較衡量을 하여 후자의 불이익이 전자의 불이익보다 큰 경우에 필요성의
존재를 인정하는 것이 보통이다(통상 二重假說(Doppelhypothese)). 이런 이익의 비교형량에는 당사
자의 이익만이 아니라 상충하는 모든 구체적인 이익들이 형량에 고려되어야 한다.
이러한 이익형량에서는 서로 상충하는 구체적인 이익들을 형량의 대상으로 삼아야
하며, 추상적인 일반적 원리를 형량의 대상으로 삼아서는 안 된다.

이러한 형량은 미리 본안판단을 하는 것과 구별되므로 이런 이익형량에 본안에
서의 成功可能性(=勝訴可能性)이 고려되어서는 안 된다. 본안의 성공가능성은 바로
가처분결정의 요건이 아니기 때문에 가처분을 命하는 결정을 함에 있어서 결정적인
기준이 될 수 없다. 그러나 실제에서 재판관은 가처분의 단계에서 본안이 해결되는
가처분의 本案訴訟化 傾向을 고려하기 때문에 가처분을 명하는 경우에는 이 점을 생
각하는 경우가 적지 않다. 본안소송에서 청구가 부적법하거나 이유없음이 명백하여
성공할 수 없다는 것이 확실한 때에는 가처분결정을 할 수 없을 것이다. 이 한도 내
에서는 사실상 본안의 先取가 있게 되어 本案決定先取禁止原則의 예외가 있게 된다.

헌법재판소는 본안소송이 배척되는 것이 명백하지 않는 한 원칙적으로 본안의

성공가능성을 가처분의 요건으로 고려하지는 않는 태도를 보이고 있음은 앞에서 본 바와 같다(예: 憲 1999. 3. 25.-98헌사98; 2000. 12. 8.-2000헌사471)([104] Ⅱ (3)).

[憲 2000. 12. 8.-2000헌사471] 「憲法裁判所法 제40조 제 1 항에 따라 준용되는 행정소송법 제23조 제 2 항의 집행정지규정과 민사소송법 제714조의 가처분규정에 비추어 볼 때, 이와 같은 가처분결정은 헌법소원심판에서 다투어지는 '공권력 행사 또는 불행사'의 현상을 그대로 유지시킴으로 인하여 생길 회복하기 어려운 손해를 예방할 필요가 있어야 하고 그 효력을 정지시켜야 할 긴급한 필요가 있어야 한다는 것 등이 그 요건이 된다 할 것이므로, 본안심판이 부적법하거나 이유없음이 명백하지 않는 한, 위와 같은 가처분의 요건을 갖춘 것으로 인정되고, 이에 덧붙여 가처분을 인용한 뒤 종국결정에서 청구가 기각되었을 때 발생하게 될 불이익과 가처분을 기각한 뒤 청구가 인용되었을 때 발생하게 될 불이익에 대한 비교형량을 하여 후자의 불이익이 전자의 불이익보다 크다면 가처분을 인용할 수 있는 것이다.」

［107］ 第四 假處分의 節次

Ⅰ. 假處分의 申請

가처분의 절차는 가처분의 신청에 의해 개시된다. 가처분의 신청에서도 변호사에 의한 代理가 필요하다.

(1) 신청권자

가처분은 당사자 등의 申請이 있으면 그에 기하여 발해진다. 가처분을 신청할 수 있는 권리를 가지는 신청권자에는 개별 심판절차의 當事者 이외에 訴訟參加人도 포함된다. 그러나 의견진술권을 가지고 있는 利害關係人은 이에 포함되지 않는다.

헌법재판의 개별 심판절차는 서로 성질이 다르기 때문에 당사자의 개념도 다르다. 따라서 개별 심판절차마다 누가 가처분을 신청할 수 있는 지위에 있는지는 개별적으로 판단하여 정한다.

(2) 서면주의

가처분의 신청은 書面으로 한다(審判規則 §50①). 書面主義가 적용된다. 가처분신청서에는 신청의 취지와 이유를 기재하여야 하며, 주장을 소명하기 위한 증거나 자료를 첨부하여야 한다(同條②).

가처분의 신청이 있는 때에는 신청서의 등본을 피신청인에게 바로 송달하여야 한다(同條③).

(3) 신청의 기간

가처분의 신청에는 기간의 제한이 없다. 본안사건에 대한 終局決定의 宣告時($\substack{憲裁法 \S 57,\\ \S 65}$)까지 신청의 요건이 충족되는 한 신청권자는 언제나 신청할 수 있다. 그러나 헌법재판에서 본안에 대한 심리절차가 終局決定을 할 수 있을 정도로 성숙되었거나 종국결정을 선고한 후에 행해진 가처분은 적법하지 않다.

(4) 본안사건에 대한 관할

가처분의 신청이 적법하기 위해서는 本案에 대해서 헌법재판소가 관할권을 가져야 한다. 가처분은 그 기능상 본안결정의 실효성을 확보하기 위한 수단이기 때문에 본안에 관하여 헌법재판소가 관할권을 가지고 있지 않는 한 가처분을 인정할 근거가 없기 때문이다. 따라서 가처분은 憲法 제111조와 憲法裁判所法 제 2 조가 정하고 있는 관할사항에 있어서만 인정된다.

(5) 본안절차의 개시여부

가처분의 신청은 본안절차가 開始되기 전이나 본안사건의 심판청구와 동시 또는 訴訟係屬中에 할 수 있다. 본안사건이 개시되기 전에 가처분을 신청하는 때에는 신청인은 후에 본안사건에 대한 심판을 청구한다는 것을 疎明하여야 한다. 헌법소송이 가지는 객관소송과 국가작용의 성질과 기능에 비추어 볼 때, 본안절차가 개시되기 전에 가처분을 인정하는 때에는 본안소송이 곧 제기될 것이라는 기대가 충족되어야 하고 이를 정당화할 수 있는 특별한 사유가 있어야 한다($\substack{同旨:\ 許營d,\\ 182}$).

헌법소송에서 본안절차가 개시되기 전에 가처분 신청이 인정되는 경우에도 헌법소송의 특성상 가처분 신청의 濫用에 의하여 국가의 기능과 법질서가 마비될 위험이 있으므로 民事執行法에서 정하고 있는 本案의 提訴命令($\substack{民執法 \S 287,\\ \S 310}$)과 같은 장치가 필요하다. 헌법소송의 개별 심판절차의 특성상 民事執行法이 정하고 있는 本案의 提訴命令을 준용하는 것은 적합하지 않으나, 그 법리는 援用할 필요가 있다. 이러한 경우에 헌법재판소의 職權에 의한 提訴命令과 이해관련기관 또는 이해관련기관이 아니라도 국가기능 또는 법질서 수호라는 역할이 요구되는 국가기관($\substack{예컨대, 국회, 대통령,\\ 정부(법무부장관) 등}$)에 의한 提訴命令申請을 인정할 필요가 있다. 뿐만 아니라 본안절차가 개시되기 전 가처분을 하는 때에는 신중하고 엄격한 태도가 필요하다. 헌법재판소가 [2000헌사471]사건과 [2002헌사129]사건에서 한 가처분의 결정은 본안절차가 개시된 후에 행해진 것이다.

독일 연방헌법재판소도 본안사건이 계속되기 전에 가처분신청이 허용된다고 한다($\substack{예: BVerfGE\\ 86, 390}$). 이 경우에는 본안소송이 곧 제기될 것이라는 기대가 있어야 한다($\substack{예: BVerfGE\\ 3, 267; 92, 130}$).

(6) 당사자의 권리보호

가처분의 신청에서는 신청인에게 가처분을 인정할 만한 權利保護의 要件이 갖추어져야 한다. 違憲法律審判에서 가처분이 허용되는 때에는 법원이 위헌여부심판을 提請하였다고 하더라도 提請法院에 係屬된 소송사건의 당사자는 바로 헌법재판소에 가처분의 신청을 할 수 있다고 할 것이다. 이 때 제청법원의 소송사건의 당사자는 권리보호의 요건을 갖추고 있어야 한다.

그런데 유의할 것은, 法律에 대한 憲法訴願審判이나 違憲法律審判에서 헌법재판소는 헌법소원심판청구인이나 제청법원 또는 당해 법원의 소송사건의 당사자에게 요구되는 권리보호의 요건을 엄격하게 요구할 수 없다는 점이다(同旨: 許營d, 184). 法律에 대한 憲法訴願審判이나 違憲法律審判은 규범통제의 성질을 가지므로 청구인이나 당사자의 권리보호의 필요성과 함께 헌법질서의 유지라는 점이 중요하게 고려되기 때문이다. 특히 위헌으로 선고된 법률이 효력의 상실에 있어서 一般的 效力을 가지는 경우에는 규범통제에서 당사자의 권리보호의 요건을 강하게 요구하는 것은 타당하지 않다.

(7) 본안사건에 대한 청구의 적법여부

假處分申請의 適法與否를 판단함에 있어서는 원칙적으로 본안사건에 대한 심판청구의 적법여부가 직접적으로 영향을 미치지 못한다. 본안사건이 係屬되기 이전에도 가처분의 신청이 가능한 점을 고려하면 이런 점은 당연하다.

그러나 본안사건이 헌법재판소의 管轄事項에 해당하지 않는 경우, 심판청구가 請求期間을 渡過한 경우, 청구이유가 사안과 전혀 터무니 없는 것인 경우, 필요한 형식요건을 缺한 것이 明白한 경우 등과 같이 본안사건에 대한 심판청구가 명백히 不適法한 경우에는 가처분신청도 不適法한 것이 되어 却下된다.

(8) 가처분신청의 취하

가처분을 신청한 자는 이를 취하할 수 있다. 가처분신청의 취하는 서면으로 하여야 한다. 다만, 변론기일 또는 심문기일에서는 가처분신청의 취하를 말로 할 수 있다(審判規則 §50①).

Ⅱ. 職權에 의한 假處分

憲法裁判所法은 政黨解散審判과 權限爭議審判에서 가처분을 인정하면서 각각의 가처분에서 職權에 의한 假處分을 인정하고 있다(憲裁法 §57, §65). 실정법에 명문의 규정이 없는 경우에 헌법재판소가 직권으로 가처분결정을 할 수 있는가 하는 문제가 있다. 이에 대해서는 否定說과 肯定說이 대립한다.

(1) 부 정 설

헌법재판소가 위헌법률심판이나 법률에 대한 헌법소원심판에서 직권으로 가처분결정을 하는 것은 스스로 입법을 하는 것이어서 民主主義와 權力分立에 어긋나며, 소송절차의 開始에서 요구되는 處分權主義에 반하고, 신청이 없는 이상 假處分審判의 利益이 없다고 봐야 한다는 것을 근거로 하여 직권에 의한 가처분결정을 부정한다.

(2) 긍 정 설

헌법재판소가 직권으로 가처분결정을 하는 것은 헌법질서의 보호라는 헌법재판의 客觀的 機能에 부합하며, 본안결정의 실효성을 확보하는 假處分制度의 趣旨에 충실하고, 헌법재판에서는 가처분결정의 필요성은 당사자보다는 헌법재판소가 더 잘 파악할 수 있다는 것을 근거로 직권에 의한 가처분결정을 긍정한다. 독일의 경우 연방헌법재판소의 판례의 견해이기도 하다.

(3) 사   견

가처분제도의 機能과 헌법재판이 지니고 있는 客觀訴訟으로서의 성격을 고려하면, 헌법재판소가 職權으로 가처분의 결정을 할 수 있다고 할 것이다(同旨: 郭舜/根, 107). 憲法裁判所法 제57조와 제65조에서도 類推하여 위헌법률심판, 헌법소원심판, 탄핵심판에서 직권에 의한 가처분을 인정할 수 있다.

헌법재판소가 직권으로 가처분결정을 하는 때에는 헌법재판의 개별 심판절차에서 本案事件이 헌법재판소에 係屬되어 있어야 한다. 신청에 의한 가처분의 경우와 달리 본안절차가 개시되기 전에는 헌법재판소는 직권으로 가처분결정을 할 수 없다.

Ⅲ. 假處分의 審理

(1) 심   리

假處分의 재판에는 변론기일을 열어야 한다. 다만, 그 기일을 열어 심리하면 가처분의 목적을 달성할 수 없는 사정이 있는 때에는 口頭辯論 없이 결정할 수 있다(憲裁法 §41; 民執法 §304). 직권에 의한 가처분결정을 하는 때에는 구두변론을 거칠 필요가 없다.

憲法裁判所는 가처분의 재판에서 구두변론을 거친 경우도 있다(예: 憲 1998. 7. 14.-98헌사31; 1998. 7. 14.-98헌사43; 2001. 3. 15.-2000 헌사212).

(2) 가처분신청에 대한 결정

헌법재판에서 가처분신청에 대한 재판은 구두변론이 있거나 없거나 관계없이 유일의 審判形式인 決定으로 한다. 헌법재판소가 직권으로 가처분을 명하는 때에도 決定의 형식으로 한다.

헌법재판소가 가처분신청에 대하여 결정을 한 때에는 決定書 正本을 신청인에게 바로 송달하여야 한다. 가처분신청에 대하여 답변서를 제출한 피신청인이나 의견서를 제출한 이해관계기관이 있을 때에는 이들에게도 決定書 正本을 송달하여야 한다 ($\frac{審判規則}{\S 51①}$).

[108] 第五 假處分의 決定

I. 假處分機關

(1) 재 판 부

假處分裁判은 원칙적으로 裁判部에서 한다. 재판부에서 假處分決定을 하는 경우에는 재판관 7명 이상이 출석하여야 하고 과반수의 찬성이 있어야 한다($\frac{憲裁法}{\S 23①, ②}$).

憲法裁判所法 제68조 제1항의 憲法訴願審判에서는 指定裁判部에서도 가처분결정을 할 수 있는가 하는 점이 문제가 된다. 憲法裁判所法 제72조 제3항에 열거된 지정재판부의 관장사항과 헌법질서 또는 국가작용에 미치는 가처분결정의 효과에 비추어 볼 때, 지정재판부에서는 법령에 대한 가처분결정을 포함하여 일체의 假處分決定을 할 수 없다고 할 것이다($\frac{同旨: 許營d.}{184}$). 지정재판부에 係屬된 헌법소원심판청구가 부적법하여 본안사건에서 각하하여야 하고, 동시에 가처분신청사건에서는 기각하거나 각하하여야 하는 경우에는 지정재판부는 가처분신청에 대하여 기각하거나 각하하는 결정을 할 수 있다.

헌법재판의 실제에서는 지정재판부에서 본안사건을 각하하면서 동시에 가처분신청을 각하하는 결정을 하고 있으며, 가처분신청을 기각한 사례가 있다($\frac{憲 1997. 12. 17.-97}{헌사189; 1997. 12.}$ 23.-97헌사200; 2002. 8. 13.-2002헌사319; 2004. 4. 27.-2004헌사201; 2004. 7. 20.-2004헌사377; 2005. 10. 4.-2005헌사575; 2005. 10. 25.-2005헌사657).

> 독일의 경우 聯邦憲法裁判所法 제93조d에서 「지정재판부는 헌법소원심판절차에 관한 모든 결정을 발할 수 있다」(……, kann die Kammer alle das Verfassungsbeschwerdeverfahren betreffenden Entscheidungen erlassen)고 정하고 있기 때문에 지정재판부에서도 假處分裁判을 할 수 있다. 지정재판부에서 가처분재판을 하는 경우에는 재판관 3인 全員의 意見一致로 한다. 그러나 이 조항에서 법률의 적용을 전부 또는 일부 정지하는 가처분은 院(Senat)에서만 할 수 있게 정하고 있다.

(2) 긴급시의 심판정족수

가처분의 심판을 함에 있어서 급박한 상황인 경우에도 위와 같은 심판정족수를 만족시켜야 하는가 하는 문제가 있다. 예컨대 재판부가 즉시 재판관 7명 이상의 출석으로 구성될 수 없는 경우이다. 이런 경우에 대해서 憲法裁判所法에는 아무런 규정이 없다. 따라서 현재로서는 일반적인 경우와 같이 재판관 7명 이상이 출석하여 과반수의 찬성으로 심판하여야 한다.

> 독일의 경우 聯邦憲法裁判所法 제32조 제7항은 재판부가 결정을 할 수 없는 경우, 특별히 긴급한 경우에는 재판관 3인 이상의 출석과 출석재판관 全員一致로 假處分 決定을 命할 수 있다고 정하고 있다.

Ⅱ. 決定의 種類

가처분에 관한 결정은 가처분의 신청을 배척하는 却下決定과 棄却決定이 있고, 그 신청을 받아들여 발하는 假處分決定이 있다.

(1) 각하결정

가처분의 신청이 형식적 요건의 不備로 인하여 부적법한 것일 경우에는 신청을 却下하는 결정을 한다.

가처분재판이 있은 후 다시 가처분신청이 있는 경우에는 법적 또는 사실적 상황의 변화가 없는 한 重複申請에 해당되어 一事不再理($^{憲裁法}_{§39}$)에 반하는 부적법한 것이 된다. 가처분의 신청에는 書面主義가 적용되므로 서면으로 하지 않는 신청은 부적법하다. 가처분신청의 이유가 사안과 전혀 터무니없는 것인 경우에도 각하하는 것이 타당하다.

(2) 기각결정

가처분의 신청이 理由가 없을 경우에는 이를 배척하는 棄却決定을 한다.

(3) 가처분결정

헌법재판소는 가처분에 대해 권한을 가지지만, 가처분결정이 헌법재판소의 裁量事項은 아니다. 따라서 가처분의 요건이 갖추어지면 헌법재판소는 義務的으로 가처분결정을 하여야 한다. 헌법재판에서 가처분이 헌법재판소의 재량사항이 될 수 없는 것은 권력분립과 헌법재판이 가지는 재판작용으로서의 성격 때문이다. 헌법재판이 정치작용으로서의 성격을 가지고 있다고 하더라도 헌법재판소가 모든 국가기관의 작용에 대해 재량으로 가처분을 할 수 있는 것을 허용하는 것은 아니다. 이러한 특성은 민사소송에서의 가처분과 명백히 구별하여야 하는 점이다.

가처분에 대한 헌법재판소의 결정도 헌법재판소의 재판에 해당한다.

> 가처분의 결정이 재량사항이 아니라는 것과 관련하여 民事執行法 제300조 제2항의 「그 밖의 필요한 이유」를 준용할 수 있느냐 하는 문제가 있다. 헌법재판소가 가처분

의 결정을 함에 있어서 「그 밖의 필요한 이유」가 있는지를 판단하는 것은 재량사항
이기 때문에 만일 이 문언의 부분을 준용하면 가처분의 결정이 재량사항이 아니라
는 점과 충돌한다. 따라서 이 「그 밖의 필요한 이유」는 기존의 상태를 그대로 유지
하는 경우 당사자 등의 이익이나 법질서의 유지와 공공복리 등에 가해질 회복하기
어려운 損害를 피하거나 急迫한 위험을 방지할 필요 이외의 가처분결정의 사유
(예: 공공복리를)
(위한 중대한 이유)가 흠결된 경우를 보충하는 것으로만 제한적으로 파악하여야 할 것이고,
그런 사유가 있으면 헌법재판소는 가처분의 결정을 하여야 할 것이다.

Ⅲ. 假處分의 內容

가처분에 대한 재판에 있어서 헌법재판소는 가처분신청의 目的에는 구속되지만
신청인이 가처분신청에서 구하는 措置에는 구속되지 않는다. 어떤 내용과 종류의 가
처분을 명할 것인가는 헌법재판소가 결정한다. 헌법재판소는 가처분을 명함에 있어
서 가처분을 하여야 할 필요성이 인정되는 이상 가처분의 목적을 달성하는데 적합한
내용이나 종류를 정함에 있어서는 광범한 권한을 가진다. 우리 憲法裁判所의 판례
(憲 2014. 6. 5.)
(-2014헌사592) 및 독일 聯邦憲法裁判所의 판례(BVerfGE)
(85, 167)도 같은 취지이다.

Ⅳ. 理由의 記載

(1) 원칙적 이유기재

가처분에 대한 재판에서도 인용하든 배척하든 理由를 記載하는 것이 필요하다.
법규범의 효력을 전부 또는 일부 정지하는 것과 같이 헌법재판에서의 가처분은 국가
작용과 국민들의 일상생활 그리고 당사자의 활동에 지대한 영향을 미치므로 이유를
기재하는 것이 필요하다. 배척하는 경우에도 문제가 되는 법규범의 적용이 왜 정지
되지 않고 계속 적용되는가 하는 것은 국가의 운용이나 일상 생활에 중요한 의미를
가지므로 그 이유를 기재하여야 한다.

다만, 이유를 상세히 기재하는 경우에는 이유작성에 시간을 요하기 때문에 가처
분의 기능을 저하시킬 수 있다. 따라서 긴급한 경우에는 형식적인 이유의 가재만으로
가처분에 대한 재판을 할 수 있다(법원의 보전처분에 대한 재판에서도 "이 사건 신청은 이유 있으므로……" 또는 "이)
(사건 신청은 이유 없으므로……"와 같은 형식적인 이유기재방식이 사용되고 있다).

(2) 재판관의 의견표시

재판관의 意見表示義務가 가처분심판에도 적용되는가 하는 문제가 있다. 이에
대해서는 憲法裁判所法이 명시적으로 정하고 있는 것이 없다. 따라서 재판관에게 의
견표시의무는 없다고 할 것이다. 헌법재판소법 제36조 제3항은 가처분결정에 적용
되지 않는다.

원래 憲法裁判所法 제36조 제3항은 「법률의 위헌심판, 권한쟁의심판 및 헌법소
원심판에 관여한 재판관은 결정서에 의견을 표시하여야 한다」라고 정하여 개별 의견

을 표시하여야 하는 개별 심판을 3개로 한정하였다. 그러던 것이 2005년 7월 29일 이 조문을 개정하여 현재와 같이 「심판에 관여한 재판관은 결정서에 의견을 표시하여야 한다」로 정하여 개별 심판 5개 모두의 경우에 개별 의견을 표시하도록 하였다. 이러한 법규정의 연혁을 보건대, 여기서 말하는 「審判」은 5개의 개별 심판을 의미하는 것이어서 가처분심판은 포함되지 않는다고 할 것이다.

그러나 가처분심판에서도 재판관은 의견을 표시해도 무방하다고 할 것이다. 관여재판관이 개별 의견을 표시한 경우가 있다(憲 1993. 12. 20.
－93헌사81).

立法論으로서는 가처분에 관한 조항을 정비하고 의견표시를 할 수 있는 것으로 정하는 것이 바람직하다고 할 것이다.

Ⅴ. 假處分決定의 效力

(1) 효력의 내용

(a) 형 성 력

헌법재판소에 의해 가처분결정이 선고되면 그 결정에 의해 직접 가처분결정의 내용대로 법관계가 형성된다. 정당해산심판에서 피청구인의 활동을 정지하는 결정을 하거나(憲裁法
§57), 권한쟁의심판에서 피청구인의 처분의 효력을 정지하는 결정을 하면 (同法
§65) 그 결정에 의해 바로 피청구인의 활동 또는 처분의 효력이 정지된다.

(b) 기 속 력

가처분결정은 피청구인 또는 모든 국가기관을 기속한다.

(2) 효력유지기간

憲法裁判所가 가처분결정을 한 때에는 그 假處分의 效力에 있어서 效力維持期間에 制限이 없다.

독일의 경우 假處分은 6개월 후에 효력을 상실하고 緊急假處分은 1개월 후에 효력을 상실한다. 이에 따라 효력의 기간을 연장할 필요가 있는 경우에는 3분의 2의 찬성이라는 가중된 정족수에 의해 다시 가처분을 반복할 수(wiederholen) 있게 하고 있다. 이에 관해서는 聯邦憲法裁判所法 제32조 제6항에서 정하고 있다.

Ⅵ. 假處分決定에 대한 異議

(1) 헌법재판소의 가처분결정에 대해서는 異議申請을 할 수 있다(憲裁法 §40①; 民
執法 §301, §283). 이의신청을 할 수 있는 자는 가처분의 대상이 되는 행위를 한 자이다. 따라서 헌법소원심판의 청구인은 이의신청을 할 수 없다. 헌법재판에서는 법률에 대한 헌법소원심판이나 위헌법률심판과 같이 성질상 이의신청을 인정하기에 적합하지 아니한 경우도 있다.

(2) 이의신청은 停止效果를 발생하지 않는다. 그러나 헌법재판소는 가처분의 집

행을 정지할 수 있다고 할 것이다.

　(3) 이의신청이 있으면 헌법재판소 재판부는 이의에 대하여 재판한다. 憲法裁判所法 제68조 제 1 항의 憲法訴願審判節次에서 본안사건이 지정재판부에 계속중이든 재판부로 審判回附되었든 가처분결정에 대한 異議에 대해서는 재판부가 재판한다. 재판부가 가처분결정을 하였기 때문이다.

　(4) 이의에 대해서는 변론기일 또는 당사자 쌍방이 참여할 수 있는 심문기일을 열어 심리하여야 한다($\binom{憲裁法 §40①:}{民執法 §286①}$). 이의에 대한 재판은 가처분에 대한 재판에 비하여 신속함보다는 신중함이 요구되기 때문이다. 이의신청이 이유가 있는 경우에 헌법재판소는 가처분을 취소하는 결정을 한다. 이의에 대한 결정에서는 변론을 거친 만큼 충분히 이유를 기재하여야 한다.

> 독일의 경우 聯邦憲法裁判所法 제32항 제 3 항은 가처분을 命하는 결정이나 棄却하는 결정에 대하여 異議를 신청할 수 있다. 다만, 憲法訴願審判의 請求人에게는 이런 이의신청이 인정되지 않는다고 정하고 있다. 가처분에 대한 이의신청에 대해서는 변론을 거쳐 재판한다. 동법 제 4 항은 가처분에 대한 이의는 정지효력을 가지고 있지 않으며, 연방헌법재판소는 가처분의 집행을 정지할 수 있다고 정하고 있다. 동법 제 6 항은 가처분은 6개월 후에 효력을 喪失한다고 하고, 연방헌법재판소는 투표수의 3분의 2의 찬성으로 가처분을 反復할 수 있다고 정하고 있다. 동법 제 7 항에 의하면, 재판부가 가처분에 대한 결정을 할 수 없고 특별히 긴급한 때에는 최소 재판관 3인의 출석과 출석한 재판관의 全員一致로 가처분을 명할 수 있다. 이 가처분은 예외적인 것인 만큼 1개월 후에 효력을 상실한다. 후에 재판부가 예외적으로 행해진 이런 가처분을 追認한 경우에는 가처분을 명한 날로부터 6개월 후에 효력을 상실한다.

［109］ 第六 假處分決定의 取消

　헌법재판소가 가처분을 명하는 결정을 한 후에 가처분결정의 실체적 요건, 즉 가처분결정의 사유, 긴급성, 필요성 중 일부 또는 전부가 소멸하였다고 인정한 경우에는 當事者의 申請이나 職權으로 가처분을 취소할 수 있다($\binom{同旨: 許}{鑿d, 190}$).

［110］ 第七 立 法 論

　헌법재판에서의 가처분제도에 있어서는 憲法裁判의 個別 審判節次가 가지는 특성이 있으므로 민사소송, 형사소송, 행정소송에 관한 법규를 準用하는 방법으로 이에 관련된 문제를 해결하고자 하는 것은 충분하지 못하다. 헌법재판소는 절차창설의 권한에 의하여 이 문제를 해결할 수 있지만 법에서 명문으로 정하는 것이 더 명확하다. 따라서 憲法裁判所法의 一般審判節次 부분에 假處分의 要件, 假處分의 申請, 職

權에 의한 假處分, 假處分審判의 節次, 審理, 決定 및 그에 대한 異議, 假處分決定
의 效力 등에 대해 상세한 규정을 신설하고, 개별 심판절차에서 그에 합당한 개별적
인 사항을 정하는 것이 바람직하다.

제 4 편

特別審判節次

무릇 著述하는 사람에게는 네 가지의 어려움이 있다. 첫째는 근본이 되는 학문을 갖추기가 어렵고, 둘째는 공정하고 밝은 眼目을 갖추는 것이 어려우며, 셋째는 모든 자료를 총괄하여 파악하는 역량을 갖추기 어렵고, 넷째는 분명하고 명쾌한 判斷力을 갖추기가 어렵다. 그래서 재능, 학문, 식견 중 어느 하나라도 결여되면 저술을 할 수가 없으니 著書之才는 참으로 얻기 어렵다.

— 燕巖 朴趾源

違憲法律審判

제 1 장 違憲法律審判

제 1 절 概 觀

[111] 第一 管轄과 沿革

I. 管 轄

憲法 제111조 제 1 항과 憲法裁判所法 제 2 조는, 法院의 提請에 의한 法律의 違憲與否審判은 憲法裁判所가 管掌한다고 정하고 있다. 따라서 법률의 위헌여부심판, 다시 말해 위헌법률심판은 헌법재판소의 관할사항이며, 헌법재판소는 이러한 관할권을 독점적으로 보유·행사한다.

II. 沿 革

우리 憲法史에서 위헌법률심판제도는 最初의 憲法인 1948年憲法부터 정하고 있었다. 위헌법률심판에 대한 관할권은 1948年憲法부터 일반법원과 구별되는 헌법재판기관인 憲法委員會가 가졌으며, 1960年6月憲法과 1960年11月憲法에서는 憲法裁判所에 부여되었다. 1961년 발생한 5·16군사쿠데타 이후에 제정된 1962年憲法과 1969年憲法에서는 그 관할권을 大法院에 부여하였다(5·16으로 정권을 잡은 박정희정부는 '미국식 민주주의'를 기치로 내세워 대법원에 위헌법률심판권을 부여하고 헌법재판기능을 축소시켰다. 그런데 이는 헌법재판기관인 미합중국 연방최고법원과 일반법원의 상고심법원인 대법원을 구별하지 못하고 그 기능을 혼동한 것이었다). 그러다가 1972年憲法부터 다시 憲法委員會에 그 관할권을 부여하였고, 1987年憲法은 憲法裁判所에 그 관할권을 부여하였다.

우리 헌법사에서 볼 수 있는 특징은 1948年憲法부터 위헌법률심판에 대한 관할권을 통상의 법원과는 구별되는 독립된 헌법재판기관에게 부여하였다는 점이다. 헌법재판이 제 4 의 국가작용이라는 점과 이런 제 4 의 국가작용은 법리상 입법부, 행정부, 법원이 아닌 제 4 의 헌법기관에게 부여되어야 한다는 점과 부합한다.

헌법사에서 볼 수 있는 이러한 점은 현재의 憲法裁判所制度가 정비되어 작동할 수 있는 토양과 터전을 다져왔다고 할 수 있다. 통상의 사법기관인 대법원이 위헌법률심판에 대한 관할권을 가지고 있는 나라보다 헌법재판에서 성공할 수 있는 유리한

違憲法律審判制度의 變遷

憲法 項目	1948年憲法- 1952年憲法- 1954年憲法	1960年6月憲法- 1960年11月憲法	1962年憲法- 1969年憲法	1972年憲法- 1980年憲法	1987年憲法
審判機關	憲法委員會	憲法裁判所	大法院	憲法委員會	憲法裁判所
違憲法律 審判	법률의 위헌여부 재판	법률의 위헌여부 심사	법률의 위헌여부 심사	법률의 위헌여부 심판	법률의 위헌여부 심판
決定 定足數	위원 2/3 이상의 찬성	심판관 6인 이상 의 찬성	과반수(1970. 8. 7. 이후 大法院 判事 全員의 3분 의 2 이상의 출 석과 출석인원 3 분의 2 이상의 찬성)	위원 6인 이상의 찬성	재판관 6인 이상 의 찬성

여건이 역사적으로 형성되었다고 볼 수 있고, 20여년에 이르는 그간의 헌법재판의 성과가 이를 보여주고 있다. 헌법재판기관이 통상의 법원과 달리 독립된 헌법기관으로 되어 있을 때, 다양한 내용의 헌법재판이 활성화될 수 있고, 재판에 의한 기본권의 침해도 구제할 수 있으며, 통상의 법원도 정치적인 소용돌이에 휘말리지 않고 本然의 기능을 올바로 수행할 수 있다.

[112] 第二　意義와 目的

I. 意　義

(1) 개　념

헌법 제111조 제 1 항에서 정하고 있는 위헌법률심판이라 함은, 법률이 헌법에 위반되는지의 여부가 재판의 전제가 된 때, 당해 사건을 담당하는 당해 법원(군사법원 포함)이 직권 또는 당사자의 신청에 의하여 결정으로 헌법재판소에 위헌여부심판을 제청하고, 헌법재판소가 이에 대해 심판하는 것을 말한다.

憲法 제111조 제 1 항에서 정하고 있는 위헌법률심판은, 憲法裁判所法에서는 그 절차상 憲法裁判所法 제41조의 위헌법률심판과 제68조 제 2 항에서 정하고 있는 위헌법률심판으로 나누어 정하고 있다. 憲法裁判所法 제68조 제 2 항의 위헌법률심판은 그 명칭에서 「헌법소원심판」으로 되어 있으나, 이는 잘못된 것이고 그 본질은 위헌법률심판이다([120]Ⅱ).

(2) 제도적 취지

實定 憲法을 국가의 最高法으로 삼고 있는 憲法國家의 法構造에 있어서 법률이나 명령은 法存在와 法效力에서 보다 上位에 존재하는 헌법을 위반할 수 없다. 헌법에 위반되는 법령은 法治主義와 憲法國家의 본질상 효력을 가지지 못한다. 이는 立憲主義國家의 본질적인 요소인 憲法의 優位(Vorrang der Verfassung)에서 나오는 規範論理的 歸結이다. 따라서 일반법원에서 재판을 하는 법관은 어떤 법령을 적용함에 있어서 먼저 적용법령이 헌법에 합치하는지를 고려하여야 하고, 어떤 경우에도 위헌인 법령을 적용하여 재판해서는 안 된다($\frac{憲法}{\S103}$). 위헌인 법령에 의하여 행해진 재판은 재판으로서 효력을 가질 수 없다. 여기에 違憲法律審判制度가 존재하는 근거가 있다.

《위헌법령의 효력》

헌법재판소에 의해 헌법에 위반하는 것으로 판정된 법령이 원시적으로 소급하여 당연히 무효인가 아니면 헌법재판이라는 유권적 판단에 의해 무효를 이유로 폐지되는 것인가 하는 문제에 대해서는 當然無效說(Lehre von ipso-iure-Nichtigkeit, Nichtig-keitslehre)과 廢止無效說(Vernichtbarkeitslehre)이 대립하고 있다([144]Ⅱ). 이것은 학설만으로 대립되고 있는 것이 아니라 실정법상의 입법례에서도 대립하고 있다. 예컨대 독일에서는 전통적으로 당연무효설을 유지하고 있고, 오스트리아에서는 폐지무효설에 따라 입법화하고 있다.

(3) 성 질

일반적으로 위헌법률심판제도는 그 구조와 절차에 따라 抽象的 規範統制制度와 具體的 規範統制制度, 그리고 事前的 規範統制制度(=예방적 규범통제제도)와 事後的 規範統制制度로 분류된다.

抽象的 規範統制制度는 어떤 법률이 일반법원에 계속된 소송사건의 재판의 전제가 되어 있지 않더라도 법률에 대해 위헌여부의 재판을 하는 것을 말하고, 具體的 規範統制制度는 일반법원에 계속된 소송사건의 재판의 전제가 되어 있는 법률에 대해 위헌여부의 재판을 하는 것을 말한다.

事前的 規範統制制度는 국회에서 가결된 법률의 공포·시행 이전에 해당 법률의 위헌여부를 재판하는 것을 말하고, 事後的 規範統制制度는 법률의 시행 이후에 해당 법률의 위헌여부를 재판하는 것을 말한다.

憲法 제111조 제1항과 憲法裁判所法 제2조에서 정하고 있는 우리나라의 위헌법률심판제도는 구체적 규범통제제도이고 사후적 규범통제제도이다.

현행법상 인정되는 法令에 대한 헌법소원심판제도에서는 아직 公布되지 아니한 법령이나 공포된 후 아직 시행되지 아니하는 법령에 대하여 현재관련성이 인정되는 범위 내에서 심판할 수 있다. 이런 경우에는 예방적 규범통제의 효과도 거둘 수 있다.

(4) 위헌법률심판과 법원

법원에서 구체적인 소송사건에 적용할 법률이 위헌인 경우에는 법관은 이를 적용해서는 안 되므로($\frac{憲法}{§103}$) 모든 재판에서 법관에게는 해당 사건에 적용할 법률이 위헌인지를 考慮할 권한이 당연히 부여되어 있다($\frac{이를 제도화한 것이 위헌}{법률심판의 제청권이다}$). 구체적 규범통제절차에서는 일반법원의 소송사건에서 적용할 법률이 위헌인지를 고려할 권한은 법관에게 부여하고, 해당 법률이 위헌인지 여부를 최종적으로 결정할 유권적인 권한은 법원과 별개로 존재하는 헌법재판기관에게 부여되어 있다.

법률의 위헌여부에 대해 헌법재판소가 최종적으로 결정하는 것이 구체적 소송사건에서 법관이 해당 사건에 적용할 법률의 위헌여부를 고려할 권한을 박탈하거나 침해하는 것은 아니다. 具體的 規範統制制度에서도 법원의 소송사건에서 적용할 법률이 위헌인지 여부를 고려할 권한은 여전히 법관에게 보장되어 있다.

Ⅱ. 目　的

(1) 입헌주의와 헌법질서의 수호

위헌법률심판제도는 법률에 의한 헌법의 침해를 교정하여 공동체의 법질서에서 國民主權에 바탕을 둔 立憲主義를 실현시키고, 헌법질서와 憲法國家를 유지·수호하는 데 그 목적을 두고 있다.

(2) 기본권의 보호

현대 국가에서 대부분의 헌법은 기본권을 보장하고 있는 權利章典(bill of rights)을 포함하고 있으므로 위헌법률심판제도는 입법권에 의한 基本權의 침해를 방지하거나 구제하는 역할도 한다.

(3) 권력분립의 실현

헌법재판소는 위헌법률심판을 통하여 국회의 입법권의 남용이나 오용을 통제하여 헌법상의 權力分立을 실현한다.

위헌법률심판제도는 國會와 法院 사이에서 양자의 관계를 헌법의 權力分立에 합당하게 설정하는 기능을 한다. 즉 법관이 어떤 법률에 대해 위헌이라고 확신하고 그에 따라 해당 법률을 스스로 적용하지 않는 것을 방지한다. 법관은 어떤 법률에 대해 아무리 위헌이라고 확신을 하더라도 자기의 판단에 따라 해당 법률의 적용여부를 결정하는 것은 법률을 집행해야 할 기관이 국회의 입법을 부정하는 결과가 되므로 이러한 행위를 할 수 없다. 법관이 재판에서 전제된 법률이나 법률조항에 대해 위헌이라고 생각하는 경우에는 반드시 헌법재판기관의 판단을 받아 그에 따라 적용여부를 판단하여야 한다.

이와 같이 구체적 규범통제제도는 법관에 의해 국회의 입법권이 침해되는 것을 방지하고 국회와 법원간의 기능적인 관계를 조절하는 역할을 한다. 구체적 규범통제제도는 국회가 가지고 있는 입법기관으로서의 지위를 분명히 보장하고, 법관은 입법기관이 될 수 없으며 법률을 집행하는 기관의 지위에 있음을 확인해 주는 기능을 한다.

그리고 구체적 규범통제절차에서 법관은 위헌여부심판의 提請權을 행사하여 국회의 잘못된 입법권의 행사를 統制하거나 矯正하는 데 기여한다. 이러한 것은 법원과 법관이 가지는 憲法守護者로서의 기능을 수행함에 있어서 중요한 의미를 가지고, 국민의 기본권 보장에 있어서도 중요한 의미를 가진다. 특히, 모든 법원이 대법원을 경유하지 않고 이런 제청권을 자유로이 행사할 수 있다는 점은 법원이 가지는 헌법수호 또는 헌법실현의 면에서 의미를 가진다. 각 심급의 모든 법원이나 법관은 스스로 독립된 재판기관이기 때문에 각 법원의 재판에 대법원이 개입할 여지는 처음부터 존재하지 않는다.

(4) 진정한 민주주의의 실현

법률은 국회에서 다수결주의에 의하여 제정 또는 개정되고 폐지된다. 그러나 이러한 다수결주의가 국민의 기본권의 내용을 결정할 수는 없으며 국민이 제정·개정한 헌법을 침해할 수는 없다. 따라서 소수로 하여금 다수의 횡포에 대하여 다툴 수 있게 하고, 잘못이 있는 때에는 이를 바로잡는 것이 필요하다. 이를 「실질적 민주주의」라고도 한다. 위헌법률심판은 이와 같이 眞正한 民主主義를 실현하는데 중요한 목적을 두고 있다.

제 2 절　審判의　對象

[113] 第一 法　律
Ⅰ. 現行 法律
(1) 시행중의 법률

현재 施行되고 있는 법률은 심판의 대상이 된다. 여기서 말하는 施行中인 法律은 공포·시행되어 현재 통용되고 있는 有效한 법률을 의미한다. 즉 형식적 의미의 법률을 의미한다(예: 憲 1995. 12. 28.-95헌바3; 1996. 6. 13.-94헌바20; 2001. 2. 22.-2000헌바38). 우리나라에서 채택하고 있는 위헌법률심판 제도는 具體的 規範統制制度이기 때문에 일반법원에 계속되어 있는 소송사건에서 재판의 전제가 되고 있는 법률이나 법률조항이 심판의 대상이 된다. 따라서 공포되었으나 시행되고 있지 아니한 법률은 심판의 대상이 되지 못한다(이 점은 법률에 대한 헌법소원심판의 경우와 다른 점이다).

[憲 1997. 9. 25.-97헌가4] 「우리 헌법이 채택하고 있는 구체적 규범통제인 위헌법률심판은 최고규범인 헌법의 해석을 통하여 헌법에 위반되는 법률의 효력을 상실시키는 것이므로 이와 같은 위헌법률심판제도의 기능의 속성상 법률의 위헌여부심판의 제청 대상 법률은 특별한 사정이 없는 한 현재 시행중이거나 과거에 시행되었던 것이어야 하기 때문에 제청 당시에 공포는 되었으나 시행되지 않았고 이 결정 당시에는 이미 폐지되어 효력이 상실된 법률은 위헌여부심판의 대상 법률에서 제외되는 것으로 해석함이 상당하다.」

[憲 1997. 9. 25.-97헌가5] 「제청법원이 1997. 1. 24. 위헌여부심판의 제청을 한 법률은 노동관계법개정법으로서 1996. 12. 31. 공포되었으나 1997. 3. 1.부터 시행하기로 된 법률이었다. 그러나 이 심판 계속중인 1997. 3. 13. 공포된 근로기준법폐지법률(법률 제5305호), 노동조합및노동관계조정법폐지법률(법률 제5306호), 노동위원회법폐지법률(법률 제5307호), 근로자참여및협력증진에관한법률폐지법률(법률 제5308호)에 의하여 폐지되고, 근로기준법(법률 제5309호), 노동조합및노동관계조정법(법률 제5310호), 노동위원회법(법률 제5311호), 근로자참여및협력증진에관한법률(법률 제5312호)이 새로이 제정 시행되었다. 1997. 3. 13.자 관보는 노동관계법개정법은 1996. 12. 26. 국회 의결절차에 대하여 유·무효의 논란이 있으므로 이를 폐지하고 새로운 법을 마련하기 위한 것으로 이유 설명을 하고 있다. 그러므로 노동관계법개정법은 제청법원이 이 사건 위헌법률심판을 제청할 당시에는 아직 시행되지 아니한 법률이었고 이 결정 당시에는 이미 폐지되어 효력이 상실된 법률인 것이다. 위헌법률심판은 최고규범인 헌법의 해석을 통하여 헌법에 위반되는 법률의 효력을 상실시키는 것이므로 이와 같은 위헌법률심판제도의 기능의 속성상 법률의 위헌여부심판의 제청대상 법률은 당사자간에 구체적인 권리의무관계의 분쟁을 해결하는 데 적용할 법률이어야 하고 특별한 사정이 없는 한 그 법률은 현재 시행중이거나 과거에 시행되었던 것이어야 하기 때문에 제청 당시에 공포는 되었으나 시행되지 않았고 이 결정 당시에는 이미 폐지되어 효력이 상실된 법률은 위헌여부심판의 대상법률에서 제외되는 것으로 해석함이 상당하다.」

(2) 「법률」의 의미

(a) 형식적 법률

위헌법률심판에 있어서 심판의 대상이 되는 법률은 국회가 제정한 形式的 法律에 한정된다(예: 憲 1998. 7. 16.-96헌바33등). 심판대상이 되는 법률은 규범인 법률 그 자체를 의미한다. 따라서 법률의 해석·적용이 부당하다고 다투는 것은 위헌법률심판의 대상이 되지 못한다(예: 憲 2007. 5. 31.-2005헌바37).

[憲 2007. 5. 31.-2005헌바37] 「자동차관리법 제53조 제1항은 "자동차관리사업을 경영하고자 하는 자는 건설교통부령이 정하는 바에 의하여 시장·군수 또는 구청장에게 등록하여야 한다."고 규정하고, 제79조 제3호는 "제53조 제1항의 규정에 위반하여 시장·군수 또는 구청장에게 등록을 하지 아니하고 자동차관리사업을 한 자는 3년 이하의 징역 또는 1천만 원 이하의 벌금에 처한다."고 하고 있다. 청구인은 이 사건에서 '경미한 부분도장'은 등록 없이도 할 수 있는 자동차관리사업에 속한다고 주장하고 있다. 청구인의 이러한 주장은 이 사건 심판대상인 법률조항 자체의 위헌성을 다투는 것이 아니고, 다만 이 사건 법률조항이 '경미한 부분도장'에까지 자동차정비업의 등록을 요하고 이에 위반할 경우 처벌하는 것은 위헌이라고 다투는 것이다. 헌법재판소법 제68조 제2항에 의한 헌법소원에 있어 그 심판대상은 법률에 한정되므로, 그 심판청구가 형식적으로는 법률조항의 일부에 대한 위헌심판을 구하는 것으로 보이지만, 실제로는 당해 사건에 있어 사실관계의 확정과 법률의 해석·적용이 부당하다는 점을 다투는 것에 지나지 않는 때에는, 법률의 위헌 여부에 대한 심판을 구하는 것으로 볼 수 없어 부적법한 심판청구라 할 것이다. 이 사건 법률조항은 자동차관리사업에 대한 등록제를 규정하고, 이에 위반할 경우 처벌한다는 것이다. 청구인이 말하는 '경미한 부분도장'이 등록을 요하는 자동차관리사업에 포함되는지 여부에 관하여 자동차관리법은 아무런 규정을 두고 있지 않고, 하위법에도 이에 관한 직접적인 규정이 없다. 그렇다면 청구인이 주장하는 '경미한 부분도장'이 과연 이 사건 법률조항의 규율범위에 속하는지 여부는 구체적인 사안에서 법원이 법률의 해석·적용을 통하여 판단하여야 할 문제이고, 이 사건에서 헌법재판소가 이에 관하여 판단하여야 할 특별한 사정이 있지도 아니하다. 결국 이 사건 법률조항이 '경미한 부분도장'까지 포함하여 자동차관리사업 등록을 요하고, 이에 위반할 경우 처벌하는 것이 위헌이라는 이 사건 심판청구는 법률조항 자체에 대한 위헌 여부를 다투는 것이 아니라, 단순히 법률조항에 대한 법원의 해석을 다투는 것에 지나지 않는 것이므로, 헌법재판소가 판단할 문제가 아닌 것을 대상으로 한 것이어서 부적법하다 할 것이다.」

(b) 위헌으로 선고된 법률

憲法裁判所에 의해 違憲이라고 선고되어 效力을 喪失한 법률은 심판의 대상이 되지 못한다(예: 憲 1989. 9. 29.-89헌가1; 86: 1994. 8. 31.-91헌가1). 종전 결정에서 이미 위헌 선언되어 효력이 상실된 법률조항 부분이 입법의 결함에 해당한다고 주장하는 헌법소원심판청구는 종전의 위헌결정에 대한 불복이거나, 위헌으로 선언된 규범의 유효를 주장하는 것이어서 법률조항에 대한 위헌결정의 法規的 效力에 반하여 허용될 수 없다(憲 2012. 12. 27. -2012헌바60). 어떤 법률이 효력을 상실하면 국민은 이 법률의 효력이 상실된 것으로 형성된 법질서에 속하므로 더 이상 다툴 여지가 없다.

헌법재판소가 위헌이라고 선고한 법률이나 법률조항과 동일한 내용의 법률이나 법률조항을 국회가 다시 입법한 경우에는 그 법률이나 법률조항은 심판의 대상이 될 수 있다.

    [憲 1994. 8. 31.-91헌가1] 「이 사건 법률조항의 본문 중 "으로부터 1년"이라는 부분에 관하여는 당재판소가 1991. 11. 25. 선고한 91헌가6 사건의 결정에서 그 부분은 헌법에 위반된다고 선고한 바 있으므로 헌법재판소법 제47조 제2항에 의하여 그 부분 법률규정은 그 날로부터 효력을 상실하였다 할 것이고, 따라서 그 부분의 위헌여부는 더 이상 위헌여부심판의 대상이 될 수 없다고 할 것이므로($\binom{당재판소}{1989. 9. 29. 선고, 89헌가 86 결정 참조}$) 이 부분에 대한 위헌여부심판의 제청은 부적법하다.」

    헌법재판소에 의하여 위헌으로 선고된, 형벌에 관한 법령을 적용하여 公訴가 제기된 피고사건에서는 법원은 免訴가 아닌 無罪의 선고를 하여야 한다($\binom{大 2010. 12. 16.-2010도}{5986; 2013. 5. 16.-2011도2631}$).

(c) 행정입법

    法規命令이나 行政規則은 심판의 대상이 될 수 없다.

    法規命令이나 行政規則이 헌법에 위반되는 여부가 재판의 전제가 된 경우에는 處分의 경우와 같이 대법원이 이를 최종적으로 심사할 권한을 가진다($\binom{憲法}{§107②}$). 따라서 현행 헌법에서 명령이나 규칙의 위헌여부가 재판의 전제가 된 경우에는 대법원이 심사한다. 이 제도의 타당여부를 떠나 현행 헌법상으로는 이 범위에서 헌법재판소는 이에 관한 관할권을 가지지 못한다.

    憲法裁判所도 命令의 위헌여부에 대한 憲法裁判所法 제68조 제2항에 의한 심판청구나 법원의 제청은 不適法하다고 한다(예: 憲 1992. 10. 31.-92헌바42; 1996. 10. 4.-96헌가6; 1997. 10. 30.-95헌가7; 1999. 1. 28.-97헌바90; 2003. 6. 26.-2001헌바54; 2004. 8. 26.-2004헌바14; 2007. 4. 26.-2005헌바51; 2007. 7. 26.-2005헌바100; 2008. 5. 29.-2007헌바143).

    [憲 1996. 10. 4.-96헌가6] 「법원의 위헌여부심판제청은 "법률"이 헌법에 위반되는 여부가 재판의 전제가 된 경우에 할 수 있는 것이고($\binom{헌법 제107조 제1항; 헌}{법재판소법 제41조 제1항}$), 명령이나 규칙이 헌법에 위반되는 여부는 법원 스스로 이를 판단할 수 있는 것인바($\binom{헌법 제107}{조 제2항}$), 이 사건 위헌여부심판제청 중 국민연금법시행령 제54조 제1항에 대한 부분은 "법률"이 아닌 "대통령령"에 대한 것으로서 부적법하다.」

    [憲 2007. 4. 26.-2005헌바51] 「헌법재판소법 제68조 제2항의 규정에 의한 헌법소원심판청구는 법률이 헌법에 위반되는 여부가 재판의 전제가 되는 때에 당사자가 위헌제청신청을 하였음에도 불구하고 법원이 이를 배척하였을 경우에 법원의 제청에 갈음하여 당사자가 직접 헌법재판소에 헌법소원의 형태로써 심판신청을 하는 것이므로, 그 심판의 대상은 재판의 전제가 되는 법률인 것이지 대통령령은 그 대상이 될 수 없다고 할 것이다.」

    [憲 2007. 7. 26.-2005헌바100] 「헌법재판소법 제68조 제2항의 규정에 의한 헌법소원심판청구는 법률이 헌법에 위반되는지 여부가 재판의 전제가 되는 때에 당사자가 위헌제청신청을 하였음에도 불구하고 법원이 이를 배척하였을 경우에 법원의 제청에 갈음하여 당사자가 직접 헌법재판소에 헌법소원의 형태로써 심판청구를

하는 것이므로, 그 심판의 대상은 재판의 전제가 되는 형식적 의미의 법률 및 그와 동일한 효력을 가진 명령이고 대통령령, 부령, 규칙 또는 조례 등을 대상으로 한 헌법재판소법 제68조 제2항의 헌법소원심판청구는 부적법하다. 살피건대 이 사건 심판청구 중 이 사건 규칙조항에 대한 청구 부분은 그 심판대상이 헌법재판소법 제68조 제2항의 규정에 의한 헌법소원심판청구의 대상이 될 수 없는 전기통신사업법시행규칙에 대한 것이므로 더 나아가 살펴볼 필요 없이 부적법하다 할 것이다.」

명령인 建設部令에 근거하여 건설부장관이 정한 「永久賃貸住宅入住者選定基準및管理指針」도 법률에 해당하지 않으므로 이 지침에 대하여 憲法裁判所法 제68조 제2항의 심판을 청구하는 것은 부적법하다고 한다(憲 1992. 11. 12.-92헌바7).

(d) 자율규칙

國會規則, 大法院規則, 憲法裁判所規則은 법률에 저촉되지 않는 범위 내에서 인정되므로(憲法 §64①, §108, §113②) 법률과 同位의 성격을 가지는 법규범이 아니어서 심판의 대상이 될 수 없다.

憲法裁判所는, 大法院規則은 憲法裁判所法 제68조 제2항의 심판의 대상이 되지 않는다고 판시하였다(예: 憲 2001. 2. 22.-99헌바87등; 2007. 7. 26.-2005헌바100).

(e) 조 례

憲法에서 지방자치단체는 「法令의 범위 안에서 自治에 관한 規定을 制定할 수 있다」고 정하고 있기 때문에(憲法 §117) 법률과 조례는 성질과 효력에서 구별될 뿐만 아니라, 조례는 상위의 법률과 명령에 구속되어 법률과 同位의 성격을 가지지 못한다. 따라서 地方議會가 제정한 條例는 위헌법률심판의 대상이 될 수 없다. 조례는 대부분 불특정다수인에 대해 구속력을 가지지만 이런 구속력을 가지지 않는 것도 있다. 어느 경우나 위헌법률심판의 대상이 되지 못한다.

憲法裁判所는 조례는 憲法裁判所法 제68조 제2항의 심판대상이 될 수 없다고 판시하였다(예: 憲 1998. 10. 15.-96헌바77; 2007. 7. 26.-2005헌바100).

Ⅱ. 廢止된 法律

(1) 원 칙

폐지된 법률이나 법률조항은, 과거에 시행되었지만 국회가 廢止 또는 改正하였거나 期間의 渡過로 인하여(限時法의 경우) 이미 효력을 상실하여 현재 시행되고 있지 않은 법률이나 법률조항을 말한다. 대부분의 경우 廢止된 法律은 재판의 전제가 되지 아니하므로 위헌법률심판에서는 심판의 대상으로 되지 않는 경우가 많다.

憲法裁判所는, 社會保護法이 위헌심판제청 이후에 개정되었고, 新法에 의하면 舊法의 일부규정이 삭제되고 신법 시행 당시 係屬中인 사건에 대하여는 신법을 적용하도록 규정하여 위 삭제된 규정에 기하여 청구되었던 被監護請求人이 더 이상 保護監護에 처해질 수 없게 되었다면 舊法條項은 재판의 전제가 될 수 없게 되었으므로 구법의 위헌심판제청은 不適法하다고 하였다(憲 1989. 4. 17.-88헌가4).

[憲 1989. 4. 17.-88헌가4] 「사회보호법은 제청법원이 이 사건 위헌여부의 심판을 제청한 뒤인 1989. 3. 25. 법률 제4089호로서 개정되었고, 개정된 사회보호법 제5조의 규정에 의하면 보호대상자가 제5조 소정의 "별표"에 규정된 죄를 범한 때에 한하여 보호감호에 처하도록 함으로써 "별표"에 규정된 죄 이외의 죄를 범한 자에 대하여는 보호감호에 처할 수 없도록 하였고, 한편 개정된 같은 법 부칙 제4조는 현재 재판에 계속중인 사건에 대하여는 신법을 적용하도록 규정하였다. 그런데, 피감호청구인에 대한 공소장의 기재내용에 의하면 피감호청구인은 사회보호법 제5조 소정의 "별표"에 규정된 죄 이외의 죄인 형법 제335조, 제334조 제1항, 제2항의 죄로 공소가 제기된 사실을 알 수 있는 바이므로 이 사건 위헌법률심판의 제청은 위헌여부의 심판대상이 된 법률 조항이 더 이상 재판의 전제가 될 수 없게 되었다 할 것이고, 피감호청구인에 대한 관계에서 이미 폐지된 위 조항의 위헌여부를 판단해야 할 별다른 이익이 있다고 인정되지도 아니한다.」

(2) 예　　외
예외적으로 폐지된 법률이 심판의 대상이 되는 경우가 있다. 憲法裁判所의 判例도 같은 견해이다(예: 憲 1989. 4. 17.-88헌마4; 1989. 5. 24.-88헌가12; 1989. 12. 18.-89헌마32등; 1994. 6. 30.-92헌가18).

[憲 1989. 12. 18.-89헌마32등] 「법률은 원칙적으로 발효시부터 실효시까지 효력이 있고, 그 시행중에 발생한 사건에 적용되기 마련이므로 법률이 폐지된 경우라 할지라도 그 법률의 성질상 더 이상 적용될 수 없거나 특별한 규정이 없는 한, 폐지된 법률이 적용되어 재판이 행하여질 수밖에 없는 것이고, 이 때 폐지된 법률의 위헌여부가 문제로 제기되는 경우에는 그 위헌여부심판은 헌법재판소가 할 수밖에 없는 것이다. 만일 헌법재판소가 폐지된 법률이라는 이유로 위헌심사를 거부하거나 회피하면 구체적 사건에 대한 법적 분쟁을 해결하여야 하는 법원으로서는 법률에 대한 위헌여부결정권이 없다는 것을 이유로 하여 위헌문제가 제기된 법률을 그대로 적용할 수밖에 없는 불합리한 결과가 생겨나게 되기 때문이다.」　이 사건은 憲法裁判所法 제68조 제2항에 의한 헌법소원심판사건이다.

[憲 1994. 6. 30.-92헌가18] 「폐지된 법률도 그 위헌여부가 관련 소송사건의 재판의 전제가 되어 있다면 당연히 헌법재판소의 위헌심판의 대상이 된다. 더구나 특별조치법이 폐지되었다고는 하나 앞서 2항에서 설명한 바와 같이 특별조치법 폐지법률 부칙 제2항(명령 등에 관한 경과조치)에 의하여 "국가보위에관한특별조치법 제5조 제4항에 의한 동원대상지역내의토지수용·사용에관한특별조치령"은 아직 그 효력을 지속하고 있고 그 한도에서 특별조치법도 살아 있는 법률이나 같다. 그리고 제청신청인은 특별조치법 제5조 제4항 및 특별조치령 제29조에 의하여 수용당한 원래의 자기소유 토지에 관하여 특별조치법 제5조 제4항이 위헌임을 이유로 하여 대한민국을 상대로 소유권이전등기말소청구소송을 제기한 것이므로 특별조치법 제5

조 제 4 항의 위헌여부는 위 소송 재판에서의 승패여부의 전제가 된다. 왜냐하면 상위법인 특별조치법 제 5 조 제 4 항의 위헌여부는 하위법인 특별조치령의 위헌여부 및 효력유무의 전제가 되고 특별조치법 제 5 조 제 4 항에 대하여 위헌결정이 되면 자동적으로 이 위헌법률조항에 근거한 특별조치령도 위헌·무효가 되고 아울러 위헌무효인 특별조치령에 근거한 수용처분도 위헌무효가 될 수 있기 때문이다(위헌 법령에 기한 행정처분의 무효 여부는 당해 사건을 재판하는 법원이 위헌성의 정도 등에 따라 판단할 사항이다). 따라서 특별조치법 제 5 조 제 4 항은 당연히 위헌여부심판의 대상이 되어야 한다.」

대법원은 재심사건에서 형벌에 관한 법령이 재심판결을 하는 당시에 이미 폐지되었다고 하더라도 그 폐지가 당초부터 헌법에 위반되어 효력이 없는 것인 경우에는 무죄를 선고하여야 한다고 하고, 해당 형벌에 관한 법령이 당시 헌법은 물론 현행 헌법에도 위반되는 것이라고 위헌·무효라고 판단하였다($\begin{smallmatrix}예: 大 2013. 5.\\ 16.-2011도2631\end{smallmatrix}$).

이 사건에서는 재심사건의 원심인 고등법원에서 이미 폐지된 법령인 大統領緊急措置 제 4 호($\begin{smallmatrix}1980년\\헌법 §53\end{smallmatrix}$)가 재판의 전제가 되었기 때문에 헌법재판소에 위헌여부심판을 제청하여 그 결과에 따라 재판하여야 했는데 그렇게 하지 아니하였고, 고등법원의 판결에 대하여 상고가 제기되어 대법원이 附隨的으로 판단한 것이다. 그리고 위헌여부심판의 기준도 현행 헌법인데 두루뭉술하게 판단하였다. 이는 헌법재판소의 ($\begin{smallmatrix}憲 2013. 3. 21.\\-2010헌바132등\end{smallmatrix}$) 결정과 충돌된다($\begin{smallmatrix}[114]\\참조\end{smallmatrix}$).

형벌규정이 피고인에게 유리하게 개정된 경우 舊法이 심판의 대상이 되는지에 관하여, 헌법재판소는 종래 구법이 합헌적이어서 유효하였고 다시 신법이 보다 더 유리하게 변경되었을 때에만 신법이 소급하여 적용될 것이므로 폐지된 구법에 대한 위헌 여부의 문제는 신법이 소급하여 적용될 수 있기 위한 前提問題로서 판단의 이익이 있다고 보았으나($\begin{smallmatrix}憲 1989. 7. 14.\\-88헌가5등\end{smallmatrix}$), 최근에는 개정된 신법이 형법 제 1 조 제 2 항에 의해 적용된다고 보아야 할 것이므로, 당해 사건에 적용되지 않는 구법은 재판의 전제성을 상실하게 된다고 판단하였다($\begin{smallmatrix}憲 2010. 9. 2.\\-2009헌가9등\end{smallmatrix}$).

[憲 1989. 7. 14.-88헌가5등] 「보호감호처분에 대하여는 遡及立法이 금지되므로 비록 구법이 개정되어 신법이 소급하여 적용되도록 규정되었다고 하더라도 실체적인 규정에 관한 한 오로지 구법이 합헌적이어서 유효하였고 다시 신법이 보다 더 유리하게 변경되었을 때에만 신법이 소급하여 적용될 것이므로 폐지된 구법에 대한 위헌여부의 문제는 신법이 소급하여 적용될 수 있기 위한 전제문제로서 판단의 이익이 있어 위헌제청은 적법하다.」 위 사안에서 재판관 이시윤은 '재판의 전제성에 대한 예외'가 인정되는 사안이라는 보충의견을 밝혔고, 재판관 한병채, 김양균, 최광률은 재판의 전제성이 없어 각하되어야 한다는 취지의 반대의견을 내었다.
[憲 2010. 9. 2.-2009헌가9등] 「양벌규정에 면책조항이 추가되는 형식으로 법

률이 개정되었으나 개정법 시행 전의 범죄행위에 대하여 종전 규정에 따른다는 취지의 경과규정이 없는 경우, 당해 사건에 신법이 적용되는지, 신법이 적용된다면 구법은 재판의 전제성을 상실하게 되는지 여부가 문제된다. 살피건대 형법 제1조 제2항은 "범죄 후 법률의 변경에 의하여 그 행위가 범죄를 구성하지 아니하거나 형이 구법보다 경한 때에는 신법에 의한다."라고 규정하고 있고, 여기서 "범죄 후 법률의 변경에 의하여 그 행위가 범죄를 구성하지 아니하는 경우"란 구성요건 전부가 폐지된 경우에 한하지 않고 구성요건 일부가 폐지된 경우도 여기에 해당한다 할 것이다. 이와 관련하여 형법 제1조 제2항의 문언 그대로 '그 행위가 범죄를 구성하지 아니하는 경우'에만 적용되는지, 아니면 전체적으로 보아 신법이 구법보다 피고인에게 유리하게 변경된 경우에도 적용되는지 문제되나,……형법 제1조 제2항은 '전체적으로 보아 신법이 구법보다 피고인에게 유리하게 변경된 것이라면 신법을 적용하여야 한다.'는 취지라고 봄이 상당하다. 한편 이 경우 법률이 행위자에게 유리하게 변경되었는지 여부는 법률 자체의 내용만을 비교하여 판단하여야 하고, 가사 구법에 대하여 위헌 여부를 판단하는 경우 위헌으로 판단될 것으로 예상되는지 여부까지 고려할 것은 아니다.……이와 같이 당해 사건에 신법이 적용되는 이상 당해 사건에 적용되지 않는 구법은 재판의 전제성을 상실하게 되었다 할 것이다. 헌법재판소의 위헌결정 전까지는 법률의 합헌성이 추정되므로 법원과 헌법재판소는 구법이 합헌임을 전제로 하여 신법이 행위자에게 유리하게 변경된 것인지 여부만을 판단하여 신법을 적용하면 족하고, 구법의 위헌성이 매우 의심스럽다고 하여 구법이 위헌인 경우까지 가정하여 판단할 것은 아니다. 재판의 전제성판단은 논리적으로 본안판단에 앞서 이루어지는 것인데, 구법에 대한 본안판단의 결과가 재판의 전제성판단에 영향을 주는 것은 불합리하다는 점에서도 그러하다. 또한 법률개정으로 인하여 더 이상 당해 사건에 적용되지 않는 법률임에도 불구하고 헌법재판소가 굳이 본안에 들어가 위헌판단을 하는 것은 법적 안정성을 해하는 결과를 초래할 수도 있다. 따라서 법률이 개정되어 종전 규정보다 유리한 신법이 소급적용되게 되었다면, 당해 사건에 적용되지 않는 구법은 재판의 전제성을 상실하게 되었다고 할 것이다(헌재 2006. 4. 27. 2005헌가2, 판례집 18-1상, 478, 483~484 참조)」. 위 사안에서 재판관 조대현, 김종대, 목영준은 심판대상조문(구법)이 당해 형사사건에 직접 적용되거나 형법 제1조 제2항 적용의 전제로서 간접적용되어 재판의 전제성이 있다는 반대의견을 내어 위 88헌가5등 사건에서 헌법재판소가 취한 입장과 유사한 의견을 내었고, 재판관 이동흡은 면책조항의 신설은 종래의 해석을 명문으로 밝힌 것에 불과하여 형법 제1조 제2항에 해당한다고 볼 수 없으므로 심판대상조문이 재판의 전제성이 있다는 반대의견을 밝혔다.

Ⅲ. 改正法律 및 廢止法律

법률은 필요에 의해 새로이 制定되고, 시행도중 법률의 내용을 변경할 필요가 있는 경우 改正되며, 더 이상 효용이 없게 되면 廢止된다. 법률의 제정, 개정 및 폐지는 모두 국회의 새로운 立法行爲에 의해 이루어지는데, 구체적으로는 국회가 특정 법률의 제정법률, 개정법률 또는 폐지법률을 입법함으로써 법률이 만들어지고, 그 내용이 변경되며, 규범의 영역에서 사라지게 된다.

가령 利子制限法을 예로 들면, 이자제한법은 이자제한법 제정법률$\binom{1962.\ 1.\ 15.}{법률\ 제971호}$로 제정되었고$\binom{제정\ 당시\ 이자는\ 연\ 2푼을\ 초과}{할\ 수\ 없는\ 것으로\ 되어\ 있다}$, 이자제한법 개정법률$\binom{1965.\ 9.\ 24.}{법률\ 제1710호}$로 개정되었으며 $\binom{개정법률에\ 의해\ 이자제한법상\ 이자의\ 상한은\ 연\ 4푼을\ 초}{과하지\ 않는\ 범위\ 내에서\ 대통령령으로\ 정하도록\ 되었다}$, 이자제한법 폐지법률$\binom{1998.\ 1.\ 13.}{법률\ 제5507호}$로 폐지되었고, 다시 이자제한법 제정법률$\binom{2007.\ 6.\ 30.}{법률\ 제8322호}$로 再立法된 이후 수회 개정되었다.

유의할 점은 특정 법률 자체와$\binom{가령\ 위\ 예에\ 의하면}{"이자제한법"\ 자체}$ 해당 법률의 制定法律, 改正法律 및 廢止法律$\binom{가령\ 위\ 예에\ 의하면\ "이자제한법\ 제정법률,"}{"이자제한법\ 개정법률,"\ "이자제한법\ 폐지법률"}$은 구별해야 한다는 것이다. 前者는 일정 기간 동안 동일성을 유지하면서 효력을 갖는 규범으로서 기간으로 관념되는 데 반하여 $\binom{따라서\ 이러한\ 상태의\ 법률을\ 특정할\ 때에는\ 통상\ "이자제한법(1965.\ 9.\ 24.\ 법률\ 제1710호로\ 개정되}{어\ 1998.\ 1.\ 13.\ 법률\ 제5507호로\ 폐지되기\ 전의\ 것)"으로\ 표기하여\ 해당\ 규범의\ 유효기간을\ 표시한다}$, 後者는 특정 시기의 입법행위로 관념된다$\binom{따라서\ 이러한\ 상태의\ 입법행위를\ 특정할\ 때에는\ 통상\ "이자제한법\ 개정법률(1965.}{9.\ 24.\ 법률\ 제1710호)"로\ 표기하여\ 해당\ 행위가\ 一回的이라는\ 점을\ 명시한다}$.

그렇다면 위헌법률심판의 대상이 되는 것은 무엇인지 문제된다. 위 예에 의한다면 이자제한법 자체인지, 아니면 이자제한법 개정법률 또는 폐지법률인지 문제되는 것이다. 논의의 實益은 이자제한법의 특정 규범이 심판대상일 경우 해당 규범이 위헌이라면 그러한 규범이 효력을 상실하는 것에 그치게 될 것이나, 가령 이자제한법 개정법률이 위헌이라면 개정행위의 효력이 상실되어 改正前의 立法狀態로 돌아간다는 결론에 이르게 된다$\binom{이자제한법\ 폐지법률이\ 위헌이라면,\ 폐지되지\ 않은\ 상태}{가\ 되어\ 이자제한법이\ 부활한다는\ 결론에\ 이르게\ 된다}$.

이 문제에 관하여 독일에서는 새로운 改革立法이 무효선언된 경우, 개혁입법이 적어도 舊法을 폐지하는 효력은 인정될 수 있는지 여하에 따라 구법이 계속 효력을 갖는지 여부가 결정된다는 견해가 주장되고 있고, 오스트리아에서는 憲法 제140조 제6항에서 "헌법재판소의 판결을 통하여 법률이 위헌적인 것으로 폐지되는 경우, 판결에서 달리 정하지 않는다면 폐지의 효력이 발생하면서 헌법재판소에 의해 위헌으로 결정된 법률에 의해 폐지되었던 법규정은 다시 효력을 갖게 된다"고 정하여 개정법률이나 폐지법률이 위헌인 경우 구법의 효력이 回復되는 것을 원칙으로 하고 있다.

일반적으로 우리의 위헌법률심판 실무에서는 법률의 특정 규정이 개정되어 새로운 규범내용을 갖게 된 경우 원칙적으로 변경된 법률규정 그 자체를 심판대상으로 삼으며, 해당 규정이 위헌이 된다면 그 규범의 효력이 상실될 뿐 개정 전의 상태로 돌아가지 않는 것을 전제로 한다. 다만, 이자제한법이 개정 및 폐지된 이후 이자제한법이 개정, 폐지되지 않았더라면 제정 당시의 이자제한법이 되살아나서 연 2푼의 이자제한을 받게 되어 다른 내용의 재판을 하게 된다는 판단 하에 "이자제한법 개정법률" 및 "이자제한법 폐지법률"을 심판대상으로 보고 裁判의 前提性을 인정한 사례가 있다$\binom{憲\ 2001.\ 1.\ 18.}{-2000헌바7}$.

[憲 2001. 1. 18.-2000헌바7] 「【주 문】이자제한법중개정법률$\binom{1965.\ 9.\ 24.}{법률\ 제1710호}$ 및 이자제한법폐지법률$\binom{1998.\ 1.\ 13.}{법률\ 제5507호}$은 헌법에 위반되지 아니한다. 【이 유】1. 사건의 개요 및

심판의 대상……이 사건의 심판대상은 위 개정법률 및 폐지법률이 헌법에 위반되는
지 여부이고, 그 법률 및 관련 법률의 내용은 다음과 같다.……재판의 전제성에 관
하여 본다. 헌법재판소법 제68조 제2항에 의한 헌법소원심판청구가 적법하기 위하
여는 문제된 법률의 위헌 여부가 재판의 전제가 되어야 한다. 여기서 재판의 전제성
이라 함은 문제된 법률이 당해 소송사건에 적용될 법률이어야 하고, 그 위헌 여부에
따라 재판의 주문이 달라지거나 재판의 내용과 효력에 관한 법률적 의미가 달라지
는 경우를 말한다(헌재 1992. 12. 24. 92헌가8, 판례집 4, 853, 864~865; 1995. 7. 21. 93헌바46, 판례집 7-2, 48, 58; 1997. 11. 27. 92헌바28, 판례집 9-2, 548, 562 등 참조). 그러므로 이 사건
개정법률과 폐지법률이 위 당해 사건에 적용될 법률인지, 또한 이들 법률이 위헌무
효가 되면 재판의 주문이 달라지거나 재판의 내용과 효력에 관한 법률적 의미가 달
라지게 되는지에 관하여 살핀다. 당해 사건에서 원고는 그 소구 당시인 1999년의 약
정연체이율인 연 2할 9푼의 비율에 따른 지연손해금을 청구인에게 구하고 있는바,
만약 청구인의 주장이 받아들여져 폐지법률과 개정법률이 무효로 선언된다면 1962
년 제정 당시의 이자제한법이 되살아나 당해 사건에 적용될 것이므로 개정법률과
폐지법률은 위 제정 당시의 이자제한법이 적용되는 것을 막고 있다는 의미에서 간
접적으로나마 당해 사건에 적용된다고 볼 수 있고, 또 그리하여 위 약정연체이율
중 연 2할을 초과하는 부분이 무효가 된다면 당해 사건의 재판주문도 달라지게 될
것이므로 재판의 전제성은 인정된다.」   심판대상을 "이자제한법"이 아니라 "이자
제한법중개정법률,""이자제한법폐지법률"로 보았으므로 주문에서도 위와 같이 표시
하였다. 이러한 문제는 위헌법률심판에서만 발생하는 것이 아니다. 법령에 대한 헌
법소원심판에서도 법령 그 자체가 심판의 대상인 공권력의 행사인지, 아니면 법령
의 제정, 개정 및 폐지행위가 심판대상인지 문제된다([244] I (2)). 위헌법률심판의 대
상이나 헌법소원의 대상이 되는 것은 입법행위 그 자체가 아니라 입법행위의 결과
인 법률이므로 헌법재판소의 위와 같은 판례는 문제가 있다.

IV. 慣 習 法

법원의 판례에 의하여 법률과 동일한 효력을 가지는 관습법의 존재와 내용이 인
정된 경우에 그 관습법은 위헌법률심판의 대상이 된다(예: 憲 2013. 2. 28.-2009헌바129). 다만, 民法의 제
정 및 시행으로 폐지된 구 관습법의 효력을 현행 憲法을 기준으로 부인할 수는 없다
고 하였다(憲 2016. 4. 28. -2013헌바396등).

[憲 2013. 2. 28.-2009헌바129] 「관습법은 사회의 거듭된 관행으로 생성된
사회생활규범이 사회의 법적 확신과 인식에 따라 법적 규범으로 승인되고 강행되기
에 이르러 법원(法源)으로 기능하게 된 것이다. 법원(法院)은 여러 차례 위와 같은 분
재청구권에 관한 관습이 우리 사회에서 관습법으로 성립하여 존재하고 있음을 확인
하고(大 1969. 11. 25.-67므25; 1973. 6. 12.-70다2575; 1988. 1. 19.-87다카1877; 1996. 10. 25.-96다27087등; 2007. 1. 25.-2005다26284등) 상속 등에 관한 재판규범으로 적용하
여 왔다. 그런데 이 사건 관습법은 민법 시행 이전에 상속을 규율하는 법률이 없는
상황에서 재산상속에 관하여 적용된 규범으로서 비록 형식적 의미의 법률은 아니지
만 실질적으로는 법률과 같은 효력을 갖는다. 헌법 제111조 제1항 제1호, 제5호
및 헌법재판소법 제41조 제1항, 제68조 제2항에 의하면 위헌심판의 대상을 '법률'

이라고 규정하고 있는데, 여기서 '법률'이라고 함은 국회의 의결을 거친 이른바 형식적 의미의 법률뿐만 아니라 법률과 동일한 효력을 갖는 조약 등도 포함된다 ($\genfrac{}{}{0pt}{}{憲 1995. 12. 28.-95헌바3; 1996. 6. 13.}{-94헌바20; 2001. 9. 27.-2000헌바20}$). 이처럼 법률과 동일한 효력을 갖는 조약 등을 위헌심판의 대상으로 삼음으로써 헌법을 최고규범으로 하는 법질서의 통일성과 법적 안정성을 확보할 수 있을 뿐만 아니라, 합헌적인 법률에 의한 재판을 가능하게 하여 궁극적으로는 국민의 기본권 보장에 기여할 수 있게 된다. 그렇다면 법률과 같은 효력을 가지는 이 사건 관습법도 당연히 헌법소원심판의 대상이 되고, 단지 형식적인 의미의 법률이 아니라는 이유로 그 예외가 될 수는 없다.」

Ⅴ. 1987年憲法 以前의 法律

현행 헌법재판제도가 도입된 1987年憲法이 시행되기 이전의 법률은 심판의 대상이 되는가 하는 문제가 있다. 1948年憲法이 시행된 후에 제정된 법률인 이상 1987年憲法 이전에 제정되어 시행되고 있는 법률도 憲法 附則 제5조에 따라 持續效를 가지므로 당연히 심판의 대상이 된다.

Ⅵ. 立法過程에 대한 違憲審査

헌법재판소가 위헌법률심판에서 해당 법률이나 법률조항이 위헌인지의 여부를 판단할 때 입법행위의 「결과」인 법률의 내용 이외에 입법행위의 「과정」이 헌법에 위반되었는지 여부를 심사할 수 있는가 하는 것이 헌법재판에서 문제가 된다. 이는 헌법원리상 입헌주의와 민주주의의 원리적 문제를 바탕으로 하여 제기된다.

이 문제는 헌법에 명시적으로 입법절차를 정하고 있는 경우와 그렇지 아니한 경우로 나누어 살펴볼 필요가 있다.

(1) 헌법상 입법절차규정의 위반

헌법에서 법률을 제정하거나 개정할 때 지켜야 할 절차를 규정하고 있으면 국회는 반드시 이 규정에 따라 입법을 하여야 한다. 따라서 이러한 경우에 국회가 헌법의 명시적인 절차규정을 위반하여 입법을 하면 위헌이 된다.

이러한 명시적인 절차규정의 위반이 있는 경우에는 權限爭議審判을 통해서도 다툴 수 있다. 권한쟁의심판에서는 헌법상의 절차규정위반뿐 아니라 법률상의 절차규정의 위반도 다툴 수 있다($\genfrac{}{}{0pt}{}{憲裁法}{§61②}$).

憲法裁判所는 國會法에서 정하고 있는 입법에 관한 절차규정을 위반한 경우에 대해서는 권한쟁의심판에서 심사할 수 있다고 보고, 적극적으로 청구인의 권한침해 여부에 대하여 심사하고 있다.

憲法裁判所는 권한쟁의심판에서 국회의장이 일부 의원들에게 본회의 개의일시를 국회법에 규정된 대로 적법하게 통지하지 않음으로써 그들이 본회의에 출석할 기

248 [113] 第一 法 律

회를 잃어 법률안의 심의·표결과정에 참여하지 못하게 된 상태에서 법률안을 가결·선포한 행위는 해당 의원들의 헌법상의 법률안 심의·표결권을 침해한 것이라고 판시하였다(예: 憲 1997. 7. 16.-96헌라2).

[憲 1997. 7. 16.-96헌라2] 「국회의원은 국민에 의하여 직접 선출되는 국민의 대표로서 여러 가지 헌법상·법률상의 권한이 부여되어 있지만 그 중에서도 가장 중요하고 본질적인 것은 입법에 대한 권한임은 두 말할 나위가 없고, 이 권한에는 법률안제출권(헌법 제52조)과 법률안 심의·표결권이 포함된다. 국회의원의 법률안 심의·표결권은 비록 헌법에는 이에 관한 명문의 규정이 없지만 의회민주주의의 원리, 입법권을 국회에 귀속시키고 있는 헌법 제40조, 국민에 의하여 선출되는 국회의원으로 국회를 구성한다고 규정하고 있는 헌법 제41조 제1항으로부터 당연히 도출되는 헌법상의 권한이다. 그리고 이러한 국회의원의 법률안 심의·표결권은 국회의 다수파 의원에게만 보장되는 것이 아니라 소수파의원과 특별한 사정이 없는 한 국회의원 개개인에게 모두 보장되는 것임도 당연하다.……국회법……에 의하면……규정되어 있으므로, 임시회 집회일은 소집공고에 의하여 국회의원들에게 통지되어야 하고, 임시회 집회일 이후의 본회의 개의일시는 그 전의 본회의에서 의사일정보고를 통하여 국회의원들에게 통지되어야 하며, 특히 긴급을 요하여 의사일정보고절차를 밟을 수 없다고 인정될 때에도 회의의 개의일시만은 상당한 방법으로 국회의원 개개인에게 통지하지 않으면 아니 됨이 명백하다. 그러므로 피청구인이 청구인들에게 본회의 개의일시를 적법하게 통지하였는지의 점에 관하여 보건대, 피청구인은 그의 요청에 따라 신한국당의 원내수석부총무 하순봉의원이 1996. 12. 26. 05:30경 새정치국민회의의 원내수석부총무인 남궁진의원과 자유민주연합의 원내총무인 이정무의원에게 전화로 본회의 개의시각이 06:00로 변경되었음을 통지하였다고 하는 반면, 청구인들은 위 전화통지를 받은 것은 같은 날 06:10분경이었다고 주장하는바, 설사 피청구인이 주장하는 대로의 통지가 있었다 하더라도 그러한 통지는 야당소속 국회의원들의 본회의 출석을 도저히 기대할 수 없는 것으로서 국회법 제76조 제3항에 따른 적법한 통지라고 할 수 없다. 따라서 이 사건 본회의의 개의절차에는 위 국회법의 규정을 명백히 위반한 흠이 있다고 아니할 수 없다. 한편 피청구인이 주장하는 바와 같이 사건 법률안의 의결처리 과정에서 청구인들의 일부가 포함된 야당의원들이 위력을 행사하여 본회의 개의를 저지함으로써 국회운영의 정상적인 진행을 봉쇄하였다는 이유만으로 이 사건 피청구인의 위법행위가 정당화된다고 할 수 없다. 그렇다면 피청구인이 국회법 제76조 제3항을 위반하여 청구인들에게 본회의 개의일시를 통지하지 않음으로써 청구인들은 이 사건 본회의에 출석할 기회를 잃게 되었고 그 결과 이 사건 법률안의 심의·표결과정에도 참여하지 못하게 되었다. 따라서 나머지 국회법 규정의 위반여부를 더 나아가 살필 필요도 없이 피청구인의 그러한 행위로 인하여 청구인들이 헌법에 의하여 부여받은 권한인 법률안 심의·표결권이 침해되었음이 분명하다.」

憲法裁判所는 국회의장이 국회의원들에게 '신문 등의 자유와 기능보장에 관한 법률 전부개정법률안'에 대하여 질의 및 토론을 신청할 기회를 사전에 부여하지 않은 상태에서 질의·토론절차를 생략한 채 의사를 진행하여 가결을 선포한 행위는 國會法 제93조 단서를 위반하여 국회의원들의 법률안에 대한 심의·표결권을 침해하였다고 판시하였다($^{憲\ 2009.\ 10.\ 29.}_{-2009헌라8등}$).

憲法裁判所는 [96헌라2] 사건과 [2009헌라8등] 사건에서 국회의원의 법률안의 심의·표결권이 침해되었다는 사실에 대하여 確認만 선고하는 선에서 그치고 그러한 침해행위가 위헌으로 無效라고 선고하지 않는 태도를 유지하고 있다.

이 두 사건에서 헌법재판소는 법률안의 심의·표결권이 침해된 사실만 확인하고, 나머지는 국회의 자율권의 영역으로 보아 국회가 스스로 처리하도록 맡긴 것이다. 위 두 사건에서 헌법재판소는 법률안의 심의·표결권이 헌법상의 명문규정에 의하여 인정되는 권한은 아니지만 헌법해석상 도출되는 憲法上의 權限이라고 보되, 문제가 되고 있는 심의·표결의 절차는 헌법이 정하고 있는 것이 아니어서 법치주의에 근거한 헌법재판과 민주주의에 근거한 국회자율간의 경계선을 이 정도에서 설정하고 있다고 보인다. [96헌라2] 사건에서 헌법재판소는 무효를 선언하지 않는 이유를 설시하지 않고 있다. [2009헌라8등] 사건에서는 헌법재판소가 무효를 선언하지 않는 이유로 위법의 하자가 중대하지 않다는 것을 이유로 들고 있으나, 의회자율권과 헌법재판의 관계상 무효선언을 자제한다면 모를까, 헌법재판소는 법률안의 입법과정에 대하여 심사할 수 있고 무효를 선언할 수 있지만 이 사건에서는 그 위법의 정도가 중대하지 않아 무효선언을 하지 않는다는 것은 설득력이 약하다. 입법절차에서 국회법의 명시규정에 위반한 것은 위법이 하자가 중대하지 않다고 할 수 없기 때문이다. 헌법이든 법률의 명시적 규정에 위반하면 이는 중대한 위반이다. 이를 行政行爲의 瑕疵理論($^{하자의\ 정도에\ 따라\ 취소와}_{무효의\ 사유로\ 보는\ 태도와}$)으로 접근하는 것은 잘못된 것이다.

그런데 국회의 자율영역이라고 하는 부분에 헌법재판소가 어디까지 관여할 수 있는가에 따라 위 두 사건에서 국회의장의 법률안 가결·선포행위에 대하여 무효를 선언하여 효력을 상실시킬 수 있다고 볼 수도 있다. 헌법재판소가 무효를 선언하는 태도는 민주주의보다 법치주의를 더 우위에 두어 헌법재판소가 국회의 자율영역에 적극 개입하는 것이다($^{위\ 두\ 사건에서\ 무효를\ 주장}_{하는\ 소수의견이\ 그러하다}$).

(2) 실질적 입법과정의 위반

입법과정에 대한 위헌여부심사는 입법에 있어서 안건에 대한 토론이 충분히 행해졌는가, 사안의 쟁점에 대한 충분한 검토와 논의가 있었는가, 법률안에 대하여 이해관계를 가진 사람들에게 의사를 표시할 기회가 충분히 주어졌는가, 소수의 국회의원에게 충분한 발언기회가 제공되었는가, 표결이 합리적인 조건하에서 행해졌는가 하는 등 충실하고 最適의 입법을 함에 있어 실질적으로 요구되는 절차적인 사항들을 지켰느냐 하는 점에 대하여 헌법에의 합치여부를 심사하는 것이다. 즉 이는 당해법률의 입법절차가 헌법의 민주주의원리나 법치주의원리 또는 입법권의 보장과 입법의무 등에 위반된다는 이유로 위헌이라고 결정할 수 있는가 하는 문제이다.

(3) 학 설

(a) 긍 정 설

입법자가 입법권을 행사함에 있어서는 항상 最上의 입법을 하여야 한다는 의무는 없더라도 最適(optimal)의 입법을 하여야 하는 의무는 헌법상의 의무이므로 재판기관이 재판기관이 입법과정 또는 입법행위에 대해서도 헌법위반여부를 심사할 수 있다고 본다. 법률안을 심의한 해당 위원회에 해당 위원이 아닌 국회의원이 참여하지는 않았는가, 국회의원들이 필요한 자료를 충분히 수집하거나 사실관계를 조사하고 이익형량 등에서 이들 자료를 충분히 검토·논의하여 고려하였는가 등이 위헌여부를 판단하는 데 고려된다고 본다.

현대 대의민주주의에서 국회가 항상 전체국민의 대표기관으로서 입법을 하는 것이 아니라 겉으로는 전체이익과 일반의사를 내세우면서 사실은 특수이익이나 부분이익을 실현하기 위해 입법을 하는 경우가 적지 않게 나타난다는 점을 주시하고, 이러한 立法의 失敗를 바로잡는 데 효과적인 것이 적극적인 사법심사 또는 규범통제라고 보는 관점에서는 헌법재판소가 입법의 결과뿐만 아니라 입법의 과정에 대해서도 적극적으로 개입하고 통제하는 것이 필요하다고 본다(예: 公共選擇理論). 이러한 시각에 의하면, 입법과정에서 모든 이해관계자들의 의견이 충분히 제시되고 고려되었는가, 법안에 대한 의결이 합리적인 의사결정과정을 거쳐 행해졌는가, 법률안이 일괄적으로 또는 개별적으로 처리되었는가, 법률안이 국회의원들의 이해관계에 기초한 거래행위 또는 교환행위의 결과로 나타난 것은 아닌가 하는 점 등도 대의원리와 국가의 공공성원리에 비추어 심사의 대상이 되어야 한다고 본다(鄭萬喜.²⁵²).

(b) 부 정 설

부정설은 무엇보다 입법자가 最適의 立法을 해야 할 의무가 헌법에서 도출되지 않는다고 본다. 헌법에 정해져 있지 아니한 입법절차나 국회의원 등 입법참가자의 행태 또는 입법의 논증 등은 헌법재판소의 심사대상이 아니라고 하고, 이러한 것을 헌법재판소가 심사하는 것은 권력분립원리에 위반되고 민주주의를 제약하는 것으로 민주주의를 제약하는 것으로 헌법재판의 한계를 일탈한 것이라고 본다. 규범통제에서 헌법재판소가 심사할 수 있는 것은 입법행위의 결과인 법률, 즉 法律의 객관적인 內容과 效果뿐이며 입법의 과정이나 입법행위, 입법자의 동기는 민주주의영역에 속하는 것이어서 민주주의영역에 속하는 것이어서 심사할 수 없다고 한다. 예컨대 국회의원들이 법률안을 심사하고 의결할 때 얼마나 충실했으며 어느 정도로 熟知하고 있었는가를 따지는 것도 위원회를 기준으로 해야 할지 본회의를 기준으로 해야 할지 불분명하다고 한다.

(c) 사 견

민주주의의 원리와 국회의 立法形成의 自由에 비추어 볼 때, 규범통제에서 입법
행위의 세세한 과정과 입법자의 행동을 모두 심사하는 것은 헌법재판의 기능에 합치
하지 않는다. 입법과정에서의 문제는 당사자들에 의해 권한쟁의심판으로 청구되면
헌법재판소는 그 범위 내에서 판단하는 것으로 상당한 역할을 수행한다고 할 것이
다. 헌법재판소는 구체적인 판단에서 입법과정에 대한 고려를 하지 않을 수 없는 상
황이 있고, 또 위헌여부를 판단함에 있어서 입법과정을 들여다보지 않을 수 없지만,
원칙적으로 입법과정상의 이유를 들어 어떤 법률에 대해 위헌이라는 결정을 할 수는
없다고 할 것이다. 그러나 이것이 최적의 입법을 위한 노력의 필요성이나 입법과정
상의 합리성의 확보를 부정하는 것은 아니다. 국회는 헌법재판소의 개입이 없더라도
적극적으로 이런 노력을 하여야 할 의무를 지고 있다. 국회의 이러한 노력이 없고,
입법과정이 대의원리를 부정하고 국가가 수행해야 하는 일반이익의 창출과 공공성원
리의 실현과 정면으로 충돌하는 경우에는, 법치주의에서 말하는 法律은 合憲的 法律
을 말하고, 適法節次原理는 立法에도 관철되어야 하며, 민주주의는 절차적 정당성을
가져야 한다는 점에서 규범통제나 권한쟁의심판을 통하여 입법과정에 대해서도 헌법
적 심사를 하는 것이 필요하다고 할 것이다(이는 참여민주주의와 숙의민
주주의에서 더욱 중요시한다).

VII. 立法不作爲

입법부작위가 심판의 대상이 되는가 하는 문제에서는 입법부작위를 眞正立法不作
爲와 不眞正立法不作爲로 나누어 고찰할 필요가 있다. 진정입법부작위는 입법을 해야
할 법적인 의무가 있음에도 아무런 입법을 하지 아니하는 것을 의미하고, 부진정입법
부작위는 입법의무를 이행하여 현실에 법률이 존재하지만 입법의무를 불완전하게 이
행하여 일정한 부분에 있어서 입법의무를 다하지 아니한 것을 의미한다([249] I (1)).

(1) 진정입법부작위

법률이나 법률조항의 위헌여부가 구체적인 소송사건의 재판의 전제가 된 경우에
그 법률이나 법률조항의 위헌여부를 심판하는 것이 구체적 규범통제이므로 眞正立法
不作爲는 심판의 대상이 될 여지가 없다. 즉 진정입법부작위의 위헌여부에 대해서는
憲法裁判所法 제41조 제1항의 절차나 제68조 제2항의 절차로 다툴 수 없다. 憲法
裁判所의 판례도 같은 취지이다(예: 憲 2000. 1. 27.-98헌바12; 2004. 1. 29.
-2002헌바36등; 2007. 12. 27.-2005헌가9).

(2) 부진정입법부작위

不眞正立法不作爲의 경우에는 구체적 소송사건에 적용할 법률이 존재하므로 이

는 심판의 대상이 된다. 憲法裁判所의 判例도 같은 취지이다($^{예: 憲 1996. 3.}_{28.-93헌바27}$).

[憲 1996. 3. 28.-93헌바27] 「헌법재판소법 제68조 제2항에 의한 헌법소원에 있어서는 법원에 계속중인 구체적 사건에 적용할 법률이 헌법에 위반되는지 여부가 당해 사건의 재판의 전제로 되어야 한다……이 사건 법률조항은 재판상 화해에 대하여 민사소송법 제422조 제1항에 기재한 사유(재심사유)가 있는 때에만 준재심을 청구할 수 있도록 허용하고 그 이외의 경우에는 준재심을 청구할 수 없도록 제한하는 규정이다. 그런데 우리 재판소에서 청구인 주장을 받아들여, 이 사건 법률조항이 재심사유를 정하면서 "화해의 합의가 없는 경우"와 같이 중대한 하자를 재심사유에서 제외하여 불완전, 불충분하게 규정함으로써(이른바 부진정입법부작위) 청구인의 헌법상 보장된 기본권을 침해한 것으로 판단하는 경우에는 당해 사건의 재판의 주문이나 이유가 달라질 것이므로 이 사건 법률조항의 위헌 여부는 당해 사건에 있어서 그 재판의 전제가 된다고 보아야 할 것이다.」

[114] 第二　緊急財政經濟命令 및 緊急命令

憲法 제76조 제1항은 「대통령은 內憂・外患・天災・地變 또는 중대한 재정・경제상의 위기에 있어서 국가의 안전보장 또는 공공의 안녕질서를 유지하기 위하여 긴급한 措置가 필요하고 국회의 集會를 기다릴 여유가 없을 때에 한하여 최소한으로 필요한 재정・경제상의 처분을 하거나 이에 관하여 法律의 效力을 가지는 命令을 발할 수 있다」라고 정하고 있는데, 여기서 말하는 「법률의 효력을 가지는 緊急財政經濟命令」은 위헌법률심판에서 심판의 대상이 된다.

憲法 제76조 제2항은 「대통령은 國家의 安危에 관계되는 중대한 交戰狀態에 있어서 국가를 保衛하기 위하여 긴급한 조치가 필요하고 국회의 집회가 불가능한 때에 한하여 法律의 效力을 가지는 命令을 발할 수 있다」라고 정하고 있는데, 여기서 정하고 있는 「법률의 효력을 가지는 緊急命令」도 위헌법률심판에서 심판의 대상이 된다.

헌법재판소는 1972년헌법에서 정하고 있었던 대통령의 긴급조치도 법률적 효력을 가지는 것이므로, 폐지된 긴급조치가 재판의 전제성이 인정되는 경우에는 이의 위헌여부에 대한 심판권은 헌법재판소가 전속적으로 가지는 것이라고 하고, 위헌여부의 심판규준은 현행 헌법이라고 판시하였다($^{예: 憲 2013. 3.}_{21.-2010헌바132등}$).

[憲 2013. 3. 21.-2010헌바132등] 「헌법은 당해 사건에 적용될 법률(조항)의 위헌 여부를 심사하는 구체적 규범통제의 경우에, '법률'의 위헌 여부는 헌법재판소가, 법률의 하위 규범인 '명령・규칙 또는 처분' 등의 위헌 또는 위법 여부는 대법원이 그 심사권한을 갖는 것으로 그 권한을 분배하고 있다($^{헌법 제107조 제1항, 제2항, 헌법}_{재판소법 제111조 제1항 제1호 참조}$). 헌법재판소가 한 법률의 위헌결정은 법원 기타 모든 국가기관을 기속한다는 점에서 ($^{헌법재판소법}_{제47조 제1항}$), 한편으로 헌법질서의 수호・유지와 규범의 위헌심사의 통일성을 확보하

고, 다른 한편으로 구체적인 법적 분쟁에서 합헌적 법률에 의한 재판을 통하여 법원재판의 합헌성을 확보하기 위해서는, 규범이 갖는 효력에 따라 법률에 대한 위헌심사는 헌법재판소에, 명령·규칙에 대한 위헌 또는 위법 심사는 대법원에 그 권한을 분배할 필요성이 있다. 법원의 제청에 의한 위헌법률심판 또는 헌법재판소법 제68조 제2항에 의한 헌법소원심판의 대상이 되는 '법률'에는 국회의 의결을 거친 이른바 형식적 의미의 법률은 물론이고 그 밖에 조약 등 '형식적 의미의 법률과 동일한 효력'을 갖는 규범들도 모두 포함된다(憲 1995. 12. 28.-95헌바3; 1996. 6. 13.-94헌바20; 2013. 2. 28.-2009헌바129 참조). 이때 '형식적 의미의 법률과 동일한 효력'이 있느냐 여부는 그 규범의 명칭이나 형식에 구애받지 않고 법률적 효력의 유무에 따라 판단하여야 한다. 현행헌법과 같이 법률의 위헌심사권과 명령, 규칙 등 하위 법령의 위헌(위법)심사권을 이원화하여 전자를 헌법위원회에, 후자를 대법원에 귀속시키고 있던 제헌헌법 제81조와 관련하여, 6·25 발발 당일 대통령이 제정, 공포한 긴급명령인 '비상사태하의범죄처벌에관한특별조치령'(대통령긴급 명령 제1호)에 대한 법원의 위헌제청에 따라 헌법위원회가 그 위헌 여부를 심사하여 위헌으로 결정하였으며(헌법위원회 1952. 9. 9. 결정 4285년 헌위 제2호), 대법원도 헌법 제정 이전에 제정된 군정법령(제88호)에 대해 헌법위원회에 위헌제청하면서, 헌법위원회에 위헌제청할 수 있는 법률은 헌법 공포 이후에 제정된 법률은 물론이고 헌법 공포 이전에 시행된 법령이라도 소위 입법사항을 규정한 것은 법령, 규칙 등 형식과 명칭 여하에 불구하고 헌법위원회의 심사대상이라고 판시한 바 있다(大 1960. 2. 5.-4292행상110). 또한 헌법재판소는 '대한민국과 아메리카합중국 간의 상호방위조약 제4조에 의한 시설과 구역 및 대한민국에서의 합중국군대의 지위에 관한 협정'(1967. 2. 9. 조약 제232호)이 비록 그 명칭은 '협정'이지만 법률의 효력을 가지는 조약으로 보아 위헌법률심판을 제청한 당해 사건 법원의 판단이 옳다고 보고 본안판단을 하였다(憲 1999. 4. 29.-97헌가14). 이처럼 일정한 규범이 위헌법률심판 또는 헌법재판소법 제68조 제2항에 의한 헌법소원심판의 대상이 되는 '법률'인지 여부는 그 제정 형식이나 명칭이 아니라 그 규범의 효력을 기준으로 판단하여야 한다. 따라서 헌법이 법률과 동일한 효력을 가진다고 규정한 긴급재정경제명령(제76조 제1항) 및 긴급명령(제76조 제2항)은 물론, 헌법상 형식적 의미의 법률은 아니지만 국내법과 동일한 효력이 인정되는 '헌법에 의하여 체결·공포된 조약과 일반적으로 승인된 국제법규'(제6 조)의 위헌 여부의 심사권한도 헌법재판소에 전속된다고 보아야 한다. 유신헌법 제53조는 긴급조치의 효력에 관하여 명시적으로 규정하고 있지 않다. 그러나 긴급조치는 유신헌법 제53조에 근거한 것으로서 그에 정해진 요건과 한계를 준수해야 한다는 점에서 이를 헌법과 동일한 효력을 갖는 것으로 보기는 어렵다. 한편 이 사건 긴급조치들은 표현의 자유 등 기본권을 제한하고, 형벌로 처벌하는 규정을 두고 있으며, 영장주의나 법원의 권한에 대한 특별한 규정 등을 두고 있다. 유신헌법이 규정하고 있던 적법절차의 원칙(제10조 제1항), 영장주의(제10조 제3항), 죄형법정주의(제11조 제1항), 기본권제한에 관한 법률유보원칙(제32조 제2항) 등을 배제하거나 제한하고, 표현의 자유 등 국민의 기본권을 직접적으로 제한하는 내용이 포함된 이 사건 긴급조치들의 효력을 법률보다 하위에 있는 것이라고 보기도 어렵다. 결국 이 사건 긴급조치들은 최소한 법률과 동일한 효력을 가지는 것으로 보아야 하고, 따라서 그 위헌 여부 심사권한도 헌법재판소에 전속한다. 이 사건 긴급조치들의 위헌 여부를 심사하는 기준은 유신헌법이 아니라 현행헌법이라 할 것이다. 현행헌법은 전문에서 '1948. 7. 12.에 제정되고 8차에 걸처 개정된 헌법을 이제 국회의 의결을 거쳐 국민투표에 의하여 개정한다'라고 하여, 제헌헌법 이래 현행헌법에 이르기까지 헌법의 동일성과 연속성을 선언하고 있으므로 헌법으로서의 규범적 효력을 가지고 있는 것은 오로지 현행헌법뿐이라고 할 것이다. 유신헌법도 그 시행 당시에는 헌법으로서 규범적 효력을 갖고 있었음을 부정할 수 없다. 그러나 유신헌법에는 권력분립의 원리에 어긋나고 기본권을 과도하게 제한하는 등 제헌헌법으로부터 현행헌법까지 일관하여 유지되고 있는 헌법의 핵심 가치인 '자유민주적 기본질서'를 훼손하는 일부 규정이 포함되어 있었고, 주권자인 국민은 이러한 규정들을 제8차 및 제9차 개헌을 통하여 모두 폐지하였다. 유신헌법 제53조에 의한 긴급조치는 뒤에서 보는 것처럼 국민의 기본권을 침해하는 위헌적인 내용으로 남용되었고, 이에 대한 반성으로 제8차 개헌에서 이를 폐지하고 비상조치 권한($^{제51}_{조}$)으로 대체하였으며, 제9차 개헌에서는 비상조치 권한도 폐지하고 그 대신 국가긴급권의 또 다른 형태인 긴급재정경제명령 · 긴급명령에 관한 규정($^{제76}_{조}$)만을 두었다. 이 사건에서는 유신헌법 제53조에 따른 긴급조치라는 공권력의 행사가 예외적으로 재심과 같은 특수한 구제절차를 통해 그 위헌 여부가 다투어지고 있는바, 이 사건 긴급조치들이 유신헌법을 근거로 하여 발령된 것이긴 하나 그렇다고 하여 이미 폐기된 유신헌법에 따라 이 사건 긴급조치들의 위헌 여부를 판단하는 것은, 유신헌법 일부 조항과 긴급조치 등이 기본권을 지나치게 침해하고 자유민주적 기본질서를 훼손하는 데에 대한 반성에 기초하여 헌법 개정을 결단한 주권자인 국민의 의사와 기본권 강화와 확대라는 헌법의 역사성에 반하는 것으로 허용할 수 없다. 한편 헌법재판소의 헌법 해석은 헌법이 내포하고 있는 특정한 가치를 탐색 · 확인하고 이를 규범적으로 관철하는 작업이므로, 헌법재판소가 행하는 구체적 규범통제의 심사기준은 원칙적으로 헌법재판을 할 당시에 규범적 효력을 가지는 헌법이라 할 것이다. 그러므로 이 사건 긴급조치들의 위헌성을 심사하는 준거규범은 유신헌법이 아니라 현행헌법이라고 봄이 타당하다. 유신헌법 제53조 제4항은 '긴급조치는 사법적 심사의 대상이 되지 아니한다.'라고 규정하고 있었다. 그러나 비록 고도의 정치적 결단에 의하여 행해지는 국가긴급권의 행사라고 할지라도 그것이 국민의 기본권침해와 직접 관련되는 경우에는 헌법재판소의 심판대상이 될 수 있다는 점($^{憲 1996. 2. 29.}_{-93헌마186}$), 이러한 사법심사 배제조항은 근대입헌주의에 대한 중대한 예외가 될 뿐 아니라 기본권보장 규정이나 위헌법률심판제도에 관한 규정 등 다른 헌법 조항들과 정면으로 모순 · 충돌되는 점, 현행헌법에서는 그 반성적 견지에서 긴급재정경제명령 · 긴급명령에 관한 규정($^{제76}_{조}$)에서 사법심사 배제 규정을 삭제하여 제소금지조항을 승계하지 아니한 점 및 긴급조치의 위헌 여부는 원칙적으로 현행헌법을 기준으로 판단하여야 하는 점에 비추어 보면, 이 사건에서 유신헌법 제53조 제4항 규정의 적용은 배제되고, 모든 국민은 현행헌법에 따라 이 사건 긴급조치들의 위헌성을 다툴 수 있다고 보아야 한다($^{憲 1989. 12. 18.-}_{89헌마32등 참조}$).」

[115] 第三 條 約

I. 條約의 概念

條約이란 둘 이상의 國家나 國際機構 등과 같은 國際法主體間의 合意로서 國際

法에 의해 규율되는 국제법규범이다. 국제사회에서 조약의 명칭은 관행에 따라 條約 (treaty), 規約(covenant), 憲章(charter), 規程(statute), 協定(agreement), 協約(convention), 議定書(protocol), 交換覺書(exchange of notes), 諒解覺書(memorandum of understanding), 合議議事錄(agreed minutes) 등으로 부르기도 하지만, 이런 명칭에 관계없이 성질에 따라 조약인지의 여부가 결정된다.

憲法 제6조는「憲法에 의하여 체결·공포된 條約과 一般的으로 승인된 國際法規는 國內法과 같은 效力을 가진다」고 정하고 있는데, 국내법과 동일한 효력을 가지는 이런 조약과 국제법규는 그 법적 성질에 따라 법률 또는 명령과 같은 효력을 가진다. 한편 憲法 附則 제5조는「이 헌법 시행 당시의 법령과 조약은 이 헌법에 위배되지 아니하는 한 그 효력을 지속한다」라고 하여 규범의 持續效에 대해 정함과 동시에 조약이 헌법에 위반되는 경우에는 효력을 가지지 못한다는 점도 정하고 있다.

문제는 헌법에 위반하는 조약이 효력을 가지지 못한다는 의미가 무엇인가 하는 것이다. 이 문제는 조약에 대한 위헌법률심판의 문제와 직접 관련된다.

Ⅱ. 條約에 대한 違憲與否審査

조약에 대해 위헌여부심사를 하는 문제는 조약이 가지고 있는 국제법규범으로서의 특성으로 인하여 국내법규와 동일하지는 않다. 조약에 대한 규범통제의 문제, 현행 違憲法律審判制度와 憲法訴願審判制度에서 조약의 위헌여부에 대해 심판할 수 있는가 하는 문제, 조약에 대해 위헌이라고 선고한 헌법재판소의 결정이 어떠한 효력을 가지는가 하는 문제에 대해 차례대로 살펴보기로 한다.

(1) 조약에 대한 규범통제

조약은 國際法規이기 때문에 조약을 체결한 이후에 개별 국가의 국내 헌법재판기관이 그에 대해 위헌여부를 심사하는 것은 국가의 권위·위신과 신뢰도의 면에서 바람직하지 않다. 조약이 헌법에 위반되는 경우에는 헌법재판기관이 위헌으로 선고하는 것보다 해당 국가가 조약에서 탈퇴하는 것이 바람직하다.

조약이 가지는 성질에 비추어 볼 때, 국회의 同意와 같은 국회에 의한 통제 이외에 조약에 대한 사법적 통제를 하는 제도를 두더라도 조약이 國內的으로 효력을 發하기 前, 즉 대통령의 條約 公布(官報 揭載에 의함)가 있기 전에 행하는 것이 바람직하다. 조약의 체결에서 公布되기 전에 조약에 대한 署名(signature)이 있으면 당사국간에는 국제법적인 효력이 발생하지만 국내법으로서는 아직 효력을 가지지 않는다. 법률에 대하여 예방적 규범통제를 행하는 경우에 법률이 공포되기 전 또는 시행되기 전에 위헌여부심판을 할 수 있으므로 조약이 공포되기 전에는 국내법으로서의 효력을 가지지 못하지만 이런 조약에 대하여도 예방적 규범통제를 할 수 있다. 이러한 예방적 규범통제는 抽象的 規範統制의 방법으로 행해지는데, 이런 抽象的 規範統制는 事前的 規範統制 또는 豫防的 規範統制의 성질을 가진다고 볼 수 있다.

> 독일의 경우 실정법에 명문으로 豫防的 規範統制(präventive Normenkontrolle)를 정하고 있지는 않다. 해석상으로 예방적 규범통제가 가능한가 하는 문제에 대해서는 긍정설과 부정설이 있다. 독일연방헌법재판소의 판례는 부정설의 입장을 취하고 있다. 그러나 조약에 대한 동의법률은 예외적으로 연방대통령의 서명과 공포가 있기 전에 다툴 수 있다고 본다. 정책적인 면에서 예방적 규범통제제도를 두어야 한다는 주장도 있다.

(2) 조약의 위헌여부심판 가능성

국내적으로 조약이 위헌이라고 다투어지고 있지만 條約의 脫退가 없는 경우에는 조약의 헌법위반여부와 그 효력에 대해 판단하지 않을 수 없다. 따라서 국내법으로서 효력을 가지는 조약이나 국제법규의 위헌여부에 대해 憲法裁判所가 심판할 수 없는 것은 아니라고 할 것이다. 조약에 대한 위헌법률심판에 대해서는 憲法 제111조에서 명시적으로 정하고 있지는 않지만, 憲法 제111조 제 1 항 제 5 호의 「법률」에는 법률의 효력을 가지는 조약이나 국제법규도 포함된다는 것 이외에 憲法 제 6 조의 해석을 통하여 해결할 수 있다고 보인다. 즉 憲法裁判所가 국내법의 위헌여부를 심판하는 이상 국내법의 효력을 가지는 조약이나 국제법규의 위헌여부에 대해서도 심판할 수 있다고 할 것이다. 이 경우 조약은 별도의 입법 시행의 조치가 없이 바로 국내에 적용되는 自己執行條約(self-executing treaty)이든 그 시행에 있어서 국내 법률로 조약을 구체화하는 것이 필요한 非自己執行條約(non-self-executing treaty)이든 憲法裁判所의 심판대상이 된다. 違憲法律審判節次를 통하여 다툴 수 있는가 憲法訴願審判節次를 통하여 다툴 수 있는가 하는 점에서는 차이가 있을 수 있다. 입법례로 조약의 위헌여부를 헌법재판기관이 심사할 수 있다는 점을 명문으로 정하고 있는 헌법(예: 독일, 오스트리아, 포르투갈, 러시아, 리투아니아)이 있음에 비추어 볼 때, 우리 憲法도 제111조에서 이를 명시적으로 정하는 것이 바람직하다.

憲法裁判所는 법률과 동일한 효력을 가지는 조약은 위헌법률심판의 대상이 된다고 본다. 헌법재판소는 이 점에 대하여 위헌법률심판에서 傍論으로 이를 설시하기도 하였고(예: 憲 1995. 12. 28.-95헌바3), 조약이 심판대상이 되는가 하는 문제에 대해 정면으로 판단하지 않은 채, 법원이 조약의 위헌여부에 대한 심판을 제청한 사건에서 본안판단을 하기도 했다(예: 憲 1999. 4. 29.-97헌가14). 그러다가 2001년 9월 憲法裁判所는 憲法裁判所法 제68조 제 2 항에서 정하고 있는 「法律」에는 조약도 포함되어 있다고 판시하기에 이르렀다($^{憲\ 2001.\ 9.\ 27.}_{-2000헌바20}$).

[憲 1995. 12. 28.-95헌바3] 「헌법 제111조 제1항 제1호 및 헌법재판소법 제41조 제1항은 위헌법률심판의 대상에 관하여, 헌법 제111조 제1항 제5호 및 헌법재판소법 제68조 제2항, 제41조 제1항은 헌법소원심판의 대상에 관하여 그것이 법률임을 명문으로 규정하고 있으며, 여기서 위헌심사의 대상이 되는 법률이 국회의 의결을 거친 이른바 형식적 의미의 법률을 의미하는 것에는 아무런 의문이 있을 수 없다. 따라서 형식적 의미의 법률과 동일한 효력을 갖는 조약 등은 포함된다고 볼 것이지만······」

[憲 1999. 4. 29.-97헌가14] 「이 사건 조약은 그 명칭이 "협정"으로 되어 있어 국회의 관여없이 체결되는 행정협정처럼 보이기도 하나, 우리나라의 입장에서 볼 때에는 외국군대의 지위에 관한 것이고, 국가에게 재정적 부담을 지우는 내용과 근로자의 지위, 미군에 대한 형사재판권, 민사청구권 등 입법사항을 포함하고 있으므로 국회의 동의를 요하는 조약으로 취급되어야 하는 것이고, 당시의 헌법($^{1962.\ 12.\ 26.}_{전면개정된\ 것}$) 제56조 제1항도 외국군대의 지위에 관한 조약, 국가나 국민에게 재정적 부담을 지우는 조약, 입법사항에 관한 조약의 체결·비준에 대하여는 국회가 동의권을 가진다고 규정하고 있는 것이다.······1967. 2. 9. 발행 관보(호외)에 의하면 이 사건 조약은 국회의 비준동의($^{1966.}_{10.\ 14.}$)와 대통령의 비준 및 공포를 거친 것으로 인정된다. 따라서 이 사건 조약이 국내법적 효력을 가짐에 있어서 성립절차상의 하자로 인하여 헌법에 위반되는 점은 없다.······이 사건 조항이 국민의 재산권을 침해한다고는 할 수 없고, 그 외에 이 사건 조항이 헌법에 위반된다고 할 만한 점이 발견되지 아니한다.」

이 사건은 1954. 1. 14.경부터 아메리카합중국 군대가 사용하여 온 제청신청인들의 토지가 '대한민국과아메리카합중국간의상호방위조약 제4조에의한시설과구역및대한민국에서의합중국군대의지위에관한협정'($^{1967.\ 2.\ 9.\ 조}_{약\ 제232호}$) 제2조 제1의 (나)항에 규정되어 있는 "본 협정의 효력발생시에 합중국 군대가 사용하고 있는 시설과 구역"에 해당되는 사안에서, 제청신청인들이 대한민국을 피고로 하여, 이 토지에 관하여 미군의 전용사용권이 존재하지 아니한다는 확인 등을 청구하는 민사소송을 제기하여 당해 소송사건이 계속중, 위 협정 제2조 제1의 (나)항의 위헌여부가 재판의 전제가 된다고 주장하며 위헌제청신청을 하고, 당해 법원이 이 조항의 위헌여부심판을 제청한 것이다. 이 사건에서 헌법재판소는 위와 같이 위 협정이 조약에 해당한다고 보고 본안판단에서 합헌결정을 하였다.

[憲 2001. 9. 27.-2000헌바20] 「헌법재판소법 제68조 제2항은 심판대상을 "법률"로 규정하고 있으나, 여기서의 "법률"에는 "조약"이 포함된다고 볼 것이다. 헌법재판소는 국내법과 같은 효력을 가지는 조약이 헌법재판소의 위헌법률심판대상이 된다고 전제하여 그에 관한 본안판단을 한 바 있다($^{헌재\ 1999.\ 4.\ 29.}_{97헌가14\ 참조}$). 이 사건 조항은 각 국회의 동의를 얻어 체결된 것이므로 헌법 제6조 제1항에 따라 국내법적 효력을 가지며, 그 효력의 정도는 법률에 준하는 효력이라고 이해된다. 한편 이 사건 조항은 재판권 면제에 관한 것이므로 성질상 국내에 바로 적용될 수 있는 법규범으로서 위헌법률심판의 대상이 된다고 할 것이다.」

(3) 심판대상인 조약

(a) 조약의 종류

조약의 위헌여부에 대하여 심판할 수 있다고 하는 경우에도 조약의 법적 성격과 효력에 비추어 볼 때, 규범효력론의 면에서 어떠한 조약이 위헌여부심판의 대상이 되는가 하는 문제가 있다. 조약의 성격과 효력에서 법률 또는 명령 등과 같이 법률보다 하위의 법규범과 동일한 효력을 가지는 조약에 대하여 위헌여부심판을 하는 것은 가능하다.

그런데 법률보다 상위의 효력을 가지는 조약에 대하여 위헌여부심판을 할 수 있는가 하는 점이 문제가 된다. 효력에서 법률보다 상위에 있으나 헌법보다 하위에 있는 조약의 경우에는 법규범의 효력체계상 헌법이 상위에 있고 이에 저촉되는 하위규범은 효력을 가질 수 없기 때문에 위헌여부심판을 할 수 있다.

문제는 헌법의 효력을 제약하는 조약(법이론적으로는 그것이 헌법과 동위의 효력을 가지는 것이라고 하든 헌법보다 상위의 효력을 가지는 것이라고 하든 모두 포함한다)에 대하여 위헌여부심판을 할 수 있는가 하는 점이다. 개별 사항을 구별하지 않고 헌법의 효력을 제약할 수 있는 조약을 체결할 수 있다고 하면서 이 조약에 대하여 다시 위헌여부심판을 할 수 있다는 것은 일응 논리모순이다. 그러나 개별국가의 헌법의 효력을 제약하는 조약에도 사항에 따라 그 의미나 기능, 중요성 등에서 다양할 수 있고, 예컨대 영역고권이나 대인고권을 제약하는 조약 등과 같이 단위국가의 존립의 핵심적인 사항에 대하여 다툼이 발생하는 조약은 해당 국가의 주권을 침해하는지의 여부가 문제가 되고 그 나라 헌법의 개별 규정에의 저촉여부가 문제가 되지 않을 수 없다.

헌법 제60조 제1항에 의하면, 주권의 제약에 관한 조약은 국회의 사전 동의를 얻어 체결·비준할 수 있게 되어 있다. 이러한 규정의 문어적인 표현을 보면, 일응 대한민국의 주권을 제약하는 모든 조약은 국회의 동의만 있으면 정부가 체결·비준할 수 있다고 해석할 수 있다. 그러나 영토의 할양·매매, 국민의 지위 변경(예컨대, 대한민국 국민에서 일본이나 중국 등 외국의 국민으로 변경), 국가안위에 관한 사항 등 주권의 핵심적인 사항에 대한 결정을 모두 대의기관에게 맡겨두었다고 할 것인지는 의문이 있다. 주권의 핵심적임 사항을 국민의 의사에 반하여 대의기관이 결정하는 것은 국민주권원리에도 합치하지 않고, 저항권의 법리에서도 허용되기 어렵다. 이러한 경우에는 헌법이론적으로는 국민투표로 결정하는 것이 합당하다. 그러나 우리 헌법은 이러한 경우에 국민투표를 할 수 있게 하는 규정이 없다. 겨우 할 수 있는 조치는 대통령이 제72조에 따라 조약을 체결하기 전에 국민투표에 부의할 수 있다. 그러나 대통령이 이러한 국민투표에 회부를 하지 않거나 국민투표에 회부한 경우에도 국민투표의 결과로 나타난 국민의 의사에 반하여 조약을 체결하는 경우에는 어떻게 할 것인가 하는 문제가 있다. 이러한 경우에 조약의 위헌여부를 심사할 수 없다면 국가의 주권, 국민주권원리 자체가 무의미해진다. 따라서 단위 국가의 헌법의 효력을 제약하는 조약의 경우에 조약체결국가는 그 조약이 자기 나라의 헌법에 합치하는지의 여부를 심사할 수 있다고 할 것이다.

　　이러한 경우에도 여러 가지 문제가 발생한다. 국민이 독도를 일본에 넘겨주는 것이나 백두산을 중국에 넘겨주는 것에 반대를 함에도 정부가 대한민국의 주권을 제약하는 이러한 조약을 체결하는 것을 추진하고 국회가 동의를 한 경우에 이 조약이 헌법재판소의 심판에서도 합헌이라고 결정된 경우에 어떻게 되는가 하는 점이다. (1) 이는 국민의 입장에서는 대한민국에 대한 중대한 불법행위가 된다고 보기 때문에 저항권의 문제가 될 것이다. 이 경우에는 영토를 할양하거나 국민의 지위를 변경하거나 대한민국의 안위에 위해를 가져오는 조약은 헌법 제60조 제1항의 「주권을 제약하는 조약」에서 제외되는 것이라고 해석하게 된다. (2) 이러한 조약이 체결된 경우에 과연 헌법재판소가 위헌여부를 심판할 수 있는 기회가 있는가 하는 점이다. 우리나라는 규범통제에서 구체적 규범통제와 규범에 대한 헌법소원만 인정하고 추상적 규범통제를 인정하고 있지 않기 때문에 이러한 조약이 재판의 전제가 되거나 개인의 기본권을 침해하는 경우에만 헌법재판소가 심판을 할 기회를 가지게 된다. 따라서 이러한 조약이 헌법재판소에서 위헌여부심판을 할 수 있는 가능성은 현실적으로 낮다. (3) 따라서 이 문제를 해결하는 제도로는 이러한 조약의 체결에는 사전에 구속적 국민투표를 거치게 하여 그 결과에 따라 체결여부를 결정하게 하는 것이 타당하다. 현행 헌법질서하에서는 이를 제도화하는 데는 헌법개정이 필요하다. 현 상태에서는 주권을 제약하는 조약이 헌법규범의 효력이나 내용을 변경하는 것인 경우에는 대통령은 먼저 헌법 제72조에 따라 국민투표에 회부하고, 그 결과에 따라 처리하는 것이 가장 바람직하다. 헌법 제72조의 국민투표가 기속적 국민투표가 아니고 자문적 국민투표이지만, 대통령은 여기서 나타난 국민의 의사에 따르는 것이 바람직하다.

　정부가 체결한 조약에 대하여 헌법의 효력을 제약한다고 하여 국회가 문제가 삼거나, 이러한 조약의 체결에 대하여 국회의 다수가 동의를 한 경우에 소수가 헌법의 효력을 제약한다고 하는 경우에 해당 국가는 이에 대한 위헌여부를 심사할 수 있어야 한다.

(b) 효력이 발생하지 않은 조약

　조약에는 조약의 成立日과 效力發生日이 동일한 경우도 있지만, 서로 다른 경우도 있다. 조약의 당사국이 체결을 하여 조약이 성립은 되었으나 아직 효력은 발생하지 않은 상태에 있는 조약에 대하여 당사국이 위헌여부심판을 할 수 있는가 하는 문제가 있다. 이러한 조약은 이미 체결되었고, 일정한 기간이 경과하면 효력이 자동으로 발생하여 적용될 것이므로 구체적·규범적 통제절차나 헌법소원심판절차에서도 위헌여부심판을 할 수 있다.

(4) 위헌 선고된 조약의 효력

헌법재판소가 국내법으로서 효력을 가지는 조약이나 국제법규에 대하여 위헌이라고 선고한 경우에 해당 조약이나 국제법규는 어디까지나 國際法規範이기 때문에 원칙적으로 특정 국가의 국내법 위반이라는 이유로 조약이나 국제법규의 효력이 국제법적으로 無效化되지는 않는다. 조약의 무효화(다만, 예외적으로 「조약법에 관한 비엔나협약」(채택 1969. 5. 23. 한국발효 1980. 1. 27) §46에 의하면, 조약체결권에 관한 국내법 위반이 명백하고 근본적으로 중요한 때에는 국가는 조약에 대한 기속적 동의를 부적법화하기 위해 이런 국내법위반사실을 원용할 수 있다)는 국제법에 의해 규율된다.

따라서 憲法裁判所에 의해 위헌으로 선고된 조약이나 국제법규는 大韓民國에서 國內法으로서만 그 효력을 가지지 못한다. 이러한 헌법재판소의 결정이 있으면 국회나 정부는 그 결정에 기속되므로 조약에 따른 권리(권한)를 행사할 수 없고 의무도 이행할 수 없다. 국가는 국제법적으로 조약이나 국제법규를 이행하지 아니한 책임을 지게 된다. 이러한 경우에 정부는 조약당사국과 새로 교섭을 하여 문제를 처리하게 된다.

非自己執行條約의 경우, 그 시행을 위하여 국내 법령으로 조약을 구체화한 법률 또는 명령이 제정된 때에, 해당 법률에 대해서는 위헌법률심판절차 또는 헌법소원심판절차를 통하여 헌법재판소가 심판할 수 있고, 해당 명령의 위헌여부에 대해서는 헌법소원심판절차를 통하여 헌법재판소가 심판할 수 있다. 명령의 위헌여부가 憲法 제107조 제2항에 따라 구체적 규범통제에서 문제가 되는 경우에는 대법원이 심사한다.

[116] 第四 憲法의 個別規定

憲法 제107조 제1항과 憲法裁判所法 제41조 제1항은 「법률」이라고 정하고 있고, 제111조 제1항은 「법률의 위헌여부」라고 정하고 있으며, 國民投票에 의해서만 헌법을 개정할 수 있도록 정하고 있는(憲法 §130②) 우리 헌법과 헌법재판소법의 내용상 헌법재판소는 위헌법률심판절차에서 헌법의 어떠한 조항에 대해서도 위헌여부를 심판할 수 없다. 따라서 헌법조항은 위헌법률심판에서 심판의 대상이 되지 않는다(同旨: 許 營d, 212).

우리 헌법의 경우 國民主權原理를 실현하기 위하여 헌법의 개정을 國民投票로 확정하는 점(憲法 §130)에 비추어 볼 때, 헌법에 의해 창설된 기관인 헌법재판소는 헌법에서 명시하지 않는 한 주권자인 국민이 정한 헌법의 규정에 대해 심사할 수 없다. 憲法裁判所의 판례도 현행 헌법재판절차를 통해서는 헌법의 개별규정에 대하여 심사할 수 없다고 한다(예: 憲 1995. 12. 28.-95헌바3; 1996. 6. 13.-94헌바20; 2001. 2. 22.-2000헌바38).

헌법의 개정방법이 二元化되어 있는 경우에는 헌법의 개별규정에 대하여 위헌여부를 심사할 여지가 발생한다. 헌법규정을 가장 중요한 사항과 덜 중요한 사항으로 나누어 전자에 대해서는 개정할 수 없게 하고 후자에 대해서는 개정할 수 있게 한 경우에, 후자에 해당하는 규정이 전자에 해당하는 규정에 위반되는 때에는 헌법재판소에서 그 위반여부를 심판할 수 있는 여지가 발생한다. 헌법규정 가운데 어떤 사항에 대해서는 개정할 수 없게 하고 나머지는 의회에 의하여 개정할 수 있도록 하는 방법을 취하는 경우에 의회에서 개정한 내용이 개정금지대상규정에 위반되는 때에는 해당 헌법규정에 대하여 헌법재판소가 위헌여부심사를 할 수 있다(예:독일).

[憲 1995. 12. 28.-95헌바3] 「헌법 제111조 제 1 항 제 1 호 및 헌법재판소법 제41조 제 1 항은 위헌법률심판의 대상에 관하여, 헌법 제111조 제 1 항 제 5 호 및 헌법재판소법 제68조 제 2 항, 제41조 제 1 항은 헌법소원심판의 대상에 관하여 그것이 법률임을 명문으로 규정하고 있으며, 여기서 위헌심사의 대상이 되는 법률이 국회의 의결을 거친 이른바 형식적 의미의 법률을 의미하는 것에는 아무런 의문이 있을 수 없다. 따라서 형식적 의미의 법률과 동일한 효력을 갖는 조약 등은 포함된다고 볼 것이지만 헌법의 개별규정 자체는 그 대상이 아님이 명백하다.……이른바 헌법제정권력과 헌법개정권력을 준별하고, 헌법의 개별규정 상호간의 효력의 차이를 인정하는 전제하에서 헌법제정규범에 위반한 헌법개정에 의한 규정, 상위의 헌법규정에 위배되는 하위의 헌법규정은 위헌으로 위헌심사의 대상이 된다거나, 혹은 헌법규정도 입법작용이라는 공권력 행사의 결과이므로 헌법재판소법 제68조 제 1 항에 의한 헌법소원의 대상이 된다는 견해가 있을 수는 있다.……우리나라의 헌법은 제헌헌법이 초대국회에 의하여 제정된 반면 그 후의 제 5 차, 제 7 차, 제 8 차 및 현행의 제 9 차 헌법개정에 있어서는 국민투표를 거친 바 있고, 그간 각 헌법의 개정절차조항 자체가 여러 번 개정된 적이 있으며, 형식적으로도 부분개정이 아니라 전문까지를 포함한 전면개정이 이루어졌던 점과 우리의 현행 헌법이 독일연방헌법 제79조 제 3 항과 같은 헌법개정의 한계에 관한 규정을 두고 있지 아니하고, 독일연방헌법 제79조 제 1 항 제 1 문과 같이 헌법의 개정을 법률의 형식으로 하도록 규정하고 있지도 아니한 점 등을 감안할 때, 우리 헌법의 각 개별규정 가운데 무엇이 헌법제정규정이고 무엇이 헌법개정규정인지를 구분하는 것이 가능하지 아니할 뿐 아니라, 각 개별규정에 그 효력상의 차이를 인정하여야 할 형식적인 이유를 찾을 수 없다. 이러한 점과 앞에서 검토한 현행 헌법 및 헌법재판소법의 명문의 규정취지에 비추어, 헌법제정권과 헌법개정권의 구별론이나 헌법개정한계론은 그 자체로서의 이론적 타당성여부와 상관없이 우리 헌법재판소가 헌법의 개별규정에 대하여 위헌심사를 할 수 있다는 논거로 원용될 수 있는 것이 아니다. 또한 국민투표에 의하여 확정된 현행 헌법의 성립과정과 헌법 제130조 제 2 항이 헌법의 개정을 국민투표에 의하여 확정하도록 하고 있음에 비추어, 헌법은 그 전체로서 주권자인 국민의 결단 내지 국민적 합의의 결과라고 보아야 할 것으로, 헌법의 규정을 헌법재판소법 제68조 제 1 항 소정의 공권력 행사의 결과라고 볼 수도 없다.……물론 헌법은 전문과 단순한

개별조항의 상호관련성이 없는 집합에 지나지 않는 것이 아니고 하나의 통일된 가치체계를 이루고 있는 것이므로, 헌법의 전문과 각 개별규정은 서로 밀접한 관련을 맺고 있고, 따라서 헌법의 제규정 가운데는 헌법의 근본가치를 보다 추상적으로 선언한 것도 있고, 이를 보다 구체적으로 표현한 것도 있어서 이념적·논리적으로는 규범 상호간의 우열을 인정할 수 있는 것이 사실이다. 그러나, 그렇다 하더라도, 이 때에 인정되는 규범 상호간의 우열은 추상적 가치규범의 구체화에 따른 것으로 헌법의 통일적 해석에 있어서는 유용할 것이지만, 그것이 헌법의 어느 특정규정이 다른 규정의 효력을 전면 부인할 수 있는 정도의 개별적 헌법규정 상호간에 효력상의 차등을 의미하는 것이라고는 볼 수 없다.……우리 헌법재판소가 이 사건의 심판대상이기도 한 국가배상법 제2조 제1항 단서에 대하여 동 규정이 "일반국민이 직무집행중인 군인과의 공동불법행위로 직무집행중인 다른 군인에게 공상을 입혀 그 피해자에게 공동의 불법행위로 인한 손해를 배상한 다음 공동불법행위자인 군인의 부담부분에 관하여 국가에 대하여 구상권을 행사하는 것을 허용하지 아니한다고 해석하는 한, 헌법에 위반된다"고 판시한 것(헌법재판소 1994. 12. 29. 선고, 93헌바21 결정)은 헌법상의 제규정을 가치통일적으로 조화롭게 해석·적용하기 위하여 개별 헌법규정의 의미를 제한적으로 해석하였던 대표적인 예라고 할 수 있는데, 이를 넘어서서 명시적으로 헌법의 개별규정 그 자체의 위헌 여부를 판단하는 것은 헌법재판소의 관장사항에 속하는 것이 아니다.……따라서 이 사건심판청구 중 헌법 제29조 제2항을 대상으로 한 부분은 부적법하다.」

[憲 2001. 2. 22.-2000헌바38] 「헌법 제111조 제1항 제1호 및 헌법재판소법 제41조 제1항은 위헌법률심판의 대상에 관하여, 헌법 제111조 제1항 제5호 및 헌법재판소법 제68조 제2항, 제41조 제1항은 헌법소원심판의 대상에 관하여 그것이 법률임을 명문으로 규정하고 있고, 여기서 위헌심사의 대상이 되는 법률이 국회의 의결을 거친 이른바 형식적 의미의 법률을 의미하는 것이므로, 헌법의 개별규정 자체는 헌법소원에 의한 위헌심사의 대상이 아니다. 한편, 헌법은 전문과 각 개별조항이 서로 밀접한 관련을 맺으면서 하나의 통일된 가치체계를 이루고 있는 것으로서 이념적·논리적으로는 규범 상호간의 우열을 인정할 수 있다 하더라도, 그러한 규범 상호간의 우열이 헌법의 어느 특정규정이 다른 규정의 효력을 전면적으로 부인할 수 있을 정도의 개별적 헌법규정 상호간에 효력상의 차등을 의미하는 것이라고는 볼 수 없으므로, 이 점에서도 헌법의 개별규정에 대한 위헌심사는 허용될 수 없다(헌재 1995. 12. 28.-95헌바3).」

제 3 절   審判의 提請

1. 提請의 要件

[117] 第一   提請權者

I. 法   院

위헌법률심판절차에서 법원은 헌법재판소에 위헌법률심판을 제청할 수 있는 제청권자로서의 지위를 가진다.

(1) 법원의 의미

憲法 제107조 제 1 항은 「법률이 헌법에 위반되는 여부가 재판의 전제가 된 경우에는 法院은 憲法裁判所에 提請하여 그 심판에 의하여 재판한다」라고 정하고 있고, 憲法裁判所法 제41조 제 1 항은 「법률이 헌법에 위반되는지 여부가 재판의 전제가 된 경우에는 당해 사건을 담당하는 法院(軍事法院을 포함한다)은 직권 또는 당사자의 신청에 의한 결정으로 헌법재판소에 위헌 여부 심판을 제청한다」라고 정하고 있으므로 違憲法律審判節次에서 헌법재판소에 심판을 제청하는 권한을 가지는 자는 法院이다. 法院組織法이 정하는 법원과 軍事法院法이 정하는 군사법원이 이에 해당한다.

사건의 관할에 있어서 구체적으로 당해 사건을 담당하는 合議部나 單獨判事 모두 이에 해당된다. 합의부 관할사건의 경우에도 단독판사로 하여금 재판할 수 있게 하여 실제 단독판사가 재판을 하는 경우에는 해당 단독판사가 여기서 말하는 법원이다. 受命法官도 여기서 말하는 법원에 해당한다. 제청권을 가지는 법원에는 受訴法院뿐 아니라 執行法院도 포함되고 非訟事件 擔當法官도 포함된다. 軍事法院이 1인의 재판관으로 구성되는 경우에는 그 1人의 裁判官이 제청권을 가지고, 數人의 재판관으로 구성되는 경우에는 數人의 재판관으로 구성되는 재판부가 제청권을 가진다. 軍事法院法 제 8 조는 管轄官은 군사법원의 행정사무를 관장한다고 정하고 있기 때문에 관할관은 이런 제청절차에 關與할 수 없다.

提請權者는 법원에 한정되기 때문에 個人은 어떠한 경우에도 제청권을 가질 수 없다. 憲法裁判所의 판례도 같은 견해이다($^{예: 憲 1994. 6.}_{30.-94헌아5}$). 개인은 헌법재판소법 제68조 제 2 항의 절차에 따라 위헌법률심판(법문상의 명칭은 헌법소원심판임)을 청구할 수 있는 것은 별론으로 하고, 헌법재판소법 제41조 제 1 항의 절차에 따른 위헌법률심판을 제청할 수 있는 여지는 전혀 없다. 위헌법률심판의 제청절차에서 당해 소송의 당사자는 오로지 당해 법원에 대하여 제청을 신청할 수 있을 뿐이다. 1961년 憲法裁判所法은 법원 이외에 當事者에게도 제청권을 인정하였다.

> [憲 1994. 6. 30.-94헌아5] 「헌법 제107조 제 1 항 및 헌법재판소법 제41조 제 1 항의 규정을 모두어 보면, 법률이 헌법에 위반되는 여부가 재판의 전제가 된 때에는 당해 사건을 담당하는 법원은 직권 또는 당사자의 신청에 의한 결정으로 헌법재판소에 위헌법률심판을 제청하고, 그 심판에 의하여 재판하게 되어 있다. 또한 헌법 제111조 제 1 항, 헌법재판소법 제 2 조 및 제41조 내지 제47조의 규정들을 종합하면, 헌법재판소가 관장하는 재판사항은 위헌법률심판, 탄핵심판, 정당해산심판, 권한쟁의심판 및 헌법소원심판의 5가지로 한정되어 있고, 그 중 위헌법률심판은 위 헌법 제107조 제 1 항 및 헌법재판소법 제41조 제 1 항의 규정에 따라 법원의 제청이 있는 때에 한하여 할 수 있게 되어 있다. 다만, 법률의 규정으로 말미암아 직접 기본권이 침해되었거나, 법원으로부터 위헌법률심판 제청신청이 기각되었음을 이유로 헌법재판소법 제68조에 의거하여 법률의 규정에 대한 위헌선언을 구하는 헌법소원심판을 청구할 수 있으나, 그것은 위에서 말하는 위헌법률심판의 청구는 아니다. 따라서 헌법재판소는 구체적 사건에서 법률의 위헌여부가 재판의 전제가 되어 법원의 제청이 있는 때에 한하여 위헌법률심판을 할 수 있고, 개인의 제소 또는 심판청구만으로는 위헌법률심판을 할 수 없다는 것이다. 그런데 청구인들의 주장에 의하면, 이 사건 심판청구는 청구인들이 직접 헌법재판소법 제41조 제 1 항에서 규정하는 "위헌법률심판"을 청구하는 것이지, 헌법재판소법 제68조 제 1 항 또는 제 2 항에 의한 헌법소원심판을 청구하는 것은 아니라는 것이다. 그렇다면 이 사건 심판청구는 헌법재판소가 관장하는 재판사항이 아닌 사항에 대한 심판을 구하는 것으로서, 부적법한 청구이므로 이를 각하하기로 하여 주문과 같이 결정한다.」

(2) 위 원 회

각종 委員會도 여기서 말하는 법원에 해당하는가 하는 문제가 있다. 民事調停法이 정하고 있는 民事調停委員會나 家事訴訟法의 家事調停委員會는 법관의 자격을 가지지 않은 위원이 참여하기는 하지만 법관에 의해 주도되기 때문에 이러한 법원에 해당한다고 보아도 무방하다고 할 것이다.

법관이 주도하지 아니하는 行政審判委員會나 민간 仲裁委員會 등과 같은 위원회는 이러한 제청권을 가지지 못한다.

(3) 국내법원

제청권을 가지는 법원은 대한민국의 법이 미치는 國內法院만 의미하고 外國法院은 이에 해당하지 않는다.

Ⅱ. 憲法裁判所法 第68조 제 2 항의 請求人

憲法裁判所法 제68조 제 2 항은「제41조 제 1 항에 따른 법률의 위헌 여부 심판의 제청신청이 기각된 때에는 그 신청을 한 당사자는 헌법재판소에 헌법소원심판을 청구할 수 있다」라고 정하고 있는데, 이에 의거하여 헌법소원심판을 청구하는 경우에 청구인은 제청권자에 갈음하는 지위를 가진다. 따라서 청구인은 위헌여부를 다투는 법률이나 법률조항이 당해 소송사건에서 재판의 전제가 될 때 이런 심판을 청구할 수 있다(예: 憲 1996. 12. 26.-94헌바1). 그리고 제청권자인 법원이 위헌제청신청에 대하여 각하하지 않고 전제된 법률이 위헌이 아니라는 이유로 기각한 이상, 재판의 전제성의 존재는 당해 법원이 인정한 것으로 간주되므로 청구인이 다시 재판의 전제성 여부를 살펴야 하는 것은 아니다.

[憲 1996. 12. 26.-94헌바1]「헌법재판소법 제68조 제 2 항은 "제41조 제 1 항의 규정에 의한 법률의 위헌여부심판의 제청신청이 기각된 때에는 그 신청을 한 당사자는 헌법재판소에 헌법소원심판을 청구할 수 있다"라고 규정하고 있고, 헌법재판소법 제41조 제 1 항은 "법률이 헌법에 위반되는 여부가 재판의 전제가 된 때에는 당해 사건을 담당하는 법원은 직권 또는 당사자의 신청에 의한 결정으로 헌법재판소에 위헌여부의 심판을 제청한다"라고 규정하고 있으므로, 헌법재판소법 제68조 제 2 항에 의한 헌법소원심판은 심판대상이 된 법률조항이 헌법에 위반되는 여부가 관련사건에서 재판의 전제가 된 경우에 한하여 청구될 수 있다.」

[118] 第二 具體的 事件의 係屬

Ⅰ. 開始된 裁判節次의 存在

違憲法律審判節次에서 법원이 헌법재판소에 재판의 전제가 된 법률의 위헌여부심판을 제청할 수 있기 위해서는 먼저 당해 법원에 구체적인 소송사건이 계속중이어야 한다(憲法 §107①; 憲裁法 §41①). 재판이 진행중인 소송사건이 존재해야 당해 법원은 그 재판의 전제가 된 법률의 위헌여부심판을 헌법재판소에 제청할 수 있다. 마찬가지로 憲法裁判所法 제68조 제 2 항의 헌법소원심판의 청구에서도 당해 법원에는 재판이 진행중인 소송사건이 존재하여야 한다.

Ⅱ. 裁判의 意味

憲法 제107조 제 1 항과 憲法裁判所法 제41조 제 1 항에서 정하고 있는「裁判」이 모든 종류의 재판을 의미하는지 아니면 그에 해당하지 않는 것이 있는지를 살펴볼 필요가 있다.

(1) 모든 재판

憲法 제107조 제 1 항과 憲法裁判所法 제41조 제 1 항에서 정하고 있는 「재판」은 원칙적으로 모든 재판을 의미한다. 법원의 재판절차 전부 또는 일부에 있어서 終局的 또는 暫定的으로 행하는 법원의 판단행위는 원칙적으로 모두 이에 해당한다.

여기서 말하는 재판에 해당하는지의 여부는 재판의 형식이나 절차의 형태에 따라 정해지는 것이 아니라 실질적으로 법원의 司法權 행사에 해당하는가에 따라 결정된다. i) 判決·決定·命令, ii) 審理節次·判決節次·執行節次, iii) 訴訟節次·非訟節次, iv) 準備節次·本案節次, v) 終局判決·中間判決, vi) 全部判決·一部判決·殘部判決(=終末判決) 등 형식이나 절차의 형태에 불문하고 법원의 판단행위는 이에 해당한다. 따라서 訴訟費用에 관한 재판(예: 憲 1994. 2. 24.-91헌가3), 押留命令, 補正命令(예: 憲 1994. 2. 24.-91헌가3), 법관의 除斥·忌避·回避의 결정, 異議申請에 대한 재판, 拘束適否審査(예: 憲 1995. 2. 23.-92헌바18), 令狀發付裁判(예: 憲 1996. 2. 16.-96헌가2등), 保釋許可決定(예: 憲 1993. 12. 23.-93헌가2), 證據採否決定(예: 憲 1996. 12. 26.-94헌바1), 刑의 執行命令에 대한 不服節次(刑訴法 §488. §489) 등도 이런 재판에 해당한다.

> **[憲 1994. 2. 24.-91헌가3]**「헌법재판소법 제41조 제 1 항에서 말하는 "재판"이라 함은 원칙적으로 그 형식 여하와 본안에 관한 재판이거나 소송절차에 관한 것이거나를 불문하며, 판결과 결정 그리고 명령이 여기에 포함되므로……」
>
> **[憲 1996. 12. 26.-94헌바1]**「여기서 "재판"이라 함은 판결·결정·명령 등 그 형식 여하와 본안에 관한 재판이거나 소송절차에 관한 재판이거나를 불문하며(헌법재판소 1994. 2. 24. 선고, 91헌가3 결정 참조), 심급을 종국적으로 종결시키는 종국재판뿐만 아니라 중간재판도 이에 포함된다고 하겠다. 법관이 법원으로서 어떠한 의사결정을 하여야 하고 그 때 일정한 법률조항의 위헌여부에 따라 그 의사결정의 결론이 달라질 경우에는, 우선 헌법재판소에 그 법률에 대한 위헌여부의 심판을 제청한 뒤 헌법재판소의 심판에 의하여 재판하여야 한다는 것이 법치주의의 원칙과 헌법재판소에 위헌법률심판권을 부여하고 있는 헌법 제111조 제 1 항 제 1 호 및 헌법 제107조 제 1 항의 취지에 부합하기 때문이다.」

(2) 사법행정·사법입법

司法行政이나 司法立法(예: 大法 院規則)은 광의의 사법권에 해당하지만 재판이 아니므로 이에 해당하지 않는다.

Ⅲ. 緊急節次의 裁判

憲法 제107조 제 1 항과 憲法裁判所法 제41조 제 1 항이 정하고 있는 「재판」에 긴급을 요하는 재판도 포함되는가 하는 것이 문제가 된다. 긴급을 요하는 재판절차에서는 법원의 제청은 원칙적으로 허용되지 않는다는 것이 다수설이다. 제청이 있으면 당해 법원의 재판이 정지되기 때문에(憲裁法 §42①) 假處分이나 假押留 등의 절차와 같이 급박한

이유가 있어 행해지는 경우에는 제청을 인정하는 것이 적합하지 않을 수 있다. 약식 재판에서는 특별한 이유가 없는 한 이러한 긴급성이 인정되지 않는다고 할 것이다.

제청이 허용되지 않는 긴급절차란 제청으로 인하여 재판이 정지되는 경우에 그 목적을 달성할 수 없는 경우를 의미하는데, 구체적으로 어떠한 경우가 이에 해당하는가는 사안에 따라 개별적으로 판단한다. 재판의 절차 자체로는 긴급성이 인정되지만 여기서 전제가 되는 법률의 위헌여부가 본안의 판단과 밀접한 연관성을 가지는 경우에는 제청이 인정된다고 할 것이다.

憲法裁判所法 제68조 제2항의 헌법소원심판을 청구하는 경우에는 당해 법원의 재판이 停止하지 않으므로 이런 문제는 발생하지 않는다.

2. 提請의 節次

[119] 第一 提請權과 提請義務

I. 提請의 性質

憲法裁判所에 대한 위헌법률심판의 제청은 決定으로 한다($^{憲裁法}_{§41①}$). 憲法 제111조 제1항과 憲法裁判所法 제41조 제1항에서 정하고 있는 법원의 제청권은 「결정」의 형식으로 행해지는 法院의 職務上의 權限(Kompetenz)이다. 따라서 法院의 제청권은 법원만이 보유·행사하며 법원 이외에 다른 기관이 행사할 수 없다는 의미에서 직무상의 權利($^{여기서 말하는 권리는 개인}_{의 주관적 권리와 다르다}$)인 동시에 제청의 요건이 갖추어지면 법원은 제청을 하여야 한다는 의미에서 직무상의 義務이다($^{同旨: 許營d,}_{200}$). 이러한 법원의 제청은 의무로서의 성질을 가지기 때문에 위헌에 대한 합리적 의심이 있으면 제청여부에 대한 재량은 인정되지 않으며, 이미 타 법원에 의하여 해당 법률조항에 대하여 위헌여부심판의 제청이 있은 경우에도 위헌여부심판을 제청하여야 한다. 당사자에게 제청권을 인정하는 경우($^{예: 1961년憲法}_{裁判所法 §9①}$)에는 그 提請權은 성질상 청구권으로서 주관적 권리에 해당한다.

II. 法官의 違憲 疑心

(1) 제청과 위헌 의심

법원이 법률의 위헌여부심판을 헌법재판소에 提請하는 경우에는 재판의 전제가 된 법률이나 법률조항의 위헌여부를 직접 살피거나 제청신청인의 주장을 살펴본 후 위헌의 의심이 있으면 제청을 한다.

이 경우에 말하는 違憲의 疑心은 법원의 직무수행상의 의심이므로 合理的인 疑

心을 말한다. 憲法裁判所의 判例도 동일한 취지이다($\substack{예: 憲 1993. 12. \\ 23.-93헌가2}$).

> **[憲 1993. 12. 23.-93헌가2]** 「헌법 제107조 제 1 항과 헌법재판소법 제41조(위헌
> 여부심판의 제청), 제43조(제청서의 기재사항) 등의 각 규정의 취지는, 법원은 문제되는
> 법률조항이 담당법관 스스로의 법적 견해에 의하여 단순한 의심을 넘어선 합리적인
> 위헌의 의심이 있으면 위헌여부심판을 제청하라는 취지이다.」

이러한 것은, 법관이 전문가로서 살펴본 결과 재판의 전제가 된 법률이나 법률
조항이 위헌일지도 모른다는 의심이 들 때, 즉 조금이라도 위헌여부에 대한 의심이
있을 때에는 제청을 하여야 한다는 것을 의미한다. 따라서 위헌에 대한 確信을 가질
것을 필요로 하지 않는다. 憲法裁判所는 판례에서 제청에 필요한 의심이 단순한 의
심이 아니라 합리적 의심이라고 하여 개념상 구별하고 있으나, 법관이 전문가로서
구체적 소송사건에서 재판의 전제가 되고 있는 법률이나 법률조항이 위헌인지 여부
를 직무수행으로 살펴보는 이상 합리적이라고 할 것이므로 이러한 구별은 개념상으
로 구별되는 것일 뿐 실제에서는 별 의미를 가지지 못한다. 따라서 법관이 제청을
한 이상 헌법재판소가 법관의 제청이 단순한 의심에 기한 것이라는 이유로 제청이
부적법한 것이라고 배척하는 것은 통상 있을 수 없다고 할 것이다. 중요한 것은 제
청에 있어서 법관이 재판의 전제가 된 법률이나 법률조항에 대해 위헌이라는 確信을
가질 필요가 없다는 점이고, 법관이 직무상 살펴본 결과 조금의 의심이라도 있으면
제청하여야 한다는 점이다. 법원이 제청을 하지 않으려면 법관은 합헌에 대한 직무
상의 합리적인 확신을 가져야 한다. 우리나라의 제도에서는 법관이 당해 소송사건에
서 재판의 전제가 된 법률이나 법률조항에 대해 憲法合致的 解釋을 하여 재판을 할
수 있는 경우($\substack{이 점은 사후 결과적 \\ 으로 확인될 뿐이다}$)에 이를 간과하고 위헌여부심판을 제청하였다고 하더라도
그 제청은 합법적인 것이다.

> 법관이 재판의 전제가 되는 법률이나 법률조항의 위헌여부에 대해 합리적인 의심을
> 가지는 경우에는 제청해야 한다는 법리의 근거는 입법사적인 배경과 우리나라의 구
> 체적 규범통제의 구조에서 찾을 수 있다. 즉 1980年憲法 제108조 제 1 항은 「법률이
> 헌법에 위반되는 여부가 재판의 전제가 된 경우에 법원은 법률이 헌법에 위반되는
> 것으로 인정할 때에는 憲法委員會에 제청하여 그 결정에 의하여 재판한다」라고 정
> 하였는데, 이런 규정이 위헌법률심판제도를 왜곡하였다고 하여 1987年憲法으로의 개
> 정 때에는 「법률이 헌법에 위반되는 것으로 인정할 때에는」의 文句를 삭제한 점과
> 과거와 달리 법원이 당사자의 제청신청에 대해 기각하는 경우에는 당사자로 하여금
> 바로 헌법재판소에 해당 법률이나 법률조항의 위헌여부심판을 청구할 수 있게 하는
> 憲法裁判所法 제68조 제 2 항의 헌법소원심판절차를 둔 구체적 규범통제제도의 구조
> 에서 볼 때, 재판의 전제가 된 법률이나 법률조항의 위헌여부에 대해 합리적 의심

이 있는 때에는 법원에게 제청하여야 하는 의무가 부과되는 것이다. 1987年憲法으로
의 개정 때에 1980년헌법에서 「법률이 헌법에 위반되는 것으로 인정할 때에는」의
文句를 삭제한 점에 초점을 맞추어, 현행 憲法裁判所法 제68조 제2항에서 정하고
있는 법원의 棄却결정절차는 憲法 제107조 제1항에 위반된다거나 폐지하여야 한다
는 견해도 있고, 합헌이 명백함에도 소송지연을 목적으로 한 제청신청의 경우와 재
판의 전제가 되는 법률이 아님에도 제청신청한 경우를 제외하고는 법원은 바로 제
청하여야 한다는 견해가 있다(鄭宗燮b.\n29 이하).

이러한 문제는 法律의 合憲性推定(presumption of constitutionality, Vermutung der
Verfassungsmäßigkeit)의 問題와 연관이 된다. 법률의 합헌성이 추정되면 법률의 위헌여
부에 대하여 의문을 제기함에 있어서는 위헌의 확신을 요구하지만, 법률의 합헌성
이 추정되지 않고 통용력만 가지면 합헌의 확신을 가질 때만 위헌여부심판제청과
동 제청신청을 거부할 수 있고, 그렇지 아니한 때에는 제청의무가 발생한다. 법률에
합헌성추정을 인정하는 것은 입법부에 대하여 강한 신뢰를 주는 것인 반면에, 입법
부에서 위헌법률을 제정할 가능성이나 합헌인 법률을 제정할 가능성이나 공히 존재
한다고 보는 시각에서는 합헌성추정을 인정하지 않는다. 미합중국연방최고법원
(예: Lawrence v. State Tax Commission\nof Mississippi, 286 US 276(1932))이나 독일연방헌법재판소(예: BVerfGE 2.\n282; 7, 412)는 법률에 대하여 합헌성
추정을 인정한다. 그래서 위헌법률심판절차에서 우리와 다른 구조를 가지고 있다.

獨逸의 具體的 規範統制에서는 법관은 제청을 함에 있어서 재판의 전제가 된 법률
이나 법률조항에 대해 위헌이라는 確信, 즉 규범의 효력이 무효라는 확신을 가져야
하며, 법관에게는 재판을 함에 있어서 재판의 전제가 된 법률이나 법률조항에 대해
스스로 憲法合致的 解釋의 가능성이 있는지를 조사해야 할 의무가 부과되어 있다.
연방헌법재판소는 판례를 통하여 이런 의무가 법관에게 부과된 것을 거듭 확인하고
있다(예: BVerfGE 22, 373; 48, 40; 53;\n115; 66, 84; 68, 337; 80, 54; 78, 20). 법관이 재판의 전제가 된 법률이나 법률조항에 대한 헌
법합치적 해석을 통하여 당해 재판을 할 수 있어서 해당 법률에 대한 위헌여부확인
을 피할 수 있는 경우에는 제청을 할 수 없다. 따라서 법관은 제청을 함에 있어서
는 당해 소송사건에서 재판의 전제가 된 법률이나 법률조항에 대해 헌법합치적 해
석이 불가능하다는 것을 논증하여야 한다. 법관이 이런 헌법합치적 해석을 하는 노
력을 시도하지도 않고 법률을 적용할 수 없다고 하면서 재판을 하지 않으면 이는
基本法 제101조 제2항 제2문이 정하고 있는 법관에 의한 재판을 받을 권리를 침해
한 것이 된다. 이와 같이 독일에서는 구체적 규범통제에 있어서 법률 또는 법률조
항에 대하여 일반법원은 「위헌여부심사」(Normprüfung)의 권한을 가지고 연방헌법재
판소는 「위헌여부결정」(Normverwerfung)의 권한을 가진다. 이러한 것은 일반법원의
법관에게 강한 신뢰성을 부여하는 것이기도 하지만 과도한 부담을 지우는 것이 된
다. 독일에는 법원에 의한 職權提請만 있고 우리 憲法裁判所法 제41조 제1항과 같
은 당사자의 제청신청이 인정되지 않으며, 同法 제68조 제2항에서 정하고 있는 절
차와 같은 절차도 없다.

(2) 불제청과 합헌확신

당사자의 신청에 의한 제청의 경우이든 직권제청의 경우이든, 법관이 제청을 하

지 않으려면 해당 법률이나 법률조항에 대해 合憲이라는 確信을 가져야 한다. 이 때
말하는 합헌의 확신은 법관이 재판이라는 직무를 수행하는 전문가로서 해당 사안의
법리를 충분히 검토한 결과 얻은 합리적인 확신을 의미한다.

Ⅲ. 提請申請棄却決定의 違憲與否

구체적 규범통제에서 당사자의 제청신청에 대해 법원이 기각결정을 할 수 있게
정하고 있는 憲法裁判所法 제68조 제 2 항의 해당 부분이 헌법에 위반되는가 하는 문
제가 있다.

1980年憲法 제108조 제 1 항은 「법률이 헌법에 위반되는 여부가 裁判의 前提가
된 경우에 법원은 법률이 헌법에 위반되는 것으로 인정할 때에는 憲法委員會에 提請
하여 그 결정에 의하여 재판한다」라고 정하였는데, 이런 규정을 근거로 하여 1982년
의 憲法委員會法($\binom{1982.\,4.\,2.\ 법}{률\ 제3551호}$)에서 提請書에 대한 대법원의 不送付決定權, 즉 이른바「合
憲判斷權」또는「一次的 審査權」을 인정하였다($\binom{대법원의\ 不送付決定은\ 이미\ 1973년의\ 憲法委員會法(1973.}{2.\ 16.\ 법률\ 제2530호)에서도\ 헌법의\ 근거\ 없이\ 정하고\ 있었다}$).
그 결과 대법원은 불송부결정을 통하여 헌법위원회가 위헌법률심판을 할 수 없게 만
들었다. 1987년에 헌법을 개정하면서 이런 규정이 위헌법률심판을 왜곡하였다는 이
유로 1987年憲法에서는 종래의 「법률이 헌법에 위반되는 것으로 인정할 때에는」이라
는 文句를 삭제하였다. 학설 가운데 이런 헌법의 개정 취지에 비추어 1987年憲法 아
래에서 법원의 기각결정을 정하고 있는 憲法裁判所法 제68조 제 2 항의 해당 부분이
헌법에 위반된다고 하는 견해가 있다(1972年憲法 아래에서 대법원의 불송부결정이 위헌
이라는 논리와 맥을 같이 한다). 헌법해석상 이런 견해가 성립불가능하다고 할 수는
없다.

憲法裁判所는 현행법상 과거 인정되었던 소위 「合憲判斷權」은 인정되지 않는다
는 전제하에 법원의 기각결정을 정하고 있는 규정이 헌법에 위반되는 것은 아니라고
한다($\binom{예:\ 憲\ 1993.\,7.}{29.-90헌바35}$).

[憲 1993. 7. 29.-90헌바35] 「헌재법 제41조 제 4 항은 위헌여부심판의 제청에
관한 결정에 대하여는 항고할 수 없다는 것으로서, 합헌판단권의 인정 여부와는 직
접 관계가 없는 조항이므로, 그 조항이 바로 법원의 합헌판단권을 인정하는 근거가
된다고 할 수 없다. 또한 헌재법 제68조 제 2 항은 위헌제청신청이 기각된 때에는 그
신청인이 바로 헌법재판소에 법률의 위헌여부에 관한 심사를 구하는 헌법소원을 제
기할 수 있다는 것으로서, 그 경우에 "위헌제청신청이 기각된 때"라는 것은 반드시
합헌판단에 의한 기각결정만을 의미하는 것이 아니라 재판의 전제성을 인정할 수
없어 내리는 기각결정도 포함하는 것으로 해석되므로, 그 조항 역시 법원의 합헌판
단권을 인정하는 근거가 된다고 볼 수 없다. 그렇다면 청구인이 거론하는 헌재법조
항은 바로 법원의 합헌판단권이나 그에 따른 위헌제청기각결정의 근거가 되는 법률

조항이 아니므로, 청구인이 그로 말미암아 재판청구권 기타 기본권이 침해되었다고 주장하여 그 헌재법조항에 대한 법령소원을 제기할 수는 없다고 본다. 따라서 이 부분에 대한 이 사건 심판청구는 본안심리에 의한 위헌여부의 판단을 할 것도 없이 부적법하다고 하여야 할 것이다.」

[120] 第二 當事者의 申請에 의한 提請

憲法裁判所法은 위헌여부심판의 제청을 두 가지로 정하고 있다. 당사자의 신청에 의한 제청과 법원의 직권에 의한 제청이 그것이다.

Ⅰ. 申請에 의한 提請

(1) 제청의 신청

일반법원에 계속된 소송사건의 當事者는 당해 법원에 재판의 전제가 된 법률이나 법률조항의 위헌여부심판을 헌법재판소에 提請할 것을 申請할 수 있다($\frac{憲裁法}{\S41①}$). 소송사건의 補助參加人도 동법 소정의 당사자에 해당한다($\frac{예: 憲\ 2003.\ 5.}{15.-2001헌바98}$).

제청신청은 당사자이면 누구나 할 수 있으므로 소송사건의 원고든 피고든 누구나 제청신청인이 될 수 있다. 헌법재판소는 행정소송에서 피고나 그 보조참가인인 행정청은 근거법률의 위헌 여부에 대한 심판의 제청을 신청할 수 있고 따라서 憲法裁判所法 제68조 제 2 항의 헌법소원심판도 청구할 수 있다고 판시하였다($\frac{예: 憲\ 2008.4.24.}{-2004헌바44}$).

[憲 2008. 4. 24.-2004헌바44] 「행정소송의 피고 또는 그 보조참가인인 행정청이 헌법재판소법 제68조 제 2 항의 헌법소원심판을 청구할 수 있는지 여부에 관하여 본다. 헌법재판소법 제68조 제 1 항의 헌법소원은 기본권의 주체가 될 수 있는 자만이 청구인이 될 수 있고, 국가나 국가기관 또는 지방자치단체나 공법인은 기본권의 주체가 아니라 국민의 기본권을 보호 내지 실현해야 할 책임과 의무를 지니고 있는 지위에 있을 뿐이어서 그 청구인적격이 인정되지 아니한다. 그러나 헌법재판소법 제68조 제 2 항에 의한 헌법소원심판은 구체적 규범통제의 헌법소원으로서, 구체적인 사건에 관하여 법률의 위헌 여부가 재판의 전제로 되었을 경우에 헌법재판소법 제41조 제 1 항의 규정에 의한 법률의 위헌여부심판의 제청을 신청하였다가 기각당한 당사자가 그 법률의 위헌 여부를 심판받기 위하여 청구하는 것이어서 헌법재판소법 제68조 제 1 항에 규정된 헌법소원과는 그 심판청구의 요건과 대상이 다르다. 헌법재판소법 제68조 제 2 항은 기본권의 침해가 있을 것을 그 요건으로 하고 있지 않을 뿐만 아니라 청구인적격에 관하여도 '법률의 위헌여부심판의 제청신청이 법원에 의하여 기각된 때에는 그 신청을 한 당사자'라고만 규정하고 있는바, 위 '당사자'는 행정소송을 포함한 모든 재판의 당사자를 의미하는 것으로 새겨야 할 것이고, 행정소송의 피고인 행정청만 위 '당사자'에서 제외하여야 할 합리적인 이유도 없다. 행정청이 행정처분 단계에서 당해 처분의 근거가 되는 법률이 위헌이라고 판단하여 그 적용을 거부하는 것은 권력분립의 원칙상 허용될 수 없지만, 행정처분에 대한 소

송절차에서는 행정처분의 적법성·정당성뿐만 아니라 그 근거 법률의 헌법적합성까지도 심판대상으로 되는 것이므로, 행정처분에 불복하는 당사자뿐만 아니라 행정처분의 주체인 행정청도 헌법의 최고규범력에 따른 구체적 규범통제를 위하여 근거 법률의 위헌 여부에 대한 심판의 제청을 신청할 수 있고 헌법재판소법 제68조 제2항의 헌법소원을 제기할 수 있다고 봄이 상당하다. 청구인은 당해사건의 당사자가 아니라 보조참가인이지만, 헌법재판소법 제40조에 의하여 준용되는 행정소송법 제17조 및 민사소송법 제76조에 따라 피참가인의 소송행위와 저촉되지 아니하는 한 일체의 소송행위를 할 수 있으므로 헌법재판소법 소정의 위헌법률심판제청신청 및 헌법소원의 '당사자'에 해당된다. 따라서 청구인은 헌법재판소법 제68조 제2항에 의한 이 사건 헌법소원심판을 청구할 수 있다고 할 것이다.」

위헌인 법령에 근거한 행정청의 처분은 어떤 경우에도 허용되지 않는다. 그런데 행정청은 처분을 함에 있어서 근거법령이 위헌이라고 확신을 가지는 경우에도 스스로 해당 처분을 하지 않는 것은 허용되지 않는다. 위헌여부가 확정되지 않은 상태이기 때문이다. 국민의 입장에서는 행정청이 위헌이라고 의심이 되는 처분은 하지 않는 것이 일반적으로 도움이 되지만, 현재 우리나라에서는 추상적 규범통제가 마련되어 있지 않기 때문에 행정청은 처분을 하기 이전에 근거법령의 위헌여부를 물어보고 할 길이 없다. 그래서 이 사건처럼 구체적 규범통제절차에서 비로소 행정청이 근거 법률의 위헌여부를 물을 수 있는 길이 열리게 된다. 이런 한계를 극복하고 합헌적 행정행위가 이루어지게 하려면 추상적 규범통제를 채택하여 국민에게 위헌적인 처분을 먼저 하고 나중에 교정할 것이 아니라 사전에 위헌적인 행정처분이 행해지지 않게 하는 것이 바람직하다.

제청신청이 있는 경우 법원은 提請申請事件부터 먼저 처리하여야 한다. 제청신청을 받아들여 제청을 하게 되면 당해 사건의 소송은 停止되므로 법원은 本案審理를 할 수 없다. 그러나 제청신청을 기각하면 당해 소송사건은 계속 진행되므로 본안심리를 행하게 된다.

(2) 구속적부심사 등과 제청신청

拘束適否審査節次나 令狀發付節次에 있어서 해당 절차에 관한 규정에 대해 위헌여부심판의 제청신청이 있는 경우 제청신청에 대해 먼저 처리하지 않고 먼저 구속적부심사신청을 기각하거나 영장을 발부하고 그 다음 제청신청을 기각하면 구속적부심사절차나 영장발부절차는 종료되어 더 이상 재판의 전제성을 판단함에 있어 필요한 재판 자체가 존재하지 않게 된다. 이렇게 되면 구속적부심사절차나 영장발부절차에 있어 제청신청은 形骸化되고 만다. 구속적부심사절차나 영장발부절차의 경우 예외 없이 제청이 인정되는가 하는 문제는 논란의 대상이 되고 있으나, 일단 제청이 인정되는 구속적부심사절차나 영장발부절차라면 이와 같은 절차에서 제청신청이 있는 경우 제청신청사건을 먼저 처리하지 않고 행해진 구속적부심사청구의 기각이나 영장의 발부는 효력을 가지지 않는다고 보아야 할 것이다.

憲法裁判所는 구속적부심사 係屬중 軍事法院法이 정하는 구속과 구속적부심사에 관한 조항에 대하여 위헌여부심판의 제청을 신청한 사건에서 구속적부심사청구를 먼저 棄却하고 그 다음 제청신청을 기각한 경우 그 심사청구의 기각도 유효하고 구속적부심사절차에 관한 법률조항도 여전히 해당 구속적부심사절차에서 재판의 전제성을 가진다고 본다(예: 憲 1995.2. 23.-92헌바18).

[憲 1995. 2. 23.-92헌바18] 「위헌여부심판의 제청신청을 받은 법원은 법리상 늦어도 본안사건에 대한 재판을 마치기 전까지는 제청신청에 대한 재판을 하여야 할 것인데도 이 사건의 경우 위에서 본 바와 같이 위헌여부심판의 제청에 대하여는 결정을 하지 아니한 채 먼저 구속적부심사청구를 기각한 다음 제청신청을 기각하여 사건을 부당하게 처리하였을 뿐만 아니라 헌법소원심판청구를 할 당시 청구인이 계속 구속상태에 있었고 또한 새로이 구속적부심사청구를 할 수 있는 상태에 있었으므로, 헌법소원심판청구 당시 일단 구속적부심사청구가 기각되었다고 하더라도 재판의 전제성은 있다고 보아야 할 것이다.」

위헌여부심판의 제청신청이 구속적부심사절차나 영장발부절차에 관한 법률규정에 대한 것이 아니고 기소된 당해 사건에 적용되는 법률규정에 대한 것일 때에는 구속적부심사청구를 기각하거나 영장을 발부해도 기소된 당해 사건에서 재판의 전제성이 소멸되지 아니하여 유효하다.

(3) 신청에 대한 결정

당사자의 제청신청이 있으면 당해 법원은 빠른 時日 내에 신청에 대한 결정을 하여야 한다. 현행 실정법에는 이러한 決定期限에 대한 규정이 없는데, 신청이 있은 후 빠른 시일 내에 결정을 하도록 하는 규정을 두는 것이 타당하다.

(4) 신청에 대한 기각결정의 효력

당사자가 제청신청을 한 후 당해 법원에 의해 기각을 당한 경우에는 당사자는 당해 사건의 소송절차에서 동일한 사유를 이유로 다시 위헌여부심판의 제청을 신청할 수 없다(憲裁法 §68②). 再申請 禁止의 효력이다.

이와 관련하여 제청신청을 한 후 당해 법원에 의해 기각을 당한 당사자가 동일한 심급에서는 다시 이런 제청신청을 할 수 없지만, 당해 심급보다 상급 심급에서는 다시 위헌여부심판의 제청을 신청할 수 있는가 하는 문제가 있다.

(a) 판   례

憲法裁判所는 憲法裁判所法 제68조 제2항에서 정하고 있는 「당해 사건의 소송절차」는 동일한 심급의 소송절차뿐 아니라 상소심의 소송절차를 포함하는 것(예: 憲 2007. 7. 26.-2006헌바40; 2009. 9. 24.-2007헌바118; 2012. 12. 27.-2011헌바155)은 물론이고, 대법원에 의해 파기환송되기 전후의 소송절차를 모두 포함하는 것이라고 본다(예: 憲 2013. 6. 27.-2011헌바 247; 2010. 2. 9.-2009헌바418). 그리하여 즉시항고의 절차에서 항고장 각하결정의 근거가 된 민사집행법 제130조 제3항에 대하여 위헌법률심판제청을 신청하였으나 기각되고 이에 대하여 憲法裁判所法 제68조 제2항의 헌법소원심판을 청구하지 않고 있다가 대법원에 재항고를 제기한 후에 다시 민사집행법 제130조 제3항에 대하여 위헌법률심판제청을 신청한 경우에 憲法裁判所法 제68조 제2항 후문에서 정하고 있는 再申請의 禁止에 위반된다고 판시하였다(憲 2007. 7. 26.-2006 헌바40).

大法院의 판례도 동일한 이유로 같은 견해이다. 제1심에서 법률의 위헌여부심판제청의 신청이 기각된 후 상고심에서 동일한 사유로 다시 위헌여부심판제청을 신청한 것은 憲法裁判所法 제68조 제2항에 위배되어 부적법하다고 보아 이런 신청이 허용되지 않는다고 한다(예: 大 1996. 5. 14.-95부13; 2000. 4. 11.-98 카기137; 2000. 6. 23.-2000카기44).

[憲 2007. 7. 26.-2006헌바40] 「헌법재판소법 제68조 제2항은 법률의 위헌여부심판의 제청신청이 기각된 때에는 그 신청을 한 당사자는 헌법재판소에 헌법소원심판을 청구할 수 있으나 다만 이 경우 그 당사자는 당해 사건의 소송절차에서 동일한 사유를 이유로 다시 위헌여부심판의 제청을 신청할 수 없다고 규정하고 있는바, 이 때 당해 사건의 소송절차란 당해 사건의 상소심 소송절차를 포함한다 할 것이다. 기록에 의하면, 청구인들은 의정부지방법원 2005라146 사건의 진행 중에 그 재판의 전제가 되는 민사집행법 제130조 제3항은 매각허가결정에 대한 항고보증공탁금을 합리적 산정요건에 따라 달리 산정하지 않고, 매각대금이 고액인 경우까지 그 비율에 차등을 둠이 없이 일률적으로 매각대금의 10분의 1에 해당하는 금액을 보증공탁하도록 요구하고 있으므로 청구인들의 재판청구권 등을 침해한다고 주장하면서 위 법원에 위헌법률심판제청신청(의정부지방법원 2005 카기909 위헌심판제청)을 하여 2005. 12. 1. 그 신청이 기각되었는데도 이에 대하여 헌법소원심판을 청구하지 아니하고 있다가 다시 그 재항고심 소송절차에서 대법원에 같은 이유를 들어 위 법조항이 위헌이라고 주장하면서 위헌법률심판제청신청(대법원 2006카기7 위헌법률심판제청)을 하였고 2006. 3. 29. 그 신청이 기각되자, 이 사건 헌법소원심판청구를 하였음이 인정된다. 그렇다면 이 사건 헌법소원심판청구는 헌법재판소법 제68조 제2항 후문의 규정에 위배된 것으로서 부적법하다고 할 것이다.」

[大 1996. 5. 14.-95부13] 「헌법재판소법에 의하면……고 규정하고 있는바, 여기서 재차 위헌여부심판의 제청신청이 제한되는 '당해 사건의 소송절차'라 함은 동일한 심급의 소송절차뿐만 아니라 상소심에서의 소송절차를 포함하는 것이라고 할 것이므로, 일단 법률의 위헌여부심판의 제청신청이 기각되어 헌법소원심판이 청구된 이상 당사자로서는 상소심에서도 다시 동일한 사유로 위헌여부심판의 제청신청을 할 수 없는 것이다.」

[大 2000. 4. 11.−98카기137] 「헌법재판소법 제41조 제 1 항은……고 규정하고 있고, 제68조 제 2 항은……고 규정하고 있으며, 제69조 제 2 항은……고 규정하고 있는바, 위 규정들에 의하면, 당사자가 법률의 위헌여부가 재판의 전제가 된다는 이유로 법원에 위헌여부심판의 제청신청을 하였다가 그 신청이 기각되면 14일 이내에 헌법소원심판을 제기하여야 하고 당해 사건의 소송절차에서 동일한 사유로 다시 위헌여부심판의 제청신청을 할 수 없는 것이라고 할 것이고, 여기서 당해 사건의 소송절차란 상소심에서의 소송절차를 포함하는 것이다.」

(b) 사 견

위헌법률심판절차에서 당사자가 재판의 전제가 된 법률이나 법률조항에 대하여 위헌여부심판제청을 신청하고 이 신청이 기각된 경우에 憲法裁判所法 제68조 제 2 항에 의한 헌법소원심판을 청구할 수 있게 한 것은 제청신청에 대한 법원의 기각으로 인하여 당사자가 제기한 위헌여부의 다툼이 종결되지 않게 하기 위한 것일 뿐 당사자가 이러한 헌법소원심판청구권을 행사하지 않았다는 것이 그 다음 상소심의 소송절차에서 위헌여부심판제청을 신청할 수 있는 길을 차단하는 효력을 가지는 것은 아니고, 법원도 심급을 달리 하는 경우에는 각 심급의 법원마다 다시 재판의 전제가 된 동일한 법률이나 법률조항(이는 이미 헌법재판소에 의해 합헌으로 결정된 것이다)에 대해 위헌여부심판을 제청할 수 있으므로 당사자 역시 심급을 달리하는 경우에는 위헌여부심판의 제청을 다시 신청할 수 있다고 할 것이다. 즉 하급심의 소송절차에서 위헌여부심판제청을 신청하고 법원의 기각결정을 받은 후 憲法裁判所法 제68조 제 2 항의 헌법소원심판을 청구하지 않은 당사자라도 상소심에서 다시 위헌여부심판제청을 신청할 수 있다.

하급심의 재판과 상소심의 재판 사이의 기간이 긴 경우(이 기간 동안 헌법재판소 재판부의 구성에 변경이 있을 수 있다)에 이러한 위헌여부심판제청의 신청은 중요한 의미를 가질 수 있다. 憲法裁判所法 제68조 제 2 항에서 정하고 있는 「당해 사건의 소송절차」는 동일한 심급의 소송절차에 한정될 뿐 상소심의 소송절차를 포함하는 것은 아니다. 이런 점에서 憲法裁判所와 大法院의 판례에 대해서는 동의하기 어렵다.

그러나 특정 심급의 법원에서 憲法裁判所法 제68조 제 2 항에 의한 헌법소원심판이 청구되어 헌법재판소에 係屬되어 있는 상태에서는 당해 소송사건에 대한 재판의 진행으로 심급의 변경이 발생하더라도 다시 위헌여부심판제청을 신청할 수 없다고 할 것이다. 헌법재판소에 계속중인 사건에 대한 중복된 청구가 되기 때문이다.

Ⅱ. 憲法裁判所法 제68조 제 2 항의 審判 請求

憲法裁判所法은 위헌법률심판절차에서 당사자에게 법원에 위헌여부심판제청을 신청할 수 있게 하고, 그 제청신청을 법원이 기각한 때에는 그 신청을 한 당사자로 하여금 헌법재판소에 헌법소원심판을 청구할 수 있게 하고 있다($\frac{憲裁法}{§68②}$). 憲法裁判所는 補助參加人도 당사자적격이 있다고 하였다($\frac{憲 2003. 5. 15.}{-2001헌바98}$).

따라서 법원이 당사자의 제청신청을 기각한 때는 신청인에게 기각결정을 통지하여야 한다. 위헌법률심판절차에서 당사자의 제청신청에 대한 당해 법원의 기각결정이 共同代理人의 1인에게 송달되면 그 기각결정은 적법하게 통지되었다고 본다($\frac{예: 憲 1993. 7.}{29.-91헌마150}$).

憲法裁判所法 제68조 제2항의 절차는 구체적 규범통제의 절차임에도 憲法裁判所法이 「헌법소원심판」이라는 용어를 사용하여 그 성질에서 혼란이 있다. 먼저 憲法裁判所法 제68조 제2항의 헌법소원심판절차의 성질을 규명하고, 그 심판절차의 세부적인 내용을 살펴본다.

우리나라에서 최초로 구체적 규범통제를 둔 1948年憲法 아래에서 1950년의 憲法委員會法은 소송당사자로 하여금 법률의 위헌여부제청을 신청할 수 있게 하고, 판사 3인으로 구성되는 합의부에서 제청여부를 결정한다고 정하였다. 그러면서 이러한 합의부의 결정에 대해 異議가 있을 때에는 抗告할 수 있다고 하고, 이 항고에 대해서는 民事訴訟法의 규정을 준용한다고 정하였다($\frac{憲委法}{§9}$). 1961년의 憲法裁判所法은 당사자로 하여금 바로 헌법재판소에 제청할 수 있게 하였기 때문에 이 당시에는 이러한 항고를 인정할 여지가 없었다. 그러나 이 법률은 시행되지 않고 폐지되었다. 1962년 憲法과 1969年憲法 아래에서는 대법원이 법률의 위헌여부심사를 하였으므로 당사자에 의한 제청신청절차는 존재할 여지가 없었다. 그러다가 1973년의 憲法委員會法과 1982년의 憲法委員會法에서 다시 1950年의 憲法委員會法에서 정한 것과 같이 당사자에 의한 위헌여부심판제청의 신청과 제청신청에 대한 결정에 대하여 抗告할 수 있는 제도를 마련하였다. 따라서 이런 항고절차는 당연히 위헌법률심판의 절차에 포함되는 것이었다. 구체적 규범통제에서 이러한 항고제도가 내려오다가 현행 憲法裁判所法에서는 당사자에 의한 제청신청을 인정하되, 위헌여부심판의 제청에 관한 법원의 결정에 대해서는 抗告를 할 수 없도록 하고($\frac{憲裁法 §41}{①, ④}$), 대신 憲法裁判所法 제68조 제2항에서 이런 신청을 한 당사자로 하여금 바로 헌법재판소에 심판을 청구할 수 있도록 하였다.

(1) 헌법재판소법 제68조 제2항의 심판의 성질

憲法裁判所法 제68조 제2항에서 사용하고 있는 「헌법소원심판」이라는 법문상의 명칭에도 불구하고 이 절차는 성질상 위헌법률심판절차이다. 즉 구체적 규범통제절차이다. 憲法裁判所의 판례도 같다($\frac{예: 憲 1989. 4. 17.-88헌마4; 1989. 7. 21.-89헌마38; 1989. 9. 29.-89헌마53;}{1989. 12. 18.-89헌마32등; 1997. 11. 27.-96헌바60; 2007. 4. 26.-2004헌마19}$). 따라서 심판의 대상은 규범이기 때문에 법원의 판결은 심판대상이 될 수 없다($\frac{예: 憲 2009. 10.}{29.-2008헌바101}$).

[憲 1997. 11. 27.-96헌바60] 「헌법재판소법 제68조 제2항에 규정된 헌법소원

심판은 그 본질이 위헌법률심판과 다를 바 없으므로, 그 적법요건으로서 '재판의
전제성'의 요건을 갖추지 아니하면 구체적 규범통제로서의 심판이익을 상실하여 부
적법하게 되고,……」

　　憲法裁判所法 제68조 제 2 항의 헌법소원심판절차는 재판절차의 전체적인 구조에
서 볼 때 위헌법률심판절차의 일부이고, 따라서 심판청구서의 기재사항($\frac{憲裁法}{§71②}$), 심판
의 대상, 인용결정 및 인용결정의 효력($\frac{同法}{⑥, ⑦}$§75), 주문의 표시, 심판의 절차($\frac{同法 §73②}{ii, 74②}$) 등
에서 위헌법률심판절차와 동일하다. 憲法裁判所法 제68조 제 2 항, 제69조 제 2 항, 제
71조 제 2 항은 제41조로 옮겨 배치하는 것이 타당하다($\frac{鄭宗燮b,}{123 \text{ 이하}}$).

　　헌법재판소는 초기에 이를 憲法裁判所法 제68조 제 1 항의 헌법소원심판제도와 성질
이 같은 것으로 이해하기도 하였으나($\frac{예: 憲 1989. 9. 29.-89헌마}{53; 1989. 12. 18.-89헌마32등}$), 1990년부터 憲法裁判所法
제68조 제 2 항에 의해 토지수용법 제46조 제 2 항($\frac{1971. 1. 19. 법률 제2293호 신설;}{1981. 12. 31. 법률 제3534호 개정}$)의 위헌여부를
다투는 절차에서「헌법에 위반되지 아니한다」는 주문을 내었고($\frac{憲 1990. 6. 25.}{-89헌마107}$), 형법 제
241조의 위헌여부를 다툰 사건에서「이 헌법소원은 법률의 위헌여부를 묻는 헌법재
판소법 제68조 제 2 항에 의한 것이므로, 청구인의 심판청구를 기각하는 대신에 형법
제241조가 헌법에 위반되지 아니한다는 선언을 하기로 하여 주문과 같이 결정한다」
라고 판시하였다($\frac{憲 1990. 9. 10.}{-89헌마82}$). 그 이후 현재까지 일관된 태도를 유지하고 있다.

　　憲法裁判所法 제68조 제 2 항의 헌법소원심판을 청구한 경우에 그 당사자는 당해
사건의 소송절차에서 동일한 사유를 이유로 다시 違憲與否審判의 제청을 신청할 수
없는 것도($\frac{憲裁法}{§68②但}$) 憲法裁判所法 제68조 제 2 항의 헌법소원심판절차가 위헌법률심판절
차이기 때문이다.

　　이 심판에서 재판의 전제가 된 법률이나 법률조항이 헌법에 위반되지 아니하는
경우에 헌법재판소는 請求棄却의 결정을 하는 것이 아니라 合憲決定을 한다($\frac{예: 憲 1990. 9.}{10.-89헌마82}$).

(2) 청구가 허용되는 경우
(a) 신청에 대한 기각결정

　　憲法裁判所法 제68조 제 2 항에 의한 헌법소원심판의 청구는 同法 제41조 제 1 항
에 의한 위헌법률심판의 제청신청에 대하여 법원이 신청이「이유 없다」고 하여 이를
배척하는 결정(却下 또는 棄却의 결정)을 한 경우와 재판의 전제성이 인정되지 않는다
고 하여 기각결정을 한 경우에만 허용된다.

　　법원이 당사자의 제청신청에 대하여 해당 법률 또는 법률조항이 재판의 전제성
을 가지지 못한다는 이유로 이를 배척하는 때에는 棄却決定을 한다. 전제성의 구비
여부는 신청의 형식적 요건이 아니기 때문에 각하결정을 하기에 적합하지 않다.

　　다만, 어떤 법률이나 법률조항에 대한 위헌여부심판제청을 신청한 시점에 법원

에 係屬된 소송사건이 없는 때에는 재판의 전제성이 없는 경우에 해당하지만 신청을 각하한다(예: 大 2008. 6. 30. -2008초기224).

위헌법률심판절차에서 본안판단의 대상은 본래 해당 법률 또는 법률조항의 위헌 여부이고, 제청신청에 대한 법원의 본안판단의 대상도 신청인이 위헌여부심판을 제 청해 달라고 한 당해 법률이나 법률조항의 위헌여부이어서 법원이 이에 대해 합헌이 라는 확신을 가지는 경우에 신청을 기각하는 결정을 하는 것이지만, 전제성이 인정 되지 않는 경우에도 법원이 기각결정을 하는 것은 우리 위헌법률심판절차에서 憲法 裁判所法 제68조 제2항이 가지는 특성 때문이다(재판의 전제성이 인정되지 않을 때 헌법재판소가 행하는 却下決定과 구별됨을 유의할 필요가 있다).

憲法裁判所도 해당 법률이나 법률조항이 재판의 전제가 되지 아니하는 경우에는 법원은 棄却決定을 하여야 한다고 본다(예: 憲 1993. 7. 29.-90헌바35).

[憲 1993. 7. 29.-90헌바35] 「헌재법 제68조 제2항은 위헌제청신청이 기각된 때에는 그 신청인이 바로 헌법재판소에 법률의 위헌여부에 관한 심사를 구하는 헌 법소원을 제기할 수 있다는 것으로서, 그 경우에 "위헌제청신청이 기각된 때"라는 것은 반드시 합헌판단에 의한 기각결정만을 의미하는 것이 아니라 재판의 전제성을 인정할 수 없어 내리는 기각결정도 포함하는 것으로 해석되므로……」

《제청신청을 배척하는 결정의 주문》

법원이 당사자의 제청신청에 대하여 해당 법률 또는 법률조항이 재판의 전제성을 가지지 못한다는 이유로 배척하는 때 却下決定을 해야 하는가 棄却決定을 해야 하 는가 하는 문제가 있다. 위헌법률심판절차에서 이 문제는 제청신청에 대한 재판에 서 위헌여부가 문제가 되는 법률 또는 법률조항의 前提性의 具備與否가 形式的 要 件에 해당하는 것인가 本案判斷事項에 해당하는 것인가 하는 문제이기도 하지만, 재판의 전제성에 대한 판단에서 법원과 헌법재판소가 어디까지 판단할 수 있는가, 법률의 전제성 존재여부에 대한 헌법재판소의 판단이 법원을 구속하는가 하는 문제 와도 관련된다. 제청신청에서 신청의 형식적 요건이 갖추어지지 않은 경우에는 부 적법하다는 이유로 각하결정을 하고, 위헌여부를 다투는 법률이나 법률조항이 합헌 이라고 확신하는 경우에는 본안판단이므로 기각결정을 한다는 점에 대해서는 異論 이 없다. 그러나 재판의 전제성의 존부는 엄격한 의미에서의 형식적 요건에 해당한 다고 볼 수 없고, 또 엄격한 의미에서의 신청사건의 본안에 해당한다고 할 수도 없 으므로 이는 憲法裁判所法 제68조 제2항의 헌법소원심판청구절차를 포함하고 있는 우리나라의 구체적 규범통제절차에서 「재판의 전제성에 대한 판단」이라는 기능이 가지는 좌표를 어떻게 설정하는 것이 타당한가 하는 문제로 돌아간다. (1) 당해 법 원이 제청신청사건에서 재판의 전제성이 인정되지 않는다고 결정한 경우에 제청신 청인은 더 이상 憲法裁判所法 제68조 제2항의 헌법소원심판을 청구하여 전제성의 존재여부를 다툴 수 없다고 하면, 법원은 제청신청에 대하여 却下決定을 하면 된다 는 결론에 이른다. 유의할 것은, 이런 경우에 당해 법원은 이후 어떤 경우에도 당해 소송사건에서는 전제성이 없다고 판단한 법률이나 법률조항을 적용해서는 안 된다는 점이다. 그렇지 않고 당해 법원이 제청신청사건에서 재판의 전제성이 없다고 한 판단이 잘못임을 뒤늦게 발견하고 위헌여부가 문제가 되는 법률이나 법률조항을 당해 소송사건의 재판에 적용하는 경우에는 당해 법원은 각하결정을 통하여 제청신청인이 해당 법률이나 법률조항의 위헌여부심판을 헌법재판소에 제청하여 달라는 요구만 봉쇄하여 해당 법률이나 법률조항의 위헌여부에 대한 심판을 받을 기회를 차단하는 결과를 초래하기 때문이다. 그리고 제청신청인이 憲法裁判所法 제68조 제 2항의 헌법소원심판을 청구하여 전제성 존재여부에 대한 당해 법원의 결정을 다툴 수 없다고 하는 경우에 당해 법원이 전제성의 존재여부에 대한 판단에서 오류가 있으면 당해 사건의 당사자는 上訴하여 상소심에서 다시 제청을 신청하여 다투게 된다(다만, 대법원의 판례에 의하면([120] Ⅰ (4) (a)), 상소심에서도 제청신청이 허용되지 않는다는 결론에 도달한다). (2) 반면, 법원이 재판의 전제성이 없다고 결정한 경우에 제청신청인은 憲法裁判所法 제68조 제 2항의 헌법소원심판을 청구하여 전제성의 존재여부를 재판의 전제가 된다는 법률 또는 법률조항의 위헌여부와 함께 다툴 수 있다고 하면, 헌법재판소는 법원의 판단과 달리 전제성이 인정된다고 판단할 여지가 생기고, 헌법재판소가 당해 재판에서 전제성이 있다고 판단한 경우에 그 법률이나 법률조항을 적용하지 않은 당해 법원의 재판의 효력은 어떠한가 하는 문제도 생긴다. 당해 법원이 당해 소송사건에서 어떤 법률이나 법률조항에 대하여 재판의 전제성이 인정되지 않는다고 결정하면 헌법재판소도 법원의 판단을 존중하여 전제성이 인정되지 않는다는 결정을 하는 것이 통상의 경우이다. 그러나 예외적으로 당해 법원이 전제성의 존부의 판단에서 중대한 착오로 인하여 전제성이 인정됨이 명백함에도 이를 看過한 것과 같은 오류를 범한 때에는 헌법재판소는 법원의 판단과 달리 전제성이 인정된다고 결정하는 경우가 발생할 수 있다. 이러한 경우에 헌법재판소의 결정이 있은 후 당해 법원이 자신의 오류를 是認하고 헌법재판소가 전제성이 인정된다고 한 법률이나 법률조항을 적용하면, 適用法條의 錯誤에 대하여 당사자로 하여금 따로 上訴하게 하여 上訴審에서 다투게 할 필요 없이 당해 심급의 재판절차에서 미리 이런 오류를 바로잡을 수 있게 되고, 憲法裁判所法 제68조 제 2항의 헌법소원심판을 청구한 청구인도 그 목적을 달성할 수 있다. 다만, 유의할 것은, 權力分立原理와 憲法裁判의 機能에서 볼 때, 헌법재판소가 법원의 판단과 달리 재판의 전제성이 있다고 결정한 이러한 경우에도 법원이 그 법률이나 법률조항을 반드시 적용하여 재판해야 하는 것은 아니라는 점이다. 법원은 당해 소송사건의 재판에서는 재판에 적용할 법률이나 법률조항이 어느 것인가 하는 것은 스스로 판단하여 결정한다. 뒤에서 보듯이, 헌법재판소가 재판의 전제성이 인정된다고 결정하더라도 당해 법원은 헌법재판소의 결정에 구속되지 않고 재판을 한다([128]Ⅲ). (2)의 견해가 타당하다. 헌법재판소의 판례도 이러한 이해를 바탕으로 삼고 있다고 해석된다. (2)와 같이 이해하는 경우에는 제청신청사건에서 법원이 재판의 전제성이 인정되지 않는다고 판단하여 신청을 배척하고자 하는 때에는 반드시 棄却決定을 하여야 한다. 따라서 이런 경우에 법원이 제청신청을 배척하는 결정의 주문표시에서 却下라고 표시하더라도 재판의 전제성이 인정되지 않는다고 하여 배척한 것이면 그 주문의 표시에 관계없이 제청신청인은 憲法裁判所法 제68조 제 2항의 헌법소원심판을 청구할 수 있다고 할 것이다.

憲法裁判所는 위헌제청신청기각의 결정을 받음이 없이 제기한 憲法裁判所法 제
68조 제 2 항에 의한 헌법소원은 적법하지 않다고 판시하고 있으며($^{\text{예: 憲 2009. 6.}}_{\text{9.−2009헌마264}}$) 제청신
청이 있은 후 3개월이 되었는데도 법원의 결정이 없자 법원의 결정이 없는 상태에
서 바로 憲法裁判所法 제68조 제 2 항의 헌법소원심판을 청구한 것에 대하여 부적법
한 것이라는 이유로 却下하였다($^{\text{예: 憲 1999. 4.}}_{\text{29.−98헌바29}}$).

[憲 1999. 4. 29.−98헌바29] 「헌법재판소법 제41조 제 1 항은 "법률이 헌법에 위
반되는 여부가 재판의 전제가 된 때에는 당해 사건을 담당하는 법원은 직권 또는
당사자의 신청에 의한 결정으로 헌법재판소에 위헌여부의 심판을 제청한다"라고 규
정하고 있고, 같은법 제68조 제 2 항은 "제41조 제 1 항의 규정에 의한 법률의 위헌여
부심판의 제청신청이 기각된 때에는 그 신청을 한 당사자는 헌법재판소에 헌법소원
심판을 청구할 수 있다"라고 규정하고 있다. 그러므로 같은법 제68조 제 2 항에 의한
헌법소원심판의 청구는 같은법 제41조 제 1 항에 의한 법률의 위헌여부심판의 제청
신청을 법원이 각하 또는 기각한 경우에만 허용된다 할 것이다($^{\text{헌재 1994. 4. 28. 89헌마221:}}_{\text{1996. 8. 29. 95헌바41 참조}}$). 그
런데 이 사건의 경우 청구인들은 법원이 위헌여부심판의 제청신청을 각하 또는 기
각하기 전에 헌법소원심판을 청구하였음이 기록상 명백하다. 따라서 이 사건 심판
청구는 부적법하므로 모두 각하하기로 하여……」
[憲 2009. 6. 9.−2009헌마264] 「청구인은 헌법재판소법 제68조 제 2 항에 의하
여 이 사건 헌법소원심판청구를 한 것이라고 주장하므로 살피건대, 헌법재판소법 제
68조 제 2 항은 "제41조 제 1 항의 규정에 의한 법률의 위헌여부심판의 제청신청이 기
각된 때에는 그 신청을 한 당사자는 헌법재판소에 헌법소원심판을 청구할 수 있다"
고 규정하고, 같은 법 제41조 제 1 항은 "법률이 헌법에 위반되는 여부가 재판의 전
제가 된 때에는 당해 사건을 담당하는 법원은 직권 또는 당사자의 신청에 의한 결
정으로 헌법재판소에 위헌 여부의 심판을 제청한다"고 규정하고 있는바, 당해 법원
에서 해당 법률조항의 위헌 여부 심판의 제청신청에 대하여 기각결정을 한 바가 없
다면 해당 법률조항에 대한 위헌법률심판제청 신청이 기각되었음을 전제로 하는 헌
법재판소법 제68조 제 2 항에 의한 헌법소원 심판청구는 부적법하여 각하를 면할 수
없다 할 것이다. 이 사건에 관하여 보건대, 당해 법원은 재판의 취소를 구하는 청구
인의 위헌법률심판제청 신청에 대하여 법률이 아닌 법원의 재판은 위헌법률심판제
청의 대상이 되지 아니한다는 이유로 각하결정($^{\text{서울고등법원}}_{\text{2008초기1059}}$)을 하였을 뿐 이 사건 법률
조항의 위헌 여부를 다투는 위헌법률심판제청 신청에 대한 기각결정을 한 바가 없
으므로 위 법률조항에 관한 위헌법률심판제청 신청이 기각되었음을 전제로 한 이
사건 심판청구는 부적법하다고 할 것이다.」

(b) 기각결정의 대상에 포함된 규정

憲法裁判所法 제68조 제 2 항의 절차는 憲法裁判所法의 제41조 제 1 항의 절차의 연
장이고, 당사자의 제청신청에 대한 당해 법원의 판단을 전제로 하는 것이므로 違憲與
否審判提請의 申請에 대한 당해 법원의 棄却決定의 대상이 되지 아니한 규정을 헌법재

판소법 제68조 제2항의 심판청구에 포함시키는 것은 적법하지 않다(예: 憲 1994. 4. 28.-89헌마
221: 1996. 8. 29.-95헌바41).

[憲 1994. 4. 28.-89헌마221] 「청구인들은 국가안전기획부 직원의 사법경찰권을 규정한 국가안전기획부법 제15조와 같은 직원의 무기사용을 규정한 같은 법 제16조에 관하여서도 이 사건 헌법소원심판청구를 하고 있으므로 그 적법 여부에 대하여 살펴본다. 법 제41조 제1항에 의하면 "법률이 헌법에 위반되는 여부가 재판의 전제가 된 때에는 당해 사건을 담당하는 법원(군사법원을 포함한다)은 직권 또는 당사자의 신청에 의한 결정으로 헌법재판소에 위헌여부의 심판을 제청한다"라고 규정하고 있고 법 제68조 제2항 전단에 의하면 "제41조 제1항에 의한 법률의 위헌여부심판의 제청신청이 기각된 때에는 그 신청을 한 당사자는 헌법재판소에 헌법소원심판을 청구할 수 있다"라고 규정되어 있는바, 그렇다면 법 제68조 제2항에 의한 헌법소원심판의 청구는 법 제41조 제1항의 규정에 의한 적법한 위헌여부심판의 제청신청을 법원이 각하 또는 기각하였을 경우에만 당사자가 직접 헌법재판소에 헌법소원의 형태로써 심판을 청구할 수 있는 것인데 이 사건에 있어서 청구인들의 위헌제청신청 사건을 담당하여 이유 없다고 기각한 제청법원의 결정내용에 의하면 청구인들이 이 사건 헌법소원심판청구를 한 국가안전기획부법 제15조 및 제16조에 관하여는 재판대상으로 삼은 법률조항도 아니어서 이 규정들에 대하여는 제청법원이 위헌제청신청기각의 결정을 한 바 없음을 알 수 있다. 따라서 같은 규정들에 대하여는 법 제68조 제2항에 의한 심판의 대상이 될 수 없는 사항에 대한 것으로서 이 부분 청구인들의 심판청구는 부적법하다 할 것이다.」

[憲 1996. 8. 29.-95헌바41] 「청구인은 법 제88조의2 및 법 부칙 제14조 외에 법 부칙 제20조에 대하여도 이 사건 헌법소원심판을 청구하고 있으므로 그 적법여부에 관하여 살펴본다. 헌법재판소법 제41조 제1항은 "법률이 헌법에 위반되는 여부가 재판의 전제가 된 때에는 당해 사건을 담당하는 법원……은……당사자의 신청에 의한 결정으로 헌법재판소에 위헌 여부의 심판을 제청한다"라고 규정하고 있고, 같은 법 제68조 제2항 전문은 "제41조 제1항의 규정에 의한 법률의 위헌여부심판의 제청신청이 기각된 때에는 그 신청을 한 당사자는 헌법재판소에 헌법소원심판을 청구할 수 있다"라고 규정하고 있는바, 그렇다면 같은 법 제68조 제2항에 의한 헌법소원심판의 청구는 같은 법 제41조 제1항의 규정에 의한 적법한 위헌여부심판의 제청신청을 법원이 각하 또는 기각하였을 경우에만 당사자가 직접 헌법재판소에 헌법소원의 형태로 심판을 청구할 수 있는 것인데, 이 사건에 있어서 청구인은 법 부칙 제20조에 대하여 위헌여부심판 제청신청을 하지 않았고 따라서 법원이 위 조항에 대하여 위헌제청신청기각의 결정을 한 바도 없는 점은 기록상 명백하다. 따라서 법 부칙 제20조는 헌법재판소법 제68조 제2항에 의한 심판의 대상이 될 수 없는 것이므로 이 부분에 대한 청구인의 심판청구는 부적법하다.」

당사자의 제청신청에 대한 당해 법원의 棄却決定의 대상이 되지 아니한 규정들을 포함시킨 헌법소원심판의 청구에 대해 全部 부적법하다고 할 것인가 그 該當 部分만 부적법하다고 할 것인가 하는 문제가 발생한다. 그 해당 부분만 不適法하다고 하는 것이 타당하다. 憲法裁判所의 판례도 같다(예: 憲 1997. 11. 27.-96헌바12; 2002. 5. 30. -2001헌바28; 2003. 9. 25.-2003헌바21).

[憲 1997. 11. 27.-96헌바12] 「청구인은 구 방문판매등에관한법률(1995. 1. 5. 법률 제4896호로 전문개정된 후 1995. 12. 29. 법률 제5086호로 전문개정되기 전의 것) 부칙 제3항이 종전의 법률을 개정하면서 벌칙적용에 관한 경과조 치로서 "이 법 시행 전의 행위에 대한 벌칙의 적용에 있어서는 종전의 규정에 의한 다"고 규정한 것은 형벌불소급의 원칙에 어긋난다고 주장하고 있다. 그러나 헌법재 판소법 제68조 제2항의 헌법소원은 법률의 위헌여부심판의 제청신청을 하여 그 신 청이 기각된 때에만 청구할 수 있는 것인데, 기록에 첨부된 서울지방법원 남부지원 의 위헌제청신청기각결정(94초1188)에 의하면, 청구인은 구 방문판매등에관한법률 부칙 제 3항에 대한 위헌여부심판의 제청신청을 하지 않았고, 따라서 법원의 기각결정도 없 었으므로 청구인의 이 부분 심판청구는 그 심판청구요건을 갖추지 못하여 부적법하 다.」

(c) 신청이 이유가 없는 때

법원이 提請申請을 배척하는 경우, 제청신청이 형식적 요건을 갖추지 못한 경우 에는 却下決定을 하고, 형식적 요건을 갖추었으나 신청이 이유가 없는 경우에는 棄 却決定을 한다.

그런데 각하결정을 할 경우와 기각결정을 할 경우가 명확하지 아니한 때가 있으 므로 배척한 결정의 主文表示가 却下이든 棄却이든 관계없이 제청신청의 형식적 요 건이 갖추어지지 아니하여 배척된 때에는 憲法裁判所法 제68조 제2항에 의한 헌법 소원심판청구를 할 수 없고, 신청이 이유 없다고 하여 배척된 때에는 위 심판청구를 할 수 있다고 할 것이다.

(3) 청구기간

법원으로부터 위헌여부심판의 제청신청을 기각하는 결정을 통지받은 당사자는 통지받은 날로부터 30일 이내에 헌법소원심판을 청구하여야 한다(憲裁法 §69②).

이는 2003. 3. 12. 법률 제6861호로 헌법재판소법을 개정하면서 종래 「제청신청이 기 각된 날로부터 14일 이내에」로 규정되어 있던 것을 「제청신청을 기각하는 결정을 통지받은 날로부터 30일 이내로」 변경한 것으로, 청구기간을 연장함과 동시에 구법 상 「제청신청이 기각된 날」의 의미를 기각결정이 송달된 날을 의미하는 것으로 보 아온 종래의 판례(憲 1991. 1. 28. -90헌바59)를 명문화한 것이다.

憲法裁判所는 이와 같은 청구기간의 제한은 법적 안정성을 확보하기 위하여 필 요성이 인정되며 헌법에 위반되지 않는다고 보았다(예: 憲 2003. 3. 27.-2001헌마461).

따라서 법원이 당사자의 제청신청을 기각한 때에는 신청인에게 기각결정을 통지 하여야 한다. 위헌법률심판절차에서 당사자의 제청신청에 대한 법원의 기각결정이 공동대리인의 1인에게 송달되면 그 기각결정은 적법하게 통지되었다고 본다(예: 憲 1993. 7.
29.-91헌마150).

[憲 1993. 7. 29.-91헌마150] 「청구인 등은 1991. 4. 4. 서울고등법원에 같은 법
원 91구6162로서 택지개발예정지구지정취소 등 청구의 소를 제기하면서는 변호사
甲과 변호사 乙 양인을 선임하였으나, 그 재판의 전제가 된 택지개발촉진법 제3조
제1항, 제9조 제3항, 제12조에 대한 1991. 5. 17. 같은 법원 91부248 위헌여부심
판제청신청에는 변호사 乙 명의로 제출하였는데, 서울고등법원이 1992. 8. 12. 변호
사 甲에게 위헌제청신청기각결정을 송달한 것은 청구인에 대하여 송달의 효력이 없
는 것이고, 그래서 그 후 서울고등법원이 본안 행정소송사건의 재판기일인 1991. 9.
6. 법정에서 위 결정문 정본을 변호사 甲으로부터 회수하여 이를 변호사 乙에게 다
시 교부하게 된 것이므로 이 때에 비로소 적법한 송달이 있었던 것으로 보아야 한
다고 주장하고 있으나, 헌법재판소법 제41조 제1항 및 제2항의 규정에 의하면 법
률이 헌법에 위반되는 여부가 재판의 전제가 된 때에는 당해 사건의 당사자가 당해
사건의 법원에 위헌여부의 심판을 제청하여 달라고 신청할 수 있다고 규정하고 있
어서 위헌여부심판제청신청절차는 당해 행정소송사건과는 전혀 다른 별개의 절차라
기보다는 당해 사건으로부터 부수파생하는 절차로 보아야 할 것이고, 따라서 당해
행정소송사건의 공동 소송대리인은 특별한 사정이 없는 한 위헌여부심판제청신청에
관하여서도 소송대리권을 가지는 것으로 적법한 송달이라고 보아야 할 것이므로 청
구인 등의 이러한 사실주장만으로는 당해 행정소송사건의 공동 소송대리인인 변호
사 甲에게는 위헌여부심판제청신청사건의 기각결정의 송달에 관하여 소송대리권이
없다고 부인하기 어렵다고 할 것이다. 따라서 서울고등법원이 1991. 8. 12. 공동 소
송대리인 변호사 甲에게 행한 서울고등법원의 위헌제청기각결정의 송달은 적법하게
송달되었다고 보아야 할 것이며 그로부터 14일 경과한 1991. 8. 27. 청구된 이 사건
헌법소원심판청구는 계산상 청구기간이 도과된 것이 명백하므로 부적법하다 할 것
이다.」

(4) 심판청구서

憲法裁判所法 제68조 제2항의 헌법소원심판을 청구하는 때에는 심판청구서를
제출하여야 한다. 憲法裁判所法 제68조 제2항의 헌법소원심판절차는 구체적 규범통
제절차이기 때문에 이러한 심판청구서의 기재사항에 대해서는 위헌법률심판의 제청
서에 관한 규정인 憲法裁判所法 제43조의 규정을 준용하되, 「提請法院의 표시」는
「請求人 및 代理人의 표시」로 본다(憲裁法§71②). 따라서 이 심판청구서에는 i) 請求人 및 代
理人의 표시, ii) 사건 및 당사자의 표시, iii) 위헌이라고 해석되는 법률 또는 법률의
조항, iv) 위헌이라고 해석되는 이유, v) 그 밖에 필요한 사항을 기재하여야 한다.

필요적 기재사항을 결한 청구는 부적법하다. 따라서 위헌이라고 해석되는 이유
를 기재하지 않은 청구는 부적법하다(예: 憲 2005. 2. 3.-2003헌바
75; 2009. 5. 12.-2009헌바65).

憲法裁判所法 제68조 제2항의 심판절차가 위헌법률심판절차의 일부이고, 심판

의 대상은 법원의 재판에서 전제가 되어야 하므로, 이 절차를 통하여 不眞正立法不作爲에 대해서는 다툴 수 있으나 眞正立法不作爲에 대해서는 다툴 수 없다(예: 憲 2000. 1. 27.-98헌바12; 2004. 1. 29.-2002헌바36등; 2007. 12. 27.-2005헌가9).

[憲 2004. 1. 29.-2002헌바36등] 「헌법재판소법 제68조 제 2 항에 의한 헌법소원은 '법률'의 위헌성을 적극적으로 다투는 제도이므로 '법률의 부존재' 즉, 입법부작위를 다투는 것은 그 자체로 허용되지 아니하고, 다만 법률이 불완전·불충분하게 규정되었음을 근거로 법률 자체의 위헌성을 다투는 취지로 이해될 경우에는 그 법률이 당해 사건의 재판의 전제가 된다는 것을 요건으로 허용될 수 있다.」

憲法裁判所法 제68조 제 2 항의 헌법소원심판을 청구하는 경우에 심판을 구하는 것은 당해사건의 재판의 전제가 된 법률 또는 법률조항의 위헌여부이므로 變形決定의 주문을 구하는 형태로 심판을 청구할 수는 없다(예: 憲 1995. 7. 21.-92헌바40; 1997. 2. 20.-95헌바27; 1999. 3. 25.-98헌바2). 條約의 경우도 마찬가지이다(예: 憲 2001. 9. 27.-2000헌바20). 변형결정의 필요성은 헌법재판소가 판단하는 사항이기 때문이다. 다만, 심판청구서의 기재사항의 외형적 표현이 변형결정을 구하는 것과 같이 기술되어 있어도 기술된 전체 내용이 위헌여부심판을 구하는 것인 경우에는 이 청구를 각하할 것은 아니다. 憲法裁判所의 판례도 같은 취지이다(예: 憲 1995. 7. 21.-92헌바40; 1997. 2. 20.-95헌바27; 1999. 3. 25.-98헌바2; 1999. 7. 22.-97헌바9; 1999. 11. 25.-98헌바36; 2000. 6. 29.-99헌바66등; 2001. 6. 28.-2000헌바77; 2001. 9. 27.-2000헌바20; 2002. 7. 18.-2000헌바72).

憲法裁判所法 제68조 제 2 항의 헌법소원에서 심판의 대상은 법률 또는 법률조항 자체의 위헌 여부이기 때문에 구체적인 사건에서 그 법률이 해석되고 적용된 결과에 대해 심판을 구하는 내용의 청구는 법원의 재판을 심판의 대상으로 하는 것과 다르지 않기 때문에 허용되지 않는다.

[憲 1997. 2. 20.-95헌바27] 「헌법재판소법 제68조 제 2 항이 "법률의 위헌여부심판의 제청신청이 기각된 때에는"이라고 규정함으로써 심판의 대상을 '법률'에 한정하고 있으므로, 일반적으로 법률조항 자체의 위헌판단을 구하는 것이 아니라 법률조항을 "……하는 것으로 해석하는 한 위헌"이라는 판단을 구하는 청구는 헌법재판소법 제68조 제 2 항상의 청구로 적절치 아니하다.」

[憲 2001. 6. 28.-2000헌바77] 「헌법재판소법 제68조 제 2 항이 "법률의 위헌여부심판의 제청신청이 기각된 때에는"이라고 규정함으로써 심판의 대상을 '법률'에 한정하고 있으므로, 일반적으로 법률조항 자체의 위헌판단을 구하는 것이 아니라 법률조항을 "……하는 것으로 해석하는 한 위헌"이라는 판단을 구하는 청구는 헌법재판소법 제68조 제 2 항에 의한 청구로 적절치 아니하다.……그러나, 청구인의 주장이 단순히 법률조항의 해석을 다투는 것이 아니라, 법률조항이 불명확하여 이를 다투는 등 법률조항 자체의 위헌성에 관한 청구로 이해되는 경우에는, 한정위헌의 판단을 구하는 심판청구도 적법한 것으로 볼 것이다.」

[憲 2007. 4. 26.-2004헌바19] 「헌법재판소법 제68조 제 2 항의 헌법소원은 법

률이 헌법에 위반되는지 여부가 재판의 전제가 될 때에 하는 소위 규범통제형 헌법
소원제도로서 그 심판의 대상은 법률 또는 법률조항 자체의 위헌 여부이다. 그런데
법률 자체의 위헌성에 대한 심판청구가 아니라 구체적인 사건에 있어서 단순히 그
법률이 해석되고 적용된 결과에 대해 심판을 구하는 내용의 청구는 결국 법원의 재
판을 심판의 대상으로 하는 것과 다름없는바, 그러한 내용의 심판청구는 법원의 재
판을 헌법소원의 대상에서 제외하고 있는 헌법재판소법 제68조 제1항의 취지에 비
추어 볼 때 허용되지 않는다.」

(5) 청구의 변경

憲法裁判所法 제68조 제2항의 절차에서도 위헌법률심판절차에서와 같이 청구의
변경이 가능하다. 그런데 이는 憲法裁判所法 제68조 제1항의 헌법소원심판절차와는
성질을 달리하는 절차이기 때문에 憲法裁判所法 제68조 제2항의 절차에서 청구변경
의 방법으로 헌법재판소법 제68조 제1항에 의한 청구로 할 수 없다.

憲法裁判所의 판례 중에는 憲法裁判所法 제68조 제2항의 절차에서 청구변경의
방법으로 예비적 청구를 憲法裁判所法 제68조 제2항에 의한 것을 憲法裁判所法 제
68조 제1항에 의한 것으로 변경하는 것을 받아준 것이 있다(예: 憲 2007. 10. 25.–2005헌바68). 이러한 경우
에는 憲法裁判所法 제68조 제2항에 의한 심판청구와는 별도로 憲法裁判所法 제68조
제1항에 의한 청구를 새로 청구하여야 한다.

憲法裁判所는 청구인의 대리인이 헌법재판소법 제68조 제1항에 의하여 헌법소
원심판을 청구하였으나, 청구인의 원래 의도에 따라 동법 제68조 제2항의 헌법소원
심판청구로 보고 판단한 것이 있다(예: 憲 2008. 10. 30.–2006헌마447). 이는 청구인의 대리인의 잘못에도 불
구하고 청구인에게 유리하게 결정한 것이지만, 헌법재판소법 제68조 제1항의 헌법소
원심판청구와 동조 제2항의 헌법소원심판은 성질을 전혀 달리하는 소송이므로 소송
의 체계상 이러한 판단은 잘못된 것이다. 부적법을 이유로 각하하여야 한다.

[憲 2008. 10. 30.–2006헌마447] 「청구인의 대리인은 헌법재판소법 제68조 제
1항의 헌법소원으로 청구하였지만, 청구인이 대법원에 위헌법률심판제청신청을 하였
다가 기각되자 국선대리인 선임신청을 한 점에 비추어 보면 청구인의 원래 의도는
헌법재판소법 제68조 제2항의 헌법소원을 제기하려는 것이었다고 보이므로, 이 사
건 헌법소원은 청구인의 원래 의도에 따라 헌법재판소법 제68조 제2항의 헌법소원
으로 보고 판단하기로 한다.」　이 결정에는 부적법각하의 결정을 해야 한다는 재판
관 1인의 반대의견이 있다.

(6) 사전심사

憲法裁判所法 제68조 제2항의 심판절차에서 憲法裁判所法 제72조가 정하는 指
定裁判部의 사전심사를 하게 할 수 있는가 하는 문제가 있다. 이를 절대적으로 금지

할 수는 없다. 憲法裁判所法 제68조 제 2 항의 심판절차에서도 사전심사를 허용하면, 여기서는 청구기간의 도과여부, 대리인의 선임 여부, 심판청구서의 흠결 여부, 재판의 전제성 유무 등에 대한 심사가 행해진다. 사전심사를 한 결과 재판부의 심판에 회부된 때에는 憲法裁判所長은 법무부장관과 청구인이 아닌 당해사건의 당사자에게 지체없이 그 사실을 통지하고, 심판청구서의 등본을 송달하여야 한다($\binom{憲裁法 §73②,}{§74②, §27②}$).

그러나 앞에서 본 바와 같이, 憲法裁判所法 제68조 제 2 항의 심판절차가 구체적 규범통제절차인 위헌법률심판절차에 해당하고, 憲法裁判所法이 정하고 있는 위헌법률심판절차에서는 사전심사가 행해지지 않는다는 점과 同法 제72조는 제도의 취지상 본래의 헌법소원심판절차인 同法 제68조 제 1 항의 헌법소원심판절차에서 적용되는 것이라는 점을 고려해 볼 때, 同法 제68조 제 2 항의 심판절차에서 同法 제72조의 사전심사를 하는 것은 제도에 합당하지 않다($\binom{反對: 許營d,}{205}$). 憲法裁判所法 제68조 제 2 항에 의한 심판이 청구되면 지정재판부를 거침이 없이 바로 재판부에 係屬된다고 할 것이다($\binom{鄭宗燮b,}{135}$).

위헌법률심판절차에서 법률이나 법률조항이 재판의 전제가 되는가 하는 점은 형식적 요건이므로 실무에서는 사전심사절차에서 재판의 전제성 유무에 대하여 판단하지만, 재판의 전제성이 갖추어졌는가 하는 문제는 위헌법률심판절차에서 매우 중대한 쟁점이므로 이를 지정재판부의 재판관 3인이 판단하는 것은 타당하지 않다. 재판의 전제성이 인정되지 않아 부적법한 경우를 憲法裁判所法 제72조 제 3 항 제 4 호의 「그 밖에 헌법소원심판의 청구가 부적법」한 경우에 포함시킬 수는 없다. 왜냐하면 여기서 말하는 헌법소원심판은 憲法裁判所法 제68조 제 1 항의 헌법소원심판이지 同條 제 2 항의 헌법소원심판이 아니고, 지정재판부 재판관 3인이 모두 재판의 전제성이 인정되지 않는다고 판단한 경우라도 9인의 전원재판부에서 심판한다면 나머지 재판관 6인 가운데 5인 이상의 재판관이 재판의 전제성이 인정된다고 판단하는 경우를 배제할 수 없기 때문이다. 헌법재판소의 지정재판부에서 재판의 전제성이 없다는 이유로 却下決定을 한 경우가 있으나($\binom{예: 憲 1992. 8. 19.-92헌바}{36; 1998. 3. 31.-98헌바22}$), 법리상 이는 문제가 있다.

(7) 당해 사건 재판의 불정지

憲法裁判所法 제68조 제 2 항의 절차에 따라 헌법재판소가 위헌법률심판을 하는 경우에는 당해 법원에 계속되어 있는 당해 소송사건의 재판은 정지됨이 없이 진행되므로 헌법재판소의 위헌결정이 선고된 때에 당해 법원의 소송사건이 이미 確定된 상태에 있을 수 있다. 이 경우에는 당사자는 再審을 청구할 수 있다($\binom{憲裁法}{§75⑦}$). 이런 再審에 있어서는 刑事事件에 대하여는 刑事訴訟法을 준용하고, 그 외의 事件에 대하여는 民事訴訟法을 準用한다($\binom{同條}{⑧}$). 憲法裁判所法 제68조 제 2 항의 심판절차에서는 당해 소

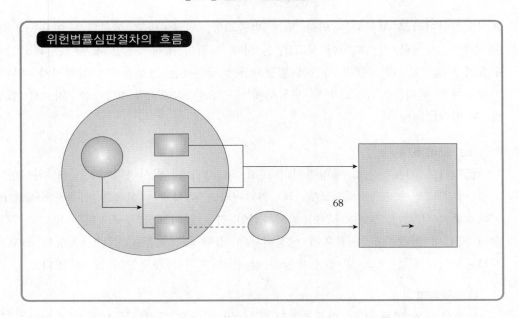

송사건이 정지됨이 없이 진행되는데, 특별한 경우 당해 소송사건의 재판을 정지시키는 가처분을 인정하여야 하는가 하는 문제가 있다([156](2)).

［121］ 第三 職權提請

법률 또는 법률조항이 헌법에 위반되는지 여부가 재판의 前提가 된 경우에는 당해 사건을 담당하는 法院(軍事法院 포함)은 職權으로 헌법재판소에 해당 법률이나 법률조항의 위헌여부심판을 제청할 수 있다($\frac{憲裁法}{\S41①}$).

제청하는 법원은 해당 법률이나 법률조항에 대하여 다른 법원이 이미 행한 판단에 구속되지 않는다. 따라서 상급심 법원에서 같은 법률이나 법률조항에 대한 위헌여부심판의 제청신청에 대하여 기각여부를 이미 판단했거나 직권으로 제청한 적이 있다고 하더라도 제청법원은 이러한 상급심의 해석이나 판단에 구속되지 않는다. 오히려 법원의 이런 제청권 행사를 통하여 다른 법원의 헌법해석에 오류가 있음을 교정할 수 있는 기회를 마련할 수 있다.

［122］ 第四 提請書

I. 提請書

법률 또는 법률조항의 위헌여부심판의 제청은 提請書를 헌법재판소에 제출함으로써 한다($\frac{憲裁法 \S26}{①, \S43}$). 법원이 제출하는 提請書에는 제청법원의 표시, 사건 및 당사자의 표시, 위헌이라고 해석되는 법률 또는 법률조항, 위헌이라고 해석되는 이유, 그 밖에 필요한 사항을 기재하여야 하고($^{同法}_{§43}$), 당해 사건이 형사사건인 경우에는 피고인의 구속여부 및 그 기간, 당해 사건이 행정사건인 경우에는 행정처분의 집행정지 여부를 기재하여야 한다($^{審判規}_{則 §54}$). 그 밖에 제청서에는 필요한 증거서류 또는 참고자료를 첨부할 수 있다($^{同法}_{§26②}$).

Ⅱ. 記載事項

提請書에 기재하는 i) 제청법원의 표시, ii) 사건 및 당사자의 표시, iii) 위헌이라고 해석되는 법률 또는 법률조항, iv) 위헌이라고 해석되는 이유는 법률상의 **必要的 記載事項**이고($^{憲裁法}_{§43}$), 당해 사건이 형사사건인 경우에 피고인의 구속여부 및 그 기간, 당해 사건이 행정사건인 경우에 행정처분의 집행정지 여부는 심판규칙상의 필요적 기재사항이다($^{審判規}_{則 §54}$). 「그 밖에 필요한 사항」은 필요적 기재사항이 될 수 없다.

(1) 제청법원

提請法院은 법률 또는 법률조항의 위헌여부심판을 제청하는 법원을 말한다.

(2) 사건 및 당사자의 표시

事件 및 當事者의 표시도 제청법원에 계속된 사건 및 당사자를 표시하는 것을 말한다.

(3) 위헌이라고 해석되는 법률 또는 법률의 조항

違憲이라고 解釋되는 法律 또는 法律條項은 제청법원에 계속된 소송사건에서 재판의 전제가 되는 법률이나 법률조항 중 제청법원이 검토한 결과 헌법에 위반될지도 모른다는 합리적인 의심이 드는 법률이나 법률조항을 말한다. 따라서 여기서 말하는 「違憲이라고 解釋되는」이라는 말은 위헌이라고 합리적 의심을 가지는 경우를 의미한다.

이러한 판단을 함에 있어서 제청법원은 먼저 제청의 대상이 되는 법률이나 법률조항이 제청법원의 당해 소송사건의 재판에서 전제가 된다는 점을 밝히는 것이 필요하다. 따라서 제청법원은 재판의 전제성에 대하여 가능한 한 상세히 판시하는 것이 필요하다. 물론 제청법원은 이러한 재판의 전제성에 대한 판단에 스스로 구속되지 않는다. 헌법재판소에 제청을 할 때 재판의 전제가 된다고 판단한 법률이나 법률조항을 당해 사건에 반드시 적용하여 재판해야 하는 것은 아니다. 제청법원에서 제청을 한 이후 審理의 진행에 따라 당해 사건에 적용할 법률이나 법률조항에 대한 제청법원의 의견은 변경될 수 있다.

　　법원이 제청을 하는 경우에는 재판의 전제가 된 법률 또는 법률조항의 위헌여부에 대한 헌법재판소의 심판을 구하는 것이므로 變形決定의 주문을 구하는 형태로 제청할 수는 없다. 변형결정의 필요성에 대한 판단은 헌법재판소가 결정하는 사항이다.

(4) 위헌이라고 해석되는 이유

　　제청법원은 재판의 전제가 된 法律 또는 法律條項에 대해 위헌여부심판을 제청함에 있어서 위헌에 대한 합리적인 의심이 든다는 것을 밝힘으로 족하지만, 합리적 의심이 드는 이유를 설시하여야 한다.

[123] 第五　提請決定에 대한 抗告禁止

　　憲法裁判所法 제41조 제4항은「違憲與否審判의 提請에 관한 決定에 대하여는 抗告할 수 없다」라고 정하고 있다. 따라서 위헌여부심판제청을 신청한 당사자는, 당해 법원이 위헌여부심판의 제청신청을 却下 또는 棄却한 결정에 대하여 抗告할 수 없다($\frac{憲裁法}{\S41④}$). 당해 법원이 제청신청에 대하여 기각한 경우에는 憲法裁判所法 제68조 제2항에 의한 헌법소원심판을 청구할 수 있다($\frac{同法}{\S68②}$).

[124] 第六　提請의 效力

I. 裁判의 停止

(1) 의　　의

　　法院이 법률 또는 법률조항의 違憲與否審判을 헌법재판소에 提請한 때에는 당해 소송사건의 裁判은 헌법재판소의 違憲與否의 決定이 있을 때까지 정지된다($\frac{憲裁法}{\S42①}$). 제청법원의 제청으로 재판이 정지되기 때문에 종국재판은 헌법재판소의 심판을 받은 후에 해야 한다. 이는 具體的 規範統制의 본질과 기능에서 나오는 당연한 요청이다. 특히 우리나라에서 재판에 대한 헌법소원심판은 원칙적으로 인정되지 않으므로 법원의 제청으로 인하여 재판이 停止되면 어떤 경우에도 종국재판의 절차를 진행할 수는 없다.

(2) 효　　력

　　법원의 제청이 있으면 제청법원에 계속된 당해 소송사건의 재판이 정지되는데, 이런 재판의 정지효력은 당해 소송사건의 재판에 대해서만 개별적으로 발생하기 때문에 동일한 법률이나 법률조항의 위헌여부심판을 제청하지 아니한 법원에는 미치지 않는다.

　　어떤 법원이 다른 법원의 제청을 원용할 수 없다. 어떤 법원에 계속중인 소송사

건에서 동일한 법률이나 법률조항의 위헌여부가 재판의 전제가 되어 있고 당해 법원
이 재판을 정지하고자 하는 경우에는 비록 그 법률이나 법률조항이 다른 법원의 제
청에 의해 헌법재판소에서 위헌여부심판의 대상으로 되어 있더라도 당해 법원은 동
일한 법률이나 법률조항의 위헌여부심판을 헌법재판소에 따로 제청하여야 한다.

이런 점을 고려하건대, 각 법원이 어떤 법률이나 법률조항의 위헌여부가 헌법재판
소에서 심판의 대상으로 되어 있는지 알 수 있도록 알리는 것이 필요하다. 제청법
원이 알릴 수도 있고, 대법원에서 취합하여 그 목록을 게시하여 놓을 수도 있다. 헌
법재판소는 현재 인터넷의 홈페이지를 이용하여 이러한 정보를 알리고 있다. 우리
나라 헌법재판제도의 역사에서 보건대, 현행 憲法裁判所法이 시행되기 이전에 이런
경우에는 헌법위원회나 헌법재판소가 대법원으로 하여금 각급 법원에 당해 법률을
적용하여야 할 사건의 심리를 중지시키도록 하였다($\binom{\text{1950年 憲委法 §10; 1973年 憲委}}{\text{法 §13②; 1961年 憲裁法 §9②}}$).

Ⅱ. 停止의 例外

법원이 緊急하다고 인정하는 경우에는 終局裁判 외의 소송절차를 진행할 수 있
다($\binom{\text{憲裁法}}{\text{§42①}}$).

Ⅲ. 裁判停止期間의 他 期間에의 算入與否

법원의 제청으로 인한 재판의 정지가 있는 경우에 그 裁判停止期間은 刑事訴訟
法 제92조 제 1 항·제 2 항 및 軍事法院法 제132조 제 1 항·제 2 항에서 정하고 있는
拘束期間과 民事訴訟法 제199조에서 정하고 있는 判決宣告期間에 算入되지 아니한다
($\binom{\text{憲裁法}}{\text{§42②}}$).

[125] 第七 提請의 撤回 등

Ⅰ. 撤回의 許容與否

위헌법률심판은 客觀訴訟이므로 법원이 제청한 이상 그 철회는 자유롭지 않다.
법원이 일단 헌법재판소에 위헌여부심판을 제청하면 원칙적으로 그 제청을 철회할
수 없고 특별한 이유가 있는 예외적인 경우에만 철회할 수 있다($\binom{\text{同旨: 許}}{\text{營d, 207}}$).

憲法裁判所法에는 제청의 철회에 관한 규정이 없기 때문에 예외적인 경우에도 제청
의 철회가 허용되지 않는다고 하는 해석도 가능하다. 이러한 경우에는 제청을 철회
할 수 있는 예외적인 경우에도 헌법재판소는 위헌여부에 대하여 심판을 해야 하는
데, 이 경우에는 헌법재판소의 위헌여부심판은 제청법원에 당해 사건의 재판과는 아
무런 관계도 없이 행해지는 결과가 된다. 이렇게 되면 구체적 규범통제에서 진행된
위헌여부심판이 통상법원의 재판과는 아무런 관계없이 행해지는 것이 되어 사실상
추상적 규범통제의 역할을 하게 된다.

(1) 원   칙

(a) 제청의 철회불가

제청법원이 법률의 위헌여부에 대한 심판을 헌법재판소에 제청을 한 후에 이를 철회할 수 있느냐 하는 것이 문제가 된다. 제청법원은 일단 제청을 한 이상 제청법원이 스스로 제청의 요건을 갖추지 못하였음을 확신한다고 하더라도 원칙적으로 이를 철회할 수 없다고 할 것이다. 제청결정이 가지는 自己拘束力 때문이다.

(b) 제청신청을 취소한 경우

제청법원의 제청이 있은 후 당사자가 提請申請을 取消한 경우에도 법원은 제청을 철회하지 못한다고 할 것이다. 이런 경우에는 i) 법원의 제청이 가지는 자기구속력에 의해 법원 스스로 구속된다는 점, ii) 당해 소송사건은 여전히 제청법원에 계속되어 있어 제청법원이 재판을 해야 한다는 점, iii) 이미 제청되었던 해당 법률이나 법률조항도 여전히 재판의 전제성을 지니고 있다는 점, iv) 職權提請을 할 이유가 있는 경우에는 다시 법원이 제청을 하여야 하므로 소송상 비경제적이라는 점, v) 위헌법률심판에서 제청신청은 제청을 촉발시킬 뿐이므로 객관소송인 위헌법률심판절차의 진행여부를 결정할 수 없다는 점으로 인하여, 당사자의 제청신청의 취소가 있어도 법원은 제청을 철회하지 못한다.

> 법원의 제청이 있으면 제청법원에 係屬되어 있는 당해 소송사건의 재판은 停止되기 때문에 제청이 있은 후 당사자는 재판의 정지로 인한 불이익을 피하기 위해 재판의 정지를 해소하고자 할 수 있다. 이런 재판의 정지를 해소하기 위하여 당사자는 제청신청을 취소하고 이를 바탕으로 하여 제청이 철회되기를 원할 수 있다. 그러나 법원의 직권제청을 인정하고 있는 구체적 규범통제구조에서는 재판의 정지를 解消하고자 하는 당사자의 이러한 이익은 보호되지 않는다고 할 것이다.

(2) 예   외

(a) 당해 사건의 전제가 된 법률 또는 법률조항의 改正 또는 廢止로 인하여 제청 요건이 존재하지 않는 경우와 刑事裁判에서 公訴가 取消된 경우(공소장의 변경 포함)나 民事裁判과 行政裁判에서 당해 사건의 訴取下(民訴法 §267①; 行訴法 §8②)로 인하여 제청법원에서 당해 사건이 終了된 경우에는 제청법원은 이미 행한 제청을 철회할 수 있다고 할 것이다.

> [憲 1989. 7. 14.-88헌가5등] 이 사건에 대하여 재판관 李時潤의 다음과 같은 보충의견이 있다. 「원래 제청법원은 일단 제청한 뒤에는 제청결정의 기속력 때문에 제청요건을 갖추지 못했다는 확신에 이른다 하여도 제청결정을 변경할 권한은 없다고 할 것이다. 그러나 법률이 변경되는 경우나 본안소송에서 소의 취하 등으로 적법하게 사건이 종료된 경우에는 예외적으로 제청법원은 재판의 전제성이 없는 것으로 보고 제청결정을 변경하거나 또는 철회할 수 있다고 할 것이다.」

이와 관련하여 당사자의 訴訟上 和解 또는 請求抛棄·認諾이 있는 경우 제청을 철회할 수 있는가 하는 것이 문제가 된다. 현행 民事訴訟法에 의하면 請求抛棄·認諾은 期日에 진술하여야 하고($^{民訴法}_{§220}$), 訴訟係屬중의 訴訟上 和解는 期日에 하므로 憲法裁判所法 제41조 제1항의 절차에서 재판이 정지된 경우에는 당사자가 請求抛棄·認諾이나 訴訟上 和解를 하고자 기일지정을 신청하여도($^{民訴法}_{§165①}$) 법원이 이를 처리할 수 없으므로 請求抛棄·認諾이나 訴訟上 和解를 할 수 있는 여지가 없다고 할 것이다. 이런 경우 당사자가 소송을 종결하고자 하는 경우에는 당사자간 화해를 하고 소를 취하하면 된다. 이렇게 하여 소가 취하되어 소송계속이 소멸한 때에는 제청법원은 제청을 철회할 수 있다.

憲法裁判所法 제68조 제2항의 절차에서는 법원의 재판절차가 정지되지 않기 때문에 公訴取消나 당사자의 訴取下, 請求抛棄·認諾, 訴訟上 和解가 있으면 법원의 당해 사건은 종료하고, 憲法裁判所法 제68조 제2항에 의한 헌법소원심판청구는 취하할 수 있다고 할 것이다.

이와 같은 예외적인 경우 법원이 제청을 철회하지 아니하거나 청구인이 憲法裁判所法 제68조 제2항의 심판청구를 취하하지 아니하면 헌법재판소는 제청 또는 심판청구에 대해 제청법원 또는 당해 법원에 소송사건의 재판이 존재하지 않는다는 이유로 却下하는 결정을 한다. 그렇게 해야 구체적 규범통제의 성질과 제청의 철회를 예외적으로 허용하는 취지에 부합한다.

(b) 헌법재판소가 특정 법률이나 법률조항에 대해 위헌이라고 선고하는 경우, 해당 법률 또는 법률조항에 대해 여러 건의 제청이 있거나 憲法裁判所法 제68조 제2항의 심판청구가 있는 때에는 이를 倂合하여 한번에 결정한다. 이러한 경우 헌법재판소가 위헌결정을 하면서 사건을 병합하여 결정하지 않고 일부를 漏落한 경우가 발생하는데, 이러한 경우에는 헌법재판소의 선고 이전에 이미 동일한 법률이나 법률조항에 대해 별도의 위헌여부심판을 제청한 법원은 해당 제청을 철회할 수 있고, 憲法裁判所法 제68조 제2항에 의한 헌법소원심판을 청구한 청구인은 해당 심판청구를 취하할 수 있다. 당해 사건의 전제가 된 법률의 폐지로 인하여 제청요건이 존재하지 않는 경우에 해당하기 때문이다. 이러한 경우 제청법원이 제청을 철회하지 않거나 청구인이 청구를 취하하지 아니하면 헌법재판소는 해당 사건에서 헌법재판소의 견해를 변경하지 아니하는 이상 위헌임을 확인하는 決定을 한다($^{예: 憲 1999.6.}_{24.-96헌바67}$). 헌법재판소법 제68조 제2항의 헌법소원심판절차는 동법 제41조 제1항의 절차와 달리 동법 제75조 제7항에 의한 재심이 가능하도록 길을 열어 주어야 하기 때문에 認容決定을 하는 것이 필요하다.

(c) 이미 제청된 법률이나 법률조항의 개정이 있는 경우 새로 개정된 법률이나 법률조항에 의하더라도 제청하여야 할 이유가 있는 경우에는 기존의 제정을 취소하고 새로 제청을 할 것이 아니라 제청의 대상을 변경하는 것으로 족하다고 할 것이다.

Ⅱ. 提請 撤回 등과 審判節次의 終了

법원이 제청을 철회하거나 당사자가 憲法裁判所法 제68조 제 2 항의 심판청구를 취하한 경우에는 원칙적으로 심판 절차가 終了된 것으로 처리된다. 그러나 심판의 이익이 있는 경우에는 헌법재판소는 본안판단을 한다([44] Ⅴ(1)). 실무에서는 이런 경우 별다른 선고를 함이 없이 내부 供覽하고 종결한다. 이해관계인에게는 請求取下書의 등본을 송부한다.

《제청이 없는 위헌법률심판》

우리나라에서 위헌법률심판제도는 具體的 規範統制의 형태를 취하고 있기 때문에 憲法裁判所法 제41조 제 1 항에 의한 제청권자의 제청이 있거나 同法 제68조 제 2 항에 의한 제청에 갈음하는 청구가 있어야 헌법재판소가 해당 법률 또는 법률조항의 위헌여부에 대해 심판을 할 수 있다. 또 個人的 規範統制인 법률에 대한 헌법소원심판에서는 청구인의 심판청구가 있어야 헌법재판소가 심판을 할 수 있다. 그런데 법률의 위헌여부를 판단하는 재판에서는 이러한 경우 이외에 위헌법률심판을 해야 하는 경우가 있다. 즉 정당해산심판, 탄핵심판에서 헌법재판소가 해당 심판을 함에 있어서 어떤 법률이 그 심판의 전제가 되고 그 법률의 위헌여부에 따라 심판의 내용이 달라지는 경우가 있다. 이 경우는 憲法裁判所法 제41조 제 1 항의 위헌법률심판, 同法 제68조 제 1 항의 법률에 대한 헌법소원심판, 同法 제68조 제 2 항의 헌법소원심판 그 어느 경우에도 해당하지 않는 절차에서 위헌법률심판이 필요한 경우이다. 이러한 경우에 대해 憲法裁判所法은 明示的으로 정하고 있는 것이 없다. 이러한 경우 헌법재판소가 판례로 위헌여부심판을 할 수 있다고 선언할 수 있느냐 하는 문제는 남아 있지만, 立法의 不備에 해당하므로 이에 관한 규정을 두는 것이 필요하다. 권한쟁의심판에서 법률이 문제가 되는 경우에는 국회의 입법행위에 대하여 다투게 되는데, 이 경우 취소결정(憲裁法§66②)을 할 때 先行하여 위헌여부를 판단하는 경우가 있을 수 있다. 법률의 규정으로 인하여 청구기관의 권한이나 의무가 헌법에 위반되는 것일 때 해당 법률조항을 위헌으로 선고할 수 있느냐 하는 문제도 있다([223] Ⅱ).

3. 意見書의 提出

당해 소송사건의 당사자 및 법무부장관은 헌법재판소에 법률의 위헌여부에 대한 의견서를 제출할 수 있다(憲裁法§44). 당해 사건의 참가인의 경우도 마찬가지이다(審判規則§56). 이 점은 憲法裁判所法 제68조 제 2 항의 헌법소원심판의 청구로 위헌법률심판절차가 개시된 경우에도 마찬가지이다($\frac{憲裁法 \ §74}{②, \ §44}$).

　　제청법원의 의견은 제청서를 통하여 제출되었지만, 제청법원이 제청서에 기재된 내용 이외에 헌법재판소에 의견을 제출할 필요가 있는 경우에는 위헌법률심판을 제청한 이후에도 심판에 필요한 의견서나 자료 등을 헌법재판소에 제출할 수 있다($\frac{審判規}{則 \ §55}$).

제 4 절   裁判의 前提性

[126] 第一   適法要件으로서의 前提性

　　憲法 제107조 제 1 항은 「법률이 헌법에 위반되는 여부가 재판의 前提가 된 경우에는 법원은 憲法裁判所에 提請하여 그 심판에 의하여 재판한다」라고 정하고 있고, 憲法裁判所法 제41조 제 1 항은 「법률이 헌법에 위반되는지 여부가 재판의 전제가 된 경우에는 당해 사건을 담당하는 法院(군사법원을 포함한다)은 職權 또는 當事者의 申請에 의한 決定으로 헌법재판소에 위헌여부 심판을 提請한다」라고 정하고 있으며, 同法 제68조 제 2 항은 「제41조 제 1 항에 따른 법률의 위헌여부 심판의 제청신청이 棄却된 때에는 그 신청을 한 당사자는 헌법재판소에 헌법소원심판을 청구할 수 있다」라고 정하고 있다.

　　따라서 憲法裁判所法 제41조 제 1 항의 규정에 의한 위헌법률심판의 제청이나 憲法裁判所法 제68조 제 2 항의 규정에 의한 헌법소원심판청구가 적법한 것이기 위해서는 문제된 법률 또는 법률조항이 헌법에 위반되는 여부가 당해 법원에 계속된 소송사건의 재판의 전제가 되어야 한다는 요건을 갖추어야 한다. 재판의 전제성을 갖추어야 하는 것은 위헌법률심판의 제청과 憲法裁判所法 제68조 제 2 항에 의한 헌법소원심판청구의 適法要件이다.

　　　유의할 것은, 전제성의 구비여부는 헌법재판소의 위헌법률심판에서는 적법요건이므로 전제성이 갖추어지지 않는 경우 헌법재판소는 각하결정을 하지만 당사자의 제청신청에 대하여 재판의 전제성이 인정되지 않는다는 이유로 법원이 배척하는 경우에는 기각결정을 한다는 점이다([120]Ⅱ(2)(c)).

[127] 第二   前提性의 槪念
Ⅰ. 前提性의 構成要素
　　憲法과 憲法裁判所法에서 정하고 있는 구체적 규범통제제도에 있어서 요구되는 재판의 전제성이 무엇을 의미하는가 하는 것은 소송법적으로 중요한 의미를 가진다. 재판의 전제성이 있다고 하기 위해서는 우선 당해 법원에 구체적인 사건이 계속되어 있는 재판이 존재하여야 하는데, 이러한 재판의 존재는 具體的 規範統制制度의 전제 이기도 하다. 이 점에서 抽象的 規範統制의 경우와 구별된다.

전제성 문제는 어떠한 법률이나 법률조항이 이러한 재판의 전제가 된다고 하는 의미의 구체적인 내용이 무엇이냐 하는 것이다. 전제성의 개념을 분명히 하기 위해 서는 전제성의 구성요소가 무엇인지를 확정하는 것이 필요하다. 전제성의 구성요소 중 어느 하나라도 결하면 재판의 전제성은 인정되지 않는다.

憲法裁判所法 제41조 제1항과 同法 제68조 제2항에서 정하고 있는 위헌법률심 판에서 요구되는 裁判의 前提性이란 i) 소송사건이 법원에 계속중이어야 하고, ii) 위 헌 여부가 문제되는 법률 또는 법률조항이 당해 소송사건의 재판에 적용되어야 하며, iii) 그 법률 또는 법률조항의 위헌 여부에 따라 당해 사건을 담당한 법원이 다른 내 용의 재판을 하게 되는 경우를 말한다. 憲法裁判所의 判例도 같은 견해이다(예: 憲 1993. 11. 25.-92헌바 39; 1993. 12. 23.-93헌가 2; 2000. 1. 27.-99헌바23).

[憲 1993. 12. 23.-93헌가2] 「헌법 제107조 제1항과 헌법재판소법 제41조 제1 항의 각 규정에 의하면 법률이 헌법에 위반되는 여부가 재판의 전제가 된 경우에는 법원이 헌법재판소에 위헌 여부의 심판을 제청하도록 되어 있으므로, 법률에 대한 위헌심판제청이 적법하기 위하여는 문제가 된 법률의 위헌여부가 재판의 전제가 되 어야 한다는 재판의 전제성을 갖추어야 할 것이다. 여기에서 재판의 전제성이라 함 은 원칙적으로 ① 구체적인 사건이 법원에 계속중이어야 하고, ② 위헌여부가 문제되 는 법률이 당해 소송사건의 재판에 적용되는 것이어야 하며, ③ 그 법률이 헌법에 위반되는지의 여부에 따라 당해 사건을 담당하는 법원이 다른 내용의 재판을 하게 되는 경우를 말한다.」

(1) 소송사건이 법원에 계속중일 것

재판의 전제성이 인정되려면 무엇보다 그 전제로서 일반법원에 구체적인 소송사 건이 계속되어 있어야 한다. 이러한 소송사건이 계속되어 진행중인 재판이 법원에 존재하여야 「재판의 전제가 된다」는 의미가 성립할 수 있다. 이런 재판의 의미에 대 해서는 이미 앞에서 본 바와 같다([118]Ⅱ).

(a) 적법한 계속

소송사건이 일반법원에 계속중이라는 의미는 「適法하게」 계속되어 있어야 함을 뜻한다. 해당 소송사건이 부적법한 청구이어서 법률의 위헌여부를 따져 볼 필요조차 없이 각하될 수밖에 없는 경우에는 재판의 전제성이 흠결되었다고 할 것이다(예: 憲 1992. 8. 19. -92헌바36; 2000. 11. 30.-98헌바83; 2007. 12. 27.-2006헌바34; 2008. 10. 30.-2007헌바66; 2009. 6. 9.-2009헌바94; 2009. 10. 29.-2008헌바73). 다만, 현재의 법률에 의하면 부적법한 청구이어서 각하될 수밖에 없다고 할지라도, 위헌법률심판의 대상이 된 법률이 위헌으로 결정되어 적법한 청구가 될 수 있는 경우에는 재판의 전제성을 인정하여야 할 것이다(예: 청구기간이 도과되어 부적법한 청구이나, 청구기간의 제한을 둔 해당 법률조항에 대하여 위헌법률심판을 청구한 경우 등). 憲法裁判所는 당해 법원의 소송사건이 현재로서는 부적법한 것이지만 향후 청구취지의 변경을 통하여 당해 사건이 적법하게 되어 본안판단으로 나아갈 여지가 있는 경우에는 재판의 전제성이 인정된다고 보고 있다(예: 憲 2009. 5. 28. -2005헌바20).

당해 법원의 소송사건의 청구가 위헌여부가 문제된 법률조항과 무관한 소송요건의 흠결로 인하여 재판의 전제성을 성립시킬 수 없는 것이 되어 법원이 부적법한 청구라는 이유로 당사자의 위헌법률심판제청의 신청을 기각한 경우에, 당사자는 헌법재판소법 제68조 제2항에 의한 헌법소원심판을 청구할 수 있는데, 이 때 헌법재판소가 어떠한 결정을 할 것인지 문제된다.

憲法裁判所는 이러한 경우에 당해 법원에서 소각하판결을 선고하고 그 판결이 확정되거나, 소각하판결이 확정되지는 않았더라도 당해 소송사건이 부적법하여 각하될 수밖에 없는 경우에는 재판의 전제성이 흠결되어 헌법재판소법 제68조 제2항에 의한 헌법소원심판청구가 부적법하다고 하는 반면(예: 憲 2009. 10. 29. -2008헌바73), 당해 소송사건이 각하될 것이 불분명한 경우(아직 당해 사건에 대한 소각하판결이 확정되지 않았고, 소송요건 흠결과 관련한 확립된 대법원의 판례가 존재하지 않는 경우)에는 우선 재판의 전제성 요건을 갖춘 것으로 보고 본안에 대한 판단을 하여야 한다고 판시하였다(예: 憲 2004. 10. 28. -99헌바91).

[憲 2009. 10. 29. -2008헌바73] 「국민건강보험공단(이하 '공단' 이라 한다)은 2002. 7.부터 2007. 8.까지 매월 청구인에게 별지 처분내역표의 기재와 같이 지역건강보험료를 부과하였다. 청구인은 위 부과처분에 의한 보험료 중 2007년 4월, 5월, 8월분의 보험료 합계 70,900원(각 가산금 포함)과 2007년 9월분 보험료 26,880원(가산금 포함) 등 총 105,780원(체납처분비 8,000원 포함)만을 납부하고, 나머지 보험료는 납부하지 아니하였다. 청구인이 위와 같이 지역건강보험료를 체납하자, 공단은 2007. 10. 9. 부과징수부-2603호로 청구인 소유의 충북 단양군 대강면 ○○리 37 전 694㎡ 및 같은 리 307 전 800㎡에 대한 압류처분을 하였다. 이에 청구인은 2008. 2. 28. 공단을 상대로 서울행정법원에 ① 이 사건 각 부과처분의 취소, ② 이 사건 압류처분의 취소, ③ 청구인이 공단에 이미 납부한 2007년 4월, 5월, 8월, 9월분 보험료 합계 105,780원의 반환, ④ 2007년 9월분부터 2008년 2월분까지 청구인에 대하여 한 보험료부과처분을 보험료 0원의 처분으로 변경, ⑤ 2008. 3.부터 청구인에 대한 보험료납부의무를 면제할 것을 구하는 소를 제기(서울행정법원 2008구합8574)하는 한편, 위 소송 계속중 이 사건 각 부과처분의 근거 법률인 구 국민건강보험법 제5조 및 제13조 제1항이 위헌이라고 주장하면서 위 법률 전부에 대하여 위헌법률심판제청신청(서울행정법원 2008아617)을 하였다. 위 법원은 2008. 7. 1. 당해사건(2008구합8574)에서 이 사건 각 부과처분 및 압류처분의 각 취소를 구하는 부분에 대하여는 제소기간 도과를 이유로, 나머지 청구 부분에 대하여는 허용되지 아니한 소송이라는 이유로 청구인의 소를

모두 각하하는 판결을 선고하는 한편, 청구인의 위헌법률심판 제청신청에 대하여는 본안소송이 부적법을 이유로 각하되는 이상 이 사건 신청은 재판의 전제성이 없어 부적법하다고 할 것이지만, 적어도 제소기간 도과 여부에 대하여는 신청인의 상급심에서의 주장·입증 여하에 따라 결론이 달라질 수도 있다는 측면에서 재판의 전제성을 인정한 후, 위 법률의 위헌성에 관한 청구인의 주장을 배척하고 기각결정을 하였다. 그러자 청구인은 2008. 7. 17. 헌법재판소법 제68조 제2항에 따라 우리 헌법재판소에 이 사건 헌법소원심판 청구를 하였다.……당해사건의 진행경과를 살펴보건대, 1심 법원(서울행정법원 2008구합8574)(압류취소 및 보험료처분취소)은 2008. 7. 1. 청구인이 제기한 소가 청구기간 도과 등으로 부적법하다는 이유로 이를 각하하는 판결을 선고하였다. 그 후 항소심 법원(서울고등법원)(2008누19552)은 2008. 11. 27. 1심 판결의 이유를 지지하면서 항소를 기각하였고, 대법원(2008두)(22860)은 2009. 2. 12. '상고심 절차에 관한 특례법' 제5조에 근거하여 심리불속행으로 상고를 기각하였다. 이와 같이 이 사건의 당해사건에서 소 각하의 판결이 선고되어 확정되었다면, 이 사건 심판대상 조항의 위헌 여부가 당해사건 재판의 전제가 될 수 없음이 명백하고, 따라서 이 사건 심판청구는 적법요건인 재판의 전제성을 흠결하였다고 할 것이다.……우리 헌법재판소는 이미 법 제5조 제1항 등의 위헌 여부를 심사한 사건들에서 국민건강보험 강제가입의무 부과 및 보험료 부과에 대하여 여러 차례 합헌으로 판시한 바 있고(憲 2000. 6. 29.-99헌마289; 2001. 8. 30.-2000 헌마668; 2003. 10. 30.-2000헌마801 참조), 따라서 이 사건의 경우는 이미 충분한 헌법적 해명이 이루어진 사안이라 할 것이며, 그 밖에 특별히 달리 판단할 사정변경이 있다고도 보이지 아니하므로, 예외적으로 본안판단에 나아갈 경우에 해당한다고 볼 수 없다. 결국 청구인의 이 사건 심판청구는 적법요건인 재판의 전제성을 갖추지 못한 것으로서 부적법하다.」 이 사건에서는 제소기간의 위헌여부는 다투어지지 않았기 때문에 당해 사건이 소각하로 확정된 상태에서 헌법재판소로서는 당해사건에서 처음부터 재판의 전제성이라는 것이 존재하지 않기 때문에 헌법재판소법 제28조 제2항의 심판청구는 부적법하다고 하여 각하한 것이다.

[憲 2004. 10. 28.-99헌바91] 「여기에서 당해 사건이 일반법원에 계속중이라는 의미는 원칙적으로 '적법하게' 계속되어 있어야 한다. 그러므로 법원에서 당해 소송사건에 적용되는 재판규범 중 위헌제청신청대상이 아닌 관련 법률에서 규정한 소송요건을 구비하지 못하였기 때문에 부적법하다는 이유로 소각하판결을 선고하고 그 판결이 확정되거나, 소각하판결이 확정되지 않았더라도 당해 소송사건이 부적법하여 각하될 수밖에 없는 경우에는 당해 소송사건에 관한 '재판의 전제성' 요건이 흠결되어 헌법재판소법 제68조 제2항의 헌법소원심판청구가 부적법하다 할 것이나, 이와는 달리 당해 소송사건이 각하될 것이 불분명한 경우에는 '재판의 전제성'이 흠결되었다고 단정할 수 없는 것이다. 구체적 사건에 관하여 사실관계를 인정하고 법률을 해석하여 적용하는 것은 어디까지나 일반법원의 역할이고, 헌법재판소는 일반법원이 구체적 사건에 관한 재판을 할 때 선결문제가 되는 법률의 위헌여부의 심사 및 선언을 하는 것이다. 즉, 일반법원의 재판규범인 법률이 위헌법률심판절차의 심판대상으로 헌법에 위반되는지 여부를 다투는 경우가 아닌 한, 단순히 법률의 해석·적용을 다투는 것은 우리 재판소의 심판대상이 될 수 없고 그 최종적인 사법적 해석권한은 법원에 있다. 그렇지만, 우리 재판소가 이 사건에서와 같이 헌법소원심판을 판단하기 위하여는 당해 소송사건이 행정소송법 제12조의 원고적격이라는 소

송요건을 충족하였는지 여부에 관하여 법원의 최종적인 법률해석에 앞서 불가피하게 판단할 수밖에 없는 경우도 있다. 그렇다고 하더라도 우리 재판소의 사실인정이나 법률해석에 일반법원이 구속되는 것은 아니라 할 것이다. 이 사건 법률에 근거한 이 사건 처분과 관련하여, 원고적격을 가진 자가 주식회사인 경우에 그 회사의 '주주' 또는 '이사' 등이 가지는 이해관계를 행정소송법 제12조 소정의 '법률상 이익'으로 볼 수 있는지 여부에 관하여 당해소송의 제 1 심과 항소심 법원은 이를 부정하고 소를 각하하는 판결을 선고하였다. 그러나 이 사건에 직접 원용할 만한 확립된 대법원의 판례는 아직까지 존재하지 않고, 해석에 따라서는 당해소송에서 청구인들의 원고적격이 인정될 여지도 충분히 있다. 따라서 우리 재판소는 일단 청구인들이 당해소송에서 원고적격을 가질 수 있다는 전제하에 이 사건 법률조항에 대한 심판청구가 우선 재판의 전제성 요건을 갖춘 것으로 보고 본안에 대한 판단에 나아가기로 한다.」

(b) 제청법원의 소송사건이 종료한 경우

헌법재판소법 제41조에 의한 위헌법률심판의 경우에는 당해 소송사건이 정지되므로(憲裁法 §42①) 원칙적으로 당해 소송사건이 종료될 수 없다. 그러나 예외적으로 소취하나 공소가 취소되는 등으로 인하여 당해 소송사건이 종료되었음에도 제청법원이 제청을 철회([124](2))하지 않는 경우에는 당해 소송사건의 재판절차가 소멸하기 때문에 재판의 전제성이 인정되지 않는다. 그러나 재판의 전제성이 없다고 하여 심판을 할 수 없는 것은 아니다. 위헌법률심판에서 재판의 전제성이 없으면 원칙적으로 심판을 할 수 없지만, 예외적으로 審判의 必要性이 인정되어 심판하는 경우가 있다([132] Ⅱ).

헌법재판소법 제68조 제 2 항에 의한 심판절차에서는 당해 법원의 재판이 정지되지 않고 진행되므로 헌법재판소가 위헌여부의 결정을 하기 전에 당해 소송사건이 확정되어 종료될 수 있다. 그러나 이후 헌법재판소가 위헌결정을 할 경우에 청구인은 재심을 청구할 수 있기 때문에(憲裁法 §75⑦, [147] Ⅲ(2)ⓐ) 당해 법원의 소송사건이 종료되었다고 하여 재판의 전제성이 소멸하는 것은 아니므로 헌법재판소는 이를 이유로 하여 헌법재판소법 제68조 제 2 항에 의한 심판의 청구를 각하할 수는 없다.

(2) 위헌여부가 다투어지는 법률 또는 법률조항이 당해 소송사건의 재판에 적용될 것

(a) 직접 적용되는 법률

어떤 법률 또는 법률조항이 당해 소송사건의 재판에 적용된다고 하는 것은 당해 사건의 재판에 기여할 수 있는 것이어야 한다.

위헌여부가 문제로 된 법률이나 법률조항의 위헌여부에 대해 의심이 있더라도 당해 사건에 적용될 것이 아니면 재판의 전제가 된다고 할 수 없다(예: 憲 1998. 2. 27.–97헌가10등). 어떤 법률 또는 법률조항의 위헌여부가 법이론적으로 중대한 의미를 가지거나 학문상 또는 실제상 관심의 대상이 되는 것이라고 하더라도 구체적인 당해 사건의 재판에 기여하지 못하는 경우에는 전제성이 인정되지 않는다.

이와 같이 위헌법률심판에서 심판의 대상이 되는 법률 또는 법률조항은 당해 법원의 소송사건에 직접 적용되는 법률 또는 법률조항인 경우가 대부분이다.

憲法裁判所는 공소가 제기되지 않은 법률조항은 재판의 전제성이 없다고 보고 있을 뿐 아니라(예: 憲 1989. 9. 29.-89헌마53), 공소장에 적시된 법률조항이라 하더라도 구체적 소송사건에서 법원이 적용하지 아니한 법률조항은 재판의 전제성이 인정되지 않는다고 본다(예: 憲 1997. 1. 16.-89헌마240). 당해 再審事件에 적용될 법률이 아닌 것도 재판의 전제성을 가지지 못하며(예: 憲 1993. 11. 25.-92헌바39), 상고심에서 적용이 배제된 법률조항은 환송 후 항소심에서 재판의 전제성이 인정되지 않는다(예: 憲 2008. 11. 27.-2004헌바54). 청구인이 장차 청구취지를 확장할 것이라는 의사표시를 하고 있어도 현재 청구취지가 확장되어 있지 않은 이상 장래에 확장할 것이라는 조건부 의사표시까지 고려하여 전제성의 존재여부를 판단할 것은 아니라고 본다(예: 憲 2008. 4. 24.-2007헌바33). 憲法裁判所는 고등법원에서 항고와 위헌법률심판제청신청을 기각당하고 대법원에 재항고하면서 헌법재판소법 제68조 제2항에 의한 헌법소원심판을 청구한 사건에서 대법원이 심판청구를 한 법률조항과 다른 법률조항을 적용하여 재판을 한 경우에는 심판대상인 법률조항은 재판의 전제성을 가지지 못하는 것이라고 판시하였다(예: 憲 2008. 11. 27.-2006헌바48).

[憲 1989. 9. 29.-89헌마53] 「헌법재판소법 제41조 제1항, 제68조 제2항의 각 규정에 의하면 법률의 위헌심사를 구하는 헌법소원은 법률이 헌법에 위반되는 여부가 재판의 전제가 된 때에 한하여 청구할 수 있도록 되어 있는바, 청구인이 대구지방법원 상주지원에 위헌법률심판의 제청신청을 한 당해사건인 같은 법원 89고합20, 89감고1 사건의 공소장 등본의 내용에 의하면, 청구인은 폭력행위등처벌에관한법률 제2조 제1항의 상습공갈죄, 상습폭행죄, 상습상해죄 및 상습협박죄 그리고 형법 제314조의 업무방해죄, 형법 제329조의 절도죄로 공소제기된 것이지 폭력행위등처벌에관한법률 제2조 제2항·제3항 및 제3조에 해당하는 범죄사실이나 적용법조로는 공소제기된 것이 아님을 알 수 있다. 그렇다면 폭력행위등처벌에관한법률의 목적을 규정한 제1조나 야간 또는 2인 이상 및 집단적 폭행등에 대한 처벌규정인 제2조 제2항·제3항 및 제3조의 위헌여부는 청구인이 재판을 받고 있는 당해사건 재판의 전제가 될 수 없으므로 그 부분에 대한 위헌법률심판의 헌법소원은 심판청구의 이익이 없어 부적법하고……」
[憲 1993. 11. 25.-92헌바39] 「청구인이 위 재심사건에서 그 재심의 이유로 내세우는 사유는 단지 공판조서의 기재가 잘못되었다는 것이고, 이는 형사소송법 제420조가 정한 재심사유의 그 어느 것에도 해당되지 아니한다. 따라서 이 사건 법률조항은 당해 재심사건에 적용할 법률이 아니므로 재판의 전제성이 없다고 할 것

이다. 다시 말하면 이 사건 법률조항인 형사소송법 제56조에 대하여 비록 우리 재판소가 헌법에 위반한다라는 결정을 선고한다고 하더라도 이로써 당해 재심청구에 대한 심판사건의 주문이나 그 재판의 결론을 이끌어 내는 이유를 달리하게 할 수 없을 뿐만 아니라 재판의 내용과 효력에 관한 법률적 의미 역시 달라지게 할 수는 없기 때문이다. 그러므로 형사소송법 제56조는 적어도 위 재심의 청구에 대한 심판사건에 관한 한 그 전제성을 갖추지 못한 것임이 명백하다.」

[憲 1997. 1. 16.-89헌마240] 「청구인들에 대한 공소사실에 관하여 적용되지 아니한 법률이나 법률조항의 위헌여부는 다른 특별한 사정이 없는 한 청구인들이 재판을 받고 있는 당해 형사사건에 있어서 그 재판의 전제가 되었다고 할 수 없다(헌법재판소 1989. 9. 29. 선고, 89헌마53 결정 등 참조).……문제는 공소장의 "적용법조"란에 적시된 법률조항과 법원의 판결에서 적용된 법률조항이 일치하지 않는 경우인데, 이 경우에는 비록 공소장에 적시된 법률조항이라 하더라도 구체적 소송사건에서 법원이 적용하지 아니한 법률조항은 결국 재판의 전제성이 인정되지 않는다고 보아야 할 것이다. 왜냐하면 헌법재판소에서 그러한 법률조항에 대하여 위헌결정을 한다고 하더라도 다른 특별한 사정이 없는 한 그로 인하여 당해 소송사건의 재판의 주문이 달라지지 않을 뿐만 아니라 재판의 내용과 효력에 관한 법률적 의미가 달라지지도 않기 때문이다.」

[憲 2008. 4. 24.-2007헌바33] 「청구인이 유족급여 및 장제비 부분을 소송물로 삼고 있지 않은 이상 유족급여 및 장제비에 관한 이 사건 법률조항은 위 부당이득금반환청구소송에 적용될 여지가 없다. 그렇다면 이 사건 법률조항의 위헌 여부가 당해사건의 재판에 어떠한 영향도 미친다고 볼 수 없으므로 재판의 전제성을 인정할 수 없다. 비록 청구인은 이 사건 법률조항에 대한 위헌결정이 내려질 경우 당해소송의 청구취지를 유족급여 및 장제비에 대한 부분까지 확장할 의사를 밝히고 있지만, 현재 청구취지가 확장되어 있지 않은 이상 장래에 확장할 것이라는 조건부 의사표시까지 고려하여 전제성 여부를 판단할 것은 아니다.」

[憲 2008. 11. 27.-2004헌바54] 「대법원(2001다44086)은 청구인들의 당해 손해배상청구소송은 위 법률조항이 정한 3년의 단기소멸시효기간 내에 제기되었음이 기록상 명백하므로 청구인들의 손해배상청구권이 위 단기소멸시효의 완성으로 소멸하였다고 볼 수 없다고 판시하고 있고, 당해법원은 다시 변론을 거쳐 재판하여야 하되 대법원이 파기의 이유로 삼은 사실상 및 법률상 판단에 기속되고 기속적 판단의 기초가 된 사실관계에 변동이 없는 한 위 법률조항의 위헌 여부에 따라 재판의 주문이 달라지거나 재판의 내용과 효력에 관한 법률적 의미가 달라진다고 볼 수 없으므로 위 법률조항에 대한 헌법소원심판청구는 재판의 전제성이 인정되지 않아 부적법하다고 할 것이다.」

그러나 再審裁判節次에서 심판대상조항이 재심청구 자체의 적법 여부에 대한 재판에 적용되는 법률조항이 아니라 본안 사건에 대한 재판에 적용될 법률조항인 경우에는 재심재판에 직접 적용되는 법률조항이 아니지만 본안 사건의 재판에는 적용되는 것이기 때문에 재심청구가 적법하고 재심의 사유가 인정되는 경우에는 이에 한하여 재판의 전제성이 인정된다. 憲法裁判所도 동일한 견해이다(예: 憲 2000. 2. 24.-98헌바73; 2007. 12. 27.-2006헌바73).

[憲 2007. 12. 27.-2006헌바73] 「당해 사건이 재심사건인 경우, 심판대상조항이 '재심청구 자체의 적법 여부에 대한 재판'에 적용되는 법률조항이 아니라 '본안 사건에 대한 재판'에 적용될 법률조항이라면 '재심청구가 적법하고' '재심의 사유가 인정되는 경우에' 한하여 재판의 전제성이 인정될 수 있다. 심판대상조항이 '본안 사건에 대한 재판'에 적용될 법률조항인 경우 당해 사건의 재심청구가 부적법하거나 재심사유가 인정되지 않으면 본안 판단에 나아갈 수가 없고, 이 경우 심판대상조항은 본안 재판에 적용될 수 없으므로 그 위헌 여부가 당해 사건 재판의 주문을 달라지게 하거나 재판의 내용이나 효력에 관한 법률적 의미가 달라지게 하는데 아무런 영향을 미치지 못하기 때문이다. 이 사건에 있어 심판대상조항인 상법 제379조는 당해 사건에서 '본안 사건에 대한 재판'에 적용될 조항이므로, 재판의 전제성이 인정되기 위해서는 먼저 당해 사건의 '재심청구가 적법하고', '재심의 사유가 있어' 본안 판단에 나아갈 수 있는 경우라야 한다.」

憲法裁判所는 국가를 상대로 한 위자료청구소송에서 재판부로부터 인지보정명령을 받고, 민사소송비용법 제 2 조에 대해 憲法裁判所法 제68조 제 2 항의 헌법소원심판을 청구한 사건에서 재판의 전제성이 인정되지 않는다고 판시하였다($^{憲\ 1996.\ 8.}_{29.-93헌바57}$).

[憲 1996. 8. 29.-93헌바57] 「민사소송비용법 제 2 조에 대한 청구에 대하여 직권으로 판단하건대……위 법률조항은 민사소송법의 규정에 의한 소송비용액을 산정함에 있어서 민사소송등인지법에 의하여 첨부한 인지액은 그 정액을 소송비용에 산정한다는 내용으로서($^{민사소송등인지}_{법\ 제1조\ 참조}$) 소송비용 중 인지액의 산정방법을 규정한 것에 불과하여, 위 관련사건상의 인지보정명령이나 인지미보정으로 인한 재판장의 소장각하명령의 각 재판에 있어서 적용될 법률이 아닐 뿐만 아니라, 그 위헌여부에 따라 위 각 재판의 결과가 달라지지 아니하므로 재판의 전제성이 없다.」

憲法裁判所는 지방자치단체장의 선거에서 선거법위반으로 서울고등법원에서 징역 1년, 집행유예 2년의 형을 선고받고, 상고한 상태에서 공직선거및선거부정방지법 제264조의 선거범죄로 인한 당선무효 조항에 대해 憲法裁判所法 제68조 제 2 항의 헌법소원심판을 청구한 사건에 있어서 이는 재판의 전제성이 인정되지 않는다고 하였다($^{憲\ 1997.\ 11.}_{27.-96헌바60}$).

[憲 1997. 11. 27.-96헌바60] 「법 제264조는 당해 소송사건의 재판에 적용되는 것도 아니고, 위 법률조항이 헌법에 위반되는지의 여부에 따라 당해 소송사건을 담당한 법원이 다른 내용의 재판을 하게 되는 경우에 해당하지도 아니한다. 왜냐하면 위 법률조항은 당해 소송사건의 결론이나 주문에 영향을 미치는 것이 아니라 당해 소송사건의 결론이나 주문에 의하여 비로소 영향을 받는 것이며, 재판의 내용과 효력을 형성함에 있어 관련된 것이 아니라 별도의 구성요건(당선인이 당해 선거에 있어 법에 규정된 죄를 범함으로 인하여 징역 또는 100만원 이상의 벌금형의 선고를 받은 때라는)에 의해서 비로소 형성되는 법률적 효과를 규정한 것이기 때문이다. 따라서 법 제

264조에 대한 이 사건 심판청구는 재판의 전제성을 결여하여 부적법하므로⋯⋯」

憲法裁判所는 종료된 행정처분이 취소사유를 가지는 경우에는 그 행정처분에 대한 無效確認訴訟에서 해당 근거법률은 재판의 전제성을 가지지 않지만, 그 근거법률의 위헌선고로 인하여 그 행정처분이 當然無效로 되는 경우라면 해당 근거법률은 재판의 전제성을 가진다고 본다(예: 憲 1994. 6. 30.-92헌바23; 2001. 9. 27.-2001헌바38).

[憲 1994. 6. 30.-92헌바23] 「이 사건에 있어서 청구인이 위 법원에 압류처분 등의 무효확인을 구하는 행정소송을 제기한 날은 1990. 11. 15.이고 마포세무서장의 물적 납세의무자 지정 및 압류처분일은 각 1990. 4. 3. 및 같은 달 4.이므로 위 소송은 위 압류처분 등에 대하여 행정심판 및 취소소송을 제기할 수 있는 기간이 경과한 후에 제기되었음이 역수상 분명하다. 그리고 행정처분의 근거가 된 법규가 헌법재판소에서 위헌이라고 선고되더라도 원칙적으로 비형벌법규에 대한 위헌결정의 장래효원칙에 따라 소급하여 무효가 되는 것은 아니라 할 것이다. 따라서 그러한 법규에 근거하여 내려진 행정처분이 당연무효라고 할 수는 없고 단순한 취소사유에 지나지 않는다면, 위 법원의 위헌제청신청기각 이유에서 볼 수 있는 바와 같이 청구인이 제기한 무효확인소송은 (대법원까지 가더라도) 기각될 이치이므로 이 사건 심판대상규정의 위헌여부는 재판의 전제가 되지 않는다고 할 수 있겠으나 다만 행정처분의 근거법규가 추후 헌법재판소에 의하여 위헌으로 선고된 경우 그 행정처분도 무효로 볼 여지가 있는 경우라면 재판의 전제성이 인정될 수 있을 것이다. 그러므로 행정처분의 근거법규가 위헌인 경우 그 하자가 행정처분의 당연무효사유인가 취소사유임에 불과한 것인가에 대하여서는 별도로 살펴보아야 할 것이다. (2) 일반적으로 행정처분의 집행이 이미 종료되었고 그것이 번복될 경우 법적 안정성을 크게 해치게 되는 경우에는 후에 행정처분의 근거가 된 법규가 헌법재판소에서 위헌으로 선고된다고 하더라도 (처분의 근거법규가 위헌이었다는 하자는 중대하기는 하나 명백한 것이라고는 할 수 없다는 의미에서) 그 행정처분이 당연무효가 되지는 않는다고 할 수 있을 것이다. 따라서 행정처분에 대한 쟁송기간 내에 그 취소를 구하는 소를 제기한 경우는 별론으로 하고 쟁송기간이 경과한 후에는 처분의 근거법규가 위헌임을 이유로 무효확인소송 등을 제기하더라도 행정처분의 효력에 영향이 없음이 원칙이라고 할 것이다. 판례나 통설은 행정처분이 당연무효인가의 여부는 그 행정처분의 하자가 중대하고 명백한가의 여부에 따라 결정된다고 보고 있지만 행정처분의 근거가 되는 법규범이 상위법 규범에 위반되어 무효인가 하는 점은 그것이 헌법재판소 또는 대법원에 의하여 유권적으로 확정되기 전에는 어느 누구에게도 명백한 것이라고 할 수 없기 때문에 원칙적으로 당연무효사유에는 해당할 수 없게 되는 것이다. 그러나 행정처분 자체의 효력이 쟁송기간 경과 후에도 존속중인 경우, 특히 그 처분이 위헌법률에 근거하여 내려진 것이고 그 행정처분의 목적달성을 위하여서는 후행(後行) 행정처분이 필요한데 후행행정처분은 아직 이루어지지 않은 경우, 그 행정처분을 무효로 하더라도 법적 안정성을 크게 해치지 않는 반면에 그 하자가 중대하여 그 구제가 필요한 경우에 대하여서는 그 예외를 인정하여 이를 당연무효사유로 보

아서 쟁송기간 경과 후에라도 무효확인을 구할 수 있는 것이라고 봐야 할 것이다. 학설상으로도 중대명백설 외에 중대한 하자가 있기만 하면 그것이 명백하지 않더라도 무효라고 하는 중대설도 주장되고 있고, 대법원의 판례로도 반드시 하자가 중대명백한 경우에만 행정처분의 무효가 인정된다고는 속단할 수 없기 때문이다. 위와 같은 예외를 인정한다면 행정처분이 근거법규의 위헌의 정도가 심각하여 그 하자가 중대하다고 보여지는 경우, 그리고 그 때문에 국민의 기본권 구제의 필요성이 큰 반면에 법적 안정성의 요구는 비교적 적은 경우에까지 그 구제를 외면하게 되는 불합리를 제거할 수 있게 될 것이다. 위헌법률에 근거한 행정처분이라 할지라도 그것이 당연무효는 아니라고 보는 가장 기본적인 논리는 그 하자가 명백한가의 여부를 제쳐 놓더라도 이 경우를 무효라고 본다면 법적 안정성을 해칠 우려가 크다는 데 있는 것이므로 그 우려가 적은 경우에까지 확장하는 것은 온당하지 못하다고 할 것이며 그 경우에는 마땅히 그 예외가 인정되어야 할 것이다. (3) 그렇다면 이 사건 심판대상규정과 관련된 규정이 후술(3. 가 (4))하는 바와 같이 이미 헌법재판소에 의하여 위헌선고가 되어 있는 터이고 계쟁사건의 행정처분의 진행정도를 보더라도 마포세무서장의 압류만 있는 상태이고 압류처분의 만족을 위한 환가 및 청산이라는 후행처분은 아직 집행되지 않고 있는 경우이므로 위 예외에 해당되는 사례로 볼 여지가 있다고 할 것이다. 행정처분의 근거법규가 추후 헌법재판소에 의하여 위헌으로 선고된 경우 그 하자를 행정처분의 무효사유라고 볼 것인가 단순 취소사유로 볼 것인가에 관하여서도 아직까지 대법원의 판례가 확립되어 있다고는 보여지지 아니하므로 그러한 상황에서는 대법원에서 이를 무효사유로 볼 가능성이 없지 않다는 점에서 헌법재판소로서는 일응 재판의 전제성을 인정하여 근거법규의 위헌여부에 대하여 판단하여 주는 것이 바람직한 재판태도라고 할 것이다.」

(b) 간접 적용되는 법률

　제청되거나 청구된 법률 또는 법률조항이 법원의 당해 소송사건의 재판에 직접 적용되지 않더라도 재판의 전제성이 인정되는 경우가 있는가 하는 문제가 있다. 법원의 당해 소송사건의 재판에 직접 적용되는 규범과 내적 관련이 있는 경우에는 간접 적용되는 법률규정에 대하여도 재판의 전제성을 인정할 수 있다. 憲法裁判所의 판례도 같은 취지이다(예: 2000. 1. 27.-99헌바23; 2001. 10. 25.-2000헌바5).

　[憲 2001. 10. 25.-2000헌바5]「제청 또는 청구된 법률조항이 법원의 당해사건의 재판에 직접 적용되지는 않더라도 그 위헌여부에 따라 당해사건의 재판에 직접 적용되는 법률조항의 위헌여부가 결정되거나, 당해재판의 결과가 좌우되는 경우 등과 같이 양 규범 사이에 내적 관련이 있는 경우에는 간접 적용되는 법률규정에 대하여도 재판의 전제성을 인정할 수 있다.」

　憲法裁判所는 재판에 직접 적용되는 법률 또는 법률조항의 위헌여부를 결정함에 있어 그 위헌여부가 불가분의 관계에 있는 법률이나 법률조항은 재판의 전제성이 인정된다고 본다(예: 憲 1996. 10.).
(31.-93헌바14)

[憲 1996. 10. 31.-93헌바14]　헌법재판소는「공소장에는 적용법조로 직업안정법 제10조 제 1 항만 기재되어 있고 제10조 제 2 항은 기재되어 있지 아니 하나, 청구인 들은 제10조 제 1 항이 헌법에 위반된다는 중요한 이유로서 제10조 제 2 항에서 허가 요건을 법률로 규정하지 않고 대통령령에 위임을 하고 있는 것이 위임입법의 한계 를 벗어나 위헌이라고 주장하고 있으므로 이 사건에서 제10조 제 1 항의 위헌여부는 제10조 제 2 항의 위헌여부와 불가분적인 관계에 있다고 할 것이므로 제10조 제 2 항 도 재판의 전제성이 있다고 할 것이다」라고 판시하고, 공소장에 기재되어 있지 않 은 직업안정법 제10조 제 2 항의 위헌여부에 대해서도 판단하였다.

憲法裁判所는 간접 적용되는 법률조항의 위헌여부에 의하여 당해 재판의 결과가 좌우되는 경우에는 재판의 전제성이 인정된다고 본다(예: 憲 1996. 12.).
(26.-94헌바1)

[憲 1996. 12. 26.-94헌바1]　「일정한 법률조항이 재판의 전제가 된다고 하려면 그 법률조항의 위헌여부에 따라 재판의 결론이 달라지거나 재판의 내용과 효력에 관한 법률적 의미가 달라지는 경우를 말한다(헌법재판소 1994. 12. 29. 선고, 92헌바22 결정; 1995. 5. 25. 선고, 93헌바33 결정 등 참조). 이 사건 제 2 항 및 제 5 항은 관련사건에서 법원의 증거채부결정에 직접 적용되는 법률조항은 아니나 증거채부결정의 대상이 된 조서의 증거능력에 영향을 미침으로써, 그 위헌 여부에 따라 법원이 그 조서를 증거로 채택할 수 있느냐 없느냐의 증거채부결정의 결과를 좌우하고 있다 할 것이다. 그렇다면 이 사건 법률조항들을 심판대상으로 하 는 이 사건 헌법소원심판은 적법하다(이러한 관점에서 볼 때, 추후에 공판기일에서의 증 인신문절차에서 반대신문권이 보장되었다는 사실이나 공판기일 전 증인신문조서 없이도 피고 인을 유죄로 인정하기에 충분하였다는 사후판단적 사실 내지 실제로 위 신○○에 대한 공판기 일 전 증인신문절차에서 반대신문이 행해졌다는 사실 등은, 위 법원의 증거채부결정의 결론에 아무런 영향이 없는 사실로서 이 사건 재판의 전제성을 판단하는데 아무런 영향을 미치지 못 한다고 본다).」

憲法裁判所는 재판에 직접 적용되는 시행령의 위헌여부가 법률의 위임규정의 위 헌여부에 달려 있는 경우에 법률의 위임규정을 심판의 대상으로 삼을 수 있다고 본 다(예: 憲 1994. 6. 30.-92헌가).
(18; 1996. 8. 29.-95헌바36)

[憲 1994. 6. 30.-92헌가18]　「특별조치법이 폐지되었다고는 하나 앞서 2항에서 설명한 바와 같이 특별조치법 폐지법률 부칙 제 2 항(명령 등에 관한 경과조치)에 의하 여 "국가보위에관한특별조치법 제 5 조 제 4 항에 의한 동원대상지역내의토지수용· 사용에관한특별조치령"은 아직 그 효력을 지속하고 있고 그 한도에서 특별조치법도 살아 있는 법률이나 같다. 그리고 제청신청인은 특별조치법 제 5 조 제 4 항 및 특별 조치령 제29조에 의하여 수용당한 원래의 자기소유 토지에 관하여 특별조치법 제 5 조 제 4 항이 위헌임을 이유로 하여 대한민국을 상대로 소유권이전등기말소청구소송

을 제기한 것이므로 특별조치법 제 5 조 제 4 항의 위헌여부는 위 소송 재판에서
의 승패 여부의 전제가 된다. 왜냐하면 상위법인 특별조치법 제 5 조 제 4 항의 위헌
여부는 하위법인 특별조치령의 위헌여부 및 효력유무의 전제가 되고 특별조치법 제
5 조 제 4 항에 대하여 위헌결정이 되면 자동적으로 이 위헌법률조항에 근거한 특별
조치령도 위헌·무효가 되고 아울러 위헌무효인 특별조치령에 근거한 수용처분도
위헌무효가 될 수 있기 때문이다(위헌 법령에 기한 행정처분의 무효여부는 당해 사건을
재판하는 법원이 위헌성의 정도 등에 따라 판단할 사항이다). 따라서 특별조치법 제 5 조
제 4 항은 당연히 위헌여부심판의 대상이 되어야 한다.」
[憲 1996. 8. 29.-95헌바36] 「이 사건 법률조항이 위헌이라고 선언되는 경우 이
에 근거한 위 시행령 조항도 역시 적용할 수 없게 되기 때문에 그 한도에서는 재판
의 전제성이 있다고 하여야 할 것이다.」

(3) 위헌여부에 따라 당해 법원이 다른 내용의 재판을 하게 될 것

(a) 주문이 달라지는 경우

該當 法律·法律條項의 違憲與否에 따라 당해 법원이 다른 내용의 재판을 하게
되는 대표적인 경우가 재판의 결론이나 主文의 변경을 가져오는 경우이다. 재판의
결론이나 주문의 변경이 당해 법원의 제청신청인의 권리에 어떤 영향이 있어야 하는
것을 의미하는 것은 아니다. 憲法裁判所의 판례도 같다(예: 憲 1989. 12. 18.-89헌마32등; 1990. 6.
25.-89헌가98등; 2001. 1. 18.-2000헌바29).

[憲 1989. 12. 18.-89헌마32등] 「위헌법률심판에 있어서 문제된 법률이 재판의
전제가 된다 함은 우선 그 법률이 당해 본안사건에 적용될 법률이어야 하고 또 그
법률이 위헌일 때는 합헌일 때와 다른 판단을 할 수밖에 없는 경우, 즉 판결주문이
달라질 경우를 뜻한다.」
[憲 1990. 6. 25.-89헌가98등] 「헌법재판소에 판단을 구하여 제청한 법률조문의
위헌여부가 현재 제청법원이 심리중인 당해 사건의 재판결과, 즉 재판 결론인 주문
에 어떠한 영향을 준다면 그것으로서 재판의 전제성이 성립되어 제청결정은 적법한
것으로 취급될 수 있는 것이고 제청신청인의 권리에 어떠한 영향이 있는가 여부는
헌법소원심판사건이 아닌 위헌법률심판사건에 있어서 그 제청결정의 적법여부를 가
리는 데 무관한 문제라 할 것이므로……」

憲法裁判所는 국세환급가산금의 이율을 정하고 있는 국세기본법의 해당 조항이
위헌임을 전제로 국가를 상대로 제기한 손해배상청구소송에서, 해당 법률조항을 위
헌으로 결정하여 해당 법률조항에 근거하여 행한 국세가산금 환급처분이 위법한 것
으로 된다고 하더라도, 세무공무원이 국세가산금을 청구인에게 환급해 줄 당시에는
법률을 집행하는 세무공무원으로서 법률의 위헌여부를 심사할 권한이 없고, 이 사건
해당 법률조항에 따라 계산된 국세가산금 환급액을 지급하기만 할 뿐이어서 당해 세
무공무원에게 고의 또는 과실이 있다고 할 수 없어 청구인에 대한 국가의 손해배상

책임은 성립되지 않는다고 하고 따라서 해당 법률조항의 위헌여부는 당해 사건에 있어 그 재판의 결론이나 주문 또는 내용과 효력에 관한 법률적 의미에 아무런 영향을 미치지 못하므로 재판의 전제성이 인정되지 못한다고 판시하였다($^{憲\,2008.\,4.\,24.}_{-2006헌바72}$).

　　헌법재판소는 급속을 요하는 때 형사소송법 제121조에 정한 참여권자에 대한 압수수색 집행의 사전 통지를 생략할 수 있도록 규정한 형사소송법 제122조 단서에 대한 헌법재판소법 제68조 제2항의 헌법소원심판에서, 위 법률조항이 당해 사건에서 법원의 증거채부결정에 직접 적용되는 법률조항은 아니지만, 위 법률조항이 위헌으로 결정되면 결과적으로 당해 사건의 증거가 된 전자우편에 대한 압수수색절차가 헌법에 위반된 것이 되므로, '이메일문건'의 증거능력에 영향을 미침으로써 법원이 위 증거자료들을 증거로 채택할 수 없게 되어 당해 사건의 결론이 달라지게 되거나, 적어도 위 소송 중에 있었던 법원의 의사결정인 증거채택결정의 내용과 의미가 달라지게 된다고 보아 재판의 전제성을 인정하였다($^{憲\,2012.\,12.\,27.}_{-2011헌바225}$).

　　(b) 이유 등이 달라지는 경우

　　主文이 달라지는 경우뿐만 아니라 문제된 법률의 위헌여부에 따라 재판의 결론을 이끌어 내는 理由를 달리 하는 데 관련되어 있거나, 재판의 내용과 효력에 관한 法律的 意味가 달라지는 경우도 포함된다고 하는 견해가 있다($^{許營d,\,215;}_{BVerfGE\,44,\,297}$). 이러한 경우는 문제가 된 법률의 위헌여부에 따라 주문이 다르게 되는지의 여부가 법리적으로 확실하지 않은 상태에서 발생할 수 있다.

　　憲法裁判所의 판례 가운데 이런 견해를 취하고 있는 것이 있다($^{예:\,憲\,1995.\,2.\,23.-92헌바}_{18;\,2007.\,4.\,26.-2006헌바10}$). 다만, 憲法裁判所의 판례에 의하면, 재판의 내용과 효력의 양자에 관한 법률적 의미가 달라지는 경우뿐 아니라, 이 가운데 어느 하나라도 그에 관한 법률적 의미가 달라지는 경우에는 재판의 전제성이 인정된다고 본다($^{예:\,憲\,1992.\,12.\,24.-92헌가8;\,1993.\,12.}_{23.-93헌가2;\,2000.\,1.\,27.-99헌바23}$).

　　[憲 1992.12.24.-92헌가8] 「법률의 위헌여부에 따라 법원이 "다른 내용의" 재판을 하게 되는 경우라 함은 원칙적으로 제청법원이 심리중인 당해 사건의 재판의 결론이나 주문에 어떠한 영향을 주는 것뿐만이 아니라, 문제된 법률의 위헌여부가 비록 재판의 주문 자체에는 아무런 영향을 주지 않는다고 하더라도 재판의 결론을 이끌어 내는 이유를 달리 하는 데 관련되어 있거나 또는 재판의 내용과 효력에 관한 법률적 의미가 전혀 달라지는 경우에는 재판의 전제성이 있는 것으로 보아야 한다.」

　　[憲 2007.4.26.-2006헌바10] 「재판의 전제가 된다는 것은, 그 법률이 당해 소송사건에 적용될 법률이어야 하고 그 법률의 위헌 여부에 따라 재판의 주문이 달라지거나 재판의 내용과 효력에 관한 법률적 의미가 달라지는 경우를 말한다.」

　　(i) 재판의 내용이나 효력에 영향을 미치는 경우　　　　憲法裁判所는 제청된

법률이 위헌으로 심판되는 여부가 법원이 앞으로 진행될 소송절차와 관련한 중요한 문제점을 선행하여 결정하여야 하는 여부의 판단에 영향을 주는 경우도 전제성이 있다고 본다(예: 憲 1994. 2. 24.-91헌가3).

[憲 1994. 2. 24.-91헌가3] 「제청된 법률이 위헌으로 심판되는 여부가 법원이 앞으로 진행될 소송절차와 관련한 중요한 문제점을 선행결정하여야 하는 여부의 판단에 영향을 주는 경우도 전제성이 있다고 보아야 한다. 그런데 이 사건 법률규정이 위헌으로 심판되면 소송당사자인 대한민국은 항소장에 민사소송등인지법 제 3 조에 정한 인지를 첨부할 의무가 있어서 그 항소장을 심사한 원심법원인 제청법원(단독판사)은 민사소송법 제368조의2 제 1 항에 의하여 대한민국에 대하여 민사소송등인지법 제 3 조에 정한 인지를 첨부할 것을 명하는 보정명령을 내리는 재판을 하여야 하고, 만일 대한민국이 이 보정명령에 따른 보정을 하지 않을 경우에는 위 원심법원은 민사소송법 제368조의2 제 2 항에 의하여 그 항소장을 각하하여야 한다. 만일 이 사건 법률규정이 합헌이라면 위 원심법원은 위 보정명령을 내리는 재판을 할 수 없다. 그러므로 이 사건 법률규정의 위헌여부는 앞으로 진행될 항고심절차에 관련하여 인지보정명령을 내릴 수 있는 여부의 중요한 문제를 선행결정하여야 하는 법원의 판단에 영향을 주는 것이다. 그러므로 이 사건 법률규정의 위헌여부는 위 원심법원이 대한민국에 대하여 인지첨부를 명하는 보정명령을 내리는 재판여부에 대하여 전제성이 있다고 할 것이다.」

헌법재판소는 당해 소송의 원고를 특정한 급부의 수혜대상으로부터 제외시키고 있는 법률규정의 경우와 같이 위헌결정 또는 헌법불합치결정만으로는 당사자가 당해 급부를 청구할 수 없는 경우, 처음에는 재판의 전제성이 없다고 하기도 하였으나(예: 憲 1993. 11. 25.-90헌바47등) 이후 심판대상조항이 위헌결정이 내려지고 결정의 취지에 따라 당해 규정이 개정되는 경우 당해 사건의 결정에 영향을 미칠 가능성이 있다는 이유로 재판의 전제성을 인정하고 있다(예: 憲 1999. 7. 22.-98헌바14; 2000. 6. 21.-2000헌바47).

[憲 1999. 7. 22.-98헌바14] 「청구인은 당해 소송에서 심판대상조항이 평등권, 재산권 등을 침해하여 위헌이라고 하여 이미 납부한 관리비의 반환을 청구하였는데, 심판대상조항이 청구인과 같은 경우를 관리비 반환대상에서 제외하는 것이 평등권 침해로써 위헌이라는 이유로 헌법불합치결정을 하고 입법자가 그 결정취지에 따라 시혜대상을 확대하여 청구인과 같은 경우에도 관리비를 반환하도록 법을 개정할 경우, 법원은 당해 사건에 관한 판결을 달리하여야 할 것이다. 따라서, 심판대상조항의 위헌여부는 당해 사건 재판의 주문 또는 내용과 효력에 관한 법률적 의미에 영향을 미치는 것으로서 재판의 전제성이 있다.」

(ii) 재판의 결론을 도출하는 이유를 달리 하는 데 관련되는 경우　　憲法裁判所의 판례에 따를 때, 재판의 결론이나 주문에서 달라지는 것은 아니고, 또 재판

의 내용과 효력에 관한 법률적 의미가 달라지는 경우도 아니면서 순전히 裁判의 理由만 달라지는 경우에 재판의 전제성이 인정된다고 할 수 있는가 하는 의문이 제기된다. 헌법재판소는 판례에서 「문제된 법률의 위헌여부에 따라 재판의 결론을 이끌어 내는 이유를 달리 하는 데 관련되어 있거나……」(예: 憲 1992. 12. 24.-92헌가8;
1993. 11. 25.-92헌바39 참조)라고 설시하고 있기 때문에 이 경우에도 재판의 전제성이 인정된다고 보고 있다고 판례를 해석할 수 있다. 그러나 그러한 구체적인 경우가 어떤 경우를 말하는지에 대해서는 아직 憲法裁判所의 판례로 나와 있지 않다.

　　독일의 경우 聯邦憲法裁判所는 구체적 규범통제에서 원칙적으로 主文(Entscheidungds-formel)이 달라지는 경우에만 재판의 전제성이 인정된다고 보고 있고, 예외적으로 주문은 달라지지 않고 이유(Begründung)만 달라지는 경우에도 그 서로 다른 이유에 따라 「재판의 내용과 효과에 관한 법적 의미를 가지고 있는」(für Inhalt und Wirkung der Entscheidung rechtliche Bedeutung zukommt) 때에 한하여 재판의 전제성이 인정된다고 본다(BVerfGE
44, 297). 예컨대 이유의 차이에 따라 재판의 旣判力의 효과가 불확실하고 이런 이유로 인하여 당사자간의 관계에서 앞으로 法的 紛爭이 발생할 것으로 豫見되는 경우에는 재판의 전제성이 인정된다고 본다(BVerfGE 63,
1: 47, 146). 이런 점에서 비추어 보면, 재판의 전제성을 인정하는 범위에 있어서 우리나라는 독일보다 덜 엄격하고 넓게 인정하는 태도를 취하고 있다. 독일에서 재판의 전제성을 엄격하게 인정하는 이유는 이를 넓게 인정하는 경우 제청으로 인한 당해 소송사건의 정지가 쉽게 이루어져 신속한 재판을 받을 권리가 제한되는 것을 방지하고자 하는 데 있다. 이런 점을 고려하면, 우리나라의 경우에도 법원의 제청이 재판을 遲延시키는 수단으로 惡用되지 않도록 하는 것이 필요하다. 법원은 당해 소송사건에 대해 충분히 심리하여 사실관계와 적용할 법률의 윤곽을 밝혀내고 그 법률의 적용여부가 당해 소송사건의 재판에 영향을 미칠 가능성이 있다고 판단할 때 제청하여야 할 것이다.

Ⅱ. 憲法裁判所法 제68조 제 2 항의 憲法訴願審判과 前提性

　　憲法裁判所法 제68조 제 2 항의 헌법소원심판에서도 憲法裁判所法 제41조 제 1 항에서 정하고 있는 재판의 전제성과 동일한 개념의 재판의 전제성이 요구된다.

　　그런데 憲法裁判所法 제68조 제 2 항의 헌법소원심판에서는 당해 법원의 소송사건의 재판이 정지되지 않고 진행되므로 위에서 본 것과 같이 법원에 계속중인 당해 소송사건이 존재할 것을 재판의 전제성의 개념요소로 보면, 당해 법원에서 소송을 종결한 경우에는 언제나 재판의 전제성이 인정되지 않아 헌법재판소는 항상 본안판단을 할 수 없고 부적법 각하의 결정을 하여야 한다는 결론에 이른다. 그리고 헌법재판소는 당해 법원이 당해 소송사건을 언제 종결할지 모르기 때문에 당해 법원에 소송사건이 係屬중에 결정을 하기도 쉽지 않다. 만일 헌법재판소가 이런 경우 부적법하다는 이유로 각하결정을 해야 한다면 당해 법원의 소송진행 속도 또는 헌법재판

소가 당해 법원의 소송진행상황을 알았느냐의 여부 또는 우연히 당해 법원의 訴訟係
屬중에 결정을 했느냐 아니면 당해 법원의 소송종결 이후에 결정했느냐에 따라 憲法
裁判所法 제75조 제 7 항에서 정하고 있는 再審請求의 可能與否가 결정되는 결과를
초래하게 된다. 즉 헌법재판소의 本案判斷도 있기 전에 再審請求의 可能與否가 결정
되는 모순이 발생한다.

　이 문제를 해결하기 위해서는 憲法裁判所法 제68조 제 2 항의 헌법소원심판에서
도 憲法裁判所法 제41조 제 1 항에서 정하고 있는 재판의 전제성과 동일한 개념의 재
판의 전제성이 요구된다고 보되, 제청신청인이 憲法裁判所法 제68조 제 2 항의 헌법
소원심판을 청구하기 前이나 청구한 後에 당해 법원이 소송을 종결한 경우에는 재판
의 전제성은 인정되지 않지만 審判의 必要性이 인정되어 헌법재판소는 本案判斷을
해야 한다고 함이 타당하다. 憲法裁判所法 제68조 제 2 항의 헌법소원심판절차에서는
심판청구가 인용된 경우 청구인에게 항상 憲法裁判所法 제75조 제 7 항에서 정하고
있는 再審請求의 가능성이 보장되어야 하므로 이런 再審請求의 可能性 때문에 심판
의 필요성이 인정된다. 이러한 소송법적인 법리는 憲法裁判所法 제68조 제 2 항의 헌
법소원심판제도가 가지는 특수성 때문에 생겨난다.

　　헌법재판소의 판례 가운데 憲法裁判所法 제68조 제 2 항의 헌법소원심판절차에서 법
　　원에 계속중인 당해 재판이 소멸하였거나(예: 憲 1997. 6.
25.−97헌바4), 심판청구의 대상이 된 법률이나
　　법률조항이 당해 사건에 적용할 여지가 없다고 판단한 경우에 權利保護利益이 존재
　　하지 않는다는 이유로 부적법 각하의 결정을 한 것이 있다(예: 憲 1999. 9.
16.−98헌바46). 그러나 憲法裁
　　判所法 제68조 제 2 항의 헌법소원심판절차는 구체적 규범통제절차이기 때문에 권리
　　보호이익은 거론할 여지가 없으며, 재판의 전제성이 인정되지 않는 경우에는 審判
　　利益의 存在與否에 따라 심판이익이 존재하지 않으면 재판의 전제성이 없다는 이유
　　로 却下의 결정을 하고 심판이익이 존재하면 本案에 대해 판단하면 족하다고 할 것
　　이다.

　그러나 당해 법원에서 소송이 종결된 경우에 그 재판이 형사재판으로 무죄판결
을 받아 확정되어 종결된 경우에는 재심을 청구할 여지가 없고, 헌법재판소의 결정
여부에 따라 당해 법원이 다른 내용의 재판을 하게 되는 것이 아니므로 헌법재판소
법 제68조 제 2 항에 의한 심판청구는 부적법하다고 할 것이어서 각하결정을 하게 된
다. 憲法裁判所도 동일한 견해이다(예: 憲 2008. 7. 31.−2004헌바28; 2009. 2. 26.−2006헌바
90; 2009. 4. 30.−2008헌바39; 2009. 5. 28.−2006헌바109).

　[憲 2009. 5. 28.−2006헌바109] 「헌법재판소법 제68조 제 2 항의 헌법소원 심
　판청구가 적법하기 위해서는 당해 사건에 적용될 법률이 헌법에 위반되는지 여부가
　재판의 전제가 되어야 하는바, 재판의 전제가 된다는 것은 그 법률이 당해 사건에
　적용될 법률이어야 하고 그 위헌 여부에 따라 재판의 주문이 달라지거나 재판의 내

용과 효력에 관한 법률적 의미가 달라지는 것을 말한다. 그런데 당해 사건이 형사사건이고, 청구인의 유·무죄가 확정되지 아니한 상태에서는 처벌의 근거가 되는 형벌조항의 위헌확인을 구하는 청구에 대하여 위와 같은 의미에서의 재판의 전제성을 인정할 수 있을 것이나, 청구인에 대한 무죄판결이 확정된 경우에도 재판의 전제성을 계속하여 인정할 것인지를 살펴본다. 헌법재판소법 제75조 제7항은 '제68조 제2항의 규정에 의한 헌법소원이 인용된 경우에 당해 헌법소원과 관련된 소송사건이 이미 확정된 때에는 당사자는 재심을 청구할 수 있다'고 규정하면서 같은 조 제8항에서 위 조항에 의한 재심에 있어 형사사건에 대하여는 형사소송법의 규정을 준용하도록 하고 있다. 그런데 형사소송법 제420조, 제421조는 '유죄의 확정판결에 대하여 그 선고를 받은 자의 이익을 위하여', '항소 또는 상고기각판결에 대하여는 그 선고를 받은 자의 이익을 위하여' 재심을 청구할 수 있다고 각 규정하고 있다. 따라서 헌법재판소법 제68조 제2항에 의한 헌법소원심판 청구인이 당해 사건인 형사사건에서 무죄의 확정판결을 받은 때에는 처벌조항의 위헌확인을 구하는 헌법소원이 인용되더라도 재심을 청구할 수 없고, 청구인에 대한 무죄판결은 종국적으로 다툴 수 없게 되므로 법률의 위헌 여부에 따라 당해 사건 재판의 주문이 달라지거나 재판의 내용과 효력에 관한 법률적 의미가 달라지는 경우에 해당한다고 볼 수 없으므로 더 이상 재판의 전제성이 인정되지 아니하는 것으로 보아야 할 것이다.」　이에 대하여 구체적 규범통제의 의미를 당해 법원의 재판의 해결보다는 당해 법원의 재판의 전제성이 심판을 구할 수 있는 요건(심판개시요건)일 뿐이라고 보고 이 경우에도 위헌 여부에 대한 본안판단을 해야 한다고 2인의 반대의견이 있다.「청구인 최○호·손○익·엄○춘·양○현이 당해 사건에서 무죄판결을 받아 확정되었으므로 그들의 이 사건 심판청구는 재판의 전제성이 없어졌다는 다수의견에 반대한다. 헌법이 법률에 대한 위헌심판제도를 마련한 것은 헌법에 위반되는 법률을 실효시켜 헌법의 최고규범력을 보장하기 위한 것이다. 헌법과 헌법재판소법은 위헌법률심판에 관하여 구체적 규범통제 방식을 채택하고 있다. 법률의 위헌 여부에 대한 심판을 법원이 제청하거나 헌법소원의 형태로 청구할 때에 재판의 전제성을 요구하는 것은 구체적 규범통제제도의 요청이다. 헌법이 위헌법률심판의 요건으로 재판의 전제성을 요구하는 것은 법률의 위헌성이 구체적 사건에서 문제된 때에 비로소 법률의 위헌 여부를 심판하라는 것이다. 그것은 위헌법률심판을 개시하기 위한 요건을 정한 것일 뿐, 위헌법률심판제도가 구체적인 분쟁의 해결이나 개인의 권리구제를 목적으로 하는 제도임을 의미하는 것은 아니다. 위헌법률심판제도의 근본적인 목적은 어디까지나 헌법에 위반되는 법률을 제거하여 헌법의 최고규범력을 보장하는 것이지, 구체적인 분쟁해결이나 개인의 권리보호에 있는 것이 아니다. 위헌법률심판 개시의 요건인 재판의 전제성을 엄격하게 요구하면, 법률에 대한 규범통제의 기능은 그만큼 축소되고, 헌법에 어긋나는 법률을 통제하지 못하고 방치하는 범위가 커지게 된다. 법률에 대한 규범통제를 지나치게 제한하는 것은 위헌법률을 실효시켜 헌법의 최고규범력을 보장하려는 헌법의 기본정신에 부합된다고 보기 어렵다. "법률이 헌법에 위반되는 여부가 재판의 전제로 된 경우"($\begin{smallmatrix}헌법\\§107①\end{smallmatrix}$)라 함은 어느 법률이 구체적인 사건의 재판에 적용되는 관계에 있고 그 법률의 위헌 여부에 따라 논리적·추상적으로 재판의 의미와 내용이 달라질 가능성이 있다고 인정되는 경우를 말한다. 이와 같은 재판의 전제성이 있으면 헌법에서 정하는 위헌법률심판을 개시하기 위한 요건은 충족되는 것이다.
더 나아가 그 위헌법률심판이 제청신청인이나 헌법소원 청구인을 유리하게 하거나
재심의 기회를 주는 경우라야 비로소 위헌법률심판을 개시할 수 있다고 해석하면,
위헌법률심판제도의 본질을 왜곡시켜 객관적인 규범통제보다도 주관적인 권리보호
에 치중하는 제도로 변질시키게 될 것이다. 그래서 헌법재판소는 종래 위헌법률심판
사건에서는 재판의 전제성만 인정되면 더 나아가 심판청구의 이익이나 심판의 필요
성에 관하여 따지지 않고 심판대상 법률의 위헌 여부를 심판하여 왔던 것이다. 거꾸
로 위헌법률심판을 청구할 이익이 있어야 재판의 전제성이 인정되는 것이 아니다.
이 사건 법률조항은 청구인 최○호·손○익·엄○춘·양○현에 대한 공소사실에 적
용되는 법률조항이다. 위 청구인들이 당해 사건에서 무죄판결을 받아 확정되었지만,
이 사건 법률조항이 헌법에 위반되어 효력이 없다는 이유가 아니라 각 청구인의 행
위의 음란성을 인정하기 어렵다는 이유로 무죄판결이 선고된 것이다. 따라서 이 사
건 법률조항이 위헌이라면 무죄판결의 이유가 달라지게 되므로 이 사건 법률조항의
위헌 여부는 당해 사건 재판의 전제로 되는 것이다. 그리고 이 사건 법률조항이 위
헌이라고 결정된다면 그 법률조항은 효력을 상실하고 당해 사건 공소사실과 같은
행위는 법률상 처벌대상에서 제외되게 된다. 바로 이 점이 위헌법률심판제도의 존재
이유이고, 위헌법률심판을 청구할 이익이고, 법률의 위헌 여부를 심판하여야 하는 필
요성이다. 따라서 청구인들에 대한 무죄판결이 확정되었다고 하더라도 적용법률의
위헌 여부 심판에 필요한 재판의 전제성은 없어졌다고 볼 수 없다. 결국, 이 사건 법
률조항의 위헌 여부를 심판하기에 필요한 재판의 전제성 요건은 갖추어졌고 없어지
지 않았으므로, 본안에 들어가 이 사건 법률조항의 위헌 여부를 심판하여야 한다.」

[128] 第三　廢止된 法律과 前提性

Ⅰ. 前提性이 認定되는 경우

폐지된 법률은 통상 재판의 전제성을 가지지 못한다. 그러나 위에 본 것과 같이
예외적으로 재판의 전제가 되는 경우도 있다. 憲法裁判所의 판례도 같다(예: 憲 1989. 12. 18.-89헌마32등).

[憲 1989. 12. 18.-89헌마32등]「위헌법률심판에 있어서 문제된 법률이 재판의
전제가 된다 함은 우선 그 법률이 당해 본안사건에 적용될 법률이어야 하고 또
그 법률이 위헌일 때는 합헌일 때와 다른 판단을 할 수밖에 없는 경우, 즉 판결주
문이 달라질 경우를 뜻한다고 할 것이고 그 법률이 현재 시행중인가 또는 이미 폐
지된 것인가를 의미하는 것은 아니라 할 것이므로 폐지된 법률이라는 이유로 위헌
여부심판의 대상이 될 수 없다는 주장은 허용될 수 없는 것이다.」

Ⅱ. 違憲確認의 決定

憲法裁判所에 사건이 係屬중에 헌법재판소가 다른 사건에서 위헌으로 결정하여 효
력을 이미 상실한 법률이 당해 사건의 심판의 대상으로 되어 있는 경우에 憲法裁判所
는 헌법재판소법 제41조 제1항의 절차에서는 당해 절차의 審判提請(憲裁法 §41①)이나 審判請

求($\substack{同法 \\ \S68②}$)에 대해 不適法함을 이유로 却下決定을 하지만([142]), 헌법재판소법 제68조 제
2항의 절차에서는 동법 제75조 제 7 항의 재심가능성을 보장하기 위해 認容決定을 하여
야 하므로 却下決定을 할 것이 아니라 심판대상인 법률조항에 대해 違憲임을 確認하
는 인용결정을 하여야 한다. 병합사건으로 처리하여야 할 사안에서 탈루된 경우도 마
찬가지다([126]Ⅱ). 憲法裁判所도 이 경우 위헌으로 확인하는 결정을 하였다($\substack{예: 憲 1999. 6. \\ 24.-96헌바67}$).

> **[憲 1999. 6. 24.-96헌바67]** 「청구인들이 헌법재판소법 제68조 제 2 항에 따라
> 헌법소원심판청구를 한 이 사건 법률조항은 이미 헌법재판소가 1997. 12. 24. 96헌가
> 19등(병합) 사건에서 별지와 같은 이유(요지)로 '구 상속세법 제 9 조 제 1 항($\substack{1993. 12. 31. 법 \\ 률 제4662호로 \\ 개정되기 \\ 전의 것}$) 중 '상속재산의 가액에 가산할 증여의 가액은……상속개시 당시의 현황에 의
> 한다'는 부분은 헌법에 위반된다'는 결정을 선고한 바가 있으므로, 이 사건 법률조
> 항에 대하여는 위헌임을 확인하는 결정을 하기로 한다.」

[129] 第四   前提性判斷의 主體

Ⅰ. 前提性 判斷에서의 法院과 憲法裁判所

헌법재판소가 어떤 법률 또는 법률조항이 법원의 당해 소송사건의 재판에서 재
판의 전제성을 가지고 있는지의 여부를 판단함에 있어서는 法院의 의견을 우선적으
로 존중하는 것이 바람직하다. 그러나 현행 위헌법률심판절차에서는 구조적 특성으
로 인하여 전제성의 유무에 대하여 법원과 헌법재판소의 판단이 다르게 나타날 가능
성이 있다.

(1) 법원이 전제성을 인정한 경우

제청법원이 당해 소송사건에서 재판의 전제가 된다고 하여 법률이나 법률조항의
위헌여부심판을 제청한 경우에 이를 배척할 만한 특별한 사정이 없으면 헌법재판소
는 재판의 전제성을 인정하는 것이 바람직하다. 제청법원이 재판의 전제성이 인정된
다고 판단한 것이 명백하게 잘못된 것이 아닌 한 헌법재판소는 제청법원의 판단을
존중하여 재판의 전제성이 인정된다고 결정하여야 할 것이다. 이 경우에는 재판의
전제성의 유무에 관하여 법원의 판단과 헌법재판소의 판단이 일치한다. 憲法裁判所
의 판례도 법원으로부터 법률의 위헌여부심판의 제청을 받은 헌법재판소는 법률이
재판의 전제가 되는 요건을 갖추고 있는지의 여부를 심판함에 있어서 제청법원의 견
해를 존중하는 것이 원칙이라고 하고, 재판의 전제와 관련된 제청법원의 법률적 견
해가 유지될 수 없는 것으로 인정되는 때에는 헌법재판소가 직권으로 조사할 수도
있다는 입장을 취하고 있다.($\substack{예: 憲 1993. 5. 13.-92헌가10등; 1996. 10. 4.-96헌가6; 1997. 9. 25.-97헌가5; 1999. 6. 24.-98헌바42; \\ 2002. 4. 25.-2001헌가27; 2005. 6. 30.-2003헌가19; 2007. 4. 26.-2004헌가29; 2007. 6. 28.-2006헌가14; \\ 2009. 9. 24.- \\ 2007헌가15}$).

[憲 2009. 9. 24.-2007헌가15] 「법원으로부터 법률의 위헌여부심판의 제청을 받은 헌법재판소로서는 법률이 재판의 전제가 되는 요건을 갖추고 있는지의 여부를 심판함에 있어서 제청법원의 견해를 존중하는 것이 원칙이나, 재판의 전제와 관련된 제청법원의 법률적 견해가 유지될 수 없는 것으로 보이면 헌법재판소가 직권으로 조사할 수도 있는 것이므로……」

따라서 제청법원이 당해 소송사건에서 위헌여부심판을 제청한 경우에 헌법재판소가 재판의 전제성에 대하여 독자적으로 판단하는 경우는 예외적으로 존재한다 (同旨: 許 營d, 214).

[憲 1993. 5. 13.-92헌가10등] 「위헌법률심판이나 헌법재판소법 제68조 제 2 항의 규정에 의한 헌법소원심판에 있어서 위헌여부가 문제되는 법률이 재판의 전제성 요건을 갖추고 있는지의 여부는 헌법재판소가 별도로 독자적인 심사를 하기보다는 되도록 법원의 이에 관한 법률적 견해를 존중해야 할 것이며, 다만 그 전제성에 관한 법률적 견해가 명백히 유지될 수 없을 때에만 헌법재판소는 이를 직권으로 조사할 수 있다 할 것이다.」

[憲 2007. 4. 26.-2004헌가29] 「헌법재판소가 법률이 재판의 전제가 되는 요건을 갖추고 있는지의 여부를 심판함에 있어서 제청법원의 견해가 명백하게 불합리하여 유지될 수 없는 경우가 아닌 한 그것을 존중하는 이유는 사실관계의 인정, 그에 대한 일반 법률의 해석·적용은 헌법재판소보다 당해 사건을 직접 재판하고 있는 제청법원이 보다 정확하게 할 수 있다는 고려뿐만 아니라 일반 법률의 해석·적용과 그를 토대로 한 위헌 여부 심사의 기능을 나누어 전자는 법원이 후자는 헌법재판소가 각각 중심적으로 담당한다는 우리 헌법의 권력분립적 기능분담까지 고려한 것이다. 따라서 헌법재판소는 법원이 일반 법률의 해석·적용을 충실히 수행한다는 것을 전제하고, 합헌적 법률해석의 요청에 의하여 위헌심사의 관점이 법률해석에 바로 투입되는 경우가 아닌 한 먼저 나서서 일반 법률의 해석·적용을 확정하는 일을 가급적 삼가는 것이 바람직하다.……그렇다면 헌법재판소로서는 제청의 기초가 되는 법률의 해석에서 그 이유가 일부 명시되지 않은 점이 있다 하더라도 먼저 나서서 법률해석을 확정하여 제청법원의 판단을 명백히 불합리하여 유지될 수 없는 것이라고 단정하기보다는 제청법원의 제청취지를 존중하여 재판의 전제성을 긍정함이 상당하다.」

독일의 경우에도 구체적 규범통제에 있어서 재판의 전제성이 인정되는가 하는 문제에서 법원의 판단이 「명백하게 부당함」(offensichtliche Unhaltbarkeit)이라는 기준에 어긋나지 않으면 연방헌법재판소는 당해 소송사건에서 재판의 전제성이 인정된다고 보는 것이 일관된 태도이다.

憲法裁判所는 제청법원에서 심판을 제청한 법률조항이 당해 사건에 적용될 수 없는 것이라고 인정되는 경우에는 직권으로 재판의 전제성이 인정되지 않는다고 판단하고 법원의 제청에 대하여 각하결정을 한다(예: 憲 2009. 9. 24.-2007헌가15).

헌법재판소는 제청법원에 계속된 사건이 당해 법률의 위헌여부와 관계없이 각하되어야 할 사건인 때에는 재판의 전제성이 인정될 수 없는 경우에 해당한다고 보아 제청법원의 제청에 구애됨이 없이 독자적으로 전제성에 대하여 판단한 적이 있다(예: 憲 2003. 10. 30.-2002헌가24).

> [憲 2003. 10. 30.-2002헌가24] 「당해 사건을 담당하는 법원이 당해 법률의 위헌여부와 관계없이 각하를 하여야 할 사건이라면 재판의 전제성이 인정될 수 없다.……그렇다고 한다면 당해 사건은 이 사건 제청법원이 이 사건 법률조항이 헌법에 위반되는지의 여부와 관계없이 각하를 하여야 할 사건이라고 할 것이다. 따라서 이 사건 법률조항의 재판의 전제성은 인정될 수 없다.」

법원이 어떤 법률조항에 대하여 당해 재판에서 전제성이 있다고 판단하여 해당 법률조항의 위헌여부심판을 제청한 것에 대하여 헌법재판소가 직권으로 재판의 전제성이 인정되지 않는다고 하여 제청에 대하여 각하결정을 할 수 있다고 하는 것은 제청법원이 제청을 철회할 수 있는가 하는 점과 관련이 있다. 법원이 어떠한 경우에도 제청을 철회할 수 없다고 하는 경우에는 법원이 제청을 한 후에 재판의 전제성이 없음이 확인되어 제청을 철회하고자 하는 경우에도 법원은 철회할 수 없고 헌법재판소가 직권으로 전제성이 인정되지 않는다는 이유로 제청을 각하하는 결정을 하여야 한다는 결론에 이른다. 따라서 이런 경우에 법원에 제청을 철회할 수 있게 하고 헌법재판소가 재판의 전제성에 대하여 판단할 필요가 없게 하는 것이 타당한지, 아니면 제청의 철회를 어떤 경우에도 금지하고 제청된 법률의 조항이 재판의 전제성이 인정되는지는 항상 헌법재판소가 판단하게 하는 것이 타당한지 검토할 필요가 있다. 구체적 규범통제에서 법원과 헌법재판소간의 관계와 각각의 기능과 역할의 구분이라는 점에서 볼 때, 제청법원이 사후에 해당 법률조항이 재판의 전제가 되지 않는다고 인정하면 스스로 철회할 수 있게 하고 헌법재판소로 하여금 이에 따르게 하는 것이 제청의 철회를 항상 금지하고 제청된 법률조항의 재판의 전제성에 대하여는 항상 헌법재판소가 판단하게 하는 것보다는 타당하다고 할 것이다.

(2) 법원이 전제성을 부정한 경우

법원이 어떤 법률 또는 법률조항에 대하여 당해 소송사건에서 재판의 전제가 되지 않는다고 판단한 경우에 우리나라 위헌법률심판절차의 특성으로 인하여 예외적으로 헌법재판소가 전제성을 인정하는 경우가 발생할 수 있다.

어떤 법률이나 법률조항에 대하여 법원이 재판의 전제성이 인정되지 않는다고 하여 職權提請을 하지 않은 경우에는 헌법재판소가 전제성의 유무에 대하여 판단할 여지가 아예 없으므로 문제가 되지 않는다.

그러나 당해 법원이 재판의 전제성이 인정되지 않는다는 이유로 당사자의 제청

신청을 기각하여 제청신청인이 憲法裁判所法 제68조 제2항의 헌법소원심판을 청구
한 때에는 헌법재판소가 전제성을 인정하는 경우가 발생할 수 있다([120]Ⅱ(2)). 憲法
裁判所도 법원이 전제성을 부인한 경우에 전제성이 인정된다고 결정한 적이 있다
(예: 憲 1999. 12. 23.-98헌바33).

이 경우 헌법재판소는 당해 법원의 소송사건의 사실관계를 알 수 없기 때문에
청구인의 주장을 바탕으로 전제성의 유무를 판단할 수밖에 없다. 憲法裁判所의 판례
도 같은 취지이다(예: 憲 1998. 9. 30.-98헌가7등).

[憲 1998. 9. 30.-98헌가7등] 「문제되는 법률의 위헌여부가 재판의 전제가 되느
냐 하는 재판의 전제성 판단에 있어 청구인의 주장사실이 인정되는지 여부는 사건
의 기록 없이 위헌여부 등을 판단할 수밖에 없는 헌법재판소로서는 특별한 사정이
없는 한 청구인의 주장사실이 모두 인정된다는 전제에서 판단할 수밖에 없다고 할
것이고, 청구인의 주장사실이 모두 인정된다고 할지라도 법률의 위헌여부가 재판의
결론에 아무런 영향을 미칠 수 없는 경우에 한하여 재판의 전제성을 부인할 수 있
을 뿐이라고 보아야 한다.」

Ⅱ. 憲法裁判所의 獨自的 判斷의 問題

우리나라의 違憲法律審判節次에서는 소송사건의 재판에서 어떤 법률이나 법률
조항이 그 재판의 전제가 되는지의 여부에 대하여 법원의 판단이 선행되지 않은 상
태에서 헌법재판소가 그 여부에 대해 판단해야 하는 경우가 憲法裁判所法 제68조 제
2항의 憲法訴願審判에서 발생할 수 있다. 법원의 소송사건의 당사자가 신청한 제청
신청에 대해 법원이 당해 법률이나 법률조항이 헌법에 위반되지 않는다고 하는 이유
로 제청신청에 대해 기각결정을 한 경우, 통상 이러한 결정에서는 법원이 당해 법률
이나 법률조항에 대해서는 소송사건의 재판의 전제가 됨을 인정하였다고 볼 수 있다.

그러나 재판의 실무상 법원은 당해 법률이나 법률조항이 재판의 전제가 되는지
의 여부에 대하여 판단을 하지 않고 그 법률이나 법률조항의 위헌여부에 대해서만
먼저 판단하여 합헌을 이유로 제청신청에 대해 기각결정할 수 있다. 이런 점을 고려
하면, 소송사건의 재판의 전제가 되는지의 여부에 대한 법원의 판단이 없는 상태에
서도 헌법재판소가 재판의 전제성을 판단해야 하는 경우가 발생할 여지가 있게 된
다. 이러한 경우에는 어떤 법률조항이 당해 법원의 재판의 전제가 되는지에 대해서
는 당해 법원의 판단이 없고 오로지 헌법재판소법 제68조 제2항의 심판청구인인 당
해 법원에서의 위헌법률심판제청신청인의 주장만 있게 되므로 헌법재판소는 심판청
구된 법률조항에 대하여 재판의 전제성 존부여부를 적극적으로 심사하게 된다.

헌법재판소도 이러한 경우에 심판청구된 법률조항에 대하여 재판의 전제성을 심

사하고 재판의 전제성이 인정되지 않는 부분에 대해서는 심판청구를 각하하는 결정을 하고 있다(예: 憲 2009. 5. 28.-2007헌바22). 이런 상황이 야기할 문제를 해결하기 위해서는 위헌법률심판절차에서 당사자의 제청신청을 법원이 배척하는 경우에는 반드시 먼저 재판의 전제성 여부에 대한 판단을 하는 것이 필요하다.

Ⅲ. 裁判의 前提與否 決定의 效力

(1) 기속력 없음

어떤 법률이나 법률조항이 법원의 소송사건의 재판의 전제가 되느냐 하는 것에 대한 헌법재판소의 판단은 당해 법원은 물론이고 다른 법원을 기속하지 않는다. 구체적 규범통제에서 재판의 전제성에 대한 판단은 헌법재판소의 규범통제권에 속하지 않기 때문이다. 헌법재판소가 전제성이 인정된다고 판단하여도 합리적인 이유가 있는 때에는 법원은 이에 기속되지 않고 재판을 한다. 재판의 본질상 법원에 계속된 소송사건에서 사실을 확정하고 어떤 법률을 적용할 것인가는 법원이 결정하기 때문이다. 법원이 재판의 전제성이 인정된다고 하여 직권제청하거나 당사자의 제청신청을 받아 제청한 경우에도 재판의 전제성을 인정한 법률이나 법률조항을 적용하지 않고 재판할 수 있다. 법원은 제청할 당시에는 이후 진행될 심리의 결과를 알 수 없고, 전제성이 있다고 판단한 법원의 결정에 스스로 구속당하지도 않기 때문이다.

하급심의 재판에서 재판의 전제성을 인정하고 헌법재판소도 재판의 전제성이 있다고 인정한 경우라도 상급심은 재판의 전제가 되지 않는다고 판단할 수 있다. 高等法院의 제청이 있고 그에 의해 헌법재판소가 재판의 전제성을 인정한 사건(憲 1992. 2. 25.-90헌가69)에서, 上告審에서 당해 소송사건의 재판의 전제성을 부인한 사례가 있다(大 1993. 4. 27.-92누9777).

[大 1993. 4. 27.-92누9777] 「원심판결은 그 이유에서 원고에 대한 이 사건 증여세부과처분 경위를 판시와 같이 확정한 다음 상속세법 제29조의4 제 2 항에 의하면 배우자 또는 직계존비속간의 부담부증여는 수증자가 증여자의 채무를 인수한 경우에도 당해 채무액은 증여재산에서 공제하지 아니하도록 규정되어 있는데 비록 위 조항이 원고의 신청에 의하여 원심이 헌법재판소에 위헌제청을 하였고 이 사건 소송이 원심에 계속중인 1992. 2. 25. 헌법재판소가 90헌가69호로 위 조항이 헌법에 위반된다는 결정을 하였다 하더라도 이 사건 부과처분 당시에 위 조항이 유효한 것으로 인식되어 이를 과세근거로 삼아 왔다면 이 사건 처분 당시 위 조항이 헌법에 위반되는 무효의 규정이라는 점을 인식하지 못한 하자는 중대하고 객관적으로 명백한 것이라고 볼 수 없다고 판단하여 이 사건 과세처분이 무효임을 전제로 한 원고의 청구를 기각하였다. 그런데 위와 같은 원심의 판단에 대한 당부를 살피기에 앞서 기록을 보면 이 사건 과세처분의 무효확인소송을 제기하기 전에 원고는 이미 피고를 상대로 원고가 그의 어머니로부터 인수한 채무를 과세가액에서 공제하지 아니하였음을 들어 그 과세처분의 취소소송을 제기하였으나 원심은 1989. 1. 27. 위 과세

처분은 상속세법 제29조의4 제 2 항에 따른 것으로서 적법하다고 판단하여 원고의
청구를 기각하였고 그해 4. 25. 위 판결에 대한 원고의 상고가 기각되어 그대로 확
정된 바 있는데 원고가 그 후인 같은해 5. 13. 이 사건 과세처분의 무효확인소송을
제기한 것임이 명백하므로 원고가 앞서 제기한 이 사건 과세처분의 취소소송에서
원고의 청구가 기각된 확정판결의 기판력은 같은 원고가 또 다시 그 과세처분의 무
효확인을 구하는 이 사건 소송에도 미친다고 볼 것이다(대원 1992. 12. 8. 선고). 따라서 원심
으로서는 이 사건 과세처분의 무효확인청구가 기판력에 저촉된다는 당사자의 주장
이 없더라도 직권으로 이를 심리판단하여 기각하여야 할 것이고 이와 같은 경우에
는 그 과세처분의 근거가 된 상속세법 제29조의4 제 2 항이 위헌인지의 여부는 이
사건 재판의 전제가 될 수도 없는 것이므로 위 조항에 대한 원고의 위헌제청신청이
있더라도 이를 기각하고 이 사건 재판이 기판력에 저촉됨을 들어 원고의 청구를 기
각하였어야 할 것이다.」

(2) 헌법재판소에 의한 전제성 부인과 법원의 재판

憲法裁判所法 제41조 제 1 항에 의해 법원이 어떤 법률이나 법률조항에 대해 재
판의 전제성이 인정된다고 하여 제청한 사건에서 예외적으로 헌법재판소가 재판의
전제성이 인정되지 않는다고 하여 위헌여부심판을 하지 않은 경우에도 해당 법률이
나 법률조항은 여전히 효력을 지니고 있으므로 법원이 해당 법률이나 법률조항을 적
용하여 재판할 필요가 있는 때에는 해당 법률이나 법률조항을 적용하여 재판한다.

(3) 헌법재판소법 제68조 제 2 항의 절차에서 법원과 헌법재판소가 전제성 판단을 달리한 경우

憲法裁判所法 제41조 제 1 항에서 당사자의 제청신청에 대해 법원이 재판의 전제
성이 인정되지 않는다고 기각하고, 제청신청인이 憲法裁判所法 제68조 제 2 항의 헌
법소원심판을 청구하여 이 심판절차에서 헌법재판소가 재판의 전제가 인정된다고 한
때에는 두 가지로 나누어 살펴볼 필요가 있다.

(a) 헌법재판소가 심판대상이 된 법률 또는 법률조항에 대하여 위헌결정을 한
경우에는 해당 법률이나 법률조항이 효력을 상실하였기 때문에 법원으로서는 헌법재
판소의 결정에 관계없이 법원이 원래 적용하고자 한 법률이나 법률조항을 적용하여
재판한다.

(b) 헌법재판소가 합헌결정을 한 경우에는 법원이 다시 재고한 결과 헌법재판소
가 재판의 전제가 된다고 인정한 해당 법률이나 법률조항이 과연 재판의 전제가 된
다면 이를 적용하여 재판하고, 여전히 재판의 전제가 되지 않는다고 판단되면 그 재
판에 적용할 다른 법률이나 법률조항을 적용하여 재판한다.

이런 것은 재판의 전제성에 대한 법원의 판단을 헌법재판소가 인정하지 아니한

예외적인 경우에 발생하는데, 이 경우에는 당해 법원이 당해 소송사건에 적용하지도 않을 법률이나 법률조항에 대하여 헌법재판소가 위헌여부를 결정한 결과가 발생한다.

[130] 第五 前提性判斷의 範圍

Ⅰ. 原   則

헌법재판소는 제청법원이나 당해 법원의 소송사건에 적용되지 않는 법률이나 법률조항에 대해서는 재판의 전제성이 인정되지 않아 위헌여부의 판단을 하지 않는다.

Ⅱ. 例   外

당해 소송사건에 적용되지 않더라도 法律이라는 法規範의 성질과 規範統制의 성질상 헌법재판소가 違憲의 決定을 하여야 하는 경우가 있다. 즉 재판의 전제가 되는 법률조항의 위헌결정으로 인하여 당해 법률 全部를 施行할 수 없다고 인정될 때에는 그 全部에 대하여 違憲의 決定을 할 수 있다(憲裁法 §45但). 憲法裁判所도 실제 법률 전체에 대해 위헌을 선고한 경우가 있다(예: 憲 1995. 11. 30.–94헌가2; 1996. 1. 25.–95헌가5; 1999. 4. 29.–94헌바37등). 이런 경우는 재판의 전제성에 대한 판단범위가 넓어진 것이 아니고, 법률이라는 법규범과 규범통제의 성질에 비추어 전부를 위헌으로 선고할 필요성 때문에 헌법재판소의 심판 대상의 범위가 넓어진 경우이다.

憲法裁判所는 재판의 전제가 되는 법률조항의 위헌결정으로 인하여 따로 독립하여 존재할 필요가 없는 경우(예: 憲 1989. 11. 20.–89헌가102)이거나 재판의 전제가 되는 법률조항과 함께 위헌결정을 하여도 무방한 경우(예: 憲 1996. 11. 28.–96헌가13)에 있어서는 당해 소송사건에 적용되는 법률조항이 아니더라도 위헌결정을 할 수 있다고 본다.

[憲 1989. 11. 20.–89헌가102] 「(변호사)법 제10조 제 2 항은 헌법 제11조 제 1 항, 제15조, 제37조 제 2 항, 제39조 제 2 항에 각 위반되고, 한편 법 제10조 제 3 항은 제 2 항이 규정한 지방법원의 관할범위를 규정한 것으로서 법 제10조 제 2 항이 헌법에 위반된다고 인정되는 마당에 독립하여 존속할 의미가 없으므로 헌법재판소법 제 45조 단서에 의하여 아울러 헌법에 위반되는 것으로 인정하여……결정한다.」

[憲 1995. 11. 30.–94헌가2] 「(공공용지의취득및손실보상에관한특례법) 제 6 조의 적용대상인 재산은 '토지 등'인바 관련규정을 종합하면(공특법 제6조, 제2조 제1호; 토지수용법 제2조 제2항 제1호 내지 제4호), '토지 등'은 토지 외에 토지에 관한 소유권 이외의 권리, 입목, 건물, 기타 토지에 정착한 물건, 광업권, 어업권, 토석(土石) 등을 말하고 있다. 그런데 관련사건은 소유권이전등기말소 사건이며, 제청법원은 제청이유에서 주로 토지와 관련하여 공특법 제 6 조의 위헌성을 의심하고 있다. 따라서 엄밀하게 따진다면 '토지 등'에서 관련사건의 재판에 적용되지 않는 내용은 제외시켜 재판의 전제성을 따져야 할 것이다. 그러나 공특법 제 6 조에는 '토지 등'이라고 병렬적으로 적용대상이 규정되어 있더라도 이는 공시송달에 의한 협의의제라는 같은 법리가 적용되는 같은 조문 내의 일체화된 내

용이며 재산권 침해가 문제되는 이 사건에서 굳이 이들 재산들을 분리해 내어 판단
하는 것은 적절치 않으며, 이러한 상황(제청법원이 단일조문 전체를 위헌제청하였으며,
그 조문 전체가 같은 심사척도가 적용될 위헌심사대상인 경우)이 구체적 규범통제제도의
취지를 벗어나는 것이라고는 보이지 아니한다. 또한 공특법 제6조는 토지 등의 '취
득'뿐만 아니라 '사용'도 그 적용대상으로 하고 있다. 그러나 이에도 위와같은 논리
가 유추적용될 수 있는 것이다. 그렇다면 이 사건에서는 공특법 제6조 전체가 심판
의 대상이 되는 것이라고 볼 것이다.」

[憲 1996.11.28.-96헌가13] 「이 사건의 경우 제청법원의 위헌제청결정서 기재
사건의 개요에 의하면 피고인 고○○이 관세포탈죄의 미수범으로 공소제기되어 1심
재판진행중인 것을 알 수 있으므로 미수부분에 관하여 재판의 전제성이 있음은 명
확하나, 관세법 제182조 제2항 중 관세포탈죄의 예비에 관하여는 재판의 전제성이
있는지 여부에 관하여 의문이 있다. 그러나 재판의 전제성과 관련하여 법률조항 중
관련사건의 재판에서 적용되지 않는 내용이 들어 있는 경우에도 그 조항 전체가 위
헌심사의 대상이 될 수 있는지 여부에 관하여 제청법원이 단일 조문 전체를 위헌제
청하고 그 조문 전체가 같은 심사척도가 적용될 위헌심사대상인 경우 그 조문 전체
가 심판대상이 된다고 할 것이며(헌법재판소 1995. 11. 30.
선고, 94헌가2 결정 참조), 관세법 제182조 제2항과 같이 병
렬적으로 적용대상이 규정되어 있는 경우라도 그 내용이 서로 밀접한 관련이 있어
같은 심사척도가 적용될 위헌심사대상인 경우 그 내용을 분리하여 따로 판단하는
것이 적절하지 아니하다고 할 것이다. 제청법원이 단일 조항 전체에 대하여 위헌제
청을 한 취지도 위와 같다고 보이므로, 제청법원의 이와 같은 의견을 존중(헌법재
판소
1993. 5. 13. 선고, 92
헌가10 결정 참조)하고 헌법재판소가 규범통제의 역할을 수행하고 있는 점 등에 비추어
보면, 이 사건 단일조항을 함께 판단하는 것은 구체적 규범통제 제도의 취지에 벗
어나지 않는다고 할 것이다.」

[131] 第六　前提性判斷의　基準時點

I. 原　　則

위헌법률심판절차에서 재판의 전제성은 법원이 위헌법률심판을 제청하거나 憲
法裁判所法 제68조 제2항의 헌법소원심판을 청구하는 시점뿐만 아니라 헌법재판소
가 이에 대한 결정을 하는 시점에도 갖추어져 있어야 한다. 위헌법률심판을 제청할
당시나 憲法裁判所法 제68조 제2항의 헌법소원심판을 청구할 당시에는 재판의 전제
성을 갖추었으나 헌법재판소의 심판 당시에 전제성이 消滅하였다면 그 심판의 제청
은 원칙적으로 부적법한 것이 된다.

憲法裁判所도 「재판의 전제성은 법률의 위헌여부심판제청시만 아니라 심판시에
도 갖추어져야 함이 원칙이다」라고 판시하고 있다(憲 1993. 12.
23.-93헌가2.). 憲法裁判所는, 사회보호
법이 위헌심판제청 이후에 개정되었고, 신법에 의하면 구법의 일부규정이 삭제되고
신법 시행 당시 계속중인 사건에 대하여는 신법을 적용하도록 규정하여 위 삭제된

규정에 기하여 청구되었던 피감호청구인이 더 이상 보호감호에 처해질 수 없게 되었다면 구법조항은 이미 재판의 전제성을 잃은 것이 되었으므로 구법의 위헌심판제청은 부적법하다고 하였다(예: 憲 1989. 4. 17.-88헌가4).

[憲 1989. 4. 17.-88헌가4] 「사회보호법은, 청구인이 이 사건 헌법소원심판을 청구한 뒤인 1989. 3. 25. 법률 제4089호로 개정되었고, 개정된 사회보호법 제5조의 규정에 의하면 보호대상자가 제5조 소정의 "별표"에 규정된 죄를 범한 때에 한하여 보호감호에 처하도록 함으로써 "별표"에 규정된 죄 이외의 죄를 범한 자에 대하여는 보호감호에 처할 수 없도록 하였고, 한편 개정된 동법 부칙 제4조는 현재 재판에 계속중인 사건에 대하여는 신법을 적용하도록 규정하였다. 그런데 청구인에 대한 공소장의 기재내용에 의하면 청구인은 사회보호법 제5조 소정의 "별표"에 규정된 죄 이외의 죄인 폭력행위등처벌에관한법률 제2조 제2항, 형법 제257조 제1항 및 형법 제319조 제1항의 죄로 공소가 제기된 사실을 알 수 있는 바이므로 청구인의 이 사건 헌법소원심판의 청구는 위헌여부의 심판대상이 된 법률조항이 더 이상 재판의 전제가 될 수 없게 되었다 할 것이고……」

II. 例 外

위헌법률심판절차에서 재판의 전제성이 위헌여부심판을 제청하거나 憲法裁判所法 제68조 제2항의 심판을 청구하는 시점뿐만 아니라 헌법재판소가 결정을 하는 시점에도 갖추어져 있어야 한다는 것과 이 경우에만 헌법재판소가 적법한 결정을 할 수 있다는 것은 다르다. 헌법재판소가 결정을 하는 시점에서 재판의 전제성이 소멸한 경우에도 다음에서 보듯이 예외적으로 심판하는 경우가 있다는 점을 유의할 필요가 있다.

[132] 第七 前提性이 認定되지 않는 때의 決定

I. 처음부터 前提性이 없는 경우

위헌법률심판에서 심판의 대상이 된 법률이나 법률조항이 재판의 전제성을 가지지 못하는 경우에 헌법재판소는 제청법원의 提請 또는 憲法裁判所法 제68조 제2항의 헌법소원심판의 請求가 부적법한 것임을 이유로 이를 却下한다(예: 憲 1989. 9. 29.-89헌마53; 1989. 12. 18.-89헌마32등; 1997. 9. 25.-97헌가4; 1997. 9. 25.-97헌가5; 2001. 6. 28.-2001헌바16).

이 문제는 職權主義와도 관련된다. 제청법원의 제청이나 憲法裁判所法 제68조 제2항의 헌법소원심판의 請求에서 재판의 전제가 된다고 한 법률이나 법률조항이 오히려 재판의 전제성을 가지지 못하고 헌법재판소가 재판의 전제가 되는 다른 법률이나 법률조항을 발견한 경우에 이것이 審判對象의 擴張에 해당하지 않는 한, 이 때에는 재판의 전제성이 없어 부적법하다는 이유로 却下하는 것이 타당하다.

憲法裁判所가 적극적으로 심판의 대상을 변경한 경우(예: 憲 1998. 3. 26.–93헌바12)가 주목된다.

[憲 1998. 3. 26.–93헌바12] 「심판기록에 의하건대, 서울민사지방법원의 91카
105256호 위헌여부심판제청신청사건에서 청구인들이 위헌여부심판의 제청을 구하였
으나 동 법원에 의하여 그 신청이 기각당한 법률조항은 위 하천법 제2조 제1항
제2호 다목임이 분명하고, 이 사건 심판청구를 통하여 청구인들이 위헌확인을 구하
는 것도 역시 위 하천법 제2조 제1항 제2호 다목이다. 그러나 헌법재판소는 심판
청구서에 기재된 피청구인이나 청구취지에 구애됨이 없이 청구인의 주장요지를 종
합적으로 판단하여야 하며, 청구인이 주장하는 침해된 기본권과 침해의 원인이 되
는 공권력을 직권으로 조사하여 피청구인과 심판대상을 확정하여 판단하여야 한다
(헌재 1993. 5. 13. 91헌마190 참조). 그러므로 살피건대, 청구인들이 위 91카105256 사건에서 위헌여부심판
제청을 구한 이유의 요지는 결국 이 사건 토지들과 같은 사유의 제외지를 국유로
하는 것이 위헌이라는 것이고, 이에 대하여 위 법원이 그 제청신청을 기각한 것도
요컨대 위 하천법 제2조와 제3조에 의하여 사유토지인 제외지를 하천구역에 편입
시켜 국유로 귀속시킨다 하더라도 위헌이라고 할 수 없다는 데에 있다. 그렇다면
비록 묵시적이긴 하나 제외지를 포함하여 하천을 국유로 한다는 법률조항인 위 하
천법 제3조에 대하여도 위헌여부심판제청신청과 그에 대한 기각결정이 있었다고
볼 수 있다. 그런데 당해 사건에서의 청구인들의 청구취지는 이 사건 토지들이 국
유가 아니라 청구인들의 사유토지임을 전제로 대한민국과 서울특별시를 상대로 소
유권확인을 구하는 것이므로 당해 사건의 재판에 보다 직접적으로 관련을 맺고 있
는, 다시 말해서 그 위헌여부에 따라 법원이 다른 내용의 재판을 하게 되는 법률조
항은 제외지를 하천구역에 편입시키고 있는 위 하천법 제2조 제1항 제2호 다목이
라기보다 오히려 하천구역을 포함하여 하천을 국유로 한다고 규정함으로써 직접 제
외지의 소유권귀속을 정하고 있는 동법 제3조라 할 것이다. 따라서 청구인들의 심
판청구이유, 위 91카105256 위헌여부심판제청신청사건의 경과, 당해 사건 재판과의
관련성의 정도, 이해관계기관의 의견 등 여러 가지 사정을 종합하여 직권으로 이
사건 심판의 대상을 위 하천법 제2조 제1항 제2호 다목에서 동법 제3조로 변경
하기로 한다.」　　　이 사건에서 서울특별시는, 公簿上 김○○외 36인의 소유로 등재
되어 있고, 조선총독부 내무국 경성토목출장소가 1930년 11월 22일부터 1936년 10월
21일까지 사이에 한강의 치수를 목적으로 설치한 양천제라는 제방과 한강의 河心
사이에 위치하고 있는 토지들에 대해, 이 토지들이 하천법(1971. 1. 19. 법률 제2292 호로전문 개정된 것) 제2조 제
1항 제2호 다목에서 정하는 제외지(堤外地)로서 동법 제3조에 따라 국유화된 것이
라고 하면서 1986년 11월경부터 청구인들에게 수차례 손실보상금을 수령할 것을 통
고하였다. 그런데 김○○외 36인은 이에 대해 이 토지들의 소유권을 확인하는 소송
을 법원에 제기하고, 그 소송 계속중에 당해 사건의 재판에 있어서 그 전제가 되는
이 하천법 제2조 제1항 제2호 다목 전단의 규정, 즉 "제방(하천관리청이나 그 허가
또는 위임을 받은 자가 설치한 것에 한한다)이 있는 곳에서는 그 제외지"라는 부분이 헌
법에 위배된다는 이유로 위헌여부심판제청을 신청하였다. 그러나 법원은 이 하천법
의 규정이 헌법에 위반되지 않는다는 이유로 이를 기각하였고, 김○○외 36인은 헌
법재판소법 제68조 제2항에 따라 헌법소원심판을 청구하였다.

Ⅱ. 審理中 前提性이 消滅된 경우

違憲法律審判節次에서 재판의 전제성의 유무와 관련해서는 앞에서 본 바와 같이 처음부터 재판의 전제성이 인정되지 않는 경우와 처음에는 전제성이 인정되었으나 심리중에 전제성이 소멸한 경우가 있다. 이런 경우에 헌법재판소가 어떤 결정을 하여야 하는가 하는 문제가 있다.

(1) 원　　칙

헌법재판소에 위헌법률심판절차가 개시된 때에는 재판의 전제성이 인정되었으나, 그 이후 재판의 전제성이 소멸한 경우에는 憲法裁判所法 제41조 제1항에 의해 제청한 법원은 제청을 철회할 수 있고, 同法 제68조 제2항에 의해 헌법소원심판을 청구한 청구인은 심판청구를 취하할 수 있다. 그런데 이러한 철회나 취하가 없는 경우에 헌법재판소는 특별한 사유가 없으면 해당 제청이나 청구에 대하여 재판의 전제성이 소멸하였다는 이유로 不適法 却下의 결정을 한다. 憲法裁判所의 판례도 같은 견해이다(예: 憲 1989. 4. 17.-88헌가4).

[憲 1989. 4. 17.-88헌가4] 「이 사건 위헌법률심판의 제청은 위헌여부의 심판대상이 된 법률조항이 더 이상 재판의 전제가 될 수 없게 되었다 할 것이고, 피감호청구인에 대한 관계에서 이미 폐지된 위 조항의 위헌여부를 판단해야 할 별다른 이익이 있다고 인정되지도 아니한다. 그러므로 이 사건 위헌법률심판의 제청은 심판의 대상이 된 법률조항이 재판의 전제성을 잃게 됨으로써 결국 심판제청의 이익이 없게 되어 이를 각하하여야 할 것……」

(2) 예　　외

헌법재판소가 결정하는 때에 재판의 전제성이 소멸한 경우에는 해당 제청이나 憲法裁判所法 제68조 제2항의 헌법소원심판청구는 원칙적으로 부적법한 것이어서 각하하여야 한다. 그러나 위헌법률심판이 가지는 객관소송으로서의 성질과 헌법질서의 수호·유지라는 제도적 본질에 비추어 볼 때, 위헌여부에 대해 판단하여야 할 필요성이 인정되는 경우(예컨대 위헌여부에 대한 헌법적 해명이 필요한 경우, 반복되는 기본권침해의 위험성을 제거할 필요가 있는 경우)에는 예외적으로 해당 제청이나 청구를 적법한 것으로 보고 헌법재판소는 본안에 대해 판단한다(同旨: 許營d, 221). 憲法裁判所의 판례도 같은 견해이다. 헌법재판소는 유신헌법을 부정·반대·왜곡 또는 비방하거나, 유신헌법의 개정 또는 폐지를 주장·발의·제안 또는 청원하는 일체의 행위, 유언비어를 날조·유포하는 행위 등을 전면적으로 금지하고, 이를 위반하면 비상군법회의 등에서 재판하여 처벌하도록 하는 것을 주된 내용으로 한, 유신헌법 제53조에 근거하여 발령된 대통령긴급조치 제1호, 대통령긴급조치 제2호, '국가안전과 공공질서의 수

호를 위한 대통령긴급조치' 위헌소원 사건에서, 당해 사건에서 무죄판결이 선고되거
나 재심청구가 기각되어 원칙적으로는 재판의 전제성이 인정되지 아니할 것이나, 긴
급조치의 위헌 여부를 심사할 권한은 본래 헌법재판소의 전속적 관할 사항인 점, 법
률과 같은 효력이 있는 규범인 긴급조치의 위헌 여부에 대한 헌법적 해명의 필요성
이 있는 점, 당해 사건의 대법원판결은 대세적 효력이 없는 데 비하여 형벌조항에
대한 헌법재판소의 위헌결정은 대세적 기속력을 가지고 유죄 확정판결에 대한 재심
사유가 되는 점, 유신헌법 당시 긴급조치 위반으로 처벌을 받게 된 사람은 재판절차
에서 긴급조치의 위헌성을 다툴 수조차 없는 규범적 장애가 있었던 점 등에 비추어
볼 때, 예외적으로 헌법질서의 수호·유지 및 관련 당사자의 권리구제를 위하여 재
판의 전제성을 인정함이 상당하다고 보았다(예: 憲 1993. 3. 29.-92헌바21; 1993. 12. 23.-93헌가2; 2001. 4. 26.
-98헌바79등; 2005. 12. 22.-2003헌가8; 2013. 3. 21-2010헌바 132등).

[憲 1993. 12. 23.-93헌가2] 「일찌기 당재판소는 법률에 대한 헌법소원심판에
있어서 '침해행위가 이미 종료되어서 이를 취소할 여지가 없기 때문에 헌법소원이
주관적 권리구제에 별 도움이 안 되는 경우라도 그러한 침해행위가 앞으로도 반복
될 위험이 있거나 당해 분쟁의 해결이 헌법질서의 수호·유지를 위하여 긴요한 사
항이어서 그 해명이 헌법적으로 중대한 의미를 지니고 있는 경우에는 헌법소원의
이익을 인정하여야 할 것이다'(헌법재판소 1992. 4. 14. 선
고, 90헌마82 결정 등 참조)라고 판시한 바 있다. 이러한 법리는
구체적 규범통제로서의 법원의 제청에 의한 법률의 위헌여부심판절차에서도 존중되
어야 할 것이다. 따라서 위헌여부심판이 제청된 법률조항에 의하여 침해된다는 기
본권이 중요하여 동 법률조항의 위헌여부의 해명이 헌법적으로 중요성이 있는데도
그 해명이 없거나, 동 법률조항으로 인한 기본권의 침해가 반복될 위험성이 있는데
도 좀처럼 그 법률조항에 대한 위헌여부심판의 기회를 갖기 어려운 경우에는 설사
그 심리기간중 그 후의 사태진행으로 당해 소송이 종료되었더라도 헌법재판소로서
는 제청 당시 전제성이 인정되는 한 예외적으로 객관적인 헌법질서의 수호·유지를
위하여 심판의 필요성을 인정하여 적극적으로 그 위헌여부에 대한 판단을 하는 것
이 헌법재판소의 존재이유에도 부합하고 그 임무를 다하는 것이 될 것이다.」 이 사
건에서 수원지방법원 여주지원은, 뇌물공여 등 혐의로 구속·기소된 피고인 구○○
를 비롯한 17인의 피고인들에 대하여 이 법원 [92고합107, 131(병합)]호로 심리를 하
던 중, 피고인 구○○의 변호인이 이 법원 [92초452호]로 보석을 청구함에 따라
1993년 1월 9일 구○○ 피고인에 대하여 보석허가결정을 하였는데, 1월 11일 검사
는 이 보석허가결정에 대하여 형사소송법 제97조 제3항에 의하여 즉시항고를 하였
다. 이에 여주지원은 보석허가결정에 대한 검사의 즉시항고권을 규정하고 있는 형
사소송법 제97조 제3항에 관하여 위헌의 의심이 있다 하여 1월 15일 직권으로 이
사건 위헌심판제청을 하였다. 한편 제청법원은 이 사건 위헌심판제청을 한 후 위 92
초452 보석허가결정에 대한 즉시항고사건에 관하여는 항고법원인 서울고등법원에
기록을 송부하였고, 위 [92고합107, 131(병합)] 뇌물공여 등 본안사건에 관하여는 1
월 18일 피고인 구○○에 대하여 징역 2년에 처하되 그 형의 집행을 3년간 유예한

다는 내용의 판결을 선고하였다. 同年 2월 9일 항고법원은 검사의 즉시항고를 기각하는 결정을 하였다. 이와 같이 이 즉시항고사건은 제청법원이 위헌심판제청을 한 후 그 즉시항고사건의 기록을 항고법원에 송부하고, 항고법원은 항고기각의 결정을 함으로써 헌법재판소에서 이 사건 규정의 위헌여부에 관한 심판을 하기 전에 종료되었다. 이런 상태에서 1993년 12월 23일 헌법재판소는 위와 같이 이 사건에서 처음 제청된 형사소송법$\binom{1954.9.23.\ 법률\ 제341호,\ 개}{정\ 1973.1.25.\ 법률\ 제2450호}$ 제97조 제 3 항 중 「보석을 허가하는 결정」부분은 헌법에 위반된다는 결정을 하였다.

제5절 審判의 節次 및 基準

1. 槪　說

위헌법률심판은 書面審理에 의한다. 다만, 재판부는 필요하다고 인정하는 경우에는 辯論을 열어 당사자·이해관계인 그 밖의 參考人의 陳述을 들을 수 있다(憲裁法§30②). 심판절차에 대한 나머지 사항은 일반심판절차에서 설명한 것과 같다.

2. 立法事實의 調査

[133] 第一　立法事實

위헌법률심판은 법률이 효력을 가지는가를 심판하는 것이지만, 헌법재판소는 이런 판단을 함에 있어서 필요한 경우에는 입법사실에 대해서도 조사를 할 수 있다. 여기서 말하는 입법사실은 입법의 기초가 된 사실을 의미한다.

입법사실에는 입법의 기초가 된 상황, 견해, 사건, 사태, 입법목적을 실현할 수 있는 수단 등의 존재사실, 상황을 판단하는 데 필요한 규범가치적인 판단사실, 전문적인 지식이나 견해 등 여러 형태의 것이 존재한다.

[134] 第二　立法事實의 調査

I. 意義와 必要性

헌법재판소가 법률의 위헌여부를 판단함에 있어서 필요한 경우에는 입법사실을 조사할 수 있고, 입법사실의 조사가 판단의 논증에 필수적인 경우에는 반드시 조사를 하여야 한다. 특히 입법사실이 전문적인 지식에 기초하는 것일 경우에는 전문가의 견해를 조사하여야 한다.

입법사실의 조사가 중요한 것은 헌법재판소가 위헌여부를 판단함에 있어서 객관적인 논증이 필요하다는 것을 의미하는 동시에 재판관의 개인적 수준의 느낌, 지식, 推斷, 짐작 등에 기초해서 재판해서는 안 된다는 것을 의미한다. 어떠한 사실관계를 확정함에 있어서 미미한 수준의 정보에 근거하여 재판관의 개인적인 수준의 판단이나 추단으로 결론을 내린다면 그것은 재판으로서 정당성을 가질 수 없다.

따라서 입법사실의 조사는 헌법재판소의 권한이기도 하지만 경우에 따라서는 의무로 작용하기도 한다. 입법사실의 조사는 법률의 위헌여부판단에서 요구되는 것이므로 法律에 대한 憲法訴願審判에서도 행해질 수 있고, 또 요구되는 때도 있다.

憲法裁判所도 법률의 위헌여부의 판단에 필요한 때에는 입법사실에 대한 조사를 할 수 있다고 한다(예: 憲 1994. 4. 28.-92헌가3).

[憲 1994. 4. 28.-92헌가3] 「구체적 규범통제를 목적으로 하는 위헌법률심판에 관한 헌법재판소법 제45조 전단의 "헌법재판소는 제청된 법률 또는 법률조항의 위헌 여부만을 결정한다"는 규정은, 헌법재판소는 법률의 위헌여부에 대한 법적 문제만 판단하고 법원에 계속중인 당해 사건에 있어서의 사실확정과 법적용 등 고유의 사법작용에는 관여할 수 없다는 의미도 포함한다. 그러나 헌법재판소는 법률의 위헌여부에 대한 법적 문제를 판단하기 위하여 입법의 기초가 된 사실관계 즉 입법사실을 확인하여 밝힐 수 있다. 이 사건에 있어서는 제청법원의 위헌심판제청이유 및 관계인의 의견에서 보는 바와 같이……그 다투어지고 있는 사실관계는 입법사실인 동시에 법원에서 확정할 사실문제이기도 하다. 이와 같이 이 사건에는 헌법재판소가 확인하여 밝힐 수 있는 입법사실과 당해 사건이 계속중인 법원에서 확정하여야 할 사실문제가 중복되어 있고, 이러한 경우 헌법재판소로서는 필요한 범위 내에서만 입법사실을 확인하고 밝히는 것이 바람직하므로 기록상 명확하다고 인정되는 범위 내에서 입법사실에 관계되는 사실을 확인하여 밝히고 이를 전제로 위헌여부심판제청이 된 각 법률조항의 위헌여부에 대하여 판단을 하기로 한다.」

Ⅱ. 立法者의 豫測判斷과 立法事實의 調查

헌법재판소는 기본권을 제한하는 법률의 위헌여부에 대하여 판단함에 있어 입법자의 예측이 합당한 것이었나 하는 점을 심사하는 경우가 있다. 즉 위헌성의 여부가 미래에 나타날 법률 효과에 달려 있는 경우에는 입법자의 예측판단에 대하여 심사를 하여야 과잉금지원칙의 위반여부를 판단할 수 있다. 이러한 경우에 헌법재판소는 입법사실에 대한 조사를 하여야 하는 경우가 있다. 재판기록상의 자료나 재판관들의 추론만으로 충분하지 않은 경우에는 이를 근거로 입법자의 예측판단의 적합여부에 대하여 판단하는 것은 타당하지 않다.

憲法裁判所도 입법자의 예측판단에 대하여 심사할 수 있음을 인정하고 있다(예: 憲 2002. 10. 31.-99헌바76등; 2004. 10. 28.-2002헌바70; 2004. 10. 28.-2004헌바61; 2005. 9. 29.-2003헌바52). 이 경우에 헌법재판소가 어느 정도로 입법자의 예측판단을 심사할 수 있으며, 입법자의 불확실한 예측판단을 자신의 예측판단으로 대체할 수 있는가 하는 문제가 있는데, 헌법재판소는 아래와 같이 판시하고 있다.

[憲 2002. 10. 31.-99헌바76등] 「법률이 제정되면 미래에 있어서 작용하고 효과를 발생시키므로, 입법자는 법률의 형태로써 정치적 결정을 내리는 과정에서 법

률과 법현실과의 관계에 관한 일정한 예측으로부터 출발한다. 그러나 이러한 예측
판단에는 항상 불확실한 요소가 내재되어 있다. 따라서 헌법재판소의 규범심사과정
에서 결정의 전제가 되는 중요한 사실관계가 밝혀지지 않는다든지 특히 법률의 효
과가 예측되기 어렵다면, 이러한 불확실성이 공익실현을 위하여 국민의 기본권을
침해하는 입법자와 기본권을 침해당하는 국민 중에서 누구의 부담으로 돌아가야 하
는가 하는 문제가 제기된다. 법률이 개인의 핵심적 자유영역(생명권, 신체의 자유, 직
업선택의 자유 등)을 침해하는 경우 이러한 자유에 대한 보호는 더욱 강화되어야 하
므로, 입법자는 입법의 동기가 된 구체적 위험이나 공익의 존재 및 법률에 의하여
입법목적이 달성될 수 있다는 구체적 인과관계를 헌법재판소가 납득하게끔 소명·
입증해야 할 책임을 진다고 할 것이다. 반면에, 개인이 기본권의 행사를 통하여 일
반적으로 타인과 사회적 연관관계에 놓여지는 경제적 활동을 규제하는 사회·경제
정책적 법률을 제정함에 있어서는 입법자에게 보다 광범위한 형성권이 인정되므로,
이 경우 입법자의 예측판단이나 평가가 명백히 반박될 수 있는가 아니면 현저하게
잘못되었는가 하는 것만을 심사하는 것이 타당하다고 본다. 이러한 한계까지는 입
법자가 무엇을 공익으로 보는가, 공익을 어떠한 방법으로 실현하려고 하는가는 입
법자의 형성권에 맡겨져야 한다.」

[憲 2004. 10. 28.-2002헌바70] 「입법자가 복잡한 생활관계를 새로이 규율함
에 있어서는 충분한 경험이 쌓일 때까지 우선 대략적으로 유형화하고 일반화하는
규정을 만드는 것으로 만족해야 할 경우가 있다. 또 사실적 상황이 변화함에 따라
종전의 규정을 개정할 필요가 생겼지만, 그렇다고 이를 단순하고 조급히 수행해서
는 안 되는 경우도 있을 수 있다. 이 경우들에는 불평등이 현존한다고 하여 당해규
정이 바로 위헌이 되는 것은 아니며, 입법자는 그러한 불평등을 제거하는 데에 어
느 정도의 기간을 요구할 수 있다고 보아야 한다.」

[憲 2004. 10. 28.-2004헌바61] 「입법자에게 인정되는 예측판단권은 법률을 통
하여 달성하고자 하는 공익의 비중 및 침해되는 법익의 의미, 규율영역의 특성, 확
실한 판단을 내릴 수 있는 현실적 가능성의 정도에 따라 다르다. 달성하고자 하는
공익의 비중이 클수록, 개인이 기본권의 행사를 통하여 타인과 국가공동체에 영향
을 미칠수록, 즉 기본권행사의 사회적 연관성이 클수록, 입법자에게는 보다 광범위
한 형성권이 인정되므로, 이 경우 입법자의 예측판단이나 평가가 명백히 반박될 수
있는가 아니면 현저하게 잘못되었는가 하는 것만을 심사하게 된다. 이러한 한계까
지는 공익을 어떠한 방법으로 실현하고자 하는가의 판단은 입법자의 형성권에 맡겨
져야 한다.」

[憲 2005. 9. 29.-2003헌바52] 「국가기능의 장애를 초래할 수 있는 의식적 직
무유기를 예방하고 공무원의 성실한 직무수행을 담보하기 위하여 행정상의 징계처
분만으로 충분할 것인지, 아니면 나아가 형벌이라는 제재를 동원하는 것이 더 필요
하다고 볼 것인지의 문제는 입법자의 예측판단에 맡겨야 한다. 일반적으로 볼 때
가장 중한 징계처분인 파면, 해임이라 할지라도 당사자에게 미치는 불이익한 효과
는 형벌에 비해 미약하다고 할 수 있다. 그렇다면 입법자는 이 사건 법률조항의 입
법목적인 국가기능의 정상적 수행 보장을 위하여 가능한 수단들을 검토하여 그 효
과를 예측한 결과 보다 단호한 수단을 선택하는 것이 필요하다고 보았다 할 것인데

328   [135] 第一 憲 法

이러한 입법자의 판단이 현저히 자의적인 것이라고는 보이지 않는다. 비록 오늘날 세계 입법의 추세가 공무원의 직무유기행위에 대하여 형벌을 부과하지 않는 것이라 하더라도 공무원의 국민전체에 대한 봉사자로서의 지위에 기초하여 강한 법적, 윤리적 책임을 부과하는 우리 사회의 전반적인 관념을 바탕으로 국가기능의 장애를 초래할 염려 있는 의식적인 직무유기행위에 한정하여 이를 단호하게 제재하기 위하여 형사책임을 부과한 것은 입법재량의 범위 내의 입법권 행사라고 할 것이다.」

3. 審判의 基準

[135] 第一 憲 法

違憲法律審判에서 審判의 基準(=規準)이 되는 것은 무엇보다 실정 憲法典에 표시된 형식적 의미의 헌법, 즉 「大韓民國憲法」이다. 이 헌법은 당연히 1987년 10월 29일 공포된 1987年憲法을 의미한다. 이 때 실정 헌법이 기준이 된다고 하는 것은 헌법전에 정해져 있는 모든 明文의 내용과 그러한 명문의 내용에 의해 형성되는 원리, 원칙 그리고 그 명문의 내용으로부터 해석을 통해 확정된 내용 모두를 의미한다 (예: 憲 1999. 5. 27.–98헌바70).

같은 規範統制라고 하더라도 法律에 대한 憲法訴願審判에서는 憲法典에 정해진 기본권의 조항이 심판의 기준이 됨에 반하여 위헌법률심판에서는 기본권 조항에 한정되지 않는다는 점을 유의할 필요가 있다.

[136] 第二 慣習憲法

관습헌법도 심판의 기준이 된다. 그런데 관습헌법을 인정함에 있어서는 엄격하여야 한다. 오늘날 대부분 경성헌법과 성문헌법을 가지고 있는 나라에서는 관습헌법을 인정하기 어렵다. 그러나 관습헌법이 존재한다면 그 관습헌법도 심판의 기준이 된다.

憲法裁判所는 관습헌법을 인정한다. 헌법재판소는, 국가의 首都가 어디인지를 정하는 것은 헌법에서 명시적으로 정하고 있지 아니하는 경우에 관습헌법상 인정되는 헌법사항이라고 판시하였다(憲 2004. 10. 21.– 2004헌마554등).

[憲 2004. 10. 21.–2004헌마554등] 「관습헌법이 성립하기 위하여서는 먼저 관습이 성립하는 사항이 단지 법률로 정할 사항이 아니라 반드시 헌법에 의하여 규율되어 법률에 대하여 효력상 우위를 가져야 할 만큼 헌법적으로 중요한 기본적 사항이 되어야 한다. 일반적으로 실질적인 헌법사항이라고 함은 널리 국가의 조직에 관한 사항이나 국가기관의 권한 구성에 관한 사항 혹은 개인의 국가권력에 대한 지위를 포함하여 말하는 것이지만, 관습헌법은 이와 같은 일반적인 헌법사항에 해당

하는 내용 중에서도 특히 국가의 기본적이고 핵심적인 사항으로서 법률에 의하여
규율하는 것이 적합하지 아니한 사항을 대상으로 하는 것이다. 일반적인 헌법사항
중 과연 어디까지가 이러한 기본적이고 핵심적인 헌법사항에 해당하는지 여부는 일
반추상적인 기준을 설정하여 재단할 수는 없는 것이고, 개별적 문제사항에서 헌법
적 원칙성과 중요성 및 헌법원리를 통하여 평가하는 구체적 판단에 의하여 확정하
여야 한다. 다음으로 관습헌법이 성립하기 위하여서는 관습법의 성립에서 요구되는
일반적 성립 요건이 충족되어야 한다. 이러한 요건으로서 첫째, 기본적 헌법사항에
관하여 어떠한 관행 내지 관례가 존재하고, 둘째, 그 관행은 국민이 그 존재를 인식
하고 사라지지 않을 관행이라고 인정할 만큼 충분한 기간 동안 반복 내지 계속되어
야 하며(반복·계속성), 셋째, 관행은 지속성을 가져야 하는 것으로서 그 중간에 반대
되는 관행이 이루어져서는 아니 되고(항상성), 넷째, 관행은 여러 가지 해석이 가능
할 정도로 모호한 것이 아닌 명확한 내용을 가진 것이어야 한다(명료성). 또한 다섯
째, 이러한 관행이 헌법관습으로서 국민들의 승인 내지 확신 또는 폭넓은 컨센서스
를 얻어 국민이 강제력을 가진다고 믿고 있어야 한다(국민적 합의). 이와 같이 관습
헌법의 성립을 인정하기 위해서는 이러한 요건들이 모두 충족되어야 한다.」

[137] 第三 條 約

國際條約은 법규범의 효력구조에서 헌법보다 하위에 있으므로 심판의 기준이 되
지 못한다. 國際法과 國內法의 효력에서 國際法優位說과 國內法優位說이 대립하고
있으나, 국가가 지니고 있는 독립성과 주권성에 비추어 볼 때, 일반적인 국제조약은
그 효력에서 헌법보다 하위에 존재하므로 심판의 기준이 되지 못한다. 따라서 인권
에 관한 국제조약도 위헌법률심판에서 심판의 기준이 될 수 없다.

그러나 예외적으로 국가간에 헌법적 효력을 가지는 국제규범을 창설하여 각 국
가가 그에 종속된다고 합의한 경우에는 그러한 국제규범은 심판의 기준이 될 여지가
있다. 각 국가간에 대외적 독립성이 유지되고 있는 국제법질서에서 이런 경우는 예
외적으로만 존재할 수 있다.

제 6 절 決   定

1. 意義와 種類

[138] 第一 意   義

헌법재판소는 각종 심판절차에서 유일한 재판형식인 「決定」으로 심판한다. 우리
나라의 헌법재판에서는 決定 이외에 判決이라는 형식은 존재하지 않는다. 심리에 구
두변론을 거치든 거치지 않든 모두 決定이라는 형식으로 심판한다. 헌법재판에서 말
하는 결정은 일반법원에서 행하는 판결, 결정, 명령 등과 같은 여러 재판형식 중의
하나인 결정과 다른 것이다.

[139] 第二 種   類

헌법재판소의 결정에는 청구를 認容하는 결정과 청구를 排斥하는 결정이 있다.
그런데 이런 결정은 각종 심판절차에 따라 다르게 나타난다. 위헌법률심판이나 법률
에 대한 헌법소원심판에서는 규범통제의 특성으로 인하여 변형결정이 나타난다.

위헌법률심판절차에서 헌법재판소가 결정을 하면 원칙적으로 헌법재판에서 심
판이 가지는 공통적인 효력이 발생한다([80] 이하). 다만, 위헌법률심판에서는 그 특
성상 특별한 효력이 인정되는 경우가 있고, 결정의 종류에 따라 특별한 효력이 인정
되기도 한다. 해당 부분에서 설명하기로 한다.

[140] 第三 裁判官의 意見表示義務

I. 意   義

재판관의 의견표시의무라 함은 헌법재판소가 결정을 함에 있어서 각 재판관마다
자기의 個別意見을 표명하고 이를 명시적으로 결정서에 표시하여야 하는 직무상의
책임을 의미한다.

II. 意見表示義務의 認定與否

합의제의 재판에서 재판관 사이에 의견이 합치하지 않는 경우에 합치하지 않은
의견을 각각 따로 표시하느냐 아니면 표시하지 않느냐 하는 문제에 대해 이론상 견
해가 대립한다.

(1) 긍 정 설

肯定說은 헌법을 해석함에 있어서 재판관간에 의견의 합치를 보지 못하는 것은 헌법제정권자의 의사를 확정함에 있어서 중요한 문제이므로 헌법제정권자인 국민은 자신의 의사가 확정됨에 있어서 그 논의의 과정과 내용을 알 필요가 있다는 점, 재판관간에 의견의 합치를 보지 못한 의견들을 표시함으로써 사후 헌법의 해석에 있어서 再考할 여지를 남겨두는 점, 소수의견을 표시해 둠으로써 차후 해당 판례의 유지 또는 변경에 도움이 된다는 점, 소수의 보호에 기여한다는 점 등을 근거로 든다.

(2) 부 정 설

否定說은 최고재판기관에서 재판관간에 의견의 합치를 보지 못한 경우에 이를 표시하는 것은 재판의 권위와 법적 평화를 손상시키고 재판관의 헌법해석에 대한 국민의 신뢰를 감소시킨다는 점을 근거로 든다.

(3) 사　　견

긍정설이 타당하다. 재판관의 의견표시제도는 재판관들 사이에 의견이 나누어질 때, 헌법재판소의 의견으로 되지 못하는 재판관의 개별의견을 외부로 公表하는 데 의미가 있다([75]).

Ⅲ. 憲法裁判所法의 規定

憲法裁判所法 제36조 제 3 항은 위헌법률심판에 관여한 재판관은 決定書에 意見을 표시하여야 한다고 정하여 재판관의 의견표시를 의무화하고 있다.

Ⅳ. 憲法裁判所의 意見과 裁判官의 個別意見

위헌법률심판에 있어서 「憲法裁判所의 意見」은 主文과 그 주문을 뒷받침하고 있는 理由에 나타난 의견이다. 이러한 「헌법재판소의 의견」에 의해 결정의 내용이 정해진다.

이런 「헌법재판소의 의견」은 재판관 전원의 의견이 일치하는 경우의 전원일치의견과 원칙적으로 재판관들간에 의견이 다수와 소수로 나누어지는 경우의 다수의견이다. 유의할 것은 위헌결정에 대한 결정정족수의 규정($\binom{憲裁法}{\S23②}$)으로 인하여 위헌의견이 5인이고 합헌의견이 4인인 경우에는 소수의견인 합헌의견이 「憲法裁判所의 意見」이 된다는 점이다($\binom{예: 憲 1996. 2. 16-96헌가2등; 1999.}{7. 22.-98헌가3; 1999. 7. 22.-98헌가5}$).

Ⅴ. 個別意見의 種類

헌법재판소가 결정을 할 때 재판관이 표시하는 개별의견의 종류에는 反對意見, 補充意見이 있다.

(1) 반대의견

반대의견은 헌법재판소의 의견이 취하는 주문과 이유에 대하여 반대하는 의견을 말한다. 이러한 반대의견에는 내용을 달리하는 여러 개의 반대의견이 존재할 수 있다.

주문에서는 헌법재판소의 의견과 동일하지만 이유에서 다른 근거를 제시하는 의견은 반대의견이 아니고 보충의견에 해당한다.

주문에 있어서 그 범위에서 헌법재판소의 의견과 동일하지 않으면 헌법재판소의 의견과 합치하는 부분을 포함하고 있더라도 이는 주문 즉 재판의 결과가 다른 것이므로 반대의견에 해당한다. 예컨대 헌법재판소의 의견은 법률조항의 일부에 대하여 위헌이라고 주장하는 데 반하여 해당 조항 전체를 위헌이라고 하거나 다수의견은 한정위헌의 주문인데 한정위헌의 내용을 포함한 내용을 단순위헌으로 선고하여야 한다는 의견이 이에 해당한다.

(2) 보충의견

보충의견은 다수의견 또는 소수의견이 취하는 결론에 대해서는 같은 의견을 취하나 결론을 도출하는 논증이나 이론 등에서 다른 의견을 취하는 경우에 택하는 의견의 형식이다.

부분에서는 헌법재판소의 의견과 같으나 전체적으로는 다수의견보다 범위가 더 넓은 범위의 의견은 보충의견에 해당한다. 실제에서는 보충의견이라는 표현 이외에 「別個意見」 또는 「別途意見」이라는 표현을 사용하기도 한다.

보통 보충의견과 달리 별개의견 또는 별도의견이라는 용어는 재판관 전원의 합치된 의견이나 다수의견 또는 소수의견에 대해 결론에서는 같이 하지만 이유에서 완전히 달리하는 경우에 사용한다. 그러나 이러한 구분은 편의적인 것이며, 모두 보충의견에 해당한다.

VI. 制度의 運用

憲法裁判所法이 재판관의 의견표시의무를 제도화하고 있다고 하더라도 재판관들이 충분히 합의하지 않고 불충분한 상태에서 평의를 종료하고 재판관마다 다양한 의견을 제시하는 것은 바람직하지 않다. 재판관들은 보다 성실히 평의를 하고 재판관들간에 평의의 초기에 의견의 차이가 있는 경우에도 서로 설득하여 불필요한 의견의 차이를 보이지 말아야 한다. 그렇지 않으면 이로 인하여 재판관들간의 의사소통이 원활하지 못함과 평의의 부실함을 노정하여 헌법재판의 신뢰성이나 권위가 실추되는 결과를 초래할 수 있다.

2. 却下決定

[141] 第一 意 義

각하결정은 법원의 제청이 부적법하거나, 憲法裁判所法 제68조 제 2 항의 심판청구가 부적법한 경우에 헌법재판소가 이에 대하여 내리는 결정을 말한다. 憲法裁判所法 제41조 제 1 항의 제청이 형식적 요건을 결하거나 同法 제68조 제 2 항에 의한 심판청구가 형식적 요건을 갖추지 못한 때 하는 결정이다.

[142] 第二 具體的인 例

憲法裁判所法 제41조 제 1 항의 위헌법률심판에서, 재판의 전제성이 없는 법률이나 법률조항에 대하여 심판을 구하는 경우($\binom{\text{예: 憲 2009. 9.}}{\text{24.-2007헌가15}}$)와 이미 헌법재판소가 위헌으로 선고한 법률이나 법률조항에 대하여 심판을 구하는 경우($\binom{\text{예: 憲 1989. 9. 29.-89헌가86; 1994. 8.}}{\text{31.-91헌가1; 2000. 8. 31.-97헌가12}}$)에도 각하결정을 한다.

> [憲 1989. 9. 29.-89헌가86] 헌법재판소는, 헌법재판소가 이미 위헌으로 선고한 법률조항의 위헌여부는 심판의 대상이 될 수 없어 이에 대한 심판의 제청은 부적법 하다고 판시하였다.

그러나 憲法裁判所法 제68조 제 2 항의 헌법소원심판에서는 동법 제75조 제 7 항이 정하는 재심청구의 이익을 보호할 필요가 있기 때문에 헌법재판소가 이미 위헌으로 선고한 법률이나 법률조항에 대한 심판을 구하는 경우라고 할지라도 이에 대해서는 각하하지 않고 해당 법률이나 법률조항에 대하여 위헌으로 선고되었음을 확인하는 認容決定을 하여 재심을 청구할 수 있는 길을 열어 둘 필요가 있다([127]Ⅱ, [128]Ⅱ).

憲法裁判所는 憲法裁判所法 제68조 제 2 항의 헌법소원심판에서 해당 사건에 대하여 심리를 계속하는 중에 다른 사건에서 동일한 법률이나 법률조항에 대하여 위헌으로 선고되어 해당 사건의 심판대상인 법률이나 법률조항이 이미 효력을 상실한 경우에 해당 법률이나 법률조항에 대하여 위헌임을 확인하는 결정을 한 경우가 있다($\binom{\text{예: 憲 1999. 6.}}{\text{24.-96헌바67}}$).

> [憲 1999. 6. 24.-96헌바67] 「구 상속세법 제 9 조 제 1 항$\binom{1993. 12. 31. 법률 제4662}{\text{호로 개정되기 전의 것}}$ 중 "상속재산의 가액에 가산할 증여의 가액은……상속개시 당시의 현황에 의한다"는 부분은 위헌임을 확인한다.……청구인들이 헌법재판소법 제68조 제 2 항에 따라 헌법소원 심판청구를 한 이 사건 법률조항은 이미 헌법재판소가 1997. 12. 24.-96헌가19등(병합) 사건에서 별지와 같은 이유(요지)로 "구 상속세법 제 9 조 제 1 항$\binom{1993. 12. 31. 법률 제4662}{\text{호로 개정되기 전의 것}}$

중 '상속재산의 가액에 가산할 증여의 가액은……상속개시 당시의 현황에 의한다'는 부분은 헌법에 위반된다"는 결정을 선고한 바가 있으므로(현재 1997. 12.
24.-96헌가16 등), 이 사건 법률 조항에 대하여는 위헌임을 확인하는 결정을 하기로 한다.」이와 달리 이 결정 이전에 却下決定을 한 적이 있었다(예: 憲 1997. 1.
16.-93헌바54).

3. 合憲決定

[143] 第一 槪　　說

I. 意　　義

違憲法律審判節次에서 本案審理를 한 결과 재판의 전제가 되는 법률 또는 법률조항에 대하여 헌법에 위반되는 점이 발견되지 아니할 경우에는 合憲決定을 한다. 헙헌결정에서 주문은「……은 헌법에 위반되지 아니한다」로 표시한다.

합헌결정을 헌법재판소가 심판대상 법률 또는 법률조항이 "헌법에 합치되는 것으로 인정할 때" 내리는 결정으로 이해하는 것이 일반적이나, 이는 訴訟法的으로 볼 때 잘못된 것이다. 재판에서 사실인정을 하거나 권리의 존부를 판단함에 있어 판단대상이 된 사실이나 권리가 存在한다고 인정되지 않을 경우, "존재한다고 인정할 수 없다"고 판단할 뿐 "존재하지 않는다는 점이 인정된다"고 판단하지는 않는다. 형사재판에서 내리는 "無罪判決" 역시 "피고사건이 범죄로 되지 아니하거나 범죄사실의 증명이 없는 때"에 선고하는 판결일 뿐(刑訴法
§325), "범행을 저지르지 않은 사실을 인정할 때"에 선고하는 판결은 아니다. 위헌법률심판에서도 訴訟物은 심판대상이 위헌인지 여부이고, 결정 당시까지 제출된 증거와 제기된 주장을 모두 살펴보고, 헌법재판소도 직권으로 위헌 여부를 심리하였으나 위헌이라는 판단에 이르지 못한 경우 내리는 결정이 합헌결정이지, 헌법재판소가 적극적으로 심판대상이 합헌이라고 판단할 때 내리는 결정이 아니다. 그렇기 때문에 합헌결정의 주문이「……은 헌법에 합치한다」로 표시되는 것이 아니라,「……은 헌법에 위반되지 아니한다」로 표시한다.

II.「違憲不宣言」決定의 問題

헌법재판소의 판례 가운데는 합헌결정 중에서 終局審理에 관여한 재판관 중 違憲意見인 재판관의 수가 半數를 넘지만, 違憲決定의 定足數인 6인에 未達하는 때에는 같은 합헌결정이라도 主文에서「……은 헌법에 위반된다고 선언할 수 없다」라고 표시한 것이 있다(예: 憲 1989. 12.
22.-88헌가13). 이른바「위헌불선언」의 결정이라고 부른 것이다. 그러나 헌법재판소는 1996년 2월 16일 선고한 [96헌가2등]의 결정에서부터「……은 헌법에 위반되지 아니한다」라고 주문을 표시하는 경향을 보이고 있다.

Ⅲ. 「아직은 合憲」 決定

헌법재판소가 선고하는 시점에서는 심판대상인 법률이나 법률조항이 헌법에 위반하지 않지만 예상되는 상황의 변화로 일정한 시간이 경과하면 위헌으로 된다고 판단되는 경우에는 「아직은 합헌」이라는 주문을 표시한다. 이러한 결정도 합헌결정에 해당한다. 「아직은 합헌」이라는 결정을 하는 경우에는 통상 국회에게 해당 법률을 헌법에 합치되도록 개정할 것을 촉구하는 법률개선촉구결정을 같이 하기도 한다. 현재까지 우리 헌법재판소에서 이와 같은 「아직은 합헌」이라는 결정을 한 예는 없다.

Ⅳ. 法律改善促求決定의 併行

심판대상인 법률이나 법률조항이 법리적으로 헌법에는 위반되지 않아서 합헌의 결정을 하지만, 不當하거나 實定法의 전체 體系上 合當하지 아니한 경우에는 국회에게 법률의 개정을 촉구하는 法律改善促求決定도 함께 할 수 있다. 憲法裁判所도 이를 인정하고 있고(憲 1993. 7. 29.-93헌마23; 1996. 2. 29.-92헌바8), 나아가 개헌촉구결정도 하고 있다(憲 2018. 5. 31. -2013헌바22등).

[憲 1993.7.29.-93헌마23] 헌법재판소는 지방의회의원선거의 選擧犯으로서 50만원의 벌금의 선고를 받은 후 6년을 경과하지 아니한 자에게 피선거권을 부정하는 地方議會議員選擧法의 규정이 국회의원선거의 선거사범으로서 100만원 이상의 벌금의 선고를 받은 후 6년을 경과하지 아니한 자에게 피선거권을 부정하는 國會議員選擧法의 규정과 대비하여 볼 때 지방의회의원선거의 選擧犯을 불합리하게 차별대우하거나 그의 공무담임권을 자의적으로 제한하는 것은 아니어서 위헌은 아니라고 판단하면서, 동시에 동일 유형의 선거범에 대해 이 두 선거법의 규정이 동일하지 못한 것은 體系不調和 내지 不適合한 것이 될 수는 있고, 「이러한 입법정책 내지 입법기술의 졸렬에서 오는 체계상의 부조화 내지 부적합도 경우에 따라서는 헌법위반의 사태를 초래할 수 있으므로 이 기회에 우리나라 선거법 전반에 관한 체계적 재검토와 그에 의한 입법적 시정조치가 있어야 할 것이다」라는 판단을 하였다.

[憲 1996.2.29.-92헌바8] 헌법재판소는, 소송비용에 대한 독립적인 상소를 제한하는 민사소송법의 규정은 입법목적이 정당하고 그 방법이 적절하여 재산권을 침해하는 것은 아니라고 하여 헌법에 위반되는 것은 아니라고 판단하면서, 동시에 「소송비용의 재판이 본안의 재판에 따른 부수재판이라고 하더라도 청구인이 주장하는 바와 같이 소송물가액에 따른 인지액 등 소송비용이 많이 지출된 경우에는 소송비용의 재판도 소송당사자에게 상당한 이해관계가 있어 그 재판에 대하여만 독립하여 다툴 실익이 있을 뿐만 아니라 소송비용의 재판이 법률에 명백히 위반하여 본안의 재판과 부합하지 아니한 경우에는 본안재판의 법적 안정성을 해하지 않고도 부당한 소송비용의 재판을 시정할 수도 있을 것이므로 국민의 재판을 받을 권리 및 재산권의 보장을 위하여 이 사건 법률조항의 입법목적인 본안재판의 법적 안정성을 크게 해하지 않는 한도 내에서 소송비용의 재판에 대한 독립적인 불복을 허용하는 것이 입법정책적으로 바람직한 길임을 밝혀 둔다」는 판단을 하였다.

[憲 2018. 5. 31.–2013헌바22등] 「다만, 입법론으로는, 헌법 제29조 제1항이 규정한 국가배상청구권은 피해를 입은 국민이면 누구나 다 향유할 수 있는 기본권으로서 그 국민의 신분에 따라 차별되지 아니하는 것이 원칙인 점, 이 사건 헌법조항이 군인 등을 일반국민, 좀 더 좁게는 일반공무원과도 차별 대우하는 입법목적은 대체로 국가의 재정사정이 그 주요 이유였다고 보여지는데, 이 사건 헌법조항이 신설되었던 1972년으로부터 46여년이 지난 지금에 와서는 당시와 비교할 수 없을 정도로 국가재정이 나아졌으므로 주요 입법목적이 이제는 소멸되었다고 볼 수 있다는 점, 공익상 목적에서 군인 등의 국가배상청구권에 제한을 가할 필요가 있다면 기본권의 일반유보조항인 헌법 제37조 제2항에 의하여 권리의 본질적 내용을 침해하지 아니하는 한도에서 법률로써 제한할 수도 있다는 점 등을 고려하면, 다음에 있을 헌법개정시에는 이 사건 헌법조항의 존치여부에 대한 검토가 필요하다는 점을 지적해 두기로 한다.」

[144] 第二 效 力

Ⅰ. 意 義

헌법재판소가 재판의 전제가 된 법률이나 법률조항에 대하여 합헌의 결정을 하면 自己羈束力, 形式的 確定力이 발생하고, 旣判力 또는 一事不再理의 효력은 인정되지만, 羈束力과 같이 당해 사건의 당사자 이외의 자에 대한 대외적 효력은 인정되지 않는다. 헌법재판소가 합헌결정을 하였다고 해서 해당 법률이나 법률조항이 헌법에 합치한다는 점이 확인되었다고 볼 수도 없다. 합헌결정은 합헌을 확인한 결정이 아니라 위헌이라고 판단하지 아니한 결정이기 때문이다. 합헌결정과 무관하게 법률은 通用力에 의해 효력을 유지하게 된다.

Ⅱ. 羈束力의 認定 與否

합헌결정에 기속력이 발생하는가 하는 문제가 있다.

(1) 기속력의 불인정

憲法裁判所法 제47조 제1항은 「법률의 위헌결정은 법원과 그 밖의 국가기관 및 지방자치단체를 기속한다」라고 정하고 있다. 憲法裁判所法 제47조 제1항에서 명시적으로 위헌결정에 기속력이 있음을 정하고 있는 점, 합헌결정은 헌법에 합치한다고 판단한 것이 아니라 위헌이라 판단하지 아니한 결정에 불과할 뿐인 점, 同法 제23조 제2항 제2호에서 헌법재판소가 판시한 법률의 해석적용에 관한 의견을 변경할 수 있음을 정하고 있는 점, 과잉금지원칙의 위반여부의 판단에서와 같이 위헌으로 판단되지 아니한 법률이 상황의 변화에 따라 위헌으로 변경될 수 있는 점, 헌법재판소의 재판부의 구성에 변경이 있거나 재판관이 의견을 변경할 가능성이 상존하고 있는 점

을 고려하면, 합헌결정이 있은 법률이나 법률조항에 대해서는 언제나 위헌여부를 다
툴 수 있다고 보는 것이 타당하다. 따라서 합헌결정에는 기속력이 인정되지 않는다
고 할 것이다(^{反對: 南福鉉e, 1179;}
許營d, 230).

(2) 합헌결정된 법률과 국가기관

합헌결정에는 기속력이 인정되지 않기 때문에 어떤 법률이나 법률조항에 대해
헌법재판소의 합헌결정이 있어도 법원이 이에 대해서 위헌이라는 합리적인 의심을
가지는 때에는 해당 법률이나 법률조항에 대해서도 위헌여부심판을 제청할 수 있다.

憲法裁判所는 이런 경우 법원은 종전의 합헌결정에 기속된다고 하여 배척하는
것이 아니라 심판의 대상이 된 같은 법률이나 법률조항이 헌법에 위반되는지의 여부
에 대하여 다시 판단하여야 한다(^{反對: 却下決定}
說 許營d, 230). 이 경우 헌법재판소는 종전의 견해를
그대로 유지할 수도 있고, 변경할 수도 있다. 이 점에서는 憲法裁判所의 판례도 동
일한 견해를 취하고 있다(^{예: 憲 1993. 3. 11.-90헌가70; 1998. 2. 27.-96헌마92; 2006. 2. 23.-2004헌바32등;}
2006. 2. 23.-2004헌바675등; 2007. 5. 31.-2005헌바60; 2007. 5. 31.-2006헌바88).

[憲 1993. 3. 11.-90헌가70] 「당 재판소는 1990. 9. 10.에 선고한 89헌마82사건에
서 형법 제241조가 헌법에 위반되지 아니한다고 판시하였는바 이를 다시 달리 판단
하여야 할 사정변경이 있다고 인정되지 아니하므로 그 결정을 그대로 유지하
고……」

[憲 1998. 2. 27.-96헌마92] 헌법재판소는 上告審節次에관한特例法 제 4 조 제 1
항과 같은조 제 3 항 중 괄호부분을 제외한 나머지 부분의 위헌여부에 대하여 합헌
이라고 판단한 후 다시 다른 사건에서 이 조항에 대해 판단하면서 「……헌법에 위반
되지 아니한다는 것이 우리재판소의 판단인바(^{헌법재판소 1997. 10. 30. 선고, 97헌바37,}
95헌마142 · 215, 96헌마95(병합) 결정 참조), 위 결정선고
이후에 달리 그 견해를 변경하여야 할 특별한 사정변경도 없다」라고 판단하였다.

[憲 2007. 5. 31.-2005헌바60] 「헌법재판소는 1995. 7. 21. 선고 93헌바46 결정
및 2001. 7. 19. 선고 2000헌바68 결정에서 이미 두 차례 이 사건 법률조항에 대하여
합헌으로 선언한 바 있다.……이 사건의 경우 위 선례들과 달리 결론을 내려야 할 새
로운 사정변경이 있다고 볼 수 없다. 다만 위 선례들의 결정이유를 그대로 원용하지는
않고 그 전체적인 취지를 참조하여 이 사건 법률조항의 위헌여부를 판단하기로 한다.」

합헌결정은 立法權을 기속하지 않는다(^{同旨: 許}
營d, 231). 따라서 어떤 법률이나 법률조항에
대하여 헌법재판소가 합헌결정을 하더라도 國會는 그 법률이나 법률조항을 廢止하거
나 改正할 수 있다.

國家機關이나 地方自治團體가 당사자로 된 소송사건에서, 당해 소송사건의 재판
의 전제가 된 법률이나 법률조항에 대하여 이미 다른 사건에서 합헌결정이 내려졌다
하더라도 국가기관이나 지방자치단체는 당해 사건을 담당하는 법원에 해당 법률이나
법률조항의 위헌여부심판제청을 신청할 수 있다.

(3) 합헌결정과 제청법원

구체적 규범통제에서 법원의 소송사건의 재판에서 전제가 된 법률이나 법률조항에 대해 헌법재판소가 합헌결정을 하면 提請法院은 헌법재판소가 합헌결정을 한 법률이나 법률조항에 대해 위헌이라고 할 수 없을 뿐 아니라, 다시 동일 심급에서 당해 법률이나 법률조항에 대해 제청도 할 수 없다. 具體的 規範統制의 본질상 법원이 제청을 하는 것은 헌법재판소의 위헌여부의 판단에 따라 재판을 하겠다는 의사표시이기 때문에 법원이 求한 바에 따른 헌법재판소의 판단이 있었음에도 이를 부정하는 것은 허용되지 않는다. 헌법재판소의 합헌결정이 있었음에도 당해 소송사건의 재판절차에서 제청법원에게 다시 제청을 허용하게 되면 이미 심판을 거친 동일한 사건에 대해 다시 심판하게 하는 것이 되어 憲法裁判所法 제39조의 一事不再理에 저촉된다.

여기서 유의할 것은 헌법재판소의 합헌결정이 있었음에도 제청법원이 해당 법률이나 법률조항에 대해 다시 違憲與否審判을 제청할 수 없는 것은 具體的 規範統制의 성질과 一事不再理의 效力 때문이지 합헌결정의 기속력 때문이 아니라는 점이다.

(4) 합헌결정과 각 심급의 법원

합헌결정은 기속력을 가지지 않기 때문에 동일한 사건의 재판에서 제 1 심 법원이 재판의 전제가 된 법률이나 법률조항에 대해 위헌여부심판제청을 하여 헌법재판소가 합헌결정을 하여도 그 후 상소심법원은 동일한 법률이나 법률조항에 대하여 위헌여부 심판제청을 할 수 있다($^{反對: 許}_{營d, 229}$).

각 심급의 법원은 각기 독립된 제청권을 가지고 있을 뿐 아니라, 제 1 심 재판이후 헌법재판소의 재판부의 구성에 변경이 있는 경우에는 당해 재판의 전제가 된 동일한 법률이나 법률조항의 위헌여부에 대해 의견이 변경될 가능성이 있기 때문이다. 憲法裁判所法 제39조에서 정하고 있는 「동일한 사건」은 동일한 심급의 사건에 한정되기 때문에 심급을 달리하는 이러한 경우에는 憲法裁判所法 제39조의 一事不再理도 적용되지 않는다.

4. 違憲決定

[145] 第 一 意   義

헌법재판소는 위헌법률심판절차에서 심판의 대상이 된 법률이나 법률조항이 헌법에 위반된다고 인정한 경우에 위헌결정을 한다. 이러한 위헌결정은 어떤 법률이나 법률조항이 헌법에 위반된다는 것을 선언하는 결정이다.

헌법재판소가 위헌결정을 한 경우에 위헌결정된 법률 또는 법률조항의 효력은 상실된다. 이러한 결정이 해당법률이 당연무효임을 확인하는 것인지 또는 해당법률의 효력을 폐지하는 것인지에 대해서는 학설이 대립한다([147]).

[146] 第二 違憲決定의 範圍

Ⅰ. 部分違憲決定

헌법재판소는 위헌법률심판절차에서 당해 소송사건의 재판의 전제가 된 법률이나 법률조항 가운데 일부는 위헌이고 일부는 합헌일 경우, 합헌인 부분에 대해서는 合憲決定을 하고 위헌인 부분에 대해서는 違憲決定을 한다(예: 憲 1998. 9. 30.-98헌가7등). 위헌인 부분에 대한 이런 違憲決定을 部分違憲決定이라고도 하는데, 이는 성질상 單純違憲의 결정이므로 變形決定에 해당하지 않는다. 部分違憲決定이 量的 一部無效決定이라는 점에서 質的 一部無效決定인 限定違憲決定과 구별된다([149] Ⅰ(1)).

Ⅱ. 法律全部違憲決定

헌법재판소는 憲法裁判所法 제41조 제1항에 의한 법원의 제청이나 同法 제68조 제2항의 청구에 대한 심판에서 원칙적으로 헌법재판소에 심판을 구한 법률조항에만 한정하여 판단하지만(예: 憲 1996. 12. 26.-96헌바1), 법률조항의 위헌결정으로 인하여 해당 법률 全部를 施行할 수 없다고 인정될 때에는 그 全部에 대하여 위헌결정을 할 수 있다(憲裁法 §45. 但, §75⑥). 이를 法律全部違憲決定이라고 한다.

이 경우 주문은 「○○법은 헌법에 위반된다」라고 표시한다. 이러한 법리는 憲法不合致決定에서도 적용된다(예: 憲 1994. 7. 29.-92헌바49등).

憲法裁判所는 「反國家行爲者의處罰에관한特別措置法」의 위헌여부심판(憲 1996. 1. 25.-95헌가5), 토지초과이득세법의 위헌여부심판(憲 1994. 7. 29. -92헌바49등), 택지소유상한에관한법률의 위헌여부심판(憲 1999. 4. 29. -94헌바37등)에서 심판을 求한 법률조항에 한정하지 않고 법률 전부에 대하여 위헌결정을 하였다.

[憲 1996. 1. 25.-95헌가5] 「특조법 특유의 재판절차를 규정한 위 특조법 제7조 제5항·제6항·제7항 본문은 모두 헌법에 위반되므로 위헌선언으로 모두 효력을 상실함으로써 특조법 특유의 재판절차에 관한 규정들의 시행이 불가능하게 된다. 또 특조법상 상소에 관한 특례규정인 제11조 제1항과 제13조 제1항 중 "제345조 내지 제348조에 관한 부분"이 이미 헌법재판소에 의하여 위헌선언되었다(1993. 7. 29. 선고, 90헌바35 결정 참조). 특조법 제8조가 위헌으로 선언되면 특조법 특유의 처벌규정이 없어지게 되고, 이 경우 반국가행위범죄를 특별히 규정한 취지, 즉 제2조 제1항에 규

정된 범죄행위에 부과하여 새로운 구성요건을 부과한 취지도 형해화되는 것이 되므로, 특조법 특유의 과형은 그 시행이 불가능해진다. 그렇다면 특조법 특유의 소송절차나 처벌규정인 위 제 7 조 제 5 항·제 6 항·제 7 항 본문, 제 8 조가 모두 위헌으로 실효된다 할 것이고, 이들 법률조항들이 이미 실효된 제11조와 함께 특조법의 핵심적 규정들이라고 할 것인데, 그 핵심적인 규정들의 시행이 불가능하므로 특조법 전체가 그 존재의미를 상실하게 되고 그 전체가 시행할 수 없는 경우라고 할 것이다. 그러므로 나머지 점에 관한 판단을 생략하고 헌법재판소법 제45조 단서규정에 의하여 특조법 전체에 대하여 위헌의 결정을 함이 타당하다.」

Ⅲ. 附隨的 違憲決定

憲法裁判所法 제45조 但書의 규정은 특정한 법률조항이 심판의 대상으로 된 경우, 그 조항에 대하여 위헌결정을 할 때 법리상 論理必然的으로 위헌이 되거나 상호 관계상 법적으로 독립된 의미를 가지지 못하는 개별 조항에 대해서도 적용된다. 憲法裁判所의 판례도 憲法裁判所法 단서의 법리를 들어 같은 취지의 판단을 하였다 (예: 憲 1989. 11. 20.-89헌가102; 1991. 11. 25.-91헌가6; 1996. 12. 26.-94헌바1; 1999. 9. 16.-99헌가1; 2002. 8. 29.-2001헌바82; 2003. 9. 25.-2001헌가22). 헌법재판소는 이런 법리를 「부수적 위헌선언」이라는 이름으로 法律에 대한 헌법소원심판에도 적용하고 있다(예: 憲 2001. 7. 19.-2000헌마91등).

부수적 위헌결정과 심판 대상의 확장은 청구인이 심판을 청구한 법률조항의 범위보다 헌법재판소가 위헌으로 결정하여 효력이 상실된 법률조항의 범위가 더 크다는 점에서는 동일하다. 그런데 부수적 위헌결정은 위헌이라고 결정하는 조항이 심판의 대상이 아니고 해당 사건의 재판의 결과에 영향을 미치지 않지만 위헌심판의 결과에 따라 논리필연적으로 효력을 상실시켜 법체계상의 모순을 제거하는 것이고, 심판 대상의 확장은 해당 사건의 재판의 결과에 영향을 미치는 법률조항이라서 이에 대한 심판이 필요함에도 심판청구인이 이에 대하여 심판청구를 하지 않은 경우에 헌법재판소가 직권으로 심판의 대상으로 삼는 것이다.

[憲 1989. 11. 20.-89헌가102] 「법 제10조 제 2 항은 헌법 제11조 제 1 항, 제15조, 제37조 제 2 항, 제39조 제 2 항에 각 위반되고, 한편 법 제10조 제 3 항은 제 2 항이 규정한 지방법원의 관할범위를 규정한 것으로서 법 제10조 제 2 항이 헌법에 위반된다고 인정되는 마당에 독립하여 존속할 의미가 없으므로 헌법재판소법 제45조 단서에 의하여 아울러 헌법에 위반되는 것으로 인정하여……」 헌법재판소는 이 사건에서 舊辯護士法(1982. 12. 31. 법률 제3594호 전문개정, 1987. 12. 4. 법률 제3992호 개정) 제10조 제 2 항에 대해 위헌의 결정을 하면서, 同條 제 3 항도 아울러 위헌으로 결정하였다.

[憲 1996. 12. 26.-94헌바1] 「헌법심판의 대상이 된 법률조항 중 일정한 법률조항이 위헌선언된 경우 같은 법률의 그렇지 아니한 다른 법률조항들은 효력을 그대로 유지하는 것이 원칙이다. 그러나 예외적으로 위헌으로 선언된 법률조항을 넘어서 다른 법률조항 내지 법률 전체를 위헌선언하여야 할 경우가 있다. 합헌으로 남아 있는 나머지 법률조항만으로는 법적으로 독립된 의미를 가지지 못하거나, 위헌인 법률조항이 나머지 법률조항과 극히 밀접한 관계에 있어서 전체적 종합적으로

양자가 분리될 수 없는 일체를 형성하고 있는 경우, 위헌인 법률조항만을 위헌선언
하게 되면 전체규정의 의미와 정당성이 상실되는 때가 이에 해당된다고 할 것이다.
일정한 법률조항이 제도의 핵심적 구성부분이어서 그에 대하여 위헌선언하는 경우
제도 전체의 내적인 평형을 무너뜨리는 결과를 가져와 입법자의 의도가 왜곡되기에
이른 때에는 위헌인 법률조항 이외의 나머지 부분도 함께 위헌선언하는 것이 마땅
하기 때문이다.」

[憲 1999. 9. 16.-99헌가1] 「우리 재판소는 1996. 12. 26. 선고한 94헌바1 결정에
서……라고 판시하고 있다. 위 결정에 따르면 위헌제청되지 아니한 법률조항이라고
하더라도 위헌제청된 법률조항과 일체를 형성하고 있는 경우에는 그에 대하여 판단
을 할 수 있다고 할 것인바, 음반법 제17조 제 1 항 및 제25조 제 2 항 제 3 호와 착오
법률조항은 일체를 형성하고 있어 착오법률조항을 제외한 나머지 법률조항에 대해
서 위헌결정을 하게 되면 착오법률조항의 의미와 정당성이 상실된다고 할 것이므로
비록 착오법률조항에 대하여 위헌제청이 되지 아니하였다고 하더라도 그 부분에 대
하여 판단하는 것이 타당하다고 할 것이다. 그리고 이 사건 위헌법률심판에서 음반
법 제17조 제 1 항과 제25조 제 2 항 제 3 호에 대하여서만 위헌결정을 하게 된다면 이
사건 위헌제청의 목적을 달성할 수 없게 되므로 위 법률조항에 대하여서만 위헌결
정을 하는 것은 소송목적의 달성을 위하여 적절한 것이라고 할 수 없다. 헌법재판
소에서 위 법률조항에 대하여서만 위헌결정을 한다면 법원으로서는 다시 착오법률
조항에 대하여 위헌제청을 하여 그에 대한 위헌결정을 선고받은 후 당해사건을 처
리하여야 하는 번거로운 절차를 거쳐야 하기 때문이다. 이와 같이 번거로운 절차를
다시 밟도록 하기보다는 이 사건 결정을 함에 있어서 착오법률조항에 대하여도 위
헌결정을 함으로써 당해사건과 관련된 법률문제를 일거에 해결하는 것이 바람직하
다고 판단된다. 따라서 이 사건 결정을 함에 있어서 착오법률조항에 관하여도 함께
위헌결정을 함이 상당하다고 판단된다.」

[憲 2003. 9. 25.-2001헌가22] 「앞에서 본바와 같이 심판대상조항은 지급정
지대상기관을 국방부령으로, 지급정지의 요건 및 내용은 대통령령으로 각 정하도록
위임하고 있는데 이는 모두 입법사항에 관하여 구체적으로 범위를 정하지 아니하고
포괄적으로 국방부령 또는 대통령령에 위임한 것으로서 헌법 제75조 및 제95조에
위배된다. 그런데 법 제21조 제 5 항 제 3 호, 제 4 호 및 제 5 호는 "3. 국가 또는 지
방자치단체가 직접 또는 간접으로 출연금·보조금 등 재정지원을 하는 기관으로서
국방부령으로 정하는 기관, 4. 국·공유재산의 귀속·무상양여 및 무상대부에 의하
여 설립된 기관 또는 국가·지방자치단체의 출연에 의하여 설립된 기관으로서 국방
부령이 정하는 기관, 5. 법령의 규정에 의하여 대통령·중앙행정기관의 장, 지방자
치단체의 장 또는 그 권한의 위임을 받은 자가 임원을 선임하거나 그 선임의 승인
을 하는 기관으로서 국방부령이 정하는 기관"을 지급정지대상기관으로 규정하고 있
는데 이것은 법 제21조 제 5 항 제 2 호와 지급정지대상기관의 종류만 다를 뿐 구체
적인 대상기관의 선정을 국방부령에 위임하고 지급정지의 요건 및 내용을 대통령령
에 위임하면서 구체적으로 범위를 정하지 않고 위임을 하고 있는 점에서는 법 제21
조 제 5 항 제 2 호와 전적으로 동일하다. 따라서 법 제21조 제 5 항 제 2 호가 포괄위
임금지의 원칙에 위반된다는 이유로 위헌으로 인정되는 이상 법 제21조 제 5 항 제 3

호, 제 4 호 및 제 5 호도 같은 이유로 위헌이라고 보아야 할 것이고 그럼에도 불구하
고 이들을 따로 분리하여 존속시켜야 할 이유가 없으므로 헌법재판소법 제45조 단서
및 제75조 제 6 항에 의하여 이들 조항에 대하여도 아울러 위헌을 선고하기로 한다.」

　　헌법재판소의 판례 중에는 「부수적 위헌결정」에 관하여 헌법재판소법 제45조 단
서의 규정을 「유추적용」한다는 취지의 견해가 제시된 사례가 있다(예: 憲 1994. 6.
30.–92헌바23).

　　[憲 1994. 6. 30.–92헌바23] 위 사안에서 재판관 4인은 각하의견이었고, 재판관
5인은 위헌의견이어서 위헌결정의 특별정족수를 충족시키지 못하였다. 재판관 5인
의 위헌의견에서 아래와 같은 견해가 제시되었다. 「위헌인 법률규정을 헌법재판소
에서 위헌으로 선고하기 이전에 합헌적으로 개정하면서 개정법률의 시행일 이전은
구법을 적용한다는 부칙규정을 둔 경우 부칙규정은 비형벌법규에 대한 위헌결정의
장래효원칙에 부합하여 합헌이라고 할 것이나, 위 부칙규정이 입법되기도 전에 구
법규정의 위헌문제를 제기한 청구인 등에 대하여는 구법규정에 대한 위헌결정의 소
급효를 인정해 주어야 할 것인바, 그렇게 하기 위하여는 청구인 등에 대하여는 헌
법재판소법 제45조 단서의 규정을 유추적용하여 위 부칙규정의 적용을 배제해 주어
야 할 필요가 생긴다.」

Ⅳ. 違憲法律에 의해 委任된 下位規範

　　이때 위헌으로 효력을 상실한 법률이나 법률조항에 의해 위임된 명령이나 규칙
과 같은 하위규범의 효력은 어떻게 되는가 하는 문제가 있다. 憲法裁判所法은 이 점
에 관하여 명시적으로 정하고 있지 않다.

　　법률에 대하여 위헌을 선고한 경우에 그 법률을 전제로 하여 효력을 가지고 존
재하는 명령이나 규칙과 같은 하위규범이 유효하게 그대로 존속한다는 것은 법질서
의 통일이나 규범통제의 기능과 모순된다. 따라서 이런 경우에 법질서 전체의 통일
성을 유지하기 위해서는 하위법규범의 효력이 당연히 무효로 되지 않는 한 헌법재판
소가 하위법규범에 대하여 동시에 위헌으로 결정할 수 있어야 한다. 예컨대 어떤 법
률조항에서 특정한 사항에 대하여 명령이나 조례 등과 같은 하위규범에 위임한 경우
에 해당 위임법률조항이 위헌으로 효력을 상실하면 그에 의해 위임을 받아 정한 명
령이나 조례의 규정도 효력을 상실해야 마땅하다. 그러나 현재 이러한 문제를 해결
하는 실정법의 규정은 없다. 따라서 이를 해결할 수 있도록 憲法裁判所法에 명시적
인 규정을 두는 것이 가장 명쾌한 해결책이다.

　　우리나라에서 이런 문제의 해결에 혼선을 야기시키는 것은 憲法 제107조 제 2 항 때
문이다. 1987年에 헌법을 개정하면서 憲法 제107조 제 1 항, 제111조 제 1 항에서 법
률에 대한 구체적 규범통제의 권한을 헌법재판소에 부여하는 경우에는 명령, 규칙
등의 위헌여부심판에 대한 권한도 헌법재판소에 부여하여 규범통제를 통한 법질서

의 통일을 기해야 하는데, 이를 간과하고 1948年憲法부터 있어 온 憲法 제107조 제
2항의 규정을 그대로 존치시켜 이와 같은 문제를 야기시키고 있다. 따라서 명령, 규
칙 등 하위규범의 위헌여부에 대한 심판을 헌법재판소가 하도록 헌법을 개정하는 것
이 필요하다. 예컨대 독일에서는 추상적 규범통제와 구체적 규범통제에서 명령·규
칙의 위헌여부심판을 연방헌법재판소가 하고 있고, 오스트리아 연방헌법은 명령의
위법여부심판을 헌법재판소가 하도록 정하고 있으며($\frac{憲法 \S 139}{①,②}$), 포르투갈헌법도 법률,
조약과 함께 명령의 위헌여부를 헌법재판소로 하여금 심판하게 하고 있다($\frac{憲法 \S 277,}{\S 280, \S 281}$).
법률, 명령, 규칙 등과 같은 수직적 관계를 가지는 구조에서 우리 憲法 제107조 제
1항과 제2항의 관계처럼 규범통제 구조를 二元化하는 것은 법치주의와 법질서의
통일원리에 합치하지 않는다($\frac{鄭宗燮 b, [3]Ⅱ,}{85 이하}$).

그런데 憲法裁判所는 어떤 법률조항에 대하여 위헌을 선고하는 경우 그 조항과
필연적인 연관이 있거나 전제가 된 조항에 대해서도 위헌으로 결정할 수 있다고 하
고 있으므로([146]Ⅲ(2)), 법률과 명령·조례·규칙 등이 위와 같은 상태에 있으면 상
위법률 또는 법률조항이 효력을 상실하면 그에 근거한 하위규범의 효력 역시 필연적
으로 효력을 상실한다는 법리에 의하여 위헌결정을 할 여지도 있다고 보인다. 法律
에 대한 憲法訴願審判에서 시행령의 해당 조항이 母法인 법률의 해당 조항의 내용과
일체를 이루어 동일한 법률관계를 규율대상으로 하고 있는 경우에, 憲法裁判所는 시
행령의 해당 조항도 심판의 대상이 된다고 하여 심판대상을 확장하는 방법으로 이
문제를 해결한 적이 있다($\frac{예: 憲 2001.11.}{29.-99헌마494}$). 大法院은 법률이 일정한 사항에 관하여 구체적
인 내용의 입법을 下位法規에 委任하고 있는 경우에 그 委任規定인 법률조항이 위헌
결정으로 효력을 상실하면 그 법률조항의 위임에 의하여 제정된 하위법규도 당연히
效力을 喪失한다고 한다($\frac{예: 大 1996.4.}{9.-95누11405}$).

[憲 2001. 11. 29.-99헌마494] 「재외동포법시행령 제3조는 재외동포법 제2조
제2호의 규정을 구체화하는 것으로서 양자가 일체를 이루어 동일한 법률관계를 규
율대상으로 하고 있고, 시행령 규정은 모법규정을 떠나 존재할 수 없으므로 이 사
건의 심판대상을 동 시행령 규정에까지 확장함이 상당하다.」
[大 1996. 4. 9.-95누11405] 「법률이 일정한 사항에 관하여 구체적인 내용의 입
법을 대통령령 등 하위법규에 위임하고 있는 경우에 그 위임규정인 법률조항에 대
하여 헌법재판소의 위헌결정이 선고되면, 당해 법률조항이 효력을 상실하게 됨은
물론, 그 법률조항의 위임에 의하여 제정된 대통령령 등 하위법규 역시 그 존립의
근거를 상실함에 따라 당연히 그 효력을 상실한다고 하지 않을 수 없을 것이다.」

Ⅴ. 審判對象의 擴張·縮小
(1) 가 능 성
위헌법률심판은 객관소송이고 직권주의가 지배하므로 헌법재판소는 위헌법률심

판절차에서 심판의 대상을 縮小하거나 擴張할 수 있다. 이런 경우 헌법재판소는 축소되거나 확장된 심판대상에 대하여 위헌결정을 한다.

　　심판대상을 축소하거나 확장하는 것이 당해 소송사건의 재판의 전제성의 인정범위를 축소하거나 확장하는 것에 해당하는 때에는 신중을 요한다. 재판의 전제성에 대한 헌법재판소의 판단에 당해 법원이 기속되는 것은 아니라고 하더라도 심판대상을 축소하는 경우에는 특히 주의를 요한다.

　　憲法裁判所는 規範統制의 기능과 職權主義를 들어 심판대상을 축소하거나 확장할 수 있다고 본다(예: 憲 1996. 11. 28.-96헌가13; 1996. 12. 26.-94헌바1; 1999. 1. 28.-98헌가17; 2000. 8. 31.-97헌가12).

(2) 심판대상의 확장

　　헌법재판소는 법원이 제청하거나 헌법재판소법 제68조 제 2 항에 의한 심판청구에서 주장한 심판대상의 범위를 넘어 이를 확장할 수 있다(예: 憲 1994. 4. 28.-92헌가3; 1994. 6. 30.-93헌가15등; 1996. 11. 28.-96헌가13; 1999. 1. 28.-98헌가17; 1999. 3. 25.-98헌가11등; 2001. 1. 18.-99헌바112; 2001. 1. 18.-2000헌바29).

　　[憲 1996. 11. 28.-96헌가13] 「재판의 전제성과 관련하여 법률조항 중 관련사건의 재판에서 적용되지 않는 내용이 들어 있는 경우에도 그 조항 전체가 위헌심사의 대상이 될 수 있는지 여부에 관하여 제청법원이 단일 조문 전체를 위헌제청하고 그 조문 전체가 같은 심사척도가 적용될 위헌심사대상인 경우 그 조문 전체가 심판대상이 된다고 할 것이며(헌법재판소 1995. 11. 30. 선고, 94헌가2 결정 참조), 관세법 제182조 제 2 항과 같이 병렬적으로 적용대상이 규정되어 있는 경우라도 그 내용이 서로 밀접한 관련이 있어 같은 심사척도가 적용될 위헌심사대상인 경우 그 내용을 분리하여 따로 판단하는 것이 적절하지 아니하다고 할 것이다. 제청법원이 단일 조항 전체에 대하여 위헌제청을 한 취지도 위와 같다고 보이므로, 제청법원의 이와 같은 의견을 존중(헌법재판소 1993. 5. 13. 선고, 92헌가10 결정 참조)하고 헌법재판소가 규범통제의 역할을 수행하고 있는 점 등에 비추어 보면, 이 사건 단일조항을 함께 판단하는 것은 구체적 규범통제제도의 취지에 벗어나지 않는다고 할 것이다.」

　　제청법원이 제청한 법률조항과 체계적으로 밀접불가분한 관계에 있거나 동일한 심사척도가 적용되는 경우에는 심판의 대상으로 삼을 수 있으며(예: 憲 1999. 1. 28.-98헌가17; 2000. 8. 31.-97헌가12; 2005. 2. 3.-2001헌가9 등), 법질서의 정합성이나 소송경제적인 면에서 필요한 경우에도 심판의 대상을 확장할 수 있다(예: 憲 2000. 8. 31.-97헌가12).

　　憲法裁判所는 원래 청구된 심판대상인 구법과 그 사이 개정된 신법의 내용이 동일한 내용인 경우에 심판대상을 확장하여 신법도 심판대상이 포함시킨다(예: 憲 2008. 7. 31.-2007헌가4; 2009. 3. 26.-2007헌가22).

　　[憲 2009. 3. 26.-2007헌가22] 「이 사건 심판의 대상은 구 공직선거법(2004. 3. 12. 법률 제7189호로

개정되고, 2008. 2. 29. 법률 제8879호로 개정되기 전의 것, 다만 2005. 8. 4. 법률 제7681호로 개정되기 이전의 법률명은 '공직선거 및 선거부정방지법'이었다) 제261조 제 5 항 제 1 호(이하 '이 사건 구법 조항'이라 한다)의 위헌 여부이다. 한편, 2008. 2. 29. 법률 제8879호로 개정된 공직선거법 제261조 제 5 항 제 1 호는 단서조항에서 반환 및 자수의 경우 과태료의 임의적 감면이 가능하도록 규정하였으나, 그 이외에 과태료의 기준 및 액수('제공받은 금액 또는 음식물·물 품 가액의 50배에 상당하는 금액) 등 이 사건에서 위헌성이 문제된 부분에 있어서는 이 사건 구법 조항의 내용과 실질적인 차이가 없는바, 그렇다면 개정된 공직선거법 제261조 제 5 항 제 1 호(이하 '이 사건 신법 조항'이라 한다) 또한 그 위헌 여부에 관하여 이 사건 구법 조항과 결론을 같이할 것이 명백하다 할 것이므로, 이 사건 신법 조항도 이 사건 심판대상에 포함시키기로 한다.」

(3) 심판대상의 축소

헌법재판소는 같은 이유로 법원이 제청하거나 헌법재판소법 제68조 제 2 항에 의한 심판청구에서 주장한 심판대상의 범위를 축소할 수 있다. 제청법원이 재판의 전제성이 인정된다고 한 경우에는 제청법원의 의견을 존중하여 심판의 대상을 축소하지 않는 태도를 보이고 있다. 憲法裁判所法 제68조 제 2 항의 심판절차에서는 청구인이 주장한 내용 중에서 재판의 전제성이 인정되지 않는 부분에 대하여 각하결정을 하지 않고 이를 심판대상에서 배제한 다음 결정한 것이 있다(예: 憲 1998. 4. 30.-96헌바78; 2009. 9. 24. -2007헌바61등; 2009. 9. 24.-2007헌바102).

> [憲 1998. 4. 30.-96헌바78] 「청구인들은 청구취지를 "상속세법……제 9 조 제 4 항은 헌법에 위반된다"라고 기재하였으나, 청구이유와 위헌심판제청신청 기각결정 이유에 따르면, 이 사건법률 제 9 조 제 4 항 각호 중 제 1 호 내지 제 3 호 규정은 "저당권 또는 질권이 설정된 재산, 양도담보재산, 전세권이 등기된 재산"이라고 규정하고 있으므로 그 위헌 여부가 당해 소송사건에 있어서 재판의 전제가 될 수 없고, 제 4 호의 위헌여부만이 재판의 전제가 되며……」

(4) 심판대상의 적극적 변경

憲法裁判所의 판례 가운데는 憲法裁判所法 제68조 제 2 항의 심판절차에서 심판의 대상을 적극적으로 변경하여 결정한 것이 있다(예: 憲 1998. 3. 26.-93헌바12; 1999. 7. 22.-97헌바55; 1999. 10. 21.-97헌바26; 2000. 8. 31.-8헌바27등). 이러한 경우는 同法 제68조 제 2 항의 심판청구인이 재판의 전제가 된다고 주장한 것을 부정하고 헌법재판소 스스로 재판의 전제가 되는 법률조항을 정한 경우이다. 이러한 것은 憲法裁判所法 제68조 제 2 항의 경우이기 때문에 가능하며(同旨: 許慧d, 224), 법원이 제청한 경우에는 헌법재판소가 제청법원의 견해를 배척하고 이와 같이 적극적으로 심판의 대상을 변경하기는 어렵다고 할 것이다.

憲法裁判所는 항소심에서 검사의 공소장 변경에 따라 적용법조가 변경된 경우에 변경된 적용법조가 규율대상은 구법조항과 사실상 같으면서 양형의 범위만이 축소된 것인 때에는 직권으로 심판대상을 변경하는 태도를 보이고 있다(예: 憲 2008. 7. 31.-2004헌바9).

[**憲** 1998. 3. 26.-93헌바12] 「서울민사지방법원의 91카105256호 위헌여부심판제청신청사건에서 청구인들이 위헌여부심판의 제청을 구하였으나 동 법원에 의하여 그 신청이 기각당한 법률조항은 위 하천법 제 2 조 제 1 항 제 2 호 다목임이 분명하고, 이 사건 심판청구를 통하여 청구인들이 위헌확인을 구하는 것도 역시 위 하천법 제 2 조 제 1 항 제 2 호 다목이다. 그러나 헌법재판소는 심판청구서에 기재된 피청구인이나 청구취지에 구애됨이 없이 청구인의 주장요지를 종합적으로 판단하여야 하며, 청구인이 주장하는 침해된 기본권과 침해의 원인이 되는 공권력을 직권으로 조사하여 피청구인과 심판대상을 확정하여 판단하여야 한다(헌재 1993. 5. 13. / 91헌마190 참조).……그렇다면 비록 묵시적이긴 하나 제외지를 포함하여 하천을 국유로 한다는 법률조항인 위 하천법 제 3 조에 대하여도 위헌여부심판제청신청과 그에 대한 기각결정이 있었다고 볼 수 있다.……그 위헌여부에 따라 법원이 다른 내용의 재판을 하게 되는 법률조항은 제외지를 하천구역에 편입시키고 있는 위 하천법 제 2 조 제 1 항 제 2 호 다목이라기보다 오히려 하천구역을 포함하여 하천을 국유로 한다고 규정함으로써 직접 제외지의 소유권귀속을 정하고 있는 동법 제 3 조라 할 것이다. 따라서 청구인들의 심판청구이유, 위 91카105256 위헌여부심판제청신청사건의 경과, 당해 사건재판과의 관련성의 정도, 이해관계기관의 의견 등 여러 가지 사정을 종합하여 직권으로 이 사건 심판의 대상을 위 하천법 제 2 조 제 1 항 제 2 호 다목에서 동법 제 3 조로 변경하기로 한다.……결국 이 사건 심판의 대상은 1971. 1. 19. 법률 제2292호로 전문개정된 하천법 제 3 조 중 제 2 조 제 1 항 제 2 호 다목 전단 소정의 제외지에 관한 부분이 헌법에 위반되는지의 여부이고,……」헌법재판소는 이 사건에서 이렇게 심판대상을 변경하고, 하천법(1971. 1. 19. 법률 제2292 / 호로 전문개정된 것) 제 3 조 중 제 2 조 제 1 항 제 2 호 다목 전단 소정의 제외지에 관한 부분은 헌법에 위반되지 아니한다라고 결정하였다.

[**憲** 2008. 7. 31.-2004헌바9] 「청구인들은 항소심 계속 중 노동조합법 제 7 조 제 3 항, 제93조 제 1 호와 구 청원경찰법(1973. 12. 31. 법률 제2666호로 전부 개정되고 / 2001. 4. 7. 법률 제6466호로 개정되기 전의 것) 제10조 제 2 항에 대하여 위헌제청신청을 하였으나, 법원은 2004. 1. 7. 판결을 선고하면서 위헌제청 신청을 기각하였고, 이에 청구인들은 같은 달 20. 헌법재판소법 제68조 제 2 항에 따라 위 조항들에 대하여 이 사건 헌법소원심판을 청구하였다.……청구인들이 위헌제청신청을 한 구 청원경찰법 제10조 제 2 항은 항소심에서 검사의 공소장 변경에 따라 청원경찰법(2001. 4. 7. 법률 제 / 6466호로 개정된 것) 제11조로 변경되어 적용되었는데, 그 규율대상이 구 청원경찰법 조항과 사실상 같으면서 다만 양형의 범위만이 축소된 것이고, 구 청원경찰법 제10조 제 2 항에 대한 위헌제청신청 기각결정 또한 사실상 청원경찰법 제11조에 대한 내용을 포함하고 있으므로, 직권으로 이 부분 심판대상을 청원경찰법 제11조로 변경하기로 한다. 따라서 이 사건의 심판대상은 노동조합법 제 7 조 제 3 항, 제93조 제 1 호와 청원경찰법 제11조의 위헌 여부이고……」

[147] 第三 效 力

I. 違憲決定된 法律의 效力 喪失

(1) 개 설

(a) 효력상실 규정

위헌법률심판에서 심판의 대상이 된 법률이나 법률조항에 대하여 憲法裁判所가 위헌이라고 결정하면 그 법률이나 법률조항은 그 決定이 있는 날부터 效力을 喪失한다($\substack{憲裁法 \\ \S47②}$). 그런데 위헌으로 결정된 법률이 효력을 상실한다고 정하고 있는 憲法裁判所法의 이 규정의 법적 의미가 무엇인가 하는 것이 문제가 된다. 이는 위헌으로 결정된 법률의 효력 문제이다.

(b) 학 설

위헌으로 결정된 법률의 효력에 대해서는 이론적으로 當然無效說과 廢止無效說이 대립하고 있다.

이런 이론적인 논의와 함께 우리 憲法裁判所法의 해석을 둘러싸고 두 개의 학설 중 어느 것이 憲法裁判所法이 택하고 있는 것인가 하는 점이 논의된다. 이 문제는 憲法裁判所法 제47조 제2항에서 정하고 있는 「效力을 喪失한다」라는 문언의 법적인 성질을 결정하는데, 「그 決定이 있는 날로부터」라는 문언이 어떤 의미를 가지는가 하는 점이다. 「그 決定이 있는 날로부터」라는 문언을 법률의 효력이 상실하는 시점을 정하는 것이라면 憲法裁判所法의 해석으로는 당연무효설은 합당하지 않게 되기 때문이다.

(2) 효력상실의 성질

헌법재판소에 의해 위헌으로 결정된 법률이나 법률조항은 그 효력을 상실하지만, 이 때 말하는 效力의 喪失이 법적으로 어떤 의미를 지니는 것인가에 대하여는 當然無效說과 廢止無效說이 대립하고 있다.

(a) 당연무효설

當然無效說(Lehre von ipso-iure-Nichtigkeit, Nichtigkeitslehre)은 헌법에 위반되는 법률은 처음부터(ex-tunc) 당연히(ipso iure) 효력이 발생하지 아니한 것으로 원천적으로 무효라고 한다(입법례: 독일). 여기서 '당연히'라고 함은 법률의 효력을 없애기 위한 다른 形成的인 조치가 요구되지 않는다는 의미이다. 이에 의하면, 위헌인 법률은 처음부터 효력을 가지지 않았기 때문에 상실시킬 효력이 존재할 수 없고, 따라서 헌법 재판소의 위헌결정은 무효인 것을 사후에 有權的으로 確認하여 선언하는 것에 지나지 않는다고 본다.

當然無效說에 의하면, 위헌인 법률은 처음부터 始原的으로 무효이므로 헌법재판소에 의해 위헌이라는 것이 확인된 시점 이전으로 소급하여 법률이 존재하기 시작한 시점부터 무효인 것이 된다. 따라서 위헌으로 결정된 법률은 소급하여 무효(ex-tunc-Nichtigkeit)라는 것이 된다. 형벌에 관한 법률이든 아니든 법률의 종류에 관계없이 소급하여 무효라고 한다.

當然無效說은 헌법의 最高法으로서의 성격, 上位法은 下位法을 廢止한다는 원칙, 헌법을 頂點으로 한 實定法秩序의 統一性, 헌법에 위반되는 것은 모두 無效인데 법률도 예외가 될 수 없다는 점을 근거로 삼고 있다.

이러한 當然無效說에 의하면, 헌법재판소가 법률에 대하여 위헌이라고 결정하지 않는 동안에는 법질서에 참여하는 국민에게 인내하기 어려운 불안정성을 강요하는 결과를 초래한다. 헌법재판소에 의해 기존의 법률이 위헌으로 결정되면 언제나 처음부터 효력을 가지지 않게 된다고 한다면 국민의 법생활은 매우 불안정한 상태에 놓이게 되기 때문이다.

當然無效說을 철저하게 관철하면 기존의 법률관계가 완전히 뒤집어지는 결과를 초래하고 이는 법적 안정성을 해치기 때문에 이런 견해를 취하는 경우에도 당연무효라는 법리와는 합치하기 어렵지만, 통상 보호하여야 할 법적 안정성을 위하여 실정법으로 소급효를 제한하는 장치를 둔다(當然無效의 法理와 소급효의 법리를 구별). 예컨대 이미 完成되거나 確定된 법률관계에는 遡及效가 미치지 않고, 기존의 법률이 유효하다는 것을 전제로 적용되는 것으로 본다.

(b) 폐지무효설

廢止無效說(Vernichtbarkeitslehre)에 의하면, 법률에 대한 헌법재판소의 위헌결정이 있어도 그 법률의 효력이 처음부터 당연히 무효인 것은 아니고, 헌법재판소의 결정이라는, 법률의 효력을 상실시키는 조치에 의하여 비로소 법률의 효력이 廢止될 수 있다고 본다(입법례: 오스트리아). 따라서 廢止無效說에 의하면, 헌법재판소의 違憲決定은 단순한 위헌확인의 선언적인 것이 아니라 形成的인 행위이고, 위헌으로 결정된 법률이 효력을 상실하는 시점도 당연히 처음으로 소급하는 것은 아니라는 결론에 이른다.

법률의 효력이 상실하는 시점을 정함에 있어서는 遡及效(ex-tunc-Wirkung)로 하되 법적 안정성을 해치지 않는 시점까지 소급하여 효력을 상실시킬 수도 있으며, 헌법재판소가 결정한 시점 이후부터 효력을 상실시키는 向後效(=將來效 ex-nunc-Wirkung)로 할 수도 있고, 헌법재판소의 決定時부터 일정한 기간이 경과한 뒤의 시점부터 효력을 상실시키는 未來效(ex-post-Wirkung)로 할 수도 있다.

廢止無效說은 헌법에 위반된다는 것이 法理上 本質必然的으로 당연무효가 되는 것은 아니라는 점, 헌법의 최고성이나 실정법질서의 통일은 위헌법률의 효력을 없앰으로써 보장할 수 있으며 위헌법률을 반드시 당연무효라고 해야 보장되는 것은 아니라는 점, 법률이 헌법에 위반되는 경우는 위반의 정도나 내용·형식·절차 등에서의 위반과 같이 평가에서 다양할 수 있는 형태가 있다는 점, 국가행위 가운데 당연히 무효인 것과 無效化할 수 있는 것은 구별하여야 한다는 점, 법률이 존재하는 이상 헌법재판소에 의해 위헌으로 결정되기 전까지는 국가기관이 유효한 법률로서 적용하여야 한다는 점, 위헌결정된 법률을 처음부터 당연무효라고 하면 그 법률을 전제로 한 모든 국가행위는 근거법률이 없는 상태에서 행해진 것이라는 결론에 이른다는 점, 법률의 효력을 상실시키기 위해서는 헌법재판소의 심판을 받아야 한다는 점 등을 근거로 하고 있다.

(c) 사　　견

헌법재판소의 위헌결정이 있기 전에는 법률은 立法形成權을 가진 국가기관인 國會가 행한 입법작용의 결과로써 通用力을 지니고 있기 때문에 유효하다고 보아야 할 것이다. 따라서 법률에 대한 헌법재판소의 위헌결정은 형성적인 성질을 가지는 것이라고 할 것이다. 유의할 것은 헌법재판소가 위헌으로 결정하기 전에 법률이 효력을 가지는 것은 立法形成權에 근거한 通用力 때문이지 法律의 合憲性이 推定되기 때문이 아니라는 점이다.

사후에 어떤 법률이 헌법에 위반된다고 한 경우에 그 헌법에 위반된 법률의 효력을 상실시키는 시점을 어느 시점에서 결정할 것인가는 헌법의 내용에 위반되지 않는 한도 내에서 遡及效, 向後效, 未來效의 방식 가운데 정책적으로 결정할 수 있다고 할 것이다. 이 경우에 위헌으로 결정된 법률의 효력을 상실시키는 시점은 해당 공동체에서의 법적 정의와 법적 안정성을 고려하여 결정하게 된다.

憲法에서 당연무효를 정하고 있지 않을 뿐 아니라 憲法裁判所法 제47조 제2항은 「違憲으로 決定된 법률 또는 법률의 조항은 그 決定이 있는 날부터 效力을 喪失한다」라고 정하고 있는 점과 憲法裁判所法 제47조 제1항, 제75조 제5항의 각 문언적 표현을 고려할 때, 해석상으로도 당연무효설이 도출되기는 어렵다고 할 것이다.(同旨: 金雲龍b, 559; 尹眞秀a, 310) 이런 점을 고려하면, 헌법재판소가 위헌결정을 할 때에는 주문에서 「……은 헌법에 위반되어 무효이다」라고 하는 것보다는 「……은 헌법에 위반된다」라고 표시하는 것이 當然無效와의 혼동을 피할 수 있다. 憲法裁判所는 위헌결정에서 「……은 헌법에 위반된다」라고 주문을 표시하고 있다. 타당하다.

(3) 소 급 효

(a) 개   설

憲法裁判所法 제47조에 의하면, 위헌으로 결정된 법률 또는 법률의 조항은 그 결정이 있는 날부터 효력을 상실한다($\frac{憲裁法}{§47②}$). 그러나 형벌에 관한 법률 또는 법률의 조항은 소급하여 그 효력을 상실한다($\frac{憲裁法}{§47③}$). 이러한 憲法裁判所法의 규정에 의할 때, 위헌으로 결정된 刑罰에 관한 법률 또는 법률조항은 소급하여 효력을 상실하지만, 형벌에 관한 것이 아닌 법률 또는 법률조항에 대해 헌법재판소의 위헌결정이 있으면 소급하지 않고 그 결정이 있는 날로부터 효력을 상실한다는 결론에 이른다.

이러한 표현으로 볼 때, 위헌으로 결정된 법률 또는 법률조항이지만 형벌에 관한 것이 아니면 소급하여 효력을 상실하지 않는가 하는 문제가 발생하며, 만일 그러하다면 그러한 非遡及效가 具體的 規範統制制度나 헌법의 平等保護條項과 합치되는가 하는 문제가 발생한다.

이론적으로 보면, 앞에서 본 바와 같이 위헌으로 결정된 법률의 효력의 遡及的 喪失 與否의 문제는 위헌법률의 효력에 관한 當然無效說과 廢止無效說에 따라서도 결론이 달라진다. 당연무효설에 의하면 형벌에 관한 것이든 아니든 위헌으로 결정된 법률은 처음으로 소급하여 효력이 상실된다고 하지만, 폐지무효설에 의하면 그렇지 않고 소급하느냐 아니냐 하는 문제는 헌법에 저촉되지 않는 한 정책적으로 선택할 수 있는 사항이라고 본다. 폐지무효설에 의하더라도 위헌으로 결정된 법률이 전혀 소급하지 않고 장래에 향해서만 효력을 상실할 수는 없다. 위헌으로 결정된 법률이 원칙적으로 소급효를 가지는 것은 헌법에서 나오는 것이라고 보는 견해도 있다($\frac{尹眞秀c}{219\ 이하}$).

憲法이나 憲法裁判所法의 해석상 당연무효설은 취하기 어렵고, 폐지무효설이 타당하다는 것은 앞에서 보았다. 그런데 廢止無效說에 따른다고 하더라도 위헌으로 결정된 법률의 효력이 소급적으로 상실하느냐 않느냐 하는 문제는 실정법에 따라 정해진다. 따라서 이런 소급효 문제에서도 憲法裁判所法 제47조 제2항의 규정은 폐지무효설과 모순되지 않는다고 할 수 있다.

그런데 당연무효냐 폐지무효냐 하는 문제를 떠나 소급효 문제만 놓고 볼 때, 憲法裁判所法의 규정이 아무런 문제가 없는가 하는 점에 대해서는 의문이 있다.

(b) 형벌에 관한 법률

(i) 소 급 효   憲法裁判所法 제47조 제3항 본문이 정하고 있는 바와 같이 헌법재판소에 의해 위헌으로 결정된 刑罰에 관한 법률 또는 법률조항은 遡及하여 그 效力을 喪失한다. 罪刑法定主義의 원리에 의할 때, 효력이 상실된 법률 또는 법률조항에 따라 有罪의 責任을 지는 것은 타당하지 않다. 범죄의 성립에는 위법성이 요구

되는데, 그 때 위법성은 헌법에 합치되는 유효한 법률에 위반되는 것을 말한다. 따라서 헌법에 합치하지 않는 법률에 위반한 행위에 대해 유죄의 책임을 부정하는 것이 타당하다. 다만, 유의할 것은 이러한 소급효는 有罪의 책임을 지지 않게 하는 것이지 이미 행해진 有罪判決을 무효화하는 것은 아니라는 점이다. 단지 再審事由가 될 뿐이다.

위헌으로 결정된 형벌에 관한 법률 또는 법률조항이 소급적으로 효력을 상실한다고 하더라도 이는 해당 법률의 적용을 받는 자에게 유리한 경우에 한정되며, 형사상 불이익한 결과를 가져오는 경우에는 이런 소급효가 인정되지 않는다(예: 憲 1997. 1. 16.–90헌마110등). 죄형법정주의의 법리상 당연한 귀결이다.

(ii) **소급효와 법원의 재판** 위헌결정일 이전에 공소가 제기되어 법원에 계속중인 사건에서는 免訴判決을 할 것이 아니라 無罪를 선고하여야 한다(刑訴法 §325). 大法院의 판례도 같다(예: 大 1992.5. 28.–91도2825). 법원의 판결 후 확정되기 이전에 헌법재판소의 위헌결정이 있으면 판결에 영향을 미친 헌법·법률의 위반이 있는 때에 해당하여 抗訴와 上告의 이유가 된다(同法 §361 의5, §383 i). 再審에 관하여는 후술한다([145]Ⅲ).

[大 1992. 5. 28.–91도2825] 「위헌결정으로 인하여 형벌에 관한 법률 또는 법률조항이 소급하여 그 효력을 상실한 경우에는 당해 법조를 적용하여 기소한 피고 사건이 범죄로 되지 아니한 때에 해당한다고 할 것이고, 범죄 후의 법령의 개폐로 형이 폐지 되었을 때에 해당한다거나, 혹은 공소장에 기재된 사실이 진실하다 하더라도 범죄가 될 만한 사실이 포함되지 아니하는 때에 해당한다고는 할 수 없다.」

이와 같이 볼 때, 형벌에 관한 법률에 대하여 위헌결정이 있으면 수사단계에서는 위헌으로 결정된 법률이 아닌 다른 규정을 적용할 수 있는 경우에는 이에 따라 사건을 처리하고, 그렇지 않고 달리 적용할 다른 규정이 없을 때에는 수사를 종결한다. 기소된 경우에는 검사는 다른 공소사실로 공소장을 변경할 수 있고, 이러한 공소장의 변경이 가능하지 않을 때에는 공소취소를 한다. 검사의 공소취소가 없으면 법원은 무죄를 선고한다. 형이 확정된 후에는 재심의 대상이 될 뿐이고, 집행이 정지되지 않는다. 다만, 형집행정지, 가석방, 사면 등에서 이러한 위헌결정이 참작될 수는 있다.

검사의 기소유예처분이 있은 이후에 그 처분의 근거가 된 법률 해석에 대하여 헌법재판소의 위헌결정이 이루어졌으나, 검사가 이를 직권으로 취소하지 아니한 경우에는 당해 기소유예처분은 효력을 지속하고 있기 때문에 기소유예처분에 대한 헌법소원심판에서 헌법재판소는 본안판단을 하게 된다(예: 憲 2012. 11. 29.–2010헌마613).

[憲 2012. 11. 29.–2010헌마613] 「이 사건 기소유예처분 이후에 있은 헌법재

판소의 위헌결정에 따라 이 사건 법률조항들에 '정보통신망을 이용하여 인터넷 홈
페이지 또는 그 게시판·대화방 등에 글이나 동영상 등 정보를 게시하거나 전자우
편을 전송하는 방법'이 포함되는 것으로 해석하는 것은 소급하여 허용되지 않게 되
었고, 이와 같이 헌법에 위배되어 허용되지 않는 법률 해석을 근거로 하여 범죄혐
의가 인정됨을 전제로 이루어진 처분 또한 위헌임을 면할 수 없게 되었다. 따라서
이 사건 기소유예처분은 근거되는 법률조항이 헌법재판소의 위헌결정으로 소급하여
그 효력을 상실함으로써 청구인의 행위가 범죄를 구성하지 않게 되었음에도 불구하
고 그 혐의가 인정됨을 전제로 처분의 효력을 지속하고 있으므로 그로 말미암아 청
구인의 기본권인 평등권과 행복추구권이 침해되었다고 인정된다.」

　　(iii) 소급효의 제한　　　구 憲法裁判所法 제47조 제2항 단서는 「형벌에 관한
법률 또는 법률의 조항은 소급하여 그 효력을 상실한다」고 되어 있어 憲法裁判所가
기존에 합헌결정을 하였다가 시대상황, 국민 법감정 등 사정변경으로 위헌결정을 한
경우에도 종전의 합헌결정에 관계없이 해당 조항이 제정 시점까지 소급하여 효력을
상실하는 문제가 있었다. 이에 종래의 합헌결정 이전의 확정판결에 대한 무분별한
재심청구를 방지하고 합헌결정에 실린 당대의 법감정과 시대상황에 대한 고려를 존
중한다는 취지에서 2014. 5. 20. 법률 제12597호로 憲法裁判所法이 개정되었고, 개정
법 제47조 제3항은 「형벌에 관한 법률 또는 법률의 조항은 소급하여 그 효력을 상
실한다. 다만, 해당 법률 또는 법률의 조항에 대하여 종전에 합헌으로 결정한 사건
이 있는 경우에는 그 결정이 있는 날의 다음 날로 소급하여 효력을 상실한다」고 규
정하고 있다.

　　위 조문이 처음 적용된 것은 구 刑法 제241조의 간통죄에 대한 위헌결정이다
($\frac{憲\ 2015.\ 2.\ 26.}{-2009헌바17등}$). 憲法裁判所는 위 결정 이전에 2008. 10. 30. 간통죄에 대하여 합헌결정
을 한 바 있으므로, 위 법률조항은 그 다음 날인 2008. 10. 31.을 기준으로 소급하여
효력을 상실하였다. 이 경우 2008. 10. 31. 이전에 간통죄를 범하여 위 기준 시점 당
시에는 재판을 받고 있던 사람에게 위 위헌결정의 소급효가 미치는지 문제되는데,
大法院은 합헌결정이 있는 날의 다음 날 이후에 유죄 판결이 선고되어 확정되었다
면, 비록 범죄행위가 그 이전에 행하여졌다 하더라도 그 판결에 대하여 재심을 청구
할 수 있다고 보았다($\frac{大\ 2016.\ 11.\ 10.}{-2015모1475}$).

　　憲法裁判所法 제47조 제3항 단서가 종전에 합헌결정이 있었던 형벌법규와 그렇
지 않은 형벌법규를 달리 취급함으로써 평등원칙에 위배되는지 문제되나, 憲法裁判
所는 이에 대하여 합헌결정을 하였다($\frac{憲\ 2016.\ 4.\ 28.}{-2015헌바216}$).

　　[憲 2016. 4. 28.-2015헌바216]　「헌법재판소의 합헌결정을 통해 과거의 어느
시점에서는 합헌이었음이 인정된 형벌조항에 대하여는 위헌결정의 소급효를 제한함

으로써 그동안 쌓아 온 규범에 대한 사회적인 신뢰와 법적 안정성을 확보할 수 있도록 한 것이다. 법률의 합헌성에 관한 최종 판단권이 있는 헌법재판소가 당대의 법 감정과 시대상황을 고려하여 합헌이라는 유권적 확인을 하였다면, 그러한 사실 자체에 법적 의미를 부여하고 존중할 필요가 있다. 헌법재판소가 특정 형벌법규에 대하여 과거에 합헌결정을 하였다는 것은, 적어도 그 당시에는 당해 행위를 처벌할 필요성에 대한 사회구성원의 합의가 유효하다는 것을 확인한 것이므로, 합헌결정이 있었던 시점 이전까지로 위헌결정의 소급효를 인정할 근거가 사라지기 때문이다.

해당 형벌조항이 성립될 당시에는 합헌적이며 적절한 내용이었다고 하더라도 시대상황이 변화하게 되면 더 이상 효력을 유지하기 어렵거나 새로운 내용으로 변경되지 않으면 안 되는 경우가 발생할 수 있다. 그런데 합헌으로 평가되던 법률이 사후에 시대적 정의의 요청을 담아내지 못하게 되었다고 하여 그동안의 효력을 전부 부인해 버린다면, 끊임없이 개별 규범의 소멸과 생성이 반복되고 효력이 재검토되는 상황에서 법집행의 지속성과 안정성이 깨지고 국가형벌권에 대한 신뢰는 무너져 버릴 우려가 있다. 그러므로 현재의 상황에서는 위헌이라 하더라도 과거의 어느 시점에서 합헌결정이 있었던 형벌조항에 대하여는 위헌결정의 소급효를 제한함으로써 그동안 쌓아 온 규범에 대한 사회적인 신뢰와 법적 안정성을 확보하는 것이 중요하다는 입법자의 결단에 따라, 심판대상조항에서 위헌결정의 소급효를 제한한 것이므로 이러한 소급효 제한이 불합리하다고 보기는 어렵다.

결국 심판대상조항이 종전에 합헌결정이 있었던 형벌법규의 경우 위헌결정의 소급효를 제한하여 합헌결정이 없었던 경우와 달리 취급하는 것에는 합리적 이유가 있으므로 이를 평등원칙에 반한다고 보기 어렵다.」

(c) 형벌에 관한 법률이 아닌 법률

(ⅰ) 비소급효   憲法裁判所法 제47조 제2항은 「違憲으로 決定된 법률 또는 법률의 조항은 그 決定이 있는 날부터 效力을 喪失한다」라고 하면서 동시에 但書에서 「다만, 刑罰에 관한 법률 또는 법률의 조항은 遡及하여 그 效力을 喪失한다」고 정하고 있다. 이러한 문맥으로 볼 때, 일단 형벌에 관한 법률 또는 법률조항이 아닌 경우에 위헌으로 결정되면 소급하여 효력을 상실하지 않는다고 해석할 수 있다. 즉 憲法裁判所法은 「向後無效」를 정하고 있다고 할 수 있다.

(ⅱ) 구체적 규범통제와 소급효   시간적인 부분에만 초점을 맞추어 위헌으로 결정된 법률이 헌법재판소의 決定時 이후부터만 효력을 상실한다고 하면, 구체적 규범통제에서 당해 사건을 해결하기 위하여 헌법재판소에 재판의 전제가 된 법률 또는 법률조항의 위헌여부심판을 구했음에도 당해 사건에는 적용되지 않는다는 모순이 생긴다. 따라서 이 경우에는 具體的 規範統制의 本質上 당해 소송사건의 전제가 된 법률 또는 법률조항으로서 위헌으로 결정된 것은 시간적인 소급여부와 별개로 무효가 된다고 하지 않을 수 없다(同旨: 許營d, 238). 이러한 것은 憲法 제107조 제1항의 「법원

은……그 심판에 의하여 재판한다」는 규정과 제111조 제 1 항 제 1 호와 **憲法裁判所法** 제41조 제 1 항, 제68조 제 2 항에서 정하고 있는 구체적 규범통제의 제도본질적인 내용이다.

　　憲法裁判所도 재판의 전제가 된 법률이나 법률조항에 대해 위헌결정이 있으면 그 위헌결정은 당해 사건에 미친다고 하여, 당해 사건의 재판의 전제가 된 것으로서 위헌결정으로 효력을 상실한 법률이나 법률조항은 당해 사건에 유효한 것으로 적용되지 않는다고 한다$\left(\begin{smallmatrix} \text{예: } 憲 1993. 5. \\ 13.-92헌가10등 \end{smallmatrix}\right)$. **大法院**도 같은 견해이다$\left(\begin{smallmatrix} \text{예: } 大 1991. 6. 11.-90다5450; 1991. 6. \\ 28.-90누9346; 1994. 10. 25.-93다42740 \end{smallmatrix}\right)$.

　　(iii) **판례에 의한 소급효 인정**　　　구체적 규범통제의 성질상 당해 사건에 있어서는 위와 같은 소급효가 인정된다고 하더라도 당해 사건의 당사자와 다른 국민들 간 平等의 問題가 발생하면 헌법이 보장하는 평등보호의 요구를 충족시켜야 하므로 이 한도 내에서 遡及效를 인정하지 않을 수 없다.

　　廢止無效說에 따른다고 하더라도 구체적 규범통제의 성질과 평등보호의 요구를 충족시키기 위하여 시간적으로 소급하여야 하는 경우가 생기는데, 이는 법리상으로나 헌법적으로나 타당한 결론이다. 이런 점을 명확히 하기 위해서 **憲法裁判所法** 제47조 제 2 항의 본문을 개정하는 것이 필요하다.

　　憲法裁判所는 헌법재판소법의 개정이 없이 현 상태에서도 이러한 범위 내의 소급효를 인정하고 있다. **大法院**도 마찬가지이다. 이런 경우 헌법재판소는 소급효를 다소 탄력적으로 인정하고 있다$\left(\begin{smallmatrix} \text{예: } 憲 1993. 5. 13.-92헌가10 \\ 등: 2001. 12. 20.-2001헌바7등 \end{smallmatrix}\right)$.

　　[**憲 1993. 5. 13.-92헌가10등**] 「형벌법규 이외의 일반 법규에 관하여 위헌결정에 불소급의 원칙을 채택한 법 제47조 제 2 항 본문의 규정 자체에 대해 기본적으로 그 합헌성에 의문을 갖지 않지만 위에서 본 바 효력이 다양할 수밖에 없는 위헌결정의 특수성 때문에 예외적으로 그 적용을 배제시켜 부분적인 소급효의 인정을 부인해서는 안 될 것이다. 우선 생각할 수 있는 것은, 구체적 규범통제의 실효성의 보장의 견지에서 법원의 제청·헌법소원의 청구 등을 통하여 헌법재판소에 법률의 위헌결정을 위한 계기를 부여한 당해 사건, 위헌결정이 있기 전에 이와 동종의 위헌여부에 관하여 헌법재판소에 위헌제청을 하였거나 법원에 위헌제청신청을 한 경우의 당해 사건, 그리고 따로 위헌제청신청을 아니하였지만 당해 법률 또는 법률의 조항이 재판의 전제가 되어 법원에 계속중인 사건에 대하여는 소급효를 인정하여야 할 것이다. 또 다른 한 가지의 불소급의 원칙의 예외로 볼 것은, 당사자의 권리구제를 위한 구체적 타당성의 요청이 현저한 반면에 소급효를 인정하여도 법적 안정성을 침해할 우려가 없고 나아가 구법에 의하여 형성된 기득권자의 이익이 해쳐질 사안이 아닌 경우로서 소급효의 부인이 오히려 정의와 형평 등 헌법적 이념에 심히 배치되는 때라고 할 것으로, 이 때에 소급효의 인정은 법 제47조 제 2 항 본문의 근본취지에 반하지 않을 것으로 생각한다. 어떤 사안이 후자와 같은 테두리에 들어가는가에 관하여는 다른 나라의 입법례에서 보듯이 본래적으로 규범통제를 담당하는

헌법재판소가 위헌선언을 하면서 직접 그 결정주문에서 밝혀야 할 것이나, 직접 밝
힌 바 없으면 그와 같은 경우에 해당하는가의 여부는 일반 법원이 구체적 사건에서
해당 법률의 연혁·성질·보호법익 등을 검토하고 제반이익을 형량해서 합리적·합
목적적으로 정하여 대처할 수밖에 없을 것으로 본다.」

그러나 大法院은 처음에는 소급효를 인정하되 당해 사건에 미친다고 보거나
(예: 大 1991. 6. 11.-90다
5450; 1991. 6. 28.-90누9346), 더 나아가 이를 포함하여 위헌결정 당시 법원에 계속중인 사건에
까지 미친다고 하다가(예: 大 1991. 12.
24.-90다8176) 급기야 위헌결정 이후에 제소된 사건에도 원칙적으
로 소급효가 미친다는 수준으로 나아갔다. 결국 대법원 판례에 의하면, 위헌결정의
소급효는 i) 위헌결정이 있기 전에 이와 동종의 위헌여부에 관하여 헌법재판소에 위
헌여부심판제청을 하였거나 법원에 위헌여부심판제청신청을 한 경우의 당해 사건,
ii) 따로 위헌제청신청은 아니하였지만 당해 법률 또는 법률의 조항이 재판의 전제
가 되어 법원에 계속중인 사건(병행 사건), iii) 위헌결정 이후에 위와 같은 이유로
제소된 일반사건(동종 사건)에 미친다(예: 大 1993. 1. 15.-92다12377; 1993. 1. 15.-91누
5747; 1993. 7. 16.-93다3783; 1994. 10. 25.-93다42740).
　　이러한 대법원 판례의 태도는 원칙적으로 당해 법률이 적용되는 모든 사건에 소
급효가 미친다고 보는 것이다. 다만, 유의할 것은 이런 경우에도 법적 안정성의 유
지나 당사자의 신뢰보호를 위하여 불가피한 경우에 위헌결정의 소급효를 제한할 수
있다고 본다(예: 大 1994. 10.
25.-93다42740).

[大 1991. 12. 24.-90다8176] 「헌법재판소법 제47조 제2항은 형벌에 관한 것이
아닌 한 위헌으로 결정된 법률 또는 법률의 조항은 그 결정이 있는 날로부터 장래
에 향하여 그 효력을 상실하도록 하는 이른바 장래효주의를 채택하고 있지만, 장래
효원칙의 예외로서 소급효가 미치는 범위는 법원의 제청 또는 헌법소원의 청구 등
을 통하여 헌법재판소에 법률의 위헌결정을 위한 계기를 부여한 구체적인 사건, 즉
당해 사건뿐만 아니라 위헌결정이 있기 전에 이와 동종의 위헌여부에 관하여 헌법
재판소에 위헌여부심판제청이 되어 있거나 법원에 위헌여부심판제청신청이 되어 있
는 경우의 당해 사건과 별도의 위헌제청신청 등은 하지 아니하였으나 위헌여부가
쟁점이 되어 법원에 계속중인 모든 일반사건에까지 확대하는 것이 타당하다.」
[大 1994. 10. 25.-93다42740] 「헌법재판소의 위헌결정의 효력은, 위헌제청을
한 당해 사건, 위헌결정이 있기 전에 이와 동종의 위헌여부에 관하여 헌법재판소에
위헌여부심판제청을 하였거나 법원에 위헌여부심판제청신청을 한 경우의 당해 사건
과 따로 위헌제청신청은 아니하였지만 당해 법률 또는 법률의 조항이 재판의 전제
가 되어 법원에 계속중인 사건뿐만 아니라 위헌결정 이후에 위와 같은 이유로 제소
된 일반사건에도 미친다고 할 것이나(당원 1993. 1. 15. 선고, 92다12377 판결, 같은 날짜 선
고, 91누5747 판결, 1993. 7. 16. 선고, 93다3783 판결 등), 그 미치는 범
위가 무한정일 수는 없고 법원이 위헌으로 결정된 법률 또는 법률의 조항을 적용하
지는 않더라도 다른 법리에 의하여 그 소급효를 제한하는 것까지 부정되는
것은 아니라 할 것이며, 법적 안정성의 유지나 당사자의 신뢰보호를 위하여 불가피

한 경우에 위헌결정의 소급효를 제한하는 것은 오히려 법치주의의 원칙상 요청되는 바라 할 것이다.」

헌법재판소는 소급효를 예외적으로 인정하고 있는 반면에 대법원은 헌법재판소와 비교하여 보다 넓게 소급효를 인정하고 있다. 대법원과 같이 원칙적으로 모든 사건에 대하여 위헌결정의 소급효를 인정하는 경우에도 이미 확정된 법률관계에 대해서는 위헌결정의 효력이 미치지 않는다고 본다. 법적 안정성을 보호하기 위한 것이다. 大法院은 확정판결이 선고되어 기판력이 발생한 경우(예: 大 1993. 4. 27.-92누9777)나 행정처분의 確定力이 발생한 경우(예: 大 1994. 10. 28.-92누9463) 등 법적 안정성의 유지나 당사자의 신뢰보호를 위하여 불가피한 경우(예: 大 2006. 6. 9.-2006두1296)에는 위헌결정의 소급효가 미치지 않는다고 본다.

[大 1993. 4. 27.-92누9777] 「원고가 앞서 제기한 이 사건 과세처분의 취소소송에서 원고의 청구가 기각된 확정판결의 기판력은 같은 원고가 또 다시 그 과세처분의 무효확인을 구하는 이 사건 소송에도 미친다고 볼 것이다(당원 1992. 12. 8. 선고, 92누6891 판결 참조). 따라서 원심으로서는 이 사건 과세처분의 무효확인청구가 기판력에 저촉된다는 당사자의 주장이 없더라도 직권으로 이를 심리판단하여 기각하여야 할 것이고, 이와 같은 경우에는 그 과세처분의 근거가 된 상속세법 제29조의4 제 2 항이 위헌인지의 여부는 이 사건 재판의 전제가 될 수도 없는 것이므로 위 조항에 대한 원고의 위헌제청신청이 있더라도 이를 기각하고 이 사건 재판이 기판력에 저촉됨을 들어 원고의 청구를 기각하였어야 할 것이다.」   이 사건에서는 이 사건소송이 원심에 계속중인 때 상속세법 제29조의4 제 2 항에 대한 헌법재판소의 위헌결정이 있었다.

[大 1994. 10. 28.-92누9463] 「위헌인 법률에 근거한 행정처분이 당연무효인지의 여부는 위헌결정의 소급효와는 별개의 문제로서, 위헌결정의 소급효가 인정된다고 하여 위헌인 법률에 근거한 행정처분이 당연무효가 된다고는 할 수 없고, 오히려 이미 취소소송의 제기기간을 경과하여 확정력이 발생한 행정처분에는 위헌결정의 소급효가 미치지 않는다고 보아야 한다.」

[大 2006. 6. 9.-2006두1296] 「이 사건 위헌결정 이후에 법원에 제소된 일반사건에 대하여도 이 사건 위헌결정의 소급효가 인정된다고 볼 경우 헌법재판소가 위와 같이 합헌이라고 판단한 바 있는 퇴역연금 지급정지 제도 자체의 적용이 전면적으로 배제되어 결과적인 과잉급부를 방지할 수 없게 되는 점, 또한 이 사건 위헌결정의 소급효가 일반사건에 대하여 인정됨으로써 구 군인연금법 제21조 제 5 항 제 2 호 내지 제 5 호가 시행된 2001. 1. 1.부터 이 사건 위헌결정이 있었던 2003. 9. 25.까지 퇴역연금수급자 중 퇴역연금 지급정지 대상기관의 임·직원으로 재직하고 보수 기타 급여를 받았음을 이유로 피고가 그 지급을 정지한 퇴역연금을 전부 소급하여 지급하게 될 경우 현실적으로 연금기금을 조성하는 현역군인과 국고의 초과부담을 초래하게 된다는 점 등을 종합하여 보면, 이 사건 위헌결정 이후 제소된 일반사건인 본건에 대하여 위헌결정의 소급효를 인정할 경우 그로 인하여 보호되는 원고들의 권리구제라는 구체적 타당성 등의 요청에 비하여 종래의 법령에 의하여 형성된

군인연금제도에 관한 법적 안정성의 유지와 신뢰보호의 요청이 현저하게 우월하므로 이 사건 위헌결정의 소급효는 제한되어 본건에는 미치지 아니한다고 할 것이다.」

(iv) **헌법재판소법 제47조 제2항의 위헌여부**　　형벌에 관한 법률 또는 법률조항을 제외하고 위헌으로 결정된 법률이나 법률조항의 효력이 소급하여 상실되는 것으로 정하지 아니한 憲法裁判所法 제47조 제2항 본문이 위헌인가 하는 문제가 있다.

앞에서 본 바와 같이, 이론적으로도 廢止無效說이 타당하고, 헌법에서 위헌법률이 당연무효라는 것을 명시적으로 정하고 있지도 않을 뿐 아니라, 해석으로도 도출할 수 없으므로 이를 위헌이라고 할 수 없다. 憲法裁判所도 같은 취지이다(예: 憲 1993. 5. 13.-92헌가10등; 2000. 8. 31. -200헌바6; 2001. 12. 20.-2001헌바7등; 2002. 5. 30.-2001헌바65등).

[憲 1993. 5. 13.-92헌가10등] 「우리 나라 헌법은 헌법재판소에서 위헌으로 선고된 법률 또는 법률의 조항의 시적 효력범위에 관하여 직접적으로 아무런 규정을 두지 아니하고 하위법규에 맡겨 놓고 있는바, 그렇다면 헌법재판소에 의하여 위헌으로 선고된 법률 또는 법률의 조항이 제정 당시로 소급하여 효력을 상실하는가 아니면 장래에 향하여 효력을 상실하는가의 문제는 특단의 사정이 없는 한 헌법적합성의 문제라기보다는 입법자가 법적 안정성과 개인의 권리구제 등 제반이익을 비교형량하여 가면서 결정할 입법정책의 문제인 것으로 보인다. 다시 말하면 위헌결정에 소급효를 인정할 것인가를 정함에 있어 "법적 안정성 내지 신뢰보호의 원칙"과 "개별적 사건에 있어서의 정의 내지 평등의 원칙"이라는 서로 상충되는 두 가지 원칙이 대립하게 되는데, 개별적 사건에서의 정의 내지 평등의 원칙이 헌법상의 원칙임은 물론 법적 안정성 내지 신뢰보호의 원칙도 법치주의의 본질적 구성요소로서 수호되어야 할 헌법적 가치이므로(헌법재판소 1989. 3. 17. 선고, 88헌마1 결정; 1989. 12. 18. 선고, 89헌마32, 33(병합) 결정 등 참조), 이 중 어느 원칙을 더 중요시 할 것인가에 관하여는 법의 연혁·성질·보호법익 등을 고려하여 입법자가 자유롭게 선택할 수 있도록 일임된 사항으로 보여진다. 결국 우리의 입법자는 법 제47조 제2항 본문의 규정을 통하여 형벌법규를 제외하고는 법적 안정성을 더 높이 평가하는 방안을 선택하였는바, 이에 의하여 구체적 타당성이나 평등의 원칙이 완벽하게 실현되지 않는다고 하더라도 헌법상 법치주의의 원칙의 파생인 법적 안정성 내지는 신뢰보호의 원칙에 의하여 정당화된다 할 것이고, 특단의 사정이 없는 한 이로써 헌법이 침해되는 것은 아니라 할 것이다. 제청법원이나 청구인들은 헌법재판소에서 위헌으로 선고된 법률 또는 법률의 조항은 언제나 소급하여 효력을 상실하여야 한다고 주장하면서, 그 헌법적 근거로 자유민주적 기본질서를 규정한 헌법 전문과 이 밖에 헌법 제10조, 제11조 제1항, 제13조 제2항, 제23조, 제27조 제1항, 제37조 제2항, 제103조 등을 들고 있다. 그러나 위헌법률의 효력상실시기에 관한 명문의 규정이 없는 한 우리 헌법상, 위 규정들을 근거로 위헌법률이 일률적으로 소급하여 효력을 상실한다는 헌법상의 명제를 도출할 수 없다.」

(d) 위헌의 성격과 소급효의 인정 여부

위에서 본 바와 같이 형벌에 관한 법률이든 그러하지 않은 법률이든 헌법재판소가 헌법에 위반된다고 판단하면 무효가 되고, 그러한 결정에는 해당 법률이 형벌규정인지 여부에 따라 범위의 차이가 있지만 원칙적으로 소급효가 인정된다.

법률을 포함한 국가행위 등이 헌법에 위반되는 경우에는 효력을 가지지 못한다. 이런 위법성은 국가의 최고규범을 위반하기 때문에 無效이다. 그런데 이러한 경우에도 무효의 효력이 언제나 소급하여 처음부터 무효인가 하는 문제가 제기된다. 어떠한 행위가 어떤 구체적인 상황에서 당시의 현실적인 여건이나 사회적인 조건에 관계없이 위헌인 경우에는 위헌에 의한 무효는 처음부터 소급하여 무효이다. 그러나 어떠한 행위가 어떤 구체적인 상황에서 그 당시의 현실적인 여건이나 사회적인 조건에 비추어 볼 때, 과잉금지원칙에 위반되고 그러한 상황이 아니라면 과잉금지원칙에 위반되지 않는 것이라면 이때의 위헌여부는 구체적인 상황에 따라 결정되는 것이다. 따라서 현재의 상황에 비추어 볼 때는 위헌이지만 과거의 상황에 비추어 볼 때는 합헌이기 때문에 이러한 경우에 위헌이라서 무효라고 하더라도 이는 소급되지 않는다. 예컨대 과거에는 당시의 현실적 상황에 비추어 볼 때 어떤 행위를 범죄로 하여 처벌하는 형벌에 관한 법률이 과잉제한금지원칙에 위반되지 않았지만, 현재에는 사회여건의 변화와 구체적인 상황의 변화로 인하여 이런 행위를 범죄로 하는 것이 과잉제한금지원칙의 최소침해성에 위반하는 것이 되는 경우에는 이것이 위헌으로 무효가 된다고 하더라도 그 무효는 현재부터 무효이고 처음으로 소급되지 않는다. 과거에 이런 행위를 범죄화하여 형벌로 처벌한 것은 정당했기 때문이다. 구체적인 상황에 관계없이 언제나 위헌인 경우를 「絕對的 違憲」이라고 한다면, 상황에 따라 위헌이 되기도 하고 합헌이 되기도 하는 경우의 위헌은 「相對的 違憲」이라고 할 수 있다. 절대적 위헌인 경우에는 소급하여 무효가 되지만, 상대적 위헌인 경우에는 현재부터 무효, 즉 향후효(ex-nunc-Wirkung) 또는 미래효(ex-post-Wirkung)를 포함하는 현재부터 무효가 된다.

(4) 위헌결정된 법률에 근거한 행정처분의 효력

헌법재판소에 의하여 어떤 법률이 위헌으로 결정된 경우에, 그 법률에 근거하여 행하여진 행정처분의 효력은 어떻게 되는가 하는 문제가 있다. 이에 대해서는 ① 무효설과 ② 취소사유설이 있다.

(a) 무 효 설

헌법재판소에서 위헌으로 결정한 법률은 무효이고, 이러한 무효인 법률에 근거

한 행정처분은 당연히 무효라고 본다. 따라서 이러한 행정처분의 하자를 다투는 때
에는 無效確認訴訟(청구기간의 제한이 없음)을 제기하면 된다고 본다.

　　大法院의 판례 가운데 이러한 입장을 취하고 있는 것이 있다(예: 大 1991. 6. 28.-90누9346; 1993. 1. 15.-91누5747; 1993. 2. 26.-92누12247; 1996. 7. 12.-94다52195).

　　憲法裁判所는 傍論에서 무효설을 취하는 태도를 보이는 판례가 있고(예: 憲 1994. 6. 30.-92헌가18),
非刑罰法規에는 소급효가 발생하지 않고 장래효만 발생한다는 전제하에, 근거 법률
이 소급적으로 당연무효는 되지 않기 때문에 그에 근거한 처분도 원칙적으로 당연무
효는 아니고 예외적인 경우에 한하여 무효가 된다는 법리를 전개하는 것도 보인다
(예: 憲 1994. 6. 30.-92헌바23). 憲法裁判所가 언급한 예외적인 경우란 행정처분 자체의 효력이 쟁송기
간 경과 후에도 존속 중인 경우, 특히 그 처분이 위헌법률에 근거하여 내려진 것이
고 그 행정처분의 목적달성을 위해서는 후행 행정처분이 필요한데 후행 행정처분은
아직 이루어지지 않은 경우에 그 행정처분을 무효로 하더라도 법적 안정성을 크게
해치지 않은 반면에 그 하자가 중대하여 그 구제가 필요한 경우가 이에 해당하며,
이러한 경우에는 당연무효사유로 보아서 쟁송기간 경과 후에라도 무효확인소송을 제
기할 수 있다고 한다. 그런데 비형벌법규도 당해 사건, 병행사건, 동종사건의 경우
에 소급효가 발생하고, 헌법재판소와 대법원의 판례도 이를 인정하므로 이러한 내용
을 취하는 판례는 기본적으로 무효설의 입장에 있다고 보인다.

　　[大 1993. 2. 26.-92누12247] 「위헌결정의 소급효가 미치는 이상 위헌결정된
국가보위입법회의법 부칙 제4항 후단의 규정에 의하여 이루어진 면직처분은 당연
무효의 처분이다.」

　　[大 1996. 7. 12.-94다52195] 「면직처분의 근거가 된 국가보위입법회의법 부칙
제4항 후단이 헌법재판소에 의하여 위헌으로 결정되어 그 위헌결정의 효력이 위헌
결정 이후에 제소된 당해 사건에도 미치는 이상 그 면직처분은 당연무효이고, 그
면직처분의 상대방이 당해 사건 이전에 제기한 면직처분 무효확인 소송에서 정년이
넘어 소의 이익이 없다는 이유로 소각하 판결을 받았다고 하더라도 그 면직처분이
당연무효임에는 아무런 변함이 없다.」

　　[憲 1994. 6. 30.-92헌가18] 「상위법인 특별조치법 제5조 제4항의 위헌 여부
는 하위법인 특별조치령의 위헌 여부 및 효력 유무의 전제가 되고 특별조치법 제5
조 제4항에 대하여 위헌결정이 되면 자동적으로 이 위헌법률조항에 근거한 특별조
치령도 위헌·무효가 되고 아울러 위헌무효인 특별조치령에 근거한 수용처분도 위
헌무효가 될 수 있기 때문이다(위헌 법령에 기한 행정처분의 무효 여부는 당해 사건을 재
판하는 법원이 위헌성의 정도 등에 따라 판단할 사항이다).」

　　[憲 1994. 6. 30.-92헌바23] 「행정처분의 근거가 된 법규가 헌법재판소에서 위
헌이라고 선고되더라도 원칙적으로 비형벌법규에 대한 위헌결정의 장래효원칙에 따
라 소급하여 무효가 되는 것은 아니라 할 것이다. 따라서 그러한 법규에 근거하여

내려진 행정처분이 당연무효라고 할 수는 없고 단순한 취소사유에 지나지 않는다면, 위 법원의 위헌제청신청기각 이유에서 볼 수 있는 바와 같이 청구인이 제기한 무효확인소송은(대법원까지 가더라도) 기각될 이치이므로 이 사건 심판대상규정의 위헌 여부는 재판의 전제가 되지 않는다고 할 수 있겠으나 다만 행정처분의 근거법규가 추후 헌법재판소에 의하여 위헌으로 선고된 경우 그 행정처분도 무효로 볼 여지가 있는 경우라면 재판의 전제성이 인정될 수 있을 것이다. 그러므로 행정처분의 근거법규가 위헌인 경우 그 하자가 행정처분의 당연무효사유인가 취소사유임에 불과한 것인가에 대하여서는 별도로 살펴보아야 할 것이다. 일반적으로 행정처분의 집행이 이미 종료되었고 그것이 번복될 경우 법적 안정성을 크게 해치게 되는 경우에는 후에 행정처분의 근거가 된 법규가 헌법재판소에서 위헌으로 선고된다고 하더라도 (처분의 근거법규가 위헌이었다는 하자는 중대하기는 하나 명백한 것이라고는 할 수 없다는 의미에서) 그 행정처분이 당연무효가 되지는 않는다고 할 수 있을 것이다. 따라서 행정처분에 대한 쟁송기간 내에 그 취소를 구하는 소를 제기한 경우는 별론으로 하고 쟁송기간이 경과한 후에는 처분의 근거법규가 위헌임을 이유로 무효확인소송 등을 제기하더라도 행정처분의 효력에 영향이 없음이 원칙이라고 할 것이다. 판례나 통설은 행정처분이 당연무효인가의 여부는 그 행정처분의 하자가 중대하고 명백한가의 여부에 따라 결정된다고 보고 있지만 행정처분의 근거가 되는 법규범이 상위법 규범에 위반되어 무효인가 하는 점은 그것이 헌법재판소 또는 대법원에 의하여 유권적으로 확정되기 전에는 어느 누구에게도 명백한 것이라고 할 수 없기 때문에 원칙적으로 당연무효사유에는 해당할 수 없게 되는 것이다. 그러나 행정처분 자체의 효력이 쟁송기간 경과 후에도 존속 중인 경우, 특히 그 처분이 위헌법률에 근거하여 내려진 것이고 그 행정처분의 목적달성을 위하여서는 후행(後行) 행정처분이 필요한데 후행행정처분은 아직 이루어지지 않은 경우, 그 행정처분을 무효로 하더라도 법적 안정성을 크게 해치지 않는 반면에 그 하자가 중대하여 그 구제가 필요한 경우에 대하여서는 그 예외를 인정하여 이를 당연무효사유로 보아서 쟁송기간 경과 후에라도 무효확인을 구할 수 있는 것이라고 봐야 할 것이다. 학설상으로도 중대명백설 외에 중대한 하자가 있기만 하면 그것이 명백하지 않더라도 무효라고 하는 중대설도 주장되고 있고, 대법원의 판례로도 반드시 하자가 중대명백한 경우에만 행정처분의 무효가 인정된다고는 속단할 수 없기 때문이다. 위와 같은 예외를 인정한다면 행정처분이 근거 법규의 위헌의 정도가 심각하여 그 하자가 중대하다고 보여지는 경우, 그리고 그 때문에 국민의 기본권 구제의 필요성이 큰 반면에 법적 안정성의 요구는 비교적 적은 경우에까지 그 구제를 외면하게 되는 불합리를 제거할 수 있게 될 것이다. 위헌법률에 근거한 행정처분이라 할지라도 그것이 당연무효는 아니라고 보는 가장 기본적인 논리는 그 하자가 명백한가의 여부를 제쳐놓더라도 이 경우를 무효라고 본다면 법적 안정성을 해칠 우려가 크다는 데 있는 것이므로 그 우려가 적은 경우에까지 확장하는 것은 온당하지 못하다고 할 것이며 그 경우에는 마땅히 그 예외가 인정되어야 할 것이다.」

(b) 취소사유설

법률에 근거하여 행정처분이 발하여진 후에 헌법재판소가 그 행정처분의 근거가
된 법률을 위헌으로 결정한 경우에는 결과적으로 그 행정처분은 법률의 근거가 없이
행하여진 것과 마찬가지가 되어 하자가 있는 것이 된다. 그러나 하자 있는 행정처분
이 당연무효가 되기 위하여는 그 하자가 중대할 뿐만 아니라 명백한 것이어야 하는
데, 일반적으로 법률이 헌법에 위반된다는 사정이 헌법재판소의 위헌결정이 있기 전
에는 객관적으로 명백한 것이라고 할 수는 없으므로 헌법재판소의 위헌결정 전에 행
정처분의 근거되는 당해 법률이 헌법에 위반된다는 사유는 특별한 사정이 없는 한
그 행정처분의 취소소송의 전제가 될 수 있을 뿐 당연무효사유는 아니라고 한다. 행
정처분의 근거가 되는 법률이 위헌으로 결정되면 이는 원칙적으로 행정처분의 取消
事由가 되고 예외적으로 無效事由가 된다는 견해이다. 따라서 이러한 행정처분의 하
자를 다투는 때에는 원칙적으로 取消訴訟을 제기하여야 하고(청구기간의 제한이 있음),
예외적으로 無效確認訴訟을 제기할 수 있다고 본다.

大法院의 판례 중 주류적인 판례는 이러한 입장을 취하고 있다(예: 大 1994. 10. 28.-92누9463; 1995. 3. 3.-92다55770; 1995. 9. 26.-94다54160; 1995. 12. 5.-95다39137; 1996. 6. 11.-96누1689; 1998. 4. 10.-96다52359; 2000. 6. 9.-2000다16329; 2001. 3. 23.-98두5583).

현재 憲法裁判所의 원칙적 입장이기도 하다(憲 2014. 1. 28. -2010헌바251).

[大 1994. 10. 28.-92누9463] 「법률에 근거하여 행정처분이 발하여진 후에 헌
법재판소가 그 행정처분의 근거가 된 법률을 위헌으로 결정하였다면 결과적으로 행
정처분은 법률의 근거가 없이 행하여진 것과 마찬가지가 되어 하자가 있는 것이 되
나, 하자 있는 행정처분이 당연무효가 되기 위하여는 그 하자가 중대할 뿐만 아니
라 명백한 것이어야 하는데, 일반적으로 법률이 헌법에 위반된다는 사정이 헌법재
판소의 위헌결정이 있기 전에는 객관적으로 명백한 것이라고 할 수는 없으므로 헌
법재판소의 위헌결정 전에 행정처분의 근거되는 당해 법률이 헌법에 위반된다는 사
유는 특별한 사정이 없는 한 그 행정처분의 취소소송의 전제가 될 수 있을 뿐 당연
무효사유는 아니라고 봄이 상당하다. 위헌인 법률에 근거한 행정처분이 당연무효인
지의 여부는 위헌결정의 소급효와는 별개의 문제로서, 위헌결정의 소급효가 인정된
다고 하여 위헌인 법률에 근거한 행정처분이 당연무효가 된다고는 할 수 없고, 오
히려 이미 취소소송의 제기기간을 경과하여 확정력이 발생한 행정처분에는 위헌결
정의 소급효가 미치지 않는다고 보아야 한다. 어느 행정처분에 대하여 그 행정처분
의 근거가 된 법률이 위헌이라는 이유로 무효확인청구의 소가 제기된 경우에는 다
른 특별한 사정이 없는 한 법원으로서는 그 법률이 위헌인지 여부에 대하여는 판단
할 필요 없이 그 무효확인청구를 기각하여야 한다.」
[大 2001. 3. 23.-98두5583] 「행정청이 토지등급을 부당하게 설정 또는 수정한
것에 기인하여 조세가 과다하게 부과되었다고 하더라도 토지등급의 설정 또는 수정
처분과 과세처분은 독립된 별개의 처분이므로 토지등급의 설정 또는 수정처분에 이

의가 있으면 구 지방세법시행규칙(1995. 12. 30. 내무부령 제668호로 개정되기 전의 것) 제44조에 의한 심사청구절차 등에 의하여 구제를 받아야 하고, 등급의 설정 또는 수정처분이 잘못되었음을 내세워 바로 과세처분을 다툴 수는 없으며, 다만 그 등급의 설정 또는 수정처분의 하자가 중대하고 명백하여 당연무효인 경우에만 그 하자를 이유로 과세처분을 다툴 수 있을 뿐이다. 그런데 일반적으로 법률이 헌법에 위반되는지 여부는 헌법재판소의 위헌결정이 있기 전에는 객관적으로 명백한 것이라고 할 수 없으므로, 어느 행정처분의 근거되는 법률이 헌법에 위반된다는 사유는 특별한 사정이 없는 한 그 행정처분의 취소소송의 전제가 될 수 있음은 별론으로 하고 당연무효사유에 해당한다고 볼 수는 없다. 같은 취지에서 원심이 이 사건 임야의 토지등급을 수정하는 처분의 근거가 된 구 지방세법(1995. 12. 6. 법률 제4995호로 개정되기 전의 것) 제111조 제 2 항이 헌법에 위반되므로 이 사건 수정처분은 당연무효이고 그 수정된 토지등급에 기초하여 과세표준을 산정한 이 사건 종합토지세등부과처분도 위법하다는 원고의 주장을 배척한 조치는 정당하고, 거기에 위헌 법률에 근거한 행정처분의 효력에 관한 법리오해의 위법이 있다고 할 수 없다.」

[憲 2014. 1. 28.−2010헌바251] 「대법원은 행정청이 법률에 근거하여 행정처분을 한 후에 헌법재판소가 그 행정처분의 근거가 된 법률을 위헌으로 결정하였다면 결과적으로 그 처분은 법률의 근거가 없이 행하여진 것과 마찬가지가 되어 하자가 있는 것이 된다고 할 것이나, 특별한 사정이 없는 한 이러한 하자는 단지 행정처분의 취소사유에 해당할 뿐이라는 입장이다.

이에 따라, 헌법재판소는 법률이 헌법에 위반된다는 사정은 헌법재판소의 위헌결정이 있기 전에는 객관적으로 명백한 것이라고 할 수는 없으므로 특별한 사정이 없는 한 그러한 하자는 행정처분의 취소사유에 해당할 뿐 당연무효사유는 아니라고 전제한 다음, 제소기간이 경과한 뒤에는 행정처분의 근거 법률이 위헌임을 이유로 무효확인소송 등을 제기하더라도 행정처분의 효력에는 영향이 없음이 원칙이므로, 이미 제소기간이 경과하여 불가쟁력이 발생한 행정처분의 근거 법률의 위헌여부에 따라 당해 사건 재판의 주문이 달라지거나 재판의 내용과 효력에 관한 법률적 의미가 달라진다고 볼 수 없어, 이 경우는 재판의 전제성을 인정할 수 없다고 판단하여 왔다. 헌법재판소법 제68조 제 2 항에 의한 헌법소원심판에 있어 요구되는 재판의 전제성은 헌법재판소법 제41조에 의한 위헌법률심판절차와 마찬가지로 '구체적' 규범통제절차로서의 본질을 드러내 주는 요건이다. 행정처분에 대한 제소기간이 경과한 후 무효확인소송을 제기한 경우, 앞서 살핀 바와 같이 근거 법률의 위헌여부가 당해 사건 재판의 주문 등에 영향을 미칠 수 없음에도 불구하고 재판의 전제성을 인정한다면, 구체적 사건의 해결과 관계없이 근거 법률의 위헌여부를 판단하는 것이 되어 구체적 규범통제제도에 근거한 현행 헌법재판제도와 조화되기 어렵다. 설령 구체적 규범통제제도로 인한 규범적 공백에서 발생하는 문제가 있다고 하더라도 이를 메우는 것은 헌법재판소에 주어진 역할이 아니다. 또한 본안 판단의 결과 법률의 위헌 결정을 통하여 달성할 수 있는 헌법의 최고규범성 확보 역시 구체적 규범통제를 위한 적법요건 판단 단계에서 고려할 사항은 아니라고 할 것이다.

그리고 헌법재판소법 제47조 제 2 항은 "위헌으로 결정된 법률은 그 결정이 있는 날부터 효력을 상실한다. 다만 형벌에 관한 법률은 소급하여 그 효력을 상실한다"라고 규정하고 있다. 위 법률규정에도 불구하고, 헌법재판소는 구체적 규범통제의 실효성을 보장하기 위하여 법원의 제청·헌법소원의 청구 등을 통하여 헌법재판소에 법률의 위헌결정을 위한 계기를 부여한 당해 사건 등에 대하여 형벌에 관한 법률 이외에도 소급효가 인정된다고 본다. 위와 같은 예외적인 소급효 인정과 관련하여, 재판의 전제성 부인이 재심청구를 통해 확정판결의 효력을 부인할 수 있도록 규정한 헌법재판소법 제75조 제7항 취지에 부합하지 아니한다는 의문이 제기될 수 있다. 그러나 헌법재판소법 제68조 제2항의 헌법소원절차에서는, 행정처분의 근거 법률이 위헌으로 결정된 경우 그 행정처분의 근거 법률이 소급하여 효력을 상실한다는 전제에서, 그 처분의 효력을 판단하여 당해 사건 재판의 주문 등이 달라지는지 여부에 따라 재판의 전제성 인정 여부를 결정한다. 결국 제소기간이 경과한 행정처분의 근거 법률에 대한 재판의 전제성의 부인은 법률의 위헌결정에 대한 소급효 인정과 서로 조화될 수 없는 것이 아니고 헌법재판소법의 체계에 부합하는 것이다. 그렇다면 앞서 살펴본 헌법재판소의 견해는 여전히 타당하고, 이와 달리 판단할 사정의 변경이나 필요성이 있다고 인정되지 않는다.」

(c) 사 견

헌법에 위반되는 법률은 무효로써 효력을 가지지 못한다. 이렇게 무효이기 때문에 효력을 가지지 못하는 법률에 근거하여 행해진 명령, 규칙, 처분 등 모든 국가행위도 본질필연적으로 무효가 된다. 어떤 법률이 위헌으로 결정되기 전에는 통용력에 의하여 유효하게 적용되고 있는 것일 뿐이고, 이러한 통용력에 의한 효력이 위헌결정으로 무효로 되었을 때에는 그에 기초한 모든 국가행위는 무효가 된다. 이러한 무효의 효력은 위헌결정으로 인하여 소급효를 가지는데, 이 경우에 어느 정도까지 법적 안정성을 보장할 것인가 하는 문제만 남는다. 행정처분의 하자가 중대명백한 경우에만 무효라는 중대명백설은 수용함에 있어서도 비판이 많을 뿐 아니라, 이를 취하는 경우에도 하자가 명백한지의 여부는 위헌결정을 한 시점에서 소급효에 의하여 판단되는 것이고, 위헌인 법률에 근거한 행정처분의 하자는 처음부터 중대할 뿐 아니라 명백한 것으로 된다. 그리고 위헌으로 결정되기 전의 행정처분은 통용력을 가지는 법률에 근거하여 행해진 것으로 행정처분이 유효한 것은 합법률성과 통용력에 기초하고 있는 것이지 하자가 명백하지 않기 때문인 것은 아니다. 따라서 위 취소사유설은 설득력이 없는 것이라고 할 것이고, 무효설이 타당하다고 할 것이다.

(5) 위헌결정에 근거한 재심

憲法裁判所法은 형벌에 관한 법률이나 법률조항이 위헌으로 결정된 경우에는 유죄의 확정판결에 대하여 재심을 청구할 수 있으며($\frac{憲裁法}{§47③}$), 이 경우 형사소송법의 규정을 준용한다($\frac{同條}{④}$)고 정하고, 동시에 憲法裁判所法 제68조 제2항의 규정에 의한 헌법

소원이 인용된 경우에 해당 헌법소원과 관련된 소송사건이 이미 확정된 때에는 당사
자는 再審을 청구할 수 있다($_{§75⑦}^{同法}$)고 하면서, 이 경우의 재심에 있어서는 형사사건에
대해서는 刑事訴訟法을 그 외의 사건에 대해서는 民事訴訟法을 準用한다($_⑧^{同條}$)고 정하
고 있다.

따라서 憲法裁判所法에 의할 때, 구체적 규범통제에서 법률에 대해 위헌결정이
있게 되면 형사사건, 민사사건, 행정사건 등에서 재심의 청구가 가능해진다. 憲法裁
判所法 제75조 제 7 항에 의한 재심은 당사자만이 청구할 수 있다. 憲法裁判所의 판
례도 같은 견해이다($_{29.–99헌바66등}^{예: 憲 2000. 6.}$).

헌법재판소법 제41조 제 1 항에 의거하여 제청된 당해 사건은 당해법원에서 재판
이 정지되고, 후속 재판은 헌법재판소의 위헌결정에 근거하여 행하여지므로 재심이
문제가 될 여지는 없다.

(a) 형사재심

(i) 절대적 재심사유

위헌으로 결정된 刑罰에 관한 법률 또는 법률조항은
遡及하여 그 效力을 喪失하므로 이 법률 또는 법률조항에 근거한 유죄의 확정판결을
받은 자는 해당 확정판결에 대하여 再審을 청구할 수 있다($_{§75⑦, ⑧}^{憲裁法 §47③,}$). 이 경우 재심
을 청구할 수 있다고 하는 것은 확정판결이 근거로 한 법률이 위헌으로 결정되어 효
력을 상실하더라도 확정판결의 기판력에는 영향을 미치지 못하기 때문이다.

이 경우의 재심의 청구에 대하여는 刑事訴訟法을 準用한다($_{§75⑧}^{同法 §47④}$). 그런데 憲
法裁判所法 제47조 제 3 항과 제75조 제 7 항이 정하고 있는 재심은 형사소송법 제420
조에서 정하고 있는 재심사유와는 별개로 憲法裁判所法에 의하여 정해진 絕對的 再
審事由에 기한 절차이다. 다시 말해, 이 경우의 형사 재심은 事實的 事由에 기한 재
심이 아니라 원판결의 법률적용에 변경을 가져오는 法律的 事由에 기한 재심이다
($_{759}^{同旨: 裵鍾大,}$). 따라서 형사소송법의 규정을 준용하는 경우에도 형사소송법 제420조, 제
421조, 제422조는 이에 해당하지 않는다($_{祜呂, 333}^{同旨: 黃}$).

(ii) 형벌에 관한 형사실체법

憲法裁判所法 제47조 제 3 항에 따라 再審을
청구할 수 있는 것은 형벌에 관한 刑事實體法이 위헌으로 결정된 경우라는 점에 있
어서는 異論이 없다. 뿐만 아니라 검찰총장이 非常上告($_{§441}^{刑訴法}$)를 할 수도 있다.

刑事節次法이 위헌으로 결정된 경우도 憲法裁判所法 제47조 제 3 항에 의한 재심을
청구할 수 있는가 하는 것이 문제가 된다. 문언의 표현을 볼 때, 「刑罰에 관한 法律
또는 法律의 條項」에는 刑事節次法이 포함되지 않는다고 할 것이다. 현행 刑事訴訟
法의 非常上告制度가 피고인의 권리 구제에는 충분하지 못한 점을 고려하면, 입법
론의 면에서 볼 때, 위헌으로 결정된 법률이나 법률조항이 사실의 확정이나 量刑에

직접 영향을 미친 경우에는 검찰총장으로 하여금 비상상고를 하도록 의무화하는 것, 즉 必要的 非常上告의 사유로 입법화하는 것도 고려해 볼 수 있다. 그리고 재심 의 법리를 실체적인 것에 한정하느냐 아니면 절차적인 것에도 적용되는 것으로 하 느냐의 여부에 따라 형사절차법이 위헌인 경우를 재심사유로 할 것이냐 하는 문제 가 결정될 것이다. 예컨대 형사절차법의 증거법칙에 관한 조항이나 피고인이나 피 해자의 진술에 관한 조항이 위헌으로 결정된 경우를 생각해 볼 수 있다.

(iii) **보안처분의 경우**   保安處分의 근거법률이 위헌으로 결정된 경우에는 그 법률조항으로 보호감호를 선고받은 자는 재심을 청구할 수 있다. 大法院도 같은 견해이다(예: 大 1991. 7.
26.-91재감도58). 이 경우 재심을 청구하면 **再審開始決定**으로 재심절차가 개시되 며, 재범의 위험성 유무를 심사한 후 보호감호처분을 할 것인지의 여부를 결정한다.

[大 1991. 7. 26.-91재감도58] 「피감호청구인은 1983. 4. 14. 특정범죄가중처벌등 에관한법률 위반(절도)죄로 징역 5년, 당시 시행중이던 사회보호법(1989. 3. 25. 법률 제
4089호로 개정되기 전) 제 5 조 제 1 항 제 1 호에 의하여 보호감호 10년을 선고받아 이 판결이 확정되었으나, 1990. 9. 5.자 감호청구부분에 대한 재심개시결정으로 개시된 재심절차에서 검사가 위 개정법률 제 5 조 제 1 호에 의한 보호감호청구로 공소장을 변경하였으며 제 1 심이 같은 법조를 적용하여 피감호청구인에게 보호감호를 선고하였고, 원심이 이를 유지 한 사실을 알 수 있다. 헌법재판소가 1989. 7. 14. 구 사회보호법 제 5 조 제 1 항이 헌 법에 위반된다는 결정을 하였으므로 위 법률의 조항은 헌법재판소법 제47조 제 2 항 단서에 따라 소급하여 그 효력을 상실하였고, 피감호청구인은 같은 법률조항으로 보호감호를 선고받은 만큼 헌법재판소법 제47조 제 3 항에 규정된 재심청구권이 있 기는 하나, 위 법률조항이 위헌이라 하여도 그 해당자 중 '재범의 위험성'이 인정되 는 자에게는 합헌규정인 개정 사회보호법의 해당규정에 따라 다시 보호감호처분을 가할 수 있는 것인바, 원심이 적법한 공소장변경절차를 거친 후 합헌규정인 개정 사회보호법 제 5 조 제 1 호에 의하여 피감호청구인의 '재범의 위험성' 유무를 재심사 한 후 다시 보호감호를 선고한 제 1 심 판결을 유지하였음은 그 위 법리에 따른 것 으로서 옳고 여기에 소론과 같이 헌법재판소법 제47조 제 2 항·제 3 항에 관한 법리 오해의 위법은 없으며, 또한 위와 같이 재심에 의하여 다시 보호감호를 선고한 것 을 가리켜서 이중처벌이라고도 할 수 없으니(당원 1990. 8. 28. 선고,
90감도127 판결 참조.) 논지는 모두 이유 없다.」

(b) **민사재심 등**

(i) **헌법재판소법 제68조 제 2 항의 절차와 재심**   憲法裁判所法 제68조 제 2 항의 심판절차에서는 당해 법원의 재판이 정지되지 않고 진행되므로 당해 사건의 전제가 된 법률이나 법률조항에 대하여 헌법재판소가 위헌결정을 하기 전에 당해 사 건이 확정될 수 있다. 이런 경우에는 재심으로 구제하여야 할 필요가 있다. 이런 경 우에 당해 법원의 사건이 형사사건이면 형사소송법을 準用하고, 그 외의 사건, 즉 行政事件, 民事事件 등이면 民事訴訟法을 準用한다(憲裁法
§75⑦, ⑧).

(ii) **절대적 재심사유**   민사사건이나 행정사건 등과 같이 非刑事事件에 있어서 憲法裁判所法 제75조 제 7 항에 의한 再審을 청구하는 것은 絕對的 再審事由이므로 이러한 경우 民事訴訟法의 규정을 準用하더라도 民事訴訟法 제451조와 제452조는 적용되지 않는다.

(c) **특수한 문제**

(i) **문제의 소재와 해결**   再審 문제와 관련하여 憲法裁判所法 제68조 제 2 항의 심판절차가 계속중 당해 법원의 재판이 계속 진행되어 확정된 경우에, 그 후 헌법재판소의 다른 절차에서 당해 법원의 사건에 적용할 법률 또는 법률조항에 대한 위헌결정이 있고(예컨대 憲裁法 §41①의 절차), 憲法裁判所法 제68조 제 2 항의 심판절차가 계속 중이면 헌법재판소는 憲法裁判所法 제68조 제 2 항의 심판에서 어떤 결정을 하여야 하는가 하는 문제가 있다.

이런 경우 당해 사건의 전제가 된 법률이나 법률조항은 이미 효력을 상실하여 헌법재판소가 위헌여부를 판단할 대상이 존재하지 않지만, 이를 이유로 憲法裁判所法 제68조 제 2 항에 의한 심판청구를 배척하면 당해 사건의 당사자에게 憲法裁判所法 제75조 제 7 항에 의한 再審을 청구하는 길을 봉쇄하는 것이 되어 불합리하다. 이러한 경우 당해 법원의 당사자에게는 재심의 청구가 보장되어야 할 것이므로 헌법재판소는 청구를 인용하는 결정을 하는 것이 필요하다. 그런데 당해 사건의 전제가 된 법률이나 법률조항은 이미 다른 절차에서 위헌으로 결정되어 효력이 소멸한 상태에 있으므로 다시 이런 것에 대하여 위헌선고를 할 수는 없다. 따라서 이러한 때에 헌법재판소가 인용결정을 하는 경우에는 당해 사건의 전제가 된 법률이나 법률조항이 이미 위헌으로 선고되어 효력을 상실하였다는 것을 확인하는 인용결정을 하는 것이 필요하다. 이러한 것은 憲法裁判所法 제68조 제 2 항의 심판절차가 가지는 특수성 때문에 발생한다([127]Ⅱ).

(ii) **판   례**   헌법재판소는 이런 경우에 인용결정을 하고, 주문에서 「⋯⋯은 위헌임을 확인한다」라고 표시하고 있다(예: 憲 1999. 6. 24.-96헌바67).

[憲 1999. 6. 24.-96헌바67] 「청구인들에 대한 당해 사건은 1996. 7. 25. 부산고등법원이 "피고가 1994. 1. 16. 원고들에 대하여 한 상속세 금 696,581,980원의 각 부과처분 중 원고 갑에 대하여 금 124,340,650원을 초과하는 부분, 원고 을에 대하여 금 198,045,550원을 초과하는 부분은 이를 취소한다"는 일부승소 판결을 하였고 1996. 12. 10. 대법원(96누13163)이 원고들의 상고를 기각하는 판결의 선고로 확정되었다. 그런데 청구인들이 헌법재판소법 제68조 제 2 항에 따라 헌법소원심판청구를 한 이 사건 법률조항은 이미 헌법재판소가 1997. 12. 24. 96헌가19 등(병합) 사건에서 별지와 같은 이유(요지)로 "구 상속세법 제 9 조 제 1 항(헌재 1997. 12. 24. 법률 제4662호로 개정되기 전의 것) 중 '상속재산

의 가액에 가산할 증여의 가액은……상속개시 당시의 현황에 의한다'는 부분은 헌법
에 위반된다"는 결정을 선고한 바가 있으므로(헌재 1997. 12. 24. 96헌가16등, 판례집 9-2, 762), 이 사건 법률조항에
대하여는 위헌임을 확인하는 결정을 하기로 한다.」   이 사건은 헌법재판소법 제68
조 제 2 항에 의거하여 1996년 8월 24일 헌법재판소에 심판청구되었다. 이 결정에서
헌법재판소는 주문에서 「구 상속세법 제 9 조 제 1 항(1993. 12. 31. 법률 제4662호로 개정되기 전의 것) 중 "상속재산의
가액에 가산할 증여의 가액은……상속개시 당시의 현황에 의한다"는 부분은 위헌임
을 확인한다」라고 표시하였다. 그런데 이런 경우 효력이 소멸된 법률조항에 대하여
「위헌임을 확인한다」라고 표시하면 그 표현에서는 「헌법에 위반된다」고 하는 것과
구별되지만, 소멸된 법률조항에 대하여 위헌여부를 다시 판단하는 형식이 되므로
(當然無效說을 취하는 인상을 줄 수도 있다) 문제가 있다고 본다.

Ⅱ. 羈 束 力

憲法裁判所法은 위헌법률심판에서 위헌결정을 한 경우 그 결정은 기속력을 가진
다고 정하고 있다. 기속력에 대한 일반적인 설명은 앞에서 한 바와 같고, 여기서는
위헌법률심판에서 위헌결정이 가지는 기속력에 대해 살펴보기로 한다.

(1) 개   설

법률이나 법률조항에 대해 憲法裁判所가 한 違憲決定은 法院과 그 밖의 國家機
關 및 地方自治團體를 기속한다(憲裁法 §47①). 즉, 이러한 기관은 헌법재판소의 위헌결정을 부
정할 수 없고, 위헌으로 결정된 법률 또는 법률조항이 유효하다고 할 수 없으며, 그
유효함을 전제로 하는 어떠한 행위도 할 수 없다. 이런 기속력은 국가적 공권을 부여받
은 私人, 즉 公務受託私人이 아닌 한 自然人이나 私法上의 法人에게는 미치지 않는다.

기속력을 가지는 결정은 위헌결정인데, 헌법재판소는 이런 위헌결정에 單純違憲
決定 이외에 限定合憲決定, 限定違憲決定, 憲法不合致決定도 포함된다고 본다(예: 憲 1997. 12. 24.-96헌마172등). 이 문제는 해당 부분에서 詳論한다.

憲法裁判所의 결정에 기속력이 인정되는 경우에 이런 기속력을 부정하는 행위는
憲法과 憲法裁判所法을 위반한 것이 된다. 헌법재판소의 결정 중 기속력이 발생하는
결정은 해당 헌법재판의 본질적 요소이므로 이를 부정하는 행위는 憲法侵害에 해당
하고, 탄핵소추의 대상자가 이러한 행위를 한 때에는 彈劾事由가 된다.

(2) 주관적 범위

기속력이 미치는 대상은 行政府, 法院 기타 國家機關 및 地方自治團體이다. 즉
모든 公權力의 主體에 대하여 기속력이 미친다.

(a) 헌법재판소

헌법재판소는 여기서 말하는 국가기관에 포함되지 않는다. 헌법재판소는 판례를

변경할 수 있는 권한을 가지므로 기속력의 효력을 받지 않는다. 헌법재판소는, 국회가 위헌으로 결정된 법률 또는 법률조항과 동일한 내용으로 다시 입법한 경우에 전과 달리 그 법률이나 법률조항에 대하여 合憲決定을 할 수도 있다. 기속력은 실체적 효력이므로 당해 절차의 결정을 취소·철회할 수 없는 自己拘束力과 구별된다([81]).

(b) 국　　회

　　국가기관 가운데 立法機關, 즉 國會(법률과 동일한 효력의 條例를 제정할 수 있는 경우에는 地方議會도 해당함)를 기속하는가 하는 문제가 있다. 여기서는 국회도 헌법재판소의 위헌결정의 효력을 부정할 수 없고, 위헌으로 결정된 해당 법률이나 법률조항이 유효하다고 할 수 없다. 그러나 문제는 헌법재판소가 위헌이라고 결정한 법률이나 법률조항과 동일한 입법을 할 수 없는가 하는 문제가 있다. 이에 대해서는 학설이 覊束說과 非覊束說로 나뉜다. 대체로 현실에서는 국회가 헌법재판소의 위헌결정을 존중하여 그에 따르는 것으로 나타난다.

　　그러나 국회가 판단하기에 국가정책을 결정함에 있어 헌법재판소의 위헌결정이 중대한 오류라고 인정하면 이에 따르지 않고 동일하거나 유사한 법률을 다시 제정하는 일이 발생할 수 있다. 이 문제는 단순히 이론적인 논의에 머무는 것이 아니라 실제로 발생할 수 있는 것이기도 하다.

　　(i) 기　속　설　　　위헌결정은 모든 국가기관을 기속하고 헌법재판소는 최종적인 헌법해석권을 가지므로 국회도 당연히 위헌결정의 기속력의 적용을 받는다고 하여 국회는 헌법재판소에 의하여 위헌으로 결정된 것과 동일한 내용의 법률을 다시 제정할 수 없다고 한다(許營d.). 기속설은 모든 헌법기관은 헌법재판소의 결정을 존중해야 할 의무가 있고, 입법권은 당연히 헌법에 합치하는 입법을 하는 것을 의미하며, 입법권도 헌법재판소의 결정에 구속되어야 헌법질서의 통일성을 유지하여 법적 안정성을 확보할 수 있으며, 憲法裁判所法 제47조 제 1 항의 「그 밖의 國家機關」에는 국회도 포함된다는 것을 근거로 든다.

　　독일에서는 연방헌법재판소 第 2 院(2. Senat)이 이런 태도를 취하고 있다(BVerfGE 1, 14; 69, 112). 독일에서는 헌법재판소의 위헌결정이 있으면 국회는 동일법률을 제정할 수 없다는 것을 규범통제재판의 實質的 確定力에서 도출하는 견해도 있다.

　　　覊束說의 경우에도 사정의 변경이 있을 때에 국회가 같은 내용의 법률을 다시 제정하는 것을 인정하면 이 점에서는 非覊束說과 차이가 없다. 그러나 기속설과 비기속설의 차이는, 사정의 변경이 없는 경우에 국회가 동일한 내용의 법률을 다시 제정하였을 때 이 법률에 대하여 覊束力에 위반되어 효력을 가지지 못한다고 결정할 것인가 아니면 다시 본안판단을 할 것인가 하는 것에서 차이가 난다. 기속설에 의하면 기속력에 위반된다고 할 것이고, 비기속설에 의하면 새 법률에 대해 재판을 다시 하게 된다.

(ii) **비기속설**　　헌법재판소가 위헌결정을 하더라도 국회의 立法權을 기속하지 못한다고 한다. 따라서 헌법재판소가 어떤 법률이나 법률조항에 대해 위헌으로 결정한 경우에도 국회는 다시 동일한 내용이나 유사한 내용의 법률을 제정할 수 있다.

비기속설은 다음과 같은 근거를 든다. 입법권은 행정권이나 사법권과 달리 헌법질서에만 기속되며 헌법보다 하위에 있는 법률에 기속되지 않기 때문에 새로운 법률의 제정으로 동일한 수준의 법률인 憲法裁判所法의 기속규정의 적용은 배제된다. 변동하는 사회적인 요청과 변화하는 질서에 법질서를 적절하게 적응시켜야 하는 것은 민주적 정당성을 지니고 있는 입법자에게 부여된 특별한 책임이며, 이를 수행하는 것이 국민대표기관인 입법부에게 주어진 입법형성의 자유와 입법형성의 책임을 다하는 것이다. 국회가 위헌결정에 기속당하면 이런 책임을 수행할 수 없다. 헌법재판소가 自己拘束力으로 인하여 스스로 당해 결정을 취소·변경할 수 없는 점을 감안하면, 국회에 의해 헌법재판소의 오류를 바로 잡거나 판례를 수정할 기회가 만들어져야 하고, 국회의 이런 입법행위는 법발전의 固着化를 방지하는 데 기여한다. 독일에서는 연방헌법재판소 第 1 院(1. Senat)이 이런 태도를 취하였는데($^{\text{BVerfGE}}_{77,84}$), 이후 특별히 정당한 사유가 있는 경우에만 반복입법이 가능하다고 하였다($^{\text{BVerfGE}}_{98,265}$).

(iii) **사　　견**　　非覊束說이 타당하다. 국회가 헌법재판소의 위헌결정에 기속된다고 하면 立法에서 강하게 지배하는 민주주의원리를 실현하기 어렵고, 헌법재판소의 오류를 시정할 기회도 가지지 못한다. 국가의 입법작용은 본질적으로 국회에게 주어져 있는 입법권의 행사이기 때문에 헌법재판이 이를 代替할 수는 없다(규범통제가 입법작용으로서의 성질을 가진다고 하더라도 이런 한도 내에서만 인정된다). 民主主義國家가 司法國家 또는 裁判官國家로 대체될 수는 없다. 또 헌법재판소의 결정이 항상 옳은 것은 아니고, 잘못된 경우에는 이를 바로잡을 기회가 있어야 한다. 위헌법률심판이나 법률에 대한 헌법소원심판에서도 헌법재판소가 종전에 判示한 憲法 또는 法律의 解釋適用에 관한 의견을 변경할 수 있다고 정하고 있는 것($^{\text{憲裁法}}_{\S23②ii}$)도 이를 뒷받침하고 있다. 헌법재판소는 위헌여부결정에 대해서는 독점적인 권한을 가지지만, 헌법해석에 대해서는 배타적이고 독점적인 권한을 가지지 못한다. 국회는 입법에 있어서 헌법재판소의 최종적인 헌법해석을 배제할 수 있는 헌법해석권을 가진다. 覊束說은 헌법재판소에 예외없이 헌법해석의 독점적인 지위를 인정하는 결과를 초래한다. 한 국가의 의사결정, 즉 정책결정은 대부분 법률에 의해 이루어지는데, 이런 법률이 헌법에 위반되는지의 여부는 헌법재판소가 판단한다고

하더라도 헌법재판소의 판단에도 오류가 있을 수 있다. 만일 헌법재판소의 오류를 시정할 기회가 봉쇄되면 국가의 의사결정, 즉 정책결정은 헌법재판소의 재판관이 하게 된다는 결론에 이른다. 이 문제를 해결하기 위하여 국회와 헌법재판소가 서로 견제하면서 경쟁하고 서로의 잘못을 시정하는 길을 열어 두어야 한다. 이와 같이 국회가 재입법을 하는 경우에도 현실의 사정에 변경이 있어야 하는 것은 아니다. 새로운 상황의 변화가 있든 없든 국회는 동일하거나 유사한 법률을 다시 제정할 수 있다. 다만, 국회가 再立法을 하는 경우에는 헌법재판소의 결정을 배제할 수 있는 객관적인 논거가 있어야 한다.

이 경우에 해당 법률이나 법률조항의 위헌여부가 다시 헌법재판소에서 다투어지면 헌법재판소는 그에 대해 다시 위헌여부를 판단한다. 위헌결정의 기속력을 이유로 하여 법원의 제청이나 憲法裁判所法 제68조 제2항의 심판청구를 배척하지 못한다.

非羈束說에 의하면, 헌법재판소가 위헌으로 결정한 것과 동일하거나 유사한 법률이 국회에서 다시 제정되면 법원이나 행정기관은 새로 제정된 법률에 의해 재판을 하거나 행정행위를 한다는 결론에 이르게 된다. 왜냐하면 법집행기관은 적용하여야 할 법률이 효력을 가지고 통용되는 한 해당 법률을 적용하여야 하기 때문이다. 이런 경우 새로 법률이 제정되기 전에 헌법재판소의 위헌결정으로 인하여 효력을 상실한 법률을 적용할 수 없는 것은 위헌결정의 기속력에 의하는 것이지만, 같은 내용의 법률이 새로 제정된 경우에 새 법률을 적용하는 데는 이런 기속력이 미치지 않는다. 이런 경우에 새 법률에 대해서는 제청을 하거나 憲法裁判所法 제68조 제2항의 헌법소원심판을 청구하여 위헌여부를 다툴 수 있다. 법률에 대한 헌법소원심판을 청구할 수 있는 경우에는 이를 통하여 위헌여부를 다툴 수 있다.

헌법재판소는 2006. 5. 25. 시각장애인에 한하여 안마사(按摩士) 자격인정을 받을 수 있도록 하는 안마사에관한규칙($^{2000.\ 6.\ 16.\ 보건복지부}_{령\ 제153호로\ 개정된\ 것}$)의 해당 규정에 대하여 헌법상의 과잉금지원칙(5인) 또는 법률유보원칙(2인)을 위반한 것이라는 이유로 위헌결정을 하였다 ($^{憲\ 2006.\ 5.\ 25.}_{-2003헌마715}$). 이 결정에 대하여는 시각장애인들의 반대가 거세게 전개되는 상황이 발생하였는데, 국회는 9. 27. 종래 「안마사가 되고자 하는 자는 시·도지사의 자격인정을 받아야 한다」라는 의료법의 해당규정($^{§61}_{①}$)을 「안마사는 「장애인복지법」에 따른 시각장애인 중 다음 각 호의 어느 하나에 해당하는 자로서 시·도지사의 자격인정을 받아야 한다」로 개정하여 「장애인복지법」에 따른 시각장애인만이 안마사자격을 취득할 수 있게 하고 일반인은 안마사자격을 취득할 수 없게 정하였다. 이 사건은 명령에 대한 위헌결정이 가지는 기속력이 발생하였음에도 헌법재판소가 위헌으로 결정한 내용과 동일한 내용을 국회가 다시 법률로 입법한 것이다. 시각장애인에게 한정하여 안마사자격을 취득하게 하는 것이 헌법에 위반되는가의 문제는 별개로 하고, 이 사건은 위헌결정의 기속력이 국회에 미치지 않는 경우에 해당한다.

憲法裁判所가 이 쟁점에 대하여 판시한 것은 없으나, 헌법재판소법 제47조 제 1 항 및 제75조 제 1 항에 규정된 법률의 위헌결정 및 헌법소원 인용결정의 기속력과 관련하여, 입법자인 국회에게 기속력이 미치는지 여부, 결정주문뿐 아니라 결정이유 에까지 기속력을 인정할지 여부는 헌법재판소의 헌법재판권 내지 사법권의 범위와 한계, 국회의 입법권의 범위와 한계 등을 고려하여 신중하게 접근할 필요가 있다는 태도를 보이고 있다(예: 憲 2008. 10.
30.-2006헌마1098). 위헌결정으로 소멸된 규정을 계속 적용한다는 내용 의 再立法(法律改正)에 대하여 위헌결정의 기속력 위반으로 배척하지 않고 본안판단 을 한 것이 있다(예: 憲 1993. 9.
27.-92헌가5).

[憲 1993. 9. 27.-92헌가5] 「구법 제35조 제 1 항 제 3 호의 "으로부터 1년"이라는 부분은 헌법에 터잡은 헌법재판소법 제47조 제 2 항 본문의 "위헌으로 결정된 법률 의 조항은 그 결정이 있는 날로부터 효력을 상실한다"는 규정에 따라, 그에 대한 위 헌결정일인 1990. 9. 3.부터 그 효력이 상실되어야 하는바, 이와 달리 이 사건 부칙 규정 중 "종전의 제35조 제 1 항 제 3 호" 부분은 1990. 12. 31.까지 위 "법정기일"이 도래한 조세채권에 대하여 1990. 9. 3. 이미 위헌으로 선고되어 효력이 상실된 종전 규정을 적용한다는 것이므로 이는 위 헌법재판소법의 관계 규정과 상충되는 규정임 이 명백하며, 이는 다음에서 살펴보는 바와 같이 소급입법에 의한 국민의 재산권을 박탈하는 규정에 해당되어 위헌이라고 할 것이다. 헌법재판소가 1990. 9. 3. 89헌가95 사건의 결정에서 구법 제35조 제 1 항 제 3 호 중 "으로부터 1년"이라는 부분을 헌법 에 위반된다고 선고함으로써, 헌법재판소법 제47조 제 2 항의 규정에 의하여 위헌선 고된 위 법조항 부분은 1990. 9. 3.부터 그 효력이 상실되었다고 할 것이므로 위 선 고일 이후에는 저당권자 등은 저당권 등 목적물의 소유자에 대한 국세의 납부기한 이 저당권 등 설정등기일 이후에 도달하였다면 저당권자 등의 피담보채권은 국세에 우선하여 변제받을 수 있게 되었다고 할 것이다. 위와 같은 경우의 저당권자 등에 게 헌법재판소의 위 위헌결정에 의하여 저당권 등 목적물에 대하여 국세에 우선하 여 변제받을 수 있는 권리가 일단 확보되어 있음에도 불구하고 그 이후에 즉 사후 (事後)에 제정된 개정법률 부칙 제 5 조에 의하여 위헌으로 선고된 위 구법 조항을 적용하게 됨으로써 이제 그의 우선변제권이 박탈당하게 되는 결과가 되었는바, 그 것은 결국 소급입법에 의한 재산권 침해에 해당하는 것이라고 아니할 수 없다. 요 컨대 위 89헌가95 결정의 효력에 의하여 우선변제권을 갖게 된 일정한 범위의 저당 권자 등의 권리가 사후법(事後法)인 이 사건 심판대상규정인 개정법률 부칙 제 5 조의 규정에 의하여 박탈당하는 결과가 되었다고 할 것이므로, 위 부칙 규정 중 "종전의 국세기본법 제35조 제 1 항 제 3 호" 부분은 소급입법에 의하여 재산권을 박탈당하지 아니한다는 헌법 제13조 제 2 항의 규정에 위반되는 규정임이 명백하다고 할 것이고, 위 규정부분에 통일된 "종전의 제35조 제 2 항" 부분도 역시 헌법에 위반되는 규정 이라고 할 것이다.」

(c) 행정기관

　행정기관은 국가기관에 포함되므로 憲法裁判所의 違憲決定에 기속되고($^{예: 大\ 2002.\ 8.}_{23.-2001두2959}$), 위헌으로 선고된 법률을 행정기관이 적용하여 행정입법이나 처분 등을 하면 그 행위는 외형상으로는 존재하지만 처음부터 법적 효과를 발생하지 아니하여 無效가 된다.

　이런 경우에는 당사자는 무효를 전제로 하여 부당이득반환을 청구할 수도 있고, 行政訴訟法 제35조에서 정하는 無效確認訴訟을 통하여 그 처분 등이 무효임을 확인받을 수 있다.

　[大 2002. 8. 23.-2001두2959] 「1999. 4. 29. 택지소유상한에관한법률 전부에 대한 위헌결정으로 위 제30조 규정 역시 그 날로부터 효력을 상실하게 되었고, 위 규정 이외에는 체납부담금을 강제로 징수할 수 있는 다른 법률적 근거가 없다. 따라서 위 위헌결정 이전에 이미 부담금 부과처분과 압류처분 및 이에 기한 압류등기가 이루어지고 위 각 처분이 확정되었다고 하여도, 위헌결정 이후에는 별도의 행정처분인 매각처분, 분배처분 등 후속 체납처분 절차를 진행할 수 없는 것은 물론이고, 기존의 압류등기나 교부청구만으로는 다른 사람에 의하여 개시된 경매절차에서 배당을 받을 수도 없다고 할 것이다($^{대법원\ 2002.\ 4.\ 12.\ 선고,}_{2002다2294\ 판결\ 참조}$).……헌법재판소법 제47조 제 1 항은 "법률의 위헌결정은 법원 기타 국가기관 및 지 방자치단체를 기속한다"고 규정하고, 같은 법 제75조 제 1 항은 "헌법소원의 인용결정은 모든 국가기관과 지방자치단체를 기속한다"고 규정하고 있는바, 위 각 규정은 모든 국가기관은 헌법재판소의 위헌결정에 따라 장래에 어떤 처분을 행할 때 위헌결정을 존중하여야 할 뿐 아니라 위헌결정된 당해 심판대상은 물론 동일한 사정하에서 동일한 이유에 근거한 동일내용의 공권력행사(또는 불행사)를 하여서는 아니 되는 의무를 부과받고 있다고 해석되는 점과 위헌결정으로 인한 국민의 권리구제와 법적 안정성의 조화 등을 감안하면, 택상법에 대한 위헌결정 이전에 부담금에 대한 수납 및 징수가 완료된 경우에는 법적 안정성의 측면에서 부득이 과거의 상태를 그대로 유지시켜 그 반환청구를 허용할 수 없다고 하더라도, 위헌결정 이후에는 국민의 권리구제의 측면에서 위헌법률의 적용상태를 그대로 방치하거나 위헌법률의 종국적인 집행을 위한 국가의 추가적인 행위를 용납하여서는 아니되므로, 위헌법률에 기한 행정처분의 집행이나 집행력을 획득하기 위한 공법상의 당사자소송이나 민사소송 등 제소행위는 위헌결정의 기속력에 위반되어 허용되지 않는다고 봄이 상당하다.」

(d) 법　　원

　법원의 경우에는 당해 소송사건이 係屬중인 법원뿐만 아니라 모든 법원이 이에 해당한다.

　법원이 위헌으로 선고된 법률을 적용하여 한 재판은 기속력에 반하는 재판이기 때문에 효력을 가지지 못한다. 憲法裁判所도 「헌법재판소가 위헌으로 결정하여 그 효력을 상실한 법률을 적용하여 한 법원의 재판은 헌법재판소 결정의 기속력에 반하는 것」이라고 본다($^{예:\ 憲\ 1997.\ 12.}_{24.-96헌마172등}$). 이 경우 재판은 효력을 가지지는 못하지만 현실적으로 존재하므로 裁判의 不存在라고 할 수는 없기 때문에 당사자는 抗訴 또는 上告($^{刑訴法}_{§383}$)로 다툴 수 있다. 憲法裁判所法 제75조 제7항과 제8항이 적용되는 경우 확정된 소송사건에 대해서는 再審을 청구할 수 있다.

이러한 경우 이외에 일반적인 사건에서 법원이 위헌으로 선고된 법률을 적용하여 한 재판의 효력을 없애는 방법이 있는가 하는 것이 문제가 된다. 헌법재판소는 이런 경우에 「재판에 대한 헌법소원심판」을 청구할 수 있다고 한다. 즉 헌법재판소는 법원이 헌법재판소가 위헌으로 결정하여 그 효력을 전부 또는 일부 상실하거나 위헌으로 확인된 법률을 적용함으로써 국민의 기본권을 침해한 경우에는 재판에 대한 헌법소원심판을 청구할 수 있다고 판시하였다($^{예:\ 憲\ 1997.\ 12.}_{24.-96헌마172등}$).

(3) 객관적 범위

기속력이 발생하는 것이 주문에 한정되는가 아니면 이유에도 해당하는가 하는 문제가 있다. 주문에 기속력이 발생하는 것에 대해서는 異論이 없지만, 이유도 포함하는가 하는 점에 대해서는 논란이 있다.

앞에서 보았듯이, 주문에만 기속력이 발생한다고 보는 것이 타당하다([84]Ⅲ). 주문이외에 이유에도 기속력이 발생한다고 보는 견해도 모든 이유가 아니라 重要한 理由(tragende Gründe)에 한정한다. 독일의 경우 聯邦憲法裁判所는 중요한 이유에도 기속력이 인정된다고 한다($^{BVerfGE\ 1,\ 14;\ 19,}_{377;\ 20,\ 56;\ 40,\ 88}$).

5. 變形決定

[148] 第一 槪　說

Ⅰ. 槪　念

위헌법률심판절차에서 헌법재판소가 행하는 결정의 유형에는 기본적으로 單純合憲決定과 單純違憲決定이 있다. 그런데 규범통제의 성질상 심판대상의 법률이나 법률조항에 위헌적인 요소가 있더라도 단순히 위헌결정을 하여 심판대상의 법률이나 법률조항 전부에 대하여 효력을 상실시킬 수 없는 경우도 있고, 심판대상인 법률이나 법률조항 전부가 위헌이라고 하더라도 그 즉시 효력을 상실시킬 수 없는 경우가 있다. 이런 경우에는 단순합헌결정이나 단순위헌결정이 아닌 형태의 결정을 하여야 하는데, 이런 결정 형태를 단순합헌결정이나 단순위헌결정과 구별하여 변형결정이라고 한다. 변형결정이라는 말은 講學上의 용어이며, 그 종류에는 여러 형태가 있을 수 있다.

변형결정에서 유의할 점은, 변형결정이 타협재판의 도구로 되어서는 안 된다는 점이다. 위헌법률심판은 때로 헌법재판소로 하여금 과중한 정치적 부담을 안게 하는 경우가 있다. 예컨대 법리적으로는 단순위헌결정을 하여 해당 법률의 효력을 없애야 하는데, 바로 해당 법률의 효력을 없앨 경우에는 집권세력이나 사회적 힘을 가진 자에게 강한 타격을 줄 수 있는 경우가 이에 해당한다. 이러한 때에도 헌법재판소는 단순위헌결정을 하여야 하며 어려운 상황을 모면하기 위하여 변형결정을 이용하여 정치적 안전지대로 도피하여서는 안 된다. 변형결정을 하는 경우는 단순합헌결정이나 단순위헌결정을 해야 하는 때에 이를 대신하여 결정하는 경우가 아니라 법리적으로 단순합헌결정이나 단순위헌결정은 할 수 없고 반드시 변형결정을 하여야 하는 때이다. 마찬가지로 변형결정을 하여야 하는 때에 단순합헌결정이나 단순위헌결정을 하는 것은 허용되지 않는다.

Ⅱ. 變形決定의 可能性

憲法裁判所法은 위헌법률심판에서 「憲法裁判所는 제청된 법률 또는 법률조항의 違憲與否만을 결정한다」($^{憲裁法}_{§45}$)고 정하고 있어, 이 규정의 해석을 둘러싸고 현행법 아래에서 변형결정을 인정할 수 있는가 하는 문제에 대해 논란이 있다.

살피건대, 규범통제의 성질상 변형결정을 인정하여야 하는 부분이 존재하고, 이 문언 중 「違憲與否만」이라고 했을 때 「違憲與否」라는 文言에는 「단순합헌결정」이나 「단순위헌결정」 이외에 「한정위헌결정」, 「헌법불합치결정」 등 변형결정이 포함되어 있다고 넓게 해석할 수 있는 여지가 있으며, 주문의 표시를 어떻게 할 것인가 하는 점은 헌법재판소의 재량에 속하므로 변형결정을 인정할 수 있다고 할 것이다.

憲法裁判所는 판례로 이러한 변형결정을 인정하고 있으며, 실제로 다양한 형태의 변형결정의 주문으로 심판하고 있다. 특히 헌법재판소가 심판에서 주문을 어떻게 내느냐 하는 主文의 方式問題는 민사소송에서도 그러하듯 헌법재판에서도 아무런 명시적인 규정이 없으며, 따라서 헌법재판에서도 특별한 규정이 없는 한 재판의 본질상 주문을 어떻게 표시할 것인지는 憲法裁判所의 裁量事項이라고 본다($^{예: 憲 1989.}_{9.8.-88헌가6}$).

[憲 1989. 9. 8.-88헌가6] 「헌법재판소법 제45조 본문의 "헌법재판소는 제청된 법률 또는 법률조항의 위헌여부만을 결정한다"라는 뜻은 헌법재판소는 법률의 위헌여부만을 심사하는 것이지 결코 위헌제청된 전제사건에 관하여 사실적·법률적 판단을 내려 그 당부를 심판하는 것은 아니라는 것으로 해석하여야 한다. 전제사건에 관한 재판은 법원의 고유권한에 속하기 때문이다. 그리고 현대의 복잡다양한 사회현상, 헌법상황에 비추어 볼 때 헌법재판은 심사대상 법률의 위헌 또는 합헌이라는 양자택일 판단만을 능사로 할 수 없다. 양자택일 판단만이 가능하다고 본다면 다양

한 정치·경제·사회현상을 규율하는 법률에 대한 합헌성을 확보하기 위한 헌법재판소의 유연 신축성 있는 적절한 판단을 가로막아 오히려 법적 공백, 법적 혼란 등 법적안정성을 해치고, 입법자의 건전한 형성자유를 제약하는 등 하여, 나아가 국가 사회의 질서와 국민의 기본권마저 침해할 사태를 초래할 수도 있다. 이리하여 헌법 재판소가 행하는 위헌여부 판단이란 위헌 아니면 합헌이라는 양자택일에만 그치는 것이 아니라 그 성질상 사안에 따라 위 양자의 사이에 개재하는 중간영역으로서의 여러 가지 변형재판이 필수적으로 요청된다. 그 예로는 법률의 한정적 적용을 뜻하는 한정무효, 위헌법률의 효력을 당분간 지속시킬 수 있는 헌법불합치, 조건부 위헌, 위헌성의 소지 있는 법률에 대한 경고 혹은 개정촉구 등을 들 수 있고, 이러한 변형재판은 일찌기 헌법재판제도를 도입하여 정비한 서독 등 국가에서 헌법재판소가 그 지혜로운 운영에서 얻어 낸 판례의 축적에 의한 것이다. 헌법재판소법 제45조의 취지가 위와 같다면 동법 제47조 제2항 본문의 "위헌으로 결정된 법률 또는 법률의 조항은 그 결정이 있는 날로부터 효력을 상실한다"라는 규정취지도 이에 상응하여 변형해석하는 것이 논리의 필연귀결이다. 즉 제45조에 근거하여 한 변형재판에 대응하여 위헌법률의 실효여부 또는 그 시기도 헌법재판소가 재량으로 정할 수 있는 것으로 보아야 하며 이렇게 함으로써 비로소 헌법재판의 본질에 적합한 통일적·조화적인 해석을 얻을 수 있는 것이다. 단순위헌의 결정을 하여 그 결정이 있은 날로부터 법률의 효력을 즉시 상실하게 하는 하나의 극에서부터 단순합헌의 결정을 하여 법률의 효력을 그대로 유지시키는 또 하나의 극 사이에서, 문제된 법률의 효력 상실의 시기를 결정한 날로부터 곧 바로가 아니라 새 법률이 개정될 때까지 일정기간 뒤로 미루는 방안을 택하는 형태의 결정주문을 우리는 "헌법에 합치되지 아니한다"로 표현하기로 한 것이다. 재판 주문을 어떻게 내느냐의 주문의 방식 문제는 민사소송에서 그러하듯 헌법재판에 대하여서도 아무런 명문의 규정이 없으며, 따라서 재판의 본질상 주문을 어떻게 표시할 것인지는 재판관의 재량에 일임된 사항이라 할 것이다.」

Ⅲ. 變形決定의 適合性

헌법재판에 있어서 변형결정에 관한 논의의 중점은 變形決定의 許容與否에 있는 것이 아니라 구체적인 사안에서 얼마나 정확하게 그에 적합한 결정유형을 선택하는가 하는, 主文 選擇의 適合性에 있다. 변형결정과 관련한 많은 논의는 당해 사건에 적합하지 않은 유형의 決定을 선택함으로 인하여 초래되는 법질서의 혼란을 어떻게 방지하느냐 하는 점에 있음을 유의할 필요가 있다.

[149] 第二 限定合憲決定

Ⅰ. 意　　義

(1) 개　　념

한정합헌결정은, 위헌법률심판의 대상이 된 법률 또는 법률조항의 해석에 있어서 多義的인 해석이 가능하여 합헌으로 해석되는 여지와 위헌으로 해석되는 여지가 병존하는 경우, 그 법률의 해석·적용에 있어서 헌법에 위반되는 의미를 배제시키고 합헌적인 내용으로 축소·한정하여 해석하여 그 의미로서만 해당 법률의 효력을 유지하게 하는 결정이다.

한정합헌결정의 主文은「○○법은……라고 해석하는 한, 헌법에 위반되지 아니한다」로 표시한다(예: 憲 1989. 7. 21.–89헌마 38; 1990. 4. 2.–89헌가113).

(2) 판　　례

憲法裁判所는 한정합헌결정의 필요성을 인정하고 있다(예: 憲 1990. 6. 25.–90헌가 11; 1992. 2. 25.–89헌가104).

[憲 1990. 6. 25.–90헌가11] 「합헌해석 또는 합헌한정해석이라 함은 법률의 규정을 넓게 해석하면 위헌의 의심이 생길 경우에, 이를 좁게 한정하여 해석하는 것이 당해 규정의 입법목적에 부합하여 합리적 해석이 되고 그와 같이 해석하여야 비로소 헌법에 합치하게 될 때 행하는 헌법재판의 한가지 형태인바, 이것은 헌법재판소가 위헌심사권을 행사할 때 해석여하에 따라서는 위헌이 될 부분을 포함하고 있는 광범위한 규정의 의미를 한정하여, 위헌이 될 가능성을 제거하는 해석기술이기도 하다. 이와 같은 합헌해석은 헌법을 최고법규로 하는 통일적인 법질서의 형성을 위하여서 필요할 뿐 아니라, 입법부가 제정한 법률을 위헌이라고 하여 전면 폐기하기보다는 그 효력을 되도록 유지하는 것이 권력분립의 정신에 합치하고 민주주의적 입법기능을 최대한 존중하는 것이어서 헌법재판의 당연한 요청이기도 하다.……만일 법률에 일부 위헌요소가 있을 때에 합헌적 해석으로 문제를 수습하는 길이 없다면 일부 위헌요소 때문에 전면위헌을 선언하는 길밖에 없을 것이며, 그렇게 되면 합헌성이 있는 부분마저 폐기되는 충격일 것으로 이는 헌법재판의 한계를 벗어날 뿐더러 법적 안정성의 견지에서 도저히 감내할 수 없는 것이 될 것이다.」
[憲 1992. 2. 25.–89헌가104] 「이 사건 머리에 적은 주문 "……그러한 해석하에 헌법에 위반되지 아니한다"라는 문구의 취지는 군사기밀보호법 제6조, 제7조, 제10조, 제2조 제1항 소정의 군사상의 기밀의 개념 및 그 범위에 대한 한정축소해석을 통하여 얻어진 일정한 합헌적 의미를 천명한 것이며 그 의미를 넘어선 확대해석은 바로 헌법에 합치하지 아니하는 것으로서 채택될 수 없다는 뜻이다.」

(3) 한정합헌결정의 적합성

限定合憲決定의 형식은 論理的으로 볼 때, 법률의 해석·적용상 중대한 결함을 지니고 있기 때문에 論理的 矛盾이 없는 극히 한정된 경우에만 성립할 수 있다. 왜냐하면 한정합헌결정을 하는 경우는 해당 법률조항의 해석에 있어서 합헌으로 해석되는 여지와 위헌으로 해석되는 여지가 병존하고 있고, 주문도「……라고 해석하는 한, 헌법에 위반되지 아니한다」라고 표시하고, 법률조항의 일정한 의미부분이 합헌으로 유효하게 유지되기 위해서는 위헌으로 효력을 가질 수 없는 의미가 모두 확정되어 제거되어야 하므로 합헌으로 해석되는 의미 이외의 나머지 의미 부분은 모두 위헌이 된다는 논리를 지니고 있기 때문이다. 따라서 법률의 해석·적용에서 모든 경우의 수에 대해 위헌여부를 검토한 결과 한정합헌으로 해석되는 내용·의미 이외의 내용이나 의미로 해석하는 것이 위헌임이 명백한 경우(전체집합이 확정되는 경우이다)에만 限定合憲決定의 주문이 논리상 眞理命題(=참命題)로 성립할 수 있다는 결론에 이른다.

> 한정합헌결정의 경우 합헌으로 해석한 부분 이외의 부분에 대해서는 위헌으로 해석된다고 하지 않고, 그 부분을 합헌이든 위헌이든 아무런 판단을 하지 않고 남겨놓은 것이라고 하면(註釋d, 241, 243), 법원과 같은 법집행기관은 법률의 적용에서 헌법에 합치되도록 해석해야 하는 의무(=憲法合致的 法律解釋의 義務)를 지니고 있고, 법률의 헌법합치적 해석에서는 그 범위나 내용에서 법원과 같은 법집행기관은 헌법재판소와 다르게 해석할 여지가 있으므로 이런 구조의 헌법재판소의 한정합헌결정은 아무런 소용이 없다. 따라서 한정합헌결정을, 합헌으로 해석한 부분 이외의 부분은 위헌여부에 대해 아무런 판단을 하지 않고 남겨 놓은 것이라고 할 수는 없다.

어떤 법률의 해석에서 多義的인 해석이 가능하고 각각의 다의적인 해석 적용에서 어느 경우가 합헌이며 어느 경우가 위헌인지가 구체적인 모든 경우들에 있어서 완전히 밝혀져 있지 않는 한(전체집합이 확정되지 못한 경우), 헌법재판소가 심판할 당시 위헌이라고 해석되는 경우만 대외적으로 선언하는 것이 논리적인 모순을 피할 수 있다. 따라서 헌법재판소가 당해 사건에 대한 선고 이후에 해당 법률의 적용에서 구체적으로 어떤 경우가 발생할지 모르는 상황에서는 한정합헌결정을 할 것이 아니라 限定違憲決定을 하여야 할 것이다. 특히 憲法裁判所法 제68조 제2항의 심판절차에서는 한정합헌결정을 할 경우에는 당사자의 再審請求權을 제약할 수 있는데, 이런 경우에는 한정위헌결정을 해야 당사자의 권리구제에 충실할 수 있다.

헌법재판소가 한정합헌결정을 하는 경우에 미래에 발생할 각각의 사안에 대해 모두 검토하지 않는 한 한정합헌결정은 법원의 재판을 불합리하게 제약·침해할 위험이 있다. 법원이 헌법재판소의 결정이 있은 후 다양한 경우의 사건을 다루면서 헌법재판소가 한정합헌으로 해석한 의미 이외에도 합헌적으로 해석할 수 있는 여지를 발견하였을 때, 법원이 한정합헌결정에 기속된다고 하면 올바른 재판을 할 수 없는 사태도 발생할 수 있다. 이런 문제를 회피하기 위하여 헌법재판소가 한정합헌결정을 하면서 廣範한 意味나 不確定概念을 사용하면 법원과 같은 法執行機關이 다시 구체적 사안에서 광범한 의미나 불확정개념에 대해 의미를 確定해야 하는 과정을 거쳐야 하는데, 이렇게 되면 한정합헌결정이 재판으로서 아무런 의미를 가지지 못할 뿐 아니라 明確性原則에 어긋난다는 이유로 위헌결정을 해야 할 사안에 대해서도 모두 불확정개념을 사용하여 한정합헌결정을 할 수 있다는 誤謬에 빠지게 된다. 이러한 문제로 인하여 한정합헌결정에 대해 기속력을 인정하기 어려운 상황이 발생하는 것이다.

　　헌법재판소가 불확정개념을 사용하여 한정합헌결정을 한 대표적인 주문은 다음과 같다. 이런 경우는 법원은 구체적 사건의 재판에서, 국회는 법률의 개정에서, 검찰 기타 국가기관은 해당 법률의 적용에서 다시 그 의미를 확정해야 하고, 그 결과 그 의미는 구구할 수 있으며, 사실상 각 기관이 위헌여부를 다시 결정하는 결과를 초래한다.
　　[憲 1989. 7. 21.-89헌마38]「상속세법 제32조의2 제 1 항$\binom{1981. 12. 31. 법률}{제3474호 개정}$은, 조세회피의 목적이 없이 실질소유자와 명의자를 다르게 등기 등을 한 경우에는 적용되지 아니하는 것으로 해석하는 한, 헌법에 위반되지 아니한다.」 이 사건 이후 대법원은 이 때의 조세는 증여세를 의미한다고 하기도 하고$\binom{예: 大 1992. 9. 8.-92누4384; 1994. 2.}{22.-93누20900; 1995. 9. 29.-95누8768}$, 증여세에 한정되지 않는다고 하기도 했다$\binom{예: 大 1995. 11. 14.-94누}{11729; 1996. 4. 12.-95누13555}$.
　　[憲 1992. 1. 28.-89헌가8]「1. 1991. 5. 31. 개정 전의 국가보안법$\binom{1980. 12. 31.}{법률 제3318호}$ 제 7 조 제 5 항·제 1 항은 각 그 소정행위가 국가의 존립·안전을 위태롭게 하거나 자유민주적 기본질서에 위해를 줄 경우에 적용된다고 할 것이므로 이러한 해석하에 헌법에 위반되지 아니한다. 2. 1989. 3. 29. 전문개정 전의 집회및시위에관한법률$\binom{1980. 12. 18.}{법률 제3278호}$ 제 3 조 제 1 항 제 4 호, 제14조 제 1 항은 각 그 소정행위가 공공의 안녕과 질서에 직접적인 위협을 가할 것이 명백한 경우에 적용된다고 할 것이므로 이러한 해석하에 헌법에 위반되지 아니한다.」
　　[憲 1992. 2. 25.-89헌가104]「군사기밀보호법$\binom{1972. 12. 26.}{법률 제2387호}$ 제 6 조, 제 7 조, 제10조는 같은법 제 2 조 제 1 항 소정의 군사상의 기밀이 비공지의 사실로서 적법절차에 따라 군사기밀로서의 표지(標識)를 갖추고 그 누설이 국가의 안전보장에 명백한 위험을 초래한다고 볼 만큼의 실질가치를 지닌 경우에 한하여 적용된다고 할 것이므로 그러한 해석하에 헌법에 위반되지 아니한다.」

Ⅱ. 決定의 效力
(1) 문제의 소재
　　한정합헌결정은 그 결정형식의 애매함으로 인하여 합헌결정인지 위헌결정인지가 문제된다. 법리적으로 보면, 한정합헌결정이 합헌결정이면 한정적으로 합헌이라고 해석한 부분에서 합헌결정의 효력이 발생한다. 한정합헌결정이 위헌결정이면 한정적으로 합헌이라고 해석한 나머지 부분에서 위헌결정의 효력이 발생한다.

(2) 기 속 력
　　한정합헌결정이 합헌결정이라면 기속력은 발생하지 않는다$\binom{反對: 許}{營d, 242}$. 이를 위헌결정이라고 하면 기속력이 발생한다. 따라서 이 문제는 구체적인 사건에서 재판을 하여야 하는 법원에게 있어서 매우 중요한 의미를 가진다.

憲法裁判所는, 한정합헌결정이 위헌결정에 해당한다고 보고, 기속력이 발생한다고 본다(예: 憲 1990. 6. 25.–90헌가11; 1992. 2. 25.–89헌가104; 1997. 12. 24.–96헌마172등). 이에 의하면, 헌법재판소가 한정합헌결정을 했을 때, 심판의 대상이 된 법률 또는 법률의 조항을 헌법재판소가 합헌적이라고 해석한 의미 이외의 내용으로 해석·적용하는 것은 헌법에 위반된다. 한정합헌결정에서「심판의 대상이 된 법률 또는 법률의 조항을 헌법재판소가 합헌적이라고 해석한 의미 이외의 내용으로 해석·적용하는 것은 헌법에 위반된다」라는 명제는 위헌결정과 같이 羈束力을 가지고, 이 명제와 배치되는 법률 또는 법률의 조항의 해석 적용을 무효화한다는 의미이다. 憲法裁判所가 限定合憲을 質的 一部違憲이라고 하는 이유도 여기에 있다(예: 憲 1992. 2. 25.–89헌가104).

[憲 1990. 6. 25.–90헌가11]「합헌해석 또는 합헌한정해석이라 함은……이와 같은 심판이 그 한도 내에서 헌법재판소법 제47조 제 1 항에 따라 당해 사건인 이 사건을 떠나 널리 법원 기타 국가기관 및 지방자치단체를 기속하느냐의 여부는 별론으로 하고 제청법원은 적어도 이 사건 제청당사자로서 위 심판의 기판력을 받을 것은 물론 더 나아가 살필 때 헌법 제107조 제 1 항의 규정상 제청법원이 본안재판을 함에 있어서 헌법재판소의 심판에 의거하게 되어 있는 이상 위 헌법규정에 의하여서도 직접 제청법원은 이에 의하여 재판하지 않으면 안 될 구속을 받는다고 할 것이므로……」

[憲 1992. 2. 25.–89헌가104]「이 사건 머리에 적은 주문 "……그러한 해석하에 헌법에 위반되지 아니한다"라는 문귀의 취지는 군사기밀보호법 제 6 조, 제 7 조, 제10조, 제 2 조 제 1 항 소정의 군사상의 기밀의 개념 및 그 범위에 대한 한정축소해석을 통하여 얻어진 일정한 합헌적 의미를 천명한 것이며 그 의미를 넘어선 확대해석은 바로 헌법에 합치하지 아니하는 것으로서 채택될 수 없다는 뜻이다.……한정합헌의견은 질적인 일부위헌의견이기 때문에……」

[憲 1997. 12. 24.–96헌마172등]「헌법재판소의 법률에 대한 위헌결정에는 단순위헌결정은 물론, 한정합헌, 한정위헌결정과 헌법불합치결정도 포함되고 이들은 모두 당연히 기속력을 가진다.」

헌법재판소가 한정합헌결정을 하면서 한정적으로 합헌이라고 한 부분에 대해서는 이후에도 그 위헌여부를 다툴 수 있고, 이러한 다툼이 제기된 경우에는 헌법재판소는 부적법 각하의 결정을 하는 것이 아니라 위헌여부에 대한 본안판단을 한다(예: 憲 1998. 8. 27.–97헌바85).

[150] 第三　限定違憲決定

I. 意　　義

(1) 개　　념

한정위헌결정은, 위헌법률심판의 대상이 된 법률 또는 법률조항의 해석에 있어서 多義的인 해석이 가능하여 일단 위헌으로 해석되는 여지가 존재하는 것이 분명하고 나머지 부분에 있어서는 합헌으로 해석할 여지도 부분적으로 있고 또 분명하게 위헌이라고 단정할 수도 없는 부분이 있는 경우, 그 법률의 해석·적용에 있어서 위헌으로 해석되는 意味部分만을 해당 법률의 의미에서 除去하는 결정이다.

法律의 法文 가운데 外形的인 일부, 즉 법률의 일부 조항, 조문의 항, 본문 또는 단서, 문구의 일부 등에 대해 위헌이라고 결정하여 효력을 상실시키고 法文의 해당 부분을 외형적으로 제거하는 것(Normtextreduzierung)을 量的 一部無效(=違憲)決定(quantitative Teilnichtigerklärung)이라고 한다면, 이러한 한정위헌결정은 법문에는 아무런 제거함도 없이(ohne Normtextreduzierung) 외형을 그대로 둔 채 그 전체 내용이나 의미 가운데 일부 의미에 대해 위헌이라고 결정하여 해당 내용의 효력을 상실시켜 의미적으로 제거하는 것이므로 質的 一部無效(=違憲)決定(qualitative Teilnichtigerklärung)이라고 할 수 있다. 즉 외형상 법문에는 아무런 손을 대지 않는 무효결정(Nichtigerklärung ohne Berührung des Wortlauts)이다.

限定違憲決定의 主文은 「……라고 하는 限」이라는 형식('Soweit'-Formel)을 사용하여 「○○법 제○조를……라고 해석하는 한 헌법에 위반된다」라고 표시하거나 $\binom{\text{예: 憲 1992. 6.}}{\text{26.-90헌가23}}$, 「○○법 제○조를……라는 범위 내에서 헌법에 위반된다」라고 표시한다 $\binom{\text{예: 憲 1997. 11.}}{\text{27.-95헌바38}}$.

> 憲法裁判所는 한정위헌결정과 구별하여 「一部違憲決定」이라는 형태의 결정을 따로 인정한 예가 있다($\binom{\text{예: 憲 1991. 4. 1.-89헌마160; 1991. 5. 13.-89헌가97; 1991. 6. 3.-89헌마204;}}{\text{1992. 3. 13.-92헌마37등; 1992. 10. 1.-92헌가6등; 1992. 11. 12.-91헌가2}}$). 그러나 양자를 구별할 필요가 없으며, 이런 일부위헌의 경우는 한정위헌결정으로 하는 것이 타당하다 ($\binom{\text{同旨: 許}}{\text{홍b, 809}}$). 헌법재판소도 과거 일부위헌결정을 한정위헌결정과 구별하던 태도에서 탈피하여 한정위헌의 주문으로 일원화하여 선고하고 있다.

(2) 결정의 방법

限定違憲決定에서는 헌법에 위반되는 것으로 해석되는 모든 경우에 대해 판단할 필요는 없다(이런 것은 사실상 거의 불가능하기도 하다). 당해 사건에 있어서의 법률의 적용과 관련된 범위 내에서 또는 헌법재판소가 경우를 따져 본 결과 위헌으로 확정할 수 있는 범위 내에서 판단하는 것으로 충분하다. 가능한 한 당해 사건과 관련되는 범위 내에서 판단하는 것이 안전하다. 한정위헌결정이 헌법재판으로서의 기능을 가지기 위해서는 위헌으로 해석하는 부분에서는 不確定槪念을 사용하면 안 된다. 위헌으로 해석하면서 불확정개념을 사용하면 법원과 같은 법집행기관이 다시 불확정개념에서 위헌인 의미와 합헌인 의미를 구별하여 적용해야 한다는 결론에 이르고, 이는 결국 법집행기관이 법률의 위헌여부를 심판하는 것이 되기 때문이다.

限定合憲決定의 경우에는 합헌으로 해석되는 부분의 나머지 부분이 위헌으로 해석되는 부분이지만, 限定違憲決定의 경우에는 위헌으로 해석되는 부분의 나머지 부분은 위헌이 아니라는 것일 뿐이고, 합헌으로 해석된다고 확정되지 않는다. 헌법재판소가 차기에 나머지 부분에 대하여 위헌으로 해석되는 의미를 발견한 경우에는 그런 의미로 또 제거할 수 있다.

(3) 판 례

憲法裁判所는 한정위헌결정을 인정하고 이에 따라 결정을 하고 있다(예: 憲 1992. 6. 26.-90헌바23; 1993. 5. 13.-91헌바17; 1994. 4. 28.-92헌가3; 1994. 6. 30.-92헌가9; 1994. 6. 30.-93헌바9; 1994. 7. 29.-93헌가4등; 1994. 12. 29.-93헌바21; 1995. 10. 26.-94헌바12; 1995. 11. 30.-94헌바40등; 1997. 11. 27.-95헌바38; 1997. 12. 24.-96헌마172등; 1998. 5. 28.-97헌가13; 2012. 12. 27.-2011헌바117).

[憲 2012. 12. 27.-2011헌바117] 「규범으로서의 법률은 그 적용영역에 속하는 무수한 사례를 포괄적으로 규율해야 하기 때문에 일반적·추상적으로 규정될 수밖에 없으므로 개별적·구체적인 법적분쟁에 법률을 적용하는 경우에는 당해 사건에 적용할 가장 적합한 규범을 찾아내고 그 규범의 의미와 내용을 확정하는 사유과정인 법률해석의 과정을 거칠 수밖에 없게 되는 것이다. 따라서 법률조항은 그 자체의 법문이 아무리 간단명료하다고 하더라도 이를 개별적·구체적 사건에 적용함에 있어서는 (관념상으로라도) 법률조항에 대한 해석이 불가결하게 선행될 수밖에 없는 것이므로, 결국 법률조항과 그에 대한 해석은 서로 별개의 다른 것이 아니라 동전의 양면과 같은 것이어서 서로 분리될 수 없는 것이다. 따라서 '법' 제41조 제1항의 '법률'이나 '법' 제68조 제2항의 '법률'의 의미는 당해 사건과는 관계없는 일반적·추상적인 법률규정 그 자체가 아니라, 당해 사건 재판의 전제가 되고, 해석에 의하여 구체화·개별화된 법률의 의미와 내용을 가리키는 것이다. 종래 법 실증주의적인 개념법학(Begriffsjurisprudenz)에서는 실정법의 완결성과 무흠결성을 전제로 '법'과 '법해석'을 구별하려고 하였으나 그러한 주장은 이미 20세기 초에 구체적 타당성을 추구하는 목적론적·개별적인 법해석론에 의하여 극복되어 이제는 폐기된 역사적 유물에 불과하게 되었다. 따라서 더 이상 개념법학적 관념을 기초로 하여 '법률'과 '법률의 해석'을 별개의 것으로 인식할 것은 아닌 것이다. 그리고 이러한 법리는 구체적 규범통제절차인 위헌법률심판절차에 관한 '법' 제43조와 이를 준용하고 있는 '법' 제71조 제2항에서도 잘 나타나 있다. 즉, '법' 제43조에서는, 법원이 법률의 위헌여부를 헌법재판소에 제청하는 경우, 제청서에는 "위헌이라고 해석되는 법률 또는 법률의 조항"(제3호)을 기재하여야 할 뿐만 아니라, 나아가서 "위헌이라고 해석되는 이유"를 기재하도록 규정(제4호)하고 있는바, 이는 '법률 또는 법률조항'과 '법률 또는 법률조항의 해석'은 결코 분리된 별개의 것이 아니며, 따라서 당해 사건 재판의 전제가 되는 법률 또는 법률조항에 대한 규범통제는 결국 해석에 의하여 구

체화 된 법률 또는 법률조항의 의미와 내용에 대한 헌법적 통제라는 점을 보여주는 것이다. 일반적으로 민사·형사·행정재판 등 구체적 법적 분쟁사건을 재판함에 있어 재판의 전제가 되는 법률 또는 법률조항에 대한 해석과 적용권한은 사법권의 본질적 내용으로서 대법원을 최고법원으로 하는 법원의 권한에 속하는 것이다. 그러나 다른 한편 헌법과 헌법재판소법은 구체적 규범통제로서의 위헌법률심판권과 '법' 제68조 제2항의 헌법소원심판권을 헌법재판소에 전속적으로 부여하고 있다. 그리고 헌법재판소가 이러한 전속적 권한인 위헌법률심판권 등을 행사하기 위해서는 당해 사건에서 재판의 전제가 되는 법률조항이 헌법에 위반되는지의 여부를 심판하여야 하는 것이고, 이때에는 필수적으로 통제규범인 헌법에 대한 해석·적용과 아울러 심사대상인 법률조항에 대한 해석·적용을 심사하지 않을 수 없는 것이다. 그러므로 일반적인 재판절차에서와는 달리, 구체적 규범통제절차에서의 법률조항에 대한 해석과 적용권한은 (대)법원이 아니라 헌법재판소의 고유권한인 것이다. 그럼에도 불구하고 구체적 규범통제 절차에서도 헌법재판소의 법률에 대한 해석·적용권한을 부정하고 오로지 법원만이 법률의 해석·적용권한을 가지고 있다는 주장은 일반 재판절차에 있어서의 법률의 해석·적용권한과 규범통제절차에 있어서의 법률의 해석·적용권한을 혼동한 것이다. 나아가 헌법재판소가 구체적 규범통제권을 행사하기 위하여 법률조항을 해석함에 있어 당해 법률조항의 의미가 다의적이거나 넓은 적용영역을 가지는 경우에는 가능한 한 헌법에 합치하는 해석을 선택함으로써 법률조항의 효력을 유지하도록 하는 것(헌법합치적 법률해석의 원칙)은 규범통제절차에 있어서의 규범유지의 원칙이나 헌법재판의 본질에서 당연한 것이다. 나아가 구체적 규범통제절차에서 당해 사건에 적용되는 법률조항이 다의적 해석가능성이나 다의적 적용가능성을 가지고 있고 그 가운데 특정한 해석이나 적용부분만이 위헌이라고 판단되는 경우, 즉 부분적·한정적으로 위헌인 경우에는 그 부분에 한정하여 위헌을 선언하여야 하는 것 역시 당연한 것이다. 즉 심판대상 법률조항의 해석가능성이나 적용가능성 중 부분적·한정적으로 위헌부분이 있는 경우에는 당해 법률조항 전체의 합헌을 선언할 수 없음은 앞서 본 법리에 비추어 자명한 것이고, 반면에 부분적·한정적인 위헌 부분을 넘어 법률조항 전체의 위헌을 선언하게 된다면, 그것은 위헌으로 판단되지 않은 수많은 해석·적용부분까지 위헌으로 선언하는 결과가 되어 규범통제에 있어서 규범유지의 원칙과 헌법합치적 법률해석의 원칙에도 부합하지 않게 될 것이다. 헌법재판소가 종래 규범통제절차 등에서 당해 법률조항에 대한 다의적인 해석이나 적용가능성 중에서 특정한 해석이나 적용부분을 한정하여 위헌이라고 선언한 한정위헌결정들은 이러한 법리에 근거한 것으로서 법률조항에 대한 위헌심사절차에서는 당연하면서도 불가피한 결론이며, 따라서 독일을 비롯한 선진 각국의 헌법재판에서 일상적으로 활용되고 있는 위헌결정방식인 것이다. 그리고 이러한 한정위헌결정도 위헌결정의 한 형태이고, 일부 위헌결정의 한 방식인 이상, 법 제47조 제1항에 의하여 법원 기타 국가기관을 기속하는 것이다. 따라서 한정위헌결정이 선고된 경우에는 심판대상인 법률조항 그 자체의 법문에는 영향이 없지만 법원 기타 국가기관은 장래에는 한정적으로 위헌으로 선언된 내용으로 해석하거나 집행하지 못하게 되는 법적 효력이 발생하는 것이다.」

그런데 憲法裁判所는 한정합헌결정과 한정위헌결정을 실질적으로 동일한 것으로 파악한다(예: 憲 1997. 12. 24.
-96헌마172등). 그러나 한정합헌결정과 한정위헌결정은 실질적으로 동일한 것이 아니기 때문에 이에 찬동하기 어렵다(同旨: 許
魯d, 243).

[憲 1997. 12. 24.-96헌마172등] 「헌법재판소의 법률에 대한 위헌결정에는 단순위헌결정은 물론, 한정합헌, 한정위헌결정과 헌법불합치결정도 포함되고 이들은 모두 당연히 기속력을 가진다. 즉, 헌법재판소는 법률의 위헌여부가 심판의 대상이 되었을 경우, 재판의 전제가 된 사건과의 관계에서 법률의 문언, 의미, 목적 등을 살펴 한편으로 보면 합헌으로, 다른 한편으로 보면 위헌으로 판단될 수 있는 등 다의적인 해석가능성이 있을 때 일반적인 해석작용이 용인되는 범위 내에서 종국적으로 어느 쪽이 가장 헌법에 합치되는가를 가려, 한정축소적 해석을 통하여 합헌적인 일정한 범위 내의 의미내용을 확정하여 이것이 그 법률의 본래적인 의미이며 그 의미범위 내에 있어서는 합헌이라고 결정할 수도 있고, 또 하나의 방법으로는 위와 같은 합헌적인 한정축소 해석의 타당영역 밖에 있는 경우에까지 법률의 적용범위를 넓히는 것은 위헌이라는 취지로 법률의 문언 자체는 그대로 둔 채 위헌의 범위를 정하여 한정위헌의 결정을 선고할 수도 있다. 위 두 가지 방법은 서로 표리관계에 있는 것이어서 실제적으로는 차이가 있는 것이 아니다. 합헌적인 한정축소해석은 위헌적인 해석 가능성과 그에 따른 법적용을 소극적으로 배제한 것이고, 적용범위의 축소에 의한 한정적 위헌선언은 위헌적인 법적용 영역과 그에 상응하는 해석 가능성을 적극적으로 배제한다는 뜻에서 차이가 있을 뿐, 본질적으로는 다 같은 부분위헌결정이다(헌법재판소 1992. 2. 25.
선고, 89헌가104 결정).」

(4) 법률의 헌법합치적 해석과 한정위헌결정

限定違憲決定은 헌법재판소가 법률의 위헌여부를 심사하는 과정에서 헌법에 합치되도록 법률을 해석한 결과 생겨나는 것이다. 그런데 법원도 재판에서 法律의 憲法合致的 解釋을 행하기 때문에 동일한 법률 또는 법률조항에 대한 헌법합치적 해석에 있어 헌법재판소와 법원의 견해가 일치할 수도 있고 일치하지 않을 수도 있다.

(a) 헌법재판소가 먼저 헌법합치적 해석을 한 경우

어떤 법률이나 법률조항에 대하여 이미 헌법재판소가 헌법합치적 해석을 하여 한정위헌결정을 한 경우에는 기속력이 발생하여 법원은 헌법재판소의 한정위헌결정의 범위 내에서 재판을 한다.

(b) 법원이 먼저 헌법합치적 해석을 한 경우

어떤 법률이나 법률조항에 대하여 이미 법원이 헌법합치적 해석을 한 경우(동일한 대상에 대하여 법원들간에도 헌법합치적 해석의 결과가 달라질 수 있다)에 헌법재판소의 규범통제절차에서 동일한 법률 또는 법률조항의 위헌여부가 판단의 대상이 되는 때에는 헌법재판소는 이에 대하여 판단한다. 이런 경우 헌법재판소가 한정위헌의 주문을 내는 것이 합당하다고 판단한 경우에는 법원의 헌법합치적 법률해석이 있음에도 이에 대해 헌법재판소는 스스로 판단한 헌법합치적 법률해석을 행할 수 있다 (예: 大 2002. 5. 31.-2000두4514; 憲 2002. 7. 18.-2000헌바57). 이때 헌법재판소와 법원의 견해가 동일한 경우도 발생할 수 있고, 다른 경우도 발생할 수 있다.

(ⅰ) 헌법합치적 법률해석의 결과에서 헌법재판소와 법원의 견해가 동일하면, 헌법재판소의 해석에 의해 위헌으로 해석되는 의미가 제거되고 법원의 헌법합치적 해석이 헌법에 합치됨이 다시 확인되는 결과를 가져온다. 헌법재판소와 법원 사이에는 아무런 충돌이 발생하지 않는다. 법원의 헌법합치적 법률해석은 본질적으로 재판에 있어서 적용할 법률의 해석·적용에 그치기 때문에 이때 법원은 위헌으로 해석되는 부분에 대하여 아무런 조치를 취할 수 없으나, 규범통제에 있어서 헌법재판소의 헌법합치적 법률해석은 규범통제의 본질상 위헌으로 해석되는 부분을 해당 법률의 의미·내용에서 제거하는 결과를 가져온다.

(ⅱ) 헌법합치적 법률해석의 결과에서 헌법재판소와 법원의 견해가 다르고 법원이 헌법에 합치한다고 해석·적용한 부분 중 일부에 대해 헌법재판소가 위헌이라고 판단한 경우에는 이 부분은 헌법재판소의 한정위헌결정에 의해 해당 법률의 의미·내용에서 다시 떨어져 나간다. 憲法裁判所法 제75조 제 7 항에 비추어 볼 때, 이런 경우에 법원의 종래의 재판이 확정된 때에는 재심사유가 될 수 있다. 再審法院은 한정위헌결정의 기속력에 의해 헌법재판소의 결정에 기속된다.

[大 2002. 5. 31.-2000두4514] 「[주 문] 원심판결을 파기한다. 피고가 1999. 1. 18. 원고에 대하여 한 퇴직급여 부지급 및 퇴직급여 환수처분을 모두 취소한다. 소송총비용은 피고의 부담으로 한다. [이 유]……(공무원연금)법 제 4 장 4 절에서 급여의 제한에 관한 제 규정을 하면서, 위와 같이 법 제64조에서 형벌 등에 의한 급여의 제한규정을 두게 된 입법목적, 그러한 규정의 연혁, 같은 조 제 1 항, 제 3 항의 취지와 내용 및 상호 관계, 형평과 정의 관념, 평등권 기타 국민의 기본권 보장의 헌법정신 등 제반 사정에 비추어 보면, 법 제64조는 공무원이 재직중에 성실의무를 저버리고 범죄를 저질러 금고 이상의 형을 받은 때에는 재직중의 성실근무에 대한 공로보상 또는 사회보장적 성격을 갖는 퇴직급여를 제한하고자 하는 규정으로서, 제 1 항은 저지른 죄명을 묻지 아니하는 일부 감액의 경우를 규정하고, 제 3 항은 거기에 열거된 범죄를 저지르는 데에 따른 전액 지급제한의 경우를 규정한 것이라 할 것인바, 비록 제 3 항에서 제 1 항의 규정과 달리 '공무원 또는 공무원이었던 자'라든가 '재직중의 사유로'라는 표현을 빠뜨리고 있다고 하여도 이는 제 1 항의 기본 규정에서 말하는 위 요건을 당연히 전제로 하는 것이라고 새겨야 할 것이다. 따라서 법 제64조 제 3 항은 공무원이 재직중 그에 열거된 죄를 범하고 그로 인하여 금고 이상의 형을 받아 확정된 경우에 한하여 퇴직급여를 지급하지 아니한다는 규정이라 할 것이므로 퇴직 후 그와 같은 죄를 범한 경우에는 금고 이상의 형을 받아 확정된다

하더라도 이에 해당되지 아니한다고 할 것이다」로 표시하였다.

[憲 2002. 7. 18.-2000헌바57] 주문은 「공무원연금법 제64조 제3항은 퇴직 후의 사유를 적용하여 공무원연금법상의 급여를 제한하는 범위 내에서 헌법에 위반된다」로 표시하였다.

Ⅱ. 限定違憲審判의 請求可能性

헌법재판소법 제41조 제1항의 제청이든 동법 제68조 제2항의 심판청구이든 구체적 규범통제에서 법원 또는 청구인이 원칙적으로 적법하게 허용된다는 것이 헌법재판소의 태도이다(예: 憲 2012. 12. 27.-2011헌바117). 종래에는 한정위헌결정을 구하는 제청이나 청구는 원칙적으로 허용되지 않고 예외적으로만 허용되는 것이라고 했으나(예: 憲 2006. 2. 23.-2004헌바79; 2007. 4. 26.-2004헌바60), 그 후 판례를 변경하여 이는 원칙적으로 허용되고, 예외적으로 한정위헌청구의 형식을 취하고 있으면서도 실제로는 당해 사건 재판의 기초가 되는 사실관계의 인정이나 평가 또는 개별적·구체적 사건에서의 법률조항의 단순한 포섭·적용에 관한 문제를 다투거나 의미 있는 헌법문제를 주장하지 않으면서 법원의 법률해석이나 재판결과를 다투는 경우 등은 규범통제제도에 어긋나는 것이기 때문에 허용될 수 없다고 판시하였다(憲 2012. 12. 27.-2011헌바117). 헌법재판소법 제68조 제1항의 헌법소원심판에서도 한정위헌청구를 법률조항 자체의 위헌성을 다투는 것으로 보아 적법하다고 판단한 것이 있다(憲 2012. 8. 23.-2010헌마740).

[憲 2012. 12. 27.-2011헌바117] 「구체적 규범통제절차에서 제청법원이나 헌법소원청구인이 심판대상 법률조항의 특정한 해석이나 적용부분의 위헌성을 주장하는 한정위헌청구 역시 원칙적으로 적법한 것으로 보아야 할 것이다. 그 이유는 다음과 같다. 첫째, 앞서 본 바와 같이 규범통제절차에 있어서 한정위헌결정은 법리상 당연하면서도 불가피한 것이고, 따라서 그러한 취지에서 헌법재판소는 한정위헌결정을 계속해 오면서도 제청법원이나 헌법소원청구인은 원칙적으로 한정위헌청구를 할 수 없고, 위에서 본 바와 같은 예외적인 경우에만 한정위헌청구를 할 수 있다고 하는 종래의 선례들은 사리상으로도 합당하지 않은 것이다. 둘째, 제청법원이나 헌법소원청구인이 당해 사건 재판의 근거가 되는 법률조항 그 자체나 그 전체의 위헌성을 주장하지 않고 당해 법률조항의 특정한 해석 가능성이나 적용 가능성에 대하여만 제한적·한정적으로 위헌을 주장한다면 헌법재판소로서는 제청법원 등이 주장하는 범위 내에서 위헌여부를 심판하는 것이 원칙이며, 그 이외의 부분까지 위헌여부를 심판하게 된다면 그것은 헌법재판에서 요구되는 직권주의를 감안하더라도, 헌법재판소법상의 신청주의나 적법요건으로서의 재판의 전제성에 위반될 수 있는 것이다. 그러므로 제청법원 등이 하는 한정위헌청구는 자칫 헌법재판소가 소홀히 할 수 있는 당해 법률조항에 대한 한정위헌결정 여부를 헌법재판소로 하여금 주의 깊게 심사하도록 촉구하여 위헌의 범위와 그에 따른 기속력의 범위를 제한적으로 정확하게 한정할 수 있게 할 것이고, 그 결과 규범통제절차에 있어서 위헌여부심판권의 심사지평을 넓힐 수 있게 될 것이어서, 금지되어서는 안 될 뿐만 아니라 오히려 장려되어야

할 것이다. 셋째, 한정위헌청구는 입법권에 대한 자제와 존중의 표현이다. 즉 헌법재판소를 포함한 모든 국가기관과 국민은 헌법상의 권력분립원리에서 파생된 입법권에 의한 입법을 존중하여야 하는 것인바, 한정위헌청구에 따른 한정위헌결정은 당해 법률조항 중 위헌적인 해석이나 적용부분만을 제거하고 그 이외의 (합헌인) 부분은 최대한 존속시킬 수 있는 것이어서 입법권에 대한 자제와 존중의 결과가 되는 것이고 따라서 헌법질서에도 더욱 부합하게 되는 것이다. 결국 한정위헌청구는 원칙적으로 적법한 것으로 보아야 할 것이다. 따라서 앞서 본 바와 같이 종래 헌법재판소 선례들이 한정위헌청구는 원칙적으로 부적법하지만 예외적으로는 적법하다고 보는 입장은 합당하지 못한 것이다. 다만, 구체적 규범통제절차에서 법률조항에 대한 특정적 해석이나 적용부분의 위헌성을 다투는 한정위헌청구가 원칙적으로 적법하다고 하더라도, 재판소원을 금지하고 있는 '법' 제68조 제1항의 취지에 비추어 한정위헌청구의 형식을 취하고 있으면서도 실제로는 당해 사건 재판의 기초가 되는 사실관계의 인정이나 평가 또는 개별적·구체적 사건에서의 법률조항의 단순한 포섭·적용에 관한 문제를 다투거나 의미있는 헌법문제를 주장하지 않으면서 법원의 법률해석이나 재판결과를 다투는 경우 등은 모두 현행의 규범통제제도에 어긋나는 것으로서 허용될 수 없는 것이다. 그렇다면 종래 이와 견해를 달리하여 한정위헌청구를 원칙적으로 부적법하다고 판시한 우리 재판소 결정들(憲 2000. 7. 20.-98헌바74; 2001. 9. 7.-2000헌바20; 2003. 11. 27.-2002헌바102; 2005. 7. 21.-2001헌바67; 2007. 4. 26.-2004헌바19 등)은 위의 판시취지와 저촉되는 한도 내에서 변경하기로 한다.」

한정위헌결정에 대하여 헌법재판소가 이를 위헌결정의 한 형태로 인정하고 있음에도 대법원이 한정위헌결정의 가능성에 대하여 의문을 가지고 더 나아가 한정위헌결정은 기속력이 없다고 판시하여 한정위헌결정을 두고 헌법재판소와 대법원이 효력에서 다른 견해를 보였다. 이는 공존할 수 없는 태도이다. 위헌결정에서 한정위헌결정의 형태로 선고할 수밖에 없는 경우가 있고, 또 이는 성질상 위헌결정이므로 이를 인정하지 않거나 결정의 기속력을 인정하지 않는 대법원의 태도는 잘못된 것이다. 헌법재판소의 이 결정은 이 문제에 대하여 헌법재판소의 견해를 분명히 한 것으로 의미가 크다. 그런데 한정위헌결정과 그 기속력이 인정된다고 하여도 법원의 제청이나 헌법재판소법 제68조 제2항의 헌법소원심판청구 또는 동조 제1항에 의한 법률에 대한 헌법소원심판청구에서 한정위헌결정을 헌법재판소에 직접 구할 수 있는가 하는 것은 별개 문제이다. 현행법상 인정하는 구체적 규범통제에서는 법률이나 법률조항의 위헌여부를 심판하는 권한 그리고 법률에 대한 헌법소원심판에서는 해당 법률 또는 법률조항에 의한 기본권 침해여부만 헌법재판소에 있으므로 법률조항의 의미 가운데 특정한 의미가 위헌인지 여부 또는 특정한 의미로 해석하는 것이 기본권을 침해하는 것인지 여부를 구하는 것은 특정한 법률해석을 구하는 것이어서 허용되기 어렵다고 할 것이다. 이런 문제가 발생하면 법원이나 청구인은 제청이유나 청구이유에서 이를 밝히면 되고, 헌법재판소는 이러한 쟁점을 포함하여 해당 법률조항의 위헌여부 또는 해당 법률조항에 의한 기본권 침해여부를 심판하게 된다. 한정위헌결정을 당사자가 구할 수 있게 하면 다의적인 법률조항에 대하여 위헌결정을 해야 함에도 여러 차례에 걸쳐 한정위헌결정을 선고하는 결과를 가져 올 수 있고, 위헌결정을 해야 하는 경우에도 한정위헌결정을 하는 결과를 초래할 위험이 있다.

Ⅲ. 決定의 效力

한정위헌결정은 본질적으로 위헌결정이므로 위헌으로 선고된 의미부분은 효력을 상실하고, 기속력, 소급효, 일반적 효력을 가진다.

(1) 위헌부분의 효력상실

한정위헌결정을 한 경우에 다른 기관은 심판의 대상으로 된 해당 법률조항을 헌법재판소가 위헌이라고 결정한 내용 또는 의미로 해석·적용할 수 없다. 헌법재판소가 위헌이라고 해석한 내용 또는 의미 부분은 해당 법률조항의 전체 내용 또는 의미에서 除去된다. 따라서 헌법재판소가 위헌이라고 해석한 부분은 해당 법률조항의 內容 또는 意味에 있어서 효력이 상실된다.

현실에서는 해당 법률조항이 외형상 그대로 존재하면서 통용력을 지니고 효력을 유지하는데, 헌법재판소가 위헌이라고 해석한 내용 또는 의미로만 그 법률조항을 적용할 수 없다. 이렇게 법률조항의 전체 내용 또는 의미에서 위헌으로 해석되는 내용 또는 의미라고 하여 제거된 헌법재판소의 결정은 그 범위에서 기속력과 일반적 효력을 발생한다. 내용 또는 의미에서 제거되지 않고 남은 부분에 대해서는 기속력이 발생하지 않는다.

(2) 기 속 력
(a) 위헌으로 선언한 부분

한정위헌결정은 법률조항의 전체 내용 또는 의미에서 위헌으로 해석되는 내용 또는 의미를 제거하여 해당 부분의 법적 효력을 상실시킨다는 점에서 넓은 의미의 違憲決定에 속한다고 할 수 있다. 따라서 헌법재판소가 위헌으로 해석되는 것이라고 선언한 부분의 결정은 違憲決定이 가지는 것과 동일한 효력을 가진다. 위헌결정에서 인정되는 羈束力이 인정되는 것도 당연하다. 즉 위헌이라고 해석하여 적용을 배제한 범위 내에서 국가기관 및 지방자치단체를 기속한다.

(b) 헌법재판소의 판례

憲法裁判所도 한정위헌결정의 기속력을 인정하고 있다(예: 憲 1994. 4. 28.-92헌가3; 1997. 12. 24.-96헌마172등).

[憲 1994. 4. 28.-92헌가3] 「법률의 다의적(多義的)인 해석가능성이나 다기적(多岐的)인 적용범위가 문제될 때 위헌적인 것을 배제하여 합헌적인 의미 혹은 적용범위를 확정하기 위하여 한정적으로 합헌 또는 위헌을 선언할 수 있다. 양자는 다 같이 질적인 부분위헌선언이며 실제적인 면에서 그 효과를 달리하는 것은 아니다. 다만 양자는 법문의미가 미치는 사정거리를 파악하는 관점, 합헌적인 의미 또는 범위를 확정하는 방법 그리고 개개 헌법재판사건에서의 실무적인 적의성 등에 따라 그 중 한 가지 방법을 선호할 수 있을 따름이다. 헌법재판소가 한정위헌 또는 한정

합헌선언을 한 경우에 위헌적인 것으로 배제된 해석가능성 또는 축소된 적용범위의 판단은 단지 법률해석의 지침을 제시하는 데 그치는 것이 아니라 본질적으로 부분적 위헌선언의 효과를 가지는 것이며, 헌법재판소법 제47조에 정한 기속력을 명백히 하기 위하여는 어떠한 부분이 위헌인지 여부가 그 결정의 주문에 포함되어야 하므로, 이러한 내용을 결정의 이유에 설시하는 것만으로는 부족하고 결정의 주문에까지 등장시켜야 한다.」

[憲 1997. 12. 24.-96헌마172등] 「헌법재판소의 법률에 대한 위헌결정에는 단순위헌결정은 물론, 한정합헌, 한정위헌결정과 헌법불합치결정도 포함되고 이들은 모두 당연히 기속력을 가진다.……헌법재판소의 위 한정위헌의 결정은 위 법률조항의 문언자체는 그대로 둔 채 그 적용범위를 제한하여……이를 적용할 수 없다는 내용의 부분위헌인 것이다. 따라서 헌법재판소의 위 결정의 효력은 헌법에 위반된다는 이유로 그 적용이 배제된 범위 내에서 법원을 비롯하여 모든 국가기관 및 지방자치단체를 기속하므로 이로써 법원은 헌법재판소의 위 결정내용에 반하는 해석은 할 수 없게 되었다 할 것이다.」

限定違憲決定은 기속력을 발생하기 때문에 법원이 법률이나 법률조항을 위헌적으로 해석하여 적용하는 것을 사전에 방지해 주는 기능을 하기도 한다. 원래 법원은 재판에서 법률을 적용할 때 헌법에 합치되는 해석(=憲法合致的 法律解釋)을 하여 적용해야 하는 의무를 진다. 그렇지만 이와 반대로 법원이 재판에서 법률을 적용하면서 헌법에 위반되는 내용으로 해석하여 적용하는 경우가 있는데, 이런 법원의 재판에 대하여 합헌성의 통제를 하는 것이 裁判에 대한 憲法訴願審判이다. 그런데 우리 憲法裁判所法은 재판에 대한 헌법소원심판을 원칙적으로 인정하고 있지 않으므로($^{憲裁法}_{§68①}$) 이러한 한정위헌결정은 법원이 재판에서 법률을 위헌으로 해석하여 적용하는 것을 방지하는 중요한 기능을 한다. 다만, 限定違憲決定의 경우에도 헌법재판소가 판단의 오류를 범할 가능성이 있고, 이런 경우에는 일반 법원의 재판에 치명적인 결과를 가져오므로 헌법재판소는 특별한 사정이 없는 한 위헌으로 해석하는 범위를 당해 사건과 관련된 범위로 제한하는 신중한 자세가 필요하다.

(c) 대법원의 판례

大法院은 한정위헌결정은 법원을 기속하지 않는다고 하여 법원에 대한 기속력을 부정하고 있다($^{예: 大 1996. 4.}_{9.-95누11405}$). 大法院은 구체적 분쟁사건의 재판에 즈음하여 법률 또는 법률조항의 의미·내용과 적용 범위가 어떠한 것인지를 정하는 권한은 사법권의 본질적 내용을 이루는 것이고, 합헌적 법률해석을 포함하는 법령의 해석·적용 권한은 법원에 전속하는 것이라고 하고, 헌법재판소가 법률의 위헌 여부를 판단하기 위하여 법원의 최종적인 법률해석에 앞서 법령을 해석하거나 그 적용 범위를 판단하더라도 헌법재판소의 법률해석에 대법원이나 각급 법원이 구속되는 것은 아니라는 태도를 견지하고 있다(예: 大 2001. 4. 27.-95재다14; 2008. 10. 23.-2006다66272; 2009. 2. 12.-2004두10289; 2013. 3. 28.-2012재두299). 이는 잘못된 것이다(同旨: 許 玲d, 245).

[大 2013. 3. 28.-2012재두299] 「법률 조항 자체는 그대로 둔 채 그 법률 조항에 관한 특정한 내용의 해석·적용만을 위헌으로 선언하는 이른바 한정위헌결정에 관하여는 헌법재판소법 제47조가 규정하는 위헌결정의 효력을 부여할 수 없으며, 그 결과 한정위헌결정은 법원을 기속할 수 없고 재심사유가 될 수 없다 는 것이 확립된 대법원의 판례이다.……법원과 헌법재판소 간의 권력분립 구조와 사법권 독립의 원칙에 관한 헌법 규정의 내용과 취지에 비추어 보면, 구체적인 사건에서 어떠한 법률해석이 헌법에 합치되는 해석인가를 포함하는 법령의 해석·적용에 관한 권한은 대법원을 최고 법원으로 하는 법원에 전속한다. 헌법재판소는 헌법 제111조 제1항 제1호에 의하여 국회가 제정한 '법률'이 위헌인지 여부를 심판할 제한적인 권한을 부여받았을 뿐, 이를 넘어서 헌법의 규범력을 확보한다는 명목으로 법원의 법률해석이나 판결 등에 관여하여 다른 해석 기준을 제시할 수 없다. 이와 달리 보는 것은 헌법재판소의 관장사항으로 열거한 사항에 해당하지 않는 한 사법권은 포괄적으로 법원에 속하도록 결단하여 규정한 헌법에 위반된다.……헌법재판소법 제47조 제1항에서 규정한 '법률의 위헌결정'은 국회가 제정한 '법률'이 헌법에 위반된다는 이유로 그 효력을 상실시키는 결정만을 가리키고, 단순히 특정한 '법률해석'이 헌법에 위반된다는 의견을 표명한 결정은 '법률'의 위헌 여부에 관한 결정이 아닐 뿐만 아니라 그 결정에 의하여 법률의 효력을 상실시키지도 못하므로 이에 해당하지 아니함이 명백하다. 따라서 헌법재판소가 '법률'이 헌법에 위반된다고 선언하여 그 효력을 상실시키지 아니한 채 단지 특정한 '법률해석'이 헌법에 위반된다고 표명한 의견은 그 권한 범위를 뚜렷이 넘어선 것으로서 그 방식이나 형태가 무엇이든지 간에 법원과 그 밖의 국가기관 등을 기속할 수 없다. 또한 그 의견이 확정판결에서 제시된 법률해석에 대한 것이라 하더라도 법률이 위헌으로 결정된 경우에 해당하지 아니하여 법률의 효력을 상실시키지 못하는 이상 헌법재판소법 제47조 제3항에서 규정한 재심사유가 존재한다고 할 수 없다.……헌법재판소가 법률의 해석기준을 제시함으로써 구체적 사건의 재판에 관여하는 것은 독일 등 일부 외국의 입법례에서처럼 헌법재판소가 헌법상 규정된 사법권의 일부로서 그 권한을 행사함으로써 사실상 사법부의 일원이 되어 있는 헌법구조에서는 가능할 수 있다. 그러나 우리 헌법은 사법권은 대법원을 최고법원으로 한 법원에 속한다고 명백하게 선언하고 있고, 헌법재판소는 사법권을 행사하는 법원의 일부가 아님이 분명한 이상, 법률의 합헌적 해석기준을 들어 재판에 관여하는 것은 헌법 및 그에 기초한 법률체계와 맞지 않는 것이고 그런 의견이 제시되었더라도 이는 법원을 구속할 수 없다.……헌법재판소법 제41조 제1항에 의한 법률의 위헌 여부 심판의 제청은 법원이 국회가 제정한 '법률'이 위헌인지 여부의 심판을 헌법재판소에 제청하는 것이지 그 법률의 의미를 풀이한 '법률해석'이 위헌인지 여부의 심판을 제청하는 것이 아니다. 그렇다면 당사자가 위헌제청신청이 기각된 경우 헌법재판소에 헌법소원심판을 청구할 수 있는 대상도 '법률'의 위헌 여부이지 '법률해석'의 위헌 여부가 될 수 없음은 분명하다. 따라서 헌법재판소가 '법률해석'에 대한 헌법소원을 받아들여 특정한 법률해석이 위헌이라고 결정하더라도, 이는 헌법이나 헌법재판소법상 근거가 없는 결정일 뿐만 아니

라 법률의 효력을 상실시키지도 못하므로, 이를 가리켜 헌법재판소법 제75조 제1항에서 규정하는 '헌법소원의 인용결정'이라거나, 헌법재판소법 제75조 제7항에서 규정하는 '헌법소원이 인용된 경우'에 해당된다고 볼 수 없고, 이러한 결정은 법원이나 그 밖의 국가기관 등을 기속하지 못하며 확정판결 등에 대한 재심사유가 될 수도 없다.」

(3) 소 급 효

한정위헌결정도 위헌결정이므로 위헌으로 결정된 법률은 소급효가 인정되는 범위 내에서 소급하여 효력을 상실한다. 이러한 소급효는 위헌결정의 경우와 동일하다([144] Ⅱ). 再審의 청구도 가능하다.

Ⅳ. 限定合憲決定과 限定違憲決定에 대한 새로운 理解

한정합헌결정과 한정위헌결정을 둘러싼 憲法裁判所와 大法院의 논의는 한정위헌결정과 한정합헌결정에 대한 이해의 부족으로 인하여 논의에서 혼선을 빚고 있다고 보인다. 우선 헌법재판소는, 한정합헌결정과 한정위헌결정은 동일한 것으로 동일한 상황에서 어느 것이나 선택할 수 있다고 하고 따라서 양자 모두 위헌결정으로서의 기속력을 가진다고 한다. 그러나 한정합헌결정과 한정위헌결정은 구조상 다른 것이고, 무엇보다 한정합헌결정은 위헌법률심판의 결정으로 적합하지 않다고 보인다. 따라서 여기에 기속력을 인정하려는 것은 무리라고 보인다. 이런 점에서는 대법원이 헌법재판소의 견해에 異議를 제기하는 것이 전혀 틀린 것이라고 할 수 없다.

한정위헌결정을 앞에서 본 바와 같이 이해하면 기속력을 부정하기 어렵다. 이 점에서는 대법원의 견해가 적절하지 않다고 보인다. 물론 한정위헌결정이라는 형태의 결정을 인정하지 않을 때에는 위헌으로 해석되는 내용 또는 의미가 포함되는 법률조항에 대해 단순위헌결정을 하면 된다. 그 경우 국회는 위헌으로 해석된 내용을 제거한 내용으로 법문의 의미를 명확하게 하고, 원래 위헌이지 않은 내용 부분은 위헌 선고로 발생한 법률의 공백기간 동안 행해진 법률관계에 소급하여 적용되도록 해당 법률조항을 개정하면 된다. 그러나 이렇게 하는 것과 한정위헌결정을 하는 것을 비교해 볼 때, 단순위헌결정을 하는 방식이 국민들의 생활에 많은 불편을 초래할 뿐 아니라 시간과 국력의 낭비를 가져온다. 따라서 앞에서 본 바와 같은 한정위헌결정을 인정하는 것이 타당하며, 이런 경우는 위헌결정으로서 당연히 기속력을 가진다.

법원의 재판에 대한 헌법소원심판에서도 헌법재판소의 오판의 가능성은 존재하지만 이를 근거로 재판에 대한 헌법소원심판을 부정할 수 없듯이, 한정위헌결정의 경우에도 헌법재판소의 오판이 발생할 가능성이 있다는 이유로 법원에 대한 한정위헌결정의 기속력을 부정할 수는 없다. 어떤 재판이든 오판의 가능성은 항상 존재하는 것이며 재판이라는 행위 자체가 오판 가능성을 개념본질적으로 안고 있는 것이다.

　다만, 유의할 점은 하나의 심판대상 속에 질적으로 합헌인 요소와 위헌인 요소가 공존하는 것이 확정적이지 않고 다양한 사건에 대한 법률의 해석·적용에서 구구한 결론을 초래할 가능성이 심한 경우에는 法文의 의미가 廣範하고 曖昧하여 明確性의 原則에 위반된다는 이유로 單純違憲決定을 하여야 하며, 이런 경우에 애서 한정위헌결정을 하는 것은 타당하지 않다는 것이다(참조: 憲 1989. 7. 14.-88헌가5등). 이렇게 볼 때, 한정위헌결정은 어떤 법률의 조항이 헌법상의 명확성원칙에는 위반되지 않으면서 합헌적으로 해석되는 요소와 위헌으로 해석되는 요소를 동시에 갖추고 있는 경우에 인정되는 주문이라고 할 것이다. 헌법재판소가 단순위헌의 결정을 하면 국회로 하여금 再立法을 고려하게 만들고, 그 再立法에서 종전의 위헌인 요소를 제거하고 法文을 명확하게 하는 기회가 생기게 된다.

《한정위헌결정의 가능성 문제》
어떤 법률의 조항에 明確性의 原則을 적용함에 있어서는 그 조항의 법문이 一義的이지 않더라도 명확성에 반하지 않는 범주에 속하면 합헌이고, 명확성에 반하는 범주에 속하면 위헌이다. 따라서 명확성원칙의 적용에서 논리적으로는 「明確-合憲」과 「不明確-違憲」만 있을 뿐, 그 가운데의 영역은 존재하기 어렵다. 따라서 이런 구조에서 보면, 논리적으로 限定違憲決定은 존재하기 어렵다는 결론에 이른다. 이렇게 되면, 단순위헌결정을 하되 위헌결정으로 법률의 공백이 발생하고 이 공백의 일정부분에 법률의 규율이 여전히 필요한 경우에는 新法이 이 일정부분에 소급하여 효력을 발생하도록 입법하게 된다. 한정위헌결정의 주문은 「명확-합헌」과 「불명확-위헌」이라는 위와 같은 논리적인 구조에도 불구하고, 심판대상인 법률조항이 가지고 있는 의미의 多義性이 심하지 않을 경우에 그 조항 전부를 무효화하지 않고 위헌으로 해석되는 부분만 소멸시키고 나머지 부분을 살려 놓는 방법이다. 이런 방법이 타당한가 하는 문제는 여전히 남아 있다. 그래서 위헌여부심판에는 합헌이냐 위헌이냐 하는 주문만 존재할 뿐, 한정위헌결정의 주문은 존재하기 어렵다는 비판이 있다. 이런 이해에 따르면, 결국 법률의 위헌여부심판에서 주문은 合憲決定, 違憲決定, 憲法不合致決定만 존재할 수 있다.

[151] 第四　憲法不合致決定

I. 意　　義

(1) 개　　념

헌법불합치결정은 變形決定(Entscheidungsvariante)의 일종으로서 해당 법률이나 법률조항이 헌법에 위반되는 경우에도 단순위헌결정을 하는 것이 아니라 헌법에 합치하지 않는다는 것을 선언하고, 그 효력을 일정기한까지 유지시키는 것을 말한다.

憲法不合致決定의 主文은 「○○법 제○조는 헌법에 합치하지 아니한다」라고 표시한다. 時限을 정하는 표시는 主文에 「위 법률 조항은……까지 그 효력을 가진다」라고 추가하여 표시한다.

憲法裁判所도 이러한 憲法不合致決定을 변형결정의 하나로 인정하고 있다(예: 憲 1989. 9. 8. -88헌가6; 1991. 3. 11.-91헌마21; 1993. 3. 11.-88헌마5; 1994. 7. 29.-92헌바49등; 1997. 3. 27.-95헌가14등; 1997. 7. 16.-95헌가6 등; 1997. 8. 21.-94헌바19등; 1998. 8. 27.-96헌가22; 1999. 5. 27.-98헌바70; 2005. 6. 30.-2005헌가1; 2007. 6. 28.-2004헌마643).

[憲 1994. 7. 29.-92헌바49등] 「우리 재판소의 확립된 판례에 의하여 인정되고 있는 "헌법불합치결정"은 성질상 위헌결정의 일종으로서 대상 법률 또는 법률조항의 효력상실만을 잠정적으로 유보하는 변형결정이므로 심판대상의 확대에 관한 헌법재판소법 제45조 및 제75조 제6항의 법리는 헌법불합치결정에도 그대로 적용된다고 보아야 할 것이다.……단순 위헌무효결정을 선고하지 아니하고, 헌법재판소법 제47조 제2항 본문의 "효력상실"을 제한적으로 적용하는 변형결정으로서의 헌법불합치결정을 선택하지 아니할 수 없다.」

[憲 2007. 6. 28.-2004헌마643] 「법률이 헌법에 위반되는 경우 헌법의 규범성을 보장하기 위하여 원칙적으로 그 법률에 대하여 위헌결정을 하여야 하는 것이지만, 위헌결정을 통하여 법률조항을 법질서에서 제거하는 것이 법적 공백과 그로 인한 혼란을 초래할 우려가 있는 경우에는 위헌조항의 잠정적 적용을 명하는 헌법불합치결정을 할 수 있다. 즉 위헌적인 법률조항을 잠정적으로 적용하는 위헌적인 상태가 위헌결정으로 말미암아 발생하는 법적 규율이 없는 합헌적인 상태보다 오히려 헌법적으로 더욱 바람직하다고 판단되는 경우에는, 헌법재판소는 법적 안정성의 관점에서 법치국가적으로 용인하기 어려운 법적 공백과 그로 인한 혼란을 방지하기 위하여 입법자가 합헌적인 방향으로 법률을 개선할 때까지 일정기간 동안 위헌적인 법규정을 존속케 하고 또한 잠정적으로 적용하게 할 필요가 있다.」

변형결정의 하나인 헌법불합치결정은 독일의 헌법불합치결정(Unvereinbarerklärung)을 차용한 것이다. 독일에서는 법률이 基本法, 즉 헌법에 위반되는(verfassungswidrig) 경우에 위헌선고에 의해 법률의 효력이 상실되는 違憲無效決定(Nichtigerklärung)과 위헌임에도 일정한 기간 효력을 그대로 유지하는 憲法不合致決定을 하는데, 이 때 말하는 헌법불합치결정을 차용하여 우리 나라에서도 헌법불합치결정을 하고 있다. 독일에서 헌법불합치결정을 하는 경우에는 위헌무효결정의 경우 주문에서 無效라고(nichtig) 표시하는 것과 달리 주문에서 무효라는 표시를 하지 않고 단순히 「기본법에 합치하지 않는다」(mit dem Grundgesetz unvereinbar)고만 표시한다. 이렇게 주문에서 無效(Nichtigkeit od. Nichtgeltung)를 표시하지 않음으로써 해당 법률이 위헌이지만 효력을 유지한다고 본다. 독일에서 이러한 헌법불합치의 결정은 처음에 연방헌법재판소법에 근거가 없이 순전히 연방헌법재판소가 판례로 창조해 낸 것이었다. 헌법불합치결정이 헌법재판의 속성상 불가피한 것임이 확인되고 판례가 축적되면서 1970년 연방헌법재판소법을 개정할 때 명시적인 근거를 마련하였다. 우리 나라의 단순위헌결정은 독일의 위헌무효결정에 대응하는 것이지만, 독일과 달리 주문에서 「……은 헌법에 위반된다」라고만 표시하고 따로 무효라는 것을 표시하지 않는다.

(2) 성　질

(a) 위헌결정

憲法不合致란 해당 법률이나 법률조항이 헌법과 合致하지 아니한다는 것으로 본질에 있어서는 「헌법에 위반된다」(verfassungswidrig)는 의미이다. 즉 위헌이라는 말이다. 따라서 違憲法律審判이나 法律에 대한 憲法訴願審判의 主文表示에 있어서 말하는 憲法不合致決定은 헌법에 위반된다는 점에서는 본질상 單純違憲(=違憲無效)의 決定과 같다. 憲法裁判所의 判例도 같은 취지이다(예: 憲 2006. 6. 29.-2005헌마44). 大法院의 판례도 동일하다(예: 大 2009. 1. 15.-2004도7111).

단순위헌으로 선고한 경우에 초래될 법적 공백으로 인한 법질서의 혼란(예: 근거법률의 수권이 없는 명령의 무효화; 한국방송공사법에서 텔레비전방송의 수신료를 납부받을 수 있는 근거를 정하면서, 금액의 결정을 공사의 이사회가 하도록 정한 것이 의회유보원칙에 위반하여 위헌인 경우에 헌법재판소가 이 조항에 대하여 위헌선언을 하면 당장 시청료를 받을 수 없어 사업에 심각한 영향을 주기 때문에 이 법률조항의 효력은 유지하되 일정 기일까지 의회유보원칙에 합당하게 개정하도록 하는 경우. 憲 1999. 5. 27.-98헌바70)을 방지하거나(예: 憲 2005. 4. 28.-2003헌바40; 2005. 6. 30.-2005헌가1; 2005. 12. 22.-2003헌가5등) 평등조항의 위반으로 법률의 효력을 없앨 경우에 국가로부터 받는 급부의 혜택이 중단되는 결과를 회피하기 위한 것과 같이 헌법에 합치하지 않는 해당 법률이나 법률조항의 효력을 일정 기간 동안 유지시켜야 할 필요가 있어 해당 법률이나 법률조항에 대해 단순위헌결정을 하는 대신 일정한 시점까지 효력을 유지시키는 점에서만 단순위헌결정과 구별된다.

헌법재판소는 평등조항이 문제가 되는 경우가 아니라 자유권의 침해가 있는 경우에도 헌법불합치결정을 하고 있다(예: 憲 2004. 5. 27.-2003헌가1). 이러한 헌법불합치한 법률조항이 형벌조항인 경우에는 그 적용이 계속되면 刑事不正義가 발생하므로 이를 해결하기 위하여 해당 법률조항의 적용중지를 명하고 있다. 그러나 이는 단순위헌 또는 한정위헌으로 결정하고 憲法裁判所法 제47조 제2항이 정하는 소급효를 인정하는 것이 타당하다.

[憲 2004. 5. 27.-2003헌가1] 「헌법불합치결정은 헌법재판소법 제47조 제1항에 정한 위헌결정의 일종으로서, 심판대상이 된 법률조항이 실질적으로는 위헌이라 할지라도 그 법률조항에 대하여 단순위헌결정을 선고하지 아니하고 헌법에 합치하지 아니한다는 선언에 그침으로써 헌법재판소법 제47조 제2항 본문의 효력상실을 제한적으로 적용하는 변형위헌결정의 주문형식이다. 법률이 평등원칙에 위반된 경우가 헌법재판소의 불합치결정을 정당화하는 대표적인 사유라고 할 수 있다. 반면에, 자유권을 침해하는 법률이 위헌이라고 생각되면 무효선언을 통하여 자유권에 대한 침해를 제거함으로써 합헌성이 회복될 수 있고, 이 경우에는 평등원칙위반의 경우와는 달리 헌법재판소가 결정을 내리는 과정에서 고려해야 할 입법자의 형성권

은 존재하지 않음이 원칙이다. 그러나 그 경우에도 법률의 합헌부분과 위헌부분의 경계가 불분명하여 헌법재판소의 단순위헌결정으로는 적절하게 구분하여 대처하기가 어렵고, 다른 한편으로는 권력분립의 원칙과 민주주의원칙의 관점에서 입법자에게 위헌적인 상태를 제거할 수 있는 여러 가지의 가능성을 인정할 수 있는 경우에는 자유권의 침해에도 불구하고 예외적으로 입법자의 형성권이 헌법불합치결정을 정당화하는 근거가 될 수 있다.」

유의할 것은 법적 공백의 방지가 언제나 헌법불합치결정을 정당화하는 것은 아니라는 점이다. 법적 공백의 방지만을 강조하다보면(참조: 憲 1998. 8. 27.-96헌가22등; 1999. 5. 27.-98헌바70; 1999. 10. 21.-97헌바26) 단순위헌으로 선고해야 할 것을 헌법불합치의 결정으로 처리하는 오류를 범할 수 있다.

(b) 입법형성권 존중 이유의 헌법불합치결정 가부

헌법불합치결정은 위에서 본 바와 같이 특별한 사유가 있는 경우에만 인정되는 것이므로 단순위헌결정을 해야 할 사안에서 국회의 입법형성의 자유를 존중한다는 이유만으로 헌법불합치결정을 하는 것은 不適法하여 許容될 수 없다(同旨: 尹眞秀c, 208; K. Schlaich, 275; P. E. Hein, 114 이하).

헌법재판소의 헌법불합치결정 가운데 국회의 立法形成權을 존중하기 때문이라는 것을 이유로 든 것이 있다(예: 憲 1991. 3. 11.-91헌마21; 1997. 8. 21.-94헌바19등; 1998. 8. 27.-96헌가22). 이런 것은 헌법재판소가 위헌법률심판의 권한을 사실상 포기한 것과 다름이 없다.

[憲 1991. 3. 11.-91헌마21] 「위헌이냐 합헌이냐의 결정 외에 한정합헌 또는 헌법불합치 등 중간영역의 주문 형식은 헌법을 최고법규로 하는 통일적인 법질서의 형성을 위하여서 필요할 뿐 아니라 입법부가 제정한 법률을 위헌이라고 하여 전면 폐기하기보다는 그 효력을 가급적 유지하는 것이 권력분립의 정신에 합치하고 민주주의적 입법기능을 최대한 존중하는 것이라 할 것이며(헌법재판소 1990. 6. 25. 선고, 90헌가11 결정 참조), 그것은 국민의 대표기관으로서 입법형성권을 가지는 국회의 정직성·성실성·전문성에 대한 예우이고 배려라고 할 것이다.」

[憲 1998. 8. 27.-96헌가22등] 「위헌적인 규정을 합헌적으로 조정하는 임무는 원칙적으로 입법자의 형성재량에 속하는 사항이라고 할 것인데, 이 사건 법률조항의 위헌성을 어떤 방법으로 제거하여 새로운 입법을 할 것인가에 관하여는 여러 가지 방안(고려기간의 도과에 관하여 상속인이 책임질 사유가 없는 때에는 단순승인이 아닌 한정승인을 한 것으로 보는 방안, 스위스 민법 제566조 제2항의 규정과 같이 상속재산 중 소극재산이 적극재산을 초과함이 객관적으로 명백한 때에는 고려기간의 도과로써 상속을 포기한 것으로 추정하는 방안, 상속인이 상속채무가 적극재산을 초과하는 사실을 알지 못하여 고려기간을 도과한 때에는 상속인이 그 사실을 안 날로부터 일정한 기간 내에 다시 상속의 승인이나 포기, 또는 한정승인을 할 수 있도록 하는 방안 등)이 있을 수 있고, 그 중에서 어떤 방안을 채택할 것인가는 입법자가 우리의 상속제도, 상속인과 상속채권자 등 이해관계인들의 이익, 법적 안정성 등 여러 가지 사정을 고려하여 입법정책적으로 결정할 사항이라고 할 것이므로, 이 사건 법률조항에 대하여 단순위헌결정을 할 것이 아니라 헌법불합치결정을 선고하여야 할 것이다.」

(c) 효력상실시기가 없는 헌법불합치결정

효력이 상실되는 時期를 정하지 아니한 헌법불합치의 결정은 止揚하는 것이 타당하다. 위헌인 법률의 효력이 유지되는 시한을 정하여 그 시한을 경과하면 효력이 상실된다는 것을 선고하지 않고 단순히 헌법에 합치하지 않는다는 것만 선언하는 것은 헌법재판으로서의 기능과 실효성을 불확실하게 한다. 효력상실의 시기가 없는 헌법불합치결정의 경우에는 결국 「합리적인 시점 이내에」 새로운 입법을 할 것을 명하는 것이라고 할 것인데, 이 경우 「합리적 시점」이 언제까지인지에 관하여 해석이 분분할 수 있기 때문이다.

憲法裁判所의 판례 가운데는 헌법불합치의 결정을 하면서 해당 법률조항의 효력이 상실되는 시기를 정하지 아니한 것이 있다(예: 憲 1994. 7. 29.-92헌바49등; 1997. 3. 27.-95헌가14등; 2003. 2. 27.-2000헌바26; 2003. 9. 25.-2003헌바16). 이러한 것은 단순위헌으로 선고해야 할 사안에서도 헌법불합치결정으로 도피할 수 있는 출구를 열어 놓는 것이 되어 헌법재판의 기능과 권위를 손상시킬 우려가 있다.

(d) 헌법불합치와 단순위헌의 호환불가성

법률의 조항이 헌법에 위반되는 경우에 단순위헌의 결정을 할 것이냐 헌법불합치의 결정을 할 것이냐 하는 것은 法理의 문제이기 때문에 그에 적합한 어느 하나를 선택하여야 한다. 單純違憲으로 결정해야 하는 경우에 憲法不合致의 결정을 하거나 憲法不合致로 결정해야 하는 경우에 單純違憲의 결정을 하는 것은 主文이 틀린 것이다. 單純違憲으로 결정하여야 할 경우에 憲法不合致의 결정을 하면 헌법을 침해하는 법률을 오히려 방치하는 결과를 초래하고, 憲法不合致로 결정해야 하는 경우에 單純違憲의 결정을 하면 법적으로 보호되어야 하는 이익을 부정하고 법률의 공백을 불러오는 결과를 가져와 헌법재판이 권리나 자유를 침해하고 법질서를 파괴하는 것으로 변질된다. 동일한 法理에 따라 憲法不合致와 限定違憲도 호환이 불가능하다.

憲法不合致의 결정에 있어서 중요한 것은 과연 해당 사건에서 헌법불합치로 결정한 것이 주문을 선택함에 있어 합당한 것이었나 하는 점이다. 單純違憲 또는 限定違憲의 결정을 하여 해당 법률의 효력을 바로 상실시켜야 할 사건에서 헌법불합치의 결정을 하면 기본권을 침해하거나 헌법을 침해하는 법률을 방치하는 것이 되어 이러한 憲法裁判은 그 자체 헌법에 위반되는 것이다. 이 경우에는 헌법재판이 기본권을 침해하거나 헌법을 침해하는 법률을 일정 기간 합법적으로 효력을 가지게 만드는 결과를 초래하여 憲法保護와 基本權保護의 수단으로서의 기능이 상실된다. 헌법불합치의 결정이 妥協裁判의 수단으로 誤用되어서는 안 되는 이유이다.

(3) 법률개선촉구결정의 병행

(a) 필 요 성

違憲法律審判이나 法律에 대한 憲法訴願審判에 있어서는 경우에 따라 어떤 법률의 조항이 헌법에 위반된다는 이유로 바로 해당 법률조항의 효력을 상실시키면 그 법률의 공백으로 인하여 법적으로 보호하여야 할 利益까지도 부정되는 결과를 가져오는 수도 있는데, 憲法不合致決定은 이러한 상태를 방지하고, 立法者에게 主文에서 정하는 時限까지 해당 법률조항의 위헌인 상태를 제거할 것을 촉구하기 위한 방법으로 사용된다. 따라서 헌법불합치의 결정을 하는 때에는 통상 법률개선촉구(=입법개선촉구)의 결정을 함께 한다.

《법률개선촉구결정》

헌법재판소는 법률의 위헌여부를 심판하는 결정의 主文에서는 合憲의 결정(법률에 대한 헌법소원심판의 경우에는 기각결정)을 표시하지만 장차 위헌으로 될 여지나 가능성이 있는 경우(「아직은 합헌」의 결정)와 憲法不合致의 결정을 하는 경우에 입법자인 국회에게 헌법에 위반될 우려가 있는 상태나 헌법에 위반되는 상태를 제거하도록 법률개선을 촉구하는 결정을 하는데, 이를 法律改善促求決定이라고 한다. 이러한 법률개선촉구의 결정은 主文에서는 表示하지 아니한다. 법률개선촉구의 결정은 입법자를 拘束하는 것은 아니기 때문에 입법자가 법률을 개선할 때 헌법재판소의 판단을 그대로 따라야 할 필요는 없다. 이런 점에서 법률개선촉구결정은 기속력을 가지지 않는다. 헌법불합치의 상태를 해소하기 위한 방법에는 여러 가지가 있을 수 있고, 그런 여러 가지 방법 중 어느 것을 선택할 것인가 하는 것은 국회의 立法形成의 自由에 해당하기 때문이다. 뒤에서 보듯이, 헌법재판소도 이 점을 인정한다(예: 憲 1997. 3. 27.–95헌가14등).

(b) 판　　례

憲法裁判所도 憲法不合致의 결정을 할 때에는 통상 법률개선촉구의 결정을 함께 하고 있다(예: 憲 1993. 3. 11.–88헌마5; 1994. 7. 29.–92헌바49; 등: 1997. 1. 16.–92헌바6등; 1999. 5. 27.–98헌바70).

[憲 1993. 3. 11.–88헌마5] 「이상 일응 제시한 제한된 범위의 공무원에게 법률로 단체행동권을 부여하는 세 가지 방안, 즉 사실상 노무에 종사하는 공무원에게 쟁의권을 전면 부여하던 구법상태로 단순히 환원시키는 방안, 이들에게 쟁의권은 주되 전체이익과의 조화를 위하여 그 행사요건과 절차를 신설하는 등의 보완 입법을 하는 방안, 기존의 입법형태와는 달리 종사하는 직종이 아니라 직역을 기준으로 하여 선별적으로 쟁의권을 부여하는 방안 등 세 가지 가운데 어느 것이 가장 이상적이며, 어느 것이 선택되어야 하는가는 헌법재판소의 소관일 수 없다. 이 중 어느 방안에 의할 것인가, 이외에도 바람직한 또 다른 합리적인 방안이 있는가의 모색은 광범위한 입법형성권을 가진 입법자의 재량의 영역이며, 입법정책으로 결단되어야 할 문제이다. 그러나 입법자는 어떠한 형태로든 모름지기 헌법불합치의 현행법 제12조 제2항은 더 이상 원형 그대로 존치시켜서는 안 되며, 헌법 제33조 제2항이 법

률로 정한다고 한 이상 법률을 만들어 일정한 테두리의 공무원인 근로자가 단체행
동권을 갖도록 하여 헌법불합치인 현재의 상태를 제거할 의무가 있다 할 것으로,
이러한 의미에서 빠른 시일 안에 헌법불합치의 제거를 위한 입법촉구를 하는 바이
다.」
[憲 1999. 5. 27.-98헌바70] 「이 법 제36조 제1항에 대해 단순위헌결정을 함으
로써 바로 그 효력을 상실하게 하는 대신 헌법불합치결정을 하고 빠른 시일 내에
헌법위반 상태의 제거를 위한 입법촉구를 하되 그 때까지는 이 조항의 효력이 지속
되도록 하는 바이다. 입법자는 이 결정에서 밝힌 위헌이유에 맞추어 수신료 결정에
관한 규정을 합헌적인 내용으로 개정함에 있어서는 신중한 검토를 위하여 충분한
시간적 여유를 가지는 것이 바람직하다 할 것이나, 현재의 국회는 헌법을 지켜야
할 당위성 때문에 임기만료 등을 고려하여 그 입법활동이 사실상 종료되는 1999.
12. 31.까지는 헌법위반의 상태를 제거하여야 할 입법의무가 있다. 그리고 그 때까
지는 부득이 이 법 제36조 제1항의 효력은 지속되어야 할 것이며, 동 조항의 효력
은 1999. 12. 31.이 경과하여 비로소 상실된다.」 이 사건에서 헌법재판소는, 텔레
비전방송의 수신료 금액을 결정함에 있어서 국회가 스스로 결정하거나 결정에 관여
함이 없이 한국방송공사로 하여금 수신료의 금액을 결정하여 문화관광부장관의 승
인을 얻도록 정한 한국방송공사법(1990. 8. 1. 법률 제4264호로 개정된 것) 제36조 제1항에 대해 헌법 제37조
제2항의 法律留保原則에 반한다고 판단하면서, 동시에 텔레비전방송의 수신료 부과
자체는 헌법에 위반되지 아니하기 때문에 한국방송공사법 제36조 제1항에 대해 위
헌으로 결정하면 당장 텔레비전방송의 수신료도 부과할 수 없는 사태를 초래한다고
하여 한국방송공사법 제36조 제1항에 대해 단순위헌결정을 하여 바로 그 효력을
상실시키는 대신 빠른 시일 내에 헌법위반의 상태를 제거하기 위한 법률개선촉구
를 하되 그 때까지는 위 조항의 효력을 지속시키기 위하여 헌법불합치의 결정을
하였다.

(4) 주문 선택의 오류

憲法不合致의 결정은 본질에서 違憲決定이므로 재판관 9인 중 6인이 헌법불합
치의 의견을 낸 경우에 있게 된다(憲裁法 §23②i). 그런데 현실에서는 재판관의 판단의 차이로
인하여 單純違憲의 의견과 憲法不合致의 의견이 倂存하고 이 두 의견을 낸 재판관의
총수가 6인 이상인 경우(예컨대 어떤 법률조항이 헌법에 위반된다고 판단한 재판관이 7인
이지만 5인의 재판관은 단순위헌의 의견이고 2인의 재판관은 헌법불합치의 의견인 경우)가
발생할 수 있는데, 이 경우에 單純違憲의 결정을 할 것인가 憲法不合致의 결정을 할
것인가 하는 것이 문제가 된다. 헌법재판소는 이러한 경우「大(헌법불합치)는 小(단순
위헌)를 포함한다」는 논리를 들어 主文의 表示에 있어 憲法不合致의 결정을 하고 있
다(예: 憲 1997. 7. 16.-95헌가6; 2002. 9. 19.-2000헌바84).
단순위헌결정과 헌법불합치결정은 기능과 법리에서 서로 다른 것이므로 이러한
방식으로 합산하는 것은 타당하지 않다. 이런 경우는 어느 한 쪽의 재판관은 주문의

선택에서 오류를 범한 것이다. 따라서 헌법불합치의 결정을 할 때는 그 법리를 충분히 검토하여 의견의 합치를 구하는 것이 중요하다.

Ⅱ. 決定의 效力

헌법불합치결정은 효력에 있어서 단순위헌결정과 다르기 때문에 효력의 유지여부, 기속력, 일반적 효력 등에서 정확한 이해를 가질 필요가 있다.

(1) 위헌 확인과 효력의 유지

憲法不合致의 결정이 있게 되면 심판대상인 법률이나 법률조항은 헌법에 위반됨에도 불구하고 그 效力은 바로 상실하지 않는다. 당해 사건이나 병행 사건 등에 해당 법률 또는 법률조항이 적용되지 않더라도 해당 법률 또는 법률조항의 효력은 상실되지 않고 그대로 유지된다.

헌법재판소의 판례 중에는 헌법불합치결정을 하면서 법률조항을 잠정적으로 적용하게 한 경우가 있다(예: 憲 1989. 9. 8.–88헌가6; 1991. 3. 11.–91헌마21; 1993. 3. 11.–88헌마5; 1995. 9. 28.–92헌가11등; 2002. 9. 19.–2000헌바84; 2005. 4. 28.–2003헌바40; 2005. 12. 22.–2003헌가5등; 2006. 2. 23.–2004헌마675등; 2009. 9. 24.–2008헌가25).

憲法裁判所는 형벌규정에 대하여 헌법불합치결정을 하면서 잠정적으로 적용을 결정한 경우가 있다(예: 憲 2009. 9. 24.–2008헌가25).

형법의 구성요건이 광범하고 애매하여 明確性原則에 위반된다는 이유로 헌법에 위반되는 경우에 국회가 미리 해당 규정을 명확히 하여 범죄구성요건을 명확히 하면 일정 부분은 처벌되고 나머지 부분은 처벌되지 않는다(예: 야간옥외집회를 일몰 후에는 모두 일률적으로 금지되는 것으로 정한 것이 위헌으로 된 경우 憲 2009. 9. 24. –2008헌가25). 그런데 국회의 법률개정이 없는 상태에서 헌법재판소가 규범통제절차에서 이러한 경우에 단순위헌결정을 하면 처벌이 필요한 부분까지 제거되어 불합리하므로 헌법불합치결정을 하면서 국회에 대하여 법률개선촉구를 하게 된다. 이러한 경우에 국회가 차후 개정한 신법의 적용이 형벌불소급원칙에 위반되는 경우에는 당해 법원은 국회의 법률개정을 기다리면서 당해 재판을 연기하고 기다릴 수가 없다. 법원이 재판을 진행할 필요가 있는 경우에는 헌법불합치로 결정된 해당 법률조항을 적용하여 재판을 하게 된다(구성요건의 불명확으로 헌법불합치결정을 하는 경우에는 그 경계선을 분명하게 획정할 수 없어 기속력이 발생하는 부분이 특정되지 않으므로 당해 법원은 기속력을 받지 않고 재판을 할 수 있다). 그런데 그 이후 국회의 법률의 개정으로 법원에서 유죄로 판결한 부분에 적용된 법률조항의 해당 구성요건부분이 제거된 경우에는 재심을 통하여 바로잡게 된다.

> 刑罰規定에 대한 憲法不合致決定의 효력에 관한 최근 大法院 전원합의체 판결(大 2011. 6. 23. –2008도7562)에 의하면, 헌법재판소가 형벌규정에 대하여 헌법불합치결정을 하면서 일정 기간 동안 잠정적용을 명하였다 하더라도 헌법불합치결정이 違憲決定의 일종인 이상 헌법재판소법 제47조 제2항 단서에 따라 遡及하여 효력을 상실한다는 것이어서 暫定適用이 불가능하다는 결론에 이른다.

(2) 기한의 경과와 효력의 상실

(a) 헌법불합치의 결정을 하는 경우에는 심판대상인 법률이나 법률조항이 효력을 유지하는 기한을 정하기 때문에 그 기한을 경과하면 效力을 喪失한다. 따라서 입법자는 그 期限 내에 헌법재판소가 法律改善을 促求한 취지를 존중하여 법률을 改正하기도 한다. 그 기한 내에 입법자가 법률을 개정하지 아니하고 법률개선의 기한이 경과하면 심판대상인 법률이나 법률조항의 효력 상실에 따른 法秩序의 空白狀態가 발생한다. 이러한 공백상태는 원칙적으로 신법의 소급효에 의해 사후에 해결된다.

헌법재판소는 헌법불합치결정을 하는 경우에 기한을 정함에 있어서 적정한 시간의 확보에 신중을 기해야 하고, 국회는 법률을 개선함에 있어서 헌법재판소가 정한 기한을 지키도록 노력하여야 한다.

(b) 헌법재판소법 제41조 제1항의 절차에서는 당해 법원의 소송사건의 재판은 정지되는데, 이런 경우에 헌법재판소가 헌법불합치의 결정을 하면 헌법불합치로 결정된 법률이나 법률조항을 당해 사건에 적용할 수도 없을 뿐만 아니라 정지된 재판은 여전히 정지된다. 헌법불합치라고 선고된 법률이나 법률조항의 효력유지기간에 대하여 주문에서 표시를 하든 하지 않든 개정된 新法(이 경우 신법은 소급효를 가진다)이 시행될 때까지 그 재판은 계속 정지된다. 따라서 법원은 신법의 시행을 기다려 재판을 하여야 한다. 헌법불합치의 결정이 있고 효력유지기간이 경과하여 당해 사건의 재판의 전제가 된 법률이 효력을 상실한 경우 적용할 법률이 없다는 것을 이유로 재판을 종결할 수는 없다.

효력유지기간이 경과하여도 법률의 개선이 없거나, 효력유지기간이 없더라도 상당한 기간이 경과하여도 법률의 개선이 없을 때에도 법원은 헌법불합치로 결정된 舊法을 당해 사건에 적용하여 재판할 수 없다. 그런데 이런 경우에 국회에서 무한정으로 법률의 개선을 하지 않는 경우에는 법원의 재판도 진행되지 못하는 사태가 발생한다.

　　이러한 경우 國會의 法律改善義務가 있음에도 국회가 이를 행하지 않는 것인데, 이러한 법률개선의무가 헌법에 근거한 것일 경우에는 입법부작위에 대한 헌법소원심판을 청구할 수 있다. 이런 경우에는 법원은 가능한한 당사자의 입법부작위에 대한 헌법소원심판을 기다려 재판하는 것이 바람직하다.

(c) 헌법재판소법 제68조 제2항의 심판절차에서는 당해 소송사건의 재판이 정지되지 않으므로 헌법재판소의 결정이 있기 전에 당해 소송사건에 대한 재판이 있고, 그 이후 헌법재판소에 의한 헌법불합치결정이 있어 해당 법률 또는 법률조항이

당해 소송 사건에 적용할 수 없었던 것으로 밝혀지면 당해 법원의 소송당사자는 舊法을 적용한 재판에 대하여 再審을 청구할 수 있다(憲裁法§75⑦).

　(d) 大法院判例 중에는, 헌법재판소가 刑罰規定에 대하여 憲法不合致決定을 하면서 개정기한을 정하였는데 그 기한 내에 국회가 改善立法을 하지 않은 경우, 심판대상인 법률이 소급하여 효력을 상실하는지 아니면 개정기한도과시 비로소 효력을 상실하는 것으로 볼 것인지에 관하여 견해의 대립이 있었던 사례가 있다(大 2011. 6. 23.-2008도7562 전원합의체 판결). 위 사안에서 多數意見은 형벌규정에 관한 헌법불합치결정 역시 違憲決定에 해당하고, 형벌에 관한 법률조항에 대하여 위헌결정이 선고된 경우 憲法裁判所法 제47조 제2항 단서에 의해 그 조항이 소급하여 효력을 상실한다고 되어 있으므로, 당해 피고사건은 범죄로 되지 아니한 때에 해당하여 刑事訴訟法 제325조에 의해 無罪判決을 선고해야 한다는 의견을 내었다(헌법재판소가 주문에서 해당 법률조항이 개정될 때까지 계속 적용되고, 이유 중 결론에서 개정시한까지 개선입법이 이루어지지 않는 경우 그 다음날부터 효력을 상실하도록 하였다 하더라도 달리 해석할 수 없다고 보았다). 이에 대하여 別個意見은 심판대상법률은 헌법재판소결정에서 정한 개정시한만료 다음날부터 효력을 상실한다고 보아 범죄 후 법령개폐로 형이 廢止되었을 때에 해당하여 刑事訴訟法 제326조 제4호에 의해 免訴判決을 선고하여야 한다는 의견을 내었다.

　　[大 2011. 6. 23.-2008도7562] 「헌법재판소의 헌법불합치결정은 헌법과 헌법재판소법이 규정하고 있지 않은 변형된 형태이지만 법률조항에 대한 위헌결정에 해당하고(대법원 2009. 1. 15. 선고 2004도7111 판결, 헌법재판소 2004. 5. 27. 선고 2003헌가1, 2004헌가4(병합) 전원재판부 결정 등 참조), 집시법 제23조 제1호는 집회주최자가 집시법 제10조 본문을 위반할 것을 구성요건으로 삼고 있어 집시법 제10조 본문은 집시법 제23조 제1호와 결합하여 형벌에 관한 법률조항을 이루게 되므로, 집시법의 위 조항들(이하 '이 사건 법률조항'이라 한다)에 대하여 선고된 이 사건 헌법불합치결정은 형벌에 관한 법률조항에 대한 위헌결정이라 할 것이다. 그리고 헌법재판소법 제47조 제2항 단서는 형벌에 관한 법률조항에 대하여 위헌결정이 선고된 경우 그 조항이 소급하여 효력을 상실한다고 규정하고 있으므로, 형벌에 관한 법률조항이 소급하여 효력을 상실한 경우에 당해 조항을 적용하여 공소가 제기된 피고사건은 범죄로 되지 아니한 때에 해당한다 할 것이고, 법원은 그 피고사건에 대하여 형사소송법 제325조 전단에 따라 무죄를 선고하여야 한다(대법원 1992. 5. 8. 선고 91도2825 판결; 대법원 2010. 12. 16. 선고 2010도5986 전원합의체 판결 등 참조). 또한 헌법 제111조 제1항과 헌법재판소법 제45조 본문에 의하면 헌법재판소는 법률 또는 법률조항의 위헌 여부만을 심판·결정할 수 있으므로, 형벌에 관한 법률조항이 위헌으로 결정된 이상 그 조항은 헌법재판소법 제47조 제2항 단서에 정해진 대로 효력이 상실된다 할 것이다. 그러므로 헌법재판소가 이 사건 헌법불합치결정의 주문에서 이 사건 법률조항이 개정될 때까지 계속 적용되고, 이유 중 결론에서 개정시한까지 개선입법이 이루어지지 않는 경우 그 다음날부터 이 사건 법률조항이 효력을 상실하도록 하였더라도 이 사건 헌법불합치결정을 위헌결정으로 보는 이상 이와 달리 해석할 여지가 없다. 따라서 이 사건 헌법불합치결정에 의하여 헌법에 합치되지 아니한다

고 선언되고 그 결정에서 정한 개정시한까지 법률개정이 이루어지지 않은 이 사건 법률조항은 소급하여 그 효력을 상실한다 할 것이므로, 이 사건 법률조항을 적용하여 공소가 제기된 야간옥외집회 주최의 피고사건에 대하여 형사소송법 제325조 전단에 따라 무죄가 선고되어야 할 것이다.」 위 사안에서 대법관 3인은 다음과 같은 면소판결을 해야 한다는 취지의 별개의견을 내었다. 「헌법재판소가 위와 같은 고려에서 어떠한 형벌법규에 위헌성이 있다고 인정하면서도 그 가운데 합헌적 부분 또한 혼재되어 있어 국회의 입법에 의한 구분의 필요성이 있거나 단순위헌결정이 가져올 법적 안정성에 대한 침해가능성이 중대하다고 보아 헌법재판소법 제47조 제2항 단서에 따른 소급효의 적용을 배제하는 것이 불가피하다고 판단하여 단순위헌결정이 아닌 헌법불합치결정을 하면서 아울러 일정한 개선입법이 마련되어 시행되기까지 해당 법규의 잠정적용을 명한 경우, 법원으로서도 이러한 헌법적 가치와 이익형량에 관한 헌법재판소의 판단을 존중할 필요가 있고, 다수의견과 같이 예외적 소급효 제한의 헌법적 당부를 따지지 않은 채 단지 헌법불합치결정이 위헌결정의 일종이고 헌법불합치결정의 대상이 형벌법규이므로 당연히 헌법재판소법 제47조 제2항 단서의 적용에 따라 소급효가 인정될 뿐 여기에 어떠한 예외도 허용될 수 없다고 기계적으로 해석할 것은 아니다.……이 사건 헌법불합치결정은 개선입법이 이루어지지 않은 경우 처음부터 단순위헌결정이 있었던 것과 동일한 상태로 돌아가는 것이 아니라, 개선입법의 시한이 만료된 다음날인 2010. 7. 1.부터 이 사건 법률조항의 효력이 상실되도록 한 취지임을 알 수 있다.……그렇다면 헌법재판소가 위와 같은 취지에서 이 사건 헌법불합치결정을 통하여 이 사건 법률조항이 헌법에 위반된다고 판단하면서도 헌법재판소법 제47조 제2항 단서에 따른 소급효의 적용을 배제하고 개선입법의 시한만료일 다음날인 2010. 7. 1.부터 그 효력이 상실되도록 한 이상, 피고인1에 대한 야간옥외집회 주최의 공소사실은 그 형벌의 근거가 되는 이 사건 법률조항이 2010. 7. 1.부터 효력이 상실됨으로써 '범죄 후 법령개폐로 형이 폐지되었을 때'에 해당한다고 볼 수 있으므로 형사소송법 제326조 제4호에 의하여 실체적 재판을 하기에 앞서 면소판결을 하여야 할 것이다.」

(3) 법률의 적용 중지 문제

헌법재판소의 판례 가운데는 헌법불합치의 결정을 하면서 심판대상인 법률의 조항이 개정될 때까지 해당 법률조항의 적용을 중지시키는 결정을 함께 한 경우가 있는데, 당해 사건과 병행 사건 또는 동종 사건과 같이 소급효가 미치는 사건에 해당 법률조항이 적용되지 않는 경우에 한정하지 않고 그 이외 이런 법률조항의 적용을 일반적으로 중지시키는 것은 타당하지 않다. 당해 사건과 병행 사건 또는 동종 사건과 같이 소급효가 미치는 사건에 해당 법률조항이 적용되지 않는 것은 불합치결정의 개념에 포함되어 있으므로 이를 주문에서 따로 표시할 필요가 없다.

헌법불합치는 성질에서 위헌이므로 해당 법률조항의 효력을 일정 기간 동안 유지시켜야 할 필요가 인정되지 않고 일반적으로 그 적용을 중지시켜야 할 경우에는 위헌결정(단순위헌결정,한정위헌결정)을 하여 바로 효력을 상실시켜야 한다.

　　헌법불합치의 결정을 하면서 심판대상인 법률이나 법률의 조항이 개정될 때까지 해당 법률조항의 적용을 중지시키는 결정을 한 憲法裁判所의 判例 가운데, 주문에서 단순히 적용중지만을 표시한 것(예: 憲 2003. 7.24.–2000헌바28)과 「위 법률조항은 입법자가 위 법률조항은 입법자가 1998. 12. 31.까지 개정하지 아니하면 1999. 1. 1. 그 효력을 상실한다. 법원 기타 국가기관 및 지방자치단체는 입법자가 개정할 때까지 위 법률조항의 적용을 중지하여야 한다」라고 하여 적용중지와 효력상실을 같이 표시한 것(憲 1997. 7. 16.–95헌가6등; 1997. 8. 21.–94헌바19등; 1998. 8. 27.–96헌가22등; 1999. 12. 23.–99헌가2; 2000. 1. 27.–96헌바95등; 2003. 9. 25.–2003헌바16) 및 이유에서만 중지됨을 설시하고 主文에서는 「○○법……은 헌법에 합치되지 아니한다」라고 표시한 것(憲 1994. 7. 29.–92헌바49등; 1997. 3. 27.–95헌가14등; 1998. 12. 24.–90헌바16등)이 있다.

(4) 기 속 력

　　헌법불합치의 결정에서는 헌법에 합치하지 아니한다고 한 부분과 일정 기간이 경과한 후 특정 시기부터 효력을 상실한다는 부분, 그리고 통상 국회에 대하여 법률개선촉구를 하는 부분이 併存하기 때문에 憲法不合致의 결정을 선고한 경우 기속력이 인정되는가 하는 문제는 「헌법에 합치하지 아니한다고 한 부분」, 「해당 법률의 효력을 유지시키는 부분」, 「법률개선을 촉구한 부분」으로 나누어 살펴보아야 한다.

(a) 「헌법에 합치하지 아니한다고 한 부분」

　　헌법불합치의 결정에서 「헌법에 합치하지 아니한다고 한 부분」은 기속력을 가진다.

　　(i) **법원과 기속력**　　헌법불합치결정은 이러한 부분에서 기속력을 가지기 때문에 당해 법원의 소송사건의 재판에는 헌법에 위반된다고 판단한 법률 또는 법률조항을 적용해서는 안 된다. 예컨대 국가의 급부가 일정한 범주의 사람을 제외하여 평등조항에 위반된다고 한 경우에 제외된 사람에게 종전의 법률조항을 적용하여 급부를 받을 권리가 없다고 재판해서는 안 된다. 憲法裁判所도 헌법불합치의 결정에서 위헌성의 확인은 기속력을 가진다고 한다(예: 憲 1997. 12. 24.–96헌마172등; 2006. 6. 29.–2005헌가13).

　　[憲 1997. 12. 24.–96헌마172등] 「헌법재판소의 법률에 대한 위헌결정에는 단순위헌결정은 물론, 한정합헌, 한정위헌결정과 헌법불합치결정도 포함되고 이들은 모두 당연히 기속력을 가진다.……헌법재판소의 또 다른 변형결정의 하나인 헌법불합치결정의 경우에도 개정입법시까지 심판의 대상인 법률조항은 법률문언의 변화 없이 계속 존속하나, 헌법재판소에 의한 위헌성 확인의 효력은 그 기속력을 가지는 것이다.」
　　[憲 2006. 6. 29.–2005헌가13] 「단순위헌결정뿐만 아니라 헌법불합치결정의 경우에도 개정입법 시까지 심판의 대상인 법률조항은 법률문언의 변화없이 계속 존속

하나 법률의 위헌성을 확인한 불합치결정은 당연히 기속력을 가지므로, 이미 헌법
불합치결정이 선고된 이 사건 국가유공자 가산점 규정에 대한 심판청구는 심판의
이익이 없어 부적법하다고 봄이 상당하다.」

   헌법불합치결정의 경우에 「當該 事件」(Anlaßfall)에 대해서는 헌법에 합치하지 않
는다고 한 부분이 적용되지 않는다. 이는 구체적 규범통제의 본질에서 나온다. 구체
적 규범통제의 경우 재판의 전제가 된 법률의 일반적인 효력의 유지여부도 중요하지
만 당해 사건을 해결하는 것도 중요하므로 당해 사건의 전제가 된 법률이나 법률조
항에 대해 헌법불합치의 결정이 있으면 헌법에 불합치하는 이런 법률이나 법률조항
은 당연히 당해 사건에는 적용되지 않는다. 그리고 이를 인정하는 경우 평등보호상
「병행 사건」 또는 「동종 사건」 등으로 소급효가 미치는 사건에도 헌법에 불합치하는
이런 법률이나 법률조항은 적용되지 않는다. 구체적 규범통제의 속성과 소급효가 미
치기 때문에 그러하지만, 헌법불합치의 결정에서 위헌성을 확인한 부분은 법원에 대
하여 기속력을 가지기 때문이기도 하다.
   憲法裁判所는 헌법불합치결정을 하게 된 당해 사건과 이런 헌법불합치의 결정
당시에 헌법불합치결정을 한 법률조항의 위헌 여부가 쟁점이 되어 법원에 계속 중인
사건에 대하여는 위 헌법불합치결정의 소급효가 미친다고 판시하였다(예: 憲 2006. 6. 29.-2004
헌가3; 2007. 1. 17.-2005
헌바41; 2008. 10.
30.-2005헌마723).
   헌법재판소가 재판의 전제가 된 법률 또는 법률조항에 대하여 헌법불합치결정을
한 때에는 당해 법원은 국회의 법률개정을 기다려 개정된 新法을 적용하여 재판을
하는 것이 원칙이다. 그러나 기속력이 발생하는 부분이 특정되지 않아 법원이 해당
법률조항을 적용하여 재판을 해야 하는 경우도 있다. 예컨대 형법의 구성요건이 광
범하고 애매하여 明確性原則에 위반된다는 이유로 헌법에 위반되는 경우에 범죄구성
요건을 명확히 하면 일정 부분(A부분)은 처벌되고 나머지 부분(B부분)은 처벌되지 않
는다. 이런 경우에 헌법재판소는 헌법불합치결정을 하면서 국회에 대하여 법률개선
촉구를 하게 된다. 이때에 통상 당해 법원은 당해 재판을 연기하고 법률의 개정을
기다려 신법을 적용하여 재판하지만, 법원이 재판을 진행할 필요가 있는 경우(예: 신법
에 의하
여 처벌하는 것이 형벌불
소급원칙에 저촉되는 경우)에는 헌법불합치로 결정된 해당 법률조항을 적용하여 재판을 하게
된다. 이 경우에는 범죄구성요건이 광범하고 애매하여 명확성원칙에 위반되어 헌법
에 위반되지만 헌법재판소가 A부분과 B부분을 획정할 수 없기 때문에 법원에 대하
여 기속력이 미치는 부분도 불확정의 상태에 있게 된다(기속력 발생 영
역의 불확정상태). 이런 경우에는
헌법불합치결정에서의 「헌법에 합치하지 아니한다고 한 부분」은 법원에 대하여 기속
력이 미치지 않는다고 할 것이다. 따라서 법원은 헌법불합치결정된 법률조항을 적용

하여 재판을 할 수 있고, 이후 국회의 법률개정으로 법원에서 유죄로 판결한 부분에 적용된 법률조항의 해당 구성요건부분(B부분)이 제거된 경우에는 **再審**을 통하여 바로 잡게 된다([[148] Ⅱ(1), (5)).

　　憲法裁判所는 형벌법규에서 헌법불합치결정을 하면서, 적용을 중지하는 결정도 하고, 잠정 적용하는 결정도 하고 있다. 그런데 **憲法裁判所**가 헌법불합치결정을 하면서 적용을 중지하는 결정을 한 경우에(憲 2004. 5. 27.−2003헌가1) 법원은 적용을 중지한 법률조항을 적용하여 피고인을 처벌할 수 없다고 하고, 또 개정된 신법을 적용하여 처벌하는 것은 헌법상의 형벌불소급원칙에 위배되므로 신법을 적용할 수도 없다고 하였다(大 2009. 1. 15. −2004도7111). 이렇게 되면 결국 형벌조항에 대하여 헌법재판소가 헌법불합치결정을 하면서 적용중지의 결정을 하면 처벌해야 할 가치가 있는 부분도 헌법재판소의 결정시부터 신법의 적용시까지 발생한 범죄행위는 적용할 법이 없어 처벌할 수 없는 결과를 가져온다.

　　[憲 2004. 5. 27.−2003헌가1] 「제청신청인은 1996. 12.경 광주 동구 충장로 5가 62에 있는 광주극장을 인수하여 운영하고 있는 사람인바, 위 광주극장은 그곳 정문으로부터 19m 떨어진 곳에 '보문유치원'이란 교육기관이 위치하고 있다. 제청신청인은 동인이 운영하는 위 극장이 위치하는 곳은 학교보건법 소정의 학교환경위생정화구역이므로 극장영업행위 또는 시설을 하여서는 아니되고 기존 시설은 경과조치규정에 의해 이전·폐쇄, 유효기간 내에 이전·폐쇄하여야 하는 시설임에도 불구하고 1999. 1. 24.부터 2001. 9. 7.까지 위 극장을 운영하여 영업행위를 하였다는 이유로 기소되어 그 소송이 현재 광주지방법원에 계속 중이다(2002고단1864). 제청신청인은 위 소송계속 중 학교보건법 제6조 제1항 제2호 중 '극장' 부분이 헌법 제15조의 직업의 자유 등의 기본권을 침해하는 조항으로서 위헌이라고 주장하면서 위 법원에 위헌심판제청신청을 하였고, 위 법원은 위 신청을 받아들여 2003. 1. 2. 위헌심판제청결정을 하였다. ……[주문] 학교보건법 제6조 제1항 본문 제2호 중 '극장' 부분 가운데 초·중등교육법 제2조에 규정한 각 학교에 관한 부분은 헌법에 합치하지 아니한다. 법원 기타 국가기관 및 지방자치단체는 입법자가 개정할 때까지 이 부분 법률조항의 적용을 중지하여야 한다.……그렇다면 입법자로서는 청소년들이 쉽게 접근할 수 있는 학교부근에 공연장과 영화상영관이 있는 경우 그 종류 등을 불문하고 모든 공연장과 영화상영관을 일체 금지할 것이 아니라 공연장 및 영화상영관의 종류를 구분하여 그로 인한 폐해와 혜택을 형량하여 그 폐해의 정도가 심하지 않으면서도 아동·청소년들의 문화향유에 도움을 줄 수 있는 경우에는 일반적·절대적 금지로부터 제외시켜 그 금지에 대한 예외적인 허가를 허용하도록 규정해야 할 것이며, 그와 같이 규율함이 이 사건 법률조항의 입법목적을 효과적으로 달성하면서도 당해 극장운영자의 기본권을 최대한 존중하는 바람직한 방법이라고 할 것이다.……이 사건 법률조항이 초·중·고등학교·유치원 부근의 정화구역에 관하여 적용되는 경우 그 위헌성이 인정되는 부분은 금지의 예외를 인정하지 아니함으로써 구체적으로 학교

의 교육에 나쁜 영향을 미치지 않을 수 있는 유형의 극장도 모두 금지한다는 점이다. 그런데 이와 같은 이유로 하여 단순위헌의 판단이 내려진다면 극장에 관한 초·중·고등학교·유치원 정화구역 내 금지가 모두 효력을 잃게 됨으로써 합헌적으로 규율된 새로운 입법이 마련되기 전까지는 학교정화구역 내에도 제한상영관을 제외한 모든 극장이 자유롭게 설치될 수 있게 될 것이다. 그 결과 이와 같이 단순위헌의 결정이 내려진 후 입법을 하는 입법자로서는 이미 자유롭게 설치된 극장에 대하여 신뢰원칙보호의 필요성 등의 한계로 인하여 새로운 입법수단을 마련하는 데 있어서 제약을 받게 될 것이다. 이는 우리가 이 결정의 취지에서 정당한 목적으로서 긍정한 공익의 측면에서 비추어 보아 바람직하지 아니하다. 그렇다면 이 사건 법률조항 중 초·중등교육법 제 2 조에 규정한 각 학교에 관한 부분에 대하여는 단순위헌의 판단을 하기보다는 헌법불합치결정을 하여 입법자에게 위헌적인 상태를 제거할 수 있는 여러 가지의 입법수단 선택의 가능성을 인정할 필요성이 있는 경우라고 할 것이다. 따라서 초·중·고등학교·유치원 정화구역 부분에 관하여는 헌법불합치결정을 함이 타당하다고 판단된다. 다만, 이 사건 법률조항은 학교보건법 제19조와 결합하여 형사처벌조항을 이루고 있으므로 잠정적으로 적용하게 할 경우 위헌성을 담고 있는 이 사건 법률조항에 기하여 형사처벌절차가 진행될 가능성을 부인하기 어려우며 이와 같은 사태가 바람직하지 아니함은 물론이다. 따라서 입법자가 새로운 입법에 의하여 위헌성을 제거할 때까지 법원 기타 국가기관 및 지방자치단체는 헌법불합치결정이 내려진 이 부분 법률조항의 적용을 중지하여야 한다.」

[憲 2009. 1. 15.-2004도71111] 「기록에 의하면, 검사는 피고인이 1999. 1. 24.부터 2001. 9. 7.경까지 유치원 출입문으로부터 19m의 장소에서 극장영업행위를 하였다는 공소사실에 대하여 구 학교보건법(2005. 3. 24. 법률 제7396호로 개정되기 전의 것. 이하 '구법'이라 한다) 제 6 조 제 1 항 본문 제 2 호, 제19조를 적용하여 이 사건 공소를 제기하였는데, 헌법재판소는 2004. 5. 27. 제 1 심 법원의 위헌법률심판제청 등에 기한 헌법재판소 2003헌가1, 2004헌가4(병합) 사건에서, "구법 제 6 조 제 1 항 본문 제 2 호 중 '극장' 부분 가운데 초·중등교육법 제 2 조에 규정한 각 학교에 관한 부분은 헌법에 합치하지 아니한다. 법원 기타 국가기관 및 지방자치단체는 입법자가 개정할 때까지 이 부분 법률조항의 적용을 중지하여야 한다"는 내용이 포함된 헌법불합치결정을 선고하였음을 알 수 있다. 법원이 헌법 제107조 제 1 항 등에 근거하여 법률의 위헌 여부의 심판제청을 하는 것은 그 전제가 된 당해 사건에서 위헌으로 결정된 법률조항을 적용하지 않으려는 데에 그 목적이 있다는 점과 헌법재판소법 제45조, 제47조의 규정 취지에 비추어 볼 때, 위와 같은 헌법재판소의 헌법불합치결정은 당해 사건인 이 사건에 적용되는 법률조항에 대한 위헌결정에 해당하는 것이다. 한편, 구법 제19조는 당사자의 행위가 구법 제 6 조 제 1 항의 규정에 위반한 것을 구성요건으로 삼고 있으므로 구법 제 6 조 제 1 항 본문 제 2 호는 구법 제19조와 결합하여 형벌에 관한 법률조항을 이루는 것이라고 볼 수 있는바, 형벌에 관한 법률조항에 대하여 위헌결정이 선고되는 경우 그 법률조항의 효력이 소급하여 상실되고, 당해 사건뿐만 아니라 위헌으로 선언된 형벌조항에 근거한 기존의 모든 유죄확정판결에 대해서까지 전면적으로 재심이 허용된다는 헌법재판소법 제47조 제 2 항 단서, 제 3 항의 규정에 비추어 볼 때, 위와 같이 헌법불합치결정의 전면적인 소급효가 미치는 형사사건에서 법원은 헌법에 합치되지 않는다고 선언된

구법 제6조 제1항 본문 제2호를 더 이상 피고인에 대한 처벌법규로 적용할 수 없다. 또한, 구법 제6조 제1항 본문 제2호에 대하여 헌법불합치결정이 선고된 이후에 2005. 3. 24. 법률 제7396호로 개정된 학교보건법 제6조 제1항 본문 제2호의2 등은 피고인이 공소사실 기재와 같은 행위를 한 다음에 입법화된 것임이 분명하므로, 이미 헌법에 합치되지 않는다고 선언된 구법을 토대로 하여 개정된 법률조항을 소급적용하여 피고인을 처벌하는 것은 헌법 제12조 제1항 및 제13조 제1항의 명문규정에 위배되어 허용될 수 없는 것이다(憲 1989. 7. 14.–89헌가5;1996. 2. 16.–96헌가2 등 참조). 그렇다면 이 사건 공소사실은 이를 처벌할 법규가 존재하지 않아 피고 사건이 죄가 되지 아니하는 경우에 해당하므로 형사소송법 제325조 전단에 의하여 피고인에게 무죄를 선고하여야 할 것이다.」

헌법불합치결정은 소급효를 가지고([152] Ⅱ(5)), 「헌법에 합치하지 아니한다고 한 부분」은 기속력을 가지기 때문에, 헌법재판소가 헌법불합치결정을 한 법률조항에 대한 법원의 위헌여부심판제청은 부적법하여 각하된다(예: 憲 2006. 6.29.–2005헌가13).

憲法裁判所의 판례 가운데는 헌법불합치로 선고된 법률 또는 법률조항은 법리상 당해 사건 등에 적용되지 않는다고 판시하면서(예: 憲 1994. 7. 29.–92헌바49 등; 1995. 9. 28.–92헌가11등), 이와 달리 당해 사건 등에 법원이 이를 적용하여야 할 것을 명한 것도 있다(예: 憲 1995. 9. 28.–92헌가11등; 2000. 8. 31.–97헌가12).

[憲 1995. 9. 28.–92헌가11등] 「헌법불합치선언의 목적은 1차적으로는 위헌결정의 경우 위헌적 법률 또는 법률조항이 바로 그 효력을 상실하게 되는 법률효과를 회피하고 이를 형식적으로 존속하게 하는 데 있다. 다만, 헌법재판이 구체적 규범통제로서의 그 실효성을 확보하기 위하여는 헌법불합치가 선언된 경우에도 위헌제청의 당해사건과 심판대상 법률조항이 재판의 전제가 되어 법원에 계속중인 모든 병행사건에 대하여는 결정의 선고와 동시에 불합치로 선언된 법률의 적용이 배제되어야 할 것인바(당 재판소 1993. 5. 13. 선고, 92헌가10,91헌바7, 92헌바24·50(병합) 결정 참조), 이 사건에 있어서도 각 당해사건 등에 대하여는 심판대상 법률조항의 적용이 배제되고 행정소송에 관한 일반법인 행정소송법의 규정에 따른 심리가 계속되어야 한다는 주장이 제기될 수도 있다. 그러나 그렇게 되어서는 헌법재판소가 심판대상 법률조항의 위헌성을 인정하면서도 굳이 위헌선언을 피하고 헌법불합치선언을 선택한 목적의 달성이 어렵게 될 것이다. 왜냐하면 입법자가 개정법률의 시행시기를 1998. 3. 1.로 정하고 헌법재판소가 입법자의 이러한 의사를 존중하여 위 시점까지 이 사건 심판대상 법률조항의 적용을 명하는 것은 현재의 일반법원의 조직과 인력으로서는 특허쟁송의 전문성에 상응하는 재판업무를 원활하게 수행하기 어렵다는 판단에 근거한 것임에 비추어 만약 이 사건의 당해사건과 이 사건 결정이 선고되는 시점에 법원에 계속중인 모든 특허 및 의장쟁송사건에 대하여 심판대상 법률조항의 적용이 배제되고 행정소송법의 규정에 따른 절차가 진행되어야 한다면 현실적으로 재판을 담당할 준비를 갖추지 못한 일반법원에 대하여 재판의 담당을 강제하는 결과로 되어 버릴 가능성이 크기 때문이다. 그러므로 당 재판소는 심판대상 법률조항이 헌법에 불합치함을 선언하면서도 합헌적인 개정법률이 시행될 때까지는 이를 잠정적으로 그대로 계속 적용할 것을 명함과 동시

에, 헌법불합치선언이 당해사건 등에 미칠 효과로 인한 법률적 혼란과 충격을 막기 위하여 이 사건 위헌여부심판제청의 당해사건을 포함한 모든 특허 및 의장쟁송사건에 대하여 위 심판대상 법률조항의 적용을 명하는 것이다.」

大法院의 판례 가운데는 헌법불합치로 선고된 법률조항이 당해 사건에 적용할 수 있는가 하는 문제에서 이를 적용하여야 한다고 판시한 것도 있고(大 1997. 3. 28.–96 누11068), 이는 당해 사건에 적용되지 않는다고 판시한 것도 있다(大 1991. 6. 11.–90 다5450).

[大 1991. 6. 11.–90다5450] 「법률의 위헌여부의 심판을 제청하게 된 당해 소송사건에 대하여 위헌결정의 효력이 소급하는지의 여부에 관하여는 헌법이나 헌법재판소법에 명문으로 규정된 바는 없지만, 법률의 위헌여부의 심판제청은 결국 그 전제가 된 당해사건에서 위헌으로 결정된 법률조항을 적용받지 않으려는 데에 그 목적이 있고, 헌법 제107조 제1항에도 "법률이 헌법에 위반되는 여부가 재판의 전제가 된 경우에는 법원은 헌법재판소에 제청하여 그 심판에 의하여 재판한다"고 규정하고 있어, 위헌결정의 효력이 일반적으로는 소급하지 아니하더라도 당해사건에 한하여는 소급하는 것으로 보아, 위헌으로 결정된 법률조항의 적용을 배제한 다음 당해 사건을 재판하도록 하려는 취지가 포함되어 있다고 보여질 뿐만 아니라, 만일 제청을 하게 된 당해사건에 있어서도 소급효를 인정하지 않는다면, 제청 당시 이미 위헌여부심판의 전제성을 흠결하여 제청조차 할 수 없다고 해석되어야 하기 때문에, 구체적 규범통제의 실효성을 보장하기 위하여서라도 적어도 당해사건에 한하여는 위헌결정의 소급효를 인정하여야 한다고 해석되고, 이와 같은 해석은 이 사건에 있어서와 같이 헌법재판소가 실질적으로 위헌결정을 하면서도 위헌결정으로 인한 법률조항의 효력상실시기만을 일정기간 뒤로 미루고 있는 경우에도 마찬가지로 적용된다고 보여지므로, 위헌여부의 심판대상이 된 위 법률조항들 역시 당해사건인 이 사건에 있어서는 소급하여 그 적용이 배제된다고 할 것이고……」

[大 1997. 3. 28.–96누11068] 「헌법재판소가 위 사건의 결정에서 구소득세법 제60조에 대하여 굳이 헌법불합치결정을 한 것은 단순위헌결정을 하는 경우 그 결정의 효력이 당해사건 등에 광범위하게 미치는 결과 구법령에 근거한 양도소득세 부과처분이 모두 취소되게 되어 법적 공백의 발생, 조세수입의 감소로 인한 국가재정의 차질, 기납세자와의 형평위배 등의 불합리한 결과가 발생하므로 이러한 부작용을 피하기 위하여 개정법령의 시행일 전에 종전의 법령을 적용하여 한 부과처분은 그대로 유지시키고 또 그 시행일 전에 과세할 소득세에 대하여도 종전의 법령을 적용함이 옳다고 판단에서 나온 것임이 분명하다 할 것인바, 위 결정이유 후단에서는 종전의 법령의 계속 적용이 가능하다고 하면서도 1994. 12. 22. 법률 제4803호로 개정된 규정이 위헌성이 제거되었다는 이유로 이를 당해사건 등에 소급하여 적용할 것을 설시하고 있으나, 이를 소급적용할 법리상 근거도 없을 뿐만 아니라 개별공시지가 시행 이전에 이미 양도가 이루어진 사건에 있어서는 위 개정법률은 양도 당시의 과세시가표준액 등에 의한 기준시가를 위 개정법률이 정하고 있는 개별공시지가로 환산하고 있는 규정을 결하고 있으므로 위와 같은 사례에서는 그 처분이 전부

취소될 수밖에 없어 위 결정이유에서 헌법불합치결정을 채택하는 근거로 내세운 법
적 공백의 회피, 국가의 재정차질방지 및 납세자 사이의 형평유지에 정면으로 반하
는 결과가 발생하게 되므로, 결국 위 헌법불합치결정은 그 위헌성이 제거된 개정법
률이 시행되기 전까지는 구 소득세법 제60조를 그대로 잠정 적용하는 것을 허용하
는 취지의 결정이라고 보아야 할 것이다.」

　　(ii) **국회와 기속력**　　　헌법재판소가 헌법불합치의 결정을 한 경우 당해 법률
조항이 효력을 상실하는 시기를 정하든 정하지 않든 당해 법률조항에 대해 헌법에
위반된다고 한 이상 국회는 스스로 헌법에 합치한다고 판단하지 않는 한 법률을 헌
법에 합치되도록 개정하여야 하는데, 이런 것을 헌법불합치결정의 기속력이라고 하
는 견해도 있다.

　　그러나 위헌결정에도 국회는 기속되지 않기 때문에 헌법불합치의 결정에도 기속
되지 않는다. 헌법재판소가 헌법불합치결정을 한 경우 국회는 헌법불합치로 판단된
법률조항을 폐지할 수도 있고, 헌법재판소의 판단에 반대하고 효력이 상실된 법률조
항과 똑같은 법률조항을 다시 제정할 수도 있으며, 헌법재판소의 판단이 옳다고 인
정하면 헌법재판소의 판단을 참작하여 해당 법률조항을 개정할 수도 있다.

　　헌법불합치의 결정을 하는 경우에 심판대상인 법률조항의 효력을 상실시킬 필요
가 있으면 효력상실의 시기를 정하여 선고하여야 한다. 통상 효력유지기간을 명시함
으로써 효력이 상실되는 시기를 정하여 선고한다.

　　(b) 「해당 법률의 효력을 유지시키는 부분」

　　헌법불합치의 결정에서 「해당 법률의 효력을 유지시키는 부분」은 기속력을 가진
다. 통상 법률이 효력을 유지하는 것은 법률이 통용력을 가지기 때문이다. 그런데
헌법재판소가 헌법불합치라는 결정을 한 경우에는 원래 법률이나 법률조항에 대해
위헌결정이 있으면 효력이 상실될 것이 헌법불합치라는 결정으로 인하여 효력이 유
지되고, 법원 기타 국가기관이나 지방자치단체가 헌법불합치로 결정된 법률이나 법
률조항이 효력을 유지하는 점을 부정하지 못하는 것은 이러한 통용력 이외에 헌법불
합치결정의 기속력이 미치기 때문이다. 예컨대 국가의 급부가 일정한 범주의 사람을
제외하여 평등조항에 위반되지만 종래 급부수혜자에게는 해당 법률이 여전히 유효한
것으로 적용하여야 하는 효력은 헌법불합치결정에 의한 기속력 때문이다. 다만, 국
회는 이러한 법률을 폐지할 수도 있으므로(다만, 信賴保護에 배 치되지 않아야 한다) 국회에는 이런 기속력이 미
치지 않는다.

　　헌법재판소도 헌법불합치결정을 하면서 계속 적용을 명하는 경우에는 모든 국가
기관은 이에 기속되는데, 이는 헌법불합치결정이 가지는 기속력에 의한 것이라고 한

다($^{憲\ 1999.\ 10.\ 21.-96헌마61}_{등;\ 2013.\ 9.\ 26.-2012헌마806}$).

[憲 2013. 9. 26.-2012헌마806] 「법률에 대한 헌법재판소의 위헌결정에는 단순위헌결정은 물론, 한정합헌, 한정위헌결정과 헌법불합치결정도 포함되고 이들은 모두 당연히 기속력을 가진다($^{憲\ 1997.\ 12.\ 24.-}_{96헌마172등}$). 참조헌법재판소가 위헌으로 판단한 법률의 적용을 중지하는 헌법불합치결정을 하는 경우, 위헌적 법률은 효력을 상실하여 법질서에서 소멸하는 것이 아니라 형식적으로 존속하게 되나 원칙적으로 위헌적 법률의 적용이 금지되고, 헌법심판의 계기를 부여한 당해 사건은 물론 심판대상 법률이 적용되어 법원에 계속 중인 모든 사건의 재판절차가 정지된다. 이는 입법자가 위헌법률을 합헌적인 상태로 개정할 때까지 법원의 판단이 보류되어야 하며 법원이 개정된 법률에 의하여 판단을 함으로써 사건의 당사자가 개정 법률의 결과에 따른 혜택을 받을 수 있는 기회를 그 때까지 열어 놓아야 한다는 것을 뜻한다($^{憲\ 1999.\ 10.\ 21.-}_{96헌마61등\ 참조}$). 그러나 헌법재판소가 헌법불합치결정을 하면서 예외적으로 위헌으로 판단한 법률을 계속 적용할 것을 명하는 경우가 있다. 헌법재판소는 위헌결정을 통하여 위헌법률을 법질서에서 제거하는 것이 법적 공백이나 혼란을 초래할 우려가 있는 경우, 즉 위헌법률을 잠정적으로 적용하는 위헌적인 상태가 오히려 위헌결정으로 인하여 초래되는 법적 공백 또는 혼란이라는 합헌적인 상태보다 예외적으로 헌법적으로 더욱 바람직하다고 판단되는 경우에, 법적 안정성의 관점에서 법치국가적으로 용인하기 어려운 법적 공백과 그로 인한 혼란을 방지하기 위하여 입법자가 합헌적인 방향으로 법률을 개선할 때까지 일정 기간 동안 위헌법률을 잠정적으로 적용할 것을 명할 수 있고($^{憲\ 1999.\ 10.\ 21.-96헌마61등;\ 2008.\ 11.\ 13.-}_{2006헌바112;\ 2010.\ 6.\ 24.-2008헌바128\ 참조}$), 이와 같이 헌법불합치결정을 하면서 계속 적용을 명하는 경우 모든 국가기관은 그에 기속되고, 법원은 이러한 예외적인 경우에 위헌법률을 계속 적용하여 재판을 할 수 있다($^{憲\ 1999.\ 10.\ 21.-}_{96헌마61등\ 참조}$).」

법률 또는 법률조항에 대하여 헌법불합치의 결정을 하면서 일정기간의 경과로 효력을 상실한다고 한 경우에는 일정기간의 경과로 인한 효력 상실의 부분은 위헌으로 효력을 상실하는 것과 동일하여 이런 헌법재판소의 결정은 기속력을 가진다. 따라서 법원 기타 국가기관 및 지방자치단체는 해당 법률 또는 법률조항이 이런 일정기간의 경과로 효력이 상실하였음에도 불구하고 효력이 있는 것으로 인정하여 이를 적용할 수 없다. 이 때의 기속력은 위헌결정의 羈束力과 동일하다.

(c)「법률개선을 촉구한 부분」

헌법불합치결정을 하면서 법률개선을 촉구한 경우 이런 「법률개선을 촉구한 부분」이 기속력을 가지는가 하는 문제가 있다.

앞에서 본 바와 같이, 헌법재판소가 헌법불합치결정을 하면서 법률개선을 촉구하는 것은 헌법재판소의 의견에 지나지 않는 것이므로 국회는 이에 기속되지 않는다. 따라서 법률개선촉구는 통상 주문에서 표시하지 않는다. 가령 주문에서 법률개선촉구를 표시한 경우라도 법률개선촉구의 성질상 기속력이 발생하지 않는다.

憲法裁判所도 법률개선촉구가 기속력을 가지는 것이 아니라는 것을 인정하고 있
다(예: 憲 1997. 3.
27.-95헌가14등).

[憲 1997. 3. 27.-95헌가14등] 「헌법불합치상태는 하루 빨리 법개정을 통하여
제거되어야 할 것이며, 불합치상태를 제거하기 위한 여러 가지 가능한 방법 중 어
느 것을 선택할 것인가는 입법권자의 재량에 속한다 할 것이나, 우리 재판소로서는
국회의 광범위한 형성의 자유를 제약하기 위해서가 아니고 앞에서 판시한 추상적
기준론에 의한 입법형성의 현실적인 어려움을 감안하여 일응의 준거가 될 만한 사
례를 제시하여 둔다. 즉, 스위스 가족법은 친생부인의 소는 부가 자와의 사이에 친
생자관계가 존재하지 아니함을 알게 된 때로부터 1년 내에 이를 제기할 수 있으나
다만 그 경우에도 자의 출생 후 5년이 경과하면 특별한 사정이 없는 한 이를 제기
할 수 없다고 규정하고 있는 것이다. 위와 같은 입법례는 원칙적으로 부가 친생자
관계가 존재하지 아니함을 안 때로부터 그 제척기간을 계산함으로써 일응 그 부로
하여금 충분한 숙려기간을 줌으로써 부의 이익을 충분히 고려하면서도 다른 한편으
로는 출생 후 5년이 경과한 경우에는 소의 제기가 불가능하게 함으로써 자의 이익
을 위하여 신분관계의 조기확정을 도모하고 있는 것으로서 조화로운 입법례로 보여
진다.」   또 헌법불합치결정과 법률개선촉구결정이 있어도 국회가 입법형성의 자
유의 범위 내에서 판단할 때 그 영역에서는 더 이상 종래와 같은 규율을 할 필요가
없다고 판단하면 법률을 개정하지 않을 뿐 아니라 해당 법률이나 법률조항을 폐지
할 수도 있다. 그러나 국회가 해당 법률을 개정할 필요가 있다고 인정하는 때에는
특별한 이유가 없는 한 헌법재판소가 법률개선촉구를 하면서 밝힌 견해도 존중하는
것이 바람직하다.

법률개선의무가 헌법에서 정하고 있는 것이면 국회는 법률을 개선하여야 하는
데, 이는 법률개선촉구결정의 기속력에 의한 의무가 아니라 실체법인 헌법에 의해
인정되는 것이고, 국회의 입법권이 헌법에 기속되기 때문에 이러한 법률개선의무를
이행하여야 한다. 이러한 법률개선의무를 이행하지 않을 경우에는 당사자를 포함하
여 국민은 따로 입법부작위에 대한 헌법소원심판을 청구하여 다툴 수 있다.

  (5) 소 급 효
    헌법불합치결정으로 효력상실시기가 도과하여 해당 법률조항이 효력을 상실하
면 위헌결정으로 효력을 상실한 경우와 동일한 상태가 된다. 따라서 遡及效의 문제
도 앞에서 본 위헌결정의 경우와 원칙적으로 동일하다.
    위헌법률심판에서 당해 사건에 헌법불합치로 결정된 법률이나 법률조항을 적용
할 수 없는 것은 구체적 규범통제의 성질에 의하는 것이지만, 併行 事件 또는 同種
事件 등과 같이 위헌으로 결정된 법률의 소급효가 미치는 경우에 헌법불합치로 결정
된 법률이나 법률조항을 적용하지 못하는 것은 평등보호상 소급효가 적용되기 때문

이다.

憲法裁判所의 판례도 당해 사건 및 병행 사건, 즉 헌법불합치결정 당시에 헌법 불합치로 결정된 법률조항의 위헌여부가 쟁점이 되어 법원에 계속중인 사건에 대해서는 헌법불합치결정의 소급효를 인정한다($_{\text{예: 憲 1995. 7. 27.-93헌바1등; 2006. 6.}}^{\text{29.-2004헌가3; 2007. 1. 17.-2005헌바41}}$). 大法院의 판례도 같은 취지이다($_{\text{2.-99다3358}}^{\text{예: 大 2002. 4.}}$).

(6) 개선된 신법의 소급효

헌법불합치의 결정이 있은 후 국회가 法律改善義務를 수행하여 헌법에 합치하지 않는 부분을 헌법에 합치되도록 법률을 개정하면, 개정된 新法은 원칙적으로 소급하여 효력을 가지는 것이 되어야 한다.

당해 사건뿐만 아니라 헌법불합치의 결정이 소급하여 적용되는 범위에 속하는 사건에도 특별한 사정이 없는 한 새로 개정된 법률이 소급하여 적용된다. 예컨대 어떤 범주의 사람이 국가의 급부에서 제외된 것이 헌법상의 평등조항에 위반되어 헌법불합치로 선고된 경우에, 이런 범주의 사람을 급부수혜자에 포함시키는 내용으로 법률이 개정되면 새로 개정된 법률은 종래 급부수혜자에서 제외되었지만 헌법불합치의 위헌성 확인 부분이 소급 적용되는 범주의 사람에게도 적용된다.

유의할 것은 개정된 新法에서 소급효를 인정하는 규정이 없는 경우에도 신법이 당연히 소급하여 적용되는 것은 아니라는 점이다. 新法이 이러한 소급효를 인정하지 않으면 여전히 헌법에 위반되기 때문에 헌법재판소에 의해 위헌으로 결정된다($_{\text{秀b, 677}}^{\text{同旨: 尹眞}}$). 憲法裁判所는 신법에서 명시적으로 소급효를 정하지 아니한 경우에도 당연히 신법이 소급하여 적용된다고 본 것도 있고($_{\text{30.-91헌바1등; 2000. 1. 27.-96헌바95등}}^{\text{예: 憲 1995. 7. 27.-93헌바1등; 1995. 11.}}$), 개선입법인 신법의 소급적용여부와 소급적용의 범위는 원칙적으로 입법자의 재량이지만 헌법불합치결정의 소급효가 미치는 사건에는 신법이 적용된다고 한 것이 있다($_{\text{3; 2008. 10. 30.-2005헌마723}}^{\text{예: 憲 2006. 6. 29.-2004헌가}}$). 大法院의 판례 중에는 개정된 신법이 당연히 소급 적용되는 것은 아니라고 판단한 것도 있고 ($_{\text{11068; 1997. 3. 28.-96누15602}}^{\text{예: 大 1997. 3. 28.-96누}}$), 개정된 신법을 소급 적용하여야 한다고 판시한 것도 있다($_{\text{2010. 9. 30.-2006}}^{\text{예: 大 2002. 4.}}$ $_{\text{다46131}}^{\text{2.-99 다3358;}}$). 다만, 大法院은 형벌규정에 관해서는 헌법에 합치되지 않는다고 선언된 법률조항을 더 이상 피고인에 대한 處罰法規로 적용할 수 없고, 또한 헌법불합치결정에 따라 改正된 新法을 적용하는 것도 憲法 제12조 제1항 및 제13조 제1항에 위배된다고 보아 개선된 신법의 소급효를 인정하지 않는 것으로 보인다($_{\text{-2004도7111}}^{\text{大 2009. 1. 15.}}$).

[憲 1995. 11. 30.-91헌바1등] 「이 사건 위임조항은 헌법에 위반되므로 원칙으로 위헌결정을 하여야 할 것이나 이에 대하여 단순위헌결정을 선고하여 당장 그 효력을 상실시킬 경우에는 기준시가에 의한 양도소득세를 부과할 수 없게 됨은 물론, 이 법률 조항의 위임에 근거한 소득세법시행령 제115조를 인용하고 있는 구 법인세

법시행령 제124조의2 제8항(<small>1978. 12. 30. 대통령령 제9230호로 개정된 후 1994.
12. 31. 대통령령 제14468호로 삭제되기 전의 것</small>) 등도 이를 시행할 수 없게 되는 등 법적 공백 상태를 야기하게 되고 이에 따라 조세수입을 감소시키고 국가재정에 상당한 영향을 줌과 아울러 이미 이 조항에 따른 양도소득세를 납부한 납세의무자들과 사이에 형평에 어긋나는 결과를 초래하는 데다가 이 사건 위임조항의 위헌성을 국회에서 법률로 제정하지 아니한 단지 입법형식의 잘못에 기인하는 것으로서 이를 한시적으로 계속 적용한다고 하더라도 그것이 반드시 구체적 타당성을 크게 해쳐 정의와 형평 등 헌법적 이념에 심히 배치되는 것이라고는 생각되지 아니하고 더욱이 이 사건의 경우에는 1994. 12. 22. 법률 제4803호로 헌법에 합치하는 내용의 개정입법이 이미 행하여져 위헌조항이 합헌적으로 개정되어 시행되고 있으므로 당재판소는 단순위헌결정을 하지 아니하고 이 사건 위임조항을 적용하여 행한 양도소득세 부과처분 중 확정되지 아니한 모든 사건과 앞으로 향할 양도소득세 부과처분 모두에 대하여 위 개정법률을 적용할 것을 내용으로 하는 헌법불합치결정을 하기로 한다.」

[憲 2000. 1. 27.－96헌바95등] 「헌법재판소가 헌법불합치라는 변형결정주문을 선택하여 위헌적 요소가 있는 조항들을 합헌적으로 개정 혹은 폐지하는 임무를 입법자의 형성재량에 맡긴 경우에는, 이 결정의 효력이 소급적으로 미치게 되는 모든 사건이나 앞으로 이 사건 법률조항을 적용하여 행할 부과처분에 대하여는 법리상 이 결정 이후 입법자에 의하여 위헌성이 제거된 새로운 법률조항을 적용하여야 할 것임을 밝혀두는 것이다.」

[大 1997. 3. 28.－96누15602] 「헌법재판소가 위와 같이 구 소득세법 제60조가 위헌임에도 불구하고 굳이 헌법불합치결정을 한 것은 단순위헌결정을 하는 경우 그 결정의 효력이 당해사건 등에 광범위하게 미치는 결과 구 법령에 근거한 양도소득세부과처분이 모두 취소되게 되어 그 지적하는 바와 같은 법적 공백의 발생, 조세수입 감소로 인한 국가재정의 차질, 기납세자와의 형평 위배 등의 불합리가 발생하므로 이러한 부작용을 회피하기 위하여 개정법령의 시행일 이전에 종전의 법령을 적용하여 한 부과처분을 그대로 유지함이 옳다는 판단에서 나온 것임이 분명하다. 그런데 위 결정 이유 전단에서는 종래의 법령의 계속 적용이 가능하다고 하면서도 후단에서는 개정법률이 위헌성이 제거되었다는 이유로 이를 당해사건 등에 소급하여 적용할 것을 설시하고 있으나, 이를 소급 적용할 법리상 근거도 없을 뿐만 아니라 개별공시지가 시행 이전에 이미 양도가 이루어진 사건에 있어서는 위 개정법률은 양도 당시의 과세시가표준액 등에 의한 기준시가를 위 개정법률이 정하고 있는 개별공시지가로 환산하는 규정을 결하고 있으므로, 위와 같은 사례에 있어서는 그 처분이 전부 취소될 수밖에 없어 위 결정 이유 전단에서 헌법불합치결정을 채택하는 근거로 내세운 법적 공백의 회피, 국가의 재정차질 방지 및 납세자 사이의 형평 유지에 정면으로 모순되는 결과가 발생하게 된다. 그렇다면 결국 이 사건 헌법불합치결정은 당해조항의 위헌성이 제거된 개정법률이 시행되기 이전까지는 종전 구 소득세법 제60조를 그대로 잠정 적용하는 것을 허용하는 취지의 결정이라고 이해할 수밖에 없고, 그것이 당해 사건이라고 하여 달리 취급하여야 할 이유가 없다.」

[大 2002. 4. 2.-99다3358] 「어떠한 법률조항에 대하여 헌법재판소가 헌법불합치결정을 하여 입법자에게 그 법률조항을 합헌적으로 개정 또는 폐지하는 임무를 입법자의 형성 재량에 맡긴 이상 그 개선입법의 소급적용여부와 소급적용의 범위는 원칙적으로 입법자의 재량에 달린 것이기는 하지만, 개정 전 민법 제1026조 제 2 호에 대한 위헌법불합치결정의 취지나 위헌심판에서의 구체적 규범통제의 실효성 보장이라는 측면을 고려할 때 적어도 위 헌법불합치결정을 하게 된 당해사건 및 위 헌법불합치결정 당시에 개정 전 민법 제1026조 제 2 호의 위헌여부가 쟁점이 되어 법원에 계속중인 사건에 대하여는 위 헌법불합치결정의 소급효가 미친다고 하여야 할 것이므로 비록 개정 민법 부칙 제 3 항의 경과조치의 적용범위에 이들 사건이 포함되어 있지 않더라도 이들 사건에 관하여는 종전의 법률조항을 그대로 적용할 수는 없고, 위헌성이 제거된 개정 민법의 규정이 적용되는 것으로 보아야 할 것이다.」

[大 2009. 1. 15.-2004도7111] 「법원이 헌법 제107조 제 1 항 등에 근거하여 법률의 위헌 여부의 심판제청을 하는 것은 그 전제가 된 당해 사건에서 위헌으로 결정된 법률조항을 적용하지 않으려는 데에 그 목적이 있다는 점과 헌법재판소법 제45조, 제47조의 규정취지에 비추어 볼 때, 위와 같은 헌법재판소의 헌법불합치결정은 당해 사건인 이 사건에 적용되는 법률조항에 대한 위헌결정에 해당하는 것이다. 한편 구법 제19조는 당사자의 행위가 구법 제 6 조 제 1 항의 규정에 위반한 것을 구성요건으로 삼고 있으므로 구법 제 6 조 제 1 항 본문 제 2 호는 구법 제19조와 결합하여 형벌에 관한 법률조항을 이루는 것이라고 볼 수 있는바, 형벌에 관한 법률조항에 대하여 위헌결정이 선고되는 경우 그 법률조항의 효력이 소급하여 상실되고, 당해 사건뿐만 아니라 위헌으로 선언된 형벌조항에 근거한 기존의 모든 유죄확정판결에 대해서까지 전면적으로 재심이 허용된다는 헌법재판소법 제47조 제 2 항 단서, 제 3 항의 규정에 비추어 볼 때, 위와 같이 헌법불합치결정의 전면적인 소급효가 미치는 형사사건에서 법원은 헌법에 합치되지 않는다고 선언된 구법 제 6 조 제 1 항 본문 제 2 호를 더 이상 피고인에 대한 처벌법규로 적용할 수 없다. 또한 구법 제 6 조 제 1 항 본문 제 2 호에 대하여 헌법불합치결정이 선고된 이후에 2005. 3. 24. 법률 제7396호로 개정된 학교보건법 제 6 조 제 1 항 본문 제 2 호의2 등은 피고인이 공소사실기재와 같은 행위를 한 다음에 입법화된 것임이 분명하므로, 이미 헌법에 합치되지 않는다고 선언된 구법을 토대로 하여 개정된 법률조항을 소급적용하여 피고인을 처벌하는 것은 헌법 제12조 제 1 항 및 제13조 제 1 항의 명문규정에 위배되어 허용될 수 없는 것이다(憲 1989. 7. 14.-89헌가5등; 憲 1996. 2. 16.-96헌가2등 참조).」

헌법불합치결정은 소급효를 가지고, 이러한 소급효가 미치는 사건에는 改善된 新法, 즉 改善立法(=改善法律)이 적용되므로, 헌법불합치결정 이후에 그 결정의 소급효가 미치는 사건을 심리하는 법원이 해당 법률조항에 대하여 위헌여부심판을 제청한 때에는 재판의 전제성이 없는 것이 되어 헌법재판소는 부적법각하결정을 한다(예: 憲 2006. 6. 29.-2004헌가3).

제 7 절 再　審

[152] 第一 概　說

위헌법률심판에서 헌법재판소가 한 결정에 대해서 재심을 청구하여 다툴 수 있는가 하는 점이 문제가 된다.

이 문제에 대해서 憲法裁判所法은 명문의 규정을 두지 않고 있다. 이는 이론적으로 해결하여야 하는데, 앞에서 본 바와 같이 헌법재판에서 재심의 허용여부는 개별적으로 판단하여 결정하는 것이 타당하다([88]).

그런데 개별적으로 판단하는 경우에도 과연 위헌법률심판에서 재심을 인정할 수 있는가 하는 문제는 여전히 남는다. 왜냐하면 위헌법률심판은 객관소송이고 법률은 객관적 규범으로서 모든 국민의 생활과 모든 국가작용에 효력을 미치기 때문에 법률의 효력문제에 대하여 헌법재판소가 일단 최종적인 결정을 하여 그 결과에 따라 객관적인 법질서가 형성되어 있는 상태에서 헌법재판소가 이에 대하여 다시 판단할 수 있고, 경우에 따라서는 그 결론이 뒤집어질 수 있다고 한다면 이는 공동체의 법질서에서 요구되는 법적 안정성이 심하게 동요하는 결과를 가져오기 때문이다.

그러나 문제는 이러한 法的 安定性이라는 이익을 인정한다고 하더라도 공동체의 질서에서 이러한 법적 안정성을 희생시키더라도 달성해야 할 正義의 이익이 있다면 이러한 경우에는 재심을 인정하여야 하지 않는가 하는 점에 있다.

[153] 第二 再審의 許容與否

I. 原則的 不許容

위헌법률심판은 객관소송이고 일반적 효력을 가지는 법률이 형성하는 법질서에서 법적 안정성의 확보·유지가 무엇보다 중요하므로 헌법재판소의 법률의 위헌여부에 대한 결정에 대해서는 재심을 청구할 수 없다고 할 것이다.

憲法裁判所는 헌법재판소법 제41조 제 1 항의 위헌법률심판이든 同法 제68조 제 2 항에 의한 위헌여부심판이든 어느 경우에나 헌법재판소의 결정에 대해서는 재심이 인정되지 않는다는 취지의 태도를 보이고 있다(예: 憲 1992. 6. 26.-90헌아1; 1995. 1. 20.-93헌아1; 2004. 11. 23.-2004헌아47).

[憲 1992. 6. 26.-90헌아1] 「헌법재판소법 제68조 제 2 항에 의한 헌법소원에 있어서 인용결정은 위헌법률심판의 경우와 마찬가지로 이른바 일반적 기속력과 대세적·법규적 효력을 가진다. 이러한 효력은 법원에서의 구체적·개별적 소송사건에

서 확정된 판결이 그 기속력이나 확정력에 있어서 원칙적으로 소송당사자에게만 한정하여 그 효력이 미치는 것과 크게 다른 것이다. 따라서 만약 헌법재판소법 제68조제 2 항에 의한 헌법소원심판청구사건에 있어서 선고된 헌법재판소의 결정에 대하여 재심에 의한 불복방법이 허용된다면, 종전에 헌법재판소의 위헌결정으로 효력이 상실된 법률 또는 법률조항이 재심절차에 의하여 그 결정이 취소되고 새로이 합헌결정이 선고되어 그 효력이 되살아날 수 있다거나 종래의 합헌결정이 후일 재심절차에 의하여 취소되고 새로이 위헌결정이 선고될 수 있다 할 것이다. 그러나 이러한 결과는 그 문제된 법률 또는 법률조항과 관련되는 모든 국민의 법률관계에 이루 말할 수 없는 커다란 혼란을 초래하거나 그 법적 생활에 대한 불안을 가져오게 할 수도 있다. 물론, 헌법재판소의 이러한 결정 역시 거기에 어떠한 하자가 있을 경우 이를 시정함으로써 얻을 수 있는 구체적 타당성의 이익을 전혀 고려의 대상에서 제외할 수는 없을 것이다. 그러나 법원의 확정재판에 대하여 재심을 허용하는 근거가 되는 구체적 타당성의 요청은, 위 확정재판의 기속력·확정력 등의 효력이 원칙적으로 구체적·개별적 쟁송사건에서 당해 소송의 당사자에게만 미친다는 것과 아울러 위헌법률심판을 구하는 헌법소원에 대한 헌법재판소의 결정에 대하여 재심을 허용할 경우에 초래되는 위와 같은 법적 불안정에 따른 혼란을 감안하여 본다면, 위와 같은 헌법재판소의 결정에 대하여 법원의 확정판결과 결코 동등한 정도로 받아들여질 수는 없다 할 것이다.……결국 위헌법률심판을 구하는 헌법소원에 대한 헌법재판소의 결정에 대하여는 재심을 허용하지 아니함으로써 얻을 수 있는 법적 안정성의 이익이 재심을 허용함으로써 얻을 수 있는 구체적 타당성의 이익보다 훨씬 높을 것으로 쉽사리 예상할 수 있고, 따라서 헌법재판소의 이러한 결정에는 재심에 의한 불복방법이 그 성질상 허용될 수 없다고 보는 것이 상당하다고 할 것이다. 나아가 비록 이 사건 재심대상결정이 위헌법률심판을 구하는 헌법소원심판의 절차에서 요구되는 적법요건을 갖추지 아니하였음을 이유로 하여 헌법소원심판청구를 각하하는 내용의 것이라고 하여도 그 결정에 대한 재심의 허용여부에 관하여 위와 결론을 달리하는 것은 아니라고 할 것이다.」

Ⅱ. 裁判部 構成의 違法과 再審

위헌법률심판에서도 재판부의 구성에서 위법이 있다면 재심을 인정하는 것이 타당하다. 이는 재판의 주체에서 위법성이 있는 경우이어서 재판의 정당성을 인정하기 어렵기 때문이다. 재판부가 합법적으로 구성되었다면 결론이 달라졌을 것이라는 의문이 해소되지 않기 때문에 재판부의 구성에서 위법이 있으면 법적 안정성보다 정의의 이익을 우선하여 재심을 인정하는 것이 필요하다. 헌법재판도 헌법과 헌법이 위임한 법률에서 인정하는 바에 따라 구성된 재판부가 수행하여야 하므로, 헌법에 위반하는 것으로 재판부가 구성된 이상 그 심판은 헌법에 합치한다고 하기 어렵다.

위법하게 구성된 재판부의 결정에 제청법원이 기속당하여 재판을 하여야 한다고 하면, 위헌법률심판의 정당성뿐만 아니라 제청법원의 재판의 정당성도 확보하기 어렵다.

Ⅲ. 再審請求人

재심을 청구할 수 있는 당사자는 당해 헌법재판절차의 당사자를 말한다. 위헌법률심판에서 재판부의 구성에서 위법이 있으면, 提請法院은 헌법재판소의 결정에 대하여 재심을 청구할 수 있고, 헌법재판소법 제68조 제 2 항에 의하여 심판을 청구한 請求人도 헌법재판소의 결정에 대하여 재심을 청구할 수 있다고 할 것이다. 따라서 위헌법률심판절차에서 법원이 제청신청을 받아들여 제청한 사건에서 제청신청인은 위헌법률심판절차의 당사자가 아니므로 재심의 청구인이 되지 못한다(예: 憲 2004. 9. 23.-2003헌아61).

[憲 2004. 9. 23.-2003헌아61] 「위헌법률심판의 제청은 법원이 헌법재판소에 대하여 하는 것이기 때문에 당해사건에서 법원으로 하여금 위헌법률심판을 제청하도록 신청을 한 사람 자신은 위헌법률심판사건의 당사자라고 할 수 없다. 원래 재심은 재판을 받은 당사자에게 이를 인정하는 특별한 불복절차이므로 청구인처럼 위헌법률심판이라는 재판의 당사자가 아닌 사람은 그 재판에 대하여 재심을 청구할 수 있는 지위 내지 적격을 갖지 못한다.」

제 8 절　假　處　分

[154] 第一　槪　　說

위헌법률심판절차에서 가처분이 인정되는가 하는 문제가 있다. 이 경우에는 재판의 전제가 된 법률이나 법률조항의 適用을 停止시키는 가처분과 법원의 재판이나 재판의 집행을 정지시키는 가처분이 문제가 된다.

[155] 第二　法律 適用의 停止

위헌법률심판절차에서 재판의 전제가 된 법률이나 법률조항의 適用을 停止시키는 가처분이 인정되느냐 하는 문제에 있어서는 견해가 대립된다([105]Ⅳ).

[156] 第三　裁判의 停止

위헌법률심판절차에서 당해 법원의 재판을 一時停止시키는 가처분이 인정되느냐 하는 문제가 있다. 현행법상 위헌법률심판절차는 헌법재판소법 제41조 제 1 항이 정하는 절차와 同法 제68조 제 2 항이 정하는 절차가 있고, 전자의 경우에는 소송사건의 재판이 정지되고, 후자의 경우에는 소송사건의 재판이 정지되지 않으므로 나누어 살펴볼 필요가 있다.

(1) 헌법재판소법 제41조 제 1 항의 절차

憲法裁判所法 제41조 제 1 항의 심판절차에서는 법원의 제청이 있으면 당해 소송사건의 재판이 정지되고, 법원이 긴급하다고 인정한 경우에는 終局裁判 외의 소송절차를 진행할 수 있게 하고 있으므로 이러한 재판을 일시 정지시키는 가처분은 인정되지 않는다고 해야 할 것이다.

(2) 헌법재판소법 제68조 제 2 항의 절차

憲法裁判所法 제68조 제 2 항의 심판절차에서는 당해 소송사건이 정지됨이 없이 진행되는데, 재판의 정지문제와 관련하여 熟考해 볼 점이 있다. 예컨대 死刑을 형벌로 정하고 있는 법률규정의 경우 당해 재판이 진행되어 형이 집행되고, 그 후에 헌법재판소의 위헌판단이 있는 경우에는 당사자의 구제가 불가능한 결과를 초래한다. 이런 경우에 헌법재판소로 하여금 당해 법원의 재판을 정지하는 가처분을 할 수 있게 할 것인가 아니면 재판의 집행을 정지하는 가처분을 할 수 있게 할 것인가 하는 문제가 있다.

憲法裁判所法 제68조 제 2 항의 심판절차에서 비록 同法 제75조 제 7 항의 再審請求의 길이 보장되어 있다고 하더라도 사안의 성질상 당해 법원의 재판을 정지해야 할 불가피한 사유가 있는 경우에는 헌법재판소는 당해 소송사건의 재판에 대하여 정지를 命하는 처분을 할 수 있다고 할 것이다. 具體的 規範統制節次에서 헌법재판소의 판단이 있을 때까지 당해 소송사건의 재판이 정지되는 것이 법리임을 고려하면 헌법재판소의 이러한 재판정지명령이 모순인 것은 아니다.

> 당해 사건이 계속중인 법원에서 당사자의 제청신청이 있은 때, 법원이 당해 법률이나 법률조항의 위헌여부에 대하여 합리적인 의심이 있는 경우에 제청을 하였다면 헌법재판소의 결정이 있을 때까지 재판이 정지됨에도 불구하고 이 경우 법원이 제청을 하지 않았기 때문에 헌법재판소법 제68조 제 2 항의 헌법소원심판을 청구하게 되었으므로, 이런 경우에도 헌법재판소가 법원의 입장에서 살펴본 결과 심판대상인 법률이나 법률조항의 위헌여부에 대해 합리적인 의심이 있다고 인정되는 경우에는 당해 법원의 재판을 정지하는 것이 타당하지 않느냐 하는 의견이 제기될 수 있다. 그러나 당해 법원이 제청하여야 하는데도 제청하지 않은 잘못은 헌법재판소의 본안판단에 의해 가려지고, 헌법재판소법 제68조 제 2 항에서 소송사건이 정지되지 않음을 전제로 하여 동법 제75조 제 7 항에서 재심절차를 두고 있는 점을 고려할 때 재판의 전제가 된 법률이나 법률조항의 위헌여부에 대해 합리적 의심이 있다는 이유만으로 법원의 재판을 정지시킬 수는 없다고 할 것이다. 당해 법원이 당사자의 제

청신청을 받아들여야 할 이유가 없고 소송절차를 진행시켜야 할 필요가 있다고 판단하면 이러한 법원의 판단은 국가작용의 기능배분상 존중되어야 하며 그와 관련한 문제는 당해 법원의 소송절차가 진행됨을 전제로 하여 헌법재판소의 본안판단에서 가려짐이 타당하다.

憲法裁判所는 憲法裁判所法 제68조 제 2 항에 의한 헌법소원심판절차에서 당해 헌법소원심판이 있을 때까지 그 헌법소원심판을 청구함에 바탕이 된 당해 법원의 民事訴訟節次의 一時停止를 구하는 假處分申請을 이유 없다고 하여 棄却한 적이 있다 (예: 憲 1993. 12. 20.–93헌사81). 이러한 가처분신청을 부적법하다고 하여 각하하지 않고 기각한 점을 보면 가처분의 신청이 이유가 있는 경우에는 가처분결정을 할 수 있다는 태도를 보인다고 해석할 여지도 없지 않다.

[憲 1993. 12. 20.–93헌사81] 재판관 한병채는 이 사건에서 소수의견으로 가처분신청을 당연히 받아 주어야 한다고 하는 견해를 제시하였다. 「청구인의 가처분신청을 기각한다는 다수의견에 반대하는 이유는 다음과 같다. 첫째, 이 사건 가처분신청은 당재판소 93헌바12호 사건의 심판이 있을 때까지 서울민사지방법원 90가합93568호 사건의 소송절차는 일시 정지한다는 결정을 구하는 것이다. 이는 본안에 부수하여 잠정적으로 당해 소송절차의 일시정지를 구하는 이른바 임시적 지위를 정하는 잠정적 조치인 보전(保全)처분을 구하는 것으로서 가처분절차는 결코 본안소송에 어떠한 영향력을 가져오는 구속력이 미치거나, 종국적 확정력을 주는 강제집행이나 종국판결이 아닌 가정적인 보전절차에 불과한 것이다. 그러므로 가처분신청에는 증명이 아닌 소명으로 족하고 변론이 필요적인 것도 아니며 가처분의 허용여부도 가급적 받아들이도록 상당한 자유재량을 주고 있는 것이다. 이러한 보전절차의 특수한 성질을 감안한다면 헌법재판소법(이하 "법"이라고 한다)의 해석도 엄격하게 소극적으로 하여 제한할 것이 아니라 위 가처분신청을 폭넓게 받아들이는 쪽으로 적극적인 해석을 하는 것이 가처분제도의 법리에 합당할 것이라고 할 것이다. 둘째, 법 제42조 제 1 항에 의하면 법원이 위헌법률심판을 제청한 때에는 당해 소송사건의 재판은 헌법재판소의 위헌여부의 결정이 있을 때까지 정지된다는 대원칙을 명시하고 있다. 그렇다면 당해 소송사건의 당사자에게도 위헌법률심판청구권을 헌법과 법 제68조 제 2 항에 의하여 제도적으로 보장하고 있는 이상 이 때에도 헌법재판소의 위헌여부결정이 있을 때까지 정지되어야 하는 것인데 이러한 대원칙을 무시하고 이 사건의 경우와 같이 당해 법원이 당해 본안소송을 조속히 결심하려고 한다면 이에 대하여 위헌법률심판청구권자가 그 소송절차의 정지가처분신청을 하는 것은 당연한 것이고 이 때에는 특단의 사정이 없는 한 이를 받아 주어야 하는 것이 법 제42조의 법리에 합당한 것이라고 할 것이다. 셋째, 헌법재판소의 심판절차는 법 제40조에 의하여 민사소송법을 준용하여 심판할 수 있어 당연히 가처분결정을 할 수 있는 데도 불구하고 정당해산심판과 권한쟁의심판의 경우 법 제57조, 제65조의 가처분을 할 수 있다는 특별규정을 두고 있는 것은 그 심판내용의 특수성 때문인 것이다. 그러함에도 헌법소원심판에는 이러한 특별규정이 없다 하여 원칙적으로 가처분을 받아들이

지 않는다는 논리로 가처분신청의 이용을 엄격하게 제한하는 것은 지나치게 형식적인 문의해석으로 헌법재판절차의 본질적 내용을 무시한 것이라 아니할 수 없다. 이는 위헌법률심판절차에 있어서의 법 제42조(재판의 정지 등)의 입법취지와 더불어 살펴보면 헌법재판소에 심판청구가 있으면 당해 소송절차는 헌법재판소의 심판을 기다려 그에 따라 재판하여야 한다는 헌법의 상위법·최고법 사상에 입각하고 있는 것임을 쉽게 알 수 있는데 다수의견은 이러한 헌법의 기본원리를 망각하고 있는 것이라 아니할 수 없다. 넷째, 우리 재판소의 판례가 초기에 일부 혼란이 있었을 뿐 그 후는 일관되게 법 제68조 제1항은 권리구제형 헌법소원심판으로서 법 제4장의 특별심판 절차규정 중 제5절의 심판절차규정, 법 제68조 제2항은 규범통제형 헌법소원심판으로서 제1절의 심판절차규정에 따라 심리를 하고 결정의 주문을 내고 있는 것이 확립된 판례이다. 즉 법 제68조 제2항의 헌법소원심판은 심판청구의 주체만 다를 뿐 그 실질은 법 제41조의 위헌법률심판청구와 동일하게 규범통제심판으로 보고 재판의 전제성을 비롯하여 판결의 효력에 이르기까지 같은 유형의 사건으로 처리하여 온 것이 일관된 판례인데 유독 당해 소송사건의 재판정지에 관한 부분에 대해서만 예외적으로 이를 배척하는 것은 우리 헌법재판소의 일관된 판례의 취지에 어긋나는 것이다. 이상과 같은 이유에서 볼 때 이 사건 가처분신청은 당연히 받아 주어야 하는데 이를 이유 없다고 모두 기각하는 것은 헌법재판소가 독자적인 규범통제기관으로서의 헌법재판기능을 다하지 못하는 잘못이 있다고 아니할 수 없어 다수의견에 반대하는 것이다.」

[157] 第四 裁判執行의 停止

憲法裁判所法 제68조 제2항의 심판절차에서는 위에서 본 것과 같은 경우에 발생하는 문제를 해결하기 위하여 재판의 집행정지를 명하는 가처분을 인정할 필요가 있다. 재판의 집행을 정지시키는 가처분은 재판의 정지를 명하는 가처분과 별개의 것이다. 양자가 동시에 인정되는 경우 재판의 집행을 정지하는 가처분으로 목적을 달성할 수 있다면 동일 상황에서 재판의 정지를 명하는 가처분은 止揚할 필요가 있다.

彈劾審判

제 2 장 彈劾審判

제 1 절 槪   觀

[158] 第一 管轄과 沿革

I. 管   轄

憲法 제111조 제 1 항은 彈劾의 審判을 헌법재판소가 관장한다고 정하고 있다. 따라서 헌법상 탄핵심판은 헌법재판소의 독점적인 관할에 속한다. 憲法裁判所法 제 2 조는 이를 확인하여 정하고, 제48조부터 제54조까지에서 그 구체적인 절차를 정하고 있다.

탄핵심판제도는 그 연원에서 군주 또는 지배자의 專斷的인 권력행사와 恣意的인 권력남용에 대한 통제의 수단으로 생겨났다. 國民主權理念의 성장으로 지배자의 권력에 대한 통제는 주권자인 국민의 信任(trust)을 바탕으로 국민을 대변하는 의회가 관장하는 것이 정당한 것으로 받아들여졌고, 이념적으로나 법리적으로 이는 철저하게 국민주권과 민주주의에 의존하는 형태를 띠게 되었다. 그리고 국민의 신임에 기초하고 있는 의회가 이런 탄핵에 관한 권한을 가지는 이상, 탄핵의 대상, 사유, 효력은 의회에 대한 신뢰와 군주나 지배자에 대한 불신의 정도에 비례하여 정해졌다. 각 나라의 역사와 현실에 따라 탄핵제도의 구체적인 내용이 다르게 나타난 것도 이러한 점에 기인한다. 그런데 의회에 대한 국민의 신뢰와 신임이 강하다고 하더라도 의회도 권력기관으로서 권한을 남용할 여지가 상존하고, 탄핵에 관한 권한도 남용될 수 있다는 점을 착안하기에 이르러서는 탄핵에 관한 권한을 전적으로 의회로 하여금 독점하게 할 것인가 아니면 사법기관과 나누어 가지게 할 것인가 하는 점이 고려되었고, 입헌주의의 발달에 따라 탄핵에 관한 권한도 남용되고 오용될 수 있다는 점을 인식하면서 탄핵제도가 전적으로 민주주의에만 의존할 수는 없고 법치주의에도 의존하여야 할 필요성이 받아들여졌다. 이와 같이 탄핵제도에 민주주의원리와 법치주의원리가 지배원리로 수용되면서 탄핵제도를 구체적으로 디자인함에 있어서 민주주의원리와 법치주의원리를 어느 정도로 고려하는가에 따라 탄핵의 절차, 탄핵에 관여하는 기관, 탄핵결정의 주체 등이 다르게 나타났다. 민주주의원리에 더 많은 비중을 두는 경우에는 탄핵의 주체를 의회로 하고, 탄핵의 사유도 위법행위에 대한 책임에 한하지 않고 정치적인 책임도 포함시키고, 탄핵의 범위도 확장시키는 형태를 띠었다(民主主義 모델). 탄핵소추와 탄핵심판의 기관을 기준으로 볼 때, 이는 政治모델의 특성을 보여준다. 이와 달리 법치주의에 더 많은 비중을 두는 경우에는 가능한한 탄핵의 사유를 위법행위에 한정하고, 탄핵결정도 사법기관으로 하여금 관장하게 하는 틀을 취하는 양상을 띠었다(民主主義+法治主義 結合모델). 이는 탄핵소추와 탄핵심판의 기관을 기준으로 볼 때, 司法모델의 특성을 보여준다. 민주주의원리와 법치주의원리를 조화시키는 방향에서는 의회와 사법기관이 공히 탄핵절차에 관여하는 방식을 취하고, 이러한 원리의 공존 속에서 탄핵의 사유, 대상의 범위, 효력의 범위 등을 그 나라에 합당하게 설정하여 제도화하였다(均衡 모델). 헌법정책적으로 탄핵제도를 보는 관점과 디자인의 구체적인 좌표는 이러한 원리들의 비중을 어떻게 고려할 것인가에 의하여 정해진다. 우리 나라는 1948년헌법 이래 현재까지 민주주의원리와 법치주의원리를 조화시키는 지점에 탄핵제도의 좌표를 설정하고 이를 제도화한 모델을 취해오고 있다. 이런 점을 고려하면, 탄핵의 구체적인 절차와 소송법적인 문제도 그 나라의 탄핵제도가 원리적으로 어떠한 지점에서 좌표가 설정되었는지를 고려하여 해석될 필요가 있다.

II. 沿　革
(1) 제　도

우리 憲法史에서 탄핵심판제도는 1948年憲法에서부터 채택되었다. 1948년헌법을 제정하는 과정에서 제안된 憲法案에서도 탄핵심판제도를 채택하였고, 헌법위원회와 별도로 구성되는 특별재판기관인 탄핵재판소에서 탄핵심판을 관장하는 것으로 되어 있었다. 헌법이 여러 차례 개정되면서 탄핵심판을 관장하는 기관에 있어서 관할의 변화가 있었다. 1948年憲法부터 1954年憲法까지는 憲法委員會와 별도로 존재하는 탄핵재판소가 탄핵심판을 관장하였고, 1960年6月憲法과 1960年11月憲法에서는 憲法裁判所가 이를 관장하였으며, 1962年憲法과 1969年憲法에서는 彈劾審判委員會가 이를 관장하였다. 1972年憲法과 1980年憲法에서는 憲法委員會에서 이를 관장하였고, 현행 1987年憲法에서는 憲法裁判所가 이를 관장하고 있다.

탄핵심판은 그 성격상 일반법원(=통상법원)과는 별개의 특별재판기관에서 관장하였는데, 대법원이 위헌법률심사에 관한 권한을 가지고 있었던 경우에도 탄핵심판은 탄핵심판위원회라는 별도의 기관에서 관장하였다. 일반법원과 별개로 존재하는 헌법재판기관을 두면서 이 헌법재판기관에서 탄핵심판을 관장하지 않고 따로 독립된 탄핵심판기관을 둔 때는 헌법위원회와 탄핵재판소를 별개로 설치한 1948年憲法, 1952年憲法, 1954年憲法이다.

우리 나라의 경우와 같이, 탄핵심판을 관장하는 기관을 일반법원 또는 국회와 독립된 헌법기관에서 관장하도록 하는 것은 탄핵재판으로 인하여 일반 법원이 정치

彈劾審判制度의 變遷

憲法　　　項目	1948年憲法– 1952年憲法	1954年憲法	1960年6月 憲法–1960年 11月憲法	1962年憲法– 1969年憲法	1972年憲法– 1980年憲法	1987年憲法
審判機關	彈劾裁判所	→	憲法裁判所	彈劾審判委員會	憲法委員會	憲法裁判所
彈劾訴追	대통령·부통령·국무총리·국무위원·심계원장·법관 기타 법률이 정하는 공무원이 그 職務遂行에 관하여 헌법 또는 법률에 위배한 때에는 국회는 탄핵의 소추를 決議할 수 있다.	대통령·부통령·국무위원·심계원장·법관 기타 법률이 정하는 공무원이 그 직무수행에 관하여 헌법 또는 법률에 위배한 때에는 국회는 탄핵의 소추를 결의할 수 있다.	대통령·헌법재판소심판관·법관·중앙선거위원회위원·심계원장 기타 법률이 정하는 공무원이 그 직무수행에 관하여 헌법 또는 법률에 위배한 때에는 국회는 탄핵의 소추를 결의할 수 있다.	대통령·국무총리·국무위원·행정각부의 장·법관·중앙선거관리위원회위원·감사위원 기타 법률에 정한 공무원이 그 職務執行에 있어서 헌법이나 법률을 위배한 때에는 국회는 탄핵의 소추를 議決할 수 있다.	대통령·국무총리·국무위원·행정각부의 장·헌법위원회위원·법관·중앙선거위원회위원·감사위원장 기타 법률에 정한 공무원이 그 직무집행에 있어서 헌법이나 법률을 위배한 때에는 국회는 탄핵의 소추를 의결할 수 있다.	대통령·국무총리·국무위원·행정각부의 장·헌법재판소재판관·법관·중앙선거관리위원회위원·감사원장·감사위원 기타 법률이 정한 공무원이 그 직무집행에 있어서 헌법이나 법률을 위배한 때에는 국회는 탄핵의 소추를 의결할 수 있다.
彈劾判決(決定)의 效力	탄핵판결은 공직으로부터 罷免함에 그친다. 단 이에 의하여 民事上이나 刑事上의 책임이 免除되는 것은 아니다.	→	→ 탄핵소추결의를 받은 자는 탄핵심판이 있을 때까지 권한 행사 정지	탄핵결정은 公職으로부터 파면함에 그친다. 그러나 이에 의하여 民事上이나 刑事上의 責任이 면제되지는 아니한다(1962년헌법에는 권한정지 규정 없음. 1969년헌법에 권한행사 정지 규정 있음)	→ 탄핵소추의결을 받은 자는 탄핵결정이 있을 때까지 권한행사 정지	→ 탄핵소추의결을 받은 자는 탄핵심판이 있을 때까지 권한행사 정지
決定定足數	심판관 2/3 이상의 찬성	→	심판관 6인 이상의 찬성	구성원 6인 이상의 찬성	위원 6인 이상의 찬성	재판관 6인 이상의 찬성

의 소용돌이 속으로 빠지는 것을 방지하고, 다른 한편으로 탄핵재판이 국회의 정치적인 판단이나 고려에 의해 과도하게 지배될 수 있는 위험을 미연에 방지하는 기능을 하게 한다. 독립된 헌법기관이 탄핵심판을 관장하는 시스템에서는 행정부와 국회가 대립하는 경우에 탄핵문제가 예민하고 과열된 상황에 지배되지 않고 공정하게 심판할 수 있는 장점을 확보할 수 있다. 국회가 탄핵재판을 관장하는 경우에는 행정부와 국회가 대립하는 경우에 자칫 국회가 행정부를 장악하는 수단으로 탄핵재판을 이용할 수도 있고, 국회의 정치세력이 헌법재판소(헌법재판소 재판관에 대한 탄핵심판)또는 법원을 장악하는 수단(법관에 대한 탄핵심판)으로 탄핵재판을 변질시켜 헌법재판 또는 법원재판의 독립에 심대한 영향을 미칠 수도 있다. 국회의 당파적인 이해관계가 탄핵제도를 왜곡할 수도 있다. 예컨대, 미합중국에서는 의회가 탄핵소추와 탄핵재판의 관할권을 가지고 있는데, 이런 측면에서 탄핵제도에 대하여 비판이 제기되고 있다.

《탄핵재판제도의 생성과 발달》

탄핵제도의 연원은 멀리 중세 영국 노르만왕조 때 있었던 왕의 법정인 Curia Regis에까지 추급된다. 영국에서 탄핵제도는 원래 의회가 정부를 감독하는 하나의 수단으로서 국왕의 신하들이나 고관들이 비행을 저질렀음에도 이를 문책할 법규정이 마땅하지 않거나, 권력자의 압력이나 간섭 등으로 인하여 통상의 형사재판으로는 법의 집행이 공정성을 기하기 어려울 때, 고관들에 대해 의회가 행하던 소추에서 발달하였다. 이런 탄핵제도의 직접적인 목적은 국왕의 직접적인 영향력을 받고 있는 고관들의 비행이나 무능을 통제하고 이들을 파면하는 것에 있었다. 탄핵제도는 Curia Regis의 사법작용의 결과로 생겨난 것이지만, 그 작용은 의회가 兩院으로 분리되면서 上院에 승계되었다. 하원에서 소추하고 상원에서 심판하는 형태가 갖추어진 것은 14세기 Good Parliament에서 생겨났으며, 영국 헌정사에서 완전한 의미의 탄핵제도가 출범한 것은 이에서 비롯한다. 미합중국에서는 1787년 憲法制定會議에서 탄핵제도가 논의되었고, 이를 최고재판소가 관장할 것인가, 의회가 관장할 것인가 하는 것도 이 당시 논의되었다. 미합중국연방헌법은 대통령과 부통령, 모든 공무원들에 대하여 의회가 탄핵소추와 탄핵심판을 하는 제도를 입법화하였다. 식민지시대 여러 state의 헌법에서도 영국의 탄핵제도를 수용하였으나, 독립국가의 헌법으로서 탄핵재판제도를 최초로 성문화한 것은 1787년의 미합중국연방헌법이다. 독일에서 탄핵제도는 19세기 각 영주국가에서 고관들이 헌법이나 법률을 위반한 경우에 문책하는 비상수단으로 발달된 것인데, 헌법상 최초로 입법화한 것은 1818년 Baden헌법이다. 국왕의 신하나 고관이 故意 또는 重過失로 헌법을 위반하거나 국가의 복지나 안전을 위험하게 한 때에 하원에서 탄핵소추하였고, 國事裁判所의 기능을 수행한 상원에서 재판을 하였다. 프랑스에서 탄핵제도는 한편으로는 大臣이나 高官들의 잘못을 규탄하는 것으로 발달하였고, 다른 한편으로는 대통령에 대해 叛逆을 방지하는 특별형사절차로 발달하였다. 프랑스에서 탄핵제도를 최초로 입법화한 것은 1791憲法이다. 현재 프랑스의 탄핵심판제도는 1993년 헌법개정 때 새로 고안된 것이다.

(2) 실   제

헌정사에서 현재까지 법관에 대한 탄핵사건은 한 건에 지나지 않는다. 1985년 10월 8일 신한민주당 소속 국회의원 102명은 당시 俞泰興 大法院長에 대하여 탄핵소추를 발의하였다. 이유는 많은 법관들에게 형평에 어긋나는 인사를 하여 당시 憲法 제104조를 침해하였다는 것이었다. 이 사건에서 탄핵소추의 여부는 無記名投票의 表決로 이루어졌는데(國會法 §128), 同年 10월 21일 在席議員 247명 가운데 찬성 95표, 반대 146표, 기권 5표, 무효 1표로써 국회에서 부결되어 탄핵소추의 의결이 이루어지지 않았다(法行. 866).

1994년 12월 19일에는 12·12사건 관련자들에 대해 군형법상의 반란죄의 형사책임을 인정하면서도 기소유예의 처분을 하였다는 이유로 金道彦 검찰총장에 대한 탄핵소추가 발의되었으나 부결되었다.

1999년 4월 7일에는 검찰이 수사권을 남용하여 선거에 깊이 개입하고 1997년 대통령선거 당시 김대중 후보의 비밀자금에 대한 수사를 기피하였다는 등의 이유로 金泰政 검찰총장에 대한 탄핵소추가 발의되었으나 부결되었다. 在席議員 291명 가운데 찬성 145표, 반대 140표, 기권 2표, 무효 4표로써 과반수인 146표에 1표가 모자라 부결되었다. 또 金泰政 검찰총장에 대해서는 정치권에 대한 편파적인 수사와 정치적인 발언 및 대전 법조비리사건의 처리에서 공정성을 잃은 수사를 하였다는 이유로 탄핵소추가 발의되었으나 그 해 5월 24일 검찰총장이 해임되어 의결이 행해지지 않은 상태에서 폐기되었다.

2000년 5월에는 한국조폐공사파업유도 사건과 속칭 「옷로비 사건」의 진상 조사를 위해 검찰청에 요청한 자료제출요구에 불응하고 국정조사특별위원회의 국회 출석·보고요구에 정당한 이유 없이 불출석하였다는 이유로 朴舜用 검찰총장에 대한 탄핵소추가 발의되었으나 국회의원의 임기가 만료되어 처리되지 못하고 5월 29일에 폐기되었다.

2001년 11월 18일에는 야당인 한나라당 소속 후보자에 대하여 수사권을 남용하였다는 이유로 박순용 검찰총장과 愼承男 대검찰청 차장에 대한 탄핵소추가 발의되었으나 처리시한의 도과로 처리되지 못하고 폐기되었다. 2001년 12월 9일에는 이용호의혹사건과 관련하여 국회법과 국정감사및조사에관한법률에 따라 증인으로 소환하였으나 이를 무시하고 국회에 출석하지 않았다는 이유로 愼承男 검찰총장에 대한 탄핵소추가 발의되었으나 투표를 한 후 개표되지 않은 상태에서 처리시한의 도과로 처리되지 못하고 폐기되었다. 이 당시 여당인 민주당 소속 국회의원은 표결에 불참하고 개표절차에서 감표위원(國會法 §114②)도 내지 않았다. 監票委員이 없는 상태에서 개표를 할 수 있는가 하는 점에 대해 논란을 벌이다가 국회의장이 개표할 수 있는 상황이 이루어질 때까지 투표함을 봉인한 후 처리시한까지 여당이 감표위원을 내는 것을 거부하여 결국 처리되지 못하고 폐기되었다.

2004년 3월 12일 국회는 제246회 국회(임시회) 제2차 본회의에서 유용태·홍사덕 의원 외 157인이 발의한 '대통령(노무현)탄핵소추안'을 상정하여 재적의원 271인 중 193인의 찬성으로 가결하여, 탄핵소추를 의결하고 소추위원인 국회 법제사법위원회 위원장이 같은 날 의결서 정본을 헌법재판소에 제출하여 노무현 대통령을 피청구인으로 하는 탄핵심판을 청구하였다. 탄핵소추의 사유로는 국회의원선거를 앞두고 특정정당을 지지해 달라는 의사표시를 한 것, 헌법이 인정하지 않는 국민투표로 재신임을 묻겠다고 발언한 것, 권력형 부정부패를 저지른 것, 국정을 파탄시키는 각종의 언행을 한 것 등을 들었다. 이는 대한민국 역사상 처음 발생한 대통령에 대한 탄핵소추였다.

2016년 12월 9일 국회는 제346회 국회(정기회) 제18차 본회의에서 우상호·박지원·노회찬 등 171명의 의원이 발의한 '대통령(박근혜)탄핵소추안'을 상정하여 재적의원 300인 중 234인의 찬성으로 가결하여, 박근혜 대통령을 피청구인으로 하는 탄핵심판을 청구하였다. 탄핵소추의 사유로는 최서원에게 공무상 비밀을 누설한 것, 최서원 등이 국가정책과 고위 공직 인사에 관여하게 한 것, 대통령의 권력을 남용하여 사기업에 출연을 요구하고 최서원 등에게 특혜를 주도록 강요하는 등 국가권력을 사익 추구의 도구로 전락시킨 것 등을 들었다. 이는 대통령에 대한 두 번째 탄핵소추였고, 이 사건에서 대한민국 역사상 처음으로 대통령에 대한 파면이 선고되었다(憲 2017. 3. 10. -2016헌나1.).

[159] 第二　意義와 目的

I. 意　　義

彈劾審判制度는 高位公職者가 위법한 행위를 하여 헌법 또는 법률을 침해한 경우에 재판을 통하여 이를 공무원의 직에서 罷免하여 公職에서 추방하는 公務員罷免制度이다. 憲法 제65조 제1항은 「大統領·國務總理·國務委員·行政各部의 長·憲法裁判所 裁判官·法官·中央選擧管理委員會 委員·監査院長·監査委員 기타 法律이 정한 公務員이 그 職務執行에 있어서 憲法이나 法律을 違背한 때에는 國會는 彈劾의 訴追를 議決할 수 있다」라고 정하고 있고, 憲法 제111조 제1항은 탄핵의 심판을 憲法裁判所의 관장사항으로 정하고 있다.

이러한 彈劾審判制度는 憲法이나 法律을 위반한 행위에 대하여 파면의 책임을 지우는 것이므로 형사적인 처벌도 아니고, 직무 수행상의 무능이나 정책의 실패 또는 정치적인 이유로 책임을 지우는 것이 아니다. 우리 나라의 탄핵심판제도는 공무원의 종류에 구별 없이 일괄하여 그 직무집행에 있어서만 헌법이나 법률을 위배한 때에 한정하여 책임을 묻는 것에 특징이 있다. 요건에서는 헌법재판소 재판관, 법관, 중앙선거관리위원회 위원의 경우 나머지 공무원들과 차이가 있다.

《외국의 탄핵재판제도》

영국에서는 탄핵재판에서 공직자에 대한 파면과 함께 형벌도 선고하는데, 내각의 각료들과 고위공직자, 법관, 의원, 군인, 주교, 일반 시민 등에 대하여 탄핵이 행해지므로 대상에서 거의 제한이 없고, 탄핵의 사유도 명문으로 정해져 있지 않고 판례에 의해 결정된다. 직무상 관련된 것에 한정되지 않고 널리 인정된다. 하원(House of Commons)에서 소추하고 상원(House of Lords)에서 심판한다. 프랑스에서는 大反逆罪 (haute trahison)를 범한 대통령에 대한 탄핵재판은 상원과 하원의 24명의 의원들로 구성되는 高等彈劾裁判所(=高等司法院 Haute Cour de Justice)에서 관장하고, 그 외 행정부의 공무원들이 重罪(crime) 또는 輕罪(délit)를 저지른 경우에 행하는 탄핵재판은 양원의 12명의 의원과 3명의 최고재판소(Cour de cassation) 재판관으로 구성되는 共和國彈劾裁判所(=共和國裁判所 Cour de ustice de la République)에서 관장한다. 공직자를 파면시킴은 물론이고 형벌도 선고한다. 日本國에서는 衆議院議員과 參議院議員으로 구성되는 彈劾裁判所에서 탄핵재판을 한다(日本國憲法). 탄핵대상은 재판관에 한정되어 있다. 재판관의 탄핵은 衆議院議員과 參議院議員 각 10인으로 구성되는 裁判官訴追委員會의 訴追에 의해 衆議院議員과 參議院議員 각 7인으로 구성되는 탄핵재판소에서 심판한다(國會法 §125, §126; 裁判官彈劾法 §4, §5, §16). 탄핵에 의한 파면의 사유는 ① 직무상의 의무에 현저히 위반하거나 직무를 심히 怠慢히 한 경우, ② 기타 직무의 내외를 불문하고 재판관으로서의 威信을 현저히 잃은 비행이 있는 경우이다(裁判官彈劾法 §2). 독일에서는 연방대통령이 기본법이나 연방법률을 고의로 침해한 경우 연방의회나 연방참사원의 소추에 의해 연방헌법재판소에서 대통령직의 상실여부를 선고한다(독일연방헌법 §61). 연방법관이 직무상 또는 직무 이외에서 기본법의 기본원칙이나 란트의 헌법합치적인 질서를 위배한 경우에는 연방의회의 소추에 의하여 연방헌법재판소는 재판관 2/3의 찬성으로 다른 직으로의 전보, 정직을 명할 수 있고, 고의적인 위반인 경우에는 파면을 명할 수 있다(독일연방헌법 §98②). 미합중국에서는 대통령, 부통령, 미합중국의 모든 공무원이 反逆罪, 收賂罪, 기타 重罪와 輕罪의 책임이 인정되는 때에 하원의 소추에 의거하여 상원의 판결로 탄핵된다(美合衆國憲法 Art. I., Sec. 3, Art Ⅱ, Sec. 4). 대통령에 대한 탄핵심판에서 재판장은 연방최고법원의 장(Chief Justice)이 맡고, 상원에서 출석의원 2/3의 찬성으로 탄핵결정을 한다. 탄핵결정이 있으면 해당 공무원은 현직에서 파면되고, 다른 공직에 취임할 수 없다. 미합중국의 경우 탄핵소추된 대통령으로는 John Tyler, Andrew Johnson, Richard M. Nixon, W. J. Clinton이 있으나, 탄핵심판으로 현직에서 파면된 경우는 없다. W. J. Clinton대통령은 性醜聞사건으로 위증 및 사법방해라는 중죄혐의로 탄핵소추되었으나 1999년 2월 12일 상원에서 있은 표결에서 유죄인정 정족수(출석의원 2/3)에 미달하여 파면되지 않았다. 연방법원의 판사에 대한 탄핵재판은 12건이 있었고, 7명의 연방판사가 파면되었다.

Ⅱ. 目   的

탄핵심판제도는 대통령이나 고위직에 있는 공무원들이 국가권력을 행사함에 있어서 야기할 수 있는 헌법의 침해나 침해 위험을 제거하여 헌법을 보호하고 공직의 수행이 그 기능에 부합하게 정상적으로 이루어지도록 하는 데 목적이 있으며, 헌법재판소의 재판관 또는 법원의 법관에 대한 탄핵심판제도는 이것 이외에 재판의 공정을 보장하기 위하여 재판을 하는 재판관이나 법관의 신분을 두텁게 보장하고자 하는 목적도 지니고 있다.

(1) 헌법의 보호

탄핵심판을 통하여 고위공직자가 그 직무집행에 있어서 憲法이나 法律을 위배한 때 공직에서 파면하는 것은 고위공직자가 자신의 권한을 이용하여 헌법이나 법률을 침해하는 행위를 방지하고자 함이다. 따라서 彈劾審判制度는 憲法을 保護하는 하나의 수단이다. 고위공직자 또는 국가적으로 중요한 업무를 수행하는 공직자의 경우에 해당 공직자의 권한 행사는 국민의 생활과 국가의 기능에 심대한 영향을 주기 때문에 이런 고위공직자가 헌법이나 법률에 위반되는 행위를 하는 것을 그대로 방치할 경우에는 헌법질서와 국민의 생활에 중대한 침해를 야기할 수 있다.

특히, 고위공직자의 경우에는 당사자가 가진 강력한 권한과 지위로 인하여 징계가 허용되지 않는 경우도 있고, 징계가 허용되는 경우에도 그 지위상 징계가 쉽지 않을 뿐더러 징계사유가 있는 경우에도 통상의 절차를 진행함에 상당한 시간이 소요되므로 이러한 상태를 방치하는 것은 憲法秩序의 維持와 정상적인 公務의 수행에 심대한 장애가 된다. 따라서 이런 경우에는 엄격한 재판절차를 통하여 바로 파면여부를 결정하는 것이 필요하다.

우리 나라에서는 대통령제의 정부형태를 취하고 있어 의원내각제와 같은 內閣不信任이 불가능하고, 또 대통령은 內亂의 罪$\left(\begin{smallmatrix}刑法 §87\sim\\§91\end{smallmatrix}\right)$ 또는 外患의 罪$\left(\begin{smallmatrix}刑法 §92\sim\\§104\end{smallmatrix}\right)$를 범한 경우를 제외하고는 재직중에 형사상의 소추를 받지 아니하기 때문에$\left(\begin{smallmatrix}憲法\\§84\end{smallmatrix}\right)$ 대통령이 외세나 체제부정적인 세력과 결탁하여 헌법을 침해하거나 국가기밀을 누설하여 국민과 국가를 위태롭게 하는 때에 대통령을 그 직에서 즉시 효과적으로 추방하는 데는 탄핵심판이 매우 긴요하고도 유용한 역할을 한다. 의원내각제에서 내각불신임이 가지는 기능과 비교하여 볼 때, 대통령제에서 대통령에 대한 탄핵제도가 가지는 기능은 헌법의 보호라는 측면과 행정부에 대한 통제라는 측면에서 매우 중요하다. 대통령제를 취하는 나라에서는 대통령에 대한 탄핵심판이 가지는 기능을 특히 주목할 필요가 있다. 대통령의 임기제나 임기의 短期化로 해결하지 못하는 부분의 문제를 탄핵심판을 통하여 해결할 수 있다.

공직자의 위법한 행위에 대해 刑事的인 制裁가 가해지는 경우에는 형사적인 처벌을 할 수도 있는데, 이러한 것은 바로 당사자를 공직에서 추방하는 것이 아니므로 공직에서 바로 파면시켜야 할 필요가 있는 경우에 탄핵심판을 행하게 된다. 따라서 탄핵심판으로 파면되더라도 刑事的 責任이 면제되는 것은 아니다.

헌법의 보호에는 헌법에 위반하는 행위에 대하여 책임을 묻는 것으로 족한 것이 아니다. 법률은 헌법을 구체화한 것이므로 고위공직자가 헌법을 구체화한 법률을 위배하여 직무를 집행하는 것은 공직제도의 본질과 합치되지 않고, 그 권한의 불법적인 행사는 헌법보호에 치명적인 危害를 가하고 국민과 국가에 심대한 피해를 가져올 수 있다. 따라서 헌법은 헌법에 위배되는 것에 한하지 않고 법률에 위배되는 경우도 탄핵의 사유로 정하고 있다.

《정부형태와 탄핵재판제도》

세계 각국의 탄핵심판제도를 비교하면 나라마다 다소의 차이를 보이고 있고, 또 그 나라가 채택하고 있는 정부형태에 따라서도 차이가 있다. 이러한 점으로 인하여 정부형태에 따라 법리적으로 탄핵제도가 달라지는가 하는 질문이 제기될 수 있다. 예컨대 의원내각제를 채택하는 경우에는 의회가 內閣不信任權을 가지므로 행정부의 수상이나 각료에 대한 탄핵제도는 필요하지 않는 것이 아닌가 하는 점이다. 탄핵제도는 위법한 행위를 한 공직자에 대하여 공직에서 파면하거나 이에 더하여 형벌로 처벌하는 것이므로 의원내각제에서 행정부를 통제하는 내각불신임과는 성질에서 서로 다르다. 內閣不信任制度는 법적 책임뿐만 아니라 광범한 정치적 책임을 물어 행정부를 다시 구성하는 것임에 비하여 彈劾審判制度는 개인에 대하여 기본적으로 법적 책임을 물어 공직에서 추방하고 공직취임을 제한하는 것이다. 그리고 내각불신임제도는 내각 전체에 대하여 책임을 묻는 권력통제장치이지만 탄핵심판제도는 행위자인 개인에 대하여 책임을 묻는 헌법보호의 수단이다. 따라서 정부형태와 탄핵심판제도 사이에는 법리상 필연적인 연관이 없다고 할 것이다. 그러나 제도를 운용하는 현실에서는 내각불신임과 탄핵심판 사이에 서로 영향을 미칠 수 있고, 대통령제와 달리 의원내각제에서는 탄핵심판제도의 역할이 상대적으로 줄어 들 수 있다. 그러나 수상이나 각료가 아닌 자 또는 법관에 대한 탄핵에서는 탄핵심판제도의 원래의 기능이 여전히 살아 있다. 의원내각제를 취하고 있는 영국에서는 수상이나 각료가 탄핵의 대상이 되지만 역시 의원내각제를 취하고 있는 독일에서는 수상이나 각료는 탄핵의 대상에서 제외되어 있다. 이원정부제를 취하고 있는 프랑스에서는 대통령은 물론이고 수상이나 각료도 탄핵의 대상이 된다. 대통령제를 취하고 있는 미합중국에서는 대통령, 부통령, 연방 법관을 포함한 모든 연방공무원이 탄핵의 대상이 된다.

(2) 공무 수행의 정상화 보장

탄핵소추의 대상자로 되어 있는 사람이 그 직무의 수행에 있어서 위법한 행위를 하고도 계속 해당 직무를 수행하는 것은 국가작용에 있어서 해당 公職이 가지는 기능을 심하게 왜곡시킨다. 탄핵심판제도는 위법행위를 한 것에 대한 행정상·형사상의 책임은 차후에 묻는다고 하더라도 우선 해당 공직에서 당사자를 배제시켜야 할 이익이 크기 때문에 직무를 정지시키고 당사자를 공직에서 추방시켜야 할 필요가 있는 경우에 이를 행하여 해당 공무의 수행을 정상화시키는 데 기여한다. 특히 대통령제 정부형태에서 대통령의 경우에는 이러한 필요성이 증가한다. 재판관과 법관에 대한 탄핵은 재판의 공정성을 확보하는 데 있어서 중요한 기능을 한다.

(3) 재판관·법관 등의 신분 보장

재판을 하는 헌법재판소 재판관 또는 법관이 헌법이나 법률을 위반하여 헌법을 침해하는 것은 어떤 경우에도 용납되지 않는다. 재판이라는 형식을 빌어 고의로 국가의 존립과 안전을 위태롭게 하거나 국민의 기본권을 침해하는 것은 그 자체 범죄이기도 하지만, 더 이상 재판관 또는 법관의 지위에서 재판업무를 계속 수행할 수 있게 해서도 안 된다.

재판관이나 법관에 대한 통제는 임기제를 두는 방법도 있지만, 임기가 종료되기 이전에 재판관이나 법관의 직에서 추방하여야 할 필요가 있는 경우에는 탄핵제도가 유용하다. 특히 재판관이나 법관에 대해 임기제를 두지 않고 종신으로 업무를 수행하게 하는 경우에는 탄핵제도는 해당 직에서 재판관이나 법관을 추방하여 헌법을 보호하는 데 있어서 긴요한 제도이다. 예컨대, 미합중국에서 법관에 대한 탄핵이 드물지 않게 행해지는 것도 이런 맥락에서 이해할 수 있다. 이와 같이 재판관이나 법관에 대한 탄핵제도도 당연히 헌법과 공직의 보호에 기여하는 기능을 가지고 있다.

다른 한편으로 재판관이나 법관에 대한 탄핵제도는 다른 공무원에 대한 탄핵제도와 달리 신분보장이라는 기능도 아울러 하고 있다. 우리 나라에서 탄핵심판제도는 직무의 특성상 해당 공직자의 신분을 특별하게 보장하여야 하는 경우 파면의 요건을 엄격히 하기 위한 수단이기도 하다. 憲法 제106조 제 1 항은 「法官은 彈劾 또는 禁錮 이상의 刑의 宣告에 의하지 아니하고는 罷免되지 아니하며……」라고 정하고 있고, 憲法 제112조 제 3 항은 「憲法裁判所 裁判官은 彈劾 또는 禁錮 이상의 刑의 宣告에 의하지 아니하고는 罷免되지 아니한다」라고 정하고 있다.

이러한 탄핵의 규정은 탄핵이나 금고 이상의 형의 선고에 의하지 않고는 파면되지 않는다는 것을 정하여 징계처분으로 파면할 수 없도록 정하고 있는 것이다. 헌법

재판소 재판관이나 법관에 대해서 행정부의 징계처분으로 파면할 수 없도록 한 것은
判의 公正과 法官의 獨立을 보장하기 위한 것이다. 법관에 대하여 법원이 징계로 파
면할 수 있도록 할 것이냐 하는 것은 憲法政策的인 문제이기는 하지만, 우리 헌법은
憲法裁判所 裁判官과 함께 法官에 대해서도 헌법재판소 또는 법원의 자체 징계로 파
면할 수 없도록 정하여 법관의 신분을 두텁게 보장하고 있다.

《징계처분에 의한 법관의 파면》

일반법원의 법관에 대하여 懲戒處分으로 罷免할 수 있는가 하는 것은 헌법정책적인
판단에 따른다. 재판에 있어서 법관의 불법적인 행위가 자주 발생하고, 재판의 공정
을 침해할 위험이 법관의 비리나 비행에 의하여 초래되는 것이 적지 않은 경우에는
법원이 징계처분으로 파면하는 것이 보다 효과적일 수 있다. 법관을 징계처분으로
파면하는 경우에도 행정부에서 징계처분하는 것은 허용되지 않는다고 할 것이다.
우리 헌법사에서 懲戒處分으로 법관을 파면할 수 있게 정한 헌법으로는 1948年憲法,
1952年憲法, 1954年憲法, 1960年6月憲法, 1960年11月憲法, 1972年憲法이 있다. 1962
年憲法, 1969年憲法, 1980年憲法, 1987年憲法에서는 징계처분으로는 법관을 파면할
수 없도록 정하고 있었다. 법관을 파면함에 있어서 1962年憲法과 1969年憲法에서는
彈劾審判委員會의 탄핵심판이 있어야 했고, 1980年憲法에서는 憲法委員會의 탄핵결
정이 있어야 했다. 현행 헌법에서는 헌법재판소의 탄핵심판을 통해서만 법관을 탄
핵할 수 있다. 현행 法官懲戒法($\binom{1999.\,1.\,21.\ 全改}{법률\ 제5642호}$)은 제3조에서 징계처분의 종류로 停職,
減俸, 譴責을 정하여 파면을 이에서 제외하고 있다.

憲法 제114조 제5항은 中央選擧管理委員會의 委員에 대해서도 「委員은 彈劾 또
는 禁錮 이상의 刑의 宣告에 의하지 아니하고는 罷免되지 아니한다」라고 정하고 있
는데, 이는 選擧와 國民投票의 공정한 관리를 위하여 위원의 신분을 두텁게 보장하
기 위한 것이다.

제 2 절 彈劾의 訴追

[160] 第一 彈劾訴追의 發議

Ⅰ. 訴追의 對象者

(1) 법정대상자

공무원이 직무집행에 있어서 헌법이나 법률을 위반한 이유로 탄핵소추의 대상으
로 되는 자는 大統領·國務總理·國務委員·行政各部의 長·憲法裁判所 裁判官·法

官·中央選擧管理委員會 委員·監査院長·監査委員·기타 法律이 정하는 公務員이다
($\frac{憲法}{§65①}$). 檢察廳法은 檢事를, 警察法은 경찰청장을 각각 탄핵소추의 대상에 포함시키
고 있다($\frac{檢察廳法 §37;}{警察法 §11⑥}$).

　　탄핵소추의 대상으로 되는, 법률이 정하는 공무원은 실정법률에 명시된 해당 공
무원만 의미하며 해석을 통하여 그 대상자의 여부를 결정할 수 없다.

　　國會議員은 탄핵의 대상에서 제외되어 있다. 국회가 탄핵소추를 의결하는 권한을
　　가지고 있으므로($\frac{憲法}{§65①}$) 국회의원에 대한 탄핵을 인정하는 것은 자기가 자기를 탄핵하
　　는 모순에 해당한다. 헌법재판소 재판관을 탄핵대상에 포함시킨 것이 특이하다. 이
　　런 경우에는 자기 사건을 자기가 결정하는 사태가 발생한다. 독일에서는 탄핵사건
　　을 연방헌법재판소의 第2院에서 관장한다. 그런데 독일에서는 연방헌법재판소 재판
　　관을 탄핵의 대상에서 제외하고 있다. 그 대신 聯邦憲法裁判所法 제105조는 재판관
　　이 재판관으로서 불명예스러운 행위로 인하여 확정 판결을 받은 때, 6월 이상의 자
　　유형의 확정판결을 받은 때, 재판관의 직에 근무할 수 없는 중대한 의무위반행위를
　　한 때에는 罷免할 수 있다고 하고, 연방헌법재판소는 이런 절차의 개시를 재판관
　　전원으로 구성하는 兩院合同會議(Plenum)에서 결정하되, 재판관 2/3의 찬성으로 그
　　권한을 연방대통령에게 부여할 수 있다고 정하고 있다. 연방헌법재판소 재판관이
　　이런 파면을 당하면 재판관의 직에 근거한 모든 청구권이 상실된다.

(2) 권한대행자

　　탄핵소추대상자로 정해진 자의 권한을 대행하는 자는 그 직무가 원래 탄핵소추
대상자로 정해진 자의 것과 동일하므로 탄핵의 대상이 된다. 독일에서는 연방대통령
의 권한을 대행하고 있는 聯邦參事院(Bundesrat) 의장이 탄핵의 대상이 될 수 있는가
하는 점에 대하여 다수설은 긍정한다.

(3) 하위직 공무원의 문제

　　탄핵소추의 대상으로 되는 공무원은 대체로 고위직이 될 것이지만, 고위직이 아
니라도 직무의 성질에 비추어 합당한 경우에는 중·하위직 공무원도 법률에서 탄핵
소추의 대상자로 정할 수 있다.

(4) 전직의 자
(a) 현직에 있는 경우

　　소추대상이 되는 직에서 종사하다가 그 직에서 물러난 자에 대해서는 공무원의
신분을 유지하면서 轉職 또는 轉補되어 다른 공직에서 근무하는 자인 이상 탄핵소추
를 할 수 있다고 할 것이다($\frac{同旨: 李丞}{祐 등, 151}$). 이런 자에 대해서 탄핵심판을 하는 경우에는 이
미 소추대상이 되는 法定對象의 직에서 떠났기 때문에 그 직을 수행하지 못하게 하

는 목적은 달성할 수 없으나, 이러한 자를 공직에서 추방할 필요가 있고 탄핵심판에
따르는 공무담임권의 박탈 또는 공직취임의 제한이라는 목적을 달성할 수 있으므로
이러한 자도 탄핵심판의 대상이 된다고 할 것이다. 그렇지 아니하면 탄핵 직전에 탄
핵을 면탈하기 위하여 전직 또는 전보로 다른 공직으로 옮긴 후 다시 소추대상이 되
는 중요한 직에 취임하는 길을 열어 주는 결과를 가져오기 때문이다. 당해 공직에서
파면된 자에 대해서는 다시 파면할 實益이 없다($\binom{憲裁法}{\S53②}$).

(b) 현직에 있지 아니한 경우

소추대상의 공직에서 사직 또는 해임되어 현재 공직에 있지 않은 자도 포함되는
가 하는 문제가 있다. 이러한 자에 대하여 탄핵심판을 할 수 없다고 하면, 소추대상
의 직에서 계속 근무하는 경우에 탄핵될 가능성이 있는 자가 미리 탄핵을 회피하기
위하여 스스로 사임하고, 그 뒤 일정한 시간이 지난 후 임명권자에 의해 다시 해당
직에 임명되는 길을 열어 놓는 결과를 가져온다.

대통령은 선거직이기 때문에 사임한 후 다시 임명되는 경우가 없으나, 임명직
공무원의 경우에는 이런 사태가 발생한다. 소추대상자가 일단 공직에서 떠났기 때문
에 이러한 자를 탄핵심판의 대상으로 할 여지는 없다고 할 것이다. 이러한 경우에는
헌법이나 법률을 위반하여 소추대상의 직에서 사직 또는 해임된 자가 일정 기간 후
에 다시 공직에 취임할 수 있는 길을 열어 놓게 되는 결과를 가져오는데, 이는 정치
적인 문제(임명권자의 정치적 부담)라고 할 것이다.

> 헌법정책적으로 보건대, 탄핵심판의 효과가 단순히 공직에서 파면하는 것에 그치지
> 않고 공무담임권을 박탈하거나 일정 기간 동안 제한하는 경우에는 소추대상의 직에
> 서 사직 또는 해임된 자도 탄핵심판의 대상에 포함시킬 여지도 있다고 보인다. 다
> 만, 이런 경우에는 시효를 두는 것이 필요하다고 보인다. 헌법이나 법률을 위반하여
> 소추대상의 직에서 사직 또는 해임된 자로 하여금 다시 공직에 취임할 수 있게 할
> 것인가 할 수 없게 할 것인가 하는 문제를 정치적인 문제(임명권자의 정치적 부담)로
> 볼 것이냐 아니면 법적인 문제로 보아 탄핵심판으로 해결할 것인가에 따라 이 문제
> 의 결론이 달라진다.

그러나 이러한 것이 국회에 의해 탄핵소추된 후에 사직하거나 해임할 수 있다는
것을 정당화하는 것은 아니다. 국회에서 탄핵소추를 한 상태와 이를 하지 않은 상태
는 법적 의미가 다르다고 할 것이다. 탄핵결정의 효과에서 공직으로부터의 파면만
있는 경우에는 국회에 의해 탄핵소추된 후 사직하거나 해임된 자에 대해서는 탄핵심
판을 할 실익이 없다고 할 것이다. 그러나 이러한 효과 이외에 일정한 공직취임권을
박탈하거나 일정 기간 동안 제한하는 효과가 따르는 제도에서 탄핵소추된 후에 사직

하거나 해임할 수 있다고 하면 탄핵심판을 형해화시키키 때문이다. 國會法은 탄핵소추의 의결이 있는 경우에는 사임하거나 해임할 수 없다고 정하고 있다($\frac{國會法}{\S 134②}$).

Ⅱ. 發　議

(1) 의　의

헌법상의 탄핵절차는 「탄핵소추의 발의 → 탄핵소추의 의결 → 탄핵심판」으로 전개된다. 따라서 탄핵절차는 탄핵소추의 발의에 의해 開始된다. 탄핵소추발의에는 國會在籍議員 3분의 1 이상의 發議가 요구되며, 대통령에 대한 탄핵소추발의에는 국회재적의원 3분의 2 이상의 발의가 요구된다($\frac{憲法}{\S 65②}$).

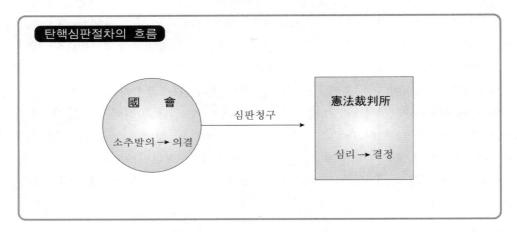

(2) 요　건

(a) 증거·자료의 제시

탄핵소추의 발의에는 피소추자의 성명·직위와 탄핵소추의 사유·증거 기타 조사상 참고가 될 만한 자료를 제시하여야 한다($\frac{國會法}{\S 130③}$).

탄핵소추를 발의하는 때에는 해당 당사자가 직무집행에 있어서 헌법이나 법률을 위반한 행위가 있다는 사실을 뒷받침할 수 있는 實質的이고 信憑性이 있는 객관적인 자료를 갖추어야 한다. 통상 검사의 수사나 국정감사와 국정조사에서 얻어진 정보와 자료를 근거로 탄핵소추를 발의한다. 이러한 경우 이외에도 다양한 정보와 자료를 근거로 탄핵소추를 발의할 수 있는데, 국회가 직접 자료를 수집할 수도 있다.

그러나 단순한 풍문이나 소문 등과 같이 신빙성이 낮은 자료를 근거로 하여 고위공직자에 대해 탄핵소추를 발의하는 것은 탄핵제도의 기능에 비추어 볼 때 합당하지 않다. 특히 판사와 검사에 대한 탄핵과 같이 신분보장의 기능을 가지는 경우에는 이런 요건은 엄격하게 요구된다고 할 것이다.

(b) 기간의 제한 없음

탄핵소추의 발의에는 期間의 制限이 없다. 즉 탄핵소추의 발의·의결에는 時效가 없다. 罷免을 포함한 공무원에 대한 懲戒에 있어서는 징계사유가 발생한 날로부터 3年($\substack{\text{금품 및 향응수수, 공금의} \\ \text{橫領·流用의 경우에는 5年}}$)을 경과한 때에는 징계의결의 요구를 하지 못하는데($\substack{\text{國公法 §83의} \\ \text{2①, §79}}$), 탄핵소추의 발의는 이와 달리 時效의 制限을 받지 않는다.

[161] 第二 彈劾訴追의 議決

I. 議決權者

(1) 국 회

탄핵소추의 대상에 해당하는 공무원이 그 職務執行에 있어서 憲法이나 法律을 위반한 때에는 國會는 憲法 및 國會法의 규정에 따라 탄핵의 소추를 議決할 수 있다($\substack{\text{憲法 §65①;} \\ \text{憲裁法 §48}}$). 따라서 우리의 통치구조 내에서 국회만 탄핵소추를 의결할 수 있는 권한을 독점적으로 가진다. 국회란 憲法 제3장에서 정하고 있는 헌법상의 국회를 의미한다.

《탄핵소추와 국민소환제도》

代議制度를 채택하는 경우에는 대의원리상 국민의 대표자에 대하여 정치적인 이유로 國民召喚(recall)을 하는 것은 허용되지 않는다. 그러나 정치적인 이유가 아니라 범죄나 위법행위를 한 국회의원이나 대통령에 대하여 국민이 소환하는 것은 代議原理와 충돌된다고 할 수 없다. 탄핵소추에서 국회만이 탄핵소추권을 독점하는 것이 아니라 일정한 수 이상의 국민에게도 탄핵소추권을 인정하면 탄핵절차를 통하여 위헌 또는 위법행위를 한 대통령이나 법관 또는 기타 탄핵소추대상자에 대하여 국민소환을 하는 목적을 달성할 수 있다. 이런 경우 대통령에 대하여 국민이 탄핵소추를 하는 것이 대의원리에 위반되는 것은 아니다. 예컨대 프랑스에서는 대통령을 제외한 수상, 각료 등 정부의 구성원에 대한 탄핵소추에서 국민에 의한 탄핵소추를 인정하고 있다. 탄핵소추대상자의 위법행위(특히 구조적 부정 또는 부패행위)가 있음에도 처벌이나 징계가 이루어지지 않고, 국회조차 당파적인 고려에서 탄핵소추를 하지 않을 때 주권자인 국민이 소추를 할 수 있게 하는 것은 필요하다. 국민의 탄핵소추를 인정하는 경우에는 헌법재판소에 바로 탄핵심판을 청구하는 형식이 된다. 이런 점에서 「국민에 의한 탄핵소추」의 방식에 대하여 음미해 볼 필요가 있다.

(2) 재량사항

국회가 彈劾訴追議決權을 행사하거나 행사하지 아니하는 것은 裁量事項에 해당한다. 탄핵소추를 의결할 것인가 하는 것이 국회의 재량에 속한다고 하더라도($\substack{\text{예: 憲 1996. 2.} \\ \text{29.-93헌마186}}$) 이에는 정치적인 한계가 있다. 탄핵심판제도가 헌법을 보호하는 수단인 이상 탄핵소추가 필요하다고 인정되는 때에는 국회는 탄핵소추의 의결을 하는 것이 타당하다. 저항권의 행사가 문제되는 상황에서는 국회가 탄핵소추의결권을 행사하지 아니하는 것도 국민의 저항권 행사를 정당화하는 한 요소가 된다.

[憲 1996. 2. 29.-93헌마186] 「국회에게 대통령의 헌법 등 위배행위가 있을 경
우에 탄핵소추의결을 하여야 할 헌법상의 작위의무가 있다거나 청구인에게 탄핵소
추의결을 청구할 헌법상 기본권이 있다고 할 수 없다. 왜냐하면 헌법은 "대통
령……이 그 직무집행에 있어서 헌법이나 법률을 위배한 때에는 국회는 탄핵의 소
추를 의결할 수 있다"($^{제65조}_{제1항}$)라고 규정함으로써 명문규정상 국회의 탄핵소추의결이
국회의 재량행위임을 밝히고 있고 헌법해석상으로도 국정통제를 위하여 헌법상 국회
에게 인정된 다양한 권한 중 어떠한 것을 행사하는 것이 적절한 것인가에 대한 판
단권은 오로지 국회에 있다고 보아야 할 것이며……」

Ⅱ. 議決의 定足數

탄핵소추의 의결은 國會在籍議員 過半數의 贊成이 있어야 가능하다. 다만, 大統
領에 대한 탄핵소추는 국회재적의원 과반수의 발의가 있어야 하고, 소추의 의결은
국회재적의원 3분의 2의 찬성이 있어야 가능하다($^{憲法}_{§65②}$).

대통령에 대한 탄핵소추의 과정을 보면, 國會在籍議員 過半數에 의한 소추의 발의
와 국회재적의원 2/3의 찬성에 의한 소추의 의결이 요구된다. 이는 대통령 이외의
자에 대한 탄핵소추의 경우에 있어서 國會在籍議員 3분의 1 이상의 發議와 국회재
적의원 과반수의 찬성이 요구되는 것과 비교할 때 가중된 요건이다. 대통령에 대한
탄핵소추에서 반드시 이런 가중된 요건이 필요한 것은 아니다. 이런 가중된 요건은
대통령제 정부형태에서 대통령이 가지는 지위를 고려하여 그에 대한 탄핵소추를 신
중하게 하도록 하기 위하여 마련한 것이기도 하지만, 대통령제 정부형태라고 하여
반드시 이런 가중된 요건이 요구되는 것은 아니다. 이러한 가중된 요건은 대통령에
게 권위주의적인 우월성을 인정하게 할 뿐 아니라 탄핵소추가 필요한 경우에도 대
통령에 대한 탄핵소추를 어렵게 만드는 요인이 될 수 있다. 예컨대 미합중국과 같
이 탄핵소추의 요건을 모든 대상자에 대해 동일하게 한 입법례도 있다. 다만, 입법
정책적으로 보면, 대통령제 정부형태에서 탄핵소추의 요건을 모든 대상자에 대해
동일하게 정하는 방식을 취할 때에는 대통령 아닌 자에 대한 탄핵소추의 요건이 필
요 이상으로 강화될 가능성도 있다. 이런 경우에는 요건을 이원화하는 것이 더 합
리적이다. 미합중국에서는 모든 탄핵대상자에 대한 탄핵소추의 요건은 동일하지만,
직무관련성에 의한 제한이 없는 상태에서 연방대통령에 대한 탄핵과 법관을 포함한
그 이외의자들에 대한 탄핵에서 탄핵의 기준을 달리하여 전자에 더 높은 기준을 적
용할 것인가 하는 점에 대해 찬반의 학설이 대립하고 있다. 여기서는 법관의 독립
의 관점에서 대통령과 법관의 탄핵사유는 동일하게 해석하여야 한다는 견해, 대통
령의 탄핵에서는 더 높은 기준이 요구된다는 견해, 탄핵의 법적 기준은 동일하지만
하원이 탄핵소추권을 행사할 때 재량권을 가진다는 견해 등이 있다. 이에 대한 판
례는 아직 없다. 아무튼 요건을 이원화하는 것과 대통령에 대한 탄핵소추를 어렵게
하는 것이 동일한 것이 아님을 유의할 필요가 있다.

Ⅲ. 議決의 節次와 形式

탄핵소추의 의결에 있어서 절차와 형식에 대해서는 國會法에서 정하고 있다.

(1) 절   차

(a) 조   사

탄핵소추의 발의가 있은 때에는 국회의장은 즉시 本會議에 보고하고, 본회의는 議決로 법제사법위원회에 회부하여 調査하게 할 수 있다($\frac{國會法}{\S130①}$). 본회의에의 보고는 국회의장의 의무사항이지만, 본회의가 법제사법위원회에 조사를 의뢰하는 것은 裁量 事項에 속한다. 탄핵소추를 발의한 과정에서 자료가 충분히 수집되어 본회의에서 그 자료만을 놓고 탄핵소추여부를 결정할 수 있는 경우에는 이런 조사의뢰를 생략할 수 있으나, 그 자료가 탄핵소추여부를 판단하는 자료로 삼을 만큼 충분하지 아니한 경우에는 법제사법위원회에 의뢰하여 표결대상자의 헌법 또는 법률을 위반한 행위에 관한 조사를 하게 하는 것이 필요하다.

탄핵소추의 의결을 받으면 당사자는 그 직무상의 권한 행사가 정지되므로, 이러한 효과에 비례하는 節次的인 合理性이 요구된다. 이러한 요청은 법치주의에서 나온다. 따라서 신빙성이 없거나 미약한 수준의 자료를 근거로 탄핵소추를 의결하는 것은 타당하지 않고, 그러한 의결에 기초한 탄핵심판청구는 절차상 하자가 있으므로 憲法裁判所에서는 직권으로 이를 심리하여야 한다. 그러나 우리 憲法裁判所는 국회에서의 절차적인 문제에 대해서는 부적법 여부를 심사하여 각하여부를 판단하지 않고 이를 국회의 자율영역으로 판단하였다($\frac{憲 2017. 3. 10.}{-2016헌나1}$). 이는 문제가 있다고 사료된다.

[憲 2017. 3. 10.-2016헌나1] 「피청구인은 대통령에 대한 탄핵소추의결은 객관적 조사와 증거에 의해서 뒷받침되는 소추사실에 기초하여야 하는데, 국회 스스로 탄핵소추안 의결에 필요한 증거를 수집하기 위해 국정조사와 특별검사에 의한 수사를 실시하기로 의결하고도 그 결과를 보지도 않고 법제사법위원회의 조사절차도 거치지 아니한 채 검찰의 공소장과 의혹 보도 수준의 신문기사만을 증거로 탄핵소추안을 의결한 것은 위법하다고 주장한다.

국회가 탄핵소추를 하기 전에 소추사유에 관하여 충분한 조사를 하는 것이 바람직하다는 것은 의문의 여지가 없다. 그러나 국회의 의사절차에 헌법이나 법률을 명백히 위반한 흠이 있는 경우가 아니면 국회 의사절차의 자율권은 권력분립의 원칙상 존중되어야 하고, 국회법 제130조 제 1항은 탄핵소추의 발의가 있을 때 그 사유 등에 대한 조사여부를 국회의 재량으로 규정하고 있으므로, 국회가 탄핵소추사유에 대하여 별도의 조사를 하지 않았다거나 국정조사결과나 특별검사의 수사결과를 기다리지 않고 탄핵소추안을 의결하였다고 하여 그 의결이 헌법이나 법률을 위반한 것이라고 볼 수 없다($\frac{헌재 2004. 5.}{14.-2004헌나1}$). 따라서 이 부분 피청구인의 주장은 받아들이지 아니한다.」

　　법제사법위원회가 본회의로부터 조사의 회부를 받은 때에는 지체없이 조사·보고하여야 한다($\frac{國會法}{\S131①}$). 법제사법위원회의 조사에는 國政監査및調査에관한法律($\frac{1988.\ 8.\ 5.\ 법}{률\ 제4011호,}$ $\frac{개정\ 2000.\ 2.\ 16.}{법률\ 제6267호}$)이 규정하는 조사의 방법 및 조사상의 주의의무규정을 準用한다($\frac{同條}{②}$). 조사를 받는 국가기관은 그 조사가 신속히 완료될 수 있도록 충분한 협조를 하여야 한다($\frac{國會法}{\S132}$).

(b) 본회의의 표결

　　본회의가 법제사법위원회에 조사를 의뢰하는 회부의 의결을 하지 아니한 때에는 본회의에 보고된 때로부터 24시간 이후 72시간 이내에 탄핵소추의 여부를 無記名投票로 表決한다. 이 기간 내에 표결하지 아니한 때에는 그 彈劾訴追案은 폐기된 것으로 본다($\frac{國會法}{\S130②}$).

(2) 형　　식

　　국회의 본회의에서 행해지는 탄핵소추의 의결은 피소추자의 성명, 직위, 탄핵소추의 사유를 표시한 문서인 訴追議決書로 하여야 한다($\frac{國會法}{\S133}$). 文書主義가 적용된다.

[162] 第三　議決의 效果

Ⅰ. 審判請求義務의 發生

　　국회가 탄핵소추를 의결한 때에는 소추위원은 반드시 헌법재판소에 탄핵심판을 청구하여야 한다. 이 점은 憲法裁判所法 제49조 제2항의 해석으로 확인된다. 이러한 탄핵심판의 청구는 소추위원의 권한인 동시에 의무이다. 즉 탄핵심판청구권은 소추위원에게 부여된 직무상의 권한(Kompetenz)이므로, 소추위원 이외의 자는 행사할 수 없다는 점에서는 권리의 성질을 가지고, 소추위원은 탄핵심판청구를 하여야 한다는 점에서는 의무의 성격을 가진다.

Ⅱ. 權限行使의 停止

(1) 정지효의 발생

　　국회에 의하여 탄핵소추의 의결을 받은 자는 헌법재판소의 심판이 있을 때까지 직무에 관하여 권한을 행사할 수 없다($\frac{憲法\ \S65③;\ 憲裁法}{\S50;\ 國會法\ \S134②}$). 소추의 의결은 소추의결을 받은 자의 권한행사를 정지시키는 효력을 발생시킨다. 탄핵소추의 의결을 받은 자가 소추의 의결에도 불구하고 직무를 수행한 경우에 그 직무행위는 헌법에 위반되어 無效이다.

(2) 정지의 기간

　　탄핵소추의 의결을 받은 자의 권한행사의 정지는 소추의결시부터 시작되어 헌법재판소의 결정이 선고되는 심판시까지 지속된다. 즉 권한행사의 정지에서 그 始期는

訴追議決時이고 終期는 審判時이다.

　　탄핵소추의 의결을 받은 자가 헌법재판소의 심판이 있을 때까지 직무에 관한 권한
을 계속 행사할 수 있게 하느냐, 그 권한의 행사를 정지시킬 것이냐, 이에 대한 판
단을 헌법재판소의 가처분명령으로 할 것이냐 하는 것은 법정책상의 문제이다. 탄
핵소추가 일단 직무집행에서 위법인 사실이 발생한 때에 이루어지고, 국민대표기관
인 국회가 이에 관하여 사실을 조사하여 의결을 한 이상 公務의 본래적 機能·權威
와 淸廉性을 보장하기 위해서 그 권한의 행사를 정지시키는 것이 타당하다. 따라서
이 경우에는 위법행위가 범죄행위인 때에도 無罪推定의 原理가 적용되지 않는다고
할 것이다. 탄핵은 헌법질서의 유지, 국가 및 국민의 이익, 공무의 본래의 기능·권
위와 청렴성 등을 보호하기 위하여 공무원을 공직에서 강제로 파면시키는 고도의
법적인 강제장치이므로, 위법행위를 한 것으로 보여 국민대표기관으로부터 소추의
의결을 받은 이상 탄핵소추의 의결을 받은 자는 직무수행과 관련한 권한이나 권리
를 주장할 수 없다고 할 것이다.

(3) 도달주의

　　탄핵소추의 의결이 있은 때에는 의장은 지체없이 訴追議決書의 正本을 법제사법
위원장인 소추위원에게 송달하고, 그 謄本을 헌법재판소·피소추자와 그 소속기관의
장에게 송달한다(國會法 §134①). 권한 행사의 停止效力은 소추의결서의 등본이 피소추자에게
송달된 때에 발생한다(到達主義). 따라서 憲法裁判所法 제50조에서 정하고 있는「탄
핵소추의 의결을 받은 사람」은 소추의결서의 등본을 송달받은 피소추자를 의미한다.
피소추자가 소추의결서의 등본을 송달받기 전에 한 직무행위는 유효하다.

(4) 탄핵소추의 효력 정지 가처분

　　憲法裁判所法이 채택하고 있는 권한정지제도는 국회의 탄핵소추 즉시 피소추자
로 하여금 업무를 수행할 수 없게 하려는 취지이므로 탄핵소추의 효력에 대해서도
이를 정지시키는 효력정지가처분을 할 수 없다고 보는 것이 체계정합적이라고 할 것
이다([104]Ⅲ(2)).

Ⅲ. 辭職과 解任의 禁止

　　소추의결서가 송달된 때에는 임명권자는 피소추자의 辭職願을 접수하거나 解任
할 수 없다(國會法 §134②). 소추의결서가 송달된 후 있은 사직원의 접수나 해임은 무효이다.

　　체코헌법재판소법은 탄핵심판절차의 개시 이후에 있은 대통령의 사임은 각하결정의
사유가 될 수 없다고 정하고 있다.

Ⅳ. 憲法裁判所에 대한 拘束力 問題

　　국회의 탄핵소추의 의결은 헌법재판소를 기속하지 않는다. 우리 헌법은 탄핵심

판의 절차에서 국회에게는 彈劾訴追議決權을 부여하고 헌법재판소에는 彈劾審判權을 부여하여 전체 탄핵절차에서 서로 독립된 헌법기관으로 하여금 분리되어 권한을 행사하도록 二元化시켜 놓고 있고, 헌법재판소는 탄핵심판에 있어 청구인과 피청구인과는 독립된 제3의 재판기관의 지위에서 심판권한을 보유하고 있으므로 청구인의 청구에 기속당하지 않는다($_{14.-2000헌나1}^{예: 憲 2004. 5.}$).

제3절 審判의 請求

[163] 第一 請求人

탄핵심판의 請求人은 國會이고, 訴追委員이 국회를 대표하여 소송절차를 수행한다. 탄핵심판절차에 있어서는 국회법제사법위원회의 위원장이 소추위원이 된다($_{§49①, ②}^{憲裁法}$).

소추위원이 가지는 탄핵심판청구에 관한 권한은 국회의 탄핵소추의결에 따라 후속절차를 수행하는 절차상의 권한에 지나지 않는 것이며, 탄핵심판청구 여부를 결정하는 권한이 아니다. 탄핵심판청구 여부는 실질적으로 국회의 彈劾訴追議決權의 행사에 의해 결정된다.

[164] 第二 請   求

Ⅰ. 請求의 節次

(1) 문서주의

탄핵심판의 청구는 소추위원이 憲法裁判所에 訴追議決書의 正本을 제출함으로써 이루어진다($_{§49②}^{憲裁法}$). 헌법재판소에의 심판청구는 심판사항별로 정하여진 請求書를 헌법재판소에 제출함으로써 이루어지는데, 탄핵심판청구의 경우는 국회의 소추의결서의 정본으로 이런 청구서를 갈음한다($_{§26①}^{憲裁法}$). 탄핵심판은 반드시 소추의결서의 정본이라는 文書로 청구하여야 하며, 口頭로 청구할 수 없다. 文書主義가 적용된다.

訴追議決書의 記載事項은 피소추자의 성명, 직위, 탄핵사유이다($_{§133}^{國會法}$). 소추의결서에는 필요한 證據書類 또는 參考資料를 첨부할 수 있다($_{§26②}^{憲裁法}$).

탄핵소추의 의결이 있은 후 소추위원의 심판청구시까지에 기간의 제한이 없다. 기간의 제한을 명시하는 것이 필요하다. 국회의장의 소추의결서 正本의 송달에 관한 國會法 제134조 제1항의 규정에 비추어 볼 때, 소추위원도 正本을 송달받으면 지체 없이 헌법재판소에 正本을 제출하여 심판을 청구해야 한다고 할 것이다.

소추위원인 국회법제사법위원회의 위원장이 그 자격을 잃은 때에는 탄핵심판절
차는 중단된다. 이 경우 새로 국회법제사법위원회의 위원장이 된 사람이 탄핵심판절
차를 수계하여야 한다. 그러나 소추위원의 대리인이 있는 경우에는 탄핵심판절차가
중단되지 아니한다(審判規則 §58).

(2) 소송의 대리

탄핵심판의 청구는 국가기관인 소추위원에 의해 이루어지기 때문에 변호사를 대
리인으로 선임할 필요는 없다. 이 경우에 변호사 또는 변호사의 자격이 있는 국회
소속의 직원을 대리인으로 선임하여 심판을 수행하게 할 수는 있다(憲裁法 §25②: 審判規則 §57).

Ⅱ. 事件의 接受

國會法制司法委員會의 위원장이 소추의결서의 정본을 제출하면 헌법재판소의
접수공무원은 이를 접수하여 사건으로 받아들여 접수서류에 표지를 붙여 사건기록을
편성한다.

접수된 사건에는 사건번호와 사건명을 부여한다. 사건번호는 연도구분, 사건부
호, 진행번호로 구성한다.

Ⅲ. 請求의 效果

탄핵심판이 청구된 때, 즉 소추위원이 헌법재판소에 소추의결서의 정본을 제출
하고, 헌법재판소가 이를 접수하면 헌법재판소의 탄핵심판절차가 開始된다.

탄핵소추를 의결한 국회가 임기만료로 해산되어도 탄핵심판절차의 진행에는 아
무런 영향을 받지 않는다(明文化한 例: 독일연 방헌법재판소법 §51).

Ⅳ. 請求의 取下

탄핵심판청구의 취하는 탄핵소추의 의결을 한 국회가 결정하는 사항이다. 따라
서 소추위원은 청구를 취하할 수 없다.

그런데 탄핵소추의 의결을 취소하는 절차를 정하고 있는 법률상의 규정이 없으
므로 현행법상 탄핵심판의 취하가 인정되는가에 대해서 논란이 있을 수 있다. 형사
소송법의 공소취소의 규정을 준용하여(憲裁法 §40①: 刑訴法 §255) 청구를 취하할 수 있는 여지가 있
다고 할 것이다. 심판청구의 취하는 탄핵소추의 의결을 취하하는 것을 전제로 하므
로, 탄핵소추의 의결을 취하하는 것이 필요하고, 이는 국회의 재의결에 해당하므로
그 의결정족수는 탄핵소추의 의결정족수와 동일하다. 이 경우 의결정족수에 대해서
는 명시적인 규정이 없기 때문에 탄핵소추의 의결을 취하하기 위해서는 명문의 규정
을 두는 것이 필요하다. 예컨대 독일 연방헌법재판소법, 체코 헌법재판소법은 청구

의 취하에 관하여 명시적인 규정을 두고 있다.

심판청구가 취하되면 헌법재판소는 심판절차가 종료되었음을 선언하는 결정을
한다([43]Ⅴ(3)).

Ⅴ. 請求의 變更

탄핵심판을 청구한 후에 이 청구를 변경하고자 하는 경우에는 일부취하를 하거
나 새로운 사실에 대하여 탄핵소추의 의결을 하여 추가하여야 한다. 종래의 사건이
헌법재판소에 계속되어 있는 이상 청구의 병합으로 인정하여 파면여부를 결정하여야
하고, 새로운 사실에 대한 탄핵심판청구를 기존의 사건과 분리하여 별개로 처리하지
못한다. 청구의 병합으로 처리하면 파면되는 사유들을 별개로 분리하여 각각 기각하
여 처리하는 것은 탄핵제도의 성질상 허용되지 않는다.

제 4 절   審判의 要件

[165] 第一 節次的 要件

헌법재판소가 탄핵심판을 하기 위해서는 먼저 i) 法이 정한 訴追對象者에 대하
여 적법한 국회의 彈劾訴追의 議決이 있어야 하고, ii) 訴追委員이 탄핵심판을 청구
하여야 하며, iii) 訴追議決書의 正本의 제출이 있어야 한다.

헌법재판소에 탄핵심판의 청구가 있으면, 헌법재판소는 지체없이 탄핵소추의 적
법성에 대한 판단을 먼저 하여야 한다. 왜냐하면 국회에 의하여 탄핵소추의 의결을
받은 자는 헌법재판소의 심판이 있을 때까지 직무에 관하여 권한을 행사할 수 없으
므로 본안판단을 하기 전에 소추의 적법성을 미리 판단하여 소추가 부적법한 것인
경우에 당사자가 직무를 수행할 수 있게 하여야 하기 때문이다. 소추가 부적법한 상
태에서 해당 공무원으로 하여금 직무를 수행할 수 없게 하는 것은 국가의 업무 수행
에 비추어 타당하지 않다. 특히 판사나 검사의 경우와 같이 탄핵심판제도가 신분보
장의 기능도 하고 있는 경우에는 이런 법리가 중요한 의미를 가진다.

[166] 第二 實體的 要件

탄핵결정의 실체적 요건이라 함은 憲法裁判所法 제53조 제1항에서 정하는 「彈
劾審判請求가 이유 있는 경우」를 성립시키는 요건을 의미한다. 이에는 i) 피청구인의

행위가 직무집행상의 행위일 것을 의미하는「職務關聯性」, ii) 이러한 행위가 헌법 또
는 법률에 위반한 것임을 의미하는「違法行爲의 存在」, iii) 피청구인으로 하여금 그
직을 계속 수행하게 할 수 없게 하는「職務遂行의 不可性」이 인정될 것이 요구된다.

I. 職務關聯性

헌법재판소가 탄핵심판에서 탄핵결정을 할 수 있기 위해서는 소추의 의결을 받은
자가 그 직무집행에 있어서 憲法이나 法律을 위반한 사실이 있어야 한다(憲法 §65①: 憲裁法 §48).

> 탄핵제도에 있어서 탄핵사유가 언제나 직무상의 위법행위에 한정되는 것은 아니다.
> 직무집행뿐만 아니라 직무 이외의 행위에 대해서도 탄핵의 책임을 묻게 할 수 있
> 다. 또 위법한 행위 이외에 비행이나 부도덕한 행위, 직무수행에서의 無能 등을 탄
> 핵의 사유로 할 수도 있다. 공무의 권위와 청렴성을 강조하는 제도에서는 이러한
> 것을 탄핵사유에 포함시킬 수 있다. 영국, 미합중국, 프랑스, 독일에서는 직무관련
> 성을 요구하지 않는다. 우리 나라에서는 직무집행상 헌법이나 법률을 위반한 행위
> 로 한정하고 있다. 1948年憲法 이래로 일관되게 유지하고 있는 태도이다.

(1)「직무집행」의 의미

「직무집행에 있어서」라는 말은 해당 공직자의 본래의 자기 권한사항에 해당하는
것에 한정하지 않는다. 자기 권한에 속하는 직무집행은 헌법과 법률에 합치하더라도
그 직무를 수행함에 있어서 다른 행위로 헌법이나 법률을 위반하면 그 경우도 탄핵
사유에 해당한다. 탄핵제도의 기능에 비추어 볼 때 이 때 말하는 직무집행과 위법행
위와의 연관성은 너무 엄격하게 보아서는 안 된다. 다만, 이 경우 헌법이나 법률을
위반한 사실이 직무를 집행하는 것과 일정한 연관성은 가져야 하므로, 공직자의 직
무집행과 전혀 연관성이 없는 위법행위는 탄핵사유가 되지 못한다. 직무집행과 관련
이 없는 私生活에 관한 사항은 파면결정의 사유로 될 수 없다.

(2) 전직에서의 직무집행

직무의 집행은 소추대상의 직에 취임하기 이전에 근무한 공직에서의 직무집행도
포함하는가 하는 문제가 있다. 예컨대 국무위원으로 임명된 자가 소추대상이 아닌
직에 근무할 때 직무집행에 있어서 헌법 또는 법률에 위배되는 행위를 한 경우에 이
러한 위법행위가 국무위원에 대한 탄핵사유가 되는가 하는 문제이다.

(a) 긍 정 설

탄핵심판의 목적을 위법한 행위를 한 소추대상자를 공직에서 추방하는 데 있다
고 보고 직무관련성에 말하는 職務를 현직과 전직을 모두 포함하는 公務라고 이해한
다. 따라서 전직에 근무하면서 헌법이나 법률을 위반한 행위도 현직에 있는 자에 대

한 탄핵사유가 된다고 본다(^{예:}₉₉₉ 金哲洙a).

(b) 부 정 설

직무관련성에서 말하는 직무는 현직에 한한다고 본다(^{예: 權寧星, 858;}_{李丞祐 등, 151}).

(c) 사　　견

원칙적으로 부정설이 타당하다. 공무원으로 근무한 자가 과거에 위법행위를 한 것에 대해 무한책임을 묻는 것도 타당하지 않고, 前職時의 위법행위에 대해서는 그 당시에 책임을 묻는 것(^{예:}_{징계})이 타당하다. 탄핵심판은 소추대상의 직의 중요성에 비추어 해당 직에 있으면서 헌법 또는 법률에 위배한 자에 대하여 공직에서 추방하는 책임을 묻는 것이므로 소추대상의 직에 취임하기 전에 있은 위법행위를 탄핵사유에 포함시킬 수 없다고 할 것이다.

그러나 전직이 소추대상의 직이고 그 직에 있을 때 위법행위를 한 경우에는 현직에 있는 공무원인 한 전직시의 위법행위는 탄핵사유에 포함된다고 할 것이다. 예컨대 국무총리로 취임한 자가 국무위원으로 있을 때 직무집행에 있어서 헌법에 위반되는 행위를 한 경우에는 소추대상의 직인 국무위원의 직에서 위법행위를 하였기 때문에 현직이 국무총리라 할지라도 그 자에 대한 탄핵심판의 사유로 삼을 수 있다. 국무위원으로 근무하다가 사임하거나 해임된 후 일정 기간을 지나 국무총리로 임명된 경우에도 마찬가지다. 이러한 경우의 위법행위를 탄핵심판의 사유로 인정하지 않으면 책임면탈의 길을 열어주어 탄핵심판제도가 형해화되기 때문이다([160]Ⅰ(4)).

Ⅱ. 違法行爲의 存在

(1)「헌법이나 법률의 위반」

여기서 말하는 憲法은 명문의 헌법규정뿐만 아니라 憲法裁判所의 결정에 따라 형성되어 확립된 불문헌법도 포함되고, 법률에는 형식적 의미의 법률과 이와 동등한 효력을 가지는 국제조약 및 일반적으로 승인된 국제법규 등이 포함된다(^{憲 2017. 3. 10.}_{−2016헌나1}). 예컨대, 대통령이 외국의 힘이나 국제조약을 통하여 대한민국의 국익을 침해하는 행위를 한 경우, 대통령에게 부여되지 아니한 권한을 행사하는 경우, 대통령의 권한을 헌법에 위반되게 행사한 경우(^{예:국무총리서리를 임명하여 국무}_{총리의 업무를 수행하게 한 경우}), 대통령이 부정을 하거나 부패행위를 한 경우, 대통령이 사익 추구를 위하여 권한을 남용한 경우(^{憲 2017. 3. 10.}_{−2016헌나1}), 대통령이 재신임을 묻기 위해 憲法 제72조의 국민투표를 시행한 경우(^{憲 2004. 5. 14.}_{− 2004헌나1}), 대통령이 憲法 제10장에서 정하는 절차가 아니라 憲法 제72조에 의한 국민투표로 헌법의 개정을 시도한 경우, 대통령이 헌법 제69조에 의한 宣誓에 위반되는 행위를 한 경우, 법관이나 재판관이 故意로 오판을 하거나 재판을 거부한 경우, 법관이나 재판관이 재판정에서 위법한 言辭를 사용한 경우 등이 이에 해당한다.

(2) 위법성 판단의 범위

헌법재판소는 소추의결서에 기재된 사항에 대해서만 위법여부를 판단한다. 따라서 헌법재판소는 소추의결서에 기재되지 않은 사항에 대해서는 심판의 대상으로 삼을 수 없다.

그런데 유의할 것은 심판대상이 되는 사항은 소추의결의 대상이 된 피소추인의 行爲를 말하고, 위헌이나 위법이 되는 헌법의 조항이나 법률의 조항을 의미하는 것이 아니라는 점이다. 소추의결서에 헌법이나 법률의 특정 조항에 위반되는 것으로 기재되어 있다고 하더라고 헌법재판소는 이에 구애됨이 없이 소추의결의 대상이 된 행위가 어떠한 법조항에 해당되는지를 자유로이 판단할 수 있다(同旨: 許營d,). 탄핵소추는 위법한 행위를 한 피소추인을 공직에서 파면하여 헌법을 포함한 법질서를 보호하고 공직기능을 유지하는 데 있는 것이지, 소추기관이 의율한 실정법 조항의 옳고 그름을 판단하는 것이 아니기 때문이다.

(3) 위 법 성

헌법이나 법률을 위배한 피청구인의 위법행위에는 故意에 의해 행해진 것에 한하지 않고, 過失에 의해 행해진 것도 포함된다. 탄핵심판은 범죄행위와는 달리 개인의 주관적 책임사유만을 묻는 것이 아니라 공무집행과 관련한 국가의 이익을 고려하는 것이므로 故意에 의한 위법한 행위 이외에 과실이나 법의 無知에 의한 위법행위도 탄핵사유에 포함된다(同旨: 權寧星, 858; 許營b,/813; 李丞祐 등, 154). 憲法이나 憲法裁判所法은 고의에 의한 경우로 한정하고 있지 않다.

헌법재판소 재판관·법관·중앙선거관리위원회 위원·감사원장·감사위원과 같이 탄핵이 신분보장의 기능을 하고 있는 경우에도 이 점에서는 차이가 없다. 고의에 의한 위법행위와 과실에 의한 위법행위는 탄핵여부를 결정함에 있어서 직무의 계속수행 허용성의 판단에서 차이가 있을 수 있다.

(4) 중대성의 문제

피청구인이 헌법이나 법률을 위배하는 행위를 한 경우에 그 위배행위가 존재하는 것으로 충분하고, 이런 위법행위가 重大性을 가져야 하는 것은 아니다. 위법행위의 중대성여부는 파면여부를 결정할 때 고려할 수 있는 사항에 해당할 뿐 「헌법이나 법률을 위배한 행위」인지의 여부를 결정하는 위법행위의 성립요건은 아니다(예: 憲 2004. 5./14.-2004헌나1).

특정 공무원을 그 해당 직에서 파면시키는 것은 그 직무와 지위의 성격상 단순한 위법행위를 한 때에도 탄핵으로 파면시켜야 할 경우가 있다. 파면여부를 결정할 때 핵심적인 사항은 위법행위의 중대성이 아니라 직무의 계속수행에 대한 허용성(=가능성)이다. 대통령에 대한 탄핵이든 그 이외의 경우이든 차이가 없다.

Ⅲ. 職務遂行의 不可性

헌법재판소가 탄핵심판의 대상자를 파면하기 위해서는 직무관련성과 위법행위의 존재라는 요건 이외에 직무를 더 이상 수행하는 것을 허용해서는 안 되는 직무수행의 불가성이라는 요건이 갖추어져야 한다. 따라서 직무관련성과 위법행위의 존재라는 요건만으로는 파면할 수 없다.

직무에 관련한 위법행위가 있다고 하여 언제나 파면하는 것은 아니고, 헌법재판소가 판단하여 이러한 대상자로 하여금 계속 직무를 수행하게 하는 것이 타당한가 아닌가에 따라 파면여부를 결정한다(鄭宗燮i, 161). 이에는 피청구인을 파면하지 않을 때 얻게 되는 이익과 파면했을 때 얻게 되는 이익을 비교하고, 국정의 운영, 국가의 위신과 신뢰도, 법질서의 유지, 대상자가 행한 위법행위의 정도 등 모든 요소를 고려하여 파면여부를 결정한다. 위법행위의 중대성여부는 직무를 계속 수행하게 할 것인가를 판단함에 있어서 하나의 고려사항일뿐 모든 경우에 필수적으로 고려하여야 하는 것은 아니다. 피청구인의 위법행위가 중대하지 않더라도 직무의 성질상 위법행위가 존재하고 계속직무를 수행하게 할 이익이 인정되지 않는 경우에는 파면한다. 이러한 점은 국회의 탄핵소추단계에서도 고려되지만 헌법재판소의 탄핵심판에서도 고려된다.

따라서 직무의 계속수행의 허용여부를 판단함에 있어서는 피청구인의 지위와 역할에 따라 개별적으로 판단한다. 대통령을 탄핵하는 경우와 검사를 탄핵하는 경우가 동일할 수는 없다.

憲法裁判所는 大統領에 대한 彈劾審判에서는 그 위법행위의 중대성이 대통령을 파면하지 않았을 때의 효과를 압도할 수 있을 정도이어야 탄핵할 수 있다고 본다 (예: 憲 2004. 5. 14.-2004헌나1).

[憲 2004. 5. 14.-2004헌나1] 「헌법은 제65조 제 4 항에서 탄핵결정은 공직으로부터 파면함에 그친다고 규정하고, 헌법재판소법은 제53조 제 1 항에서 탄핵심판청구가 이유 있는 때에는 헌법재판소는 피청구인을 당해 공직에서 파면하는 결정을 선고한다고 규정하고 있는데, 여기서 '탄핵심판청구가 이유 있는 때'를 어떻게 해석할 것인지의 문제가 발생한다. 헌법재판소법 제53조 제 1 항은 헌법 제65조 제 1 항의 탄핵사유가 인정되는 모든 경우에 자동적으로 파면결정을 하도록 규정하고 있는 것으로 문리적으로 해석할 수 있으나, 이러한 해석에 의하면 피청구인의 법위반행위가 확인되는 경우 법위반의 경중을 가리지 아니하고 헌법재판소가 파면결정을 해야 하는바, 직무행위로 인한 모든 사소한 법위반을 이유로 파면을 해야 한다면, 이는 피청구인의 책임에 상응하는 헌법적 징벌의 요청, 즉 법익형량의 원칙에 위반된다. 따

라서 헌법재판소법 제53조 제1항의 '탄핵심판청구가 이유 있는 때'란, 모든 법위반의 경우가 아니라, 단지 공직자의 파면을 정당화할 정도로 '중대한' 법위반의 경우를 말한다.……대통령을 제외한 다른 공직자의 경우에는 파면결정으로 인한 효과가 일반적으로 적기 때문에 상대적으로 경미한 법위반행위에 의해서도 파면이 정당화될 가능성이 큰 반면, 대통령의 경우에는 파면결정의 효과가 지대하기 때문에 파면결정을 하기 위해서는 이를 압도할 수 있는 중대한 법위반이 존재해야 한다.」

제 5 절 審判의 節次

[167] 第一 訴追議決書의 送達

헌법재판소가 소추의결서를 접수한 때에는 지체없이 그 謄本을 피청구인에게 送達하여야 한다($\frac{憲裁法}{§27①}$).

[168] 第二 審判請求의 補正

재판장은 심판청구가 不適法하나 補正할 수 있다고 인정되는 경우에는 상당한 期間을 정하여 보정을 요구하여야 한다($\frac{憲裁法}{§28①}$). 헌법재판소가 보정서면을 접수한 때에는 지체없이 補正書面의 등본을 피청구인에게 송달하여야 한다($\frac{同條}{②}$). 청구인의 보정이 있는 경우에는 처음부터 적법한 심판청구가 있은 것으로 본다($\frac{同條}{③}$).

보정요구시에 정한 補正期間은 憲法裁判所法 제38조의 규정에 의한 審判期間에는 산입하지 아니한다($\frac{同條}{④}$). 헌법재판소는 스스로 심판기간의 규정을 訓示規定으로 이해하고 있기 때문에 실제에서 심판기간이 문제로 될 가능성은 희박하다.

[169] 第三 答辯書의 提出

소추의결서 또는 보정서면의 송달을 받은 피청구인은 헌법재판소에 답변서를 제출할 수 있다($\frac{憲裁法}{§29①}$). 답변서에는 심판청구의 취지와 이유에 대응하는 답변을 적는다($\frac{同條}{②}$).

피청구인은 본인 스스로 답변서를 제출하거나 탄핵심판을 수행할 수 없고, 변호사를 대리인으로 선임하여 이를 수행하여야 한다. 다만, 피청구인이 변호사의 자격을 가지고 있는 때에는 본인이 스스로 답변서를 제출하거나 심판을 수행할 수 있다($\frac{憲裁法}{§25③}$). 탄핵심판에서 이미 소추의 의결을 받은 피청구인은 공무원의 신분을 유지하고 있지만 국가기관의 지위에서 탄핵심판을 받는 것이 아니고 憲法裁判所法 제25조

제3항이 정하고 있는 私人에 해당하기 때문이다.

[170] 第四 審理의 方式

Ⅰ. 口頭辯論主義

탄핵의 심판은 口頭辯論에 의한다($\frac{憲裁法}{§30①}$). 따라서 헌법재판소는 변론절차에서 현출된 것만 근거로 하여 심판하여야 한다. 재판부가 변론을 열 때에는 期日을 정하고 당사자와 관계인을 召喚하여야 한다($\frac{同條}{③}$).

심판의 변론은 公開한다($\frac{憲裁法}{§34①}$). 탄핵심판절차에서는 성질상 法院組織法 제57조 제1항의 단서와 동조 제2항, 제3항의 적용을 거부하여야 할 사유가 없으므로 憲法裁判所法 제34조 제2항의 준용규정에 따라 법원조직법의 해당조항이 準用된다. 따라서 탄핵심판절차의 변론에서도 國家의 安全保障·安寧秩序 또는 善良한 風俗을 害할 우려가 있는 때에는 決定으로 이를 공개하지 아니할 수 있다. 이런 非公開의 決定은 이유를 開示하여 宣告한다. 이런 비공개의 결정을 한 경우에도 재판장은 적당하다고 인정되는 자의 在廷을 許可할 수 있다($\frac{憲裁法 §34②; 法組法}{§57①但,②,③}$).

심판의 변론은 헌법재판소의 審判廷에서 행한다. 다만, 헌법재판소장이 필요하다고 인정하는 경우에는 심판정 이외의 장소에서 이를 할 수 있다($\frac{憲裁法}{§33}$).

변론기일은 사건과 당사자의 이름을 부름으로써 시작되며($\frac{審判規}{則 §59}$), 소추위원이 먼저 소추의결서를 낭독하고($\frac{同規則}{§60①}$), 재판장은 피청구인에게 소추에 대한 의견을 진술할 기회를 주어야 한다($\frac{同規則}{§61}$).

Ⅱ. 當事者의 不出席

당사자가 辯論期日에 출석하지 아니한 때에는 다시 기일을 정하여야 한다($\frac{憲裁法}{§52①}$). 다시 정한 기일에도 당사자가 출석하지 아니한 때에는 그 출석 없이 심리할 수 있다($\frac{同條}{②}$). 당사자의 불출석은 本人이 직접 심판정에 출석하지 아니하는 것을 말하므로 본인의 출석 없이 代理人이 출석하더라도 이는 당사자의 출석이 되지 않는다.

Ⅲ. 訴追委員의 被請求人 訊問

소추위원인 국회의 법제사법위원장은 심판의 변론에서 被請求人을 訊問할 수 있다($\frac{憲裁法}{§49②}$).

Ⅳ. 審判節次의 停止

피청구인에 대한 탄핵심판청구와 동일한 사유로 법원에서 형사소송이 진행되고 있는 때에는 헌법재판소의 재판부는 탄핵심판의 절차를 정지할 수 있다($\frac{憲裁法}{§51}$). 심판절차의 진행여부에 대한 판단은 재판부의 재량에 의한다.

이런 심판절차의 정지제도는 피소추자의 위법행위의 존부에 대한 법원의 판단과 헌법재판소의 판단 사이에 일치를 얻고자 하는 것이다. 재판부가 심판절차를 정지하지 아니하고 심리한 결과 법원의 형사소송의 재판과 결론에서 일치하지 아니한 때에는 서로 다른 판단이 존재한다.

[171] 第五 證據調査

裁判部는 사건의 심리를 위하여 필요하다고 인정하는 경우에는 당사자의 申請 또는 職權에 의하여 다음의 證據調査를 할 수 있다($^{憲裁法}_{§31①}$).

i) 당사자 본인 또는 증인을 訊問하는 일

ii) 당사자 또는 관계인이 所持하는 文書·帳簿·물건 또는 그 밖의 증거자료의 제출을 요구하고 이를 領置하는 일

iii) 특별한 학식과 경험을 가진 자에게 鑑定을 命하는 일

iv) 필요한 물건·사람·장소·기타 사물의 性狀 또는 상황을 檢證하는 일([57])

裁判長은 필요하다고 인정하는 경우에는 재판관 중 1명을 지정하여 위의 증거조사를 하게 할 수 있다($^{同條}_{②}$). 이것은 재판장의 권한 중 재량사항에 해당한다.

소추위원 또는 피청구인은 증거로 제출된 서류를 증거로 하는 것에 동의하는지 여부에 관한 의견을 진술하여야 하며($^{審判規}_{則 §62}$), 모든 증거조사가 끝나면 소추위원은 탄핵소추에 관하여 의견을 진술할 수 있고, 재판장은 피청구인에게 최종 의견을 진술할 기회를 주어야 한다($^{同判規}_{則 §63}$).

[172] 第六 資料提出要求 등

裁判部는 決定으로 다른 국가기관 또는 공공단체의 기관에 대하여 심판에 필요한 사실을 照會하거나, 記錄의 송부나 자료의 제출을 요구할 수 있다. 다만, 裁判·訴追 또는 犯罪搜査가 진행중인 사건의 기록에 대하여는 송부를 요구할 수 없다($^{憲裁法}_{§32}$).

> 헌법재판소는 2004년 대통령에 대한 탄핵심판을 하면서 구두변론시에 재판 또는 범죄수사가 진행중인 사건의 기록에 대하여는 기록원본의 송부를 요구하지 않고, 그 대신 기록의 일부에 대하여 認證謄本에 대한 送付囑託을 통하여 필요한 증거조사를 실시하였다.

[173] 第七   準用規定

憲法裁判所法에 의하면 탄핵심판의 경우에는 憲法裁判所法이 특별히 정하는 경우를 제외하고는 탄핵심판의 성질에 반하지 아니하는 한도 내에서 民事訴訟에 관한 法令과 刑事訴訟에 관한 法令의 규정이 함께 準用된다(憲裁法 §40①). 따라서 민사소송에 관한 법령과 형사소송에 관한 법령의 규정 가운데 탄핵심판의 성질상 허용되지 않는 것을 제외하고는 나머지 규정들이 적용된다고 할 것이다. 다만, 민사소송에 관한 법령과 형사소송에 관한 법령을 함께 준용한다고 하더라도 형사소송에 관한 법령이 민사소송에 관한 법령과 저촉될 때에는 민사소송에 관한 법령은 準用하지 아니한다(同條②).

> 헌법재판소는 2004년 대통령에 대한 탄핵심판사건에서 증인으로 출석하고도 정당한 이유 없이 증언을 거부한 자에 대하여 헌법재판소법 §40①, 형사소송법 §161①에 의하여 과태료를 부과하는 결정을 하였다. 그러나 이러한 과태료부과만으로는 증거조사의 실효성을 담보하기 어렵다. 증거조사가 불충분하면 판단의 기초가 되는 사실인정에서 하자가 발생하고, 불충분한 사실인정에 기초한 탄핵심판은 타당하다고 할 수 없다.

최근 憲法裁判所는 탄핵심판에는 기본적으로 형사절차가 준용되므로 피청구인에 대한 민사소송법상 당사자신문 신청은 허용되지 않는다고 하였다. 반면, 전문법칙과 관련하여서는, 원칙적으로 형사소송법의 전문법칙을 준용하면서도, 예외적으로 다음 두 가지 유형의 조서에 대하여는 증거능력을 인정하였다. 첫째, 진술과정이 전부 영상으로 녹화된 경우, 둘째, 변호인이 진술과정에 입회하고 진술 과정에 아무런 문제가 없다고 본 경우이다. 다만, 憲法裁判所가 이와 같이 판단한 근거가 무엇인지에 대하여 분명히 밝히지 않았는데, 이에 대하여는 명시적인 법적 근거를 설시하는 것이 바람직하다.

제 6 절   決   定

[174] 第一   概   說

Ⅰ. 意   義

(1) 개   념

헌법재판소는 탄핵심판절차에서 심리를 마친 때에는 결정으로 심판한다. 이 결정은 최종적인 유권적 결정이다.

(2) 種 類

탄핵심판절차에서 재판부가 심리를 종결한 때에는 終局決定을 하는데($\frac{憲裁法}{§36①}$), 헌법재판소가 행하는 결정에는 각하결정, 기각결정, 파면결정이 있다. 탄핵심판의 청구가 형식적 요건을 갖추지 못하여 부적법한 것일 경우에는 却下決定을 한다. 청구가 이유가 있는 경우에는 罷免決定을 하고, 청구가 이유가 없는 경우에는 棄却決定을 한다.

Ⅱ. 終局決定

(1) 결정의 선고

종국결정의 宣告는 헌법재판소의 심판정에서 하며, 헌법재판소장이 필요하다고 인정하는 경우에만 심판정 이외의 장소에서 선고를 할 수 있다($\frac{憲裁法}{§33}$). 결정의 선고는 公開한다($\frac{同法}{§34}$). 어떠한 경우에도 비공개로 선고를 할 수 없다. 다른 모든 헌법재판과 같이 評議는 공개하지 아니한다($\frac{同條}{但}$).

한편, 당사자가 출석하지 아니한 경우에도 종국결정을 선고할 수 있다($\frac{審判規}{則§64}$).

(2) 결정서의 작성

종국결정을 할 때에는 i) 事件番號와 事件名, ii) 當事者와 審判遂行者 또는 代理人의 표시, iii) 主文, iv) 理由, v) 決定日字를 기재한 決定書를 작성하고, 심판에 관여한 재판관 전원이 이에 署名捺印하여야 한다($\frac{憲裁法}{§36②}$).

(3) 개별의견의 표시

탄핵심판의 결정에 관여한 재판관은 결정서에 의견을 표시하여야 한다($\frac{同條}{참조}$ ③). 그런데 탄핵심판에서 재판관으로 하여금 의견을 표시하도록 강제하는 것은 재판의 독립과 공정성의 면에서 문제가 있다([76]Ⅲ).

2005. 7. 29. 헌법재판소법의 개정이 있기 전 憲法裁判所는 탄핵심판에서 재판관은 個別意見을 표시할 수 없다고 판시하였다($\frac{예: 憲 2004. 5.}{14.-2004헌나1}$).

[憲 2004. 5. 14.-2004헌나1] 「헌법재판소법 제34조 제1항에 의하면 헌법재판소 심판의 변론과 결정의 선고는 공개하여야 하지만, 평의는 공개하지 아니하도록 되어 있다. 이 때 헌법재판소 재판관들의 평의를 공개하지 않는다는 의미는 평의의 경과뿐만 아니라 재판관 개개인의 개별적 의견 및 그 의견의 수 등을 공개하지 않는다는 뜻이다. 그러므로 개별 재판관의 의견을 결정문에 표시하기 위해서는 이와 같은 평의의 비밀에 대해 예외를 인정하는 특별규정이 있어야만 가능하다. 그런데 법률의 위헌심판, 권한쟁의심판, 헌법소원심판에 대해서는 평의의 비밀에 관한 예외를 인정

하는 특별규정이 헌법재판소법 제36조 제 3 항에 있으나, 탄핵심판에 관해서는 평의의 비밀에 대한 예외를 인정하는 법률규정이 없다. 따라서 이 탄핵심판사건에 관해서도 재판관 개개인의 개별적 의견 및 그 의견의 수 등을 결정문에 표시할 수는 없다고 할 것이다. 그러나 위의 견해에 대하여, 헌법재판소법 제34조 제 1 항의 취지는 최종 결론에 이르기까지 그 외형적인 진행과정과 교환된 의견 내용에 관하여는 공개하지 아니한다는 평의과정의 비공개를 규정한 것이지, 평의의 결과 확정된 각 관여재판관의 최종적 의견마저 공개하여서는 아니 된다는 취지라고 할 수는 없으며, 동법 제36조 제 3 항은 탄핵심판과 정당해산심판에 있어 일률적으로 의견표시를 강제할 경우 의견표시를 하는 것이 부적절함에도 의견표시를 하여야만 하는 문제점이 있을 수 있기 때문에 이를 방지하고자 하는 고려에 그 바탕을 둔 법규정으로서, 탄핵심판에 있어 의견을 표시할지 여부는 관여한 재판관의 재량판단에 맡기는 의미로 보아 해석해야 할 것이므로 다수의견과 다른 의견도 표시할 수 있다는 견해가 있었다.」

1950年 彈劾裁判所法(1950. 2. 21. 법률 제101호, 개/정 1954. 1. 23. 법률 제304호)은 탄핵재판에서 재판관의 개별의견표시제도를 인정하지 않았다. 그러나 당시 헌법위원회법은 위헌법률심사에서 임의적인 개별의견의 표시를 인정하고 있었다. 그런데 1961年 憲法裁判所法은 헌법재판소의 관할로 구체적 규범통제, 추상적 규범통제, 최종적인 헌법해석, 권한쟁의심판, 정당해산심판, 탄핵심판, 선거재판을 열거하였는데, 재판관의 개별의견표시에서는 특정 개별심판에 한정하지 않고,「헌법재판소의 재판서에는 合議에 관여한 각 심판관의 의견을 添書하여야 한다」라고 하여 필요적 개별의견표시를 모든 개별심판에서 인정하고 있었다. 그러다가 1964年 彈劾審判法, 1973年 憲法委員會法, 1982年 憲法委員會法에서는 탄핵심판에서 개별의견을 표시하는 것을 허용하지 않았다. 그 이후에 등장한 1988年 憲法裁判所法은 헌법에서 열거된 위헌법률심판, 탄핵심판, 정당해산심판, 권한쟁의심판, 헌법소원심판 가운데 위헌법률심판, 권한쟁의심판, 헌법소원심판을 특정하여 개별의견을 표시하도록 하고 있기 때문에, 법률해석상 나머지 탄핵심판과 정당해산심판에서는 개별의견의 표시가 허용되지 않는다는 것으로 귀착된다. 탄핵심판과 정당해산심판의 경우에 헌법재판소는 현실에서 대립하는 정치세력간의 대치 가운데 놓이게 되고, 해당 심판 자체가 정치성을 강하게 띠게 되는 것(예: 대통령, 국무총리/에 대한 탄핵심판)이어서 재판관마다 개별의견을 표시하게 하는 것은 재판의 독립과 재판관의 독립을 해칠 위험이 크기 때문에 입법자는 나머지 개별심판들과 구별하여 이렇게 정하였다. 다만, 입법정책적으로는 탄핵심판의 경우 탄핵소추의 대상에 따라 구분하여 정치성이 약한 경우(예: 법관 또는 재판/관에 대한 탄핵심판)에는 필요적 또는 임의적 개별의견의 표시를 채택할 수는 있다. 그런데 2005. 7. 29. 憲法裁判所法이 개정되어 모든 심판에 있어서 관여 재판관은 의견을 표시하도록 의무화하고 있다.

(4) 결정서의 송달

종국결정이 선고되면 書記는 지체없이 決定書 正本을 작성하여 이를 당사자에게 송달하여야 한다(憲裁法/§36④).

(5) 결정의 공시

종국결정은 官報에 揭載함으로써 이를 公示한다($^{憲裁法}_{\S36⑤}$).

[175] 第二 却下決定

재판부는 탄핵심판의 청구가 부적법하다고 인정한 때에는 청구를 각하하는 결정을 한다. 심판대상자가 심판청구 후에 사망한 경우에도 각하결정을 한다. 각하결정의 主文은 「이 사건 심판청구를 각하한다」라고 표시한다.

[176] 第三 彈劾決定

Ⅰ. 意 義

재판부는 탄핵심판의 청구가 이유가 있다고 인정하는 때에는 피청구인을 해당 공직에서 파면하는 탄핵결정을 선고한다($^{憲法 \S65④;}_{憲裁法 \S36①}$). 탄핵결정의 주문은 「피청구인 ○○○를 ○○직에서 파면한다」로 표시한다.

Ⅱ. 彈劾決定의 定足數

탄핵심판에 있어서 認容決定, 즉 탄핵결정을 할 때에는 재판관 9인 중 6인 이상의 찬성이 있어야 한다($^{憲法 \S113①;}_{憲裁法 \S23②i}$).

Ⅲ. 審判의 範圍

재판부는 청구인이 심판을 청구한 범위에서 심판을 한다.

(1) 헌법 또는 법률의 위배

파면결정의 사유로 헌법 또는 법률의 위반 이외에 직무집행에 있어서 무능력이나 부도덕함은 포함되지 않는다. 오로지 앞에서 본 바와 같은 헌법과 법률을 위반한 사실만 파면결정의 사유가 된다.

憲法裁判所는 「대통령의 직책을 성실히 수행할 의무」가 헌법상의 의무이기는 하나 규범적으로 그 이행이 관철될 수 있는 성격의 의무가 아니므로 소추사유가 될 수 없다고 보았다($^{憲\ 2017.\ 3.\ 10.}_{-2016헌나1}$).

(2) 탄핵사유의 일부 인정

심판을 청구한 사유 중 일부만 인정되고 나머지는 인정되지 아니할 경우에는 인용되는 부분을 고려하여 파면여부를 결정한다. 따라서 주문은 기각결정 또는 파면결정 가운데 어느 하나를 선택하여 표시한다. 심판청구인의 심판청구 중 인용되는 부분에 대해서는 파면하고 인용되지 않는 부분에 대해서는 기각하는 것으로 주문을 표시할 필요가 없다. 심판청구 가운데 인용되지 않는 부분에 대한 판단은 이유에서 판단하는 것으로 족하다.

Ⅳ. 決定의 效力

헌법재판소의 파면결정이 있으면 다음과 같은 효력이 발생한다.

(1) 파　　면

헌법재판소의 파면결정으로 피청구인(=피소추인)은 선고시부터 해당 公職에서 파면된다($\frac{憲裁法}{§53①}$). 파면결정의 선고와 동시에 피청구인은 그 職을 喪失한다.

(2) 공직취임의 제한

헌법재판소의 파면결정으로 파면된 자는 결정선고가 있은 날로부터 5년을 경과하지 아니하면 공무원이 될 수 없다($\frac{憲裁法}{§54②}$).

憲法裁判所法에서 정하고 있는 이러한 공직취임의 제한이 憲法 제65조 제 4 항에서 정하고 있는 「탄핵결정은 공직으로부터 파면함에 그친다」라고 하는 규정과 충돌하는 것이 아닌가 하는 의문이 제기된다. 그러나 이는 탄핵재판에서 파면 이외에 형벌을 과할 수 있는 경우($\frac{예: 영국,}{프랑스}$)도 있으므로 우리 나라의 탄핵심판은 이러한 형벌은 과할 수 없고 파면함에 그친다는 의미이고, 동시에 탄핵결정의 파면의 효과로서 공직에서의 추방뿐만 아니라 일정 기간 공무담임을 제한하는 것이 가능하므로 憲法裁判所法 제54조 제 2 항을 憲法 제65조 제 4 항에 위배된다고 할 수 없다($\frac{同旨: 許營b, 815; 金哲}{洙a, 1335; 權寧星, 860;}$ $\frac{李丞祐}{등, 165}$). 탄핵심판의 기능에 비추어 볼 때, 탄핵심판에는 파면된 자에게서 공무담임권을 박탈하거나 일정 기간 동안 이를 제한하는 것이 요구된다고 할 것이다. 헌법재판소의 재판관으로 임명됨에 있어서도 이러한 제한은 마찬가지로 적용된다($\frac{同法 §5}{②ⅲ}$).

(3) 민·형사상의 책임 불면제

파면결정이 있어도 피청구인의 民事上 또는 刑事上의 책임이 免除되지 않는다($\frac{憲法 §65④;}{憲裁法 §54①}$). 파면함에 그친다는 것이 파면만 할 뿐 민사상 또는 형사상 책임을 묻지 않는다는 의미가 아님을 분명히 하고자 명시한 것이다.

(4) 사면의 금지

탄핵심판으로 파면된 자에 대하여는 赦免을 할 수 없다.

위법한 행위를 하여 공무를 수행하는 데 적합하지 않다고 하여 공무원의 지위와 공무수행에서 斥黜하고 일정한 기간 공무원이 될 자격을 인정하지 않는 탄핵심판제도의 객관적 성격과 기능을 고려할 때, 이러한 사면은 허용되지 않는다고 할 것이다($\frac{同旨: 許營b, 815;}{權寧星, 861}$). 이 점이 형사 범죄를 범한 자나 형의 선고를 받은 자에 대해 사면을 인정하는 것과 차이가 있다. 현행 赦免法($^{1948.\,8.\,30.}_{법률\,제2호}$)에도 사면 또는 복권의 대상자에 탄핵심판으로 파면된 자를 정하고 있지 않다($^{同法}_{§3,\,§4}$). 미합중국에서는 연방헌법에서 이러한 경우에는 사면(pardon)이나 집행연기(reprieve)의 대상이 되지 않는다고 정하고 있다($^{美合衆國聯邦憲法}_{Art.\,II,\,Sec.\,2}$).

[177] 第四 棄却決定

I. 意 義

재판부는 탄핵심판의 청구가 이유가 없다고 인정한 때에는 청구를 기각하는 결정을 한다. 또 피청구인이 결정선고 전에 해당 공직에서 파면된 때에는 헌법재판소는 심판청구를 기각하여야 한다($^{憲裁法}_{§53②}$).

II. 主文의 表示

主文은「이 사건 심판청구를 기각한다」라고 표시한다.

III. 棄却決定과 有罪判決에 대한 再審

헌법재판소의 탄핵심판에서는 청구가 이유 없다는 것으로 기각결정이 있었으나, 법원의 형사소송절차에서는 동일한 사실에 대하여 유죄가 확정된 경우에 기각결정을 근거로 하여 형사재판에 대한 再審의 청구가 허용되느냐 하는 문제가 생겨날 수 있다.

탄핵심판에서 기각결정과 형사재판의 무죄판결이 판단범위에서 일치하는 것은 아니므로 헌법재판소의 기각결정이 곧바로 刑事裁判에서의 재심사유가 된다고 할 수는 없다. 그러나 탄핵심판에서의 기각결정의 이유가 違法行爲의 不存在인 경우에는 동일한 위법행위의 존재를 전제로 한 법원의 有罪判決은 문제가 되지 않을 수 없다. 刑事訴訟法에서 이 경우를 再審事由로 규정하고 있는 부분은 없다.

[178] 第五 終局決定의 效力

I. 自己拘束力, 形式的 確定力, 旣判力

탄핵심판에서 종국결정이 있으면 自己拘束力, 形式的 確定力, 旣判力이 발생한다.

II. 再訴追의 問題

기판력과 관련하여 헌법재판소의 기각결정이 있은 후 국회는 동일 당사자에 다시 소추할 수 있는가 하는 것이 문제가 된다.

국회가 이전에 소추할 때 소추의결의 이유로 삼은 위법행위와 다른 위법행위가

있음을 발견한 때에는 그 위법행위가 종전에 있는 국회의 소추의결이 있기 전의 것
이라고 하더라도 이를 이유로 다시 헌법재판소에 탄핵심판을 청구할 수 있다.

제7절 再   審

[179] 第一   許容與否

刑事訴訟法에서 정하고 있는 再審理由 중에서 성질상 탄핵심판에 준용할 수 있
는 경우에는 탄핵심판에 대해서도 再審을 청구할 수 있다고 할 것이다. 憲法裁判所
法은 탄핵심판에서 형사소송법을 준용한다고 정하고 있고, 재심의 경우 성질상 이런
준용이 허용되기 때문이다. 탄핵결정에 대한 재심에는 형사소송법의 규정이 준용된
다($\binom{憲裁法}{\S 40①}$).

[180] 第二   無罪判決과 再審

형사소송에서 無罪로 확정되고, 헌법재판소에서 파면결정이 있은 경우 법원의
無罪를 근거로 하여 탄핵결정에 대하여 재심을 청구할 수 있느냐 하는 것이 문제로
된다.

이에 관해서 憲法裁判所法 등 현행 실정법은 규정하고 있는 부분이 없다. 헌법
재판소의 탄핵결정이 순전히 법원이 무죄로 인정한 사실에만 근거하여 행해진 경우
에는 再審을 허용하는 규정을 두는 것이 타당하다고 사료된다.

政黨解散審判

제 3 장 政黨解散審判

제 1 절 槪 觀

[181] 第一 管轄과 沿革
I. 管 轄

憲法 제8조 제4항은 「政黨의 目的이나 活動이 民主的 基本秩序에 위배될 때에는 政府는 憲法裁判所에 그 解散을 提訴할 수 있고, 정당은 헌법재판소의 審判에 의하여 解散된다」고 정하고 있고, 憲法 제111조 제1항은 정당의 해산심판을 헌법재판소가 관장한다고 정하고 있다. 따라서 헌법상 정당해산심판은 헌법재판소의 독점적인 관할에 속한다.

II. 沿 革
(1) 제 도

우리 헌법사에서 정당해산심판제도는 1960년 4월 19일에 발생한 4·19 이후 극심한 정치적 혼란을 체험하면서 憲法裁判制度를 정비하여 1960年6月憲法에 정할 때 처음 채택하여 실정화된 이후 현재까지 유지되고 있다. 1960年6月憲法과 1960年11月 憲法에서는 憲法裁判所가 정당해산재판을 관장하는 것으로 정하였으나, 1962年憲法과 1969年憲法에서는 大法院에서 이를 관장하는 것으로 정하였고, 1972年憲法과 1980年憲法에서는 憲法委員會가 이를 관장하는 것으로 정하였다. 1987年憲法에서는 憲法裁判所가 이를 관장하는 것으로 정하고 있다.

1948年憲法 당시에는 정당해산제도를 두지 않았는데, 1960년6월헌법을 제정하면서 정당해산제도를 두게 된 것은 1948년 헌법을 제정하여 입헌정치를 경험하면서 헌법의 보호에 대한 인식이 증대하였던 점도 있고, 우리 사회에서 공산주의자들과 사회주의자들의 활동이 정치에 영향을 미치게 되고, 구체적으로 1950년대 공산주의세력과 싸운 6·25전쟁을 체험하고 진보당사건이 사회현실에서 문제가 되는 등 국가의

政黨解散審判制度의 變遷

項目＼憲法	1948年憲法-1952年憲法 1954年憲法	1960年6月憲法-1960年11月憲法	1962年憲法-1969年憲法	1972年憲法	1980年憲法	1987年憲法
審判機關	없 음	憲法裁判所	大法院	憲法委員會	→	憲法裁判所
政黨解散審判	없 음	政黨의 目的이나 活動이 헌법의 民主的 基本秩序에 위배될 때에는 정부가 대통령의 承認을 얻어 訴追하고, 헌법재판소가 判決로써 그 政黨의 解散을 命한다.	政黨의 目的이나 活動이 民主的 基本秩序에 위배될 때에는 정부는 大法院에 그 해산을 提訴할 수 있고, 정당은 大法院의 判決에 의하여 解散된다.	政黨의 目的이나 活動이 民主的 基本秩序에 위배되거나 國家의 存立에 危害가 될 때에는 政府는 憲法委員會에 그 해산을 提訴할 수 있고, 정당은 憲法委員會의 決定에 의하여 解散된다.	政黨의 目的이나 活動이 民主的 基本秩序에 위배될 때에는 憲法委員會에 그 해산을 提訴할 수 있고, 정당은 憲法委員會의 決定에 의하여 解散된다.	政黨의 目的이나 活動이 民主的 基本秩序에 위배될 때에는 政府는 헌법재판소에 그 해산을 提訴할 수 있고, 정당은 憲法裁判所의 決定에 의하여 解散된다.
決定定足數	없 음	심판관 과반수의 찬성	대법원 법관 정수의 3/5 이상의 찬성	위원 6인 이상의 찬성	→	재판관 6인 이상의 찬성

존립에 대한 위기를 인식하면서 정당해산심판제도를 두게 되었다. 정당해산심판제도는 헌법의 보호와 동시에 정당의 보호라는 양면을 가지고 있기 때문에 진보당사건을 겪으면서 헌법질서를 부정하는 정당에 대한 입장을 분명히 함과 동시에 행정권력에 의한 정당해산의 문제점을 해결하기 위하여 정당해산심판제도를 헌법제도로 실정화하기에 이르렀다. 우리 나라 정당해산심판제도의 변천을 표로 보면 위와 같다.

(2) 실   제

우리 憲法史에서 살펴볼 때, 政黨解散審判制度는 1960年6月憲法에서 처음 채택되어 현재까지 유지되고 있다.

과거 위헌정당의 문제가 된 「進步黨事件」은 당수인 曺奉岩이 간첩죄로 사형선고를 받고 집행되었고($\genfrac{}{}{0pt}{}{大 1959. 2. 27.}{-4291刑上559}$), 이에 앞서 1958년 2월 25일 진보당은 정부의 公報室에 의해 登錄取消되어 해체되었다. 즉 행정조치로 정당이 해산되었다. 1961년 5·16 군사쿠데타 직후 조직된 軍事革命委員會의 포고에 의해 기성정당이 해산되는 경험도

하였다. 이 결과 재판 이외의 방법으로 정당을 해산하는 것을 금지하여 정당활동을
보호할 필요성을 찾게 되었다. 1962년헌법도 재판으로 위헌정당을 해산하는 것을 제
도화하였다.

《진보당 등록취소 이유와 정강·정책의 위헌여부》

1958년 2월 25일 공보실장 명의로 된 진보당 등록취소 이유는 다음과 같다. 「1. 진
보당은 대한민국의 국법과 유엔의 결의에 위반되는 통일방안을 주장하고 있다. 그
들은 1954년 제네바회의에서 천명된 바 한국통일은 대한민국 헌법에 의거하여 유엔
감시하에 민주주의적 선거를 실시하여 성취되어야 한다는 우리 국민과 유엔의 입장
을 무시하고 북한괴뢰집단과 소련 및 중공이 주장하고 있는 적성국가를 주로 하여
구성되는 감시단의 감시하에 남북통일총선거를 실시할 것을 공식으로 선언하고 있
다. 2. 진보당 간부들은 북한괴뢰집단이 밀파한 간첩 및 밀사와 파괴공작들과 항상
접선하여 왔다. 그들 진보당 간부들이 반역죄를 범했는지 아니했는지는 법정이 결
정할 문제이지만, 동당이 북한 공산당과 접선해왔다는 사실만으로도 진보당은 대한
민국의 합법적인 정당으로서 인정받을 자격이 없는 것이다. 3. 진보당은 그들의 목
적달성의 전제단계로서 공산당 비밀당원과 공산당 방조자들을 의회의원에 당선시켜
가지고 그들을 통하여 대한민국을 파괴하려고 기도하여 왔다.」   1948年憲法 이래
당시의 1954年憲法에는 정당특권에 관한 규정을 두고 있지 않았기 때문에 공보실장
의 명령만으로 진보당의 등록이 취소될 수 있었다. 이러한 진보당의 등록취소는 그
때까지 지속효를 가졌던 미군정 법령 제55호인 「정당에관한규칙」($^{1946.}_{2.23.}$)에 법적 근거
를 둔 것이었다. 1959년 2월 27일에 있은, 진보당 당수인 조봉암과 사건 관련자들에
대한 형사재판의 상고심 판결인 [大 1959. 2. 27.-4291刑上559]에서는 형사판결의
이유에서 방론으로 진보당의 위헌여부에 대하여 판단한 부분이 있는데, 해당 부분
의 내용은 다음과 같다. 「진보당의 강령정책은 "우리는 노동자 농민을 중심으로 하
는 광범한 근로대중을 대표하는 주체적·선도적·정치적 집결체이며 변혁적 세력의
적극적 실천에 의하여 자본주의를 지양하고 착취 없는 복지사회를 건설하여야 한
다"는 지(旨)의 혁신정치의 실현, "우리는 자유민주주의를 폐기·지양하고 주요 산
업과 대기업의 국유 내지 국영을 위시로 급속한 경제건설, 사회적 생산력의 제고
및 사회적 생산물의 공정분배를 완수하기 위하여 계획과 통제의 제 원칙을 실천하
여야 한다"는 지(旨)의 수탈없는 경제체제의 확립, "우리는 남북한에서 평화통일을
저해하는 요소를 견제하고 진보당 세력의 주권 장악하에 피흘리지 않는 평화적 한
국통일을 실현한다"는 지(旨)의 평화통일의 실현. 전기 강령과 정책의 헌법위반여부
를 검토하니……헌법의 전문이나 헌법규정에 비추어 볼 때 전시 진보당의 강령·정
책은 헌법에 위반된다 할 수 없고 평화통일에 관한 주장 역시 헌법 제14조 언론자
유의 한계를 일탈하지 않는 한, 차(此)를 위법이라 할 수 없는 것이므로 평화통일론
이 논죄의 대상이 되는 경우는 북한 괴뢰집단이나 이에 부수하는 결사 또는 집단을
위하거나 또는 이와 상통하여 차(此)를 주장하는 경우에 한정될 것이다.」

《조봉암의 재판》

[大 1959. 2. 27.-4291刑上559]의 판결에서 증거에 의해 인정된 바를 요약하면, 조봉암은 일제시대에 일본에서 중앙대학 정경과 1년을 수료하는 과정에서 공산주의 사상을 포지하고 그 후 흑도회라는 비밀결사를 조직하고 공산주의자로 활동하다가 소련 코민테른의 지령으로 해외내의 조선공산주의자 연합회에 참가하고, 조선공산당 조직총국대표로 코민테른의 지령의 받고 귀국하여 고려청년회를 조직하여 공산주의활동을 하였다. 1925년 5월경 조선공산당을 조직하고 모스크바 공산대학 출신의 김조이와 결혼한 후 모스크바에 가서 코민테른으로부터 조선공산당을 코민테른의 조선지부로 인준받았다. 공산주의 활동을 계속하던 중 ML당을 조직하여 연락하다가 징역 7년의 복역을 하였다. 해방 이후 인천에서 치안유지회, 건준, 노동조합, 실업자대책위원회 등을 조직하여 활동하는 한편 조선공산당 중앙간부와 동 당의 인천지구책 민전의장으로 활동하였다. 나중에 조선공산당 대표 박헌영에 의해 출당되었고, 1948년 5월에는 인천에서 국회의원에 당선되었으며, 동년 9월에는 농림장관에 취임하였다. 제 2대 국회의원선거에서 당선되어 국회부의장에 선임되었고, 제 2대와 제 3대의 대통령선거에 후보자로 출마하기도 했다. 속칭 진보당사건에서 검찰은 조봉암에 대하여 진보당을 결성함에 있어서 북한괴뢰집단에 호응하여 그와 동조하는 평화통일방안을 주장함으로써 대한민국의 전복수단으로 동 괴뢰집단과 야합하기로 하고 대남간첩 박정호와 밀회한 바 있으며, 북한괴뢰집단으로부터 자금을 받아 제 3대 대통령선거 비용 및 기관지 발간비 등으로 사용하였고, 진보당 관계자료와 밀서를 북한으로 보내는 등 명백한 간첩행위를 하였다는 이유로 간첩죄 및 국가보안법위반죄로 기소하고 사형을 구형하였다. 1958년 7월 2일에 있은 제 1심 판결에서 조봉암은 간첩혐의에 대해서는 무죄, 국가보안법위반혐의에 대해서는 유죄로 인정되어 징역 5년을 선고받았다. 同年 10월 25일에 있은 항고심 판결에서 조봉암은 간첩죄 및 국가보안법위반죄가 인정되어 사형을 선고받았다. 1959년 2월 27일 대법원은 상고심 판결에서 조봉암에 대해 형법의 간첩죄, 군정법령 제 5호의 무기불법소지죄, 국가보안법의 수괴취임 및 협의선전의 죄를 인정하여 사형을 선고하였고, 1960년 7월 31일 형이 집행되었다.

진보당 사건이 처리되던 시기에는 정당해산심판제도가 없었기 때문에 「정당에관한규칙」에 근거하여 행정조치로 정당이 해산되는 결과가 발생하였다. 1948年憲法부터 1954年憲法에 이르기까지 헌법은 정당활동의 자유에 대하여 명시적으로 아무것도 정하지 않았다. 1960年6月憲法에 와서 비로소 정당은 법률이 정하는 바에 의하여 국가의 보호를 받는다는 규정이 신설되었고, 동시에 헌법재판소에 의한 정당해산심판제도도 신설되었다($\frac{憲法}{\S13}$).

독일의 경우 현재까지 2차례에 걸쳐 헌법재판으로 위헌정당을 해산한 사실이 있다. 1949년 창당된 社會主義國家黨(Sozialistische Reichspartei: SRP)에 대해 1951년 연방정부는 이 정당이 나치당의 후계정당이며 나치정권과 동일하거나 유사한 목적을 추구하여 自由民主的 基本秩序를 없앨 것을 기도한다고 하며 연방헌법재판소에 해산심판

을 청구하였는데, 1952년 10월 23일 연방헌법재판소는 사회주의국가당에 대해 위헌
정당이라고 하여 해산판결을 하고 代替政黨을 창설하는 것과 현존 조직의 代替組織
을 존속시키는 것을 금지하였다. 해당 사회주의국가당에 소속된 의원은 의원직을
상실하였고, 정당의 재산은 국가에 沒收되었다. 의원직이 상실된 의석의 경우에는
보궐선거를 실시하지 않는 채로 재적의원 의석수에서 그 만큼 감소된다고 하였다.
따라서 정당해산심판으로 해당 정당 소속의 의원이 의원직을 상실하면 의회의 재적
의석수도 감소하였다($^{\text{BVerfG}}_{\text{E 2, 1}}$). 1945년 창당된 獨逸共産黨(Kommunistische Partei Deutsch-
lands: KPD)은 마르크스주의에 바탕을 두고 노동자계급의 前衛政黨으로서 서독의 再
軍備 반대, 구소련과 동구권 국가와의 평화조약체결, 독일의 재통일 등을 목표로 하
여 정치활동을 하였다. 1951년 연방정부는 독일공산당에 대해 위헌정당이라고 하며
연방헌법재판소에 해산심판을 청구하였다. 1956년 연방헌법재판소는 독일공산당에
대해 위헌정당이라고 하여 해산판결을 하였다. 여기서도 代替政黨을 창설하는 것과
현존 조직의 代替組織을 존속시키는 것을 금지하였고, 정당의 재산은 몰수되었다
($^{\text{BVerfGE}}_{\text{5, 85}}$). 이러한 것은 과거 나치당의 憲法敵對的인 활동으로 바이마르헌법질서가 무
너지고 바이마르공화국이 붕괴된 비극을 반복하지 않으려는 것과 공산주의자들의
헌법적대적인 활동으로 새로 형성된 Bonn基本法질서와 독일연방공화국이 파괴되는
것을 방지하고자 한 것이었다.

[182] 第二 意義와 目的

I. 意 義

政黨解散審判制度는 정당의 목적이나 활동이 헌법에 위반될 때 헌법재판소의 재
판을 통하여 해산하는 제도를 말한다.

정당의 해산에는 정당 스스로 자발적으로 해산하는 自進解散과 타의에 의해 강
제로 해산되는 强制解散이 있다. 政黨法($^{\text{1962. 12. 31. 법률 제1246호, 전}}_{\text{문개정 2005. 8. 4. 법률 제7683호}}$)은 자진해산을 인정하고
있는데, 정당이 자진하여 해산하는 경우에는 代議機構의 決議로써 해산한다($^{\text{政黨法}}_{\text{§45①}}$).
이 경우 정당의 대표자는 지체없이 그 뜻을 當該選擧管理委員會에 신고하여야 한다
($^{\text{同條}}_{②}$). 이에 반하여 政黨解散審判制度는 정당을 강제로 해산하는 제도이다. 따라서
이에는 엄정한 절차와 요건이 요구되며, 이를 구체화하는 제도적 장치가 필요하다.
정당이 강제로 해산된 것과 같은 결과를 가져오는 것에는 當該選擧管理委員會에 의
해 행해지는 정당의 登錄取消가 있다($^{\text{政黨法}}_{\text{§44①}}$). 현행법상 헌법에 위반된다는 이유로 정
당의 등록을 취소하는 것은 인정되지 않는다.

II. 目 的

政黨解散審判制度는 기본적으로 위헌정당을 해산한다는 면에서 사회영역과 정
치영역에서 헌법을 부정하고 파괴하려는 「조직화된 헌법의 적들」에 대응하여 이를

사전에 제거함으로써 헌법을 수호하고 보호하는 憲法保護의 목적이 있으며, 다른 한편 헌법에 위반되는 정당이라는 이유로 정당을 해산하는 경우에는 행정처분이나 다른 공권력의 작용으로 할 수 없고 헌법재판소의 재판을 통해서만 정당을 해산할 수 있다는 면에서 일반 단체에 비하여 정당을 두텁게 보호하려는 政黨保護의 목적이 있다.

(1) 헌법의 보호

政黨解散審判制度는 憲法의 保護를 실현하기 위한 것이다. 헌법에서 정하고 있는 인간의 존엄과 가치, 기본권의 보장 그리고 통치구조 및 통치질서 등을 조직된 「憲法의 敵」(Verfassungsfeindschaft)으로부터 보호하는 장치이다.

원래 자유라 함은 자유를 부정하는 자유를 포함할 수 없다. 자유가 자유를 부정하는 자유를 인정하는 것은 개념의 모순이며, 가치의 모순이다. 이러한 모순의 배제는 자유에 의해 형성되는 정치질서나 법질서에서도 당연히 인정된다. 즉 자유로운 정치질서나 법질서가 그러한 질서를 부정하는 자유를 인정하는 경우에는 자유로운 정치질서나 법질서는 존속·유지할 수 없다. 자유와 같은 기본권적 가치나 공동체 구성원이 자유롭고 인간답게 살 수 있도록 만들어진 헌법질서와 체제를 부정하는 자유는 어떤 경우에도 인정될 수 없다. 그래서 자유를 부정하는 자유는 자유의 적일 수밖에 없고, 헌법이 보장하는 근본적인 가치와 자유민주주의를 부정하는 것도 헌법의 적일 수밖에 없다. 그런데 사회공동체나 국가에는 사적인 욕망과 이익을 추구하기 위하여 이러한 가치를 담고 있는 헌법을 부정하고 파괴하려는 기도들이 발생한다. 역사적으로 보면, 자유를 기치로 내건 온갖 형태의 전체주의와 공산주의 등도 결국 인간의 자유를 말살하고 인간을 고통의 질곡으로 빠뜨렸다.

헌법을 부정하거나 파괴하려는 이러한 「헌법의 적」은 국가권력의 모습으로 나타날 수도 있고, 개인으로 나타날 수도 있으며 조직의 모습으로 나타날 수도 있다. 특히 「헌법의 적」이 조직의 형태로 활동을 하는 경우 그 위험성은 증대된다. 이런 조직 중 공동체와 국가에 가장 큰 영향을 미치는 것 가운데 하나가 정당이다. 자유와 평등 그리고 이상적 사회를 기치로 내건 나치스와 파시스트들의 정당이나 공산주의자들의 정당이 등장하여 결국 국민의 자유와 행복을 말살한 사실은 인간의 실제적인 체험 속에서 이를 증명해주었다. 정당해산심판제도는 이와 같이 헌법질서를 파괴하는 힘이 강한 「組織된 憲法의 敵」을 제거하는 장치 가운데 하나이다.

이러한 정당심판제도는 豫防的 憲法保護의 수단으로 큰 기능을 가진다. 헌법질서를 파괴하려는 자들이 정당을 결성하여 국가권력에 침투하거나 국가권력에 직접 영향력을 행사하는 것을 사전에 예방하지 않으면 헌법질서를 유지하는 것이 매우 어렵게 된다. 「헌법의 적」들이 정당이라는 조직의 힘으로 헌법질서를 부정하는 행위를 저지른 이후에 사후적으로 이런 헌법부정행위나 헌법파괴행위에 대해 제재를 가하는 것은 효과적이지 못하다.

「組織된 憲法의 敵」은 정당의 형태로만 존재하는 것이 아니다. 각종 형태의 단체나 조직과 같은 結社의 形態로도 나타난다. 공산주의의 전략전술에 따라 지하조직이나 세포들이 만들어지고 위장된 형태의 활동도 한다. 뿐만 아니라 사회단체나 시민단체로 위장하기도 하고 노동조합의 형태로 위장하기도 한다. 이러한 위장된 조직을 통한 헌법파괴활동은 정당의 모습을 띠고 활동하는 것보다 더 위험하고 위력적일 수 있다. 이러한 다양한 형태의 「組織된 憲法의 敵」에 대해서는 그 구성원들에 대해 형사적인 제재를 가할 뿐 아니라 행정조치로 조직이나 단체를 해산시킨다.

국민이 결정한 헌법질서를 부정하고 파괴하려는 시도는 온갖 형태로 시간과 공간의 제한이 없이 행해진다. 범죄행위와 같이 위법한 행위도 있고, 실정법의 공백을 이용한 행위도 있다. 이러한 헌법침해행위들에 대해서는 모든 국가가 사전적으로 예방하거나 사후적으로 법적인 제재를 가한다. 사후적인 법적 제재에는 刑事的 制裁, 行政的 制裁, 民事的 制裁가 있다. 헌법침해행위는 해외에서도 시도되고, 경우에 따라서는 외세와 결탁하여 행해지기도 한다. 외국 정부나 외국의 각종 조직들과 연계하여 대한민국의 헌법질서를 공격하거나 파괴하는 기도와 활동이 행해진다. 어떠한 경우이든 이러한 헌법침해행위에 대해서는 이와 맞서 헌법을 보호하는 장치를 두지 않을 수 없는데, 위와 같이 사전적 장치이든 사후적 장치이든 이러한 장치들이 효과적으로 작동하기 위해서는 그러한 활동이나 행위를 알아낼 수 있는 정보와 첩보의 수집활동이 필요하다. 모든 나라는 이러한 정보활동을 하는 정보기구들을 두고 있다. 예컨대 우리 나라의 國家情報院, 군사안보지원사령부, 美合衆國의 중앙정보국(CIA), 국가안전국(NSA), 국가정찰국(NRO), 연방수사국(FBI), 국방정보국(DIA), 육군정보국(AIA), 공군정보국(AFIA), 해군정보국(ONI), 英國의 비밀정보부(SIS), 국가통신본부(GCHQ), 보안청(SS), 국방정보참모부(DIS), 프랑스의 대외안보국(DGSE), 국가감시청(DST), 獨逸의 연방정보부(BND), 연방헌법보호청(BfV), 군정보부대(MAD), 日本國의 內閣調査室, 통합정보본부, 이스라엘의 모사드(Mossad), 정보국(Shin Beth), 러시아의 해외정보부(SVR), 연방통신정보국(FAPSI), 연방보안부(FSB), 참모본부 정보총국(GRU), 中國의 국가안전부, 통신정보부, 군사정보부, 국제연락부, 통일전선부 등이 그러한 정보기구들이다. 北韓에는 이러한 정보기구로 국가안전보위부, 정찰국, 연락부, 통일전선부, 조사부 등이 있다. 헌법에서는 이러한 정보기구들을 헌법보호와 국가보호의 법리에서 보다 체계적으로 접근하여 이해하여야 한다. 이런 관점에서 보면 헌법보호기구와 국가보호기구라는 관점에서 보다 기능적으로 적합한 정보기구의 설치가 필요하다.

《방어적 민주주의》

자유, 평등, 정의를 기본으로 하고 있는 민주주의가 價値相對主義에 기초하고 있다

468 第二 意義와 目的

고 하더라도 민주주의 자체를 파괴하는 행위를 용납할 수는 없다. 민주주의를 부정하는 것을 스스로 인정하는 민주주의는 민주주의가 아니다. 특히 人間의 尊嚴, 自由, 平等, 正義라는 헌법의 핵심적 기본가치는 입헌주의, 법치주의, 민주주의에 의해 유지되고 보호되는데, 이러한 立憲主義, 法治主義, 民主主義를 부정하는 행위가 민주주의라는 이름으로 인정될 수는 없다. 이러한 것은 민주주의와 가치상대주의라는 이름하에 자행된 독재, 공산주의, 전체주의, 나치즘, 파시즘 등을 경험하면서 체험으로 확인한 것이다. 이러한 것은 독일의 나치스의 지배, 이탈리아의 파시스트의 통치, 제3세계의 군부독재, 한국의 6·25 한국전쟁 등을 통하여 경험적으로 확인되었다. 이러한 역사적 체험을 한 이후 민주주의는 민주주의를 파괴하고 유린하는 「民主主義의 敵」의 공격에 대해서는 방어하고 투쟁하여야 한다는 결론에 이르러 이런 점을 강조하여 특히 「防禦的 民主主義」(abwehrbereite od. wehrhafte Demokratie) 또는 「鬪爭的 民主主義」(streitbare Demokratie)라고 부르기도 한다. 독일 연방헌법재판소의 판례에서도 방어적 민주주의($^{BVerfGE\ 39,\ 334}_{(특히\ 349,\ 369)}$) 또는 투쟁적 민주주의($^{BVerfGE\ 5,\ 85(특히\ 139);\ 25,\ 44(특히\ 58);\ 25,\ 88(특히\ 100);\ 28,\ 36(특히\ 48\ 이하);\ 28,\ 51(특히\ 55);\ 30,\ 1(특히\ 19,\ 21);\ 40,\ 287(특히\ 291)}$)라는 개념을 사용한다. 이러한 방어적 민주주의는 위헌정당해산제도에 의해 전형적인 徵表로 구체화되는데, 이러한 것을 헌법에서 정하면, 그러한 것은 憲法制定權者가 역사적 경험에 바탕을 두고 내린 「憲法의 根本決斷」(Grundentscheidung der Verfassung)에 해당하며, 당연히 헌법재판소도 기속한다. 방어적 민주주의를 실현하는 방법은 다양하다. 독일기본법의 경우에는 기본권제한에 있어서 個別的 法律留保의 방식을 취하고 있어 헌법에서 직접 基本權喪失制度($^{\S\ 18}$)와 違憲結社의 禁止($^{\S\ 9}_{②}$)를 정하고 있다. 즉 표현의 자유 특히 언론의 자유, 학문의 자유, 집회의 자유, 결사의 자유, 信書·우편·통신의 자유, 재산권, 亡命者庇護權을 자유민주적 기본질서에 대하여 도전·투쟁할 목적으로 濫用하는 때에는 연방헌법재판소의 재판을 통하여 상실시킬 수 있게 하고, 단체의 목적이나 활동이 형법법규에 위반되거나 헌법질서 또는 승인된 국제법적 이념에 반하는 것은 금지된다고 정하고 있다. 우리 나라의 경우에는 憲法 제37조 제2항에 의하여 이와 유사한 여러 가지 방법으로 자유민주적 기본질서와 헌법을 보호하는 조치를 취할 수 있다. 현대 立憲民主國家에서는 인간의 존엄, 자유, 평등, 정의와 같은 핵심적인 가치가 실정헌법에 보장되어 있는데, 이러한 가치의 수호는 곧 기본권의 수호와 헌법의 수호가 된다. 따라서 실정헌법을 가지고 있는 나라에서는 헌법을 보호하는 여러 장치를 마련하고 있는데, 각종 刑事的 制裁, 彈劾審判 이외에 政黨解散制度, 基本權喪失制度 등도 이에 해당한다. 憲法의 敵은 조직된 형태로도 나타나고 개체로서도 나타나는데, 「조직된 헌법의 적」에 대응하여 헌법을 보호하는 장치 중의 하나가 정당해산심판제도이다. 헌법재판소의 정당해산심판으로 해산된 정당에 소속한 국회의원의 자격에 관하여 정당이 해산되면 그에 소속되었던 국회의원의 자격은 당연히 상실한다는 견해는 「방어적 민주주의」의 이념을 충실히 관철시키는 태도이다.

(2) 정당의 존속보호

정당해산심판제도는, 정당의 활동이 헌법에 위반된다는 이유로 정당을 해산하는 경우에는 행정처분에 의해서 손쉽게 할 수 있는 것이 아니라 반드시 헌법재판소의 재판을 통하여 해산하여야 한다는 점에서 정당을 일반 단체보다 두텁게 보호한다. 이를 「政黨의 特權」(Parteienprivileg)이라고 부르는 견해도 있다.

정당을 그 존속에 있어서 일반 단체보다 두텁게 보호하는 이유는 정치활동에 있어서 정당이 일반 단체보다 중요한 역할을 한다고 보기 때문이다. 정당은 국민의 여론을 조성하고, 선거에서 국민의 대표자가 될 후보자를 발굴하며, 정책을 개발하는 기능이 정치적 의미에서 일반 단체보다 우월하다고 본다.

그러나 社會領域에서 각종 단체들의 활동이 활성화되고 있는 점, 정책을 개발하는 전문기관이나 단체들이 많아지면서 정당의 정책개발 기능이 크게 비중을 차지하지 못하는 점, 정당이 政治的 利益集團으로 변질됨에 따라 과거 정당의 역할로서 긍정적으로 평가되던 것들이 더 이상 정당에게만 특별히 존중되어야 할 사유가 없어지고 있는 점 등 정당을 둘러싼 환경의 변화로 인하여 나라에 따라서는 정당을 특별히 우대해야 할 필요성이 줄어들고 있는 현상도 발생하고 있다. 이러한 관점에서 보면, 정당이기 때문에 당연히 특권을 인정해야 한다는 것은 설득력을 잃어가고 있다. 아무튼 현대 국가에서 시민사회가 활성화되면서 정당의 기능과 역할에는 변화가 오고 있다.

그러나 違憲政黨을 行政處分으로 해산할 수 있게 하는 경우에는 이러한 제도가 정당의 활동의 자유를 위축시킬 수 있고, 야당을 탄압하는 도구로 이용될 위험이 있다는 점을 고려할 필요가 있다.

日本國에서는 헌법은 정당에 대하여 정하고 있지 않다. 정당은 일반결사와 같이 結社로서 헌법 제21조에 의해 보장된다. 政治資金規定法은 정치단체 가운데 중의원 또는 참의원의 일정 의석을 가지거나 중의원 또는 참의원 선거에서 일정비율이상 득표한 정치단체만 정당이라고 본다. 정당의 해산은 破壞活動防止法에 의해 公安審査委員會의 결정으로 행해진다.

제 2 절 審判의 請求

[183] 第一 請求人
  I. 政 府
  (1) 전속적 권한
헌법은 정당의 자유를 보장하고 정당의 운영에 필요한 자금을 보조할 수 있게 규정하여 우리 나라에 건전한 정치활동과 생산적인 정당 활동을 보장하고 있다($\frac{憲法 §8}{①,②,③}$). 그러면서 한편 헌법이 보장하는 이러한 정당이 그 目的이나 活動에서 民主的 基本秩序에 위배될 때에는 政府로 하여금 헌법재판소에 그 해산을 提訴할 수 있게 하고, 헌법재판소의 심판에 의하여 解散할 수 있게 정하고 있다($\frac{同條}{④}$).

따라서 정당해산심판절차에서 정당의 목적이나 활동이 헌법에 위반됨을 이유로 하여 헌법재판소에 정당해산의 심판을 청구할 수 있는 권한을 가진 청구인은 政府이다. 정부만이 정당해산심판의 청구권자이다.

　　독일에서는 聯邦憲法裁判所法에서 정당해산심판의 청구권자로 聯邦議會(Bundestag), 聯邦參事院(Bundesrat), 聯邦政府(Bundesregierung)를 정하고 있다. Land의 경우에는 전 국적 차원이 아니라 Land의 지역 내에 한정된 지역정당에 한하여 Land의 정부만이 정당해산심판을 청구할 수 있다.

(2)「정부」의 의미

憲法 제 8 조 제 4 항과 憲法裁判所法 제55조에서 정하고 있는 정부란 憲法 제 4 장에서 정하고 있는 정부를 말하며, 大韓民國이라는 國家를 의미하는 것이 아니다. 法務部長官이 정부의 대표자로서 그 소송을 수행한다.

그런데 정당해산심판을 청구하는 청구권자인 정부가 구체적으로 누구를 의미하는가 하는 것에 대해 논란이 있을 수 있다. 이 때 말하는 정부는 문언의 표현 그대로 헌법 제 4 장에서 정하는 정부인가 아니면 대통령인가 하는 문제가 있다. 만일 정당해산심판의 청구권자를 대통령이 아닌 정부라고 하면 심판청구권의 행사가 재량행위인지의 여부에 관한 성질론은 실제에 있어서 實益이 없으며, 더 나아가 정당해산심판청구권을 행사하지 아니한 경우에 탄핵 문제는 발생할 여지가 없지만, 政黨解散提訴權을 대통령의 권한으로 보는 견해에서는 이런 논의가 實益을 가진다.

政黨解散提訴權을 대통령의 권한으로 보는 견해 가운데는 政黨解散提訴權은 정부의 권한이지만 정부는 대통령을 수반으로 하는 까닭에 대통령의 권한이라 할 수 있다는 견해($\frac{權寧星,}{953}$)와 政黨解散提訴權은 대통령이 가지는 국가의 존립보장과 헌법수호자의 지위에서 나오는 것이라고 하는 견해가 있다($\frac{金哲洙a,}{1068}$). 또 대통령이 國政의 最高責任者인 동시에 기본권보호기관과 行政府의 首班으로서 가지는 司法에 관한 정책적 권한 가운데 政黨解散提訴權도 포함된다고 하는 견해도 있다($\frac{許營b,}{930}$). 헌법상의 대통령의 지위뿐만 아니라 우리 헌법상 정당해산의 제소를 국무회의의 심의사항으로 정하고 있으므로 정당해산심판의 청구는 대통령의 권한이라고 할 것이다($\frac{同旨: 李聖煥}{등, 163}$).

Ⅱ. 審判請求權 行使의 性格

특정 정당에 대하여 그 해산의 심판을 헌법재판소에 청구하는 것이 청구권자의 재량에 속하느냐 아니냐 하는 문제가 있다. 이에 대해서는 견해가 대립한다.

(1) 기속행위설

憲法 제8조의 「提訴할 수 있고」와 憲法裁判所法 제55조의 「請求할 수 있다」라는 문언적인 표현에도 불구하고 憲法保護의 수단이라는 정당해산심판이 가지는 기능에 비추어 볼 때, 정부는 정당의 목적이나 활동이 민주적 기본질서에 위배된다는 것을 發見한 경우에 해당 정당에 대한 解散審判을 헌법재판소에 청구하여야 한다고 본다. 이 때 민주적 기본질서에 위배된다는 것을 발견한 경우란 정당의 목적이나 활동이 민주적 기본질서에 위배된다는 것을 인식하거나 위배된다는 의심이 든 경우를 포함한다. 따라서 이와 같은 경우에는 정부에게 정당해산심판을 헌법재판소에 청구해야 하는 의무가 발생한다고 본다.

위헌정당을 해산시키는 것은 헌법에 위반하는 모든 경우를 의미하는 憲法違反的인 水準의 문제가 아니라 헌법의 근본을 부정하는 憲法敵對的인(verfassungsfeindlich) 水準의 문제이므로 헌법적대적인 정당에 대하여 해산심판을 청구할 것인가를 재량으로 보는 것은 인정될 수 없다고 본다. 특히 심판청구권자가 국가기관인 경우에는 국가기관은 어떤 경우에도 헌법을 수호하여야 할 의무를 지기 때문에 헌법적대적인 정당에 대한 해산심판을 청구하는 것은 헌법적 의무이지 재량이 될 수 없다고 본다. 헌법재판소의 정당해산심판에 의해 정당의 해산여부가 결정되는 이상 정부의 해산심판청구로 정당활동이 침해되는 일은 없고, 헌법적대적인 정당을 그대로 방치하는 것은 헌법내부의 적을 국가기관이 키우는 결과를 가져오기 때문에 정당해산심판의 청구는 羈束行爲라고 본다. 특히 정당에 대하여 국고보조금을 지급하는 경우에 헌법적대적인 정당에 대해 해산심판을 청구하지 않는 것은 국민의 세금으로 헌법을 부정하는 憲法의 敵을 키우는 것이라고 하며, 국가기관이 헌법수호의무와 기본권실현의무를 포기하는 것이라고 한다.

정당해산심판의 청구를 기속행위라고 보면, 심판의 청구에 있어서 법적인 요건이 요구되므로 이런 요건을 충족시키는 때만 해산심판을 청구할 수 있다고 본다. 따라서 정당의 정당한 활동은 보다 철저히 보호되고 해산심판청구권의 남용도 줄어든다고 본다. 정당해산심판의 청구를 기속행위라고 해야 정당해산심판제도가 추구하는 憲法의 保護와 政黨의 保護라는 가치가 가장 철저하게 실현된다고 본다.

議院內閣制의 정부형태를 취하고 있었던 1960年6月憲法 제13조와 1960年11月憲法

제13조는 「政黨의 目的이나 活動이 헌법의 民主的 基本秩序에 위배될 때에는 정부
가 대통령의 承認을 얻어 訴追하고, 헌법재판소가 判決로써 그 政黨의 解散을 命한
다」라고 정하여, 정부가 대통령의 승인을 얻은 때에는 정당해산의 소추를 하여야
하는 의무가 발생하도록 정하고 있었다. 이 경우에도 정부가 어떤 정당에 대해 위
헌정당으로 소추하기 위하여 대통령의 승인을 얻을 것인가를 결정하는 것(여기에는
어떤 정당에 대해 위헌정당으로 소추할 필요가 있는가의 여부에 대한 판단도 포함되어 있다)
이 재량인가 아닌가 하는 문제는 여전히 발생한다.

(2) 자유재량행위설

　정부의 정당해산심판청구권의 행사는 裁量에 속하는 것이라고 보아, 청구의 여
부나 청구의 시기 등의 결정은 정부의 재량적 判斷에 달려 있다고 본다. 憲法 제 8
조와 憲法裁判所法 제55조의 문언상의 표현이 「할 수 있다」고 되어 있는 것은 이런
재량을 표시한 것이라고 본다. 따라서 심판청구권자인 정부에게 있어서 정당해산심
판의 청구는 기속적인 의무가 아니라고 본다. 이러한 견해에 따르면, 정당해산심판
의 청구는 재량에 해당하므로 엄격한 증거가 뒷받침되어야 청구할 수 있는 것은 아
니라고 보고, 제 3 자의 요구가 있어도 정부는 이에 기속당하지 않는다는 결론에 이
른다. 정당해산심판의 청구가 정부의 재량이라고 보면, 정당의 목적이나 활동이 헌
법질서에 중대한 위험을 야기하고 위헌성이 명백하더라도 이를 司法的 판단에 의존
하지 않고 정치적 논쟁에 붙일 여지가 많아진다. 어떤 정당의 목적이나 활동의 違憲
性이 명백하더라도 민주적 기본질서나 국가안전보장을 위태롭게 하지 않는 정당은
解散提訴할 필요가 없다고 하는 견해(예: 金哲洙a.$_{1068}$)도 있다(이를 자유재량행위설에 포함
시키기에는 애매한 점이 있다).

　심판청구권자를 대통령이라고 보는 경우에는 自由裁量行爲說에 의하면, 대통령
이 違憲政黨으로 의심되는 정당에 소속되어 있는 경우에 발생하는 문제를 해결하기
어렵다. 이런 경우에도 정당해산심판의 청구가 순전히 재량이라고 보면 정당해산심
판제도가 가지는 헌법보호의 기능을 形骸化할 위험이 있다. 심판청구권의 행사를 재
량으로 보는 경우 심판청구권자를 정부 하나에만 한정하는 것이 헌법보호의 관점에
서 타당한가 하는 문제도 있다. 이런 경우에는 심판청구권자를 복수로 하는 것(예:독일)
이 판단의 오류로 인한 위험을 줄일 수 있을 것이다. 자유재량행위설을 취하는 견해
는 찾아보기 어렵다.

(3) 기속재량행위설

　정부의 정당해산심판청구권의 행사는 기본적으로는 정부의 재량에 속하지만, 정
당해산심판제도가 가지는 헌법보호의 기능에 비추어 볼 때, 헌법을 보호하기 위해서
는 위헌정당을 그대로 방치하는 것이 위험하다고 객관적으로 판단되는 경우에는 재

량의 여지는 소멸되고 정부에게는 해당 정당에 대한 해산심판을 헌법재판소에 청구
하여야 하는 의무가 발생한다고 본다. 정당의 목적이나 활동이 헌법의 침해나 제거
에 관해 구체적인 위험으로 존재하는 경우도 이런 경우에 해당한다. 憲法 제 8 조와
憲法裁判所法 제55조의「할 수 있다」는 문언은 이런 법리와 충돌하지 않는다고 본
다. 기속재량행위설에 의하면, 해산심판청구권의 행사가 기본적으로는 정부의 재량
에 속하기 때문에 위헌정당의 해산여부를 정치적 논쟁에 맡겨둘 여지는 충분하고,
예외적으로 헌법보호에 긴요한 경우에만 청구의무를 인정하기 때문에 헌법보호에도
충실한 것이라고 한다. 정부가 정당해산심판절차가 아닌 다른 방법으로 정당으로부
터의 헌법침해를 막을 수 있다고 확신하는 경우에는 심판청구를 하지 않을 수 있다
고 보는 견해(예: 許營d, 282;
BVerfGE 5, 85)도 이에 해당한다.

　　독일의 판례에서 말하는「政治的 裁量」(politisches Ermessen)(BVerfGE 5,
85: 39, 334)이라는 것은,
위헌성을 띤다고 판단되는 정당에 대하여 심판청구권자가 지는 정치적인 책임에 따
른 의무에 대응하는 재량을 말하는데, 이는 위헌정당에 대하여 법적으로 대응할 것
인가 정치적으로 대응할 것인가는 심판청구권자의 재량이라고 본다. 그런데 이 경우
의 재량은 청구의 의무가 완전히 제거된 것이 아니라「의무가 따르는 재량」
(pflichtgemäßes Ermessen)(BVerfGE 5,
85: 40, 287), 즉 기속재량이므로 이런 정치적 재량에서도 특별히
위험이 존재하는 경우, 즉 위헌임이 명백한 경우에는 재량은 審判請求義務(Antrags-
pflicht)로 축소될 수 있다는 것이 도출된다고 보는 견해도 있다(v. Mangoldt,
407 脚註 169). 이러한 견
해에 따르면 정당해산심판의 청구에 대해 정치적 재량행위라고 하는 의미와 기속재
량행위라고 하는 의미가 서로 다른 것이 아닌 것으로 보인다.

　　정당해산심판절차에서 심판청구권자인 정부를 대통령이라고 보면, 정당해산심판권
　　의 행사가 기속행위냐 재량행위냐 하는 문제는, 대통령이 정당해산심판청구권을 행
　　사하지 않은 것이 탄핵사유로 될 수 있는 경우가 발생하는가 하는 문제와 직결된
　　다. 覉束行爲說이나 覉束裁量行爲說에 의하면, 정부, 즉 대통령에게 정당해산심판청
　　구의 의무가 발생했음에도 이러한 의무를 이행하지 아니하면 대통령은 憲法 제 8 조
　　제 4 항, 제66조 제 2 항, 憲法裁判所法 제55조를 위반한 것으로 탄핵사유가 된다. 이
　　와 달리 自由裁量行爲說에 의하면, 정당해산심판의 청구는 순전히 정치적 판단에
　　지나지 않는 것이므로 대통령이 정당해산심판권을 행사함에 있어서 잘못이 있은 경
　　우에는 정치적으로 책임을 지는 것에 그칠 뿐 위법행위의 책임은 지지 않는다. 따
　　라서 어떤 정당에 대하여 정당해산심판을 청구해야 할 상황임에도 불구하고 정당해
　　산심판권을 행사하지 않은 것은 탄핵사유가 되지 않는다는 결론에 이른다. 여기서
　　유의할 것은, 정당해산심판청구권의 불행사가 대통령의 탄핵사유가 될 수 있는 경
　　우에도 그 때 탄핵사유가 되는 것은 어떤 정당이 위헌정당임을 대통령이 알고 있었
　　는데도 해산심판을 청구하지 않은 것이 아니라, 일정한 상태에서 해산심판을 청구

하여야 하는 의무가 발생하였음에도 해산심판을 청구하지 않았다는 것이라는 점이다. 만일 어떤 정당이 위헌정당임을 대통령이 알고 있었는데도 해산심판을 청구하지 않은 것이 탄핵사유라고 하면, 헌법재판소가 탄핵심판절차에서 탄핵여부를 결정하기 위한 先決問題로서 문제가 된 정당의 목적이나 활동이 헌법에 위배되는지를 결정하여야 하는 결론에 도달하기 때문이다. 이렇게 되면 탄핵심판절차에서 정당해산심판을 하는 결과가 된다. 또 정당해산심판청구권의 불행사가 탄핵사유가 될 수 있음을 인정하는 때에도 정당해산심판의 청구에서는 먼저 國務會議의 審議를 거치므로 탄핵심판과 관련해서 국무회의의 심의에 참여한 국무총리와 국무위원들도 탄핵소추를 할 수 있는가 하는 문제가 발생한다. 국무회의는 정부의 권한에 속하는 중요한 정책을 審議하는 기관이므로 국무총리와 국무위원은 정당해산심판을 청구할 권한이 없다는 점에서 탄핵소추되지 않는다고 보아야 한다. 대통령이 정당해산심판의 청구와 관련하여 탄핵소추가 문제될 수 있는 경우는 국무회의에서 심의한 결과 정당해산심판을 청구하는 것이 필요하다고 하였음에도 대통령이 정당해산심판을 청구하지 않은 때에 주로 발생할 수 있다. 어떤 정당에 대하여 해산심판을 청구해야 할 상황임에도 대통령이 해당 정당에 대한 정당해산의 제소 문제를 국무회의에 상정하지도 않거나 거부하면서 정당해산심판권을 행사하지 않은 때에도 탄핵소추의 사유가 될 수 있다.

정부가 가지는 정당해산심판의 청구권은 직무상의 권한이므로 직무상의 권한이 가지는 의무로서의 성격은 언제나 가지고 있다. 이런 점에서 특정 정당에 대한 위헌 여부의 제1차적 판단은 정부의 權限이고 義務라는 견해(예: 權寧星, 197)도 성립할 수 있다. 그리고 정당해산심판제도가 헌법보호의 기능을 가질 뿐 아니라 예방적 기능도 가지므로 이런 점을 고려하면, 위헌정당의 활동이 심각한 수준에 있음에도 정부가 이를 방치하는 것은 제도의 본질상 허용될 수 없다고 할 것이다. 헌법을 침해하는 정당의 활동을 방치하는 경우에 구체적인 상황에 따라서는 대통령은 憲法守護義務(憲法 §66②)의 위반으로 탄핵소추될 수 있다. 뿐만 아니라 이러한 상황은 國民의 抵抗權의 행사 요건을 충족시키는 하나의 사유도 될 수 있다.

[184] 第二 被請求人

I. 被請求人適格

(1) 정 당

정당해산심판에서 피청구인은 정당이다. 해산의 대상이 되는 피청구인으로서의 정당은 원칙적으로 政黨法에서 정하는 요건을 갖추고 등록을 마친 정당을 말한다. 정당의 傍系組織, 僞裝政黨, 似而非政黨, 代替政黨은 정당해산심판의 피청구인이 되지 못한다. 이러한 조직들은 일반적인 結社에 해당한다.

현행 우리의 실정법하에서는 일반적 결사, 단체에 대한 국가의 강제적 해산을 정하고 있는 법률이 없다. 일반적인 결사·단체의 해산은 헌법 제37조 제2항에 의거하여 법률로 정할 수 있다.

(2) 정당의 부분조직 등

정당의 부분 조직(예: 시·도당, 정책
연구소, 당연수원), 創黨準備委員會도 피청구인이 될 수 있다(同旨: 許營d.,
284).

Ⅱ. 被請求人의 確定

(1) 확정 시기

被請救人의 確定 時期는 정부가 정당해산심판을 청구한 시점, 즉 審判請求時이다.

정부가 여러 개의 정당에 대하여 해산심판청구를 한 경우에는 각각의 경우에 독립된 청구가 존재한다. 하나의 청구에 여러 개의 정당을 피청구인으로 하여 청구할 수는 없다.

그러나 하나의 정당에 속하는 여러 부분 조직에 대해서는 이들을 피청구인으로 하여 하나의 심판청구를 할 수 있다. 이런 경우 심판청구 이후에 어느 하나 또는 일부의 조직에 대하여 심판청구를 취하할 수 있는가 하는 문제가 발생하는데, 이는 피청구인의 확정에 관한 문제가 아니고, 請求取下에 관한 문제이다.

(2) 심판청구 후의 자진해산

정부에 의한 정당해산심판이 청구된 경우에 정부가 해산을 요구하는 정당, 즉 피청구인인 정당은 언제든지 自進하여 정당을 해산할 수 있다.

위헌정당으로 해산심판이 청구된 경우에 피청구인은 위헌정당으로 심판을 받아 그에 따르는 효과에 따를 것인지 아니면 미리 스스로 해산하여 새로운 정당을 창당하고 잔여재산도 국고에 귀속되지 않게 보존하며 소속 국회의원도 의원직을 박탈되지 않게 할 것인지를 결정할 수 있다. 이러한 경우에 해당 정당이 종래 헌법을 침해한 행위는 그대로 남는데, 정당해산심판이 刑事罰이나 行政罰과 달리 과거행위에 대한 制裁가 아니라 미래적으로 헌법을 보호하는 것이므로(헌법보호의 수단에는 헌법침해행위에 대해 제
재를 가하는 방법도 있지만, 정당해산심판제도
는 이런 제재를 가하
는 제도가 아니다) 피청구인인 정당은 이러한 결정을 할 수 있다.

피청구인인 정당이 자진해산을 한 후 다시 창당한 경우에 또 그 목적이나 활동이 違憲政黨에 해당되면 그 정당에 대하여 해산심판청구를 하면 된다. 이 경우 자진해산을 했던 과거 정당의 목적을 새로 창당된 정당의 해산사유로 삼을 수는 없다고 할 것이나, 소속 당원의 활동은 현재의 위헌적인 활동과 동일성이 인정되는 범위에 한하여 과거의 행위도 모두 고려된다. 이러한 것이 정당해산심판에 따르는 代替政黨設立의 禁止效와 합치한다. 그렇지 않으면 예컨대 공산주의자들이 공산당을 설립하여 활동하다가 정부의 해산심판청구가 있으면 자진해산하고 다시 다른 당명으로 공산당의 활동을 하는 것이 반복되는 것을 인정하여 결국 정당해산심판제도를 形骸化시키기 때문이다. 물론 이러한 활동과 관련하여 실정법을 위반한 자의 위법행위에 대한 制裁는 별개로 행해진다.

(3) 소송계속중 분당의 불허

정당해산심판에서 피청구인은 정부가 심판청구를 하면서 請求書에「解散을 요구하는 政黨의 표시」($^{憲裁法}_{\S56}$)에 의해 확정되므로 헌법재판소에 정당해산심판의 사건이 계속중인 때에 심판의 대상이 된 정당은 分黨을 할 수 없다고 할 것이다. 政黨法이나 憲法裁判所法에 이에 대한 명시적인 규정을 두는 것이 필요하다. 分黨을 금지하는 가처분을 할 수 있다($^{同法}_{\S57}$).

(4) 소송계속중 합당의 불허

분당의 경우와 마찬가지로 헌법재판소에서 사건을 심리하는 중에 심판의 대상이 된 정당은 다른 정당과 合黨을 할 수 없다.

합당의 경우는 自進解散과 달리 합당으로 신설 또는 존속하는 정당은 합당 전 정당의 권리와 의무를 승계하여($^{政黨法}_{\S19⑤}$) 종래의 정당의 실체는 그대로 유지되기 때문이다. 위헌정당으로 심판의 대상이 된 정당은 위헌으로 해산되는 경우에 입게 되는 대체정당의 설립 금지, 의원직의 상실, 잔여재산의 국고귀속이라 효과를 회피하기 위하여 합당이라는 수단을 이용할 것이고, 이로 인하여 정당해산심판제도는 形骸化될 것이므로 이러한 합당은 금지되어야 한다. 政黨法이나 憲法裁判所法에 이에 대한 명시적인 규정을 두는 것이 필요하다. 합당을 금지하는 假處分을 할 수 있다($^{憲裁法}_{\S57}$).

[185]　第三　請　求

I. 請求의 節次

정부가 위헌정당의 해산심판을 헌법재판소에 청구하는 때에는 국무회의의 심의를 거쳐 문서로서 한다. 정당해산심판의 청구에는 청구기간의 제한이 없다. 따라서 정부는 언제라도 정당해산심판을 청구할 수 있다. 정당해산심판절차의 흐름을 그림으로 보면 다음과 같다.

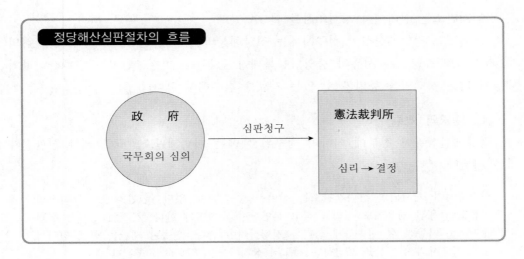

(1) 국무회의의 심의

정부가 정당해산심판을 헌법재판소에 청구하는 경우에는 國務會議의 審議를 거쳐야 한다($^{憲法 §89 xiv;}_{憲裁法 §55}$). 이는 必要的 審議事項이다. 이러한 심의를 거치지 않은 청구는 부적법하다. 憲法裁判所는 대통령의 해외순방 중 국무총리가 주재한 국무회의에서 정당해산심판청구서 제출안이 의결되었다 하더라도 대통령이 사고로 직무를 수행할 수 없는 경우 국무총리가 그 직무를 대행할 수 있으므로, 위 국무회의의 의결이 위법하다고 볼 수 없다고 하였다. 또한 「國務會議 規定」 제5조 제1항에 의하면 국무회의에 제출된 의안은 긴급한 의안이 아닌 한 차관회의의 심의를 거쳐야 한다고 규정하고 있으나, 긴급성 판단에는 원칙적으로 정부의 재량이 있으므로, 국무회의에 앞서 차관회의를 먼저 거치지 않았다 하더라도 위법하지 않다고 보았다($^{憲 2014. 12. 19.}_{-2013헌다1}$).

정부가 헌법재판소에 위 정당해산심판을 청구하는 경우에는 法務部長官이 이를 대표한다($^{憲裁法}_{§25①}$).

헌법재판소에 대한 정당해산심판의 청구는 심판을 구하는 請求書를 헌법재판소에 제출함으로써 이루어진다($^{同法}_{§56}$). 口頭에 의한 청구는 무효이다.

(2) 청 구 서

정부가 헌법재판소에 정당해산심판을 청구하는 경우에 제출하는 청구서에는 i) 解散을 요구하는 政黨의 표시, ii) 請求의 이유를 기재하여야 한다($^{憲裁法}_{§56}$). 이 사항은 필요적 기재사항이다.

청구서에는 청구취지도 표시한다. 해산결정을 구하는 대상인 정당이 목적과 활동에서 민주적 기본질서에 위배되는지에 대해서는 구체적으로 적시하여야 한다. 물론 헌법재판소는 심리에서 사실조사를 할 수 있다.

그 외에도 정당해산심판 청구서에는 정당해산의 제소에 관하여 국무회의의 심의를 거쳤음을 증명하는 서류와 중앙당등록대장 등본 등 피청구인이 정당해산심판의 대상이 되는 정당임을 증명할 수 있는 자료를 첨부해야 한다(審判規制 §65).

Ⅱ. 請求의 效果

정당해산심판이 정부에 의하여 청구된 때에는 헌법재판소의 정당해산 심판절차가 개시된다.

심판절차가 개시되면 헌법재판소는 심리를 중단할 수 없다. 심판청구가 정치적인 이유로 남용된 경우에도 심리를 하고 본안판단을 하여야 한다. 사건의 성질상 헌법재판소는 가능한 한 신속하게 심리를 진행하여야 한다. 신속한 재판을 함에 있어서는 증거조사의 실효성을 보장하는 제도적 장치가 필수적으로 요구된다.

정당해산심판제도의 제도적 목적에 의할 때, 정부의 정당해산심판의 제소(=청구)가 있은 후에는 해당 정당은 정당해산결정의 법적 효력을 피하기 위하여 자진 해산할 수 없다. 해산하여도 법적으로 해산의 효과가 발생하지 않는다. 정당해산심판이 있으면 제소 당시의 정당에 대하여 그 효과가 발생한다.

Ⅲ. 請求의 取下

정부가 어떤 정당에 대하여 그 목적이나 활동이 민주적 기본질서에 위배되었다는 이유로 헌법재판소에 해산심판을 청구한 경우에는 현저한 잘못이 없는 한 원칙적으로 사후에 그 심판청구를 취하할 수 없다.

기속행위설에 의하면, 현저한 오류가 아닌 한 청구를 취하할 수 없고, 기속재량행위설에 의하면, 청구의무가 발생하여 청구한 경우 이외에는 청구를 취하할 수 있다는 결론에 이른다. 자유재량행위설에 의하면, 청구의 취하는 원칙적으로 자유롭다는 결론에 이르게 된다.

청구의 취하가 예외적으로 인정되는 경우에 그 취하는 국무회의의 심의를 거쳐 대통령이 행한다. 법무부장관은 소송수행의 대표자이므로 청구취하의 여부를 결정할 수 없고, 대통령의 취하행위를 소송의 대표자로서 수행할 뿐이다. 청구의 취하에는 피청구인의 동의가 필요하다. 피청구인은 정당해산심판에서 법적으로나 정치적으로 이해관계를 가지므로 청구인의 일방적인 청구취하가 피청구인에게 피해를 줄 수 있기 때문이다. 청구취하에 대한 피청구인의 동의에 있어서는 民事訴訟法의 규정이 준용된다(憲裁法 §40).

[186] 第四 請求의 通知

I. 事件의 接受

법무부장관이 정당해산심판청구서를 제출하면 헌법재판소는 이를 접수하여 사건으로 받아들여 접수서류에 표지를 붙이고 사건기록을 편성한다. 접수된 사건에는 사건번호와 사건명을 부여한다. 사건번호는 연도구분, 사건부호, 진행번호로 구성한다.

II. 請求의 通知

정당해산심판의 청구가 있는 때에는 憲法裁判所長은 그 사실을 國會와 中央選擧管理委員會에 통지하여야 한다(憲裁法 §58①; 審判規則 §66①).

여기서 말하는 「정당해산심판의 청구가 있는 때」는 헌법재판소가 정부로부터 정당해산심판의 청구서를 접수한 때를 말한다.

제 3 절 審判의 要件

[187] 第一 槪 說

憲法 제 8 조 제 4 항은 「정당의 목적이나 활동이 民主的 基本秩序에 違背될 때에는 정부는 憲法裁判所에 그 해산을 提訴할 수 있고, 정당은 憲法裁判所의 審判에 의하여 解散된다」라고 정하고 있다. 따라서 정당해산심판에서는 해당 정당의 목적이나 활동이 민주적 기본질서에 위반되는지의 여부가 다툼의 대상으로 되어야 한다.

해산심판의 대상이 되는 것은 政黨이어야 하고, 그 정당의 목적이나 활동이 민주적 기본질서에 위반되어야 헌법재판소는 위헌정당임을 이유로 해당 정당을 해산하는 심판을 할 수 있다.

[188] 第二 解散對象의 政黨

I. 政黨法에 의해 登錄된 政黨

(1) 「정당」의 의미

정당해산심판에서 해산이 되는 대상은 政黨이다. 여기서 말하는 정당은 政黨法에 따라 정당으로서 등록(政黨法 §11~§16)을 마친 것을 의미한다. 따라서 정당법에 의해 정당으로서 등록을 하지 않은 이상 정당의 명칭을 사용하더라도 이는 일반적인 조직 또는 단체에 지나지 않는 것이기 때문에 정당해산심판의 대상이 될 수 없다. 정당의

傍系組織도 정당이 아니기 때문에 정당해산심판으로 해산되는 것이 아니다(同旨: 權寧星, 195). 정당의 방계조직은 일반 단체에 해당한다.

(2) 등록직전의 조직

政黨法에 따라 정당의 창당활동이 진행되어 중앙당과 법정 시도당을 창당하고 政黨法에 따른 등록절차만 남겨 둔 상태의 조직은 사실상 정당에 準하는 지위에 있으므로 이러한 조직의 목적이나 활동이 민주적 기본질서에 위반되는 때에는 정당해산심판의 대상이 된다고 할 것이다(同旨: 權寧星, 195; 張明奉, 587). 정당에 대해서 행정처분으로 해산하지 못하게 하는 한 이러한 조직도 행정처분으로 해산하지는 못한다고 할 것이다.

II. 創黨準備委員會

정당을 창당하기 위한 활동을 하는 창당준비위원회가 민주적 기본질서를 위반한 때 헌법재판소의 정당해산심판으로 이를 해산할 수 있는가 하는 점이 논의된다.

정당을 창당하는 경우 창당활동은 發起人으로 구성하는 創黨準備委員會가 한다(政黨法 §5). 그리고 중앙당창당준비위원회를 결성한 때에는 정당법이 정하는 사항을 중앙선거관리위원회에 신고함으로써 그 활동을 개시할 수 있다(同法 §7). 창당준비위원회가 任意的인 단체가 아니라 政黨法에 의해 규율되고 그 활동의 범위도 합헌적인 창당의 목적범위 안에서만 활동할 수 있으며(同法 §8①), 정당해산심판제도가「조직된 헌법의 적」의 헌법침해활동을 미연에 방지하여 헌법을 보호하고자 하는 것이므로 창당준비위원회의 활동이 위헌인 경우에는 이를 해산할 수 있다고 할 것이다.

이러한 창당준비위원회를 중앙선거관리위원회의 해산처분으로 해산할 수 있게 할 것인가, 헌법재판소의 정당해산심판으로 해산할 수 있게 할 것인가 하는 문제가 있다. 창당준비위원회의 해산에 대하여 政黨法이 따로 정하고 있지 않는 한 헌법재판소의 정당해산심판절차를 통하여 해산할 수 있다고 할 것이다(同旨: 張明奉, 587. 反 對: 李聖煥 등, 186).

　　창당준비위원회를 정당과 동일하게 보호하여야 할 것은 아니므로 창당준비위원회가
　　헌법에 위반되는 행위를 한 경우에는 법률로써 중앙선거관리위원회가 이를 해산할
　　수 있도록 정할 수도 있다.

[189] 第三　違憲인 政黨의 目的 또는 活動

I.「目的」과「活動」의 意味

정당이 위헌정당인가를 판단함에 있어서는 그 정당의 목적과 활동이 헌법에 위배되는가, 즉 헌법에 대해 敵對的인가를 판단한다.

어떤 정당의 목적이 헌법에 적대적인 것인가를 판단하는 자료로는 정당의 政綱,

政策, 黨憲, 당수와 간부의 연설과 발언 등의 의사표시, 黨報 등과 같은 機關紙, 출판물, 선전자료, 당원 교육자료 등을 들 수 있다. 만약 정당의 진정한 목적이 숨겨진 상태라면 공식 강령은 이른바 허울이나 장식에 불과할 것이고, 이 경우에는 강령 이외의 자료를 통해 진정한 목적을 파악해야 한다($\frac{憲\ 2014.\ 12.\ 19.}{-2013헌다1}$).

  정당의 활동이란 당수와 당 간부뿐만 아니라 平黨員의 활동도 포함되고, 당원이 아닌 追從者들의 공식적인 활동도 포함된다. 정당과 밀접한 연관성을 가지고 활동하는 추종자들은 형식적으로 당적을 가지고 있지 않지만 실질적으로 당원으로 활동하는 것과 다름이 없으므로 추종자들의 활동도 포함된다. 이른바「秘密黨員」도 이에 포함된다. 당원이나 추종자들의 활동에는 정당으로부터 지시나 명령을 받아 활동한 것 이외에 스스로 자발적으로 한 활동도 포함된다. 헌법재판소 역시 정당과의 밀접한 연관성을 기준으로 판단하고 있다($\frac{憲\ 2014.\ 12.\ 19.}{-2013헌다1}$).

[憲 2014. 12. 19.-2013헌다1]「정당의 활동이란, 정당 기관의 행위나 주요 정당 관계자, 당원 등의 행위로서 그 정당에게 귀속시킬 수 있는 활동 일반을 의미한다. 여기에서는 정당에게 귀속시킬 수 있는 활동의 범위, 즉 정당과 관련한 활동 중 어느 범위까지를 그 정당의 활동으로 볼 수 있는지가 문제된다. 구체적으로 살펴보면, 당 대표의 활동, 대의기구인 당대회와 중앙위원회의 활동, 집행기구인 최고위원회의 활동, 원내기구인 원내의원총회와 원내대표의 활동 등 정당 기관의 활동은 정당 자신의 활동이므로 원칙적으로 정당의 활동으로 볼 수 있고, 정당의 최고위원 등 주요 당직자의 공개된 정치 활동은 일반적으로 그 지위에 기하여 한 것으로 볼 수 있으므로 원칙적으로 정당에 귀속시킬 수 있을 것으로 보인다. 정당 소속의 국회의원 등은 비록 정당과 밀접한 관련성을 가지지만 헌법상으로는 정당의 대표자가 아닌 국민 전체의 대표자이므로 그들의 행위를 곧바로 정당의 활동으로 귀속시킬 수는 없겠으나, 가령 그들의 활동 중에서도 국민의 대표자의 지위가 아니라 그 정당에 속한 유력한 정치인의 지위에서 행한 활동으로서 정당과 밀접하게 관련되어 있는 행위들은 정당의 활동이 될 수도 있을 것이다.
그 밖의 정당에 속한 개인이나 단체의 활동은 그러한 활동이 이루어진 구체적인 경위를 살펴서 그것을 정당의 활동으로 볼 수 있는 사정이 있는지를 판단해야 한다. 예컨대, 활동을 한 개인이나 단체의 지위 등에 비추어 볼 때 정당이 그러한 활동을 할 권한을 부여하거나 그 활동을 독려하였는지 여부, 설령 그러한 권한의 부여 등이 없었다 하더라도 사후에 그 활동을 적극적으로 옹호하는 등 그 활동을 사실상 정당의 활동으로 추인한 것과 같다고 볼 수 있는 사정이 있는지 여부, 혹은 사전에 그 정당이 그러한 활동의 계획을 알았더라도 이를 정당 차원에서 지원하고 지지했을 것이라고 가정적으로 판단할 수 있는 사정이 있는지 여부 등을 구체적으로 살펴 전체적이고 종합적으로 판단해야 한다. 반면, 정당대표나 주요 관계자의 행위라 하더라도 개인적 차원의 행위에 불과한 것이라면 이러한 행위에 대해서까지 정당해산심판의 심판대상이 되는 활동으로 보기는 어렵다.」

Ⅱ. 「目的」과 「活動」의 擇一關係

정당의 목적이나 활동 가운데 어느 하나만 민주적 기본질서에 위반되면 해산의
사유가 된다. 정당의 목적과 활동이 모두 민주적 기본질서에 위반되어야 해산되는
것이 아니다. 따라서 헌법 제8조 제4항에서 정하고 있는 「목적」과 「활동」은 擇一
關係에 있다고 할 것이다(憲 2014. 12. 19.
-2013헌다1).

[190] 第四 民主的 基本秩序의 違背

Ⅰ. 民主的 基本秩序의 意味

政黨解散審判請求의 事由인 민주적 기본질서에 위배될 때라고 하는 경우의 「民
主的 基本秩序」는 1960年6月憲法에서부터 채택된 표현인데 지금까지 변경됨이 없이
유지되고 있다. 정당해산심판의 사유로 憲法이 정하고 있는 「民主的 基本秩序의 違
背」라고 할 때, 그 민주적 기본질서라는 것은 不確定槪念이어서 구체적으로 무엇을
의미하는가를 확정할 필요가 있다.

民主的 基本秩序라는 표현이 가지는 不確定槪念으로서의 성질로 말미암아 學說
상으로도 그 의미에 대한 견해가 분분하다. 학설과 판례로 나누어 살펴본다.

(1) 학   설

憲法 제8조 제4항에서 정하는 「民主的 基本秩序」라는 文言의 의미가 무엇인가
에 대해서는 自由民主的 基本秩序를 의미한다는 견해(第1說)와 자유민주적 기본질서
보다 넓은 개념이라고 하는 견해(第2說) 등이 있다.

(a) 제1설

민주적 기본질서를 자유민주적 기본질서라고 보는 견해 가운데는 국가적 기본질
서가 자유민주주의 이외에 사회민주주의를 포함한다고 하더라도 정당해산의 사유로
자유민주주의의 위배 이외에 사회민주주의의 위배를 포함시켜야 할 이유가 없다는
점, 민주적 기본질서에 사회민주적 기본질서를 포함하게 되면 사회민주주의를 부정
하는 정당도 해산해야 한다는 불합리하고 비극적인 결론에 도달한다는 점, 헌법의
규정 내용으로 볼 때 자유민주적 기본질서야말로 헌법질서에 있어서 중핵이고 어떠
한 경우에도 수호해야 할 헌법의 최후의 보루라는 점을 드는 견해가 있다(예: 權寧星,
196이하).

(b) 제2설

민주적 기본질서를 자유민주적 기본질서보다 넓은 개념이라고 주장하는 견해 중에
는 민주적 기본질서에는 자유민주적 기본질서 이외에 社會民主的 基本秩序도 포함된다
고 하며, 이 때 사회민주적 기본질서란 자유주의를 배제하는 것이 아니고 민주정치의

요소에 社會的 福祉主義와 國際平和主義를 가미하는 것이라는 견해가 있다(예: 金哲洙a,
144).

(c) 사 견

위 견해의 대립을 보건대, 사회민주적 기본질서라는 개념이 불명확하여 구체적으로 무엇을 의미하는지 어렵지만, 자유민주주의체제가 복지와 평화를 부정하는 것이 아니므로 이러한 견해의 대립은 기본적으로 自由民主主義라는 개념이 가지는 의미의 광협에 대한 차이일 뿐 결과에서 차이를 가져오는 것으로 보이지 않는다.

정당해산심판의 사유가 되는「민주적 기본질서」의 의미를 확정함에 있어서 중요한 것은 자유민주적 기본질서의 槪念定義에서 그 의미의 廣狹이 아니라, 그것이 大韓民國 憲法이 정하고 있는 憲法秩序가 무엇을 의미하는가 하는 점이다. 이는 단지 民主主義의 문제에 한정되는 것이 아니라 국민의 기본권이나 법치주의를 포함하여 헌법이 정하고 있는 통치질서의 根幹에 해당하는 내용을 의미한다. 인간의 존엄과 가치, 자유, 평등, 정의를 부정하거나 헌법이 정하고 있는 基本價値·基本原理와 국가의 존립이나 代議制度, 권력분립 등과 같은 기본적 통치원리와 제도를 부정하고 이를 顚覆하고자 하는 것은 민주적 기본질서에 위반된다. 정당이 외형적으로 표방하고 있는 이념과 목적이 어떠하건 사유재산제도를 부정하거나 자유민주주의를 부정하는 정당은 위헌정당으로 해산된다. 정당해산심판이 헌법을 보호하기 위한 제도이기 때문이다. 따라서 政黨解散審判請求의 事由는 정당의 목적이나 활동이 자유민주적 기본질서와 헌법의 기본질서 및 기본가치에 위배되거나 國家의 存立을 위태롭게 한 때라고 하는 것이 정확하다. 독일 聯邦憲法裁判所 역시 자유민주적 기본질서의 출발점은 인간의 존엄이며, 민주주의원리, 법치국가원리, 국가의 무력사용 독점이 포함된다고 하였다(BVerfG, Urt. v. 17.
1. 2017. 2BvB 1/13).

1972年憲法에는 민주적 기본질서의 위배 이외에 국가의 존립에 危害가 될 때라는 것도 이유로 하였다. 中華民國(=타이완=臺灣)의 경우, 2000년 헌법을 개정하여 정당해산의 사유로「정당의 목적이나 행위가 中華民國의 존재 또는 자유민주적 헌정질서를 危害하는 때」(危害中華民國之存在或自由民主之憲政秩序)로 정하였다(修正憲
法§5). 여기서 말하는 危害는 위태롭게 하는(endanger) 것을 의미한다. 독일의 경우 基本法 제21조는「정당의 목적이나 당원의 활동이 自由民主的 基本秩序를 침해 또는 폐지하거나 독일연방공화국의 존립을 위태롭게 하는 정당은 위헌이다」라고 하고, 이 위헌여부에 대하여는 聯邦憲法裁判所가 심판한다고 정하고 있다. 우리 나라에서는 憲法 제8조 제4항의 민주적 기본질서의 해석을 놓고 독일 기본법 제21조의 자유민주적 기본질서와 같은 의미인가 다른 의미인가 하는 것에 대해 논란이 있으나, 독일의 경우 자유민주적 기본질서를 침해하는 것과 국가의 존립을 위태롭게 하는 것은 결국 헌법 전체 내용에 위배되는 것이므로 우리 憲法 제8조 제4항의「민주적 기본질서」를 독일 기본법 제21조의「자유민주적 기본질서」와 단순 비교하는 것은 타당하지 않다.

정당해산심판의 제도적 목적에 합당하도록 우리 憲法 제 8 조 제 4 항의 문구를 보다 명백하게 하기 위해서는 「政黨의 目的이나 活動이 自由民主的 基本秩序에 위배되거나 大韓民國의 存立을 위태롭게 할 때에는……」으로 고치는 방안을 고려할 수 있다. 獨逸聯邦憲法裁判所는 자유민주적 기본질서에 대하여 「자유민주적 기본질서란 모든 폭력과 자의적 지배를 배제하고, 그때 그때의 다수 의사에 따른 국민의 자결과 자유 및 평등에 바탕을 둔 법치국가적 통치질서라고 정의할 수 있다. 이런 질서의 기본적인 원리로는 최소한 다음의 요소들, 즉 기본법에 구체화된 인권, 무엇보다 생명과 그 자유로운 발현을 위한 인격권의 존중, 국민주권, 권력의 분립, 정부의 책임성, 행정의 법률합치성, 사법권의 독립, 복수정당원리와 야당으로서의 헌법합치적인 구성과 활동에 관한 권리를 가지는 모든 정당의 기회균등이 고려되어야 한다」라고 판시하였다($\binom{\text{BVerfGE 2, 1}}{\text{특히 12 이하}}$).

(2) 판　　례

정당해산심판에서 판단의 기준이 되는 「민주적 기본질서」의 의미에 대하여 憲法裁判所는 아래와 같이 판시하였다.

[憲 2014. 12. 19.‒2013헌다1] 「우리 헌법 제 8 조 제 4 항이 의미하는 민주적 기본질서는, 개인의 자율적 이성을 신뢰하고 모든 정치적 견해들이 각각 상대적 진리성과 합리성을 지닌다고 전제하는 다원적 세계관에 입각한 것으로서, 모든 폭력적·자의적 지배를 배제하고, 다수를 존중하면서도 소수를 배려하는 민주적 의사결정과 자유·평등을 기본원리로 하여 구성되고 운영되는 정치적 질서를 말하며, 구체적으로는 국민주권의 원리, 기본적 인권의 존중, 권력분립제도, 복수정당제도 등이 현행 헌법상 주요한 요소라고 볼 수 있다.」

Ⅱ. 違憲與否의 判斷 基準

(1) 위헌성의 정도

어떤 정당의 목적이나 활동이 헌법에 위반된다고 하는 것은 광범한 의미를 가지기 때문에 구체적인 경우에 실체적인 요건을 판단함에 있어서는 제도의 목적에 부합하는 엄격한 자세가 요구된다. 그렇지 않으면 政黨解散審判制度는 정당을 탄압하는 도구로 변질될 것이기 때문이다.

이와 관련하여 어떤 정당의 정치노선이 단순히 自由民主的 基本秩序에 대항하거나 계획적으로 투쟁하는 것을 認識할 수 있는 수준에 있는 경우에는 정당을 해산할 수 없고, 자유민주적 기본질서를 침해하거나 제거하는 具體的인 危險이 존재하여야 한다고 하거나, 정당이 헌법의 개별규정 또는 전체제도를 부인하는 것만으로는 정당의 위헌성을 인정하기 어렵지만 憲法의 基本原理에 敵對的인 경우에는 위헌성의 사유가 된다고 보는 견해가 있다($\binom{桂禧悅,}{271}$).

독일 聯邦憲法裁判所는 정당의 활동이 기본법 제21조 제 2 항 제 1 문의 보호법익에 대한 구체적 위험(konkrete Gefahr)을 초래하는 것은 필수적 요건이 아니라고 하였으나(^{BVerfG, Urt. v. 17.}_{1. 2017. 2BvB 1/13}), 우리 憲法裁判所는 헌법 제8조 제4항에서 말하는 민주적 기본질서의 위배란, 정당의 목적이나 활동이 민주적 기본질서에 대하여 실질적인 해악을 끼칠 수 있는 구체적 위험성을 초래하는 경우를 가리킨다고 하여 구체적 위험성을 요구하고 있다(^{憲 2014. 12. 19.}_{-2013헌다1}).

정당의 「목적」이 민주적 기본질서에 위반된다고 하여 해산하는 경우에는 정당의 목적에 의해 구체적 위험이 발생하는 경우란 존재하기 어려우므로 정당의 목적 자체가 민주적 기본질서에 위반되면(예컨대 共産主義 또는 全體主義 의 실현을 목적으로 한 경우) 현실에서 구체적인 위험이 없어도 해산의 사유가 된다.

獨逸의 경우 聯邦憲法裁判所는 위헌정당으로 해산되기 위해서는 自由民主的 基本秩序나 헌법질서를 단순히 인정하지 않는 것만으로는 부족하고 현존 질서에 대하여 積極的으로 鬪爭的이고 攻擊的인 태도가 있어야 한다고 본다. 즉 현존 질서에 대하여 계획적으로 침해하고 더 나아가 이런 질서 자체를 배제하려고 해야 위헌정당으로 해산할 수 있다고 본다(^{예: BVerfGE 5,}_{85(특히 141)}). 獨逸基本法 제21조 제2항은 「정당이 그 목적과 추종자의 활동에 의하여 자유민주적 기본질서를 침해 또는 폐지하거나 독일연방공화국의 존립을 위태롭게 하는 것은 헌법에 위반된다」(Parteien, die nach ihren Zielen oder nach dem Verhalten ihrer Anhänger darauf ausgehen, die freiheitliche demokratische Grundordnung zu beeinträchtigen oder zu beseitigen oder den Bestand der Bundesrepublik Deutschland zu gefährden, sind verfassungswidrig)라고 정하고 있다. 반면 우리 憲法 제8조 제4항은 「정당의 목적이나 활동이 民主的 基本秩序에 違背될 때에는 ……」이라고 정하고 있어 우리 헌법상의 「違背」는 독일기본법의 「침해」나 「폐지」와 같은 것이 아니라고 할 여지도 있다. 그러나 「違背」라는 개념을 침해나 폐지 또는 붕괴 등과 달리 느슨하게 이해할 경우에는 정당 활동을 침해할 위험이 있다.

(2) 위헌성에 대한 인식여부

정당의 목적이나 활동이 민주적 기본질서에 위배되는 경우에 정당 또는 정당의 조직원이 이러한 違憲性에 대한 認識을 가질 필요는 없다(^{同旨: 張明}_{奉, 588}).

(3) 비례원칙

비례원칙은 법률이나 기타 공권력 행사의 위헌 여부를 판단할 때 사용하는 위헌심사 척도의 하나이다. 정당해산결정을 내리기 위해서 그 해산결정이 비례원칙에 부합하는지 여부를 심사할 것인지 문제된다. 독일 聯邦憲法裁判所는 명시적으로 비례원칙을 적용할 필요가 없다고 한 반면(^{BVerfG, Urt. v. 17.}_{1. 2017. 2BvB 1/13}), 우리 憲法裁判所는 다음과 같이 비례원칙을 적용하였다. 다만, 비례원칙이 憲法裁判所가 설시한 바와 같이 이 사건 심판에서 법리적으로 기능하였는지는 의문이다.

[憲 2014. 12. 19.-2013헌다1] 「비례원칙은 침익적인 국가권력의 행사에 부과되는 법치국가적 한계이다. 비록 합헌적이고 정당한 법령에 따른 권력 행사라고 할지라도 그것의 행사방식이 자의적이라든가 그 제한이 필요 이상의 과도한 제한이라든가 하는 경우에 그러한 국가권력의 행사는 설령 명시적인 규범에 위반된 바가 없다 하더라도 권한을 일탈·남용한 것으로 헌법에 부합하지 않는다. 따라서 기본권을 제한하는 국가권력의 행사는 목적 달성에 필요한 최소한도에 그쳐야 되고 국가권력의 행사로 인하여 침해되는 이익보다 달성하고자 하는 이익이 클 때에만 허용될 수 있다.

일반적으로 비례원칙은 우리 재판소가 법률이나 기타 공권력 행사의 위헌 여부를 판단할 때 사용하는 위헌심사 척도의 하나이다. 그러나 정당해산심판제도에서는 헌법재판소의 정당해산결정이 정당의 자유를 침해할 수 있는 국가권력에 해당하므로 헌법재판소가 정당해산결정을 내리기 위해서는 그 해산결정이 비례원칙에 부합하는지를 숙고해야 하는바, 이 경우의 비례원칙 준수 여부는 그것이 통상적으로 기능하는 위헌심사의 척도가 아니라 헌법재판소의 정당해산결정이 충족해야 할 일종의 헌법적 요건 혹은 헌법적 정당화 사유에 해당한다. 이와 같이 강제적 정당해산은 우리 헌법상 핵심적인 정치적 기본권인 정당 활동의 자유에 대한 근본적 제한이므로 헌법재판소는 이에 관한 결정을 할 때 헌법 제37조 제2항이 규정하고 있는 비례원칙을 준수해야만 하는 것이다.

따라서 헌법 제37조 제2항의 내용, 침익적 국가권력의 행사에 수반되는 법치국가적 한계, 나아가 정당해산심판제도의 최후수단적 성격이나 보충적 성격을 감안한다면, 헌법 제8조 제4항의 명문규정상 요건이 구비된 경우에도 해당 정당의 위헌적 문제성을 해결할 수 있는 다른 대안적 수단이 없고, 정당해산결정을 통하여 얻을 수 있는 사회적 이익이 정당해산결정으로 인해 초래되는 정당의 정당활동 자유 제한으로 인한 불이익과 민주주의 사회에 대한 중대한 제약이라는 사회적 불이익을 초과할 수 있을 정도로 큰 경우에 한하여 정당해산결정이 헌법적으로 정당화될 수 있다.」

제 4 절 審判의 節次

[191] 第一 請求書의 送達

헌법재판소가 청구서를 접수한 때에는 지체없이 그 謄本을 피청구인인 정당에게 送達하여야 한다(憲裁法 §27①).

[192] 第二 審判請求의 補正

재판장은 심판청구가 不適法하나 補正할 수 있다고 인정되는 경우에는 상당한

期間을 정하여 보정을 요구하여야 한다($\substack{憲裁法 \\ \S28①}$). 헌법재판소가 보정서면을 접수한 때에는 지체없이 補正書面의 등본을 피청구인인 정당에게 송달하여야 한다($\substack{同條 \\ ②}$). 청구인의 보정이 있는 때에는 처음부터 적법한 심판청구가 있은 것으로 본다($\substack{同條 \\ ③}$). 보정요구시에 정한 補正期間은 憲法裁判所法 제38조의 규정에 의한 審判期間에는 산입하지 아니한다($\substack{同條 \\ ④}$). 헌법재판소는 스스로 심판기간의 규정을 訓示規定으로 이해하고 있기 때문에 현실에서 심판기간이 문제로 될 가능성은 거의 희박하다.

[193] 第三　答辯書의 提出

청구서 또는 보정서면의 송달을 받은 피청구인은 헌법재판소에 답변서를 제출할 수 있다($\substack{憲裁法 \\ \S29①}$). 답변서에는 심판청구의 취지와 이유에 대응하는 답변을 기재한다($\substack{同條 \\ ②}$).

피청구인은 답변서를 직접 제출하거나 탄핵심판을 수행할 수 없고, 변호사를 대리인으로 선임하여 이를 수행하여야 한다($\substack{同法 \\ \S25③}$). 정당해산심판에서는 피청구인이 변호사의 자격을 가지고 있는 경우란 있을 수 없기 때문에 피청구인인 정당이 스스로 답변서를 제출하거나 심판을 수행할 수는 없다.

[194] 第四　審理의 方式

정당해산의 심판은 구두변론에 의한다($\substack{憲裁法 \\ \S30①}$). 정당해산심판의 절차에는 口頭辯論主義가 적용된다. 재판부가 변론을 열 때에는 期日을 정하고 당사자와 관계인을 召喚하여야 한다($\substack{同條 \\ ③}$). 변론은 공개한다($\substack{同法 \\ \S34①}$). 심판의 변론은 헌법재판소의 審判廷에서 행한다. 다만, 헌법재판소장이 필요하다고 인정하는 경우에는 심판정 이외의 장소에서 이를 할 수 있다($\substack{同法 \\ \S33}$).

[195] 第五　證據調查

裁判部는 사건의 심리를 위하여 필요하다고 인정하는 경우에는 당사자의 신청 또는 직권에 의하여 다음의 증거조사를 할 수 있다($\substack{同法 \\ \S31①}$).

i) 당사자 본인 또는 증인을 訊問하는 일

ii) 당사자 또는 관계인이 所持하는 文書·帳簿·물건 기타 증거자료의 제출을 요구하고 이를 領置하는 일

iii) 특별한 학식과 경험을 가진 자에게 鑑定을 命하는 일

iv) 필요한 물건·사람·장소 기타 사물의 性狀 또는 상황을 檢證하는 일([56])

裁判長은 필요하다고 인정하는 경우에는 재판관 중 1명을 지정하여 위의 증거조사를 하게 할 수 있다($\substack{同條 \\ ②}$). 이것은 재판장의 권한 중 재량사항에 해당한다.

[196] 第六 資料提出要求 등

裁判部는 決定으로 다른 국가기관 또는 공공단체의 기관에 심판에 필요한 사실을 照會하거나, 記錄의 송부나 자료의 제출을 요구할 수 있다. 다만, 裁判·訴追 또는 犯罪搜査가 진행중인 사건의 기록에 대하여는 송부를 요구할 수 없다($\frac{憲裁法}{§32}$).

[197] 第七 準用規定

憲法裁判所法에 의하면 정당해산심판의 경우에는 憲法裁判所法이 특별히 정하는 경우를 제외하고는 정당해산심판의 성질에 반하지 아니하는 한도 내에서 民事訴訟에 관한 法令이 準用된다($\frac{憲裁法}{§40①}$). 憲法裁判所는 이에 대하여 합헌결정을 하였다($\frac{憲\ 2014.2.27.}{-2014헌마7}$). 따라서 민사소송에 관한 법령의 규정 가운데 정당해산심판의 성질상 허용되지 않는 것을 제외하고는 나머지 규정들이 적용된다고 할 것이다.

제 5 절 決 定

[198] 第一 概 說

I. 意 義

(1) 개 념

헌법재판소는 정당해산심판절차에서 심리를 마치면 決定의 형식으로 심판한다. 憲法裁判所의 이러한 결정은 최종적인 유권적 결정이다.

(2) 종 류

정당해산심판절차에서 헌법재판소가 행하는 결정에는 각하결정, 기각결정, 해산결정이 있다. 심판의 청구가 부적법한 것인 경우에는 각하결정을 한다. 본안판단에서 청구가 이유 없는 경우에는 기각결정, 즉 해산심판의 청구를 배척하는 결정을 한다. 청구가 이유 있는 경우에는 인용결정, 즉 해당 정당을 해산하는 결정을 한다. 예외적으로 청구의 취하가 인정되는 경우에는 심판절차종료선언의 결정을 한다. 정부에 의해 해산심판이 청구된 이후 피청구인인 정당이 자진 해산한 경우에도 審判節次終了宣言을 한다($\frac{反對:\ 本案判斷說:}{李聖煥\ 등,\ 228}$).

현행법은 정당의 해산여부에 대한 심판을 헌법재판소의 관할사항으로 정하고 있기 때문에($\frac{憲}{§111①}$) 어떤 정당이 위헌인지를 확인해 줄 것을 청구할 수는 없으며, 헌법재

판소도 위헌확인의 결정을 할 수 없다. 위헌임이 인정되면 반드시 해산결정을 하여
야 한다.

(3) 본안판단의 성질

정당해산심판에 있어서 헌법재판소의 본안에 대한 결정은 정부가 해산을 요구하
는 정당이 위헌이어서 해산되어야 하는지의 여부에 관한 것이지 해당 정당이 합헌인
것인지를 판단하는 것이 아니다. 따라서 청구를 인용하는 경우에는 해당 정당은 위
헌으로 해산되지만, 청구가 기각되었다고 하여 해당 정당이 합헌인 것으로 되는 것
은 아니다. 청구가 기각된 것은 정당의 해산을 요구하는 정부의 요구를 배척한 것일
뿐이고, 해당 정당은 종래와 동일한 상태에서 정당활동을 할 수 있을 뿐이다.

Ⅱ. 終局決定

(1) 결정의 선고

종국결정의 宣告는 헌법재판소의 심판정에서 하며, 헌법재판소장이 필요하다고
인정하는 경우에만 심판정 이외의 장소에서 선고를 할 수 있다($\frac{憲裁法}{§33}$). 결정의 선고는
公開한다($\frac{同法}{§34}$). 어떠한 경우에도 비공개로 선고를 할 수 없다. 다른 모든 헌법재판과
같이 評議는 공개하지 아니한다($\frac{同}{條}$).

(2) 결정서의 작성

종국결정을 할 때에는 i) 事件番號와 事件名, ii) 當事者와 審判遂行者 또는 代理
人의 표시, iii) 主文, iv) 理由, v) 決定日字를 기재한 決定書를 작성하고, 심판에 관
여한 재판관 전원이 이에 署名捺印하여야 한다($\frac{憲裁法}{§36②}$).

(3) 개별 의견의 표시

정당해산심판에서도 재판관은 決定書에 의견을 표시하여야 한다($\frac{憲裁法}{§36③ 참조}$). 그런
데 정당해산심판은 고도로 정치적인 성격을 지니고 있을 뿐 아니라 통상 현실에서
심각한 정치분쟁과 정치세력간의 대립 가운데서 행해지므로 재판관으로 하여금 개별
의견을 표시하게 강제하거나, 이유에서 찬성 또는 반대한 재판관의 성명을 설시하는
것은 정당해산심판에서 재판의 독립, 재판관의 독립, 재판의 정치적 중립성을 해칠
위험이 있다([76]Ⅲ).

1961년 헌법재판소법은 헌법재판소의 관할로 구체적 규범통제, 추상적 규범통제, 최
종적인 헌법해석, 권한쟁의심판, 정당해산심판, 탄핵심판, 선거재판을 열거하였는
데, 재판관의 개별의견표시에서는 특정 개별심판에 한정하지 않고, 「헌법재판소의
재판서에는 合議에 관여한 각 심판관의 의견을 添書하여야 한다」라고 하여 필요적
개별의견표시를 모든 개별심판에서 인정하고 있었다. 이 때에는 정당해산심판에서

도 개별의견을 표시하도록 하였다. 그러나 1962년헌법과 1969년헌법 및 당해 각 헌법하의 법원조직법, 1972년헌법하의 1973년 헌법위원회법, 1980년헌법하의 1982년 헌법위원회법에서는 탄핵심판에서 개별의견을 표시하는 것을 인정하는 규정이 없었다. 그 이후 1998년 헌법재판소법은 헌법에서 열거된 위헌법률심판, 탄핵심판, 정당해산심판, 권한쟁의심판, 헌법소원심판 가운데 위헌법률심판, 권한쟁의심판, 헌법소원심판을 특정하여 개별의견을 표시하도록 하고 있기 때문에, 법률해석상 나머지 탄핵심판과 정당해산심판에서는 개별 의견의 표시가 허용되지 않는다는 것으로 귀착되었다. 그런데 2005. 7. 29. 개정되어 모든 개별 심판에서 관여재판관은 의견을 표시하도록 의무화하였다.

(4) 결정서의 송달

종국결정이 선고되면 書記는 지체없이 決定書 正本을 작성하여 이를 당사자에게 송달하여야 한다($^{憲裁法 §36④;}_{審判規則 §66①}$). 정당해산을 命하는 決定書는 피청구인과 국회·정부 및 중앙선거관리위원회에 송달하여야 한다($^{同法}_{§58②}$). 그리고 결정서를 정부에 송달할 경우에는 법무부장관에게 송달하여야 한다($^{同規則}_{§66②}$).

(5) 결정의 공시

종국결정은 官報에 揭載함으로써 이를 公示한다($^{同法}_{§36⑤}$).

[199] 第二 却下決定

재판부는 정당해산심판의 청구가 부적법하다고 인정한 때에 청구를 각하하는 결정을 한다.

主文은 「이 사건 심판청구를 각하한다」라고 표시한다.

[200] 第三 解散決定

Ⅰ. 意 義

(1) 개념과 성질

헌법재판소는, 정부의 정당해산심판의 청구가 이유 있다고 인정하는 때에는 정당의 해산을 命하는 결정을 한다. 이를 解散決定이라고 한다.

정부의 정당해산심판의 청구가 있고 심판의 대상이 된 정당의 목적이나 활동이 헌법에 위반됨을 재판관 6인 이상의 찬성으로 인정한 때에는 헌법재판소는 해산결정을 하여야 한다.

헌법재판소는 정부의 심판청구에 대하여 순수하게 법적인 판단만을 하여 해당 정당의 해산여부를 결정한다. 심판의 대상이 된 정당의 목적이나 활동이 헌법에 위반됨을 인정하였음에도 정치적 사정을 고려하여 해산을 보류하는 결정을 하는 것은 허용되지 않는다. 정당해산심판에서 헌법재판소는 정당의 목적이나 활동이 민주적 기본질서에 위배되는가 하는 合法性의 判斷을 하는 것이지 정치적 상황을 고려하는 合目的性의 判斷을 하는 것이 아니기 때문이다. 合目的性의 판단은 정부가 해산심판을 청구하는 때에 기속재량으로 허용되는 범위 내에서 고려할 수 있을 뿐이다. 헌법재판소의 정당해산심판이 법적인 판단이라는 점과 이런 법적 판단이 현실에서 정치적 효과와 정치적 영향력을 가져온다는 점은 서로 다른 것이다.

> 獨逸 聯邦憲法裁判所法 제46조는 정당해산심판에서 이유가 있는 경우에는 정당이 위헌임을 확인하는 결정을 한다고 정하고 있고, 이런 위헌확인결정에는 정당 또는 정당의 독립한 부분에 대한 해산과 그 대체조직의 結成 禁止를 명하는 선고를 함께 하여야 한다고 정하고 있다. 뿐만 아니라 정당이나 정당의 독립한 부분의 재산에 대한 沒收도 선고할 수 있다고 정하고 있다.

(2) 주문의 표시

主文은 「○○당의 해산을 명한다」로 표시한다. 憲法裁判所는 「○○당을 해산한다」라고 주문을 표시하였고(憲 2014. 12. 19.
−2013헌다1), 정당의 해산은 憲法裁判所의 정당해산결정으로 선고와 동시에 이루어지는 것이므로 이러한 주문 표시가 잘못된 것은 아니라고 할 것이나, 憲法裁判所法 제59조의 법문을 보건대 「○○당의 해산을 명한다」로 표시할 수도 있다.

(3) 결정정족수

재판부가 정당해산의 결정을 할 경우에는 종국심리에 관여한 재판관 6명 이상의 찬성이 있어야 한다(憲裁法
§23② ᵢ).

Ⅱ. 決定의 效果

정당해산결정이 선고되면 해당 政黨은 解散되고, 해당 정당의 재산은 國庫에 歸屬되며, 代替組織의 결성과 동일한 黨名의 사용이 禁止된다. 憲法裁判所法과 政黨法에 의해 해산결정에 執行力이 부여된 결과이다.

위헌정당으로 해산된 정당의 黨籍을 보유했던 국회의원의 경우 議員職이 喪失되는가 하는 점에 대해서는 학설상 견해가 갈린다.

(1) 정당의 해산

(a) 형성적 효력

헌법재판소가 정당의 解散을 命하는 決定을 宣告한 때에는 그 정당은 해산된다(憲裁法
§59). 여기서 정당이 해산된다고 함은 정당 그 자체뿐만 아니라 정당의 조직, 구성원간의 관계 등 정당을 형성하고 있는 일체의 것들이 해체된다는 의미이다.

헌법재판소의 이러한 정당해산결정은 形成的 效力을 가진다. 따라서 정당은 헌법재판소의 결정으로 선고와 동시에 바로 해산되는 것이며, 선거관리위원회의 집행으로 해산되는 것이 아니다. 憲法裁判所의 解散決定의 通知가 있을 때에는 當該選擧管理委員會는 그 정당의 登錄을 抹消하고 지체없이 그 뜻을 公告하여야 한다($^{政黨法}_{\S47}$).

(b) 창설적 효력

이와 같은 정당해산심판은 創設的 效力(konstitutive Wirkung)을 가진다. 헌법재판소의 해산결정이 있는 때부터(ex-nunc) 위헌인 것으로 된다. 정당해산심판은 창설적인 효력을 가지기 때문에 해산심판이 선고되기 전에 있은 정당의 一般的인 活動은 違憲的인 것이 아닌 것으로 된다. 즉 소급하여 위헌정당이 되는 것이 아니다.

헌법재판소에 의해 해산된 정당의 당원이 되었거나 그 정당을 추종하거나 지지한 행위를 한 자는 위헌정당이 해산된 후에 해산된 정당과 관련된 일반적인 행위를 하였다는 이유로 법적인 不利益을 받지 않는다. 위헌정당으로 해산되기 전에는 어떤 정당이든 그 목적이나 활동이 헌법에 위반된다고 확인된 적이 없기 때문에 해산된 정당도 위헌정당으로 해산되기 전에는 헌법에서 인정하는 정당활동의 자유를 보장받았고, 또 해산된 정당의 당원이나 추종자 또는 지지자도 그 점을 전제로 활동하였으므로 사후적으로 그러한 정당활동에 대해 법적 책임을 묻는 것은 법치주의에 어긋난다.

다만, 해산된 정당의 당원이나 추종자 또는 지지자가 다른 실정법을 위반한 행위는 免責되지 않는다. 정당이 해산되었다고 하여 해산된 정당의 당원이었던 자의 民事上 또는 刑事上의 責任이 免除되는 것은 아니다. 예컨대 공산주의 정당이 위헌으로 해산된 경우 그 정당에 소속하거나 그 정당을 지지하면서 공산주의 활동을 하거나 헌법을 부정하는 행위를 한 자는 그 특정한 행위가 실정법에 저촉되면 해당 실정법상의 책임을 진다.

독逸의 경우 1961년부터 聯邦憲法裁判所도 해산결정은 창설적 효력을 가진다는 견해를 취하고 있다($^{BVerfGE\ 12,\ 296;\ 13,}_{46;\ 13,\ 123;\ 17,\ 155}$). 정당을 해산하는 결정이 創設的 效力을 가진다고 하는 것에 대해서는 反論이 있다. 즉 어떤 정당이 위헌정당으로 해산되면 이미 헌법에 위반된 정당이라는 것을 確認하고 宣言하는 것이기 때문에 헌법재판소의 해산결정이 있기 이전의 정당의 활동도 헌법에 위반되는 것이라고 본다(宣言的 效力說). 학설에 따라서는 해산결정에 창설적 효력을 인정하더라도 해산심판이 있기 전의 활동이 당연히 합헌적인 것으로 의제되는 것은 아니고 헌법재판소가 합헌적인 것이라고 承認해야 합헌적인 것이 된다고 보는 견해도 있다.

(c) 정당의 부분 조직의 해산여부

정당에 속한 部分的인 組織도 피청구인이 되므로 이에 대해서도 解散을 命하는 결정을 할 수 있다. 정당에 속한 일부 조직의 활동이 민주적 기본질서에 위배되는 경우에도 이 점을 고려하여 정당 전체를 해산할 것인가를 결정할 수 있다.

獨逸 聯邦憲法裁判所法 제46조는 법적 또는 조직적으로 독립한 정당의 부분 조직에 대해서도 위헌확인의 결정을 할 수 있다고 정하고 있다.

(2) 재산의 국고귀속

(a) 필요적 국고귀속

헌법재판소의 결정으로 해산된 정당의 잔여재산은 국고에 귀속된다($\binom{政黨法}{\S48②}$). 必要的 國庫歸屬이다.

政黨法 제44조가 정하는 바에 따라 통상적으로 정당의 등록이 취소된 경우에는 그 잔여재산은 黨憲이 정하는 바에 따라 처분하지만($\binom{同條}{①}$), 헌법재판소의 정당해산결정으로 정당이 해산된 때에는 해산된 당시의 해당 정당의 재산은 모두 국고에 귀속한다. 해산된 정당의 채무나 부채 등을 국가가 부담하지 않음은 당연하다.

해산된 정당의 잔여재산을 국고에 귀속시키는 이유는 위헌정당의 물적 기반을 소멸시켜 위헌정당해산의 실효성을 보장하기 위한 것이다.

憲法 제 8 조 제 3 항이 정하고 있는 정당에 대한 國庫補助金制度에 비추어 볼 때, 해산된 정당에게 이미 지급된 국고보조금 상당의 금액을 추가로 추징하는 것은 허용되지 않는다고 할 것이다. 해산되기 이전에 있는 해당 정당의 활동은 민주적 기본질서에 위반되는 것으로 확정되지 않았기 때문이다.

(b) 정책적 문제

해산된 정당의 잔여재산을 국고로 귀속하는 경우 이를 必要的 歸屬으로 할 것인가 任意的 歸屬으로 할 것인가 하는 法政策的인 문제가 있다. 任意的 歸屬의 경우에는 헌법재판소로 하여금 국고귀속여부를 결정하게 한다.

(3) 대체정당의 설립 금지

(a) 대체정당의 의미

정당이 헌법재판소의 결정으로 解散된 때에는 그 정당의 代表者 및 幹部는 해산된 정당의 綱領(또는 기본정책)과 同一하거나 類似한 것으로 정당을 창당하지 못한다($\binom{政黨法}{\S40}$).

해산된 정당과 동일하거나 유사한 정당뿐만 아니라 조직의 창설도 금지된다.

대체정당 또는 대체조직의 동일성이나 유사성을 판단하는 기준은 명칭이나 외형이 아니라 실질적인 것으로서 구체적이고 조직적인 면에서의 관련성이다.

(b) 잔여조직 및 활동에 대한 제재

정당해산심판제도가 「組織된 憲法의 敵」을 제거하는 것이므로 정당이 해산된 후에 비록 정당은 아니지만 일정한 조직의 형태로 남아 활동할 경우에는 「조직된 헌법의 적」의 실체와 영향력이 여전히 상존하므로 이를 제거할 필요가 있다. 정당해산심판의 실효성을 확보하기 위한 것이다.

대체정당의 설립이 금지되기 때문에 대체정당을 만들어도 이는 임의적인 일반단체에 지나지 않고, 그에 대한 제재가 가해진다.

해산된 정당과 동일하거나 유사한 조직을 창설하거나 이러한 조직의 이름으로 활동하는 행위를 한 자에 대해서 형사적 제재도 가할 수 있다($^{예: 독일 刑法}_{\S84, \S86}$).

(4) 동일 당명 사용 금지

헌법재판소의 결정에 의하여 해산된 정당의 명칭과 동일한 명칭은 정당의 명칭으로 다시 사용하지 못한다($^{同法}_{\S41}$).

해산된 정당의 명칭과 동일한 명칭을 사용하여 정당등록을 신청하는 경우에는 선거관리위원회에 의해 登錄申請의 受理가 拒否된다($^{同法}_{\S15}$).

(5) 국회의원직의 상실여부

정당이 헌법재판소의 정당해산심판의 결정에 따라 해산된 경우 해산된 정당에 소속되어 있던 국회의원의 지위는 어떻게 되느냐 하는 것이 문제가 된다.

이에 관해서 비례대표국회의원의 경우에는 자격을 상실하여 퇴직되고($^{公選法:}_{192④}$), 지역구국회의원의 경우에는 이를 정하고 있는 실정법의 규정은 없다. 이론상으로는 정당의 해산결정이 있으면 그 결정의 효과로 해산된 정당의 당적을 가졌던 국회의원의 자격이 상실된다는 견해(資格喪失說)와 자격이 상실되지 않는다는 견해(資格非喪失說)가 대립하고 있다.

(a) 자격상실설

해산된 정당의 당적을 가졌던 국회의원의 자격이 상실된다는 견해는, 정당해산심판제도가 가지고 있는 헌법보호의 취지나 防禦的 民主主義의 이념과 원리상 정당이 위헌으로 해산되면 그 정당에 소속되었던 국회의원의 자격이 상실되는 것은 당연하다고 본다($^{예: 許營b, 816; 權}_{寧星, 198, 1104}$).

이런 견해는 국회의원이 전체 국민의 대표라는 것과 방어적 민주주의의 정신이 충돌하는 것이 아니라고 본다.

1962年憲法 제38조에서는 국회의원은 소속정당이 해산된 때에는 그 자격이 상실

된다고 정하고 있었으므로 정당해산판결이 있으면 의원직을 상실하였다. 獨逸의 聯邦憲法裁判所는 정당해산판결이 있으면 의원직이 상실된다고 하였고($^{예: BVerfGE}_{2, 1; 5, 85}$), 聯邦選擧法($^{BWahlG §46}_{①v, §47①ii}$)과 다수의 란트(Land)選擧法도 정당해산판결이 있으면 의원직이 상실된다고 정하고 있다.

(b) 자격비상실설

자격이 상실되지 않는다는 견해에는 의원은 全體 國民의 代表이고 정당의 소속과는 無關하게 독립된 지위와 정당성을 가진다는 근거(比例代表制에 의한 국회의원도 마찬가지이다)를 제시하는 견해도 있고($^{K, Hesse,}_{257}$), 위헌정당으로 정당이 해산된 경우 국회의원의 자격 유지의 문제는 국회의 자율적 결정사항이므로 국회의 資格審査나 除名處分에 의해서만 국회의원의 자격을 상실하고 그렇지 아니하면 국회의원의 자격을 종전과 같이 유지한다는 견해도 있다($^{예: 金哲洙a,}_{1337}$).

자격비상실설은 이러한 경우에 국회에서 자격심사나 제명의결로 의원직의 상실여부를 정하면 된다고 한다. 그런데, 헌법($^{憲法}_{§64③}$)이나 국회법($^{國會法}_{§155}$)이 정하는 국회의원에 대한 징계처분에 포함되는 제명의 사유로 소속 정당의 해산을 정하고 있는 것은 없기 때문에, 이러한 경우에 해산결정된 정당에 소속하였던 국회의원을 제명할 수 있는 여지는 없다. 국회법상 자격심사의 경우에 자격 없음으로 결정함에 있어서는 재적의원 2/3의 찬성이 필요하므로, 이론상으로 위헌정당으로 해산된 정당의 당적을 가졌던 국회의원이 재적의원의 1/3 이상인 경우에는 자격 없음의 결정을 할 수 없다는 결론에 이른다. 자격심사에서 자격 없음의 의결정족수를 어떻게 정하든 위헌정당으로 해산된 정당의 黨籍을 가졌던 국회의원의 수로 인하여 이러한 의결정족수를 충족시키지 못하는 경우에는 자격심사로 의원직을 상실할 수 없게 된다.

(c) 판 례

憲法裁判所는 아래와 같이 해산결정에 따른 정당해산의 경우 위헌정당해산제도의 취지와 그 제도의 본질적 효력에 비추어 볼 때 소속 국회의원의 의원직이 상실된다고 하였다($^{憲 2014. 12. 19.}_{-2013헌다1}$). 다만, 지방의회의원도 의원직을 상실하는지 여부에 관하여는 憲法裁判所가 직권으로 판단하지 않았고, 중앙선거관리위원회가 해산된 정당 소속 비례대표지방의회의원은 그 직에서 퇴직된다고 결정하였다.

[憲 2014. 12. 19.-2013헌다1] 「정당해산심판제도의 본질은 그 목적이나 활동이 민주적 기본질서에 위배되는 정당을 국민의 정치적 의사 형성과정에서 미리 배제함으로써 국민을 보호하고 헌법을 수호하기 위한 것이다. 어떠한 정당을 엄격한 요건 아래 위헌정당으로 판단하여 해산을 명하는 것은 헌법을 수호한다는 방어적 민주주의 관점에서 비롯되는 것이고, 이러한 비상상황에서는 국회의원의 국민대표성은 부득이 희생될 수밖에 없다.

국회의원이 국민 전체의 대표자로서의 지위를 가진다는 것과 방어적 민주주의의 정신이 논리 필연적으로 충돌하는 것이 아닐 뿐 아니라, 국회의원이 헌법기관으로서 정당기속과 무관하게 국민의 자유위임에 따라 정치활동을 할 수 있는 것은 헌법의 테두리 안에서 우리 헌법이 추구하는 민주적 기본질서를 존중하고 실현하는 경우에만 가능한 것이지, 헌법재판소의 해산결정에도 불구하고 그 정당 소속 국회의원이 위헌적인 정치이념을 실현하기 위한 정치활동을 계속하는 것까지 보호받을 수는 없다.

만일 해산되는 위헌정당 소속 국회의원들이 의원직을 유지한다면 그 정당의 위헌적인 정치이념을 정치적 의사 형성과정에서 대변하고 또 이를 실현하려는 활동을 계속하는 것을 허용함으로써 실질적으로는 그 정당이 계속 존속하여 활동하는 것과 마찬가지의 결과를 가져오게 될 것이다. 따라서 해산정당 소속 국회의원의 의원직을 상실시키지 않는 것은 결국 위헌정당해산제도가 가지는 헌법수호의 기능이나 방어적 민주주의 이념과 원리에 어긋나는 것이고, 나아가 정당해산결정의 실효성을 제대로 확보할 수 없게 된다.

이와 같이 헌법재판소의 해산결정으로 해산되는 정당 소속 국회의원의 의원직 상실은 정당해산심판제도의 본질로부터 인정되는 기본적 효력으로 봄이 상당하므로, 이에 관하여 명문의 규정이 있는지 여부는 고려의 대상이 되지 아니하고, 그 국회의원이 지역구에서 당선되었는지, 비례대표로 당선되었는지에 따라 아무런 차이가 없이, 정당해산결정으로 인하여 신분유지의 헌법적인 정당성을 잃으므로 그 의원직은 상실되어야 한다.」

(d) 사　　견

정당해산심판제도가 가지는 憲法保護의 기능에 비추어 볼 때, 어떤 정당이 위헌정당이라는 이유로 해산이 되면 비례대표국회의원은 물론이고 지역구국회의원의 경우도 해당 정당에 소속한 국회의원의 의원직은 상실된다고 할 것이다. 자격상실설이 타당하다. 이 점을 분명히 하기 위해서는 법률에 명시하는 것이 필요하다.

(6) 국회의원정수의 감소여부

해당 국회의원이 의원직을 상실한 경우에 그 수만큼 국회의 議員定數가 감소하는가 하는 문제가 있다. 헌법재판소의 정당해산심판은 해산된 정당에 소속했던 국회의원이 그 의원직을 상실하는 것에까지만 효력을 미치기 때문에 그로 인하여 국회의 의원정수의 변경을 가져오지 않는다. 따라서 지역구국회의원의 경우에는 정당해산으로 상실된 수만큼의 의원직을 다시 선출하는 보궐선거가 실시되고, 비례대표국회의원의 경우에는 그 선거결과에 따라 선거에 참여한 각 정당에 의석이 재배분된다.

Ⅲ. 執　　行

정당의 해산을 命하는 헌법재판소의 결정은 중앙선거관리위원회가 政黨法의 규정에 따라 집행한다($\binom{憲裁法}{\S 60}$).

政黨法은 헌법재판소의 해산결정을 통지받은 當該選擧管理委員會는 그 정당의 등록을 抹消하고 지체없이 그 뜻을 公告하여야 한다고 정하고 있다($\frac{政黨法}{§47}$). 이런 當該選擧管理委員會의 집행행위는 헌법재판소의 결정을 확인하는 사후적인 절차이므로 이 집행행위에 의해 정당이 해산되는 것은 아니다.

[201] 第四 棄却決定

I. 意　義

헌법재판소는 청구인의 청구가 이유가 없다고 인정하는 경우에는 기각의 결정을 한다.

II. 效　力

헌법재판소가 政黨解散審判에서 청구를 기각한 경우에는 정부는 동일한 사유를 들어 다시 헌법재판소에 정당해산의 심판을 청구할 수 없다($\frac{憲裁法}{§39}$).

그러나 기각결정이 있은 후 새로운 사실을 발견한 때에는 정부는 새로운 증거에 기초하여 다시 동일한 정당에 대하여 그 해산의 심판을 헌법재판소에 청구할 수 있다.

[202] 第五 終局決定의 效力

I. 效力의 內容

정당해산심판에서 종국결정이 있으면 自己拘束力, 形式的 確定力, 旣判力이 발생한다. 정당해산심판에는 一事不再理의 효력이 미친다. 따라서 정부는 헌법재판소에 청구한 해산심판청구가 기각된 경우에 다시 동일한 정당에 대하여 동일한 사유로 해산심판청구를 할 수 없다.

II. 다른 事由에 근거한 再請求

정당해산심판에서 헌법재판소가 기각결정을 한 경우에 정부는 종래 위헌정당이라고 주장한 이유와 다른 사실을 이유로 들어 해당 정당에 대한 해산심판을 다시 청구할 수 있다. 이 때 다른 사실이라 함은 헌법재판소가 변론종결시까지 고려하지 않았던 사실을 말한다.

이런 다른 사실은 종래 정부가 행한 정당해산심판청구의 전에 발생한 것이어도 무방하다. 그러나 정부가 해산심판을 청구할 당시에 알았던 전체 사실 중 일부를 이유로 들어 청구하여 기각결정을 받은 후에 다시 전체 사실 중 나머지 사실을 이유로 들어 심판을 청구하는 것은 허용되지 않는다고 할 것이다.

Ⅲ. 執 行 力

정당의 해산을 명하는 인용결정이 있으면 결정의 형성적 효력에 의해 정당은 곧바로 해산되지만, 위에서 본 바와 같이 후속조치가 남아 있으므로 그러한 조치를 하는 데 필요한 執行力이 발생한다($\frac{憲裁法}{\S 60}$). 이에 의해 중앙선거관리위원회는 이를 집행하여야 한다. 정당의 해산집행과 관련하여 다툼이 있는 경우에는 헌법재판소가 이에 대하여 결정한다.

[203] 第六　審判終了의　通知

헌법재판소가 정당해산심판을 종료한 때에는 憲法裁判所長은 그 사실을 국회와 중앙선거관리위원회에 통지하여야 한다($\frac{憲裁法}{\S 58①}$). 여기서 말하는 심판이 終了한 때라 함은 우선 심판청구를 배척하는 却下決定 또는 棄却決定을 한 때와 심판청구를 인용하는 解散決定을 한 때를 말한다.

헌법재판소에서 정당해산심판의 심리가 진행되는 동안 피청구인인 정당이 自進解散하여 소멸한 경우에 하는 審判節次終了宣言의 決定을 한 때도 이에 포함된다($\frac{憲 2016. 5. 26.}{-2015헌마20}$).

제 6 절 再　　審

정당해산결정에 대해서는 재판부의 구성에서 위법한 점이 있는 경우를 제외하고는 再審이 인정되지 않는다. 다만, 憲法裁判所는 아래와 같이 정당해산결정에 대한 재심이 허용되고 원칙적으로 民事訴訟法의 재심에 관한 규정이 준용된다고 한다($\frac{憲 2016. 5. 26.}{-2015헌아20}$).

[憲 2016. 5. 26.-2015헌아20] 「정당해산심판은 일반적 기속력과 대세적·법규적 효력을 가지는 법령에 대한 헌법재판소의 결정과 달리 원칙적으로 해당 정당에게만 그 효력이 미친다. 또 정당해산결정은 해당 정당의 해산에 그치지 않고 대체정당이나 유사정당의 설립까지 금지하는 효력을 가지므로, 오류가 드러난 결정을 바로잡지 못한다면 현 시점의 민주주의가 훼손되는 것에 그치지 않고 장래 세대의 정치적 의사결정에까지 부당한 제약을 초래할 수 있다. 따라서 정당해산심판절차에서는 재심을 허용하지 아니함으로써 얻을 수 있는 법적 안정성의 이익보다 재심을 허용함으로써 얻을 수 있는 구체적 타당성의 이익이 더 크므로 재심을 허용하여야 한다. 한편, 이 재심절차에서는 원칙적으로 민사소송법의 재심에 관한 규정이 준용된다($\frac{憲裁法}{\S 40①}$).」

제 7 절 假 處 分

[204] 第一 制度의 趣旨

정당의 활동이 헌법에 위반되는가 하는 점이 문제가 되어 정부에 의해 헌법재판소에 해산심판을 청구할 정도가 되면 현실에서 해당 정당의 활동은 憲法의 保護라는 면에서 볼 때 심각한 수준에 이른 것이다. 헌법재판소의 심판이 있을 때까지 문제의 정당이 활동하는 것을 방치하는 것은 헌법의 보호에 중대한 위험을 야기할 수 있다.

따라서 헌법재판소의 심판이 있을 때까지 피청구인인 정당의 활동을 정지시킬 필요가 있다. 이러한 목적을 달성하기 위한 하나의 수단이 피청구인인 정당의 활동을 정지시키는 假處分이다.

憲法裁判所法은, 정당해산심판의 청구를 받은 때에 헌법재판소는 청구인의 申請 또는 職權으로 終局決定의 宣告時까지 피청구인의 활동을 停止하는 결정을 할 수 있다고 정하고 있다($\frac{憲裁法}{§57}$). 憲法裁判所 역시 정당해산심판이 갖는 헌법보호라는 측면에 비추어 가처분이 필요하므로, 정당해산심판에 가처분을 허용하는 것이 정당활동의 자유를 침해한다고 볼 수 없다고 하였다($\frac{憲\ 2014.2.27.}{-2014헌마7}$).

[205] 第二 假處分의 申請 등

피청구인의 활동을 停止하는 결정을 구하는 가처분은 請求人의 申請 또는 職權으로 행해진다($\frac{憲裁法}{§57}$). 청구인, 즉 정부가 가처분을 신청할 수도 있고, 정부의 가처분 신청이 없더라도 헌법재판소 스스로 판단할 때 가처분결정을 할 필요가 인정되면 가처분결정을 한다.

정당해산심판에서 가처분결정을 하는 경우로는 예컨대 政黨이 憲法秩序의 破壞, 國家顚覆, 暴動 등을 企圖하는 때를 들 수 있다.

[206] 第三 假處分의 決定

헌법재판소가 피청구인에 대하여 가처분의 결정을 하면 피청구인의 활동은 정지된다. 이 경우 憲法裁判所長은 가처분을 한 사실을 國會와 中央選擧管理委員會에 통지하여야 한다.

Ⅰ. 被請求人의 活動 停止

헌법재판소가 假處分決定을 한 때에는 終局決定의 宣告時까지 피청구인의 활동은 停止된다.

정당의 일반적인 활동이 정지됨은 물론이고 國會法이 정하는 交涉團體($^{國會法}_{§33, §34}$)로서의 권한행사나 활동도 정지된다. 따라서 가처분결정을 받은 해당 정당이 交涉團體를 구성하여 활동하던 경우에는 가처분의 결정이 있은 후에 원내교섭단체의 권한을 행사할 수 없다.

해당 정당에 소속된 국회의원도 해당 정당에 소속되어 있는 지위를 주장할 수 없고, 순수한 국회의원으로서의 지위를 가지고 활동한다.

가처분으로 활동이 정지된 정당에 대해서는 國庫補助金을 지급할 수 없다고 할 것이다. 국고보조금은 정당의 활동을 전제로 하여 「政黨運營에 필요한 資金」($^{憲法}_{§8③}$)으로 지급되는 돈이기 때문이다.

이러한 가처분이 없는 경우에는 피청구인인 정당은 종전과 같이 활동을 한다. 정당해산심판의 청구만으로는 피청구인인 정당의 활동에 어떠한 장애를 가져오지는 않는다.

Ⅱ. 假處分決定의 通知

憲法裁判所長은 가처분을 한 사실을 國會와 中央選擧管理委員會에 통지하여야 한다($^{憲裁法 §58①;}_{審判規則 §66①}$).

정당의 경우 교섭단체를 구성한 경우는 물론이고 교섭단체를 구성하지 않은 경우에도 해당 정당에 소속된 국회의원의 활동은 해당 정당의 활동과 밀접한 관계를 가지고 있으므로 국회의원이 활동하는 국회에 가처분의 사실을 통지하는 것이 필요하다.

정당의 활동에 대해서는 중앙선거관리위원회가 관장하므로 가처분으로 정당의 활동이 정지된 사실을 알고 있어야 한다. 따라서 중앙선거관리위원회에 가처분을 한 사실을 통지하는 것이 필요하다.

權限爭議審判

제 4 장   權限爭議審判

제 1 절   槪   觀

[207] 第一   管轄과 沿革

I. 管   轄

(1) 관장사항

현행 1987年憲法은 1960年6月憲法에서 「國家機關間」으로 정했던 것을 보다 상세하게 정하여 헌법재판소의 관장사항을 「國家機關 相互間, 國家機關과 地方自治團體間 및 地方自治團體 相互間의 權限爭議에 관한 審判」으로 명시하였다(憲法 §111).

憲法裁判所法은 이를 구체화하여 「國家機關 相互間, 國家機關과 地方自治團體間 및 地方自治團體 相互間에 權限의 有無 또는 범위에 관하여 다툼이 있을 때에는 해당 국가기관 또는 지방자치단체는 헌법재판소에 權限爭議審判을 청구할 수 있다」라고 정하고 있다(憲裁法 §61①). 이에 따라 권한쟁의심판은 구체적으로 國家機關 相互間의 權限爭議審判, 國家機關과 地方自治團體間의 權限爭議審判, 地方自治團體 相互間의 權限爭議審判으로 나뉜다. i) 國家機關 相互間의 權限爭議審判은 국회, 정부, 법원 및 중앙선거관리위원회 상호간의 권한쟁의심판을 말하는 것으로 정하고 있다(同法 §62① i). ii) 國家機關과 地方自治團體間의 權限爭議審判은 정부와 특별시·광역시 또는 도 상호간의 권한쟁의심판, 정부와 시·군 또는 지방자치단체인 區(=自治區) 상호간의 권한쟁의심판을 말하는 것으로 정하고 있다(同項 ii). iii) 地方自治團體 相互間의 權限爭議審判은 특별시·광역시 또는 도 상호간의 권한쟁의심판, 시·군 또는 자치구 상호간의 권한쟁의심판, 특별시·광역시 또는 도와 시·군 또는 자치구 상호간의 권한쟁의심판을 말하는 것으로 정하고 있다(同項 iii).

그런데 國家機關 相互間의 權限爭議審判에서 정하고 있는 국가기관에 국회, 정부, 법원 및 중앙선거관리위원회만 한정하여 해당되느냐 아니면 그 이외의 국가기관도 포함되느냐 하는 문제가 있다. 이에 대하여 憲法裁判所의 판례는 憲法裁判所法

— 503 —

제62조 제 1 항 제 1 호를 예시적 조항으로 본다($\substack{예: 憲 1997. 7. \\ 16.-96헌라2}$).

독일에서 권한쟁의심판제도는 19세기 입헌주의체제의 전개과정에서 그 萌芽가 형성되었다. 領主(Landesherr=Monarch)와 身分的 等族(Stände) 또는 國民代表會議(Volks-vertretung=Parlament) 사이에 헌법상의 분쟁이 생겨 서로 합의로 해결할 수 없을 때, 이를 해결하는 방법으로 國事裁判所(Staatsgerichtshof)로 하여금 분쟁을 해결하게 한 것이 그것이다(예: 1831년의 작센헌법(sächsische Verfassung)). 이러한 것은 본질적으로 國事裁判으로서 성격을 지닌 것이었고, 헌법의 영역 내에 존재하는 각 주체들 사이에 존재하는 다툼이라는 의미에서 憲法爭議(Verfassungsstreitigkeit)라고 부르기도 했다. 이러한 것은 1849년의 파울스키르헤헌법(Paulskirchenverfassung)에서도 구상되었다. 그러나 이런 헌법쟁의는 1848년과 1849년 이후의 왕정복고의 반동기(Reaktionszeit)에는 헌법에 등장하지 않았다. 이런 사정은 1871년의 라이히헌법(Reichsverfassung)에서도 마찬가지였다. 특히 프로이센제국에서는 비스마르크(Otto v. Bismarck)가 국왕(Krone)과 領主國議會(Landtag) 사이의 권한분배나 그에 관한 분쟁을 사법관에게 맡겨 해결하는 것은 적합하지 않다고 보아 권한쟁의심판제도는 발달하지 못했다. 1919년의 바이마르헌법도 라이히 憲法機關들간의 권한쟁의에 대한 심판권을 라이히 國事裁判所(Staatsgerichtshof)에 부여하지 않았다. 이 당시 國事裁判所는 州의 요구가 있는 경우에 州內部의 헌법쟁송을 처리하였다. 실무상으로는 차츰 州內部의 헌법쟁송에서 벗어나 관할의 확대가 시도되었으나 이는 당시 헌법이 인정한 것이 아니었다. 1926년 독일법률가대회에서 라이히 國事裁判所의 관할을 라이히헌법쟁의(Reichsverfassungs-streitigkeit)로까지 확장하여야 한다는 주장이 나왔다. 1949년 基本法(Grundgesetz)에 와서 비로소 권한쟁의심판제도(Organstreitverfahren)를 헌법상의 제도로 체계화하였다($\substack{基本法 \\ §93① i}$).

(2) 국사재판으로서의 특성

우리 나라의 권한쟁의심판제도는 국가기관 상호간의 권한쟁의, 즉 機關訴訟의 성격을 띠고 있을 뿐 아니라, 국가기관과 지방자치단체 상호간의 권한과 의무에 대한 다툼과 지방자치단체 상호간의 권한과 의무에 대한 다툼을 대상으로 하고 있는 점에서 國事裁判의 성격을 지니고 있다.

國家의 수준에서만 권한과 의무의 적정한 배분을 헌법재판소가 확인하는 것이 아니라, 공동체 내의 또 하나의 공권력의 주체인 地方自治團體의 수준에서도 권한과 의무의 적정한 배분을 헌법재판소로 하여금 확인하게 하여 공동체 내에 존재하는 공권력 주체들간의 권한과 의무를 헌법재판소라는 하나의 헌법재판기관으로 하여금 統一的으로 다루게 하고 있다. 국가기관 예컨대 정부, 국회, 법원 상호간에 발생하는 권한쟁의뿐만 아니라 서로 다른 主體인 국가와 지방자치단체 상호간의 권한쟁의를 헌법재판으로 다루고, 더 나아가 지방자치단체 상호간의 권한쟁의도 헌법재판으로 다루고 있는 점에서 우리 나라가 채택하고 있는 권한쟁의심판의 특색이 있다.

뿐만 아니라 권한쟁의심판제도가 가지는 이러한 통일적인 특성은 공권력의 주체들이 가진 헌법상의 권한과 의무 이외에 법률상의 권한과 의무도 함께 다루게 하여 공동체 내에 존재하는 개별적인 공권력들을 공권력의 배분과 기능이라는 관점에서 전체적이고 통일적으로 처리하게 하고 있다.

  우리 나라 권한쟁의심판제도가 지니고 있는, 공동체 내에 존재하는 공권력 주체들간의 권한과 의무에 관한 쟁의를 헌법질서라는 전체적인 관점에서 통일적으로 다루는 이러한 특성이 권한쟁의심판의 종류마다 그 성질에 합당하게 세부 절차가 개별화되는 것을 방해하지는 않는다. 이러한 점은 국가기관 상호간의 권한쟁의, 국가기관과 지방자치단체 상호간의 권한쟁의, 지방자치단체 상호간의 권한쟁의가 권한쟁의심판제도라는 동일한 헌법재판에 속하지만, 각각의 권한쟁의가 그 세부 절차에서 個別化되어야 하는가 아니면 현재와 같이 單一化되어도 문제가 없는가 하는 점을 고려하게한다. 이는 권한쟁의심판의 각각의 종류에 있어서 당사자, 청구기간, 결정의 종류와 효력 등을 개별화·세분화할 필요가 있는가 하는 문제와도 관련이 있다.

II. 沿   革

  憲法史에서 권한쟁의심판에 대한 규정은 1960年 6月 憲法에서 처음 憲法裁判所制度를 두면서 그 관장사항으로「國家機關間의 權限爭議」를 정한 것($\frac{憲法}{의3_{iii}}$)에서 비롯된다. 1960年 6月 憲法에서 채택한 憲法裁判所制度는 우리 憲法裁判制度史에 있어서 획기적인 것이었는데, 이 때 권한쟁의심판제도가 제도화되었다.

  1960年 6月 憲法과 1960年 11月 憲法 당시 憲法裁判所法($\frac{1961. 4. 17.}{법률 제601호}$)은 제11조 제1항에서「國家機關間의 權限爭議에 關한 審判을 提請할 때에는 提請書에 다음 事項을 記載하여야 한다. 1. 提請機關의 表示, 2. 權限爭議의 要旨, 3. 關係法令의 條項, 4. 其他 必要한 事項」이라고 정하였고, 同條 제2항에서「前項의 境遇에 憲法裁判所는 關係國家機關에 權限爭議審判提請의 事實을 通知하고 爭點이 된 權限에 依한 處分의 停止를 命令할 수 있다」고 하여 현재의 假處分($\frac{憲法}{§65}$)과 유사한 규정을 두었다. 당시 헌법재판소는 9인의 심판관으로 구성되었는데($\frac{憲法 §83}{의4①}$), 심판관 5인 이상의 출석으로 심리하되, 법률의 위헌 여부판결과 탄핵판결에서는 6인 이상의 찬성으로 위헌 또는 탄핵판결을 하고, 권한쟁의와 정당해산 등에서는 5인 이상의 찬성으로 認容하는 판결을 하였다($\frac{憲法 §83의4⑤;}{憲裁法 §8①}$).

  이 憲法裁判所法은 1964년 12월 30일「憲法裁判所法廢止에관한法律」에 의해 1963년 12월 17일부터 소급하여 폐지되었다. 이후 권한쟁의심판제도는 우리 헌법재판제도의 역사에서 사라졌다가 1987年 憲法과 1988年 憲法裁判所法($\frac{1988. 8. 5. 법률}{제4017호}$)에서 새롭게 등장하였다.

權限爭議審判制度의 變遷

憲法 項目	1948年憲法－ 1952年憲法－ 1954年憲法	1960年6月憲法－ 1960年11月憲法	1962年憲法－ 1969年憲法－ 1972年憲法－ 1980年憲法	1987年憲法
審判機關	없　음	憲法裁判所	폐　지	憲法裁判所
權限爭議 審判	없　음	國家機關間의 權限爭議	폐　지	國家機關 相互間, 國家機關과 地方自治團體間, 地方自治團體 相互間의 權限爭議審判
決定定足數	없　음	過半數의 찬성	폐　지	過半數의 찬성

［208］ 第二　意義와 目的

Ⅰ. 意　義

우리 實定法상 權限爭議審判制度가 무엇을 의미하는가에 관해서는 憲法 제111조 제 1 항 제 4 호에서 정하고 있고, 憲法裁判所法 제62조는 「권한쟁의심판의 종류」라는 表題로 이를 구체화하여 정하고 있다.

(1) 권한에 대한 쟁의

권한쟁의심판제도는 國家機關 相互間, 國家機關과 地方自治團體間 및 地方自治團體相互間에 그 권한의 存否나 範圍에 대하여 다툼이 있을 때, 재판으로 그 권한의 존부나 범위를 확정하는 것을 말한다(憲法 §111①; 憲裁法 §62). 여기서 權限(Kompetenz)은 국가기관이나 지방자치단체가 그에게 주어진 직무상의 업무를 수행하는 能力이나 權能을 의미한다. 직무상의 권한은 기능상 다른 한편으로 의무를 수반하므로 權限의 存否는 다른 면에서 보면 職務上 義務의 存否로 나타나기도 한다.

(2) 객관소송

권한쟁의심판에서 다투어지는 權限은 직무상의 권한이므로 개인이 가지는 主觀的 權利와 구별하여야 한다. 국가기관이나 지방자치단체는 국민의 기본권을 보장하고 공동체의 존속을 유지하기 위해 헌법에서 부과된 行爲義務를 지닐 뿐 개인과 같이 行爲의 自由를 가지지는 못한다. 따라서 국가기관이나 지방자치단체가 권한쟁의심판절차에서 당사자의 지위를 가지는 때에도 主觀訴訟에서 私人이 行爲自由의 主體로서 가지는 主觀的 權利能力을 가질 수는 없다.

기관이 가지는 권한이 주관적인 권리로 의제된 기능을 가지고 있는 부분은 해당

기관이 자기의 권한을 스스로 행사할 수 있다는 것과 해당 기관의 권한을 다른 기관이 행사할 수 없다는 의미에 한정된다. 국가기관 또는 지방자치단체의 권한과 그 행사는 그 자신의 이익이나 문제에 국한되는 것이 아니라 국가 전체의 기능과 활동을 위한 것이고, 이에 관한 분쟁도 당해 국가기관 또는 지방자치단체의 이익이나 문제에 그치는 것이 아니라 공동체 또는 국가 전체의 이익이나 문제에 관한 것이다. 국가기관 또는 지방자치단체의 권한이 가지는 이러한 성질로 인하여 국가기관이나 지방자치단체는 자기의 권한을 抛棄하거나 讓渡할 수도 없다. 이런 점에서 권한쟁의심판은 기본적으로 客觀訴訟으로서의 성격을 가진다($\binom{同旨: 許營d.}{293}$).

(3) 헌법쟁송

권한쟁의심판제도는 國家의 構成과 權限·義務의 配分에 있어서 국가기관간이나 지방자치단체간 또는 국가기관과 지방자치단체간에 발생하는 분쟁을 해결하는 것으로 청구인과 피청구인이 모두 국가의 기관이라는 특색을 가진다. 이러한 점은 憲法訴願審判節次에서 청구인이 기본권의 주체이고, 規範統制節次에서 피청구인이 존재하지 않는 점과 구별되는 특색을 가진다. 국가의 구성과 권한의 배분의 영역, 즉 傳統的인 「憲法」(constitution, Verfassung)의 영역에서 발생하는 분쟁이라는 점과 청구인과 피청구인 모두 헌법에서 정하고 있는 국가의 기관인 국가기관과 지방자치단체라는 점에서 전통적으로 형성되어온 헌법영역에서 존재하는 진정한 憲法爭訟(Verfassungsstreit)의 형태를 띠고 있다($\binom{同旨: 明載}{眞b, 277}$).

오늘날에는 대부분 국가의 헌법에서 기본권을 보장하고 있기 때문에 기본권에 관한 분쟁은 헌법쟁송에 해당하여 權限爭議만 憲法爭訟이라고 할 수는 없다. 그러나 현대 국가에서도 국가의 구성과 권한 배분이라는 국가의 기본적인 틀에 해당하는 규정은 헌법에서 빠질 수 없는 불가결의 핵심영역이므로($\binom{G.Sartori,}{196}$) 권한쟁의심판도 헌법쟁송의 핵심적이고 진정한 樣態를 지니고 있다.

《부분기관의 지위의 침해 문제》

국가 또는 지방자치단체의 部分機關의 지위와 관련하여 그 地位의 침해를 권한쟁의심판절차로 다툴 수 있는가 하는 문제가 있다. 예컨대 대통령이나 수상이 국회를 조기에 해산하는 경우에 이러한 해산행위에 대하여 국회의원이 국회의원직을 보유하는 자신의 權利가 침해되었다는 이유로 권한쟁의심판을 통하여 다툴 수 있는가 하는 문제가 있다. 이 경우 기본권의 침해가 있으면 헌법소원심판절차를 통하여 다투고, 권한의 침해가 있으면 권한쟁의심판절차를 통하여 다투어야 한다. 그러나 이런 경우에도 권리의 침해를 권한쟁의심판절차를 통하여 다툴 수 있다고 보면(權利包含說), 이 경우의 권한쟁의심판은 主觀的 權利救濟訴訟으로서의 성격도 가지게 된다. 이러한 문제는 지방의회의원, 지방자치단체의 장, 기타 공무원 등에서도 발생할 수 있다. 자세한 것은 뒤에서 詳論하기로 한다([221] I (2)).

Ⅱ. 目 的

權限爭議審判制度는 헌법이 각 國家機關이나 地方自治團體에 배분한 권한이 서로 충돌하지 않고 행사되도록 하여 국가의 기능과 작용이 원활하게 이루어지게 하고, 국가권력의 수평적 통제와 수직적 통제를 통한 權力分立을 실현하며, 소수의 보호를 통하여 민주주의를 실질화하여 헌법질서를 유지하는 데 목적을 두고 있다.

(1) 국가기능과 작용의 정상화

권한쟁의심판제도는 국가의 구체적 통치기능에 따라 헌법에서 배분한 국가권력의 기능과 작용이 원래 정한대로 작동할 수 있도록 한다.

국가작용은 구체적으로 권한과 의무로 나타나는데, 헌법에서 정한 기본적인 내용은 법률에서 더욱 세분화되고 구체화된다. 권한쟁의심판제도는 권한의 행사와 의무의 이행에 있어서 각 國家機關이나 地方自治團體間에 紛爭이 발생할 때 이를 해결하여 이들 상호간에 권한과 의무의 충돌이나 침해가 없는 상태에서 헌법과 법률에서 정한 國家作用이 정상적으로 이루어지게 한다.

(2) 권력분립의 실현

立憲主義國家에서 국가권력은 그 기능에 따라 國家와 地方自治團體에 배분되어 있는데, 憲法國家를 실현하기 위해서는 이렇게 배분된 권한과 의무가 헌법이 정하는 바에 따라 행사되어야 한다. 현대 국가에서 權限爭議審判制度는 權力의 配分과 權力의 統制를 효과적으로 실현함에 있어서 그 實效性을 높이는 기능을 한다.

권한쟁의심판제도는 국가권력의 분산과 기능에 따른 권력의 배분이 혼선을 빚지 않고 작동하게 만들 뿐 아니라, 국가기관간이나 지방자치단체간 또는 국가기관과 지방자치단체간의 水平的 또는 垂直的 權力統制가 이루어지게 하여 權力分立原理를 실현시킨다. 권력분립을 실현함에 있어서는 다양한 방법이 있지만, 권력분립과 관련하여 분쟁이 발생하였을 때 이를 가장 효과적으로 해결하는 유권적인 해결방법은 권한쟁의심판제도이다(憲 1995. 2. 23.-90헌라1; 1997. 7. 16.-96헌라2).

[憲 1995. 2. 23.-90헌라1] 「권한쟁의심판은……국가기능의 원활한 수행을 도모하고 권력 상호간의 견제와 균형을 유지시켜 헌법질서를 보호하려는 데 그 제도의 목적이 있다.」

[憲 1997. 7. 16.-96헌라2] 「헌법 제111조 제1항 제4호가 규정하고 있는 '국가기관 상호간'의 권한쟁의심판은 헌법상의 국가기관 상호간에 권한의 존부나 범위에 관한 다툼이 있고 이를 해결할 수 있는 적당한 기관이나 방법이 없는 경우에 헌

법재판소가 헌법해석을 통하여 그 분쟁을 해결함으로써 국가기능의 원활한 수행을 도모하고 국가권력간의 균형을 유지하여 헌법질서를 수호·유지하고자 하는 제도라 고 할 것이다.」

현대국가에서 權力分立에서의 무게중심이 권력통제에 있음을 고려할 때, 권한쟁 의심판제도가 가지는 권력분립원리의 실현기능은 매우 중요한 의미를 가진다. 권한쟁 의 심판을 통하여 이루어지는 이러한 권력통제는 여러 국가기관들 상호간이나 이들과 지방자치단체 상호간 그리고 지방자치단체 상호간에도 이루어지지만, 특히 중요한 것 은 政治的 意思를 수렴하고 一般意思 또는 국민의 全體利益을 도출하는 국회에서 다 수파와 소수파간에 권한쟁의심판을 통하여 서로 통제할 수 있게 하는 데 있다.

權限爭議審判이 이러한 권력분립을 실현시키는 효과적인 수단이라고 하더라도 이는 헌법재판소로 하여금 공권력의 주체인 각 국가기관이나 지방자치단체에 국가권 력을 스스로 配分하게 하는 것이 아니라 어디까지나 헌법에서 정하고 있는 국가기관 과 지방자치단체의 권한과 의무의 存否 및 範圍를 有權的으로 確認하는 것이다. 권 한쟁의심판에서는 이러한 헌법재판소의 확인에 따라 청구기관과 피청구기관의 권한 과 의무 그리고 그에 따르는 행위가 확정된다.

(3) 민주주의의 실질화

권한쟁의심판은 특히 국회 내에서 발생하는 다수파의 횡포에 대해 소수파가 다 툴 수 있게 하여 「少數의 保護」(protection of minorities)를 통한 민주주의의 실질화에 기여한다.

국회에서 다수파가 마땅히 하여야 할 권한과 의무를 수행하지 아니하여 국회의 기능이 痲痺되거나 歪曲되는 경우 소수파는 이를 권한쟁의심판으로 다툴 수 있다. 국 회의 각종의 심의나 법률의 제정 등에서 소수세력이 참여할 수 없게 하거나 다수가 그 수의 힘에 의존하여 위법한 행위를 할 경우 이를 그대로 방치하는 때에는 다수의 이름하에 민주주의의 말살이 행해진다. 따라서 이러한 때에 소수파로 하여금 다수파 의 위법한 행위에 대해 다툴 수 있게 하여 위법한 행위를 제거하는 것이 필요하다. 이러한 경우에 權限爭議審判制度는 抽象的 規範統制制度와 함께 「소수의 보호」를 위 해 필요한 역할을 수행한다. 예컨대 원내교섭단체나 국회의원에게 當事者適格을 인정 하거나 제 3 자 訴訟擔當을 인정하는 것은 이런 점에서 중요한 의미를 지닌다.

기관간의 권한쟁의에 대한 심판, 특히 헌법기관간의 권한쟁의에 대한 심판은 현 실에서는 정치성을 강하게 띠게 되어 헌법재판소에 큰 부담을 안겨 줄 여지를 지니 고 있다. 그러나 오늘날 成文憲法主義를 채택하고 있는 국가에서는 국가작용상의 중요한 권한 배분은 대부분 헌법에서 명시적으로 정하고 있어 실제 헌법재판소가 이런 부담을 안게 되는 상황은 흔하지 않다.

[209] 第三　行政機關間의 權限 紛爭
Ⅰ. 行政機關間의 權限 紛爭

행정부 내에서 行政各部 또는 行政機關間에 권한상의 혼선과 다툼이 있는 경우에는 國務會議에서 심의를 거쳐 대통령이 해결한다($\frac{憲法}{\S 89}$). 이러한 것이 국무회의에서 해결되지 못하는 예외적인 경우에는 헌법재판소가 심판을 통하여 해결하여야 하지만, 국가의 기능과 운영상 이런 문제는 국무회의의 심의를 거쳐 대통령이 해결하는 것이 바람직하다. 대통령제 정부형태에서 대통령이 이런 문제를 해결할 수 없는 상황이 되면 국가의 운영이 매우 어렵게 된다. 실제에 있어서 이런 사태가 발생할 가능성은 稀薄하다.

> 憲法裁判所는 判例에서 「헌법 제111조 제1항 제4호가 규정하고 있는 '국가기관 상호간'의 권한쟁의심판은 헌법상의 국가기관 상호간에 권한의 존부나 범위에 관한 다툼이 있고 이를 해결할 수 있는 적당한 기관이나 방법이 없는 경우에 헌법재판소가 헌법해석을 통하여 그 분쟁을 해결함으로써 국가기능의 원활한 수행을 도모하고 국가권력간의 균형을 유지하여 헌법질서를 수호·유지하고자 하는 제도라고 할 것이다. 따라서 헌법 제111조 제1항 제4호 소정의 '국가기관'에 해당하는지 아닌지를 판별함에 있어서는 그 국가기관이 헌법에 의하여 설치되고 헌법과 법률에 의하여 독자적인 권한을 부여받고 있는지 여부, 헌법에 의하여 설치된 국가기관 상호간의 권한쟁의를 해결할 수 있는 적당한 기관이나 방법이 있는지 여부 등을 종합적으로 고려하여야 할 것이다」라고 판시한 바 있다($\frac{憲 1997. 7. 16.}{-96 헌라 2}$). 판시에 나타난 논지가, 국가기관간의 권한분쟁을 해결할 수 있는 다른 절차가 있는 경우에는 憲法 제114조 제1항 제4호가 정하는 권한쟁의심판을 청구할 수 없다라는 취지라면 이에 대해서는 찬성하기 어렵다.

Ⅱ. 權限爭議審判과 機關訴訟

우리 나라 實定法의 구조 내에서는 憲法과 憲法裁判所法은 權限爭議審判制度를 정하고 있고, 行政訴訟法($\frac{1984. 12. 15. 全改 법률 제3754호.}{개정 1994. 7. 27. 법률 제4770호.}$)은 機關訴訟制度를 정하고 있다. 국가작용의 수준에서 볼 때, 헌법이 정하고있는 권한쟁의심판제도는 행정소송법이 정하고 있는 기관소송제도를 포괄하는 상위의 수준이므로 실정법의 구조 내에서 권한쟁의심판제도와 기관소송제도를 어떻게 정리할 것인가 하는 문제가 있다.

(1) 실정법 구조 내에서 양자의 관계

헌법재판의 權限爭議審判과 행정소송의 하나인 機關訴訟이 어떠한 관계에 있는가 하는 것이 문제가 된다. 양자가 국민의 구체적인 권리구제와 관련이 없는 客觀訴訟이라는 점에서는 동일하다. 그러나 양자 모두 권한분쟁에 관한 재판이기 때문에 양자의 관계를 정리할 필요가 있다.

行政訴訟法 제 3 조 제 4 호는 「국가 또는 공공단체의 기관 상호간에 있어서의 권한의 존부 또는 그 행사에 관한 다툼이 있을 때에 이에 대하여 제기하는 소송」을 機關訴訟이라고 하여 행정소송의 하나로 정하면서, 「다만, 憲法裁判所法 제 2 조의 규정에 의하여 헌법재판소의 관장사항으로 되는 소송은 제외한다」고 정하고 있다. 헌법은 憲法 제111조 제 1 항 제 4 호에서 권한쟁의심판의 관할권을 헌법재판소에 독점적으로 부여하고 있고, 憲法裁判所法 제 2 조는 헌법 제111조 제 1 항을 확인하여 동일하게 정하고 있는 것이므로 헌법의 하위법인 행정소송법에서 기관소송을 정하면서 헌법이 정한 사항을 우선적으로 하고 행정소송법이 정한 기관소송규정을 보충적으로 정한 것은 당연하다. 따라서 憲法 제111조 제 1 항과 憲法裁判所法 제 2 조가 정하는 권한쟁의심판으로 다툴 수 있는 사항은 권한쟁의심판으로 다투고, 이를 제외한 사항에 대해서만 보충적으로 機關訴訟을 제기하여 법원에서 행정소송으로 다투게 되어 있다.

行政訴訟法상 기관소송은 법률이 정한 경우에 법률에 정한 자에 한하여 제기할 수 있다(行訴法 §45). 현행법상 지방의회의 의결무효소송(地自法 §172, §107.), 교육위원회 등의 議決無效訴訟(地方教育自治法 §28), 감독처분에 대한 異議訴訟(地自法 §169, §170)이 기관소송인가 하는 점에 대해서는 논란이 있지만, 뒤에서 상세히 보듯이([207]) 이러한 소송에서도 기관의 권한에 대한 쟁의가 발생하는 경우에는 권한쟁의의 성격을 가지기 때문에 憲法裁判所의 權限爭議審判節次에 의하여 해결하지 않으면 안 된다. 권한쟁의심판은 헌법에서 정하고 있으므로 하위법에서 헌법의 사항을 변경할 수 없다.

(2) 기관소송의 문제점

憲法 제111조 제 1 항과 憲法裁判所法 제 2 조에 비추어 볼 때, 소송절차적으로 권한쟁의심판과 행정소송법상의 기관소송이 병립할 수 있는 여지는 없다. 권한쟁의심판으로 다투어야 하는 경우에는 반드시 헌법재판소에 권한쟁의심판을 청구하여 다투어야 하고, 이러한 권한쟁의심판에 해당하지 않는 경우에만 기관소송으로 다툴 수 있다. 이렇게 보면 현재 우리 나라와 같이 권한쟁의심판제도의 내용을 헌법에서 정하고 있는 구조에서는 행정소송의 한 형태로 존재할 수 있는 기관소송은 제도로서 존재해야 할 필요가 거의 없다.

현행 우리 실정법의 구조에서 개별 법률들을 제정하여 특정한 권한에 대한 분쟁을 行政訴訟法의 機關訴訟으로 다툴 수 있게 정하는 경우 이러한 것이 허용되는가 하는 문제가 있다. 권한쟁의심판제도의 내용을 憲法 제111조 제 1 항 제 4 호에서 정하고 있는 이상 헌법이 정하고 있는 사항과 모순되는 법률은 제정할 수 없다. 따라서 헌법이 정하고 있지 아니한 사항에 대해서만 기관소송으로 다툴 수 있게 할 수 있다.

　　이 문제는 權限爭議審判과 機關訴訟의 개념이 先驗的으로 미리 존재하는 것인가 아니면 실정법의 제도에 따라 그 각각의 범위가 정해지는 것에 불과한 것인가 하는 문제와도 관련이 있다. 만일 개별 법률에서 정하기만 하면 기관간의 권한에 대한 분쟁은 얼마든지 기관소송으로 다툴 수 있다고 한다면 헌법재판의 하나인 권한쟁의심판은 형해화되고 만다(우리 헌법상 이런 것은 불가능하다). 또 개별 법률에서 기관소송으로 다투는 것을 모두 없애고 일체를 권한쟁의심판으로 다투게 하면 행정소송으로서의 기관소송은 존치시킬 필요가 없게 된다. 기관소송을 狹義의 權限爭議審判으로 보면 행정소송으로 권한분쟁을 다투는 것을 폐지하고 모두 헌법재판소에서 권한쟁의심판으로 해결하게 할 수도 있다. 기관의 권한에 대한 쟁의에서는 審級의 利益을 고려할 여지가 적어 대부분 單審으로 해결해도 된다면 기관의 권한에 관한 모든 분쟁을 憲法裁判所에서 다투게 하는 것이 바람직한 방안이 될 수 있다(同旨: 金元主, 132; 梁 建a, 311 이하; 金河烈, 69 이하; 辛奉起c, 441 이하). 우리 憲法이나 憲法裁判所法은 권한쟁의가 헌법적 수준의 쟁의라고 한정하지도 않았기 때문에 권한쟁의가 헌법적 수준의 것이든 법률적 수준의 것이든 모두 헌법재판소가 管掌할 수 있다. 현행 行政訴訟法이 정하고 있는 기관소송에 대한 규정은 일본국의 行政事件訴訟法(1962. 5. 16. 法 139; 개정 1997 法 110)의 규정과 같다. 同法 제 6 조는 「이 법률에 있어서 기관소송이란 국가 또는 공공단체의 기관상호간에 있어서 권한의 존부 또는 그 행사에 관한 분쟁에 대한 소송을 말한다」라고 정하고, 제42조는 우리 行政訴訟法 제45조와 같이 「민중소송 및 기관소송은 법률에 정한 경우에 법률에 정한 자에 한하여 제기할 수 있다」라고 정하고 있다. 일본국에는 우리 나라와 달리 헌법재판으로서의 권한쟁의심판제도가 없다.

[210] 第四　地方自治團體間의　權限　紛爭
Ⅰ. 地方自治團體間의　紛爭調整과　權限爭議

　　憲法 제111조 제 1 항과 憲法裁判所法 제62조 제 1 항에 의하면 지방자치단체 상호간에도 권한쟁의심판을 청구할 수 있다. 그런데 현행 지방자치법은 이와 관련하여 고려하여야 할 제도들을 정하고 있으므로 살펴볼 필요가 있다. 地方自治法(2007. 5. 11. 全改 법률 제8423호)에 의하면, 地方自治團體 相互間 또는 地方自治團體長 相互間 사무를 처리함에 있어서 다툼이 있는 경우에는 당사자의 신청 또는 직권에 의하여 行政自治部長官 또는 市·道知事가 조정을 할 수 있다. 따라서 지방자치단체 상호간 또는 지방자치단체장 상호간에 권한의 존부나 범위에 대하여 다툼이 있는 경우에는 통상 먼저 이런 調整

을 거치게 된다($\substack{地自法 \\ §148 \text{이하}}$).

　이와 관련하여 地方自治團體 상호간 또는 地方自治團體의 長 상호간에 분쟁이 있는 경우 당사자는 이런 調整을 거치지 않고 바로 헌법재판소에 권한쟁의심판을 청구할 수 있는가 하는 점이 문제가 된다. 헌법재판의 권한쟁의심판절차에서 보충성이 인정되지 않고 또 실정법상 조정을 먼저 거친 다음 권한쟁의심판을 청구하도록 정하고 있지도 않으므로 당사자는 調整을 먼저 거치거나 아니면 바로 헌법재판소에 권한쟁의심판을 청구할 수 있다고 할 것이다. 실제에서는 통상 먼저 調整을 거치고 조정에 의해서도 분쟁을 해결하지 못하는 경우에 권한쟁의심판을 청구하게 된다.

Ⅱ. 地方自治訴訟과 權限爭議

(1) 상 · 하급 지방자치단체장 간의 분쟁

　현행 지방자치에 관한 법률들에 의하면, 地方自治團體인 市 · 郡 · 自治區의 自治事務에 관하여 그 長의 命令이나 處分이 法令에 위반된 경우에는 市 · 道知事가 期間을 정하여 書面으로 是正을 命하고 그 기간 내에 이행하지 아니할 때에는 이를 취소하거나 정지할 수 있는데, 이 때 당해 地方自治團體의 長은 이런 취소 또는 정지에 대하여 異議가 있는 때에는 그 取消 또는 停止處分을 통보받은 날부터 15日 이내에 大法院에 訴를 제기할 수 있다($\substack{地自法 \\ §169}$). 그리고 市 · 郡 · 自治區의 장이 법령의 규정에 의하여 그 업무에 속하는 國家委任事務 또는 市 · 道 委任事務의 관리 및 집행을 명백히 해태하고 있다고 인정되는 때에는 市 · 道知事가 이행사항을 명령할 수 있고, 이에 대해 지방자치단체의 장이 이의가 있는 때에는 大法院에 訴를 제기할 수 있다($\substack{同法 \\ §170}$).

　이러한 경우에 지방자치단체의 장의 권한 · 의무의 존부나 범위와 관련하여 분쟁이 발생할 수도 있는데, 이 때에 당사자는 헌법재판소에 권한쟁의심판을 청구하여 다투어야 한다. 권한쟁의심판은 憲法 제111조 제 1 항 제 4 호에 의해 헌법재판소만이 관할권을 가지기 때문이다.

(2) 지방의회와 지방자치단체 간의 분쟁

　地方自治法은, 지방의회의 의결에 대해 再議의 요구가 있어 再議決된 사항에 대해 지방자치단체의 장이 법령에 위반된다고 인정하는 때에는 대법원에 訴를 제기할 수 있다고 정하고 있다($\substack{地自法 \\ §107}$). 그리고 시 · 도의 지방의회의 의결이 법령에 위반된 때에는 주무부장관이, 市 · 郡 · 自治區의 지방의회의 의결이 법령에 위반된 경우에는 市 · 道知事가 각각 해당 지방자치단체의 장에게 再議를 要求하게 할 수 있고, 이 재의의 요구를 받은 해당 지방자치단체의 장은 지방의회에 재의를 요구할 수 있으며,

이 때에도 지방의회에서 재의결된 사항이 법령에 위반된다고 판단되는 때에는 해당 지방자치단체의 장은 대법원에 소를 제기할 수 있다($\substack{同法 \\ \S172}$).

위의 각 경우에 지방의회의 재의결이 해당 지방자치단체의 장의 권한을 침해하거나 침해할 위험이 있는 경우에는 지방자치단체의 장은 권한쟁의심판절차를 통하여 다투어야 한다. 권한쟁의심판은 憲法 제111조 제 1 항 제 4 호에 의해 헌법재판소만이 관할권을 가지기 때문이다.

(3) 지방교육자치에서의 분쟁

이러한 문제는 현행 地方敎育自治에 관한 法律($\substack{2006. 12. 20. \ 수改 법률 제8069호. \\ 2007. 5. 11. \ 개정 법률 제8423호.}$) 제28조에서 정하고 있는 敎育委員會 또는 市・道議會 등의 議決에 대한 再議와 提訴의 절차에서도 마찬가지로 발생한다. 이러한 경우에는 地方自治法이 준용되므로($\substack{地方敎育 \\ 自治法 \S3}$) 위 (2)에서 본바와 동일하다.

제 2 절 當 事 者

[211] 第一 槪 說

권한쟁의심판은 當事者의 對審構造를 가진다. 권한쟁의심판에서 當事者라 함은 자기의 이름으로 憲法裁判所에 대하여 심판을 청구하거나 심판을 청구당함으로써 헌법재판소 결정의 名義人이 되는 자를 일컫는다.

권한쟁의심판에서 당사자는 심판을 청구하는 請求人과 그 상대방의 지위에 놓이는 被請求人이다. 청구인과 피청구인인 당사자는 當事者能力과 當事者適格을 가져야 한다. 當事者能力에 대해서는 이 절에서 설명하고, 當事者適格에 대해서는 제 3 절 ([215] 이하)에서 자세히 살펴보기로 한다.

I. 當事者能力

권한쟁의심판절차에서 當事者能力(Parteifähigkeit)이라 함은 소송법적 개념으로서 권한쟁의심판의 당사자, 다시 말해 請求人, 被請求人, 參加人이 될 수 있는 능력을 말한다. 권한쟁의심판의 특정 소송사건의 내용에 관계없는 일반적인 자격이다.

권한쟁의심판에서 누가 당사자능력을 가지고 있는가에 대해서는 통상 憲法과 憲法裁判所法에서 명문으로 정하고 있다. 우리 憲法 제111조 제 1 항 제 4 호와 憲法裁判所法 제 2 조, 제62조에 의하면 국가기관, 지방자치단체가 당사자능력을 가지고 있다고 인정되는데, 이런 국가기관과 지방자치단체는 그 직무에 관한 법적인 권한과 의무를 保有하고 있다.

Ⅱ. 當事者適格

권한쟁의심판절차에서 當事者適格이라 함은 권한의 존부나 범위에 대한 특정한 소송사건에 있어서 정당한 당사자로서 소송을 수행하고, 그 결과로서 헌법재판소의 본안 판단을 받기에 적합한 자격을 말한다. 審判請求資格(Antragsbefugnis) 또는 訴訟遂行資格(Prozessführungsbefugnis)이라고도 한다.

당사자적격을 가진 正當한 當事者는 권한쟁의심판절차의 당사자능력을 가지고 구체적인 권한의 침해나 권한 침해의 위험이 있다고 스스로 주장하여 헌법재판소의 심판을 받게 된 청구인과 그 상대방이 된 피청구인이다.

이와 같이 권한쟁의심판절차에서 당사자적격을 가지기 위해서는 당사자능력을 지니고 있는 자가 다른 국가기관이나 지방자치단체의 처분이나 부작위로 인하여 자기의 권한이 침해되었거나 침해될 현저한 위험이 있다고 주장하여 법적인 다툼을 수행할 필요가 있음을 보여 주어야 한다. 그러나 소극적 권한쟁의에서는 구체적인 사건에서 권한이나 의무의 존부와 범위를 확인할 필요가 있다고 주장하는 것으로 당사자적격를 가진다. 第3者 訴訟擔當에서는 제3자가 본래의 청구인에 갈음하여 당사자적격을 가진다. 권한쟁의심판에서의 당사자적격에 대해서는 뒤에서 詳論한다([215] 이하).

[212] 第二 國家機關

Ⅰ. 國家機關의 意味

국가기관은 권한쟁의심판에서 당사자의 지위에 있다. 권한쟁의심판제도를 정하고 있는 憲法 제111조 제1항 제4호에 의하면 「國家機關」이라고만 정하고 있어서 이 때 말하는 국가기관이 구체적으로 어떠한 기관을 의미하는지를 확정할 필요가 있다.

(1) 구체적인 범위

憲法裁判所法은 국가기관 상호간의 권한쟁의심판에서 國家機關은 國會, 政府, 法院 및 中央選擧管理委員會를 의미한다고 정하고 있다(憲裁法§62①). 이러한 의미의 국가기관은 헌법의 各 章에서 정하고 있는 내용이다. 따라서 政府에는 대통령과 행정부가 포함된다.

법원은 권한쟁의심판의 당사자가 된다. 법원 상호간에 사법행정상의 권한이나 관할에 대한 다툼이 있는 경우와 법원과 다른 국가기관 상호간에 권한에 대한 다툼이 있는 경우에 권한쟁의심판을 청구할 수 있다. 審級의 문제는 권한쟁의심판절차를 통하여 다툴 수 없다. 이 문제는 통상의 소송절차에서 해소된다.

　헌법재판소는 권한쟁의심판을 직접 행하는 재판기관이므로 스스로 권한쟁의심판의 당사자가 될 수 있는가 하는 문제가 있다.

　　「어느 누구도 자기 사건에 대한 재판관이 될 수 없다」는 법리(自己訴訟禁止의 原理)에 따르면, 권한쟁의심판을 하는 헌법재판소를 권한쟁의심판의 당사자로 하는 것은 문제가 있다. 그러나 예컨대 법원과 헌법재판소간에 권한에 대한 다툼이 있을 때 이를 입법으로 해결할 때까지 방치하는 것도 문제가 된다. 법원과 헌법재판소가 각자 자기의 권한이라고 주장하면서 재판을 하는 경우 그 결과는 심각한 문제를 야기한다. 그래서 권한쟁의심판에서는 이러한 불가피한 사유 때문에 헌법재판소를 당사자로 인정할 필요가 있다는 의견이 제시된다. 예컨대 오스트리아와 스페인에서는 헌법재판소도 권한쟁의심판의 당사자가 될 수 있다고 정하고 있다.

(2) 헌법재판소법 제62조 제 1 항 제 1 호의 의미

　권한쟁의심판절차에 있어서 憲法 제111조 제 1 항 제 4 호에서 정하고 있는 국가기관은 憲法裁判所法 제62조 제 1 항 제 1 호에서 정하고 있는 國會, 政府, 法院, 中央選擧管理委員會 4개의 기관에 한정되지 않는다. 국가기관을 이 4개의 기관에 한정한다면 국가의 기능과 작용에서 권한쟁의심판이 가지는 제도적 의미가 충분하지 못할 우려가 있기 때문이다.

　憲法裁判所는 어떤 국가기관이 憲法 제111조 제 1 항 제 4 호에서 정하는 國家機關에 해당하는지의 여부를 판별함에 있어서는 그 국가기관이 헌법에 의하여 설치되고 헌법과 법률에 의하여 독자적인 권한을 부여받고 있는지 여부, 헌법에 의하여 설치된 국가기관 상호간의 권한쟁의를 해결할 수 있는 적당한 기관이나 방법이 있는지 여부 등을 종합적으로 고려하여 국가기관의 범위를 「헌법해석」을 통하여 개별적으로 판단하여야 한다고 하고, 憲法裁判所法 제62조 제 1 항 제 1 호의 규정을 例示的 規定으로 본다(예: 憲 1997. 7. 16.-96헌라2).

　　[憲 1997. 7. 16.-96헌라2] 「헌법 제111조 제 1 항 제 4 호에서 헌법재판소의 관장사항의 하나로 "국가기관 상호간, 국가기관과 지방자치단체간 및 지방자치단체 상호간의 권한쟁의에 관한 심판"이라고 규정하고 있을 뿐 권한쟁의심판의 당사자가 될 수 있는 국가기관의 종류나 범위에 관하여는 아무런 규정을 두고 있지 않고, 이에 관하여 특별히 법률로 정하도록 위임하고 있지도 않다. 따라서 입법자인 국회는 권한쟁의심판의 종류나 당사자를 제한할 입법형성의 자유가 있다고 할 수 없고, 헌법 제111조 제 1 항 제 4 호에서 말하는 국가기관의 의미와 권한쟁의심판의 당사자가 될 수 있는 국가기관의 범위는 결국 헌법해석을 통하여 확정하여야 할 문제이다. 그렇다면 헌법재판소법 제62조 제 1 항 제 1 호가 비록 국가기관 상호간의 권한쟁의

심판을 "국회, 정부, 법원 및 중앙선거관리위원회 상호간의 권한쟁의심판"이라고 규정하고 있다고 할지라도 이 법률조항의 문언에 얽매여 곧바로 이들 기관 외에는 권한쟁의심판의 당사자가 될 수 없다고 단정할 수는 없다. 국가기관 상호간에는 그 권한의 존부와 행사를 둘러싸고 항시 다툼과 대립이 생길 수 있고, 그러한 분쟁이 자체적으로 조정, 해결되지 아니하는 한 제 3 의 국가기관에 의한 해결을 도모할 수밖에 없다. 우리 나라에서는 이를 위한 제도로서 헌법 제111조 제 1 항 제 4 호에 의하여 헌법재판소가 관장하는 권한쟁의심판제도와 행정소송법 제 3 조 제 4 호에 의하여 법원이 관할하는 기관소송제도를 마련하고 있다. 그런데 헌법이 특별히 권한쟁의심판의 권한을 법원의 권한에 속하는 기관소송과 달리 헌법의 최고 해석·판단기관인 헌법재판소에 맡기고 있는 취지에 비추어 보면, 헌법 제111조 제 1 항 제 4 호가 규정하고 있는 '국가기관 상호간'의 권한쟁의심판은 헌법상의 국가기관 상호간에 권한의 존부나 범위에 관한 다툼이 있고 이를 해결할 수 있는 적당한 기관이나 방법이 없는 경우에 헌법재판소가 헌법해석을 통하여 그 분쟁을 해결함으로써 국가기능의 원활한 수행을 도모하고 국가권력간의 균형을 유지하여 헌법질서를 수호·유지하고자 하는 제도라고 할 것이다. 따라서 헌법 제111조 제 1 항 제 4 호 소정의 '국가기관'에 해당하는지 아닌지를 판별함에 있어서는 그 국가기관이 헌법에 의하여 설치되고 헌법과 법률에 의하여 독자적인 권한을 부여받고 있는지 여부, 헌법에 의하여 설치된 국가기관 상호간의 권한쟁의를 해결할 수 있는 적당한 기관이나 방법이 있는지 여부 등을 종합적으로 고려하여야 할 것이다.……헌법재판소법 제62조 제 1 항 제 1 호의 규정도 한정적, 열거적인 조항이 아니라 예시적인 조항으로 해석하는 것이 헌법에 합치된다고 할 것이다.」 이 결정에서 헌법재판소는 종래 憲法裁判所法 제62조 제 1 항 제 1 호를 限定的, 列擧的인 조항으로 보아 국회의원은 권한쟁의심판의 청구인이 될 수 없다고 판시한 [1995. 2. 23.-90헌라1]의 결정을 변경하였다.

이러한 전제하에서 憲法裁判所는 권한쟁의심판에서 당사자가 되는 국가기관은 헌법에 의하여 설치되는 국가기관에 한하는 것이며, 오로지 법률에 설치의 근거를 두고 있는 기관은 이에 해당하지 않는다고 보아, 國家人權委員會는 권한쟁의의 당사자가 되지 않는다고 판시하였다(예: 憲 2010. 10. 28.-2009헌라6).

[憲 2010. 10. 28.-2009헌라6] 「헌법은 제111조 제 1 항 제 4 호에서 헌법재판소의 관장사항의 하나로 "국가기관 상호간, 국가기관과 지방자치단체 간 및 지방자치단체 상호간의 권한쟁의에 관한 심판"이라고 규정하고 있을 뿐 권한쟁의심판의 당사자가 될 수 있는 국가기관의 종류나 범위에 관하여는 아무런 규정을 두고 있지 않고, 이에 관하여 특별히 법률로 정하도록 위임하고 있지도 않다. 따라서 입법자인 국회는 권한쟁의심판의 종류나 당사자를 제한할 입법형성의 자유가 있다고 할 수 없고, 헌법 제111조 제 1 항 제 4 호에서 말하는 국가기관의 의미와 권한쟁의심판의 당사자가 될 수 있는 국가기관의 범위는 결국 헌법해석을 통하여 확정하여야 할 문제이다. 그런데 헌법이 특별히 권한쟁의심판의 권한을 법원의 권한에 속하는 기관소송과 달리 헌법의 최고 해석·판단기관인 헌법재판소에 맡기고 있는 취지에 비추

어 보면, 헌법 제111조 제 1 항 제 4 호가 규정하고 있는 "국가기관 상호간"의 권한쟁
의심판은 헌법상의 국가기관 상호간에 권한의 존부나 범위에 관한 다툼이 있고 이
를 해결할 수 있는 적당한 기관이나 방법이 없는 경우에 헌법재판소가 헌법해석을
통하여 그 분쟁을 해결함으로써 국가기능의 원활한 수행을 도모하고 국가권력 간의
균형을 유지하여 헌법질서를 수호·유지하고자 하는 제도라고 할 것이다. 따라서
헌법 제111조 제 1 항 제 4 호 소정의 "국가기관"에 해당하는지 아닌지를 판별함에 있
어서는 그 국가기관이 헌법에 의하여 설치되고 헌법과 법률에 의하여 독자적인 권
한을 부여받고 있는지 여부, 헌법에 의하여 설치된 국가기관 상호간의 권한쟁의를
해결할 수 있는 적당한 기관이나 방법이 있는지 여부 등을 종합적으로 고려하여야
할 것이다(憲 1997. 7. 16.
  -96헌라2 참조). 청구인은, 헌법에 설치근거를 갖지 아니하고 단지 법률에 의
하여 설치된 국가기관이라고 하더라도 그 권한이 기본권 보장 등 헌법상 국가에 부
여된 업무 수행에 관한 것이고, 헌법에 설치근거를 둔 국가기관에 준할 정도의 독
립성이 부여되어 있는 등 헌법상 국가기관에 준하는 지위를 부여받고 있다고 보이
는 한편, 그 권한분쟁에 관하여 헌법재판소에 의한 권한쟁의심판 절차에 의하지 아
니하고는 권한분쟁을 해결할 수 있는 적당한 기관이나 방법이 따로 존재하지 않는
다면, 해당 국가기관에 대하여 권한쟁의심판의 당사자능력을 인정하여야 한다고 주
장한다. 그러나 권한쟁의심판은 국회의 입법행위 등을 포함하여 권한쟁의 상대방의
처분 또는 부작위가 헌법 또는 법률에 의하여 부여받은 청구인의 권한을 침해하였
거나 침해할 현저한 위험이 있는 때 제기할 수 있는 것이다. 그런데 헌법상 국가에
게 부여된 임무 또는 의무를 수행하고 그 독립성이 보장된 국가기관이라고 하더라
도, 오로지 법률에 설치근거를 둔 국가기관이라면 국회의 입법행위에 의하여 존폐
및 권한범위가 결정될 수 있으므로, 이러한 국가기관은 '헌법에 의하여 설치되고
헌법과 법률에 의하여 독자적인 권한을 부여받은 국가기관'이라고 할 수 없다. 즉,
청구인이 수행하는 업무의 헌법적 중요성, 기관의 독립성 등을 고려한다고 하더라
도, 국회가 제정한 국가인권위원회법에 의하여 비로소 설립된 청구인은 국회의 위
법률 개정행위에 의하여 존폐 및 권한범위 등이 좌우되므로, 헌법 제111조 제 1 항
제 4 호 소정의 헌법에 의하여 설치된 국가기관에 해당한다고 할 수 없다. 법률에 의
하여 설치된 기관의 경우는 그 권한을 둘러싼 분쟁이 헌법문제가 아니라 단순한 법
률문제에 불과하다. 따라서 권한쟁의심판의 당사자능력을 법률에 의하여 설치된 국
가기관으로까지 넓게 인정한다면 헌법해석을 통하여 중요한 헌법상의 문제를 심판
하는 헌법수호기관으로서의 헌법재판소의 지위와 기능에도 맞지 아니하고 헌법재판
소와 법원의 관할을 나누어 놓고 있는 헌법체계에도 반한다. 또한, 청구인은 중앙행
정기관에 해당하고 타 부처와의 갈등이 생길 우려가 있는 경우에는 피청구인의 명
을 받아 행정 각부를 통할하는 국무총리나 피청구인에 의해 분쟁이 해결될 수 있
고, 청구인의 대표자가 국무회의에 출석해 국무위원들과 토론을 통하여 문제를 해
결할 수 있는 점에 비추어서도 청구인이 헌법 제111조 제 1 항 제 4 호 소정의 "국가
기관"에 해당한다고 보기 어렵다. 그리고 행정소송법상 기관소송이 그 관할범위가
협소하여 국가기관의 권한분쟁에 대한 해결수단으로 미흡하다면, 이는 입법적으로
기관소송의 범위를 확대하는 등의 방법으로 해결해야지, 헌법상 권한쟁의심판의 대
상 범위를 확장하여 해결할 것은 아니다. 결국, 권한쟁의심판의 당사자능력은 헌법

에 의하여 설치된 국가기관에 한정하여 인정하는 것이 타당하므로, 법률에 의하여
설치된 청구인에게는 권한쟁의심판의 당사자능력이 인정되지 아니한다.」

(3)「정부」의 의미

憲法裁判所法은 국가기관과 지방자치단체간의 권한쟁의심판에서 국가기관을 政
府로 정하고 있다($\frac{同法}{§62①ii}$). 그런데 憲法裁判所法 제62조 제1항에서 제1호의 국가기관
상호간의 권한쟁의심판절차에서는 국회, 법원, 중앙선거관리위원회와 함께 정부를
정하고 있으면서, 제2호의 국가기관과 지방자치단체 상호간의 권한쟁의심판절차에
서는 국가기관에 정부만 정하고 있어 제1호와 제2호에서 정하고 있는「政府」가 동
일한 것인가 아니면 서로 다른 것을 의미하는가 하는 것이 문제가 된다. 즉 제1호
에서 정하고 있는「정부」는 대통령과 행정부를 말하고 제2호에서 정하고 있는「정
부」는 국회, 대통령과 행정부, 법원 등을 모두 포함하는가 하는 점이다.

제1호에서 정하고 있는 국가기관도 예시적인 것에 지나지 않는 점과 국가기관
과 지방자치단체 상호간의 권한쟁의심판의 성질에 비추어 볼 때, 제2호에 정하고
있는 정부도 열거적인 것이라고 볼 수는 없고, 제2호에서 정하고 있는「정부」는 中
央政府를 의미한다고 보아야 하므로 지방자치단체가 아닌 국가기관은 모두 제2호에
서 정하고 있는 국가기관과 지방자치단체 상호간의 권한쟁의심판의 당사자가 된다고
할 것이다($\frac{同旨: 許營d.}{301}$).

마찬가지로 권한쟁의심판의 당사자인 지방자치단체 역시 지방자치단체에만 한
정되는 것이 아니라 지방자치단체의 기관도 포함하는 것으로 해석할 수 있다고 할
것이다. 憲法裁判所法을 개정하여 이러한 내용을 명확하게 명문화하는 것이 필요하
다. 憲法 제111조 제1항 제4호에서는 地方自治團體의 機關에 대해 침묵하고 있지
만, 憲法裁判所法에서 이를 구체화할 수 있다. 1961年6月憲法 제83조의3에서 당시
憲法裁判所의 관장사항의 하나로「國家機關間의 權限爭議」를 정하고 있었는데, 憲法
裁判所法 제22조 제3항은「國家機關間의 權限爭議에 관한 憲法裁判所의 判決은 모
든 國家 또는 地方自治團體의 機關을 覊束한다」라고 정하였다.

Ⅱ. 機關의 部分

권한쟁의심판에서 당사자가 되는 국가기관의 의미를 두고 특정한 국가기관의 경
우에 그 전체기관을 구성하는 부분이 독자적으로 특정한 권한을 가지는 기관으로서
의 성격을 가지는 때가 있다. 이런 경우 이러한 전체기관의 부분, 즉 부분기관을 권
한쟁의심판에서 어떻게 다룰 것인가 하는 문제가 있다.

이 문제는 기관의 부분, 즉 전체기관의 부분기관이, 자기의 고유한 권한이 다툼

의 대상으로 된 경우에 권한쟁의심판을 구하는 것과 전체기관의 권한이 다툼의 대상
이 된 경우에 권한쟁의심판을 청구하는 것을 구별하여 살펴볼 필요가 있다.

(1) 당사자의 지위

(a) 정부의 구성기관

i) 國會議長 및 副議長, 院內交涉團體, 國會의 委員會, 國會議員, ii) 大統領, 國務
總理, 行政各部의 長, 國務會議, 國務委員, 監査院, 監査院長, 監査委員, iii) 大法院,
各級法院, iv) 地方自治團體의 長, 地方議會 등은 자기의 권한이 다툼이 되었을 때 권
한쟁의심판절차에서 當事者로서의 지위를 가진다.

위에서 보았듯이, 헌법재판소는 초기에 憲法裁判所法 제62조 제1항 제1호를
列擧的 規定이라고 판시하였다가 나중에 판례를 변경하여 例示的 規定이라고 판시하
였다. 이러한 헌법재판소의 판시취지에 비추어 볼 때, 機關의 部分도 당사자능력을
가질 수 있음을 인정할 여지가 있다고 해석할 수 있다.

> 헌법재판소는 판례를 변경하기 이전에 憲法裁判所法 제62조 제1항 제1호를 열거
> 적 규정이라고 보고, 국회의원과 원내교섭단체가 권한쟁의심판을 청구할 수 없다고
> 판시하였다. 즉「국회의 경우 현행 권한쟁의심판제도에서는 국가기관으로서의 국회
> 가 정부, 법원 또는 중앙선거관리위원회와 사이에 권한의 존부 또는 범위에 관하여
> 다툼이 있을 때 국회만이 당사자로 되어 권한쟁의심판을 수행할 수 있을 뿐이고,
> 국회의 구성원이거나 국회 내의 일부기관인 국회의원 및 교섭단체 등이 국회 내의
> 다른 기관인 국회의장을 상대로 권한쟁의심판을 청구할 수는 없다고 할 것이다」라
> 고 판시하였다($\frac{憲 1995. 2.}{23.-90헌라1}$). 그러나 이 판례는 1997. 7. 16. 선고된 [96헌라2] 결정에서
> 변경되었다([212] I (2)).

> 獨逸 聯邦憲法裁判所法 제63조는「연방대통령, 연방의회, 연방참사원, 연방정부 및
> 기본법 또는 연방의회와 연방참사원의 사무규칙에 의해 고유한 권리를 부여받은 이
> 들 機關의 部分만이 청구인과 피청구인이 될 수 있다」라고 정하고 있다. 독일에서
> 는 연방대통령, 연방의회, 연방참사원, 연방정부 이외에 헌법이나 다른 법령에 의해
> 독자적인 권한을 부여받은 연방의회의장, 연방참사원의장, 연방의회의원, 연방수상,
> 연방장관, 원내교섭단체, 연방양원합동위원회, 공동위원회와 같은 부분기관도 당사
> 자로서의 지위를 가진다고 본다. 예컨대 본회의에서 발언권을 침해받아 다투는 경
> 우나 대통령의 조기 의회해산에 대하여 의원이 아직 남은 임기 동안 의원직을 유지
> 하기 위해 다투는 경우에는 기관쟁의심판을 청구할 수 있다($^{K. Schlaich.}_{62}$). 이런 권한은
> 국회의원이라는 독자적인 기관으로서의 지위에서 나오는 것이다.

이와 같이 기관의 부분도 전체 기관의「부분」이기는 하지만, 자기에게 부여된
고유한 권한에 관하여 권한쟁의심판의 당사자가 될 수 있다. 이 경우에 기관의 부분

은 전체기관에 대해서는 부분이지만, 권한의 면에서는 전체기관의 부분이 아니고 그 자체 독립된 자기의 고유한 권한을 가지는 기관으로서의 지위에 있다. 따라서 권한 쟁의심판의 당사자가 되는 것은 당연하다. 그러나 기관의 부분이 단순히 전체기관의 보조기관 또는 부속물에 지나지 않아 독자적인 지위를 가지지 못하는 때에는 당사자 능력을 가지지 못한다.

　　憲法裁判所는 구체적인 사건에서 이러한 경우를 판례로 인정하고 있다. 憲法裁判所는 국회의원과 국회의장을 권한쟁의심판의 당사자로 인정하고 있다(예: 憲 1997. 7. 16.-96헌라2; 1998. 8. 27.-97헌마8등; 2000. 2. 24.-99헌라1; 2000. 2. 24.-99헌라2; 2003. 10. 30.-2002헌라1; 2009. 10. 29.-2009헌라8등).

　　[憲 1997. 7. 16.-96헌라2] 「이 사건 심판청구의 청구인인 국회의원은 헌법 제41 조 제 1 항에 따라 국민의 선거에 의하여 선출된 헌법상의 국가기관으로서 헌법과 법률에 의하여 법률안제출권, 법률안 심의·표결권 등 여러 가지 독자적인 권한을 부여받고 있으며, 피청구인인 국회의장도 헌법 제48조에 따라 국회에서 선출되는 헌 법상의 국가기관으로서 헌법과 법률에 의하여 국회를 대표하고 의사를 정리하며, 질서를 유지하고 사무를 감독할 지위에 있고, 이러한 지위에서 본회의 개의시의 변 경, 의사일정의 작성과 변경, 의안의 상정, 의안의 가결선포 등의 권한을 행사하게 되어 있다. 따라서 국회의원과 국회의장 사이에 위와 같은 각자 권한의 존부 및 범 위와 행사를 둘러싸고 언제나 다툼이 생길 수 있고, 이와 같은 분쟁은 단순히 국회 의 구성원인 국회의원과 국회의장간의 국가기관 내부의 분쟁이 아니라 각각 별개의 헌법상의 국가기관으로서의 권한을 둘러싸고 발생하는 분쟁이라고 할 것인데, 이와 같은 분쟁을 행정소송법상의 기관소송으로 해결할 수 없고 권한쟁의심판 이외에 달 리 해결할 적당한 기관이나 방법이 없으므로(행정소송법 제 3 조 제 4 호 단서는 헌법재판 소의 관장사항으로 되는 소송을 기관소송의 대상에서 제외하고 있으며, 같은 법 제45조는 기 관소송을 법률이 정한 경우에 법률이 정한 자에 한하여 제기할 수 있도록 규정하고 있다) 국 회의원과 국회의장은 헌법 제111조 제 1 항 제 4 호 소정의 권한쟁의심판의 당사자가 될 수 있다고 보아야 할 것이다. 한편 복수정당제도하에서 여당과 야당의 대립과 타협에 의하여 국회가 운영되는 정당국가적 현실에 비추어 보거나 우리와 유사한 권한쟁의심판제도를 두고 있는 다른 나라의 예(예컨대 독일의 경우 국회의원이나 국회의 장을 당사자로 하는 권한쟁의심판이 허용되고 있다)에 견주어 보더라도 국회의원과 국회 의장은 권한쟁의심판의 당사자가 될 수 있다고 해석하여야 할 것이다.」

　　[憲 1998. 8. 27.-97헌마8등] 「이 사건에서 청구인들이 주장하는 입법절차의 하 자는 야당소속 국회의원들에게는 개의시간을 알리지 않음으로써 이 사건 법률안의 심의에 참여할 수 있는 기회를 주지 아니한 채 여당소속 국회의원들만 출석한 가운 데 국회의장이 본회의를 개의하고 이 사건 법률안을 상정하여 가결선포하였다는 것 이므로 이와 같은 입법절차의 하자를 둘러싼 분쟁은 본질적으로 국회의장이 국회의 원의 권한을 침해한 것인가 그렇지 않은가에 관한 다툼으로서 이 사건 법률의 심 의·표결에 참여하지 못한 국회의원이 국회의장을 상대로 권한쟁의에 관한 심판을 청구하여 해결하여야 할 사항이라고 할 것이다.」

[憲 2000. 2. 24.-99헌라2] 「이 사건 권한쟁의심판청구는 국회의원인 청구인들이 국회의장인 피청구인을 상대로 피청구인이 청구인들의 본회의장에서의 이의제기를 무시하고 이 사건 어업협정안을 가결·선포한 행위는 자신들의 조약비준동의안 심의·표결권을 침해하였다는 데 있다.……국회의원은 국민이 직접 선출하는 대표로서 헌법과 법률에서 여러 권한을 부여하고 있지만 그 중에서 가장 중요하고 본질적인 것은 입법에 대한 권한임은 두말할 필요가 없다. 이 권한에는 동의안 제출권(헌법제52조)과 동의안 심의·표결권이 포함되는 것이다. 이 동의안 심의·표결권은 의회민주주의의 원리, 입법권을 국회에 귀속시키고 있는 헌법 제40조, 국회는 국민이 선출한 국회의원으로 구성한다고 규정한 헌법 제41조 제 1 항으로부터 도출되는 헌법상의 권한이다. 헌법 제60조 제 1 항에 의한 이 사건 어업협정안에 대한 비준·동의권도 입법에 대한 권한과 같은 것이다. 그리고 이 비준·동의권은 국회의 다수파의원에게만 보장되는 것이 아니라 소수파의원과 특별한 사정이 없는 한 국회의원 개개인에게 모두 보장되는 것 또한 의문의 여지가 없다. 한편, 피청구인인 국회의장은 헌법 제48조에 따라 국회에서 선출되는 헌법상의 국가기관으로서 헌법과 법률에 의하여 국회를 대표하고 의사를 정리하며, 질서를 유지하고 사무를 감독할 지위에 있다. 이러한 지위에서 본회의 개의시의 변경, 의사일정의 작성과 변경, 의안의 상정, 의안의 가결·선포 등의 권한을 행사하고 있다. 따라서 국회의장과 국회의원간에 그들의 권한의 존부 또는 범위에 관하여 분쟁이 생길 수 있고, 이와 같은 분쟁은 단순히 국회의 구성원인 국회의원과 국회의장간의 국가기관 내부문제가 아니라 헌법상 별개의 국가기관이 각자 그들의 권한의 존부 또는 범위를 둘러싼 분쟁인 것이다. 이 분쟁은 권한쟁의심판 이외에 이를 해결할 수 있는 다른 수단이 없으므로 국회의원과 국회의장은 헌법 제111조 제 1 항 제 4 호 소정의 권한쟁의심판의 당사자가 될 수 있다고 해석하는 것은 헌법재판소가 당사자적격을 부정하였던 과거의 선례(헌재 1995. 2.23. 90헌라1)를 변경하면서 새로 채택한 견해이고(헌재 1997. 7. 16. 96헌라2; 1998. 7. 14. 98헌라3), 이를 다시 변경할 필요를 느끼지 아니하므로 청구인들의 당사자적격을 다투는 피청구인의 주장은 받아들이지 아니한다.」

(b) 국회의원의 단체 등

國會規則으로 원내교섭단체가 아닌 國會議員의 團體나 모임에 어떤 권한을 부여한 경우에는 이런 국회의원의 단체나 모임은 국회규칙상의 권한분쟁에 있어서 당사자로서의 지위를 가지느냐 하는 것이 문제가 된다.

憲法 제111조 제 1 항 제 4 호에는 정하고 있지 않으나 憲法裁判所法 제61조 제 2 항에서 「헌법 또는 법률에 의하여 부여받은 권한」이라고 정하고 있어, 國會規則에 의하여 부여받은 권한을 어떻게 평가할 것인가 하는 것이 문제가 된다. 국회규칙의 성격을 自主法이라고 보는 견해(自主法說)에 의하면, 국회규칙에 의하여 부여받은 권한에 대해서도 권한쟁의심판절차를 통하여 다툴 수 있다고 할 여지가 있다.

표결시에 임의로 형성되는 다수파나 소수파는 당사자의 지위가 인정되지 않는다고 본다(독일의 경우 예: BVerfGE 2, 143). 국회 내에서 각종 표결에서 패배한 소수의 국회의원의 집합은 당사자가 될 수 없다. 그러나 일정수의 국회의원에게 同意權, 發議權, 要求權 등이 주어진 경우(예컨대 재적의원 과반수에 의한 헌법개정의 발의, 재적의원 1/3 이상에 의한 국무총리·국무위원의 해임건의의 발의)에는 그 권한의 행사 결과 형성된 국회의원의 집단에 대해서는 해당 권한의 행사에 있어서 당사자로서의 지위가 인정된다. 이와 같은 소수 국회의원의 집단, 원내교섭단체, 국회의원이 당사자로서의 지위를 가지는 것은 소수자 또는 야당에 의한 통제라는 권력통제의 면에서 중요한 의미를 가진다.

국회의원에 立候補한 자는 권한쟁의심판의 당사자가 될 수 없다. 입후보한 자는 아직 어떠한 기관으로서의 지위도 가지지 못하므로 기본권의 침해를 받은 경우에는 권한쟁의심판으로는 다툴 수 없고, 헌법소원심판으로 다툴 수 있을 뿐이다.

(2) 제 3 자 소송담당

기관의 부분이 전체기관을 갈음하여 전체기관의 권한에 관하여 당사자의 지위에서 권한쟁의심판을 청구할 수 있는가 하는 문제가 있다. 「제 3 자 소송담당」의 문제이다. 이에 대해서는 명시적 규정이 없으나 인정하는 것이 권한쟁의심판의 기능에 부합한다(同旨: 許營d,
310). 제 3 자 소송담당은 민주주의의 중요한 내용인 소수의 보호를 실현하고, 권한쟁의를 통하여 국가기능과 작용의 정상화를 보다 수월하게 해준다.

각종 행정기관이나 국회의 交涉團體, 國會議員, 國會議長 등은 각기 그가 속한 全體機關인 정부나 국회의 권한의 침해에 대하여 권한쟁의심판을 청구할 수 있다.

국회의 교섭단체는 국회의 부분기관으로서 국회의 권한 침해를 주장하면서 권한쟁의심판을 청구할 수 있다. 교섭단체가 국회의 권한 침해에 대하여 제 3 자 소송담당으로서 권한쟁의심판을 청구하는 경우에 그 교섭단체가 국회에서 다수 의석을 점하고 있는 정당에 소속되어 있느냐의 여부는 문제가 되지 않는다.

국회의원이 이런 제 3 자 소송담당을 할 수 있느냐 하는 문제(Prozeßstandschaft des einzelnen Abgeordneten)가 있다. 이에 대해서는 견해상 차이가 있으나, 국회의원도 마찬가지라고 보아야 할 것이다. 국회의원도 다수당 소속이든 소수당 소속이든 무소속이든 전체 국민의 대표자로서 국민대표기관인 국회의 권한에 관한 권한쟁의심판을 청구할 수 있다(독일연방헌법재판소는 부정하고 있다.
BVerfGE 90, 286; 94, 351; 99, 19). 결국 國會議員은 헌법에서 주어진 국회의원으로서의 지위를 침해하거나 박탈하는 행위에 대하여 헌법소원심판절차를 통하여 다툴 수 있고(權利包含說은 권한쟁의심판절차로도 다툴 수 있다고 본다), 국회의원의 지위에 속하는 권한(예: 發
言權)이나 국회의 권한 침해에 대하여는 전자의 경우에는 독자적인 기관의 지위에서 후자의 경우에는 전체기관의 부분이라는 지위에서 각각 권한쟁의심판절차를 통하여 다툴 수 있다.

獨逸 聯邦憲法裁判所法은 전체기관의 부분이 전체기관의 권한의 침해에 관하여 「제3자 소송담당」(Prozeßstandschaft)으로 다툴 수 있는 것을 명문으로 인정하고 있다. 聯邦憲法裁判所法 제64조는, 청구인이 피청구인의 처분 또는 부작위가 기본법이 부여한 청구인 또는 그가 속한 기관의 권한이나 의무를 침해하였거나 직접 위태롭게 하였다고 주장한 경우에 제기한 심판의 청구만 적법하다고 하여, 청구인이 그가 속한 기관의 권한이나 의무의 침해 또는 침해위험에 대하여 권한쟁의심판을 청구할 수 있는 청구권자의 지위에 있음을 정하고 있다.

헌법재판소가 전체기관의 권한에 관한 권한쟁의심판에서 전체기관의 부분을 당사자로 인정한 판례는 아직 없다. 과거 헌법재판소의 사건에서 이러한 경우 기관의 부분기관에게 권한쟁의심판의 당사자로서의 지위를 인정할 것인가와 관련하여 재판관간에 의견의 대립이 있었다(예: 憲 1998. 7. 14.-98헌라1). 그러나 최근 국회의원이 정부를 상대로 한 권한쟁의심판(예: 憲 2007. 7. 26.-2005헌라8)에서는 제3자 소송담당을 허용하는 법률의 규정이 없고, 국회의 의사가 다수결에 의하여 결정되었음에도 다수결의 결과에 반대하는 소수의 국회의원에게 권한쟁의심판을 청구할 수 있게 하는 것은 다수결의 원리와 의회주의의 본질에 어긋날 뿐만 아니라, 국가기관이 기관 내부에서 민주적인 방법으로 토론과 대화에 의하여 기관의 의사를 결정하려는 노력 대신 모든 문제를 사법적 수단에 의해 해결하려는 방향으로 남용될 우려가 있다는 이유로 이를 부정하였다([215] Ⅱ).

[213] 第三　地方自治團體

Ⅰ. 地方自治團體

(1) 당사자의 지위에 있는 지방자치단체

國家機關과 地方自治團體間의 權限爭議審判과 地方自治團體 相互間의 權限爭議審判에서 당사자인 지방자치단체는 特別市, 廣域市, 道, 市, 郡, 地方自治團體인 區이다(憲裁法 §62 ①ⅱ, ⅲ). 이러한 지방자치단체가 당사자인 때에는 그의 長이 代表者가 된다(地自法 §101).

(2) 위임사무의 경우

지방자치단체가 권한쟁의심판절차의 당사자가 되는 경우에는 지방자치단체의 업무의 성격을 기준으로 나누어 검토할 여지가 있다. 우리 나라의 경우 지방자치단체의 사무에는 固有事務인 自治事務와 위임을 받은 委任事務가 있는데, 자치사무에 대한 분쟁에서 지방자치단체가 권한쟁의심판의 당사자가 되는 데는 의문의 여지가 없으나, 機關委任事務나 團體委任事務와 같은 위임사무의 경우에 당사자가 될 수 있는가 하는 문제가 있다.

위임사무에 관한 권한 또는 의무를 둘러싼 분쟁은 사무를 위임한 국가기관과 위임받은 지방자치단체간에도 발생할 수 있고, 국가사무를 위임받은 지방자치단체와 해당 사무를 위임한 기관이 아닌 다른 국가기관 또는 지방자치단체간에도 발생할 수 있다. 전자의 경우에 사무를 위임한 국가기관과 위임받은 지방자치단체는 원칙적으로 권한쟁의심판을 통하여 서로 다툴 수 없지만(예외적으로 국가가 사무위임의 형태로 재정적 또는 환경적인 부담과 같은 負擔을 지방자치단체에게 지우는 경우에는 위임사무의 경우에도 당사자간에 분쟁이 발생할 수 있다), 후자의 경우에 권한쟁의심판의 청구권자는 사무를 위임한 국가기관인가 사무를 위임받은 지방자치단체인가 아니면 양자 모두인가 하는 문제가 있다.

　　憲法裁判所는 지방자치단체는 헌법 또는 법률에 의하여 부여받은 지방자치단체의 사무에 관한 권한이 침해되거나 침해될 우려가 있는 때에 한하여 권한쟁의심판을 청구할 수 있다고 하면서, 위임사무는 지방자치단체의 사무가 아니라 국가사무이므로 지방자치단체는 사무를 위임한 국가를 상대로 하여 위임사무에 관한 권한이 침해되었다는 이유로 권한쟁의심판을 청구할 수 없다고 본다(예: 憲 1999. 7. 22.-98헌라4).

　　[憲 1999. 7. 22.-98헌라4] 「지방자치단체는 헌법 또는 법률에 의하여 부여받은 그의 권한, 즉 지방자치단체의 사무에 관한 권한이 침해되거나 침해될 우려가 있는 때에 한하여 권한쟁의심판을 청구할 수 있다(헌법재판소법 제61조 제2항). 도시계획법 제25조 제1항은 "도시계획사업의 시행자는 대통령령이 정하는 바에 따라 그 사업의 실시계획을 작성하여 건설교통부장의 인가를 받아야 한다"고 규정하고 있으므로, 도시계획사업실시계획인가처분(이하 "인가처분"이라 한다)의 권한은 도시계획법의 위 조항에 의하여 건설교통부장관에게 속하는 것임이 명백하다. 다만 동 권한은 같은법 제10조 제1항, 같은법 시행령 제6조 제1항 제10호에 의하여 시·도지사에게 위임되었고, 1993. 4. 13. 공포·시행된 경기도사무위임규칙중개정규칙(규칙 제2394호)에 의하여 시장·군수에게 재위임되었을 뿐이다. 따라서 도시계획사업실시계획인가사무는 시장·군수에게 위임된 기관위임사무로서 국가사무라고 할 것이므로, 청구인의 이 사건 심판청구 중 인가처분에 대한 부분은 지방자치단체의 권한에 속하지 아니하는 사무에 관한 것으로서 부적법하다고 할 것이다.」

(3) 재결청의 지위에 있는 지방자치단체장의 문제

　　지방자치단체의 장(예: 경기도지사)이 行政審判의 裁決廳의 지위에서 行政審判法 제37조 제2항에 따라 행한 처분이 지방자치단체(예: 성남시)의 권한을 침해한 것인가 하는 것에 대해 분쟁이 있는 경우에는 그 재결청인 지방자치단체의 장은 국가기관에 해당하여 이 경우에 있게 되는 권한쟁의는 지방자치단체(예: 성남시)와 국가기관(예: 경기도지사)간의 권한쟁의가 된다(예: 憲 1999. 7. 22.-98헌라4).

526　　　　　　　[213] 第三　地方自治團體

Ⅱ. 地方自治團體의 機關

憲法 제111조와 憲法裁判所法 제62조가 정하고 있는 權限爭議審判에 관한 규정
에서는 권한쟁의심판의 당사자로「地方自治團體」로만 표시되어 있는데, 여기서 말하
는 지방자치단체가 법적으로 지방자치단체만을 의미하는가 地方自治團體의 長이나
地方議會와 같은 지방자치단체의 기관도 포함하는가 하는 문제가 있다.

국가기관과 지방자치단체간의 권한쟁의심판제도와 지방자치단체간의 권한쟁의
심판제도가 가지는 제도적 취지와 성질에서 볼 때, 지방자치단체의 기관도 권한쟁의
심판의 당사자로 인정하는 것이 타당하다.

憲法裁判所는 최근 地方議會議員이 지방의회의장을 상대로 제기한 權限爭議審
判 사건에서, 헌법재판소법 제62조 제1항 제3호를 例示的으로 해석할 必要性 및
法的 根據가 없다고 판시하면서 위 사건의 청구를 각하한 바 있는데(憲 2010. 4. 29.
－2009헌라11), 동
법 제1항 제1호와 제3호를 달리 취급하는 것은 타당하다고 보기 어렵다.

[憲 2010. 4. 29.－2009헌라11] 「(1) 헌법 제111조 제1항 제4호는 지방자치단체
상호간의 권한쟁의에 관한 심판을 헌법재판소가 관장하도록 규정하고 있고, 헌법재
판소법 제62조 제1항 제3호는 이를 구체화하여 헌법재판소가 관장하는 지방자치단
체 상호간의 권한쟁의심판의 종류를, ① 특별시·광역시 또는 도 상호간의 권한쟁
의심판, ② 시·군 또는 자치구 상호간의 권한쟁의심판, ③ 특별시·광역시 또는 도
와 시·군 또는 자치구 간의 권한쟁의심판 등으로 규정하고 있으므로, 헌법재판소
가 담당하는 지방자치단체 상호간의 권한쟁의심판의 종류는 헌법 및 법률에 의하여
명확하게 규정되어 있다. 또한 헌법 및 헌법재판소법은 명시적으로 지방자치단체
'상호간'의 권한쟁의에 관한 심판을 헌법재판소가 관장하는 것으로 규정하고 있는
바, 위 규정의 '상호간'은 '서로 상이한 권리주체간'을 의미한다고 할 것이다. 위와
같은 규정에 비추어 보면, 이 사건과 같이 지방자치단체의 의결기관인 지방의회를
구성하는 지방의회의원과 그 지방의회의 대표자인 지방의회의장 간의 권한쟁의심판
은 헌법 및 헌법재판소법에 의하여 헌법재판소가 관장하는 지방자치단체 상호간의
권한쟁의심판의 범위에 속한다고 볼 수 없다. (2) 헌법재판소법 제62조 제1항 제1
호는 국가기관 상호간의 권한쟁의심판을 '국회, 정부, 법원 및 중앙선거관리위원회
상호간의 권한쟁의심판'으로 규정하고 있는바, 헌법재판소는 다음과 같은 이유에서
이를 예시적 조항이라고 판단한 바 있다.……청구인들은 헌법재판소법 제62조 제1
항 제3호가 정하는 지방자치단체 상호간의 권한쟁의심판의 종류도 예시적인 것으로
보아 이 사건 심판청구와 같이 지방자치단체의 기관구성원과 그 기관대표자 간의
권한쟁의심판도 헌법재판소가 관장하는 권한쟁의심판에 포함되어야 한다고 주장한
다. 그러나 헌법은 '국가기관'과는 달리 '지방자치단체'의 경우에는 그 종류를 법률
로 정하도록 규정하고 있고(제117조
제2항), 지방자치법은 위와 같은 헌법의 위임에 따라 지
방자치단체의 종류를 특별시·광역시·도·특별자치도와 시·군·구로 정하고 있으
며(지방자치법
제2조 제1항), 헌법재판소법은 지방자치법이 규정하고 있는 지방자치단체의 종류를

감안하여 권한쟁의심판의 종류를 정하고 있다. 즉 지방자치법은 헌법의 위임을 받아 지방자치단체의 종류를 규정하고 있으므로 헌법재판소가 헌법해석을 통하여 권한쟁의심판의 당사자가 될 지방자치단체의 범위를 새로이 확정하여야 할 필요가 없다. 따라서 헌법 자체에 의하여 국가기관의 종류나 그 범위를 확정할 수 없고 달리 헌법이 이를 법률로 정하도록 위임하지도 않은 상황에서, 헌법재판소가 헌법재판소법 제62조 제1항 제1호가 규정하는 '국회·정부·법원 및 중앙선거관리위원회 등'은 국가기관의 예시에 불과한 것이라고 해석할 필요가 있었던 것과는 달리 지방자치단체 상호간의 권한쟁의심판을 규정하고 있는 헌법재판소법 제62조 제1항 제3호의 경우에는 이를 예시적으로 해석할 필요성 및 법적 근거가 없는 것이다. (3) 앞에서 본 바와 같이 이 사건 심판청구와 같이 지방자치단체의 의결기관 구성원과 그 기관대표자 간의 권한쟁의는 헌법 및 법률에 의하여 헌법재판소가 관장하는 지방자치단체 상호간의 권한쟁의심판의 범위에 해당하지 아니함이 법문상으로 명백할 뿐 아니라, 헌법재판소법 제62조 제1항 제3호가 규정하고 있는 지방자치단체 상호간 권한쟁의심판의 종류가 예시적인 것이라고 해석할 여지도 없다. 결국 지방자치단체의 의결기관을 구성하는 지방의회의원과 그 기관의 대표자인 지방의회의장 사이의 내부적 분쟁에 관련된 이 사건 심판청구는 헌법재판소가 관장하는 지방자치단체 상호간의 권한쟁의심판에 속하지 아니하고, 달리 헌법재판소법 제62조 제1항 제1호의 국가기관 상호간의 권한쟁의심판이나 제62조 제1항 제2호의 국가기관과 지방자치단체 상호간의 권한쟁의 심판에 해당한다고 볼 수도 없으므로, 위 심판청구는 헌법재판소법 제62조 제1항의 권한쟁의심판에 해당하지 않는다고 할 것이다.」 위 사건에서 재판관 조대현, 김희옥은 아래와 같은 반대의견을 내었다. 「국민이 위임한 권한의 행사가 헌법이나 법률에 위반되는 경우에 이를 바로잡기 위하여 헌법이 헌법재판소를 설치하고 권한쟁의심판을 맡긴 것이다. 국가나 지방자치단체 또는 그 기관의 권한행사가 헌법이나 법률에 위반되는 경우에는 헌법재판소의 권한쟁의심판에 의하여 바로잡아야 하고, 헌법재판소법 제62조 제1항 제3호가 권한쟁의심판대상을 한정적으로 규정하였다고 하여 이를 부정한다면 헌법의 근본취지에 어긋나게 된다. 국회나 지방의회의 의결절차가 법률에 위반됨에도 불구하고 헌법재판소의 권한쟁의심판에 의하여 바로잡을 수 없다면 헌법의 취지를 몰각하게 된다. 그래서 헌법재판소는 헌법이 부여한 권한쟁의심판의 사명을 수행하기 위하여 헌법 제111조 제1항 제4호와 헌법재판소법 제62조 제1항 제1호가 헌법재판소의 권한쟁의심판대상을 규정한 것은 예시적인 것이라고 해석하고, 국회의원도 자신의 심의표결권침해를 내세워 국회나 그 기관을 상대로 권한쟁의심판을 제기할 수 있다고 밝힌 것이다 (헌재 1997. 7. 16. 96헌라2 결정). 따라서 헌법재판소법 제62조 제1항 제3호가 지방의회의원과 지방의회 또는 그 기관 사이의 권한쟁의를 헌법재판소의 심판대상으로 규정하지 않았다고 하더라도 그러한 규정은 헌법재판소의 권한쟁의 심판사항을 한정적으로 제한하는 것이 아니고, 지방의회의 의결절차도 법률을 위반하지 않도록 통제하여 적법성을 확보할 필요가 있는 이상, 지방의회의원도 지방의회나 위원회의 의결절차가 위법하게 자신의 심의표결권을 침해하는 경우에는 지방의회나 위원회 또는 그 의장을 상대로 권한쟁의심판을 청구할 수 있다고 봄이 상당하다.」

Ⅲ. 地方敎育自治紛爭의 경우

권한쟁의가 地方敎育自治에관한法律 제20조의 규정에 의한 敎育·學藝에 관한
지방자치단체의 사무에 관한 것인 때에는 敎育監이 당해 市·道를 代表한다(地方敎育自 治法 §18).

[214] 第四 政黨의 當事者能力 問題

政黨은 국가기관이 아니므로 권한쟁의심판절차에서 당사자능력을 가지지 못하여
당사자가 될 수 없다. 법적으로 정당은 私法上의 社團이기 때문에 국가기관으로서의
성질을 가지고 있지도 않을 뿐 아니라 국가기관에 準하는 것도 아니다.

사회의 일반적인 단체와 같이 정당도 그의 기본권이 침해된 경우에는 헌법소원심
판절차를 통하여 다툴 수 있다. 국가로부터 보조금을 받거나 공공의 이익을 추구하며
활동을 하는 민간단체라고 하더라도 권한쟁의심판의 당사자가 될 수 없듯이 정당이
국가로부터 국고보조금을 받는 경우에도 권한쟁의심판의 당사자가 될 수 없다고 할
것이다.

> 獨逸聯邦憲法裁判所는, 정당이 「憲法機關」(연방의회, 연방참사원, 연방대통령, 연방정부)
> 을 상대로 권한쟁의심판절차를 통하여 자기의 권리가 침해되었음을 다투는 것은 가
> 능하다고 본다($^{BVerfGE\ 44,\ 125;\ 60,\ 53;}_{66,\ 107;\ 67,\ 65;\ 84,\ 290}$). 이러한 것은 과거 바이마르시대 헌법소원심판제도가
> 없을 때 國事裁判所가 정당에게 이러한 길을 인정한 것이 그대로 남아 있는 것이
> 다. 정당이 권한쟁의심판의 당사자로서 지위를 가지는 것에 대해서는 비판이 있다.
> 과거 헌법소원심판절차가 존재하지 않았던 바이마르시대에는 달리 방법이 없어 당
> 시 독특한 형태로 존재한 권한쟁의라는 방법으로 다툴 수 있는 길을 열어 주었지만
> 현재 헌법소원심판절차가 마련되어 있는 상태에서는 정당에게 권한쟁의심판절차의
> 당사자의 지위를 인정하는 것이 타당하지 않다고 한다. 권한쟁의심판절차에서 당사
> 자의 지위를 가지지 못하는 공권력의 행사기관에 대해서는 헌법소원심판절차로 다
> 툴 수 있을 뿐이라고 한다($^{예:\ K.\ Schlaich,}_{63\ 이하}$). 설득력이 있는 주장이다.

제 3 절   審判의 請求

[215] 第一 請 求 人

Ⅰ. 請求人適格

청구인적격은 정당한 당사자로서 권한쟁의심판을 청구할 수 있고, 소송을 수행
할 수 있는 자격을 의미한다.

권한쟁의심판에서 憲法裁判所法은 피청구인의 處分 또는 不作爲가 헌법 또는 법률에 의하여 부여받은 청구인의 권한을 侵害하였거나 침해할 현저한 危險이 있는 경우에 심판청구를 할 수 있다고 정하고 있다($\binom{憲裁法}{§61②}$). 憲法裁判所의 판례도 같다($\binom{예: 憲 1998. 6.}{25.-94헌라1}$).

> **[憲 1998. 6. 25.-94헌라1]** 「지방자치단체인 청구인이 국가기관인 피청구인을 상대로 권한쟁의심판을 청구하려면 청구인과 피청구인 상호간에 권한의 존부 또는 범위에 관하여 다툼이 있어야 하고, 피청구인의 처분 또는 부작위가 헌법 또는 법률에 의하여 부여받은 청구인의 권한을 침해하였거나 침해할 현저한 위험이 있는 경우이어야 한다.」 이 사건에서는 헌법재판소는 손실보상금을 둘러싸고 사인과 청구기관, 사인과 피청구기관 사이에 채권채무관계의 분쟁이 인정되는 경우에는 청구기관이 피청구기관을 상대로 권한쟁의심판을 청구할 수 없다는 것을 선언하였다.

청구인은 자신의 권한이나 의무가 侵害받고 있거나 직접적으로 威脅받고 있음을 주장하여야 한다. 그리고 이 때 청구인의 권한은 법적으로 존재하여야 한다. 권한의 존부 자체만을 심판의 대상으로 삼는 것을 인정하는 경우(소극적 권한쟁의의 경우)에는 적법요건의 구비여부를 가리는 단계에서는 그 권한의 존재여부가 不明하므로 이 경우에는 그런 권한이 존재할 수 있다는 가능성만으로 충분하다고 할 것이다. 심판을 청구하는 청구인은 이런 침해(Verletzung)나 위협(Gefährdung)의 존재에 대해 반드시 주장하여야 하고 또 주장할 수 있어야 한다.

不作爲에 의하여 청구인의 권한이 침해당하였다고 주장하는 권한쟁의심판은 피청구인에게 헌법이나 법률, 또는 모든 종류의 법규범에서 命해지는 作爲義務가 있음에도 불구하고 피청구인이 그러한 의무를 다하지 아니한 경우에 허용된다고 할 것이다. 憲法裁判所의 판례도 같다($\binom{예: 憲 1998. 7.}{14.-98헌라3}$).

Ⅱ. 第3者 訴訟擔當

청구인이 全體機關의 部分으로서 심판을 청구하는 경우(제3자 소송담당)에는 전체기관이 가지는 해당 권한이 침해받고 있거나 직접적으로 위협받고 있음을 주장하여야 한다. 이 경우에 청구인이 전체기관의 동의를 받아야 할 필요는 없다.

그러나 전체기관의 부분이 자신이 속한 전체기관을 상대로 하여 전체기관의 권한과 의무가 침해되었음을 주장하기는 어렵다고 할 것이다.

기관의 부분이 자신의 고유한 권한이 침해받고 있다고 다투는 경우에는 자신이 독자적으로 가지는 권한이 침해받거나 직접적으로 위협받고 있다는 것을 주장하여야 한다.

憲法裁判所는, 대한민국 정부가 세계무역기구회원국들과의 사이에 쌀에 대한 관세화의 유예와 관련하여 「세계무역기구 설립을 위한 마라케쉬협정 부속서 1가중 1994년도 관세 및 무역에 관한 일반협정에 대한 마라케쉬 의정서에 부속된 대한민국 양허표 일부개정안」을 채택하고 국회의 비준동의안을 제출하면서 위 쌀협상을 하면서 국회의원 9명이 권한쟁의심판을 청구한 사건(憲 2007. 7. 26.–2005헌라8)과 국회의원 23명이 대통령과 대한민국정부를 상대로 국회의 조약 체결·비준에 대한 동의를 받지 아니하고 「한·미 자유무역협정」의 협상을 진행하는 일련의 행위와 국회 및 국회의원에 대한 정보제공의무를 이행하지 않고 있는 부작위로 말미암아 청구인들의 조약 체결·비준에 대한 동의권한을 침해당하였다고 주장하며, 이와 같은 권한침해의 확인 및 피청구인들의 위 작위 및 부작위의 위헌확인 결정을 구하는 권한쟁의심판을 청구한 사건(憲 2007. 10. 25.–2006헌라5)에서 이는 제3자 소송담당에 해당하고, 제3자 소송담당은 허용되지 않는다고 하여 청구를 각하하였다.

　　[憲 2007. 7. 26.–2005헌라8] 「헌법 제60조 제1항은 "국회는……국가나 국민에게 중대한 재정적 부담을 지우는 조약 또는 입법사항에 관한 조약의 체결·비준에 대한 동의권을 가진다"라고 규정하고 있으므로, 조약의 체결·비준에 대한 동의권은 국회에 속한다. 따라서 조약의 체결·비준의 주체인 피청구인이 국회의 동의를 필요로 하는 조약에 대하여 국회의 동의절차를 거치지 아니한 채 체결·비준하는 경우 국회의 조약에 대한 체결·비준 동의권이 침해되는 것이므로, 이를 다투는 권한쟁의심판의 당사자는 국회가 되어야 할 것이다.　이와 달리 국회의 구성원인 국회의원이 국회의 권한침해를 주장하여 권한쟁의심판을 청구할 수 있기 위하여는 이른바 '제3자 소송담당'이 허용되어야 한다. 소위 '제3자 소송담당'이라고 하는 것은 권리주체가 아닌 제3자가 자신의 이름으로 권리주체를 위하여 소송을 수행할 수 있는 권능이다. 권리는 원칙적으로 권리주체가 주장하여 소송수행을 하도록 하는 것이 자기책임의 원칙에 부합하므로, '제3자 소송담당'은 예외적으로 법률의 규정이 있는 경우에만 인정된다. 그런데 권한쟁의심판에 있어 헌법재판소법 제61조 제1항은 "국가기관 상호간에 권한의 존부 또는 범위에 관하여 다툼이 있을 때에는 당해 국가기관은 헌법재판소에 권한쟁의심판을 청구할 수 있다."고, 제2항은 "제1항의 심판청구는 피청구인의 처분 또는 부작위가 헌법 또는 법률에 의하여 부여받은 청구인의 권한을 침해하였거나 침해할 현저한 위험이 있는 때에 한하여 이를 할 수 있다."고 규정함으로써 권한쟁의심판의 청구인은 청구인의 권한침해만을 주장할 수 있도록 하고 있다. 즉 국가기관의 부분기관이 자신의 이름으로 소속기관의 권한을 주장할 수 있는 '제3자 소송담당'의 가능성을 명시적으로 규정하고 있지 않다(이에 반해 권한쟁의심판에 있어 '제3자 소송담당'을 허용하고 있는 독일은 기본법과 연방헌법재판소법에 부분기관이 소속된 기관을 위하여 권한쟁의심판을 청구할 수 있도록 명문의 규정을 두고 있다). 권한쟁의심판에 있어서의 '제3자 소송담당'은, 정부와 국회가 원내 다수정당에 의해 주도되는 오늘날의 정당국가적 권력분립구조 하에서 정부에 의한 국회의 권한침해가 이루어지더라도 다수정당이 이를 묵인할 위험성이 있어 소수정당으로 하여금 권한쟁의심판을 통하여 침해된 국회의 권한을 회복시킬 수 있도록 이를 인정할 필요성이 대두되기도

하지만, 국회의 의사가 다수결에 의하여 결정되었음에도 다수결의 결과에 반대하는 소수의 국회의원에게 권한쟁의심판을 청구할 수 있게 하는 것은 다수결의 원리와 의회주의의 본질에 어긋날 뿐만 아니라, 국가기관이 기관 내부에서 민주적인 방법으로 토론과 대화에 의하여 기관의 의사를 결정하려는 노력 대신 모든 문제를 사법적 수단에 의해 해결하려는 방향으로 남용될 우려도 있다. 따라서 권한쟁의심판에 있어 '제3자 소송담당'을 허용하는 법률의 규정이 없는 현행법 체계 하에서 국회의 구성원인 청구인들은 국회의 조약에 대한 체결·비준 동의권의 침해를 주장하는 권한쟁의심판을 청구할 수 없다 할 것이므로, 청구인들의 이 부분 심판청구는 청구인적격이 없어 부적법하다.……국회의 동의권과 국회의원의 심의·표결권은 비록 국회의 동의권이 개별 국회의원의 심의·표결절차를 거쳐 행사되기는 하지만 그 권한의 귀속주체가 다르고, 또 심의·표결권의 행사는 국회의 의사를 형성하기 위한 국회 내부의 행위로서 구체적인 의안 처리와 관련하여 각 국회의원에게 부여되는데 비하여, 동의권의 행사는 국회가 그 의결을 통하여 다른 국가기관에 대한 의사표시로서 행해지며 대외적인 법적 효과가 발생한다는 점에서 구분된다. 따라서 국회의 동의권이 침해되었다고 하여 동시에 국회의원의 심의·표결권이 침해된다고 할 수 없고, 또 국회의원의 심의·표결권은 국회의 대내적인 관계에서 행사되고 침해될 수 있을 뿐 다른 국가기관과의 대외적인 관계에서는 침해될 수 없는 것이므로, 국회의원들 상호간 또는 국회의원과 국회의장 사이와 같이 국회 내부적으로만 직접적인 법적 연관성을 발생시킬 수 있을 뿐이고 대통령 등 국회 이외의 국가기관과 사이에서는 권한침해의 직접적인 법적 효과를 발생시키지 아니한다. 따라서 피청구인 대통령이 국회의 동의 없이 조약을 체결·비준하였다 하더라도 국회의 체결·비준 동의권이 침해될 수는 있어도 국회의원인 청구인들의 심의·표결권이 침해될 가능성은 없다.」 국회의 권한침해에 대한 권한쟁의심판에서 교섭단체나 이에 준하는 규모의 국회의원의 집단에게는 제3자 소송담당을 인정해야 한다는 反對意見이 있다. 「가. 다수의견은 제3자 소송담당을 허용하는 법률의 규정이 없다는 이유로, 국회의 구성원인 청구인들이 국회의 조약 체결·비준 동의권의 침해를 다투는 권한쟁의심판을 청구할 수 없다고 한다. 그러나 제3자 소송담당은 헌법의 권력분립원칙과 소수자보호의 이념으로부터 직접 도출될 수 있으므로, 헌법재판소법에 명문의 규정이 없다는 이유만으로 이를 전면 부정할 것은 아니다. 나. 우리 헌법은 제40조에서 "입법권은 국회에 속한다," 제66조 제4항에서 "행정권은 대통령을 수반으로 하는 정부에 속한다," 제101조 제1항에서 "사법권은 법관으로 구성된 법원에 속한다."라고 규정함으로써 권력분립의 원칙을 선언하고 있다. 권력분립의 원칙은 국가권력의 분리와 합리적 제약을 통하여 권력의 남용을 방지하고, 이로써 국민의 자유와 권리를 보장하려는 것이다. 나아가, 헌법은 단순히 권력을 분립시키는 것에 그치지 않고 권력 상호간에 '견제와 균형'을 이루도록 함으로써 국가권력 작용이 서로 통제되면서 효율적으로 이루어지게 하고 있다. 이러한 권력분립의 원칙이 제대로 실현되기 위해서는 무엇보다도 의회와 정부 사이에 권력의 견제와 균형이 제대로 이루어져야 한다. 다. 그런데 오늘날 정부와 국회의 권력이 다수당을 중심으로 형성되는 현대의 정당국가적 권력분립구조 하에서는 의회와 행정부가 정당을 통하여 융화되는 현상을 보이고 있고, 그에 따라 의회의 대정부 견제기능이 약화되는 부작용이 초래되기도 한다. 그리하여 고전적 권력분립의 원칙을 의회 내에서의 여당과 야당 간의 기능적 권력분립이론을 통해 보완하여야 한다는 실질적, 기능적 권력분립이론이 주장되고 있다. 그와 같은 실질적 권력분립이론은 헌법이 지향하는 소수자보호의 이념에 부합하는 것이기도 하다. 라. 정부와 의회가 다수당에 의해 지배되는 경우, 의회의 헌법상 권한이 행정부에 의해 침해되었거나 침해될 위험에 처하였음에도 불구하고 의회의 다수파 또는 특정 안건에 관한 다수세력이 그에 대한 방어를 제대로 하지 않는 상황이 초래될 수 있다. 다수파나 다수세력이 의회의 권한을 수호하기 위한 권한쟁의심판 등 견제수단을 취하지 않음으로써 헌법이 명령하는 권력의 견제기능을 제대로 수행하지 않는 현상이 나타날 수 있는 것이다. 이와 같이 의회의 헌법적 권한이 제대로 수호되지 못하고 헌법의 권력분립 질서가 왜곡되는 상황 하에서는, 의회 내 소수파 의원들의 권능을 보호하는 것을 통하여 궁극적으로는 의회의 헌법적 권한을 수호하기 위하여, 그들에게 일정한 요건 하에 국회를 대신하여 국회의 권한침해를 다툴 수 있도록 하는 법적 지위를 인정할 필요가 있고, 그 구체적 방안으로서 이른바 '제3자 소송담당'을 인정할 필요가 있다. 마. 다수의견은 법률상 명문규정의 부존재를 이유로 '제3자 소송담당'을 부정하고 있으나, 역으로 '제3자 소송담당'을 금지하는 법률의 규정도 없으므로 성급히 단정해버릴 문제는 아니다. 헌법소송의 주된 법원(法源)인 헌법재판소법이 그 제정 당시 헌법재판 역사와 경험의 일천으로 인하여 헌법소송에 필요한 모든 규율을 완결적으로 담아내지 못하였음은 주지의 사실이다. 한편, 헌법재판소법이 제40조에서 '헌법재판소법에 특별한 규정이 있는 경우를 제외하고는 민사, 형사 또는 행정소송에 관한 법령을 준용'하도록 규정하면서, 다시 '헌법재판의 성질에 반하지 아니하는 한도 내에서'라고 단서를 달고 있는 것은, 헌법재판소법이 완결적이지 못함을 스스로 인정하고, 나아가 헌법재판 또는 헌법소송이 여타의 소송과는 다른 특성과 특질을 가지고 있다는 것을 표명한 것이다. 이에 비추어 볼 때, 헌법재판 또는 헌법소송에 관하여는 헌법재판소가 헌법의 원리와 지도정신에 의거한 창조적 법형성으로 법적 흠결을 보완해 나갈 여지가 주어져 있고, 또한 그것이 예정되어 있는 것이라고 보아야 할 것이다. 따라서 의회의 대정부 견제기능의 정상적 작동을 전제로 한 헌법상의 권력분립이 명목적 원리로 전락하는 예외적 상황에서, 헌법재판소가 실질적 권력분립원칙과 소수자보호라는 헌법의 정신에 따라 '제3자 소송담당'을 허용할 것인지 여부 및 어떤 범위와 요건 하에서 허용할 것인지를 결정해 나감으로써 헌법재판소법에 내재된 입법적 흠결을 스스로 보완하는 것은 법적으로 금지되는 것이 아니라, 오히려 요청되는 바라 할 것이다. 그렇다면, 다수의견이 '제3자 소송담당'의 필요성을 일응 인정할 수 있다고 보면서도 단순히 법률상 명문규정의 부존재를 이유로 이를 부정하는 것은 납득하기 어렵다. 바. 다수의견은 제3자 소송담당을 인정하는 것은 국회의 의사가 다수결에 의하여 결정되었음에도 소수의 의사에 따라 번복될 수 있음으로써 의회주의의 본질에 어긋나며, 국가기관이 내부에서 민주적 방법으로 토론과 대화로 의사를 결정하려는 노력 대신 사법적 수단에 의해 해결하려는 방향으로 남용될 우려가 있음을 지적한다. 그러나 이 사건에서 논의되고 있는 '제3자 소송담당'은, 헌법이 요구하는 의회의 대정부 견제기능이 의회 내 다수파의 정략적 결정에 의하여 저해되고 그럼으로써 헌법이 명령하는 의회주의가 왜곡 내지 훼손되는 경우에, 그로부터 의회주의를 회복하기 위한 수단으로써 강구되는 것이므로 의회주의의 본질에 반한다고 볼 수 없고, 오히려 의회주의의 본질을 더욱 충실하게 하는 데 기여할 수 있다. 다수의견이 제3자 소송담당을 인정하는 경우 남용의 우려가 있음을 지적하는 것은 당연히 경청하여야 할 바이다. 그러나 남소의 위험성 문제는 개별적, 구체적 사안에서 권한쟁의 심판의 이익 유무를 검토하거나 또는 권리남용의 법리를 적용하는 것을 통하여 대체로 해소될 수 있을 뿐만 아니라, 제3자 소송담당의 인정 범위와 요건 등을 정함에 있어서 고려하여야 할 요소가 될 수 있을 뿐, 제3자 소송담당을 전면적으로 부정하는 논거가 될 수는 없다. 사. 이 사건과 같은 권한쟁의심판에 있어서 위와 같이 ‘제3자 소송담당’을 인정하는 경우 어떤 범위와 어떤 요건 하에서 인정할 것인지가 문제인바, 적어도 국회의 교섭단체 또는 그에 준하는 정도의 실체를 갖춘 의원 집단에게는 제3자 소송담당의 방식으로 권한쟁의심판을 제기할 수 있는 지위를 인정하여야 할 것이다. 교섭단체는 국회에서 의사진행에 관한 중요한 안건을 협의하기 위해 구성된 기구로서, 20인 이상의 소속의원을 가진 정당이 하나의 교섭단체가 되며, 다른 교섭단체에 속하지 않은 20명 이상의 의원도 따로 교섭단체를 구성할 수 있다(국회법 제33조 제1항). 교섭단체의 국회법상 지위와 기능적 중요성을 고려할 때, 교섭단체에게는 국회를 대신하는 제3자로서 소송을 담당할 적격을 인정할 필요가 있다 할 것이다. 한편, 교섭단체는 20인 이상의 의원들로서 구성되므로 소속 의원 수가 20인에 미달하는 정당은 스스로 교섭단체를 결성할 수 없고, 다른 교섭단체에 속하지 않은 20인 미만의 의원들 또한 교섭단체를 구성할 수 없는바, 그러한 경우라도 상당한 수의 의원들이 국회의 권한과 권능 수호 및 소수자보호를 위해 연대하여 국회를 대신한 권한쟁의심판청구를 하는 경우라면 교섭단체에 준하는 단체성을 인정하여 심판청구의 적격을 인정할 수 있다고 보아야 할 것이다. 이와 같이 보는 것이 권력분립의 원칙을 선언하고 있는 헌법의 규범적 질서에 부합하고, 그럼으로써 왜곡, 훼손된 헌법적 질서와 의회주의를 정상으로 회복하여 헌법의 수호 및 의회 내 소수자의 보호를 효과적으로 할 수 있기 때문이다.」

Ⅲ. 請求의 倂合 등

청구인은 다수 피청구인에 대해서도 청구를 할 수 있다. 청구인이 다수인 경우도 있다.

이 경우 헌법재판소는 여러 청구인들의 청구를 병합하여 심리할 수 있다.

［216］ 第二 被請求人

Ⅰ. 被請求人適格

권한쟁의심판에서 피청구인은 특정한 처분 또는 부작위로 청구인의 권한을 침해하였거나 침해할 현저한 위험을 惹起한 국가기관 또는 지방자치단체이다. 따라서 피청구인은 當事者能力을 가지고 정당한 당사자로서 소송을 수행할 수 있는 當事者適格을 가지고 있는 자이다.

　　권한쟁의심판에서 청구인의 권한을 침해하였거나 권한을 침해할 현저한 위험을 야기하였다고 주장하는 것은 청구인이지 피청구인이 아니므로 결국 피청구인적격을 가질 수 있기 위해서는 청구인이 피청구인의 구체적인 처분이나 부작위를 근거로 하여 이러한 주장을 하여야 한다.

Ⅱ. 被請求人의 確定

(1) 적극적 권한쟁의의 경우

　　권한쟁의심판에서 피청구인은 구체적으로 특정한 처분이나 부작위를 하여 특정 국가기관이나 지방자치단체의 권한을 침해하거나 권한을 침해할 현저한 위험을 초래한 國家機關이나 地方自治團體이지만, 구체적인 사건에서 피청구인을 특정하는 것이 쉬운 것은 아니다. 예컨대 입법행위에서 의결행위가 문제가 되는 경우 입법의 과정에 관여한 위원회도 피청구인에 해당되는가 하는 문제가 있고, 입법부작위의 경우에도 법률안을 제출하지 않은 행위가 문제가 되는 경우, 法律案提出權에 관한 憲法 제52조에 비추어 볼 때 국회의원과 정부 모두 피청구인이 되는가 하는 문제가 있다. 국회의 위원회가 법률안에 대한 심사를 하지 않아 법률안을 의결하지 못한 것이 문제가 되는 경우에도 법률안을 심사하지 않은 위원회와 결과적으로 법률안을 의결하지 못한 국회 가운데 누가 피청구인이 되는지가 문제가 될 수 있다. 권한을 침해한 처분이 法律이거나 부작위가 立法不作爲인 때에는 피청구인을 확정하는 것이 어렵다.

　　어떤 행위에 책임을 져야 할 기관이 다수 존재하는 경우 피청구인을 특정하는 일은 단순하지 않다. 하나 또는 다수 행정기관의 행위가 문제가 되었지만 전체적으로 그 행위가 정부에 귀속되는 경우 하나 또는 다수의 해당 행정기관이 피청구인이 되는가 정부가 피청구인이 되는가 하는 문제가 발생한다. 法規命令이나 行政規則이 문제가 되는 경우에도 해당 법규명령이나 행정규칙을 발한 기관이 피청구인이 되는가 정부가 피청구인이 되는가 하는 문제가 발생한다. 이러한 경우 우선 고려할 수 있는 것은 法的 權限이 歸屬되는 기관이다. 處分의 경우이든 不作爲의 경우이든 차이가 없다.

　　憲法裁判所는 국회 내에서 의결절차나 의사진행절차가 문제가 되어 권한쟁의심판으로 다툰 사건에서 國會議長은 피청구인으로 인정하였으나(예: 憲 2000. 2. 24.-99헌라2; 2000. 2. 24.-99헌라1; 1998. 7. 14.-98헌라3; 1997. 7. 16.-96헌라2; 1995. 2. 23.-90헌라1), 국회의장의 위임에 따라 그 직무를 대리하여 법률안에 대한 가결·선포 행위를 한 國會副議長은 피청구인이 될 수 없다고 하였고(예: 憲 2009. 10. 29.-2009헌라8등), 대통령이 국회의 동의를 받지 않고 監査院長(예: 憲 1998. 7. 14.-98헌라2)과 國務總理를 임명한 사건(예: 憲 1998. 7. 14.-98헌라1)에서 大統領을 피청구인으로 인정하였다.

(2) 소극적 권한쟁의의 경우

消極的 權限爭議에서는 피청구인을 특정할 수 없는 경우가 많다.

Ⅲ. 第3者 訴訟擔當

피청구인적격과 관련하여 제3자 소송담당은 인정되지 않는다. 즉 피청구인이 전체기관의 지위에 있더라도 그 전체기관의 부분이 피청구인으로서 소송을 수행할 수 없다.

기관의 부분은 전체기관에 갈음하여 피청구인으로 심판청구를 당하지 않으며, 전체기관의 행위에 대해 책임을 지지도 않는다.

[217] 第三 訴訟參加

소송참가란 제3자가 현재 계속중인 타인간의 소송에 가담하는 것을 말한다. 권한쟁의심판에서도 제3의 기관에 의한 이러한 訴訟參加가 인정될 수 있는가 하는 문제가 있다.

Ⅰ. 訴訟參加의 可能性

권한쟁의심판절차에서 國家機關이나 地方自治團體는 소송참가를 할 수 있다($\frac{同旨:許營d.}{310}$). 청구인과 피청구인이 권한을 두고 다투는 訴訟係屬中 제3의 國家機關이나 地方自治團體는 다툼의 대상이 되고 있는 권한이나 의무가 자기의 권한이나 의무라고 주장하며 當事者參加를 할 수도 있고, 헌법 또는 법률상 이해관계가 있는 경우에는 청구인 또는 피청구인 가운데 어느 一方의 勝訴를 보조하기 위하여 補助參加를 할 수 있다($\frac{同旨:許營d.}{310}$).

소송참가는 소송의 결과에 의하여 참가하는 기관의 권한이 침해받거나 침해를 받을 위험이 있는 경우에 인정된다. 이러한 침해관계는 법률상의 권한관계를 말하므로 권한쟁의심판의 결과에 대하여 단순히 이해관계가 있다는 것만으로 소송참가는 인정되지 않는다.

Ⅱ. 訴訟參加의 節次

헌법재판소는 당사자 이외에 다른 제3의 국가기관 또는 지방자치단체를 소송에 참가시킬 필요가 있다고 인정할 때에는 當事者 또는 제3의 기관의 申請 또는 職權에 의하여 결정으로써 제3의 국가기관 또는 지방자치단체를 참가시킬 수 있다.

헌법재판소가 이런 訴訟參加決定을 하고자 하는 때에는 당사자 및 제3의 당해 국가기관 또는 지방자치단체의 意見을 들어야 한다. 이 경우 소송에 참가한 제3의 국가기관 또는 지방자치단체에 대하여는 行政訴訟法과 民事訴訟法의 규정을 준용한다($\begin{smallmatrix}憲裁法 §40; 行訴法 §16, §17;\\民訴法 §71, §79, §81, §83\end{smallmatrix}$). 권한쟁의심판절차에서 소송참가를 인정할 경우 행정소송법과 민사소송법에서 정하는 소송참가의 규정을 준용하는 때에는 권한쟁의심판의 성질에 반하지 않아야 한다($\begin{smallmatrix}憲裁法\\§40①\end{smallmatrix}$). 소송참가의 신청에 대하여 헌법재판소가 한 결정에 대하여는 不服할 수 없다.

Ⅲ. 訴訟參加의 機會 提供

권한쟁의심판절차에서 소송참가는 국가의 기능을 정상화시키고 국가질서를 올바르게 유지하게 하는데 필요하므로 단순히 당사자간의 권한관계의 문제에 국한하여 볼 수 없다. 따라서 헌법재판소는 당해 소송사건에서 참가할 이익이나 필요가 있다고 인정하면 해당 국가기관이나 지방자치단체에게 권한쟁의심판이 청구된 사실을 通報하여 소송참가의 기회를 제공하는 것이 바람직하다.

이러한 소송참가는 당사자들이 한정된 관점에서 사건을 다루는 것을 극복할 수 있게 해주고, 당사자들이 소송수행에서 중요한 쟁점들을 놓치거나 다툼에 있어서 부적절하게 대응하는 것을 방지해주는 기능도 한다.

Ⅳ. 參加의 效力

소송참가에 있어서는 參加的 效力이 발생한다.

참가적 효력을 기판력과 동일한 것으로 볼 것인가 다른 것으로 볼 것인가에 대해서는 학설이 대립한다. 참가적 효력에 관하여는 民事訴訟法의 규정이 준용되므로 그에 관한 이론적 논의도 권한쟁의심판에 援用된다. 新旣判力說에 의하면 양자를 같은 것으로 본다.

[218] 第四　請　求

Ⅰ. 審判의 請求와 審理의 開始

헌법재판소에의 심판청구는 심판청구별로 정해진 請求書를 헌법재판소에 제출함으로써 한다($\begin{smallmatrix}憲裁法\\§26①\end{smallmatrix}$).

(1) 청구서의 제출

청구서를 제출하는 방법에는 직접 지참하여 헌법재판소에 제출하는 방법과 우송으로 제출하는 방법이 있다. 청구서의 제출로 심판청구가 행해지는 경우에는 到達主義가 적용된다. 헌법이나 다른 법률에서 發信主義를 정하고 있지 않는 한, 憲法裁判所法이 정하는 심판청구서의 제출은 심판청구서가 헌법재판소에 현실로 도달함을 의미한다고 할 것이다. 따라서 심판청구서가 헌법재판소에 현실로 접수된 때에 심판의 청구가 있게 된다.

(2) 심리의 개시

憲法裁判所에 권한쟁의심판의 청구가 있게 되면, 소송사건은 재판관 9인으로 구성되는 裁判部에서 심리한다. 권한쟁의심판은 口頭辯論에 의하기 때문에($\binom{憲裁法}{§30①}$) 書面審理로 할 수 없다.

(3) 청구의 통지

헌법재판소장은 권한쟁의심판이 청구된 경우에는 법무부장관, 지방자치단체를 당사자로 하는 권한쟁의심판인 경우에는 안전행정부장관(다만, 헌법재판소법 제62조 제2항에 의한 교육·학예에 관한 지방자치단체의 사무에 관한 것일 때에는 안전행정부장관 및 교육부장관), 시·군 또는 지방자치단체인 구를 당사자로 하는 권한쟁의심판인 경우에는 그 지방자치단체가 소속된 특별시·광역시 또는 도, 그 밖에 권한쟁의심판에 이해관계가 있다고 인정되는 국가기관 또는 지방자치단체 등에게 그 사실을 바로 통지하여야 한다($\binom{審判規}{則 §67①}$).

권한쟁의심판절차의 흐름을 그림으로 보면 다음과 같다.

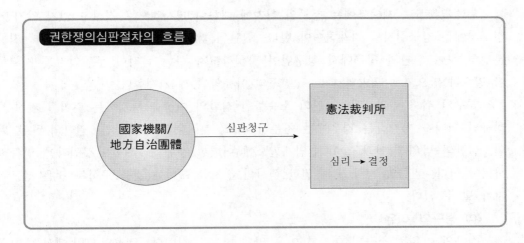

Ⅱ. 請 求 書

권한쟁의심판을 구하는 청구서에는 憲法裁判所法에서 정하고 있는 기재사항을 기재하여야 한다. 청구서에는 증거서류 등을 첨부할 수 있다.

(1) 기재사항

권한쟁의심판의 청구에서 청구인이 제출하여야 하는 청구서에는 i) 請求人 또는

請求人이 속한 기관 및 審判遂行者 또는 대리인의 표시, ii) 被請求人의 표시, iii) 심판대상이 되는 피청구인의 처분 또는 부작위, iv) 청구 이유, v) 그 밖에 필요한 사항을 기재하여야 한다(${憲裁法 \atop §64}$).

(a) 청구인 및 심판수행자 또는 대리인의 표시

청구인을 표시할 때에는 청구인의 명칭과 필요한 경우 대표자 등을 기재한다. 심판수행자 또는 대리인을 표시할 때에는 憲法裁判所法 제25조 제2항에 의해 선임된 변호사인 대리인의 성명, 주소(사무소) 등을 기재하고, 변호사의 자격이 있는 소속 직원이 심판을 수행하는 경우에는 그 성명, 주소(관청) 등을 기재한다. 이때 대리인의 선임을 증명하는 서류를 첨부하여야 한다.

(b) 피청구인의 표시

피청구인을 표시할 때에는 피청구인의 명칭과 필요한 경우 대표자 등을 기재한다. 소극적 권한쟁의에서 피청구인을 특정할 수 있는 경우는 많지 않다.

(c) 심판대상이 되는 피청구인의 처분 또는 부작위

피청구인의 처분에 해당되는 행위는 그 내용과 일자 등을 특정하여 기재하고 부작위는 그 내용 등을 기재한다.

(d) 청구의 취지

憲法裁判所法 제64조에는 청구의 취지에 대하여 명시적으로 정하고 있지 않지만, 청구서에는 청구취지를 기재하여야 한다. 심판의 청구에는 어떠한 심판을 구하는지를 분명히 하여 심판의 청구에서 청구인이 달성하고자 하는 목적이 무엇인지를 명확히 할 필요가 있으므로 請求의 趣旨도 청구의 이유와 함께 기재한다.

청구의 취지는 권한쟁의심판의 소송물인 심판의 대상을 특정하는 의미를 가진다. 청구의 취지를 기재하는 경우에는 처분의 취소, 부작위의 무효확인, 권한의 존부 확인, 권한의 범위 확인과 같이 헌법재판소에 어떠한 주문을 구하는 것인가를 명확히 하여야 한다. 권한의 행사 또는 권한 행사의 정지를 命하는 것을 구하는 것은 청구취지가 될 수 없다.

(e) 청구의 이유

청구의 이유는 청구의 취지를 이유 있게 하는 주장이다. 請求의 理由에서는 청구인과 피청구인간의 권한의 분배에 관한 憲法 또는 法令의 규정에 의거하여 권한의 존부 및 범위를 주장한다. 문제가 되는 권한의 존부 또는 범위에 관한 다툼이 발생하게 된 경위와 피청구인의 처분이나 부작위에 의해서 헌법 또는 법률에 의하여 청구인이 부여받은 특정한 권한이 침해받았거나 침해를 받을 현저한 위험이 있다(${부작위의 경우에는 \atop 위험의 존재는 제외}$)고 주장하는 이유를 기재하고 피청구인의 처분 등이 헌법이나 법률에 위배되어 취소 또는 무효확인 등을 구하게 된 이유도 기재한다.

(f) 기타 필요한 사항

여기에는 재판부에 대해 개진하고자 하는 나머지 사항을 기재한다. 청구기간의 준수도 이에 포함된다.

(2) 첨부서류

청구서에는 필요한 증거서류 또는 참고자료를 첨부할 수 있다($\substack{同法 \\ §26②}$).

Ⅲ. 請求의 取下

권한쟁의심판에서 청구인은 심판청구를 취하할 수 있다. 그러나 권한쟁의심판은 객관소송으로서의 성질을 가지기 때문에 청구인이 어느 때나 자유롭게 심판청구를 취하할 수 있는 것은 아니다. 권한쟁의심판의 청구취하에는 일정한 요건이 요구된다.

(1) 피청구인의 동의

권한쟁의심판은 口頭辯論에 의하는데, 피청구인의 구두변론이 있은 후에는 청구인은 피청구인의 동의 없이 심판청구를 취하할 수 없다고 할 것이다. 권한의 존부나 범위를 확정하여야 할 객관적 이익이 강할 경우에는 피청구인의 동의가 있다고 하더라도 청구인에게 청구의 취하가 허용되지 않을 수 있다. 이런 범위 내에서는 處分權主義가 적용되지 않는다.

(2) 심판절차의 종료와 심판의 이익

권한쟁의심판절차에서 권한의 침해나 침해의 현저한 위험을 가져온 처분이나 부작위가 해소되면 원칙적으로 심판의 이익이 소멸하고, 청구인이 심판청구를 취하한 경우에는 원칙적으로 심판절차가 종료된다.

그러나 권한쟁의심판은 객관소송으로서 성격을 지니고 있으므로 헌법질서를 유지하기 위하여 권한의 존부나 범위를 확인하여야 할 필요가 있는 경우에는 청구가 취하된 경우에도 심판의 이익이 인정되어 헌법재판소가 심판을 해야 하는 경우가 있다($\substack{同旨: 許營d. \\ 313}$).

憲法裁判所는 청구의 취하에 民事訴訟法의 규정이 준용된다고 하여 권한쟁의심판에서 청구의 취하를 인정한다($\substack{예: 憲 2001. 6. \\ 28.-2000 헌라1}$). 다만, 청구의 취하가 있음에도 심판의 이익이 있다고 판단한 사례는 아직 없다.

청구가 취하되면 이로써 당해 심판절차는 종료되는 것이 원칙이지만, 절차의 종료에 관하여 다툼이 있는 경우에는 憲法裁判所는 심판절차 종료선언의 주문을 표시하고 있다($\substack{예: 憲 2001. 6. \\ 28.-2000 헌라1}$). 심판절차 종료선언의 주문은 「이 사건 권한쟁의 심판절차는 청구인의 심판청구의 취하로 2〇〇〇년 〇〇월 〇〇일 종료되었다」로 표시한다.

[憲 2001. 6. 28.-2000헌라1] 「헌법재판소법 제40조 제1항은 "헌법재판소의 심판절차에 관하여는 이 법에 특별한 규정이 있는 경우를 제외하고는 민사소송에 관한 법령의 규정을 준용한다. 이 경우 탄핵심판의 경우에는 형사소송에 관한 법령을, 권한쟁의심판 및 헌법소원심판의 경우에는 행정소송법을 함께 준용한다"고 규정하고, 같은 조 제2항은 "제1항 후단의 경우에 형사소송에 관한 법령 또는 행정소송법이 민사소송에 관한 법령과 저촉될 때에는 민사소송에 관한 법령은 준용하지 아니한다"고 규정하고 있다. 그런데 헌법재판소법이나 행정소송법에 권한쟁의심판청구의 취하와 이에 대한 피청구인의 동의나 그 효력에 관하여 특별한 규정이 없으므로, 소의 취하에 관한 민사소송법 제239조는 이 사건과 같은 권한쟁의심판절차에 준용된다고 보아야 한다(헌법소원심판절차에 관한 판례·1995. 12. 15. 95헌마 221등 참조). 비록 권한쟁의심판이 개인의 주관적 권리구제를 목적으로 삼는 것이 아니라 헌법적 가치질서를 보호하는 객관적 기능을 수행하는 것이고, 특히 국회의원의 법률안에 대한 심의·표결권의 침해 여부가 다투어진 이 사건 권한쟁의심판의 경우에는 국회의원의 객관적 권한을 보호함으로써 헌법적 가치질서를 수호·유지하기 위한 쟁송으로서 공익적 성격이 강하다고는 할 것이다. 그렇지만 법률안에 대한 심의·표결권 자체의 행사여부가 국회의원 스스로의 판단에 맡겨져 있는 사항일 뿐만 아니라, 그러한 심의·표결권이 침해당한 경우에 권한쟁의심판을 청구할 것인지 여부 또한 국회의원의 판단에 맡겨져 있어서 심판청구의 자유가 인정되고 있는 만큼, 위에서 본 권한쟁의심판의 공익적 성격만을 이유로 이미 제기한 심판청구를 스스로의 의사에 기하여 자유롭게 철회할 수 있는 심판청구의 취하를 배제하는 것은 타당하지 않다.」 이 결정에는 재판관 권성, 주선회의 다음과 같은 반대의견이 있다. 「민사소송과 권한쟁의심판을 법적 성질의 측면에서 간략히 비교하면 다음과 같다. 첫째, 민사소송은 사적자치의 원칙이 지배하는 재산관계를 주된 대상으로 삼아 개인의 권리관계에 대한 분쟁을 해결하는 절차로서 결국 개인의 주관적 권리구제를 목적으로 삼고 있는 반면, 권한쟁의심판은 국가기관 또는 지방자치단체의 권한의 존부 또는 범위를 대상으로 삼아 이에 관한 분쟁을 해결하는 절차로서 궁극적으로는 헌법적 가치질서 및 헌법의 규범적 효력을 보호하는 객관적인 기능을 수행한다. 둘째, 민사소송에 있어서는 개인의 권리관계에 대한 분쟁을 해결하는 쟁송절차라는 점에서 판결의 기판력은 소송수행상의 결과에 대하여 책임을 지는 당사자에게만 미치는 것이 원칙인 반면(민사소송법 제204조 제1항), 권한쟁의심판에 있어서는 헌법적 가치질서 및 헌법의 규범적 효력을 보호하는 객관적 기능을 수행한다는 점에서 권한쟁의심판청구를 인용하는 결정은 이른바 일반적 기속력을 가지게 되어 모든 국가기관과 지방자치단체를 기속한다(헌법재판소법 제67조 제1항). ……헌법재판소법 제40조 제1항이 권한쟁의심판절차를 포함한 헌법재판소의 심판절차에 관하여 민사소송에 관한 법령의 규정을 준용한다고 규정하고 있으므로, 소의 취하에 관한 규정도 원칙적으로는 권한쟁의심판절차에 준용된다고 할 것이다. 그러나 여기서 '준용'이라 함은 아무런 제한 없이 모든 경우에 준용된다는 것은 아니고, 권한쟁의심판절차의 본질 및 당해 사건의 내용에 비추어 당해법령을 준용하는 것이 허용되지 않는다고 볼 특별한 사정이 있는 경우에는 그 준용을 배제하는 것이 마땅하다고 생각한

다.……권한쟁의심판의 경우에 있어서는 국가기관 또는 지방자치단체의 권한의 존부 또는 범위가 분쟁의 대상이고, 그러한 분쟁은 우리가 수호·유지하여야 할 헌법적 가치질서의 틀 아래에서 해결되어야 할 것이므로 그 심판절차에서 반드시 민사소송에서 인정되는 것과 같은 내용과 정도의 처분권주의를 인정하여야만 한다고 볼 것은 아니다.……또한 민사소송에 있어서는 판결의 기판력이 원칙적으로 소송당사자에게만 미치므로 당사자의 임의적 의사에 기하여 소송을 종료시킨다 하더라도 다른 사람의 권리관계에 영향을 미치지 아니하는 이상, 이를 막아야 할 별다른 이유를 찾을 수 없지만, 권한쟁의심판에 있어서는 인용결정이 모든 국가기관과 지방자치단체를 기속하는 일반적 기속력을 가지게 되므로 민사소송의 경우와 반드시 같게 볼 이유가 없는 것이다. 이와 같이 민사소송절차에서 인정되는 정도의 처분권주의를 권한쟁의심판절차에서도 똑같이 인정하여야만 할 이론적 근거나 필요성을 찾을 수 없다면, 권한쟁의심판절차에서는 처분권주의에 바탕을 둔 민사소송법상 소의 취하에 관한 규정의 준용을 제한하는 것이 가능하다고 할 것이고, 결국 소의 취하에 관한 규정을 권한쟁의심판절차에 준용할 것인지 여부는 권한쟁의심판을 관장하는 헌법재판소가 구체적인 권한쟁의심판에 있어서 당해 심판청구 취하의 효력을 인정함으로써 분쟁의 자율적 해결을 도모할 수 있다는 측면과 심판청구의 취하에도 불구하고 당해 심판청구에 대하여 심판을 함으로써 헌법적 가치질서를 수호·유지할 수 있다는 측면을 교량하여 판단·결정하여야 할 문제라고 할 것이다.……특히 당해 권한쟁의심판 사건에 대한 실체적 심리가 이미 종결되어 더 이상의 심리가 필요하지 아니한 단계에 이르고, 그 때까지 심리한 내용을 토대로 당해사건이 헌법질서의 수호·유지를 위하여 긴요한 사항으로서 그 해명이 헌법적으로 특히 중대한 의미를 가지고 있는 경우에 해당한다고 판단되는 경우라면, 헌법재판소는 소의 취하에 관한 규정의 준용을 배제하여 심판청구의 취하에도 불구하고 심판절차가 종료되지 않은 것으로 보아야 할 것이다.」

[219]　第五　請求期間

Ⅰ. 請求期間의 制限

권한쟁의심판의 청구는 청구기간의 제한을 받는다.

(1) 불변기간

權限爭議의 심판은 그 사유가 있음을 안 날부터 60日 이내에, 그 사유가 있은 날부터 180日 이내에 請求하여야 한다(憲裁法§63①). 청구서를 우편으로 제출한 경우에는 헌법재판소에 도달한 날을 기준으로 한다.

한편, 청구기간에서 「그 사유가 있음을 안 날」의 의미에 대해 憲法裁判所는 다른 국가기관 등에 의하여 자신의 권한이 침해되었다는 사실을 특정할 수 있을 정도로 현실적으로 인식하고 이에 대하여 심판청구를 할 수 있게 된 때를 말하고, 그 처분의 내용이 확정적으로 변경될 수 없게 된 것까지를 요구하는 것은 아니라고 판시하였다(예: 憲 2007. 3.
29.-2006헌라7).

이 청구기간은 不變期間이다(同條). 따라서 이 기간을 伸縮할 수 없다. 기간을 徒過한 경우에도 正當한 理由가 있으면 청구는 적법한 것이 되지만, 民事訴訟法 제173조에서와 같은 엄격한 追完事由를 적용할 필요는 없다.

(2) 청구기간의 적용

처분에 의한 권한의 침해나 침해의 현저한 위험이 존재하여 청구하는 경우에는 이런 청구기간이 적용된다.

법률의 제정에 대하여 권한쟁의심판을 청구할 경우에 청구기간은 법률이 공포된 때부터 起算된다. 다만, 본래의 청구기간 내에 관계 법률이 청구인에게 관련되지 않았다면, 청구인이 同 法律과 관련을 가지게 된 때부터 청구기간은 起算된다.

적극적 권한쟁의와 마찬가지로 소극적 권한쟁의에서도 청구기간이 적용된다.

(3) 청구기간의 적용배제

憲法裁判所法은 권한쟁의심판에서 피청구인의 처분이 무효임을 확인할 수 있다고 정하고 있으므로, 이러한 無效確認決定을 구하는 청구가 인정되는 때에는 請求期間의 適用이 배제될 것이다.

不作爲에 대한 權限爭議審判을 청구함에 있어서는 그 성질상 청구기간의 제약을 받음이 없이 청구할 수 있다. 왜냐하면 부작위에 의한 권한 침해는 어느 한 시점에서 그 침해가 종료되는 것이 아니고 부작위가 계속되는 한 권한의 침해가 繼續되고 있기 때문이다.

憲法裁判所도 不作爲에 대한 권한쟁의 심판청구(예: 憲 2006. 8.
31.-2004헌라2) 또는 將來處分에 대한 권한쟁의 심판청구(예: 憲 2004. 9.
23.-2000헌라2)에 대해서는 그 성질상 청구기간의 적용이 배제된다고 판시한 바 있다.

> [憲 2004. 9. 23.-2000헌라2] 「피청구인의 장래처분에 의한 권한침해위험성이 발생하는 경우에는 장래처분이 내려지지 않은 상태이므로 청구기간의 제한이 없다고 보아야 한다. 이 사건에서 피청구인의 이 사건 제방에 대한 관할권한행사가 확실하게 예정되어 있으나, 장래처분이 아직 행사되지 않고 있으므로 청구기간의 제한이 적용되지 아니한다. 그렇다면 청구인의 피청구인 평택시의 장래처분에 대한 심판청구는 청구기간을 준수하였다고 할 것이다.」

II. 請求의 變更과 請求期間

심판청구에 변경이 있는 경우에는 변경에 의한 새로운 청구는 심판청구서의 訂正申請書를 제출한 때 제기된 것으로 보아 이를 기준으로 청구기간의 徒過與否를 판단한다($^{예: 憲 1999. 7.}_{22.-98헌라 4}$).

　　[憲 1999. 7. 22.-98헌라4] 「청구인은 1998. 11. 2. 심판청구서 정정신청서에서
이 사건 진입도로에 대한 도시계획입안부분의 청구를 추가하였다. 그러나 변경에
의한 새로운 청구는 정정신청서를 제출한 때 제기한 것으로 보아야 할 것인데($^{헌재}_{1992. 6.}$
$^{26. 91헌마 134,}_{판례집 4, 457, 459}$), 위 도시계획입안이 이 사건 진입도로에 관한 도시계획시설(도로, 공공공
지)결정 및 변경결정이 있은 1997. 12. 22. 이전에 행해진 것이 명백한 이 사건에 있
어서, 그로부터 180일이 지난 뒤에 제기한 위 추가청구부분은 부적법하다고 할 것이
다.」

Ⅲ. 立 法 論

　　권한쟁의심판의 청구기간을 「안 날」과 「있은 날」의 二重基準으로 심판청구를 早
期에 遮斷할 필요가 있는지 의문이다. 「안 날」이나 「있은 날」 중 어느 하나를 기준으
로 하되 그 기간을 늘이는 것이 필요하다고 본다($^{예: 180}_{음}$).

　　독일 연방헌법재판소법 제64조 제3항은 권한쟁의심판의 청구기간을 청구인이 피청
구인의 처분이나 부작위를 안 날로부터 6개월로 정하고 있다. 연방헌법재판소는 이
청구기간은 除斥期間이라고 하며($^{BVerfGE 24,}_{252}$), 청구기간은 청구인이 실제로 법적인 침
해를 당했을 때부터 진행한다고 본다($^{BVerfGE 80,}_{188; 92, 80}$).

제 4 절 審判의 要件

[220] 第一 權限에 대한 紛爭

Ⅰ. 權限과 義務의 侵害

　　권한쟁의심판절차는 권한의 침해나 침해의 위험 또는 권한의 존부나 범위에 대
하여 다툼이 발생할 때 이를 해결하는 절차이다. 여기에서 말하는 「권한」이 무엇을
의미하는지를 먼저 확정할 필요가 있다.

(1) 권한의 의의

　　權限爭議審判節次에서 말하는 권한은 공적 업무를 수행하기 위하여 각 기관이
관장하고 있는 管轄(Zuständigkeit)을 말하는 동시에 자기의 업무를 수행하게 하기 위
하여 법이 부여한 權限(Kompetenz)을 말한다. 권한을 침해하는 자에 대하여 권한을
침해당한 기관이 자기의 권한 침해를 「주장할 수 있다」는 의미에서 이 권한을 종종
權利(Rechte)라고 말하기도 한다. 그러나 헌법상 국가기관은 私經濟의 主體로서 인정

되는 예외적인 경우 이외에는 국민과 같은 지위에서 권리를 가지는 것이 아니므로 이 때 말하는 권리는 권한의 행사면에서 擬制된 개념일 뿐 실체법상의 기본권이나 법률상의 권리를 말하는 것이 아님을 유의할 필요가 있다. 기관쟁의심판에서 기관의 「權利」라는 말을 사용할 때는 이런 점을 각별히 조심하여 의미의 맥락을 이해할 필요가 있다. 다만, 기관이 성질상 주관적 권리와 의무를 가지는 경우가 있는데, 이에 대해서는 뒤에서 보기로 한다.

(2) 직무상의 권한과 의무

(a) 헌법상 권한과 법률상 권한

권한쟁의심판절차에서 말하는 권한은 헌법에 의해서만 부여되는 권한에 한정되는 것이 아니라 법률에 의해 부여되는 권한도 포함한다($\frac{憲裁法}{\S61②}$). 따라서 권한쟁의심판에서는 권한의 침해가 헌법에 위반되는 경우에 한정되지 않고 법률에 위반되는 경우도 포함된다.

헌법이 국가기관뿐 아니라 지방자치단체와 지방의회에 대해 직접 정하고 있고, 이들 상호간의 권한의 배분과 행사가 바로 憲法的 性質을 가지며, 이들간의 분쟁이 國事問題로서의 성격을 가지므로 이러한 분쟁에 관한 관할권을 헌법재판소가 가지는 것은 당연하다.

> 憲法 제111조 제1항 제4호는 권한쟁의심판에 대하여 정하면서 권한쟁의심판에서 다툼의 대상이 되는 권한이 헌법 또는 법률에 의해 부여된 권한이라고 한정하지도 않고 있을 뿐 아니라 이에 관해 법률에 위임하지도 않았는데 憲法裁判所法 제61조 제2항에서 「헌법 또는 법률에 의하여 부여받은 권한」에 한정하여 권한쟁의심판에서 다툴 수 있는 것으로 정한 것이 위헌이 아닌가 하는 문제가 있다. 헌법은 헌법상의 권한인가 법률상의 권한인가 하는 점에 대해서는 명시적으로 정하고 있지 않으나 「權限」이라는 것을 정하고 있고, 헌법재판소법의 규정은 이에 터잡아 구체화한 것이며, 이는 권한쟁의심판의 기능과도 부합하므로 이를 헌법에 위반된다고 할 수 없다. 그리고 國會規則($\frac{憲法}{\S64①}$), 大法院規則($\frac{憲法}{\S108}$), 憲法裁判所規則($\frac{憲法}{\S113②}$), 中央選擧管理委員會規則($\frac{憲法}{\S114⑥}$)에 의하여 부여된 권한에 대하여 다툼이 있는 경우 권한쟁의심판절차를 통하여 다툴 수 있는가 하는 문제와 권한쟁의심판절차를 통하여 다툴 수 없다면 이 문제는 어떻게 해결할 것인가 하는 문제도 있다. 憲法政策的으로 볼 때, 권한쟁의심판절차에서 헌법 또는 법률에 의하여 부여받은 권한에 한정하여 다투게 하고 나머지 권한분쟁은 모두 行政訴訟法의 機關訴訟으로 처리하게 하는 것이 합당한가 아니면 국가기관과 지방자치단체와 같이 공권력 주체의 권한에 대한 다툼을 모두 권한쟁의심판으로 처리하게 하는 것이 합당한가 하는 문제가 있다.

이런 관점에서 보건대, 명령 또는 규칙상의 권한침해가 문제된 경우에도 권한쟁의심판으로 다툴 수 있다고 할 것이다([221]Ⅱ).

(b) 헌법상 의무와 법률상 의무

기관 상호간에 의무의 존부나 범위에 대해서도 권한쟁의심판을 청구할 수 있는가 하는 문제가 있다.

憲法과 憲法裁判所法에서는 義務라는 표현이 없으나 기관쟁의심판절차에서 다투어지는 직무상의 權限은 다른 면에서 성질상 직무상의 의무도 포함하고 있으므로 의무는 당연히 포함된다(同旨: 許營d.314). 여기서 말하는 의무에는 憲法上 義務와 法律上 義務가 모두 해당된다. 憲法裁判所의 판례도 이를 인정한다(예: 憲 1995. 2. 23.-90헌라1).

[憲 1995. 2. 23.-90헌라1] 「권한쟁의심판은 공권력을 행사하는 국가기관이나 지방자치단체와 다른 국가기관 또는 지방자치단체 사이에 권한의 존부 또는 범위에 관하여 다툼이 있는 경우 독립한 국가기관인 헌법재판소가 이를 심판하여 그 권한과 의무의 한계를 명확히 함으로써……」

(c) 위임된 권한과 의무

權限爭議審判에서 말하는 권한과 의무에는 委任받은 권한과 의무도 포함되는가 하는 문제가 있다. 헌법재판소는 지방자치단체가 국가로부터 위임을 받은 사무에 관해서는 권한쟁의심판에서 자기의 권한이라고 주장할 수 없다고 보아 이를 부정한다(예: 憲 1999. 7. 22.-98 헌라4; 2009. 7. 30.-2005헌라2).

[憲 1999. 7. 22.-98헌라4] 「도시계획법 제25조 제 1 항은 "도시계획사업의 시행자는 대통령령이 정하는 바에 따라 그 사업의 실시계획을 작성하여 건설교통부장관의 인가를 받아야 한다"고 규정하고 있으므로, 도시계획사업실시계획인가처분(이하 "인가처분"이라 한다)의 권한은 도시계획법의 위 조항에 의하여 건설교통부장관에게 속하는 것임이 명백하다. 다만 동 권한은 같은 법 제10조 제 1 항, 같은법 시행령 제 6 조 제 1 항 제10호에 의하여 시ㆍ도지사에게 위임되었고, 1993. 4. 13. 공포ㆍ시행된 경기도사무위임규칙중개정규칙(규칙 제2394호)에 의하여 시장ㆍ군수에게 재위임되었을 뿐이다. 따라서 도시계획사업실시계획인가사무는 시장ㆍ군수에게 위임된 기관위임사무로서 국가사무라고 할 것이므로, 청구인의 이 사건 심판청구 중 인가처분에 대한 부분은 지방자치단체의 권한에 속하지 아니하는 사무에 관한 것으로서 부적법하다고 할 것이다.」

(3) 주관적 권리의 포함 문제

(a) 문제의 소재

우리 헌법과 憲法裁判所法은 권한쟁의심판절차에서 다툴 수 있는 것이 「權限」이라고 명시적으로 정하고 있다. 이 문제와 관련하여 大統領, 國務總理, 行政各部의 長, 國務委員, 監査院長, 監査委員, 國會議員, 國會議長 등과 같이 자연인 또는 법인이 기관의 직을 보유하고 있는 경우에 다른 기관의 처분이나 부작위로 그 지위의 박탈이나 침해 등이 발생한 때 권한쟁의심판절차로 다툴 수 있는가 하는 문제가 있다([206] I (4)). 이 문제는 憲法과 憲法裁判所法에서 정하고 있는 「權限」이 본래 의미의 직무상의 권한에 한정되는가 아니면 기관이 가지는 주관적 권리도 포함하는가 하는 것이다. 이에 대해서는 해석상 견해가 나누어질 수 있다.

(b) 학　　설

憲法과 憲法裁判所法에서 정하고 있는 權限이 본래 의미의 직무상의 권한에 한정된다고 보는 견해는 이러한 경우에는 그 권리의 침해를 헌법소원심판절차로 다툴 것이지 권한쟁의심판절차로 다툴 수 없다고 본다(權限限定說). 憲法과 憲法裁判所法에서 정하고 있는 權限에 기관이 가지는 주관적 권리도 포함된다고 보는 견해는 이러한 경우도 권한쟁의심판으로 다툴 수 있다고 본다(權利包含說).

(c) 사　　견

우리 憲法과 憲法裁判所法은 권한쟁의심판제도와 헌법소원심판제도를 동시에 두고 있고, 권한쟁의심판에서는 명시적으로 「권한」에 대한 다툼을 정하고 있으므로 權限限定說이 타당하다고 할 것이다. 권한쟁의심판제도가 공동체 내에서 국가기관이나 지방자치단체와 같은 공권력의 주체들간에 「권한」을 기능적으로 배분하고, 그 기능을 보호하는 데 목적이 있다는 점을 유의할 필요가 있다.

자연인 또는 법인이 기관의 직을 보유하고 있고, 그가 기관으로서의 지위를 보유하는데서 가지는 기본권이나 권리가 다른 기관의 처분이나 부작위로 인하여 침해받은 경우에는 기본권이나 권리의 침해는 헌법소원심판절차를 통하여 다툴 수 있고, 직무상의 권한에 대해서 침해가 있는 때에는 권한쟁의심판절차를 통하여 다툴 수 있다. 예컨대 다른 국가기관의 처분에 의하여 國會議員職 자체가 상실된 경우에 국회의원은 國會議員職에 부여된 직무상의 권한이 침해되었다는 이유로 권한쟁의심판을 청구할 수 있고, 國會議員職에 奉職할 공무담임권이 침해되었다는 이유로 헌법소원심판을 청구할 수 있다.

> 獨逸基本法(GG) 제93조 제 1 항 제 1 호와 聯邦憲法裁判所法(BVerfGG) 제63조, 제64조에서는 권한쟁의심판에 있어서 권리(Recht)와 의무(Pflicht)라고 명시하고 있는데, 이런 권리는 제도 본래의 취지에서는 관할(Zuständigkeit)과 권한(Kompetenz)을 의미하지만 주관적 권리와 의무가 포함되는 것을 배제하지 않기 때문에, 예컨대 의원이 임기만료 전에 연방대통령의 의회해산으로 지위를 박탈당한 경우에는 권한쟁의심판으로 다툴 수 있다고 본다. 연방헌법재판소도 이를 인정한다(예: BVerfGE 2, 143; 45, 1). 그러나 독일에서도 권한쟁의심판제도의 본질상 권한으로 표시하지 않고 권리로 표시한 것은 잘못이라는 비판이 있다.

(4) 침해 또는 침해의 현저한 위험

憲法裁判所法 제61조 제2항은 피청구인의 처분 또는 부작위가 헌법 또는 법률에 의하여 부여받은 청구인의 「權限을 侵害하였거나 침해할 현저한 危險이 있는 경우에만」 권한쟁의심판을 청구할 수 있다고 정하고 있다.

(a) 침   해

여기서 말하는 「침해」란 현실적인 침해를 말하고, 권한을 침해할 현저한 위험이란 권한을 침해할 개연성이 예상되고 구체적으로 분쟁이 거론될 수 있을 정도로 상황이 구체화된 경우를 의미한다. 이러한 위험의 존부판단에 있어서는 시간의 멀고 가까움은 고려되지 않는다.

침해의 형태는 다양하지만 대체로 특정 기관의 권한영역을 침범하는 경우, 특정기관의 정당한 권한의 행사를 저지하는 경우, 특정 기관의 권한을 박탈하거나 폐지하는 경우 등을 들 수 있다. 국가기관이나 지방자치단체의 권한에 관하여 헌법이 직접 정하지 않고 법률정책적인 사항으로 한 경우에 법률로써 특정 기관을 폐지하거나 그러한 기관의 권한을 조정하는 것은 국회의 권한에 속하므로 이러한 입법행위는 권한을 침해하는 것이 아니다.

(b) 침해의 현저한 위험

침해의 현저한 위험이란 아직 침해라고는 할 수 없으나 침해할 개연성이 매우 높은 수준에 이른 것을 말한다. 이러한 침해의 현저한 위험의 발생은 현재 행해진 처분에 의해서도 발생할 수 있고, 장래처분([221] I (1)(a))에 의해서도 발생할 수 있다. 부작위에 의해서는 통상 권한이 침해되는 경우가 발생하기 때문에 부작위에 의해 권한을 침해할 「현저한 위험」이 발생하는 경우는 상정하기 쉽지 않다고 보인다.

권한쟁의심판절차에서 다툴 수 있기 위해서는 이와 같이 권한의 침해 또는 권한침해의 위험이 존재하여야 하므로 헌법재판소는 권한의 존부나 범위에 대한 다툼뿐만 아니라 권한의 존부나 범위와 관련된 權限의 行使에 대한 다툼에 대해서도 심판을 하게 된다.

II. 消極的 權限爭議의 問題

어떤 권한에 대해 서로 다른 기관이 각각 해당 권한을 자기의 권한이라고 하는 경우에는 積極的 權限爭議로 문제가 해결될 수 있다. 그러나 어떤 권한이나 의무에 대해 자기의 권한이나 의무라고 하는 기관이 전혀 없고 국가기능상 이 권한이나 의무는 행사되어야 하는 경우에는 소극적 권한쟁의를 인정하여 다툼이 되고 있는 권한이 어느 기관의 것인지를 확인하여야 하는가 하는 문제가 제기된다.

예컨대 어떤 기관이 국가업무를 수행하기 위하여 어떤 권한의 행사나 의무의 수행을 특정 기관들에게 요구하였을 때 해당 기관들이 모두 서로 자기의 관할이 아니라고 하면서 거부하는 경우나 직무 수행상 기능적으로 인접한 기관간에 기능적 역할이 서로 겹치거나 지방자치단간에 지역적 관할이 겹쳐 해당 업무의 수행이 서로 자기의 권한이나 의무가 아니라고 하는 경우에 이 문제가 발생한다. 이런 경우 어떤 국가기관이나 지방자치단체가 어떠한 권한이나 의무에 대해「자기의 권한이나 의무가 아님을 확인하는 것」을 구하는 심판의 청구가 인정되는가 하는 것이다. 이것이 소극적 권한쟁의심판의 문제이다.

(1) 인정여부

우리 나라 권한쟁의심판절차에서 소극적 권한쟁의가 인정되는가 하는 점에 대해 긍정설($\frac{예: 許營d.}{324}$)과 부정설로 견해가 갈린다.

(a) 부 정 설

부정설은 다음과 같은 근거를 든다. i) 憲法裁判所法 제61조 제2항은 처분이나 부작위에 의한 권한의 침해나 권한 침해의 위험만을 정하고 있으므로 어떤 권한이 없다고 주장하는 것은 현행 권한쟁의심판절차에서 불가능하다. ii) 어떠한 국가기관이나 지방자치단체가 특정 권한을 가지고 있지 않는지의 여부는 이해관계인이 어느 기관에게 신청을 하여 거부처분을 받은 뒤 拒否處分의 取消訴訟을 통하여 밝힐 수 있으므로 굳이 소극적 권한쟁의를 인정할 필요가 없다. iii) 소극적 권한쟁의를 인정하면 어떤 권한의 존부와 범위에 대해 抗告訴訟에서의 법원의 판단과 권한쟁의 심판에서의 헌법재판소의 판단간에 불일치가 발생한다.

(b) 긍 정 설

긍정설은 다음과 같은 근거를 든다. i) 憲法 제111조 제1항 제4호는 권한쟁의심판에 대하여 포괄적으로 정하고 있고, 憲法裁判所法 제61조 제2항은 적극적 권한쟁의에 관하여 정하고 있는 것일 뿐이지 이것이 바로 소극적 권한쟁의를 부정하는 것은 아니다. 소극적 권한쟁의에 관한 구체적 규정의 흠결은 법해석으로 해결해야 한다. ii) 憲法裁判所法 제66조 제1항에서 제2항과 구별하여 권한의 존부 또는 범위에 대해 독자적으로 판단한다고 정하고 있는 것에 소극적 권한쟁의가 당연히 포함되어 있다. iii) 헌법이 권한쟁의심판에 대한 관할을 헌법재판소에 독점적으로 부여한 것과 이런 전제에서 권한쟁의심판제도의 원래의 기능을 충분히 살리기 위해서는 소극적 권한쟁의를 인정해야 한다. iv) 소극적 권한쟁의를 인정하지 않으면 국가기관이나 지방자치단체가 어떤 사안에 대해 자기의 권한이 없다고 하여 방치하는 사태가 발생하고 이

러한 것은 국가의 기능이나 국민의 권리와 자유를 침해하거나 왜곡한다. 예컨대 법원
간에 각기 자기가 관할권을 가지고 있지 않다는 이유로 재판을 거부하는 경우에 헌법
재판소는 어떤 법원이 관할권을 가지는지를 결정해 주어야 한다. 거부처분에 대한 취
소소송이 존재한다고 하더라도 거부처분을 받은 국민이 없는 상태에서 기관간에 서로
자기의 권한이 아니라고 대립하는 사태가 발생하는 경우에는 소극적 권한쟁의를 인정
하지 않으면 이를 해결할 방법이 없다. v) 취소소송이 존재하더라도 권한의 존부를
확인함에 있어서는 우회하는 방법이고 경우에 따라 많은 시간이 소요된다. 따라서 이
런 것보다는 바로 소극적 권한쟁의를 인정하는 것이 문제를 해결하는 직접적인 방법
이고 시간이나 비용에서 훨씬 경제적이다. vi) 소극적 권한쟁의를 인정하는 경우 어떤
권한의 존부나 범위에 대해 법원의 판단과 헌법재판소의 판단간에 불일치가 발생할
가능성이 있는 것은 적극적 권한쟁의에서도 마찬가지이고, 이 경우에는 권한쟁의심판
이 가지는 覊束力에 의해 헌법재판소의 판단으로 귀결된다.

> 헌법재판소가 소극적 권한쟁의를 정면으로 인정한 사건은 아직 없다. 그러나 사건
> 의 성질상 소극적 권한쟁의로 보이는 것이 있다. 예컨대 [1998. 6. 25.-94헌라1]과
> [1998. 8. 27.-96헌라1]에서 그러한 점을 발견할 수 있다. 입법례로서는 예컨대 오스
> 트리아와 스페인의 헌법재판소법은 소극적 권한쟁의를 인정하고 있다. 반면에 독일
> 의 연방헌법재판소법은 소극적 권한쟁의를 인정하는 규정을 두지 않고 있다. 우리
> 나라의 경우 소극적 권한쟁의를 인정하는 규정을 명문으로 보다 구체화하는 것이
> 필요하다(同旨: 梁建 등,
236이하).

(2) 요　　건

소극적 권한쟁의도 권한쟁의심판으로써 客觀訴訟으로서의 성격을 지닌다.

소극적 권한쟁의로 다투는 경우에는 국가기관 또는 지방자치단체는 어떤 특정
사안에서 자기의 권한이나 의무가 아니라는 것을 주장하는 것으로 권한이나 의무의
존부 확인을 구하는 이익이 인정된다. 어떤 권한이나 의무가 특정한 국가기관 또는
지방자치단체의 권한이나 의무가 아님에도 어떤 규정이나 작위로 인하여 해당 국가
기관 또는 지방자치단체의 권한이나 의무인 것처럼 문제가 되고 있는 것 자체가 공
권력 주체간에 있어서 권한의 배분을 혼란스럽게 하고 헌법질서를 교란시키는 것이
되므로 이러한 상태에서는 소극적 권한쟁의의 심판청구의 요건이 충족된다.

[221] 第二　審判의 對象

Ⅰ. 審判의 對象

심판의 대상이란 권한쟁의심판에서 헌법재판소의 판단의 대상이 되는 것을 말한

다. 積極的 權限爭議와 消極的 權限爭議에서 심판의 대상은 서로 다르다.

(1) 처분과 부작위의 개념

　　권한쟁의심판절차에서 심판의 대상은 피청구기관의 處分(Maßnahme)이나 不作爲(Unterlassung)가 청구기관의 권한이나 의무를 침해하는지의 여부에 대한 다툼이다.

　　소극적 권한쟁의를 인정하면, 권한의 「침해」만에 한정하지 않고, 권한과 의무의 존부 그 자체에 대한 다툼도 심판의 대상이 된다고 본다.

(a) 처　　분

　　處分은 넓은 의미에서의 국가기관 또는 지방자치단체의 作爲行爲를 말한다.

　　처분에는 국회의 법률제정행위나 이와 관련된 행위(예: 국회의장의 법률안가결선포행위)(예: 憲 1997. 7. 16.-96헌라2; 2006. 5. 25.-2005헌라4), 법률 그 자체도 포함된다. 법규명령, 국회규칙, 대법원규칙, 행정규칙, 조례(예: 憲 2009. 11. 26.-2008헌라3), 개별적인 결정, 각종 行政行爲(사실행위 포함)도 처분에 해당한다. 지방자치단체에 대한 행정안전부장관의 합동감사는 처분에 해당한다(예: 憲 2009. 5. 28.-2006헌라6). 憲法裁判所는 서울시 관악구가 지방자치법에 따라 條例로 기존의 특정 洞을 '보라매동'으로 명칭을 변경한 것에 대하여 동작구가 권한쟁의심판을 청구한 사건에서, 행정동의 명칭에 관한 사항은 지방자치단체의 자치권에 해당하지만 관악구의 조례로 동작구가 가진 행정동의 명칭에 관한 권한이 침해된 것이 없다고 판시하였다(憲 2009. 11. 26.-2008헌라3).

　　對外的인 행위뿐만 아니라 對內的인 행위도 포함된다. 대통령이 치료를 마치고 직무에 복귀하려는 경우 大統領權限代行者가 이를 거부하는 행위, 憲法 제60조 제1항에 의한 국회의 同意 없이 조약을 체결한 행위, 국회의 동의를 요함에도 동의를 받지 않고 공무원을 임명한 행위, 法院의 재판이나 소송수행행위 등도 처분에 해당한다. 그러나 정부의 법률안 제출행위는 처분에 해당하지 않는다(예: 憲 2005. 12. 22.-2004헌라3).

　　이러한 처분은 原則的으로 이미 행사된 처분을 의미한다. 그러나 처분이 장래 행해질 것이 확실하고, 이 장래처분에 의해서 청구인의 권한이 침해될 위험성이 있어서 청구인의 권한을 사전에 보호해 주어야 할 필요성이 인정되는 경우에는 例外的으로 「將來處分」에 대해서도 권한쟁의심판을 청구할 수 있다고 할 것이다. 憲法裁判所의 판례도 동일한 취지이다(예: 憲 2004. 9. 23.-2000헌라2; 2009. 7. 30.-2005헌라2).

　　[憲 2004. 9. 23.-2000헌라2] 「피청구인이 아직 행사하지 아니한 장래처분이 헌법재판소법 제61조 제2항에서 규정하는 처분에 포함되는지 여부가 문제된다. 피청구인의 장래처분에 의해서 청구인의 권한침해가 예상되는 경우에 청구인은 원칙적으로 이러한 장래처분이 행사되기를 기다린 이후에 이에 대한 권한쟁의심판청구를 통해서 침해된 권한의 구제를 받을 수 있으므로, 피청구인의 장래처분을 대상으로 하는 심판청구는 원칙적으로 허용되지 아니한다. 그러나 피청구인의 장래처분이

확실하게 예정되어 있고, 피청구인의 장래처분에 의해서 청구인의 권한이 침해될 위험성이 있어서 청구인의 권한을 사전에 보호해 주어야 할 필요성이 매우 큰 예외적인 경우에는 피청구인의 장래처분에 대해서도 권한쟁의심판을 청구할 수 있다고 할 것이다. 왜냐하면 권한의 존부와 범위에 대한 다툼이 이미 발생한 경우에는 피청구인의 장래처분이 내려지기를 기다렸다가 권한쟁의심판을 청구하게 하는 것보다는 사전에 권한쟁의심판을 청구하여 권한쟁의심판을 통하여 권한다툼을 사전에 해결하는 것이 권한쟁의심판제도의 목적에 더 부합되기 때문이다. 그렇다면 피청구인의 장래처분도 위와 같은 예외적인 경우에는 헌법재판소법 제61조 제2항에서 규정하는 피청구인의 처분으로 인정된다고 할 것이다.」

[憲 2009. 7. 30.-2005헌라2] 「피청구인의 장래처분에 의해서 청구인의 권한침해가 예상되는 경우에 청구인은 원칙적으로 이러한 장래처분이 행사되기를 기다린 이후에 이에 대한 권한쟁의심판청구를 통해서 침해된 권한의 구제를 받을 수 있으므로, 피청구인의 장래처분을 대상으로 하는 심판청구는 원칙적으로 허용되지 아니한다. 그러나 피청구인의 장래처분이 확실하게 예정되어 있고, 피청구인의 장래처분에 의해서 청구인의 권한이 침해될 위험이 있어서 청구인의 권한을 사전에 보호해 주어야 할 필요성이 매우 큰 예외적인 경우에는 피청구인의 장래처분에 대해서도 권한쟁의심판을 청구할 수 있다고 할 것이다. 왜냐하면, 권한의 존부와 범위에 대한 다툼이 이미 발생한 경우에는 피청구인의 장래처분이 내려지기를 기다렸다가 권한쟁의심판을 청구하는 것보다는 사전에 권한쟁의심판을 청구하여 권한쟁의심판을 통하여 권한다툼을 사전에 해결하는 것이 권한쟁의심판제도의 목적에 더 부합되기 때문이다. 그렇다면, 피청구인의 장래처분도 위와 같은 예외적인 경우에는 헌법재판소법 제61조 제2항에서 규정하는 피청구인의 처분으로 인정된다고 할 것이다.」

(b) 부 작 위

권한쟁의심판에서 다툴 수 있는 부작위는 헌법이나 법률 등 법규범에 의하여 어떤 작위를 행할 법적인 작위의무가 있음에도 이를 이행하지 아니하는 것을 말한다. 법적으로 의미를 가지는 부작위만 권한쟁의심판에서 다툴 수 있다.

피청구인이 이행해야 할 작위의무는 헌법이나 법률에 의해 命해진 경우뿐만 아니라 모든 종류의 법규범에 의해 命해진 경우도 포함된다. 憲法裁判所의 判例는 이런 부작위에서 문제가 되는 작위의무는 헌법상 또는 법률상 유래하는 작위의무라고 본다 (예: 憲 1998. 7. 14.-98 헌라 3).

[憲 1998. 7. 14.-98헌라3] 「피청구인의 부작위에 의하여 청구인의 권한이 침해당하였다고 주장하는 권한쟁의심판은 피청구인에게 헌법상 또는 법률상 유래하는 작위의무가 있음에도 불구하고 피청구인이 그러한 의무를 다하지 아니한 경우에 허용된다.」

不作爲는 다양한 유형으로 광범하게 존재한다. 부작위는 국회가 법률안에 대해

심의하거나 의결하지 않는 것, 헌법재판소의 법률개선촉구결정이 있었음에도 법률을
개선하는 法律案을 發議하지 않는 것, 국무위원이 이유 없이 副署를 하지 않는 것,
조약의 체결·비준에 대해 이유 없이 同意하지 않고 있는 것, 機關訴訟에서 법원이
이유 없이 재판을 하지 않는 것, 檢事가 起訴한 사건에 대해 법원이 재판을 하지 않
는 것 등 매우 광범한 범위에서 다양한 형태로 존재한다. 대통령이 法律案을 공포하
지 아니하는 때에는 공포기간이 경과하면 그 法律案은 法律로서 확정되므로($\binom{憲法}{\S53⑤}$) 실
제 대통령의 法律案不公布에 대해서는 권한쟁의심판으로 다툴 여지가 거의 없다.

(2) 처분과 부작위의 존재

처분이나 부작위는 客觀的으로 存在하여야 한다. 청구인의 단순한 주장만으로는
처분이나 부작위의 존재가 인정되지 않는다.

(3) 법적 효과를 가져오는 처분 또는 부작위

처분이나 부작위는 「法的으로 의미를 가지는 效果」(rechtserhebliche Wirkung)를 가
져오는 것이어야 한다. 법적으로 아무런 효과를 발생하지 않는 처분이나 행위는 권
한쟁의심판으로 다툴 여지가 없다($\binom{예: 준비행위, 단순한 의견의}{표시 · 제출, 법률안의 제출}$).

憲法裁判所의 판례도 동일한 취지이다($\binom{예: 憲. 2006. 3.}{30.-2005헌라1}$).

국무총리, 국무위원, 정부위원이 국회에서 한 답변이나 소수파 국회의원들이 법
률안에 대하여 위헌이라고 하는 주장은 법적인 의미를 가지지 못한다. 대통령이 국
회에 대해 비난하는 행위나 국회의원이 대통령에 대해 비난하는 행위도 법적인 의미
를 가지지 못한다. 국회의원의 발언권 행사와 국회의장의 국회질서유지권 행사 사이
의 분쟁은 권한쟁의심판으로 다툴 수 있다. 그러나 국회의장이 단순히 주의를 주는
수준의 행위는 이에 해당하지 않는다.

(4) 법령 또는 입법부작위

기관의 권한을 침해하는 어떤 법령의 규정이 이를 실행함에 당연히 자동적으로
어떤 조치를 수반하는 경우에는 해당 법령의 규정도 권한쟁의심판의 대상이 될 수
있다.

어떤 기관의 권한을 침해하는 立法行爲나 立法不作爲에 대해서도 권한쟁의심판
으로 다툴 수 있다($\binom{同旨: 許營d.}{317}$).

이렇게 규범 또는 입법행위가 권한쟁의심판의 대상으로 되는 경우에는 이 권한
쟁의심판은 규범통제로서의 기능도 가진다.

Ⅱ. 該當 規定의 違憲 宣言

법률의 규정으로 인하여 청구기관의 권한이나 의무가 헌법에 위반되는 것일 때 권한쟁의심판절차에서 해당 법률의 규정을 위헌으로 선고하여 효력을 없앨 수 있는가 하는 문제가 있다.

이에 대해서 대부분의 견해는 권한쟁의심판은 규범통제가 아니므로 해당 법률에 대하여 위헌으로 선고하여 효력을 없앨 수 없다고 본다. 이는 국가기관의 권한 배분에서 위헌의 법률이 발견된 경우 이의 시정을 입법자에게 맡기느냐 아니면 헌법재판소가 위헌인 법률의 효력을 직접 없애고 합헌적인 법률의 제정을 입법자에게 맡기느냐 하는 문제이다.

해당 법률의 규정으로 인하여 국가기관이나 지방자치단체의 권한이 헌법에 위반되어 침해되었다면 이에 대해 위헌을 선고하여 효력을 없애는 것이 보다 합리적이라고 할 것이다. 위헌인 규정을 존속시킬 이유도 없고, 이러한 위헌선고가 입법권을 침해하는 것도 아니기 때문이다. 헌법재판소법은 권한쟁의심판에서 피청구인의 처분이 무효임을 확인할 수 있다고 정하고 있으므로($\frac{憲裁法}{\S 66②}$) 이런 無效에 違憲無效도 포함된다고 보면, 현행법하에서도 청구기관의 권한이나 의무를 위헌적으로 정하고 있는 법률 또는 법률조항에 대해서 위헌선고를 하여 효력을 없앨 가능성은 있다고 보인다.

[222] 第三 權利保護利益

Ⅰ. 權利保護利益의 不必要

권한쟁의심판에서 권리보호이익의 존재가 청구요건으로 요구되는가 하는 것이 문제가 된다. 소송법에서는 權利保護利益(Rechtsschutzinteresse)을 權利保護必要(Rechtsschutzbedürfnis)라고도 한다.

앞에서 보았듯이, 권한쟁의심판에서 권한은 개인 또는 기관이 가지는 주권적 권리와 구별되므로 私法上의 權利를 다투는 소송에서 말하는 권리이익보호는 요구되지 않는다($\frac{同旨: 許營d.}{319}$). 다만, 여기서는 권한의 침해나 침해위험을 다투거나(積極的 權限爭議) 국가기관이나 지방자치단체가 자기에게 특정의 권한이나 의무가 없다는 것을 확인하고자 하는 것(消極的 權限爭議)이므로 직무상 그러한 필요가 있는 것으로 족하다고 할 것이다. 즉 청구인이 자기의 직무상의 관할을 확인하고자 주장하는 것으로 족하다고 할 것이다. 권한쟁의심판은 권한을 침해받은 기관을 보호하자 하는 것이며 이것은 궁극에 국민의 이익을 실현하고자 하는 것이기 때문이다.

권한쟁의심판은 헌법질서를 보장하고, 국가작용의 체계를 정상적으로 유지시키고자 하는 것이기 때문에 비록 권한쟁의심판의 구조가 청구인과 피청구인이 서로 대립하는 구조를 가지더라도 이것을 이유로 권한쟁의심판을 主觀訴訟으로 보는 것은 타당하지 않다.

Ⅱ. 權限侵害의 消滅과 審判利益

　　권한쟁의심판에서 심리중에 權限侵害가 消滅한 경우가 있을 수 있다. 헌법재판소는 권한의 존부나 범위를 확인해 둘 필요가 있는 때에는 그러한 권한침해행위가 소멸하였다고 하더라도 권한의 존부나 범위에 대하여 심판을 할 수 있다(예: 憲 2003. 10. 30.-2002 헌라1). 이러한 필요성이 인정되지 않는 때에는 심판의 이익이 인정되지 않는다.

　　憲法裁判所는, 국회의장인 피청구인이 국회의원인 청구인을 그 의사에 반하여 국회 보건복지위원회에서 사임시키고 환경노동위원회로 보임한 행위에 대하여 청구인이 권한쟁의심판을 청구한 후 제16대 국회의 제2기 원구성이 완료되고 청구인이 보건복지위원회에 다시 배정된 사안에서, 헌법적 해명의 필요성이 있어 심판의 이익을 인정하였다(憲 2003. 10. 30.-2002헌라1; 2009. 5. 28.-2006헌라6; 2011. 8. 30.-2010헌라4).

　　[憲 2003. 10. 30.-2002헌라1] 「상임위원회 위원의 임기는 2년이다. 그리고 현재의 제16대 국회는 2000. 4. 13. 실시된 총선거에 의하여 선출된 국회의원으로 구성되어 4년 임기중 전반기를 이미 마쳤고, 후반기 들어 2002. 7.경 새로이 각 상임위원회의 위원배정이 이루어졌다. 국회사무처에서 보내온 2002. 9. 30.자 '상임위원회 위원명단'을 보면, 청구인은 다시 보건복지위원회에 배정되어 현재까지 동 위원회에서 활동하고 있다. 그러므로 청구인이 이 사건 권한쟁의심판청구에 의하여 달성하고자 하는 목적은 이미 이루어져 청구인이 주장하는 권리보호이익이 소멸하였다. 그러나 헌법소원심판과 마찬가지로 권한쟁의심판도……객관적인 헌법질서 보장의 기능도 겸하고 있으므로, 청구인에 대한 권한침해 상태가 이미 종료하여 이를 취소할 여지가 없어졌다 하더라도 같은 유형의 침해행위가 앞으로도 반복될 위험이 있고, 헌법질서의 수호·유지를 위하여 그에 대한 헌법적 해명이 긴요한 사항에 대하여는 심판청구의 이익을 인정할 수 있다.……이 사건과 같이 상임위원회 위원의 개선, 즉 사·보임행위는 국회법 규정의 근거하에 국회관행상 빈번하게 행해지고 있고 그 과정에서 당해 위원의 의사에 반하는 사·보임이 이루어지는 경우도 얼마든지 예상할 수 있으므로 청구인에게 뿐만 아니라 일반적으로도 다시 반복될 수 있는 사안이어서 헌법적 해명의 필요성이 있으므로 이 사건은 심판의 이익이 있다고 할 것이다.」

제 5 절　審判의 節次

[223] 第一　審理의 方式

　　권한쟁의심판에서 재판부는 7명 이상의 출석으로 사건을 審理한다($\binom{憲裁法}{\S23①}$). 권한쟁의심판은 口頭辯論에 의하며($\binom{同法}{\S30①}$), 終局審理에 관여한 재판관의 過半數의 贊成으로 사건에 관한 決定을 한다($\binom{同法}{\S23②}$). 나머지 절차는 일반심판절차에서 서술한 것과 같다.

　　憲法裁判所의 판례 가운데는 권한쟁의심판에서 國會法 제112조 제 3 항에 의한 異議가 있었는지 여부에 관한 사실을 본회의 회의록에 근거하여 인정한 것이 있다($\binom{예:憲 2000. 2.}{24.-99 헌라 1}$).

> 　　[憲 2000. 2. 24.-99헌라1]　이 결정에서는 國會法 제112조 제 3 항에 의한 이의가 있었는지 여부에 관한 사실을 인정함에 있어서 재판관들 사이에 회의록만에 근거하여 인정할 수 있다는 견해와 이에 반대하는 견해가 대립되었다. 회의록만에 근거하여 이의의 존재여부를 판단하는 것은 잘못되었다는 반대의견은, 「위 기각의견이 이 사건 법률안 가결·선포행위와 관련된 사실인정은 회의록의 기재내용에 의존할 수밖에 없음을 전제로 하여 본회의 회의록에는 '장내소란'이라고만 기재되어 있으므로 청구인들이 이의를 한 것으로 인정할 수 없다고 하는 것은 권한쟁의심판에 있어서 국회의 자율권을 존중하여야 한다는 진정한 의미를 오해하고, 채증법칙에 관한 법리를 위반한 것으로서 수긍할 수 없으므로, 우리는 반대의견을 다음과 같이 표시한다. 헌법재판소가 권한쟁의심판사건의 심리와 관련하여 국회의 회의절차에 관한 사실인정을 함에 있어서, 국회본회의 회의록의 기재내용을 일차적인 자료로 삼아야 한다는 것은 원칙적으로 타당하다. 그러나 이 사건과 같이 위 회의록이 사실대로 정확히 작성된 것인지 그 자체에 관하여 청구인들과 피청구인 사이에 다툼이 있는 등 위 회의록의 기재내용을 객관적으로 신빙할 수 없는 사정이 있는 경우라면, 헌법재판소로서는 위 회의록에 기재된 내용에 얽매일 것이 아니라, 변론에 현출된 모든 자료와 정황을 종합하여 건전한 상식과 경험칙에 따라 객관적·합리적으로 판단하여야 한다」라는 견해를 제시하였다.

　　권한쟁의심판절차에 관하여는 憲法裁判所法에 특별한 규정이 있는 경우를 제외하고는 권한쟁의심판의 성질에 반하지 아니하는 한도 내에서 民事訴訟에 관한 법령의 규정과 行政訴訟法을 함께 準用한다.

[224] 第二　審判의 基準

I. 憲法·法律上의 權限

憲法裁判所法 제61조 제 1 항은 헌법 또는 법률에 의하여 부여받은 권한이라고 정하고 있으므로 審査基準 또는 審査規準은 헌법에 한정되지 않고 다른 법률도 심사기준이 된다.

II. 命令·規則上의 權限

명령이나 규칙에 의해 부여된 권한의 침해가 문제되는 경우에도 권한쟁의심판을 통하여 다툴 수 있다고 할 것이다. 憲法裁判所法 제61조 제 2 항은 「憲法 또는 法律에 의하여 賦與받은……權限」이라고 정하고 있으나, 이는 예시적인 것이라고 보는 것이 권한쟁의심판제도의 기능과 성질에 부합한다.

[225] 第三　審判의 期間

권한쟁의심판에서도 憲法裁判所는 심판사건을 접수한 날부터 180일 이내에 終局決定을 하여야 한다는 일반심판절차의 규정($\binom{憲裁法}{§38}$)이 적용된다. 헌법재판소는 이 규정을 訓示規定으로 운용하고 있다.

권한쟁의심판의 성질상 가능한 한 빠른 기간 내에 종국결정을 하여 국가 또는 지방자치단체의 기능을 정상화시키는 것이 필요하다. 이런 점을 고려하면 권한쟁의심판에서는 일반심판절차와 따로 심판기간을 짧게 정하는 것도 하나의 방법이다.

제 6 절　決　　定

1. 意義와 種類

I. 意　義

憲法裁判所法 제66조 제 1 항은 「憲法裁判所는 심판의 대상이 된 국가기관 또는 지방자치단체의 權限의 有無 또는 範圍에 관하여 판단한다」라고 정하고 있고, 제 2 항은 「제 1 항의 경우에 헌법재판소는 권한침해의 원인이 된 被請求機關의 處分을 取消하거나 그 無效를 확인할 수 있고……」라고 정하고 있다.

Ⅱ. 種　類

권한쟁의심판에서 헌법재판소가 선고하는 결정의 종류에는 청구를 배척하는 却下 또는 棄却의 決定, 청구를 認容하는 결정, 심판절차종료선언의 결정이 있다.

却下決定은 심판청구가 부적법한 경우에 행해진다. 헌법재판소는 관여재판관 중 5인의 재판관이 이유에서는 의견을 달리하지만 결론에서는 모두 각하의견인 경우에 각하결정을 하였다(예: 憲 1998. 7. 14.–98헌라 1; 1998. 7. 14.–98헌라2).

棄却決定은 권한의 침해나 침해의 현저한 위험이 인정되지 않을 때 행해진다. 기각결정의 주문은 「이 사건 심판청구를 기각한다」라고 표시한다.

認容決定에는 權限有無確認決定, 權限範圍確認決定, 取消決定, 無效確認決定, 不作爲違法確認決定 등이 있다. 憲法裁判所法은 이런 決定의 종류에 대하여 명확한 내용을 정하고 있지 않으므로 세밀한 검토가 필요하다. 위의 결정은 모두 헌법재판소의 각종 심판절차에서의 결정과 같이 形式的 效力, 實質的 確定力 등을 가지며, 특히 羈束力도 가진다(憲裁法 §67①).

권한쟁의심판에서 취소결정을 하지 않고 權限有無確認決定이나 權限範圍確認決定을 독자적으로 할 수 있느냐 하는 것이 문제가 된다. 消極的 權限爭議를 인정하면, 이러한 결정을 인정하여야 한다.

청구인이 심판청구를 취하하고 더 이상 심판이익도 존재하지 아니하는 경우에는 審判節次終了宣言의 결정을 한다(예: 憲 2001. 6. 28.–2000헌라1).

2. 認容決定

[226] 第一　權限有無確認決定

Ⅰ. 意　義

國家機關이나 地方自治團體가 특정한 권한을 보유하는지 여부를 확인하는 결정이다(憲裁法 §66①). 통상 權限有無의 결정은 청구인의 권한의 침해나 침해위험을 판단함에 있어서 선행하여 행해진다.

소극적 권한쟁의에서는 청구인의 권한의 침해나 침해위험을 판단함에 있어서 선행하여 권한의 유무를 확인하는 것이 아니라 권한유무결정을 독자적으로 선고할 수 있다.

權限有無나 範圍의 확인에 대한 판단에 대해서도 事情判決이 허용되는지 문제된다. 헌법재판소는 사정판결은 처분의 取消 등을 구하는 소송에서만 허용될 뿐 관할권의 確認을 구하는 소송에서는 사정판결이 허용되지 않는다고 판시하였다(憲 2004. 9. 23.–2000헌라2).

타당하다.

　[憲 2004. 9. 23.-2000헌라2]「피청구인 평택시는 이 사건 제방이 청구인의 관할구역에 속한다고 하더라도 재판에서, 이 사건 제방이 청구인의 관할구역에 속한다고 선고하는 것은 사회통념에 반하고 행정구역 및 항만의 관리상 비효율을 초래하기 때문에 행정소송법 제28조 제1항에 의한 청구인의 심판청구를 기각하는 사정판결을 선고하여야 한다고 주장하나, 행정소송법 제28조 제1항의 사정판결은 처분의 취소 등을 구하는 소송에서만 허용될 뿐 이 사건과 같이 관할권의 확인을 구하는 소송에서는 허용되지 않는다고 봄이 상당하고(대법원 1996. 3. 22. 선고 95누5509 판결 등 참조), 나아가 이 사건 제방이 청구인의 관할구역에 속한다고 결정할 경우에 초래될 항만관리상의 비효율 등이 현저히 공공복리에 적합하지 아니하다고는 인정되지 아니하므로 피청구인 평택시의 위 주장은 받아들이지 아니한다.」

II. 效　力
　권한유무확인의 결정이 있으면 헌법재판소의 결정이 가지는 일반적인 효력 이외에 이러한 확인결정이 가지는 특수한 효력이 발생한다.

(1) 권한유무의 확정
　헌법재판소의 確認決定에 의하여 특정 권한이 어느 국가기관 또는 지방자치단체의 권한에 해당하는지가 확정된다. 특정 기관에게 그 권한의 유무가 확인되어 그 기관에게 권한이 인정되지 않으면 해당 기관은 그러한 권한을 행사할 수 없다. 이러한 효과는 권한유무확인의 결정에 수반하는 確認的 效力에 따르는 것이다.

(2) 제3자의 불복문제
　권한쟁의심판에서 權限의 有無에 대한 헌법재판소의 확인결정이 있은 후 당사자인 甲과 乙이 아닌 다른 기관이 甲 또는 乙에게 권한이 있다고 인정한 헌법재판소의 결정에 대하여 불복하고 甲 또는 乙을 상대로 하여 권한쟁의심판을 청구할 수 있는가 하는 문제가 있다.
　헌법재판소의 결정이 가지는 羈束力으로 인하여 이러한 심판청구는 할 수 없다. 甲과 乙간의 권한쟁의에 대한 헌법재판소의 결정이 제3자가 소송에 참가한 가운데 있은 때에는 참가의 효력이 발생하므로 제3자는 다시 권한쟁의심판을 청구할 수 없다.

[227]　第二　權限範圍確認決定
I. 意　義
　國家機關이나 地方自治團體가 보유하고 있는 특정한 권한의 범위를 확인하는 결정이다($\frac{憲裁法}{§66①}$). 이러한 권한의 범위를 확인하는 결정은 통상 권한의 유무를 확인하는 결정과 함께 행해진다.

소극적 권한쟁의에서는 取消決定과 따로 독립하여 權限範圍確認決定을 할 수 있다.

II. 效 力

권한범위확인의 결정이 있으면 헌법재판소의 결정이 가지는 일반적인 효력 이외에 이러한 확인결정이 가지는 특수한 효력이 발생한다.

(1) 권한범위의 확정

헌법재판소의 確認決定에 의하여 국가기관 또는 지방자치단체가 가지고 있는 권한의 범위가 확정된다. 권한의 범위가 확정되면 그 범위 내에서 해당 기관은 권한을 가진다. 그 기관 이외의 다른 기관은 그 범위 내에서 해당 기관의 권한을 가지지 못한다.

(2) 제 3 자의 불복문제

권한쟁의심판에서 權限의 範圍에 대한 헌법재판소의 결정이 있은 후 당사자인 갑과 을이 아닌 다른 기관이 갑 또는 을에게 그 권한의 범위를 확정한 헌법재판소의 결정에 대하여 불복하고 갑 또는 을을 상대로 하여 권한의 범위를 다투는 권한쟁의심판을 청구할 수 있는가 하는 문제가 있다. 이 경우도 권한유무결정의 경우와 동일하다고 할 것이다.

［228］ 第三 取消決定

I. 意 義

권한쟁의심판에서 헌법재판소는 청구인의 권한침해의 원인이 된 피청구인의 처분을 취소하는 결정을 할 수 있다. 이러한 취소결정의 의미와 이런 취소결정이 권한의 존부나 범위를 확인하는 결정과 어떠한 관계에 있는가 하는 것에 관하여 설명하기로 한다.

(1) 처분의 취소

피청구인의 처분이 請求人의 權限侵害의 원인이 된 경우에는 그 처분을 取消하는 결정을 한다($\frac{憲裁法}{§66②}$).

憲法裁判所法 제66조 제 2 항에서는 처분이 청구인의 「권한침해의 원인이 된 피청구인의 처분」을 취소할 수 있다고 정하고 있기 때문에, 이미 청구인의 권한을 침해한 때뿐만 아니라, 그 처분으로 청구인의 권한을 침해할 현저한 위험이 있는 때에

도 취소할 수 있다. 憲法裁判所法 제61조 제 2 항에서 청구인의 권한을 침해할 현저한 위험이 있는 때에 권한쟁의심판을 청구할 수 있다고 하고, 국가기관이나 지방자치단체의 처분으로 인한 이러한 현저한 위험이 있다고 인정되는 이상 그 처분도 취소할 수 있어야 권한쟁의심판제도의 취지에 부합하므로 이런 경우에도 헌법재판소는 취소의 결정을 할 수 있다고 할 것이다.

(2) 취소의 성질

憲法裁判所法 제66조 제 2 항에서 정하고 있는 取消란 이미 행해진 국가기관 또는 지방자치단체의 처분의 效力을 헌법재판소의 선고로 喪失시키는 것을 뜻하기 때문에 「廢止」를 의미한다. 재판에 대한 헌법소원심판에서 裁判을 取消하는 때 그 취소가 폐지라는 의미를 가지는 것과 동일하다.

헌법재판소의 취소결정이 소급효를 가지는가 하는 점에 있어서는 사안의 성질에 따라 헌법재판소가 판단하여 主文에 표시한다.

처분은 앞에서 본 것과 같이 광범하게 행해지는 여러 국가기관이나 지방자치단체의 다양한 作爲行爲를 의미하므로 行政處分에 국한되는 것이 아니다.

이와 같이 권한쟁의심판에서 처분은 행정처분을 의미하는 것이 아니기 때문에 行政行爲의 瑕疵에 관한 이론에서 하자의 輕重이나 明白與否에 따라 취소와 무효를 구별할 때 의미하는 취소와 憲法裁判所法 제66조 제 2 항에서 정하고 있는 취소는 동일하지 않다는 점을 유의할 필요가 있다. 그런데 2003년 3월 12일 개정된 憲法裁判所法 제66조 제 2 항은 권한침해의 원인이 된 피청구인의 처분을 취소하거나 그 무효를 확인할 수 있다고 정하여 당해 처분에 대하여 취소결정이나 무효확인결정을 할 수 있다는 입장을 취하고 있다. 그러나 이런 취소와 무효의 구별이 행정행위의 하자에서 말하는 취소와 무효의 구별과 동일한 것은 아니다.

(3) 주문의 표시

취소결정을 하는 때에는 이에 先行하여 권한의 존부나 권한의 범위확인에 대한 결정을 먼저 결정한다. 理由에서는 순서대로 판단하게 된다. 즉 청구인에게 어떤 권한이 존재한다는 것을 확인하거나 그 권한의 범위를 확인하는 결정을 하고, 그 다음 피청구인의 행위에 의해 청구인의 권한이 침해되었음을 결정한 후, 청구인의 권한을 침해한 처분을 취소한다는 결정을 내린다.

주문은 「피청구인이……한 처분을 취소한다」라고 표시한다.

憲法裁判所의 판례 중에는 피청구인의 행위가 청구인의 권한을 침해한 것인지의 여부와 그로 인하여 피청구인의 행위가 위헌인지의 여부가 심판의 대상이라고 하면서 주문에서는 처분을 취소한다는 표시 없이 피청구인의 행위가 청구인의 권한을 침해한 것이라고만 표시한 것이 있다(예: 憲 1997. 7.
16. -96헌라2).

［憲 1997. 7. 16.-96헌라2］ 헌법재판소는 이 사건에서 「피청구인이 1996. 12.
26.……법률안을 상정하여 가결선포한 것은 청구인들의 법률안 심의·표결의 권한을
침해한 것이다」라고 주문을 표시하였다.

Ⅱ. 效　力

취소의 결정이 있으면 헌법재판소의 결정이 가지는 일반적인 효력 이외에 취소
의 결정이 가지는 특수한 효력이 발생한다.

(1) 제3자에 대한 효력

헌법재판소가 처분을 취소하는 결정을 하면 그 처분은 취소되고 효력을 상실한
다. 이러한 효력의 상실은 취소결정에 수반하는 *形成的 效力*에 의하여 생긴다.

그러나 헌법재판소가 국가기관 또는 지방자치단체의 처분을 취소하는 결정을 하
였다고 하여 그 결정이 그 처분의 상대방(=제3자)에 대하여 이미 생긴 효력에는 영
향을 미치지 아니한다(同法 §67②). 권한쟁의심판에서 헌법재판소가 행하는 처분의 취소는
기관간에 있은 처분의 효력을 상실시키는 폐지이고, 이런 효력은 그 처분의 상대방
에 대하여 이미 생긴 효력에 영향을 미치지 않는다는 것이다. 따라서 예컨대 행정처
분의 경우 제3자가 당해 행정처분에 대하여 다투기 위해서는 권한쟁의심판에서 피
청구인이 되었던 기관의 행정처분에 대하여 다시 행정소송법이 정하고 있는 *抗告訴
訟*을 제기하여 *取消*나 *無效確認*을 구하여야 한다.

> 憲法裁判所法 제66조 제2항과 제67조 제2항의 「취소」를 행정행위의 하자이론에서
> 무효와 구별하는 취소로 이해해서는 안 된다. 만일 그렇게 이해하면, 한편으로는 憲
> 法裁判所法 제66조 제2항에서는 취소와 무효를 함께 정하면서 제67조 제2항에서는
> 「取消」만 정하고 있는 것이 되어 타당하지 않고, 다른 한편으로는 다른 기관의 권한
> 을 행사하여 행한 처분이 취소에 해당하는지 무효에 해당하는지를 헌법재판소가 결
> 정하고, 처분을 받은 자가 抗告訴訟을 제기하였을 때 법원은 헌법재판소가 내린 판
> 단에 기속되어 헌법재판소의 판단에 따라 똑같이 취소라고 하거나 무효라고 선고하
> 여야 한다는 결론에 이른다. 이런 것은 행정행위의 하자의 종류를 헌법재판소가 먼
> 저 결정하고 법원은 이에 따르기만 하라는 것이 되어 타당하지 않다. 이런 점에 비
> 추어 보더라도 憲法裁判所法 제66조 제2항과 제67조 제2항에서 정하고 있는 「취
> 소」는 폐지를 의미하지 않을 수 없다.

(2) 파생적 효력

권한쟁의심판에서 국가기관 또는 지방자치단체의 처분에 대하여 취소하는 결정
을 한 경우에도 취소로 당해 처분의 효력이 상실되는 것에는 *異論*이 없다. 취소결정

에는 反復禁止效力이 생기고 사안에 따라서는 피청구인에게 결정의 취지에 따른 再處分義務가 생길 수 있다.

그러나 권한쟁의심판에서 말하는 처분은 위에서 본 것과 같이 그 처분행위를 한 구체적인 국가기관과 지방자치단체의 성격에 비추어 서로 다른 점이 있을 뿐 아니라, 처분의 구체적인 作爲行爲도 성질상 동일하지 않으므로(예: 입법행위,) 취소결정에 따라 파생하는 효력은 사안에 따라 동일하지 않을 수 있다.

憲法裁判所가 權限爭議審判의 결정에서 처분의 取消 또는 無效確認의 주문을 낸 경우 그러한 결정의 羈束力에 의해 재처분의무나 결과제거의무가 발생한다는 점에 대해서는 의문의 여지가 없으나, 처분의 취소 또는 무효확인까지 나아가지 않고 權限侵害의 確認만 한 경우 그러한 결정의 기속력에 의해서도 위와 같은 재처분의무나 결과제거의무가 발생하는지 문제되는바, 憲法裁判所의 判例 중에는 권한침해결정의 기속력에 대하여 재판관 사이에 견해대립이 있은 사안이 있다(憲 2010. 11. 25.). 위 사안에 서 재판관 9인은 모두 권한침해 확인결정에도 기속력이 있다는 점에서는 의견이 일 치하였으나, 그 중 4인의 재판관은 기속력의 내용상 재처분의무나 결과제거의무와 같은 作爲義務는 발생하지 않는다고 하여 부작위위법확인을 구하는 청구를 却下하여 야 한다는 견해를 내었고, 청구가 적법하다고 본 5인의 재판관 중 1인은 立法過程 상의 하자에 관한 권한쟁의의 특수성을 이유로 청구를 棄却하여야 한다는 견해를 내 었으며, 나머지 4인의 재판관은 부작위가 위법하다는 취지의 認容意見을 밝혔다. 결 과적으로 5인의 재판관이 권한침해결정의 기속력에 의해 작위의무가 발생함을 인정 한 것이다.

[憲 2010. 11. 25.-2009헌라12] 재판관 이공현, 민형기, 이동흡, 목영준의 각 하의견 「헌법재판소의 권한쟁의심판의 결정은 모든 국가기관과 지방자치단체를 기속하는바, 권한침해의 확인결정에도 기속력이 인정된다. 그러나 그 내용은 장래에 어떤 처분을 행할 때 그 결정의 내용을 존중하고 동일한 사정 하에서 동일한 내용 의 행위를 하여서는 아니 되는 의무를 부과하는 것에 그치고, 적극적인 재처분의무 나 결과제거의무를 포함하는 것은 아니다. 재처분의무나 결과제거의무는 처분 자체 가 위헌·위법하여 그 효력을 상실하는 것을 전제하는데, 이는 처분의 취소결정이 나 무효확인결정에 달린 것이기 때문이다. 헌법재판소법은 헌법재판소가 피청구인 이나 제3자에 대하여 적극적으로 의무를 부과할 권한을 부여하고 있지 않고, 부작 위에 대한 심판청구를 인용하는 결정을 한 때에 피청구인에게 결정의 취지에 따른 처분의무가 있음을 규정할 뿐이다. 따라서 헌법재판소가 권한의 존부 및 범위에 관 한 판단을 하면서 피청구인이나 제3자인 국회에게 직접 어떠한 작위의무를 부과할 수는 없고, 권한의 존부 및 범위에 관한 판단 자체의 효력으로 권한침해행위에 내 재하는 위헌·위법상태를 적극적으로 제거할 의무가 발생한다고 보기도 어렵다. 그

러므로 2009헌라8등 사건에서 헌법재판소가 권한침해만을 확인하고 권한침해의 원인이 된 처분의 무효확인이나 취소를 선언하지 아니한 이상, 종전 권한침해 확인결정의 기속력으로 피청구인에게 종전 권한침해행위에 내재하는 위헌·위법성을 제거할 적극적 조치를 취할 법적 의무가 발생한다고 볼 수 없으므로, 이 사건 심판청구는 부적법하다.」 **재판관 김종대의 기각의견** 「모든 국가기관과 지방자치단체는 헌법재판소의 권한쟁의심판에 관한 결정에 기속되는바, 헌법재판소가 국가기관 상호간의 권한쟁의심판을 관장하는 점, 권한쟁의심판의 제도적 취지, 국가작용의 합헌적 행사를 통제하는 헌법재판소의 기능을 종합하면, 권한침해 확인결정의 기속력을 직접 받는 피청구인은 그 결정을 존중하고 헌법재판소가 그 결정에서 명시한 위헌·위법성을 제거할 헌법상의 의무를 부담한다. 그러나 권한쟁의심판은 본래 청구인의 「권한의 존부 또는 범위」에 관하여 판단하는 것이므로, 입법절차상의 하자에 대한 종전 권한침해 확인결정이 갖는 기속력의 본래적 효력은 피청구인의 이 사건 각 법률안 가결선포행위가 청구인들의 법률안 심의·표결권을 위헌·위법하게 침해하였음을 확인하는 데 그친다. 그 결정의 기속력에 의하여 법률안 가결선포행위에 내재하는 위헌·위법성을 어떤 방법으로 제거할 것인지는 전적으로 국회의 자율에 맡겨져 있다. 따라서 헌법재판소가 「권한의 존부 또는 범위」의 확인을 넘어 그 구체적 실현방법까지 임의로 선택하여 가결선포행위의 효력을 무효확인 또는 취소하거나 부작위의 위법을 확인하는 등 기속력의 구체적 실현을 직접 도모할 수는 없다. 일반적인 권한쟁의심판과는 달리 국회나 국회의장을 상대로 국회의 입법과정에서의 의사절차의 하자를 다투는 이 사건과 같은 특수한 유형의 권한쟁의심판에 있어서는 「처분」이 본래 행정행위의 범주에 속하는 개념으로 입법행위를 포함하지 아니하는 점, 권한침해 확인결정의 구체적 실현방법에 관하여 국회법이나 국회규칙에 국회의 자율권을 제한하는 규정이 없는 점, 법률안 가결선포행위를 무효확인하거나 취소하는 것은 해당 법률 전체를 무효화하여 헌법 제113조 제1항의 취지에도 반하는 점 때문에 헌법재판소법 제66조 제2항을 적용할 수 없다. 이러한 권한침해 확인결정의 기속력의 한계로 인하여 이 사건 심판청구는 이를 기각함이 상당하다.」 **재판관 조대현, 김희옥, 송두환의 인용의견** 「2009헌라8등 권한침해 확인결정의 기속력에 의하여 국회는 이 사건 각 법률안에 대한 심의·표결절차 중 위법한 사항을 시정하여 청구인들의 침해된 심의·표결권을 회복시켜 줄 의무를 부담한다. 따라서 국회는 이 사건 각 법률안을 다시 적법하게 심의·표결하여야 한다. 이를 위하여 필요한 경우에는 이 사건 각 법률안에 대한 종전 가결선포행위를 스스로 취소하거나 무효확인할 수도 있고, 신문법과 방송법의 폐지법률안이나 개정법률안을 상정하여 적법하게 심의할 수도 있고, 적법한 재심의·표결의 결과에 따라 종전의 심의·표결절차나 가결선포행위를 추인할 수도 있을 것이다. 2009헌라8등 결정이 신문법안과 방송법안에 대한 가결선포행위의 무효확인청구를 기각하였지만, 그것이 권한침해 확인결정의 기속력을 실효시키거나 배제하는 것은 아니고, 위법한 심의·표결절차를 시정하는 구체적인 절차와 방법은 국회의 자율에 맡기는 것이 바람직하다고 본 것일 뿐이다. 결국 2009헌라8등 권한침해 확인결정에도 불구하고, 국회가 이 사건 각 법률안에 대한 심의·표결절차의 위법성을 바로잡고 침해된 청구인들의 심의·표결권을 회복시켜 줄 의무를 이행하지 않는 것은 헌법재판소의 종전 결정의 기속력을 무시하고 청구인들의 심의·표결권 침해상태를 계속 존속시키는 것이므로, 이 사건 심판청구를 받아들여야 한다.」　　　**재판관 이강국의 인용의견**　「헌법재판소법 제66조 제1항에 의한 권한침해 확인결정의 기속력은 모든 국가기관으로 하여금 헌법재판소의 판단에 저촉되는 다른 판단이나 행위를 할 수 없게 하고, 헌법재판소의 결정내용을 자신의 판단 및 조치의 기초로 삼도록 하는 것이며, 특히 피청구인에게는 위헌·위법성이 확인된 행위를 반복하여서는 안 될 뿐만 아니라, 나아가 헌법재판소가 별도로 취소 또는 무효확인 결정을 하지 않더라도 법적·사실적으로 가능한 범위 내에서 자신이 야기한 위헌·위법상태를 제거하여 합헌·합법상태를 회복하여야 할 의무를 부여하는 것으로 보아야 한다. 국회의 헌법적 위상과 지위, 자율권을 고려하여 헌법재판소는 국회의 입법과정에서 발생하는 구성원간의 권한침해에 관하여는 원칙적으로 피청구인의 처분이나 부작위가 헌법과 법률에 위반되는지 여부만을 밝혀서 그 결정의 기속력 자체에 의하여 피청구인으로 하여금 스스로 합헌적인 상태를 구현하도록 함으로써 손상된 헌법상의 권한질서를 다시 회복시키는 데에 그쳐야 하고, 이를 넘어 법 제66조 제2항 전문에 의한 취소나 무효확인의 방법으로 처분의 효력에 관한 형성적 결정을 함으로써 국가의 정치적 과정에 적극적으로 개입하는 것은 바람직하지 않다. 2009헌라8등 사건의 주문 제2항에서 피청구인이 청구인들의 위 법률안에 대한 심의·표결권을 침해하였음이 확인된 이상, 주문 제4항에서 위 법률안 가결선포행위에 대한 무효확인청구가 기각되었다고 하더라도 피청구인은 위 권한침해 확인결정의 기속력에 의하여 권한침해처분의 위헌·위법 상태를 제거할 법적 작위의무를 부담하고, 그 위헌·위법상태를 제거하는 구체적 방법은 국회나 국회를 대표하는 피청구인의 자율적 처리에 맡겨져야 한다. 그런데 피청구인은 위 주문 제2항의 기속력에 따른 법적 작위의무를 이행하지 아니할 뿐만 아니라 위 주문 제4항에서 무효확인청구가 기각되었음을 이유로 법적 작위의무가 없다는 취지로 적극적으로 다투고 있으므로, 이 사건 청구는 인용되어야 한다.」

[229]　第四　無效確認決定

I. 意　義

憲法裁判所法은 청구인의 權限侵害의 原因이 된 피청구인의 처분을 취소하거나 그 무효를 확인할 수 있다고 정하고 있다(憲裁法 §66②). 따라서 헌법재판소는 권한쟁의심판에서 무효확인의 결정을 할 수 있다. 여기서는 이러한 무효확인의 결정의 의의와 이런 무효확인의 결정이 어떠한 경우에 있을 수 있는가 하는 문제에 관하여 살펴보기로 한다.

권한쟁의심판에서 처분에 대하여 무효확인결정을 할 수 있는가 하는 문제가 있다. 앞에서 설명한 바와 같이 취소결정을 행정행위의 취소와 같은 개념이 아니라 이미 행해진 처분의 효력을 廢止하는 것(재판에 대한 헌법소원심판에서 확정판결을 취소하는 것과 동일하다)이라고 볼 때, 작위적 행위의 효력을 직접 폐지하는 취소가 인정되는 이상 권한쟁의심판에서 처분에 대한 무효확인결정은 원칙적으로 인정할 필요가 없다고 할 것이다(鄭宗燮, 530 이하). 굳이 처분에 대한 무효확인결정이 필요한 경우를 상정해보면, 청구기간의 제한을 배제하기 위한 경우에 효용성이 있는 정도이다.

　　하자 있는 행정행위를 취소사유와 무효사유로 구별하는 실익은 다음과 같다. 행정행위의 하자가 중대·명백하여 무효인 경우(重大明白說)에는 行政訴訟에서 ① 行政審判前置主義가 적용되지 않으며, ② 提訴期間의 적용이 배제되고, ③ 事情判決을 할 수 없다. 그러나, 권한쟁의심판에서는 ① 前置節次는 처음부터 없고, ② 청구기간은 원칙적으로 적용되며, ③ 사정판결이 적용될 여지가 없기 때문에 어떤 기관의 처분이 다른 기관의 권한을 침해하거나 침해할 위험이 현저한 것을 行政行爲의 瑕疵理論에서 구별하는 취소사유와 무효사유의 개념에 따라 구별할 실익이 거의 없다. 권한쟁의심판에서는 어떤 기관의 처분이 다른 기관의 권한을 침해하거나 침해할 위험이 현저한 것이면 하자의 輕重이나 明白여부를 따질 필요도 없이 해당 처분을「폐지」하는 결정인 取消決定을 하는 것이 타당하다. 기관의 권한을 침해하는 어떤 기관의 처분(예컨대 재판, 법령 등)을 瑕疵理論에서 사용하는 取消事由와 無效事由의 개념에 따라 나누기도 쉽지 않다. 다만, 권한쟁의심판에서도 권한의 침해가 처분의 不存在에 버금가거나 너무 압도적으로 중대하고 명백하여 국가의 기능과 작용면에서 볼 때 도저히 그대로 놓아둘 수 없는 경우(현실의 국가작용에서 이런 경우는 거의 발생하기 어렵다)가 발생하고 또 청구기간도 이미 도과하여 이를 다툴 수 없는 때에는 이를 청구기간의 도과에 정당한 이유가 있는 것으로 인정하여 청구기간의 적용을 배제하여 해결하는 것이 타당할 것이다. 권한쟁의심판제도가 客觀訴訟이라는 점을 고려해 볼 때, 이런 청구기간적용의 예외를 인정하는 것이 타당하다. 헌법재판소법 제66조 제2항에 따라 이를 처분의 무효확인결정이 필요한 경우라고 보면, 청구기간의 적용이 배제될 것이다.

　　이 문제는 地方自治訴訟에 대한 논의와도 밀접한 연관이 있다. 지방의회 등의 議決無效訴訟이나 감독처분·이행명령에 대한 異議訴訟의 경우에 모두 地方自治法과 地方教育自治에관한法律에 提訴期間을 두고 있다. 따라서 이런 소송에서도 행정행위의 하자이론에서 논의되는 취소와 무효의 구별이 필요한가 하는 문제가 있다. 더 나아가 취소와 무효의 구별 기준이 명확하지 않은 점과 소송제도의 특성에 비추어 볼 때, 기관소송에서도 행정소송법상의 取消訴訟과 無效등確認訴訟을 구별하여 準用하고 있는 行政訴訟法 제46조는 원리적으로 재검토할 필요가 있다고 보인다. 특히 主觀訴訟과 客觀訴訟에서 청구기간이 가지는 의미가 동일하지 않으므로 청구기간에서 차이가 있는 취소소송과 무효등확인소송을 기관의 권한에 대한 다툼인 기관소송에 준용하는 것은 재고할 필요가 있다고 보인다. 주관소송에서 청구기간의 제한은 법적 안정성과 기본권으로서의 재판을 받을 권리의 보장과 관련되지만, 객관소송에서는 법적 안정성과 국가기능의 정상화와 관련되기 때문이다. 따라서 양자에 있어서 청구기간을 제한한다는 의미와 청구기간의 제한을 두지 않는다는 의미는 차이가 있다.

헌법재판소의 판례 중에는 권한쟁의심판에서 행정행위의 하자이론에 의거하여 권한침해적 처분을 그 침해와 침해의 위험이 중대명백한 것인가의 여부로 취소인 경우와 무효인 경우로 구별하는 취지로 판시한 것이 있다(憲 1999. 7. 22.
-98헌라4). 헌법재판소의 이런 견해에는 찬동하기 어렵다(鄭宗燮f, 532.
同旨: 許營d, 329).

[憲 1999. 7. 22.-98헌라4] 「피청구인의 위 처분은 무효임을 확인한다.……이 사건 지정처분의 권한은 청구인에게 있음이 명백하고, 앞에서 본 바와 같이 이 사건 진입도로부분에 대하여는 장○○의 신청이 없었으므로 청구인의 반려 및 거부처분이 있을 수 없으며, 나아가 피청구인의 인용재결이 있을 여지가 없다. 그러함에도 피청구인이 청구인이 인용재결의 취지에 따른 처분을 하지 않았다는 이유로 이 사건 진입도로에 대하여 지정처분을 한 것은 그 처분에 중대하고도 명백한 흠이 있어 무효라고 할 것이다.」 이 사건에서 헌법재판소는 피청구인의 행위가 청구인의 권한을 침해하였는지 여부와 그로 인하여 피청구인의 행위가 무효인지의 여부가 審判의 對象이라고 하고, 主文에서는 각각 항을 나누어 피청구인의 행위가 청구인의 권한을 침해한 것이라고 하고, 또 피청구인의 이런 행위는 무효임을 확인한다고 표시하였다.

위 판례 이후 헌법재판소가 처분의 取消와 無效의 구분에 관하여 중대명백설에 입각한 판시를 보인 적은 없다. [憲 2006. 8. 31.-2004헌라2] 사안에서는 피청구인이 한 점용료부과처분이 위법하므로 청구인이 주장하는 請求趣旨에 따라 취소한다는 내용의 취소결정을 내렸고, [憲 2006. 8. 31.-2003헌라1] 사안에서는 피청구인의 과세처분은 權限 없는 자에 의하여 이루어진 것으로서 그 효력이 없다는 취지의 無效確認決定을 내렸다. 헌법재판소가 처분의 취소와 무효의 구분에 관하여 명확한 기준을 정립할 필요가 있다.

II. 效　　力

무효확인의 결정이 있으면 헌법재판소의 결정이 가지는 일반적인 효력 이외에 무효확인의 결정이 가지는 특수한 효력이 발생한다. 이에 따라 피청구인의 처분이 처음부터 효력을 가지지 못한다는 것이 확정된다.

[230]　第五　不作爲違法確認決定

I. 意　　義

피청구인의 부작위가 청구인의 권한을 침해한 때에는 헌법재판소는 심판청구를 인용하는 결정을 한다(憲裁法
§66②). 부작위에 대한 심판의 인용결정에는 의무존재확인결정, 의무범위확인결정, 부작위위법확인결정의 형태가 있을 수 있다. 부작위와 관련한 의무존재확인결정과 의무범위확인결정은 처분과 관련한 권한존재확인결정과 권한범위확인결정에 준한다. 부작위위법확인에는 의무존재확인 또는 의무범위확인이 선행한다.

부작위위법확인에서 말하는「위법」에는 헌법위반과 법률위반이 포함된다. 명령 또는 규칙에 의해 부여된 권한에 대해서도 권한쟁의심판으로 다툴 수 있는 경우에는 명령 또는 규칙에 의해 부여된 의무의 불이행에 대해서도 권한쟁의심판으로 다툴 수 있다고 할 것이다.

부작위위법확인결정에 있어서는 청구인에게 즉시확정의 이익이 있어야 할 필요가 없다. 청구인의 권한이 침해되었음이 인정되는 것으로 족하다.

憲法裁判所의 判例 중에는 被請求人의 관할 하에 있던 도로, 제방, 섬들이 請求人의 관할구역으로 변경되었음에도 청구인에게 그 사무와 재산을 인계하지 아니한 피청구인의 不作爲에 대하여 違法을 확인한 사례가 있다($^{憲\ 2006.\ 8.\ 31.}_{-2004헌라2}$).

[憲 2006. 8. 31.-2004헌라2] 「[주 문]……2. 피청구인이 위 각 토지에 관하여 지방자치법 제 5 조에 의한 사무와 재산의 인계를 청구인에게 행하지 아니하는 부작위는 위법함을 확인한다.……이 사건 도로들, 제방, 섬들은 청구인의 관할구역으로 변경되었으므로, 피청구인은 지방자치법 제 5 조에 따라 새로 그 지역을 관할하게 된 지방자치단체인 청구인에게 그 사무와 재산을 인계할 의무(법률상 작위의무)가 있다. 지방자치법 제 5 조 소정의 의무는 관할구역변경으로 인한 행정의 공백이나 혼란을 제거하고 행정의 안정성과 지속성을 유지함으로써 주민을 위한 행정에 소홀하지 않도록 하는 데 그 목적이 있는 것이다. 따라서 피청구인이 청구인에게 현재까지 위 토지들에 대한 사무와 재산을 인계하지 않고 있는 이 사건 부작위는 지방자치법 제 5 조를 위반한 위법이 있고, 이러한 위법한 부작위는 위 토지들을 관할구역으로 하는 청구인의 자치권한을 침해하는 것이다.」

Ⅱ. 效 力

헌법재판소가 부작위에 대한 심판청구를 인용하면서 부작위위법확인의 결정을 하면 피청구인의 부작위가 위법하다는 것이 확정되고, 이런 확인결정이 가지는 기속력에 따라 피청구인에게 헌법재판소의 결정에서 확인한 작위의무를 이행할 책임이 발생한다. 따라서 헌법재판소가 부작위에 대한 심판청구를 인용하는 결정을 한 때에는 피청구인은 결정취지에 따른 처분을 하여야 한다($^{憲裁法}_{§66②}$).

3. 決定의 效力

권한쟁의심판에서 헌법재판소의 결정이 있으면, 위에서 본 바와 같이 각 결정의 종류에 따라 그에 부합하는 효력이 발생하고, 그 이외에도 결정이 가지는 일반적 효력도 발생한다.

Ⅰ. 권한쟁의심판의 결정에도 自己拘束力, 形式的 確定力, 旣判力이 발생한다.

Ⅱ. 특히 헌법재판소의 權限爭議審判의 決定은 모든 국가기관과 지방자치단체를 羈束한다(憲裁法 §67①). 이러한 기속력에 대해서는 이미 설명한 것과 같다.

권한쟁의심판에서 예컨대 행정행위나 재판행위에 해당하는 것을 법률로 제정한 경우 이러한 것이 국회의 권한이 아님을 확인한 때에는 국회는 헌법재판소의 결정에 기속된다. 권한쟁의심판의 본질상 당연하다. 그러나 권한쟁의심판에서 법률의 위헌 여부에 있어서 위헌결정을 한 경우에는 국회를 기속하지 않는다(非羈束說). 이 경우는 권한쟁의심판이 아니라 권한쟁의심판절차에 附隨된 위헌법률심판이기 때문이다.

제 7 절　再　　審

[231]　第一　再審의 許容與否

권한쟁의심판에는 권한쟁의심판의 성질에 반하지 아니하는 한도 내에서 민사소송에 관한 법령과 행정소송법이 준용되므로(憲裁法 §40) 재심이 인정된다.

권한쟁의심판에서 재판부의 구성이 위법한 경우에는 재심이 인정된다.

[232]　第二　第3者에 의한 再審請求

권한쟁의심판에서 국가기관 또는 지방자치단체의 처분을 취소하는 결정은 그 처분의 상대방에 대하여 이미 생긴 효력에 영향을 미치지 아니하므로(憲裁法 §67②) 권한쟁의심판에 행정소송법을 준용한다고 하더라도 行政訴訟法 제31조가 정하고 있는 제 3 자에 의한 재심청구를 인정할 여지는 없다.

제 8 절　假 處 分

[233]　第一　假處分의 決定

헌법재판소가 권한쟁의심판의 청구를 받았을 때에는 職權 또는 請求人의 申請에 의하여 終局決定의 宣告時까지 심판대상이 된 피청구인의 處分의 효력을 停止하는 결정을 할 수 있다($\S_{65}^{憲裁法}$).

　권한쟁의심판에서 취소결정이 아닌 처분무효확인결정이나 부작위위법확인결정
을 하는 때에도 재판의 실효성을 위하여 가처분을 할 수 있다. 부작위위법확인에 따
라 피청구인에게 일정한 행위를 하여야 할 의무가 부과되기 때문이다.

　청구인에 의한 가처분의 신청이 있는 경우 그 신청이 적법하고 이유가 있으면
신청을 인용하는 假處分의 결정을 하고, 적법하지만 이유가 없으면 棄却의 결정을
한다. 신청이 부적법한 경우에는 却下의 결정을 한다. 가처분의 결정에도 理由를 기
재하여야 한다.

　종국결정이 선고되면 가처분결정은 당연히 효력을 상실한다.

[234] 第二 假處分의 要件

　가처분의 요건에 대해서는 憲法裁判所法이 명시적으로 정하고 있는 것은 없다.
헌법재판소는 권한쟁의심판제도에서 가처분이 가지는 기능과 성질에 비추어 그 요건
을 정할 수 있다. 가처분의 요건에 대해서는 形式的 要件과 가처분을 인용하는 實質
的 要件으로 나누어 볼 수 있다.

Ⅰ. 形式的 要件

　권한쟁의심판절차에서 헌법재판소가 가처분을 할 수 있기 위해서는 i) 헌법재판
소가 본안심판에 대하여 관할권을 가지고 있을 것, ii) 가처분의 신청을 하는 청구인
은 청구인능력과 청구인적격을 가지고 있을 것, iii) 가처분은 청구인의 申請이 있어
야만 하는 것은 아니고 헌법재판소가 職權으로 할 수도 있다. iv) 헌법재판소의 終局
決定의 宣告가 있기 전일 것, v) 원칙적으로 權限爭議審判의 請求를 받아 본안사건
이 헌법재판소에 係屬되어 있을 것이 요구된다.

　　권한쟁의심판의 청구가 있기 전, 다시 말해 본안사건이 헌법재판소에 係屬되기 전
　　에도 가처분을 할 수 있는가 하는 것이 문제가 된다. 憲法裁判所法은 명시적으로
　　「權限爭議審判의 請求를 받았을 때」($\S_{65}^{憲裁法}$)라고 정하고 있으므로 현행법 아래에서는
　　권한쟁의심판의 청구가 있기 전에는 가처분을 할 수 없다는 견해가 있다($_{97}^{예:金河烈.}$).
　　그러나 가처분제도의 기능과 성질에 비추어 장차 권한쟁의심판의 청구가 있을 개연
　　성이 인정되는 때에는 절차가 개시되기 전에도 당사자의 신청에 의해 가처분을 할
　　수 있다고 할 것이다. 헌법재판소가 직권으로 가처분결정을 하는 때에는 소송이 계
　　속중이어야 한다.

Ⅱ. 實質的 要件

헌법재판소는 가처분을 認容할 수 있는 要件으로는 i) 손해 예방의 필요성이 있거나 공공복리상의 중대한 사유가 있을 것, ii) 처분의 효력을 정지시켜야 할 긴급성이 있을 것, iii) 본안사건이 부적법하거나 이유 없음이 명백하지 않을 것, iv) 가처분 기각 후 청구인용시의 불이익이 가처분 인용 후 종국결정에서 청구기각시의 불이익보다 클 것(이른바 「二重假定」(Doppelhypothese))을 들고 있다(예: 憲 1999. 3. 25.-98헌사98).

[憲 1999. 3. 25.-98헌사98] 「헌법재판소가 권한쟁의심판의 청구를 받은 때에는 직권 또는 청구인의 신청에 의하여 종국결정의 선고시까지 심판대상이 된 피청구기관의 처분의 효력을 정지하는 결정을 할 수 있고(헌법재판소법 제65조), 이 가처분 결정을 함에 있어서는 행정소송법과 민사소송법 소정의 가처분에 관계되는 규정이 준용되므로(같은법 제40조), 권한쟁의심판에서의 가처분결정은 피청구기관의 처분 등이나 그 집행 또는 절차의 속행으로 인하여 생길 회복하기 어려운 손해를 예방할 필요가 있거나 기타 공공복리상의 중대한 사유가 있어야 하고 그 처분의 효력을 정지시켜야 할 긴급한 필요가 있는 경우 등이 그 요건이 된다(행정소송법 제23조 제2항·제3항; 민사소송법 제714조 참조). 그러나 권한쟁의심판은 심판정에서 구두 변론기일에 당사자·이해관계인 기타 참고인의 진술을 듣고 증거조사를 하여 사실적인 측면과 헌법 또는 법률적인 견해에 대한 변론을 하게 된다(헌법재판소법 제30조, 제31조). 재판부는 쟁점을 판단하는 데 필요한 사실확정을 한 다음 이를 바탕으로 피청구인의 처분 또는 부작위가 헌법 또는 법률에 의하여 부여받은 청구인의 권한을 침해하였거나 침해할 현저한 위험이 있는지 여부, 즉 청구인과 피청구인 상호간의 권한의 존부 또는 범위에 대한 평의를 거쳐 종국결정에 이르게 되고 이러한 과정을 밟는 데는 상당한 시일을 요한다. 이와 같은 이유 때문에 헌법재판소가 직권 또는 청구인의 신청에 따라 심판대상이 된 피청구기관의 처분의 효력을 정지하는 가처분신청은 본안사건이 부적법하거나 이유없음이 명백하지 않는 한, 가처분을 인용한 뒤 종국결정에서 청구가 기각되었을 때 발생하게 될 불이익과 가처분을 기각한 뒤 청구가 인용되었을 때 발생하게 될 불이익에 대한 비교형량을 하는 것이 가장 중요한 요건이 될 수밖에 없고 이 비교형량의 결과 후자의 불이익이 전자의 불이익보다 큰 때에 한하여 가처분결정을 허용할 수 있는 것이다.」

[235] 第三 假處分決定의 效力

Ⅰ. 헌법재판소의 가처분결정이 있으면 심판대상이 된 피청구인의 처분의 효력이 정지된다(憲裁法 §65). 처분의 효력이 정지된다고 함은 처분의 효력이 존재하지 않는 상태에 놓이는 것을 말한다. 따라서 피청구인의 처분은 아무런 법적 효력을 발하지 못한다. 처분의 효력을 소급하여 정지하는 것은 허용되지 않는다. 처분의 효력이 정지되는 始期와 終期를 정할 필요가 있는 경우에는 헌법재판소는 자유로이 정할 수 있다. 종기를 따로 정함이 없이 가처분결정을 한 때에는 憲法裁判所法 제65조에 따라

終局決定의 宣告時까지 정지의 효력이 존속한다.

Ⅱ. 이와 관련하여 피청구인의 처분의 효력을 정지시키는 가처분 이외에 이러한 가처분의 목적을 달성할 수 있는 여타의 가처분결정도 할 수 있는가 하는 문제가 있다. 권한쟁의심판에는 行政訴訟法을 준용하고, 行政訴訟法 제23조는 처분의 효력 정지 이외에 그 집행 또는 절차의 속행의 전부 또는 일부를 정지시키는 결정도 할 수 있다고 정하고 있으므로 피청구인의 처분의 효력을 정지시키는 것과 관련된 기타의 행위를 정지시키는 가처분결정을 할 수 있다고 할 것이다(同旨: 金河烈, 100).

Ⅲ. 이러한 점에서 권한쟁의심판에서 가처분은 본안판단의 내용(예: 권한유무 또는 권한범위의 확인)을 넘어서는 내용을 명할 수 있게 된다.

[236]　第四　民事執行法　제300조　제2항의　準用與否

憲法과 憲法裁判所法이 정하고 있는 권한쟁의심판에서 憲法裁判所法 제65조가 정하고 있는 가처분 이외에 民事執行法 제300조 제2항이 정하는 臨時地位를 정하기 위한 가처분이 準用되는가 하는 문제가 있다. 消極的 權限爭議를 인정하는 경우에는 이러한 가처분을 인정해야 할 필요가 있을 수 있다. 인정의 근거로는 憲法裁判所法 제65조가 권한쟁의심판절차에서 가처분을 인정하고 있는 취지, 憲法裁判所法 제40조 준용규정에서 민사소송에 관한 법령을 행정소송법과 함께 準用하고 있는 점, 民事執行法 제300조 제2항이 정하는 臨時地位를 정하기 위한 가처분을 배제하는 규정이 없다는 점 등을 들 수 있다. 물론 권한쟁의심판의 성질에 합당한 범위 내에서 民事執行法 제300조 제2항이 준용된다.

[237]　第五　假處分의　排除

권한쟁의심판에서 가처분이 인정된다고 하더라도, 피청구인의 처분의 성질에 따라 가처분이 인정되지 않는 경우도 있다. 피청구인의 처분이 具體的인 行政處分行爲인가, 法規範 定立行爲인가(국회의 立法行爲인가, 행정청의 行政立法行爲인가), 裁判行爲인가에 따라 가처분의 인정여부는 달라질 수 있다. 그리고 憲法裁判所法 제67조 제2항에서 국가기관 또는 지방자치단체의 처분을 취소하는 결정이 그 처분의 상대방에 대하여 이미 생긴 효력에 영향을 미치지 아니한다고 정하고 있는 점에 비추어 볼 때, 처분의 상대방의 권리나 이익을 보호할 필요가 인정되는 경우에는 피청구인이 행한 처분의 효력을 정지하는 가처분은 인정되지 않는다고 할 것이다.

憲法訴願審判

제 5 장 憲法訴願審判

제 1 절 槪 觀

[238] 第一 管轄과 沿革

Ⅰ. 管 轄

(1) 헌법재판소의 전속관할

憲法裁判所는 헌법소원에 관한 심판을 管掌한다($\substack{憲法 \\ \S111① v}$). 憲法 제111조 제 1 항은 헌법소원심판에 관하여 헌법재판소가 독점적이고 專屬的인 관할권을 가지고 있음을 정하고 있다. 헌법재판소의 관할범위는 憲法 제111조 제 1 항이 정하고 있기 때문에 우리 실정법의 구조에서 헌법재판소의 관장사항은 헌법에서 정하고 있는 憲法事項에 해당한다.

(2) 헌법 제111조 제 1 항의 의미

憲法 제111조 제 1 항은, 헌법재판소는 「法律이 정하는 憲法訴願에 관한 審判」사항을 관장한다고 정하고 있는데, 이 文言의 의미에 대하여 헌법소원심판제도의 內容을 법률에 위임한다는 의미인가 아니면 헌법소원심판제도의 節次를 법률에 위임한다는 의미인가 하는 문제를 놓고 학설이 대립한다.

(a) 내용위임설

憲法 제111조 제 1 항에서 정하고 있는 「法律이 정하는」이라는 文言은 헌법소원심판의 관할권은 헌법재판소에 있지만, 헌법소원심판제도의 구체적인 내용은 법률에 위임한다는 것을 의미한다고 해석하는 견해이다. 이 견해는, 헌법이 헌법소원심판제도의 구체적인 내용을 법률에 위임하고 있는 이상 그 절차에 관한 것도 법률에 위임하고 있다고 본다.

(b) 절차위임설

헌법소원심판의 관할은 이미 憲法 제111조에서 정하고 있을 뿐 아니라 헌법소원심판제도의 본질적 내용도 「憲法訴願에 관한 審判」이라는 문언에 정해져 있으므로 「法律이 정하는」이라는 문언은 헌법소원심판의 구체적·세부적 절차를 법률로 정한다는 의미이며, 헌법재판소의 관장사항에 헌법소원심판이 포함되느냐 아니냐 하는 점과 헌법소원심판제도의 내용을 법률로 정한다는 의미가 아니라고 해석하는 견해이다. 절차위임설에 의하면, 극히 예외적으로 특정 공권력 행사 하나만 헌법소원심판의 대상으로 하고 나머지 모든 공권력의 행사 또는 불행사를 헌법소원심판의 대상에서 배제하는 입법은 憲法 제111조 제 1 항에도 위반된다고 보고, 입헌주의와 헌법국가원리의 규범력을 어느 정도로 보느냐에 따라 재판에 대한 헌법소원심판을 인정하지 않는 법률 조항에 대해서도 입헌주의 또는 헌법국가원리와 관련된 조항과 憲法 제111조 제 1 항을 근거로 하여 위헌결정을 할 수 있다고 본다.

  憲法裁判所의 태도는 이 쟁점에 대해서 확정적이지는 않지만, 법원의 재판을 헌법소원심판의 대상에서 제외한 헌법재판소법 제68조 제 1 항의 해당 부분이 헌법에 위반되는 것은 아니라고 한다(예: 憲 1997. 12. 24.
-96헌마172등).

  [憲 1997. 12. 24.-96헌마172등] 「헌법소원에 관한 헌법의 규정은 헌법 제111조 제 1 항 제 5 호가 "법률이 정하는 헌법소원에 관한 심판"이라고 규정하여 그 구체적인 형성을 입법자에게 위임함으로써, 입법자에게 헌법소원제도의 본질적 내용을 구체적인 입법을 통하여 보장할 의무를 부과하고 있다. 헌법소원제도는 일반사법제도와 같이 보편화된 제도가 아니고 헌법소원을 채택하고 있는 나라마다 헌법소원제도를 구체적으로 형성함에 있어서, 특히 헌법소원의 심판범위에 있어서도 그 내용을 서로 달리하는 경우가 많으므로 일반적으로 인정된 보편·타당한 형태가 있는 것이 아니다. 그러나 오늘날 헌법소원제도를 두고 있는 나라들은 모두 한결같이 헌법소원이 공권력작용으로 인하여 헌법상의 권리를 침해받은 자가 그 권리를 구제받기 위한 이른바 주관적 권리구제절차라는 것을 그 본질적 요소로 하고 있다. 헌법 제111조 제 1 항 제 5 호가 "법률이 정하는 헌법소원에 관한 심판"이라고 규정한 뜻은 결국 헌법이 입법자에게 공권력작용으로 인하여 헌법상의 권리를 침해받은 자가 그 권리를 구제받기 위한 주관적 권리구제절차를 우리의 사법체계, 헌법재판의 역사, 법률문화와 정치적·사회적 현황 등을 고려하여 헌법의 이념과 현실에 맞게 구체적인 입법을 통하여 구현하게끔 위임한 것으로 보아야 할 것이므로, 헌법소원은 언제나 '법원의 재판에 대한 소원'을 그 심판의 대상에 포함하여야만 비로소 헌법소원제도의 본질에 부합한다고 단정할 수 없다 할 것이다.」 이 사건에서 헌법재판소는 憲法裁判所法 제68조 제 1 항에서 재판을 헌법소원심판의 대상에서 제외한 것을 위헌이라고 단정할 수 없다고 판시하였지만, 內容委任說과 節次委任說 가운데 어느 쪽의 태도를 취하는지에 대해서는 확정적인 태도를 보이지 않고 있다. 一見 내용위임설의 입장을 취하는 듯한 분위기가 감돌고 있지만, 헌법소원심판제도를 이루는 본질적이고 핵심적인 사항을 배제하고 형식적으로 특정 공권력의 행사 하나만 헌법소원심판의 대상이 된다고 정하는 것과 같은 形骸化된 헌법소원심판제도를 정하는

입법에 대해서 어떤 입장을 취할 것인지는 불분명하다고 보인다.

Ⅱ. 沿　革

헌법소원심판제도는 우리 憲法史상 현행 1987年憲法(1987. 10. 29. 公布, 1988. 2. 25. 施行)에서 처음으로 채택한 제도이다. 우리 나라의 헌법재판제도사에 있어서 채택하였던 그 전의 헌법재판제도에는 헌법소원심판제도가 없었다.

憲法訴願審判制度의 變遷

憲法 / 項目	1948年憲法-1952年憲法-1954年憲法	1960年6月憲法-1960年11月憲法	1962年憲法-1969年憲法	1972年憲法-1980年憲法	1987年憲法
審判機關	없　음	→	→	→	憲法裁判所
憲法訴願審判	없　음	→	→	→	法律이 정하는 憲法訴願에 관한 심판
決定定足數	없　음	→	→	→	재판관 6인 이상의 찬성

[239] 第二 意義와 目的

Ⅰ. 意　義

(1) 헌법재판

헌법소원심판제도는 公權力의 행사 또는 불행사로 인하여 憲法상 보장된 基本權을 침해받은 자가 헌법재판소에 그 권리의 구제를 위하여 憲法訴願審判을 청구하고(憲裁法 §68①), 이에 대해 헌법재판소가 심판을 통하여 국민의 기본권을 구제하고 헌법질서를 守護하고 維持하는 제도이다. 따라서 헌법소원심판은 헌법재판에 해당한다.

(2) 보충적 기본권구제수단

통상 국민의 권리와 자유가 침해된 경우에는 그것이 헌법상의 기본권이든 하위법규범상의 권리이든 그 권리의 구제는 권리구제를 위한 각종의 위원회나 법원과 같은 통상의 一般的 權利救濟手段을 통하여 해결한다. 헌법재판소에서 관장하는 헌법소원심판은 성질상 이러한 통상의 권리구제수단이 아니기 때문에 일반적 권리구제수단을 대체하거나 그러한 권리구제수단의 목록에 추가될 수 없다. 따라서 헌법소원심판은 이러한 일반적 권리구제수단이 존재하는 경우에는 이와 별개의 것으로 보충적인 성질을 가지고 존재하면서, 기본권이 침해된 경우에 한하여 **最後**의 권리구제수단으로 인정되는 **權利救濟手段**이다. 이와 같이 헌법소원심판은 통상의 권리구제절차와의 관계에서 **最後的**이고 **補充的**인 권리구제수단으로서의 지위에 머무르는 것이 그 본질적 속성이다. 이러한 보충적인 성격으로 인하여 헌법소원심판의 시스템에서는 논리필연적으로 재판에 대한 헌법소원심판을 두어야 한다. 재판에 대한 헌법소원심판이 행해지는 전제에서만 헌법소원심판의 청구에서 통상의 권리구제절차를 먼저 이행할 것을 요구할 수 있다(同旨: 許營d,339). 법령에 대한 헌법소원심판과 같이 통상의 권리구제절차가 없는 경우에는 헌법소원심판제도는 예외적이고 보충적인 것이 아니라 일반적인 기본권 구제제도로서 그 기능을 한다.

《헌법재판소법 제68조 제 2 항의 헌법소원심판절차》

　　憲法裁判所法은 제68조 제 1 항에서 헌법소원심판절차를 규정하고 있는 이외에 따로 제68조 제 2 항에서 제41조 제 1 항의 규정에 의한 위헌법률심판의 제청신청이 기각된 때에 그 신청을 한 당사자로 하여금 헌법재판소에 심판을 청구할 수 있게 하는 길을 마련하고, 이를 「**憲法訴願審判**」이라고 **法文**에 기재하고 있기 때문에 헌법소원심판제도의 **意義**를 이해함에 있어서 혼란을 빚고 있다. 앞서 위헌법률심판제도에서 상세히 논하였듯이, 이것은 **憲法裁判所法** 제68조 제 2 항에서 명시적으로 표시되어 있는 「**憲法訴願審判**」이라는 표현에도 불구하고 성질상 헌법소원심판절차에 해당하는 것이 아니라 위헌법률심판절차에 해당하는 것이다. 법문의 표현은 잘못된 것이다([119] Ⅱ).

Ⅱ. 目 的

　헌법소원심판제도는 침해된 **基本權**의 **救濟**와 **憲法秩序**의 **保護** 또는 **守護**를 목적으로 한다.

(1) 기본권의 구제

　헌법이 정하고 있는 **立憲主義**와 **憲法國家原理**를 국가기관을 통하여 실현하는 방법은 여러 가지가 있다. 그 가운데서 헌법소원심판제도는, 국민이 공권력의 행사 또는 불행사로 인하여 헌법이 보장하고 있는 기본권을 침해당한 때 국민으로 하여금 직접 헌법재판소에 그 심판을 청구할 수 있게 하여 침해된 기본권을 구제하고, 이를 통하여 모든 공권력의 작용을 기본권에 **羈束**시켜 헌법의 **最高規範性**을 실현시킨다. 헌법상의 기본권이 침해된 경우에 이를 구제하는 소송이라는 점에서는 **主觀訴訟**으로서의 성질을 가진다.

(2) 헌법질서의 유지

　헌법소원심판은 기본권의 구제라는 주관적인 기능 이외에 위헌적인 공권력의 행사나 불행사를 憲法秩序에서 배제하여 헌법에 의해 형성된 질서를 보호하고 유지하는 기능을 수행한다. 기본권은 단순히 해당 기본권 주체의 개인적인 권리를 보장하는 것에 머물지 않고 공동체 내에서 살고 있는 국민들의 국가생활과 헌법생활에 직접 영향을 미치므로 헌법소원심판도 기본권을 침해당한 해당 개인의 권리를 구제하는 수준을 넘어 헌법질서와 헌법생활을 보호하고 유지하는 기능을 수행한다. 기본권이 민주주의와 법치주의의 가치와 질서를 적극 형성하는 기능은 이런 점을 잘 말해준다. 이런 점에서 헌법소원심판은 客觀訴訟으로서의 성질도 가진다.

Ⅲ. 二重的 機能
(1) 개 념

헌법소원심판제도가 가지고 있는, 기본권을 구제하는 기능과 헌법질서를 보호·유지하는 기능을 헌법소원심판제도의 二重的 機能(=二重的 性質)이라고 하는데, 이 이중적 기능은 헌법소원심판의 원리로서 헌법소원심판절차에 구체적으로 작용한다. 헌법소원심판에서 주관적인 권리보호이익이 존재하지 아니함에도 일정한 경우에 심판이익을 인정하여 본안판단을 하는 것은 이러한 二重的 機能에서 비롯된다.

憲法裁判所도 判例에서 헌법소원심판제도는 개인의 주관적 권리구제뿐만 아니라 객관적인 헌법질서의 수호·유지의 기능도 갖고 있다고 하면서 憲法訴願審判制度의 二重的 機能을 인정하고 있다(예: 憲 1992. 1. 28.−91헌마111; 1999. 5. 27.−97헌마137등). 憲法裁判所의 확립된 태도이다.

[憲 1992. 1. 28.−91헌마111] 「헌법소원의 본질은 개인의 주관적 권리구제뿐 아니라 객관적인 헌법질서의 보장도 하고 있으므로 헌법소원에 있어서의 권리보호이익은 일반법원의 소송사건에서처럼 주관적 기준으로 엄격하게 해석하여서는 아니된다. 따라서 침해행위가 이미 종료하여서 이를 취소할 여지가 없기 때문에 헌법소원이 주관적 권리구제에는 별 도움이 안 되는 경우라도 그러한 침해행위가 앞으로도 반복될 위험이 있거나 당해 분쟁의 해결이 헌법질서의 수호·유지를 위하여 긴요한 사항이어서 헌법적으로 그 해명이 중대한 의미를 지니고 있는 경우에는 심판청구의 이익을 인정하여 이미 종료한 침해행위가 위헌이었음을 선언적 의미에서 확인할 필요가 있는 것이다.」

[憲 1999. 5. 27.−97헌마137등] 「헌법소원제도는 개인의 주관적 권리구제뿐만 아니라 객관적인 헌법질서의 수호·유지의 기능도 갖고 있다. 이 심판 계속중에 주관적인 권리보호이익이 소멸된 경우라도 그러한 기본권 침해여부가 반복될 위험이 있고 그 해명이 헌법질서의 수호·유지를 위하여 긴요한 사항으로 중대한 의미를 지니고 있는 경우에는 심판청구의 이익을 인정하는 것이 우리 재판소의 선례이고……」

(2) 효　　력

헌법소원심판제도의 二重的 性質 또는 二重的 機能을 인정하는 경우에도 그 이중적 기능이 가지는 법적 효력의 射程距離가 어디까지인가에 대해서는 헌법소원심판의 規準을 둘러싸고 논란이 있다. 헌법소원심판에서 적용하는 심판규준이 헌법상의 기본권 조항에 한정되는가 아니면 기본권 조항이 아닌 다른 헌법조항도 포함되는가 하는 문제이다. 헌법소원심판제도는 본질적으로 기본권의 침해에 대하여 헌법재판소에 심판을 청구하여 다투는 제도이므로 헌법소원심판제도의 이중적 기능을 인정한다고 하더라도 기본권의 침해여부에 대해 판단함이 없이 다른 헌법규정의 위반여부만을 심판할 수는 없다고 할 것이다. 법률에 대한 헌법소원심판의 경우도 마찬가지다. 이런 점에서 구체적 규범통제와 법률에 대한 헌법소원심판이 규범통제라는 면에서는 유사한 기능을 가지면서도 다른 한편으로는 구체적 규범통제가 객관소송인 반면에 법률에 대한 헌법소원심판은 주관소송과 객관소송의 이중적 성질을 가지는 점에서 서로 다르다.

憲法裁判所의 판례 가운데 헌법소원심판에서 기본권조항이 아닌 餘他의 헌법규정의 위반여부를 심판한 것이 있다(예: 憲 1997. 12. 24.-96헌마172등). 헌법재판소의 판단은 문제가 있다 ([252] Ⅲ (2)).

제 2 절　審判의 對象

1. 槪　　說

[240] 第一　法律의 規定

憲法裁判所法 제68조 제 1 항은 「公權力의 행사 또는 不行使로 인하여 헌법상 보장된 基本權을 침해받은 자는 법원의 裁判을 제외하고는 憲法裁判所에 憲法訴願審判을 請求할 수 있다」라고 정하고 있다.

Ⅰ. 公權力의 槪念

기본권의 침해여부를 판단함에 있어서 그 전제가 되는 것은 기본권을 침해한 「公權力의 行使 또는 不行使」이다.

여기서 말하는 공권력에는 헌법에 의해 창설된 立法權力, 行政權力, 裁判權力이

해당한다. 이런 공권력은 형식적으로는 통상 국가기관의 권한을 의미하지만, 국가작용의 실질상 공법상의 영조물과 같이 국가기관이 아니더라도 공권력을 행사하는 주체의 권한을 의미하는 경우도 있다. 憲法裁判所는 헌법소원심판의 대상이 되는「공권력」은 입법권·행정권·사법권을 행사하는 모든 국가기관·공공단체 등의 고권적 작용이라고 본다(예: 憲 1998. 8. 27.-97헌마372등; 2001. 3. 21.-99헌마139; 2007. 10. 30.-2007헌마1128).

　　[憲 1998. 8. 27.-97헌마372등]「헌법재판소법 제68조 제 1 항에 의하여 헌법소원의 대상이 되는 행위는 국가기관의 공권력작용에 속하여야 한다. 여기서의 국가기관은 입법·행정·사법 등의 모든 기관을 포함하며, 간접적인 국가행정, 예를 들어 공법상의 사단, 재단 등의 공법인, 국립대학교(헌재 1992. 10. 1.)와 같은 영조물 등의 작용도 헌법소원의 대상이 된다고 할 것이다.……그렇다면 공영방송사는 가장 중요한 선거운동방법인 방송토론회의 개최기관으로서 선거관리업무의 일환으로 볼 수 있는 작용을 하고 있다고 보아야 할 것이므로 공권력의 주체라고 하지 않을 수 없다. 이는 공영방송사의 구성원에 한국방송공사와 같은 공법인 이외에 사법인, 방송문화진흥회법에 의한 방송문화진흥회가 출자한 방송법인이 포함되어 있다고 하여 달리 볼 것은 아니라 할 것이다. 왜냐하면 공영방송사는 그 구성원인 개개 방송사로부터 독립하여 개념적 실체로서 독자적인 법적 성질을 가지며, 그 성질은 공직선거법이 공영방송사라는 그 구성원과 분리된 별도의 실체에 대하여 부여하고 있는 기능에 의하여 파악되어야 할 것이기 때문이다.」
　　[憲 2001. 3. 21.-99헌마139]「헌법소원심판의 대상이 되는 것은 헌법에 위반된 "공권력의 행사 또는 불행사"이다. 여기서 '공권력'이란 입법권·행정권·사법권을 행사하는 모든 국가기관·공공단체 등의 고권적 작용이라고 할 수 있는바……」

　　다만, 憲法裁判所法은 이러한 공권력의 행사에서 법원의 재판을 제외하고 있는데, 이와 관련해서는 뒤에서 재판에 대한 헌법소원심판제도에서 자세히 살펴보기로 하고([243]), 나머지 문제들에 대하여 아래에서 설명하기로 한다.

Ⅱ. 私法上의 行爲

　　헌법소원심판의 대상이 되는 것은 기본권을 침해한「公權力의 行使 또는 不行使」이기 때문에 私法上의 行爲는 어떤 경우에도 헌법소원심판의 대상이 되지 않는다.
　　公共用地의取得및損失補償에관한特例法에 의한 토지 등의 협의취득에 따른 보상금의 지급행위(예: 憲 1992. 11. 12.-90헌마160; 1992. 12. 24.-90헌마182; 1994. 2. 24.-93헌마213등), 公共用地의取得및損失補償에관한特例法에 의해 취득한 토지에 대한 보상용 대체토지의 공급조건 통보행위(憲 1994. 2. 24.-93헌마213등), 하천법상의 廢川敷地의 교환행위(憲 1992. 11. 12.-90헌마160), 정부투자기관이 출자한 회사가 한 인사상의 차별 및 해고(憲 2002. 3. 28.-2001헌마464)는 사법상의 행위에 해당한다.

[241] 第二　公權力과 基本權 聯關性

헌법소원심판에서는 기본권의 보장과 아무런 연관이 없는 공권력이나 외국 또는 국제기구의 공권력은 처음부터 문제가 되지 않는다.

공권력 중에는 성질상 基本權의 保障과는 아무런 연관이 없어 그러한 공권력의 행사 또는 불행사의 영역에서는 기본권의 침해여부가 처음부터 문제될 수 없는 경우가 있다. 이러한 경우에 憲法訴願審判의 請求는 不適法한 것이 된다고 할 것이다.

> 국가의 공권력의 행사나 불행사가 항상 국민의 基本權 領域에서 문제가 되는 것은 아니다. 국가작용의 목적은 직접이건 간접이건 궁극적으로 국민의 기본권의 보장에 있는 것은 분명하지만, 그 구체적인 작용에서는 기본권과 연관이 있는 경우도 있고 기본권과 연관이 없는 경우도 있다. 예컨대 순수히 國家組織 內部의 作用에 필요한 공권력은 기본권 영역과는 직접적인 聯關이 없는 공권력에 해당한다. 기본권 영역과 연관이 없는 공권력의 작용에 있어서는 그러한 공권력의 작용영역에 기본권이 개입될 가능성이 애초부터 없기 때문에 기본권 침해의 문제는 발생할 여지가 없다. 따라서 기본권의 침해를 전제로 한 헌법소원심판도 개입할 여지가 없다. 그러나 실제에서는 해당 사안에서 문제가 되는 공권력이 기본권과 연관이 없는 공권력임에도 기본권과 연관이 있는 것으로 착각하여 이를 대상으로 憲法訴願審判을 청구하는 경우가 발생할 수 있는데, 이러한 경우에 憲法訴訟論的으로는 해당 공권력의 행사 또는 불행사로 인하여 아무런 기본권도 침해된 것이 없다는 이유로 請求를 棄却할 것이냐 아니면 헌법소원심판의 대상이 될 수 없는 공권력을 대상으로 한 不適法한 請求라는 이유로 却下할 것이냐 하는 것이 문제가 된다. 모든 공권력은 예외 없이 기본권을 침해할 가능성이 있다고 본다면 이러한 경우 기각의 결정을 하여야 할 것이지만, 국가작용 중 그 성질상 아예 처음부터 기본권을 침해할 가능성이 전혀 없는 공권력의 행사나 불행사도 있음을 고려한다면 이러한 경우에는 却下의 결정을 하는 것이 法理的으로 타당하다.

憲法裁判所도 같은 태도를 취하고 있다(예: 憲 1994. 4. 28.-91헌마55; 1994. 8. 31.-92헌마174; 1999. 6. 24.-98헌마472등; 2002. 9. 19.-2000헌바181). 헌법재판소는 기본권과 연관이 없는 공권력을 대상으로 한 헌법소원심판청구에 대하여 基本權 聯關性이 缺如된 것이라고 하여 不適法 却下의 결정을 하고 있다. 구체적인 내용은 기본권의 침해 요건에서 살펴본다([256]).

> [憲 1999. 6. 24.-98헌마472등] 헌법재판소는「헌법재판소법 제68조 제 1 항에 의한 헌법소원은 공권력의 행사 또는 불행사로 헌법상 보장된 기본권을 침해받은 자가 청구할 수 있는 권리구제제도이다. 따라서 행위의 성질상 국민의 권리를 침해할 수 없는 공권력 주체의 행위는 헌법소원심판의 대상이 될 수 없다. 다시 말하면 헌법소원심판의 대상이 되는 공권력의 행사 또는 불행사는 반드시 국민의 권리의무에 대하여 직접적인 법률효과를 발생시키는 행위가 있어야 한다」라고 하고, 국회의 장이 특정 국회의원을 특정 상임위원회의 위원으로 선임한 행위는「국회법 제48조

에 근거한 행위로서 국회 내부의 조직을 구성하는 행위에 불과할 뿐 국민의 권리의
무에 대하여 직접적인 법률효과를 발생시키는 행위라고 할 수 없다……국회의원을
위원으로 선임하는 행위는 국민의 대표자로 구성된 국회가 그 자율권에 근거하여
내부적으로 회의체 기관을 구성 조직하는 '기관내부의 행위'에 불과한 것이다」라고
하였다. 이를 전제로 하여 「피청구인의 이 사건 선임행위는 그 자체가 국회 내부의
조직구성행위로서 국민에 대하여 어떠한 직접적인 법률효과를 발생시키지 않기 때
문에 이로 인하여 청구인들의 기본권이 현재 직접 침해되고 있다고 할 수 없다. 그
렇다면 청구인들의 이 사건 심판청구는 결국 청구인들의 기본권을 직접 침해한 공
권력의 행사를 대상으로 한 것이 아니어서 기본권 관련성이 결여되어 부적법하다
할 것이므로 이를 각하하기로 한다.」라고 판시하였다.

〔242〕 第三 國家外의 公權力

공권력의 행사나 불행사는 大韓民國의 국가기관 등 공권력의 주체가 보유하는
공권력을 의미한다. 따라서 外國 국가기관 또는 國際機構의 공권력은 이에 해당하지
않는다. 헌법재판소의 판례도 같은 견해이다(예: 憲 1997. 9.
25.-96헌마159). 북한은 外國에 해당하지 않
지만 우리의 實定法이 실효적으로 미치지도 않는 집단이므로 북한의 公權力作用은
헌법소원심판의 대상이 되지 못한다.

> [憲 1997. 9. 25.-96헌마159] 「인도네시아국 경찰에 의하여 청구인의 기본권이
> 침해되었으므로 이의 위헌확인을 구한다는 심판청구에 관하여 본다. 헌법소원심판
> 의 대상이 되는 공권력의 행사 또는 불행사는 헌법소원의 본질상 대한민국 국가기
> 관의 공권력 작용을 의미하고 외국이나 국제기관의 공권력 작용은 이에 포함되지
> 아니한다 할 것이므로, 이 부분 심판청구는 헌법소원심판청구의 대상이 될 수 없어
> 부적법하다 할 것이다.」

2. 公權力의 行使

〔243〕 第一 槪 說

I. 公權力 行使의 槪念

헌법소원심판에서는 국가(지방자치단체 포함) 또는 그 기관의 적극적인 권한 행사
인 공권력의 행사가 기본권을 침해하였음을 다툴 수 있다. 국가나 지방자치단체가
가지는 권한은 본질적으로 공권력이고, 이런 공권력의 행사에서는 언제나 남용과 오
용이 발생할 수 있으며, 그로 인하여 국민의 기본권이 침해될 수 있다. 헌법소원심
판에서 문제로 삼는 것 가운데 하나는 기본권 침해의 원인이 된 공권력의 행사이다.

공권력을 행사하는 이상 그 주체가 私人이거나 公法人이거나 불문하고 헌법소원심판의 피청구인이 된다. 국영 또는 공영 방송사(예: 憲 1998. 8. 27.-97헌마372등)나 국·공립대학(예: 憲 1992. 10. 1.-92헌마68등)이 공권력을 행사하여 기본권을 침해한 때에는 이에 대하여 헌법소원심판으로 다툴 수 있다.

私人에 의한 기본권의 침해는 헌법소원심판으로 다툴 수 없다. 公權力의 行使나 不行使가 존재할 수 없기 때문이다.

Ⅱ. 該當性이 없는 경우

(1) 헌법의 개별 규정

헌법소원심판의 대상이 되는 공권력은 헌법에 의해 창설된 국가권력(지방자치단체의 권력 포함)을 의미한다. 따라서 憲法의 個別規定은 이러한 공권력 행사의 결과에 해당하지 않는다(예: 憲 1995. 12. 28.-95헌바3; 1996. 6. 13.-94헌마118등).

[憲 1996. 6. 13.-94헌마118등] 「헌법은 그 전체로서 주권자인 국민의 결단 내지 국민적 합의의 결과라고 보아야 할 것이므로, 헌법의 개별규정을 헌법재판소법 제68조 제 1 항 소정의 공권력 행사의 결과라고 볼 수도 없고(헌법재판소 1995. 12. 28. 선고, 95헌바3 결정 참조), 따라서 국회가 헌법 제29조 제 2 항을 개정하지 아니하고 있는 것이 헌법재판소법 제68조 제 1 항 소정의 공권력의 불행사에 해당한다고 할 수 없다.」

(2) 헌법재판권력

國家權力은 국가작용의 기능에 따라 立法權力, 行政權力, 裁判權力, 憲法裁判權力으로 분류된다. 그런데 憲法裁判權力의 행사나 불행사는 헌법소원심판의 대상이 되지 않는다. 헌법재판소는 자기가 한 재판에 대하여 스스로 구속되는 결정의 自己拘束力 때문에 자기가 한 재판을 심판의 대상으로 삼아 다시 재판을 할 수 없다. 이러한 것은 헌법재판소의 결정의 효력에 의해서도 인정되지 않을 뿐 아니라, 「어느 누구도 자기의 행위에 대하여 스스로 재판관이 될 수 없다」는 自然的 正義(natural justice)에도 충돌되어 인정되지 않는다. 헌법재판에서도 예외적으로 재심을 인정해야 할 정당한 경우에는 헌법재판소의 결정에 대하여 다시 심판하지만, 이러한 것은 특별절차로서의 재심절차일 뿐 헌법재판소의 결정을 대상으로 하는 헌법소원심판이 아니다.

憲法裁判所도 헌법재판소의 결정에 대한 헌법소원심판은 인정되지 않는다고 판시하였다(예: 憲 1989. 7. 10.-89헌마144; 1989. 7. 24.-89헌마141).

[憲 1989. 7. 10.-89헌마144] 「이는 헌법재판소의 결정을 대상으로 하여 청구한 것이므로 허용될 수 없는 것이어서 부적법하고, 그 흠결을 보정할 수 없는 경우이다.」

[憲 1989. 7. 24.-89헌마141] 「당 재판소 제3지정재판부에서 청구기간 경과를 이유로 각하된 사실이 있는바, 헌법재판소가 이미 행한 결정에 대해서는 자기 기속력 때문에 이를 취소, 변경할 수 없다 할 것이며, 이는 법적 안정성을 위하여 불가피한 일이라고 할 것이다.」

[244] 第二 立法作用

I. 法　律

(1) 「공권력의 행사」 해당성

國會가 제정한 法律은 憲法裁判所法 제68조 제1항이 정하고 있는 「公權力의 행사」에 해당한다.

代議制度를 채택하고 있는 代議民主主義 國家에서 입법작용은 국민의 代表者에 의해 이루어지지만, 그러한 입법작용의 속성은 國家權力의 行使에 해당되는 立法權力의 行使이고, 이러한 입법작용의 濫用이나 誤用으로 인하여 기본권이 침해되는 경우가 발생하기 때문이다.

여기서 말하는 法律은 원칙적으로 현재 시행중인 유효한 것이어야 한다. 그러나 법률이 공포되었지만 아직 시행되지 않고 있는 경우에도 청구인의 기본권 침해가 충분히 예측되는 경우에는 예외적으로 헌법소원심판의 대상이 될 수 있다(예: 憲 1994. 12. 29.-94헌마201). 이와 동일한 이유에서, 대통령이 서명하였지만 아직 관보게재에 의한 공포가 있기 전 단계에 있는 법률안도 헌법소원심판의 대상이 된다고 할 것이다. 폐지된 법률도 본안판단의 필요성이 인정되는 경우에는 예외적으로 심판의 대상이 된다(예: 憲 1995. 5. 25.-91헌마67). 국회에서 심의중인 法律案은 심판의 대상이 되지 못한다. 마찬가지로 법률안의 제출 행위도 심판의 대상이 되지 못한다(예: 憲 1994. 8. 31.-92헌마174).

《법률에 대한 헌법소원심판제도》
현행 憲法裁判所法의 해석상 법률에 대한 헌법소원심판이 인정된다고 하더라도 이에 대한 절차상의 규정이 명확하지는 아니하다. 우리 나라 憲法裁判所法에는 법률에 대한 헌법소원심판제도에 대하여 별도로 정하고 있는 바가 없고, 憲法裁判所法을 제정할 당시에도 이에 대해 충분히 검토한 적이 없었다. 따라서 현재에는 헌법소원심판제도에 대하여 정하고 있는 憲法裁判所法 제68조 제1항에 포함되어 있다고 해석하여 이를 인정하고 있다. 헌법재판소는 법령도 憲法裁判所法 제68조 제1항이 정하고 있는 「公權力의 行使」에 속하는 것이라고 보고 이를 인정한다. 다만, 법령에 대한 헌법소원심판은 現在 自己의 기본권을 법령에 의하여 直接 침해받은 경우에 한하여 청구할 수 있다. 이를 헌법소원심판청구의 法的關聯性이라고 한다. 立法不作爲에 대해서도 같은 조항의 「公權力의 不行使」로 보고 이를 인정한다. 헌법재판소의 판례상 확고하게 확립된 태도이다. 헌법재판소가 법령과 입법부작위를 헌법소원심판의 대상으로 인정한 것은 타당하다. 그러나 법률에 대한 헌법소원심판에는 法的關聯性, 請求期間, 主文의 表示, 審判의 效力 등에 있어서 법률 이외의 공권력의 행사나 불행사를 대상으로 하는 헌법소원심판과 차이가 있으므로 이러한 점을 고려하여 憲法裁判所法에 법률에 대한 헌법소원심판에 대한 규정을 따로 정해두는 것이 타당하다. 헌법재판소는 법령에 대한 헌법소원심판절차를 憲法裁判所法 제68조 제 1 항에 포함되는 것으로 인정하고, 따라서 請求期間도 憲法裁判所法 제69조 제 1 항이 정하는 바에 따라 적용하고 있으나 법령에 대한 헌법소원심판절차에 대한 규정을 따로 두어 그 성질에 맞게 정비할 필요가 있다.

憲法裁判所도 현행 憲法裁判所法의 규정상 법률에 대한 헌법소원심판이 가능하다고 여러 차례 반복하여 판단하였다. 법률에 대한 헌법소원심판을 인정하는 것은 헌법재판소의 확립된 판례이다(예: 憲 1989. 7. 21.–89헌마12; 1989. 9. 29.–89헌마13; 1989. 10. 27.–89헌마105등; 1999. 5. 27.–98헌마372). 憲法裁判所는 이러한 결론을 憲法裁判所法 제68조 제 1 항이 정하고 있는 헌법소원심판에 대한 일반적인 규정의 해석을 통하여 도출하고 있다.

［憲 1989. 9. 29.–89헌마13］ 「헌법재판소법 제68조 제 1 항에는 공권력의 행사 또는 불행사로 인하여 기본권을 침해받은 자는 헌법소원심판을 청구할 수 있다고 규정하고 있고, 공권력의 행사에는 입법권자의 입법행위도 포함된다 할 것이므로, 국민이 어떤 법률 또는 법률조항 자체에 의하여 직접 자신의 기본적 권리를 현재 침해받고 있는 경우에는 그 법률 또는 법률조항에 대하여 바로 헌법재판소법이 정한 절차에 따라 그 권리구제를 구하는 헌법소원심판을 청구할 수 있다. 다만, 그러한 헌법소원심판을 청구하는 때에는 입법부작위의 경우와 달리 헌법재판소법 제69조 제 1 항에 정한 청구기간 안에 심판청구를 하여야 한다 할 것이다.」
［憲 1999. 5. 27.–98헌마372］ 「헌법재판소법 제68조 제 1 항에 의하면 공권력의 행사 또는 불행사로 인하여 헌법상 보장된 기본권을 침해받은 자는 헌법소원심판을 청구할 수 있도록 규정하고 있고, 이 규정에 정한 공권력에는 입법권도 포함된다 할 것이므로 법률 또는 법률조항에 대한 헌법소원심판청구도 가능하다.」

(2) 입법행위의 문제

(a) 문제의 소재

법률은 立法行爲(制定·改正·廢止)에 의해 만들어지고, 그 내용이 변경되며, 소멸된다. 여기서 憲法訴願의 대상인 公權力의 행사가 입법행위의 결과로 존재하게 된 法律인지, 아니면 立法行爲(구체적으로는 제정법률·개정법률·폐지법률을 만드는 행위) 그 자체인지 문제된다.

違憲法律審判에서도 비슷한 문제가 제기되는데, 개정법률과 폐지법률을 위헌법률심판의 심판대상으로 보고, 만일 개정법률과 폐지법률이 위헌일 경우 그 이전의 입법상태로 돌아가게 된다는 취지의 판례(憲 2001. 1. 18.–2000헌바7)가 있다는 점도 앞에서 살펴보았다([113]Ⅲ). 위헌법률심판에서는 심판대상을 '법률'이라고 특정하고 있지만, 憲法訴願의 경우 심판대상을 '공권력의 행사 또는 불행사'라고 정하고 있어서 입법행위의 결과가 아니라 입법행위 그 자체를 심판대상으로 보아야 한다는 주장이 제기될 수도 있다.

이러한 논의의 실익은 다음과 같다. i) 헌법소원 인용시 主文의 기재방식과 관련하여 입법행위의 결과인 법률을 심판대상으로 볼 경우에는 「특정 법률이 헌법에 위반된다'는 주문을 내게 될 것이지만, 입법행위를 심판대상으로 볼 경우에는 '제정법률(개정법률, 폐지법률)이 헌법에 위반된다」라거나 「제정행위(개정행위, 폐지행위)를 취소한다」는 취지의 주문을 내게 될 것이다. ii) 다음으로 인용결정에 따른 效果와 관련하여 입법행위의 결과인 법률을 심판대상으로 볼 경우에는 해당 법률이 위헌이 되면 그러한 규범이 廢止되는 것에 그치지만, 입법행위 자체를 심판대상으로 볼 경우 그러한 입법행위 以前의 立法狀態(제정 전 상태, 개정 전 상태, 폐지 전 상태)로 돌아가게 될 것이다(따라서 법률이 존재하다가 폐지되어 없어진 경우, 입법부작위를 문제삼을 것이 아니라 작위인 폐지법률의 입법행위를 문제삼게 될 것이다). iii) 또한 請求期間의 적용과 관련하여 입법행위의 결과인 법률을 심판대상으로 볼 경우에는 공권력의 행사가 一回的으로 끝나는 것이 아니라 계속 존재하는 것이므로 청구기간의 適用排除가 논리일관적일 것이나, 입법행위 그 자체를 심판대상으로 볼 경우에는 입법행위가 종료됨으로써 공권력행사는 終了되고 그로 인한 基本權侵害의 結果만 지속되는 것이어서 청구기간이 적용된다고 보는 것이 논리일관적이다.

(b) 판   례

앞에서 본 것과 같이 違憲法律審判에서는 개정법률과 폐지법률을 심판대상으로 본 판례가 있으나, 憲法訴願에서는 일반적으로 입법행위의 결과인 법률을 심판대상으로 보는 것이 헌법재판소의 實務이다. 다만, 뒤에서 보는 것과 같이([247]), 條約의 경우 締結行爲가 「공권력의 행사」에 해당한다고 판시한 사례가 있는데(憲 2001. 3. 21. -99헌마139등, 그러나 위 판례에서도 "이 사건의 심판대상은 대한민국과 일본국간의 어업에 관한 협정"이라고 특정하였다), 그러한 판례만으로 헌법재판소가 입법행위 자체를 심판대상으로 인정한다고 단정하기는 어렵다.

따라서 헌법재판소는 법률에 대한 헌법소원심판을 認容할 경우 위헌법률심판에서와 마찬가지로 해당 법률이 「헌법에 위반된다」는 主文을 내고 있으며, 제정법률(또는 개정법률, 폐지법률)이나 입법행위를 「취소한다」는 주문을 내지 않는다(예: 憲 2002. 8. 29. -2001헌마788; 2003. 10. 30. -2002헌마684; 2005. 12. 22. -2004헌마947; 2009. 10. 29. -2009헌마350등).

다만, 請求期間의 적용과 관련하여 헌법재판소는 법규정립행위(입법행위)는 일종의 法律行爲이므로 그 행위의 속성상 행위 자체는 한번에 끝나는 것이고, 그러한 입법행위의 結果인 權利侵害狀態가 계속될 수 있을 뿐이라고 보아야 하므로, 법령에 대한 헌법소원에 대하여도 청구기간이 적용된다는 취지로 판시하고 있는바(憲 1992. 6. 26. -91헌마25), 이러한 판시는 입법행위의 결과인 법률이 아니라 입법행위 자체를 심판대상으로 함을 전제로 하는 것이어서 논리일관성이 떨어진다.

　　[憲 1992. 6. 26.-91헌마25] 「다만, 청구기간의 준수문제와 관련하여 청구인은
이 사건 행정입법과 같은 적극적 입법작용에 의한 기본권의 침해는 한번에 끝나는
것이 아니라 연속적으로 계속되는 것이고, 기본권침해가 연속적으로 계속되는 경우
에는 청구기간에 의한 심판청구의 제한이 없는 것으로 해석하여야 한다고 주장한
다. 그러나 법규정립행위(입법행위)는 그것이 국회입법이든 행정입법이든 막론하고
일종의 법률행위이므로, 그 행위의 속성상 행위 자체는 한번에 끝나는 것이고, 그러
한 입법행위의 결과인 권리침해상태가 계속될 수 있을 뿐이라고 보아야 한다. 다시
말하자면 기본권침해의 행위가 계속되는 것이 아니라, 기본권침해의 결과가 계속
남을 수 있을 뿐인 것이다. 그렇다면 기본권침해행위는 한번에 끝났음에도 불구하
고, 그 결과가 계속 남아 있다고 하여 청구기간의 제한을 전면적으로 배제하여야
한다는 주장은 법적 안정성의 확보를 위한 청구기간의 설정취지에 반하는 것으로서
부당하다고 하여야 할 것이다. 따라서 이 점에 관한 청구인의 주장은 이를 쉽사리
받아들일 수 없다.」

　　(c) 사　　　견

　　法律은 行政處分과 달리 일정한 기간 동안 효력을 유지하는 지속성과 일반성을
그 속성으로 하므로, 적극적인 입법작용에 대한 憲法訴願審判은 一回的인 입법행위
(제정, 개정,
폐지행위)를 심판대상으로 삼을 것이 아니라 입법행위의 결과인 법률을 심판대상으로
삼는 것이 타당하다. 따라서 법률을 심판대상으로 하여 그 위헌성이 인정될 경우
'취소결정'의 주문이 아니라 '違憲決定'(경우에 따라서
는 變形決定)의 主文을 내어야 하고, 위헌결정이
내려지면 해당 법률은 규범영역에서 사라질 뿐 그 以前의 立法狀態로 돌아간다고 보
기는 어려우며, 법률이 效力을 유지하는 동안 공권력의 행사는 지속된다고 보아야
하므로 請求期間의 적용을 排除하는 것이 타당하다. 법령에 대한 헌법소원에 관하여
청구기간을 적용하고 있는 헌법재판소의 판례는 조속히 변경되어야 한다.

　　(d) 관련 문제: 입법과정의 하자

　　헌법소원심판의 대상이 되는 법률은 앞서 본 것과 같이 입법행위의 결과를 말하
므로, 立法行爲의 過程은 이러한 「법률」에 해당하지 않는다. 따라서 立法過程에 瑕
疵가 있다 하더라도 그러한 하자 있는 입법행위 자체를 헌법소원심판의 대상으로 삼
아 심판을 청구할 수는 없다. 다만, 그러한 경우에도 입법행위의 결과인 법률의 위
헌사유로 입법과정의 하자를 주장하는 것은 가능하다. 즉 憲法에 명시한 立法節次를
위반하거나 입법의 權原이나 代議原理 등을 정한 헌법의 다른 규정을 위반하여 제정
또는 개정된 법률에 의해 基本權에 制限이 가해지는 경우에는 기본권의 侵害가 되
고, 헌법소원심판을 통하여 해당 법률의 위헌성을 다툴 수 있다([256] II (2)).

憲法裁判所의 判例도 같은 취지이다($\frac{憲 1998. 8. 27.}{-97헌마8등}$). 특히 헌법재판소는 법률에 대한 헌법소원심판에서 立法作用에 適法節次原則이 적용된다고 하면서 적법절차위반 여부를 검토한 경우가 있는데($\frac{憲 2009. 6. 25.}{-2007헌마451}$), 헌법재판소의 이러한 태도는 바람직하다.

[憲 1998. 8. 27.-97헌마8등] 「법률의 입법절차가 헌법이나 국회법에 위반된 다고 하더라도 그와 같은 사유만으로는 이 사건 법률로 인하여 청구인들이 현재, 직접적으로 기본권을 침해받은 것으로 볼 수는 없다. 청구인들이 주장하는 이 사건 법률의 입법절차의 하자로 인하여 직접 침해되는 것은 청구인들의 기본권이 아니라 이 사건 법률의 심의 표결에 참여하지 못한 국회의원의 법률안심의, 표결 등 권한 이라고 할 것이다. 97헌마39 사건의 청구인들은 국민으로서의 입법권을 본질적으로 침해 받았다고 주장하나, 입법권은 국회의 권한이지 헌법상 보장된 국민의 기본권 이라고 할 수도 없다. 따라서 청구인들은 이 사건 법률의 실체적 내용으로 인하여 현재, 직접적으로 기본권을 침해받은 경우에 헌법소원심판을 청구하거나 이 사건 법률이 구체적 소송사건에서 재판의 전제가 된 경우에 위헌여부심판의 제청신청을 하여 그 심판절차에서 입법절차에 하자가 있음을 이유로 이 사건 법률이 위헌임을 주장하는 것은 별론으로 하고 단순히 입법절차의 하자로 인하여 기본권을 현재, 직접적으로 침해받았다고 주장하여 헌법소원심판을 청구할 수는 없다고 할 것이다. 이 사건에서 청구인들이 주장하는 입법절차의 하자는 야당소속 국회의원들에게는 개의시간을 알리지 않음으로써 이 사건 법률안의 심의에 참여할 수 있는 기회를 주지 아니한 채 여당소속 국회의원들만 출석한 가운데 국회의장이 본회의를 개의하고 이 사건 법률안을 상정하여 가결 선포하였다는 것이므로 이와 같은 입법절차의 하자를 둘러싼 분쟁은 본질적으로 국회의장이 국회의원의 권한을 침해한 것인가 그렇지 않은가에 관한 다툼으로서 이 사건 법률의 심의 표결에 참여하지 못한 국회의원이 국회의장을 상대로 권한쟁의에 관한 심판을 청구하여 해결하여야 할 사항이라고 할 것이다.」 이 결정은 이 사건에는 기본권의 침해가 없고 성질상 권한쟁의로 다투어야 할 사안이라는 점을 판시한 것이다. 이 결정의 전체적인 취지에 비추어 보면, 입법절차의 하자에 대해서는 헌법소원심판으로 다툴 수 없다고 본 것이라고 해석할 수도 있다.

(3) 부진정입법부작위

입법부작위에 대한 헌법소원심판 가운데 不眞正立法不作爲의 경우에는 법률이 존재하므로 法律에 대한 憲法訴願審判請求의 형식으로 그 심판을 청구하여야 한다([249]).

(4) 소송계속중 위헌선고된 법률

법률 또는 법률조항에 대한 헌법소원심판이 청구된 후 訴訟係屬중에 다른 사건에서 해당 법률이나 법률조항이 위헌으로 선고된 경우에는 이런 법률이나 법률조항은 더 이상 심판의 대상이 될 수 없다($\frac{예: 憲 1994. 4.}{28.-92헌마280}$).

(5) 예　　산

예산은 법규범의 일종이지만 법률과 달리 국가기관만 구속하고 일반 국민은 구속하지 아니하므로 예산이나 예산안의 의결행위는 헌법소원심판의 대상이 되지 않는다(예: 憲 2006. 4. 25.
-2006헌마409).

Ⅱ. 行政立法

(1) 법규명령

命令이나 規則 등과 같은 행정입법도 공권력의 행사에 해당하여 헌법소원심판의 대상이 된다. 따라서 法規命令은 헌법소원심판의 대상이 된다. 憲法裁判所도 이를 정한다(예: 憲 1990. 10. 15.-89헌마178; 1996. 8.
29.-94헌마113; 1997. 6. 26.-94헌마52). 즉 大統領令(예: 憲 1999. 12. 23.-98헌마
363; 2000. 6. 29.-98헌마36), 總理令(예: 憲 1997. 3.
27.-93헌마159), 部令(예: 憲 1993. 5.
13.-92헌마80)은 법규명령으로서 헌법소원심판의 대상이 된다.

> **[憲 1990. 10. 15.-89헌마178]** 「헌법재판소법 제68조 제1항이 규정하고 있는 헌법소원심판의 대상으로서의 "공권력"이란 입법·사법·행정 등 모든 공권력을 말하는 것이므로 입법부에서 제정한 법률, 행정부에서 제정한 시행령이나 시행규칙 및 사법부에서 제정한 규칙 등은 그것들이 별도의 집행행위를 기다리지 않고 직접 기본권을 침해하는 것일 때에는 모두 헌법소원심판의 대상이 될 수 있는 것이다.」

> **[憲 1997. 6. 26.-94헌마52]** 「헌법재판소법 제68조 제1항은……고 규정하고 있는바, 이 조항에서 말하는 공권력이란 입법권, 행정권 등 모든 공권력을 말하는 것으로서 행정부에서 제정한 명령·규칙도 이 사건 시행령[별표 1]의 경우와 같이 그것이 별도의 집행행위를 기다리지 않고 직접 기본권을 침해하는 것일 때에는 모두 헌법소원 심판의 대상이 될 수 있는 것이고, 현행 행정소송법의 해석상 명령·규칙 자체의 효력을 다투는 것을 소송물로 하여 일반법원에 소송을 제기할 수 있는 방법은 인정되지 아니하며 그 밖에 다른 법률에 그 구제절차가 있다고도 볼 수 없으므로 이 사건의 경우에는 헌법재판소법 제68조 제1항 단서의 규정이 적용되지 아니한다.」

(2) 행정규칙

行政規則이 내부적인 효력을 가지는 경우에는 헌법소원심판의 대상이 되지 않지만(예: 공직선거에 관한 사무처리예규 憲 2000. 6. 29.-2000헌마325;
검찰보존사무규칙 제20조의2 憲 2008. 7. 22.-2008헌마496), 외부적인 효력을 가지는 것으로서 기본권을 침해하는 경우에는 헌법소원심판의 대상이 된다. 憲法裁判所도, 法規로서의 성질을 가지는 행정규칙은 헌법소원심판의 대상이 됨을 인정하고 있다(예: 憲 2001. 7. 19.-2001헌마
335; 2004. 4. 29.-2004헌마
93; 2005. 5. 26.
-2004헌마49). 憲法裁判所는 법무부예규도 기본권의 침해와 관련이 있는 경우에는 헌법소원심판의 대상이 된다고 보고 있다(憲 2009. 10.
29.-2009헌마99).

> **[憲 2009. 10. 29.-2009헌마99]** 「청구인은 구 '수용자 교육교화 운영지침'

(2008. 12. 18. 법무부예규 제816호로 제정된 후, 2009. 8. 20. 법무부예규 제862호로 개정되기 전의 것, 이하 '이 사건 지침'이라고 한다) 제39조 제 1 항 단서 전체에 대하여 심판을 구하고 있지만, 청구인은 금치처분을 받아 징벌 거실에 수용된 자이므로, 이 사건 심판대상은 이 사건 지침 제39조 제 1 항 단서 중 "징벌 수용거실"에 관한 부분이 청구인의 기본권을 침해하는지 여부로 한정함이 상당하다.」

憲法裁判所는 행정기관 내부를 規律하는 행정규칙이 법령의 직접적인 위임을 받아 이를 구체화하거나 법령의 내용을 구체적으로 보충하는 경우에는 공권력의 행사에 해당한다고 본다(예: 憲 1990. 9. 3.-90헌마13; 1992. 6. 26.-91헌마25; 1996. 4. 25.-94헌마119; 1997. 7. 16.-97헌마70).

[憲 1990. 9. 3.-90헌마13] 「행정규칙은 일반적으로 행정조직 내부에서만 효력을 가지는 것이고 대외적인 구속력을 갖는 것이 아니다. 다만, 행정규칙이 법령의규정에 의하여 행정관청에 법령의 구체적 내용을 보충할 권한을 부여한 경우, 또는 재량권 행사의 준칙인 규칙이 그 정한 바에 따라 되풀이 시행되어 행정관행이 이룩되게 되면 평등의 원칙이나 신뢰보호의 원칙에 따라 행정기관은 그 상대방에 대한 관계에서 그 규칙에 따라야 할 자기구속을 당하게 되는 경우에는 대외적인 구속력을 가지게 된다.」

[憲 1992. 6. 26.-91헌마25] 「법령의 직접적인 위임에 따라 수임행정기관이 그 법령을 시행하는 데 필요한 구체적 사항을 정한 것이면, 그 제정형식은 비록 법규명령이 아닌 고시, 훈령, 예규 등과 같은 행정규칙이더라도, 그것이 상위법령의 위임한계를 벗어나지 아니하는 한, 상위법령과 결합하여 대외적인 구속력을 갖는 법규명령으로서 기능하게 된다고 보아야 한다……위 공무원임용령 제35조의2는 1990. 1. 30. 공포·시행되었고, 총무처예규는 위 공무원임용령 제35조의2 제 3 항의 위임에 따라 같은 해 6. 7. 제정되어 같은 해 7. 1.부터 시행되었으며, 위 법령과 예규의 시행에 따라 같은 날 제 1 차 대우공무원 선발이 있었음을 알 수 있다. 따라서 청구인이 위 법령과 예규의 관계규정으로 말미암아 직접 기본권을 침해받았다면, 이에 대하여 바로 헌법소원심판을 청구할 수 있다고 보아야 할 것이다.」

[憲 1997. 7. 16.-97헌마70] 「행정기관 내부를 規律하는 행정규칙도 법령의 직접적인 위임을 받아 이를 구체화하거나 법령의 내용을 구체적으로 보충하는 경우에는 공권력의 행사에 해당한다고 할 것이므로 교육부장관이 발표하는 대학입시기본계획도 법령의 내용을 구체적으로 보충하는 경우에만 공권력의 행사에 해당한다 할 것이다.」

告示, 指針, 기본계획, 通報, 公告 등과 같이 行政規則의 형식을 지니고 있지만 실질이 法規命令인 것도 헌법소원심판의 대상이 된다(예: 憲 1992. 6. 26.-91헌마25; 1997. 5. 29.-94헌마33; 2000. 1. 27.-99헌마123; 2000. 3. 30.-99헌마143; 2000. 7. 20.-99헌마455).

憲法裁判所는 표준어 규정(1988. 1. 19. 문교 부고시 제88-2호)은 「표준어는 교양 있는 사람들이 두루 쓰는 현대 서울말로 정함을 원칙으로 한다」는 내용의 표준어 규정(1988. 1. 19. 문교 부고시 제88-2호)의 해당 규정은 표준어의 개념을 정의하는 조항으로서 그 자체만으로는 아무런 법적 효과를 갖고 있지 아니하여 청구인들의 자유나 권리를 금지·제한하거나 의무를 부과하는 등 청구인들의 법적 지위에 영향을 미치지 아니하므로, 이로 인한 기본권 침해의 가능성이나 위험성을 인정하기 어렵다고 판시하였다(예: 憲 2009. 5. 28.-2006헌마618). 문화관광부고시 제2004-14호 「게임제공업소의 경품취급기준」 중 '사행성 간주 게임물'의 개념을 설정하고 이에 해당하는 경우 경품제공 등을 금지한 규정은 헌법소원의 대상이 된다고 판시하였다(憲 2008. 11. 27.-2005헌마161). 2010년도 교원자격검정 실무편람 부분은 교원자격검정령 관련 규정 및 우리나라 교육대학원 등의 초등교육 석사학위과정 운용상 교육대학이나 대학의 초등교육과에서 초등교육을 전공하지 않는 한 교육대학원 등에서의 초등교육 석사학위과정만으로는 초등학교 정교사(2급)의 자격취득이 불가능하다는 사실을 설명 내지 안내해 주고 있는 것에 불과한 것이고 국민에 대해 어떤 권리를 설정하거나 의무를 부과하고 있지 아니하므로 헌법소원심판의 대상이 되는 공권력의 행사에 해당하지 아니한다고 판시하였다(憲 2013. 2. 28.-2010헌마438).

[憲 2000. 1. 27.-99헌마123] 「이 사건 심판청구의 대상은 공고이며, 일반적으로 공고는 특정의 사실을 불특정 다수에게 알리는 행위이다.……공고가 어떠한 법률효과를 가지는지에 대해서는 일률적으로 말할 수 없고 개별 공고의 내용과 관련 법령의 규정에 따라 구체적으로 판단하여야 한다. 지방공무원법 제35조 제1항 및 지방공무원임용령 제62조는 지방공무원의 공개경쟁시험에 있어서 시험실시기관은 응시자격·선발예정인원 등을 시험실시일 20일 전에 신문 또는 방송 기타 효과적인 방법에 의하여 공고하도록 하고 있으며, 피청구인의 이 사건 공고에는 1999년도 제5회 지방고등고시의 시험일정·시험과목·응시연령 등과 직렬·지역별 모집인원 및 응시 연령의 기준일 등이 포함되어 있다. 그 중 시험과목·응시연령 등은 지방공무원임용령, 행정자치부의 지방공무원인사규칙과 각 지방자치단체의 지방공무원인사규칙에 확정적으로 규정되어 있는 것을 단순히 알리는 데에 지나지 않으나, 직렬 및 지역별 모집인원과 응시연령의 기준일(최종시험시행일) 등은 시험실시기관인 피청구인이 구체적으로 결정하여 알리는 것으로, 이 공고에 따라 해당 시험의 모집인원과 응시자격의 상한연령 및 하한연령의 세부적인 범위 등이 비로소 확정되고, 이에 따라 응시자의 자격을 제한하는 등의 구체적 효과가 발생하므로 이는 바로 공권력의 행사에 해당하는 것이다.」

[憲 2000. 7. 20.-99헌마455] 「보건복지부장관은 1999. 3. 1.부터 식품접객업소에 대한 영업시간제한을 전면 철폐하였으나, 1999. 7. 20. 보건복지부고시 제1999-20호로 유흥주점 영업행위 중 "무도장을 갖추고 손님으로 하여금 춤을 추게 하는 행위"에 대해서는 오전 9시부터 오후 5시까지 이를 제한하는 내용의 식품접객업소영업행위 제한 기준을 1999. 8. 1.부터 시행하는 것으로 하여 제정·고시하였다.……이 사건 기준은 그 제정형식이 비록 보건복지부장관의 고시라는 행정규칙이지만, 식품위생법 제30조의 위임에 따라 식품접객업소의 영업행위에 대하여 제한대상 및 제한시간을

정한 것으로서 상위법령과 결합하여 대외적인 구속력을 갖는 법규명령의 성격을 가지고 있다.」

Ⅲ. 司法立法

大法院規則과 같은 법원이 제정하는 사법적 입법에 대해서도 헌법소원심판을 청구할 수 있다. 憲法裁判所의 판례도 같은 견해이다(예: 憲 1989. 3. 17.-88헌마1; 1990. 10. 15.-89헌마178; 1995. 2. 23.-90헌마214). 사법입법이 법률과 동등한 지위에 있거나 행정입법인 命令, 規則과 동등한 지위에 있거나 관계없이 헌법소원심판의 대상이 된다.

Ⅳ. 自治立法

地方議會가 제정한 條例도 자치입법권력의 행사로서 공권력의 행사에 해당하므로 조례에 대해서도 헌법소원심판을 청구할 수 있다. 憲法裁判所도 조례가 헌법소원심판의 대상이 된다고 판시하고 있다(예: 憲 1994. 12. 29.-92헌마216; 1995. 4. 20.-92헌마264등; 1995. 10. 26.-94헌마242; 1998. 10. 15.-99헌바77; 2009. 10. 29.-2008헌마454; 2009. 10. 29.-2008헌마635). 다만, 大法院의 판례 가운데 조례가 집행행위의 개입 없이 그 자체로서 직접 국민의 구체적인 권리의무나 법적 이익에 영향을 미치는 등의 법률상 효과를 발생하는 경우에는 抗告訴訟의 대상이 되는 행정처분에 해당하고, 이 때 피고 행정청은 지방의회가 아니라 지방자치단체의 장이라고 판시한 것이 있다(예: 大 1996. 9. 20.-95누8003). 獨逸에서도 조례가 헌법소원심판의 대상이 된다는 점에 대해서는 학설상 별반 다툼이 없으며, 聯邦憲法裁判所도 이를 인정하고 있다(BVerfGE 1, 91(94); 12, 319(321); 40, 187(195); 65, 325(326)).

[憲 1994. 12. 29.-92헌마216] 「헌법재판소법 제68조 제1항에서 말하는 "공권력"에는 입법작용이 포함되며, 입법작용에는 형식적 의미의 법률을 제정하는 행위 아니라 법규명령·규칙을 제정하는 행위도 포함된다. 지방자치단체에서 제정하는 조례(Satzung)도 불특정다수인에 대해 구속력을 가지는 법규이므로 조례제정 행위도 입법작용의 일종이라고 보아 헌법소원의 대상이 된다고 할 것이다.」

[憲 1995. 10. 26.-94헌마242] 「청구인은 위 조례가 개인과 개인 사이의 거래만을 적용대상으로 하고 있으며 따라서 법인과 거래한 청구인의 경우 그 적용대상에서 제외되고 있어 위 조례는 차별적인 입법에 해당된다고 주장하고 있다. 그렇다면 이러한 청구는 일응 "기본권 보장을 위한 법규정이 불완전하여 그 보충을 요하는 경우에 그 불완전한 법규 자체를 대상으로 하여 그것이 헌법위반이라는 적극적인 헌법소원"을 제기한 경우, 즉 부진정부작위입법에 대한 헌법소원에 해당된다고 볼 수 있을 것이므로……」

[大 1996. 9. 20.-95누8003] 「조례가 집행행위의 개입 없이도 그 자체로서 직접 국민의 구체적인 권리의무나 법적 이익에 영향을 미치는 등의 법률상 효과를 발생하는 경우 그 조례는 항고소송의 대상이 되는 행정처분에 해당하고, 이러한 조례에 대한 무효확인 소송을 제기함에 있어서 행정소송법 제38조 제1항, 제13조에 의하여 피고 적격이 있는 처분 등을 행한 행정청은, 행정주체인 지방자치단체 또는

지방자치단체의 내부적 의결기관으로서 지방자치단체의 의사를 외부에 표시할 권한
이 없는 지방의회가 아니라, 지방자치법(1994. 3. 16. 법률 제4741 제19조 제2항, 제92조에
의하여 지방자치단체의 집행기관으로서 조례로서의 효력을 발생시키는 공포권이 있
는 지방자치단체의 장이라고 할 것이다.」　　　이러한 대법원의 견해는 문제가 있
다고 보인다. 법률의 경우에도 법률은 대통령 또는 국회의장의 공포에 의하여 효력
을 발생하는데, 이를 두고 법률을 대통령이나 국회의장의 행정처분이라고 하지 않
는다. 조례의 제정주체인 지방의회의 지위 기능을 부정하고 조례의 공포권자인 지
방자치단체장을 처분청으로 의제하여 항고소송의 피고적격을 인정하는 것은 규범과
행정처분을 혼동한 명백한 오류이다. 조례가 법률과 동일한 효력을 가지는 것인 경
우도 같이 고려하면 대법원의 이런 견해는 잘못된 주장이다(同旨: 許營, d. 360).

지방자치단체가 제정한 規則도 기본권을 제한하는 것인 경우에는 헌법소원심판
의 대상이 된다. 憲法裁判所도 이를 인정하고 있다(예: 憲 2009. 10. 29. -2009헌마127).

[245] 第三　行政作用

행정작용으로서 헌법재판소법 제68조 제1항이 정하는 공권력의 행사에 해당하
는가의 여부와 관련하여 살펴볼 중요한 것으로는 行政行爲, 統治行爲, 司法行政, 檢
事의 不起訴處分이 있다.

I. 行政行爲
(1) 권력적 행정행위
(a) 「공권력의 행사」 해당성

행정행위는 국가권력인 행정권력의 작용으로서 공권력의 행사에 해당한다. 행정
행위에 의하여 기본권이 침해된 경우에는 우선적으로 행정소송을 통하여 구제를 받
는다. 헌법소원심판의 실제에서 심판의 대상이 되는 행정행위는 보충성의 요건으로
인하여 원칙적으로 행정소송의 대상이 되지 아니하는 행정행위이다.

(b) 「공권력의 행사」에 해당하는 행정행위

憲法裁判所는 다음의 것을 헌법소원심판의 대상이 되는 「공권력의 행사」인 행정
행위로 본다. 地目 등 地籍公簿의 등록사항에 대한 정정신청을 반려한 행위(예: 憲 1999. 6. 24. -97헌마315:
2002. 1. 31. -99헌마563 결정 이후 大法院은 지목변경신청에 대한 지적공부 소관청의 반려행위는 항고소송의 대상이 되
는 행정처분이라고 판결하였기 때문에 이에 대해서는 바로 헌법소원심판으로 다룰 수 없다(大 2004. 4. 22. -2003두9015)), 「행정자치부 공
고」로 한 행정자치부장관의 공무원임용시험시행계획의 공고행위(예: 憲 2001. 9. 27. -2000헌마159), 선거
운동방법으로서의 방송토론회를 주관하는 공영방송사의 대통령선거방송토론위원회의
결정 및 공표행위(예: 憲 1998. 8. 27. -97헌마372등), 공정거래위원회의 무혐의 조치(예: 憲 2002. 6. 27. -2001헌마381)와 심사불
개시결정(예: 憲 2004. 3. 25. -2003헌마404), 국민감사청구에 대한 감사원장의 기각결정(예: 憲 2006. 2. 23. -2004헌마414), 공정거

래에 관한 제반 법률을 위반하였다는 취지의 고발에 대한 답변으로 공정거래위원회가 한 민원회신을 단순한 민원회신이 아닌 공정거래법상의 심사불개시결정 및 무혐의결정으로 본 경우($\frac{憲\ 2004.\ 8.\ 26.}{-2004헌마80}$), 김해시 선거방송토론위원회가 국회의원재선거에 입후보한 특정인에 대하여 '지역구 국회의원선거 후보자 초청 대담·토론회'의 초청대상 후보자에서 제외한 결정($\frac{憲\ 2006.\ 6.\ 29.}{-2005헌마415}$), 대법원에 접수된 재심소장을 법원행정처 송무국장이 '민원에 대한 회신' 형식으로 반려한 것은 질의회신의 형식을 띠고 있으나 실질적으로는 재심청구에 대한 반려처분의 성격을 갖는다고 본 경우($\frac{憲\ 2007.\ 2.\ 22.}{-2005헌마645}$), 서울남대문경찰서장이 ○○합섬HK지회에 대해 9회에 걸쳐 옥외집회신고서를 반려한 행위($\frac{憲\ 2008.\ 5.\ 29.}{-2007헌마712}$) 등이 그에 해당한다.

憲法裁判所는 拘束的 行政計劃은 물론($\frac{예:\ 憲\ 2003.\ 6.\ 26.}{-2002헌마402}$) 非拘束的 行政計劃案이나 行政指針이라도 기본권에 직접 영향을 끼치고 장차 법령의 뒷받침에 의하여 그대로 실시될 것이 틀림없을 것으로 예상되는 경우에는 공권력의 행사로서 헌법소원심판의 대상이 된다고 한다($\frac{예:\ 憲\ 2000.\ 6.\ 1.}{-99헌마538등}$).

> [憲 2000. 6. 1.-99헌마538등] 「일반적으로 국민적 구속력을 갖는 행정계획(예컨대 도시계획결정)은 행정행위에 해당되지만, 구속력을 갖지 않고 행정기관 내부의 행동지침에 지나지 않는 행정계획은 행정행위가 될 수 없다. 그런데 이 사건 개선방안은 개발제한구역의 해제 내지 조정방침을 국민들에게 알리는 피청구인의 정책계획안에 불과하므로, 대외적 효력이 없는 비구속적 행정계획안에 속한다. 그리고 이 사건 개선방안은 법령의 뒷받침에 의하여 구체화되지 아니한 단계에서의 추상적이고 일반적인 행정기관의 구상과 의지를 담은 행정계획안에 불과하므로, 아직은 지방자치단체에 미치는 대내적 효력도 가지지 아니하는 도시계획업무용 참조자료 내지 대 국민 홍보용 정책자료에 그친다(건교부는 실제로 각 지방자치단체에게 이 사건 개선방안을 홍보자료로 활용하도록 배부하였다). 이와 같이 법령이 아직 개정되지 아니한 현시점에서는 이 개선방안은 법적 효력이 없는 행정계획안이어서 이를 입안한 것은 사실상의 준비행위에 불과하고 이를 발표한 행위는 장차 도시계획결정을 통해 그와 같이 개발제한구역의 해제나 조정을 할 계획임을 미리 알려주는 일종의 사전안내로서 행정기관의 단순한 사실행위일 뿐이라 할 것이다. 그렇다면 이 사건 개선방안은 비구속적 행정계획안에 불과하므로 공권력행위가 될 수 없으며, 이 사건 개선방안을 발표한 행위도 대내외적 효력이 없는 단순한 사실행위에 불과하므로 공권력의 행사라고 할 수 없다.」

(c) 「공권력의 행사」에 해당하지 않는 행정행위

憲法裁判所는 어린이헌장의 제정·선포행위($\frac{憲\ 1989.\ 9.\ 2.}{-89헌마170}$), 수사중인 사건 그 자체($\frac{憲\ 1989.\ 9.\ 11.}{-89헌마169}$), 한국방송공사의 보상금지급결정통지($\frac{憲\ 1993.\ 12.\ 23.}{-89헌마281}$), 국무총리의 새만금간척사업에 대한 보완을 지시하는 정부조치계획·지시사항시달, 농림부장관의 그 후속

세부실천계획 및 새만금간척사업 공사재개행위($^{憲\ 2003.\ 1.\ 30.}_{-2001헌마579}$), 서울특별시 선거관리위원회 위원장의 '선거법위반행위에 대한 중지촉구'($^{憲\ 2003.\ 2.\ 27.}_{-2002헌마106}$), 민법상의 사단법인인 한국증권거래소의 회사에 대한 상장폐지확정결정($^{憲\ 2005.\ 2.\ 24.}_{-2004헌마442}$), 국민고충처리위원회의 고충민원처리결과의 회신($^{憲\ 2008.\ 7.\ 1.}_{-2008헌마449}$), 대통령이 현재의 정부를 '이명박 정부'로 부르는 것($^{憲\ 2008.\ 7.\ 1.}_{-2008헌마428}$), 교육인적자원부장관이 2004. 10. 28. 발표한 「학교교육정상화를 위한 2008학년도 이후 대학입학제도 개선안」 중 '학교생활기록부의 반영 비중 확대' 및 '대학수학능력시험 성적 등급만 제공' 부분($^{憲\ 2008.\ 9.\ 25.}_{-2007헌마376}$), 번호통합과 번호이동에 관한 구 통신위원회와 방송통신위원회 의결 및 방송통신위원회의 번호통합정책 추진경과 등에 관한 홈페이지에의 게시행위($^{憲\ 2013.\ 7.\ 25.}_{-2011헌마63등}$), 대학교육역량강화사업 기본계획 중 총장직선제 개선을 국공립대 선진화 지표로 규정한 부분 및 총장직선제 개선 규정을 유지하지 않는 경우 지원금을 삭감 또는 환수하도록 규정한 부분($^{憲\ 2016.\ 10.\ 27.}_{-2013헌마576}$), 협의이혼의사확인신청서 대리제출을 금지하고 있는 법원공무원 실무편람 및 접수담당 공무원이 대리인을 통해 제출된 협의이혼의사확인신청서를 반려한 행위($^{憲\ 2016.\ 6.\ 30.}_{-2015헌마894}$), 공직선거에서 투표지분류기를 이용하는 행위($^{憲\ 2016.\ 3.\ 31.}_{-2015헌마1056등}$), 법무부의 「변호사시험 합격자 법률사무종사ㆍ연수 관련 Q·A」($^{憲\ 2014.\ 9.\ 25.}_{-2013헌마424}$), 법무부장관의 「2014년 제3회 변호사시험 합격자는 원칙적으로 입학정원 대비 75% 이상 합격시키는 것으로 한다」는 공표($^{憲\ 2014.\ 3.\ 27.}_{-2013헌마523}$), 서울용산경찰서장이 국민건강보험공단에 요양급여내역의 제공을 요청한 행위($^{憲\ 2018.\ 8.\ 30.}_{-2014헌마368}$), 김포경찰서장이 김포시장에게 활동보조인과 수급자의 인적사항, 휴대전화번호 등을 확인할 수 있는 자료를 요청한 행위($^{憲\ 2018.\ 8.\ 30.}_{-2016헌마483}$), 방송통신심의위원회가 방송사업자에 대하여 한 「청구인의 보도가 심의규정을 위반한 것으로 판단되며, 향후 관련 규정을 준수할 것」을 내용으로 하는 의견제시 등을 헌법소원심판의 대상이 되는 「공권력의 행사」에 해당하지 않는다고 본다.

(2) 원행정처분

법원의 재판을 거쳐 確定된 行政處分, 이른바 原行政處分에 대하여 헌법소원심판을 청구할 수 있는가 하는 점이 문제가 된다.

(a) 학　　설

(i) 부 정 설　　원행정처분에 대한 헌법소원심판을 부정하는 견해는, 憲法 제107조 제2항은 행정처분에 대하여는 대법원의 재판이 최종적인 것임을 정하는 근거라는 점, 법원도 기본권보장의 의무를 지므로 원행정처분에 대한 헌법소원심판이 반드시 필요한 것은 아니라는 점, 원행정처분에 헌법소원심판을 인정하면 법원의 확정재판이 가지는 기판력이 침해된다는 점, 원행정처분에 대한 헌법소원심판을 인정하

는 것은 재판에 대한 헌법소원심판을 허용하지 않는 憲法裁判所法 제68조 제1항에 저촉된다는 점 등을 근거로 든다(丁泰鎬a, 249 이하; 郭泰哲, 357
이하; 崔完柱, 438 이하).

(ii) **긍 정 설**　　원행정처분에 대한 헌법소원심판을 긍정하는 견해는, 원행정처분도 공권력의 행사에 해당하고 모든 공권력은 헌법의 통제를 받아야 한다는 점, 원행정처분에 대한 헌법소원심판을 부정하면 헌법소원심판의 보충성원칙이 무의미해진다는 점, 법원의 재판을 헌법소원심판에서 제외함으로 인한 기본권 보장의 공백을 해결할 필요가 있다는 점, 憲法裁判所法 제75조 제3항, 제4항, 제5항은 행정처분에 대한 헌법소원심판을 예정하고 있는 규정이라는 점, 憲法裁判所法 제75조의 기속력에 의해 법원 판결의 기판력은 깨어질 수 있다는 점, 憲法 제107조 제2항은 명령, 규칙, 처분이 재판의 전제가 된 경우에 관한 규정이므로 원행정처분에 대한 헌법소원심판을 배제할 근거가 되지 못한다는 점 등을 근거로 든다(金學成a, 224 이하; 黃道洙b, 191; 辛奉起e, 88
이하; 鄭在晃b, 610 이하).

(iii) **사　　견**　　헌법소원심판에서 보충성을 인정하는 것은 기본권을 침해하는 공권력의 행사와 불행사에 대하여 통상의 법원에서의 구제절차를 거치고, 이를 통하여 구제되지 않을 때 그 법원의 재판에 대하여 헌법소원심판을 청구하여 헌법재판소의 판단을 구한다는 것을 전제로 한다. 따라서 현행 憲法裁判所法 제68조 제1항과 같이 법원의 재판에 대한 헌법소원심판을 원칙적으로 봉쇄한 상태에서는 헌법소원심판에서 보충성을 적용하는 것이 헌법소원심판제도의 법리와 體系整合性(Systemmäßbgkeit)에 합치하지 아니하여 보충성이 배제된다고 할 것이므로, 기본권을 침해하는 공권력의 행사와 불행사에 대해서는 바로 헌법소원심판을 청구할 수 있게 하는 것이 타당하다([250]Ⅳ). 이러한 것이 허용되지 않으면 긍정설에서 주장하고 있는 바와 같이 원처분에 대한 헌법소원심판을 인정하는 길을 여는 것이 타당하다.

(b) **판　례**

憲法裁判所는 원칙적으로 원행정처분에 대한 헌법소원심판을 부정한다. 다만, 당해 행정처분을 심판의 대상으로 삼았던 법원의 재판이 예외적으로 헌법소원심판의 대상이 되어 그 재판 자체가 취소되는 경우에 한하여 청구할 수 있다는 견해를 취하고 있다(예: 憲 1997. 12. 24.-96헌마172등; 1998. 5. 28.-91헌마98등; 1998. 6. 25.-95헌마24; 1998. 6. 25.-91헌마
174; 1998. 7. 16.-95헌마77; 1999. 5. 27.-98헌마357; 2001. 2. 22.-99헌마409; 2008. 7. 29.-2008헌마487). 검사의 불기소처분에 대하여 법원의 재정신청절차를 거친 다음 다시 당해 불기소처분에 대하여 헌법소원심판을 청구한 경우에도 원행정처분에 대한 헌법소원심판의 법리가 적용된다고 한다(예: 憲 1998. 8. 27.-97헌마
79; 2008. 7. 29.-2008헌마487).

[憲 1997. 12. 24.-96헌마172등] 「행정처분이 헌법에 위반되는 것이라는 이유로 그 취소를 구하는 행정소송을 제기하였으나 법원에 의하여 그 청구가 받아들여 지

지 아니한 후 다시 원래의 행정처분에 대하여 헌법소원심판을 청구하는 것이 원칙적으로 허용될 수 있는지의 여부에 관계없이, 이 사건의 경우와 같이 행정소송으로 행정처분의 취소를 구한 청구인의 청구를 받아들이지 아니한 법원의 판결에 대한 헌법소원심판의 청구가 예외적으로 허용되어 그 재판이 헌법재판소법 제75조 제3항에 따라 취소되는 경우에는 원래의 행정처분에 대한 헌법소원심판의 청구도 이를 인용하는 것이 상당하다.」

[憲 1998. 5. 28.-91헌마98등] 「우리 재판소는 96헌마172·173(병합) 사건에 관하여 1997. 12. 24. 선고한 결정에서, 헌법재판소가 위헌으로 결정한 법령을 적용함으로써 국민의 기본권을 침해한 법원의 재판은 예외적으로 헌법소원심판의 대상이 될 수 있음을 선언하면서, 그와 같은 법원의 재판을 취소함과 아울러, 그 재판의 대상이 되었던 원행정처분에 대한 헌법소원심판청구까지 받아들여 이를 취소한 바 있다. 그러나 위 결정에서 보는 바와 같이 원행정처분에 대한 헌법소원심판청구를 받아들여 이를 취소하는 것은, 원행정처분을 심판의 대상으로 삼았던 법원의 재판이 예외적으로 헌법소원심판의 대상이 되어 그 재판 자체까지 취소되는 경우에 한하여, 국민의 기본권을 신속하고 효율적으로 구제하기 위하여 가능한 것이고, 이와는 달리 법원의 재판이 취소되지 아니하는 경우에는 확정판결의 기판력으로 인하여 원행정처분은 헌법소원심판의 대상이 되지 아니한다고 할 것이다. 원행정처분에 대하여 법원에 행정소송을 제기하여 패소판결을 받고 그 판결이 확정된 경우에는 당사자는 그 판결의 기판력에 의한 기속을 받게 되므로, 별도의 절차에 의하여 위 판결의 기판력이 제거되지 아니하는 한, 행정처분의 위법성을 주장하는 것은 확정판결의 기판력에 어긋나기 때문이다. 따라서 법원의 재판이 위 96헌마172등 사건과 같은 예외적인 경우에 해당하여 그 역시 동시에 취소되는 것을 전제로 하지 아니하는 한, 원행정처분의 취소 등을 구하는 헌법소원심판청구는 허용되지 아니한다고 할 것이다. 뿐만 아니라 원행정처분에 대한 헌법소원심판청구를 허용하는 것은, "명령·규칙 또는 처분이 헌법이나 법률에 위반되는 여부가 재판의 전제가 된 경우에는 대법원은 이를 최종적으로 심사할 권한을 가진다"고 규정한 헌법 제107조 제2항이나, 원칙적으로 헌법소원심판의 대상에서 법원의 재판을 제외하고 있는 헌법재판소법 제68조 제1항의 취지에도 어긋나는 것이다. 따라서 청구인들이 앞에서 본 바와 같은 원행정처분의 취소를 구하고 있을 뿐, 법원의 재판에 대하여는 헌법소원심판청구를 제기하고 있지 아니함이 명백하고, 달리 법원의 재판이 취소되었다는 사정도 보이지 아니하는 이 사건에 있어서, 원행정처분의 취소를 구하는 이 사건 헌법소원심판청구는 더 나아가 살펴 볼 필요도 없이 부적법하다 할 것이다.」

[憲 2001. 2. 22.-99헌마409] 「행정처분의 취소를 구하는 행정소송을 제기하였으나 청구기각의 판결이 확정되어 법원의 소송절차에 의하여서는 더 이상 이를 다툴 수 없게 된 경우에, 당해 행정처분 자체의 위헌성 또는 그 근거법규의 위헌성을 주장하면서 그 취소를 구하는 헌법소원심판청구를 받아들여 이를 취소하는 것은 원행정처분을 심판의 대상으로 삼았던 법원의 재판이 예외적으로 헌법소원심판의 대상이 되어 그 재판 자체가 취소되는 경우에 한하여, 국민의 기본권을 신속하고 효율적으로 구제하기 위하여 가능한 것이고, 이와는 달리 법원의 재판이 취소되지 아니하는 경우에는 확정판결의 기판력으로 인하여 원행정처분은 헌법소원심판의

대상이 되지 아니한다고 할 것이다. 뿐만 아니라 원행정처분에 대한 헌법소원심판 청구를 허용하는 것은, "명령·규칙 또는 처분이 헌법이나 법률에 위반되는 여부가 재판의 전제가된 경우에는 대법원은 이를 최종적으로 심사할 권한을 가진다"고 규정한 헌법 제107조 제 2 항이나, 원칙적으로 헌법소원심판의 대상에서 법원의 재판을 제외하고 있는 헌법재판소법 제68조 제 1 항의 취지에도 어긋나는 것이다(헌재 1998. 5. 28.
91헌마98등). 」이 결정에는 원행정처분도 그것을 대상으로 삼은 재판과 별도로 헌법소원심판의 대상이 된다고 하는 재판관 하경철의 반대의견이 있다.

(3) 검사의 사건처리행위

(a) 기소처분

檢事의 公訴提起(=起訴)行爲는 法院의 刑事裁判權에 의해 통제되므로 헌법소원심판의 대상이 될 수 없다(예: 憲 1992. 12.
24.-90헌마158). 약식명령청구도 기소에 해당되므로 마찬가지이다(예: 憲. 1993. 6.
2.-93헌마104). 陳情에 기한 內査事件에 대한 종결처분은 수사기관의 내부적 사건 처리방식에 불과하여 헌법소원심판의 대상이 되지 못한다(예: 憲 1990. 12. 26.-89헌마
277; 1998. 2. 27.-94헌마77). 다만, 고소사건을 진정사건으로 수리하여 공람종결처분한 행위는 헌법소원심판의 대상이 된다(예: 憲 1999. 1. 28.-98헌마85;
2000. 11. 30.-2000헌마356). 검사의 수사재기결정은 수사기관 내부의 의사결정에 불과하므로 헌법소원심판의 대상이 되지 못한다(예: 憲 1996. 2.
29.-96헌마32등). 검사가 기소중지처분을 한 사건에 관하여 그 고소인이나 피의자가 그 기소중지의 사유가 해소되었음을 이유로 수사재기신청을 하였음에도 검사가 한 재기불요결정은 실질적으로 그 결정시점의 제반 사정이나 사정변경 등을 감안한 새로운 기소중지처분으로 볼 수 있으므로 헌법소원심판의 대상이 되는 공권력의 행사에 해당한다(예: 憲 2009. 9.
24.-2008헌마210).

(b) 불기소처분

검사의 불기소처분에 대한 헌법소원심판의 청구가 인정되느냐 하는 것이 문제가 된다. 그러나 피의자에 대한 「죄가 안 됨」 처분(예: 憲 1996. 11.
28.-93헌마229)이나 「공소권 없음」 처분(예: 憲 2003. 1. 30.-2002헌마
323; 2009. 5. 12.-2009헌마218)에 대해서 피의자가 헌법소원심판을 청구하는 것은 부적법한 것으로 된다.

2007년 개정된 형사소송법이 시행되기(시행일 2008.
1. 1.) 전까지는 재정신청이 한정된 범죄에만 인정되었기 때문에 불기소처분에 대한 헌법소원심판이 넓게 인정되었다. 그런데 현행 형사소송법하에서는 모든 고소사건과 일정한 고발사건에 대하여 재정신청이 인정되므로 告訴人 또는 告發人(형법 제123조부터 제125조까지의
죄에 대하여 고발을 한 경우에 한함)이 재정신청을 하는 경우에는 재정신청결정에 대한 헌법소원심판(재판에 대한 헌
법소원심판이다)이 인정되지 않는 한 이에 대해서는 헌법소원심판을 청구할 수 없다(同旨: 憲 2008. 7.
29.-2008헌마487). 결국 이 문제는 원처분에 대한 헌법소원의 문제나 재판에 대한 헌법소원의 문제로 돌아간다. 재판에 대한 헌법소원이 인정되면 재정신청에 대한 법원의 결정에 대해서도 헌법소원심판을 청구할 수 있고,

원처분에 대한 헌법소원이 인정되는 경우에는 재정신청에 대한 결정이 있어도 불기소처분에 대하여 헌법소원심판을 청구할 수 있다는 것으로 귀착한다.

　　헌법재판소는 재정신청을 거친 후에 불기소처분에 대하여 헌법소원심판을 청구할 경우에는 이른바 원행정처분에 대한 헌법소원심판을 청구하는 것이 되어 부적법하다고 본다(예: 憲 2011. 10. 25.-2010헌마243).

　　[憲 2011. 10. 25.-2010헌마243] 「원행정처분에 대한 헌법소원심판청구를 받아들여 이를 취소하는 것은, 원행정처분을 심판의 대상으로 삼았던 법원의 재판이 예외적으로 헌법소원심판의 대상이 되어 그 재판 자체까지 취소되는 경우에 한하고, 법원의 재판이 취소되지 아니하는 경우에는 확정판결의 기판력으로 인하여 원행정처분 자체는 헌법소원심판의 대상이 되지 아니하며, 이와 같은 법리는 개정 형사소송법 시행 이후 검사의 불기소처분에 대하여 법원의 재정신청절차를 거친 경우에도 마찬가지로 적용되어야 한다(憲 2008. 7. 29.-2008헌마487등). 앞서 본 바와 같이, 청구인은 이 사건 불기소처분에 대하여 서울고등법원에 재정신청을 하였으나 기각되었고, 위 법원의 재판은 취소된 바 없으므로, 위 기각결정이 심판대상으로 삼았던 이 사건 불기소처분은 헌법소원심판의 대상이 될 수 없다. 따라서 이 사건 불기소처분에 대한 심판청구는 부적법하다.」

　　그러나 피해자가 고소를 하지 않았는데, 수사기관의 인지에 의해 수사가 개시되어 불기소처분이 내려진 경우에는 보충성의 예외를 인정하여 헌법소원심판청구가 적법한 것으로 본다(憲 2010. 6. 24.-2008헌마716).

　　[憲 2010. 6. 24.-2008헌마716] 「피해자의 고소가 아닌 수사기관의 인지 등에 의해 수사가 개시된 피의사건에서 검사의 불기소처분이 이루어진 경우, 고소하지 아니한 피해자로 하여금 별도의 고소 및 이에 수반되는 권리구제절차를 거치게 하는 방법으로는 종래의 불기소처분 자체의 취소를 구할 수 없고 당해 수사처분 자체의 위법성도 치유될 수 없다는 점에서 이를 본래 의미의 사전 권리구제절차라고 볼 수 없고, 고소하지 아니한 피해자는 검사의 불기소처분을 다툴 수 있는 통상의 권리구제수단도 경유할 수 없으므로, 그 불기소처분의 취소를 구하는 헌법소원의 사전 권리구제절차라는 것은 형식적·실질적 측면에서 모두 존재하지 않을 뿐만 아니라, 별도의 고소 등은 그에 수반되는 비용과 권리구제가능성 등 현실적인 측면에서 볼 때에도 불필요한 우회절차를 강요함으로써 피해자에게 지나치게 가혹할 수 있으므로, 고소하지 아니한 피해자는 예외적으로 불기소처분의 취소를 구하는 헌법소원심판을 곧바로 청구할 수 있다.」

　　헌법재판소의 종래 판례에 따르면, 告訴人이 불기소처분에 대하여 항고를 한 다음 재정신청을 하지 않고 재항고를 거쳐 헌법소원심판을 청구하는 경우에는 불기소처분에 대하여 헌법소원심판이 행해질 여지가 있지 않은가 하는 의문이 제기될 수 있으나, 형사소송법이 항고와 재정신청을 통합된 절차로 묶고, 고발의 경우와는 달리 고소의 경우에는 항고를 한 다음에는 재정신청을 할 수 있을 뿐 재항고를 할 수 없게 하고 있으므로(申東雲b 353, 354) 이러한 문제는 발생하지 않는다고 보인다.

憲法裁判所는, 고소인이 검사가 「혐의 없음」, 「기소 유예」 등 불기소처분을 한 경우에 재정신청절차를 거칠 수 있으므로 이러한 절차를 거치지 않고 바로 헌법재판소에 헌법소원심판을 청구하는 것은 원칙적으로 보충성 원칙에 위배되어 부적법하다고 판시하였다(예:憲 2008. 8. 12.−2008헌마 508; 2010. 3. 2.−2010헌마49).

告發人이 불기소처분에 대하여 헌법소원심판을 청구하는 경우에는 원칙적으로 자기관련성이 인정되지 않아 부적법하다(憲 2009. 6. 25.−2008헌마16; 2011. 12. 29. −2011헌마2; 2013. 4. 2.−2013헌마132).

［憲 2011. 12. 29.−2011헌마2］「검사의 불기소처분에 대하여 기소처분을 구하는 취지의 헌법소원을 제기할 수 있는 자는 원칙적으로 헌법상의 재판진술권의 주체인 형사피해자에 한하고, 이에 해당하지 않는 고발인은 검사의 불기소처분으로 말미암아 자기의 재판절차상 진술권 기타 기본권을 침해받았다고 볼 수 없으므로 자기관련성이 인정되지 않는다.」

［憲 2013. 4. 2.−2013헌마132］「이 사건 고발사실은 제주시 조천읍 조천리에 배정되어야 할 지원금 등이 위 조천리가 아닌 신촌리에 교부되었다는 것이므로, 청구인은 그로 인하여 법률상의 불이익을 받게 되는 형사피해자라고 보기 어렵고 단순히 국가의 수사권 발동을 촉구하는 의미의 고발권을 행사한 자에 불과하다. 따라서 청구인의 이 사건 심판청구는 자기관련성이 인정되지 아니하여 허용될 수 없다.」

고발인이 형식적으로 고발을 하였다고 하더라도 범죄로 인해 법률상 불이익을 받게 되는 자인 경우에는 형사피해자로 보아 자기관련성을 인정한다(憲 1997. 2. 20.−96헌마76; 2009. 6. 25.−2008헌마16). 회사 임원의 업무상 횡령의 경우에 회사 주주는 형사피해자인 고소권자에 해당하여 자기관련성은 문제되지 아니하였으나, 재정신청 절차를 거치지 아니하고 제기한 헌법소원심판청구는 보충성 요건을 갖추지 못하여 부적법하다고 보았다(憲 2013. 11. 12. −2013헌마678). 법원도 주식회사 임원의 업무상 횡령의 경우 주주를 적법한 고소권이 있는 재정신청권자에 해당한다고 보고 있다(서울고법 2008. 5. 22.−2008초재934).

불기소처분에 대하여 被疑者가 헌법소원심판을 청구할 수 있는 점은 종래와 같다. 기소유예처분에 대해서도 가능하고(예:憲 1992. 6. 26.−92헌마 7; 2010. 6. 24.−2008헌마716), 기소중지처분에 대해서도 가능하다(예:憲 1997. 2. 20.−95헌마362).

憲法裁判所는 검사의 불기소처분에 불복하여 검찰청법 제10조에 의한 항고 및 재항고를 거쳐 헌법소원심판을 청구한 경우에 그 항고 또는 재항고결정에 대해서는 헌법소원심판을 청구할 수 없다고 하면서, 다만, 그 항고 또는 재항고 자체에 고유한 위법이 있음을 그 이유로 하는 경우에는 그에 대한 헌법소원심판청구는 허용된다고 판시하였다($\substack{憲\ 2009.\ 11.\\ 26.-2009헌마47}$).

　　[憲 2008. 11. 26.-2009헌마47] 「[주문] 피청구인 대검찰청 검사가 대검찰청 2008불재항 제1938호 사건에 관하여 2008. 12. 24. 결정한 재항고 각하결정 중 오○환의 공정증서원본불실기재 및 불실기재공정증서원본행사, ‘부동산실권리자명의등기에 관한법률’ 위반 부분 및 임○정, 안○성의 공정증서원본불실기재 및 불실기재공정증서원본행사, ‘개발제한구역의 지정 및 관리에 관한 특별조치법’ 위반, ‘부동산실권리자명의등기에 관한 법률’ 위반 부분은 청구인의 평등권을 침해한 것이므로 이를 취소한다.……헌법재판소는, “헌법재판소법 제40조에 의하여 이 사건에 준용되는 행정소송법 제19조에 규정된 이른바 ‘원처분주의’의 취지에 비추어 보면, 검사의 불기소처분에 불복하여 검찰청법 제10조에 의한 항고 및 재항고를 거쳐 헌법재판소에 헌법소원심판을 청구하는 경우에는 그 항고 또는 재항고 자체에 고유한 위법이 있음을 그 이유로 내세우는 경우가 아니면 원래의 불기소결정이 아닌 그 항고 또는 재항고결정에 대한 헌법소원심판을 청구할 수 없다($\substack{憲\ 1991.\ 4.\ 1.-90헌마230;\\ 1993.\ 5.\ 13.-91헌마213}$)”고 판시하여 왔는바, 이에 따르면, 청구인이 재항고결정 자체의 고유한 위법사유를 그 이유로 내세우는 경우라면 재항고결정에 대하여 헌법소원심판을 청구할 수 있다고 할 것이다. 이 사건 재항고 각하결정 중 이 사건 고발사실 부분의 취소를 구하는 청구인의 주위적 심판청구이유는, 이 사건 고발사실에 대하여는, 청구인이 고소인이 아닌 고발인의 지위에 있을 뿐이므로, 청구인으로서는 항고기각결정을 받은 후 검찰청법에 따른 재항고를 할 수 있음에도, 피청구인 대검찰청 검사가 청구인의 재항고에 대하여 ‘재항고권자가 아닌 자가 재항고한 경우’에 해당한다고 판단하여 이 사건 고발사실에 대한 재항고를 각하함으로써 재항고 절차를 통하여 실체적 판단을 받을 기회를 잃게 되어 청구인의 평등권 등이 침해되었다는 것이다. 이와 같은 청구인의 주장은, 이 사건 재항고 각하결정 자체의 고유한 위법사유에 해당한다고 할 것이므로, 이 사건 재항고 각하결정 중 이 사건 고소사실 부분은 이 사건 불기소처분과는 별개로 헌법소원심판의 대상이 될 수 있다고 할 것이며, 다른 적법요건의 흠결도 없다.」

(4) 국가인권위원회의 결정

　　국가인권위원회는 공권력을 행사하는 주체이므로 국가인권위원회의 진정각하결정($\substack{예:\ 憲\ 2009.\ 9.\\ 24.-2009헌마63}$)과 진정기각결정($\substack{예:\ 憲\ 2012.\ 7.\\ 26.-2011헌마829}$)은 헌법재판소법 제68조 제1항에서 규정하는 공권력의 행사로서 헌법소원심판의 대상이 된다. 다만, 憲法裁判所는 종래 결정에서 국가인권위원회의 진정각하결정 또는 진정기각결정에 대해 보충성 요건을 충족하였다고 보았지만, 그 후 판례를 변경하여 위 결정들은 항고소송의 대상이 되는 행정처분에 해당하므로 행정소송 등 사전구제절차를 모두 거친 것이 아니라면 보충성 요건을 충족하지 못한다고 하였다($\substack{憲\ 2015.\ 3.\ 26.\\ -2013헌마214등}$).

Ⅱ. 權力的 事實行爲

(1) 「공권력의 행사」 해당성

「權力的 事實行爲」도 헌법소원심판의 대상이 된다. 헌법재판소의 판례도 이를 인정한다(예: 憲 1993. 7. 29.-89헌마31).

　그러나 「非權力的 事實行爲」는 헌법소원심판의 대상이 되는 공권력의 행사에 해당하지 않는다. 憲法裁判所의 판례도 같은 견해이다(예: 憲 1994. 5. 6.-89헌마35; 2001. 10. 25.-2001헌마113; 2006. 3. 31.-2003헌마87; 2012. 10. 25.-2011헌마429). 憲法裁判所는, 어떤 행위가 권력적 사실행위인가 하는 것은 당해 행정주체와 상대방과의 관계, 그 사실행위에 대한 상대방의 의사·관여 정도·태도, 그 사실행위의 목적·경위, 법령에 의한 명령·강제수단의 발동 가부 등 그 행위가 행해질 당시의 구체적인 사정을 종합적으로 고려하여 개별적으로 판단하여야 할 것이라고 판시하였다(예: 憲 1994. 5. 6.-89헌마35). 憲法裁判所는, 공납금을 완전히 납부하지 않으면 졸업장의 교부와 졸업증명서의 발급을 하지 않겠다고 한 공립중학교의 통고는 비권력적 사실행위로서 헌법소원심판의 대상인 공권력에 해당하지 않는다고 판시했고(憲 2001. 10. 25.-2001헌마113), 경제기획원장관의 정부투자기관예산편성공통지침의 통보행위도 공권력의 행사에 해당하지 않는다고 판시했다(憲 1993. 11. 25.-92헌마293). 교도관들이 외부병원 진료 후 구치소로 돌아가는 과정에 있는 수형자에게 구치소로 돌아가는 차의 탑승을 위하여 병원 밖 주차장 의자에 앉아 있을 것을 지시한 행위는 비권력적 사실행위에 불과하여 공권력의 행사에 해당하지 아니한다고 판시했고(憲 2012. 10. 25.-2011헌마429), 청구인이 임의로 제출한 압수물과 이와 함께 제출한 임치물이 위험발생의 염려가 없음에도 사법경찰관이 사건종결 전에 이를 폐기한 행위에 대한 헌법소원심판에서 임치물 폐기는 비권력적 사실행위에 불과하여 공권력의 행사라고 볼 수 없으나, 압수물의 폐기는 공권력의 행사에 해당한다고 보았다(憲 2012. 12. 27.-2011헌마351).

(2) 판　　례

　憲法裁判所가 헌법소원심판의 대상이 되는 권력적 사실행위에 해당한다고 판시한 것으로는, 제일은행장에 대하여 재무부장관이 한 국제그룹의 해체준비착수와 언론발표의 지시행위(憲 1993. 7. 29.-89헌마31), 미결수용자에 대한 교도소장의 서신검열·지연발송·지연교부행위(憲 1995. 7. 21.-92헌마273), 교도소에 접견실의 칸막이 설치행위(憲 1997. 3. 27.-92헌마273), 구치소장이 미결수용자가 수사나 재판을 받을 때 재소자용 의류를 입게 한 행위(憲 1999. 5. 27.-97헌마137등), 경찰서장이 유치장 내의 차폐시설이 불충분한 화장실의 사용을 강제한 행위(憲 2001. 7. 19.-2000헌마546), 경찰서장이 현행범을 유치장에 수용하는 과정에서 흉기를 검색하기 위하여 피의자의 신체를 정밀수색한 행위(憲 2002. 7. 18.-2000헌마327), 대한민국이 1980. 11. 12.자

언론통폐합계획에 따라 동아일보사에게 한 일련의 공권력의 행사($\frac{憲\ 2003.\ 3.\ 27.}{-2001헌마116}$), 규제적・구속적 성격을 상당히 강하게 갖는 행정지도인 교육인적자원부장관의 대학총장들에 대한 학칙시정요구($\frac{憲\ 2003.\ 6.\ 26.}{-2002헌마337등}$), 구치소 수용자에 대한 교도관의 정밀신체검사($\frac{憲\ 2006.\ 6.\ 29.}{-2004헌마826}$), 경찰관이 기자들에게 경찰서 조사실에서 양손에 수갑을 찬 채 조사받는 피의자의 모습을 촬영할 수 있도록 허용한 행위($\frac{憲\ 2014.\ 3.\ 27.}{-2012헌마652}$), 피의자신문에 참여하고자 하는 변호인에 대한 검찰 수사관의 후방착석요구행위($\frac{憲\ 2017.\ 11.\ 30.}{-2016헌마503}$) 등이 있다.

이와 관련하여 유의할 것은, 헌법재판소는, 대학입시기본계획을 일부 보완하는 내용의 통보행위로서 법령의 구체적인 내용을 보충하는 것인 때는 헌법소원심판의 대상이 되지만($\frac{憲\ 1996.\ 4.\ 25.}{-94헌마119}$), 법령의 구체적인 내용을 보충하는 것이 아닌 교육부장관의 대학입시기본계획은 헌법소원심판의 대상이 되지 않는다고 하였다는($\frac{憲\ 1997.\ 7.\ 16.}{-97헌마70}$) 점이다. 서울대학교의 대학입학고사 주요요강의 발표행위($\frac{憲\ 1992.\ 10.\ 1.}{-92헌마68등}$)는 헌법소원심판의 대상이 된다고 하였다.

> [憲 1992. 10. 1.-92헌마68등] 「서울대학교의 "'94학년도 대학입학고사 주요요강"은 교육부가 마련한 대학입시제도 개선안에 따른 것으로서 대학입학방법을 규정한 교육법시행령 제71조의2의 규정이 교육부의 개선안을 뒷받침할 수 있는 내용으로 개정될 것을 전제로 하여 제정된 것이고, 위 시행령이 아직 개정되지 아니한 현 시점에서는 법적 효력이 없는 행정계획안이어서, 이를 제정한 것은 사실상의 준비행위에 불과하고 이를 발표한 행위는 앞으로 그와 같이 시행될 것이니 미리 그에 대비하라는 일종의 사전안내에 불과하므로 위와 같은 사실상의 준비행위나 사전안내는 행정심판이나 행정쟁송의 대상이 될 수 있는 행정처분이나 공권력의 행사는 될 수 없다. 그러나 이러한 사실상의 준비행위나 사전안내라도 그 내용이 국민의 기본권에 직접 영향을 끼치는 내용이고 앞으로 법령의 뒷받침에 의하여 그대로 실시될 것이 틀림없을 것으로 예상될 수 있는 것일 때에는 그로 인하여 직접적으로 기본권침해를 받게 되는 사람에게는 사실상의 규범작용으로 인한 위험성이 이미 발생하였다고 보아야 할 것이므로 이러한 것도 헌법소원의 대상은 될 수 있다고 보아야 하고 서울대학교의 "'94학년도 대학입학고사 주요요강"은 교육법시행령 제71조의2의 규정이 개정되어 그대로 시행될 수 있을 것이, 그것을 제정하여 발표하게 된 경위에 비추어 틀림없을 것으로 예상되므로 이를 제정・발표한 행위는 헌법소원의 대상이 되는 헌법재판소법 제68조 제1항 소정의 공권력의 행사에 해당된다고 할 것이며……」

Ⅲ. 統治行爲

과거에는 법원의 司法的 審査의 대상이 되지 않는 대통령의 권력적 행위를 통치행위라고 하였으나, 헌법에 의해 국가권력이 창설되는 헌법국가에서는 어떠한 국가권력의 작용도 그 위헌여부는 헌법재판에서 심판대상이 되어야 한다. 따라서 일반적인 행정행위와 구별하여 통치행위라는 개념을 인정한다고 하더라도 헌법소원심판의 대상이 된다.

憲法裁判所는 통치행위라는 개념을 인정하되, 통치행위도 헌법소원심판의 대상이 된다고 본다(예: 憲 1996. 2. 29.-93헌마186). 그러나 憲法裁判所는 군대의 *海外派遣*에 대한 대통령의 결정과 국회의 동의행위는 고도의 정치적인 결단에 해당하므로 헌법재판소는 이의 위헌여부에 대한 판단은 자제하는 것이 타당하다는 이유로 이에 대한 헌법소원심판청구를 각하하였다. 이에 의하면, 해외파병행위는 헌법소원심판의 대상이 되지 않는다는 것이다(憲 2004. 4. 29. -2003헌마814). 헌법재판소의 결정에는 동의하기 어렵다.

憲法裁判所는 대통령이 한미연합 군사훈련의 일종인 2007년 전시증원연습을 하기로 한 결정이 통치행위에 해당하지 않는다고 판시하였다(憲 2009. 5. 28. -2007헌마369).

[憲 1996. 2. 29.-93헌마186] 「통치행위란 고도의 정치적 결단에 의한 국가행위로서 사법적 심사의 대상으로 삼기에 적절하지 못한 행위라고 일반적으로 정의되고 있는바, 이 사건 긴급명령이 통치행위로서 헌법재판소의 심사 대상에서 제외되는지에 관하여 살피건대, 고도의 정치적 결단에 의한 행위로서 그 결단을 존중하여야 할 필요성이 있는 행위라는 의미에서 이른바 통치행위의 개념을 인정할 수 있고, 대통령의 긴급재정경제명령은 중대한 재정·경제상의 위기에 처하여 국회의 집회를 기다릴 여유가 없을 때에 국가의 안전보장 또는 공공의 안녕질서를 유지하기 위하여 필요한 경우에 발동되는 일종의 국가긴급권으로서 대통령의 고도의 정치적 결단을 요하고 가급적 그 결단이 존중되어야 할 것임은 법무부장관의 의견과 같다. 그러나 이른바 통치행위를 포함하여 모든 국가작용은 국민의 기본권적 가치를 실현하기 위한 수단이라는 한계를 반드시 지켜야 하는 것이고, 헌법재판소는 헌법의 수호와 국민의 기본권 보장을 사명으로 하는 국가기관이므로 비록 고도의 정치적 결단에 의하여 행해지는 국가작용이라고 할지라도 그것이 국민의 기본권 침해와 직접 관련되는 경우에는 당연히 헌법재판소의 심판대상이 될 수 있는 것일 뿐만 아니라, 긴급재정경제명령은 법률의 효력을 갖는 것이므로 마땅히 헌법에 기속되어야 할 것이다.」

[憲 2004. 4. 29.-2003헌마814] 「헌법은 대통령에게 다른 나라와의 외교관계에 대한 권한과 함께 선전포고와 강화를 할 수 있는 권한을 부여하고 있고(제73조) 헌법과 법률이 정하는 바에 따라 국군을 통수하는 권한을 부여하면서도(제74조 제1항) 선전포고 및 국군의 외국에의 파견의 경우 국회의 동의를 받도록 하여(제60조 제2항) 대통령의 국군통수권 행사에 신중을 기하게 함으로써 자의적인 전쟁수행이나 해외파병을 방지하도록 하고 있다. 이 사건과 같은 외국에의 국군의 파견결정은 파견군인의 생명과 신체의 안전뿐만 아니라 국제사회에서의 우리나라의 지위와 역할, 동맹국과의 관계, 국가안보문제 등 궁극적으로 국민 내지 국익에 영향을 미치는 복잡하고도 중요한 문제로서 국내 및 국제정치관계 등 제반상황을 고려하여 향후 우리나라의 바람직한 위치, 앞으로 나아가야 할 방향 등 미래를 예측하고 목표를 설정하는 등 고도의 정치적 결단이 요구되는 사안이다. 따라서 그와 같은 결정은 그 문제에 대해 정치적

책임을 질 수 있는 국민의 대의기관이 관계분야의 전문가들과 광범위하고 심도있는 논의를 거쳐 신중히 결정하는 것이 바람직하며 우리 헌법도 그 권한을 국민으로부터 직접 선출되고 국민에게 직접 책임을 지는 대통령에게 부여하고 그 권한행사에 신중을 기하도록 하기 위해 국회로 하여금 파병에 대한 동의여부를 결정할 수 있도록 하고 있는바, 현행 헌법이 채택하고 있는 대의민주제 통치구조하에서 대의기관인 대통령과 국회의 그와 같은 고도의 정치적 결단은 가급적 존중되어야 한다. 따라서 이 사건과 같은 파견결정이 헌법에 위반되는지의 여부 즉 세계평화와 인류공영에 이바지하는 것인지 여부, 국가안보에 보탬이 됨으로써 궁극적으로는 국민과국익에 이로운 것이 될 것인지 여부 및 이른바 이라크전쟁이 국제규범에 어긋나는 침략전쟁인지 여부 등에 대한 판단은 대의기관인 대통령과 국회의 몫이고, 성질상 한정된 자료만을 가지고 있는 우리 재판소가 판단하는 것은 바람직하지 않다고 할 것이며, 우리 재판소의 판단이 대통령과 국회의 그것보다 더 옳다거나 정확하다고 단정짓기 어려움은 물론 재판결과에 대하여 국민들의 신뢰를 확보하기도 어렵다고 하지 않을 수 없다. 기록에 의하면 이 사건 파병은 대통령이 파병의 정당성뿐만 아니라 북한 핵사태의 원만한 해결을 위한 동맹국과의 관계, 우리나라의 안보문제, 국·내외 정치관계 등 국익과 관련한 여러 가지 사정을 고려하여 파병부대의 성격과 규모, 그리고 파병기간을 국가안전보장회의의 자문을 거쳐 결정한 것으로, 그 후 국무회의 심의·의결을 거쳐 국회의 동의를 얻음으로써 헌법과 법률에 따른 절차적 정당성을 확보했음을 알 수 있다. 살피건대, 이 사건 파견결정은 그 성격상 국방 및 외교에 관련된 고도의 정치적 결단을 요하는 문제로서, 헌법과 법률이 정한 절차를 지켜 이루어진 것임이 명백하므로, 대통령과 국회의 판단은 존중되어야 하고 우리 재판소가 사법적 기준만으로 이를 심판하는 것은 자제되어야 한다. 오랜 민주주의 전통을 가진 외국에서도 외교 및 국방에 관련된 것으로서 고도의 정치적 결단을 요하는 사안에 대하여는 줄곧 사법심사를 자제하고 있는 것도 바로 이러한 취지에서 나온 것이라 할 것이다. 이에 대하여는 설혹 사법적 심사의 회피로 자의적 결정이 방치될 수도 있다는 우려가 있을 수 있으나 그러한 대통령과 국회의 판단은 궁극적으로는 선거를 통해 국민에 의한 평가와 심판을 받게 될 것이다.」

Ⅳ. 司法行政

(1) 법원의 사법행정행위

법원 등과 같은 사법기관의 행정적 행위라도 그것이 공권력의 행사에 해당하고 그에 의해 국민의 기본권의 침해여부가 다투어질 때에는 헌법소원심판의 대상이 된다.

(2) 헌법재판소의 사법행정행위

헌법재판소에 의해 행해진 행정행위에 대해서는 헌법소원심판을 청구할 수 없다. 헌법재판소 스스로 자기 행위에 대하여 심판할 수 없기 때문이다.

(3) 판　례

憲法裁判所는, 민원인의 법령질의에 대한 법원행정처장의 회신에 대한 헌법소원심판의 청구($\substack{憲 1989. 7. 28. \\ -89헌마1}$), 대법원에 제출된 항고장 및 재심소장이 절차상 부적법하고 다른 적법한 구제절차가 있다고 한 법원행정처장의 회신에 대한 헌법소원심판의 청구($\substack{憲 1992. 6. 26. \\ -89헌마132}$), 법원행정처장의 예산집행지시에 대한 헌법소원심판의 청구($\substack{憲 1995. 7. 21. \\ -93헌마257}$)는 부적법하다고 판시하였다.

　[憲 1989. 7. 28.-89헌마1] 「법원행정처장의 소위 민원인에 대한 법령질의회신이란 한낱 법령해석에 관한 의견진술에 지나지 않고, 그것이 법규나 행정처분과 같은 법적 구속력을 갖는 것이라고는 보여지지 아니하며, 기록에 의하면 문제된 질의회신은 청구인에 대한 것도 아님이 명백하므로 이를 소원의 대상으로 삼아 심판을 구하는 부분 역시 부적법함을 면치 못할 것이다.」

　[憲 1992. 6. 26.-89헌마132] 「헌법재판소법 제68조 제1항 본문에 의하면 "공권력의 행사 또는 불행사로 인하여 헌법에 보장된 기본권을 침해받은" 경우에 한하여 동조 제1항에 의한 헌법소원심판청구를 할 수 있다. 그러나 법원행정처장의 위 각 회신은 대민봉사적 차원에서 법적 절차를 친절히 설명하고 법률의 방식에 따른 불복절차를 이행하도록 안내한 것으로 공권력의 행사나 그 불행사로 보기 어렵다. 따라서 헌법소원심판청구의 대상이 될 수 없다.」

[246] 第四 法院의 裁判

I. 實定法의 規定

(1) 헌법의 규정

　憲法은 재판에 대한 헌법소원심판에 대하여 명시적으로 정하고 있지 않다. 이런 상태에서 憲法裁判所法 제68조 제1항은 재판을 헌법소원심판의 대상에서 명시적으로 제외하고 있다. 이런 경우 憲法과 憲法裁判所法의 관계가 어떠한 것인가 하는 것이 문제가 된다. 특히 헌법재판소는, 헌법재판소가 위헌으로 선고한 법률을 적용한 재판에 대해서는 헌법소원심판을 청구할 수 있다고 하므로($\substack{예: 憲 1997. 12. \\ 24.-96헌마172등}$) 재판에 대한 헌법소원심판의 구체적인 절차를 어떻게 이해해야 하는지가 중요한 의미를 가진다.

　憲法訴願審判制度에 대하여 憲法은 「法律이 정하는 憲法訴願에 관한 審判」이라고 정하고 있다($\substack{憲 \\ §111①ⅴ}$). 앞에서 본 바와 같이, 이 규정과 관련하여 헌법소원심판제도의 본질적 요소는 당연히 헌법에서 명령된 것이고 단순히 절차에 관한 규정을 입법자에게 정하도록 위임한 것으로 보느냐 아니면 심판의 대상과 같이 제도의 실질적인 내용에 대해서도 입법자에게 형성의 자유를 인정한 것으로 보느냐 하는 것에 대해 견해가 갈린다([236] I (2)). 이 문제는 법원의 재판을 헌법소원심판의 대상에서 제외하는 것이 입법자에게 인정되는 것이냐 아니면 입법자가 헌법소원심판의 절차에 대해서만 정하고 재판을 심판의 대상에서 제외할 수 없다고 볼 것이냐 하는 문제와도 관련이 있다. 그리고 이에 대한 논의는 입법자가 법원의 재판을 헌법소원심판의 대상에서 제외할 수 있다면 나머지 여러 종류의 공권력의 행사에서 입법자가 자유로이 어떤 것은 심판의 대상으로 하고 어떤 것은 심판의 대상에서 제외하는 것이 인정되느냐 하는 문제와도 연관이 있다.

(2) 헌법재판소법의 규정

憲法裁判所法 제68조 제 1 항은 「法院의 裁判을 제외하고는」이라고 정하여 법원의 재판을 헌법소원심판의 대상에서 제외하고 있다. 여기서 말하는 법원의 재판에는 형식과 종류를 불문하고 법원의 모든 재판행위가 해당된다. 憲法裁判所도 이렇게 이해하고 있다(예: 憲 1992. 12. 24.-90헌마158: 1993. 3. 11.-93헌마36).

> [憲 1992. 12. 24.-90헌마158] 「우리 헌법재판소법 제68조 제 1 항에서 "공권력의 행사 또는 불행사로 인하여 헌법상 보장된 기본권을 침해받은 자는 법원의 재판을 제외하고는 헌법재판소에 헌법소원심판을 청구할 수 있다"고 규정하고 있고, 여기에서 "법원의 재판"이라 함은 소송사건을 해결하기 위하여 법원이 행하는 종국적 판단의 표시인 종국판결과 같은 의미로 사용되기도 하나 소송법상으로는 법원이행하는 공권적 법률판단 또는 의사의 표현을 지칭하는 것이며, 이러한 의미에서는 사건을 종국적으로 해결하기 위한 종국판결 외에 본안전 소송판결 및 중간판결이 모두 포함되는 것이고 기타 소송절차의 파생적·부수적인 사항에 대한 공권적 판단도 포함되는 것으로 일반적으로 보고 있다.」

憲法裁判所는 법원의 회사정리계획의 인가결정(예: 憲 1992. 10. 1.-91헌마112), 재판장의 변론지휘권의 행사(예: 憲 1992. 6. 26.-89헌마271), 미결구금일수의 본형 산입에 관한 대법원의 판결(憲 1992. 1. 16.-91헌마232), 법원의 재산관계명시명령에 대한 이의신청기각결정, 항고기각결정 및 재항고기각결정(憲 1993. 9. 27.-91헌마223), 법원의 경락허가결정 및 항고장 각하결정(憲 1993. 12. 23.-92헌마251), 법원의 소년부송치결정(憲 1994. 3. 18.-94헌마36), 재판장의 소장각하명령(憲 1994. 6. 8.-94헌마94), 재판장의 소송지휘 또는 재판진행(憲 1993. 6. 2.-93헌마104), 법원의 구속영장 발부 및 공소장변경의 허가(예: 1998. 12. 28.-98헌마455), 피고인의 재판기록 열람·등사신청에 대하여 형사 사건 담당판사나 법원이 응답하지 아니한 행위(예: 1999. 7. 22.-98헌마321)도 이러한 재판에 해당한다고 판시하였다.

Ⅱ. 裁判에 대한 憲法訴願審判의 許容與否

憲法裁判所法 제68조 제 1 항의 해석을 두고 법원의 재판에 대한 헌법소원심판의 청구가 허용되는가 하는 점에 대하여 견해가 나누어져 있다. 또 허용여부와 별도로 헌법재판소법의 이 규정이 헌법에 위반되는가의 여부를 두고 違憲說과 合憲說이 대립한다.

(1) 불허용설

憲法裁判所法 제68조 제1항에서 정하고 있는 명문의 표현으로 볼 때, 법원의 재판은 헌법소원심판의 대상이 되지 않는다고 한다. 不許容說은 현행의 제도가 타당하다고 하는 견해와 현행 憲法裁判所法 해석상으로는 법원의 재판이 헌법소원심판의 대상이 되지 않지만, 법원의 재판이 헌법소원심판의 대상이 되도록 해당 조항을 개정하여야 한다는 견해로 나뉜다.

(2) 예외적 허용설

(a) 허용되는 경우

憲法裁判所는 초기에는 憲法裁判所法 제68조 제1항을 근거로 하여 일률적으로 법원의 재판은 헌법소원심판의 대상이 되지 않는다고 하는 견해(예: 憲 1989. 2. 14.−89헌마9)를 유지하다가 1997년 12월 24일 「96헌마172등」사건에서 종래의 견해를 변경하였다. 즉 헌법재판소가 위헌으로 결정(이런 위헌결정에는 단순위헌결정, 한정합헌결정, 한정위헌결정, 헌법불합치결정도 포함됨)한 법령을 적용함으로써 국민의 기본권을 침해한 재판에 한하여 헌법소원심판을 청구할 수 있다고 하고, 憲法裁判所法 제68조 제1항의 「裁判」에 헌법재판소가 위헌으로 결정한 법률을 적용한 재판도 포함되는 것으로 해석하는 한도 내에서 동 조항은 위헌이라고 판시하였다(예: 憲 1997. 12. 24.−96헌마172등; 1999. 5. 27.−98헌마357; 2001. 2. 22.−99헌마461등; 2001. 2. 22.−99헌마605; 2002. 5. 30.−2001헌마781; 2002. 12. 18.−2002헌마279). 이 문제와 관련하여 「헌법재판소법 제68조 제1항은 그 본문의 '법원의 재판'에 헌법재판소가 위헌으로 결정한 법령을 적용함으로써 국민의 기본권을 침해한 재판을 포함하는 부분 이외에는 헌법에 위반되지 아니한다.」라는 주문으로 한정합헌결정의 형태로 심판한 것이 있다(예: 憲 1999. 10. 21.−96헌마61; 2007. 11. 29.−2005헌바12).

[憲 1997. 12. 24.−96헌마172등] 「헌법소원에 관한 헌법의 규정은 헌법 제111조 제1항 제5호가 '법률이 정하는 헌법소원에 관한 심판'이라고 규정하여 그 구체적인 형성을 입법자에게 위임함으로써, 입법자에게 헌법소원제도의 본질적 내용을 구체적인 입법을 통하여 보장할 의무를 부과하고 있다.……헌법 제111조 제1항 제5호가 '법률이 정하는 헌법소원에 관한 심판'이라고 규정한 뜻은 결국 헌법이 입법자에게 공권력작용으로 인하여 헌법상의 권리를 침해받은 자가 그 권리를 구제받기 위한 주관적 권리구제절차를 우리의 사법체계, 헌법재판의 역사, 법률문화와 정치적 사회적 현황 등을 고려하여 헌법의 이념과 현실에 맞게 구체적인 입법을 통하여 구현하게끔 위임한 것으로 보아야 할 것이므로, 헌법소원은 언제나 '법원의 재판에 대한 소원'을 그 심판의 대상에 포함하여야만 비로소 헌법소원제도의 본질에 부합한다고 단정할 수 없다 할 것이다.……법원의 재판도 헌법소원심판의 대상으로 하는 것이 국민의 기본권보호의 실효성 측면에서 바람직한 것은 분명하다. 그러나 현재의 법적 상태가 보다 이상적인 것으로 개선되어야 할 여지가 있다는 것이 곧 위헌을 의미하지는 않는다. 법원의 재판을 헌법소원심판의 대상에 포함시켜야 한다는 견해는 기본권보호의 측면에서는 보다 이상적이지만, 이는 헌법재판소의 위헌결정

을 통하여 이루어질 문제라기보다 입법자가 해결해야 할 과제이다. 그렇다면 헌법
재판소법 제68조 제 1 항은 국민의 기본권(평등권 및 재판청구권 등)의 관점에서는 입법
형성권의 헌법적 한계를 넘는 위헌적인 법률조항이라고 할 수 없다.……헌법재판소
법 제68조 제 1 항이 위와 같이 원칙적으로 헌법에 위반되지 아니한다고 하더라도,
법원이 헌법재판소가 위헌으로 결정하여 그 효력을 전부 또는 일부 상실하거나 위
헌으로 확인된 법률을 적용함으로써 국민의 기본권을 침해한 경우에도 법원의 재판
에 대한 헌법소원이 허용되지 않는 것으로 해석한다면, 위 법률조항은 그러한 한도
내에서 헌법에 위반된다고 보지 아니할 수 없다.」

(b) 허용되지 않는 경우

憲法裁判所는 위헌으로 선고된 법률을 적용한 재판은 헌법소원심판의 대상이 된
다고 하면서, 이는 시간적으로 해당 법률에 대한 헌법재판소의 위헌결정이 있은 후
에 법원이 이런 재판을 한 때에만 한정된다고 한다(예: 憲 1998. 4. 30.-92헌마
239; 1998. 7. 16.-95헌마77). 이에 의하면,
먼저 법원의 재판이 있고, 그 후 헌법재판소가 법원의 해당 재판에서 전제가 되었던
법률이나 법률조항에 대하여 위헌으로 결정한 경우에는 먼저 있었던 법원의 재판에
대하여 헌법소원심판을 청구할 수 없다.

[憲 1998. 4. 30.-92헌마239] 「이 사건 대법원판결은 헌법재판소가 구 소득세
법 제23조 제 4 항 단서, 제45조 제 1 항 제 1 호 단서에 대하여 한정위헌결정을 하기
이전인 1992. 9. 22. 선고한 것임이 분명하므로 헌법재판소가 위헌으로 결정한 법령
을 적용하여 국민의 기본권을 침해한 재판에 해당한다고 볼 수 없다. 따라서 이 사
건대법원판결에 대한 헌법소원심판청구는 헌법소원심판의 대상이 될 수 없는 법원
의 재판에 대한 것으로서 부적법하다.」

[憲 2001. 2. 22.-99헌마461등] 「비록 후일 그 법률이 헌법재판소에 의하여 위
헌으로 판명된 경우라고 하더라도 그 이전의 단계에 있어서는 그 법률을 판사가 적
용하는 것은 제도적으로 정당성이 보장된 것이다. 위헌일지도 모른다는 의심을 하
지 못한 점에서 그 판사가 비난을 받는 것과는 별개로 그 적용 자체는 제도적으로
정당성이 보장되어 있는 것이다. 따라서 비록 위헌이기는 하지만 아직 헌법재판소
에 의하여 위헌으로 선언된 바가 없는 법률이 적용된 재판을 위법한 공권력의 행사
라고 하여 헌법소원의 대상으로 삼을 수는 없는 것이다.」　이 결정에는 헌법재판
소가 위헌이라고 결정한 법률을 적용한 재판을 헌법소원심판의 대상에서 제외한 것
은 위헌이 될 뿐만 아니라 나아가 위헌인 법률을 합헌으로 해석하여 국민의 기본권
을 침해한 법원의 재판도 헌법소원심판의 대상으로 하여야 한다는 재판관 이영모의
별개의견이 있다.

憲法裁判所의 판례 중에는 법원의 재판관할하에 있는 사건에 대하여는 아예 헌법소
원심판을 청구할 수 없다고 판시한 것이 있다(憲 2001. 12. 20.-2001헌마245).

[憲 2001. 12. 20.-2001헌마245] 「헌법재판소법 제68조 제 1 항 본문은 "공권력
의 행사 또는 불행사로 인하여 헌법상 보장된 기본권을 침해받은 자는 법원의 재판

을 제외하고는 헌법재판소에 헌법소원심판을 청구할 수 있다"라고 규정하고 있어서
애당초 법원의 재판관할하에 있는 사건에 대하여는 헌법소원심판을 청구할 수 없도
록 하고 있다. 그런데 대법원은 1991. 2. 12. 선고한 90누5825 검사임용거부처분취소
사건에서, 검사 지원자 중 한정된 수의 임용대상자에 대한 임용결정만을 하는 경우
임용대상에서 제외된 자에 대하여 임용거부의 소극적 의사표시를 한 것으로 보아야
하고, 이러한 검사임용거부처분은 항고소송의 대상이 된다고 판시하였다($\frac{공}{997}$$^{1991.}$). 따
라서 이 사건 피청구인의 청구인에 대한 예비판사임용거부는 항고소송의 대상이 되
는 행정처분에 해당된다고 판단되고, 실제로 청구인은 피청구인의 위임용거부처분
에 대하여 행정심판을 거쳐 2001. 5. 12. 서울행정법원에 행정소송을 제기($^{2001구18076}_{예비판사임용}$
$^{거부처분무}_{효확인등}$)한 상태이다. 결국 이 사건은 법원의 재판관할하에 있는 사건으로서 헌법소
원의 대상이 아니라 할 것이어서 부적법한 심판청구라고 할 것이다.」

(3) 허 용 설

憲法裁判所法 제68조 제1항에서 「법원의 재판을 제외하고」라고 한 부분은 헌법
재판소가 위헌이라고 판시할 수 있으므로 이 부분에 대해 위헌결정을 하여 효력을
없애고 법원의 재판에 대해 심판하여야 한다는 견해이다(違憲說). 현실적으로 각 나
라마다 다양한 형태의 헌법소원심판제도가 존재한다고 하더라도 이는 사회학적인 현
상에 지나지 않으며, 법리적으로는 재판의 위헌여부를 다툴 다른 방법이 존재하지
않는 한 헌법소원심판의 대상에서 재판을 제외하는 것에 대해서는 위헌선고를 할 수
있다고 본다. 憲法의 最高規範性, 立憲主義, 憲法國家原理는 이런 재판에서도 재판
규범으로서 작용한다고 본다. 이러한 견해는, 법원의 재판권력을 포함한 모든 국가
권력은 헌법에 의하여 창설된 권력이므로 헌법상 보장된 기본권이 이런 재판권력에
의해 침해되는 것을 방치하는 것은 憲法國家原理에 배치되고, 소송법상 재판절차의
장애요소는 해당 재판기관이 제거할 수 있다는 점을 근거로 든다. 헌법이 정하고 있
는 헌법소원심판제도에 있어서 입법자가 심판의 대상에 대해 마음대로 정한다고 할
경우($^{예컨대 재판, 법률, 특정한 부작위}_{를 심판의 대상에서 제외하는 경우}$)에는 憲法訴願審判制度가 形骸化될 것을 방지할 수 없다고
본다.

현재 憲法裁判所法은 재판에 대한 헌법소원심판을 인정하지 않는 것으로 정하고
있고, 헌법재판소는 예외적으로 이를 인정하는 태도를 취하고 있다. 헌법이 行爲規
範과 裁判規範으로 본래의 기능을 하고 국민의 기본권 보장에 어떠한 공백도 남겨두
지 않기 위해서는 재판에 대한 헌법소원심판을 인정하여야 한다.

《재판에 대한 헌법소원심판제도》

第一 槪 說

Ⅰ. 意 義　　　재판에 대한 헌법소원심판이라 함은 법원의 재판권의 行使
또는 不行使로 인하여 국민의 기본권이 침해당한 경우에 청구인의 헌법소원심판청

구에 따라 헌법재판소가 행하는 심판을 말한다.

　　Ⅱ. 制度의 目的　　재판에 대한 헌법소원심판은 헌법의 規範力이 국가의 재판작용에도 미치게 하고, 특히 헌법이 보장하고 있는 재판작용에 대한 基本權羈束性을 실현시키는 것이다. 이는 헌법소원심판을 통하여 기본권을 보장함에 있어서 국가작용상 예외를 두지 않고 법원의 재판작용까지 기본권에 기속시키고자 하는데 목적이 있다.

　　원래 법원의 재판작용은 국민의 권리를 보호하고 실현시키며 국가의 법질서를 보호하고 유지하는 기능을 한다. 그러나 재판작용도 국가의 권력작용이고 재판권의 행사에서도 재판권의 濫用과 誤用이 발생하고 이로 인하여 기본권이 침해되는 사태도 발생한다. 현실에서 이러한 기본권의 침해가 발생할 경우 기본권을 헌법에서 보장하고 있는 헌법국가에서는 이를 그대로 방치해 둘 수 없다. 따라서 재판에 대한 헌법소원심판은 裁判權의 행사 또는 불행사에 의해 기본권이 침해된 경우 그 기본권을 救濟하고 동시에 憲法秩序를 보호하며 유지하고자 하는 것이다.

　　재판에 대한 헌법소원심판은 위헌법률심판($^{憲裁法 §41}_{①, §68②}$)의 절차에서 看過되었던 規範統制를 挽回하게 해 준다. 즉 위헌법률심판의 절차에서 재판의 전제가 된 법률이나 법률조항에 대하여 당사자도 위헌여부심판제청을 신청하지 않고 법원도 위헌여부심판을 직권으로 제청하지 아니한 채 당해 사건에 대한 재판이 확정된 경우에 패소한 당사자는 재판의 전제가 된 법률이 위헌이었음에도 이를 적용하여 재판하였다는 이유로 재판에 대한 헌법소원심판을 청구할 수 있다. 이런 경우 재판의 전제가 되었던 법률이나 법률조항이 위헌인지 여부를 판단함에 있어서는 기본권 조항 이외의 다른 헌법조항들에도 위반되는지의 여부가 심사된다.

　　Ⅲ. 法院과 憲法裁判所　　원래 재판을 통한 憲法下位法인 법령의 적용과 집행은 법원에게 부여된 기능이므로 이런 법원의 재판의 옳고 그름은 헌법재판소가 관장할 성질의 것이 되지 못한다. 따라서 법원의 재판의 옳고 그름은 異議 또는 上訴 등에 의하여 일반법원의 구조 내에서 해결한다. 그래서 법원의 재판에 대한 헌법소원심판은 헌법에서 정하고 있는 기본권의 보장을 관철하기 위하여 한정된 범위 내에서만 인정되는 것이다. 법원의 재판에 대한 헌법소원심판을 인정한다고 하여 헌법재판소가 법원의 구조 위에 존재하는 超事實審 또는 超上告審의 裁判機關이 될 수 없는 이유도 여기에 있다.

第二　請　求　人

　　재판에 대한 헌법소원심판에서 청구인은 법원의 재판에 의하여 헌법상 보장되는 기본권을 침해당한 자이다. 청구인능력과 청구인적격의 요건은 다른 헌법소원심판의 경우와 동일하다.

第三　審判請求의 要件

　　Ⅰ. 形式的 要件　　재판에 대한 헌법소원심판의 청구에서도 헌법소원심판의 청구에서 요구되는 형식적 요건을 갖추어야 한다. 補充性의 요구도 만족시켜야 하고 請求期間도 도과하지 않아야 한다.

　　Ⅱ. 實質的 要件　　재판에 대한 헌법소원심판을 청구함에 있어서는 법원의 재판이나 재판의 지연·거부에 의한 기본권의 침해가 있어야 한다. 국가의 재판작용에서 積極的인 裁判은 공권력의 행사에 해당하고 소극적인 裁判의 遲延·拒否는

공권력의 불행사에 해당한다.

　　(1) 재판권의 행사 또는 불행사　　　재판에 대한 헌법소원심판청구에서도 기본권을 침해하는 공권력인 재판권의 행사 또는 불행사가 존재하여야 한다. 재판권의 행사는 곧 재판으로서, 이러한 재판에는 재판의 형식이나 종류에 불문하고 법원의 모든 재판이 포함된다. 재판권의 불행사에는 적극적으로 재판을 거부하는 것과 정당한 이유 없이 재판을 하지 않고 지연하는 행위가 포함된다. 이러한 재판권의 불행사는 헌법상의 裁判을 받을 權利($^{憲法\ §27①}_{§101①,\ ②}$)를 침해하는 것인데, 특히 헌법은 迅速한 裁判을 받을 權利를 보장하고 있으므로($^{憲法}_{§27③}$) 합리적인 이유가 없는 재판의 지연은 이런 신속한 재판을 받을 권리도 침해하는 것이 된다.

　　(2) 기본권의 침해

　　(a) 기 본 권　　　재판에 대한 헌법소원심판을 청구하기 위해서는 청구인의 基本權이 침해되어야 한다. 재판절차상에는 많은 권리들이 절차법에 의해 보장되는데, 이런 권리 중 재판을 받을 권리의 내용이 아닌 순전히 법률상의 권리에 지나지 않는 것은 기본권의 내용이 아니므로 이러한 권리의 침해에 대해서는 헌법소원심판을 청구할 수 없다.

　　재판에 대한 헌법소원심판에서는 基本權의 槪念과 保護領域이 매우 중요한 문제가 된다. 헌법상의 권리와 헌법보다 하위에 있는 하위법규범상의 권리를 구별하는 것이 중요하기 때문이다. 기본권의 對私人的 效力이 인정되면서 이 구별의 실익은 더욱 중요하게 되었다. 기본권은 형식에서 실정헌법에서 정하고 있는 것만이 아니다. 법령과 같은 헌법하위법에서도 헌법의 기본권을 다시 確認하여 정하고 있는 경우가 있는데, 이것은 형식은 헌법하위법에서 규정되어 있어도 기본권에 해당한다. 헌법하위법에 의해 비로소 創設되는 권리는 기본권이 아니다. 따라서 재판에 대한 헌법소원심판에서는 기본권의 구체적인 保護領域이 판단의 기준으로 중요한 의미를 가진다.

　　(b) 침　　해　　　법원의 재판에 의해 기본권이 침해되는 경우로는 i) 재판에 적용한 法令이 違憲이어서 효력을 가지지 못하는 경우(適用 法令의 違憲), ii) 재판에 적용한 법령은 유효하지만 그 法令의 解釋 또는 適用에서 오류를 범하여 기본권을 침해한 경우(法令 解釋·適用의 違憲), iii) 적용할 법령에 欠缺이 있는 경우에 법원이 法形成을 통하여 흠결을 보충하여 재판한 것이 기본권을 침해한 경우, iv) 재판이 재판절차에 관한 기본권을 침해하고 이루어진 경우, v) 재판의 遲延에 의하여 기본권을 침해한 경우 등이 있다. 법원의 법형성을 통한 재판이 기본권을 침해한 경우에는 법원의 법형성의 한계에 대해서도 헌법재판소가 심사하는 결과를 가져온다. 법원이 법형성의 헌법적 한계를 침해한 경우에는 위헌인 재판이 되어 파기를 면하지 못한다. 재판에 적용한 법령이 위헌인지의 여부를 판단함에 있어서는 법원이 헌법상의 기본권의 의미, 내용, 효력을 올바로 이해하였는지를 심사하게 된다. 재판에 적용할 법령의 해석과 적용에서도 법원이 사건의 심리와 판단에서 기본권들간의 형량이나 효력을 올바로 이해하였는지의 여부가 심사되며, 해당 법령의 내용의 범위를 넘어선 해석을 하였는지의 여부(法官의 法解釋 範圍의 逸脫與否)도 심사된다.

第四 審　　判

　I. 却下決定　　　재판에 대한 헌법소원심판의 청구가 형식적 요건을 갖추지

못하여 부적법한 때에는 각하결정을 한다.

　Ⅱ. 棄却決定　　심판의 청구가 이유가 없을 경우에 청구를 기각하는 결정을 한다. 재판에 대한 헌법소원심판에서는 재판에 의한 기본권의 침해가 인정되지 않을 때 기각결정을 한다.

　Ⅲ. 認容決定

　(1) 취소·환송　　법원의 재판에 의해 기본권이 침해되었음을 인정하는 경우에는 심판의 청구를 인용하는데, 이 때 헌법재판소는 법원의 재판을 取消하고($^{憲裁法}_{§75③}$), 그 재판을 한 법원에 원칙적으로 還送하는 결정을 한다.

　(2) 자 판　　재판에 대한 헌법소원심판에서 헌법재판소는 심판대상인 재판을 취소한 후 환송하지 않고 스스로 自判할 수 있는가 하는 문제가 있다. 이는 재판절차상의 문제이어서 절차에 대한 규정의 유무에 관계없이 自判이 성질상 허용되고 필요하면 헌법재판소가 스스로 자판할 수 있다. 독일의 경우 연방헌법재판소법 제95조 제2항은 재판에 대한 헌법소원심판에서 청구를 인용하는 경우 재판을 취소하고 환송하도록 정하고 있음에도 연방헌법재판소는 법원의 재판을 취소하면서 동시에 해당 사건은 환송 할 이유가 없다는 점을 밝히고 확정적으로 自判한 경우가 있다($^{예: BVerfGE 35,}_{202: 79, 69}$). 우리 나라의 경우 헌법재판소의 결정이 있으면 당해 재판을 한 법원은 헌법재판소의 결정취지에 따라 새로 재판을 하여야 하므로($^{憲裁法 §75}_{④ 참조}$) 법원이 헌법재판소의 결정취지에 따르지 않고 종래의 재판을 반복할 가능성이 있거나, 또는 청구인의 이익을 긴급하게 확정하여야 할 필요가 있거나, 재판의 이유가 헌법재판소가 판시한 것 이외에 다른 것이어서는 안 되는 것과 같은 특별한 사정이 없는 한 환송하는 것이 타당하다.

　　법원의 재판에 대한 헌법소원심판에서는 원칙적으로 최종의 확정판결에 대하여 헌법소원심판을 청구하게 되므로 최종의 확정판결을 취소하고 이 판결을 한 법원에 사건을 환송한다.

　(3) 하급심재판이 대상인 경우　　재판에 대한 헌법소원심판에서 최종의 확정판결과 동일한 취지의 하급심판결을 대상으로 헌법소원심판이 청구된 경우 이를 부적법하다고 하여 각하할 것인가 하는 문제가 있다. 만일 이를 부적법하다고 보지 않고 심판의 대상으로 삼은 경우에는 심판대상의 판결보다 상급심의 판결에 대해서는 동일한 취지의 그 판결이 더 이상 효력을 가지고 존재할 여지가 없어 졌음을 선언하는 주문을 내는 것이 필요하다. 이런 경우 독일 연방헌법재판소는 主文에서 심판 대상이 된 법원의 재판을 취소하고(aufheben) 사건의 환송(zurückverweisen) 여부를 표시하고, 이와 함께 해당 재판의 상급심 재판에 대해서도 「더 이상 효력을 가지고 존재할 여지가 없어졌음」(gegenstandslos)을 표시하기도 하고($^{예: BVerfGE}_{65, 116}$), 주문에서는 심판대상인 재판을 취소하고 환송하는 것만 표시하고, 상급심 재판이 더 이상 효력을 가지고 존재할 여지가 없어졌음은 이유에서 설시하기도 하였다($^{예: BVerfGE}_{63, 80, 88}$).

　(4) 재판지연의 경우　　재판의 지연에 대한 헌법소원심판에서 청구를 인용하는 경우에는 遲延行爲가 기본권을 침해하여 위헌이라는 점을 확인하는 결정을 한다($^{憲裁法}_{§75③}$).

　(5) 재판의 전제가 된 법률(조항)　　법률의 위헌여부심판절차에서 재판의 전제가 된 법률이나 법률조항에 대한 위헌여부심판제청신청이나 이의 직권제청이

행해지지 않고 당해법원의 사건에 대한 재판이 확정된 후, 재판에 대한 헌법소원심판이 청구되어 이를 인용하는 경우에는 재판을 취소하는 동시에 당해법원의 소송사건의 재판에 전제된 법률이나 법률조항이 위헌이거나 헌법불합치라는 것을 주문에 표시하여야 한다. 憲法裁判所法 제75조 제5항은 헌법소원심판을 인용하는 경우에 공권력의 행사나 불행사가 위헌인 법률 또는 법률조항에 기인하는 것이라고 인정하는 때에는 당해 법률 또는 법률조항이 위헌임을 선고할 수 있다고 정하고 있으나, 이와 같이 특별한 경우에 있어서 재판에 대한 헌법소원심판이 있는 때에는 規範統制의 심판이 이루어지므로 법률에 대한 헌법소원심판이나 구체적 규범통제에서와 같이 主文에서 이를 선고하여 효력을 상실시키는 것이 타당하다.

獨逸 聯邦憲法裁判所法 제95조 제3항은 재판에 대한 헌법소원심판에서 청구를 인용하여 법원의 재판를 취소하는 것이, 재판이 위헌인 법률에 근거하고 있다는 것을 이유로 하는 때에는 당해법률을 위헌무효로 선언하여야 한다고 정하고 있다.

第五 審判의 效力

Ⅰ. 自己羈束力·形式的 確定力　　旣判力재판에 대한 헌법소원심판에서도 自己羈束力, 形式的 確定力, 旣判力이 발생한다. 헌법재판소의 취소결정과 함께 환송결정이 있으면 사건을 환송받은 법원은 다시 재판을 하게 된다. 현재 憲法裁判所法은 재판에 대한 헌법소원심판에 대하여 정하고 있지 않은 상태이고, 여기에 [96헌마172등]과 같은 헌법재판소의 취소결정이 있는 경우에 당해법원이 다시 재판할 수 있는가 하는 문제가 있다. 법원은 어떤 경우에도 절차상의 규정이 미비하다는 이유로 재판을 하지 아니하고 방치할 수는 없으므로 다른 법령의 규정에서 유추하여 이러한 경우에 적용할 법리에 따라 재판을 하여야 한다.

Ⅱ. 羈 束 力　　재판에 대한 헌법소원심판에서의 인용결정은 위와 같은 효력 이외에 羈束力이 발생한다. 따라서 취소 및 환송의 결정이 있으면 사건이 환송된 법원은 동일한 내용의 판결을 하지 못한다. 재판에 대한 헌법소원심판에서 법률 또는 법률조항에 대하여 위헌이 선고된 경우에는 법령에 대한 헌법소원심판과 법률의 위헌여부심판에서 본 바와 같은 위헌결정에 따르는 동일한 효력이 발생한다.

[247] 第五 條 約

Ⅰ. 條 約

국내법의 효력을 가지는 조약이나 국제법규에 대한 헌법재판소의 규범통제도 가능하므로 성질이 허용되는 범위에서는 국민에 대하여 국내적인 효력을 미치는 조약이나 국제법규에 대하여 헌법소원심판을 청구할 수 있다. 다만, 조약의 성질상 헌법소원심판청구의 요건이 충족되는 경우도 있고 충족되지 못하는 경우도 있다.

우리 憲法 제6조의 해석에 있어서도 憲法 제6조에서 정하고 있는 조약 가운데는 성질상 별도의 입법 시행의 조치가 없이 바로 국내에 적용되는 自己執行條約(self-executing treaty)과 그 시행에 있어서 국내 법률로 조약을 구체화하는 것이 필요한 非自己執行條約(non-self-executing treaty)을 구분할 필요가 있다고 할 것이고, 이런 전제에서 볼 때, 自己執行條約의 경우는 조약에 대하여 바로 헌법소원심판을 청구할 수 있다고 할 것이다. 그러나 非自己執行條約의 경우에는 조약의 대상으로 바로 헌법소원심판을 청구할 수 없고, 그 조약의 시행을 위하여 국내 법령으로 조약을 구체화한 법률 또는 명령에 대하여 헌법소원심판을 청구할 수 있다고 할 것이다.

II. 條約의 締結行爲

조약과는 별도로 조약의 체결행위에 대하여 헌법소원심판을 청구할 수 있는가 하는 문제가 있다.

국제법상 조약을 체결하는 과정에 관여하는 국가의 행위는 국민(헌법소원심판의 청구인)에 대한 공권력의 행사가 아니므로 이는 헌법소원심판의 대상이 되지 않는다고 할 것이다. 예컨대 대통령이 조약을 체결·비준하는 행위($\frac{憲法}{§73}$), 조약의 체결·비준에 대한 국회의 同意行爲($\frac{憲法}{§60}$), 조약에 대한 署名(signature)행위, 批准書(instrument of ratification)의 교환행위, 書翰(letters) 또는 覺書(notes)의 교환행위, 비준서의 교환을 확인하는 議事錄의 작성행위에 대해서는 헌법소원심판을 청구할 수 없다. 따라서 自己執行條約의 체결로 기본권이 침해된 경우에는 해당 조약을 대상으로 헌법소원심판을 청구하여야 할 것이다. 非自己執行條約을 체결하는 경우에는 조약에 의해 직접 기본권이 침해되는 때를 상정하기 어렵다.

憲法裁判所는 조약인 「대한민국과 미합중국 간의 미합중국 군대의 서울지역으로부터의 이전에 관한 협정」, 「대한민국과 미합중국 간의 미합중국 군대의 서울지역으로부터의 이전에 관한 협정의 이행을 위한 합의권고에 관한 합의서」, 「2003년 3월 29일 서명된 대한민국과 미합중국 간의 연합토지관리계획협정에 관한 개정협정」을 헌법소원심판의 대상으로 하여 심판하였으며($\frac{憲 2006. 2. 23.}{-2005헌마268}$), 조약인 「한·일어업협정」의 체결행위도 고권적 행위로서 공권력의 행사에 해당한다고 보았다($\frac{예: 憲 2001. 3. 21.}{-99헌마139등}$).

[憲 2001. 3. 21.-99헌마139등] 「이 사건 협정은 우리 나라 정부가 일본 정부와의 사이에서 어업에 관해 체결·공포한 조약($\frac{조약}{제1477호}$)으로서 헌법 제6조 제1항에 의하여 국내법과 같은 효력을 가지므로, 그 체결행위는 고권적 행위로서 '공권력의 행사'에 해당한다.」 이러한 판시에 나타난 논지는 조약에 대한 헌법소원심판의 대상에 대해 세밀하게 논증한 것이 아니어서 그 취지가 명확하지 않다.

3. 公權力의 不行使

[248] 第一 槪　說

Ⅰ. 公權力의 不行使

헌법소원심판에서는 국가의 소극적인 공권력의 불행사가 기본권을 침해하였음을 다툴 수 있다. 기본권의 실현에 있어서 국가기관이 어떠한 권한을 부여받은 경우에는 그 행사의 요건이 갖추어지면 권한을 행사하여야 할 때가 있는데, 기본권을 실현하기 위한 구체적인 의무가 있는 경우에는 이러한 의무를 이행하여야 한다.

국가기관의 권한의 행사나 의무의 이행에 있어서는 이러한 공권력을 행사하지 아니함으로 인하여 국민의 기본권이 침해되는 결과가 발생할 수 있다. 헌법소원심판에서 문제로 삼는 것은 기본권 침해의 원인이 된 이러한 공권력의 불행사이다.

Ⅱ. 作爲義務

공권력의 불행사에 대해 헌법소원심판으로 다툴 수 있기 위해서는 헌법에서 인정하고 있는 作爲義務가 인정되어야 한다(예: 憲 1989. 3. 17.-88헌마1; 1991. 9. 16.-89헌마163; 1994. 4. 28.-92헌마153; 1994. 6. 30.-93헌마161; 2001. 9. 27.-2000헌마260).

이러한 의무는 헌법에서 유래하는 것으로 헌법에 명시적으로 직접 규정되어 있기도 하고, 헌법의 해석을 통하여 도출되기도 한다(예: 憲 2005. 6. 30.-2004헌마859). 헌법재판소는 이런 작위의무는 헌법규범을 준수하여야 하는 일반적인 의무가 아니라 個別 事案에 있어서 이행해야 할 구체적인 작위의무를 뜻한다고 판시하였다(예: 1998. 2. 27.-97헌가10등; 1999. 9. 16.-98헌마75; 2004. 8. 26.-2003헌마916). 작위의무가 존재하지 않음에도 불구하고 이를 전제로 하여 청구한 헌법소원심판의 청구는 不適法하다.

[憲 1989. 3. 17.-88헌마1]「입법부작위에 대한 헌법재판소의 재판관할권은 극히 한정적으로 인정할 수밖에 없다고 할 것인바, 생각건대 헌법에서 기본권보장을 위해 법령에 명시적인 입법위임을 하였음에도 입법자가 이를 이행하지 않을 때, 그리고 헌법 해석상 특정인에게 구체적인 기본권이 생겨 이를 보장하기 위한 국가의 행위의무 내지 보호의무가 발생하였음이 명백함에도 불구하고 입법자가 전혀 아무런 입법조치를 취하고 있지 않은 경우가 여기에 해당될 것이며, 이 때에는 입법부작위가 헌법소원의 대상이 된다고 봄이 상당할 것이다.」
[憲 1991. 9. 16.-89헌마163]「헌법소원은 헌법재판소법 제68조 제 1 항에 규정한 바와 같이 공권력의 불행사에 대하여서도 그 대상으로 할 수 있지만, 행정권력의 부작위에 대한 소원의 경우에 있어서는 공권력의 주체에게 헌법에서 유래하는 작위의무가 특별히 구체적으로 규정되어 이에 의거하여 기본권의 주체가 행정행위를 청구할 수 있음에도 공권력의 주체가 그 의무를 해태하는 경우에 허용된다고 할

것이며……」

[憲 1999. 9. 16.-98헌마75] 「헌법규정으로부터 도출되는 공권력 주체의 작위의
무는, 헌법규범을 준수해야 하는 일반적인 의무가 아니라 개별사안에 있어서 이행
해야 할 구체적인 작위의무를 말하며, 이에 근거하여 기본권 주체가 구체적인 공권
력행위를 청구할 수 있는 권리가 발생해야 한다.」

[249] 第二 立法不作爲

I. 國會의 立法不作爲

국회가 입법을 하여야 할 입법의무가 있음에도 불구하고 이를 이행하지 아니하
여 국민의 기본권을 침해한 경우에는 헌법소원심판으로 다툴 수 있다.

(1) 입법부작위의 종류

立法不作爲는 單純立法不作爲, 眞正立法不作爲, 不眞正立法不作爲로 나누어진다.

(a) 단순입법부작위

單純立法不作爲는 입법을 할 것인가와 법률의 내용을 어떻게 정할 것인가 하는
것이 전적으로 국회에게 맡겨진 경우에 국회의 입법형성의 자유에 의하여 立法을 하
지 아니하는 것을 말한다. 이러한 경우에 국회는 입법의무를 지지 않는다.

이러한 경우에 국민은 특정 법률을 제정할 것을 국회에 요구할 권리를 가지지 못
하며, 이에 대하여 다툴 수 없다. 憲法裁判所의 판례도 같은 취지이다(예: 憲 1989. 3. 17.-88
헌마1; 1989. 9. 29.-89헌
마13; 1992. 12.
24.-90헌마174).

[憲 1992. 12. 24.-90헌마174] 「어떠한 사항을 법규로 규율할 것인가의 여부는
특단의 사정이 없는 한 입법자의 정치적·경제적·사회적 각종 고려하에서 정하여
지는 입법정책의 문제이므로, 국민이 국회에 대하여 일정한 입법을 해달라는 청원
을 함은 별론으로 하고, 법률의 제정을 소구하는 헌법소원은 헌법상 기본권보장을
위하여 명시적인 입법위임이 있었음에도 입법자가 이를 방치하고 있거나 헌법 해석
상 특정인에게 구체적인 기본권이 생겨 이를 보장하기 위한 국가의 행위 내지 보호
의무가 발생하였음에도 불구하고 국가가 아무런 입법조치를 취하지 않고 있는 경우
가 아니면 원칙적으로 인정될 수 없다 할 것이다.」

(b) 진정입법부작위

眞正立法不作爲는 헌법이 국회에 입법의무를 지우고 있음에도 국회가 현실적으
로 그 입법의무를 이행하지 아니하여 법률이 존재하지 아니하는 경우를 말한다.

헌법상 국회에게 주어진 법률을 제정할 의무를 전혀 이행하지 아니한, 입법의무
의 이행이 零인 경우이다(立法義務의 不履行). 즉 적극적인 입법행위가 欠缺(Lücke)된
경우를 말한다.

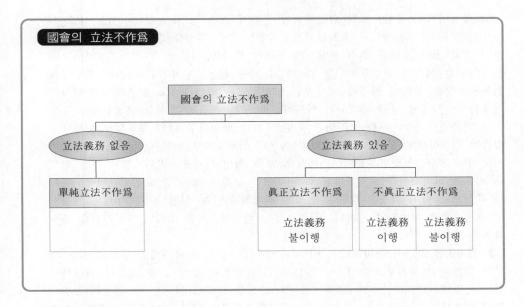

(c) 부진정입법부작위

　不眞正立法不作爲는 헌법이 국회에게 입법의무를 부과하고 있고, 그에 따라 국회가 입법의무를 이행하여 법률을 제정하거나 개정하였지만, 그 법률이 헌법상의 입법사항에 있어서 불완전하거나 불충분하게 규정하여 입법행위의 적극적인 부분과 소극적인 부분이 나누어져 그 소극적인 불완전 또는 불충분한 부분에 있어서 사실상 입법작용이 없는 경우를 말한다. 국회가 헌법상의 입법의무를 이행하기는 하였으나 불완전하게 이행한 경우로 법률이 존재하는 경우이다(立法義務의 不完全履行).

　부진정입법부작위는 적극적인 입법행위의 흠결이 아니라 적극적인 입법행위에 흠(Fehler)이 있는 경우를 말한다. 이 경우는 국회가 불완전하거나 불충분하지만 입법의무를 이행하였으므로 입법의무의 이행이 零인 眞正立法不作爲와 다르다. 진정입법부작위를 量的인 개념이라고 한다면 부진정입법부작위는 質的 개념이라고 할 수 있다(鄭宗燮b, 221 이하).

　憲法裁判所도 진정입법부작위와 부진정입법부작위를 구별하여 다루고 있다. 이는 판례의 확립된 태도이다(예: 憲 1989. 3. 17.-88헌마1; 1989. 7. 28.-89헌마1; 1989. 9. 29.-89헌마13; 1993. 3. 11.-89헌마79; 1993. 9. 27.-89헌마248; 1996. 10. 4.-94헌마108; 1996. 10. 31.-94헌마204; 1997. 3. 27.-94헌마235; 1998. 7. 16.-96헌마246; 1999. 3. 25. -97헌마99; 2008. 8. 19.-2008헌마505).

　[憲 2008. 8. 19.-2008헌마505] 「넓은 의미의 입법부작위에는 첫째, 입법자가 헌법상 입법의무가 있는 어떤 사항에 관하여 전혀 입법을 하지 아니함으로써 입법행위의 흠결이 있는 경우(즉, 입법권의 불행사)와 둘째, 입법자가 어떤 사항에 관하여 입법은 하였으나 그 입법의 내용·범위·절차 등이 당해 사항을 불완전·불충분 또

는 불공정하게 규율함으로써 입법행위에 결함이 있는 경우(즉, 결함이 있는 입법권의 행사)가 있는데, 일반적으로 전자를 "진정입법부작위", 후자를 "부진정입법부작위"라고 부르고 있다. 그런데 우리 재판소의 판례에 의하면, 이른바 "진정입법부작위" 즉 본래의 의미에서의 입법부작위를 대상으로 하여 헌법소원을 제기하려면 헌법에서 기본권보장을 위하여 법령에 명시적인 입법위임을 하였음에도 불구하고 입법자가 상당한 기간 내에 이를 이행하지 아니하거나 또는 헌법의 해석상 특정인에게 구체적인 기본권이 생겨 이를 보장하기 위한 국가의 행위의무 내지 보호의무가 발생하였음이 명백함에도 불구하고 입법자가 아무런 입법조치를 취하지 않고 있는 경우이어야 하고, "부진정입법부작위"를 대상으로, 즉 입법의 내용·범위·절차 등의 결함을 이유로 헌법소원을 제기하려면 이 경우에는 결함이 있는 당해 입법규정 그 자체를 대상으로 하여 그것이 평등의 원칙에 위배된다는 등 헌법위반을 내세워 적극적인 헌법소원을 제기하여야 하며, 이 경우에는 헌법재판소법 소정의 청구기간을 준수하여야 한다.」

[憲 1999. 3. 25.-97헌마99] 「이 사건 조항은 국민 중 국내에 거주하고 있는 국민에 대하여 부재자투표를 할 수 있는 권리를 인정하고 있을 뿐 해외에 거주하고 있는 국민에 대하여서는 부재자투표를 할 수 있는 권리를 인정할 수 없음을 분명히 하고 있으므로 청구인들은 이른바 부진정입법부작위에 의하여 기본권을 침해당하였다고 할 것이다.……종전의 소수의견에 의하더라도 국민에 대하여 부재자투표를 할 수 있는 권리를 부여하는 입법사항에 관하여 이를 부여할 국민과 부여할 수 없는 국민을 명백히 하고 있으므로 이는 질적 또는 상대적으로 불완전·불충분하게 입법사항을 규율하는 것이 되어 부진정입법부작위라 할 것이다.」

(2) 구체적인 문제

(a) 법률의 일부 삭제 또는 전부 폐지

국회가 처음에는 헌법상의 입법의무를 충실히 이행하여 법률을 제정하였으나 이후에 법률의 개정으로 일부를 삭제하거나 전부를 폐지하여 결과적으로 입법의무의 불이행의 상태에 이른 경우는 어디에 해당하는가 하는 문제가 있다.

법률의 개정에 의한 일부 삭제의 결과 삭제된 부분과 삭제 후 남은 부분이 質的인 관계에 있으면 不眞正立法不作爲의 문제가 되고, 全部 廢止와 같이 量的인 개념인 경우에는 원래의 입법의무를 이행하고 있지 않은 상태가 되므로 法律廢止效를 발하는 법률의 존재와는 관계없이 眞正立法不作爲의 문제가 된다(鄭宗燮b, 224 이하).

헌법재판소는, 「개표는 투표구별로 하며 하나의 투표구의 투표수 계산이 끝난 후 다음의 투표함을 개함하되, 동시에 계표하는 투표함은 4개 이내로 한다」고 규정하고 있었던 구 '공직선거 및 선거부정 방지법'의 해당 조항이 「개표는 투표구별로 구분하여 투표수를 계산한다」고 개정되어 동시계표 투표함 수 제한 부분을 삭제한 것에 대하여 청구인이 동시에 계표하는 투표함의 수가 무제한 허용됨에 따라 유권자인 청구인의 선거권이 침해되었다고 주장하면서 이 법률조항에 대하여 헌법소원심판을 청구한 사건에서, 이를 부진정입법부작위에 대한 헌법소원심판청구라고 보았다 (憲 2013. 8. 29. -2012헌마326).

(b) 특정집단의 배제

헌법상 입법위임을 받은 법률규정에서 특정집단이 배제된 경우에는 헌법상의 입법위임규정의 형태와 법률규정의 형태를 살펴 판단하는 것이 필요하다.

어떠한 사항을 규율할 입법의무를 규정하고 있는 헌법규정 그 자체에서 특정집단을 반드시 포함시키도록 명시하고 있음에도 법률에서 헌법에 명시된 그 집단을 제외시켰다면 眞正立法不作爲에 해당한다. 그러나 헌법의 입법위임규정에서는 규율대상인 집단을 포괄적으로 정하고 있고 법률에서 평등조항에 위배되는 형태로 특정 집단 또 특정인에 대해 차별하는 경우에는 不眞正立法不作爲에 해당한다(鄭宗燮b, 226 이하. 예: 憲 2009. 6. 25.-2008헌마393).

憲法裁判所는 입법자가 어떤 사항에 관하여 입법은 하였으나 문언상 명백히 하지 않고 반대해석으로만 그 규정의 입법취지를 알 수 있도록 함으로써 불완전, 불충분 또는 불공정하게 규율한 것에 불과한 경우는 부진정입법부작위에 해당하는 것이며 진정입법부작위로 볼 수 없다고 판시하였다(예: 憲 2009. 7. 14.-2009헌마349).

［憲 2009. 6. 25.-2008헌마393］「이 사건의 경우와 같이 입법자가 혜택부여규정에서 일정 인적 집단을 배제한 경우, 그 규정의 인적 대상범위의 확대를 구하는 헌법소원은 비록 외형적으로는 진정입법부작위에 대한 소원과 흡사하나, 실질은 그러하지 아니하다. 입법자의 하자있는 행위는 언제나 올바른 행위의 부작위로 해석될 수 있다는 의미에서 이러한 부작위는 입법자가 혜택부여규정의 제정을 통하여 내린 적극적인 결정의 반사적 효과일 뿐이기 때문이다. 청구인의 이 사건 청구는 평등원칙의 관점에서 입법자가 이 사건 법률의 적용대상에 군사정전에 관한 협정 체결 이전 납북자도 당연히 협정 체결 이후 납북자와 같이 포함시켰어야 한다는 주장에 지나지 아니하므로, 이는 헌법적 입법의무에 근거한 진정입법부작위에 해당하는 것이 아니라 단지 혜택부여규정의 인적 범위의 제한에 따른 결과에 지나지 아니하여 이른바 부진정입법부작위에 해당할 뿐이다. 이러한 부진정입법부작위의 경우에는 불완전한 법규 자체를 대상으로 하여 그것이 평등원칙에 위배된다는 등의 이유로 헌법소원을 제기하여야 하는바, 이 사건 심판청구에 있어서도 청구인은 이 사건 법률조항이 군사정전에 관한 협정 체결 이전 납북자를 '납북자'에서 배제하여 청구인의 평등권을 침해한다고 주장하면서 이 사건 법률조항 자체를 심판대상으로 하여 헌법소원심판을 청구하였다. 따라서 이 사건 법률조항에 대한 심판청구는 납북자의 범위를 불완전하게 규율하고 있는 부진정입법부작위를 다투는 헌법소원에 해당한다고 할 것이다.」

［憲 2009. 7. 14.-2009헌마349］「피청구인들이 청구인들에게 치과 전문의 자격 취득을 위한 1차 시험을 면제해 주는 규정만을 두었을 뿐 그 외 치과 전문의의 자

격을 주거나 전공의 수련과정을 면제해 주는 등의 행정입법을 하지 아니한 것은 위 규정의 반대해석에 의하여 1차 시험 면제 이외의 특례를 인정하지 아니한다는 취지의 입법을 한 것으로 보아야 하고, 이는 행정입법자가 어떤 사항에 관하여 입법은 하였으나 문언상 명백히 하지 않고 반대해석으로만 그 규정의 입법취지를 알 수 있도록 함으로써 불완전, 불충분 또는 불공정하게 규율한 경우에 불과하므로, 이를 "부진정입법부작위"라고는 할 수 있을지언정 "진정입법부작위"에 해당한다고는 볼 수 없다.」

(c) 경과규정의 흠결

법률을 개정하면서 經過規定을 두어 국민의 기본권을 보장하여야 함에도 그러한 경과규정을 두지 아니한 경우에는 특별한 사정이 없는 한 해당 법률조항의 불충함과 불완전함이 문제가 되어 不眞正立法不作爲의 문제가 된다($\binom{鄭宗燮b}{226\,이하}$). 그러나 경과규정으로 규율할 사항이 아니어서 입법을 하지 아니한 경우에 이를 다투는 것은 진정입법부작위에 대하여 다투는 것이라고 할 것이다. 헌법재판소의 판례도 이러한 태도를 취하고 있다고 보인다($\binom{예:\ 憲\ 2010.\ 6.}{24.-2010헌마167}$).

憲法裁判所의 판례도 경과규정의 문제를 부진정입법부작위의 문제로 본다($\binom{예:\ 憲}{1989.\ 7.}$28.-89헌마1; 2010.$\big)$7. 29.-2009헌마 51$\big)$.

[憲 1989. 7. 28.-89헌마1] 「청구인의 주장 취지는 앞서 본 바와 같이 1963년 법 시행규칙에서 정한 바와 같은 경력자 환산규정을 두어 이미 인가까지 얻은 청구인의 사법서사 기득권을 보호하여야 할 것인데 이를 두지 아니한 것은 위헌이라는 것인바, 1986년 법 부칙 제2항에 의하면 "이 법 시행 전에 사법서사의 인가를 받은 자는 이 법에 의한 사법서사의 자격이 있는 자로 본다"고 규정하고 있다. 그렇다면 구법에 의하여 취득한 기득권 보호를 위한 기본규정은 두고 있는 경우이며, 그에 관한 규정이 전혀 없는 경우는 아닌 것이다. 널리 입법부작위에는 기본권보장을 위한 법규정을 전혀 두고 있지 않은 경우와 이에 관한 규정은 두고 있지만 불완전하게 규정하여 그 보충을 요하는 경우를 상정할 수 있는데, 결국 이 사건은 후자의 범주에 속한다고 할 것이며, 이 경우는 그 불완전한 법규 자체를 대상으로 하여 그것이 헌법위반이라는 적극적인 헌법소원은 별론으로 하고, 입법부작위로서 헌법소원의 대상은 삼을 수 없다 할 것이다.」

(d) 진정입법부작위와 부진정입법부작위의 구별 불명시의 문제

眞正立法不作爲와 不眞正立法不作爲가 개념상 구별된다고 하더라도 구체적인 사안에서 어느 것이 어느 경우에 해당하는지를 판단하는 것은 쉽지 않다. 이러한 경우에는 眞正立法不作爲에 해당하는 것으로 인정하는 것이 국민의 기본권의 실현에 유리하다($\binom{鄭宗燮b}{245}$).

《헌법소원심판에서 진정입법부작위와 부진정입법부작위 구별의 문제》
국회의 입법부작위를 개념적으로 볼 때, 국회가 입법의무를 전혀 이행하지 아니한
眞正立法不作爲와 입법의무를 이행하였으나 그 이행이 불완전하거나 불충분한 不眞
正立法不作爲는 같은 것이 아니다. 전자는 국가의 적극적인 작위가 전혀 없는 경우
이고 후자는 국가의 적극적인 작위가 존재하는 경우이다. 따라서 국민의 기본권의
실현이라는 점에서 보면, 후자의 경우보다는 전자의 경우가 非難可能性이 크고 보
다 부정적인(negative) 것으로 평가된다. 그런데 문제는 국민이 이러한 입법부작위에
대해 헌법소원심판을 청구하여 다투는 경우에, 국민의 입장에서 볼 때는 후자의 경
우가 전자의 경우보다 언제나 긍정적인 것으로 평가되는 것은 아니라는 점이다. 헌
법재판소의 판례에 의하면, 후자의 경우에는 不眞正立法不作爲에 대한 헌법소원심
판의 청구로 다투어야 하는데, 여기에는 眞正立法不作爲에 대한 헌법소원심판을 청
구하는 경우와 달리 請求期間의 적용을 받게 된다. 이렇게 되면 국가가 기본권을
실현하려고 노력하기보다는 차라리 처음부터 아무런 노력도 하지 않는 것이 당사자
에게는 다투기에 더 유리하여 국가가 기본권 실현을 위한 노력을 하지 않는 것이
이러한 노력을 하는 것보다 더 낫다는 결론에 이르게 된다. 이것은 국가의 역할이
나 憲法 제10조에서 정하고 있는 국가의 기본권보장의무에 비추어 볼 때도 타당하
지 않다. 이러한 것은 본질적으로 법률에 대한 헌법소원심판청구에서 청구기간을
적용하기 때문에 발생하는 것이다. 뒤에서 보듯이, 법률에 대한 헌법소원심판의 청
구에서 청구기간을 적용하지 않으면 이 문제는 해결된다. 그렇지 않고 청구기간의
적용을 고집하는 경우에는 헌법소원심판의 청구에서 진정입법부작위와 부진정입법
부작위를 구별하지 않고 진정입법부작위의 문제로 취급하는 것이 바람직할 수 있다
(이는 法律改善義務의 위반을 이유로한 진정
입법부작위가 될 것이다(同旨: 許營d, 355). 진정입법부작위이든 부진정입법부작위이든 특정 집단에
서 배제된 당사자의 입장에서 보면 자신을 포함시키는 입법이 존재하지 않는 것은
마찬가지이므로 기본권을 구제받음에 있어서는 동일하게 취급되어야 하기 때문이
다. 청구기간의 적용여부와 같은 절차법적인 문제로 인하여 기본권의 구제라는 실
체법적인 문제가 왜곡되어서도 안 된다는 점을 고려할 필요가 있다.

(3) 진정입법부작위

(a) 심판의 대상성

憲法訴願審判의 對象이 되는 공권력의 불행사로서의 立法不作爲는 眞正立法不
作爲를 의미한다.

單純立法不作爲는 국회에 입법의무가 부과되지 않는 경우이므로 헌법소원심판
청구의 대상이 되지 못한다. 不眞正立法不作爲는 헌법소원심판의 대상이 되지만, 그
규정 형식으로 인하여 이에 대한 헌법소원심판의 청구는 法律에 대한 憲法訴願審判
請求의 형식으로 한다(예: 憲 1989. 7. 28.-89헌마1; 1993. 9. 27.-89헌마248;
1996. 6. 13.-95헌마115; 1996. 6. 13.-93헌마276).

不眞正立法不作爲에 대한 헌법소원심판을 청구하여야 할 것을 眞正立法不作爲
에 대한 헌법소원심판으로 청구하는 것은 不適法하다. 憲法裁判所도 같은 견해를 취

하고 있다(예: 憲 1989. 7. 28.-89헌마1; 1993. 3. 11.-89헌마79; 1996. 6.
13.-95헌마115; 1997. 3. 27.-94헌마235; 1999. 3. 25.-97헌마99).

[憲 1989. 7. 28.-89헌마1] 「입법부작위에는 기본권보장을 위한 법규정을 전혀 두고 있지 않은 경우와 이에 관한 규정은 두고 있지만 불완전하게 규정하여 그 보충을 요하는 경우를 상정할 수 있는데, 결국 이 사건은 후자의 범주에 속한다고 할 것이며, 이 경우는 그 불완전한 법규 자체를 대상으로 하여 그것이 헌법위반이라는 적극적인 헌법소원은 별론으로 하고, 입법부작위로서 헌법소원의 대상은 삼을 수 없다 할 것이다. 따라서 이 부분 청구는 부적법하다.」

[憲 1996. 6. 13.-95헌마115] 「이 사건 심판대상 조항들 중 형실효법 제 8 조 제 1 항은 형이 실효된 경우 등 소정의 사유가 있는 경우의 수형인명표 폐기 및 수형인 명부 중 해당란 삭제에 관하여만 규정하고 수사자료표에 관하여는 아무런 규정도 하지 않음으로써 반대해석에 의하여 수사자료표는 폐기 등의 대상이 되지 아니한다는 내용의 입법을 한 것이므로 이는 이른바 부진정입법부작위에 해당하고 이에 대한 심판청구는 헌법재판소법 제68조 제 1 항에 의한 이른바 법령소원으로 해석할 것이지 입법부작위에 대한 헌법소원이라고 할 수 없으며……」

(b) 성립요건

(i) 헌법재판소는 헌법에서 기본권보장을 위해 법령에 명시적인 입법위임을 하였음에도 입법자가 이를 이행하지 않을 때와 헌법 해석상 특정인에게 구체적인 기본권이 생겨 이를 보장하기 위한 국가의 행위의무 내지 보호의무가 발생하였음이 명백함에도 불구하고 입법자가 전혀 아무런 입법조치를 취하고 있지 않은 경우에 진정입법부작위가 성립한다고 한다(예: 憲 1989. 3. 17.-88헌마1; 1989. 9. 29.-89헌마13; 1991. 9. 16.-89헌마163; 1991. 11. 25.-90헌
마19; 1993. 3. 11.-89헌마79; 1993. 9. 27.-89헌마248; 1993. 11. 25.-90헌마209; 1994. 4. 28.-92
헌마153; 1994. 12. 29.-89헌마2; 1996. 11.
28.-93헌마258; 1998. 5. 28.-96헌마44).

[憲 1989. 3. 17.-88헌마1] 「입법부작위에 대한 헌법재판소의 재판관할권은 극히 한정적으로 인정할 수밖에 없다고 할 것인바, 생각건대 헌법에서 기본권보장을 위해 법령에 명시적인 입법위임을 하였음에도 입법자가 이를 이행하지 않을 때, 그리고 헌법 해석상 특정인에게 구체적인 기본권이 생겨 이를 보장하기 위한 국가의 행위의무 내지 보호의무가 발생하였음이 명백함에도 불구하고 입법자가 전혀 아무런 입법조치를 취하고 있지 않은 경우가 여기에 해당될 것이며, 이 때에는 입법부작위가 헌법소원의 대상이 된다고 봄이 상당할 것이다.」

[憲 1989. 9. 29.-89헌마13] 「어떠한 사항을 법규로 규율할 것인가의 여부는 특단의 사정이 없는 한 입법자의 정치적·경제적·사회적 및 세계관적 고려하에서 정하여지는 입법정책의 문제이므로, 국민이 국회에 대하여 일정한 입법을 해달라는 청원을 함은 별론으로 하고, 법률의 제정을 소구하는 헌법소원은 헌법상 기본권보장을 위하여 명시적인 입법위임이 있었음에도 입법자가 이를 방치하고 있거나 헌법 해석상 특정인에게 구체적인 기본권이 생겨 이를 보장하기 위한 국가의 행위 내지 보호의 무가 발생하였음에도 불구하고 국가가 아무런 입법조치를 취하지 않고 있는

경우가 아니면 원칙으로 인정될 수 없다 할 것이다.」

[憲 1996.11.28.-93헌마258] 「입법부작위는 헌법이 요구하는 입법자의 입법의무가 존재하여야 비로소 성립한다. 즉 입법부작위는 헌법이 입법자에게 입법의무를 부과하였음에도 불구하고 입법자가 이를 이행하고 있지 않는 법적 상태를 의미한다. 헌법상의 입법의무를 어느 정도로 인정하는가의 문제는 바로 입법자와 헌법재판소간의 헌법을 실현하고 구체화하는 공동의무 및 과제의 배분과 직결된 문제이다. 입법자와 헌법재판소는 모두 헌법규범의 구속을 받고, 입법자는 입법작용을 통하여, 헌법재판소는 헌법의 해석과 적용을 통한 헌법재판의 형태로 각각 헌법을 구체화하고 실현한다. 헌법재판소가 헌법에 명시적으로 표현된 명백한 위임을 넘어 헌법해석을 통하여 입법자의 헌법적 의무를 폭넓게 인정하면 할수록, 입법자의 형성의 자유는 축소된다. 따라서 헌법상의 권력분립원칙과 민주주의원칙은 입법자의 민주적 형성의 자유를 보장하기 위하여 입법자의 헌법적 입법의무는 예외적으로만 이를 인정하고 되도록이면 헌법에 명시적인 위임이 있는 경우에만 제한할 것을 요구한다. 이러한 이유에서 입법부작위에 대한 헌법재판소의 재판관할권은 한정적으로 인정할 수밖에 없다고 할 것이므로, 헌법에서 기본권보장을 위하여 법령에 명시적인 입법위임을 하였음에도 입법자가 이를 이행하지 아니한 경우이거나, 헌법해석상 특정인에게 구체적인 기본권이 생겨 이를 보장하기 위한 국가의 행위의무 내지 보호의무가 발생하였음이 명백함에도 불구하고 입법자가 아무런 입법조치를 취하지 아니한 경우에 한한다고 함이 우리 재판소의 일관된 판례이다(헌법재판소 1989. 3. 17. 선고, 89헌마1 결정; 1993. 9. 27. 선고, 89헌마248 결정; 1993. 11. 25. 선고, 90헌마209 결정 각 참조). 그러므로 입법부작위에 대한 헌법소원이 적법하기 위하여는 입법의무의 내용과 범위를 규정하는 명시적인 헌법위임이 있거나 또는 헌법해석을 통하여 기본권에서 유출할 수 있는 행위의무나 보호의무가 있어야만 한다.」

(ii) 입법에 있어서 平等原則 또는 평등권규정에 위반되었다고 하여 입법자에게 평등원칙 등에 부합되게 처음부터 다시 입법하도록 하는 입법의무가 발생하는 것은 아니다.

평등원칙의 위반 문제는 진정입법부작위가 아닌 부진정입법부작위, 즉 법률에 대한 헌법소원심판에서나 생기는 문제이다(예: 憲 1996. 11. 28.-93헌마258).

[憲 1996.11.28.-93헌마258] 「가사 입법자가 청구인에 대하여 특별조치법의 적용을 받는 해직공무원에 상응하는 보상청구권을 보장하기 위한 입법조치를 취하지 아니함으로써 평등원칙에 위반하였음을 인정한다 하더라도 이를 근거로 입법자에게 헌법상의 입법의무가 발생한 것으로도 볼 수 없다. 평등원칙은 원칙적으로 입법자에게 헌법적으로 아무런 구체적인 입법의무를 부과하지 않기 때문이다. 다만, 입법자가 평등원칙에 반하는 일정 내용의 입법을 하게 되면, 이로써 피해를 입게 된 자는 직접 당해 법률조항을 대상으로 하여 평등원칙의 위반여부를 다툴 수 있을 뿐이다. 이 사건의 경우와 같이 입법자가 혜택부여규정에서 일정 인적 집단을 배제한 경우, 그 규정의 인적 대상범위의 확대를 구하는 헌법소원은 비록 외형적으로는 진정입법부작위에 대한 소원과 흡사하나, 실질은 그러하지 아니하다. 입법자의 하자

있는 행위는 언제나 올바른 행위의 부작위로 해석될 수 있다는 의미에서 이러한 부작위는 입법자가 혜택부여규정의 제정을 통하여 내린 적극적인 결정의 반사적 효과일 뿐이기 때문이다. 다시 말하면, 평등원칙에 위배된 경우 평등원칙에 합치하는 상태를 실현할 입법자의 의무는 헌법이 직접 부과한 구체적인 의무가 아니고, 단지 입법자의 잘못된 입법에 의하여 비로소 발생하는 것이므로 입법을 통한 평등원칙의 위반에 따른 결과일 뿐, 헌법위임에 의한 것이 아니라는 것이다. 청구인의 이 사건 청구는 평등원칙의 관점에서 입법자가 정부산하기관의 직원인 청구인을 당연히 공무원과 같이 특별조치법의 수혜범위에 포함시켰어야 한다는 주장에 지나지 아니하므로 입법부작위는 헌법적 입법의무에 근거한 것이 아니라 단지 혜택부여규정의 인적 범위의 제한에 따른 결과에 지나지 아니하여 이른바 "부진정 부작위"에 해당할 뿐이므로 입법부작위위헌확인심판의 대상이 되지 아니한다.」

(ⅲ) 法律의 改廢를 직접 요구하는 것은 헌법소원심판의 대상이 될 수 없다(예: 憲1992. 6.26.-89헌마132). 이는 청원권의 행사로 국회에 요구할 수 있다.

(4) 입법행위의 청구권

입법부작위에 대하여 헌법소원심판을 청구할 수 있기 위해서는 진정입법부작위이든 부진정입법부작위이든 입법의무가 존재하여야 한다.

입법의무를 다른 면에서 보면, 국회의 立法形成의 自由가 가지는 範圍와 程度의 문제이다. 국회에 입법의무가 인정되어야 국민은 국가의 입법행위를 구할 수 있다. 즉 입법부작위에 대한 헌법소원심판에 있어서는 성질상 국가의 입법행위를 구할 수 있는 청구권이 인정되지 아니하면 그 청구는 不適法한 것이 된다(예: 憲 1989. 3. 17.-88헌마1; 1989. 9. 8.-89헌마37; 2003. 6. 26.-2002헌마624).

국회에게 입법의무가 인정되는 경우는 헌법에서 明示的으로 국회에게 立法委任을 하고 있는 경우와 憲法解釋上 국회의 입법의무가 도출되는 경우이다(鄭宗燮b, 233 이하). 憲法裁判所는 헌법에서 기본권보장을 위해 법령에 명시적인 입법위임을 하였음에도 입법자가 이를 이행하지 않을 때와 헌법해석상 특정인에게 구체적인 기본권이 생겨 이를 보장하기 위한 국가의 행위의무 내지 보호의무가 발생하였음이 명백함에도 불구하고 입법자가 전혀 아무런 입법조치를 취하고 있지 않은 경우에 입법부작위가 헌법소원심판의 대상이 된다고 판시하였다(예: 憲 1989. 3. 17.-88헌마1; 1996. 11. 28.-93헌마258; 2008. 7. 1.-2008헌마428).

［憲 1989. 3. 17.-88헌마1］「무릇 어떠한 사항을 법규로 규율할 것인가, 이를 방치할 것인가는 특단의 사정이 없는 한 입법자의 정치적·경제적·사회적 그리고 세계관적 고려하에서 정해지는 사항인 것이며, 따라서 일반국민이 입법을 해달라는 취지의 청원권을 향유하고 있음은 별론으로되 입법행위의 소구청구권은 원칙적으로 인정될 수 없다고 할 것이다. 만일 법을 제정하지 아니한 것이 위헌임을 탓하여 이

점에 관하여 헌법재판소의 위헌판단을 받아 입법당국으로 하여금 입법을 강제하게 하는 것이 일반적으로 허용된다면 결과적으로 헌법재판소가 입법자의 지위에 갈음하게 되어 헌법재판의 한계를 벗어나게 된다고 할 것이다. 따라서 입법부작위에 대한 헌법재판소의 재판관할권은 극히 한정적으로 인정할 수밖에 없다고 할 것인바, 생각건대 헌법에서 기본권보장을 위해 법령에 명시적인 입법위임을 하였음에도 입법자가 이를 이행하지 않을 때, 그리고 헌법 해석상 특정인에게 구체적인 기본권이 생겨 이를 보장하기 위한 국가의 행위의무 내지 보호의무가 발생하였음이 명백함에도 불구하고 입법자가 전혀 아무런 입법조치를 취하고 있지 않은 경우가 여기에 해당될 것이며, 이때에는 입법부작위가 헌법소원의 대상이 된다고 봄이 상당할 것이다.」

[憲 1989. 9. 8.－89헌마37] 「청구인의 주장이 이미 인가받았다가 폐업한 자에 대하여 기득권을 인정하는 보충규정을 뚜렷이 두어 달라는 취지라고 본다면 청원의 대상으로 함은 별론으로하되, 입법행위의 소구청구권이 인정되지 아니함에 비추어 적법한 소원청구는 될 수 없을 것이다.」

Ⅱ. 行政立法의 不作爲

행정입법권을 가진 행정기관이 행정입법을 할 작위의무가 있음에도 행정입법을 하지 아니하여 기본권을 침해한 경우에는 헌법소원심판을 통하여 다툴 수 있다.

이 경우에도 진정입법부작위와 부진정입법부작위에 대한 법리가 적용되는데, 이는 국회의 입법부작위의 경우와 동일하다(예: 憲 1998. 11. 26.－97헌마310).

憲法裁判所도 행정입법의 부작위를 헌법소원심판의 대상으로 인정하고 있다(예: 憲 1998. 7. 16.－96헌마246; 2002. 7. 18.－2000헌마707).

[憲 1998. 7. 16.－96헌마246] 「피청구인 보건복지부장관에 대한 청구 중 입법부작위 부분은, 보건복지부장관이 의료법 및 위 규정의 위임에 따른 시행규칙을 제정하기는 하였고 이는 입법사항에 관하여 규율은 하였으나 그 내용 등이 불완전·불충분한 경우와 유사한 경우이므로, 위 시행규칙의 관련조항에 대하여(즉, 부진정입법부작위에 대한) 헌법소원심판을 청구하여야 하고 따라서 청구기간의 제한을 받는 것이 아닌가 하는 의문이 있을 수 있다. 그러나 치과전문의제도의 시행을 위하여 필요한 사항 중 일부를 누락함으로써 제도의 시행이 불가능하게 되었다면 그 누락된 부분에 대하여는 진정입법부작위에 해당한다고 보아야 한다. 왜냐하면 치과의사로서 전문의가 되고자 하는 자는 대통령령이 정하는 수련을 거쳐 보건복지부장관의 자격인정을 받아야 하고(의료법 제55 조 제1항), 전문의의 자격인정 및 전문과목에 관하여 필요한 사항은 대통령령으로 정하는바(동조 제3항), 위 대통령령인, ‘규정’ 제 2 조의2 제 2 호(개정 1995. 1. 28.)는 치과전문의의 전문과목을 “구강악안면외과·치과보철과·치과교정과·소아치과·치주과·치과보존과·구강내과·구강악안면방사선과·구강병리과 및 예방치과”로 정하고, 제17조(개정 1994. 12. 23.)에서는 전문의자격의 인정에 관하여 “일정한 수련과정을 이수한 자로서 전문의자격시험에 합격”할 것을 요구하고 있는데도, ‘시행규칙’이 위 규정에 따른 개정입법 및 새로운 입법을 하지 않고 있는 것은 진정입법부작위에 해당하기 때문이다.」

憲法裁判所는 행정입법의 부작위가 성립하기 위해서는 다음과 같은 작위의무가 있을 것을 요구하고 있다(예: 憲 1998. 7. 16.-96헌마246). 아래 판례의 법리에서 주목할 것은 行政立法을 할 作爲義務가 헌법의 명문규정에 의해 부여된 것이 아니라 法律의 委任에 의한 것일지라도, 우리 헌법상 三權分立의 원칙, 法治行政의 원칙에 비추어 행정권의 행정입법 등 법집행의무는 憲法的 作爲義務라고 본 점이다. 헌법재판소는 이러한 법리에 기초하여 행정입법뿐 아니라 그 밖의 行政作用에 대해서도 헌법적 작위의무를 넓게 인정하여 그 부작위에 대한 헌법소원을 적법한 것으로 보고 있는바(憲 2004. 10. 28.-2003헌마898; 2011. 8. 30.-2006헌마788; 2011. 8. 30.-2008헌마648), 이러한 憲法裁判所의 태도는 바람직한 것으로 판단된다.

[憲 1998. 7. 16.-96헌마246] 「행정권력의 부작위에 대한 헌법소원은 공권력의 주체에게 헌법에서 유래하는 작위의무가 특별히 구체적으로 규정되어 이에 의거하여 기본권의 주체가 행정행위를 청구할 수 있음에도 공권력의 주체가 그 의무를 해태하는 경우에 허용되고(헌재 1996. 6. 13. 94헌마118 등), 특히 행정명령의 제정또는 개정의 지체가 위법으로 되어 그에 대한 법적 통제가 가능하기 위하여는 첫째, 행정청에게 시행명령을 제정(개정)할 법적 의무가 있어야 하고 둘째, 상당한 기간이 지났음에도 불구하고 셋째, 명령제정(개정)권이 행사되지 않아야 한다. 이 사건에 있어서 보건복지부장관의 작위의무는 의료법 및 위 규정에 의한 위임에 의하여 부여된 것이고 헌법의 명문규정에 의하여 부여된 것은 아니다. 그러나 삼권분립의 원칙, 법치행정의 원칙을 당연한 전제로 하고 있는 우리 헌법하에서 행정권의 행정입법 등 법집행의무는 헌법적 의무라고 보아야 한다. 왜냐하면 행정입법이나 처분의 개입 없이도 법률이 집행될 수 있거나 법률의 시행여부나 시행시기까지 행정권에 위임된 경우는 별론으로 하고, 이 사건과 같이 치과전문의제도의 실시를 법률 및 대통령령이 규정하고 있고 그 실시를 위하여 시행규칙의 개정 등이 행해져야 함에도 불구하고 행정권이 법률의 시행에 필요한 행정입법을 하지 아니하는 경우에는 행정권에 의하여 입법권이 침해되는 결과가 되기 때문이다. 따라서 보건복지부장관에게는 헌법에서 유래하는 행정입법의 작위의무가 있다고 할 것이다.」

憲法裁判所는 지방자치단체가 지방공무원법 제58조 제 2 항의 위임에 따라 「사실상 노무에 종사하는 공무원의 범위」를 정하는 條例를 제정하지 아니한 것은 정당한 사유 없이 조례를 제정하여야 할 헌법상 의무를 해태함으로써 청구인들이 단체행동권을 향유할 가능성 자체를 봉쇄한 것으로 헌법에 위반된다고 판시하였다(憲 2009. 7. 30. -2006헌마358).

[憲 2009. 7. 30.-2006헌마358] 「헌법 제33조는 제 1 항에서 "근로자는 근로조건의 향상을 위하여 자주적인 단결권·단체교섭권 및 단체행동권을 가진다"라고 규정하고, 제 2 항에서 "공무원인 근로자는 법률이 정하는 자에 한하여 단결권·단체교섭권 및 단체행동권을 가진다"고 규정하고 있다. 이에 따라 지방공무원법 제58조는 제 1 항 단서에서 '사실상 노무에 종사하는 공무원'만 노동운동을 할 수 있다고 규정하면서 제 2 항에서 그 범위를 조례로 정하도록 규정하였다. 이처럼 '사실상 노무에

종사하는 공무원'은 단결권·단체교섭권은 물론 단체행동권까지 가지고 일반기업의 노동조합과 같이 '노동조합 및 노동관계조정법'의 적용을 받게 되므로, 공무원노조법에 따라 공무원노동조합에 가입하여 단체행동권을 제한받게 되는 공무원보다 완전하게 근로3권을 보장받게 된다. 그런데 지방공무원법 제58조 제2항이 '사실상 노무에 종사하는 공무원'의 구체적인 범위를 조례로 정하도록 하였기 때문에, 그 범위를 정하는 조례가 정해져야 비로소 지방공무원 중에서 단결권·단체교섭권 및 단체행동권을 보장받게 되는 공무원이 구체적으로 확정되고 근로3권을 현실적으로 행사할 수 있게 된다. 그러므로 지방자치단체는 소속 공무원 중에서 지방공무원법 제58조 제1항의 '사실상 노무에 종사하는 공무원'에 해당되는 지방공무원이 단결권·단체교섭권 및 단체행동권을 원만하게 행사할 수 있도록 보장하기 위하여 그러한 공무원의 구체적인 범위를 조례로 제정할 헌법상 의무를 진다고 할 것이다. '사실상 노무에 종사하는 공무원의 범위'를 정하는 조례를 제정할 의무가 헌법상 의무로 인정되고 그러한 조례의 제정이 지체되었더라도, 그러한 조례를 제정함에 필요한 상당한 기간을 넘기지 않았거나 그 조례제정의 지체를 정당화할만한 사유가 있다면, 헌법에 위반된다고 보기 어렵다(헌재 1998. 7. 16. 96헌마246, 판례집 10-2, 283, 305-306 참조). 다만 그와 같은 정당한 사유로 인정되기 위해서는 그러한 조례제정이 헌법에 위반되거나 전체적인 법질서 체계와 조화되지 아니하여 조례제정의무의 이행이 오히려 헌법질서를 파괴하는 결과를 가져온다고 볼 수 있어야 할 것이다(憲 2004. 2. 26. -2001헌마718). 단결권·단체교섭권 및 단체행동권이 인정되는 '사실상의 노무에 종사하는 공무원'의 범위는 1973. 3. 12. 지방공무원법이 전부 개정되면서 조례에 위임한 이래, 아무런 조례에도 규정되지 않은 채 현재에 이르고 있다. 반면 지방공무원법 제58조 제2항과 유사한 규정인 국가공무원법 제66조 제2항에 따라 국가공무원복무규정 제28조는 '사실상 노무에 종사하는 국가공무원의 범위'를 정하고 있다. 또한 지방공무원법 제58조가 '사실상 노무에 종사하는 공무원'에 대하여 단체행동권을 포함한 근로3권을 인정한 것은 그 직무의 내용에 비추어 노동3권을 보장하더라도 공무 수행에 큰 지장이 없고 국민에 대한 영향이 크지 않다고 입법자가 판단한 것이므로, 지방공무원법이 위 범위를 조례로 정하도록 위임한 지 36년이 지나도록 해당 조례의 제정을 그토록 미루어야 할 정당한 사유를 찾아볼 수 없다. 피청구인들은, 청구인들의 업무는 교육과 독립된 별도의 업무가 아니라 교육지원활동이므로 청구인들에게 단체행동권을 인정하면 학생교육에 직접적인 피해가 초래될 우려가 있다고 주장하나, 그러한 사유는 '사실상 노무에 종사하는 공무원의 범위'를 조례로 정할 경우에 고려할 사유일 뿐, 해당 조례를 제정하지 않은 것 자체를 정당화할 사유라고 볼 수는 없다.」

Ⅲ. 司法立法의 不作爲

　사법입법의 경우에도 입법의무를 이행하지 아니하는 때에는 헌법소원심판으로 다툴 수 있다. 대법원규칙을 제정할 의무가 있음에도 이를 제정하지 않는 경우에는 헌법소원심판의 대상으로 그 부작위가 다투어진다. 헌법재판소의 판례도 같은 취지이다(예: 憲 1997. 5. 29.-96헌마4).

[憲 1997. 5. 29.-96헌마4] 「이 사건의 경우 청구인 주장과 같은 내용의 대법원 규칙을 제정하도록 위임하고 있는 명시적 헌법이나 법률규정이 없을 뿐만 아니라 헌법이나 법률의 해석상으로도 그와 같은 규칙을 제정하여야 할 의무가 발생한다고 할 수 없다.」

Ⅳ. 自治立法의 不作爲

지방의회가 條例制定權을 행사하지 아니하는 행위에 대해서도 헌법소원심판을 청구할 수 있다.

조례 제정의 부작위에 있어서도 단순입법부작위, 진정입법부작위, 부진정입법부작위에 관한 법리는 국회의 입법부작위의 경우와 동일하다.

[250] 第三 行政不作爲
Ⅰ. 意 義

행정기관이 공권력을 행사할 작위의무가 있음에도 이를 행사하지 아니하여 국민의 기본권을 침해한 경우에는 이에 대하여 헌법소원심판을 청구하여 다툴 수 있다.

이러한 경우에도 당연히 행정기관에게 공권력을 행사하여야 할 作爲義務가 인정되어야 한다(예: 憲 1991. 9. 16.-89헌마163; 1994. 4. 28.-92헌마153; 1996. 6. 13. -94헌마118등; 1996. 11. 28.-92헌마237; 1998. 7. 16.-96헌마246). 여기서 말하는 作爲義務는 i) 헌법상 명문으로 공권력주체의 작위의무가 규정되어 있는 경우, ii) 헌법의 解釋上 공권력주체의 작위의무가 도출되는 경우뿐만 아니라, iii) 공권력주체의 작위의무가 法令에 구체적으로 규정되어 있는 경우에도 인정될 수 있다(憲 2004. 10. 28.-2003헌마898; 2011. 8. 30.-2006헌마788; 2011. 8. 30.-2008헌마648). 공권력주체의 작위의무가 법령에 규정되어 있을 뿐이라 하더라도 우리 헌법상 三權分立의 원칙, 法治行政의 원칙에 비추어 그러한 작위의무는 憲法的 作爲義務라고 봄이 상당하기 때문이다(憲 1998. 7. 16. -96헌마246).

[憲 1991. 9. 16.-89헌마163] 「행정권력의 부작위에 대한 소원의 경우에 있어서는 공권력의 주체에게 헌법에서 유래하는 작위의무가 특별히 구체적으로 규정되어 이에 의거하여 기본권의 주체가 행정행위를 청구할 수 있음에도 공권력의 주체가 그 의무를 해태하는 경우에 허용된다고 할 것이며, 따라서 의무위반의 부작위 때문에 피해를 입었다는 단순한 일반적인 주장만으로는 족하지 않다고 할 것으로 기본권의 침해 없이 행정행위의 단순한 부작위의 경우는 헌법소원으로서는 부적법하다고 할 것이다.」
[憲 2011. 8. 30.-2006헌마788] 「행정권력의 부작위에 대한 헌법소원은 공권력의 주체에게 헌법에서 유래하는 작위의무가 특별히 구체적으로 규정되어 이에 의거하여 기본권의 주체가 행정행위 내지 공권력의 행사를 청구할 수 있음에도 공권력의 주체가 그 의무를 해태하는 경우에만 허용된다(헌재 2000. 3. 30. 98헌마206, 판례집 12-1, 393, 393-393). 위에서 말하는 "공권력의 주체에게 헌법에서 유래하는 작위의무가 특별히 구체적으로 규정되어"가

의미하는 바는 첫째, 헌법상 명문으로 공권력주체의 작위의무가 규정되어 있는 경우, 둘째, 헌법의 해석상 공권력주체의 작위의무가 도출되는 경우, 셋째, 공권력주체의 작위의무가 법령에 구체적으로 규정되어 있는 경우 등을 포괄하고 있는 것으로 볼 수 있다(헌재 2004. 10. 28. 2003헌마898, 판례집 16-2하, 212, 219).」

Ⅱ. 作爲義務가 認定된 경우

헌법재판소는 국민의 신청에 대하여 행정기관이 아무런 의사표시를 하지 않고 방치하는 행위도 행정부작위에 해당한다고 판시하였다(예: 憲 1989. 9. 4.-88헌마22). 고소인의 고소 또는 고발인의 고발이 있었음에도 수사기관에서 수사를 하지 않고 방치하는 경우에는 이에 대하여 헌법소원심판을 청구할 수 있다. 拒否處分은 적극적인 거부행위가 존재하므로 부작위에 해당하지 않는다(예: 憲 1993. 5. 10.-93헌마92).

[憲 1989. 9. 4.-88헌마22] 「청구인의 토지조사부 등에 대한 열람·복사 신청에 대한 피청구인의 대응은 이를 두 가지로 나누어 볼 수 있는데, 하나는 본건 신청에 대하여 적극적으로 이를 거부한 거부처분의 경우이고, 둘은 거부의 의사표시도 하지 않고 방치해 버린 사실상의 부작위의 경우인데, 본 건의 경우는 사실상의 부작위의 경우에 해당하는 것……」

憲法裁判所는 被請求人인 외교통상부장관에 대하여, 請求人들이 일본국에 대하여 가지는 일본군위안부로서 또는 원폭피해자로서의 배상청구권이 '대한민국과 일본국 간의 재산 및 청구권에 관한 문제의 해결과 경제협력에 관한 협정' 제2조 제1항에 의하여 소멸되었는지 여부에 관한 한·일 양국간 해석상 분쟁을 위 協定 제3조가 정한 절차에 따라 해결해야 할 作爲義務가 인정된다고 판시하였다(憲 2011. 8. 30.-2006헌마788; 2011. 8. 30.-2008헌마648).

[憲 2011. 8. 30.-2006헌마788] 「이 사건 협정은 헌법에 의하여 체결·공포된 조약으로서 헌법 제6조 제1항에 따라 국내법과 같은 효력을 가진다. 그런데 위 협정 제3조 제1항은 "본 협정의 해석 및 실시에 관한 양체약국 간의 분쟁은 우선 외교상의 경로를 통하여 해결한다." 같은 조 제2항은 "1.의 규정에 의하여 해결할 수 없었던 분쟁은 어느 일방체약국의 정부가 타방체약국의 정부로부터 분쟁의 중재를 요청하는 공한을 접수한 날로부터 30일의 기간 내에 각 체약국정부가 임명하는 1인의 중재위원과 이와 같이 선정된 2인의 중재위원이 당해 기간 후의 30일의 기간 내에 합의하는 제3의 중재위원 또는 당해 기간 내에 이들 2인의 중재위원이 합의하는 제3국의 정부가 지명하는 제3의 중재위원과의 3인의 중재위원으로 구성되는 중재위원회에 결정을 위하여 회부한다."라고 각 규정하고 있다. 위 분쟁해결조항에 의하면 이 사건 협정의 해석에 관하여 우리나라와 일본 간에 분쟁이 발생한 경우, 정부는 이에 따라 1차적으로는 외교상 경로를 통하여, 2차적으로는 중재에 의하여 해결하도록 하고 있는데, 이것이 앞에서 본 '공권력주체의 작위의무가 법령에 구체적으로 규정되어 있는 경우'에 해당하는지를 본다. 청구인들은 일제에 의하여 강제로

동원되어 성적 학대를 받으며 위안부로서의 생활을 강요당한 '일본군위안부 피해자'들로서, 일본국에 대하여 그로 인한 손해배상을 청구하였으나, 일본국은 이 사건 협정에 의하여 배상청구권이 모두 소멸되었다며 청구인들에 대한 배상을 거부하고 있는 반면, 우리 정부는 앞에서 본 바와 같이 청구인들의 위 배상청구권은 이 사건 협정에 의하여 해결된 것이 아니어서 아직까지 존속한다는 입장이므로, 결국 이 사건 협정의 해석에 관하여 한·일간에 분쟁이 발생한 상태이다. 우리 헌법은 제10조에서 "모든 국민은 인간으로서의 존엄과 가치를 가지며, 행복을 추구할 권리를 가진다. 국가는 개인이 가지는 불가침의 기본적 인권을 확인하고 이를 보장할 의무를 진다."고 규정하고 있는데, 이 때 인간의 존엄성은 최고의 헌법적 가치이자 국가목표규범으로서 모든 국가기관을 구속하며, 그리하여 국가는 인간존엄성을 실현해야 할 의무와 과제를 안게 됨을 의미한다. 따라서 인간의 존엄성은 '국가권력의 한계'로서 국가에 의한 침해로부터 보호받을 개인의 방어권일 뿐 아니라, '국가권력의 과제'로서 국민이 제3자에 의하여 인간존엄성을 위협받을 때 국가는 이를 보호할 의무를 부담한다. 또한 헌법 제2조 제2항은 "국가는 법률이 정하는 바에 의하여 재외국민을 보호할 의무를 진다."라고 규정하고 있는바, 이러한 재외국민 보호의무에 관하여 헌법재판소는 "헌법 제2조 제2항에서 규정한 재외국민을 보호할 국가의 의무에 의하여 재외국민이 거류국에 있는 동안 받는 보호는 조약 기타 일반적으로 승인된 국제법규와 당해 거류국의 법령에 의하여 누릴 수 있는 모든 분야에서의 정당한 대우를 받도록 거류국과의 관계에서 국가가 하는 외교적 보호와 국외거주국민에 대하여 정치적인 고려에서 특별히 법률로써 정하여 베푸는 법률·문화·교육 기타 제반영역에서의 지원을 뜻하는 것이다."라고 판시함으로써(헌재 1993. 12. 23. 89헌마189, 판례집 5-2, 646) 국가의 재외국민에 대한 보호의무가 헌법에서 도출되는 것임을 인정한 바 있다. 한편 우리 헌법은 전문에서 "3·1운동으로 건립된 대한민국 임시정부의 법통"의 계승을 천명하고 있는바, 비록 우리 헌법이 제정되기 전의 일이라 할지라도 국가가 국민의 안전과 생명을 보호하여야 할 가장 기본적인 의무를 수행하지 못한 일제강점기에 일본군위안부로 강제동원되어 인간의 존엄과 가치가 말살된 상태에서 장기간 비극적인 삶을 영위하였던 피해자들의 훼손된 인간의 존엄과 가치를 회복시켜야 할 의무는 대한민국임시정부의 법통을 계승한 지금의 정부가 국민에 대하여 부담하는 가장 근본적인 보호의무에 속한다고 할 것이다. 위와 같은 헌법규정들 및 이 사건 협정 제3조의 문언에 비추어 볼 때, 피청구인이 위 제3조에 따라 분쟁해결의 절차로 나아갈 의무는 일본국에 의해 자행된 조직적이고 지속적인 불법행위에 의하여 인간의 존엄과 가치를 심각하게 훼손당한 자국민들이 배상청구권을 실현할 수 있도록 협력하고 보호하여야 할 헌법적 요청에 의한 것으로서 그 의무의 이행이 없으면 청구인들의 기본권이 중대하게 침해될 가능성이 있으므로, 피청구인의 작위의무는 헌법에서 유래하는 작위의무로서 그것이 법령에 구체적으로 규정되어 있는 경우라고 할 것이다. 나아가 특히 우리 정부가 직접 일본군위안부 피해자들의 기본권을 침해하는 행위를 한 것은 아니지만, 위 피해자들의 일본에 대한 배상청구권의 실현 및 인간으로서의 존엄과 가치의 회복을 하는 데 있어서 현재의 장애상태가 초래된 것은 우리 정부가 청구권의 내용을 명확히 하지 않고 '모든 청구권'이라는 포괄적 개념을 사용하여 이 사건 협정을 체결한 것에도 책임이 있다는 점에 주목한다면, 피청구인

에게 그 장애상태를 제거하는 행위로 나아가야 할 구체적 작위의무가 있음을 부인
하기 어렵다.」

Ⅲ. 作爲義務가 否認된 경우

憲法裁判所는 다음과 같은 헌법소원심판의 청구는 작위의무가 인정되지 않아 부
적법한 것이라고 본다. 전국구 국회의원의 탈당으로 闕員이 된 경우에 중앙선거관리
위원회가 전국구 국회의원의석 승계결정을 하지 아니하였다는 주장의 청구(憲 1994. 4. 28.
-92헌마153),
起業者가 土地收用法상의 환매토지 발생을 통지하지 아니하였다는 주장의 청구
(憲 1995. 3. 23.
-91헌마143), 위헌결정이 있은 후 교육부장관이 중등교사를 우선 임용할 조치를 아니
하였다는 주장의 청구(憲 1995. 5. 25.
-90헌마196), 국회가 탄핵소추를 의결하지 아니하였다는 주장의
청구(憲 1996. 2. 29.
-93헌마186), 경찰공무원의 권총 오발에 의한 피해에 대하여 내무부장관 또는 법
무부장관이 국가배상을 하지 아니하거나 불허하였다는 주장의 청구(憲 1996. 6. 13.
-94헌마118), 도시
계획도로의 예정지로 결정한 후 부산광역시장이 해당 토지를 수용 또는 준용도로지
정을 하지 아니하였다는 주장의 청구(憲 1996. 11. 28.
-92헌마237), 부산광역시장이 조선총독부 고시에
의해 고시된 도시계획결정을 취소하지 아니하였다는 주장의 청구(憲 1999. 11. 25.
-99헌마198), 국가유
공자유족에 대해 국방부장관이 국가유공자예우등에관한법률상의 보상을 받을 수 있
도록 유가족으로 등록하거나 직접 대리등록을 하는 등 보상을 받을 수 있는 실질적
조치를 하지 아니하였다는 주장의 청구(憲 1998. 2. 27.
-97헌마354), 독일정부의 우리 나라 국민에 대
한「미성년자보호관련관헌의관할권및준거법에관한협약」의 적용을 피하기 위하여 우
리 나라 정부가 위 협약에 가입, 수정가입, 일부가입 또는 독일과의 별도조약을 체
결하지 아니하였다는 주장의 청구(憲 1998. 5. 28.
-97헌마282), 정부가 재일 피징용부상자의 보상청구
권을 위하여 일본국에 중재를 하지 아니하였다는 주장의 청구(憲 2000. 3. 30.
-98헌마206), 서울특별시
지방경찰청이 제주도폭동 진압을 위한 특별부대요원으로 근무한 공로로 공훈훈장을
받았다고 주장하는 청구인의 공훈사실을 확인·등재하지 아니한 행위(憲 2000. 6. 29.
-98헌마391), 도
시계획결정 및 지적승인의 고시·공람까지 이루어졌으나 실시계획의 인가가 이루어
지지 아니한 토지에 대하여 행정청이 수용을 하지 않았다는 주장의 청구(憲 2002. 5. 30.
-2001헌마708),
국방부장관이 청구인에게 이미 지급한 예비금훈련보상비 외에 추가적으로 훈련보상
비를 지급하지 않고 있는 부작위가 청구인의 기본권을 침해하였다는 취지의 청구
(憲 2003. 6. 26.
-2002헌마484), 장애인을 위한 '저상버스'를 도입해야 할 국가의 구체적 의무를 이행하
지 아니하였다는 주장의 청구(憲 2002. 12. 18.
-2002헌마52), 대한민국정부와미합중국간의범죄인도조약
에 의거하여 범죄인의 인도심사를 위하여 미합중국에서 구금된 기간을 형기에 산입
하도록 하는 조항을 입법으로 마련하여야 한다는 취지의 청구(憲 2006. 4. 27.
-2005헌마968), 서울특별시

교육감이 초등학교 교감 승진대상자를 초등학교 교감 승진후보자명부에 등재하지 아니하였다는 주장의 청구($\frac{憲\ 2009.\ 3.\ 17.}{-2009헌마108}$) 교도소장이 죄명·형기·죄질·성격·범죄전력·나이·경력 및 수용생활 태도, 그 밖에 수용자의 개인적 특성을 고려하여 결정하는 ($\frac{형의\ 집행\ 및\ 수용자의}{처우에\ 관한\ 법률\ §15}$) 교도소장의 재량적 판단사항에 해당하는 수용거실의 지정에 대하여 수용자가 수용거실의 변경이나 특정 수용거실을 신청할 권리가 있다는 취지의 청구 ($\frac{憲\ 2013.\ 8.\ 29.}{-2012헌마886}$) 등은 작위의무가 인정되지 않기 때문에 부적법하다고 판시하였다.

[251] 第四　司法不作爲

Ⅰ. 裁判의 不作爲

(1) 개　　념

법원은 법령에서 구체적으로 정한 재판청구행위에 대해서만 재판하는 의무를 진다. 따라서 이런 재판의무가 인정되지 않는 경우에는 재판을 할 작위의무가 존재하지 않는다.

　　[憲 1994. 6. 30.-93헌마161]「헌법 제27조 제1항에 "모든 국민은 헌법과 법률이 정한 법관에 의하여 법률에 의한 재판을 받을 권리를 가진다"라고 규정한 국민의 재판청구권은 국민의 중대한 기본권 중의 하나이다. 그러나 법원은 위 기본권에 근거해서 법령에 정한 국민의 정당한 재판청구행위에 대하여만 재판을 할 의무를 부담한다고 할 것이고, 법령이 규정하지 아니한 재판청구행위에 대하여까지 헌법상의 재판청구권에서 유래한 재판을 할 작위의무가 법원에 있다고 할 수는 없다.」

(2) 판단의 유탈·탈루

재판에서 판단을 遺脫하거나 脫漏한 것에 대해서는 헌법소원심판을 청구할 수 없다. 憲法裁判所의 판례도 같은 취지이다($\frac{예:\ 憲\ 1996.\ 4.}{25.-92헌바30}$).

　　[憲 1996. 4. 25.-92헌바30]「청구인은 대법원이 청구인이 주장한 민사소송법 제641조에 의한 즉시항고에 대하여는 아무런 판단을 아니하였다는 이유로 이에 대하여 헌법소원을 청구하고 있다. 그러나 대법원이 청구인이 주장하는 바와 같이 판단하여야 할 사항의 일부에 관하여 판결의 주문에서 빠뜨리고 판결한 것이라면, 탈루한 부분은 여전히 법원에 계속되어 있다 할 것이고(이 경우 원칙적으로 기본권의 침해 문제는 생기지 아니한다), 그렇지 아니하고 단지 공격방어방법에 관한 판단을 빠뜨린 것이라면 재심의 소에 의하여 구제받을 수 있는 것이므로 그러한 절차를 생략한 채 이를 이유로 바로 '헌법재판소에 헌법소원을 청구하여 재판의 취소를 구하거나 추가재판을 구하는 것은 허용되지 아니한다.」

Ⅱ. 裁判遲延行爲

(1) 개　　념

　　재판을 하지 않는 부작위는 재판을 하지 않겠다는 적극적인 의사를 가지고 방치하는 것이 아니라 재판을 정당한 이유 없이 심리하지 않거나 선고하지 않고 시간을 끄는 행위이다. 즉 재판의 지연행위이다.

　　이러한 재판의 지연행위에 대해서는 헌법소원심판을 청구할 수 있다($\substack{同旨: 許營d.\\370}$). 이러한 경우에도 재판을 하여야 할 법적인 의무가 인정되어야 한다($\substack{예: 憲 1994. 6.\\30.-93헌마161}$). 법원이 재판을 할 헌법적 의무가 있음에도 과도하게 재판을 지연하는 경우에는 평등권($\substack{憲法\\§11①}$)의 침해나 과잉금지원칙의 위반에 의한 재판 받을 권리($\substack{憲 §27①.\\§101①}$) 또는 신속한 재판을 받을 권리($\substack{憲法\\§27③}$) 등의 침해가 문제될 수 있다.

> **[憲 1994. 6. 30.-93헌마161]** 「기일지정신청에 대한 재판지연이라는 공권력의 불행사에 대한 헌법소원이 적법한 헌법소원이 되자면 공권력의 주체인 법원이 기일지정신청에 대하여 재판하여야 하는 헌법에 유래하는 작위의무가 특별히 규정되어 있고, 이에 의거하여 기본권의 주체가 공권력의 행사 즉 재판을 청구할 수 있어서 이를 하였음에도 법원이 그 작위의무를 해태하는 경우이어야 한다.……기일지정신청에 관하여는 민사소송법 제152조, 제241조, 민사소송규칙 제52조, 제53조 등의 규정이 있다. 그러나 종국판결이 상소기간 도과로 확정된 후 동 판결선고 전에 청구의 인낙이 있었다는 이유로 하는 기일지정신청은 법이 예상한 바 아니어서 법령에 이를 규정한 바 없고, 그러한 경우에 기일지정신청을 인정하는 법리도 없다. 따라서 그러한 기일지정신청은 법원에 대하여 아무런 의미도 부여하는 것이 아니어서 법원이 이에 대하여 재판 특히 재판에 의한 소송종료선언을 하여야 할 의무를 부담하지 않는다.」

　　憲法裁判所는 기일지정신청을 무시하는 재판지연($\substack{憲 1994. 6. 30.\\-93헌마161}$), 法定의 판결선고기간 내에 판결선고를 하지 아니한 것($\substack{예: 憲 1999. 9.\\16.-98헌마75}$), 법관의 기피신청에 대한 재판지연($\substack{예: 憲 1998. 5.\\28.-96헌마46}$)은 憲法上 명시적 작위의무가 인정되지 않는 것이라고 하여 헌법소원심판의 대상이 되지 않는다고 판시하였다.

(2) 재판기간의 도과

　　실정법에서 裁判期間을 정하고 있는 경우에 이런 재판기간을 도과하면 재판의 지연을 이유로 헌법소원심판을 청구할 수 있는가 하는 문제가 있다.

　　재판기간을 정하고 있는 실정법의 규정을 訓示規定이라고 하면 기간의 도과만으로 재판청구권을 침해하였다고 할 수 없어 위헌이라고 할 수 없고, 재판의무를 이행하지 않은 지연책임도 묻기 어렵다($\substack{예: 憲 1999. 9.\\16.-98헌마75}$). 그러나 재판기간이 强制規定으로 정해지고 그 기간이 헌법에서 도출된 것으로서 해당 기간 내에 재판을 해야 할 의무가 법원에게 부과된 경우에는 재판을 지연한 정당한 사유가 없는 한 그 재판지연행위는 재판청구권 또는 평등권의 침해로 위헌일 수 있다.

　　재판기간이 법률상의 기간이라고 하더라도 그러한 기간 내에 재판을 하지 아니하는 것이 평등권을 침해하는 것인 때에는 위헌일 수 있다.

　　[憲 1999. 9. 16.-98헌마75] 「헌법 제27조 제3항 제1문에 의거한 국민의 신속한 재판을 받을 권리를 보장하기 위한 법규정으로는 민사소송법 제184조를 들 수 있다. 이 법규정은 심리를 신속히 진행함으로써 판결의 선고를 소가 제기된 날로부터 5월 내에, 항소심 및 상고심에 있어서는 기록의 송부를 받은 날부터 5월 내에 하도록 규정하고 있다. 이 법규정은 행정소송법 제8조 제2항에 의거하여 위 처분취소사건들의 경우에도 준용된다. 그러나 이 법규정 소정의 판결선고기간을 직무상의 훈시규정으로 해석함이 법학계의 지배적 견해이고, 법원도 이에 따르고 있으므로, 위 기간 이후에 이루어진 판결의 선고가 위법으로 되는 것은 아니다. 따라서 피청구인은 민사소송법 제184조에서 정하는 기간 내에 판결을 선고하도록 노력해야 하겠지만, 이 기간 내에 반드시 판결을 선고해야 할 법률상의 의무가 발생한다고는 볼 수 없다. 그리고 이 법규정 외에는 청구인이 기본권의 주체로서 신속한 판결선고를 청구할 수 있는 다른 법률상의 근거도 존재하지 아니한다. 그렇다면 이 사건에서 피청구인들이 청구인들에 대한 위 보안처분들의 효력이 만료되는 시점까지 판결을 선고해야 할 법률상의 작위의무가 있다고는 볼 수 없다.……헌법 제27조 제3항 제1문은 "모든 국민은 신속한 재판을 받을 권리를 가진다"라고 규정하고 있다. 그러나 신속한 재판을 받을 권리의 실현을 위해서는 구체적인 입법형성이 필요하며, 다른 사법절차적 기본권에 비하여 폭넓은 입법재량이 허용된다. 특히 신속한 재판을 위해서 적정한 판결선고기일을 정하는 것은 법률상 쟁점의 난이도, 개별사건의 특수상황, 접수된 사건량 등 여러 가지 요소를 복합적으로 고려하여 결정되어야 할 사항인데, 이 때 관할 법원에게는 광범위한 재량권이 부여된다. 따라서 법률에 의한 구체적 형성 없이는 신속한 재판을 위한 어떤 직접적이고 구체적인 청구권이 발생하지 아니한다. 따라서 피청구인들이 위 보안처분들의 효력만료 전까지 판결을 선고해야 할 구체적인 의무가 헌법상으로 직접 도출된다고는 볼 수 없다. 그렇다면 피청구인들이 위와 같이 판결을 선고해야 할 구체적인 행위를 요구할 수 있는 청구인들의 권리가 헌법 제27조 제3항 제1문상의 신속한 재판을 받을 권리로부터 발생하지 아니한다고 할 것이다.」

《재판기간》

裁判期間에 관하여 숙고해 볼 점은 재판에 있어서 재판기간을 정할 수 있는가 하는 근본적인 질문이다. 즉 기간을 정하여 재판기관으로 하여금 재판을 하도록 강제하는 것이 재판의 본질에 비추어 볼 때 적합한가 하는 문제가 제기된다. 기간을 정하여 재판을 강제하는 것은 경우에 따라 졸속재판을 강제하는 것과 같은 결과를 초래할 우려가 있으므로 재판의 공정성 이념에 부합하지 않는다는 문제가 있기 때문이다. 재판의 공정성이라는 관점에서 실정법에서 재판기간을 정하여 強行規定이라고 명시하여 놓는다고 하더라도($^{예:\ 公職選}_{舉法\ §270}$) 이는 訓示規定(instruktionellen Normen)에 지나지 않는 것이라고 보는 견해가 있다. 그러나 사건의 성질, 재판의 종류, 裁判機關의 특성, 裁判期間의 장단, 당해 재판기관의 사건처리능력 등을 고려하여 재판의 공정성이 침해되지 않는 한도 내에서는 기간을 정하여 재판을 하도록 강제할 수 있는 경우도 있다. 이러한 강제규정은 강행규정이므로 정당한 사유가 없는 한 이러한 기간을 도과하여 재판을 하지 아니하는 행위가 기본권을 침해한 경우에는 헌법소원심판의 대상이 될 수 있다. 다만, 재판기간에 관한 이런 강행규정을 效力規定(vollwirksamen Normen)으로 볼 것인가 하는 점에 대해서는 논란이 있을 수 있다. 이런 강행규정상의 기간을 도과하여 한 재판의 효력이 무효가 되거나 취소할 수 있는 것으로 하는 效力規定이라고 할 것인가 하는 점과 재판기간 내에 재판을 하지 아니하는 부작위를 기본권의 침해를 이유로 위헌이라고 하는 것은 별개의 문제이다. 또 이와 다른 면에서 강행규정상의 재판기간 내에 재판을 하지 아니한 판사에 대해서는 違法行爲에 따른 법적인 책임을 물을 수 있다고 할 것인가 하는 것도 별개의 문제이다.

제 3 절　審判의 請求

[252] 第一　請求人

Ⅰ. 請求人能力

(1) 의　　의

헌법소원심판에서 請求人能力(Beschwerdefähigkeit)이라고 함은 헌법소원심판절차에서 청구인이 될 수 있는 능력을 말한다. 憲法裁判所法은 公權力의 행사 또는 불행사로 인하여 헌법상 보장된 基本權을 침해받은 경우에 헌법소원심판을 청구할 수 있다고 정하고 있으므로($^{憲裁法}_{§68①}$) 헌법소원심판의 請求人이 될 수 있는 능력을 가진 자는 헌법상 보장되는 基本權의 主體이며, 이 때의 기본권이란 헌법이 보장하고 있는 憲法的 權利를 말한다. 이러한 기본권에는 실정헌법에 명시된 기본권과 실정헌법의 해석을 통하여 도출되는 기본권이 포함된다.

(2) 국가, 지방자치단체, 공법인 등

헌법소원심판절차에서 청구인능력을 가지는 자는 헌법상 기본권의 주체이기 때문에 국가는 기본권의 주체가 될 수 없어 請求權者의 지위에 있지 않다. 다만, 공법인과 지방자치단체는 공권력의 주체의 지위에 있지 아니하는 예외적인 경우에 한하여 청구권이 인정될 여지가 있다.

(a) 국   가

國家, 國家機關, 國家機關의 一部는 기본권의 주체가 될 수 없고 기본권을 보호하여야 할 의무를 지는 지위에 있으므로 헌법소원심판을 청구할 수 없다.

憲法裁判所도 동일한 견해이다(예: 憲 1994. 12. 29.-93헌마120; 1995. 2. 23.-90헌마125; 1995. 9. 28.-92헌마23; 2000. 8. 31.-2000헌마156).

[憲 2000. 8. 31.-2000헌마156]「헌법재판소법 제68조 제 1항의 규정에 의한 헌법소원은, 헌법이 보장하는 기본권의 주체가 국가기관의 공권력의 행사 또는 불행사로 인하여 그 기본권을 침해받았을 경우 이를 구제하기 위한 수단으로 인정된 것이므로, 헌법소원을 청구할 수 있는 자는 원칙으로 기본권의 주체로서의 국민에 한정되며 국민의 기본권을 보호 내지 실현할 책임과 의무를 지는 국가기관이나 그 일부는 헌법소원을 청구할 수 없다.」

憲法裁判所는 國會의 노동위원회에 출석하지 않은 증인에 대한 검사의 불기소처분에 대해 勞動委員會가 헌법소원심판을 청구하는 것(憲 1994. 12. 29.-93헌마120), 國會議員이 국회 내에서 행사하는 질의권·토론권 및 표결권 등을 국회의장에 의해 침해당하였다고 헌법소원심판을 청구하는 것(憲 1995. 2. 23.-90헌마125), 국회의 정보위원회로 배정해 달라는 요청을 거절한 국회의장의 거절행위에 대해 거절당한 國會議員이 헌법소원심판을 청구하는 것(憲 2000. 8. 31.-2000헌마156), 敎育委員이 법률에 대한 헌법소원심판을 청구하는 것(憲 1995. 9. 28.-92헌마23등), 農地改良組合이 법률에 대한 헌법소원심판을 청구하는 것(憲 2000. 11. 30.-99헌마190), 警察官이 확정된 벌금미납자를 경찰서 유치장에 인치하라는 검사의 인치지휘에 대하여 헌법소원심판을 청구하는 것(憲 2009. 3. 24.-2009헌마118)은 不適法하다고 판시하였다.

憲法裁判所는 대통령에 대하여 私人으로서 헌법소원심판을 청구할 수 있는 청구인적격을 제한적으로 인정하고 있다(예:憲 2008. 1. 17.-2007헌마700).

(b) 지방자치단체

地方自治團體는 공권력의 주체인 지위에 있는 한 헌법소원심판의 청구인이 될 수 없다(예: 憲 2006. 2. 23.-2004헌바50). 지방자치단체의 기관인 地方自治團體長(예: 憲 1997. 12. 24.-96헌마365)이나 地方議會(예: 憲 1998. 3. 26.-96헌마345)도 마찬가지이다. 국가와의 관계에서 권한침해가 문제가 되는 경우에는 권한쟁의심판절차를 통하여 해결한다.

예외적으로 지방자치단체가 私經濟의 主體로서 헌법상의 기본권을 보유하고 있는 경우(예:재산권)에는 헌법소원심판을 청구할 수 있다.

[憲 1997. 12. 24.-96헌마365]「헌법재판소법 제68조 제 1항은 "공권력의 행사 또는 불행사로 인하여 기본권을 침해받은 자는 헌법소원의 심판을 청구할 수 있다"고 규정하고 있다. 여기서 기본권을 침해받은 자는 헌법소원을 청구할 수 있다는 것은 곧 기본권의 주체라야만 헌법소원을 청구할 수 있고, 기본권의 주체가 아닌

자는 헌법소원을 청구할 수 없다는 것을 의미하는 것이다. 기본권 보장규정인 헌법 제 2 장의 제목이 "국민의 권리와 의무"이고 그 제10조 내지 제39조에서 "모든 국민은……권리를 가진다"고 규정하고 있으므로 국민만이 기본권의 주체라 할 것이다. 그러므로 공권력의 행사자인 국가나 국가기관 또는 국가조직의 일부나 공법인이나 그 기관은 기본권의 "수범자"이지 기본권의 주체가 아니고 오히려 국민의 기본권을 보호 내지 실현해야 할 '책임'과 '의무'를 지니고 있을 뿐이다(1994. 12. 29. 선고, 93헌마120 결정; 1995. 2. 23. 선고, 90헌마125 결정; 1995. 9. 28. 선고, 92헌마23·86(병합) 결정 참조). 따라서 지방자치단체나 그 기관인 지방자치단체의 장은 기본권의 주체가 아니며 이 사건 심판청구인인 제주도의 장인 청구인은 헌법소원 청구인으로서의 적격이 없다고 할 것이므로……」

［憲 1998. 3. 26.-96헌마345］ 「헌법재판소법 제68조 제 1 항이 "공권력의 행사 또는 불행사로 인하여 기본권을 침해받은 자는 헌법소원의 심판을 청구할 수 있다"고 규정한 것은 기본권의 주체라야만 헌법소원을 청구할 수 있고, 기본권의 주체가 아닌 자는 헌법소원을 청구할 수 없다는 것을 의미한다 할 것인데, 기본권의 보장에 관한 각 헌법규정의 해석상 국민(또는 국민과 유사한 지위에 있는 외국인과 사법인)만이 기본권의 주체라 할 것이고, 국가나 국가기관 또는 국가조직의 일부나 공법인은 기본권의 '수범자(Adressat)'이지 기본권의 주체로서 그 '소지자(Träger)'가 아니고 오히려 국민의 기본권을 보호 내지 실현해야 할 '책임'과 '의무'를 지니고 있는 지위에 있을 뿐이므로, 공법인인 지방자치단체의 의결기관인 청구인의회는 기본권의 주체가 될 수 없고 따라서 헌법소원을 제기할 수 있는 적격이 없다고 할 것이다.」

(c) 공법인 등

公法人은 그 성질상 원칙적으로 기본권의 주체가 될 수 없다. 공법인이 공적 임무를 수행하기 위하여 부여받은 권한과 그 권한을 행사함에 있어서 평등문제가 발생할 때에도 공법인은 기본권인 평등권의 침해를 이유로 헌법소원심판을 청구할 수는 없다. 이 경우에 평등원칙이 요구된다면 그것은 국가운영상의 行爲指針으로서의 성격을 가진다.

그러나 예컨대 국·공립대학, 국·공립공영방송사, 국가에서 독립된 국책은행 등과 같이 예외적으로 특정한 사항(예컨대 재산권, 학문의 자유, 방송의 자유 등)에서는 기본권의 주체로서 기본권을 주장할 수 있는 여지가 있으므로(鄭宗燮b, 178 이하) 이러한 예외적인 경우에는 공법인도 헌법소원심판을 청구할 수 있다. 해당 부분이 국가로부터 독립되어 공법인이 대국가적으로 권리를 주장할 수 있는 지위에 있는 부분이든가 공법인이 국민의 기본권을 직접 실현하는 기능을 수행하면서 국가와 대립적인 관계를 형성하는 부분에서는 공법인도 그 기능에 비추어 당해 사안에서 인정되는 특정 기본권을 주장할 수 있는 여지를 가진다.

憲法裁判所는 국립대학 강원대학교에 대하여 대학의 자율권의 주체로서 청구인 능력을 인정하였고(憲 2015. 12. 23. -2014헌마1149), 서울대학교에 대하여 학문의 자유와 대학자율권의 주체라는 점을 인정하였으며(예: 憲 1992. 10. 1.-92헌마68등), 국립대학, 동대학의 교수, 교수회는 단독 또는 중첩적으로 학문의 자유 또는 대학자율권의 주체가 된다고 보고 있고(예: 憲 2006. 4. 27.-2005헌마1047등), 축협중앙회와 같이 私法人과 公法人의 성격을 동시에 가지는 경우에도 헌법소원심판을 청구할 능력이 인정된다고 본다(憲 2000. 6. 1.-99헌마553).

[憲 1994. 12. 29.-93헌마120] 「국가나 국가기관 또는 국가조직의 일부나 공법인은 기본권의 '수범자(Adressat)'이지 기본권의 주체로서 그 '소지자(Träger)'가 아니고 오히려 국민의 기본권을 보호 내지 실현해야 할 '책임'과 '의무'를 지니고 있는 지위에 있을 뿐이다. 그런데 청구인은 국회의 노동위원회로 그 일부조직인 상임위원회 가운데 하나에 해당하는 것으로 국가기관인 국회의 일부조직이므로 기본권의 주체가 될 수 없고 따라서 헌법소원을 제기할 수 있는 적격이 없다고 할 것이다.」 이 판례에서 헌법재판소는 공법인에 대하여 예외적으로 헌법소원심판을 청구할 수 있는 경우를 판단하지 않은 채 일반적으로 공법인의 경우에는 헌법소원심판을 청구할 수 없다고만 설시하고 있다. 이 사건에서 헌법재판소의 서술은 공법인이 헌법소원심판을 청구할 수 있는가 하는 쟁점에 대한 판단이 아니고 방론의 설시라는 점과 [憲 1992. 10. 1.-92헌마68등]의 이유 설시에서 국립대학교인 서울대학교가 대학자율에 있어서 헌법상의 기본권을 가진다고 본 점을 고려하면 헌법재판소의 이런 판례상의 설시가 어떤 경우에도 공법인은 헌법소원심판의 청구인이 될 수 없다라고 확정적으로 판시한 것은 아니라고 善解하는 것이 타당하다.

(3) 자 연 인

자연인은 헌법상 보장된 기본권의 주체이므로 헌법소원심판의 청구권자가 된다. 自然人이 언제부터 기본권의 주체성을 取得하는지 문제되는바, 憲法裁判所는 초기배아에 대하여 基本權主體性을 인정하지 아니하였다(憲 2010. 5. 27.-2005헌마346).

[憲 2010. 5. 27.-2005헌마346] 「㈎ 헌법재판소법 제68조 제1항은 공권력의 행사 또는 불행사로 인하여 기본권을 침해받은 자가 헌법소원의 심판을 청구할 수 있다고 규정하고 있으므로 기본권의 주체가 될 수 있는 자만이 헌법소원을 청구할 수 있고, 이 때 기본권의 주체가 될 수 있는 '자'라 함은 통상 출생 후의 인간을 가리키는 것이다. 그런데 존엄한 인간존재와 그 근원으로서의 생명가치를 고려할 때 출생 전 형성중의 생명에 대해서는 일정한 예외적인 경우 기본권주체성이 긍정될 수 있다. 헌법재판소도 형성중의 생명인 태아에 대하여 헌법상 생명권의 주체가 되며, 국가는 헌법 제10조에 따라 태아의 생명을 보호할 의무가 있음을 밝힌 바 있다(헌재 2008. 7. 31. 2004헌바81, 판례집 20-2상, 91, 101 참조). 다만, 출생 전 형성중의 생명에 대해서 헌법적 보호의 필요성이 크고 일정한 경우 그 기본권주체성이 긍정된다고 하더라도 어느 시점부터 기본권주체성이 인정되는지, 또 어떤 기본권에 대해 기본권주체성이 인정되는지는 생명의 근원에 대한 생물학적 인식을 비롯한 자연과학·기술발전의 성과와 그에 터잡은 헌법의 해석으로부터 도출되는 규범적 요청을 고려하여 판단하여야 할 것이다. ㈏ 청구인 1, 2는 수정란 및 수정된 때부터 발생학적으로 모든 기관이 형성되는 시기까

지의 분열된 세포군을 말하는 생명윤리법상의 '배아'($\substack{생명윤리법 제2조 \\ 제2호 참조}$)에 해당하며, 그 중
에서도 수정 후 14일이 경과하여 원시선이 나타나기 전의 수정란상태, 즉 일반적인
임신의 경우라면 수정란이 모체에 착상되어 원시선이 나타나는 그 시점의 배아상태
에 이르지 않은 배아들이다($\substack{이하에서 이 시기의 배아를 '초 \\ 기배아'라고 약칭하기로 한다}$). 생명윤리법은 청구인 1, 2와 같은
초기배아에 대해서 임신목적으로 이용되지 않을 경우 다른 연구목적으로 이용할 수
있도록 하고 있는 반면, 발생학적으로 원시선이 나타난 이후에는 배아에 대한 연구
목적이용을 전면적으로 금지하고 있다($\substack{생명윤리법 \\ 제17조 참조}$). ㈐ 초기배아들에 해당하는 청구인
1, 2의 경우 헌법상 기본권주체성을 인정할 수 있을 것인지에 대해 살펴건대, 청구
인 1, 2가 수정이 된 배아라는 점에서 형성중인 생명의 첫걸음을 뗐다고 볼 여지
가 있기는 하나 아직 모체에 착상되거나 원시선이 나타나지 않은 이상 현재의 자연
과학적 인식수준에서 독립된 인간과 배아 간의 개체적 연속성을 확정하기 어렵다고
봄이 일반적이라는 점, 배아의 경우 현재의 과학기술 수준에서 모태 속에서 수용될
때 비로소 독립적인 인간으로의 성장가능성을 기대할 수 있다는 점, 수정 후 착상
전의 배아가 인간으로 인식된다거나 그와 같이 취급하여야 할 필요성이 있다는 사
회적 승인이 존재한다고 보기 어려운 점 등을 종합적으로 고려할 때, 초기배아에
대한 국가의 보호필요성이 있음은 별론으로 하고, 청구인 1, 2의 기본권 주체성을
인정하기 어렵다. ㈑ 그렇다면 청구인 1, 2는 기본권의 주체가 될 수 없으므로 헌법
소원을 제기할 수 있는 청구인적격이 없다고 할 것이다.」

(a) 대한민국 국민

대한민국 국민은 우리 헌법에서 보장된 기본권의 주체이므로 당연히 헌법소원심
판을 청구할 권리를 가진다.

(b) 외 국 인

외국인에게 대한민국 헌법의 효력이 당연히 미치는 것은 아니므로 대한민국 헌
법에서 정하고 있는 기본권이 외국인에게 당연히 인정되는 것이 아니다.

명칭에서 기본권과 같다고 하더라도($\substack{예: 투표권, 영업의 자유, \\ 재산권, 재판청구권 등}$) 외국인에게는 법률정책상
법률에 의해 인정되는 권리 또는 조약에 의해 인정되는 권리가 있고, 이는 우리 국
민이 가지는 기본권과 다른 것임을 유의할 필요가 있다.

따라서 외국인의 경우에는 대한민국 헌법이 인정하는 기본권이 인정되는 경우에
한하여 예외적으로만 헌법소원심판을 청구할 수 있다.

憲法裁判所는 職業의 自由 중 직장선택의 자유는 인간의 존엄과 가치 및 행복추
구권과도 밀접한 관련을 가지는 만큼 단순히 國民의 權利가 아닌 人間의 權利로 보
아야 할 것이므로 外國人도 제한적으로라도 직장선택의 자유를 향유할 수 있다고 판
시한 바 있다($\substack{憲 2011. 9. 29. \\ -2007헌마1083등}$).

[憲 2011. 9. 29.-2007헌마1083등] 「가. 외국인의 기본권주체성 ⑴ 우리 재판

소는 헌법재판소법 제68조 제1항 소정의 헌법소원은 기본권의 주체이어야만 청구할 수 있다고 한 다음, '국민' 또는 국민과 유사한 지위에 있는 '외국인'은 기본권의 주체가 될 수 있다고 판시하였다(헌재 1994. 12. 29. 93헌마120, 판례집 6-2, 477, 480). 즉 인간의 존엄과 가치 및 행복추구권 등과 같이 단순히 '국민의 권리'가 아닌 '인간의 권리'로 볼 수 있는 기본권에 대해서는 외국인도 기본권주체가 될 수 있다고 하여 인간의 권리에 대하여는 원칙적으로 외국인의 기본권주체성을 인정하였다(헌재 2001. 11. 29. 99헌마494, 판례집 13-2, 714, 724 참조). (2) 이와 같이 외국인에게는 모든 기본권이 무한정 인정될 수 있는 것이 아니라 '인간의 권리'의 범위 내에서만 인정되는 것이므로, 먼저 이 사건 법률조항이 제한하고 있는 것이 어떤 기본권과 관련되는 것인지를 확정하고, 그 기본권이 권리성질상 외국인인 청구인에게 기본권주체성을 인정할 수 있는 것인지 살펴야 할 것이다. 나. 청구인들의 기본권주체성 존부 (1) 관련 기본권의 확정……이 사건 법률조항은 외국인근로자의 사업장 최대변경가능 횟수를 설정하고 있는바, 이로 인하여 외국인근로자는 일단 형성된 근로관계를 포기(직장이탈)하는 데 있어 제한을 받게 되므로 이는 직업선택의 자유 중 직장선택의 자유를 제한하고 있다. (2) 직장선택의 자유에 있어서 외국인의 기본권주체성 인정 여부……직업의 자유 중 이 사건에서 문제되는 직장선택의 자유는 인간의 존엄과 가치 및 행복추구권과도 밀접한 관련을 가지는 만큼 단순히 국민의 권리가 아닌 인간의 권리로 보아야 할 것이므로 권리의 성질상 참정권, 사회권적 기본권, 입국의 자유 등과 같이 외국인의 기본권주체성을 전면적으로 부정할 수는 없고, 외국인도 제한적으로라도 직장선택의 자유를 향유할 수 있다고 보아야 한다(憲 2000. 8. 31. 97헌가12 판례집 12-2, 168, 183 참조).……그렇다면 위와 같은 직장선택의 자유라는 권리의 성질에 비추어 보면, 이 사건 청구인들에게 직장선택의 자유에 대한 기본권주체성을 인정할 수 있다 할 것이다. 한편 아래 별개의견은 외국인에게 직장선택의 자유에 대한 기본권주체성을 인정함에 있어 고용허가를 받아 적법하게 입국하여 우리나라에서 일정한 생활관계를 형성, 유지한 사실을 요구하는 것을 두고, 결국 외국인의 직장선택의 자유를 헌법상의 권리가 아닌 외국인고용법이라는 법률상의 권리로 보는 것이라는 비판을 하고 있다. 그러나 직업의 자유 중 직장선택의 자유는 앞서 본 바와 같이 인간의 권리로서의 성질을 가진 헌법상 기본권으로 보아야 할 것이며, 고용허가를 받아 적법하게 입국하여 우리나라에서 일정한 생활관계를 형성, 유지하였을 것을 요구하는 것은 외국인이 우리 헌법상 기본권인 직장선택의 자유를 누리기 위한 전제일 뿐이지, 이러한 법적 제한을 둔다고 하여 그 직장선택의 자유의 성격이 헌법상 권리에서 법률상의 권리로 바뀐다고 보기는 어렵다 할 것이다.」

憲法裁判所의 판례 가운데 외국인이 대리인을 통하여 憲法裁判所法 제68조 제2항의 헌법소원심판을 청구한 것을 적법한 것으로 인정한 경우가 있는데(예: 憲 2000. 6. 29. -98헌바67), 이 경우는 외국인이 국내에서 文化財保護法 위반의 죄를 범하여 우리 나라 법원에서 형사재판을 받으면서 재판의 전제가 된 법률의 위헌여부심판제청을 신청한 경우이므로 외국인에게 헌법소원심판의 청구를 인정한 것은 아니다. 이 경우 외국인이 행사하는 법률의 위헌여부심판제청의 신청권이나 憲法裁判所法 제68조 제2항에 의한 헌법소원심판의 청구권도 법률인 憲法裁判所法에 의해 인정되는 법률상의 권리에 지나지 않는다.

(c) 사　자

死者에게 기본권이 인정되는가 하는 것은 개별 국가의 헌법에서 사자에 대하여 어떻게 정하고 있는가에 따라 달라진다(삶과 죽음의 관계에 대해 法이 어떤 입장을 취할 것인가는 나라마다 다를 수 있다).

사자의 경우에도 기본권이 인정되는 범위에서는 헌법소원심판의 청구가 가능할 수 있다(同旨: 許營d, 342). 憲法裁判所는 사자도 인격권의 주체가 된다고 보았다(憲 2010. 10. 28. -2007헌가23). 이런 경우에 실제 헌법소원심판의 청구는 사자의 법정대리인에 의해 행사된다. 변호사가 사자의 생전에 소송 위임을 받지 않았음에도 망인의 대리인으로서 헌법소원심판을 청구한다면, 이는 무권대리로서 무효이므로 망인은 헌법소원심판의 청구인이라고 볼 수 없다(憲 2014. 6. 26. -2012헌마757).

(4) 사 법 인

私法上의 법인은 기본권의 성질상 인정되는 일정한 種類, 範圍, 程度 내에서 헌법이 보장하는 기본권의 주체가 되는 경우가 있으므로 그 경우에 한하여 헌법소원심판의 청구권자가 될 수 있다.

법인의 기본권을 인정하는 문제는 자연인의 경우와 법리에서 차이가 있으므로 자연인의 기본권을 신장시키는 것에 제약이 되지 않도록 신중하지 않으면 안 된다(鄭宗燮b, 157 이하). 법인의 경우에도 헌법에서 인정하고 있는 기본권과 명칭이 같다고 하여 해당 권리가 당연히 기본권인 것은 아님을 유의할 필요가 있다.

憲法裁判所는 법인에게 기본권이 인정되는 경우에는 법인도 헌법소원심판을 청구할 수 있다고 판시하였다(예: 憲 1991. 6. 3.-90헌마56; 2006. 6. 29.-2005헌마165등). 법인이나 단체는 특별한 예외적인 경우를 제외하고는 단체 자신의 기본권을 직접 침해당한 경우에만 그의 이름으로 헌법소원심판을 청구할 수 있고, 그 구성원을 위하여 또는 구성원을 대신하여 헌법소원심판을 청구할 수 없다고 판시하였다(예: 憲 1991. 6. 3.-90헌마56; 1995. 7. 21. -92헌마177등; 2007. 7. 26.-2003헌마377). 憲法裁判所는 중학교나 고등학교는 學校法人이 아니고 교육시설에 지나지 않으므로 헌법소원심판의 청구인이 될 수 없다고 판시하였고(예: 憲 1993. 7. 29.-89헌마123), 단체의 내부기관에 대해서도 헌법소원심판의 청구능력이 인정될 수 없다고 판시하였다(예: 憲 2010. 7. 29.-2009헌마149).

[憲 1991. 6. 3.-90헌마56]「우리 헌법은 법인의 기본권향유능력을 인정하는 명문의 규정을 두고 있지 않지만, 본래 자연인에게 적용되는 기본권규정이라도 언론·출판의 자유, 재산권의 보장 등과 같이 성질상 법인이 누릴 수 있는 기본권을 당연히 법인에게도 적용하여야 할 것으로 본다. 따라서 법인도 사단법인·재단법인 또는 영리법인·비영리법인을 가리지 아니하고 위 한계 내에서는 헌법상 보장된 기본권이 침해되었음을 이유로 헌법소원심판을 청구할 수 있다. 또한, 법인 아닌 사단·재단이라고 하더라도 대표자의 정함이 있고 독립된 사회적 조직체로서 활동하는 때에는 성질상 법인이 누릴 수 있는 기본권을 침해당하게 되면 그의 이름으로

헌법소원심판을 청구할 수 있다.……단체와 그 구성원을 서로 별개의 독립된 인격체로 인정하고 있는 현행의 우리 나라 법제 아래에서는 헌법상 보장된 기본권을 직접 침해당한 사람만이 원칙적으로 헌법소원심판절차에 따라 권리구제를 청구할 수 있는 것이고, 단체의 구성원이 기본권을 침해당한 경우 단체가 구성원의 권리구제를 위하여 그를 대신하여 헌법소원심판을 청구하는 것은 원칙적으로 허용될 수 없다. 헌법재판소법 제68조 제1항에 정한 헌법소원의 기능이 객관적 헌법보장제도의 기능도 가지고 있는 것이지만, 주관적 기본권의 보장이 보다 중요한 기능의 하나인 것으로 본다면 더욱 그러하다. 왜냐하면 특정인이 기본권을 침해당한 경우, 그 권리구제를 받기 위한 헌법소원심판을 청구할 것인가 아니할 것인가의 여부는 오로지 그 본인의 뜻에 달려 있다 할 것이고, 또 그 본인이야말로 사건의 승패에 따른 가장 큰 이해를 가진 사람이라 할 것이므로 누구보다도 적극적으로, 또한 진지하게 헌법소원절차를 유지·수행할 사람이기 때문이다. 따라서 단체는 특별한 예외적인 경우를 제외하고는 헌법소원심판제도가 가진 기능에 미루어 원칙적으로 단체 자신의 기본권을 직접 침해당한 경우에만 그의 이름으로 헌법소원심판을 청구할 수 있을 뿐이고, 그 구성원을 위하여 또는 구성원을 대신하여 헌법소원심판을 청구할 수 없는 것으로 보아야 할 것이다.」

(5) 기 타
(a) 권리능력 없는 사단·재단
私法上의 權利能力 없는 社團이나 財團의 경우에도 헌법에서 인정하고 있는 기본권을 보유하고 있는 경우에는 헌법소원심판을 청구할 수 있다.
憲法裁判所의 판례도 같은 견해이다(예: 憲 1991. 6. 3.-90헌마56; 1995. 7. 21.-92헌마177 등).

[憲 1995. 7. 21.-92헌마177등] 「청구인협회는 언론인들의 협동단체로서 법인격은 없으나, 대표자와 총회가 있고, 단체의 명칭, 대표의 방법, 총회 운영, 재산의 관리 기타 단체의 중요한 사항이 회칙으로 규정되어 있는 등 사단으로서의 실체를 가지고 있으므로 권리능력 없는 사단이라고 할 것이고, 따라서 기본권의 성질상 자연인에게만 인정될 수 있는 기본권이 아닌 한 기본권의 주체가 될 수 있으며, 헌법상의 기본권을 향유하는 범위 내에서는 헌법소원심판청구능력도 있다고 할 것이다. 이 사건의 경우 청구인협회가 침해받았다고 주장하는 언론·출판의 자유는 그 성질상 법인이나 권리능력 없는 사단도 누릴 수 있는 권리이므로 청구인협회가 언론·출판의 자유를 직접 구체적으로 침해받은 경우에는 헌법소원심판을 청구할 수 있다고 볼 것이나, 한편 단체는 원칙적으로 단체 자신의 기본권을 직접 침해당한 경우에만 그의 이름으로 헌법소원심판을 청구할 수 있을 뿐이고, 그 구성원을 위하여 또는 구성원을 대신하여 헌법소원심판을 청구할 수 없다고 할 것이다.」

(b) 정 당
정당을 법적 성질에 있어서 私法上의 社團이라고 보든 또는 政黨法에 의해 인정되는 社團이라고 보든 어디까지나 국가기관이 아닌 정치단체이므로 헌법에 의하여 보장되는 기본권을 보유하고 있는 한 그 범위 내에서 헌법소원심판을 청구할 수 있다.

憲法裁判所의 판례도 동일한 견해이다(예: 憲 1991. 3. 11.-91헌마21; 1994. 4. 28.-92헌마153; 1994. 7. 29.-91헌마137).

정당법상 정당등록요건을 다투는 정당이 헌법소원심판을 청구한 후 심판대상조항이 아닌 다른 이유로 등록취소된 경우에는 정당은 아니지만 권리능력없는 社團으로서의 실질을 유지하고 있어 청구인능력이 인정된다(예: 憲 2006. 3. 30.-2004헌마246).

(c) 노동조합

노동조합도 헌법에 의해 보장되는 기본권을 보유하고 있는 범위 내에서는 헌법소원심판을 청구할 수 있다.

憲法裁判所의 판례도 동일한 견해이다(예: 憲 1999. 11. 25.-95헌마154). 勞動組合 및 勞動關係調整法 (1997. 3. 13. 법률 제5310호, 개정 2006. 12. 30. 법률 제8158호)에 의할 때, 노동조합은 법인으로 할 수도 있고(同法 §6①), 법인으로 하지 않을 수도 있다.

Ⅱ. 請求人適格

헌법소원심판절차에서 청구인능력을 가진 자의 청구가 언제나 적법하지는 않다. 헌법소원심판은 누구나 심판을 청구할 수 있는 民衆訴訟이 아니므로, 헌법상의 기본권을 침해당한 자의 청구만이 정당하고 적법하다. 이와 같이 正當한 請求人이 될 수 있는 자격을 請求人適格(Prozeßfähigkeit)이라고 한다. 청구인적격이 없는 자에 의해 행해진 헌법소원심판의 청구는 不適法하다.

[253] 第二 訴訟參加

헌법소원심판에도 소송참가가 인정된다. 공동참가나 보조참가 모두 인정된다. 공동청구인으로 소송참가를 하려고 하는 경우에는 청구기간내에 참가신청을 하여야 적법하다.

憲法裁判所도 동일한 태도를 취하고 있다(憲 2008. 2. 28.-2005헌마872; 2009. 4. 30.-2007헌마106). 憲法裁判所의 판례 가운데는 공동청구인으로서의 참가가 청구기간내에 이루어지지 않은 경우에는 보조참가로 인정한 경우가 있다(憲 2008. 2. 28.-2005헌마872). 그리고 이미 제기된 헌법소원심판청구 사건에 제3자들이 청구인추가신청을 한 것을 공동심판참가신청으로 본 경우도 있다(憲 2009. 4. 30.-2007헌마106). 제3자의 심판참가를 허가한 경우도 있다(憲 2008. 10. 6.-2005헌마1005).

[憲 2008. 2. 28.-2005헌마872] 「헌법재판소의 심판절차에 관하여는 헌법재판소법에 특별한 규정이 있는 경우를 제외하고는 헌법재판의 성질에 반하지 아니하는 한도 내에서 민사소송에 관한 법령의 규정을 준용하고, 헌법소원심판의 경우에는 행

정소송법을 함께 준용한다(憲裁法 §40①). 현재 타인이 제기한 헌법소원심판에 제3자가 자기의 이익을 옹호하기 위하여 관여하는 경우, 헌법재판소법에는 공동심판참가나 보조참가 등에 관한 규정이 없으므로 민사소송법과 행정소송법 중 관련규정의 준용을 검토해야 한다. 그런데 행정소송법상 제3자의 소송참가(§16)는 소송의 결과에 따라 권리 또는 이익의 침해를 받을 제3자가 관련 행정소송에 참가하는 것이다. 법령에 의하여 헌법상 보장된 기본권이 침해되었음을 이유로 헌법소원이 청구된 경우, 기존의 청구인과 법적 지위를 같이 하는 제3자의 입장에서는 헌법소원이 인용되면 기본권의 구제를 받게 되고, 설령 헌법소원이 각하·기각되더라도 그로 인하여 권리 또는 이익의 침해를 받는 것은 아니다. 그러므로 현재 계속 중인 헌법소원심판에 청구인과 법적 지위를 같이 하는 제3자가 자기의 이익을 옹호하기 위하여 관여하는 경우 행정소송법은 준용될 여지가 없고(憲 1993. 9. 27. -89헌마248) 민사소송법만이 준용된다. 따라서 법령에 대한 헌법소원심판에서 그 목적이 청구인과 제3자에게 합일적으로 확정되어야 할 경우, 그 제3자는 공동 청구인으로서 심판에 참가할 수 있다 할 것이다(憲裁法 §40①, 民訴法 §83①). 다만 공동심판참가인은 별도의 헌법소원을 제기하는 대신에 계속중인 심판에 공동 청구인으로서 참가하는 것이므로 그 참가신청은 헌법소원 청구기간 내에 이루어져야 한다(憲 1993. 9. 27. -89헌마248)……강○정 외 139인은 2007. 4. 3. '헌법소원 공동심판청구 참가신청서'를 제출하였는데, 이는 헌법소원 청구기간이 지난 후 이루어진 부적법한 공동심판참가신청이라 할 것이다. 그러나 요건에 흠이 있는 공동심판참가신청이 있더라도 다른 참가신청, 예컨대 보조참가신청의 요건에 해당된다고 인정할 때에는 그러한 다른 참가신청으로 취급하는 것이 국민의 기본권 보호를 목적으로 하는 헌법소원제도의 취지에도 부합한다 할 것이다. 살피건대, 이 사건 헌법소원이 인용되어 이 사건 심판대상조항이 위헌으로 결정되면, 앞서 본 바와 같이 청구인들뿐만 아니라 강○정 외 139인도 퇴직연금이 지급정지되지 않는 효력이 생긴다. 그렇다면 강○정 외 139인은 이 사건 헌법소원심판의 결과에 법률상 이해관계가 있어 보조참가신청의 요건은 갖추고 있다 할 것이므로 그들을 보조참가인으로만 보기로 한다.」

[254] 第三　請　　求

I. 請求의 成立

헌법재판소에의 심판청구는 審判節次別로 정하여진 請求書를 헌법재판소에 제출함으로써 한다(憲裁法 §26①). 口頭로 청구하는 것은 허용되지 않는다(書面主義).

이러한 헌법소원심판의 청구에는 到達主義가 적용된다. 헌법이나 다른 법률에서 發信主義를 정하고 있지 않는 한 憲法裁判所法이 정하는 심판청구서의 제출은 심판청구서가 헌법재판소에 현실로 도달함을 의미한다고 할 것이다.

憲法裁判所의 판례도 동일하다(예: 憲 1990. 5. 21.-90헌마78; 2000. 10. 11.-2000헌마614).

[憲 1990. 5. 21.-90헌마78] 「헌법소원 제기기간은 헌법이나 헌법재판소법에 특별한 규정이 없는 이상 일반원칙인 도달주의에 따라 당 재판소에 심판청구서가 접

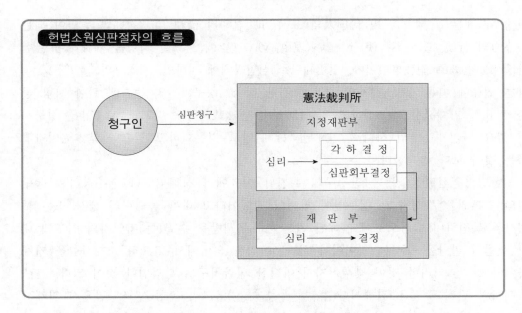

수된 날로부터 기산하여야 하는 것이지 예외적으로 법률에 특별한 규정이 있는 경
우에 인정되는 발신주의에 따라 심판청구서의 발송일을 기준으로 할 것은 아니므
로……」

［憲 2000. 10. 11.-2000헌마614］ 「청구인이 2000. 9. 27. 헌법소원심판청구서를
등기우편으로 발송한 사실은 인정되나, 헌법소원의 제기기간은 헌법이나 법에 특별
한 규정이 없는 이상 일반원칙인 도달주의에 따라 헌법재판소에 심판청구서가 접수
된 날로부터 기산하여야 하는 것이다(헌재 1990. 5.
21. 90헌마78). 따라서 이 사건 심판청구는 청구기
간이 경과된 후에 청구된 것으로서 부적법하므로……」

　헌법소원심판의 청구에서 중복제소는 허용되지 않는다. 憲法裁判所法 제40조 제
1항에 의하여 민사소송법이 헌법소원심판에 준용되므로 중복제소를 금지하고 있는
民事訴訟法 제259조가 헌법소원심판에도 준용된다(예: 憲 1990. 9. 3.-89헌마120등:
1994. 4. 28.-89헌마221). 따라서 헌법
소원심판이 계속중인 사건에 대해서 동일한 헌법소원심판을 다시 청구하는 것은 부
적법하다(예: 憲 2001. 5. 15.-2001헌마298; 2003. 9. 23.
-2003헌마 584; 2006. 3. 7.-2006헌마 213).

Ⅱ. 審判請求書

　헌법소원심판의 청구가 적법하기 위해서는 청구서에 필요적 기재사항을 반드시
기재하여야 한다.

(1) 필요적 기재사항

　청구인이 헌법소원심판의 청구를 함에 있어서 헌법재판소에 제출하여야 하는 심

판청구서에는 i) 請求人 및 代理人의 표시, ii) 침해된 權利, iii) 침해의 원인이 되는 公權力의 行使 또는 不行使, iv) 請求理由, v) 그 밖에 필요한 사항을 기재하여야 한다(憲裁法 §71①). 必要的 記載事項이다. 헌법재판소 심판규칙에 의하면, 피청구인(법령에 대한 헌법소원의 경우는 제외), 다른 법률에 따른 구제 절차의 경유에 관한 사항, 청구기간의 준수에 관한 사항 등을 필요적 기재사항으로 정하고 있다(審判規則 §68①). 憲法裁判所法 제71조 제1항은 청구서의 필요적 기재사항의 하나로 침해된 「權利」라고 명문화하고 있으나 基本權이라고 하는 것이 보다 정확하다.

헌법소원심판청구는 심판청구의 취지나 이유에서 침해되었다고 주장하는 청구인의 기본권을 특정하고, 청구인이 침해의 원인이라고 하는 공권력의 행사 또는 불행사를 특정하여 밝힘으로써 침해된 기본권을 구제받을 수 있는 것인지의 여부에 대한 헌법적 판단을 구하는 것이어야 한다. 이러한 의미에서 필요적 기재사항을 기재하여야 한다. 이러한 것이 갖추어지지 아니한 심판청구는 부적법한 것이 된다. 憲法裁判所의 판례도 같은 견해이다(예: 憲 1992. 12. 24.-90헌마158; 2005. 2. 3.-2003헌마544). 그리고 청구서의 필요적 기재사항이 누락되거나 명확하지 않은 경우에 헌법재판소는 적당한 기간을 정하여 이를 보정하도록 명할 수 있고, 이 기간에 보정되지 아니하면 심판청구를 각하할 수 있다(審判規則 §70).

[憲 1992. 12. 24.-90헌마158] 「우리 헌법재판소법 제71조 제1항에 의하면 헌법소원심판청구서에는 청구인 및 대리인의 표시 외에 침해된 권리와 침해의 원인이 되는 공권력의 행사 또는 불행사를 특정하여 표시하도록 규정하고 있다. 즉 청구인이 헌법소원심판을 청구하려면 그 심판청구의 취지나 그 이유에서 침해되었다고 주장하는 자기의 기본권을 특정하고, 소원제기인이 침해의 원인으로 간주하는 공권력 담당기관의 작위 또는 부작위 등을 특정하여 밝힘으로써 침해된 기본권을 구제받을 수 있는 것인지의 여부에 대한 헌법적 판단을 구하는 것이어야 한다. 따라서 청구취지에서 그 기본권이나 공권력을 특정할 수 없을 때에는 그 청구이유의 설시에서 공권력의 작용이 정확히 표시되어야 하고, 어떤 권리가 어떻게 침해되었는지 그 권리의 내용과 권리의 침해에 관한 상세한 설명에 의하여 기본권침해의 가능성이 충분하고도 명백하게 추론되어야 하며, 그 권리침해의 대상이 자명하지 아니하면 아니할수록 보다 더 자세한 이유의 설시가 필요하다. 헌법소원은 원칙적으로 기본권의 침해에 대한 "구제"를 본질적 사명으로 하고 있는 것이므로 자기의 기본권 구제와 직접 관련되지 않는 단순한 위헌확인을 구하는 것은 헌법소원제도의 본질상 허용될 수 없는 것이어서 부적법하다 아니할 수 없다. 이와 같이 볼 때 이 사건 청구인은 막연히 대구고등법원 77나172호 소유권이전등기말소청구사건과 부산지방법원 83가합4388호 소유권이전등기말소 등 청구사건의 판결은 서로 저촉되지 아니한다는 취지의 확인을 구하고 있는데 불과하며, 막연히 기존의 판결의 저촉 내지 동일성 여부의 확인을 구하는 이러한 주장과 이유만으로는 청구인의 침해된 기본권이 무엇

인지 또 어떠한 공권력에 의하여 침해된 것인지 특정할 수 없다. 따라서 이 부분 헌법소원 심판청구는 헌법소원심판의 대상인 공권력의 행사 또는 불행사 그리고 청구인의 침해된 권리를 특정하지 아니한 채 한 것이므로 부적법한 청구라 아니할 수 없다.」

憲法裁判所法에 의할 때, 심판청구서에 被請救人을 표시할 법률상의 의무는 없다. 피청구인과 심판의 대상은 심판청구서에 기재된 청구취지에 구애됨이 없이 청구인의 주장요지를 종합적으로 판단하여야 하며, 헌법재판소가 직권으로 조사하여 확정한다 (예: 憲1993. 5. 13.-91헌마190; 1993. 5. 13.-92헌마80; 1994. 12. 29.-92헌마216; 1997. 1. 16. -90헌마110등; 1998. 9. 30.-96헌마88; 1999. 11. 25.-98 헌마456; 2001. 7. 29.-2000헌마546). 憲法裁判所도 피청구인의 표시는 필요적 기재사항이 아니라고 한다(예: 憲 1993. 5. 13.-91헌마190). 한편, 「헌법재판소 심판규칙」에 의하면 피청구인을 필요적 기재사항으로 정하고(법률에 대한 헌법소원 심판의 경우는 제외), 이에 관한 보정이 필요한 경우에 보정이 되지 않으면 심판청구를 각하할 수 있다고 정하고 있으나(審判規 則 §70), 憲法裁判法에서 정하고 있지 않는 한 엄격하게 적용할 것은 아니다. 청구인의 심판청구에 정당한 피청구인과 그렇지 아니한 피청구인이 공동피청구인으로 표시된 경우에는 정당하지 못한 피청구인에 대한 심판청구는 부적법하므로 각하한다(예: 憲 1992. 12. 24.-92헌마204).

헌법소원심판제도는 청구인이 피청구인을 상대로 다투는 것에 재판의 목적이 있는 것이 아니라 청구인의 기본권을 침해한 공권력의 행사 또는 불행사가 헌법에 위반된다는 이유로 그 효력을 상실시키거나 국가에 행위책임을 지우는 데 재판의 주된 목적이 있는 것이므로, 공권력의 행사 또는 불행사의 특정만 있으면 그것으로 충분하지 청구인이 피청구인을 확정하여야 할 의무는 없다고 할 것이다. 통상의 재판에서 피청구인을 확정하는 이유는 재판의 주관적 효력범위를 확정할 필요가 있기 때문이지만, 헌법소원심판청구의 경우에는 이러한 필요가 없기 때문에 피청구인의 확정할 필요가 없다. 공권력의 행사에서 피청구인을 확정하기 쉽지 아니한 경우에는 헌법재판소는 결정서에서 피청구인의 표시 없이 해당 청구인의 기본권을 침해한 공권력을 특정하는 것으로 충분하다.

그런데 공권력의 불행사에 대한 헌법소원심판에서 인용결정을 하면 피청구인에게 결정취지에 따른 새로운 처분을 해야 할 의무가 발생하므로(憲裁法 §75④) 헌법재판소는 이런 인용결정을 하는 경우에는 피청구인을 표시하여야 한다. 이 경우에 피청구인을 확정하는 것은 헌법재판소의 의무이다.

[憲 1993. 5. 13.-91헌마190] 「헌법재판소법 제25조, 제26조, 제30조, 제31조, 제32조, 제37조, 제68조, 제71조 등에 의하면 헌법소원심판제도는 변호사강제주의, 서면심리주의, 직권심리주의, 국가비용부담 등의 소송구조로 되어 있어서 민사재판과 같이 대립적 당사자간의 변론주의 구조에 의하여 당사자의 청구취지 및 주장과

답변만을 판단하면 되는 것이 아니고, 헌법상 보장된 기본권을 침해받은 자가 변호사의 필요적 조력을 받아 그 침해된 권리의 구제를 청구하는 것이므로 소송비용과 청구양식에 구애되지 않고 청구인의 침해된 권리와 침해의 원인이 되는 공권력의 행사 또는 불행사에 대하여 직권으로 조사 판단하는 것을 원칙으로 하고 있다. 따라서 헌법소원심판은 그 청구서와 결정문에 반드시 피청구인을 특정하거나 청구취지를 기재하여야 할 필요가 없다. 그러므로 헌법소원심판청구서에 피청구인을 특정하고 있더라도 피청구인의 잘못된 표시는 헌법소원심판청구를 부적법하다고 각하할 사유가 되는 것이 아니며 소원심판대상은 어디까지나 공권력의 행사 또는 불행사인 처분 자체이기 때문에 심판청구서에서 청구인이 피청구인(처분청)이나 청구취지를 잘못 지정한 경우에도 권리구제절차의 적법요건에 흠결이 있는 것이 아니어서 직권으로 불복한 처분(공권력)에 대하여 정당하게 책임져야 할 처분청(피청구인)을 지정하여 정정할 수도 있고 처분청을 기재하지 아니할 수도 있다. 따라서 헌법재판소는 청구인의 심판청구서에 기재된 피청구인이나 청구취지에 구애됨이 없이 청구인의 주장 요지를 종합적으로 판단하여야 하며 청구인이 주장하는 침해된 기본권과 침해의 원인이 되는 공권력을 직권으로 조사하여 피청구인과 심판대상을 확정하여 판단하여야 하는 것이다.」

[憲 1997. 1. 16.-90헌마110등] 「헌법재판소법 제71조 제 1 항 제 2 호에 헌법소원의 심판청구서에는 침해된 권리를 기재할 것을 요구하고 있지만, 그 기재는 헌법재판소법 제68조 제 1 항에 비추어 헌법재판소로 하여금 헌법상 보장된 기본권의 침해가 있다는 주장인 것으로 인식할 수 있는 정도의 표시로 족하고, 헌법재판소의 심판에 있어서는 반드시 그 표시된 권리에 구애되는 것이 아니라 청구인이 주장하는 침해된 기본권과 침해의 원인이 되는 공권력의 행사를 직권으로 조사하여 판단할 수 있는 것이다.」

(2) 당사자의 변경

헌법소원심판절차에서는 피청구인을 특정하기가 애매한 경우도 있기 때문에 피청구인은 표시하지 않아도 될 뿐 아니라, 심판청구서의 필요적 기재사항도 아니다. 따라서 피청구인을 변경할 실익은 없다고 할 것이다.

청구인의 임의적 변경은 심판절차의 진행에 혼란을 초래할 우려가 크므로 원칙적으로 인정되지 않는다고 할 것이다. 憲法裁判所는 헌법소원심판의 청구에서 임의적인 당사자의 변경이 인정되지 않는다고 한다(예: 憲 1998. 11. 26.-94헌마207; 2003. 12. 18.-2001헌마163).

청구인의 표시가 국가기관의 잘못에 기인하는 경우에 請求人表示의 訂正은 허용된다(예: 憲 1994. 6. 30.-93헌마71).

[憲 1998. 11. 26.-94헌마207] 「헌법소원심판절차에서 임의적 당사자변경을 인정할 것인지가 문제된다. 이 점에 관해서는 헌법재판소법에 명문의 규정이 없기 때문에 준용규정인 같은 법 제40조에 의거하여 행정소송법과 민사소송법의 규정을 준용하여 판단할 수밖에 없다 할 것이다. 행정소송법 제14조가 피고의 경정을 인정하

고 있고, 1990. 1. 13. 개정된 민사소송법 제34조의2가 피고의 경정을, 같은 법 제63
조의2가 필요적 공동소송인의 추가를 인정하는 외에는 이 사건에서 문제되는 원고
의 임의적 변경을 인정하는 규정을 두고 있지 아니하여 원칙적으로 임의적 당사자
변경을 인정하지 않고 있다. 당사자변경을 자유로이 허용한다면 심판절차의 진행에
혼란을 초래하고 또 상대방의 방어권 행사에도 지장을 줄 우려가 있기 때문에 당사
자의 동일성을 해치는 임의적 당사자변경(특히 청구인의 변경)은 헌법소원심판에서도
원칙적으로 허용되지 않는다고 보아야 할 것이다.」

[憲 1994. 6. 30.-93헌마71] 「이 사건 심판청구서에 청구인을 박필원으로 표시
하지 아니하고 박상은으로 표시한 것은 피청구인을 비롯해서 고소사건을 처리한 수
사기관들이 관계문서에 고소인을 박상은으로 잘못 기재한 탓으로 박필원이나 박상
은은 심판청구인도 박상은이 되어야 하는 것으로 착각하여 그와 같이 잘못 기재한
것으로서 이러한 실수는 오로지 국가기관의 잘못에 기인한 것으로서 박필원이나 박
상은을 탓할 것이 못 된다. 따라서 박상은으로 잘못 기재된 청구인 표시를 박필원
으로 정정한 것은 정당하다 할 것이어서 이는 허용되어야 한다.」

(3) 심판대상의 직권 확정

헌법소원심판에서 헌법재판소는 청구인이 주장한 것에 대하여 모두 판단하여야
하는 것은 아니다. 헌법소원심판에서 청구서의 청구취지는 심판대상을 확정하기 위
한 전제로서의 의미만을 가지기 때문에 헌법재판소는 이에 구속되지 않는다.

헌법재판소가 판단하기에 청구인의 주장이 터무니없거나 청구의 전체적인 주장
이나 취지에서 볼 때, 엉뚱한 내용이 들어 있는 경우에는 청구인이 심판을 청구하는
대상을 職權으로 확정할 수 있다. 예컨대 법률에 대한 헌법소원심판의 청구에서 청
구인이 주장하는 취지에 합치하거나 포함되지 않는 엉뚱한 법률조항이나 관련성이
없는 법률조항이 있는 경우에는 심판의 대상에서 배제할 수 있다(예: 憲 1992. 6. 26.-91헌마
134; 1993. 5. 13.-91헌마190; 1998. 5. 28.-96헌마151; 1998. 10. 15.-98헌마168; 2007. 5. 31.-2003헌마422; 2007. 5. 31.-2003헌마579). 그러나 청구인의 주장에서 불명확한 점이 있으면
소송지휘권을 행사하여 청구인으로 하여금 심판청구의 내용을 변경하게 하는 것이
바람직하고, 명백히 불합리하지 않는 한 청구인의 주장을 존중하여 심판대상으로 하
여 심판하는 것이 타당하다.

[憲 2007. 5. 31.-2003헌마579] 「헌법재판에 있어서 심판청구서의 청구취지는
심판대상을 확정하기 위한 전제로서의 의미만을 갖고 헌법재판소가 이에 전적으로
구속되는 것은 아니므로, 청구인의 주장요지를 종합적으로 판단하여 심판대상을 확
정하되 다만 청구취지의 변경이 있는 경우 이를 적극 고려하여 심판대상을 확정
하면 족하다.」

憲法裁判所의 판례 가운데는 위헌결정을 하면서 원래의 심판대상인 구법의 규정
과 거의 유사한 내용을 담고 있는 개정된 신법에 대해서도 법질서의 정합성과 소송

경제 측면을 고려하여 심판대상에 포함시켜 판단한 경우가 있다(예: 憲 2008. 6. 26. -2005헌마506).

[憲 2008. 6. 26.-2005헌마506] 「구 방송법 제32조는 2008. 2. 29. 법률 제8867호로 개정되어 방송광고 사전심의의 주체를 방송통신심의위원회로 변경하였다. 그런데 헌법재판소가 위 구 방송법 규정들에 대해서만 위헌 여부를 판단하고 위헌을 선언하는 경우, 그 위헌의 효력은 현행법에는 미치지 못할 것인바, 방송통신심의위원회의 사전심의 역시 사전검열에 해당한다면, 방송광고 사전심의와 관련한 위헌 상태는 여전히 계속될 것이다. 따라서 개정된 방송법 규정도 법질서의 정합성과 소송경제 측면을 고려하여 구 방송법 규정들과 함께 심판대상 규정에 포함시키기로 한다.」

(4) 대리인의 선임 보정

청구인이 헌법소원심판의 청구서를 제출한 시점에서는 대리인의 선임이 없었으나 재판장의 補正命令을 받아 대리인을 선임한 경우에는 적법한 청구가 된다.

이러한 경우에는 대리인을 선임한 시점이 아니라 본인이 심판을 청구한 시점을 청구기간의 기산점으로 한다(예: 憲 1992. 12. 24. -92헌마186). 이러한 점은 국선대리인을 선임하는 경우와 다르다.

(5) 첨부서류

헌법소원심판의 청구서에는 代理人의 選任을 증명하는 書類 또는 國選代理人의 選任通知書를 첨부하여야 한다(憲裁法 §71①, ③).

Ⅲ. 代理人의 選任

헌법소원심판을 청구하는 경우에도 私人인 청구인은 직접 심판을 청구할 수 없고 변호사를 대리인으로 선임하여 청구하여야 한다. 다만, 憲法訴願審判制度는 국민의 기본권을 구제하는 기능을 가지므로 다른 심판절차와 달리 특별히 國選代理人制度를 두고 있다.

(1) 변호사에 의한 대리

헌법소원심판을 청구하는 私人인 청구인은 審判請求書를 직접 제출하거나 헌법소원심판을 수행할 수 없고, 辯護士를 대리인으로 선임하여 이를 수행하여야 한다. 다만, 청구인이 변호사의 자격을 가지고 있는 때에는 본인이 스스로 심판청구서를 제출하거나 심판을 수행할 수 있다(憲裁法 §25③).

(2) 국선대리인

헌법소원심판을 청구하고자 하는 자가 辯護士를 代理人으로 選任할 資力이 없는 경우에는 헌법재판소에 국선대리인을 선임하여 줄 것을 申請할 수 있다(申請에 의한 국선대리인 선임)

(憲裁法
§70①). 또 헌법재판소가 公益上 필요하다고 인정할 때에는 이런 요건에 무관하게 국
선대리인을 선임할 수 있다(職權에 의한 국
선대리인 선임)(同條
②).

　헌법재판의 심판절차에서 私人의 심판청구와 심판수행에 대하여 변호사를 대리
인으로 선임할 것을 강제하고(同法
§25③), 헌법소원심판절차에서 이를 변호사를 대리인으
로 선임할 경제적 능력이 없는 無資力者인 경우와 공익상 필요한 경우에까지 관철하
는 것은 基本權의 구제와 실현에서 치명적인 결과를 초래할 뿐 아니라 國家의 基本
權保護義務에도 위반된다. 憲法裁判所法은 이 문제를 해결하기 위하여 國選代理人制
度를 두고 있다.

　이 경우 請求期間은 국선대리인의 選任申請이 있는 날을 기준으로 정한다(同法
§70①).

　헌법재판소는 국선대리인의 선임신청이 있거나 직권으로 국선대리인을 선임하
는 때에는 憲法裁判所規則이 정하는 바에 따라 변호사 중에서 국선대리인을 選定하
고(同條
③), 헌법재판소가 선정한 국선대리인에게는 憲法裁判所規則이 정하는 바에 따라
國庫에서 그 報酬를 支給한다(同條
⑥). 국선대리인은 선정된 날부터 60일 이내에 헌법재
판소법 제71조에 규정된 사항을 적은 심판청구서를 헌법재판소에 제출하여야 한다
(同條
⑤).

　헌법재판소가 국선대리인을 선정하지 아니한다는 결정을 한 때에는 지체없이 그
사실을 신청인에게 通知하여야 한다(國選代理人 不選定의 通知). 이 경우 신청인이 선
임신청을 한 날로부터 그 통지를 받은 날까지의 기간은 請求期間에 算入하지 아니한
다(同條
④).

Ⅳ. 請求의 取下

　헌법소원심판의 청구에서도 청구인은 심판을 청구한 후에 이를 취하할 수 있다.
청구취하의 요건과 효과에 관하여는 이론상 견해의 대립이 있다.

(1) 청구취하의 가능성

　헌법소원심판절차에서 청구인은 심판청구를 취하할 수 있다. 헌법소원심판청구
는 기본권의 침해에 대한 구제로서의 기능을 가지고 있기 때문에 청구인은 자신의
기본권의 침해에 대하여 헌법재판을 통한 구제를 포기할 수 있다.

　헌법소원심판절차에서는 심판절차의 開始와 심판절차의 終了에 있어서 원칙적
으로 處分權主義가 적용된다. 청구인의 청구취하는 헌법재판소의 결정이 있기 전에
행하여야 한다.

(2) 청구취하의 요건

헌법소원심판절차에서 청구취하와 그 요건에 대해서 憲法裁判所法이 명시적으로 정하고 있는 것은 없다. 따라서 이 경우 憲法裁判所法 제40조의 규정에 따라 民事訴訟法에서 정하고 있는 訴取下의 요건이 준용되는가 하는 문제가 있다.

민사소송법의 소취하의 요건($^{民訴法}_{\S266}$)을 준용하는 경우에 청구인의 청구취하에는 피청구인의 동의가 필요한가 하는 문제 때문이다. 이 문제에서는 피청구인의 동의가 필요하다는 견해와 피청구인의 동의가 필요하지 않다는 견해가 있다. 이 문제 헌법소원심판의 구조를 청구인과 피청구인의 對立的 構造로 볼 것인가 아니면 非對立的 構造로 볼 것인가 하는 문제와 연관이 있다.

(a) 동의필요설

憲法裁判所法 제40조에는 民事訴訟法의 규정을 準用하도록 되어 있고, 憲法裁判所法 제73조, 제75조 제4항의 규정에 비추어 볼 때, 헌법소원심판의 구조는 대립적 구조이므로 청구인의 청구취하에 있어서 民事訴訟法 제266조($^{=舊民訴}_{法 \S239}$)의 訴의 取下에 관한 규정을 준용하여 피청구인이 소송상 필요한 書面을 제출하였거나 辯論에서 陳述을 한 경우에는 被請求人의 동의가 필요하다고 본다.

헌법소원심판절차에서 청구를 취하할 경우 피청구인의 동의를 요하는가 하는 문제에 대하여 憲法裁判所가 일반적으로 정면에서 판단한 것은 없으나, 검사의 불기소처분에 대한 헌법소원심판절차에 民事訴訟法 제266조가 준용된다고 판시한 것은 있다($^{예: 憲 1995. 12.}_{15. -95헌마221등}$).

[憲 1995. 12. 15. -95헌마221등] 「헌법재판소법 제40조는……고 규정하고 있는바, 헌법재판소법이나 행정소송법에 헌법소원심판청구의 취하와 이에 대한 피청구인의 동의나 그 효력에 관하여 특별한 규정이 없으므로, 소의 취하에 관한 민사소송법 제239조는 이 사건과 같이 검사가 한 불기소처분의 취소를 구하는 헌법소원심판절차에 준용된다고 보아야 한다. 기록에 의하면 청구인들이 1995. 11. 29. 서면으로 이 사건 헌법소원심판청구를 모두 취하하였고, 이미 본안에 관한 답변서를 제출한 피청구인에게 취하의 서면이 그 날 송달되었는바, 피청구인이 그 날로부터 2주일 내에 이의를 하지 아니하였음이 분명하므로, 민사소송법 제239조에 따라 피청구인이 청구인들의 심판청구의 취하에 동의한 것으로 본다.」

(b) 동의불요설

憲法裁判所法 제40조에는 민사소송법의 규정을 준용한다고 정하고 있더라도 憲法裁判所法 제71조의 규정이나 헌법소원심판의 성질상 헌법소원심판의 구조가 반드시 대립적 구조라고 할 수 없으므로 청구인의 청구취하에는 피청구인의 동의가 필요

하지 않다고 본다.

　다양한 국가의 공권력의 행사나 불행사에 있어서 소송법적으로 피청구인을 특정하기 어려운 점에 비추어 볼 때, 헌법소원심판을 대립적 구조로 보는 것은 타당하지 않다고 본다. 예컨대 법률에 대한 헌법소원심판이나 입법부작위에 대한 헌법소원심판에서는 민사소송에서 볼 수 있는 것과 같은 피청구인이 존재하기 어렵다고 본다. 이러한 견해에서는 憲法裁判所法 제73조, 제75조 제 4 항에서 정하고 있는 피청구인은 소송절차상 便宜的인 것이라고 본다.

　　독일의 경우에는 헌법소원심판의 구조를 非對立的 構造로 하고 있기 때문에 청구인은 헌법재판소의 결정이 있기 전까지 원칙적으로 청구를 취하할 수 있다고 보되, 헌법소원심판청구가 일반적 의미를 가지는 것이어서 보충성의 예외에 해당하는 것으로 인정하고, 구두변론이 종결되었으며, 선고시까지 그 일반적 의미가 소멸되지 아니한 경우에는 청구취하가 허용되지 않는다고 보아(예: BVerfGE 98, 218) 청구취하에 일정한 제한이 행해지고 있다.

(3) 청구취하의 효과

　헌법소원심판절차에서 청구인이 심판청구를 취하한 경우에 소송이 종료되는가 하는 문제를 놓고 소송이 종료된다는 의견과 예외적인 경우에는 소송이 종료되지 않는다는 의견이 대립한다.

(a) 종 료 설

　헌법소원심판절차에서도 심판청구가 취하되면 민사소송법이 정하는 소의 취하에 관한 규정이 준용되어 심판절차가 종료된다고 본다. 이러한 태도는 헌법소원심판절차의 개시와 종료에 있어서 處分權主義를 철저하게 관철하고자 하는데, 헌법소원심판절차가 청구인의 신청에 의하여 개시되는 이상 그 절차를 종료할 것인가 하는 권리도 청구인에게 주어져야 한다고 본다.

　憲法裁判所는 검사의 불기소처분에 대한 헌법소원심판절차에서 심판청구의 취하가 있는 경우에는 심판절차가 종료되는 것으로 판단하였다(憲 1995. 12. 15.-95헌마221등).

　[憲 1995. 12. 15.-95헌마221등] 「이 사건 헌법소원심판절차는 청구인들의 심판청구의 취하로 1995. 12. 14. 종료되었음이 명백하므로, 헌법재판소로서는 이 사건 헌법소원심판청구가 적법한 것인지 여부와 이유가 있는 것인지 여부에 대하여 판단할 수 없게 되었다.……이 사건 헌법소원심판절차가 이미 종료되었음을 명확하게 선언하기로 하여 주문과 같이 결정한다.」　이 사건에서 소수의견은 이러한 다수의견에 반대하여 심판청구의 취하가 있더라도 예외적으로 심판절차가 종료되지 않는다는 의견을 내었다.

(b) 예외적 비종료설

헌법소원심판절차에서 심판청구가 取下된 경우 원칙적으로 심판절차가 종료된다고 본다. 이러한 근거로 민사소송법의 규정을 준용한다는 憲法裁判所法 제40조를 드는 견해도 있고, 헌법소원심판절차의 특성상 이런 경우에는 民事訴訟法이 준용되지 않고 헌법재판소가 스스로 결정한다는 것을 드는 견해도 있다($^{丁泰鎬a,}_{333}$).

그러나 헌법소원심판절차는 주관적 권리구제로서의 기능과 헌법질서의 보장이라는 객관적 기능을 가지므로 헌법질서의 수호와 유지를 위하여 중요한 의미를 가지는 경우에는 심판청구의 취하가 있더라도 심판절차는 종료되지 않는다고 본다($^{許營d, 433; 丁}_{泰鎬a, 326 이하}$). 법령에 대한 헌법소원심판절차에서는 이러한 예외적인 특성이 浮刻된다.

이러한 견해는 헌법소원심판절차가 청구인의 신청에 의하여 개시된다고 하더라도 그 절차의 종료도 당연히 청구인의 의사에 의해 결정되어야 하는 것은 아니라고 본다. 審判節次의 開始問題와 심판절차의 進行이나 終了問題는 별개의 문제라고 본다. 따라서 헌법소원심판절차에서 申請主義에 따라 심판의 청구로 심판이 개시되면 신청주의는 그 목적을 달성한 것이므로 그 다음 단계인 심판의 진행이나 종료에는 헌법질서의 유지나 수호 또는 공익적 필요 등과 같은 다른 법리가 작용할 수 있다고 본다. 예외적 비종료설이 타당하다.

[255] 第四　請求期間

I. 槪　說

憲法裁判所法은 헌법소원심판의 청구에 있어서 청구기간을 정하여 청구를 제한하고 있다. 그러나 청구기간은 헌법소원심판을 받을 국민의 권리를 제한하는 것이므로 그 취지에 부합하는 것이어야 한다.

헌법소원심판의 청구에서는 심판대상의 성질에 따라 청구기간의 적용이 적합하지 아니한 경우가 있는데, 憲法裁判所法에는 이를 충분히 고려하지 못한 점이 발견된다. 헌법소원심판의 대상에 따라 청구기간의 적용여부를 개별적으로 살펴볼 필요가 있다.

(1) 제도적 기능

소송에 있어서 請求期間制度는 일정한 기간이 경과하면 공권력 행사의 효력을 다툴 수 없도록 하기 위한 제도이다. 즉 일정한 기간이 경과한 후에는 소송을 통하여 공권력 행사의 효력을 다툴 수 있는 길을 폐쇄하는 것이 청구기간제도의 취지이다.

청구기간을 두는 것은 헌법질서 및 헌법생활에 있어서 공권력의 행사에 따른 효과를 오랜 기간 동안 불확정한 상태에 둠으로써 발생하는 국민의 권리의무관계의 불안정을 조속히 제거하여 국가의 작용과 법질서에서 법적 안정성을 꾀하고자 하는 것이다(鄭宗燮b, 252 이하).

이러한 청구기간제도는 다른 한편으로 국민이 헌법소원심판을 청구하는 것을 제한하는 것이므로 기간의 제한을 통하여 과도하게 청구를 제한하는 것은 憲法에서 정하고 있는 過剩禁止原則에 저촉되어 헌법에 위반된다. 청구기간을 두는 경우에도 언제나 헌법에 합치하여야 한다.

憲法裁判所는 헌법재판소법 제69조 제 1 항에서 정하고 있는 사유가 있은 날로부터 「180일」이내로 제한한 점(예: 憲 2001. 9. 27. -2001헌마152)과 사유가 있음을 안 날로부터 「90일」이내로 제한한 점(예: 憲 2007. 10. 25. -2006헌마904)이 청구인의 재판청구권을 침해하는가 하는 점에 대하여 헌법에 위반되지 않는다고 판시하였다.

［憲 2001. 9. 27. -2001헌마152］「법 제69조 제 1 항에 의하면……그 사유가 있은 날로부터 180일 이내에 청구하여야 한다.……법이 이와 같이 청구기간을 제한하여 그 제소를 막는 것은 국민의 재판을 받을 권리를 제한한다고 볼 측면이 없지는 않다. 그러나 공권력의 행사로 인하여 기본권을 침해받은 경우에 제기하는 헌법소원의 심판에서는, 공권력의 행사로 인한 법률관계가 직접 공익과 밀접하게 관련되어 있어서 이를 오랫동안 불확정상태에 둘 수 없고, 따라서 이로 인한 법률관계를 조속히 안정시키기 위하여 헌법소원심판을 되도록 빠른 기간 내에 제기하도록 할 필요가 있다. 따라서 법 제69조 제 1 항이 공권력의 작용에 대한 헌법소원심판청구에 관한 청구기간을 정하고 있는 것은 이러한 필요에 응한 것으로 그 정당성과 합리성을 인정할 수 있다. 다만, 그 청구기간 자체가 지나치게 단기간이거나 기산점을 불합리하게 책정하여 권리구제를 요구하는 국민의 재판청구권의 행사를 현저히 곤란하게 하거나 사실상 불가능하게 하여 권리구제의 기회를 극단적으로 제한한다면 그것은 재판청구권의 본질을 침해하는 것이 되어 허용할 수 없을 것이다. 이와 같은 청구기간제도의 입법목적에 비추어 볼 때, 법 제69조 제 1 항이 공권력의 행사로 인하여 기본권을 침해받은 경우의 헌법소원심판의 청구기간을 '그 사유가 있는 날로부터 180일'이라고 규정한 것은, 비록 헌법소원심판을 청구할 것인지 여부를 고려하기 위한 충분한 숙려기간을 보장한 것이라고 할 수는 없다고 하더라도, 이로 인하여 헌법소원심판을 통해 기본권구제를 받고자 하는 국민의 헌법재판청구권의 행사가 현저히 곤란하게 되거나 사실상 불가능하게 되어 기본권구제의 기회가 극단적으로 제한되는 것은 아니므로 이 조항 부분을 가리켜 국민의 재판청구권을 침해하는 것이라고 말할 수는 없다. 그렇다면 법 제69조 제 1 항 중 '그 사유가 있은 날로부터 180일'이라는 부분이 헌법소원심판의 청구기간을 지나치게 짧게 규정함으로써 재판청구권을 침해한 것이라는 청구인의 주장은 이유없다.」

［憲 2007. 10. 25. -2006헌마904］「이 사건 법률조항에 의하면 공권력의 행사로 인하여 기본권이 침해된 경우에 그 사유가 있음을 안 날부터 90일이 지나면 헌

법소원심판을 청구하지 못하게 된다. 이는 국민의 재판을 받을 권리를 제한하고 공권력의 행사로 인하여 침해된 기본권의 구제를 외면하는 결과로 된다. 공권력의 행사에 대하여 기간의 제한 없이 언제든지 헌법소원심판을 청구할 수 있게 하면, 공권력 행사로 인한 법률관계가 장기간 불확정상태에 놓이게 되어 그로 인한 공익의 실현이 불안정해지고 법적 안정성을 해치게 된다. 따라서 공권력의 행사로 인한 법률관계를 조속히 안정시키기 위하여 공권력의 행사에 대한 헌법소원심판을 청구할 수 있는 기간을 제한할 필요가 있다. 이 사건 법률조항은 공권력 행사로 인한 법률관계를 신속하게 확정함으로써 공익의 실현을 확보하고 법적 안정성을 도모하기 위한 것으로서 그 입법목적이 정당하다고 할 것이다. 이 사건 법률조항은 위와 같은 입법목적을 달성하기 위하여 공권력의 행사에 대하여 헌법소원심판을 청구할 수 있는 기간을 제한하고 있다. 즉 공권력의 행사로 인하여 기본권이 침해된 사실을 안 날부터 90일이 지나면 그러한 공권력의 행사에 대한 헌법소원심판을 청구할 수 없도록 하고 있다. 이는 위와 같은 입법목적을 달성하기 위하여 필요하고도 적절한 수단이라고 할 수 있다. 헌법재판소법 제68조 제1항의 헌법소원심판은 공권력의 행사로 인하여 침해된 기본권을 구제하기 위한 것인데, 공권력의 행사로 인하여 기본권을 침해받은 경우에 청구기간을 제한하여 헌법소원심판을 청구하지 못하게 하면 공권력의 행사로 인하여 침해된 기본권의 구제를 외면하는 결과로 된다. 그러나 이 사건 법률조항은 헌법소원심판의 청구인이 자신의 기본권이 침해된 사실을 안 날부터 기산하여 90일 이내로 제한하는 것이므로, 헌법소원심판을 통해 기본권의 구제를 받고자 하는 국민의 헌법재판청구권 행사를 현저히 곤란하게 하거나 사실상 불가능하게 할 정도로 과도하게 제한하는 것이라고 볼 수 없다. 공권력의 행사로 인하여 자신의 기본권이 침해된 사실을 알고 있는 국민의 기본권을 구제하는 절차와 공권력 행사에 의한 공익 실현의 법적 안정성을 아울러 보장할 수 있도록 균형 있게 조정하고 있다고 할 수 있다. 따라서 이 사건 법률조항이 헌법소원심판의 청구기간을 지나치게 짧게 규정함으로써 국민의 재판청구권을 침해하거나 국가의 기본권 보장의무를 외면하는 것이라고 보기 어렵다.」

청구기간은 소송절차에서 작용하는 절차적·형식적인 요건이므로 그 기간이 경과하였다고 하더라도 실체적인 기본권이 소멸되는 것은 아니며, 헌법소원심판청구권만 소멸된다. 뿐만 아니라 청구기간이 도과되어 헌법소원심판의 청구로 다툴 수 없는 때에도 위헌인 공권력의 행사가 합헌으로 轉化되는 것도 아니다. 청구기간은 국가가 스스로 위헌인 공권력의 행사를 취소하는데 아무런 영향을 미치지 않는다(鄭宗燮b,253).

(2) 규　　정
憲法裁判所法은 헌법소원심판의 청구에 있어서 사전구제절차를 거치는 경우와 그렇지 아니하는 경우로 나누어 청구기간을 정하고 있다.
(a) 사전구제절차를 거치지 않는 경우
사전구제절차를 거치지 않는 경우에는 그 사유가 있음을 안 날부터 90日 이내에, 그 사유가 있는 날부터 1年 이내에 헌법소원심판을 청구하여야 한다($\substack{憲裁法 \\ §69①}$).

2003. 3. 12. 법률 제6861호로 개정된 헌법재판소법 제69조 제 1 항은 「제68조 제 1 항
의 규정에 의한 헌법소원의 심판은 그 사유가 있음을 안 날부터 90일 이내에, 그 사
유가 있은 날부터 1년 이내에 청구하여야 한다. 다만, 다른 법률에 의한 구제절차를
거친 헌법소원의 심판은 그 최종결정을 통지받은 날로부터 30일 이내에 청구하여야
한다」라고 규정하고 있다. 이는 헌법소원의 심판청구기간 중 그 사유가 있음을 안
날부터 「60일 이내」를 「90일 이내」로, 그 사유가 있은 날부터 「180일 이내」를 「1년
이내」로 변경한 것이다. 위 개정에 의하여 청구기간이 연장된 점 이외에는 청구기
간을 둘러싼 법리의 전개에 있어 달라질 것이 없으므로, 구법상 청구기간에 관한
판례는 여전히 유효하다.

　憲法裁判所法은 이와 같이 사전구제절차를 거치지 않는 경우에는 「안 날」과 「있
은 날」이라는 이중의 기준을 가지고 청구을 제한하고 있다.

　(b) 사전구제절차를 거치는 경우
　사전구제절차, 즉 다른 法律에 따른 救濟節次를 거친 경우에는 사전구제절차의
最終決定을 通知받은 날부터 30日 이내에 헌법소원심판을 청구하여야 한다($\substack{憲裁法 \\ §69①}$).

　Ⅱ. 請求期間 計算의 基準點
　헌법소원심판의 청구가 청구기간의 요건을 갖추었는가는 특별한 규정이 없는 한
審判請求書가 헌법재판소에 도달한 날을 기준으로 하여 계산한다($\substack{到達 \\ 主義}$). 憲法裁判所의
판례도 같은 견해를 표명하였고($\substack{예: 憲 1990. 5. \\ 21.-90헌마78}$), 이에 따라 심판을 하고 있다.
　심판청구를 교환적으로 변경한 경우는 변경에 의한 新請求의 청구변경서가 제출
된 시점을 기준으로 하여 청구기간의 도과여부를 판단한다($\substack{예: 憲 1992. 6. 26.-91헌마 \\ 134; 2007. 10. 25.-2005헌바68}$). 심판
청구의 追加的 變更인 경우에도 마찬가지이다($\substack{예: 憲 1998. 9. 30.-96헌마88; 2002. 12. 18. \\ -2001헌마111; 2003. 9. 25.-2001헌마93등 참조}$).

　〔憲 1990. 5. 21.-90헌마78〕 「헌법소원 제기기간은 헌법이나 헌법재판소법에 특
　별한 규정이 없는 이상 일반원칙인 도달주의에 따라 당 재판소에 심판청구서가 접
　수된 날로부터 기산하여야 하는 것이지 예외적으로 법률에 특별한 규정이 있는 경
　우에 인정되는 발신주의에 따라 심판청구서의 발송일을 기준으로 할 것은 아니므
　로……」
　〔憲 1992. 6. 26.-91헌마134〕 「청구인은 처음 이 사건 소원대상을 87형제13180
　호 사건에 관한 대전지방검찰청의 기소중지처분으로 하였다가 뒤에 청구취지 등 정
　정서를 내어 90형제2349호 사건에 관한 대전지방검찰청 천안지청의 기소중기처분으
　로 교환적 변경을 하였는데, 이처럼 심판청구를 변경하였다면 변경에 의한 신청구
　는 그 청구변경서를 제출한 때에 제기한 것이라 볼 것이고, 따라서 이 시점을 기준
　으로 하여 청구기간의 준수여부를 가려야 할 것이다.」

Ⅲ. 請求期間의 適用

헌법재판소가 설치되기 전에 발생한 공권력의 행사에 대한 헌법소원심판의 청구에 청구기간이 적용된다.

(1) 헌법재판소가 생기기 전에 발생한 사건

憲法裁判所가 설치되기 전에 발생한 사건에 대하여 헌법소원심판을 청구할 경우에 청구기간의 起算點은 헌법재판소가 구성되어 실제로 활동할 수 있었던 1988년 9월 19일이다.

憲法裁判所는 초기에 이 점에 대해서「가사 청구기간의 기산점을 1988. 9. 1. 헌법재판소법의 발효와 같은 해 9. 15. 재판관 임명에 의한 당 재판소 설치의 시점으로 본다 하더라도……」라고 하거나($\frac{憲 1989. 2. 14.}{-89헌마9}$),「이는 청구기간의 기산점을 1988. 9. 1. 헌법재판소법의 발효시로 보든, 같은 해 9. 15. 재판관 임명에 의한 당 재판소 설치의 시점으로 보든 아무런 차이가 없다」라고 하면서($\frac{憲 1989. 4. 18.}{-89헌마54}$) 분명하지 않은 태도를 보였다. 그러나 그 후 기산점을 헌법재판소가 설치되어 재판부를 구성할 수 있게 된 1988년 9월 19일로 하고, 일관된 태도를 유지하고 있다($\frac{예: 憲 1990. 10. 8.-89헌마89; 1991. 9. 16.-89헌마151;}{1991. 11. 25.-89헌마99; 1993. 11. 25.-90헌마209; 1994. 12.}$ 29.-91헌마2; 1995. 3. 23.-91헌마 143; 2003. 3. 27.-2001헌마116).

[憲 1991. 9. 16.-89헌마151]「헌법재판소가 발족하기 전에 있었던 공권력에 의한 기본권침해에 대한 헌법소원심판청구기간은 헌법재판소가 구성된 1988. 9. 19.부터 기산하여야 한다($\frac{1990. 10. 8. 선고.}{89헌마89 결정 참조}$).」

[憲 1991. 11. 25.-89헌마99]「헌법재판소법이 발효되기 전부터 시행되어 온 법률인 경우에는 침해사실을 안 날 또는 침해사실이 있은 날로부터 청구기간을 기산하여서는 아니 되고 기본권 침해에 대한 구제수단인 헌법소원을 청구할 수 있음을 안 날로부터 60일, 헌법소원을 청구할 수 있게 된 날로부터 180일 이내에 헌법소원을 청구하면 된다고 봄이 타당하고 이에 따라 헌법소원을 청구할 수 있게 된 날은 헌법재판소법이 공포·시행되고 나서 헌법재판소가 실제로 구성된 1988. 9. 19.을 말한다.」

(2) 사전구제절차를 거치지 않는 경우

憲法裁判所法은 위에서 본 바와 같이 사전구제절차를 거치지 않고 헌법소원심판을 청구하는 경우에는「안 날」과「있는 날」이라는 이중의 기준을 가지고 청구기간을 제한하고 있다.

(a)「안 날」

憲法裁判所法 제69조 제1항의「그 사유가 있음을 안 날」이란 공권력의 행사로 인하여 기본권을 침해당한 사유가 있음을 안 날이므로 기본권을 침해당한 공권력의 행사가 있은 사실을 현실적으로 안 날이다. 憲法裁判所는 공권력의 행사에 의한 기

본권 침해의 사실관계를 특정할 수 있을 정도로 현실적으로 인식하여 심판청구가 가능해진 때로 이해한다($^{예: 憲 1993. 7.}_{29.-89헌마31}$).

「안 날」에서 의미하는 「알았다」라고 함은 공권력 행사의 구체적인 내용을 알았다는 것을 의미하는 것이 아니라 통지, 고지, 공포 등의 방법에 의하여 기본권을 침해하는 어떤 종류의 공권력의 행사가 있었다는 사실을 알았다는 의미이다($^{鄭宗燮}_{b, 254}$). 공권력의 행사에 관한 사실을 들어서 안 것만으로는 여기서 말하는 '안 것'에 해당하지 않는다($^{大 1959. 5. 22.-4290}_{行上183 참조}$).

현실적으로 사유가 있음을 알았는가 하는 점을 판단함에 있어 이를 입증할 수 있는 직접적인 증거가 없는 경우에는 事實上의 推定(tatsachliche Vermutung)에 의한다. 따라서 현실적으로 알았을 것이라는데 대하여 의심이 가는 특별한 사정이 있으면 그러한 추정은 성립하지 않게 된다.

> [憲 1993. 7. 29.-89헌마31] 「여기의 "안 날"은 청구인의 주관적 사정을 고려하지 않은 채 객관적인 법률상태의 안정만을 고려하여 정한 "있은 날로부터 180일"의 기간과는 달리 청구인에게 심판청구권 행사에 무리가 없는 상태에 이르렀으면 그로부터 일정기간 내에는 청구권을 행사하도록 하기 위하여 정해진 주관적 청구기간이라 할 것이므로, 이 사건과 같이 공권력측이 그 행사를 부인하는 경우라면 아직 증거수집도 전혀 되지 아니한 상태에서 막연한 추측이나 수소문으로 공권력의 개입을 다소 알게 된 때에는 헌법소원권 남용의 방지를 위하여도 여기의 안 날로 볼 것이 아니다. 그렇다면 적어도 공권력의 행사에 의한 기본권침해의 사실관계를 특정할 수 있을 정도로 현실적으로 인식하여 심판청구가 가능해진 경우를 뜻하는 것으로 풀이함이 상당할 것이다. 특히 헌법소원의 대상이 되는 권력적 사실행위의 경우에 심판청구의 기산점인 안 날은 사실관계를 완전하게 안 때로 보는 것이 외국의 판례이며, 또 그와 같이 당사자측에 후하게 해석하는 것이 기본권의 하나인 헌법재판을 받을 권리의 존중도 될 것이다.」

(b) 「있는 날」

憲法裁判所法 제69조 제1항의 「그 사유가 있는 날」이란 기본권을 침해한 공권력의 행사가 현실적으로 효력을 발생한 날이다($^{大 1977. 11. 22.}_{-77누195 참조}$).

공권력의 행사는 외부적으로 표현되는 것만으로 효력이 발생하는 경우도 있고, 상대방의 수령을 요하는 경우도 있으며, 사실행위일 경우도 있다. 각각의 경우에 따라 청구기간의 기산점이 달라진다.

(c) 「안 날」 규정과 「있는 날」 규정의 관계

憲法裁判所法은 사전구제절차를 거치지 않는 경우에 헌법소원심판의 청구기간에 대하여 사유가 있음을 안 날부터 90일 이내에, 그 사유가 있는 날부터 1년 이내에 심판을 청구하여야 한다고 정하고 있다($\substack{憲裁法 \\ §69①}$). 그런데 문제는 이 90일의 「안 날」 규정과 1년의 「있는 날」 규정의 둘 사이의 관계가 어떠한 것인가 하는 점이다.

헌법소원심판의 청구가 그 사유가 있음을 안 날로부터 90일을 도과하였거나 그 사유가 있은 날부터 1년을 도과하여 행해진 경우에는 청구기간이 도과한 것으로 不適法하다고 할 것이다. 다시 말해, 헌법소원심판의 청구가 「안 날」 규정이나 「있는 날」 규정 가운데 어느 하나에 저촉하면 청구기간을 도과한 것으로 부적법한 청구가 된다($\substack{鄭宗燮b, \\ 255 이하}$).

憲法裁判所의 판례도 같은 견해이고, 이러한 전제에서 청구기간의 도과여부를 판단하고 있다($\substack{예: 憲 1992. 10. 1.-90헌마5; 1993. 7. 29. \\ -89헌마31; 2004. 4. 29.-2004헌마93}$).

> 청구기간의 적용에서 「안 날」 規定과 「있는 날」 規定을 중첩하여 적용하는 것이 타당한가 하는 문제에 대해서는 더 많은 검토가 필요하다. 국민으로 하여금 헌법소원 심판청구를 통하여 헌법재판소에 더 쉽게 접근할 수 있도록 하여야 한다는 점, 헌법소원심판이 순전한 주관소송이 아니고 객관소송의 성질도 가진다는 점, 주관적 기간인 「안 날」을 객관적으로 확정하기가 애매하고 곤란하다는 점을 고려하면 객관적인 기간인 「있는 날」 規定 하나만을 두는 것이 보다 타당하다고 생각한다. 물론 기간을 어느 정도로 할 것인가를 결정함에 있어서는 과잉금지원칙에 저촉되어서는 안 된다.

(3) 사전구제절차를 거치는 경우

사전구제절차를 거쳐 헌법소원심판을 청구하는 경우에 청구기간의 기산점은 사전구제절차의 성질에 따라 달라진다.

사전구제절차를 거치는 헌법소원심판의 청구는 사전구제절차의 최종결정에 대한 일종의 항고로서의 성질도 가지므로 그 때 적용되는 청구기간은 사전구제절차를 거치지 않는 헌법소원심판의 청구에서 적용되는 청구기간과 성질에서 구별할 필요가 있다.

(a) 「통지받은 날」

憲法裁判所法 제69조 제1항의 단서에는 다른 法律에 의한 救濟節次를 거친 헌법소원심판은 그 最終決定을 通知받은 날부터 30日 이내에 청구하여야 한다고 정하고 있다.

여기서 말하는 「통지받은 날」이라 함은 사실상 통지를 받은 날을 의미한다. 최종 결정이 서면의 형식으로 우편으로 배달된 때에는 특별한 사정이 없는 한 최종결정서의 등본이 發送된 날이 아니라 送達된 날이 통지받은 날이다($\substack{예: 憲 1989. 2. 14.-89헌마 \\ 9; 1992. 2. 24.-90헌마149}$).

> [憲 1992. 2. 24.-90헌마149] 「헌법재판소법 제69조 제1항 단서는 다른 법률에 의한 구제절차를 거친 헌법소원심판청구는 그 최종결정을 통지 받은 날로부터 30일

이내에 하여야 한다고 규정하고 있다. 이 사건 기록에 의하면 청구인들은 위 각 처분들에 대하여 서울고등법원에 행정소송($_{3313호구}^{동월 89구}$)을 제기한 결과, 1989. 11. 30. 주위적 청구에 대하여는 청구를 기각하고 예비적 청구에 대하여는 소를 각하하는 판결을 선고받고 상고하였으나 1990. 7. 10. 대법원에서 상고기각의 판결($_{8279호}^{89노}$)이 선고되었고, 동 대법원 판결은 동년 7. 16. 청구인들에게 송달된 사실이 인정된다. 위 행정소송을 헌법재판소법 제69조 제1항 단서 소정의 다른 법률에 정한 구제절차라고 볼 때 이 사건 헌법소원은 위 대법원 판결을 송달받은 날로부터 30일 이내에 헌법소원심판청구를 하여야 한다.」　　　청구기간을 30일로 제한한 것이 충분한 것인가 하는 문제가 있다. 청구기간을 길게 정한다고 하여 반드시 청구가 남용되거나 증가되어 헌법재판소의 사건처리에 부담을 증대시킨다고 할 수는 없다. 따라서 30일이 청구인이 헌법소원심판을 청구함에 있어서 촉박한 시일이라면 더 늘리는 것도 고려할 필요가 있다.

(b) 부적법한 구제절차를 거친 경우의 「안 날」

기본권 침해사유가 발생하였음을 알았지만 부적법한 구제절차를 거친 경우에는 기본권 침해사유가 발생하였음을 안 날은 원래의 안 날이지, 부적법한 구제절차의 결과를 안 날이 아니다($_{-91헌마47; 2003.9.25.-2002헌마789}^{예: 憲 1993. 7. 29.-92헌마6; 1993. 7. 29.}$).

부적법한 재심의 소를 제기한 경우에는 재심의 소의 결과를 안 날이 아니라 판결이 확정된 사실을 안 날로부터 계산하여 청구기간의 도과여부를 결정한다($_{29.-92헌마6}^{예: 憲 1993. 7.}$).

[憲 1993. 7. 29.-91헌마47] 「헌법재판소법 제69조 제1항에 의하면, 헌법소원심판은 그 사유가 있음을 안 날로부터 60일, 그 사유가 있는 날로부터 180일 이내에 청구하여야 하나, 다른 법률에 의한 구제절차를 거친 경우에는 그 최종결정을 통지받은 날로부터 30일 이내에 청구하여야 한다고 규정하고 있다. 이와 같은 청구기간 한정의 취지는 법적 안정성을 고려하여 헌법소원심판은 그 사유가 있음을 안 날로부터 60일, 그 사유가 있는 날로부터 180일 이내에 청구하게 함을 원칙으로 하되, 다른 법률에 의한 구제절차가 있는 경우에는 이른바 보충성의 원칙에 따라 이를 거친 후 그 최종결정을 통지받은 날로부터 30일 이내에 청구할 수 있도록 예외를 인정하겠다는 것이다. 그러나 위와 같은 예외인정의 단서가 되는 "다른 법률에 의한 구제절차"는 적법한 구제절차임을 전제로 한다. 그것은 만약 그렇게 보지 아니하면 청구인이 일부러 부적법한 구제절차를 거침으로써 부당하게 청구기간을 연장할 수 있게 되어 청구기간 한정의 취지를 몰각시켜 버릴 염려가 있기 때문이다. 따라서 구제절차의 하나라고 할 수 있는 행정소송을 제기하였으나 행정소송사항이 아니라는 이유로 소각하의 판결을 받은 경우는 물론, 행정소송사항에 해당하더라도 제소기간 등의 제척기간을 도과하였다는 이유로 소 각하의 판결을 받은 경우에도, 특단의 사정이 없는 한 그 각하판결을 받은 날을 기준으로 하여 헌법재판소법 제69조 제1항 단서에 정한 30일의 청구기간을 적용하여서는 아니 될 것이다.」

(4) 국선대리인의 선임신청과 청구기간

　헌법소원심판절차에서는 국선대리인의 선임이 허용되므로, 신청인이 國選代理人의 선임신청을 했음에도 헌법재판소가 국선대리인을 선정하지 아니한다는 결정을 한 때에는 지체없이 그 사실을 신청인에게 통지하여야 하고, 이 경우 신청인이 선임신청을 한 날로부터 그 통지를 받은 날까지의 기간은 이런 청구기간에 算入하지 않는다(憲裁法
§70④).

　헌법소원심판의 청구가 청구기간 내에 청구되지 않은 경우라도 청구기간 내에 국선대리인의 선임신청이 있고 국선대리인이 선임된 때에는 국선대리인의 선임신청이 있은 때에 심판의 청구가 있은 것으로 보고 청구기간의 도과여부를 판단한다. 憲法裁判所도 이에 따라 계산하고 있다(예: 憲 1997. 6. 26.-94헌마
52; 1998. 8. 27.-96헌마398).

(5) 청구취지의 변경과 청구기간

　헌법소원심판의 청구에서 청구취지의 변경이 있는 경우에는 청구취지를 변경하는 추가청구서가 제출된 시점을 기준으로 청구기간을 적용한다. 憲法裁判所의 판례도 같은 견해이다(예: 憲 1998. 5. 28.-96헌마151;
2007. 10. 25.-2005헌바68).

Ⅳ. 法令에 대한 憲法訴願審判에서의 請求期間

　법령에 대한 헌법소원심판의 청구에 있어서 청구기간의 적용문제는 먼저 청구기간을 적용하는 것이 합당한가 하는 것이 쟁점이다.

　청구기간을 적용한다고 하더라도 現在關聯性과의 관계에서 청구기간을 적용할 수 없는 경우도 존재한다. 不眞正立法不作爲에 대한 헌법소원심판의 청구는 법령에 대하여 헌법소원심판을 청구하는 것이므로 이에는 법령에 대한 헌법소원심판의 청구에 적용되는 것과 동일한 법리가 적용된다.

(1) 청구기간의 적용여부

　법령에 대한 헌법소원심판은 다른 공권력의 행사에 대한 헌법소원심판과 달리 특별한 성질을 가지고 있음에도 憲法裁判所法은 이에 대해 따로 정하고 있지 않다. 동시에 법령에 대한 헌법소원심판의 청구에서 청구기간이 적용되는가 하는 점에 대해서도 명시적으로 정하고 있는 바가 없다. 여기에서 憲法裁判所法 제69조 제1항의 규정이 적용되는가 하는 문제가 제기된다.

(a) 비적용설

　비적용설은 법령과 일반적 효력을 가지는 법규범에 대한 헌법소원심판의 청구에서는 청구기간이 적용될 여지가 없다고 한다.

법령에 대한 헌법소원심판의 청구에서는 법규범의 특성상 이에 대해 다툴 수 있는 사람은 언제나 존재할 수 있고, 다른 규범통제의 절차에서도 언제나 다툴 수 있는 길이 열려 있어서 청구기간의 제한으로 법적 안정성을 도모할 수 없다는 점, 법령에 대한 헌법소원심판은 규범통제의 성질을 가지기 때문에 언제나 위헌여부를 다툴 수 있어야 한다는 점, 특정인에 대한 일회적인 개별적 처분과 달리 일반적인 법령에 의한 기본권의 침해는 한번으로 끝나는 것이 아니라 그 법령이 효력을 가지고 시행되고 있는 동안 지속된다는 점을 근거로 든다(鄭宗燮b, 275 이하).

(b) **적 용 설**

적용설은 법령에 의한 기본권의 침해도 한번에 이루어지는 것이지 계속되는 것은 아니라는 점과 법적안정성을 보호할 필요가 있다는 점을 근거로 든다.

(c) **판   례**

憲法裁判所는 適用說의 견해를 취하고 있다. 憲法裁判所는 법령에 대한 헌법소원심판의 청구에서도 헌법재판소법의 청구기간규정을 적용한다. 법령에 의한 기본권의 침해도 계속되는 것이 아니라 한번의 침해로 끝나고 그 이후에는 침해의 결과만 존재한다고 본다(예: 憲 1992. 6. 26.-91헌마25; 1996. 6. 13.-95헌마115). 다만, 법령의 성질을 고려하여, i) 법령의 시행과 동시에 기본권침해를 당한 경우에는 그 법령이 시행된 사실을 안 날로부터 90일 이내, 그 법령이 시행된 날로부터 1년 이내로 헌법소원심판을 청구하여야 하고, ii) 법령이 시행된 후에 비로소 그 법령에 해당하는 사유가 발생하여 기본권의 침해를 받게 된 경우에는 그 사유가 발생하였음을 안 날로부터 90일 이내, 그 사유가 발생한 날로부터 1년 이내에 헌법소원심판을 청구하여야 한다고 하고 있다(憲 1991. 1. 8.-90헌마210; 1993. 7. 29.-92헌마6; 1999. 10. 7.-99헌마537; 1999. 12. 22.-99헌마715; 2000. 4. 27.-99헌마360; 2000. 10. 10.-2000헌마613; 2002. 3. 28.-2000헌마725; 2004. 4. 29.-2004헌마93; 2006. 2. 23.-2005헌마403; 2007. 7. 26.-2006헌마1164; 2013. 9. 26.-2011헌마398). 憲法裁判所의 판례상 확고한 태도이다.

[憲 1992. 6. 26.-91헌마25] 「청구기간의 준수문제와 관련하여 청구인은 이사건 행정입법과 같은 적극적 입법작용에 의한 기본권의 침해는 한번에 끝나는 것이 아니라, 연속적으로 계속되는 것이고, 기본권침해가 연속적으로 계속되는 경우에는 청구기간에 의한 심판청구의 제한이 없는 것으로 해석하여야 한다고 주장한다. 그러나 법규정립행위(입법행위)는 그것이 국회입법이든 행정입법이든 막론하고 일종의 법률행위이므로, 그 행위의 속성상 행위 자체는 한번에 끝나는 것이고, 그러한 입법행위의 결과인 권리침해상태가 계속될 수 있을 뿐이라고 보아야 한다. 다시 말하자면, 기본권침해의 행위가 계속되는 것이 아니라, 기본권침해의 결과가 계속 남을 수 있을 뿐인 것이다. 그렇다면 기본권침해행위는 한번에 끝났음에도 불구하고, 그 결과가 계속 남아 있다고 하여 청구기간의 제한을 전면적으로 배제하여야 한다는 주장은, 법적 안정성의 확보를 위한 청구기간의 설정취지에 반하는 것으로서 부당하다고 하여야 할 것이다.」

　　［憲　2001. 8. 30.-2000헌마349］「법령 자체에 의하여 기본권이 침해되었다고 주장하는 이른바 법령소원에 있어서의 청구기간은, 그 법령의 시행과 동시에 기본권침해를 당한 경우에는 그 법령이 시행된 사실을 안 날로부터 60일 이내, 그 법령이 시행된 날로부터 180일 이내로, 법령이 시행된 후에 비로소 그 법령에 해당하는 사유가 발생하여 기본권의 침해를 받게 된 경우에는 그 사유가 발생하였음을 안 날로부터 60일 이내, 그 사유가 발생한 날로부터 180일 이내로 각 해석된다 함이 헌법재판소의 확립된 판례이다.」

　　다만, 헌법재판소 역시 법령에 대한 헌법소원의 경우 청구기간을 일률적으로 적용하는 것에 문제가 있다는 점을 인식하고 있는 것으로 보인다.

　　憲法裁判所의 判例 중에는 공직선거및선거부정방지법 조항들에 대하여 제기된 헌법소원과 관련하여 제17대 국회의원선거가 2004. 4. 15.에 실시되었고 당해 審判請求는 그로부터 90일이 경과한 후에 제기되었지만, 주기적으로 반복되는 선거의 경우 매 선거는 새로운 선거에 해당하여 장래 실시될 선거에서 발생할 수 있는 基本權侵害를 문제삼는 것으로 볼 수 있다는 판단 하에 請求期間徒過의 문제는 발생할 여지가 없다고 판시한 사안이 있다($\frac{憲\ 2007.\ 6.\ 28.}{-2004헌마644등}$). 이러한 판시는 법령에 대한 헌법소원에 청구기간요건을 적용해야 한다는 여타의 판례와 상충되는 면이 있다. 법률이 만들어진 후 법률 자체에 대하여는 아무런 변화가 없음에도 事實關係의 變化($^{매\ 선거}_{의\ 실시}$)만으로도 새로운 기본권침해가 구성될 수 있다는 취지여서 입법행위는 행위의 속성상 행위 자체는 한번에 끝나는 것이고, 그러한 입법행위의 結果인 權利侵害狀態가 계속될 수 있을 뿐이라는 종래의 판시($^{예:\ 憲\ 1992.\ 6.}_{26.-91헌마25}$)와 矛盾된다. 헌법재판소의 위 판례는 법령에 대한 헌법소원에 관하여 청구기간의 적용을 배제하는 예외를 인정한 것으로도 볼 여지가 있다.

　　［憲　2007. 6. 28.-2004헌마644등］「가.　공직선거법　조항들에　대한　청구
(1) 이 사건 심판청구는 2005. 8. 4. 개정되기 전의 구 '공직선거 및 선거부정방지법' 조항들에 대해 제기되었으나, 그 실질적 내용에 있어 아무런 차이가 없는 개정 이후의 공직선거법 조항들을 심판의 대상으로 한 것은 앞에서 본 바와 같다. 그런데 구 '공직선거 및 선거부정방지법' 조항들을 기준으로 할 경우, 제17대 국회의원선거가 2004. 4. 15.에 실시되었고, 그로부터 90일이 경과한 후인 2004. 8. 4.과 2005. 4. 6.에 제기된 이 사건 심판청구들에 대해 청구기간의 준수 여부에 의문이 제기될 수 있다. (2) 그런데 주기적으로 반복되는 선거의 경우 매번 새로운 후보자들이 입후보하고 매번 새로운 범위의 선거권자들에 의해 투표가 행해질 뿐만 아니라, 선거의 효과도 차기선거에 의한 효과가 발생할 때까지로 한정되므로 매 선거는 새로운 선거에 해당한다. 그리고 청구인들이 이 사건 헌법소원을 제기한 진정한 취지는 이미 종료한 과거 선거에서의 기본권침해를 문제삼는 것이라기보다는 장래 실시될 선거에서 발생할 수 있는 기본권침해를 문제삼고 있는 것으로 볼 수 있다. (3) 결국 이같은 선거의 속성과 청구인들의 주장취지를 종합적으로 고려하면, 이 사건 심판청

구는 향후 실시될 각종 선거에서 청구인들이 선거에 참여하지 못함으로써 입게 되는 기본권침해, 즉 장래 그 도래가 확실히 예측되는 기본권침해를 미리 앞당겨 다투는 것으로 볼 수 있다. 그렇다면 기본권침해의 사유가 이미 발생한 사실을 전제로 한 청구기간도과의 문제는 발생할 여지가 없다(헌재 1999. 12. 23. 98헌마363, 판례집 11-2, 770; 헌재 2001. 2. 22. 2000헌마25, 판례집13-1, 386 등 참조).

나. 이 사건 국민투표법 조항에 대한 청구　　국민투표법은 1994. 12. 22. 법률 제4796호로 개정되었는데, 그 후 헌법 제72조에 의한 중요정책에 대한 국민투표나 헌법 제130조에 따른 헌법개정안에 대한 국민투표는 아직 한번도 실시된 바 없어 국민투표법 제14조에 의한 기본권침해는 아직 발생하지 않았다. 하지만 국민투표는 그 속성상 불측의 시점에 실시되는 것이어서 국민투표가 실시될 때 즈음하여 비로소 헌법소원을 청구할 수 있다고 한다면, 기본권구제의 실효성을 기대하기 어렵다. 그렇다면 이 부분 심판청구는 장래 국민투표가 실시될 경우에 틀림없이 발생하게 될 기본권침해를 미리 다투는 것으로 보아야 하므로, 위 공직선거법 조항들의 경우와 마찬가지로 청구기간도과의 문제는 발생하지 아니한다.」

　법령의 시행에서 특정한 행위를 일정한 기간이 지나면 할 수 없도록 유예기간을 정한 경우에는 그 유예기간의 경과로 실제 특정한 행위를 현실로 할 수 없었을 때가 아니라 법령의 시행일이 기산점이 된다(예: 憲 1996. 3. 28.-93헌마198; 1996. 12. 26.-95헌마383; 1997. 2. 20.-95헌마389; 2003. 1. 30.-2002헌마516).

　[憲 1996. 3. 28.-93헌마198]「의료기관의 개설자에 대하여는 의약품도매상의 허가를 하지 아니한다고 규정한 제37조 제4항 제4호가 신설된 개정 약사법은 공포 후 6월이 경과한 1992. 7. 1.부터 시행되어(부칙 제1조), 의료기관의 개설자인 위 청구인은 의약품도매상의 허가를 받을 수 없게 되었고 종전의 허가에 의하여도 부칙 제3조에 의하여 이 법 시행일로부터 1년이 되는 1993. 6. 30.까지만 의약품도매상을 할 수 있고 그 이후부터 영업을 할 수 없도록 기간을 제한받은 것이므로 위 청구인은 개정 약사법 시행일에 부칙 제3조에 의한 유예기간과 관계없이 기본권의 침해를 받은 것으로 보아야 할 것이다. 따라서 위 청구인은 개정 약사법 시행일인 1992. 7. 1.부터 늦어도 180일 이내에 헌법소원심판을 청구하여야 할 것……」

　[憲 1997. 2. 20.-95헌마389]「법률에 영업의 자유를 제한하는 규정을 신설하고, 관련 부칙 규정에 경과조치로서 유예기간을 둔 경우에는 그 법 시행으로 일정한 시점 이후부터는 영업을 할 수 없도록 제한하는 것이므로, 그 유예기간과 상관없이 법 시행일로부터 기본권의 침해를 받는 것으로 보아야 한다. 그러므로 이 사건의 경우 청구인들은 이 법 시행령 부칙의 경과조치에 의하여 당구장을 이전 또는 폐쇄하여야 할 시한이 1995. 12. 31.까지 유예되었다 하더라도, 이 법 시행일인 1981. 2. 28.부터 기본권의 침해를 받은 것으로 보아야 할 것이다.」　　　독일에서는 헌법소원심판의 청구에서 청구기간의 제한을 두고 있다. 사전구제절차를 거치는 경우에는 1개월 이내, 사전구제절차를 거치지 않는 경우에는 1년 이내로 정하고 있다. 1개월의 기간에는 追完을 인정하고 있다. 그리고 법률이나 법규명령, 자치법규 등에 대한 헌법소원심판의 청구에서도 이런 1년의 기간을 적용하고 있다. 법률은 효력이 발생되는 施行時를 기산점으로 하고, 소급효를 가지는 법률의 경우에는 公

布時를 기산점으로 한다. 오스트리아에서는 법령에 대한 헌법소원심판의 청구에 기간의 제한을 두고 있지 않다. 따라서 국민은 청구인적격을 갖춘 경우에 언제든지 법령에 대한 헌법소원심판을 청구할 수 있다.

이와 같은 판례의 입장에 따를 경우, 법률의 공포일 또는 시행일이 청구기간의 기산점이 되는 경우가 종종 발생한다. 憲法裁判所法 제40조 제 1 항은 헌법재판소의 심판절차에 관하여 民事訴訟法을 준용하고 있고, 民事訴訟法 제170조는 기간의 계산은 民法에 따른다고 규정하고 있다. 실제 계산을 함에 있어서는 民法 제157조 적용에 따른 초일산입 여부에 주의를 요한다.

만약 법률 공포일자와 시행일자가 같다면, 초일은 산입하지 않는다(民法 제157조). 법률은 관보에 게재하는 방법으로 공포되므로(법령 등 공포에 관한 법률 제11조 제 1 항), 영(0)시에 공포되었다고 볼 수 없는 한, 초일은 산입하지 않는 것이다.

반면 법률이 시행일을 별도로 규정함으로써 공포일자와 시행일자가 같지 않다면, 시행일은 영시(0)에 개시될 수밖에 없으므로, 이때는 초일을 산입하여야 한다(民法 제157조 제 1 항 본문).

(2) 「사유가 있음을 안 날」

憲法裁判所는 「사유가 있음을 안 날」의 의미에 대하여 「공권력의 행사에 의한 기본권침해의 사실관계를 특정할 수 있을 정도로 현실적으로 인식하여 심판청구가 가능해진 경우」라고 한다(예: 憲 1993. 7. 29.–89헌마31).

따라서 「사유가 있음을 안 날」이 기본권을 침해한 法令이 그 위헌성 때문에 헌법소원심판의 대상이 될 수 있다는 것을 안 날을 의미하는 것이 아님을 유의할 필요가 있다(예: 憲 1993. 11. 25.–89헌마36; 1998. 11. 26.–94헌마207).

(3) 「사유가 있는 날」

憲法裁判所는 「사유가 있는 날」의 의미에 대하여 「당해 법령이 청구인의 기본권을 명백히 구체적으로 현실 침해하였거나 그 침해가 확실히 예상되는 등 실체적 제요건이 성숙하여 헌법판단에 적합하게 된 때」(이른바 「상황성숙성 이론」)라고 하였으나(예: 憲 1990. 6. 25.–89헌마220; 1995. 7. 21.–93헌마257; 1996. 2. 29.–94헌마213), 그 후 판례를 변경하여 현실로 침해한 때만 의미하고 침해가 확실히 예상되는 때는 포함되지 않는다고 하였다(예: 憲 1996. 3. 28.–93헌마198; 1996. 6. 13.–95헌마115).

[憲 1996. 3. 28.–93헌마198] 「헌법재판소법 제68조 제 1 항은 공권력의 행사 등으로 인하여 헌법상 보장된 기본권을 침해받은 자는 헌법소원심판을 청구할 수 있다고 규정하고 있고, 이어서 같은 법 제69조 제 1 항은 제68조 제 1 항의 규정에 의한 헌법소원의 심판은 그 사유가 있음을 안 날로부터 60일 이내에, 그 사유가 있은 날

로부터 180일 이내에 청구하여야 한다고 청구기간의 기산점 및 그 기간에 관하여 규정하고 있다. 따라서 법령에 대한 헌법소원의 청구기간도 기본권을 침해받은 때로부터 기산하여야 할 것이지 기본권을 침해받기도 전에 그 침해가 확실히 예상되는 등 실체적 제 요건이 성숙하여 헌법판단에 적합하게 된 때로부터 기산할 것은 아니므로, 법령의 시행과 동시에 기본권침해를 받은 자는 그 법령이 시행된 사실을 안 날로부터 60일 이내에, 그 법령이 시행된 날로부터 180일 이내에 청구하여야 할 것이나, 법령이 시행된 후에 비로소 그 법령에 해당하는 사유가 발생하여 기본권의 침해를 받게 된 경우에는 그 사유가 발생하였음을 안 날로부터 60일 이내에, 그 사유가 발생한 날로부터 180일 이내에 청구하여야 할 것이다. 기본권의 침해가 확실히 예상되는 때부터 청구기간을 기산하면 청구기간의 기산점이 불명확할 뿐만 아니라 청구기간을 단축하는 결과가 되어 국민에게 불리하고, 기본권의 침해가 확실히 예상되는 때에는 이미 헌법판단에 적합할 정도의 실체적 요건이 성숙한 것으로 본다는 취지의 이른바 상황성숙성 이론은, 법령에 대한 헌법소원을 기본권침해를 받은 때를 기다렸다가 청구하라고만 요구한다면 기본권구제의 실효성을 기대할 수 없는 경우가 있으므로, 헌법소원의 적법요건 중 하나인 현재성 요건과 관련하여 구체적인 기본권의 침해가 있기 전이라도 그 침해가 확실히 예상될 때에는 미리 헌법소원을 청구할 수 있도록 하여 국민의 기본권보장의 실효성을 높이자는 것으로서, 법령에 대한 헌법소원의 청구기간의 기산점과 관련하여 이를 적용할 것은 아닌 것이다. 따라서 종전에 이와 견해를 달리하여 법령에 대한 헌법소원의 청구기간의 기산점에 관하여 기본권의 침해가 확실히 예상되는 때로부터 청구기간을 기산한다는 취지로 판시한 우리 재판소의 의견은(1990. 6. 25. 선고, 89헌마220 결정; 1996. 2. 29. 선고, 94헌마213 결정 등) 이를 변경하기로 한다.」　법령에 대한 헌법소원심판의 청구에서 청구기간을 적용하고, 이에 이른바 「상황성숙성 이론」을 유지하면 결국 국민으로 하여금 헌법재판소에 접근할 수 있는 기회를 더 제한하는 결과를 가져오므로 이러한 헌법재판소의 판례 변경은 타당하다고 하겠다(鄭宗燮b, 277). 청구기간을 적용하는 점은 여전히 문제라고 할 것이다.

헌법재판소와 같이 법령에 대한 헌법소원심판에서 청구기간을 적용하면서 「사유가 있음을 안 날」과 「사유가 있는 날」이라는 기준을 중첩적으로 적용하는 것이 타당한지는 의문이다. 왜냐하면 법령에 대한 헌법소원심판에서는 법령의 시행과 동시에 기본권의 침해가 있는 때에는 법령이 시행된 날이 「사유가 있음을 안 날」인 동시에 「사유가 있는 날」이 되고, 법령이 시행된 후 그 법령에 해당하는 사유가 발생하여 기본권이 침해된 경우에도 「사유가 있음을 안 날」과 「사유가 있는 날」이 일치하기 때문이다(鄭宗燮b, 275 이하).

(4) 현재관련성과 청구기간

법령에 대한 헌법소원심판에서 청구기간을 적용하는 경우에도 그 請求期間은 法的關聯性의 하나인 現在關聯性을 인정하는 범위에 따라 달라진다.

현재관련성에서 말하는 「現在」라는 것을 현실적으로 침해가 발생할 시점보다 앞당긴 시점에서 인정하는 경우에는 청구기간을 적용할 여지가 없다. 즉 현재로서는 아직 기본권의 침해가 발생하지 않았으나 장차 기본권의 침해가 발생할 것이 예측되어 현 시점에서 그 현재관련성을 인정하는 때에는 청구기간의 도과 문제가 발생하지 않는다($\binom{鄭宗燮b.}{277}$).

憲法裁判所도 이를 인정하고 있다($\binom{예: 憲 1999. 12. 23.-98헌마363; 2001. 2. 22.}{-2000헌마25; 2006. 2. 23.-2005헌마403}$).

[憲 1999. 12. 23.-98헌마363] 「장래 확실히 기본권침해가 예측되어 현재관련성을 인정하는 이상 청구기간이 경과하였다고 할 수 없다. 청구기간을 준수하였는지 여부는 이미 기본권침해가 발생한 경우에 비로소 문제될 수 있는 것인데, 이 사건의 경우 아직 기본권침해는 없으나 장래 확실히 기본권침해가 예측되므로 미리 앞당겨 현재의 법적 관련성을 인정하는 것이기 때문이다.」

[憲 2001. 2. 22.-2000헌마25] 「청구기간을 준수하였는지 여부는 이미 기본권침해가 발생한 경우에 비로소 문제될 수 있는 것인데, 이 사건의 경우와 같이 아직 기본권의 침해는 없으나 장래 확실히 기본권침해가 예측되므로 미리 앞당겨 현재의 법적 관련성을 인정하는 경우에는 청구기간 도과의 문제가 발생할 여지가 없다.」

(5) 법령의 시행에서 유예기간을 둔 경우와 청구기간

憲法裁判所는 법령에 대한 헌법소원심판에서 청구기간이 적용된다고 하는 입장에서 어떤 법령이 시행하면서 유예기간을 둔 경우 청구기간의 기산을 어떻게 할 것인가하는 문제를 놓고 법령의 시행일에 기본권의 현실적인 침해가 있으므로 이때를 기산점으로 삼아야 한다고 판시하였다($\binom{예: 憲 2003. 1. 30.}{-2002헌마516}$).

[憲 2003. 1. 30.-2002헌마516] 「입법자가 기본권을 제한하면서 일정한 유예기간을 두는 경우, '법령의 시행과 동시에 기본권이 침해당하는 것인지' 아니면 '법령이 시행된 후에 비로소 그 법령에 해당하는 사유가 발생하여 기본권의 침해를 받게 되는 것인지', 즉 기본권의 침해를 받은 때가 위 시행령의 시행일인지 아니면 유예기간이 경과한 때인지가 문제된다.……종래 합법적으로 영위하여 오던 직업의 행사를 유예기간 이후 금지하는 법규정의 경우, 이미 이 법규정의 시행에 의하여 청구인의 종래 법적 지위가 유예기간의 종료 후에는 소멸되는 권리로 청구인에게 불리하게 구체적으로 형성되는 것이기 때문에, 유예기간이 경과한 후에 비로소 기본권에 대한 침해가 발생하는 것이 아니라, 이미 법규정의 시행 당시에 청구인의 기본권이 현실적·구체적으로 침해되는 것이다. 법규정의 시행과 더불어 청구인이 앞으로 더 이상 직업을 행사할 수 없고 단지 유예기간 동안만 잠정적으로 직업을 행사할 수 있다는 것은 청구인의 법적 지위가 이미 현저히 축소되거나 대부분 박탈되었다는 것, 즉 청구인의 기본권이 현실적으로 제한되었다는 것을 의미한다.」   여기에는 기본권이 침해된 시점은 시행일이 아니라 유예기간이 경과하여 영업을 할 수 없게 된 때라고 한 재판관 5인의 반대의견이 있었으나 판례변경의 정족수 미달로 [1996. 3. 28.-93헌마198]의 판시내용을 변경하지 못하였다. 법령에 대한 헌법소원심판에서는 청구기간의 적용이 배제된다고 보는 견해에서는 이 사건의 적법요건상의 쟁점은 현재관련성의 문제일뿐이고 기산점의 문제는 발생할 여지가 없게 된다.

V. 不作爲에 대한 憲法訴願審判의 請求期間

공권력의 불행사에 대한 헌법소원심판의 청구에서는 그 성질상 청구기간을 적용할 여지가 없다. 공권력의 불행사로 인한 기본권의 침해는 그 공권력의 불행사가 계속되는 동안 계속 존재하기 때문이다(鄭宗燮b, 285 이하).

憲法裁判所의 판례도 동일한 견해이다(예: 憲 1994. 12. 29.-89헌마2; 1998. 7. 16. -96헌마246; 2002. 7. 18.-2000헌마707).

[憲 1994. 12. 29.-89헌마2] 「헌법재판소법 제69조에서는 헌법소원 전반에 관한 청구기간을 규정하고 있기 때문에 공권력의 불행사에 대한 헌법소원도 청구기간의 제한이 있는 것이 아닌가 하는 의문이 있으나 공권력의 행사는 그 행사가 있는 때 기본권 침해행위는 종료하고 그 위법상태가 계속될 수 있음에 비하여 공권력의 불행사는 그 불행사가 계속되는 한 기본권침해의 부작위가 계속된다 할 것이므로, 공권력의 불행사에 대한 헌법소원심판은 그 불행사가 계속되는 한 기간의 제약이 없이 적법하게 청구할 수 있다 할 것이다.」

VI. 期間의 懈怠

(1) 기간해태의 효과

헌법소원심판의 청구에서 憲法裁判所法이 정하고 있는 청구기간을 준수하지 않고 이를 도과하여 행해진 심판청구는 不適法하다.

청구기간의 준수는 심판청구의 적법요건이므로 심판청구가 청구기간을 도과한 것인 경우에는 헌법재판소는 本案에 대하여 심리하거나 결정할 수 없다.

(2) 정당한 사유

(a) 사전구제절차를 거치지 않는 경우

청구기간을 통한 청구의 제한은 한편으로 법적 안정성을 유지하는 것에 기여하지만 다른 한편으로 국민의 재판청구권을 제한하는 것이므로 이 둘 이익간의 균형과 조화를 추구할 필요가 있다. 따라서 헌법소원심판의 청구기간을 除斥期間으로 보는 것은 타당하지 않다. 청구인이 청구기간을 도과하여 헌법소원심판을 청구한 경우에도 그 기간의 도과에 정당한 사유가 있으면 기간도과의 책임을 물어서는 안 된다고 할 것이다.

憲法裁判所法에는 이에 관한 명시적인 규정이 없다. 현재로서는 憲法裁判所法 제40조를 근거로 하여 行政訴訟法 제20조 제2항의 단서를 준용하되, 헌법재판에 합당하게 적용할 필요가 있다. 즉 청구기간을 不變期間으로 보아 追完規定을 적용하여야 하는 것도 아니고, 정당한 사유의 해석에서 行政訴訟法의 경우와 동일하여야 하는 것도 아니다(鄭宗燮b, 262 이하). 정당한 사유의 존재여부를 국민에게 헌법소원심판청구권을 충분히 보장한다는 관점에서 이해하는 것이 필요하다.

　　청구기간은 소송요건이기 때문에 이러한 정당한 사유가 되는 **事實**에 대한 **立證** **責任**은 청구기간을 도과한 후에 헌법소원심판을 청구한 청구인에게 있다. 정당한 사유가 되는 사실은 정당한 사유를 구성하는 사실을 말한다. 이 경우 정당한 사유의 존부는 법률적 판단 문제에 해당하고 사실문제가 아니기 때문에 정당한 사유 그 자체는 입증책임의 대상이 되지 못한다($\binom{鄭宗燮b.}{264}$).

　　憲法裁判所는 **憲法裁判所法** 제40조를 근거로 **行政訴訟法**의 규정을 준용하여 청구인에게 귀책사유가 없는 정당한 경우에는 청구기간을 경과한 심판의 청구도 적법하다고 판시하였다($\binom{예: 憲 1993. 7.}{29.-89헌마31}$).

> **[憲 1993. 7. 29.-89헌마31]**「헌법재판소법 제40조 제 1 항에 의하면 행정소송법이 헌법소원심판에 준용되는 것이므로, 정당한 사유가 있는 경우 제소기간을 도과한 행정소송을 허용하는 행정소송법 제20조 제 2 항 단서가 헌법소원심판에도 준용된다고 할 것이고, 따라서 정당한 사유가 있는 경우에는 청구기간의 도과에도 불구하고 헌법소원심판청구는 적법하다고 해석하여야 할 것이다. 그런데 여기의 정당한 사유라 함은 청구기간도과의 원인 등 여러 가지 사정을 종합하여 지연된 심판청구를 허용하는 것이 사회통념상으로 보아 상당한 경우를 뜻한다.……심판청구의 지연이 기존의 법제도의 부지·혼선으로 인한 일반적인 경우와는 달리 생소한 새 제도의 내용불명 때문에 생긴 경우라면 정당한 사유의 존부는 원칙으로 돌아가 사회통념에 의거하여 사안을 보아가며 개별적으로 판단하여야 할 문제라고 할 것이며, 이는 민사소송법 제160조 소정의 불귀책사유보다도 더 넓게 보아야 할 정당한 사유에 관한 해석상 당연한 것이라 하겠고, 더구나 행정소송에 비해 청구기간이 단기간이어서 입법론상 문제가 있는 헌법소원에 있어서 국민의 권리구제의 길을 넓히기 위하여 특히 필요한 것이라 하겠다.」

(b) 사전구제절차를 거치는 경우

　　청구기간을 **不變期間**도 아니고 **除斥期間**도 아닌 것으로 보는 것은 사전구제절차를 거치지 않는 헌법소원심판의 청구에 적용되는 청구기간의 경우이다.

　　사전구제절차를 거치는 헌법소원심판의 청구는 사전구제절차의 최종결정에 대한 일종의 항고로서의 성질을 지니므로 이에는 **民事訴訟法**의 재판에 대한 불복기간($\binom{民訴法 §396②,425,}{444②,456② 등}$)과 **行政訴訟法** 제20조 제 1 항과 제 3 항이 준용된다고 보아 30일의 기간은 **不變期間**이라고 해도 무방하다.

Ⅶ. **憲法裁判所法** 제69조 제 1 항의 **違憲與否**

　　헌법소원심판청구에서 청구기간을 제한하고 있는 헌법재판소법 제69조 제 1 항이 국민의 헌법소원심판을 받을 권리를 침해하는 것이라고 다툴 수 있는가 하는 문제가 있다. 이 문제는 특히 법률에 대한 헌법소원심판의 경우에 제기될 수 있는 문제이다.

이에 대하여 憲法裁判所는 헌법재판소법 제69조 제1항에 대한 헌법소원심판의 청구에서도 바로 그 조항이 정하는 청구기간의 제한이 적용된다고 보고, 그에 기하여 계산한 결과 청구기간이 도과하면 그 청구는 부적법한 것이라고 판시하였다 (예: 憲 2013. 2. 28.−2011헌마666).

[憲 2013. 2. 28.−2011헌마666] 「헌법재판소법 제68조 제1항에 따른 헌법소원의 심판은 기본권의 침해사유가 있음을 안 날부터 90일 이내에, 그 사유가 있는 날부터 1년 이내에 청구하여야 하며(憲裁法§69①), 법령에 대한 헌법소원은 법령시행과 동시에 기본권의 침해를 받게 되는 경우에는 그 법령이 시행된 사실을 안 날부터 90일 이내에, 법령이 시행된 날부터 1년 이내에 헌법소원을 청구하여야 하고, 법령이 시행된 뒤에 비로소 그 법령에 해당하는 사유가 발생하여 기본권의 침해를 받게 되는 경우에는 그 사유가 발생하였음을 안 날부터 90일 이내에, 그 사유가 발생한 날부터 1년 이내에 헌법소원을 청구하여야 한다(憲 2007. 7. 26. −2006헌마1164). 그리고 청구기간의 기산점이 되는 '법령에 해당하는 사유가 발생한 날'이란 법령의 규율을 구체적으로 현실적으로 적용받게 된 최초의 날을 의미하는 것으로, 일단 '법령에 해당하는 사유가 발생'하면 그 때부터 당해 법령에 대한 헌법소원의 청구기간의 진행이 개시되며, 그 이후에 새로 '법령에 해당하는 사유가 발생'한다고 하여서 일단 개시된 청구기간의 진행이 정지되고 새로운 청구기간의 진행이 개시된다고 볼 수는 없다(憲 2006. 7. 27. −2004헌마655 참조). 먼저 청구인이 언제 심판대상조항으로 인한 기본권침해 사유를 알았는지 살펴본다. 청구인은 이 사건 심판을 청구하기 전에 '집회 및 시위에 관한 법률'(2007. 12. 21. 법률 제8733호로 개정된 것) 제12조의 위헌확인을 구하는 헌법소원심판을 청구하였다가, 2010. 12. 14. 기본권침해의 사유가 발생한 날부터 1년이 도과된 이후에 심판청구가 이루어졌다는 이유로 각하된 바가 있으므로(2010헌마701), 적어도 위 2010헌마701 결정을 송달받은 2010. 12. 16. 에는 심판대상조항으로 인하여 기본권침해의 사유가 발생하였음을 알았다고 할 것이다. 그런데 청구인은 심판대상조항으로 인하여 기본권침해의 사유가 발생하였음을 알게 된 2010. 12. 16.부터 90일이 지났음이 명백한 2011. 11. 1. 이 사건 헌법소원심판을 청구하였으므로, 이 사건 심판청구는 청구기간이 지난 후 제기되었다. 청구기간을 제한하고 있는 심판대상조항의 위헌확인을 구하는 사건에서 바로 그 조항에 근거하여 청구기간이 지났음을 이유로 각하결정을 할 수 있는지 여부를 살펴본다. 심판대상조항은 헌법재판소가 위 조항에 대하여 본안판단에 나아가 위헌결정을 선고하거나 그 효력을 정지하는 가처분을 하기 이전에는 당연히 규범력을 가지며, 청구인이 심판대상조항의 위헌확인을 구하는 헌법소원심판을 청구하였다는 이유만으로 그 효력이 자동적으로 정지된다거나 헌법재판소가 심판대상조항을 적용할 수 없게 되는 것은 아닐 뿐만 아니라 심판대상조항에 대해서는 그동안 3차례에 걸쳐 합헌 결정이 있었다. 따라서 심판대상조항이 정하는 청구기간의 제한을 이미 알고 있는 청구인으로서는 청구기간 내에 심판대상조항에 대한 헌법소원심판청구를 제기함으로써 위헌 여부에 대한 판단을 받을 수 있었음에도 청구기간이 지난 다음 이 사건 청구에 이르렀다. 명백하게 청구기간을 지난 후에 이루어진 이 사건 헌법소원심판의 청구를 각하하지 않고 본안판단으로 나아가는 것은, 현재 유효하게 시행되

고 있는 법률의 적용을 헌법재판소가 특정 사건에 한하여 자의적으로 배제하는 것
으로서 허용될 수 없다.」

제 4 절　審判의 要件

[256] 第一　基本權의 侵害

Ⅰ. 基本權의 侵害

　　헌법소원심판은 공권력의 행사나 불행사로 인하여 국민의 기본권이 침해된 경우
에 청구인이 제기한 청구에 의하여 행해진다. 따라서 헌법소원심판에서는 기본권의
침해가 심판청구의 요건인 동시에 심판의 요건이다. 憲法裁判所法도 이에 관하여 명
시적으로 정하고 있다.

　　공권력의 행사로 기본권이 침해되는 경우에도 그 공권력 행사의 양상에 따라 침
해의 태양이 다르다는 점과 기본권 침해여부에 대한 심판에 있어서도 憲法訴願審判
의 二重的 性質이 가지는 기능 등은 여타 소송의 경우와 비교하여 차이가 있음을 유
의할 필요가 있다.

(1) 헌법재판소법의 규정

　　憲法裁判所法 제68조 제 1 항 본문은 「公權力의 行使 또는 不行使로 인하여 憲法
상 보장된 基本權을 침해받은 자는 法院의 裁判을 제외하고는 憲法裁判所에 憲法訴
願審判을 請求할 수 있다」고 정하고 있다. 따라서 헌법소원심판을 청구하고자 하는
자는 그의 기본권이 이 조항에서 정하고 있는 「侵害」를 받았다고 주장하여야 한다.

　　기본권이 침해되어야 하므로 헌법상의 권리가 아닌 권리의 침해에 대해서는 헌
법소원심판절차를 통하여 다툴 수 없다. 법률상의 권리이거나 국제법상 보장되는 권
리는 여기서 말하는 기본권에 해당하지 않는다. 헌법소원심판이 통상의 권리구제절
차와 다른 점이다. 憲法裁判所도 한미무역협정에 대한 대통령의 국민투표 부의가 행
해지지 않은 이상 헌법 제72조의 국민투표권이 침해될 가능성이 없고, 법률적 효력
을 갖는 한미무역협정의 개정으로 헌법 제130조 제 2 항에 따른 국민투표권이 침해될
가능성도 없다고 보았다($^{憲\ 2013.\,11.\,29.}_{-2012헌마166}$). 한편, 憲法裁判所는 지방자치단체의 장 선거권을
법률상 권리로 이해하는 것처럼 판시하였으나($^{憲\ 2002.\,3.\,28.}_{-2000헌마283등}$), 최근에는 이를 헌법 제24
조에 의해 보호되는 기본권으로 보아 그 침해를 주장하는 헌법소원심판의 적법성을
인정하였다($^{憲\ 2016.\,10.\,27.}_{-2014헌마797}$).

[憲 2016. 10. 27.-2014헌마797] 「헌법에서 지방자치제를 제도적으로 보장하고 있고, 지방자치는 지방자치단체가 독자적인 자치기구를 설치해서 그 자치단체의 고유사무를 국가기관의 간섭 없이 스스로의 책임 아래 처리하는 것을 의미한다는 점에서 지방자치단체의 대표인 단체장은 지방의회의원과 마찬가지로 주민의 자발적 지지에 기초를 둔 선거를 통해 선출되어야 한다는 것은 지방자치제도의 본질에서 당연히 도출되는 원리이다(憲 1994. 8. 31.-92헌마126; 1994. 8. 31.-92헌마174 참조). 이에 따라 공직선거 관련법상 지방자치단체의 장 선임방법은 '선거'로 규정되어 왔고, 지방자치단체의 장을 선거로 선출하여온 우리 지방자치제의 역사에 비추어 볼 때 지방자치단체의 장에 대한 주민직선제 이외의 다른 선출방법을 허용할 수 없다는 관행과 이에 대한 국민적 인식이 광범위하게 존재한다고 볼 수 있다. 주민자치제를 본질로 하는 민주적 지방자치제도가 안정적으로 뿌리내린 현 시점에서 지방자치단체의 장 선거권을 지방의회의원 선거권, 더 나아가 국회의원 선거권 및 대통령 선거권과 구별하여 하나는 법률상의 권리로, 나머지는 헌법상의 권리로 이원화하는 것은 허용될 수 없다. 그러므로 지방자치단체의 장 선거권 역시 다른 선거권과 마찬가지로 헌법 제24조에 의해 보호되는 헌법상의 권리로 인정하여야 할 것이다.」

그러나 헌법상의 권리가 아닌 권리의 경우에도 평등권의 침해가 문제로 되는 한도 내에서는 비록 비교대상이 되는 권리는 기본권이 아니라고 하더라도 평등권이 기본권이기 때문에 헌법소원심판을 통하여 다툴 수 있다(예: 憲 2001. 11. 29.-99헌마 494; 2007. 6. 28.-2004헌마643).

[憲 2007. 6. 28.-2004헌마643] 「이 사건 심판청구는 헌법재판소법 제68조 제1항에 의한 헌법소원심판이므로 '헌법상 보장된 기본권침해'가 문제되어야 한다. 헌법재판소는 이미 2001. 6. 28. 선고된 2000헌마735 결정에서 지방자치법 제13조의2에 의한 주민투표권은 그 성질상 선거권이나 공무담임권, 국민투표권과는 다른 것으로 헌법이 보장하는 참정권이 아니라 법률이 보장하는 참정권에 해당하는 것이라고 판시한 바 있으며, 나아가 헌재 2005. 12. 22. 2004헌마530 결정에서 다음과 같은 취지로 판시한 바 있다. "우리 헌법은 간접적인 참정권으로 선거권과 공무담임권을, 직접적인 참정권으로 국민투표권을 규정하고 있을 뿐 주민투표권을 기본권으로 규정한 바가 없고, 지방자치를 제도적으로 보장하고 있으나 그 보장내용은 자치단체의 설치와 존속, 그 자치기능 및 자치사무로서 지방자치단체의 자치권의 본질적 사항에 관한 것이므로, 자치사무의 처리에 주민들이 직접 참여하는 것을 의미하는 주민투표권을 헌법상 보장되는 기본권이라고 하거나 헌법 제37조 제1항의 '헌법에 열거되지 아니한 권리'의 하나로 보기는 어렵다. 지방자치법은 주민에게 주민투표권, 조례의 제정 및 개폐청구권, 감사청구권 등을 부여하고 있으나 이러한 제도는 어디까지나 입법에 의하여 채택된 것일 뿐 헌법에 의하여 이러한 제도의 도입이 보장되고 있는 것은 아니다. 그렇다면 주민투표권은 법률이 보장하는 권리일 뿐이지 헌법이 보장하는 기본권 또는 헌법상 제도적으로 보장되는 주관적 공권으로 볼 수 없다." 따라서 주민투표권은 헌법상의 열거되지 아니한 권리 등 그 명칭의 여하를 불문하고 헌법상의 기본권성이 부정된다는 것이 우리 재판소의 일관된 입장이라 할

것인데, 이 사건에서 그와 달리 보아야 할 아무런 근거를 발견할 수 없다. 그렇다면 이 사건 심판청구는 헌법재판소법 제68조 제1항의 헌법소원을 통해 그 침해 여부를 다툴 수 있는 기본권을 대상으로 하고 있는 것이 아니므로 그러한 한에서 이유 없다. 하지만 주민투표권이 헌법상 기본권이 아닌 법률상의 권리에 해당한다 하더라도 비교집단 상호간에 차별이 존재할 경우에 헌법상의 평등권 심사까지 배제되는 것은 아니다.」

청구인은 헌법소원심판을 청구함에 있어서 자신의 어떤 기본권이 침해되고 있는지를 구체적으로 주장하여야 하고, 기본권 침해의 원인이라고 하는 공권력의 행사 또는 불행사를 특정하여 밝혀야 한다.

헌법상 보장된 기본권이 침해된 경우에 헌법소원심판을 청구할 수 있으므로 기본권이 문제가 되지 않는 헌법상의 原理, 原則, 方針의 위반·침해에 대해서는 헌법소원심판을 통하여 다툴 수 없다(예: 憲 1995. 2. 23.-90헌마125; 1998. 10. 29.-96헌마186; 2006. 2. 23.-2005헌마268). 外見上 객관적인 원리, 원칙, 방침, 제도를 정하고 있는 헌법조항이더라도 그에서 특정 기본권이 도출되는 경우에는 헌법소원심판절차를 통하여 그 기본권의 침해를 다툴 수 있다(鄭宗燮c, 97 이하).

공권력의 행사나 불행사로 인하여 기본권의 침해가 발생한 경우 그 침해는 意圖的이거나 故意的인 것에 한하지 않고 事實上의 것도 해당한다. 공권력의 행사 또는 불행사로 인한 기본권의 침해이므로 私人에 의한 기본권의 침해에 대해서는 헌법소원심판으로 다툴 수 없다. 기본권이 私人間에 직접적인 효력을 가지는 경우에도 마찬가지다.

(2) 판　　례

(a) 헌법재판소도 헌법소원심판의 청구에서는 헌법상 보장된 기본권의 침해가 있어야 한다고 하고, 이를 공권력의 행사나 불행사로 인하여 자유의 제한, 의무의 부과, 권리 또는 법적 지위의 박탈이 생긴 경우라고 판시하였다(예: 憲 1992. 11. 12.-91헌마192; 1995. 7. 21.-94헌마191; 1999. 5. 27.-97헌마368).

(ⅰ) 공권력의 행사가 국민에 대하여 법적 구속력이 없고, 국민의 권리나 의무에 영향을 미치지 않는 것인 경우에는 헌법소원심판의 대상이 되지 못한다. 예컨대 민원이나 호소에 대한 회신(예: 憲 1989. 7. 28.-89헌마1; 1997. 10. 30.-95헌마124; 1998. 2. 27.-97헌가10등; 2000. 6. 29.-98헌마391)이나 단순한 해명에 불과한 회신(예: 憲 1993. 12. 23.-89헌마281)이 이에 해당한다.

憲法裁判所는 '2018학년도 대학수학능력시험 시행기본계획' 중 대학수학능력시험의 문항 수 기준 70%를 EBS 교재와 연계하여 출제한다는 부분으로 인해 고등학교 교사들이 EBS 교재를 참고해야 하는 부담을 질 수는 있지만, 이는 사실상의 부담에 불과할 뿐 법적 의무를 부담하는 것은 아니므로, 고등학교 교사의 기본권을 침해할 가능성이 인정되지 않는다고 보았다(憲 2018. 3. 20. -2017헌마691).

그 외에도 憲法裁判所는 법원이 직권으로 국선변호인을 선정하는 사유를 규정한 형사소송법 제33조는 피고인의 변호권을 실질적으로 보장하기 위한 조항이므로 기본권이 침해될 가능성이 인정되지 않는다고 하였다($\frac{憲\ 2016.2.25.}{-2013헌마830}$). 어린이집 폐쇄 등 행정처분을 하기 전에 아동보호전문기관 등과 협의하도록 하는 것은 행정관청의 독단적 조치를 방지하기 위한 것으로서 어린이집 원장의 기본권을 침해하지 않는다고 보았다($\frac{憲\ 2017.12.28.}{-2015헌마994}$). 디엔에이감식시료의 채취는 관할 지방법원 판사의 영장에 의하도록 규정한 것은 헌법상 영장주의를 구체화한 것으로서 채취대상자의 기본권을 침해할 가능성이 없다고 보았다($\frac{憲\ 2014.8.28.}{-2011헌마28등}$).

公告와 같이 법적인 효력이 있는 행위가 아니라 법적인 절차를 진행시키기 위한 정치적인 사전 준비행위 또는 정치적 계획의 표명일 경우에도 헌법소원심판의 대상이 될 수 없다. 예컨대 대통령이 국회 본회의에서 행한 시정연설에서 정책과 결부하지 않고 단순히 대통령의 신임여부만을 묻는 국민투표를 실시하고자 한다고 의사를 밝힌 것($\frac{예:\ 憲\ 2003.11.27.}{-2003헌마694등}$)은 헌법소원심판의 대상이 되는 「공권력의 행사」에 해당하지 않는다.

> [憲 1999. 5. 27.-97헌마368] 「헌법재판소법 제68조 제 1 항 본문은 '공권력의 행사 또는 불행사로 인하여 헌법상 보장된 기본권을 침해받은 자는……헌법재판소에 헌법소원심판을 청구할 수 있다'고 규정하고 있는바, 이는 공권력의 행사 또는 불행사로 인하여 헌법상 보장된 자신의 기본권을 현재 직접적으로 '침해'당한 자만이 헌법소원심판을 청구할 수 있다는 뜻이고, 따라서 법령으로 인한 기본권침해를 이유로 헌법소원을 청구하려면 당해 법령 그 자체에 의하여 자유의 제한, 의무의 부과, 권리 또는 법적 지위의 박탈이 생긴 경우여야 한다.」

(ii) 국가기관 내부의 행위는 국민에 대하여 직접 법적인 효과를 미치지 않으므로 헌법소원심판의 대상이 될 수 없다.

憲法裁判所는 국회의장이 국회 상임위원회의 위원을 선출하는 행위($\frac{예:\ 憲\ 1999.6.}{24.-98헌마472}$), 대통령이 법률안을 국회에 제출하는 행위($\frac{예:\ 憲\ 1994.8.}{23.-92헌마174}$), 대통령자문기관인 교육개혁위원회가 대통령에게 보고한 교육개혁방안 내용을 발표하는 행위($\frac{예:\ 憲\ 1997.7.}{16.-97헌마70}$), 국무회의의 「국군부대 대이라크전쟁파견동의안」 의결행위($\frac{예:\ 憲\ 2003.12.}{18.-2003헌마225}$)는 국가기관 내부의 행위이거나 국가 내부에서 국가기관간에 있은 행위이어서 국민에게 직접 법적인 효과를 발생시키지 않으므로 헌법소원심판의 대상이 되지 않는다고 판시하였다.

(iii) 기본권의 침해를 주장함이 없이 단순히 법률의 개정이나 폐지를 헌법소원심판으로 구하는 것은 허용되지 않는다. 이는 헌법재판의 사항이 아니고 국회의 입법사항이기 때문이다. 憲法裁判所도 같은 취지의 판시를 하였다($\frac{예:\ 憲\ 1992.6.}{26.-89헌마132}$). 침해를 주

장하는 권리가 기본권이 아닌 경우에도 기본권 침해가능성은 인정되지 않는다. 憲法 裁判所는 국회 내 정당간의 의석분포를 결정할 권리 내지 국회구성권($\frac{憲 1998.10.29.}{-96헌마186}$), 평화적 생존권($\frac{憲 2009.5.28.}{-2007헌마369}$), 공직선거에서 후보자 전부를 거부할 권리($\frac{憲 2007.8.30.}{-2005헌마975}$) 등은 기본권에 해당하지 않는다는 이유로 각하결정을 하였다. 서울대학교 재학생들이 학교의 법적 형태를 법인이 아닌 공법상 영조물인 국립대학으로 유지하여 줄 것을 요구할 권리도 교육받을 권리에 포함되지 않는다고 보았다($\frac{憲 2014.4.24.}{-2011헌마612}$).

　　　［憲 1992. 6. 26.-89헌마132］「이 부분 청구는 헌법재판소법 제75조 제7항을 "민사법원에서의 재심판결에 판단유탈의 위법판결을 한 사실이 있을 때는 그 재심 소송을 헌법재판소가 하여야 한다"로 개정하는 심판과 동법 동조 제4항을 폐지하는 심판을 구하는 청구이다. 이러한 법률의 개폐는 입법기관의 소관사항이므로 헌법소원심판청구의 대상이 될 수 없다. 청구인이 주장하는 헌법상의 청원권이나 청원법 제4조 제3호에 의한 법률개폐의 청원도 동법 제7조에 규정한바, 그 청원사항을 주관하는 관서, 즉 입법부에 제출하는 것이지 입법기관이 아닌 헌법재판소에 헌법소원의 방법으로 청원할 수 있는 것도 아니다. 따라서 위 법률조문들을 개폐하는 심판을 구하는 헌법소원심판청구는 헌법소원심판청구의 대상이 될 수 없는 사항에 대한 헌법소원심판청구이어서 이 또한 부적법하다.」

　　(iv) 憲法裁判所는 지방자치단체의 폐지·병합에 관한 것은 지방자치단체의 자치권의 침해문제와 함께 주민의 기본권의 침해문제도 발생할 수 있다고 보아 헌법소원심판의 대상이 될 수 있다고 판시하였다($\frac{예: 憲 1995.3.}{23.-94헌마175}$).

　　(b) 헌법이 보장하고 있는 기본권에 대한 침해가 없는 경우에는 헌법소원심판을 청구할 수 있는 지위에 있지 않다.

　　憲法裁判所는 기본권을 침해한 선행하는 다른 공권력의 행사가 이미 존재하고, 당해 공권력의 행사는 이런 선행 공권력의 행사와 실질적으로 동일한 내용으로 確認的인 의미만 가질 경우에는 기본권을 새로이 침해하는 것이 없어 이런 공권력에 대한 헌법소원심판의 청구는 不適法하다고 한다($\frac{예: 憲 1997.12.19.-97헌마317;}{2001.9.27.-2000헌마173등}$). 기본권 침해의 원인이 되는 조항이 아닌 다른 조항을 심판대상으로 청구한 경우에도 기본권 침해가능성은 인정되지 않는다($\frac{憲 2018.4.26.}{-2016헌마54}$).

　　　［憲 2001. 9. 27.-2000헌마173등］「공권력의 행사가 헌법소원의 대상이 되려면 당해 공권력의 행사가 기본권을 새로이 침해하여야 한다. 따라서 만약 당해 공권력의 행사에 앞서 기본권을 침해하는 내용의 다른 공권력의 행사가 이미 존재하고 있고, 당해 공권력의 행사는 선행 공권력의 행사와 실질적으로 동일한 내용으로서 그에 대한 확인적 의미만을 갖고 있을 뿐, 선행 공권력의 행사에 아무런 변경을 가져오지 않는 경우라면, 당해 공권력의 행사는 기본권을 새로이 침해하는 헌법재판소

법 제68조 제1항 소정의 공권력의 행사에 해당하지 않는다.」

그 외에도 憲法裁判所는 상상적 경합의 처벌 방식을 규정한 형법 제40조가 형사 피해자들의 부모의 기본권을 침해할 가능성이 없다고 보았다($\substack{憲\ 2017.\ 8.\ 31. \\ -2015헌마134.}$).

Ⅱ. 基本權 侵害의 樣相

공권력의 행사에 의해 기본권이 침해된 경우에도 해당 공권력의 행사가 어떠한 양상으로 기본권을 침해하게 되는가에 따라 나누어 살펴볼 필요가 있다.

(1) 내용적 침해

통상 공권력의 행사는 權原과 節次에서는 정당한 것이지만 기본권을 제약하는 內容과 程度에서 기본권을 침해할 수 있다. 예컨대 기본권이 법률에 의해 침해된 통상의 경우는 해당 법률에 의해 기본권이 침해되기는 하였으나 법률 그 자체는 입법권의 정당한 주체에 의해, 또 입법절차적으로 정당한 입법권의 행사로 이루어진 경우이다.

이러한 경우는 법률이 權原이나 節次에서는 하자가 없으나 내용적으로 기본권을 침해한 때(內容上 違憲인 法律)인데, 이런 때에는 당연히 헌법소원심판을 통하여 다툴 수 있다. 공권력의 행사에 대한 헌법소원심판청구가 행해지는 통상적인 경우이다.

(2) 형식적 침해

공권력이 기본권을 제약하는 내용과 정도에서는 위헌이라고 할 수는 없으나 공권력의 權原이 정당하지 않거나 그 行使가 節次的으로 위헌인 경우가 있다. 예컨대 법률의 내용이나 기본권 제한의 정도에서는 기본권의 침해에 이르지 않는 것이라고 하더라도 그 법률이 헌법에서 정하는 입법권에 의해 제정된 것이 아니거나 입법절차상의 하자로 인하여 합헌적인 법률이라고 할 수 없는 경우(形式上 違憲인 法律)가 있다.

이런 경우에 헌법소원심판을 통하여 기본권이 침해되었음을 다툴 수 있는가 하는 문제가 제기된다. 이 경우는 憲法 제37조 제2항이 인정하는 合憲的인 「法律」에 의한 기본권의 제한이 아니므로 국민은 자기의 기본권을 제한받을 이유가 없다. 이 경우에도 헌법소원심판을 통하여 다툴 수 있다고 할 것이다($\substack{同旨:\ 許營d. \\ 372}$). 독일연방헌법재판소도 이런 경우에 헌법소원심판으로 다툴 수 있음을 인정하고 있다($\substack{BVerfGE\ 13,\ 237(239);\ 44, \\ 308(313);\ 62,\ 1;\ 68,\ 193(216); \\ 180, \\ 188}$). 이 경우에는 법률에 대한 헌법소원심판이 가지는 規範統制의 機能이 보다 강하게 부각된다.

Ⅲ. 基本權 條項 아닌 憲法規定의 違反與否의 判斷可能性

(1) 법　　리

　헌법소원심판의 청구는 기본권의 침해가 있는 경우에 가능하다. 심판의 대상이된 공권력의 행사가 기본권을 보장하는 헌법조항에 위반되는 경우에는 해당 기본권의 침해가 되므로 헌법재판소는 헌법소원심판에서 기본권을 보장하는 헌법조항에의 위반여부를 심사한다.

　그런데 헌법소원심판에서 심판대상인 공권력의 행사가 기본권 보장 규정이 아닌 헌법조항이나 헌법상의 원리에 위반되느냐의 여부도 심사할 수 있는가 하는 문제가 있다. 이러한 문제는 法律에 대한 憲法訴願審判의 경우에 흔히 발생한다. 憲法 제37조 제 2 항에 의하면 기본권의 제한은 법률로써 하도록 되어 있고, 이 때 기본권을 제한하는 법률은 합헌인 법률이어야 한다. 이런 법리에 따를 때, 합헌이 아닌 법률로 기본권을 제한하는 경우에는 憲法 제37조 제 2 항에서 정하는 기본권의 제한이 아니라 무효인 법률에 의한 기본권의 침해가 된다는 결론에 이른다. 따라서 이 경우에는 기본권을 침해하였다고 하는 법률이 헌법상의 기본권을 정하고 있는 조항이 아닌 나머지 다른 규정에 위반되어도 위헌인 법률이 되기 때문에 결국 위헌인 법률에 의한 기본권의 제한이 되어 기본권의 침해가 있게 된다. 심판대상인 법률이 憲法 제37조 제 2 항 이외의 헌법규정에 위반되고 동시에 憲法 제37조 제 2 항의 과잉금지원칙에 위반되는 경우에도 마찬가지이다. 이러한 법리에 따르면 국민의 기본권을 제한하는 법률인 이상 그것이 헌법의 기본권규정이든 아니면 다른 규정이든 어느 것에라도 저촉되면 기본권을 침해하는 법률이라는 결론에 이르게 된다(K. Schlaich, 142 이하; Ch. Pestalozza, 176). 물론 이런 경우에도 헌법재판소는 어떤 기본권이 침해되었는지에 대하여 판단하여야 한다.

　이러한 법리는 법률의 경우에서만 그러한 것이 아니라 法規命令이거나 行政規則의 경우에도 마찬가지이다. 그것이 국민의 기본권을 제한하는 것이면, 해당 법규명령이나 행정규칙이 上位의 법규범을 위반하기만 하면 결국 효력이 없는 법규명령이나 행정규칙에 의한 기본권의 침해가 된다(K. Schlaich, 143).

　이와 같은 문제는 裁判에 대한 憲法訴願審判의 경우에도 발생한다. 심판대상인 재판이 법적 근거 없이 행해진 것이거나(적용한 법규범이 없는 재판), 당해 사건에서 확정된 사실에 법률을 잘못 적용한 것이거나(법률 적용의 오류가 있는 재판), 헌법에 위반되는 법률을 적용한 것인 것과 같이 憲法 제27조의 「法律에 의한 裁判」이 아닌 경우에는 청구인의 기본권을 침해한 것이 아닌가 하는 문제가 제기된다. 이에 따르면 위법한 판결은 모두 청구인의 기본권(적어도 裁判請求權은 해당)을 침해하는 것이 되지 않는가 하는 문제가 제기된다. 裁判에 대한 헌법소원심판에서 이러한 경우에는 해당 재판이 기본권조항 아닌 餘他의 헌법조항(법치주의원리, 사법권의 보장 등)에 위반되느냐를 심사하게 된다(위법한 재판은 언제나 당사자의 재판청구권을 침해한 것이라고 보면 최소한 재판청구권의 침해는 항상 인정된다). 통상의 법원과 헌법재판소의 기능에 비추어 볼 때, 이 문제를 어떻게 해결할 것인가 하는 것이 과제이다.

　　재판에 대한 헌법소원심판에서 위와 같이 위법한 재판은 언제나 기본권을 침해하는 것이라고 하면 재판에 대한 헌법소원심판의 인용범위는 대단히 광범하게 된다. 상고심에서 판단할 내용을 다시 판단하는 결과도 가져온다. 독일의 경우 연방헌법재판소는 재판이 헌법하위법에 위반된다는 이유로 청구한 헌법소원심판에 대해서는 재판에 대한 헌법소원심판이 초상고심이 아니라거나, 헌법소원심판에서는 헌법하위법의 위반여부를 심사하지 않는다거나, 헌법소원심판은 헌법위반여부만을 심사한다거나하는 이유를 들어 이를 배척한다. 이러한 것은 대부분 사전심사에서 재판부에 회부하지 않는 결정을 한다($^{K.\ Schlaich.}_{144}$).

(2) 판　　례

　　憲法裁判所의 판례에는 기본권의 침해가 없는 경우에도 헌법소원심판제도가 가지는 이중적 성격을 근거로 하여 심판한 경우가 있다($^{예:\ 憲\ 1997.\ 12.}_{24.-96헌마172등}$). 기본권의 침해가 아예 존재하지 않는 경우에는 헌법소원심판을 통하여 다툴 수 없다($^{예:\ 憲\ 2006.\ 2.}_{23.-2005헌마268}$). 권리보호이익이 존재하지 않지만 심판의 이익을 인정하여 심판하는 경우에도 처음에는 기본권의 침해가 존재하여야 한다.

　　[憲 1997. 12. 24.-96헌마172등] 「헌법소원이 단지 주관적인 권리구제절차일 뿐이 아니라 객관적 헌법질서의 수호와 유지에 기여한다는 이중적 성격을 지니고 있으므로, 헌법재판소는 본안판단에 있어서 모든 헌법규범을 심사기준으로 삼음으로써 청구인이 주장한 기본권의 침해여부에 관한 심사에 한정하지 아니하고 모든 헌법적 관점에서 심판대상의 위헌성을 심사한다. 따라서 헌법재판소법 제68조 제 1 항이 비록 청구인이 주장하는 기본권을 침해하지는 않지만, 헌법 제107조 및 제111조에 규정된 헌법재판소의 권한규범에 부분적으로 위반되는 위헌적인 규정이므로, 이 사건 헌법소원은 위에서 밝힌 이유에 따라 한정적으로 인용될 수 있는 것이다.」　　이 사건은 법원의 재판을 헌법소원심판의 대상에서 제외한 憲法裁判所法 제68조 제 1 항이 헌법재판소에서 위헌으로 결정된 법률을 적용한 재판을 포함하는 것으로 해석하는 한도 내에서 위헌이라고 판시한 것이다. 그런데 여기서 헌법재판소는 이 사건이 헌법소원심판임에도 불구하고 어떤 기본권이 침해되었는지에 대해서는 판시하지 않았다. 문제가 있다고 생각한다.

［257］ 第二　法的關聯性

I. 概　　說

헌법소원심판을 청구하는 청구인은 공권력의 행사 또는 불행사로 인하여 자기의 기본권이 현재에서 직접 침해받고 있음을 주장하여야 하고 주장할 수 있어야 한다. 즉 청구인이 침해받았다고 주장하는 기본권이 자기의 기본권이어야 하고, 이러한 기본권의 침해가 공권력의 행사 또는 불행사에 의해 직접 생긴 것이어야 하고, 현재 존재하는 것이어야 한다.

헌법소원심판은 民衆訴訟이 아니므로 아무나 타인의 기본권이 침해되었다고 다툴 수 없고, 재판이기 때문에 事件性이 갖추어져야 한다. 따라서 청구인은 청구인과 기본권의 침해 사이에 이와 같은 일정한 法的關聯性이 있을 때만 헌법소원심판을 청구할 수 있다. 이런 법적관련성의 구성요소를 나누어 보면, 自己關聯性(Selbstbetroffenheit, eigene Betroffenheit), 直接關聯性(unmittelbare Betroffenheit), 現在關聯性(gegenwärtige Betroffenheit)이 그에 해당한다.

법률에 대한 헌법소원심판에서는 이런 법적관련성이 엄격히 요구된다. 법률에 대한 헌법소원심판에서는 사전에 다른 법률이 정하는 구제절차를 거칠 여지가 없기 때문에 이 요건이 강조된다.

憲法裁判所는 법률에 대한 헌법소원심판의 청구에서 법적관련성의 요건을 엄격하게 적용한다(예: 憲 1989. 7. 21.-89헌마12; 1991. 3. 11.-90헌마28; 1998. 7. 16.-96헌마268). 판례의 확고하게 정립된 태도이다.

［憲 1989. 7. 21.-89헌마12］ 「법률에 대하여 바로 헌법소원을 제기하려면 우선 청구인 스스로가 당해 규정에 관련되어야 할 뿐 아니라 당해 규정에 의해 현재 권리침해를 받아야 하나 다른 집행행위를 통해서가 아니라 직접 당해 법률에 의해 권리침해를 받아야만 한다는 것을 요건으로 한다.」

독일에서 연방헌법재판소는 자기관련성, 직접관련성, 현재관련성이라는 심사공식(Prüfungsformel)을 일찍부터 법률에 대한 헌법소원심판에 적용하다가, 법원의 재판에 대한 헌법소원심판에서도 적용하고 있다. 재판에 대한 헌법소원심판에서는 통상이러한 요건이 충족되기 때문에 별 문제가 없다.

법적관련성에서 문제는 과연 어느 범위와 정도를 두고 자기관련성, 직접관련성, 현재관련성이 갖추어졌다고 할 것이냐 하는 점이다. 법적관련성의 범위와 정도를 너무 엄격히 한정할 경우에는 헌법소원심판제도가 가지는 기본권의 구제 기능을 형해화시킬 우려가 있다.

Ⅱ. 自己關聯性

(1) 의   의

(a) 원   칙

헌법소원심판의 청구에서는 원칙적으로 청구인 자신이 관련되어 있어야 한다. 어떤 공권력의 행사나 불행사가 청구인 자신을 受信人으로 하여 직접 어떤 힘을 발하는 것이어야 한다.

청구인이 타인을 향한 공권력의 행사나 불행사로 인하여 간접적으로 영향을 받는 지위에 있는 것만으로는 헌법소원심판을 청구할 수 없다. 즉 공권력의 행사 또는 불행사의 직접 상대방이 아니고 단순히 간접적·사실적 또는 경제적인 이해관계에 있을 뿐인 제 3 자는 원칙적으로 헌법소원심판을 청구할 수 없다. 자기관련성의 요건은 헌법소원심판이 민중소송이 아닌 것에서 나오는 것이다.

憲法裁判所의 판례도 동일한 취지이다(예: 憲 1990. 12. 26.-90헌마20; 1992. 9. 4.-92헌마175; 1993. 3. 11.-91헌마233; 1993. 7. 29.-89헌마123; 1994. 6. 30.-92헌마61; 1997. 3. 27.-94헌마277; 1997. 11. 27.-96헌마226; 1998. 8. 27.-97헌마372등; 1998. 9.30.-97헌마404; 1998. 11. 26.-94헌마207; 2006. 6. 29.-2005헌마165등).

[憲 1993.7.29.-89헌마123] 「헌법재판소법 제68조 제 1 항에 규정된 "공권력의 행사 또는 불행사로 인하여 기본권의 침해를 받은 자"라는 것은 공권력의 행사 또는 불행사로 인하여 자기의 기본권이 현재 그리고 직접적으로 침해받은 경우를 의미하므로 원칙적으로 공권력의 행사 또는 불행사의 직접적인 상대방만이 이에 해당한다고 할 것이고, 공권력의 작용에 단지 간접적·사실적 또는 경제적인 이해관계가 있을 뿐인 제 3 자인 경우에는 자기관련성은 인정되지 않는다고 할 것이다.」

이러한 자기관련성의 정도를 어느 범위에서 인정하느냐에 따라 그 폭은 달라진다. 기본권 보장에 있어서 국민과 국가간의 관계에 대하여 헌법이 어떻게 정하고 있는가에 따라 그 범위가 달라질 수 있다. 자기관련성을 너무 엄격하고 협소하게 인정하면 이러한 자기관련성이라는 요건에 의해 헌법상의 기본권 보장의 법리가 왜곡될 위험이 있다.

헌법소원심판의 청구인은 원칙적으로 自己의 기본권이 침해된 것만 다툴 수 있다. 자기의 기본권이 아닌 타인의 기본권의 침해에 대해서는 헌법소원심판을 통하여 다툴 수 없다. 法人이나 團體에게 기본권이 인정되는 경우에도 그 법인이나 단체는 법인 또는 단체 자체의 기본권이 침해되었음을 주장할 수 있을 뿐이고, 법인이나 단체의 구성원의 기본권이 침해되었음을 다툴 수 없다(第 3 者 訴訟擔當의 禁止). 憲法裁判所의 판례도 같은 취지이다(憲 1991. 6. 3.-90헌마56; 1994. 2. 24.-93헌마33; 1995. 7. 21.-92헌마177등; 1998. 6. 25.-95헌마100; 2002. 10. 31.-2002헌마20; 2007. 7. 26.-2003헌마377; 2008. 11. 27.-2006헌마1224; 2008. 2. 28.-2006헌마1028).

[憲 1991. 6. 3.-90헌마56] 「단체와 그 구성원을 서로 별개의 독립된 인격체로 인정하고 있는 현행의 우리 나라 법제 아래에서는 헌법상 보장된 기본권을 직접 침해당한 사람만이 원칙적으로 헌법소원심판 절차에 따라 권리구제를 청구할 수 있는 것이고, 단체의 구성원이 기본권을 침해당한 경우 단체가 구성원의 권리구제를 위하여 그를 대신하여 헌법소원심판을 청구하는 것은 원칙적으로 허용될 수 없다.……단체는 특별한 예외적인 경우를 제외하고는 헌법소원심판제도가 가진 기능에 미루어 원칙적으로 단체 자신의 기본권을 직접 침해당한 경우에만 그의 이름으로 헌법소원심판을 청구할 수 있을 뿐이고, 그 구성원을 위하여 또는 구성원을 대신하여 헌법소원심판을 청구할 수 없는 것으로 보아야 할 것이다.」

《헌법소원심판절차와 제 3 자 소송담당》

헌법소원심판절차에서 제 3 자의 소송담당이 금지되지만, 이러한 금지가 헌법소원심판의 본질상 절대적으로 금지되는 것인가 하는 의문은 여전히 남아 있다. 헌법소원심판제도가 헌법재판으로서 가지는 이중적 성질에 의하면 제 3 자 담당을 절대적으로 금지된다고 하기는 어렵다. 헌법소원심판제도의 기능과 좌표를 어떻게 설정할 것인가에 따른 법률정책적인 것이라고 하는 立論도 가능하다고 보인다.

(b) 예　　외

위에서 본 바와 같이, 공권력 작용의 직접 상대방이 아닌 제 3 자는 원칙적으로 헌법소원심판을 청구할 수 없다. 그러나 예외적인 경우에 한하여 제 3 자에게도 헌법소원심판의 청구가 허용될 수 있다. 어떤 경우에 제 3 자에게 헌법소원심판의 청구인적격을 인정할 것인가 하는 것은 헌법소원심판제도의 성격을 어떻게 규정지을 것인가 하는 것과도 연관이 있다. 헌법소원심판제도가 순전한 主觀訴訟은 아니기 때문에 그 성격을 규정하는 것은 나라마다 차이를 보일 수 있다.

憲法裁判所는 입법의 목적, 실질적인 규율대상, 법규정에서의 제한이나 금지가 제 3 자에게 미치는 효과나 진지성의 정도 및 규범의 직접적인 受規者에 의한 헌법소원심판청구의 기대가능성 등을 판단기준으로 하여 예외적으로 제 3 자의 자기관련성을 인정하고 있다(예: 憲 1997. 9. 25.-96헌마133; 1998. 11. 26.-94헌마207; 2000. 6. 29.-99헌마289; 2002. 6. 27.-2001헌마122; 2005. 6. 30.-2003헌마841; 2006. 4. 27.-2005헌마1097; 2007. 7. 26.-2003헌마377).

[憲 1997. 9. 25.-96헌마133] 「법률에 의하여 기본권을 침해받은 경우에는 법률에 의하여 직접 기본권을 침해당하고 있는 자만이 헌법소원심판청구를 할 수 있다고 할 것이고 제 3 자는 특별한 사정이 없는 한 기본권침해에 직접 관련되었다고 볼 수 없다.……어떠한 경우에 제 3 자의 자기관련성을 인정할 수 있는가의 문제는 입법의 목적, 실질적인 규율대상, 법규정에서의 제한이나 금지가 제 3 자에게 미치는 효과나 진지성의 정도 및 규범의 직접적인 수규자에 의한 헌법소원제기의 기대가능성 등을 종합적으로 고려하여 판단해야 하는바……」

[憲 2007. 7. 26.-2003헌마377] 「법률에 의한 기본권의 침해의 경우에 어떠한 경우에 청구인의 자기관련성을 인정할 수 있는가의 문제는 무엇보다도 법의 목

적 및 실질적인 규율대상, 법규정에서의 제한이나 금지가 제 3 자에게 미치는 효과나 진지성의 정도 등을 종합적으로 고려하여 판단하여야 하는바, 형벌조항의 경우 그 자체로서 수범자에게 법적인 금지의무를 부과하고 수범자의 의무 위반이 있는 때에는 형벌을 부과하므로 수범자에게는 간접적, 사실적 이해관계를 넘는 법적인 자기관련성이 인정된다.」

(2) 자기관련성의 구비여부 판단방법

자기관련성이 있는가를 어떠한 방법으로 판단하는가 하는 문제에 있어서 憲法裁判所는 權利歸屬에 대한 疏明만으로 자기관련성의 구비여부를 판단할 수 있다고 본다(예: 憲 1994. 12. 29.-89헌마2). 다만, 자기관련성에 관한 주장 자체는 구체적일 것을 요한다. 憲法裁判所도 같은 취지이다(憲 2017. 11. 30. -2016헌마101등).

[憲 1994. 12. 29.-89헌마2]「자기에게 권리귀속이 된 것이라고 주장하는 것자체만으로써 족하다, 엄격한 증명이 필요하다, 소명만으로써 족하다는 등의 견해가 나뉠 수 있으나, 헌법재판소는 일반법원과는 달리 일반법률의 해석이나 사실인정의 문제를 다루는 기관이 아니라 헌법재판소가 사실문제 판단에 깊이 관여할 수 없는 헌법해석기관이며 헌법소원의 기능이 주관적 기본권보장과 객관적 헌법보장기능을 함께 가지고 있으므로 권리귀속에 대한 소명만으로써 자기관련성을 구비한 여부를 판단할 수 있다고 할 것이다. 기록에 의하면 이 사건에 있어서 청구인은 위에서 본 바와 같이 대법원판결로써 사설철도회사의 수용으로 인한 손실보상청구권을 갖고 있음이 확인된 위 김○수로부터 그 청구권을 양수한 사실을 소명하고 있으므로 자기관련성을 인정할 수 있다.」

[憲 2017. 11. 30.-2016헌마101등]「연금정지조항은 공무원연금법상 연금수급권자가 '선거에 의한 선출직 공무원에 취임한 경우'의 연금지급정지를 규율하는 것이므로, 적어도 청구인이 어떠한 선출직 공무원에 취임하고자 하는지를 특정하여 '해당 선출직 공무원 선거에 입후보하기 위한 요건을 갖추었고 입후보하기 위한 준비를 하고 있다'는 사실을 소명하여야 자기관련성이 인정될 수 있다.
그런데 청구인 장○중은 이 사건 심판청구 당시 자신이 어떠한 선출직 공무원 선거에 출마할 예정이고 이를 준비 중에 있는지에 대하여 전혀 소명한 바 없고, 추가로 제출한 서면에서도 이를 명확히 밝히지 않았다. 장래 다양한 선출직 공무원 선거에 출마할 가능성이 있다는 점만으로는 연금정지조항을 다툴 자기관련성이 인정된다고 볼 수 없으므로, 청구인 장○중의 연금정지조항에 대한 심판청구 부분은 부적법하다.」

(3) 판　례

(a) 자기관련성이 인정되는 경우

憲法裁判所는 다음과 같은 경우에 자기관련성이 인정된다고 판시하였다.

공정거래위원회의 고발권 불행사에 대하여 불공정거래행위의 상대방이 헌법소원 심판을 청구한 경우(憲 1995. 7. 21. -94헌마136), 광고방송물에 대하여 방송되기 전에 방송위원회가 그 내용을 사전에 심의하여 방송여부를 결정하도록 하는 방송법의 규정에 대하여 광고회사에 소속되어 광고표현물의 제작에 참여하는 광고인이 헌법소원심판을 청구한 경우($\frac{\text{憲 1998. 11. 26.}}{-94\text{헌마}207}$), 직장의료보험조합과 지역의료보험조합을 통합하는 국민건강보험법에서 직장의료보험조합을 강제로 자동 해산하도록 하고 그 조합의 재정적립금을 강제로 국민건강보험공단에 이전시키도록 정하고 있는 규정에 대하여 직장의료보험조합의 조합원이 헌법소원심판을 청구한 경우($\frac{\text{憲 2000. 6. 29.}}{-99\text{헌마}289}$), 지방의회의원의 선거에 후보자로 나가고자 준비하는 자가 지방의회의원선거의 후보요건을 제한하고 있는 법률조항에 대하여 헌법소원심판을 청구한 경우($\frac{\text{憲 1991. 3. 11.}}{-91\text{헌마}21}$), 치과전문의자격시험제도의 불시행에 대하여 치과의사가 헌법소원심판을 청구한 경우($\frac{\text{憲 1998. 7. 16.}}{-96\text{헌마}246}$), 대학으로 하여금 국가유공자의 자녀에 대하여 수업료 등을 면제할 수 있게 하고 국가는 그 면제한 수업료 등의 반액을 대학에 보조하도록 정한 규정에 대하여 자녀를 국외 대학에 취학하게 한 국가유공자가 헌법소원심판을 청구한 경우($\frac{\text{憲 2003. 5. 15.}}{-2001\text{헌마}565}$), 형벌조항에 대하여 그 수범자가 헌법소원심판을 청구한 경우($\frac{\text{憲 2007. 7. 26.}}{-2003\text{헌마}377}$), 일반소비자인 청구인이 미국산 쇠고기 수입위생고시에 대하여 위헌확인을 청구한 경우($\frac{\text{憲 2008. 12. 26.}}{-2008\text{헌마}419}$), 이동통신사업자가 아닌 소비자가 이동통신단말장치 지원금 상한제를 규정하고 있는 「이동통신단말장치 유통구조개선에 관한 법률」조항에 대하여 위헌확인을 청구한 경우($\frac{\text{憲 2017. 5. 25.}}{-2014\text{헌마}844}$) 등에서는 자기관련성이 인정된다고 보았다.

《형벌조항의 수범자와 현재관련성 및 자기관련성》

헌법재판소는 형벌조항의 경우 그 자체로서 수범자에게 법적인 금지의무를 부과하고 수범자의 의무 위반이 있는 때에는 형벌을 부과하므로 수범자에게는 간접적, 사실적 이해관계를 넘는 법적인 자기관련성이 인정된다고 하고($\frac{\text{憲 2007. 7. 26.}}{-2003\text{헌마}377}$), 형벌조항의 수범자는 법률의 시행 자체로 행위의무 또는 금지의무를 직접 부담하므로($\frac{\text{憲 1998. 3. 26.}}{-97\text{헌마}194; 2002.}$ $\frac{\text{7. 18.}-2001\text{헌마}605; 2007.}{\text{7. 26.}-2003\text{헌마}377 \text{ 등 참조}}$), 침해의 현재성도 인정된다. 이러한 판례에 따르면 형벌조항의 자기관련성, 현재관련성이 지나치게 넓게 되어 해당 형벌조항의 법적관련성을 국민 일반인 수범자에 인정하는 경우에는 형벌조항에 대해서는 언제나 누구나 헌법소원심판을 청구할 수 있게 된다. 이와 달리 헌법재판소는 [2013헌마557] 사건에서 형벌조항의 수범자라고 하더라도 해당 조항에 의하여 기본권이 현실적으로 침해될 가능성을 소명하지 못하는 경우에는 자기관련성 및 현재관련성을 인정하지 아니하는 결정을 하였다.

[憲 2013. 9. 3.-2013헌마557] 「1. 사건의 개요 성폭력범죄의 처벌 등에 관한 특례법은 자기 또는 다른 사람의 성적 욕망을 유발하거나 만족시킬 목적으로 전화, 우편, 컴퓨터, 그 밖의 통신매체를 통하여 성적 수치심이나 혐오감을 일으키는 말, 음향, 글, 그림, 영상 또는 물건을 상대방에게 도달하게 한 자($\text{제}^{13}_{\text{조}}$), 카메라나 그 밖에 이와 유사한 기능을 갖춘 기계장치를 이용하여 성적 욕망 또는 수치심을 유발할 수 있는 다른 사람의 신체를 그 의사에 반하여 촬영하거나 그 촬영물을 반포·

판매·임대·제공 또는 공공연하게 전시·상영한 자(제14조 제1항), 위 촬영이 촬영 당시에는 촬영대상자의 의사에 반하지 아니하는 경우에도 사후에 그 의사에 반하여 촬영물을 반포·판매·임대·제공 또는 공공연하게 전시·상영한 자(제14조 제2항)를 형사처벌하고 있다. 청구인은 일상생활 중에 사진을 촬영하거나 전자통신매체를 이용하면서 언제든지 위 특례법조항에 의하여 처벌받을 수 있는 위험을 안고 있어 정신적·신체적 고통을 받고 있으므로, 위 특례법조항에 의하여 청구인의 행복추구권 등이 침해되었다고 주장하며, 2013. 8. 7. 이 사건 헌법소원심판을 청구하였다.

2. 판단　청구인은 위 특례법조항에 의하여 자신의 기본권이 현실적으로 침해되었다거나 또는 침해될 가능성을 인정할 만한 사정을 주장한 바 없다. 청구인은 이에 대한 보정명령을 받고도 일상적으로 위 특례법조항이 규정한 통신매체를 사용하고, 다중을 상대로 한 사진을 촬영한다고 답하였을 뿐, 성적 욕망을 유발할 수 있는 자료를 전송하지 못하거나 성적 수치심을 유발할 수 있는 사진을 촬영하지 못함으로써 어떠한 불이익을 받았다는 등 기본권 침해가능성을 확인할 수 있는 최소한의 구체적 사정을 밝히지 않고 있다. 설령 청구인에게 장차 위 특례법조항에 해당하는 사유가 발생하여 기본권침해의 우려가 있다고 하더라도 이는 잠재적인 것에 불과하다. 따라서 이 사건 심판청구는 자기관련성과 현재성 요건을 갖추지 못하여 부적법하다.」

《불기소처분에 대한 헌법소원과 자기관련성》

불기소처분에 대한 헌법소원심판은 헌법소원심판으로 적합하지 않으나, 현실적으로 행해지고 있으므로 자기관련성에 대하여 헌법재판소가 판단한 내용을 보면 다음과 같다. (a) 고소를 하거나 고소를 하지 않은 형사피해자는 물론이고(예: 憲 1992. 1. 28.-90헌마227.; 2003. 3. 27.-2003헌마21), 형사실체법상 보호법익을 기준으로 한 피해자가 아니라도 문제되는 범죄로 인하여 법률상 불이익을 받게 되는 자(예: 憲 1992. 2. 25.-90헌마91)는 자기관련성이 인정된다. 起訴猶豫處分을 받은 피의자(예: 憲 1989. 10. 27.-89헌마56), 起訴中止處分을 받은 被疑者(예: 憲 1997. 2. 20.-95헌마362), 교통사고로 사망한 자의 父母(예: 憲 1993. 3. 11.-92헌마48), 사망한 범죄피해자의 妻(예: 憲 1996. 10. 31.-95헌마74), 직권남용죄에서 의무 없는 일을 행하도록 요구받은 자나 권리행사를 방해받은 자(예: 憲 1993. 7. 29.-92헌마262), 주식회사의 임원의 업무상 횡령혐의에 대한 불기소처분에서의 株主(예: 憲 1991. 4. 1.-90헌마65), 주주총회의사록 또는 이사회의사록의 문서위조혐의에 대한 불기소처분에서의 피위조자가 아닌 주주(예: 憲 1994. 4. 28.-93헌마47), 공무원의 허위공문서(토지대장 등본)작성행위와 동 행사로 피해를 본 토지소유자(예: 憲 1994. 12. 29.-93헌마86), 문중 소유의 토지를 사기한 자에 대한 불기소처분에서의 문중의 구성원(예: 憲 1994. 12. 29.-94헌마82)은 자기관련성이 인정된다. (b) 고소인은 자기관련성이 인정되나 고발인은 자기관련성이 인정되지 않는다(예: 憲 1993. 3. 11.-92헌마306). 의료사고의 피해자의 父(예: 憲 1993. 11. 25.-93헌마81), 주식회사가 피해자인 경우의 대표이사(예: 憲 1995. 5. 25.-94헌마100), 학교법인의 수익용 재산을 횡령한 재단이사장에 대한 불기소처분에서의 동 대학 소속 교수협의회 또는 교수(예: 憲 1997. 2. 20.-95헌마295), 상속인 중 1인이 단독상속인이라고 속이고 보험회사로부터 보험금을 편취한 혐의에 대한 불기소처분에서의 나머지 상속인(예: 憲 1996. 6. 13.-95헌마327)은 자기관련성이 인정되지 않는다.

(b) 자기관련성이 인정되지 않는 경우

憲法裁判所는 다음과 같은 경우에 자기관련성이 인정되지 않는다고 판시하였다.

　　아들의 기본권 침해에 대해 아버지가 헌법소원심판을 청구한 경우(憲 1989. 4. 15. -89헌마51), 대법원이 부산형제복지원 원장에 대한 불법감금 사건에 대해 내린 무죄판결에 대해 헌법소원심판을 청구한 경우(憲 1989. 9. 6. -89헌마194), 고발사건에 있어서 검사의 불기소처분에 대하여 告發人이 헌법소원심판을 청구한 경우(憲 1989. 12. 22.-89헌마145; 1998. 6. 25. -95헌마100; 2009. 11. 26.-2007헌마1125), 한의사의 침구술 시술행위를 단속하지 않는 보건사회부장관의 부작위에 대하여 침구사 자격을 가지고 있지 않은 자가 헌법소원심판을 청구한 경우(憲 1993. 3. 11. -89헌마79), 해외거주자에게 부재자투표에 의한 투표를 인정하지 아니하는 것을 위헌이라고 주장하는 해외거주자가 부재자투표소의 설치에 관하여 정하고 있는 공직선거및선거부정방지법 제148조에 대해 선거권을 침해한 것이라고 하여 헌법소원심판을 청구한 경우(憲 1999. 3. 25. -97헌마99), 지방공무원의 정원을 정하고 있는 행정자치부고시로 된 '지방자치단체 표준정원'의 규정에 대하여 해당 자치구의 주민이 헌법소원심판을 청구한 경우(憲 2001. 1. 18. -2000헌마149), 세무대학설치법폐지법률에 대하여 고등학교 학생이 헌법소원심판을 청구한 경우(憲 2001. 2. 22. -99헌마613), 금융감독위원회의 조직과 정원을 정한 금융감독위원회직제에 대하여 금융감독원의 직원들이 헌법소원심판을 청구한 경우(憲 2002. 4. 25. -2001헌마285), 전력산업구조개편촉진에관한법률, 전기사업법에 대하여 한국전력공사의 직원, 노동조합원이자 전기소비자인 청구인이 헌법소원심판을 청구한 경우(憲 2002. 6. 27. -2001헌마122), 신문발행업자의 행위를 제한하는 규정에 대하여 신문구독자 혹은 신문판매업자가 헌법소원심판을 청구한 경우(憲 2002. 7. 18. -2001헌마605), 선거사무장 등의 선거범죄로 인한 당선무효(公選法 §265) 및 그로 인한 보궐선거에서의 입후보제한(公選法 §266②) 규정에 대하여 의원직을 사직하고 당해 보궐선거에 입후보하여 당선된 자가 헌법소원심판을 청구한 경우(憲 2003. 2. 27. -2001헌마550), 국가의 국립대학에 대한 재정지원행위에 대하여 사립대학이 아닌 사립대학의 학생 및 교수가 헌법소원심판을 청구한 경우(憲 2003. 6. 26. -2002헌마312), 시민단체의 간부 및 일반시민들이 국군부대의 해외파견결정에 대하여 헌법소원심판을 청구한 경우(憲 2003. 12. 18. -2003헌마255등), 중개업자의 기본권 침해가 문제된 사안에서 한국공인중개사협회가 헌법소원심판을 청구한 경우(憲 2009. 3. 26. -2007헌마988등), 법학전문대학원의 개별 입학정원을 교육과학기술부장관이 정하도록 한 규정에 대하여 법학전문대학원 설치인가 및 예비인가를 받지 못한 대학이 헌법소원심판을 청구한 경우(憲 2009. 2. 26. -2008헌마370등), 직접적인 수규자를 게임제공업자로 하는 「게임제공업소의 경품취급기준」(문화관광부고시 제2004-14호)에 대하여 게임제공업자가 아닌 게임물제작·판매업자가 헌법소원심판을 청구한 경우(憲 2008. 11. 27. -2005헌마197), 교육과학기술부장관이 학교법인 ○○학원에 대하여 한 법학전문대학원 설치 예비인가배제결정에 대하여 ○○학원 소속 대학교 법과대학의 교수가 헌법소원심판을 청구한 경우(憲 2008. 11. 27. -2008헌마372), 법학전문대학원의 설치인가 기준 등을 규정한 법률조항에 대하여 사법시험을 준비 중인 자가 헌법소원심판을 청구한 경우(憲 2009. 2. 26. -2007헌마1262) 등에서는 자기관련성이 인정되지 않는다고 보았다.

憲法裁判所는 공권력이 일정한 절차를 거쳐서 행사되는 경우에 그 절차에 참가하지 아니한 제 3 자는 당해 공권력 행사의 내용이 그 제 3 자의 법적 지위를 직접 변경하는 등 예외적인 사유가 아닌 한 자기관련성이 인정되지 않는다고 판시하였다(憲 1994. 6. 30.-92헌마61).

[憲 1994. 6. 30.-92헌마61] 「공권력이 일정한 절차를 거쳐서 행사되는 경우에는, 그 절차에 참가하여 공권력행사의 상대방이 된 자만이 기본권침해를 받은 자로서의 자기관련성이 인정된다고 할 것이고, 그 절차에 참가하지 아니한 제 3 자는 당해 공권력행사의 내용이 그 절차에 참가하지 아니한 자의 법적 지위를 직접적으로 변경하는 등 예외적인 사유가 아닌 한 헌법소원심판청구에 필요한 기본권침해가 직접적으로 관련되었다고 인정되지 않는다 할 것이다.」

Ⅲ. 直接關聯性

(1) 의   의

直接關聯性이라 함은 公權力의 行使 또는 不行使가 청구인의 기본권을 직접 침해하여야 한다는 의미이다.

헌법소원심판을 청구한 청구인은 이런 직접관련성이 존재함을 주장하여야 할 뿐 아니라 주장할 수 있어야 한다.

공권력의 불행사로 인한 기본권의 침해가 발생한 경우에는 이러한 직접관련성은 언제나 충족된다. 따라서 부작위에 대한 헌법소원심판에서는 직접관련성의 요건을 적용할 여지가 없다고 할 수도 있다.

직접관련성이 실제로 의미를 가지는 것은 통상 집행행위가 뒤따르는 법령과 같은 법규범에 대하여 헌법소원심판을 청구하는 경우이다.

직접관련성에서는 「直接」이라는 것이 무엇을 의미하는가 하는 것이 문제가 된다. 直接關聯性의 문제는 정도의 문제이므로 一義的으로 말할 수 없다. 공권력의 행사 또는 불행사가 기본권의 침해와 어느 정도로 직접적인 연관이 있느냐 하는 聯關性의 문제는 헌법재판소가 구체적 사건에서 판단할 것이다. 직접관련성에서 말하는 「직접」의 의미를 매우 엄격하게 보면 헌법소원심판제도가 지니고 있는 기본권 보호 수단으로서의 기능을 위축시킬 수 있다. 직접관련성은 어디까지나 헌법소원심판이라는 헌법재판의 절차에서 발생한 것이고 節次法的인 槪念이므로 이러한 절차법적 개념이 기본권의 보장이라는 實體法의 槪念을 왜곡하는 것이 되어서는 안 된다. 절차법인 憲法訴訟法도 실체법인 憲法을 보호하고 실현하기 위한 것임을 볼 때, 직접관련성이라는 절차법적 개념은 어디까지나 헌법에 보장된 기본권의 실체법적 가치의 실현에 기여하는 것이어야 한다. 이런 관점에서 法令과 그 執行行爲의 聯關性을 파악하고 직접관련성의 절차법적 좌표를 설정하여야 한다.

　　憲法裁判所도 법률에 대한 헌법소원심판에서 이러한 직접관련성을 요구하고 있으며, 기본권 침해에서의「직접」이라는 의미를 자유의 제한, 의무의 부과, 권리 또는 법적 지위의 박탈이 집행행위에 의하지 아니하고 법규범 그 자체에 의하여 생기는 것을 뜻한다고 판시하였다(예: 憲 1991. 11. 25.-89헌마99; 1992. 11. 12.-91헌마192; 1998. 7. 16.-96헌마268; 1999. 5. 27. -98헌마372; 2001. 1. 18.-2000헌마80; 2003. 5. 13.-2003헌마294; 2006. 6. 29.-2005헌마165등).

　　[憲 1992. 11. 12.-91헌마192]「법률 또는 법률조항 자체가 헌법소원의 대상이 될 수 있으려면 그 법률 또는 법률조항에 의하여 구체적인 집행행위를 기다리지 않고 직접, 현재, 자기의 기본권을 침해받아야 하는 것을 요건으로 하고, 여기서 말하는 기본권 침해의 직접성이란 집행행위에 의하지 아니하고 법률 그 자체에 의하여 자유의 제한, 의무의 부과, 권리 또는 법적 지위의 박탈이 생긴 경우를 뜻하므로, 구체적인 집행행위를 통하여 비로소 당해 법률 또는 법률조항에 의한 기본권침해의 법률효과가 발생하는 경우에는 직접성의 요건이 결여된다고 할 것이다.」

(2) 위임규정과 직접성

어떤 사항을 규율함에 있어서 법률조항이 법규명령을 제정하여 정하도록 授權하고 있는 것과 같이 상위 법규범이 어떤 사항에 대한 규율을 하위규범에 위임하고 있는 경우에 상위 법규범인 위임규정은 원칙적으로 직접성을 가지지 못한다.

　　법률에서 어떤 행위의무를 정하고 그 의무수행의 방법을 하위명령에 위임한 경우에는 그 행위의무를 정하고 있는 규정이 직접성을 가지면 헌법소원심판에서 요구되는 직접관련성을 충족시킨다고 할 것이다.

　　[憲 2004. 1. 29.-2001헌마894]「이 조항은 "……청소년유해매체물을 제공하고자 하는 자는 대통령령이 정하는 표시방법에 따라 당해 정보가 청소년유해매체물임을 표시하여야 한다"고 규정하는데, 청소년유해매체물의 표시방법을 하위규범인 대통령령에 위임하고 있어 직접성 요건이 흠결된 것이 아닌가 하는 의문이 제기될 수 있다. 그러나 이 조항은 청소년유해매체물의 표시의무를 부과하면서 다만 그 구체적인 방법을 대통령령에게 위임하고 있는 것이므로, '표시의무의 부과'라는 금지의무의 설정이 동 법률조항에서 직접 이루어지고 있다는 관점에서 볼 때, 동 조항은 직접 기본권(표현의 자유)을 제한하고 있는 것이므로 '직접성'이 인정된다.」

　　憲法裁判所는 법률 규정의 구체화를 위하여 하위규범의 시행을 예정하고 있는 경우에는 당해 법률 규정의 직접성은 부인된다고 판시하였다(예: 憲 1996. 2. 29.-94헌마213; 2001. 1. 18. -2000헌마66; 2002. 12. 18.-2001헌마111). 시행령의 규정이 상위법률의 내용을 그대로 반복하여 정하고 있는 경우에는 법률에 대하여 헌법소원심판을 청구하여야 한다.

[憲 1996. 2. 29.-94헌마213] 「법률 또는 법률조항이 구체적인 집행행위를 예정
하고 있는 경우에는 직접성의 요건이 결여된다.……집행행위에는 입법행위도 포함
되므로 법률 규정이 그 규정의 구체화를 위하여 하위규범의 시행을 예정하고 있는
경우에는 당해 법률 규정의 직접성은 부인되는바, 이 사건 심판대상 규정 중 풍
속영업법 제2조 제6호는 구체적 내용을 대통령령으로 정하도록 규정하고 있어 그
자체로 직접 노래연습장업자의 기본권을 침해하고 있지 않으므로 직접성의 요건이
흠결되어 부적법하다.」

　　憲法裁判所는, 법률조항의 위헌여부가 적법한 심판대상인 시행령의 조항에 영향
을 미치는 경우에는 위임규정인 법률조항의 직접성을 인정하였다($\substack{憲\ 2007.\ 3.\ 29.-2005헌마985;\\2012.\ 11.\ 29.-2011헌마827}$).
헌법재판소는 고등학교의 입학방법과 절차 등에 필요한 사항을 대통령령에 위임하고
있는 초·중등교육법 제47조 제2항의 의회유보원칙 위반 등의 문제는 법률조항에
의하여 시원적으로 발생하는 것이고, 법률조항의 위헌여부가 적법한 심판대상인 시
행령의 조항에 영향을 미치게 되므로 그 위헌성을 심사할 수 있다고 판시하였다
($\substack{憲\ 2012.\ 11.\ 29.\\-2011헌마827}$).
　　위임입법의 내용이 일반적인 위임입법과 성격이 달라서 헌법적으로 해명해야 할
필요가 있는 경우에는 예외적으로 상위의 위임법률에 의한 기본권 침해의 직접성을
인정할 여지가 있다($\substack{예:\ 위임법률이\ 하위\ 법규범이\ 아닌\ 농업기반공사의\ 정\\관에\ 바로\ 위임한\ 경우.\ 憲\ 2001.\ 4.\ 26.-2000헌마122}$).

(3) 직접성과 집행행위

　　직접관련성은 法令에 대한 憲法訴願審判에서 중요한 의미를 가진다. 통상 법규
범은 이를 구체적으로 집행하는 행정행위나 재판행위를 통하여 집행되고, 이러한 집
행행위에 의하여 직접 국민에게 규범적 명령으로 적용된다. 집행행위가 존재하는 경
우에 국민은 법규범을 직접 인식하기 어렵기 때문에 법규범에 대하여 헌법소원심판
으로 다툴 수 없다.

　　법령에 대한 헌법소원심판에서 요구되는 직접관련성은 그 법령을 집행하기 위한
구체적인 執行行爲가 존재하지 않고 바로 법령 그 자체에 의해 기본권의 침해가 있
어야 한다는 것을 의미한다. 여기서 말하는 집행행위는 法에 의해 必須的으로 요구
되거나 行政實務상 집행권자의 意思作用에 의해 행해지는 特定한 집행행위를 말한다.

　　憲法裁判所는 집행행위에는 입법행위도 포함된다고 본다. 그리하여 법률규정이
그 규정의 구체화를 위하여 하위규범의 시행을 예정하고 있는 경우에는 당해 법률의
직접성은 부인된다고 판시하였다($\substack{憲\ 2004.\ 9.\ 23.-2003헌마231;\\2009.\ 11.\ 26.-2008헌마197}$).

[憲 2004. 9. 23.-2003헌마231] 「법률 또는 법률조항 자체가 헌법소원의 대상
이 될 수 있으려면, 그 법률 또는 법률조항에 의하여 구체적인 집행행위를 기다리지

아니하고 직접·현재·자기의 기본권을 침해받아야 하는 것을 요건으로 한다. 여기서 말하는 기본권침해의 직접성이란 집행행위에 의하지 아니하고 법률 그 자체에 의하여 자유의 제한, 의무의 부과, 권리 또는 법적 지위의 박탈이 생긴 경우를 뜻하고, 구체적인 집행행위를 통하여 비로소 기본권침해의 법률효과가 발생하는 경우에는 직접성의 요건이 결여된다고 할 것이다. 집행행위에는 입법행위도 포함되므로, 법령규정이 그 규정의 구체화를 위하여 하위규범의 시행을 예정하고 있는 경우에도 당해 법령규정의 직접성은 부인된다고 할 것이다.……이 사건 법률조항은 산재법상의 보험급여산정의 한 요소인 평균임금의 결정에 관한 특별규정인바, 이 조항은 구체적인 집행행위인 보험급여지급처분을 매개로 하여 비로소 기본권을 침해하게 되는 것이라고 할 것이다. 즉, 이 사건 법률조항은 이들 규범에 근거하여 집행된 보험급여지급처분의 근거가 될 수 있을 뿐 그 자체의 효력으로써 청구인들의 기본권에 직접 영향을 미치는 것은 아니라고 할 것이다. 또한 이 사건 법률조항은 그 규정의 구체화를 위하여 노동부장관의 고시라고 하는 하위규범의 시행을 예정하고 있는 경우에 해당된다고 할 것인바, 이 점에서도 이 사건 법률조항의 직접성은 부인된다고 할 것이다. 결국 이 사건 법률조항은 이 사건 법률조항을 근거로 한 구체적인 집행행위가 있는 경우에 비로소 청구인들의 기본권에 영향을 미치게 된다고 할 것이므로, 이 사건 법률조항에 대한 심판청구는 기본권침해의 직접성 요건이 결여되어 부적법하다.」

형식에서는 법규범이 집행행위를 예정하고 있는 경우에도 직접성이 인정되는 경우가 있다. 헌법재판소는 법령의 집행행위가 재량행위에 해당하는 경우에는 직접성이 인정되지 않는다고 했다(예: 憲 1998. 4. 30.-97헌마141; 2003. 7. 24.-2003헌마3).

직접성의 요건을 결하게 만드는 집행행위는 법령의 내용을 구체화시키는 집행권의 의사에 의해 영향을 받는 것이기 때문에 법령의 해당 규정을 단순히 기계적으로 행하는 행위는 이에 포함되지 않는다(예: 憲 1997. 5. 29.-94헌마33). 또 법규범의 내용이 집행행위 이전에 이미 국민의 권리관계를 직접 변동시키거나 국민의 법적 지위를 결정적으로 정하는 것이어서 국민의 권리관계가 집행행위의 유무나 내용에 의해 좌우될 수 없을 정도로 법규범에 의하여 권리관계가 확정된 때에는 집행행위의 존재에도 불구하고 법령에 의한 기본권 침해의 직접성이 인정된다(예: 憲 1997. 7. 16.-97헌마38).

[憲 1998. 4. 30.-97헌마141] 「법령에 근거한 구체적인 집행행위가 재량행위인 경우에는 법령은 집행기관에게 기본권침해의 가능성만을 부여할 뿐 법령 스스로가 기본권의 침해행위를 규정하고 행정청이 이에 따르도록 구속하는 것이 아니고, 이 때의 기본권의 침해는 집행기관의 의사에 따른 집행행위, 즉 재량권의 행사에 의하여 비로소 이루어지고 현실화되므로 이러한 경우에는 법령에 의한 기본권침해의 직접성이 인정될 여지가 없다.」

[憲 1997. 7. 16.-97헌마38] 「법규범이 집행행위를 예정하고 있더라도 법규범의 내용이 집행행위 이전에 이미 국민의 권리관계를 직접 변동시키거나 국민의 법적

지위를 결정적으로 정하는 것이어서 국민의 권리관계가 집행행위의 유무나 내용에 의하여 좌우될 수 없을 정도로 확정된 상태라면 그 법규범의 권리침해의 직접성이 인정된다.」

헌법재판소는 집행행위가 존재하더라도 처분청의 재량이 인정되지 아니하는 경우 위와 같은 법리를 적용하여 법령조항의 직접성을 인정하고 있다.

憲法裁判所는 개인택시운송사업을 양수하고자 하는 자에게 5년 이상 무사고 운전경력을 요구하는 「여객자동차 운수사업법 시행규칙」 제17조 제 1 항 제 1 호 가목 및 제 9 항 등 위헌확인 사건에서, 개인택시운송사업면허처분은 재량행위이나, 양도·양수인가신청권자가 무사고 운전경력 요건을 갖추지 못한 경우에 관할관청은 인가신청을 불허할 수밖에 없어 위 법률조항이 집행행위 이전에 법적 지위를 결정적으로 정하고 있다고 보아 직접성을 인정하였고($\substack{憲 2008. 11. 27. \\ -2006헌마688}$), 의료인이 하나의 의료기관만을 개설할 수 있도록 정한 의료법 제33조 제 2 항 단서 등 위헌확인 사건에서, 의료기관 개설금지에는 행정청의 신고반려처분이나 허가거부처분이라는 집행행위가 예정되어 있으나, 위 법률조항은 의사 및 한의사의 복수면허를 가진 의료인이 집행행위 이전에 하나를 초과하는 의료기관을 개설하지 못하도록 그 법적 지위를 결정적으로 정하고 있다고 보아 직접성을 인정하였다($\substack{憲 2007. 12. 27. \\ -2004헌마1021}$).

법령의 적용은 통상 법령에서 정하고 있는 내용을 집행하는 執行行爲를 통하여 이루어지기 때문에 대부분의 법령의 적용에 있어서 기본권의 침해는 이러한 법령을 집행하는 집행행위에 의하여 발생한다. 이런 집행행위에 의하여 기본권이 침해된 경우에는 이 집행행위에 대하여 다투어야 하며($\substack{예: 行 \\ 政爭訟}$), 그 근거가 되는 법령에 대하여 바로 다툴 수 없다. 행정소송에서 재판의 전제가 된 법률의 위헌여부심판을 제청하는 것과 같이 그러한 다툼의 과정에서 그 전제가 되는 법률의 위헌여부를 다툴 수는 있다.

憲法裁判所는 집행행위에 재량이 인정되지 아니함에도 헌법재판소법 제68조 제 2 항의 헌법소원심판청구가 가능한 경우에는 법령의 직접관련성이 인정되지 않아 헌법재판소법 제68조 제 1 항의 헌법소원심판을 청구할 수 없다고 본 경우가 있다. 의료관련 법령을 위반하여 금고 이상의 형을 선고받은 경우 의료인 면허를 필요적으로 취소하고 3년 이내에 재교부하지 못하도록 규정한 의료법 제65조 제 1 항 단서 제1호 및 제65조 제 2 항 단서 위헌확인 사건에서, 집행행위에 대한 행정소송을 먼저 거치지 않은 상태에서 헌법소원심판을 허용할 경우에는 위헌결정 이전에 집행행위가 확정되어 청구인이 오히려 권리구제를 받지 못하게 될 수 있으며, 취소소송을 제기한 후 위 법률조항에 대한 위헌법률심판제청신청이 가능하다는 이유로 직접성을 부정하였다(憲 2013. 7. 25.
－2012헌마934).

　　법령에 대한 헌법소원심판의 청구에서는 법령의 위헌여부에 대하여 다툴 수 있는 다른 구제절차가 없으므로 事前救濟節次를 거쳐야 한다는 의미의 補充性은 요구되지 않는다. 그러나 법령을 집행하는 집행행위가 존재하는 경우에는 바로 법령에 대하여 헌법소원심판을 청구할 수 없고, 그 집행행위에 대하여 다투어야 한다는 의미에서 직접관련성은 국가의 전체 재판구조에서 헌법소원심판이 가지는 補充的 機能이 구현된 것이기도 하다.

　　　법령에 대한 헌법소원심판에서 補充性이 요구되지 않는다고 할 때, 그 補充性이란 법령의 위헌여부에 대하여 법령을 직접 對象으로 삼아 다툴 수 있는 다른 구제절차가 있으면 이런 事前救濟節次를 거쳐야 한다는 것을 의미한다. 그러나 법령에 대한 헌법소원심판에서는 이런 사전구제절차가 없으므로 보충성이 요구되지 않는다. 직접관련성이 헌법소원심판이 가지는 補充的 機能을 구현하는 면도 있다고 하는 것은 법령을 집행하는 집행행위에 의하여 기본권이 침해된 경우에는 기본권을 침해한 그 執行行爲에 대하여 다투어야 하며 그 집행행위의 전제가 된 법령을 직접 대상으로 삼아 다툴 수 없다는 의미이다. 따라서 이러한 후자의 보충적 기능이란 전자의 보충성과 동일한 의미를 가지는 개념이 아님을 유의할 필요가 있다.

(4) 직접성과 기본권 구제의 공백

　　어떠한 경우에 直接關聯性이 있다고 할 것이냐 하는 문제는 기본권 보장에 있어서 行政訴訟節次와 憲法訴願審判節次의 상호간에 機能을 配分하는 점에서도 중요한 의미를 가진다.

　　헌법소원심판의 적법요건으로 요구되는 직접관련성이 없다고 판단되는 경우에는 행정소송과 같은 통상의 소송절차를 통하여 국민의 기본권이 구제될 수 있어야 한다. 통상의 소송절차에 의해 구제될 수 없는 경우에는 헌법소원심판절차에서 심판하여야 할 것이다. 법령과 그 집행행위에 대한 다툼은 소송절차에서 행정소송과 헌법소원심판이 서로 유기적인 연관을 지니고 있고, 직접관련성이 헌법소원심판의 보충적 성격을 구현하는 것이기도 한 점에 비추어 볼 때, 행정소송절차와 헌법소원심판절차의 어느 절차에 의하더라도 기본권의 침해가 구제되지 못하는 基本權 救濟의 空白이 발생하여서는 안 되기 때문이다.

　　이러한 점은 위에서 본 것과 같이 직접관련성이 절차법적 개념으로서 실체법인 헌법의 실현에 기여하여야 한다는 것과 밀접한 연관을 가지는 것이기도 하다. 법령을 구체적으로 집행하는 집행행위가 존재하고 이러한 집행행위에 대하여 통상의 소송절차로 다툴 수 없는 경우에는 헌법소원심판절차를 통하여 다툴 수 있어야 한다.

　문제는 이러한 성격의 집행행위가 존재하는 경우에 그 집행행위를 대상으로 헌법소원심판을 청구하는 것이 아니라 법령에 대하여 바로 헌법소원심판을 청구할 수 있는가 하는 점이다. 집행행위가 존재하고, 그러한 집행행위가 위에 서 본 것과 같이 단순한 기계적인 사실행위가 아닌 한 집행행위에 대하여 헌법소원심판을 청구하여야 하며, 법령에 대하여 헌법소원심판을 청구할 수는 없다.

　憲法裁判所는 집행행위가 존재하는 경우라도 그 집행행위를 대상으로 하는 구제절차가 없거나 구제절차가 있다고 하더라도 권리구제의 기대가능성이 없고, 단지 기본권 침해를 당한 청구인에게 불필요한 우회절차를 강요하는 것밖에 되지 않는 경우에는 법률에 대한 헌법소원심판이 가능하다고 판시하였다(예: 憲 1992. 4. 14.-90헌마 82; 1997. 8. 21.-96헌마48).

　[憲 1992. 4. 14.-90헌마82] 「헌법소원심판의 대상이 될 수 있는 법률은 그 법률에 기한 다른 집행행위를 기다리지 않고 직접 국민의 기본권을 침해하는 법률이라야 한다(직접성)는 것은 헌법재판소가 일찍이 확립한 원칙이다. 그런데 국가보안법 제19조는 그 규정 자체에 의하여 직접 구속기간이 연장되는 것이 아니라 수사기관의 연장허가신청에 의한 지방법원판사의 연장허가라는 별도의 구체적 처분이 있어야 하기 때문에 법률 자체에 대한 헌법소원심판청구요건으로서의 직접성이 결여된 것임에는 틀림없다. 그러나 구체적 집행행위가 존재한 경우라고 하여 언제나 반드시 법률 자체에 대한 헌법소원심판청구의 적법성이 부정되는 것은 아니다. 구체적 집행행위가 존재한다면 대체로 그 집행행위를 대상으로 하여 구제절차를 밟을 수 있는 것이기 때문에 그 과정에서 문제된 해당 법률의 적용여부에 관련하여 전제된 사안의 사실적·법률적 관계를 심사하고 심판청구인의 권리보호이익, 해당 법률의 위헌여부심판의 필요성 등을 판단토록 하기 위하여, 집행행위의 근거가 되는 법률을 직접 헌법소원의 대상으로 삼아서는 안 된다는 이유에서 구체적 집행행위가 존재하는 경우에는 직접성이 부정되고 적법한 헌법소원의 요건을 갖추지 못한 것이 되어 각하되어야 하는 것이다. 그러나 예외적으로 집행행위가 존재하는 경우라도 그 집행행위를 대상으로 하는 구제절차가 없거나 구제절차가 있다고 하더라도 권리구제의 기대가능성이 없고 다만 기본권침해를 당한 청구인에게 불필요한 우회절차를 강요하는 것밖에 되지 않는 경우 등으로서 당해 법률에 대한 전제관련성이 확실하다고 인정되는 때에는 당해 법률을 헌법소원의 직접 대상으로 삼을 수 있다 할 것이다.」

　憲法裁判所는 사형에서 무기징역으로 특별감형된 청구인에 대하여 교정시설 장의 가석방 적격심사 신청 제외처분이나 법무부장관의 가석방 불허처분이 구체적 집행행위로서 예정되어 있다고 하더라도, 심판대상인 형법조항은 판결선고 후의 사형집행 대기기간을 가석방 요건기간에 산입한다는 규정을 두지 아니함으로써, 청구인이 10년 9여 개월 동안 구금되어 있었음에도 불구하고 가석방요건인 「무기에 있어서 10년」이라는 가석방요건이 흠결되는 법적 지위를 결정적으로 정하고 있는 것이므로, 기본권침해의 직접성이 인정된다고 판시하였다($\binom{憲\ 2009.\ 10.\ 29.}{-2008헌마230}$).

(5) 형벌조항의 직접성

직접관련성의 요건을 요구하는 것이 먼저 不法을 행할 것을 요구하는 것이어서는 안된다. 예컨대 해당 법령에 대한 헌법소원심판을 청구하기 전에 먼저 刑法이나 行政刑罰 또는 行政罰을 정한 조항에 위반하여 처벌이나 불이익조치를 받고 그러한 조치에 대하여 다투도록 요구하는 결과를 가져와서는 안 된다. 이런 경우에는 법규범의 시행으로 바로 수범자에게 행위의무 또는 부작위의무가 발생하고, 형벌 또는 행정벌의 부과는 직접성에서 요구하는 집행행위가 아니라 의무위반에 대한 제재에 해당한다.

憲法裁判所의 판례도 같은 취지이다($\binom{예:\ 憲\ 1996.\ 2.\ 29.-94헌마213;\ 1998.\ 3.\ 26.-97헌마194;\ 1998.\ 3.\ 26.-97헌마}{194;\ 1998.\ 4.\ 30.-97헌마141;\ 2007.\ 7.\ 26.-2003헌마377.\ 同旨:\ BVerfGE\ 46,\ 246}$). 다만, 형벌조항을 위반하여 기소된 후에는 재판과정에서 그 형벌조항이 법률인 경우에는 위헌법률심판제청신청을 통하여 憲法裁判所에 그 위헌여부에 관한 판단을 구할 수 있고($\binom{憲裁法\ §41.}{§68②}$), 명령·규칙인 경우에는 곧바로 법원에 그 위헌여부에 관한 판단을 구할 수 있다는 점에서($\binom{憲法}{§107②}$) 구제절차가 없거나 있다고 하더라도 권리구제의 기대가능성이 없는 경우에 해당한다고 볼 수가 없으므로, 형벌조항의 직접성을 부정하는 것이 憲法裁判所 판례이다($\binom{憲\ 2016.\ 11.\ 24.}{-2013헌마403}$).

> [憲 1996. 2. 29.-94헌마213]「법률 또는 법률조항이 구체적인 집행행위를 예정하고 있는 경우에는 직접성의 요건이 결여된다. 그러나 국민에게 행위의무 또는 금지의무를 부과한 후 그 위반행위에 대한 제재로서 형벌, 행정벌 등을 부과할 것을 정한 경우에 그 형벌이나 행정벌의 부과를 위 직접성에서 말하는 집행행위라고는 할 수 없다. 국민은 별도의 집행행위를 기다릴 필요 없이 제재의 근거가 되는 법률의 시행 자체로 행위의무 또는 금지의무를 직접 부담하는 것이기 때문이다. 따라서 청구인이 풍속영업법 위반으로 제재를 받은 일이 없다고 할지라도 직접성을 결여하였다고 할 수는 없는 것이다.」
>
> [憲 1998. 4. 30.-97헌마141]「법령에 대한 헌법소원에 있어서 '기본권침해의 직접성'을 요구하는 이유는, 법령은 일반적으로 구체적인 집행행위를 매개로 하여 비로소 기본권을 침해하게 되므로 기본권의 침해를 받은 개인은 먼저 일반 쟁송의 방법으로 집행행위를 대상으로 하여 기본권침해에 대한 구제절차를 밟는 것이 헌법소원의 성격상 요청되기 때문이다. 따라서 법령에 근거한 집행행위가 존재한다면 국민은 우선 그 집행행위를 기다렸다가 집행행위를 대상으로 한 소송을 제기하여 구제절차를 밟는 것이 순서이다.……법령의 집행행위를 기다렸다가 그 집행행위에 대한 권리 구제절차를 밟을 것을 국민에게 요구할 수 없는 경우에는 예외적으로 기본권침해의 직접성이 인정될 수 있다. 예컨대, 형법상의 법률조항은 엄밀한 의미에서 법률 그 자체에 의하여 국민의 신체의 자유를 제한하는 것이 아니라 넓은 의미의 재량행위(법관의 양형)의 하나인 형법조항의 적용행위라는 구체적인 집행행위를 통하여 비로소 국민의 기본권이 제한되는 것이지만, 국민에게 그 합헌성이 의심되

는 형법조항에 대하여 위반행위를 우선 범하고 그 적용·집행행위인 법원의 판결을 기다려 헌법소원심판을 청구할 것을 요구할 수는 없다. 따라서 이러한 경우에는 예외적으로 집행행위가 재량행위임에도 불구하고 법령에 의한 기본권침해의 직접성을 인정할 수 있다.」

[憲 2007. 7. 26.-2003헌마377] 「법률이 직접 국민에게 행위의무 또는 금지의무를 부과한 후 그 위반행위에 대한 제재로서 형벌, 행정벌 등을 부과할 것을 정한 경우에 국민은 별도의 집행행위를 기다릴 필요없이 제재의 근거가 되는 법률의 시행 자체로 행위의무 또는 금지의무를 직접 부담하며, 국민에게 그 합헌성이 의심되는 형법조항에 대하여 위반행위를 우선 범하고 그 적용·집행행위인 법원의 판결을 기다려 헌법소원심판을 청구할 것을 요구할 수는 없다.」

[憲 2016. 11. 24.-2013헌마403] 「형벌조항의 경우 국민이 그 형벌조항을 위반하기 전이라면 그 형벌조항을 실제로 위반하여 재판을 통한 형벌의 부과를 받게 되는 위험을 감수할 것을 국민에게 요구할 수 없다는 점에서, 그 형벌조항을 위반하였으나 기소되기 전이라면 재판과정에서 그 형벌조항의 위헌 여부에 관한 판단을 구할 수 없다는 점에서 각 구제절차가 없거나 있다고 하더라도 권리구제의 기대가능성이 없는 경우에 해당한다고 볼 여지가 있지만, 그 형벌조항을 위반하여 기소된 후에는 재판과정에서 그 형벌조항이 법률인 경우에는 위헌법률심판제청신청을 통하여 헌법재판소에 그 위헌여부에 관한 판단을 구할 수 있고($^{憲裁法}_{§41, §68②}$), 명령·규칙인 경우에는 곧바로 법원에 그 위헌여부에 관한 판단을 구할 수 있다는 점에서($^{憲法}_{§107②}$) 구제절차가 없거나 있다고 하더라도 권리구제의 기대가능성이 없는 경우에 해당한다고 볼 수가 없다고 할 것이다.」

(6) 판　례

(a) 직접관련성이 인정되는 경우

憲法裁判所는, 법률의 규정으로 지방자치단체를 폐지하는 경우와 폐지 대상 지역의 주민과의 관계($^{예: 憲 1994. 12. 29.-94헌마}_{201; 1995. 3. 23.-94헌마175}$), 「법무사의 사무원의 총수는 5인을 초과하지 못한다」고 정한 법무사법시행규칙의 규정과 사무원과의 관계($^{예: 憲 1996. 4.}_{25.-95헌마331}$), 보건복지부장관이 고시한 1994년 생활보호사업지침상의 「94년 생계보호기준」과 그에 의하여 생계보호급여를 받고 있는 자의 관계($^{憲 1997. 5. 29.}_{-94헌마33}$), 1999학년도까지는 대학입학의 전형자료로 절대평가와 상대평가를 병행하고 2000학년도부터 비로소 절대평가만을 하도록 정한 교육부장관의 「종합생활기록부제도개선보완시행지침」과 대학입학전형에서 그 지침의 영향을 받게 되는 고등학교 재학생과의 관계($^{憲 1997. 7. 16.}_{-97헌마38}$), 사법시험 제2차 시험에서 해당 문제번호의 답안지에 답안을 작성하지 아니한 자에 대하여 그 과목을 영점처리하도록 규정하고 있는 「사법시험법 시행규칙」의 규정($^{憲 2008. 10. 30.}_{-2007헌마1281}$), 헌법재판사건의 심판기간을 180일로 정한 헌법재판소법 제38조 본문이 訓示規定으로 해석되는 한 180일 심판기간이 경과한 이후까지도 종국결정이 선고되지 않는 경우가 발생할 수 있다는 내용이 심판대상조항 자체에 이미 내재되어 있어 청구인의 법적 지위에 영향을 미치고 있다고 볼 수 있다는 이유로 심판대상조항에 대하여 기본권 침해의 직접성을 인정한 경우($\frac{憲\ 2009.\ 7.\ 30.}{-2007헌마732}$) 등에서는 직접성이 인정된다고 판시하였다.

《私人行爲를 요건으로 법률의 효과 발생과 직접관련성》

헌법재판소의 판례를 보면, 법규범이 구체적인 집행행위를 기다리지 아니하고 직접 기본권을 침해한다고 할 때의 집행행위란 공권력행사로서의 집행행위를 의미하는 것이므로 법규범이 정하고 있는 법률효과가 구체적으로 발생함에 있어 공권력이 아닌 私人의 행위를 요건으로 하고 있다고 할지라도 법규범의 직접성을 부인할 수 없다고 판시한 것이 있는가 하면($\frac{憲\ 1996.\ 4.}{25.\ -95헌마331}$), 이와 달리 지역농협에 조합원이 아닌 이사 중 1명 이상을 상임이사로 두도록 한 농업협동조합법 제45조 제2항 위헌확인 사건에서, 지역농협에 조합원이 아닌 이사 중 1명 이상을 상임이사로 두도록 한 농업협동조합법 제45조 제2항 단서는 조합원이 상임이사가 되는 것을 금지하지 아니하고, 청구인이 조합원 자격을 유지한 채 상임이사가 될 수 없는 것은 상임이사의 수를 1인으로 정하고 상임이사의 자격을 조합원이 아닌 사람으로 제한한 법인인 지역농협의 定款 때문이지 심판대상인 농업협동조합법 제45조 제2항 단서가 ○○농협 상임이사의 자격을 직접 규율하고 있기 때문이 아니기에 청구인의 기본권이 직접 침해받고 있다고 볼 수 없다고 판단한 것이 있다($\frac{憲\ 2012.\ 12.\ 27.}{-2011헌마877}$). 정관을 사인행위라고 볼 때 양 판례는 서로 모순된다고 보인다.

(b) 직접관련성이 인정되지 않는 경우

憲法裁判所는, 보안처분을 정하고 있는 사회안전법의 규정($\frac{憲\ 1989.\ 10.\ 27.}{-89헌마105등}$), 개발제한 구역의 지정에 관하여 정하고 있는 도시계획법의 규정($\frac{예:\ 憲\ 1991.\ 6.}{3.\ -89헌마46}$), 과세처분의 근거가 되는 법률조항($\frac{憲\ 1994.\ 1.}{7.\ -93헌마283}$), 가석방요건을 정하고 있는 형법 제72조 제1항($\frac{憲\ 1995.\ 3.}{23.\ -93헌마12}$), 하위규범의 시행을 예정하고 있는 법률의 규정($\frac{憲\ 1996.\ 2.\ 29.}{-94헌마213}$), 행정처분의 기준을 정하고 있는 시행규칙의 규정($\frac{憲\ 1996.\ 2.\ 29.}{-94헌마13}$), 관세의 부과 대상과 세율을 정하고 있는 관세법의 관세율표($\frac{憲\ 1998.\ 3.\ 26.}{-96헌마166}$), 定義규정이나 宣言규정에 해당하는 법률·과태료조항($\frac{憲\ 1998.\ 10.\ 15.}{-96헌바77}$), 사법시험의 선발예정인원과 합격자 결정방식 등에 관한 사법시험령의 규정($\frac{憲\ 2002.\ 2.\ 28.}{-99헌마693}$), 부과징수라는 과세처분에 의하여 기본권 침해가 현실화되는 신고납세방식을 정하고 있는 조세특례제한법의 규정($\frac{憲\ 2009.\ 4.\ 30.-2006헌마1261:}{2009.\ 10.\ 29.-2008헌마239등}$), 어떤 법령조항이 정한 기준을 강화 또는 완화하는 하위규범이 그 법령조항에 따라 제정되어 있는 경우($\frac{憲\ 2008.\ 4.\ 24.}{-2007헌마243}$) 등은 직접성이 인정되지 않는다고 판시하였다.

憲法裁判所는 벌칙·과태료조항의 전제가 되는 구성요건조항이 별도로 규정되어 있는 경우에 벌칙조항에 대하여 청구인이 그 법정형이 체계정당성에 어긋난다거나 과다하다는 등 그 자체가 위헌임을 주장하지 않는 한 직접성을 인정할 수 없다고 판시하였다(^{예: 憲 2008. 11. 27.-2007헌마860; 2009. 4. 30.}
_{-2007헌마106; 2013. 6. 27.-2011헌마315등}). 자격취소·자격정지·등록취소·영업정지 등
행정제재조항에 대하여도 같은 입장이다(^{憲 2016. 5. 26.}_{-2015헌마248}). 벌칙조항과 구성요건조항이 별도
로 규정되어 있는 경우에는 벌칙 또는 과태료의 부과처분에 대하여 다투면서 그 전
제가 되는 구성요건조항의 위헌여부를 다투면 된다.

헌법재판소는 경비등급별 수형자의 처우기준을 정한 재량준칙인 「교정시설 경비
등급별 수형자의 처우 등에 관한 지침」 제17조 등 위헌확인 사건에서, 이 지침은 교
도소장 등의 재량권 행사의 지침을 규정한 것이고, 청구인이 다투는 자유의 제한,
권리 또는 법적 지위 박탈의 법적 효과는 이에 근거한 교도소장의 중경비처우급 수
형자에 대한 처우를 통하여 발생하므로 이 조항에 대한 청구는 직접성 요건을 흠결
하였다고 보았고(^{憲 2013. 8. 29.}_{-2011헌마270등}), 채무자에 대한 면책허가결정의 근거조항인 채무자 회생
및 파산에 관한 법률 제564조 제 1 항 등 위헌확인 사건에서, 청구인의 기본권 침해
는 법원의 면책허가결정을 통해 발생한다는 이유로 이 조항의 직접성을 부정하였다
(^{憲 2013. 3. 21.}_{-2012헌마569}). 憲法裁判所는 소송기록접수통지를 받은 후 20일 내에 항소이유서를 제
출하도록 규정한 형사소송법 제361조의3 제 1 항 전문은 직접성을 인정하면서, 항소
이유서 제출기간 내에 항소이유서를 제출하지 아니한 경우 항소기각결정을 하도록
규정한 형사소송법 제361조의4 제 1 항 본문은 직접성을 부정하였다(^{憲 2016. 9. 29.}_{-2015헌마165}). 憲法
裁判所는 학원 등의 교습시간 지정이 필요한지 여부 및 지정할 경우 교습시간의 범
위 등까지 교육감이 정하도록 규정한 학원의 설립·운영 및 과외교습에 관한 법률
제16조 제 2 항 전문에 대하여 직접성을 부정하였다(^{憲 2016. 5. 26.}_{-2014헌마374}). 憲法裁判所는 외국인
의 결혼동거목적 사증발급 신청 시 한국인 배우자인 초청인이 국제결혼 안내프로그
램을 이수하였다는 증명서를 첨부하거나 초청장에 국제결혼 안내프로그램 이수번호
를 기재하여야 한다는 출입국관리법 시행규칙 제 9 조의4 제 2 항 및 국제결혼 안내프
로그램 이수대상자를 구체적으로 정하고 있는 법무부고시는 기본권침해의 직접성이
인정되지 않는다고 보았다(^{憲 2013. 11. 28.}_{-2011헌마520}). 憲法裁判所는 개인정보처리자에게 개인정보의
수사기관 제공여부를 결정할 수 있는 재량을 부여하고 있는 구 「개인정보 보호법」
제18조 제 2 항 제 7 호의 기본권침해의 직접성을 부정하였고(^{憲 2018. 8. 30.}_{-2014헌마368}), 憲法裁判所는
방송통신심의위원회가 방송사업자에 대하여 의견제시를 할 수 있도록 규정한 구 방
송법 조항의 직접성을 부정하였다(^{憲 2018. 4. 26.}_{-2016헌마46}).

Ⅳ. 現在關聯性

(1) 의   의

(a) 원   칙

현재관련성이라 함은 헌법소원심판을 청구하는 청구인의 기본권이 공권력의 행사 또는 불행사로 인하여 현재인 지금 現實的으로(aktuell) 침해되어야 한다는 뜻이다.

과거에 기본권의 침해가 있었고 헌법소원심판을 청구하는 당시에는 이미 그 침해가 종료되었거나 장차 미래에 기본권의 침해가 예상되는 潛在的인(virtuell) 경우에는 원칙적으로 기본권의 침해를 이유로 헌법소원심판을 청구할 수 없다. 기본권의 침해가 장래 잠재적으로 있는 경우에도 법규범에 대하여 헌법소원심판을 청구할 수 있다고 하면 헌법소원심판은 누구나 청구할 수 있는 民衆訴訟으로 되고 만다. 왜냐하면 장래적으로 보면, 법규범에 의한 침해는 대부분의 경우에 발생할 수 있기 때문이다.

憲法裁判所도 이런 현재관련성을 헌법소원심판청구의 요건으로 요구하고 있어, 단순히 미래에 발생할 잠재적인 침해를 이유로 한 헌법소원심판의 청구는 허용되지 않는다고 본다(예: 憲 1989. 7. 21.-89헌마12; 2007. 5. 31.-2003헌마422).

> [憲 1989. 7. 21.-89헌마12] 「청구인이 장차 언젠가는 위와 같은 형사소송법의 규정으로 인하여 권리침해를 받을 우려가 있다 하더라도 그러한 권리침해의 우려는 단순히 장래 잠재적으로 나타날 수도 있는 것에 불과하여 권리침해의 현재성을 구비하였다고 할 수 없다.」

과거에 기본권의 침해가 있었다고 하더라도 그 침해가 청구 당시에도 계속 유지되고 있으면 현재관련성이 인정된다.

(b) 예   외

헌법소원심판에서 요구되는 현재관련성의 요건에서 말하는 「현재」는 언제나 헌법소원심판을 청구하는 바로 그 시각을 의미하는 것은 아니다. 즉 헌법소원심판을 청구하는 모든 경우에 예외 없이 기본권의 침해가 請求時에 현존하고 있어야 하는 것은 아니라는 의미이다.

(ⅰ) 아직 기본권의 침해가 발생하지는 않았으나 장래 기본권의 침해가 발생할 것이 확실히 예측되는 시점도 현재관련성이 있다.

이는 기본권을 보호할 필요에 따라 현재관련성의 범위를 정하기 때문에 발생하는 것이다. 이러한 경우를 「현재성의 예외」라고 하기도 한다(예: 憲 1998. 10. 15.-98헌마168). 현재관련성이라는 개념을 사용하면 그 상태에서도 현재관련성이 인정된다고 할 수 있다.

아무튼 現在關聯性은 시간에 있어서 物理的 槪念을 의미하는 것이 아니라 기본권의 구제라는 관점에서 소송법상 인정되는 法的인 개념이라는 점을 유의할 필요가 있다.

憲法裁判所도 헌법소원심판을 청구하는 당시에 기본권의 침해가 현존하는 경우 이외에 장래 기본권의 침해가 발생될 것이 확실히 예상되는 경우에도 현재관련성을 인정할 수 있다고 한다(예: 憲 1990. 6. 25.-89헌마220; 1990. 10. 8.-89헌마89; 1991. 3. 11.-91헌마21; 1992. 10. 1.-92헌마68; 1994. 6. 30.-91헌마162; 1995. 11. 30.-94헌마97; 1998. 10. 15.-98헌마168; 1999. 5. 27.-98헌마214; 1999. 12. 23.-98헌마363; 2001. 2. 22.-2000헌마25; 2005. 4. 28.-2004 헌마219; 2006. 2. 23.-2005헌마403; 2007. 5. 31.-2003헌마422).

[憲 1994. 6. 30.-91헌마162] 「일반국민을 수범자로 하는, 추상적이고 일반적인 성격을 지닌 법률에 대하여 모든 국민 개개인에게 어느 시점에서나 헌법소원심판을 청구할 수 있게 하는 것은 민중소송을 인정하는 것에 다름 아니어서 우리의 헌법재 판제도상 허용될 수 없는 것이다. 그러므로 그러한 법률에 대한 헌법소원심판청구 가 적법하기 위하여는 청구인에게 당해 법률에 해당되는 사유가 발생함으로써 그법 률이 청구인의 기본권을 명백히 구체적으로 현실 침해하였거나 침해가 확실히 예상 되는 경우에 한정된다고 할 것이다.」

[憲 2007. 5. 31.-2003헌마422] 「헌법소원 청구인은 공권력 작용과 현재 관련 이 있어야 하며, 청구인이 장차 언젠가는 특정 법률의 규정으로 인하여 권리침해를 받을 우려가 있다 하더라도 그러한 권리침해의 우려는 단순히 장래 잠재적으로 나 타날 수도 있는 것에 불과하여 권리침해의 현재성을 구비하였다고 할 수 없다. 다 만 기본권침해가 장래에 발생하더라도 그 침해가 틀림없을 것으로 현재 확실히 예측된다면 기본권구제의 실효성을 위하여 침해의 현재성이 인정된다.」

대한민국 국적을 가지고 있는 在外國民이 2004년 8월에 당시의 공직선거및선거 부정방지법에 대하여 선거권 및 피선거권을 침해한다고 하고, 2005년 4월에 당시의 국민투표법에 대하여 국민투표권을 침해한다고 하여 각각 헌법소원심판을 청구한 사 건에서 憲法裁判所는 2007년 6월에 결정을 하면서 현재관련성이 있는 것으로 인정 하였다(憲 2007. 6. 28.-2004 헌마644등).

[憲 2007. 6. 28.-2004헌마644등] 「(1) 이 사건 심판청구는 2005. 8. 4. 개정되 기 전의 구 '공직선거 및 선거부정방지법' 조항들에 대해 제기되었으나, 그 실질적 내용에 있어 아무런 차이가 없는 개정 이후의 공직선거법 조항들을 심판의 대상으 로 한 것은 앞에서 본 바와 같다. 그런데 구 '공직선거 및 선거부정방지법' 조항들 을 기준으로 할 경우, 제17대 국회의원선거가 2004. 4. 15.에 실시되었고 그로부터 90일이 경과한 후인 2004. 8. 4.과 2005. 4. 6.에 제기된 이 사건 심판청구들에 대해 청구기간의 준수 여부에 의문이 제기될 수 있다. (2) 그런데 주기적으로 반복되는 선거의 경우 매번 새로운 후보자들이 입후보하고 매번 새로운 범위의 선거권자들에 의해 투표가 행해질 뿐만 아니라, 선거의 효과도 차기 선거에 의한 효과가 발생할 때까지로 한정되므로 매선거는 새로운 선거에 해당한다. 그리고, 청구인들이 이 사 건 헌법소원을 제기한 진정한 취지는, 이미 종료한 과거 선거에서의 기본권침해를

문제삼는 것이라기보다는, 장래 실시될 선거에서 발생할 수 있는 기본권침해를 문제삼고 있는 것으로 볼 수 있다. (3) 결국 이 같은 선거의 속성과 청구인들의 주장취지를 종합적으로 고려하면, 이 사건 심판청구는 향후 실시될 각종 선거에서 청구인들이 선거에 참여하지 못함으로써 입게 되는 기본권침해, 즉 장래 그 도래가 확실히 예측되는 기본권침해를 미리 앞당겨 다투는 것으로 볼 수 있다. 그렇다면 기본권침해의 사유가 이미 발생한 사실을 전제로 한 청구기간 도과의 문제는 발생할 여지가 없다(헌재 1999. 12. 23.-98헌마363; 2001. 2. 22.-2000헌마25 등 참조).」

(ii) 헌법소원심판에서는 기본권을 침해한 행위가 請求時 또는 宣告時에 이미 종료되어 권리보호이익이 인정되지 않아 각하되어야 하지만, 후술하는 바와 같이 예외적으로 심판의 이익이 인정되어 본안판단을 하는 경우가 있는데, 이런 때에는 과거에 기본권의 침해가 있고 이미 그 침해가 종료되었더라도 헌법소원심판의 청구가 허용된다. 이러한 경우는 현재성의 예외가 된다.

憲法裁判所의 판례도 이를 인정한다. 헌법소원심판을 청구하는 시점에 이미 기본권의 침해행위가 종료되어 권리보호이익이 존재하지 않는 경우에도 반복위험이 인정된다는 이유로 본안판단을 한 것이 있다(예: 憲 2001. 7. 19.-2000헌마546; 2003. 12. 18.-2001헌마163)([259]Ⅱ).

[憲 2001. 7. 19.-2000헌마546] 「이 사건에서 청구인들은 2000. 6. 18. 02 : 00경 서울 구로구 한화오트론 사업장 앞에서 집회및시위에관한법률위반의 현행범으로 체포되어 같은 날 09 : 00경부터 같은 달 20. 02 : 00경까지 영등포경찰서 유치장에 수용되었다. 청구인들은 2000. 6. 18. 09 : 00경부터 같은 달 20. 02 : 00경까지 서울 영등포구 당산동 3가 2의 11 소재 영등포경찰서 유치장에 수용되어 있는 동안 차폐시설이 불충분하여 사용과정에서 신체부위가 다른 유치인들 및 경찰관들에게 관찰될수 있고 냄새가 직접 유출되는 실내화장실만을 사용하도록 조치되었는데, 청구인들은 영등포경찰서장의 이러한 화장실사용의 강제행위에 대하여 2000. 8. 19. 그 위헌확인을 구하는 헌법소원심판을 헌법재판소에 청구하였다. 2개월 이전에 있었던 이러한 공권력의 행사에 대한 헌법소원심판청구에서 헌법재판소는 권리보호이익은 소멸되었으나, "이 사건의 자료에 의하면, 전국의 다수 유치장 화장실의 구조와 사용실태가 이 사건에서의 그것과 유사하여(이러한 구조의 유사성은 유치실 내 화장실이 유치장설계표준에 관한 경찰청예규에 "대변소의 문은 간수의 감시에 지장이 없도록 하반 부분으로 하여야 한다"라고 규정되어 있는데 기인하는 것으로 보인다) 청구인들에 대한 이 사건 심판대상행위와 동종의 조치로 인한 기본권침해행위는 여러 사람에 대하여, 그리고 반복하여 일어날 위험이 있다고 보여지므로, 심판청구의 이익이 인정된다"고 하여 본안판단을 하였다.」

(2) 현재관련성과 청구기간

법령에 대한 헌법소원심판의 청구에서 청구기간을 적용하는 것은 헌법소원심판을 청구하는 당시에 기본권의 침해가 현존하는 때에 한하고, 장차 기본권의 침해가

발생할 것이 확실히 예상되어 기본권이 현실적으로 침해되는 시점보다 앞당겨 헌법
소원심판을 청구하는 경우에는 청구기간을 적용할 수 없다. 이러한 경우에는 청구기
간을 起算할 시점을 확정하기 어렵기 때문이다.

　　憲法裁判所의 판례도 같은 취지이다($^{예: 憲 1999. 12. 23.-98헌마363; 2001. 2.}_{22.-2000헌마25; 2006. 2. 23.-2005헌마403}$)([255]Ⅳ(4)).

(3) 기본권 제약의 정도와 현재관련성

　　현재관련성은 시간의 문제이기는 하지만, 이 시간의 문제는 단순히 기본권의 침
해행위가 발생하는 時點의 前後問題인 경우도 있고, 기본권의 制約의 程度問題($^{예컨대 과}_{잉금지 원}$
$^{칙의 위반여}_{부의 문제}$)인 경우도 있다.

　　현재 기준으로 보더라도 시간의 경과로 도래될 기본권의 제약은 기본권의 侵害
(Verletzung)에 해당하지만 단지 그 침해행위가 시간적으로 아직 도래하지 않은 경우
가 前者에 해당하고, 현재로서는 기본권의 침해라고 하기는 어려운 威脅(Gefährdung)
의 수준에 머무르고 있지만 여건의 변화에 따라 침해의 수준으로 변할 憂慮가 있는
경우가 후자에 해당한다. 후자의 경우에 기본권을 제약하는 위협이 기본권의 침해와
대등한 수준이면 기본권을 위협하는 해당 공권력의 행사 또는 불행사에 대하여 헌법
소원심판을 청구할 수 있다($^{同旨: 許營d, 379;}_{K. Schlaich, 151}$).

(4) 판　　례
(a) 현재관련성이 인정되는 경우

　　憲法裁判所는, 장래 선거를 실시할 것이 확실히 예상되는 경우에 선거에 입후보
하고자 하는 자가 입후보하기 전에 입후보요건을 제한하거나 기탁금을 기탁하지 않
는 자에게 후보등록이 거부됨을 정하고 있는 선거법의 조항에 대하여 헌법소원심판
을 청구한 경우($^{예: 憲 1991. 3. 11.-91헌마21; 1996. 8.}_{29.-95헌마108; 1999. 5. 27.-98헌마214}$), 선거일이 공고되었으나 선거가 실시되기 전
에 입후보하려는 자가 입후보의 요건으로 기탁금을 정하고 있는 선거법의 조항에 대
하여 헌법소원심판을 청구한 경우($^{예: 憲 1995. 5.}_{29.-91헌마44}$), 당해 선거구의 국회의원이 항소심에서
자격이 상실되는 징역형을 선고받고 상고심에 계속중인 때임에도 당해 국회의원의
퇴직을 전제로 하여 실시되는 보궐선거에 입후보하려고 하는 자가 사전선거운동을
제한하는 선거법의 조항에 대하여 헌법소원심판을 청구한 경우($^{예: 憲 1995. 11.}_{30.-94헌마97}$), 결혼일을
정하여 혼인을 앞둔 자가 결혼일로부터 약 4개월 이전에 하객들에게 음식물의 접대
를 금지하는 가정의례에관한법률의 조항에 대하여 미리 헌법소원심판을 청구한 경우
($^{예: 憲 1998. 10.}_{15.-98헌마168}$), 공포일과 시행일을 달리 정하여 공포된 법률이 아직 시행되기 전에 해당
법률에 대하여 헌법소원심판을 청구한 경우($^{예: 憲 1994. 12. 29.-94헌마}_{201; 2000. 6. 1.-99헌마553}$), 법률의 시행일부터 일
정한 유예기간이 경과된 후에 일정한 행위가 금지되는 것을 정한 법률에 대하여 유예

기간의 종료일 이전에 헌법소원심판을 청구한 경우($^{예: 憲 1996. 3. 28.-93헌마}_{198; 2000. 6. 29.-99헌마289}$), 공무원 공채시험 준비생이 국가유공자에게 가산점을 주고 있는 법률이나 제대군인에게 가산점을 주고 있는 법률에 대하여 응시이전에 헌법소원심판을 청구한 경우($^{예: 憲 2001. 2. 22.-2000헌마}_{25; 1999. 12. 23.-98헌마363}$) 등에서는 현재관련성이 인정된다고 판시하였다.

(b) 현재관련성이 인정되지 않는 경우

헌법재판소는, 검찰총장이 퇴직일부터 2년 이내에 공직에 임명되거나, 정당의 발기인이 되거나 당원이 될 수 없도록 정한 검찰청법의 조항에 대하여 고등검사장의 지위에 있는 자들이 헌법소원심판을 청구한 경우에 고등검사장들 중에서 장차 검찰총장에 임명될 가능성이 있다는 사정만으로는 자기관련성을 인정할 수 없을 뿐 아니라 현재관련성도 인정할 수 없다고 판시하였다고($^{예: 憲 1997. 7.}_{16.-97헌마26}$), 연금 외에 사업소득이나 근로소득이 있는 경우 연금의 일부에 대한 지급을 정지할 수 있도록 이른바 소득심사제도를 규정하면서 소득의 범위 및 지급정지금액 등에 관하여 필요한 사항은 대통령령으로 정하도록 정하고 있는 군인연금법 규정에 대하여 헌법소원심판을 청구한 경우에 그러한 대통령령이 아직 제정되지 아니하였으므로 위 규정은 청구인들의 기본권침해에 대한 직접관련성 및 현재관련성이 없다고 판시하였다($^{憲 2003. 9. 5.}_{-2001헌마194}$).

[258] 第三 補充性

헌법소원심판은 일반적 권리구제수단과의 관계에서 예외적이고 보충적인 지위에 있다. 이런 헌법소원심판의 성질로부터 보충성이 인정되는데, 이를 헌법소원심판의 補充性原則(Grundsatz der Subsidiarität der Verfassungsbeschwerde)이라고 한다. 이런 보충성원칙도 특별한 사정이 있는 경우에는 예외가 인정된다.

Ⅰ. 보충성의 원칙

(1) 의   의

헌법은 기본권을 보장하면서 동시에 이를 실현시킬 장치들을 마련하고 있다. 헌법이 보장하고 있는 기본권을 실현시킬 일차적인 의무는 헌법에 의해 創設된 국가기관에게 있기 때문에, 헌법은 기본권을 적극적으로 실현시키는 것을 임무로 하는 국가기관과 기본권을 침해당하였을 때 이를 구제하는 것을 임무로 하는 국가기관을 두고 있다.

국민이 헌법에서 보장하고 있는 자신의 기본권을 침해당하였을 때에는 통상의 권리구제수단을 통하여 구제받는다. 이런 기관으로는 법원, 행정부와 입법부 내의 권리구제기구 등이 있다. 그런데 이런 권리구제기관도 공권력을 행사하는 기관이기 때문에 權限의 濫用이나 誤用의 위험성을 항상 지니고 있다. 따라서 권리구제기관이 그 권력의 남용이나 오용으로 인하여 권리구제에 충실하지 못하거나 도리어 국민의 권리를 침해하는 결과를 가져올 수 있다. 이런 결과가 그대로 방치된다면 기본권의 보장은 구호에 그치게 되고 立憲主義와 憲法國家原理는 허구에 지나지 않게 된다. 이런 사태가 발생하는 경우를 대비하여 헌법적인 장치를 마련해 두지 않을 수 없는데, 그것이 헌법소원심판제도와 같은 헌법재판제도이다.

따라서 국민은 자신의 기본권이 침해당한 경우에 헌법소원심판을 청구하기 위해서는 사전에 통상의 권리구제절차를 모두 거쳐야 하는데, 憲法裁判所法도 헌법소원심판을 헌법재판소에 청구하고자 하는 경우에는 「다른 법률에 구제절차가 있는 경우에는 그 절차를 모두 거친 후에 청구할 수 있다」라고 정하고 있다($\frac{憲裁法}{\S68①}$). 이와 같이 憲法裁判所法도 헌법소원심판청구에서 요구되는 補充性의 原則을 정하고 있다. 국민의 권리구제절차에서 통상의 권리구제절차가 우선적이고 일차적인 수단이라면 헌법소원심판절차는 예비적이고 보충적인 수단이다. 이렇게 통상의 권리구제절차를 먼저 거치게 하는 것은 국가의 권리구제시스템의 정상화를 유지하고, 당해 처분을 한 기관으로 하여금 먼저 오류를 정정할 수 있는 기회를 부여하는데 있다. 유의할 것은, 헌법소원심판이 가지는 보충성은 국가의 기능면에서 고려되는 것이므로 보충성의 요청이 국민으로 하여금 헌법소원심판을 청구할 수 있는 길을 제약하거나 방해하는 것이어서는 안 된다는 점이다.

［憲 1992. 10. 1.-91헌마31］ 「헌법소원심판청구에 있어서 사전구제절차를 밟을 것을 청구인측에게 요구하고 있는 입법취지는 업무처리의 효율성의 측면에서 볼 때 우선 당해 처분기관 자체에서 스스로 시정할 수 있는 기회를 갖도록 하는데 그 본래의 뜻이 있다고 봐야 할 것이고 일반 국민의 헌법소원심판청구의 길을 가급적 제한하거나 억제하는데 그 본래의 취지가 있는 것은 아니라고 할 것이므로……」

《재판에 대한 헌법소원심판과 보충성》

헌법재판의 시스템으로 작동하는 헌법소원심판에서는 그 청구에 있어서 통상 먼저 다른 권리구제절차를 거치게 하는 補充性의 原則을 준수할 것을 요구하는데, 이는 권리구제절차 전체 시스템을 정상화하는 동시에 사전권리구제절차를 거치면서 기본권의 침해가 구제되지 않는 경우에 사전권리구제절차에서의 판단에 대하여 헌법재판을 하는 후속절차가 존재함을 전제로 하는 것이다. 사전권리구제절차에서의 판단에 대하여 헌법재판을 하는 절차를 두지 않으면서 보충성의 원칙만 요구하는 것은 헌법재판을 통하여 기본권을 구제받을 수 있는 길을 封鎖하는 것이 되기 때문이다. 따라서 헌법소원심판절차에서 요구되는 이러한 사전권리구제절차가 법원의 재판절차이고 사전권리구제절차에서 기본권침해행위로 된 국가행위가 재판의 대상으로 된 경우에는 사전권리구제절차를 거친 다음에는 반드시 재판에 대해서 헌법소원심판을 청구할 수 있는 길이 마련되어야 한다. 재판에 대한 헌법소원심판절차를 두지 않으면서 사전권리구제절차를 먼저 거치도록 요구하는 것은 제도의 본질에 합당하지 않다(E.-W. Böckenförde: 1999. 172; 許營d. 337, 383). 따라서 憲法裁判所法 제68조 제 2 항에서 사전권리구제절차를 거칠 것을 요구하면서도 재판에 대한 헌법소원심판을 청구할 수 없도록 한 것은 헌법소원심판제도에서 시스템정합성을 상실한 것이다. 현재의 상태에서 문제를 해결하는 방법은 기본권의 침해에서는 법원의 재판을 거칠 필요없이(補充性原則의 排除) 바로 헌법재판소에 헌법소원심판을 청구하는 방법이 있다. 이러한 것을 인정하지 않으면 원처분에 대한 헌법소원심판을 인정하는 길을 열어야 한다. 현행 憲法裁判所法하에서 原處分에 대한 헌법소원심판의 인정의 문제가 제기되는 것도([243] I (2)) 이러한 體系不整合性의 문제 때문에 발생하는 것이다.

　　우리의 헌법재판제도에서 헌법소원심판을 청구하고자 하는 자가 헌법소원심판을 청구하기 전에 먼저 통상의 권리구제절차(=事前救濟節次=前審節次)를 거치지 않고 헌법소원심판을 청구하면 그 청구는 不適法한 것이 된다. 憲法裁判所의 판례의 견해도 같다(예: 憲 1989. 4. 18.-89헌마54; 1989. 10. 7. -89헌마203; 1989. 10. 27.-89헌마105 등).

(2) 사전구제절차의 의미

(a) 직접적 구제

　　헌법소원심판을 청구함에 있어서 먼저 이행할 것이 요구되는 통상의 권리구제절차, 즉 憲法裁判所法 제68조 제 1 항의 「다른 法律에 의한 구제절차」는 당시에 침해된 기본권을 직접 구제할 수 있는 절차를 말한다.

　　間接的인 구제절차나 補充的인 구제절차는 이에 해당하지 않는다. 손실보상청구나 손해배상청구는 여기서 말하는 사전구제절차에 해당하지 않는다(예: 憲 1989. 4. 17.-88헌마3; 1989. 9. 4.-88헌마22; 1993. 7. 29.-89헌마31; 1993. 7. 29.-92헌마51; 1998. 7. 16.-96헌마246). 行刑法상의 청원제도도 사전구제절차에 해당하지 않는다(예: 憲 1998. 10. 29.-98헌마4; 2003. 12. 18.-2001헌마163).

　　[憲 1989. 4. 17.-88헌마3] 「헌법재판소법 제68조 제 1 항 단서에 의하면 헌법소원은 다른 권리구제절차를 거친 뒤 비로소 제기할 수 있는 것이기는 하지만, 여기서 말하는 권리구제절차는 공권력의 행사 또는 불행사를 직접대상으로 하여 그 효력을 다툴 수 있는 권리구제절차를 의미하는 것이지, 사후적·보충적 구제수단인 손해배상청구나 손실보상청구를 의미하는 것이 아님은 헌법소원제도를 규정한 헌법의 정신에 비추어 명백하다.」

(b) 적법한 절차

　　憲法訴願審判의 請求에서 요구되는 이런 사전구제절차는 適法한 것이어야 한다. 사전구제절차가 적법한 것이 아니라도 된다고 하면 청구인이 고의로 적법하지 않은 구제절차를 거침으로써 청구기간을 부당하게 연장할 수 있고, 이렇게 되면 청구기간제도의 취지를 몰각시킬 위험이 있기 때문이다(예: 憲 1992. 6. 26.-91헌마68; 1993. 2. 19.-93헌마13; 1993. 5. 10.-93헌마92; 1993. 7. 29.-91헌마47; 1994. 6. 30.-90헌마107; 1998. 2. 5.-97헌마324; 1999. 9. 16.-98헌마265).

[憲 1993. 7. 29.-91헌마47] 「"다른 법률에 의한 구제절차"는 적법한 구제절차
임을 전제로 한다. 그것은 만약 그렇게 보지 아니하면 청구인이 일부러 부적법한
구제절차를 거침으로써 부당하게 청구기간을 연장할 수 있게 되어 청구기간 한정의
취지를 몰각시켜 버릴 염려가 있기 때문이다.」

(c) 판 례

憲法裁判所는, 검사의 불기소처분에 대한 헌법소원심판은 檢察廳法이 정하고 있
는 항고와 재항고 등의 구제절차를 거치고 나서 청구할 것을 요한다고 하고
(예: 憲 1989. 2. 14.-89헌마9), 군검찰관의 불기소처분에 대한 헌법소원심판은 고등군사법원에 대한 재
정신청과 대법원에 대한 즉시항고의 구제절차를 거친 후 청구하여야 한다고 하며
(예: 憲 1990. 10. 8.-89헌마278; 1991. 1. 25.-90헌마222), 실체적 경합범 관계에 있는 수죄의 고소사실에 대한 불기소처분
중 일부 죄의 고소사실에 관하여만 적법한 구제절차를 거친 경우 나머지 죄의 고소
사실에 관한 헌법소원심판청구는 부적법하다고 보았으며(예: 憲 2002. 2. 28.-2001헌마633), 검사나 판사
에게 폭행을 당하였다면 우선 형사소송법의 소정절차에 따라 고소하여 그 구제절차
를 밟은 뒤에 소원심판을 청구하는 것이 순서라고 판시하였다(예: 憲 1989. 4. 18.-89헌마54). 憲法裁判所
는 청구인이 고발의 형식을 취하였지만 그 고발이 범죄피해자가 고소권자로서 고소
한 경우에 해당되는 경우에는 재정신청을 하여 그 당부를 다툴 수 있는 사안이므로
보충성 요건을 결여한 것이라고 판시하였다(憲 2009. 7. 21.-2009헌마365). 청구인이 소유한 가옥에 대해
강제집행하는 집달관의 강제집행방법이나 집행절차에 관하여 이의가 있는 경우에는
民事執行法이 정하는 집행방법에 관한 이의신청을 하여 집행법원의 재판을 먼저 거
친 다음에 헌법소원심판을 청구하여야 한다고 판시하였다(예: 憲 1989. 10. 7.-89헌마203). 체포에 대하여
는 헌법과 형사소송법이 정한 체포적부심사라는 구제절차가 존재하므로, 이를 거치
지 않고 제기된 헌법소원심판청구는 보충성원칙에 반하여 부적법하다고 판시하였다
(憲 2010. 9. 30.-2008헌마628). 憲法裁判所는 종래 국가인권위원회의 진정각하결정 또는 진정기각결정에
대해 보충성 요건을 충족하였다고 보았지만, 그 후 판례를 변경하여 위 결정들은 항
고소송의 대상이 되는 행정처분에 해당하므로 행정소송 등 사전구제절차를 모두 거
친 것이 아니라면 보충성 요건을 충족하지 못한다고 하였다(憲 2015. 3. 26.-2013헌마214등).

憲法裁判所는, 개발제한구역의 지정행위(憲 1991. 6. 3.-89헌마46), 구청장의 택지초과소유 부담
금 부과처분(憲 1999. 4. 29.-96헌마424), 법관에 대한 대법원장의 전보발령(憲 1993. 12. 23.-92헌마247), 서울특별시장
의 과징금 부과처분(憲 1995. 2. 23.-92헌마282), 행정공개의 거부처분(憲 2000. 12. 29.-2000헌마797), 진정사건기록에 대

한 등사신청을 거부한 검찰의 처분($\substack{憲 1998. 2. 27. \\ -94헌마77}$), 확정재판기록 중 피해자의 법정증언 및 탄원서에 대한 등사신청 거부처분($\substack{憲 1999. 9. 16. \\ -98헌마246}$), 불기소사건기록 열람·등사청구의 거부처분($\substack{憲 1998. 2. 27. \\ -97헌마101}$), 수사기록의 등사신청 거부처분($\substack{憲 2000. 2. 24. \\ -99헌마96}$), 교도소장의 이송처분 ($\substack{憲 1992. 6. 19. \\ -92헌마110}$), 미결수용자의 서신 발송을 거부한 행위($\substack{憲 1995. 7. 21. \\ -92헌마144}$), 기결수용자의 서신 발 송을 거부한 행위($\substack{憲 1998. 8. 27. \\ -96헌마398}$), 미결수용자의 접견신청에 대한 교도소장의 불허행위 ($\substack{憲 1998. 2. 27. \\ -96헌마179}$) 등에 대해서는 行政審判 및 行政訴訟 등의 구제절차를 거쳐야 하므로 이 를 거치지 않고 바로 헌법소원심판을 청구한 것은 부적법하다고 판시하였다. 憲法裁 判所는 검사의 미결구금일수산입에 관한 처분이 부당할 경우에 그 재판을 선고한 법 원에 이의신청을 하지 않고 바로 위 처분에 대하여 헌법소원심판을 청구한 것은 보 충성의 요건에 반하여 부적법하다고 판시하였다($\substack{憲 2008. 7. 31. \\ -2006헌마704}$). 또 퇴직연금 반환의무는 공무원연금법 부칙조항에 의하여 바로 확정되는 것이 아니라 공무원연금공단의 환수 처분에 의하여 확정된다는 이유로 부칙조항의 직접성을 부정하고, 환수처분에 대하 여는 행정심판 및 행정소송이 가능하다는 이유로 보충성의 요건에 반하여 부적법하 다고 판시하였다($\substack{憲 2013. 8. 29. \\ -2010헌마169}$).

한편, 憲法裁判所는 재결에 고유한 하자가 있는 경우 행정소송이 가능하므로 ($\substack{行訴法 \\ §19 단서}$), 재결에 대한 헌법소원심판청구는 보충성 요건 흠결을 이유로 각하해 왔다 ($\substack{憲 2010. 8. 17.-2010헌마465: \\ 2015. 2. 3.-2015헌마54 등}$). 그런데 최근에는 재결 자체의 고유한 위헌 사유에 관한 주장을 하지 아니하였다는 이유로 각하한 결정이 있다($\substack{憲 2016. 4. 28. \\ -2013헌마870}$). 그러나 憲法裁判所法 제 68조 제1항에 의한 헌법소원심판임을 감안하면, 재결 자체에 관한 기본권 침해사유 의 주장이 없다는 이유로 각하하는 것이 타당하다.

[憲 1998. 2. 27.-94헌마77] 「우리 재판소는 형사확정소송기록등사신청에 대한 헌법소원심판에서 형사확정소송기록은 열람·복사 신청이 거부된 경우 행정소송이 가능한 정부공문서규정과는 별도로 제정된 검찰보존사무규칙이라는 특별법령에 의하 여 보존·관리되고 있는 점으로 보아 정부공문서규정의 적용대상에 포함된다고 볼 수 없고, 형사확정소송기록에 대한 국민의 열람·복사신청이 있는 경우, 기록보관 검찰청이 일정한 처분을 하여야 한다고 규정하고 있는 실정법상의 규정은 현재로서 는 찾아 볼 수 없어 행정쟁송으로 다툴 수 있는 성질의 처분행위라고 할 수 있는지 단정하기도 어려울 뿐 아니라 이를 직접적으로 인정하고 있는 대법원의 판례나 학설 상의 논의 또한 찾아보기 힘들다고 하면서 확정된 형사소송기록의 복사신청에 대하 여 한 거부행위에 대한 헌법소원심판청구에는 예외적으로 헌법재판소법 제68조 제1 항 단서 소정의 전심절차이천요건은 배제된다고 판시한 바 있다($\substack{헌재 1991. 5. 13. \\ 90헌마133 참조}$). 그러나 이 사건 등사거부처분은 다음의 두 가지 점에서 취소소송의 대상이 되는 행정처분 이라고 봄이 상당하다. 첫째, 우리재판소의 위 결정 이후 검찰보존사무규칙에 기록 의 열람·등사청구에 관한 규정이 신설되었기 때문이다. 1994. 1. 1.부터 시행되고 있

는 개정 검찰보존사무규칙(^{1993. 12. 10. 개정.}_{법무 제378호})에서 사건관계인 등이 재판확정기록, 불기소사건기록 및 진정·내사사건기록 등에 대하여 일정 범위의 열람·등사를 청구할 수 있도록 규정하고(_{검찰보존사무}^{규칙 제20조}), 위와 같은 청구가 있는 경우 검사는 그 허가여부를 결정하여 서면으로 통지할 의무를 지도록 규정함으로써(_{동규칙}^{제21조}), 국민의 열람·등사청구가 있는 경우, 기록보관 검찰청이 일정한 처분을 하여야 한다고 규정한 실정법상의 근거가 명백히 마련되어 굳이 정부공문서규정에 의하지 않더라도 그 처분성이 분명하게 되었고 국민에게 진정사건기록의 열람·등사를 청구할 권리 내지 법에 정하여진 절차에 따라 그 허부의 처분을 행할 것을 요구할 수 있는 법규상의 지위가 부여되었다. 둘째, 법원에서도 열람·등사거부처분에 대한 취소소송을 인정하기 시작하였기 때문이다. 즉 서울고등법원은 1998. 1. 14. 선고, 97구19986호 판결로 수사기록에 대한 열람·등사청구권은 자기에게 정당한 이해관계가 있는 정부보유 정보에 대한 청구권으로서 헌법에 의하여 보장되고 있는 알 권리에 포함된다고 하면서 국가기밀의 누설이나 증거인멸, 증인협박, 사생활침해, 관련사건 수사의 현저한 지장 등 공개를 거부하는 정당한 사유를 밝히지 아니한 채 청구를 거부한 것은 부당하다며 무혐의처분된 기록에 대한 열람·등사거부처분의 취소를 명하는 재판을 함으로써 열람·등사거부행위가 항고소송의 대상이 되는 행정처분임을 명백히 하였다.」

[憲 1999. 9. 16.-98헌마246] 「이 사건 등사거부처분은 다음의 두 가지 점에서 취소소송의 대상이 되는 행정처분이라고 봄이 상당하다. 첫째, 1994. 1. 1.부터 시행된 개정 검찰보존사무규칙에 기록의 열람 등과 관련하여 제 6 장이 신설되어 제20조(재판확정기록의 열람·등사 청구)에서 사건관계인 등의 재판확정기록, 불기소사건기록 및 진정·내사사건기록 등에 대한 일정한 범위의 열람등사청구권을 규정하고, 제21조(허가여부의 결정)에서 위와 같은 청구가 있는 경우 검사는 그 허가여부를 결정하여 통지할 의무를 지도록 규정하였다. 그리고 제22조(열람·등사의 제한)에서는 검사가 기록의 열람 및 등사를 제한할 수 있는 8가지의 사유를 각 호로 나열하여 규정하였다. 이와 같이 검찰청이 일정한 행정처분을 하여야 한다는 실정법상의 근거 규정이 명백히 마련됨에 따라 굳이 정부공문서규정에 의하지 않더라도 그 처분성이 분명해졌다. 둘째, 서울고등법원은 1998. 1. 14. 선고한 97구19986호 행정정보공개거부처분취소청구소송에서 수사기록에 대한 열람·등사청구권은 자기에게 정당한 이해관계가 있는 정부보유 정보에 대한 청구권으로서 헌법에 의하여 보장되고 있는 알 권리에 포함된다고 하면서 국가기밀의 누설이나 증거인멸, 증인협박, 사생활침해, 관련사건 수사의 현저한 지장 등 공개를 거부하는 정당한 사유를 밝히지 아니한 채 청구를 거부한 것은 부당하다며 무혐의 처분된 기록의 공개를 명하는 판결을 하였는바, 이로써 열람·등사 거부행위가 항고소송의 대상이 됨을 분명히 하였기 때문이다.」　[1991. 5. 13.-90헌마133]에서는 형사확정소송기록에 대한 복사신청을 거부한 행위에 대한 헌법소원심판청구에서 보충성원칙의 예외를 인정하였다.

[憲 2000. 2. 24.-99헌마96] 「검찰보존사무규칙은 제20조에서 사건관계인 등이 재판확정기록, 불기소사건기록 및 진정·내사사건기록 등에 대하여 일정 범위의 열

람·등사를 청구할 수 있도록 규정하고, 제21조에서 위와 같은 청구가 있는 경우 검사는 그 허가여부를 결정하여 서면으로 통지할 의무를 지도록 규정함으로써, 국민의 열람·등사청구가 있는 경우 기록보관 검찰청이 일정한 처분을 하여야 한다고 규정한 실정법상의 근거가 명백히 마련되어 그 처분성이 분명하게 되었고 국민에게 불기소사건기록의 열람·등사를 청구할 권리 내지 법에 정하여진 절차에 따라 그 허가여부의 처분을 행할 것을 요구할 수 있는 법규상의 지위가 부여되었으므로 이 사건 기록등사신청에 대한 피청구인의 거부처분은 취소소송의 대상이 된다고 할 것이다(헌재 1998. 2. 27. 97헌마77, 97헌마101 참조). 한편 헌법재판소는 헌법소원심판청구에 있어서 청구인이 그의 불이익으로 돌릴 수 없는 정당한 이유가 있는 착오로 전심절차를 밟지 않은 경우 또는 전심절차로 권리가 구제될 가능성이 거의 없거나 권리구제절차가 허용되는지 여부가 객관적으로 불확실하여 전심절차이행의 기대가능성이 없을 때에는 보충성의 원칙의 예외를 인정하고 있는바(헌재 1989. 9. 4. 88헌마22; 헌재 1991. 5. 13. 90헌마133 참조), 이 사건 등사거부처분의 경우에는 위에서 살펴본 바와 같이 관련 법규정상 그 행정처분성이 명백히 인정되므로 권리구제절차가 허용되는지 여부가 객관적으로 불확실한 경우에 해당하지 아니할 뿐만 아니라 전심절차로 권리가 구제될 가능성이 없다거나 보충성의 원칙의 예외를 인정할 만한 정당한 이유 있는 착오로 전심절차를 밟지 않은 경우라 볼 수 없다. 따라서 청구인이 피청구인의 위 거부처분에 대하여 행정소송 등의 구제절차를 거치지 아니하고 제기한 이 사건 헌법소원심판청구는 부적법하다.」   [1997. 11. 27.―94헌마60]에서는 기소 후 공판개시 전 검사의 수사기록 열람·등사거부행위에 대한 헌법소원심판청구에서 보충성원칙의 예외를 인정하였다.

위에서 본 바와 같이, 헌법재판소는 법원의 재판관할 사항에 대해서도 보충성의 요건을 요구하고 있다. 이러한 태도는 원처분에 대한 헌법소원심판의 가능성을 완전히 부정하고 있지는 않다. 원처분에 대한 헌법소원심판을 원칙적으로 부인하여도 예외적으로 인정할 경우가 있음을 수긍한다면 헌법재판소의 이러한 태도가 합당하다. 이에 대하여는 보충성의 요건을 적용할 것이 아니라 아예 헌법소원심판의 대상이 되지 않는다고 배척해야 한다는 반대의견이 강하게 제기된 적이 있고(예: 憲 2001. 10. 25.―2001헌마113; 2002. 8. 29.―2002헌마26), [憲 2001. 12. 20.―2001헌마245]에서는 법원의 재판관할 하에 있는 사건은 헌법소원심판의 대상이 되지 않는다고 하였다. 「2001헌마245」의 결정은 예외적으로 재판 또는 원처분에 대한 헌법소원심판을 인정하는 헌법재판소의 판례와 모순된다. 법원의 재판관할사항의 경우 재판을 거치더라도 대부분 원처분이나 재판은 헌법소원심판의 대상이 되지 않는다는 이유로 심판청구는 각하될 것이지만 예외적으로 인정될 여지가 있으므로, 헌법재판소의 종래의 축적된 판례의 태도에 비추어 볼 때, 「2001헌마245」와 같은 결정은 변경되어야 할 것이다. 이런 문제는 재판에 대한 헌법소원심판을 부정한 것에서 야기되는 것이므로, 재판에 대한 헌법소원심판을 인정하여 일거에 모든 문제들을 해결해야 할 것이다.

(3) 보충성요건 흠결의 치유

헌법소원심판의 청구에서 보충성의 원칙이 요구되지만, 이러한 보충성의 요건이 흠결된 경우에도 제도의 취지에 부합하는 범위 내에서는 치유가 인정된다고 할 것이다.

　청구인이 심판을 청구한 후 憲法裁判所의 審理終決時까지 사전구제절차를 거칠 것을 충족시키면 심판의 청구는 보충성의 요건을 갖추었다고 할 것이다. 보충성의 요건이 기본권의 구제의 장애가 되어서는 안 되기 때문이다.

　憲法裁判所도 보충성 요건의 치유를 인정한다(예: 憲 1991. 4. 1.-90헌마194; 1995. 4. 20.-91헌마52; 1996. 3. 28.-95헌마211).

[憲 1991. 4. 1.-90헌마194] 「이 사건 헌법소원심판청구를 한 후 이 사건에 대한 헌법재판계속중인 1991. 2. 18. 위 89형제40313호 사건에 대하여서도 대검찰청에서 재항고기각결정(사건 1990년 재항 제649호)이 내려졌다. 전심절차를 완전히 밟지 아니한 채 이 사건 헌법소원심판청구를 한 것은 제소 당시로 보면 전치요건불비의 위법이 있다고 할 것이지만 이 사건 계속중에 대검찰청에서 재항고기각결정을 받았다면 위와 같은 전치요건흠결의 하자는 치유되었다고 볼 것이며, 따라서 이 사건 소원심판청구는 이 점에 있어서는 적법하다 할 것이다.」

[憲 1995. 4. 20.-91헌마52] 「청구인들은 피청구인의 1991. 1. 17. 임용거부처분에 대하여 그 구제를 위한 행정소송을 모두 거치기 전에 이 사건 헌법소원심판을 청구한 사실이 인정된다. 그러나 한편, 이 사건 기록에 의하면, 청구인들은 이 사건 헌법소원심판을 청구하기에 앞서 서울고등법원에 피청구인을 상대로 중등교원우선발령거부처분 무효확인의 행정소송을 제기하였고, 위 법원으로부터 1992. 4. 2. 청구기각판결을 선고받았으며, 이에 대하여 대법원에 상고하였으나, 1992. 8. 18. 대법원으로부터 상고기각의 판결을 선고받은 사실이 인정된다. 그러므로 이 사건 헌법소원심판청구는 헌법재판소에 계속중 청구인들이 다른 법률에 정한 구제절차를 모두 거침으로써 청구 당시에 존재하였던 적법요건흠결의 하자는 치유가 되었다고 할 것이다.」　이 사건 헌법소원심판은 1991. 3. 17.에 청구되었다.

Ⅱ. 보충성 원칙의 예외

(1) 보충성 원칙의 배제

　補充性의 原則은 통상의 권리구제절차와 헌법소원심판절차간의 기능상의 관계를 설정하는 것이므로 통상의 권리구제절차로서 충분히 권리구제를 실현할 수 있는 경우에는 헌법소원심판절차를 통한 권리구제를 인정하지 않는다.

　그러나 법률상 다른 권리구제절차가 없는 경우, 헌법소원심판을 청구한 청구인의 歸責事由로 돌릴 수 없는 정당한 이유로 前審節次를 거치지 아니한 경우, 통상의 권리구제절차로 권리가 구제될 가능성이 희박하고 기본권 침해를 당한 자에게 불필요한 우회절차를 강요하는 것밖에 되지 않는 경우, 특정한 경우에 통상의 권리구제절차가 허용되는지가 객관적으로 분명하지 아니한 경우, 기타 전심절차를 거칠 것을 기대하기 어려운 경우 등에는 보충성의 원칙을 적용할 여지가 없다고 할 것이다(예: 憲 1989. 9. 4.-88헌마

22; 1998. 2. 27.-94헌마77; 1999. 12. 23.
-97헌마136; 2006. 6. 29.-2005헌마415).

[憲 1989. 9. 4.-88헌마22] 「헌법소원심판 청구인이 그의 불이익으로 돌릴 수 없는 정당한 이유 있는 착오로 전심절차를 밟지 않은 경우 또는 전심절차로 권리가 구제될 가능성이 거의 없거나 권리구제절차가 허용되는지의 여부가 객관적으로 불확실하여 전심절차 이행의 기대가능성이 없을 때에는 그 예외를 인정하는 것이 청구인에게 시간과 노력과 비용의 부담을 지우지 않고 헌법소원심판제도의 창설취지를 살리는 방법이라고 할 것이므로, 본건의 경우는 위의 예외의 경우에 해당하여 적법하다고 할 것이다.」

(2) 판　례

憲法裁判所는 이러한 補充性 原則의 例外가 허용되는 경우를 인정하고 있으며, 구체적인 사건에서 이러한 예외를 인정하는 데 인색하지 않다. 보충성 원칙의 예외를 지나치게 좁게 인정할 경우에는 헌법소원심판제도가 가지는 기본권 보장의 기능을 약화시킬 우려가 있다.

憲法裁判所는, 행정입법의 진정부작위, 즉 보건복지부장관의 시행규칙을 제정하지 않는 행위($\frac{憲\ 1998.\ 7.\ 16.}{-96헌마246}$), 法令($\frac{예: 憲\ 1989.\ 3.\ 17.-88헌마1;\ 1990.\ 6.\ 25.-89헌마220;\ 1991.\ 11.}{25.-89헌마99;\ 1997.\ 6.\ 26.-94헌마52;\ 1997.\ 12.\ 24.-96헌마172등}$), 條例($\frac{예: 憲\ 1995.\ 4.}{20.-92헌마264}$), 법무사법시행규칙($\frac{예: 憲\ 1990.\ 10.}{15.-89헌마178}$), 생활보호법의 위임에 따른 보건복지부장관의 「94년 생계보호기준」($\frac{예: 憲\ 1997.\ 5.}{29.-94헌마33}$), 법관및법원공무원수당규칙과 법원행정처장의 법원공무원자가운전차량유지비 지급지침 중 각 수당 및 차량유지비의 지급기준을 정한 부분($\frac{예: 憲\ 1995.}{7.\ 21.-93}$ $_{헌마}^{257}$), 국가안전기획부장의 접견거부처분에 대해 준항고절차에 의한 법원의 취소결정이 있었음에도 이를 무시하고 재차 접견거부를 한 행위($\frac{憲\ 1991.\ 7.\ 8.}{-89헌마181}$), 대통령선거방송토론위원회가 정한 결정 및 그 공표행위($\frac{憲\ 1998.\ 8.\ 27.}{-97헌마372\ 등}$), 군수관리의 임야조사부, 토지조사부에 대한 열람 복사 신청에 불응한 부작위($\frac{예: 憲\ 1989.\ 9.}{4.-88헌마22}$), 공정거래위원회가 고발권을 행사하지 않은 행위($\frac{憲\ 1995.\ 7.\ 21.}{-94헌마136}$), 수사관의 변호인접견방해행위($\frac{憲\ 1992.\ 1.\ 28.}{-91헌마111}$), 미결수용자가 보는 신문의 기사를 삭제한 교도소장의 행위($\frac{憲\ 1998.\ 10.}{29.-98헌마4}$), 미결수용자에게 재소자용의류를 입게한 조치($\frac{예: 憲\ 1999.\ 5.\ 27.}{-97헌마137등}$), 미결수용자의 서신을 검열하거나 지연발송 또는 지연교부한 행위($\frac{憲\ 1995.\ 7.\ 21.}{-92헌마144}$), 미결수용자에 대한 계구사용행위($\frac{憲\ 2003.\ 12.\ 18.}{-2001헌마163}$), 고소사건을 진정사건으로 수리하여 공람종결한 처분($\frac{憲\ 1999.\ 1.\ 28.}{-98헌마85}$), 검사가 소송기록의 송부를 지연한 행위($\frac{憲\ 1995.\ 11.\ 30.}{-92헌마44}$), 검사가 공소제기 후 공판 전 단계에서 변호인의 수사기록 열람·등사신청을 거부한 행위($\frac{憲\ 1997.\ 11.\ 27.}{-94헌마60}$), 경찰서장이 구속적부심사건 피의자의 변호인이 수사기록 중 고소장과 피의자신문조서의 열람·등사신청에 대하여 한 정보비공개결정($\frac{憲\ 2003.\ 3.\ 27.}{-2000헌마474}$), 세무대학장의 교수재임용추천 거부행위($\frac{憲\ 1993.\ 5.\ 13.}{-91헌마190}$), 교육부장관의 「종합생활기록부제도개선보완시행지침」($\frac{憲\ 1997.\ 7.\ 16.}{-97헌마38}$), 현수막철거 이행명령($\frac{憲\ 2002.\ 7.\ 18.}{-99헌마592등}$), 선거방송토론위원회가 특정인에 대하여 선거방송토론의 초청 대상 후보자에서 제외한 결정($\frac{\text{憲 2006. 6. 29.}}{-2005\text{헌마}415}$) 등에 대한 헌법소원심판청구의 경우에는 보충성의 원칙이 적용되지 않는다고 하였다. 기소유예처분에 대한 피의자의 헌법소원심판청구($\frac{\text{예: 憲 1992. 10.}}{1.-91\text{헌마}169}$)나 불기소처분에 대한 고소하지 않은 범죄피해자의 헌법소원심판청구($\frac{\text{예: 憲 1992. 1.}}{28.-90\text{헌마}227}$), 법원이 형사소송법 제266조의4 소정 불복절차에서 수사기록 열람·등사를 허용하였음에도 검사가 해당 수사서류의 열람, 등사를 거부한 경우($\frac{\text{憲 2010. 6. 24.-2009헌마257;}}{2017. 12. 28.-2015\text{헌마}632}$)의 경우에도 보충성의 원칙이 적용되지 않는다고 판시하였다.

［憲 1989. 9. 4.-88헌마22］ 「피청구인이 청구인의 문서 열람·복사 신청에 불응한 것이 위 부작위로 되어 행정쟁송의 대상이 되려면 피청구인에게 법률상의 처분의무가 존재하여야 한다. 그런데 공문서의 개시의무에 관한 법률상 명문규정은 찾아볼 수 없고, 행정청의 부작위 또는 사실행위에 관한 대법원의 종래의 판례를 검토하면……이상 대법원의 판례를 종합해 보면 행정청 내부의 사실행위나 사실상의 부작위에 대하여 일관하여 그 행정처분성을 부인함으로써 이를 행정쟁송 대상에서 제외시켜 왔음을 알 수 있어 본건과 같은 경우도 행정쟁송에서 청구인의 주장이 받아들여질 가능성은 종래의 판례 태도를 변경하지 않는 한 매우 희박함을 짐작하기에 어렵지 않은 것이다. 과연 그렇다면 사실상의 부작위에 대하여 행정소송을 할 수 있는지의 여부를 잠시 접어두고 그에 관한 대법원의 태도가 소극적이고 아울러 학설상으로도 그 가부가 확연하다고 할 수 없는 상황에서 법률의 전문가가 아닌 일반 국민에 대하여 전심절차의 예외 없는 이행을 요구하는 것이 합당하겠는가의 의문이 생겨나는 것이다.……본건의 경우는 위의 예외의 경우에 해당하여 적법하다고 할 것이다. 아울러 법무부장관은 그 밖의 피해보상소송, 소유권확인의 소에서의 문서제출명령에 의하여 문서의 열람·복사의 목적을 달할 수 있다고 하나, 이 사건 심판대상인 문서의 열람·복사를 직접 대상으로 하지 아니하는 사후 보상적 또는 우회적인 소송절차를 헌법재판소법 제68조 제 1 항 단서 소정의 구제절차라 할 수는 없다.」　그러나 이는 그 후에 있은 위의 ［94헌마77］ 사건과 ［98헌마246］ 사건과 서로 배치된다.

［憲 1998. 7. 16.-96헌마246］ 「입법부작위에 대한 행정소송의 적법여부에 관하여 대법원은 "행정소송은 구체적 사건에 대한 법률상 분쟁을 법에 의하여 해결함으로써 법적 안정을 기하자는 것이므로 부작위법확인소송의 대상이 될 수 있는 것은 구체적 권리의무에 관한 분쟁이어야 하고, 추상적인 법령에 관하여 제정의 여부 등은 그 자체로서 국민의 구체적인 권리의무에 직접적 변동을 초래하는 것이 아니어서 행정소송의 대상이 될 수 없다"고 판시하고 있다($\frac{\text{대법원 1992. 5. 8. 선}}{\text{고, 91누11261 판결}}$). 그 밖에 입법부작위에 대한 국가배상의 청구가 가능한지도 문제되지만, 헌법재판소법 제68조 제 1 항 단서 소정의 "다른 권리구제절차"라 함은 공권력의 행사 또는 불행사를 직접 대상으로 하여 그 효력을 다툴 수 있는 권리구제절차를 의미하고 사후적·보충적 구제수단을 뜻하는 것은 아니므로($\frac{\text{헌재 1993. 7.}}{29. 92\text{헌마}51}$), 설사 국가배상청구가 가능하다고 할지라도 이를 사전구제절차로 볼 수는 없다.」

[憲 2017. 12. 28.-2015헌마632] 「피청구인의 이 사건 등사 거부행위는 이 사건 열람·등사 허용 결정상의 의무 중 일부를 이행하지 않음으로써 수사서류에 대한 열람·등사권의 완전한 행사를 방해하는 권력적 사실행위로서의 공권력 행사에 해당할 뿐, 종전의 피청구인의 거부처분과는 별도로 어떤 권리의 설정 또는 의무의 부담을 명하거나 기타 법률상 효과를 발생하게 하는 등 국민의 구체적인 권리의무에 직접적 변동을 초래하는 행위라고 보기는 어려워 항고소송의 대상이 되는 행정처분이라고 볼 수 없다. 결국 행정쟁송 절차는 이 사건 등사 거부행위에 대한 구제절차로 볼 수 없고, 다른 법률에도 이 사건 등사 거부행위에 대한 구제절차가 마련되어 있다고 볼 수 없으므로, 청구인들이 별도의 구제절차를 거치지 아니하고 이 사건 헌법소원심판을 청구하였다고 하더라도 그것이 憲法裁判所法 제68조 제 1 항 단서의 보충성원칙에 위배된다고 볼 수 없다.」

[259] 第四 權利保護利益과 審判利益

I. 權利保護利益

(1) 의 의

헌법소원심판제도는 국민의 기본권을 구제하는 기능을 가지므로 헌법재판소에 헌법소원심판을 청구하려면 權利保護利益(=權利保護의 必要)이 있어야 한다.

침해된 기본권이 없으면 권리보호의 이익은 없다. 憲法裁判所의 판례도 이를 인정한다(예: 憲 1989. 4. 17.-88헌마3; 1989. 7. 28.-89헌마65; 1994. 8. 31.-92헌마174). 기본권을 침해했다고 하는 공권력의 행사가 이미 효력을 상실한 것인 경우에도 기본권의 침해가 있을 수 없기 때문에 권리보호이익이 존재하지 않는다(예: 憲 1998. 9. 30.-98헌마18). 헌법재판소가 헌법불합치결정을 한 법률조항에 대한 憲法訴願審判請求는 위헌으로 결정된 법률조항에 대한 헌법소원심판청구이기 때문에 권리보호이익이 존재하지 않는다(예: 憲 2006. 5. 25.-2005헌마11 등; 2006. 6. 29.-2005헌마44).

(2) 성 질

권리보호이익은 헌법소원심판이 가지는 이중적 성질 가운데 主觀訴訟으로서 가지는 성질로 인하여 요구되는 請求의 適法要件이다.

憲法裁判所는 이러한 권리보호이익이 憲法裁判所法 제68조 제 1 항의 「기본권의 침해를 받은」이라는 부분의 해석에서 직접 도출되는 것은 아니라 同法 제40조 제 1 항에 의하여 준용되는 民事訴訟法 내지 行政訴訟法의 규정들의 해석상 일반적 소송원리로 인정되는 것이라고 한다(예: 憲 2001. 9. 27. -2001헌마152).

[憲 2001. 9. 27.-2001헌마152] 「권리보호이익 내지 소의 이익은, 국가적·공익적 입장에서는 무익한 소송제도의 이용을 통제하는 원리이고, 당사자의 입장에서는 소송제도를 이용할 정당한 이익 또는 필요성을 말하는 것으로, '이익 없으면 소 없

다'라는 법언이 지적하듯이 소송제도에 필연적으로 내재하는 요청이다. 이에 의하여 법원은 본안판결을 필요로 하는 사건에만 그 노력을 집중할 수 있게 되고, 또 불필요한 소송에 응소하지 않으면 안 되는 상대방의 불이익을 배제할 수 있게 되는 것이다. 따라서 권리보호이익이라는 헌법소원심판의 적법요건은 법 제40조 제 1 항에 의하여 준용되는 민사소송법 내지 행정소송법 규정들에 대한 해석상 인정되는 일반적인 소송원리이지 법 제68조 제 1 항 소정의 '기본권의 침해를 받은'이라는 부분의 해석에서 직접 도출되는 것은 아니라고 할 것이다. 헌법재판소도 일찍이 헌법소원과 권리보호이익에 관하여 "헌법소원제도는 국민의 기본권 침해를 구제해 주는 제도이므로 '그 제도의 목적상' 권리보호의 이익이 있어야 비로소 제기할 수 있는 것이다"라고 판시한 바가 있다(헌재 1989. 4. 17. 88헌마3; 1989. 7. 28. 89헌마65). 그러므로 법 제68조 제 1 항 본문 중 '기본권의 침해를 받은'이라는 부분의 해석으로부터 헌법소원심판의 권리보호이익이 요구되고 있음을 전제로 하여 법 제68조 제 1 항 소정의 '기본권의 침해를 받은 부분'이 위헌이라는 청구인의 주장은 더 나아가 살펴볼 필요 없이 이유 없다.……권리보호이익은 소송제도에 필연적으로 내재하는 요청으로 헌법소원제도의 목적상 필수적인 요건이라고 할 것이어서 이로 인하여 본안판단을 받지 못한다고 하여도 재판을 받을 권리의 본질적인 부분에 대한 침해가 있다고 보기 어렵다. 다만, 권리보호이익을 지나치게 좁게 인정하면 헌법재판소의 본안판단의 부담을 절감할 수는 있지만 반면에 재판을 받을 권리를 부당하게 박탈하는 결과에 이르게 될 것이므로 권리보호이익을 판단함에 있어 다른 분쟁의 해결수단, 행정적 구제·입법적 구제의 유무 등을 기준으로 신중히 판단하여야 할 것이다. 이에 따라 헌법재판소는……비록 권리보호이익이 없을 때에도 반복위험이나 헌법적 해명이 필요한 경우에는 본안판단을 할 수 있는 예외를 인정하고 있다. 따라서 헌법소원심판의 권리보호이익이 그 제도의 운영상 필수적인 요건이라는 점 및 또한 헌법재판소가 그 예외를 넓게 인정하고 있다는 점 등에 비추어 보면, 헌법소원심판청구의 적법요건 중의 하나로 권리보호이익을 요구하는 것이 청구인의 재판을 받을 권리를 침해한다고 볼 수는 없다.」

(3) 존부판단의 시점

이러한 권리보호이익은 헌법소원심판을 청구할 때뿐만 아니라 헌법재판소가 결정할 때에도 존재하여야 한다(예: 憲 1997. 3. 27.-92헌마273; 2007. 2. 22.-2005헌마645; 2009. 10. 29.-2007헌마132; 2009. 11. 26.-2008헌마173). 심판을 청구한 때에는 권리보호이익이 인정되더라도 심판 계속중에 사실관계 또는 법령제도의 변동과 같은 事情의 變更으로 인하여 청구인이 주장하는 기본권의 침해가 종료되어 권리보호이익이 없는 경우에는 원칙적으로 심판청구는 부적법하게 되어 각하된다(예: 憲 1993. 11. 25.-92헌마169; 1994. 7. 29.-91헌마137; 1994. 8. 31.-92헌마174; 1994. 12. 29.-91헌마57; 2001. 12. 20.-99헌마630; 2002. 8. 29.-2002헌마4; 2007. 2. 22.-2005헌마645; 2009. 10. 29.-2007헌바132; 2009. 10. 29.-2009헌마99). 다만, 예외적으로 후술하는 審判利益이 인정되는 경우에는 본안판단을 하게 된다.

[憲 1993. 11. 25.-92헌마169] 「헌법소원심판은 공권력의 행사 또는 불행사로 말미암아 헌법상 보장된 기본권을 침해받은 경우, 그 기본권침해의 원인이 된 공권력의 행사를 취소하거나 그 불행사가 위헌임을 확인함으로써 기본권을 침해받은 자

를 구제하는 것을 그 목적으로 하는 제도이다. 따라서 기본권의 침해를 받은 자가 그 구제를 받기 위한 헌법소원심판을 청구한 뒤에 기본권침해의 원인이 된 공권력의 행사를 취소하거나 새로운 공권력의 행사 등 사정변경으로 말미암아 기본권 침해 행위가 이미 배제되어 청구인이 더 이상 기본권을 침해받고 있지 아니하게 된 때에는, 헌법재판소는 원칙적으로 청구인의 기본권침해를 구제하기 위한 헌법소원심판을 할 필요가 없게 된다고 할 것이다. 특별한 사정이 없는 한, 헌법재판소가 다시 기본권 침해의 원인이 된 공권력의 행사를 취소하거나 그 불행사가 위헌임을 확인하는 결정을 한다고 하여 그 결정이 청구인의 기본권을 구제하는 데 아무런 도움이 되지 아니할 뿐만 아니라, 특별한 의미도 가질 수 없기 때문이다.……피청구인이 청구인의 위헌제청신청사건에 대한 재판을 특별히 지연시켰다고 볼 수도 없을 뿐만 아니라 청구인이 이 사건 헌법소원을 통하여 구제받고자 하는 기본권침해는 이 사건 헌법소원이 제소된 뒤인 1992. 8. 28. 피청구인이 청구인의 위헌제청신청을 기각하는 결정을 함으로써 소멸되었다고 할 것이다. 그렇다면 이 사건 헌법소원심판청구는 그 권리보호의 목적이 이미 이루어졌다 할 것이고, 그럼에도 불구하고 달리 불분명한 헌법문제의 해명이나 침해반복의 위험 등을 이유로 한 심판의 이익이 있다 할 특별한 사정을 찾아 볼 수도 없다. 따라서 이 사건 헌법소원심판청구는 더 이상 권리보호의 이익이 없게 되어 부적법하다고 할 것이므로, 이를 각하하기로 하여 주문과 같이 결정한다.」

[憲 1997. 3. 27.-92헌마273] 「이러한 권리보호의 이익은 헌법소원의 제기 당시뿐만 아니라 헌법재판소의 결정 당시에도 존재하여야 한다. 그러므로 헌법소원제기 당시 권리보호의 이익이 있었다고 하더라도 그 심판계속중에 사실관계 또는 법률관계 등의 변동으로 말미암아 청구인이 주장하는 기본권의 침해가 종료됨으로써 그 침해의 원인이 된 공권력의 행사 등을 취소할 실익이 없게 된 경우에는 원칙적으로 권리보호의 이익이 없고, 다만 그러한 경우에도 동종의 침해행위가 앞으로도 반복될 위험이 있다거나 당해 분쟁의 해결이 헌법질서의 수호·유지를 위하여 긴요한 사항이어서 헌법적으로 그 해명이 중대한 의미를 지니고 있는 때에는 예외적으로 권리보호의 이익이 인정된다는 것이 우리 재판소의 확립된 판례이다.」

(4) 판 례(권리보호이익이 부인된 경우)

憲法裁判所는 다음과 같은 경우에 권리보호이익이 인정되지 않는다고 판시하였다(심판이익도 인정하지 않았다).

公訴時效가 완성된 이후에 불기소처분에 대하여 헌법소원심판을 청구한 경우(예: 憲 1989. 4. 17.-88헌마31; 1989. 7. 28.-89헌마65; 1989. 12. 22.-89헌마22), 특별한 사정이 없는 경우로서 상고심 사건이 종결되어 소송계속이 소멸된 경우에 소송촉진등에관한특례법 제11조, 제12조에 대하여 헌법소원심판을 청구한 경우(憲 1989. 9. 18.-89헌마187), 심판을 청구하기 이전에 법무부장관의 출국금지조치가 해제된 경우(憲 1990. 1. 6.-89헌마269), 국가안전기획부의 변호인접견거부처분이 있은 며칠 후 접견이 이루어지고, 그 후 해당 사건이 검찰에 송치되어 국가안전기획부 관하에서 접견목적이 이루어지기 불가능하게 된 경우(憲 1991. 7. 8.-89헌마181), 법원에 違憲與否審判提請을 신청한 후 재판지연이라는 이유로 헌법소원심판을 청구하였으나 심판 계속중 당해 법원이 제청신청을 기각하는 결정을 한 경우($\frac{憲\ 1993.\ 11.\ 25.}{-92헌마169}$), 심판대상인 선거법이 다른 법률의 시행으로 효력을 상실하여 청구인에게 적용될 여지가 없게 되고, 그 선거법에 근거한 것으로서 청구인이 입후보하고자 하였던 특정선거도 심판청구 후 이미 실시되어 버려 청구인으로서는 그 선거에 당선될 수 있는 길이 없으며, 폐지된 선거법에 의해서는 장차 보궐선거 또는 차기선거에서 당선될 가능성도 없게 된 경우($\frac{憲\ 1994.\ 12.\ 29.}{-91헌마57}$), 교도소의 변호인접견실에 변호인석과 재소자석 사이에 설치된 칸막이가 심판청구가 있은 후 철거된 경우($\frac{憲\ 1997.\ 3.\ 27.}{-92헌마273}$), 검사의 공소취소결정에 의해 법원이 공소기각결정을 하고 이 결정이 확정되었음에도 당해 공소취소결정에 대해 헌법소원심판을 청구한 경우($\frac{憲\ 1997.\ 3.\ 27.}{-96헌마219}$), 「혐의 없음」을 이유로 한 불기소처분을 받기 위한 전제절차로 「공소권 없음」을 이유로 한 불기소처분의 취소를 구한 경우($\frac{憲\ 2003.\ 2.\ 27.}{-2002헌마309}$), 헌법재판소법 제69조 제1항의 개정으로 헌법소원심판의 청구기간이 연장되고, 신법이 구법 시행 당시 청구된 헌법소원심판사건에 적용됨에도 불구하고 구 헌법재판소법 제69조 제1항 본문에 대하여 헌법소원심판을 청구한 경우($\frac{憲\ 2003.\ 7.\ 24.}{-2003헌마97}$), 검사의 수사 불이행을 다투는 헌법소원심판이 청구된 이후에 피고발인들에 대한 수사를 위하여 특별검사가 임명되고, 그에 의하여 피고발인들이 기소된 경우($\frac{憲\ 2003.\ 9.\ 25.}{-2003헌마161}$), 도로교통법상의 통고처분에 불복하여 재판을 청구한 후에 그 통고처분의 취소를 구하는 헌법소원심판을 청구한 경우($\frac{憲\ 2003.\ 10.\ 30.}{-2002헌마275}$), 헌법불합치결정을 한 법률조항에 대하여 헌법소원심판을 청구한 경우($\frac{예:\ 2006.\ 5.\ 25.\ -2005헌마}{11등;\ 2006.\ 6.\ 29.\ -2005헌마44}$), 징벌수용거실에 수용된 자에게 도서목록의 비치와 도서열람을 제한하는 법무부예규인 「수용자 교육·교화 운영지침」의 해당 규정이 헌법소원청구 이후 개정되어 삭제된 경우($\frac{憲\ 2009.\ 10.\ 29.}{-2009헌마99}$), 국회가 헌법불합치결정에서 정해진 입법개선시한을 도과하였을 뿐 아니라 상당한 기간을 넘어 정당한 사유 없이 개선입법을 지체하였으나, 그러한 입법부작위를 다투는 헌법소원심판청구 이후 결국 개선입법을 하여 입법부작위 상태가 해소된 경우($\frac{憲\ 2016.\ 4.\ 28.}{-2015헌마1177등}$), 군의회 임시회의 방청을 불허한 행위에 대한 헌법소원심판을 청구하였으나, 군의회 임시회가 이미 종료된 경우($\frac{憲\ 2017.\ 7.\ 27.}{-2016헌마53}$), 서신검열대상자 지정행위가 3개월의 지정기간이 도과하여 종료하였고, 법무부에서 반성적으로 이러한 지정행위를 금지하는 지침까지 제정한 경우($\frac{憲\ 2016.\ 4.\ 28.}{-2013헌마870}$), 민사법정에 출정하는 수용자에게 도주방지복 착용을 강제한 행위가 종료되었고, 법무부장관이 도주방지복 사용 중지를 지시한 경우($\frac{憲\ 2018.\ 7.\ 30.}{-2017헌마181}$), 밀양경찰서장이 철거대집행이 실시되는 동안 청구인들을 철거대상시설인 움막들 밖으로 강제 이동시킨 행위 및 그 움막들로 접근을 막은 행위가 종료되었고, 이러한 강제조치로부터 위헌적인 경찰권 행사로 판단될 수 있는 일반적인 징표를 찾을 수 없는 경우($\frac{憲\ 2018.\ 8.\ 30.}{-2014헌마681}$), 국가정보원장

의 인터넷회선 감청집행 행위가 종료하였고, 그 근거 법률조항에 대하여 본안판단을
하는 경우($\frac{\text{憲 2018. 8. 30.}}{\text{-2016헌마263}}$), 총장후보자에 지원하려는 사람에게 후보등록기간 중 발전기금
3,000만 원을 납부하도록 하고, 지원서 접수시 발전기금 납부확인서를 제출하도록
한 구 "전북대학교 총장임용후보자 선정에 관한 규정"이 개정되었고, 교육부도 발전
기금제도를 폐지하겠다고 발표한 경우($\frac{\text{憲 2018. 4. 26.}}{\text{-2014헌마274}}$) 등에서는 권리보호이익이 인정되지
않는다고 판시하였다.

한편, 憲法裁判所는 서울영등포경찰서장이 시위 참가자들을 향해 물포를 발사한
행위가 종료되어 권리보호이익이 없고 근거리 물포 직사살수가 위법함이 분명하다는
점에서 반복가능성 및 헌법적 해명의 필요성도 없다고 판단하였으나($\frac{\text{憲 2014. 6. 26.}}{\text{-2011헌마815}}$), 이는
심판의 이익을 너무 좁게 인정한 것으로 보인다.

Ⅱ. 審判利益

(1) 의   의

審判의 利益은 헌법소원심판이 청구된 사건에 있어서 헌법재판소가 審判의 對象
에 대해 본안판단을 하여야 할 必要를 의미한다.

헌법소원심판에 있어서 主觀的 權利保護利益이 존재하는 경우에는 통상의 재판
에서와 같이 심판의 이익도 존재한다. 따라서 헌법재판소는 심판의 대상에 대하여
판단하여야 한다.

(2) 성   질

헌법소원심판에서는 통상의 재판과 달리 主觀的 權利保護利益이 존재하지 아니
하더라도 例外的으로 審判의 利益이 존재하는 경우가 있다.

헌법소원심판에서는 권리보호이익이 존재하지 아니하고 심판의 이익만이 존재
하더라도 헌법재판소는 당해 사건의 심판대상에 대해 판단을 하여야 한다. 이와 같
이 권리보호이익이 존재하지 아니함에도 심판이익이 인정되는 것은 憲法訴願審判이
가지는 二重的 性格에서 비롯하는데, 헌법소원심판이 가지는 客觀訴訟으로서의 기능
때문이다.

(3) 심판이익의 인정요건

권리보호이익이 인정되지 않음에도 예외적으로 심판을 할 수 있기 위해서는 그
에 필요한 要件이 충족되어야 한다. 이러한 요건으로는 i) 기본권의 침해행위가 반
복될 위험이 있는 경우이거나, ii) 헌법질서의 수호와 유지를 위하여 긴요한 사항이
어서 헌법적으로 그 해명이 중대한 의미를 지니고 있는 경우이어야 한다.

憲法裁判所도 判例를 통하여 이러한 예외적인 경우를 인정하고 있으며, 그 요건으로 i) 기본권의 침해행위가 반복될 위험이 있거나(예: 憲 1991. 7. 8.−89헌마181; 1994. 7. 29.−91헌마137; 1996. 11. 28.−92헌마108; 1997. 6. 26.−96헌마89; 1998. 10. 29.−98헌마4), ii) 헌법질서의 수호와 유지를 위하여 긴요한 사항이어서 헌법적으로 그 해명이 중대한 의미를 지니고 있는 경우일 것을 요구하고 있다(예: 憲 1992. 1. 28.−91헌마111; 1992. 4. 14.−90헌마82; 1993. 7. 29.−89헌마31; 1994. 8. 31.−92헌마126; 1994. 8. 31.−92헌마174; 1995. 5. 25.−91헌마44; 1995. 7. 21.−92헌마177등; 1997. 1. 16.−90헌마110등; 1997. 11. 27.−94헌마60; 1998. 8. 27.−97헌마372등; 1998. 10. 29.−97헌마17; 2003. 5. 15.−2001헌마565; 2006. 6. 29.−2005헌마415; 2009. 9. 24.−2007헌마738).

[憲 1992. 1. 28.−91헌마111] 「헌법소원의 본질은 개인의 주관적 권리구제뿐 아니라 객관적인 헌법질서의 보장도 하고 있으므로 헌법소원에 있어서의 권리보호이익은 일반법원의 소송사건에서처럼 주관적 기준으로 엄격하게 해석하여서는 아니된다. 따라서 침해행위가 이미 종료하여서 이를 취소할 여지가 없기 때문에 헌법소원이 주관적 권리구제에는 별 도움이 안 되는 경우라도 그러한 침해행위가 앞으로도 반복될 위험이 있거나 당해 분쟁의 해결이 헌법질서의 수호·유지를 위하여 긴요한 사항이어서 헌법적으로 그 해명이 중대한 의미를 지니고 있는 경우에는 심판청구의 이익을 인정하여 이미 종료한 침해행위가 위헌이었음을 선언적 의미에서 확인할 필요가 있는 것이다.」

[憲 1994. 8. 31.−92헌마126] 「헌법소원제도는 국민의 기본권침해를 구제하는 제도이므로, 그 심판청구가 적법하다고 하려면 그 제도의 목적상 권리보호의 이익이 있어야 한다. 그러므로 심판청구 당시 권리보호의 이익이 인정되더라도, 심판 계속중에 생긴 사정변경 즉 사실관계 또는 법령제도의 변동으로 말미암아 권리보호의 이익이 소멸 또는 제거된 경우에는, 원칙적으로 심판청구는 부적법하게 된다. 다만, 그와 같은 경우에도 그러한 기본권 침해행위가 반복될 위험이 있거나, 그러한 분쟁의 해결이 헌법질서의 수호·유지를 위하여 긴요한 사항이어서 헌법적으로 그 해명이 중대한 의미를 지니고 있는 경우에는, 예외적으로 심판청구의 이익이 있다고 볼 수는 있다.」

(4) 직권판단사항

헌법소원심판에서 권리보호이익이 인정되지 않음에도 예외적으로 심판이익이 존재하는지에 대해서는 헌법재판소가 헌법과 기본권의 보호·실현기관으로서 스스로 재판자료와 심리를 통하여 판단할 사항이지 청구인에게 立證責任을 부담시킬 사항은 아니라고 할 것이다.

그러나 憲法裁判所는 이러한 경우 기본권 침해행위의 반복위험성의 존재를 입증하여야 할 책임은 請求人에게 있다고 판시하였다(예: 憲 1991. 7. 8.−89헌마181; 1997. 6. 26.−97헌바4).

[憲 1991. 7. 8.−89헌마181] 「청구인들의 접견교통권을 침해할 반복의 위험성이 있는가를 본다면 반복의 위험성이란 어디까지나 추상적이거나 이론적 가능성이 아니라 구체적인 것이어야 할 것인바, 청구인들의 경우에 피청구인측에 의하여 청구인들의 접견교통권이라는 기본권이 반복적으로 침해될 위험성이 존재하고 또한 그 위험성이 다른 국민보다 더 크다 할 구체적 사정이 있다는 점에 관하여는 청구인측의 입증이 없다.」

(5) 판 례(심판이익이 인정된 경우)

憲法裁判所가 권리보호이익이 존재하지 않더라도 심판의 이익이 있다고 판시한 경우는 다음과 같다.

辯護人接見權을 침해한 위헌적인 공권력의 행사임을 이유로 취소되어야 할 사건에서 그 침해행위가 이미 종료된 경우에 반복적으로 행해질 위험이 있고 변호인 접견방해행위를 시정하고 헌법상 보장된 변호인 접견권의 내용을 명백히 하기 위하여 심판이익을 인정하여 위헌임을 확인한 사례(憲 1992. 1. 28. -91헌마111), 기초의회의원 선거에서 후보등록신청시에 기탁금 200만원을 기탁하도록 하는 법률조항의 위헌여부에 관하여는 아직 그 해명이 이루어진 바 없고, 심판청구 후 청구인들이 입후보하려던 기초의회의원선거가 이미 종료되었고 해당 법률도 폐지된 사안에서 신법인 공직선거및선거부정방지법의 시행으로 동종의 기본권침해의 위험이 상존하고 있어 해당 법률조항의 위헌여부에 관한 헌법적 해명이 중대한 의미를 지니고 있는 경우에 해당한다고 판단한 사례(憲 1995. 5. 25. -91헌마44), 헌법소원심판 계속중에 당해 사건 여론조사의 대상이 되었던 제14대 대통령선거가 1992. 12. 18. 이미 실시되었고, 1994. 3. 16. 공직선거및선거부정방지법의 시행으로 심판대상인 대통령선거법 제65조 제 1 항의 위헌여부에 관한 심판을 구할 권리보호이익이 소멸된 사안에서 새로 제정된 공직선거및선거부정방지법 제108조 제 1 항이 그와 거의 같거나 유사한 내용을 규정하고 있어 이러한 새로운 법규정에 의하여 앞으로도 당해 사건과 유사한 사태나 기본권침해여부를 둘러싼 헌법적 분쟁이 반복되리라는 것은 쉽게 예상할 수 있으므로 해당 법률규정에 대해 당해 사건을 넘어서서 일반적인 의미를 가지는 헌법문제를 내포하고 있다고 할 수 있고, 당해 사건에 대한 헌법적 해명이 객관적인 헌법질서의 수호·유지를 위하여 긴요하다고 하여 심판청구의 이익을 인정한 사례(憲 1995. 7. 21. -92헌마177등), 未決收容者에게 在所者用 의류를 입게 한 행위에 대한 헌법소원심판이 係屬중 청구인들이 석방되어 권리보호이익이 소멸되었지만 심판의 이익을 인정한 사례(憲 1999. 5. 27. -97헌마137등), 미결수용자가 경찰서 유치장에 수용되어 있던 동안 차폐시설이 불충분한 유치장 내의 실내화장실을 사용하도록 강제를 당한 후 유치장의 수용에서 벗어나 이에 대해 헌법소원심판을 청구한 경우에 침해행위의 종료로 권리이익보호는 소멸되었으나 심판이익을 인정한 사례(憲 2001. 7. 19. -2000헌마546), 유치장 수용 당시 과도한 신체수색을 당한 후 이에 대하여 헌법소원심판을 청구한 경우 침해행위는 이미 종료되어 주관적 권리보호이익은 소멸되었으나 심판이익을 인정한 사례(憲 2002. 7. 18. -2000헌마327), 구속적부심사건 피의자의 변호인이 수사기록 중 고소장과 피의자 신문조서의 열람·등사를 신청하자 해당 경찰서장이 정보비공개결정을 한 후 피의자에 대한 구속적부심사절차는 물론이고 형사공판의 본안절차까지 모두 끝나 주관적 권리보호이익은 소멸되었으나 심판이익을 인정한 사례($\frac{憲\ 2003.\ 3.\ 27.}{-2000헌마474}$), 청구인이 헌법소원심판을 청구한 이후 심판대상인 법률규정이 개정되었으나 개정된 규정의 위헌여부에 관하여 아직 해명이 이루어진 바 없고, 개정 전 조항에도 그와 유사한 내용이 규정되어 있는 경우에 헌법적 해명의 필요성을 인정하여 심판이익을 인정한 사례($\frac{憲\ 2003.\ 5.\ 15.}{-2001헌마565}$), 교도소장의 과도한 계구사용에 대하여 헌법소원심판을 청구한 이후 계구사용행위가 종료하여 주관적 권리보호이익은 소멸되었으나 심판이익을 인정한 사례($\frac{憲\ 2003.\ 12.\ 18.}{-2001헌마163}$), 선거방송 대담·토론회의 참가기준으로 여론조사 평균지지율 100분의 5를 요구하고 있는 공직선거법 제82조의2 제4항 제1호 다목 및 제3호 다목이 문제된 사안에서, 선고방송토론회가 종료된 경우에도 예외적인 심판청구의 이익이 있다고 인정한 사례($\frac{憲\ 2009.\ 3.\ 26.}{-2007헌마1327등}$), 교도소장이 7회에 걸쳐 수형자에게 화상접견시간을 각 10분내외로 부여한 행위가 종료하여 권리보호이익이 소멸되었으나 심판이익을 인정한 사례($\frac{憲\ 2009.\ 9.\ 24.}{-2007헌마738}$), 소년심판절차에서 검사에게 상소권을 인정하지 아니한 소년법 제43조 제1항에 대한 헌법소원에서, 위 법률조항을 적용한 재판이 이미 확정되어 주관적 권리보호이익은 없지만 심판이익을 인정한 사례($\frac{憲\ 2012.\ 7.\ 26.}{-2011헌마232}$), 교도소장이 인원점검을 하면서 수형자들을 정렬시킨 후 차례로 번호를 외치도록 한 점호행위가 종료하여 주관적 권리보호이익은 없으나 심판이익을 인정한 사례($\frac{憲\ 2012.\ 7.\ 26.}{-2011헌마332}$), 불법체류 외국인에 대한 긴급보호 및 보호명령 집행행위, 강제퇴거명령 집행행위가 모두 종료하여 주관적 권리보호이익은 없지만 심판이익을 인정한 사례($\frac{憲\ 2012.\ 8.\ 23.}{-2008헌마430}$), 청구인이 임의로 제출한 압수물이 위험발생의 염려가 없음에도 사법경찰관이 사건종결 전에 이를 폐기한 행위의 위헌확인 사건에서, 압수물의 폐기행위는 종료하였고 청구인은 무죄판결을 선고받아 주관적 권리보호이익은 소멸하였지만 이에 대한 심판이익을 인정한 사례($\frac{憲\ 2012.\ 12.\ 27.}{-2011헌마351}$), 청구인이 노역장 유치집행을 마치고 석방되어 주관적 권리보호이익은 소멸하였으나 교정시설 내 과밀수용행위에 대한 심판의 이익을 인정한 사례($\frac{憲\ 2016.\ 12.\ 29.}{-2013헌마142}$), 피의자신문에 참여하고자 하는 변호인에 대한 검찰 수사관의 후방착석요구행위가 종료되어 청구인의 권리구제에는 도움이 되지 아니하나 심판의 이익을 인정한 사례($\frac{憲\ 2017.\ 11.\ 30.}{-2016헌마503}$), 법무부장관의 변호사시험 시험장소 선정 공고로 인한 기본권침해는 변호사시험이 실시됨으로써 종료되었지만, 이에 대한 심판의 이익을 인정한 사례($\frac{憲\ 2013.\ 9.\ 26.}{-2011헌마782등}$), 경찰청장이 집회에 참가한 법학전문대학원 재학생들을 촬영한 행위는 종료되었지만, 예외적으로 심판의 이익을 인정한 사례($\frac{憲\ 2018.\ 8.\ 30.}{-2014헌마843}$) 등에서 권리보호이익이 존재하지 않음에도 본안판단을 하였다.

제 5 절   審判의 節次

[260] 第一   事前審査

Ⅰ. 槪   說

憲法裁判所長은 헌법재판소에 재판관 3인으로 구성되는 指定裁判部를 두어 헌법소원심판의 사전심사를 담당하게 할 수 있다(憲裁法 §72①).

헌법재판소에 지정재판부를 둘 것이냐의 여부와 어떤 사건에 있어서 사전심사를 거치게 할 것이냐의 여부에 관한 결정은 憲法裁判所長의 裁量에 속하는 사항이다.

헌법소원심판절차에서 지정재판부가 관장하는 사전심사는 供託金納付命令制度(憲裁法 §37②)와 함께 헌법소원심판청구에 있어서 請求權의 濫用을 防止하고, 재판부의 업무량을 輕減시키는 기능을 가진다.

Ⅱ. 指定裁判部

(1) 구   성

(a) 구성방법

지정재판부는 재판관 3명으로 구성한다(憲裁法 §72①). 지정재판부의 구성과 운영에 관하여 필요한 사항은 憲法裁判所規則으로 정한다(同條 ⑥). 현재 헌법재판소의 구성과 운영에 관한 규칙으로는 「지정재판부의구성과운영에관한규칙」이 있다. 현재 헌법재판소에는 3개의 지정재판부가 구성되어 사전심사를 하고 있다.

(b) 재판관의 제척·기피·회피

사건이 지정재판부에 係屬되어 있는 상태에서도 청구인은 재판관에 대하여 제척신청이나 기피신청을 할 수 있는데, 이러한 신청에 대한 심판은 전원재판부에서 한다(물론 재판관의 회피도 가능하다). 憲法裁判所도 실제에서 이렇게 하고 있다(예: 憲 2001. 10. 11.–2001헌사371).

사건이 지정재판부에 계속되어 있는 상태에서 청구인이 지정재판부의 구성을 문제로 삼아 제척신청이나 기피신청을 할 수 있는가 하는 문제가 있다. 실제 사건이 헌법재판소에 접수되어 사전심사를 위하여 지정재판부에 배당을 한 경우에는 지정재판부의 배정에 대하여 당사자에게 통지하지 않으므로 당사자는 어느 지정재판부에서 자기 사건을 처리하고 있는지를 알지 못한다. 그러나 우연히 당사자가 자기 사건을 처리하는 지정재판부를 알게 된 경우도 있을 수 있다. 지정재판부의 구성에 있어서도 憲法裁判所法 제24조가 적용된다고 하면 이러한 경우에도 제척신청이나 기피신청을 할 수 있다고 할 것이고, 이러한 제척신청이나 기피신청에 대한 결정은 전원재판부에서 하게 된다. 전원재판부의 이러한 결정이 있을 때까지 지정재판부의 사전심사절차는 停止되고, 이 기간은 事前審査期間인 30일에 산입되지 않는다. 지정재판부의 재판관이 憲法裁判所法 제24조에 의하여 배제된 경우에는 「지정재판부의구성과운영에관한규칙」 제5조가 정하는 바에 따라 재판관의 직무대행이 있게 된다.

그러나 이러한 경우에 憲法裁判所法 제24조를 적용하지 않고 사건을 다른 지정재판부에 재배당하는 방법도 있다. 지정재판부는 전원재판부와 달리 복수로 존재하므로 지정재판부의 구성에서 憲法裁判所法 제24조 제1항 또는 제3항에서 정한 내용의 문제가 발생한 경우에는 이와 저촉되지 않는 다른 지정재판부로 사건을 재배당하는 것이 보다 효과적이라고 할 것이다.

> 지정재판부의 사전심사에 있어서 이러한 사건의 재배당의 문제와 관련하여 보건대, 지정재판부의 구성을 현재와 같이 3개의 지정재판부로 고정하는 방식을 택하는 것보다는 필요에 따라 헌법재판소장이 기존의 3개의 지정재판부의 구성에 구애됨이 없이 재판관들 가운데 3인을 선정하여 특별 지정재판부를 구성하여 탄력적으로 운영하는 방식도 병행하는 것을 고려할 필요가 있다고 본다. 사건을 재배당하려고 했을 때 나머지 다른 지정재판부의 구성에서도 여전히 憲法裁判所法 제24조 제1항 또는 제3항에 저촉되는 문제가 발생하면 이에 저촉되지 않는 재판관 3인만을 따로 선정하여 지정재판부를 구성하게 하는 것도 필요하기 때문이다.

(2) 심　　리

지정재판부는 청구된 사건에 대하여 심리를 한다. 지정재판부의 심리에는 憲法裁判所法 제28조, 제31조, 제32조, 제35조의 규정을 準用한다($\frac{憲裁法}{§72⑤}$).

지정재판부의 재판장은 심판청구가 부적법하나 補正할 수 있다고 인정하는 경우에는 상당한 기간을 정하여 보정을 요구하여야 한다. 補正書面을 접수한 때에는 지체없이 그 등본을 피청구인에게 송달하여야 한다. 청구인의 補正이 있는 때에는 처음부터 적법한 심판청구가 있은 것으로 본다. 補正期間은 憲法裁判所法 제38조가 정하는 헌법재판소의 審判期間에 산입하지 아니한다($\frac{憲裁法 §72⑤,}{§28}$).

지정재판부는 사건의 심리를 위하여 필요하다고 인정하는 경우에는 당사자의 신청 또는 직권에 의하여 憲法裁判所法 제31조 제1항이 정하고 있는 證據調査를 할 수 있다. 재판장은 필요하다고 인정할 경우에는 재판관 중의 1명을 지정하여 위의 증거조사를 하게 할 수 있다($\frac{憲裁法 §72⑤,}{§31}$).

지정재판부는 결정으로 憲法裁判所法 제32조가 정하고 있는 事實照會, 기록의 송부, 자료의 제출 요구를 할 수 있다($^{憲裁法 §72⑤.}_{§32}$).

지정재판부의 재판장은 심판정의 질서와 변론의 지휘 및 평의의 정리를 담당한다. 심판정의 질서유지를 위하여 法廷警察權을 행사할 수 있다($^{憲裁法 §72⑤.}_{§35}$).

(3) 결정 및 통지

지정재판부가 심리를 종결한 다음에는 却下의 결정을 하거나 재판부에 심판을 回附하는 결정을 한다. 지정재판부가 헌법소원의 심판청구를 각하하거나 심판회부결정을 한 때에는 그 결정일로부터 14일 이내에 請求人 또는 그 代理人 및 被請求人에게 그 사실을 통지하여야 한다. 憲法裁判所法 제72조 제 4 항 後段의 回附看做規定에 의해 재판부의 심판에 회부된 때에도 같다($^{憲裁法}_{§73①}$).

憲法裁判所長은 헌법소원이 憲法裁判所法 제72조 제 4 항의 규정에 따라 재판부의 심판에 회부된 때에는 法務部長官에게 지체없이 그 사실을 통지하여야 한다($^{同條}_{②}$).

Ⅲ. 却下決定

지정재판부는 사전심사를 한 결과 심판의 청구가 다음의 각 경우에 해당하는 때에는 指定裁判部 裁判官 全員의 일치된 의견에 의한 決定으로 却下한다. i) 다른 법률에 의한 구제절차가 있는 경우 그 절차를 모두 거치지 않고 헌법소원의 심판이 청구된 경우, ii) 법원의 재판에 대하여 헌법소원의 심판이 청구된 경우, iii) 제69조의 규정에 의한 청구기간이 경과된 후 헌법소원심판이 청구된 경우, iv) 제25조의 규정에 의한 대리인의 선임 없이 청구된 경우, v) 기타 헌법소원심판의 청구가 부적법하고 그 흠결을 보정할 수 없는 경우이다($^{憲裁法}_{§72③}$).

指定裁判部에서 이러한 사전심사를 하게 하는 헌법소원심판절차를 고안함에 있어 입법정책적으로 정해진 것으로 이는 입법재량에 해당한다($^{예: 憲 2004. 4.}_{29.-2003헌마783}$).

[憲 2004. 4. 29.-2003헌마783] 「변호사강제주의를 채택하고 있는 헌법소송제도 아래에서는 변호사를 대리인으로 선임하는 것은 제소가 적법하게 되기 위한 소송요건 내지 적법요건이 된다. 따라서 변호사를 대리인으로 선임하지 아니한 채 제기된 헌법소원은 소송요건의 흠결로 부적법하게 되어 각하를 당하게 된다. 문제는 각하의 재판을 전원재판부에서 할 것인지 아니면 지정재판부($^{법 제72조}_{제 1 항}$)에서 할 것인지 하는 것이다. 이것은 본래 입법재량에 속하는 문제이다. 이에 관하여 법 제72조 제 3 항은 "지정재판부는 다음 각호의 1 에 해당하는 경우에는 지정재판부 재판관 전원의 일치된 의견에 의한 결정으로 헌법소원의 심판청구를 각하한다"라고 하면서 그 제 3 호에서 "제25조의 규정에 의한 대리인의 선임 없이 청구된 경우"라고 규정하여 변호사의 선임이 없는 헌법소원을 지정재판부가 각하하도록 하였다. 생각컨대 변호사의 선임이라는 소송요건은 그 구비 여부가 객관적으로 명백히 드러나서 누구나 그 구비 여부를 쉽게 판별할 수 있기 때문에 이를 구비하지 아니한 소원을 지정재

판부에서 바로 각하하여도 그 재판이 잘못될 염려가 없다. 오히려 이렇게 하는 것이 전원재판부의 업무부담을 줄여주고 소송의 결과에 대한 관계 당사자들의 공연한 기대를 조기에 차단하여 그들로 하여금 선후책을 강구할 수 있도록 도와주는 이점이 있다. 그러므로 변호사를 선임하지 아니한 채 제기된 헌법소원을 지정재판부에서 각하하도록 법 제72조 제3항이 규정한 것은 합리적인 이유가 있는 것이고 이 규정이 재판청구권의 본질을 침해할 정도로 입법의 재량을 현저히 일탈한 것이라고 볼 수는 없다. 따라서 이 규정은 청구인의 재판청구권을 침해하는 것은 아니다.」

이 각하결정은 헌법소원심판의 청구 후 30日 이내에 이루어져야 한다(同條④).

Ⅳ. 審判回附決定

지정재판부는 전원의 일치된 의사로 위의 각하결정을 하지 아니하는 경우에는 결정으로 헌법소원을 재판부의 심판에 회부하여야 한다.

헌법소원심판의 청구 후 30日이 지날 때까지 각하결정이 없는 때에는 심판에 회부하는 결정이 있는 것으로 본다(憲裁法§72④). 이러한 재판부로의 심판회부결정의 간주는 지정재판부에 계속된 사건이 지연되는 것을 방지하기 위해서이다.

지정재판부가 청구를 배척할 수 있는 것은 각하결정을 하는 때에 한정되고 기각 결정은 할 수 없다. 지정재판부는 인용결정을 할 수도 없다.

[261] 第二 審 理

Ⅰ. 審判請求書의 送達

헌법재판소가 헌법소원심판의 청구서를 접수한 때에는 지체없이 그 謄本을 피청구인에게 送達하여야 한다(憲裁法§27①).

지정재판부로 하여금 사건을 사전심사를 하게 할 경우에도 이런 청구서 등본의 송달은 사건심사가 종결된 후 재판부의 심판에 회부된 때에 하는 것이 아니라 청구서를 접수한 때에 지체없이 하여야 한다.

Ⅱ. 審判請求의 補正

재판장은 심판청구가 不適法하나 補正할 수 있다고 인정하는 경우에는 상당한 期間을 정하여 보정을 요구하여야 한다(憲裁法§28①).

헌법재판소가 補正書面을 접수한 때에는 지체없이 그 謄本을 피청구인에게 송달하여야 한다(同條②). 이런 심판청구의 보정은 사건이 지정재판부에 계속된 때에는 지정재판부의 재판장이 행하고, 사건이 바로 재판부에 계속된 때에는 재판부의 재판장이 행한다.

청구인의 보정이 있는 경우에는 처음부터 적법한 심판청구가 있은 것으로 본다($\frac{同條}{③}$). 보정요구시에 정한 補正期間은 憲法裁判所法 제38조의 규정에 의한 審判期間에는 산입하지 아니한다($\frac{同條}{④}$).

Ⅲ. 答辯書의 提出

청구서 또는 보정서면의 송달을 받은 피청구인은 헌법재판소에 답변서를 제출할 수 있다($\frac{憲法}{§29①}$).

답변서에는 심판청구의 취지와 이유에 대응하는 답변을 기재한다($\frac{同條}{②}$). 헌법소원 심판절차에서 政府가 당사자인 때에는 法務部長官이 이를 대표한다($\frac{憲裁法}{§25①}$). 국가기관 또는 지방자치단체는 직접 답변서를 제출하는 등 소송을 수행할 수도 있고, 변호사 또는 변호사의 자격이 있는 소속직원을 대리인으로 선임하여 헌법소원심판을 수행하게 할 수도 있다($\frac{同條}{②}$).

Ⅳ. 審理의 方式

헌법소원심판은 서면심리에 의한다(書面審理主義). 다만, 재판부는 필요하다고 인정하는 경우에는 辯論을 열어 當事者, 利害關係人 기타 參考人의 陳述을 들을 수 있다($\frac{憲裁法}{§30②}$).

재판부가 변론을 열 때에는 期日을 정하고 당사자와 관계인을 召喚하여야 한다($\frac{同條}{③}$). 변론은 공개한다($\frac{憲裁法}{§34①}$). 심판의 변론은 헌법재판소의 審判廷에서 행한다. 다만, 헌법재판소장이 필요하다고 인정하는 경우에는 심판정 외의 장소에서 이를 할 수 있다($\frac{憲裁法}{§33}$).

Ⅴ. 證據調査

裁判部는 사건의 심리를 위하여 필요하다고 인정하는 경우에는 당사자의 신청 또는 직권에 의하여, i) 당사자 본인 또는 증인을 訊問하는 일, ii) 당사자 또는 관계인이 所持하는 文書·帳簿·물건 기타 증거자료의 제출을 요구하고 이를 領置하는 일, iii) 특별한 학식과 경험을 가진 자에게 鑑定을 命하는 일, iv) 필요한 물건 사람·장소 기타 사물의 性狀 또는 상황을 檢證하는 일의 증거조사를 할 수 있다($\frac{憲裁法}{§31①}$).

裁判長은 필요하다고 인정할 경우에는 재판관 중 1명을 지정하여 위의 증거조사를 하게 할 수 있다($\frac{同條}{②}$). 이것은 재판장의 권한 행사 중 재량사항에 해당한다.

Ⅵ. 資料提出要求 등

裁判部는 決定으로 다른 국가기관 또는 공공단체의 기관에 대하여 심판에 필요한 사실을 照會하거나, 記錄의 송부나 자료의 제출을 요구할 수 있다. 다만, 裁判 訴

追 또는 犯罪搜査가 진행중인 사건의 기록에 대하여는 송부를 요구할 수 없다($\S_{32}^{憲裁法}$).

VII. 利害關係機關 등의 意見 提出

헌법소원의 심판에 이해관계가 있는 국가기관 또는 공공단체와 법무부장관은 헌법재판소에 그 심판에 관한 의견서를 제출할 수 있다($\S_{74①}^{憲裁法}$).

VIII. 準用規定

憲法裁判所法에 의하면, 헌법소원심판의 경우 憲法裁判所法이 특별히 정하는 경우를 제외하고 헌법소원심판의 성질에 반하지 아니하는 한도 내에서 民事訴訟에 관한 法令과 行政訴訟法이 함께 準用된다($\S_{40①}^{憲裁法}$). 다만, 민사소송에 관한 법령과 행정소송법을 함께 준용한다고 하더라도 行政訴訟法이 민사소송에 관한 법령과 저촉될 때에는 민사소송에 관한 법령은 準用하지 아니한다($_{②}^{同條}$).

IX. 職權主義

헌법소원심판의 심리에는 職權主義가 적용된다. 헌법소원심판제도는 주관소송과 객관소송의 이중적 성격을 지니는데, 그 심리에서 직권주의가 적용된다.

따라서 憲法裁判所는 청구서의 청구취지나 당사자의 주장에 얽매이지 않고 심판대상을 확장하거나 축소할 수 있으며, 청구인의 주장을 종합적으로 판단하여 심판대상을 확정한다.

憲法裁判所의 판례도 같은 취지이다(예: 憲 1989. 9. 4.-88헌마22; 1993. 5. 13.-91헌마190; 1997. 12. 24.-96헌마172 등; 1998. 10. 15.-98헌마168; 2000. 4. 27.-98헌마429등; 2000. 7. 20.-98헌마52; 2001. 2. 22.-99헌마365; 2001. 3. 21.-99헌마150; 2001. 11. 29.-99헌마494; 2005. 11. 24.-2003헌마173; 2007. 10. 25.-2006헌마1236).

[憲 1989. 9. 4.-88헌마22] 「헌법소원심판이 청구되면 헌법재판소로서는 청구인의 주장에만 얽매이어 판단을 한정할 것이 아니라 가능한 한 모든 범위에서 헌법상의 기본권침해의 유무를 직권으로 심사하여야 할 것인바……」

[憲 1993. 5. 13.-91헌마190] 「헌법재판소법 제25조, 제26조, 제30조, 제31조, 제32조, 제37조, 제68조, 제71조 등에 의하면 헌법소원심판제도는 변호사강제주의, 서면심리주의, 직권심리주의, 국가비용부담 등의 소송구조로 되어 있어서 민사재판과 같이 대립적 당사자간의 변론주의 구조에 의하여 당사자의 청구취지 및 주장과 답변만을 판단하면 되는 것이 아니고, 헌법상 보장된 기본권을 침해받은 자가 변호사의 필요적 조력을 받아 그 침해된 권리의 구제를 청구하는 것이므로 소송비용과 청구양식에 구애되지 않고 청구인의 침해된 권리와 침해의 원인이 되는 공권력의 행사 또는 불행사에 대하여 직권으로 조사 판단하는 것을 원칙으로 하고 있다.……헌법재판소는 청구인의 심판청구서에 기재된 피청구인이나 청구취지에 구애됨이 없이 청구인의 주장요지를 종합적으로 판단하여야 하며 청구인이 주장하는 침해된 기본권과 침해의 원인이 되는 공권력을 직권으로 조사하여 피청구인과 심판대상을 확정하여 판단하여야 하는 것이다.」

[憲 2007. 10. 25.-2006헌마1236] 「청구인은 피청구인의 '장애인차량 엘피지 지원지침 폐지' 또는 '장애인차량 엘피지 지원사업 폐지결정'의 위헌성을 주장하고 있으나, 그 실체가 불분명하여 심판의 대상으로 삼기에는 적당하지 않다. 그렇다면 청구인의 의사, 청구인이 주장하는 기본권 침해와의 관련성 등을 감안하여 피청구인의 장애인차량 엘피지 지원사업 변경에 관한 정책결정이 구체화되어 공식적으로 외부로 표출된 것, 즉 이 사건 지침변경을 심판의 대상으로 삼아 판단하기로 한다.」

제 6 절 決   定

[262] 第一 槪   說

I. 意   義

헌법재판소는 헌법소원심판에서 심리를 마치면 선고를 하는데, 이 선고를 決定으로 한다.

헌법소원심판절차에서는 헌법재판의 다른 심판절차와 달리 지정재판부와 재판부가 각기 자기에게 부여된 권한을 행사하는데, 지정재판부에서나 재판부에서나 공히 그 종국적 의사표시는 決定이라는 단일의 재판형식으로 한다.

II. 種   類

헌법소원심판에서 헌법재판소가 행하는 결정에는 청구를 배척하는 却下決定과 棄却決定이 있고, 심판절차를 종료하는 審判節次終了宣言決定과 청구를 인용하는 認容決定이 있다. 위에서 본 바와 같이, 지정재판부에서는 각하결정과 심판회부결정을 한다. 재판부에서는 각하결정, 기각결정, 심판절차종료선언결정, 인용결정을 한다.

III. 裁判官의 意見表示義務

헌법소원심판에 관여한 재판관은 決定書에 의견을 표시하여야 한다(憲裁法 §36③). 재판관의견표시제도에 관하여는 앞에서 본 바와 같다([74] 이하).

[263] 第二 却下決定

I. 意   義

헌법재판소는 헌법소원심판의 청구가 不適法한 경우에 각하결정을 한다. 각하결정은 지정재판부에서 하는 경우와 전원재판부에서 하는 경우가 있다.

Ⅱ. 個別 問題

憲法裁判所는 公訴時效가 완성된 不起訴處分에 대한 헌법소원심판의 청구에 대하여 却下決定을 한 것도 있고(예: 憲 1989. 4. 17.–88헌마3; 1989. 7. 28.–89헌마65; 1989. 12. 22.–89헌마22), 棄却決定을 한 것도 있다. 기각결정을 한 헌법재판소의 결정에는 각하결정을 하여야 한다는 반대의견이 있다(예: 憲 2001. 7. 19.–2001헌마148; 2001. 9. 27.–2001헌마4; 2001. 12. 20.–2001헌마366; 2002. 6. 27.–2002헌마127; 2003. 2. 27.–2002헌마613). 공소시효가 완성된 경우 이외에도 피고소인의 사망을 이유로 불기소처분을 한 경우(예: 憲 2002. 7. 18.–2002헌마255), 친고죄에서 고소가 부적법하여 무효라는 이유로 불기소처분을 한 경우(예: 憲 2002. 9. 19.–2002헌마469), 親族相盜例에 의한 형면제사유에 해당한다는 이유로 불기소처분을 한 경우(예: 憲 2002. 10. 31.–2001헌마477), 공소시효가 완성된 혐의사실을 고소하였기 때문에 誣告罪에 해당하지 않는다는 이유로 불기소처분을 한 경우(예: 憲 2003. 6. 26.–2002헌마81)에도 동일한 견해 대립이 있었다. 불기소처분에 대한 헌법소원심판에서 각하결정을 할 것인가 기각결정을 할 것인가 하는 것은 실제에서 구별할 實益이 별로 없다.

《심판절차종료선언》

憲法裁判所는 헌법소원심판절차에서 청구인이 사망한 때에 소송절차를 受繼할 당사자가 없거나 수계의사가 없는 경우(예: 憲 1992. 11. 12.–90헌마33)와 청구인이 심판청구를 취하한 경우(예: 憲 1995. 12. 15.–95헌마221등)에는 원칙적으로 심판절차가 종료되므로 별도의 결정이 필요하지 아니하나, 절차의 종료 여부에 관하여 다툼이 있는 등 절차가 종료되었음을 분명히 할 필요가 있는 경우에는 각하결정을 하지 않고 심판절차 종료선언을 하고 있다. 그러나 청구인이 사망한 때에 상속인의 수계의사표시가 없어도 헌법재판소가 결정을 할 수 있을 정도로 사건이 성숙되어 있고 이미 유죄판결을 받은 자의 이익을 위해 결정을 할 필요성이 있는 경우(예: 憲 1994. 12. 29.–90헌마13), 헌법소원심판청구의 인용으로 청구인의 배우자, 직계친족, 형제자매가 刑事訴訟法에 의거하여 재심청구를 할 수 있는 경우(예: 憲 1997. 1. 16.–89헌마240)에는 심판종료선언을 하지 아니하고 본안판단을 한다. 이런 심판절차종료선언의 主文은 「이 사건 (헌법소원)심판절차는……로 ○○년 ○○월 ○○일 종료되었다」라고 표시하고 있다. 앞에서 본 바와 같이, 청구가 취하된 경우에 심판절차가 종료되는가에 대해서는 논란이 있다([254]Ⅳ(3)).

Ⅲ. 效 力

헌법재판소가 심판청구를 부적법하다는 이유로 각하결정을 하게 되면, 그 각하결정에서 판시한 요건의 흠결을 보정할 수 있는 때에 한하여 이를 보정하여 다시 심판청구를 하는 것은 허용된다. 그러나 요건의 흠결을 보정하지 않고 동일한 내용의 심판청구를 다시 되풀이하는 것은 허용되지 않는다. 각하결정도 종국재판이므로 그 이유가 된 要件의 흠결에 대한 헌법재판소의 판단부분에는 기판력이 발생한다.

憲法裁判所의 확립된 판례이기도 하다(예: 憲 1989. 7. 1.–89헌마138; 1992. 12. 8.–92헌마276; 1993. 5. 13.–92헌마238; 1993. 9. 15.–93헌마209; 1994. 2. 7.–94헌마19; 2002. 12. 18.–2002헌마279).

[憲 1993. 9. 15.-93헌마209] 「헌법소원심판절차에서 심판청구가 부적법하다고 인정하여 헌법재판소가 일단 각하결정을 하게 되면, 그 각하결정에서 판시한 요건의 흠결을 보정할 수 있는 때에 한하여 그 요건의 흠결을 보정하여 다시 심판청구를 하는 것은 모르되, 그러하지 아니한 채로 동일한 내용의 심판청구를 되풀이하는 것은 허용될 수 없다는 것이 우리 재판소의 확립된 판례이다.」

[264] 第三 棄却決定
I. 意 義
헌법재판소는 헌법소원심판의 청구에 대하여 **本案審理**를 한 결과 이유가 없는 때에는 청구를 기각하는 결정을 한다.

《입법자에 대한 권고》
헌법재판소는 법률에 대한 헌법소원심판에서 기각결정을 하면서 국회에 대하여 권고적인 의견을 설시한 경우가 있다(예: 憲 2009. 11. 26.-2008헌마114). 법률이 비록 헌법에 위반되지는 않지만 헌법재판소의 심리과정에서 부당한 점이 발견되어 이를 바로 잡을 것이 필요한 경우에 이러한 권고적인 의견을 설시하는 것은 가능하다. 그것은 단순히 기각결정만 하는 경우에는 국회가 미처 해당 법률이 안고 있는 문제들에 대해 인식할 계기가 만들어지지 않거나, 문제점의 소재, 법률개정의 방향에 대하여 충분한 고려를 가지기 어려울 수 있다. 따라서 이러한 권고는 차후 법률개정에 도움을 준다. 그러나 헌법재판소의 너무 상세한 권고는 국회의 입법권에 대한 간섭도 되기 때문에 이러한 점은 권고적 의견을 제시할 때 유의할 필요가 있다. 특히 법률의 위헌여부를 심사하는 재판에서 이러한 권고적 의견이 정치적인 입장을 표명하는 것인 경우에는 헌법재판소가 실질적으로 정치활동을 하는 것이므로 바람직하지 않다. 물론 이러한 권고적 의견은 국회를 기속하지 않는다.

II. 效 力
기각결정에는 자기구속력, 형식적 확정력, 기판력이 발생하지만, **羈束力**은 발생하지 않는다.

[265] 第四 認容決定
I. 意 義
헌법재판소는 헌법소원심판의 청구에 대하여 본안심리를 한 결과 청구가 이유가 있는 경우에는 청구를 인용하는 **認容決定**을 한다.

헌법소원심판의 청구를 인용할 때에는 인용결정서의 주문에서 침해된 기본권과 침해의 원인이 된 공권력의 행사 또는 불행사를 특정하여야 한다(憲裁法 §75②).

Ⅱ. 定 足 數

헌법소원심판에서 인용결정을 하는 경우에는 재판관 6인 이상의 찬성이 있어야
한다($\frac{憲裁法}{§23②_1}$). 따라서 재판관 9인 중 인용의견이 5인이고 기각의견이 4인인 때에는 인
용의견이 다수이더라도 인용결정의 정족수에 미달하므로 기각결정을 한다($\frac{예: 憲 1999. 1.}{28.-98헌마85}$).

　　憲法裁判所는 헌법소원심판에서 재판관 9인 중 인용의견이 5인이고 각하의견이
4인인 경우에 憲法裁判所法 제23조 제2항 제1호에 규정된 헌법소원심판에서 요구
되는 인용결정의 정족수에 미달한다는 이유로 기각결정을 하였다($\frac{예: 憲 2000. 2.}{24.-97헌마13등}$).

Ⅲ. 種 類

헌법소원심판에서 행하는 인용결정에는 공권력의 행사를 취소하는 取消決定, 공
권력의 불행사 또는 침해가 종료된 공권력의 행사에 대하여 위헌임을 확인하는 違憲
確認決定이 있고, 법령에 대한 헌법소원심판에서는 행하는 違憲決定과 變形決定이
있다.

(1) 취소결정

헌법재판소는 헌법소원심판의 청구를 인용하는 인용결정에서 기본권 침해의 원
인이된 공권력의 행사를 취소할 수 있다($\frac{憲裁法}{§75③}$).

　　이러한 취소결정은 그 성질상 공권력의 행사에 대해서 행해지고 공권력의 불행
사에 대해서는 이루어지지 않는다.

　　행정행위($\frac{예: 憲 1999. 6. 24.-97헌마}{315; 2000. 1. 27.-99헌마123}$), 법원의 재판($\frac{예: 憲 1997. 12.}{24.-96헌마172등}$), 검사 또는 군검찰관의 불기
소처분에 대한 헌법소원심판을 인용하는 경우에 취소결정을 한다.

　　法令에 대한 헌법소원심판에서는 취소결정을 하지 않고 위헌결정을 하거나 변형
결정을 한다. 憲法裁判所의 판례상 확립된 태도이다.

　　憲法裁判所의 判例 가운데는 법규명령에 대한 헌법소원심판에서 해당 법규명령에
대하여 위헌결정을 하면서「헌법재판소법 제75조 제3항에 의하여 취소되어야 하는
것이므로 이를 취소하는 의미에서 위헌선언하기로 하여……」라고 하여($\frac{憲 1993. 5. 13.}{-92헌마80}$) 이
위헌결정을 憲法裁判所法 제75조 제3항에서 정하고 있는 취소결정의 의미를 가지
는 것으로 본 것이 있다. 법령에 대한 위헌결정의 성질을 폐지무효라고 보더라도
법령에 대하여 위헌결정을 하여 효력을 없애는 것을 憲法裁判所法 제75조 제3항에
서 정하고 있는 취소라고 이해하는 것은 타당하지 않다고 보인다.

(2) 위헌확인결정

(a) 헌법재판소는 인용결정에서 기본권 침해의 원인이 된 공권력의 불행사가 위
헌임을 확인할 수 있다($\frac{憲裁法}{§75③}$). 즉 행정부작위, 진정입법부작위, 사법부작위와 같은

공권력의 불행사에 대한 헌법소원심판의 청구를 인용할 때 위헌확인결정을 한다.

憲法裁判所도 같은 태도이다(예: 憲 1994. 12. 29.−89헌마2; 1989. 9. 4.−88헌마22; 1998. 7. 16.−96헌마246).

(b) 헌법소원심판에서는 공권력의 행사로 인하여 기본권을 침해한 경우에 그 침해행위가 종료된 때에도 심판이익을 인정하여 인용결정을 할 때가 있는데, 이 경우에 종료된 침해행위가 위헌임을 확인하는 결정을 한다. 이러한 침해행위는 이미 종료되어 존재하지 않기 때문에 성질상 취소할 수 없고 위헌임을 확인할 수 있을 뿐이다.

憲法裁判所의 판례도 마찬가지로 확고한 태도를 보이고 있다(예: 憲 1992. 1. 28.−91헌마111; 1993. 7. 29.−89헌마31; 1995. 7. 21.−92헌마144; 1997. 11. 27.−94헌마60; 1999. 5. 27.−97헌마137; 2003. 12. 18.−2001헌마163).

(3) 근거법률의 위헌결정

(a) 헌법재판소는 공권력의 행사 또는 불행사가 위헌인 法律 또는 法律의 條項에 기인한 것이라고 인정될 때에는 認容決定에서 해당 법률 또는 법률의 조항이 위헌임을 宣告할 수 있다(憲裁法 §75⑤). 이런 형태의 결정은 독자적으로 선고될 수 없고, 항상 취소결정이나 위헌확인결정과 함께 선고된다.

(b) 이런 근거 법률에 대한 위헌결정이 있는 때에는 憲法裁判所法 제45조와 제47조의 규정이 준용되므로 위헌법률심판에서의 위헌결정의 형식과 효력에서 동일하다(同條 ⑥). 이러한 附隨的인 위헌결정은 單純違憲決定의 형태로 할 수도 있고(예: 憲 1992. 1. 28.−91헌마111), 變形決定의 형태(예: 憲 1995. 7. 21.−92헌마144)로 할 수도 있다.

(4) 법률에 대한 헌법소원심판의 경우

헌법소원심판 가운데 법률에 대한 헌법소원심판은 다른 경우와 달리 규범통제의 성질도 가지고 있으므로 이를 인용하는 경우에는 규범통제에서 인용하는 경우와 같다. 법률이나 법률조항이 기본권을 침해한 경우에는 해당 법률이나 법률조항에 대하여 위헌결정을 하거나 변형결정을 한다.

이러한 경우에 대하여 憲法裁判所法은 명확히 정하고 있지 아니하므로 이런 인용결정과 관련하여 규정의 흠결이 있는 경우에는 위헌법률심판에 관한 규정을 類推하여 해결할 필요가 있다.

(a) 위헌결정

(ⅰ) 심판의 대상이 된 법률이나 법률조항이 기본권을 침해한 경우에는 위헌결정을 한다. 위헌법률심판의 경우와 달리 주문에서 침해된 기본권과 침해의 원인이 된 법률 또는 법률조항을 특정하여야 한다(憲裁法 §75②).

위헌으로 결정된 법률이나 법률조항의 효력은 위헌법률심판의 경우와 동일하다.

(ⅱ) 헌법소원심판에서 심판의 대상은 청구인의 주장에 의해 확정되는 것이 아니

어서 법률 전부를 심판의 대상으로 할 것인가 또는 청구인이 위헌이라고 주장하는 법률조항 이외에 어떤 법률조항을 심판의 대상에 포함시킬 것인가 하는 문제는 헌법재판소가 심판의 대상을 확정할 때 상당 부분 해결된다.

그러나 처음에 심판의 대상으로 확정할 때 포함시키지 못한 법률조항이 위헌으로 선고되는 법률조항과 밀접한 연관성이 있어 위헌으로 선고할 필요가 있는 경우에는 憲法裁判所法 제45조 但書의 규정을 유추하여 함께 위헌으로 선고할 수 있다고 할 것이다.

憲法裁判所도 이러한 경우를 「附隨的 違憲宣言」이라고 하여 위헌으로 선언하고 있다(예: 憲 2001. 7.
19.–2000헌마91).

[憲 2001. 7. 19.–2000헌마91] 「헌법심판의 대상이 된 법률조항 중 일정한 법률조항이 위헌선언되는 경우 같은 법률의 그렇지 아니한 다른 법률조항들은 효력을 그대로 유지하는 것이 원칙이나, 합헌으로 남아 있는 어떤 법률조항이 위헌선언 되는 법률조항과 밀접한 관계에 있어 그 조항만으로는 법적으로 독립된 의미를 가지지 못하는 경우에는 예외적으로 그 법률조항에 대하여 위헌선언을 할 수 있다(헌재 1989. 11.
20. 89헌가102:
헌재 1991. 11. 25. 91헌가6;
헌재 1996. 12. 26. 94헌바1). 공선법 제189조 제1항은 요컨대, 저지조항의 기준을 넘는 의석할당정당이 지역구국회의원선거에서 얻은 "득표비율"에 따라 비례대표국회의원의석을 배분한다는 것으로서, 비례대표국회의원선거제도의 근간을 이루는 핵심적 요소이다. 동조 제2항은 그 "득표비율"을 어떻게 산출할 것인지에 관하여, 동조 제3항, 제4항은 그렇게 산출된 "득표비율"을 기초로 하여 의석을 각 정당에 어떻게 배분할 것인지에 관하여 상세한 방법을 보충한 규정에 불과하며, 동조 제5항, 제6항은 그와 같이 결정된 의석 배분을 전제로 당선을 결정하거나 공석처리한다는 규정이고, 동조 제7항은 일정한 사유가 있어 국회의원지역구의 선거가 모두 종결되지 아니한 경우에도 역시 위 제1항 내지 제6항의 규정에 따라 비례대표국회의원의 의석을 배분하고 당선인을 결정할 수 있도록 하기 위한 조항이다. 따라서 비례대표국회의원선거의 근간이 되는 공선법 제189조 제1항이 위헌이라면 그에 부수되는 동조 제2항 내지 제7항은 독자적인 규범적 존재로서의 의미를 잃게 된다. 그렇다면 이 조항들이 비록 심판대상이 아니지만 함께 위헌선언을 함으로써 법적 명확성을 기하는 것이 상당하므로 그에 대하여도 아울러 위헌선언을 하는 것이다.」

(iii) 마찬가지로 심판대상인 법률조항의 위헌결정으로 인하여 당해 법률 全部를 施行할 수 없다고 인정될 때에는 그 全部에 대해서도 위헌의 결정을 할 수 있다고 할 것이다. 이러한 것은 憲法裁判所法 제45조 但書 규정의 유추에 의해 인정된다고 할 것이다.

(b) 변형결정

法令에 대한 헌법소원심판에서 변형결정의 형태를 띤 主文을 표시할 수 있다.

이 경우에도 위헌법률심판의 경우와는 달리 청구인의 기본권을 침해하는 부분을 특정하여야 한다. 예컨대 한정적으로 법률의 해당 부분이 위헌임을 표시하는 경우에도 주문은 「○○법 제○조는……라고 적용되는 범위 내에서 청구인의 ○○권을 침해하여 헌법에 위반된다」라고 표시하여야 한다.

(c) **침해된 기본권의 주문표시여부**

위에서 본 와 같이, 법령에 대한 헌법소원심판에서 인용결정을 하는 때에는 주문에서 침해된 기본권을 표시하여야 한다.

憲法裁判所의 판례 가운데는 대법원규칙($_{15.-89헌마178}^{예: 憲 1990. 10.}$), 문화체육부령($_{13.-92헌마80}^{예: 憲 1993. 5.}$), 식품 등의 표시기준($_{30.-99헌마143}^{예: 憲 2000. 3.}$)에 대한 헌법소원심판에서 인용결정을 하면서 기본권의 침해를 주문에서 표시한 것도 있고, 법률에 대한 헌법소원심판에서 인용결정을 하면서 침해된 기본권을 표시하지 않은 것도 있다($_{11.-91헌마21;\ 1999.\ 11.\ 25.-95헌마154}^{예: 憲 1990.\ 10.\ 8.-89헌마89;\ 1991.\ 3.}$). 침해된 기본권을 표시하는 것이 타당하다.

[憲 1991. 3. 11.-91헌마21] 「헌법재판소법 제75조 제2항의 규정에 따라 주문에 침해된 기본권을 표시하지 않는 이유는, 법률에 대한 헌법소원은 청구인의 침해된 기본권 구제의 면도 있으나 객관적인 헌법질서의 확립이라는 성질이 더 부각되어야 할 것이고, 동 규정의 취지가 같은 조 제3항 내지 제5항과의 관계에서 볼 때 입법권, 즉 법률에 의한 기본권침해의 경우에 부합하는 규정이라고 보여지지 않고, 오히려 같은 조 제6항이 헌법소원을 인용하여 법률의 위헌을 선고할 경우에는 같은 법 제45조, 제47조의 규정을 준용하도록 하고 있어서 구태여 주문에 침해된 기본권을 표시할 필요까지는 없다고 해석되기 때문이며……」

Ⅳ. 效　力

(1) 내　용

헌법소원심판에서 인용결정은 자기구속력, 형식적 확정력, 기판력, 기속력을 발생시킨다. 헌법소원의 인용결정은 모든 국가기관과 지방자치단체를 **羈束**한다($_{§75①}^{憲裁法}$). 법률에 대한 헌법소원심판에서 위헌결정을 한 경우에 위헌으로 결정된 법률 또는 법률조항은 위헌법률심판에서와 마찬가지로 일반적으로 그 효력을 상실한다.

[憲 1993. 11. 25.-93헌마113] 「헌법재판소법 제75조 제1항에는 헌법소원의 인용결정은 모든 국가기관과 지방자치단체를 기속한다고 규정되어 있다. 이 규정이 헌법소원의 피청구인에 대하여 가지는 뜻은 헌법소원의 인용결정이 있으면 피청구인은 모름지기 그 인용결정의 취지에 맞도록 공권력을 행사하여야 한다는 데에 있다고 할 것이다. 헌법재판소법 제75조 제4항은 헌법재판소가 공권력의 불행사에 대한 헌법소원을 인용하는 결정을 한 때에는 피청구인은 결정취지에 따라 새로운 처분을 하여야 한다고 규정함으로써, 공권력의 불행사에 대한 헌법소원의 인용결정에 관하

여는 이 뜻을 명백히 하고 있다. 따라서 검사의 불기소처분을 취소하는 헌법재판소의 결정이 있는 때에 그 결정에 따라 불기소한 사건을 재기수사하는 검사로서는 헌법재판소가 그 결정의 주문 및 이유에 설시한 취지에 맞도록 성실히 수사하여 결정을 하여야 할 것이다.」

(2) 새로운 처분

헌법재판소가 公權力의 不行使에 대한 헌법소원심판의 청구를 인용하는 결정을 한 때에는 被請求人은 決定趣旨에 따라 새로운 處分을 하여야 한다($\substack{憲裁法\\§75④}$).

제 7 절 再 審

憲法裁判所法 제68조 제 1 항의 헌법소원심판에서는 성질이 허용하는 범위 내에서는 憲法裁判所法 제40조에 의해 준용되는 민사소송법의 재심에 관한 규정에 따라 재심을 할 수 있다고 할 것이다.

憲法裁判所는, 헌법재판소법 제68조 제 1 항에 의한 헌법소원 중 공권력의 작용을 대상으로 하는 헌법소원절차에 있어서는, 헌법재판소법 제40조에 의해 준용되는 민사소송법상의 재심에 관한 규정에 따라 재심을 허용함이 상당하다고 보고, 재심사유는 민사소송법 제451조 제 1 항 각 호의 사유 중 헌법소원심판에 대한 재심의 성질상 허용되는 범위 안에서 준용된다고 본다($\substack{예: 憲 2001. 9. 27.-2001헌아3;\\2007. 2. 22.-2006헌아50}$). 이러한 전제하에서 再審請求人은 민사소송법 제451조 제 1 항 각 호의 사유 중 헌법소원심판에 대한 재심의 성질상 허용되는 사유를 재심청구의 이유($\substack{民訴法\\§458 iii}$)로 주장하여야 하고($\substack{民訴法 §451\\① 本}$), 이에 해당하지 아니하는 사유를 들어 재심을 청구하면 그 심판청구는 부적법하다고 본다($\substack{예: 憲 2007. 2.\\22.-2006헌아50}$).

[憲 2007. 2. 22.-2006헌아50] 「헌법재판소법 제68조 제 1 항에 의한 헌법소원 중 공권력의 작용을 대상으로 하는 권리구제형 헌법소원절차에 있어서는 헌법재판소법 제40조에 의해 준용되는 민사소송법상의 재심에 관한 규정에 따라 재심을 허용함이 상당하되, 재심사유는 민사소송법 제451조 제 1 항 각 호의 사유 중 헌법소원심판에 대한 재심의 성질상 허용되는 범위 안에서 준용된다고 할 것이다($\substack{헌재 2001. 9. 27.\\2001헌아3}$). 그렇다면 재심청구인으로서는 민사소송법 제451조 제 1 항 각 호의 사유 중 헌법소원심판에 대한 재심의 성질상 허용되는 사유를 재심청구의 이유($\substack{민사소송법\\제458조 제 3 호}$)로 주장하여야 하고($\substack{민사소송법 제451조\\제 1 항 본문}$), 이에 해당하지 아니하는 사유를 들어 재심을 청구하면 그 심판청구는 부적법하다.」

[266]　第一　裁判部構成의　違法

헌법재판소의 구성에서 위법한 점이 있으면 再審을 인정하여야 한다([88]).

憲法裁判所는, 憲法裁判所法 제68조 제1항의 헌법소원심판에서는 재판부의 구성이 위법한 경우 등 절차상 중대·명백한 위법이 있어서 재심을 허용하지 아니하면 현저히 정의에 반하는 경우에 한하여 재심이 제한적으로 인정된다고 한다 (예: 憲 1995. 1. 20.-93헌/아1; 1998. 3. 26.-98헌아2).

> **[憲 1995. 1. 20.-93헌아1]** 「헌법재판소법 제68조 제1항에 의한 헌법소원 중 행정작용에 속하는 공권력 작용을 대상으로 하는 권리구제형 헌법소원절차에 있어서는, 그 결정의 효력이 원칙적으로 소송당사자 사이에서만 미치기 때문에 법령에대한 헌법소원과 동일하게 볼 수 없으므로 일반법원의 재판과 같이 재심을 허용함이 상당한 면이 없지 않다. 그러나 헌법재판은 일반법원에 의한 재판과는 달리 사실의 판단이나 그에 대한 법령의 적용을 주된 임무로 하는 것이 아니라 헌법의 해석을 주된 임무로 하고 있으며, 특히 행정작용에 속하는 공권력 작용을 대상으로 하는 권리구제형 헌법소원절차에서는 일반적으로 다른 법률에 의한 구제절차를 모두 거친 다음에 비로소 적법하게 헌법소원심판을 청구할 수 있을 뿐이다. 이와 같은 심판절차상의 특수한 사정 등을 고려할 때, 헌법재판소의 결정은 일반법원의 재판에 비하여 재심을 허용하지 아니함으로써 얻을 수 있는 법적 안정성의 이익이 재심을 허용할 수 있는 구체적 타당성의 이익보다 상대적으로 높다고 할 수 있다. 그러므로 헌법재판소법 제68조 제1항에 의한 헌법소원 중 행정작용에 속하는 공권력 작용을 대상으로 하는 권리구제형 헌법소원절차에 있어서는, 사안의 성질상 헌법재판소의 결정에 대한 재심은 재판부의 구성이 위법한 경우 등 절차상 중대하고도 명백한 위법이 있어서 재심을 허용하지 아니하면 현저히 정의에 반하는 경우에 한하여 제한적으로 허용될 수 있을 뿐이라고 해석함이 상당할 것이다.」

憲法裁判所는 법률에 대한 헌법소원심판에서 인용결정은 위헌법률심판의 경우와 같이 기속력과 대세적·법규적 효력을 가지고, 재심을 허용하지 아니함으로써 얻는 법적 이익이 이를 허용함으로써 얻는 구체적 타당성의 이익보다 훨씬 크다는 것이 예상되므로 재심이 허용되지 않는다고 한다(예: 憲 2002. 9. 19.-2002헌아5; 2004. 2. 10.-2004헌아4; 2004. 11. 23.-2004헌아47; 2006. 9. 26.-2006헌아37). 그러나 재판부의 구성이 위법한 경우에는 위헌법률심판과 법령에 대한 헌법소원심판에 대해서도 재심이 인정된다고 해야 할 것이다([154]Ⅲ)(反對: 許營d. 430).

> **[憲 2006. 9. 26.-2006헌아37]** 「헌법재판소법 제68조 제1항에 의한 헌법소원 중 법령에 대한 헌법소원의 경우 헌법재판소의 인용(위헌)결정은 이른바 일반적 기속력과 대세적·법규적 효력을 가지는 것이므로 그 효력 면에서 같은 법 제68조 제2항의 헌법소원과 유사한 성질을 지니고 있다. 그런데 헌법재판소법 제68조 제2항에 의한 헌법소원에 있어서 그 인용결정은 위헌법률심판의 경우와 마찬가지로 일반적 기속력과 대세적·법규적 효력을 가지며, 위헌법률심판을 구하는 헌법소원에 대

한 헌법재판소의 결정에 대하여는 재심을 허용하지 아니함으로써 얻을 수 있는 법적 안정성의 이익이 재심을 허용함으로써 얻을 수 있는 구체적 타당성의 이익보다 훨씬 높을 것으로 쉽사리 예상할 수 있으므로 헌법재판소의 이러한 결정에는 재심에 의한 불복방법이 그 성질상 허용될 수 없다고 보는 것이 상당하다. 그렇다면 헌법재판소법 제68조 제 1 항에 의한 헌법소원 중 법령에 대한 헌법소원은 위 같은 법 제68조 제 2 항에 의한 헌법소원의 경우와 동일한 근거로써 재심을 허용하지 아니함이 상당하다.」

［267］ 第二 判斷遺脫

憲法裁判所는 憲法裁判所法 제68조 제 1 항의 헌법소원심판에서 재심의 허용여부에 관하여 초기에는 民事訴訟法의 재심사유인 判斷遺脫은 憲法裁判所法 제68조 제 1 항의 헌법소원심판에서의 재심사유가 되지 않는다고 하는 태도(예: 憲 1995. 1. 20.-93헌아1; 1998. 3. 26.-98헌아2)를 유지하다가, 후에 판례를 변경하여 이를 인정하는 태도(예: 憲 2001. 9. 27.-2001헌아3)를 보이고 있다 (반대의견 있음.「2001헌아3」의 소수의견).

［憲 1995. 1. 20.-93헌아1］「헌법재판소법 제68조 제 1 항에 의한 헌법소원심판절차 중 행정작용에 속하는 공권력작용을 대상으로 하는 권리구제형 헌법소원사건을 재심대상사건으로 하는 이 사건에서 민사소송법 제422조 제 1 항 제 9 호에 정한 판단유탈이 바로 헌법재판에서도 재심사유가 될 수 있겠느냐의 것이 문제이다. 헌법재판소법 제71조 제 1 항 제 4 호가 같은 법 제68조 제 1 항의 규정에 의한 헌법소원의 심판청구서에 청구이유를 기재하도록 규정하고 있지만 헌법소원심판절차에서는 변론주의가 적용되는 것이 아니어서, 헌법재판소는 필요한 경우 청구인이 주장하는 청구이유 이외의 헌법소원의 적법요건 및 기본권침해 여부에 관련되는 이유에 관하여 직권으로도 판단하고 있다. 또한 앞서 본 바와 같이 헌법재판이 헌법의 해석을 주된 임무로 하고 있고, 행정작용에 속하는 공권력 작용을 대상으로 하는 권리구제형 헌법소원절차에서는 사전구제절차를 모두 거친 뒤에야 비로소 적법하게 헌법소원심판을 청구할 수 있다고 하는 사정 등을 고려할 때, 헌법재판소법 제68조 제 1 항에 의한 헌법소원심판절차 중 행정작용에 속하는 공권력 작용을 대상으로 하는 권리구제형 헌법소원에 있어서는 민사소송법 제422조 제 1 항 제 9 호 소정의 판단유탈은 적어도 헌법재판소의 결정에 대한 재심사유는 되지 아니한다.」

［憲 1998. 3. 26.-98헌아2］「헌법재판소법 제68조 제 1 항에 의한 헌법소원 중 행정작용에 속하는 공권력 작용을 대상으로 한 권리구제형 헌법소원에 있어서 판단유탈이 헌법재판소 결정에 대한 재심사유가 되는지 여부에 관하여 우리 재판소는, 재판부의 구성이 위법한 경우 등 절차상 중대하고도 명백한 위법이 있는 경우 이외에는 헌법소원심판절차에서는 변론주의가 적용되는 것이 아니어서 직권으로 청구인이 주장하는 청구이유 이외의 헌법소원의 적법요건 및 기본권침해여부를 판단하는 점과 헌법재판이 헌법의 해석을 주된 임무로 하고 있는 특성, 행정작용에 속하는 공권력 작용을 대상으로 하는 권리구제형 헌법소원심판절차에서는 사전 권리구제절

차를 모두 거친 뒤에야 비로소 적법하게 헌법소원심판을 청구할 수 있다고 하는 사정 등을 고려하여 헌법재판소의 결정에 대하여는 민사소송법 제422조 제1항 제9호 소정의 판단유탈은 재심사유가 되지 아니한다고 판시한 바 있으며(1995. 1. 20. 선고, 93헌아1 결정 참조)…….」
[憲 2001. 9. 27.-2001헌아3] 「헌법재판소법 제40조 제1항은……고 규정하고, 같은 조 제2항은……고 규정하고 있을 뿐, 헌법재판소의 심판절차에 대한 재심절차의 허용여부에 관하여는 별도의 명문규정을 두고 있지 않다. 그러므로 헌법재판소의 결정에 대하여 재심이 허용될 것인지 여부가 문제되는바, 헌법재판은 그 심판의 종류에 따라 그 절차의 내용과 결정의 효과가 한결같지 아니하기 때문에 재심의 허용여부 내지 허용정도 등은 심판절차의 종류에 따라서 개별적으로 판단될 수밖에 없다고 할 것이다. 그런데 이 사건의 재심대상사건과 같이 헌법재판소법 제68조 제1항에 의한 헌법소원 중 공권력의 작용을 대상으로 하는 권리구제형 헌법소원절차에 있어서는, 그 결정의 효력이 원칙적으로 당사자에게만 미치기 때문에 법령에 대한 헌법소원과는 달리 일반법원의 재판과 같이 민사소송법의 재심에 관한 규정을 준용하여 재심을 허용함이 상당하다고 할 것이다.……비록 헌법소원심판절차에서 직권주의가 적용되고 있는 것은 사실이지만, 직권주의가 적용된다는 의미는 당사자가 주장하지 아니한 적법요건 및 기본권침해여부에 관하여도 직권으로 판단할 수 있다는 것이지 당사자가 주장한 사항에 대하여 판단하지 않아도 된다는 의미는 아닐 뿐만 아니라, 직권주의가 적용된다고 하여 당사자의 주장에 대한 판단유탈이 원천적으로 방지되는 것도 아니므로 헌법소원심판절차에 직권주의가 적용된다고 하더라도 이는 "판단유탈"을 재심사유에서 배제할 만한 합당한 이유가 되지 못한다. 특히 민사소송법 제422조 제1항 제9호 소정의 "판단유탈"의 재심사유는 모든 판단유탈을 그 사유로 함에 있지 아니하고 판결에 영향을 미칠 중요한 사항에 대한 판단유탈만을 그 사유로 하고 있으므로 더욱 그러하다. 만약 이러한 "판단유탈"이 재심사유로 허용되지 않는다고 본다면 중대한 사항에 대한 판단을 유탈함으로써 결정에 영향을 미쳤다고 하더라도 이 잘못은 영원히 시정할 길이 없게 된다. 더욱이 헌법재판소법 제71조 제1항 제4호의 규정에 따르면 같은 법 제68조 제1항의 규정에 의한 헌법소원의 심판청구서에는 반드시 청구이유를 기재하도록 되어 있는데, 그 취지는 청구인의 청구이유에 대하여 유탈함이 없이 판단할 것을 요구함에 있다 할 것이다. 이와 같은 점들을 고려할 때, 공권력의 작용에 대한 권리구제형 헌법소원심판절차에 있어서 '헌법재판소의 결정에 영향을 미칠 중대한 사항에 관하여 판단을 유탈한 때'를 재심사유로 허용하는 것이 헌법재판의 성질에 반한다고 볼 수는 없다. 또한 공권력의 작용을 대상으로 하는 권리구제형 헌법소원의 경우에는 법령에 대한 헌법소원과는 달리 사실의 판단이나 그에 대한 법령의 적용을 바탕으로 하여 헌법해석을 하게 되는 것이고, 사전구제절차를 거친다 하여 헌법재판시의 판단유탈을 예방할 수 있는 것도 아니므로 헌법의 해석을 주된 임무로 하고 있는 헌법재판의 특성이나 사전구제절차를 거친 뒤에야 비로소 헌법소원을 제기할 수 있다고 하는 사정도 "판단유탈"을 재심사유에서 배제할 합당한 이유가 되지 못한다고 하겠다. 결국 민사소송법 제422조 제1항 제9호 소정의 "판단유탈"을 재심사유로 허용하는 것은 공권력의 작용을 대상으로 하는 권리구제형 헌법소원의 성질에 반한다고 할 수 없으므로 민사소송법 제422조 제1항 제9호를 준용하여 "판단유탈"도 재심사유로

허용되어야 한다고 하겠다. 따라서 종전에 이와 견해를 달리하여 헌법재판소법 제68
조 제 1 항에 의한 헌법소원 중 행정작용에 속하는 공권력 작용을 대상으로 한 권리
구제형 헌법소원에 있어서 민사소송법 제422조 제 1 항 제 9 호 소정의 판단유탈은 재
심사유가 되지 아니한다는 취지로 판시한 우리 재판소의 의견(현재 1995. 1. 20. 93헌아
1; 1998. 3. 26. 98헌아2)은 이
를 변경하기로 한다.」　　　　이 결정에는 헌법재판소의 종래의 판례를 변경할 이유
가 없다고 한 재판관 2인의 반대의견이 있다.

［268］　第三　基礎事實認定에서의　判斷　誤謬

　　헌법재판소는 불기소처분에 대한 헌법소원심판청구가 재항고기간을 준수하여
적법하게 제기된 것임에도 헌법재판소가 재항고기간을 도과하여 사전구제절차를 거
치지 않은 것으로 오인하여 각하결정을 한 경우에 이 결정에 대한 재심은 인정되지
않는다고 판시하였다(憲 2000. 6.
29. 99헌아18).

　　［憲 2000. 6. 29.99헌아18］「원결정사건기록과 이 사건 기록에 의하면 원결정
은 당시 청주지방검찰청영동지청장의 사실조회회보 등에 의거 재항고 제기일을 재
항고기간이 도과된 1999. 6. 19.로 인정하고 따라서 적법한 사전구제절차를 경유하
지 아니한 것으로 부적법하다고 판시하였던바, 당시로서는 그 인정에 잘못이 없었
으나 이 사건에서의 같은 지청장의 사실조회회보에 의하면 재항고 제기일자가 재항
고기간 이내인 1999. 5. 25.임을 알 수 있다. 위와 같이 청구인은 원결정 당시 재항
고기간을 준수하였고 따라서 적법한 사전구제절차를 경유하였음에도 원결정이 이
를 오인한 사실은 인정된다. 그러나, 헌법재판소는 헌법소원심판에서의 재심의 인정
범위에 관하여, "헌법재판소의 결정은 일반법원의 재판에 비하여 재심을 허용하지
아니함으로써 얻을 수 있는 법적 안정성의 이익이 재심을 허용할 수 있는 구체적
타당성의 이익보다 상대적으로 높다고 할 수 있다. 그러므로 헌법재판소법 제68조
제 1 항에 의한 헌법소원 중 행정작용에 속하는 공권력 작용을 대상으로 하는 권리
구제형 헌법소원절차에 있어서는, 사안의 성질상 헌법재판소의 결정에 대한 재심은
재판부의 구성이 위법한 경우 등 절차상 중대하고도 명백한 위법이 있어서 재심을
허용하지 아니하면 현저히 정의에 반하는 경우에 한하여 제한적으로 허용될 수 있
을 뿐이라고 해석함이 상당할 것이다"(현재 1995. 1.
20. 93헌아1.)고 판시함으로써 극히 제한하고 있는
바, 기록을 살펴보아도 원결정을 한 재판부의 구성이 위법하다거나 달리 원결정에
절차상 중대하고도 명백한 위법이 있음을 발견할 수 없다.……이러한 사정을 종합
하면 이 사건 심판청구는 위 헌법재판소 판례상의 "재판부의 구성이 위법한 경우
등 절차상 중대하고도 명백한 위법이 있어서 재심을 허용하지 아니하면 현저히 정
의에 반하는 경우"라고 보기도 어려워 재심이 허용될 수 없다. 한편, 헌법재판소법
에는 재심에 관하여 특별한 규정이 없으므로 헌법재판소법 제40조 제 1 항에 따라
민사소송법의 재심에 관한 규정을 준용하여 재심이 허용되어야 한다고 보는 경우라
도 민사소송법상의 재심사유(민사소법 제422조 제 1 항 참조)에는 청구인이 주장하는 바
와 같은 사실인정의 오류는 포함되어 있지 아니하므로 역시 재심사유에 해당되지

아니한다.」   이 사건 결정에는 이러한 경우에 재심을 허용한다는 규정을 두지 않은 것은 입법의 흠결이므로 유추를 통하여 재심을 인정하여야 한다는 재판관 2인의 반대의견이 있다.

憲法裁判所는 불기소처분의 취소사건에 있어서 헌법소원 청구기간 계산을 잘못하여 각하한 경우에 재심사유에 해당한다고 판시하였고($\binom{憲\ 2007.\ 10.}{4.-2006헌아53}$), 또 불기소처분의 취소사건에 있어서 우편집배원이 착오로 송달보고서에 재항고기각결정의 송달일자를 잘못 기재하여 헌법재판소가 청구기간 내에 제기된 헌법소원심판청구를 청구기간이 도과한 후 제기된 것으로 보아 각하한 경우에는 재심사유에 해당된다고 판시하였으며($\binom{憲\ 2009.\ 6.\ 25.}{-2008헌아23}$), 적법한 사전구제절차를 거친 불기소처분 취소청구를, 잘못 기재된 사실조회결과를 근거로 적법한 사전구제절차를 거치지 아니한 것으로 보아 각하한 경우에도 재심사유에 해당된다고 보았다($\binom{憲\ 2011.\ 2.\ 24.}{-2008헌아4}$).

[憲 2009. 6. 25.-2008헌아23] 「이 사건 재심대상사건과 같이 헌법재판소법 제68조 제 1 항에 의한 헌법소원 중 공권력의 작용을 대상으로 하는 권리구제형 헌법소원절차에 있어서는 그 결정의 효력이 원칙적으로 당사자에게만 미치기 때문에 법령에 대한 헌법소원과는 달리 일반법원의 재판과 같이 민사소송법 제451조 제 1 항 제 9 호 소정의 '판결에 영향을 미칠 중요한 사항에 관하여 판단을 누락한 때'를 재심사유로 허용하는 것이 헌법재판의 성질에 반한다고 할 수 없으므로 위 조항을 준용하여 '판단누락'도 재심사유로 허용된다고 할 것이다($\binom{憲\ 2001.\ 9.\ 27.}{-2001헌아3}$). 따라서 재심대상결정에 위와 같은 재심사유가 있는지에 관하여 살피건대, 창녕우체국장 명의의 소명자료 제출서에 첨부된 경위서의 기재에 의하면, 당시 송달을 담당한 우편집배원은 재항고기각결정의 실제 송달일자가 2007. 12. 31.임에도 착오로 송달보고서상의 송달일자를 2007. 12. 30.로 잘못 기재하였다고 진술한 사실을 인정할 수 있고, 우편종적조회서의 기재에 의하면, 이 사건 재항고기각결정은 2007. 12. 27. 발송되어 2007. 12. 28. 15:49경 창녕우체국에 도착되었고 2007. 12. 31. 11:06에 배달준비가 이루어져 같은 날 12:06에 배달완료된 것으로 나타나 있는바, 이러한 사정을 종합하면, 재심대상결정이 근거한 우편송달보고서의 송달일자는 우편집배원의 착오로 잘못 기재된 것으로 보아야 하고, 실제 송달일자는 2007. 12. 31.로 봄이 상당하다. 그렇다면, 청구인은 이 사건 재항고기각결정을 통지받은 2007. 12. 31.로부터 30일 이내인 2008. 1. 30. 헌법소원심판을 청구함으로써 청구기간을 준수하였음에도, 재심대상사건의 담당재판부는 잘못 기재된 우편송달보고서 등을 근거로 청구기간을 잘못 계산하여 헌법소원심판청구에 대한 본안 판단을 하지 아니한 채 이를 각하하였다고 할 것인바, 이러한 재심대상결정에는 헌법재판소법 제40조 제1항에 의하여 준용되는 민사소송법 제451조 제 1 항 제 9 호의 '판결에 영향을 미칠 중요한 사항에 관하여 판단을 누락한 때'에 준하는 재심사유가 있다고 할 것이므로($\binom{憲\ 2007.\ 10.\ 4.}{-2006헌아53}$) 재심대상결정을 취소한다.」

제 8 절 假 處 分

[269] 第一 規定의 欠缺과 許容與否

I. 許容與否

憲法裁判所法은 정당해산심판절차나 권한쟁의심판절차의 경우와 달리 헌법소원심판절차에 있어서는 假處分에 대하여 아무런 규정을 두고 있지 않다. 이는 立法의 不備이다. 가처분을 명시적으로 정하고 있는 정당해산심판절차에서의 규정($\frac{憲裁法}{§57}$)과 권한쟁의심판절차에서의 규정($\frac{同法}{§65}$)을 고려하고, 이런 입법의 불비를 헌법소원심판절차에서의 절차규정의 欠缺로 보아 헌법소원심판절차에서도 가처분을 선고할 수 있다고 할 것이다([105] II).

II. 判 例

憲法裁判所는 憲法裁判所法 제68조 제 1 항의 憲法訴願審判에서도 가처분을 인정할 수 있다고 판시하여 판례로서 해결하고 있다($\frac{예: 憲 2000. 12. 8.-2000헌사471; 2002. 4.}{25.-2002헌사129; 2006. 2. 23.-2005헌사754}$). 헌법재판소는 그 실정법상의 근거로 憲法裁判所法 제40조 제 1 항과 그에 따라 준용되는 行政訴訟法 제23조 제 2 항의 집행정지규정과 民事執行法 제300조($\frac{=舊民訴}{法 §714}$)의 가처분규정을 들고 있다([105] II(2)).

[憲 2000. 12. 8.-2000헌사471] 「헌법재판소법은 정당해산심판과 권한쟁의심판에 관해서만 가처분에 관한 규정($\frac{같은 법 제57조}{및 제65조}$)을 두고 있을 뿐, 다른 헌법재판절차에 있어서도 가처분이 허용되는가에 관하여는 명문의 규정을 두고 있지 않다. 그러나 위 두 심판절차 이외에 같은 법 제68조 제 1 항 헌법소원심판절차에 있어서도 가처분의 필요성은 있을 수 있고, 달리 가처분을 허용하지 아니할 상당한 이유를 찾아볼 수 없으므로 위 헌법소원심판청구사건에서도 가처분이 허용된다고 할 것이다. 그러므로 헌법재판소법 제40조 제 1 항에 따라 준용되는 행정소송법 제23조 제 2 항의 집행정지규정과 민사소송법 제714조의 가처분규정에 비추어 볼 때, 이와 같은 가처분결정은 헌법소원심판에서 다투어지는 '공권력 행사 또는 불행사'의 현상을 그대로 유지시킴으로 인하여 생길 회복하기 어려운 손해를 예방할 필요가 있어야 하고 그 효력을 정지시켜야 할 긴급한 필요가 있어야 한다는 것 등이 그 요건이 된다 할 것이므로, 본안심판이 부적법하거나 이유 없음이 명백하지 않는 한, 위와 같은 가처분의 요건을 갖춘 것으로 인정되고, 이에 덧붙여 가처분을 인용한 뒤 종국결정에서 청구가 기각되었을 때 발생하게 될 불이익과 가처분을 기각한 뒤 청구가 인용되었을 때 발생하게 될 불이익에 대한 비교형량을 하여 후자의 불이익이 전자의 불이익보다 크다면 가처분을 인용할 수 있는 것이다.」

[270] 第二   假處分이 許容되는 경우

　　헌법소원심판의 대상이 되는 공권력의 행사에 대하여는 가처분의 결정을 할 수
있다.

I. 效力停止假處分

(1) 法令의 效力停止

　　헌법소원심판절차에서 가처분이 허용된다고 하더라도 法令에 대한 憲法訴願審
判에서는 청구가 인용되어 심판대상인 법령이나 법령조항이 위헌으로 결정되면 효력
의 상실에 있어서 一般的 效力을 가지므로 이는 규범통제에서 가처분이 인정되는가
하는 문제와 동일한 수준에서 논의되어야 한다. 따라서 법령에 대한 헌법소원심판에
서 가처분이 인정되면 이와 동일하게 위헌으로 선고된 법령의 효력이 일반적으로 상
실되는 규범통제에서도 원칙적으로 가처분을 인정하여야 한다.

　　憲法裁判所는 法律($^{예: 憲 2006. 2. 23.}_{-2005헌사754}$)과 大統領令($^{예: 憲 2000. 12. 8.-2000헌사}_{471; 2002. 4. 25.-2002헌사129}$)에 대한 헌법소원
심판절차에서 종국결정의 선고시까지 효력을 정지시키는 가처분결정을 하였다. 헌법
재판소는 법령에 대한 헌법소원심판에서 가처분을 함이 가능하다고 하면서, 동시에
공공복리에 중대한 영향을 미칠 우려가 있는 때에는 인용되지 않는다고 판시하였다
($^{예: 憲 2002. 4. 25.-2002헌사}_{129; 2006. 2. 23.-2005헌사754}$).

　　[憲 2002. 4. 25.-2002헌사129] 「헌법재판소법 제40조 제 1 항에 따라 준용되는
행정소송법 제23조 제 2 항의 집행정지규정과 민사소송법 제714조의 가처분규정에
의하면, 법령의 위헌확인을 청구하는 헌법소원심판에서의 가처분은 위헌이라고
다투어지는 법령의 효력을 그대로 유지시킬 경우 회복하기 어려운 손해가 발생할
우려가 있어 가처분에 의하여 임시로 그 법령의 효력을 정지시키지 아니하면 안될
필요가 있을 때에 허용되고 있는 법령의 효력을 정지시키는 것일 때에는 그 효력의
정지로 인하여 파급적으로 발생되는 효과가 클 수도 있기 때문에 이러한 점까지 고
려하여 신중하게 판단하여야 한다. 그러므로 법령의 효력을 정지시키는 가처분은
비록 일반적인 보전의 필요성이 인정된다고 하더라도 행정소송법 제23조 제 3 항이
규정하는 바와 같이 공공복리에 중대한 영향을 미칠 우려가 있을 때에는 인용되어
서는 안 될 것이다.」
　　[憲 2006. 2. 23.-2005헌사754] 「법령의 효력을 정지시키는 가처분은 비록 일
반적인 보전의 필요성이 인정된다고 하더라도 행정소송법 제23조 제 3 항이 규정하
는 바와 같이 공공복리에 중대한 영향을 미칠 우려가 있을 때에는 인용되어서는 안
될 것인바, 위 제소금지조항에 대한 가처분을 인용한 뒤 종국결정에서 청구가 기각
되었을 때 침해되는 주된 공익은 부당하게 재임용에서 탈락된 교원들이 입은 불이익
이 장기간의 구제요구에도 불구하고 다시 이 사건의 본안심판청구에 대한 종국결정
시까지 기다려야 한다는 점이다. 그러나 위와 같은 공익이 공공복리에 중대한 영향

을 미친다고 보기 어렵고, 또한 이를 제소금지조항에 대한 가처분을 기각한 뒤 종국
결정에서 청구가 인용되었을 때 신청인이 입게 되는 손해나 권리침해와 비교형량해
볼 때 신청인이 입게 되는 불이익이 더 클 것으로 보인다. 따라서 법 제 9 조 제 1 항
은 그 효력이 정지되어야 할 것이다.」

(2) 裁判의　效力停止

헌법재판소가 위헌으로 결정한 법률 또는 법률조항을 적용하여 행하는 재판에
대하여는 재판의 정지를 명하는 가처분의 결정을 할 수 있다.

Ⅱ. 임시의 지위를 정하기 위한 가처분

입국불허결정을 받은 외국인이 인천공항출입국관리사무소장을 상대로 인신보호
청구의 소 및 난민인정심사불회부결정취소의 소를 제기한 후 그 소송수행을 위하여
변호인접견신청을 하였으나 거부당한 사안에서, 憲法裁判所가 인천공항출입국관리사
무소장으로 하여금 변호인접견을 허가하도록 임시의 지위를 정하기 위한 가처분을
인용하였다($\binom{憲\ 2014.\ 6.\ 5.}{-2014헌사592}$).

[271]　第三　假處分이　許容되지　않는　경우

立法不作爲에 대한 헌법소원심판과 檢事의 不起訴處分에 대한 헌법소원심판에
서는 가처분이 허용되지 않는다고 할 것이다([105]Ⅱ).

[272]　第四　全員裁判部에　의한　假處分決定

헌법소원심판절차에서 가처분의 결정은 전원재판부에서 해야 한다. 지정재판부
는 이런 가처분의 결정을 할 수 없다. 大統領令에 대한 헌법소원심판절차에서 가처
분의 결정을 한 [2000헌사471] 사건과 [2002헌사129] 사건의 가처분 인용결정은 全員
裁判部에서 하였다.

[273]　第五　假處分의　要件

가처분의 요건에 대해서는 憲法裁判所法이 명시적으로 정하고 있는 것은 없다.
헌법재판소는 헌법소원심판에서 가처분이 가지는 기능과 성질에 비추어 그 요건을
정할 수 있다. 가처분의 요건에는 形式的 要件과 實質的 要件이 있다.

Ⅰ. 形式的　要件

헌법소원심판절차에서 헌법재판소가 가처분을 할 수 있기 위해서는 i) 헌법재판
소가 본안심판에 대하여 관할권을 가지고 있을 것, ii) 가처분의 신청을 하는 청구인

은 청구인능력과 청구인적격을 가지고 있을 것, iii) 가처분은 청구인의 申請이나 헌법재판소의 職權에 의한 것일 것, iv) 헌법재판소의 終局決定의 宣告가 있기 전일 것이 요구된다.

Ⅱ. 實質的 要件

헌법재판소는 가처분을 認容할 수 있는 要件으로는 i) 손해 예방의 필요성이 있거나 공공복리상의 중대한 사유가 있을 것, ii) 효력 정지의 긴급성이 있을 것, iii) 본안심판이 부적법하거나 이유 없음이 명백하지 않을 것, iv) 가처분 기각 후 청구인용시의 불이익이 가처분 인용 후 종국결정에서 청구기각시의 불이익보다 클 것 등을 들고 있다.

[274] 第六　假處分의 效力

헌법소원심판에서 가처분이 허용되는 경우에 가처분이 있으면 해당 가처분의 종류와 성질에 따라 그에 합당한 효력이 발생한다. 헌법소원심판에서는 권한쟁의심판의 경우와 같이 피청구인의 처분의 효력을 정지시키는 가처분에 한정하는 규정$\left(\substack{憲裁法\\§65}\right)$이 없고, 각종의 헌법소원심판의 종류에 따른 성질에 비추어 볼 때, 가처분의 목적을 달성할 수 있는 각종의 가처분결정을 할 수 있다고 할 것이다. 헌법소원심판에는 민사소송에 관한 법령의 규정$\left(\substack{예: 民執\\法 §300}\right)$이 준용될 뿐 아니라 行政訴訟法도 준용되고, 行政訴訟法 제23조는 처분의 효력정지 이외에 그 집행 또는 절차의 속행의 전부 또는 일부를 정지시키는 결정도 할 수 있다고 정하고 있기 때문이다.

가처분에 대한 이의신청에 대해서는 일반절차에서 본 바와 같다([108] Ⅵ).

憲法裁判所法

[시행 2018. 3. 20.]
[법률 제15495호, 2018. 3. 20., 일부개정]

제1장 총칙〈개정 2011. 4. 5〉

제1조(목적) 이 법은 헌법재판소의 조직 및 운영과 그 심판절차에 관하여 필요한 사항을 정함을 목적으로 한다. [전문개정 2011. 4. 5]

제2조(관장사항) 헌법재판소는 다음 각 호의 사항을 관장한다.

1. 법원의 제청(提請)에 의한 법률의 위헌(違憲) 여부 심판
2. 탄핵(彈劾)의 심판
3. 정당의 해산심판
4. 국가기관 상호간, 국가기관과 지방자치단체 간 및 지방자치단체 상호간의 권한쟁의(權限爭議)에 관한 심판
5. 헌법소원(憲法訴願)에 관한 심판 [전문개정 2011. 4. 5]

제3조(구성) 헌법재판소는 9명의 재판관으로 구성한다. [전문개정 2011. 4. 5]

제4조(재판관의 독립) 재판관은 헌법과 법률에 의하여 양심에 따라 독립하여 심판한다. [전문개정 2011. 4. 5]

제5조(재판관의 자격) ① 재판관은 다음 각 호의 어느 하나에 해당하는 직(職)에 15년 이상 있던 40세 이상인 사람 중에서 임명한다. 다만, 다음 각 호 중 둘 이상의 직에 있던 사람의 재직기간은 합산한다.

1. 판사, 검사, 변호사
2. 변호사 자격이 있는 사람으로서 국가기관, 국영·공영 기업체, 「공공기관의 운영에 관한 법률」 제4조에 따른 공공기관 또는 그 밖의 법인에서 법률에 관한 사무에 종사한 사람
3. 변호사 자격이 있는 사람으로서 공인된 대학의 법률학 조교수 이상의 직에 있던 사람

② 다음 각 호의 어느 하나에 해당하는 사람은 재판관으로 임명할 수 없다.

1. 다른 법령에 따라 공무원으로 임용하지 못하는 사람
2. 금고 이상의 형을 선고받은 사람
3. 탄핵에 의하여 파면된 후 5년이 지나지 아니한 사람 [전문개정 2011. 4. 5]

제6조(재판관의 임명) ① 재판관은 대통령이 임명한다. 이 경우 재판관 중 3명은 국회에서 선출하는 사람을, 3명은 대법원장이 지명하는 사람을 임명한다.

② 재판관은 국회의 인사청문을 거쳐 임명·선출 또는 지명하여야 한다. 이 경우 대통령은 재판관(국회에서 선출하거나 대법원장이 지명하는 사람은 제외한다)을 임명하기 전에, 대법원장은 재판관을 지명하기 전에 인사청문을 요청한다.

③ 재판관의 임기가 만료되거나 정년이 도래하는 경우에는 임기만료일 또는 정년도래일까지 후임자를 임명하여야 한다.

④ 임기 중 재판관이 결원된 경우에는 결원된 날부터 30일 이내에 후임자를 임명하여야 한다.

⑤ 제3항 및 제4항에도 불구하고 국회에서 선출한 재판관이 국회의 폐회 또는 휴회 중에 그 임기가 만료되거나 정년이 도래한 경우 또는 결원된 경우에는 국회는 다음 집회가 개시된 후 30일 이내에 후임자를 선출하여야 한다. [전문개정 2011. 4. 5]

제7조(재판관의 임기) ① 재판관의 임기는 6년으로 하며, 연임할 수 있다.

② 재판관의 정년은 70세로 한다. 〈개정

2014. 12. 30.〉 [전문개정 2011. 4. 5]

제 8 조(재판관의 신분 보장) 재판관은 다음 각 호의 어느 하나에 해당하는 경우가 아니면 그 의사에 반하여 해임되지 아니한다.

1. 탄핵결정이 된 경우
2. 금고 이상의 형을 선고받은 경우 [전문개정 2011. 4. 5]

제 9 조(재판관의 정치 관여 금지) 재판관은 정당에 가입하거나 정치에 관여할 수 없다. [전문개정 2011. 4. 5]

제10조(규칙 제정권) ① 헌법재판소는 이 법과 다른 법률에 저촉되지 아니하는 범위에서 심판에 관한 절차, 내부 규율과 사무처리에 관한 규칙을 제정할 수 있다.
② 헌법재판소규칙은 관보에 게재하여 공포한다. [전문개정 2011. 4. 5]

제10조의2(입법 의견의 제출) 헌법재판소장은 헌법재판소의 조직, 인사, 운영, 심판절차와 그 밖에 헌법재판소의 업무와 관련된 법률의 제정 또는 개정이 필요하다고 인정하는 경우에는 국회에 서면으로 그 의견을 제출할 수 있다. [전문개정 2011. 4. 5]

제11조(경비) ① 헌법재판소의 경비는 독립하여 국가의 예산에 계상(計上)하여야 한다.
② 제1항의 경비 중에는 예비금을 둔다. [전문개정 2011. 4. 5]

제 2 장 조직〈개정 2011. 4. 5〉

제12조(헌법재판소장) ① 헌법재판소에 헌법재판소장을 둔다.
② 헌법재판소장은 국회의 동의를 받아 재판관 중에서 대통령이 임명한다.
③ 헌법재판소장은 헌법재판소를 대표하고, 헌법재판소의 사무를 총괄하며, 소속 공무원을 지휘·감독한다.
④ 헌법재판소장이 궐위(闕位)되거나 부득이한 사유로 직무를 수행할 수 없을 때에는

다른 재판관이 헌법재판소규칙으로 정하는 순서에 따라 그 권한을 대행한다. [전문개정 2011. 4. 5]

第13條 삭제 〈1991. 11. 30〉

제14조(재판관의 겸직 금지) 재판관은 다음 각 호의 어느 하나에 해당하는 직을 겸하거나 영리를 목적으로 하는 사업을 할 수 없다.

1. 국회 또는 지방의회의 의원의 직
2. 국회·정부 또는 법원의 공무원의 직
3. 법인·단체 등의 고문·임원 또는 직원의 직 [전문개정 2011. 4. 5]

제15조(헌법재판소장 등의 대우) 헌법재판소장의 대우와 보수는 대법원장의 예에 따르며, 재판관은 정무직(政務職)으로 하고 그 대우와 보수는 대법관의 예에 따른다. [전문개정 2011. 4. 5]

제16조(재판관회의) ① 재판관회의는 재판관 전원으로 구성하며, 헌법재판소장이 의장이 된다.
② 재판관회의는 재판관 7명 이상의 출석과 출석인원 과반수의 찬성으로 의결한다.
③ 의장은 의결에서 표결권을 가진다.
④ 다음 각 호의 사항은 재판관회의의 의결을 거쳐야 한다.

1. 헌법재판소규칙의 제정과 개정, 제10조의2에 따른 입법 의견의 제출에 관한 사항
2. 예산 요구, 예비금 지출과 결산에 관한 사항
3. 사무처장, 사무차장, 헌법재판연구원장, 헌법연구관 및 3급 이상 공무원의 임면(任免)에 관한 사항
4. 특히 중요하다고 인정되는 사항으로서 헌법재판소장이 재판관회의에 부치는 사항

⑤ 재판관회의의 운영에 필요한 사항은 헌법재판소규칙으로 정한다. [전문개정

2011. 4. 5]

제17조(사무처) ① 헌법재판소의 행정사무를 처리하기 위하여 헌법재판소에 사무처를 둔다.

② 사무처에 사무처장과 사무차장을 둔다.

③ 사무처장은 헌법재판소장의 지휘를 받아 사무처의 사무를 관장하며, 소속 공무원을 지휘·감독한다.

④ 사무처장은 국회 또는 국무회의에 출석하여 헌법재판소의 행정에 관하여 발언할 수 있다.

⑤ 헌법재판소장이 한 처분에 대한 행정소송의 피고는 헌법재판소 사무처장으로 한다.

⑥ 사무차장은 사무처장을 보좌하며, 사무처장이 부득이한 사유로 직무를 수행할 수 없을 때에는 그 직무를 대행한다.

⑦ 사무처에 실, 국, 과를 둔다.

⑧ 실에는 실장, 국에는 국장, 과에는 과장을 두며, 사무처장·사무차장·실장 또는 국장 밑에 정책의 기획, 계획의 입안, 연구·조사, 심사·평가 및 홍보업무를 보좌하는 심의관 또는 담당관을 둘 수 있다.

⑨ 이 법에 규정되지 아니한 사항으로서 사무처의 조직, 직무 범위, 사무처에 두는 공무원의 정원, 그 밖에 필요한 사항은 헌법재판소규칙으로 정한다. [전문개정 2011. 4. 5]

제18조(사무처 공무원) ① 사무처장은 정무직으로 하고, 보수는 국무위원의 보수와 같은 금액으로 한다.

② 사무차장은 정무직으로 하고, 보수는 차관의 보수와 같은 금액으로 한다.

③ 실장은 1급 또는 2급, 국장은 2급 또는 3급, 심의관 및 담당관은 2급부터 4급까지, 과장은 3급 또는 4급의 일반직국가공무원으로 임명한다. 다만, 담당관 중 1명은 3급 상당 또는 4급 상당의 별정직국가

공무원으로 임명할 수 있다.

④ 사무처 공무원은 헌법재판소장이 임면한다. 다만, 3급 이상의 공무원의 경우에는 재판관회의의 의결을 거쳐야 한다.

⑤ 헌법재판소장은 다른 국가기관에 대하여 그 소속 공무원을 사무처 공무원으로 근무하게 하기 위하여 헌법재판소에의 파견근무를 요청할 수 있다. [전문개정 2011. 4. 5]

제19조(헌법연구관) ① 헌법재판소에 헌법재판소규칙으로 정하는 수의 헌법연구관을 둔다. 〈개정 2011. 4. 5〉

② 헌법연구관은 특정직국가공무원으로 한다. 〈개정 2011. 4. 5〉

③ 헌법연구관은 헌법재판소장의 명을 받아 사건의 심리(審理) 및 심판에 관한 조사·연구에 종사한다. 〈개정 2011. 4. 5〉

④ 헌법연구관은 다음 각 호의 어느 하나에 해당하는 사람 중에서 헌법재판소장이 재판관회의의 의결을 거쳐 임용한다. 〈개정 2011. 4. 5〉

1. 판사·검사 또는 변호사의 자격이 있는 사람

2. 공인된 대학의 법률학 조교수 이상의 직에 있던 사람

3. 국회, 정부 또는 법원 등 국가기관에서 4급 이상의 공무원으로서 5년 이상 법률에 관한 사무에 종사한 사람

4. 법률학에 관한 박사학위 소지자로서 국회, 정부, 법원 또는 헌법재판소 등 국가기관에서 5년 이상 법률에 관한 사무에 종사한 사람

5. 법률학에 관한 박사학위 소지자로서 헌법재판소규칙으로 정하는 대학 등 공인된 연구기관에서 5년 이상 법률에 관한 사무에 종사한 사람

⑤ 삭제 〈2003. 3. 12〉

⑥ 다음 각 호의 어느 하나에 해당하는 사

람은 헌법연구관으로 임용될 수 없다. 〈개
정 2011. 4. 5〉

1. 「국가공무원법」 제33조 각 호의 어느
   하나에 해당하는 사람
2. 금고 이상의 형을 선고받은 사람
3. 탄핵결정에 의하여 파면된 후 5년이 지
   나지 아니한 사람

⑦ 헌법연구관의 임기는 10년으로 하되,
연임할 수 있고, 정년은 60세로 한다. 〈개
정 2011. 4. 5〉

⑧ 헌법연구관이 제6항 각 호의 어느 하
나에 해당할 때에는 당연히 퇴직한다. 다
만, 「국가공무원법」 제33조 제5호에 해당
할 때에는 그러하지 아니하다. 〈개정
2011. 4. 5〉

⑨ 헌법재판소장은 다른 국가기관에 대하
여 그 소속 공무원을 헌법연구관으로 근무
하게 하기 위하여 헌법재판소에의 파견근
무를 요청할 수 있다. 〈개정 2011. 4. 5〉

⑩ 사무차장은 헌법연구관의 직을 겸할 수
있다. 〈개정 2011. 4. 5〉

⑪ 헌법재판소장은 헌법연구관으로 하여금
사건의 심리 및 심판에 관한 조사ㆍ연구업
무 외의 직을 겸임하게 할 수 있다. 이 경
우 헌법연구관의 수는 헌법재판소규칙으로
정하며, 보수는 그 중 고액의 것을 지급한
다. 〈개정 2011. 4. 5〉 [제목개정 2011.
4. 5]

제19조의2(헌법연구관보) ① 헌법연구관을
신규임용하는 경우에는 3년간 헌법연구관
보(憲法研究官補)로 임용하여 근무하게 한
후 그 근무성적을 고려하여 헌법연구관으
로 임용한다. 다만, 경력 및 업무능력 등
을 고려하여 헌법재판소규칙으로 정하는
바에 따라 헌법연구관보 임용을 면제하거
나 그 기간을 단축할 수 있다.

② 헌법연구관보는 헌법재판소장이 재판관
회의의 의결을 거쳐 임용한다.

③ 헌법연구관보는 별정직국가공무원으로
하고, 그 보수와 승급기준은 헌법연구관의
예에 따른다.

④ 헌법연구관보가 근무성적이 불량한 경
우에는 재판관회의의 의결을 거쳐 면직시
킬 수 있다.

⑤ 헌법연구관보의 근무기간은 이 법 및
다른 법령에 규정된 헌법연구관의 재직기
간에 산입한다. 〈전문개정 2011. 4. 5〉

제19조의3(헌법연구위원) ① 헌법재판소에
헌법연구위원을 둘 수 있다. 헌법연구위원
은 사건의 심리 및 심판에 관한 전문적인
조사ㆍ연구에 종사한다.

② 헌법연구위원은 3년 이내의 범위에서
기간을 정하여 임명한다.

③ 헌법연구위원은 2급 또는 3급 상당의
별정직공무원이나 「국가공무원법」 제26조
의5에 따른 임기제공무원으로 하고, 그 직
제 및 자격 등에 관하여는 헌법재판소규칙
으로 정한다. 〈개정 2012. 12. 11〉 [본조
신설 2007. 12. 21]

제19조의4(헌법재판연구원) ① 헌법 및 헌
법재판 연구와 헌법연구관, 사무처 공무원
등의 교육을 위하여 헌법재판소에 헌법재
판연구원을 둔다.

② 헌법재판연구원의 정원은 원장 1명을
포함하여 40명 이내로 하고, 원장 밑에 부
장, 팀장, 연구관 및 연구원을 둔다. 〈개
정 2014. 12. 30.〉

③ 원장은 헌법재판소장이 재판관회의의
의결을 거쳐 헌법연구관으로 보하거나 1급
인 일반직국가공무원으로 임명한다. 〈신
설 2014. 12. 30.〉

④ 부장은 헌법연구관이나 2급 또는 3급
일반직공무원으로, 팀장은 헌법연구관이나
3급 또는 4급 일반직공무원으로 임명하고,
연구관 및 연구원은 헌법연구관 또는 일반
직공무원으로 임명한다. 〈개정 2014. 12.

30.〉
⑤ 연구관 및 연구원은 다음 각 호의 어느 하나에 해당하는 사람 중에서 헌법재판소장이 보하거나 헌법재판연구원장의 제청을 받아 헌법재판소장이 임명한다. 〈신설 2014. 12. 30.〉
1. 헌법연구관
2. 변호사의 자격이 있는 사람(외국의 변호사 자격을 포함한다)
3. 학사 또는 석사학위를 취득한 사람으로서 헌법재판소규칙으로 정하는 실적 또는 경력이 있는 사람
4. 박사학위를 취득한 사람
⑥ 그 밖에 헌법재판연구원의 조직과 운영에 필요한 사항은 헌법재판소규칙으로 정한다. 〈신설 2014. 12. 30.〉
[전문개정 2011. 4. 5]
제20조(헌법재판소장 비서실 등) ① 헌법재판소에 헌법재판소장 비서실을 둔다.
② 헌법재판소장 비서실에 비서실장 1명을 두되, 비서실장은 1급 상당의 별정직국가공무원으로 임명하고, 헌법재판소장의 명을 받아 기밀에 관한 사무를 관장한다.
③ 제2항에 규정되지 아니한 사항으로서 헌법재판소장 비서실의 조직과 운영에 필요한 사항은 헌법재판소규칙으로 정한다.
④ 헌법재판소에 재판관 비서관을 둔다.
⑤ 재판관 비서관은 4급의 일반직국가공무원 또는 4급 상당의 별정직국가공무원으로 임명하며, 재판관의 명을 받아 기밀에 관한 사무를 관장한다. [전문개정 2011. 4. 5]
제21조(서기 및 정리) ① 헌법재판소에 서기(書記) 및 정리(廷吏)를 둔다.
② 헌법재판소장은 사무처 직원 중에서 서기 및 정리를 지명한다.
③ 서기는 재판장의 명을 받아 사건에 관한 서류의 작성·보관 또는 송달에 관한

사무를 담당한다.
④ 정리는 심판정(審判廷)의 질서유지와 그 밖에 재판장이 명하는 사무를 집행한다.
[전문개정 2011. 4. 5]

제3장 일반심판절차〈개정 2011. 4. 5〉
제22조(재판부) ① 이 법에 특별한 규정이 있는 경우를 제외하고는 헌법재판소의 심판은 재판관 전원으로 구성되는 재판부에서 관장한다.
② 재판부의 재판장은 헌법재판소장이 된다. [전문개정 2011. 4. 5]
제23조(심판정족수) ① 재판부는 재판관 7명 이상의 출석으로 사건을 심리한다.
② 재판부는 종국심리(終局審理)에 관여한 재판관 과반수의 찬성으로 사건에 관한 결정을 한다. 다만, 다음 각 호의 어느 하나에 해당하는 경우에는 재판관 6명 이상의 찬성이 있어야 한다.
1. 법률의 위헌결정, 탄핵의 결정, 정당해산의 결정 또는 헌법소원에 관한 인용결정(認容決定)을 하는 경우
2. 종전에 헌법재판소가 판시한 헌법 또는 법률의 해석 적용에 관한 의견을 변경하는 경우 [전문개정 2011. 4. 5]
제24조(제척·기피 및 회피) ① 재판관이 다음 각 호의 어느 하나에 해당하는 경우에는 그 직무집행에서 제척(除斥)된다.
1. 재판관이 당사자이거나 당사자의 배우자 또는 배우자였던 경우
2. 재판관과 당사자가 친족관계이거나 친족관계였던 경우
3. 재판관이 사건에 관하여 증언이나 감정(鑑定)을 하는 경우
4. 재판관이 사건에 관하여 당사자의 대리인이 되거나 되었던 경우
5. 그 밖에 재판관이 헌법재판소 외에서 직무상 또는 직업상의 이유로 사건에

관여한 경우

② 재판부는 직권 또는 당사자의 신청에 의하여 제척의 결정을 한다.

③ 재판관에게 공정한 심판을 기대하기 어려운 사정이 있는 경우 당사자는 기피(忌避)신청을 할 수 있다. 다만, 변론기일(辯論期日)에 출석하여 본안(本案)에 관한 진술을 한 때에는 그러하지 아니하다.

④ 당사자는 동일한 사건에 대하여 2명 이상의 재판관을 기피할 수 없다.

⑤ 재판관은 제1항 또는 제3항의 사유가 있는 경우에는 재판장의 허가를 받아 회피(回避)할 수 있다.

⑥ 당사자의 제척 및 기피신청에 관한 심판에는 「민사소송법」 제44조, 제45조, 제46조 제1항·제2항 및 제48조를 준용한다. [전문개정 2011. 4. 5]

제25조(대표자·대리인) ① 각종 심판절차에서 정부가 당사자(참가인을 포함한다. 이하 같다)인 경우에는 법무부장관이 이를 대표한다.

② 각종 심판절차에서 당사자인 국가기관 또는 지방자치단체는 변호사 또는 변호사의 자격이 있는 소속 직원을 대리인으로 선임하여 심판을 수행하게 할 수 있다.

③ 각종 심판절차에서 당사자인 사인(私人)은 변호사를 대리인으로 선임하지 아니하면 심판청구를 하거나 심판 수행을 하지 못한다. 다만, 그가 변호사의 자격이 있는 경우에는 그러하지 아니하다. [전문개정 2011. 4. 5]

제26조(심판청구의 방식) ① 헌법재판소에의 심판청구는 심판절차별로 정하여진 청구서를 헌법재판소에 제출함으로써 한다. 다만, 위헌법률심판에서는 법원의 제청서, 탄핵심판에서는 국회의 소추의결서(訴追議決書)의 정본(正本)으로 청구서를 갈음한다.

② 청구서에는 필요한 증거서류 또는 참고

자료를 첨부할 수 있다. [전문개정 2011. 4. 5]

제27조(청구서의 송달) ① 헌법재판소가 청구서를 접수한 때에는 지체 없이 그 등본을 피청구기관 또는 피청구인(이하 "피청구인"이라 한다)에게 송달하여야 한다.

② 위헌법률심판의 제청이 있으면 법무부장관 및 당해 소송사건의 당사자에게 그 제청서의 등본을 송달한다. [전문개정 2011. 4. 5]

제28조(심판청구의 보정) ① 재판장은 심판청구가 부적법하나 보정(補正)할 수 있다고 인정되는 경우에는 상당한 기간을 정하여 보정을 요구하여야 한다.

② 제1항에 따른 보정 서면에 관하여는 제27조 제1항을 준용한다.

③ 제1항에 따른 보정이 있는 경우에는 처음부터 적법한 심판청구가 있은 것으로 본다.

④ 제1항에 따른 보정기간은 제38조의 심판기간에 산입하지 아니한다.

⑤ 재판장은 필요하다고 인정하는 경우에는 재판관 중 1명에게 제1항의 보정요구를 할 수 있는 권한을 부여할 수 있다. [전문개정 2011. 4. 5]

제29조(답변서의 제출) ① 청구서 또는 보정 서면을 송달받은 피청구인은 헌법재판소에 답변서를 제출할 수 있다.

② 답변서에는 심판청구의 취지와 이유에 대응하는 답변을 적는다. [전문개정 2011. 4. 5〉

제30조(심리의 방식) ① 탄핵의 심판, 정당해산의 심판 및 권한쟁의의 심판은 구두변론에 의한다.

② 위헌법률의 심판과 헌법소원에 관한 심판은 서면심리에 의한다. 다만, 재판부는 필요하다고 인정하는 경우에는 변론을 열어 당사자, 이해관계인, 그 밖의 참고인의

진술을 들을 수 있다.

③ 재판부가 변론을 열 때에는 기일을 정하여 당사자와 관계인을 소환하여야 한다. [전문개정 2011. 4. 5]

제31조(증거조사) ① 재판부는 사건의 심리를 위하여 필요하다고 인정하는 경우에는 직권 또는 당사자의 신청에 의하여 다음 각 호의 증거조사를 할 수 있다.

1. 당사자 또는 증인을 신문(訊問)하는 일

2. 당사자 또는 관계인이 소지하는 문서·장부·물건 또는 그 밖의 증거자료의 제출을 요구하고 영치(領置)하는 일

3. 특별한 학식과 경험을 가진 자에게 감정을 명하는 일

4. 필요한 물건·사람·장소 또는 그 밖의 사물의 성상(性狀)이나 상황을 검증하는 일

② 재판장은 필요하다고 인정하는 경우에는 재판관 중 1명을 지정하여 제1항의 증거조사를 하게 할 수 있다. [전문개정 2011. 4. 5]

제32조(자료제출 요구 등) 재판부는 결정으로 다른 국가기관 또는 공공단체의 기관에 심판에 필요한 사실을 조회하거나, 기록의 송부나 자료의 제출을 요구할 수 있다. 다만, 재판·소추 또는 범죄수사가 진행 중인 사건의 기록에 대하여는 송부를 요구할 수 없다. [전문개정 2011. 4. 5]

제33조(심판의 장소) 심판의 변론과 종국결정의 선고는 심판정에서 한다. 다만, 헌법재판소장이 필요하다고 인정하는 경우에는 심판정 외의 장소에서 변론 또는 종국결정의 선고를 할 수 있다. [전문개정 2011. 4. 5]

제34조(심판의 공개) ① 심판의 변론과 결정의 선고는 공개한다. 다만, 서면심리와 평의(評議)는 공개하지 아니한다.

② 헌법재판소의 심판에 관하여는 「법원조직법」 제57조 제1항 단서와 같은 조 제2항 및 제3항을 준용한다. [전문개정 2011. 4. 5]

제35조(심판의 지휘와 법정경찰권) ① 재판장은 심판정의 질서와 변론의 지휘 및 평의의 정리(整理)를 담당한다.

② 헌법재판소 심판정의 질서유지와 용어의 사용에 관하여는 「법원조직법」 제58조부터 제63조까지의 규정을 준용한다. [전문개정 2011. 4. 5]

제36조(종국결정) ① 재판부가 심리를 마쳤을 때에는 종국결정을 한다.

② 종국결정을 할 때에는 다음 각 호의 사항을 적은 결정서를 작성하고 심판에 관여한 재판관 전원이 이에 서명날인하여야 한다.

1. 사건번호와 사건명

2. 당사자와 심판수행자 또는 대리인의 표시

3. 주문(主文)

4. 이유

5. 결정일

③ 심판에 관여한 재판관은 결정서에 의견을 표시하여야 한다.

④ 종국결정이 선고되면 서기는 지체 없이 결정서 정본을 작성하여 당사자에게 송달하여야 한다.

⑤ 종국결정은 헌법재판소규칙으로 정하는 바에 따라 관보에 게재하거나 그 밖의 방법으로 공시한다. [전문개정 2011. 4. 5]

제37조(심판비용 등) ① 헌법재판소의 심판비용은 국가부담으로 한다. 다만, 당사자의 신청에 의한 증거조사의 비용은 헌법재판소규칙으로 정하는 바에 따라 그 신청인에게 부담시킬 수 있다.

② 헌법재판소는 헌법소원심판의 청구인에 대하여 헌법재판소규칙으로 정하는 공탁금의 납부를 명할 수 있다.

③ 헌법재판소는 다음 각 호의 어느 하나

에 해당하는 경우에는 헌법재판소규칙으로 정하는 바에 따라 공탁금의 전부 또는 일부의 국고 귀속을 명할 수 있다.

1. 헌법소원의 심판청구를 각하하는 경우
2. 헌법소원의 심판청구를 기각하는 경우에 그 심판청구가 권리의 남용이라고 인정되는 경우 [전문개정 2011. 4. 5]

제38조(심판기간) 헌법재판소는 심판사건을 접수한 날부터 180일 이내에 종국결정의 선고를 하여야 한다. 다만, 재판관의 궐위로 7명의 출석이 불가능한 경우에는 그 궐위된 기간은 심판기간에 산입하지 아니한다. [전문개정 2011. 4. 5]

제39조(일사부재리) 헌법재판소는 이미 심판을 거친 동일한 사건에 대하여는 다시 심판할 수 없다. [전문개정 2011. 4. 5]

제39조의2(심판확정기록의 열람·복사) ① 누구든지 권리구제, 학술연구 또는 공익목적으로 심판이 확정된 사건기록의 열람 또는 복사를 신청할 수 있다. 다만, 헌법재판소장은 다음 각 호의 어느 하나에 해당하는 경우에는 사건기록을 열람하거나 복사하는 것을 제한할 수 있다.

1. 변론이 비공개로 진행된 경우
2. 사건기록의 공개로 인하여 국가의 안전보장, 선량한 풍속, 공공의 질서유지나 공공복리를 현저히 침해할 우려가 있는 경우
3. 사건기록의 공개로 인하여 관계인의 명예, 사생활의 비밀, 영업비밀(「부정경쟁방지 및 영업비밀보호에 관한 법률」제2조 제2호에 규정된 영업비밀을 말한다) 또는 생명·신체의 안전이나 생활의 평온을 현저히 침해할 우려가 있는 경우

② 헌법재판소장은 제1항 단서에 따라 사건기록의 열람 또는 복사를 제한하는 경우에는 신청인에게 그 사유를 명시하여 통지하여야 한다.

③ 제1항에 따른 사건기록의 열람 또는 복사 등에 관하여 필요한 사항은 헌법재판소규칙으로 정한다.

④ 사건기록을 열람하거나 복사한 자는 열람 또는 복사를 통하여 알게 된 사항을 이용하여 공공의 질서 또는 선량한 풍속을 침해하거나 관계인의 명예 또는 생활의 평온을 훼손하는 행위를 하여서는 아니 된다. [전문개정 2011. 4. 5]

제40조(준용규정) ① 헌법재판소의 심판절차에 관하여는 이 법에 특별한 규정이 있는 경우를 제외하고는 헌법재판의 성질에 반하지 아니하는 한도에서 민사소송에 관한 법령을 준용한다. 이 경우 탄핵심판의 경우에는 형사소송에 관한 법령을 준용하고, 권한쟁의심판 및 헌법소원심판의 경우에는 「행정소송법」을 함께 준용한다.

② 제1항 후단의 경우에 형사소송에 관한 법령 또는 「행정소송법」이 민사소송에 관한 법령에 저촉될 때에는 민사소송에 관한 법령은 준용하지 아니한다. [전문개정 2011. 4. 5〉

제4장 특별심판절차〈개정 2011. 4. 5〉
제1절 위헌법률심판〈개정 2011. 4. 5〉
제41조(위헌 여부 심판의 제청) ① 법률이 헌법에 위반되는지 여부가 재판의 전제가 된 경우에는 당해 사건을 담당하는 법원(군사법원을 포함한다. 이하 같다)은 직권 또는 당사자의 신청에 의한 결정으로 헌법재판소에 위헌 여부 심판을 제청한다.

② 제1항의 당사자의 신청은 제43조 제2호부터 제4호까지의 사항을 적은 서면으로 한다.

③ 제2항의 신청서면의 심사에 관하여는 「민사소송법」제254조를 준용한다.

④ 위헌 여부 심판의 제청에 관한 결정에 대하여는 항고할 수 없다.

⑤ 대법원 외의 법원이 제1항의 제청을 할 때에는 대법원을 거쳐야 한다. [전문개정 2011. 4. 5]

제42조(재판의 정지 등) ① 법원이 법률의 위헌 여부 심판을 헌법재판소에 제청한 때에는 해 소송사건의 재판은 헌법재판소의 위헌 여부의 결정이 있을 때까지 정지된다. 다만, 법원이 긴급하다고 인정하는 경우에는 종국재판 외의 소송절차를 진행할 수 있다.

② 제1항 본문에 따른 재판정지기간은 「형사소송법」 제92조 제1항·제2항 및 「군사법원법」 제132조 제1항·제2항의 구속기간과 「민사소송법」 제199조의 판결 선고기간에 산입하지 아니한다. [전문개정 2011. 4. 5]

제43조(제청서의 기재사항) 법원이 법률의 위헌 여부 심판을 헌법재판소에 제청할 때에는 제청서에 다음 각 호의 사항을 적어야 한다.

1. 제청법원의 표시
2. 사건 및 당사자의 표시
3. 위헌이라고 해석되는 법률 또는 법률의 조항
4. 위헌이라고 해석되는 이유
5. 그 밖에 필요한 사항 [전문개정 2011. 4. 5]

제44조(소송사건 당사자 등의 의견) 당해 소송사건의 당사자 및 법무부장관은 헌법재판소에 법률의 위헌 여부에 대한 의견서를 제출할 수 있다. [전문개정 2011. 4. 5]

제45조(위헌결정) 헌법재판소는 제청된 법률 또는 법률 조항의 위헌 여부만을 결정한다. 다만, 법률 조항의 위헌결정으로 인하여 해당 법률 전부를 시행할 수 없다고 인정될 때에는 그 전부에 대하여 위헌결정을 할 수 있다. [전문개정 2011. 4. 5]

제46조(결정서의 송달) 헌법재판소는 결정 일부터 14일 이내에 결정서 정본을 제청한 법원에 송달한다. 이 경우 제청한 법원이 대법원이 아닌 경우에는 대법원을 거쳐야 한다. [전문개정 2011. 4. 5]

제47조(위헌결정의 효력) ① 법률의 위헌 결정은 법원과 그 밖의 국가기관 및 지방자치단체를 기속(羈束)한다.

② 위헌으로 결정된 법률 또는 법률의 조항은 그 결정이 있는 날부터 효력을 상실한다. 〈개정 2014. 5. 20.〉

③ 제2항에도 불구하고 형벌에 관한 법률 또는 법률의 조항은 소급하여 그 효력을 상실한다. 다만, 해당 법률 또는 법률의 조항에 대하여 종전에 합헌으로 결정한 사건이 있는 경우에는 그 결정이 있는 날의 다음 날로 소급하여 효력을 상실한다. 〈신설 2014. 5. 20.〉

④ 제3항의 경우에 위헌으로 결정된 법률 또는 법률의 조항에 근거한 유죄의 확정판결에 대하여는 재심을 청구할 수 있다. 〈개정 2014. 5. 20.〉

⑤ 제4항의 재심에 대하여는 「형사소송법」을 준용한다. 〈개정 2014. 5. 20.〉 [전문개정 2011. 4. 5.]

제2절 탄핵심판〈개정 2011. 4. 5〉

제48조(탄핵소추) 다음 각 호의 어느 하나에 해당하는 공무원이 그 직무집행에서 헌법이나 법률을 위반한 경우에는 국회는 헌법 및 「국회법」에 따라 탄핵의 소추를 의결할 수 있다.

1. 대통령, 국무총리, 국무위원 및 행정각부(行政各部)의 장
2. 헌법재판소 재판관, 법관 및 중앙선거관리위원회 위원
3. 감사원장 및 감사위원
4. 그 밖에 법률에서 정한 공무원 [전문개정 2011. 4. 5]

제49조(소추위원) ① 탄핵심판에서는 국회 법제사법위원회의 위원장이 소추위원이 된다.

② 소추위원은 헌법재판소에 소추의결서의 정본을 제출하여 탄핵심판을 청구하며, 심판의 변론에서 피청구인을 신문할 수 있다. [전문개정 2011. 4. 5]

제50조(권한 행사의 정지) 탄핵소추의 의결을 받은 사람은 헌법재판소의 심판이 있을 때까지 그 권한 행사가 정지된다. [전문개정 2011. 4. 5]

제51조(심판절차의 정지) 피청구인에 대한 탄핵심판 청구와 동일한 사유로 형사소송이 진행되고 있는 경우에는 재판부는 심판절차를 정지할 수 있다. [전문개정 2011. 4. 5]

제52조(당사자의 불출석) ① 당사자가 변론기일에 출석하지 아니하면 다시 기일을 정하여야 한다.

② 다시 정한 기일에도 당사자가 출석하지 아니하면 그의 출석 없이 심리할 수 있다. [전문개정 2011. 4. 5]

제53조(결정의 내용) ① 탄핵심판 청구가 이유 있는 경우에는 헌법재판소는 피청구인을 해당 공직에서 파면하는 결정을 선고한다.

② 피청구인이 결정 선고 전에 해당 공직에서 파면되었을 때에는 헌법재판소는 심판청구를 기각하여야 한다. [전문개정 2011. 4. 5]

제54조(결정의 효력) ① 탄핵결정은 피청구인의 민사상 또는 형사상의 책임을 면제하지 아니한다.

② 탄핵결정에 의하여 파면된 사람은 결정 선고가 있은 날부터 5년이 지나지 아니하면 공무원이 될 수 없다. [전문개정 2011. 4. 5]

제 3 절 정당해산심판〈개정 2011. 4. 5〉

제55조(정당해산심판의 청구) 정당의 목적이나 활동이 민주적 기본질서에 위배될 때에는 정부는 국무회의의 심의를 거쳐 헌법재판소에 정당해산심판을 청구할 수 있다. [전문개정 2011. 4. 5]

제56조(청구서의 기재사항) 정당해산심판의 청구서에는 다음 각 호의 사항을 적어야 한다.

1. 해산을 요구하는 정당의 표시

2. 청구 이유 [전문개정 2011. 4. 5]

제57조(가처분) 헌법재판소는 정당해산심판의 청구를 받은 때에는 직권 또는 청구인의 신청에 의하여 종국결정의 선고 시까지 피청구인의 활동을 정지하는 결정을 할 수 있다. [전문개정 2011. 4. 5]

제58조(청구 등의 통지) ① 헌법재판소장은 정당해산심판의 청구가 있는 때, 가처분결정을 한 때 및 그 심판이 종료한 때에는 그 사실을 국회와 중앙선거관리위원회에 통지하여야 한다.

② 정당해산을 명하는 결정서는 피청구인 외에 국회, 정부 및 중앙선거관리위원회에도 송달하여야 한다. [전문개정 2011. 4. 5]

제59조(결정의 효력) 정당의 해산을 명하는 결정이 선고된 때에는 그 정당은 해산된다. [전문개정 2011. 4. 5]

제60조(결정의 집행) 정당의 해산을 명하는 헌법재판소의 결정은 중앙선거관리위원회가 「정당법」에 따라 집행한다. [전문개정 2011. 4. 5]

제 4 절 권한쟁의심판〈개정 2011. 4. 5〉

제61조(청구 사유) ① 국가기관 상호간, 국가기관과 지방자치단체 간 및 지방자치단체 상호간에 권한의 유무 또는 범위에 관하여 다툼이 있을 때에는 해당 국가기관 또는 지방자치단체는 헌법재판소에 권한쟁

의심판을 청구할 수 있다.

② 제1항의 심판청구는 피청구인의 처분
또는 부작위(不作爲)가 헌법 또는 법률에
의하여 부여받은 청구인의 권한을 침해하
였거나 침해할 현저한 위험이 있는 경우에
만 할 수 있다. [전문개정 2011. 4. 5]

제62조(권한쟁의심판의 종류) ① 권한쟁의
심판의 종류는 다음 각 호와 같다. 〈개정
2018. 3. 20.〉

1. 국가기관 상호간의 권한쟁의심판
국회, 정부, 법원 및 중앙선거관리위원
회 상호간의 권한쟁의심판

2. 국가기관과 지방자치단체 간의 권한쟁
의심판
가. 정부와 특별시·광역시·특별자치
시·도 또는 특별자치도 간의 권한
쟁의심판
나. 정부와 시·군 또는 지방자치단체
인 구(이하 "자치구"라 한다) 간의
권한쟁의심판

3. 지방자치단체 상호간의 권한쟁의심판
가. 특별시·광역시·특별자치시·도
또는 특별자치도 상호간의 권한쟁
의심판
나. 시·군 또는 자치구 상호간의 권한
쟁의심판
다. 특별시·광역시·특별자치시·도
또는 특별자치도와 시·군 또는 자
치구 간의 권한쟁의심판

② 권한쟁의가 「지방교육자치에 관한 법
률」 제2조에 따른 교육·학예에 관한 지
방자치단체의 사무에 관한 것인 경우에는
교육감이 제1항 제2호 및 제3호의 당사
자가 된다. [전문개정 2011. 4. 5〉

제63조(청구기간) ① 권한쟁의의 심판은
그 사유가 있음을 안 날부터 60일 이내에,
그 사유가 있은 날부터 180일 이내에 청구
하여야 한다.

② 제1항의 기간은 불변기간으로 한다.
[전문개정 2011. 4. 5]

제64조(청구서의 기재사항) 권한쟁의심판
의 청구서에는 다음 각 호의 사항을 적어
야 한다.

1. 청구인 또는 청구인이 속한 기관 및 심
판수행자 또는 대리인의 표시

2. 피청구인의 표시

3. 심판 대상이 되는 피청구인의 처분 또
는 부작위

4. 청구 이유

5. 그 밖에 필요한 사항 [전문개정 2011.
4. 5]

제65조(가처분) 헌법재판소가 권한쟁의심
판의 청구를 받았을 때에는 직권 또는 청
구인의 신청에 의하여 종국결정의 선고 시
까지 심판 대상이 된 피청구인의 처분의
효력을 정지하는 결정을 할 수 있다. [전
문개정 2011. 4. 5]

제66조(결정의 내용) ① 헌법재판소는 심
판의 대상이 된 국가기관 또는 지방자치단
체의 권한의 유무 또는 범위에 관하여 판
단한다.

② 제1항의 경우에 헌법재판소는 권한침
해의 원인이 된 피청구인의 처분을 취소하
거나 그 무효를 확인할 수 있고, 헌법재판
소가 부작위에 대한 심판청구를 인용하는
결정을 한 때에는 피청구인은 결정 취지에
따른 처분을 하여야 한다. [전문개정
2011. 4. 5〉

제67조(결정의 효력) ① 헌법재판소의 권
한쟁의심판의 결정은 모든 국가기관과 지
방자치단체를 기속한다.

② 국가기관 또는 지방자치단체의 처분을 취
소하는 결정은 그 처분의 상대방에 대하여
이미 생긴 효력에 영향을 미치지 아니한
다. [전문개정 2011. 4. 5]

제 5 절 　헌법소원심판 〈개정 2011. 4. 5〉

제68조(청구 사유) ① 공권력의 행사 또는 불행사(不行使)로 인하여 헌법상 보장된 기본권을 침해받은 자는 법원의 재판을 제외하고는 헌법재판소에 헌법소원심판을 청구할 수 있다. 다만, 다른 법률에 구제절차가 있는 경우에는 그 절차를 모두 거친 후에 청구할 수 있다.

② 제41조 제 1 항에 따른 법률의 위헌 여부 심판의 제청신청이 기각된 때에는 그 신청을 한 당사자는 헌법재판소에 헌법소원심판을 청구할 수 있다. 이 경우 그 당사자는 당해 사건의 소송절차에서 동일한 사유를 이유로 다시 위헌 여부 심판의 제청을 신청할 수 없다. [전문개정 2011. 4. 5] [한정위헌, 2016헌마33, 2016. 4. 28., 헌법재판소법(2011. 4. 5. 법률 제10546호로 개정된 것) 제68조 제 1 항 본문 중 "법원의 재판을 제외하고는" 부분은, 헌법재판소가 위헌으로 결정한 법령을 적용함으로써 국민의 기본권을 침해한 재판이 포함되는 것으로 해석하는 한 헌법에 위반된다.]

제69조(청구기간) ① 제68조 제 1 항에 따른 헌법소원의 심판은 그 사유가 있음을 안 날부터 90일 이내에, 그 사유가 있는 날부터 1년 이내에 청구하여야 한다. 다만, 다른 법률에 따른 구제절차를 거친 헌법소원의 심판은 그 최종결정을 통지받은 날부터 30일 이내에 청구하여야 한다.

② 제68조 제 2 항에 따른 헌법소원심판은 위헌 여부 심판의 제청신청을 기각하는 결정을 통지받은 날부터 30일 이내에 청구하여야 한다. [전문개정 2011. 4. 5]

제70조(국선대리인) ① 헌법소원심판을 청구하려는 자가 변호사를 대리인으로 선임할 자력(資力)이 없는 경우에는 헌법재판소에 국선대리인을 선임하여 줄 것을 신청할 수 있다. 이 경우 제69조에 따른 청구기간은 국선대리인의 선임신청이 있는 날을 기준으로 정한다.

② 제 1 항에도 불구하고 헌법재판소가 공익상 필요하다고 인정할 때에는 국선대리인을 선임할 수 있다.

③ 헌법재판소는 제 1 항의 신청이 있는 경우 또는 제 2 항의 경우에는 헌법재판소규칙으로 정하는 바에 따라 변호사 중에서 국선대리인을 선정한다. 다만, 그 심판청구가 명백히 부적법하거나 이유 없는 경우 또는 권리의 남용이라고 인정되는 경우에는 국선대리인을 선정하지 아니할 수 있다.

④ 헌법재판소가 국선대리인을 선정하지 아니한다는 결정을 한 때에는 지체 없이 그 사실을 신청인에게 통지하여야 한다. 이 경우 신청인이 선임신청을 한 날부터 그 통지를 받은 날까지의 기간은 제69조의 청구기간에 산입하지 아니한다.

⑤ 제 3 항에 따라 선정된 국선대리인은 선정된 날부터 60일 이내에 제71조에 규정된 사항을 적은 심판청구서를 헌법재판소에 제출하여야 한다.

⑥ 제 3 항에 따라 선정한 국선대리인에게는 헌법재판소규칙으로 정하는 바에 따라 국고에서 그 보수를 지급한다. [전문개정 2011. 4. 5]

제71조(청구서의 기재사항) ① 제68조 제 1 항에 따른 헌법소원의 심판청구서에는 다음 각 호의 사항을 적어야 한다.

1. 청구인 및 대리인의 표시
2. 침해된 권리
3. 침해의 원인이 되는 공권력의 행사 또는 불행사
4. 청구 이유
5. 그 밖에 필요한 사항

② 제68조 제 2 항에 따른 헌법소원의 심판청구서의 기재사항에 관하여는 제43조를 준용한다. 이 경우 제43조 제 1 호 중 "제

청법원의 표시"는 "청구인 및 대리인의 표시"로 본다.

③ 헌법소원의 심판청구서에는 대리인의 선임을 증명하는 서류 또는 국선대리인 선임통지서를 첨부하여야 한다. [전문개정 2011. 4. 5]

제72조(사전심사)　① 헌법재판소장은 헌법재판소에 재판관 3명으로 구성되는 지정재판부를 두어 헌법소원심판의 사전심사를 담당하게 할 수 있다. 〈개정 2011. 4. 5〉

② 삭제 〈1991. 11. 30〉

③ 지정재판부는 다음 각 호의 어느 하나에 해당되는 경우에는 지정재판부 재판관 전원의 일치된 의견에 의한 결정으로 헌법소원의 심판청구를 각하한다. 〈개정 2011. 4. 5〉

1. 다른 법률에 따른 구제절차가 있는 경우 그 절차를 모두 거치지 아니하거나 또는 법원의 재판에 대하여 헌법소원의 심판이 청구된 경우

2. 제69조의 청구기간이 지난 후 헌법소원심판이 청구된 경우

3. 제25조에 따른 대리인의 선임 없이 청구된 경우

4. 그 밖에 헌법소원심판의 청구가 부적법하고 그 흠결을 보정할 수 없는 경우

④ 지정재판부는 전원의 일치된 의견으로 제3항의 각하결정을 하지 아니하는 경우에는 결정으로 헌법소원을 재판부의 심판에 회부하여야 한다. 헌법소원심판의 청구 후 30일이 지날 때까지 각하결정이 없는 때에는 심판에 회부하는 결정(이하 "심판회부결정"이라 한다)이 있는 것으로 본다. 〈개정 2011. 4. 5〉

⑤ 지정재판부의 심리에 관하여는 제28조, 제31조, 제32조 및 제35조를 준용한다. 〈개정 2011. 4. 5〉

⑥ 지정재판부의 구성과 운영에 필요한 사항은 헌법재판소규칙으로 정한다. 〈개정 2011. 4. 5〉 [제목개정 2011. 4. 5]

제73조(각하 및 심판회부 결정의 통지)　① 지정재판부는 헌법소원을 각하하거나 심판회부결정을 한 때에는 그 결정일부터 14일 이내에 청구인 또는 그 대리인 및 피청구인에게 그 사실을 통지하여야 한다. 제72조 제4항 후단의 경우에도 또한 같다.

② 헌법재판소장은 헌법소원이 제72조 제4항에 따라 재판부의 심판에 회부된 때에는 다음 각 호의 자에게 지체 없이 그 사실을 통지하여야 한다.

1. 법무부장관

2. 제68조 제2항에 따른 헌법소원심판에서는 청구인이 아닌 당해 사건의 당사자 [전문개정 2011. 4. 5]

제74조(이해관계기관 등의 의견 제출)　① 헌법소원의 심판에 이해관계가 있는 국가기관 또는 공공단체와 법무부장관은 헌법재판소에 그 심판에 관한 의견서를 제출할 수 있다.

② 제68조 제2항에 따른 헌법소원이 재판부에 심판 회부된 경우에는 제27조 제2항 및 제44조를 준용한다. [전문개정 2011. 4. 5〉

제75조(인용결정)　① 헌법소원의 인용결정은 모든 국가기관과 지방자치단체를 기속한다.

② 제68조 제1항에 따른 헌법소원을 인용할 때에는 인용결정서의 주문에 침해된 기본권과 침해의 원인이 된 공권력의 행사 또는 불행사를 특정하여야 한다.

③ 제2항의 경우에 헌법재판소는 기본권 침해의 원인이 된 공권력의 행사를 취소하거나 그 불행사가 위헌임을 확인할 수 있다.

④ 헌법재판소가 공권력의 불행사에 대한 헌법소원을 인용하는 결정을 한 때에는 피

청구인은 결정 취지에 따라 새로운 처분을 하여야 한다.

⑤ 제2항의 경우에 헌법재판소는 공권력의 행사 또는 불행사가 위헌인 법률 또는 법률의 조항에 기인한 것이라고 인정될 때에는 인용결정에서 해당 법률 또는 법률의 조항이 위헌임을 선고할 수 있다.

⑥ 제5항의 경우 및 제68조 제2항에 따른 헌법소원을 인용하는 경우에는 제45조 및 제47조를 준용한다.

⑦ 제68조 제2항에 따른 헌법소원이 인용된 경우에 해당 헌법소원과 관련된 소송사건이 이미 확정된 때에는 당사자는 재심을 청구할 수 있다.

⑧ 제7항에 따른 재심에서 형사사건에 대하여는 「형사소송법」을 준용하고, 그 외의 사건에 대하여는 「민사소송법」을 준용한다. [전문개정 2011. 4. 5]

제5장 전자정보처리조직을 통한 심판절차의 수행〈신설 2009. 12. 29〉

제76조(전자문서의 접수) ① 각종 심판절차의 당사자나 관계인은 청구서 또는 이 법에 따라 제출할 그 밖의 서면을 전자문서(컴퓨터 등 정보처리능력을 갖춘 장치에 의하여 전자적인 형태로 작성되어 송수신되거나 저장된 정보를 말한다. 이하 같다)화하고 이를 정보통신망을 이용하여 헌법재판소에서 지정·운영하는 전자정보처리조직(심판절차에 필요한 전자문서를 작성·제출·송달하는 데에 필요한 정보처리능력을 갖춘 전자적 장치를 말한다. 이하 같다)을 통하여 제출할 수 있다.

② 제1항에 따라 제출된 전자문서는 이 법에 따라 제출된 서면과 같은 효력을 가진다.

③ 전자정보처리조직을 이용하여 제출된 전자문서는 전자정보처리조직에 전자적으로 기록된 때에 접수된 것으로 본다.

④ 제3항에 따라 전자문서가 접수된 경우에 헌법재판소는 헌법재판소규칙으로 정하는 바에 따라 당사자나 관계인에게 전자적 방식으로 그 접수 사실을 즉시 알려야 한다. [전문개정 2011. 4. 5]

제77조(전자서명 등) ① 당사자나 관계인은 헌법재판소에 제출하는 전자문서에 헌법재판소규칙으로 정하는 바에 따라 본인임을 확인할 수 있는 전자서명을 하여야 한다.

② 재판관이나 서기는 심판사건에 관한 서류를 전자문서로 작성하는 경우에 「전자정부법」 제2조 제6호에 따른 행정전자서명(이하 "행정전자서명"이라 한다)을 하여야 한다.

③ 제1항의 전자서명과 제2항의 행정전자서명은 헌법재판소의 심판절차에 관한 법령에서 정하는 서명·서명날인 또는 기명날인으로 본다. 〈본조신설 2009. 12. 29〉

제78조(전자적 송달 등) ① 헌법재판소는 당사자나 관계인에게 전자정보처리조직과 그와 연계된 정보통신망을 이용하여 결정서나 이 법에 따른 각종 서류를 송달할 수 있다. 다만, 당사자나 관계인이 동의하지 아니하는 경우에는 그러하지 아니하다.

② 헌법재판소는 당사자나 관계인에게 송달하여야 할 결정서 등의 서류를 전자정보처리조직에 입력하여 등재한 다음 그 등재 사실을 헌법재판소규칙으로 정하는 바에 따라 전자적 방식으로 알려야 한다.

③ 제1항에 따른 전자정보처리조직을 이용한 서류 송달은 서면으로 한 것과 같은 효력을 가진다.

④ 제2항의 경우 송달받을 자가 등재된 전자문서를 헌법재판소규칙으로 정하는 바에 따라 확인한 때에 송달된 것으로 본다. 다만, 그 등재 사실을 통지한 날부터 2주 이내에 확인하지 아니하였을 때에는 등재

사실을 통지한 날부터 2주가 지난 날에 송달된 것으로 본다.

⑤ 제1항에도 불구하고 전자정보처리조직의 장애로 인하여 전자적 송달이 불가능하거나 그 밖에 헌법재판소규칙으로 정하는 사유가 있는 경우에는 「민사소송법」에 따라 송달할 수 있다. [전문개정 2011. 4. 5]

제6장 벌칙〈개정 2011. 4. 5〉

제79조(벌칙) 다음 각 호의 어느 하나에 해당하는 자는 1년 이하의 징역 또는 100만원 이하의 벌금에 처한다.

1. 헌법재판소로부터 증인, 감정인, 통역인 또는 번역인으로서 소환 또는 위촉을 받고 정당한 사유 없이 출석하지 아니한 자

2. 헌법재판소로부터 증거물의 제출요구 또는 제출명령을 받고 정당한 사유 없이 이를 제출하지 아니한 자

3. 헌법재판소의 조사 또는 검사를 정당한 사유 없이 거부·방해 또는 기피한 자 [전문개정 2011. 4. 5]

부   칙〈법률 제4017호, 1988. 8. 5〉

제1조(시행일) 이 법은 1988년 9월 1일부터 시행한다. 다만, 이 법에 의한 헌법재판소장·상임재판관 및 재판관의 임명 기타 이 법 시행에 관한 준비는 이 법 시행전에 할 수 있다.

제2조(폐지법률) 법률 제2530호 헌법위원회법은 이를 폐지한다.

제3조(계속사건에 대한 경과조치) 이 법 시행당시 헌법위원회에 계속중인 사건은 헌법재판소에 이관한다. 이 경우 이미 행하여진 심판행위의 효력에 대하여는 영향을 미치지 아니한다.

제4조(종전의 사항에 관한 경과조치) 이 법은 이 법 시행전에 생긴 사항에 관하여

도 적용한다. 다만, 이 법 시행전에 헌법위원회법에 의하여 이미 생긴 효력에는 영향을 미치지 아니한다.

제5조(종전 직원에 관한 경과조치) 이 법 시행당시 헌법위원회 사무국공무원은 헌법재판소사무처소속공무원으로 임용된 것으로 본다.

제6조(예산에 관한 경과조치) 이 법 시행당시 헌법위원회의 소관예산은 헌법재판소의 소관예산으로 본다.

제7조(권리의무의 승계) 이 법 시행당시 헌법위원회가 가지는 권리 및 의무는 헌법재판소가 이를 승계한다.

제8조(다른 법률의 개정) ① 법원조직법중 다음과 같이 개정한다.
제7조 제1항 제4호를 삭제한다.
② 행정소송법중 다음과 같이 개정한다.
제3조 제4호에 단서를 다음과 같이 신설한다.
다만, 헌법재판소법 제2조의 규정에 의하여 헌법재판소의 관장사항으로 되는 소송은 제외한다.
③ 국가공무원법중 다음과 같이 개정한다.
제2조 제3항 제1호나목중 "헌법위원회의 상임위원"을 "헌법재판소의 상임재판관 및 사무처장"으로 한다.
④ 정당법중 다음과 같이 개정한다.
제40조, 제41조 제3항, 제42조 및 제43조 제2항중 "헌법위원회"를 각각 "헌법재판소"로 한다.
⑤ 행정심판법중 다음과 같이 개정한다.
제5조 제2항 제2호중 "헌법위원회"를 "헌법재판소"로 한다.
⑥ 예산회계법중 다음과 같이 개정한다.
제22조중 "헌법위원회"를 "헌법재판소"로 한다.
⑦ 공무원연금법중 다음과 같이 개정한다.
제77조중 "헌법위원회"를 "헌법재판소"로

한다.

⑧ 집회 및시위에관한법률중 다음과 같이 개정한다.

제 3 조 제 1 항 제 1 호중 "헌법위원회"를 "헌법재판소"로 한다.

⑨ 민방위기본법중 다음과 같이 개정한다.

제 2 조 제 2 호중 "헌법위원회 사무국장"을 "헌법재판소 사무처장"으로 한다.

⑩ 상훈법중 다음과 같이 개정한다.

제 5 조 제 1 항중 "법원행정처장"을 "법원행정처장·헌법재판소사무처장"으로 한다.

⑪ 공직자윤리법중 다음과 같이 개정한다.

제 5 조 제 1 항 제 4 호중 "제 3 호외의"를 "제 4 호외의"로 하여 이를 동조 동항 제 5 호로 하고, 동조 동항 제 4 호를 다음과 같이 신설한다.

4. 헌법재판소장·상임재판관 및 헌법재판소소속공무원은 헌법재판소사무처

부   칙〈법률 제4408호, 1991. 11. 30〉

제 1 조(시행일) 이 법은 공포한 날부터 시행한다.

제 2 조(경과조치) 이 법 시행 당시 상임재판관 및 상임재판관이 아닌 재판관은 이 법에 의하여 재판관으로 임명된 것으로 보며, 그 임기는 이 법 시행전의 상임재판관 또는 재판관으로 임명된 때부터 기산한다.

제 3 조(다른 법률의 개정) ① 행정심판법중 다음과 같이 개정한다.

제 5 조 제 2 항 제 2 호중 "헌법재판소"를 "헌법재판소사무처장"으로 한다.

제 6 조 제 3 항 단서중 "대법원규칙으로" 다음에 ",헌법재판소사무처장의 경우에는 헌법재판소규칙으로"를 삽입한다.

② 국가공무원법중 다음과 같이 개정한다.

제 2 조 제 3 항 제 1 호 나목중 "헌법재판소의 상임재판관 및 사무처장"을 "헌법재판소의 재판관 및 사무처장"으로 한다.

③ 공직자윤리법중 다음과 같이 개정한다.

제 5 조 제 1 항 제 4 호중 "상임재판관"을 "헌법재판소재판관"으로 한다.

제 9 조 제 1 항 본문중 "대법원"다음에 "·헌법재판소"를 삽입하고, 동조 제 2 항 제 3 호중 "제 1 호 및 제 2 호"를 "제 1 호 내지 제 3 호"로 하여 이를 동항 제 4 호로 하며, 동항에 제 3 호를 다음과 같이 신설하고, 동조 제 3 항중 "대법원규칙"다음에 "·헌법재판소규칙"을 삽입한다.

3. 헌법재판소공직자논리위원회는 헌법재판소재판관 기타 헌법재판소소속공무원과 그 퇴직공직자에 관한 사항

제17조 제 2 항중 "대법원규칙" 다음에 "·헌법재판소규칙"을 삽입한다.

제18조중 "대법원규칙" 다음에 "·헌법재판소규칙"을 삽입한다.

제19조 제 1 항중 "법원행정처장" 다음에 ",헌법재판소에 있어서는 헌법재판소사무처장"을 삽입한다.

제21조중 "대법원규칙" 다음에 "·헌법재판소규칙"을 삽입한다.

④ 민사소송법중 다음과 같이 개정한다.

제275조 제 2 항중 "국회의 의장과 대법원장"을 "국회의장·대법원장 및 헌법재판소장"으로 한다.

⑤ 집회 및시위에관한법률중 다음과 같이 개정한다.

제11조 제 1 호중 "각급법원" 다음에 ",헌법재판소"를 삽입하고, 동조 제 2 호중 "대법원장공관" 다음에 ",헌법재판소장공관"을 삽입한다.

⑥ 예산회계법중 다음과 같이 개정한다.

제14조 제 2 항 전단중 "국회의장과 대법원장"을 "국회의장·대법원장 및 헌법재판소장"으로, "국회의 사무총장과 대법원의 법원행정처장"을 "국회의 사무총장·대법원의 법원행정처장 및 헌법재판소의 사무처

장"으로 하고, 동항 후단중 "국회의 사무
총장과 대법원의 법원행정처장"을 "국회의
사무총장ㆍ대법원의 법원행정처장 및 헌법
재판소의 사무처장"으로 하며, 동조 제 3
항중 "국회의장과 대법원장"을 "국회의
장ㆍ대법원장 및 헌법재판소장"으로 한다.
⑦ 물품관리법중 다음과 같이 개정한다.
제16조 제 1 항 단서중 "국회와 대법원"을
"국회ㆍ대법원 및 헌법재판소"로 한다.
⑧ 국가채권관리법중 다음과 같이 개정한다.
제 2 조 제 2 항중 "대법원장" 다음에 ", 헌
법재판소장"을 삽입한다.

　　부칙〈법률 제4815호, 1994. 12. 22〉
이 법은 공포한 날부터 시행한다.

　　부칙〈법률 제4963호, 1995. 8. 4〉
이 법은 공포한 날부터 시행한다.

부칙〈법률 제5454호, 1997. 12. 13〉
(정부부처명칭등의변경에따른건축법등의
정비에관한법률)
　　이 법은 1998년 1 월 1일부터 시행한다.
〈단서 생략〉

　　부칙〈법률 제6622호, 2002. 1. 19〉
　　(국가공무원법)
제 1 조(시행일) 이 법은 공포한 날부터 시
　행한다. 〈단서 생략〉
제 2 조　생략
제 3 조(다른 법률의 개정) ① 및 ②생략
　③ 헌법재판소법중 다음과 같이 개정한다.
　제15조 제 1 항중 "대법원장의 예에, 재판
　관의 대우와 보수"를 "대법원장의 예에 의
　하며, 재판관은 정무직으로 하고 그 대우
　와 보수"로 한다.
　④ 내지 ⑥ 생략

　　부칙〈법률 제6626호, 2002. 1. 26〉
　　(민사소송법)
제 1 조(시행일) 이 법은 2002년 7 월 1일부
　터 시행한다.
제 2 조　내지 제 5 조 생략
제 6 조(다른 법률의 개정) ① 내지 〈25〉생략
〈26〉헌법재판소법중 다음과 같이 개정한다.
　제24조 제 6 항중 "민사소송법 제40조, 제
　41조, 제42조 제 1 항ㆍ제 2 항 및 제44조"
　를 "민사소송법 제44조, 제45조, 제46조
　제 1 항ㆍ제 2 항 및 제48조"로 한다.
　제41조 제 3 항중 "민사소송법 제231조"를
　"민사소송법 제254조"로 한다.
　제42조 제 2 항중 "민사소송법 제184조"를
　"민사소송법 제199조"로 한다.
　〈27〉 내지 〈29〉생략
제 7 조　생략

　　부칙〈법률 제6861호, 2003. 3. 12〉
① (시행일) 이 법은 공포후 3 월이 경과한
　날부터 시행한다.
② (경과조치) 이 법 시행 당시 일반직국
　가공무원 또는 별정직국가공무원인 헌법연
　구관 및 헌법연구관보는 이 법에 의하여
　각각 특정직국가공무원인 헌법연구관과 별
　정직국가공무원인 헌법연구관보로 임용된
　것으로 본다. 다만, 이 법 시행전에 헌법
　연구관 및 헌법연구관보로 근무한 기간은
　이 법 및 다른 법령에 규정된 헌법연구관
　및 헌법연구관보의 재직기간에 산입하고,
　국가기관에서 4급공무원으로 근무한 기간
　은 호봉획정시 헌법연구관보로 근무한 기
　간으로 본다.
③ (다른 법률의 개정) 공직자윤리법중 다
　음과 같이 개정한다.
　제 3 조 제 1 항에 제 5 호의2를 다음과 같이
　신설한다.
　5의2. 헌법재판소 헌법연구관

부칙〈법률 제7427호, 2005. 3. 31〉(민법)

제 1 조(시행일) 이 법은 공포한 날부터 시행한다. 다만, …생략… 부칙 제 7 조(제 2 항 및 제29항을 제외한다)의 규정은 2008년 1 월 1 일부터 시행한다.

제 2 조 내지 제 6 조 생략

제 7 조(다른 법률의 개정) ① 내지 〈25〉생략
〈26〉헌법재판소법 일부를 다음과 같이 개정한다.
제24조 제 1 항 제 2 호중 "친족·호주·가족"을 "친족"으로 한다.
〈27〉 내지 〈29〉생략

부칙〈법률 제7622호, 2005. 7. 29〉
이 법은 공포한 날부터 시행한다.

부칙〈법률 제8729호, 2007. 12. 21〉
이 법은 2008년 1월 1일부터 시행한다.

부칙〈법률 제8893호, 2008. 3. 14〉
이 법은 공포 후 3개월이 경과한 날부터 시행한다.

부칙〈법률 제9839호, 2009. 12. 29〉
이 법은 2010년 3월 1일부터 시행한다. 다만, 제28조 제 5 항의 개정규정은 공포한 날부터 시행한다.

부칙〈법률 제10278호, 2010. 5. 4〉
이 법은 공포한 날부터 시행한다. 다만,

제19조의4의 개정규정은 공포 후 6개월이 경과한 날부터 시행한다.

부칙〈법률 제10546호, 2011. 4. 5〉
이 법은 공포한 날부터 시행한다.

부칙〈법률 제11530호, 2012. 12. 11〉
(국가공무원법)

제 1 조(시행일) 이 법은 공포 후 1년이 경과한 날부터 시행한다. 〈단서 생략〉

제 2 조부터 제 5 조까지 생략

제 6 조(다른 법률의 개정) ①부터 〈26〉까지 생략
〈27〉 헌법재판소법 일부를 다음과 같이 개정한다.
제19조의3 제3항 중 "계약직공무원"을 「국가공무원법」 제26조의5에 따른 임기제공무원"으로 한다.
제19조의4 제 3 항을 삭제한다.

제 7 조 생략

부칙〈법률 제12597호, 2014. 5. 20〉
이 법은 공포한 날부터 시행한다.

부칙〈법률 제12897호, 2014. 12. 30〉
이 법은 공포 후 6개월이 경과한 날부터 시행한다. 다만, 제 7 조 제 2 항의 개정규정은 공포한 날부터 시행한다.

부칙〈법률 제15495호, 2018. 3. 20〉
이 법은 공포한 날부터 시행한다.

1961年 憲法裁判所法

[제정 1961. 4. 17. 법률 제601호,]
[폐지 1964. 12. 30. 법률 제1667호]

제 1 장 조 직

제 1 조(목적) 본법은 헌법재판소의 조직과 그 심판의 절차를 규정함을 목적으로 한다.

제 2 조(심판관의 자격) ① 헌법재판소의 심판관은 법원조직법 제33조의 규정에 의한 법관의 자격이 있는 자 중에서 선임한다.

② 심판관의 보수와 대우는 대법관의 예에 준한다.

제 3 조(심판관의 선임) ① 대법원에서 심판관을 선임할 때에는 대법관회의에서 이를 선거하며, 재적대법관 과반수의 투표를 얻어야 한다.

② 참의원에서 심판관을 선임할 때에는 재적의원 과반수의 투표를 얻어야 한다.

③ 심판관의 임기가 만료되거나 임기중 심판관이 궐위된 때에는 당해 심판관을 선임한 선임권자는 임기만료 또는 궐위된 날로부터 10일 이내에 후임자를 선임하여야 하며, 임기중 궐위된 심판관의 임기는 전임자의 잔임기간으로 한다. 단, 선임권자가 참의원인 경우에 참의원이 휴회 또는 폐회 중에 심판관의 임기만료 또는 궐위가 생겼을 때에는 참의원은 다음 집회가 개시된 후 10일 이내에 후임자를 선거하여야 한다.

④ 대통령은 제 1 항과 제 2 항에 의한 심판관의 선임을 확인한다.

제 4 조(겸직금지) ① 심판관은 정당에 가입하거나 정치에 관여할 수 없다.

② 심판관은 모든 공직 또는 사직에 취임하거나 영업에 종사할 수 없다.

③ 심판관이 겸할 수 없는 직에 취임한 때에는 당연히 퇴직된다.

제 5 조(헌법재판소장) ① 헌법재판소에 헌법재판소장을 둔다.

② 헌법재판소장은 심판관 중에서 호선하여 대통령이 이를 확인한다.

③ 전항의 선거에서는 재적심판관 과반수의 투표를 얻어야 한다.

④ 헌법재판소장은 헌법재판소의 행정사무를 관장하며, 소속공무원을 지휘·감독한다.

⑤ 헌법재판소장이 사고가 있을 때에는 심판관 중 연령순에 의하여 연장자가 소장의 직무를 대리한다.

제 6 조(사무처) ① 헌법재판소에 사무처를 둔다.

② 사무처의 사무분장과 직제에 관하여는 국무원령으로 정한다.

③ 사무처장은 일급공무원으로써 보하며, 심판관회의의 동의를 얻어 헌법재판소장이 임면한다.

④ 전항 이외의 공무원은 헌법재판소장이 이를 임면한다.

제7조(경비) ① 헌법재판소의 경비는 독립하여 국비예산에 계상하여야 한다.

② 전항의 경비 중에는 예비금을 설치한다.

제8조(헌법재판소의 심판권) ① 헌법재판소는 심판관 5인 이상의 출석으로 심리하며, 심판관 5인 이상의 찬성으로 심판한다. 단, 헌법 제83조의4 제 5 항의 사건에 있어서는 심판관 6인 이상의 출석으로 심리한다.

② 법원조직법 제59조 제 2 항의 규정은 헌법재판소의 심판에 이를 준용한다.

③ 헌법재판소장은 재판장이 된다.

제 9 조(위헌제청과 법원의 재판) ① 법원에 계속중인 사건에 관하여 법원 또는 당사자가 법률의 위헌여부의 심사나 헌법에

관한 최종적 해석을 헌법재판소에 제정하였을 때에는 헌법재판소의 결정에 의하여 당해 사건에 대한 법원의 재판은 헌법재판소의 판결이 있을 때까지 정지할 수 있다. 단, 형사소송법 제92조 제 1 항 후단의 구속기간과 민사소송법 제184조의 판결선고 기간을 산정함에 있어서는 본항의 재판정지기간은 이를 산입하지 아니한다.

② 헌법재판소가 전항 본문의 결정을 하였을 때에는 즉시 이를 대법원에 통고하여야 하며, 대법원은 각급법원에 있어서 당해 법률 또는 헌법조항을 적용하여야 할 사건의 심리를 중지시켜야 한다.

제10조(제청서기재사항)　① 법원에 계속중인 사건에 관하여 법률의 위헌여부의 제청을 할 때에는 다음 각호의 사항을 기재하고 필요한 서류를 첨부하여야 한다.

1. 제청법원 또는 제청인의 표시
2. 사건의 표시
3. 위헌이라고 해석되는 법률 또는 법률의 조항
4. 위헌이라고 해석되는 이유
5. 기타 필요한 사항

② 법원에 사건이 계속됨이 없이 법률의 위헌여부 또는 헌법에 관한 최종적 해석을 제정할 때에는 제청서에 다음 사항을 기재하여야 한다.

1. 제청인의 표시
2. 위헌이라고 해석되는 법률조항 또는 해석을 요구하는 헌법의 조항
3. 위헌이라고 해석되는 이유 또는 당해 헌법조항에 대한 제청인의 해석
4. 기타 필요한 사항

③ 전항의 경우에는 제 9 조의 규정을 준용한다.

제11조(권한쟁의제청서의 기재사항)　① 국가기관간의 권한쟁의에 관한 심판을 제청할 때에는 제청서에 다음 사항을 기재하여야 한다.

1. 제청기관의 표시
2. 권한쟁의의 요지
3. 관계법령의 조항
4. 기타 필요한 사항

② 전항의 경우에 헌법재판소는 관계국가기관에 권한쟁의심판제청의 사실을 통지하고, 쟁점이 된 권한에 의한 처분의 정지를 명령할 수 있다.

제12조(정당해산소추의 기재사항)　① 헌법 제13조 제 2 항 단서의 규정에 의한 정당해산에 관한 소추서에는 다음 사항을 기재하여야 한다.

1. 해산을 요구하는 정당의 표시
2. 소추의 이유

② 전항의 소추에는 대통령의 소추승인서를 첨부하여야 하며, 소추의 이유를 증명하는 증거물이 있는 때에는 이를 첨부하여야 한다.

제13조(정당해산판결의 송달)　헌법재판소가 정당의 해산을 명하는 판결을 한 때에는 그 재판의 등본을 정부와 당해 정당의 대표자에게 송달하여야 한다.

제14조(의견의 첨서)　헌법재판소의 재판서에는 합의에 관여한 각 심판관의 의견을 첨서하여야 한다.

제15조(탄핵소추위원)　① 국회가 탄핵의 소추를 결의한 때에는 소추위원 3인을 선임하여야 한다.

② 소추위원은 탄핵재판의 심리와 선고에 관여한다.

제16조(탄핵소추의 기각)　헌법재판소는 탄핵의 소추를 받은 자가 재판 전에 면직된 때에는 탄핵의 소추를 기각하여야 한다.

제17조(심리개시)　① 헌법재판소는 심판사건이 제기된 때에는 지체없이 심리를 개시하여야 한다. 단, 선거에 관한 소송은 모든 사건에 우선하여 심리하여야 한다.

② 헌법재판소는 법률의 위헌여부를 심사하는 사건에 대하여는 그 제청서를 수리한 날로부터 90일 이내에 판결을 선고하여야 한다.

제18조(재판의 공개) 헌법재판소의 대심과 재판의 선고는 공개한 법정에서 행한다. 단, 안녕질서 또는 선량한 풍속을 해할 우려가 있는 때에는 결정으로써 공개를 정지할 수 있다.

제19조(법정경찰권) 헌법재판소의 재판장은 법정의 질서를 유지하기 위하여 법원조직법 제54조 내지 제56조의 규정에 의한 재판장의 권한을 행사한다.

제20조(일사부재리) ① 헌법재판소는 탄핵과 선거에 관한 소송에 있어서 이미 재판을 거친 사건에 대하여는 다시 재판을 할 수 없다.

제21조(재판의 송달·공시) ① 헌법재판소는 종국재판이나 헌법해석의 등본을 즉시 제청인 또는 소를 제기한 자에게 송달하여야 한다.

② 헌법재판소의 종국재판이나 헌법의 해석은 관보에 게재하여 공시하여야 한다.

제22조(헌법재판소의 판결의 효력) ① 법률의 위헌여부와 헌법해석에 관한 헌법재판소의 판결은 법원과 기타 국가기관 및 지방자치단체의 기관을 기속한다.

② 헌법재판소에 의하여 위헌의 판결을 받은 법률 또는 법률의 조항은 판결이 있은 날로부터 법률로서의 효력을 상실한다. 단, 형벌에 관한 조항은 소급하여 그 효력을 상실한다.

③ 국가기관간의 권한쟁의에 관한 헌법재판소의 판결은 모든 국가 또는 지방자치단체의 기관을 기속한다.

④ 탄핵의 소추를 받은 자는 헌법재판소의 파면의 재판의 선고에 의하여 파면된다.

⑤ 정당이 해산을 명하는 헌법재판소의 판결을 받은 때에는 즉시 해산된다.

제23조(탄핵재판과 형사소추) 헌법재판소는 탄핵이 소추된 사건이 동일한 사유에 관하여 형사소송에 계속되어 있는 때에는 그 형사소송이 종결할 때까지 탄핵재판의 진행을 중지할 수 있다.

제24조(제청과 심판의 절차) ① 헌법재판소의 재판에 관하여는 본법에 규정한 외에는 민사소송에 관한 법령의 규정을 준용한다. 단, 기피에 있어서는 동일한 사건에 관하여 3인 이상의 심판관을 기피할 수 없다.

② 탄핵재판의 절차에 관하여는 형사소송법의 규정을 준용한다. 단, 구속에 관한 규정은 예외로 한다.

제25조(시행령) 본법 시행에 관하여 필요한 사항은 국무원령으로 정한다.

제 2 장 벌 칙

제26조(벌칙) 다음 각호의 1에 해당하는 자는 1년 이하의 징역 또는 50만환 이하의 벌금에 처한다.

1. 헌법재판소로부터 증인, 감정인, 통역인 또는 번역인으로서 소환을 받고 정당한 이유 없이 출석하지 아니하거나 그 의무를 수행하지 아니한 자

2. 헌법재판소로부터 증거물제출의 명령을 받고 정당한 이유 없이 제출하지 아니한 자

부칙〈제601호, 1961.4.17〉

① 본법은 공포한 날로부터 시행한다.

② 헌법위원회법과 탄핵재판소법은 폐지한다.

③ 헌법재판소심판관의 선임권자는 대법원장 및 대법관선거법에 의하여 처음 실시되는 대법원장 및 대법관선거일 후 15일 이내에 심판관을 선임하여야 한다.

大韓民國 憲法

[전문개정 1987. 10. 29.]
헌법 10호

전 문

유구한 역사와 전통에 빛나는 우리 대한국민
은 3·1운동으로 건립된 대한민국임시정부
의 법통과 불의에 항거한 4·19민주이념을
계승하고, 조국의 민주개혁과 평화적 통일의
사명에 입각하여 정의·인도와 동포애로써
민족의 단결을 공고히 하고, 모든 사회적 폐
습과 불의를 타파하며, 자율과 조화를 바탕
으로 자유민주적 기본질서를 더욱 확고히 하
여 정치·경제·사회·문화의 모든 영역에
있어서 각인의 기회를 균등히 하고, 능력을
최고도로 발휘하게 하며, 자유와 권리에 따
르는 책임과 의무를 완수하게 하여 안으로는
국민생활의 균등한 향상을 기하고, 밖으로는
항구적인 세계평화와 인류공영에 이바지함으
로써 우리들과 우리들의 자손의 안전과 자유
와 행복을 영원히 확보할 것을 다짐하면서
1948년 7월 12일에 제정되고 8차에 걸쳐 개
정된 헌법을 이제 국회의 의결을 거쳐 국
민투표에 의하여 개정한다.

제 1 장 총 강

제 1 조 ① 대한민국은 민주공화국이다.
② 대한민국의 주권은 국민에게 있고, 모
든 권력은 국민으로부터 나온다.

제 2 조 ① 대한민국의 국민이 되는 요건은
법률로 정한다.
② 국가는 법률이 정하는 바에 의하여 재
외국민을 보호할 의무를 진다.

제 3 조 대한민국의 영토는 한반도와 그 부
속도서로 한다.

제 4 조 대한민국은 통일을 지향하며, 자유
민주적 기본질서에 입각한 평화적 통일정
책을 수립하고 이를 추진한다.

제 5 조 ① 대한민국은 국제평화의 유지에
노력하고, 침략적 전쟁을 부인한다.
② 국군은 국가의 안전보장과 국토방위의
신성한 의무를 수행함을 사명으로 하며,
그 정치적 중립성은 준수된다.

제 6 조 ① 헌법에 의하여 체결·공포된 조
약과 일반적으로 승인된 국제법규는 국내
법과 같은 효력을 가진다.
② 외국인은 국제법과 조약이 정하는 바에
의하여 그 지위가 보장된다.

제 7 조 ① 공무원은 국민 전체에 대한 봉
사자이며, 국민에 대하여 책임을 진다.
② 공무원의 신분과 정치적 중립성은 법률
이 정하는 바에 의하여 보장된다.

제 8 조 ① 정당의 설립은 자유이며, 복수
정당제는 보장된다.
② 정당은 그 목적·조직과 활동이 민주적
이어야 하며, 국민의 정치적 의사형성에
참여하는 데 필요한 조직을 가져야 한다.
③ 정당은 법률이 정하는 바에 의하여 국
가의 보호를 받으며, 국가는 법률이 정하
는 바에 의하여 정당운영에 필요한 자금을
보조할 수 있다.
④ 정당의 목적이나 활동이 민주적 기본질
서에 위배될 때에는 정부는 헌법재판소에
그 해산을 제소할 수 있고, 정당은 헌법재
판소의 심판에 의하여 해산된다.

제 9 조 국가는 전통문화의 계승·발전과
민족문화의 창달에 노력하여야 한다.

제 2 장 국민의 권리와 의무

제10조 모든 국민은 인간으로서의 존엄과
가치를 가지며, 행복을 추구할 권리를 가
진다. 국가는 개인이 가지는 불가침의 기

본적 인권을 확인하고, 이를 보장할 의무를 진다.

제11조　① 모든 국민은 법 앞에 평등하다. 누구든지 성별·종교 또는 사회적 신분에 의하여 정치적·경제적·사회적·문화적 생활의 모든 영역에 있어서 차별을 받지 아니한다.

② 사회적 특수계급의 제도는 인정되지 아니하며, 어떠한 형태로도 이를 창설할 수 없다.

③ 훈장 등의 영전은 이를 받은 자에게만 효력이 있고, 어떠한 특권도 이에 따르지 아니한다.

제12조　① 모든 국민은 신체의 자유를 가진다. 누구든지 법률에 의하지 아니하고는 체포·구속·압수·수색 또는 심문을 받지 아니하며, 법률과 적법한 절차에 의하지 아니하고는 처벌·보안처분 또는 강제노역을 받지 아니한다.

② 모든 국민은 고문을 받지 아니하며, 형사상 자기에게 불리한 진술을 강요당하지 아니한다.

③ 체포·구속·압수 또는 수색을 할 때에는 적법한 절차에 따라 검사의 신청에 의하여 법관이 발부한 영장을 제시하여야 한다. 다만, 현행범인인 경우와 장기 3년 이상의 형에 해당하는 죄를 범하고 도피 또는 증거인멸의 염려가 있을 때에는 사후에 영장을 청구할 수 있다.

④ 누구든지 체포 또는 구속을 당한 때에는 즉시 변호인의 조력을 받을 권리를 가진다. 다만, 형사피고인이 스스로 변호인을 구할 수 없을 때에는 법률이 정하는 바에 의하여 국가가 변호인을 붙인다.

⑤ 누구든지 체포 또는 구속의 이유와 변호인의 조력을 받을 권리가 있음을 고지받지 아니하고는 체포 또는 구속을 당하지 아니한다. 체포 또는 구속을 당한 자의 가

족 등 법률이 정하는 자에게는 그 이유와 일시·장소가 지체없이 통지되어야 한다.

⑥ 누구든지 체포 또는 구속을 당한 때에는 적부의 심사를 법원에 청구할 권리를 가진다.

⑦ 피고인의 자백이 고문·폭행·협박·구속의 부당한 장기화 또는 기망 기타의 방법에 의하여 자의로 진술된 것이 아니라고 인정될 때 또는 정식재판에 있어서 피고인의 자백이 그에게 불리한 유일한 증거일 때에는 이를 유죄의 증거로 삼거나 이를 이유로 처벌할 수 없다.

제13조　① 모든 국민은 행위시의 법률에 의하여 범죄를 구성하지 아니하는 행위로 소추되지 아니하며, 동일한 범죄에 대하여 거듭 처벌받지 아니한다.

② 모든 국민은 소급입법에 의하여 참정권의 제한을 받거나 재산권을 박탈당하지 아니한다.

③ 모든 국민은 자기의 행위가 아닌 친족의 행위로 인하여 불이익한 처우를 받지 아니한다.

제14조　모든 국민은 거주·이전의 자유를 가진다.

제15조　모든 국민은 직업선택의 자유를 가진다.

제16조　모든 국민은 주거의 자유를 침해받지 아니한다. 주거에 대한 압수나 수색을 할 때에는 검사의 신청에 의하여 법관이 발부한 영장을 제시하여야 한다.

제17조　모든 국민은 사생활의 비밀과 자유를 침해받지 아니한다.

제18조　모든 국민은 통신의 비밀을 침해받지 아니한다.

제19조　모든 국민은 양심의 자유를 가진다.

제20조　① 모든 국민은 종교의 자유를 가진다.

② 국교는 인정되지 아니하며, 종교와 정

치는 분리된다.

제21조 ① 모든 국민은 언론·출판의 자유와 집회·결사의 자유를 가진다.

② 언론·출판에 대한 허가나 검열과 집회·결사에 대한 허가는 인정되지 아니한다.

③ 통신·방송의 시설기준과 신문의 기능을 보장하기 위하여 필요한 사항은 법률로 정한다.

④ 언론·출판은 타인의 명예나 권리 또는 공중도덕이나 사회윤리를 침해하여서는 아니 된다. 언론·출판이 타인의 명예나 권리를 침해한 때에는 피해자는 이에 대한 피해의 배상을 청구할 수 있다.

제22조 ① 모든 국민은 학문과 예술의 자유를 가진다.

② 저작자·발명가·과학기술자와 예술가의 권리는 법률로써 보호한다.

제23조 ① 모든 국민의 재산권은 보장된다. 그 내용과 한계는 법률로 정한다.

② 재산권의 행사는 공공복리에 적합하도록 하여야 한다.

③ 공공필요에 의한 재산권의 수용·사용 또는 제한 및 그에 대한 보상은 법률로써 하되, 정당한 보상을 지급하여야 한다.

제24조 모든 국민은 법률이 정하는 바에 의하여 선거권을 가진다.

제25조 모든 국민은 법률이 정하는 바에 의하여 공무담임권을 가진다.

제26조 ① 모든 국민은 법률이 정하는 바에 의하여 국가기관에 문서로 청원할 권리를 가진다.

② 국가는 청원에 대하여 심사할 의무를 진다.

제27조 ① 모든 국민은 헌법과 법률이 정한 법관에 의하여 법률에 의한 재판을 받을 권리를 가진다.

② 군인 또는 군무원이 아닌 국민은 대한민국의 영역 안에서는 중대한 군사상 기밀·초병·초소·유독음식물공급·포로·군용물에 관한 죄 중 법률이 정한 경우와 비상계엄이 선포된 경우를 제외하고는 군사법원의 재판을 받지 아니한다.

③ 모든 국민은 신속한 재판을 받을 권리를 가진다. 형사피고인은 상당한 이유가 없는 한 지체없이 공개재판을 받을 권리를 가진다.

④ 형사피고인은 유죄의 판결이 확정될 때까지는 무죄로 추정된다.

⑤ 형사피해자는 법률이 정하는 바에 의하여 당해 사건의 재판절차에서 진술할 수 있다.

제28조 형사피의자 또는 형사피고인으로서 구금되었던 자가 법률이 정하는 불기소처분을 받거나 무죄판결을 받은 때에는 법률이 정하는 바에 의하여 국가에 정당한 보상을 청구할 수 있다.

제29조 ① 공무원의 직무상 불법행위로 손해를 받은 국민은 법률이 정하는 바에 의하여 국가 또는 공공단체에 정당한 배상을 청구할 수 있다. 이 경우 공무원 자신의 책임은 면제되지 아니한다.

② 군인·군무원·경찰공무원 기타 법률이 정하는 자가 전투·훈련 등 직무집행과 관련하여 받은 손해에 대하여는 법률이 정하는 보상 외에 국가 또는 공공단체에 공무원의 직무상 불법행위로 인한 배상은 청구할 수 없다.

제30조 타인의 범죄행위로 인하여 생명·신체에 대한 피해를 받은 국민은 법률이 정하는 바에 의하여 국가로부터 구조를 받을 수 있다.

제31조 ① 모든 국민은 능력에 따라 균등하게 교육을 받을 권리를 가진다.

② 모든 국민은 그 보호하는 자녀에게 적어도 초등교육과 법률이 정하는 교육을 받게 할 의무를 진다.

③ 의무교육은 무상으로 한다.

④ 교육의 자주성·전문성·정치적 중립성 및 대학의 자율성은 법률이 정하는 바에 의하여 보장된다.

⑤ 국가는 평생교육을 진흥하여야 한다.

⑥ 학교교육 및 평생교육을 포함한 교육제도와 그 운영, 교육재정 및 교원의 지위에 관한 기본적인 사항은 법률로 정한다.

제32조 ① 모든 국민은 근로의 권리를 가진다. 국가는 사회적·경제적 방법으로 근로자의 고용의 증진과 적정임금의 보장에 노력하여야 하며, 법률이 정하는 바에 의하여 최저임금제를 시행하여야 한다.

② 모든 국민은 근로의 의무를 진다. 국가는 근로의 의무의 내용과 조건을 민주주의 원칙에 따라 법률로 정한다.

③ 근로조건의 기준은 인간의 존엄성을 보장하도록 법률로 정한다.

④ 여자의 근로는 특별한 보호를 받으며, 고용·임금 및 근로조건에 있어서 부당한 차별을 받지 아니한다.

⑤ 연소자의 근로는 특별한 보호를 받는다.

⑥ 국가유공자·상이군경 및 전몰군경의 유가족은 법률이 정하는 바에 의하여 우선적으로 근로의 기회를 부여받는다.

제33조 ① 근로자는 근로조건의 향상을 위하여 자주적인 단결권·단체교섭권 및 단체행동권을 가진다.

② 공무원인 근로자는 법률이 정하는 자에 한하여 단결권·단체교섭권 및 단체행동권을 가진다.

③ 법률이 정하는 주요 방위산업체에 종사하는 근로자의 단체행동권은 법률이 정하는 바에 의하여 이를 제한하거나 인정하지 아니할 수 있다.

제34조 ① 모든 국민은 인간다운 생활을 할 권리를 가진다.

② 국가는 사회보장·사회복지의 증진에 노력할 의무를 진다.

③ 국가는 여자의 복지와 권익의 향상을 위하여 노력하여야 한다.

④ 국가는 노인과 청소년의 복지향상을 위한 정책을 실시할 의무를 진다.

⑤ 신체장애자 및 질병·노령 기타의 사유로 생활능력이 없는 국민은 법률이 정하는 바에 의하여 국가의 보호를 받는다.

⑥ 국가는 재해를 예방하고, 그 위험으로부터 국민을 보호하기 위하여 노력하여야 한다.

제35조 ① 모든 국민은 건강하고 쾌적한 환경에서 생활할 권리를 가지며, 국가와 국민은 환경보전을 위하여 노력하여야 한다.

② 환경권의 내용과 행사에 관하여는 법률로 정한다.

③ 국가는 주택개발정책 등을 통하여 모든 국민이 쾌적한 주거생활을 할 수 있도록 노력하여야 한다.

제36조 ① 혼인과 가족생활은 개인의 존엄과 양성의 평등을 기초로 성립되고 유지되어야 하며, 국가는 이를 보장한다.

② 국가는 모성의 보호를 위하여 노력하여야 한다.

③ 모든 국민은 보건에 관하여 국가의 보호를 받는다.

제37조 ① 국민의 자유와 권리는 헌법에 열거되지 아니한 이유로 경시되지 아니한다.

② 국민의 모든 자유와 권리는 국가안전보장·질서유지 또는 공공복리를 위하여 필요한 경우에 한하여 법률로써 제한할 수 있으며, 제한하는 경우에도 자유와 권리의 본질적인 내용을 침해할 수 없다.

제38조 모든 국민은 법률이 정하는 바에 의하여 납세의 의무를 진다.

제39조 ① 모든 국민은 법률이 정하는 바에 의하여 국방의 의무를 진다.

② 누구든지 병역의무의 이행으로 인하여 불이익한 처우를 받지 아니한다.

제 3 장 국 회

제40조 입법권은 국회에 속한다.

제41조 ① 국회는 국민의 보통·평등·직접·비밀선거에 의하여 선출된 국회의원으로 구성한다.

② 국회의원의 수는 법률로 정하되, 200인 이상으로 한다.

③ 국회의원의 선거구와 비례대표제 기타 선거에 관한 사항은 법률로 정한다.

제42조 국회의원의 임기는 4년으로 한다.

제43조 국회의원은 법률이 정하는 직을 겸할 수 없다.

제44조 ① 국회의원은 현행범인인 경우를 제외하고는 회기중 국회의 동의 없이 체포 또는 구금되지 아니한다.

② 국회의원이 회기 전에 체포 또는 구금된 때에는 현행범인이 아닌 한 국회의 요구가 있으면 회기중 석방된다.

제45조 국회의원은 국회에서 직무상 행한 발언과 표결에 관하여 국회 외에서 책임을 지지 아니한다.

제46조 ① 국회의원은 청렴의 의무가 있다.

② 국회의원은 국가이익을 우선하여 양심에 따라 직무를 행한다.

③ 국회의원은 그 지위를 남용하여 국가·공공단체 또는 기업체와의 계약이나 그 처분에 의하여 재산상의 권리·이익 또는 직위를 취득하거나 타인을 위하여 그 취득을 알선할 수 없다.

제47조 ① 국회의 정기회는 법률이 정하는 바에 의하여 매년 1회 집회되며, 국회의 임시회는 대통령 또는 국회재적의원 4분의 1 이상의 요구에 의하여 집회된다.

② 정기회의 회기는 100일을, 임시회의 회기는 30일을 초과할 수 없다.

③ 대통령이 임시회의 집회를 요구할 때에는 기간과 집회요구의 이유를 명시하여야 한다.

제48조 국회는 의장 1인과 부의장 2인을 선출한다.

제49조 국회는 헌법 또는 법률에 특별한 규정이 없는 한 재적의원 과반수의 출석과 출석의원 과반수의 찬성으로 의결한다. 가부동수인 때에는 부결된 것으로 본다.

제50조 ① 국회의 회의는 공개한다. 다만, 출석의원 과반수의 찬성이 있거나 의장이 국가의 안전보장을 위하여 필요하다고 인정할 때에는 공개하지 아니할 수 있다.

② 공개하지 아니한 회의내용의 공표에 관하여는 법률이 정하는 바에 의한다.

제51조 국회에 제출된 법률안 기타의 의안은 회기중에 의결되지 못한 이유로 폐기되지 아니한다. 다만, 국회의원의 임기가 만료된 때에는 그러하지 아니하다.

제52조 국회의원과 정부는 법률안을 제출할 수 있다.

제53조 ① 국회에서 의결된 법률안은 정부에 이송되어 15일 이내에 대통령이 공포한다.

② 법률안에 이의가 있을 때에는 대통령은 제1항의 기간 내에 이의서를 붙여 국회로 환부하고, 그 재의를 요구할 수 있다. 국회의 폐회중에도 또한 같다.

③ 대통령은 법률안의 일부에 대하여 또는 법률안을 수정하여 재의를 요구할 수 없다.

④ 재의의 요구가 있을 때에는 국회는 재의에 붙이고, 재적의원 과반수의 출석과 출석의원 3분의 2 이상의 찬성으로 전과 같은 의결을 하면 그 법률안은 법률로서 확정된다.

⑤ 대통령이 제1항의 기간 내에 공포나 재의의 요구를 하지 아니한 때에도 그 법

률안은 법률로서 확정된다.

⑥ 대통령은 제4항과 제5항의 규정에 의하여 확정된 법률을 지체없이 공포하여야 한다. 제5항에 의하여 법률이 확정된 후 또는 제4항에 의한 확정법률이 정부에 이송된 후 5일 이내에 대통령이 공포하지 아니할 때에는 국회의장이 이를 공포한다.

⑦ 법률은 특별한 규정이 없는 한 공포한 날로부터 20일을 경과함으로써 효력을 발생한다.

제54조 ① 국회는 국가의 예산안을 심의·확정한다.

② 정부는 회계연도마다 예산안을 편성하여 회계연도 개시 90일 전까지 국회에 제출하고, 국회는 회계연도 개시 30일 전까지 이를 의결하여야 한다.

③ 새로운 회계연도가 개시될 때까지 예산안이 의결되지 못한 때에는 정부는 국회에서 예산안이 의결될 때까지 다음의 목적을 위한 경비는 전년도 예산에 준하여 집행할 수 있다.

1. 헌법이나 법률에 의하여 설치된 기관 또는 시설의 유지·운영
2. 법률상 지출의무의 이행
3. 이미 예산으로 승인된 사업의 계속

제55조 ① 한 회계연도를 넘어 계속하여 지출할 필요가 있을 때에는 정부는 연한을 정하여 계속비로서 국회의 의결을 얻어야 한다.

② 예비비는 총액으로 국회의 의결을 얻어야 한다. 예비비의 지출은 차기국회의 승인을 얻어야 한다.

제56조 정부는 예산에 변경을 가할 필요가 있을 때에는 추가경정예산안을 편성하여 국회에 제출할 수 있다.

제57조 국회는 정부의 동의 없이 정부가 제출한 지출예산 각 항의 금액을 증가하거나 새 비목을 설치할 수 없다.

제58조 국채를 모집하거나 예산 외에 국가의 부담이 될 계약을 체결하려 할 때에는 정부는 미리 국회의 의결을 얻어야 한다.

제59조 조세의 종목과 세율은 법률로 정한다.

제60조 ① 국회는 상호원조 또는 안전보장에 관한 조약, 중요한 국제조직에 관한 조약, 우호통상항해조약, 주권의 제약에 관한 조약, 강화조약, 국가나 국민에게 중대한 재정적 부담을 지우는 조약 또는 입법사항에 관한 조약의 체결·비준에 대한 동의권을 가진다.

② 국회는 선전포고, 국군의 외국에의 파견 또는 외국군대의 대한민국 영역 안에서의 주류에 대한 동의권을 가진다.

제61조 ① 국회는 국정을 감사하거나 특정한 국정사안에 대하여 조사할 수 있으며, 이에 필요한 서류의 제출 또는 증인의 출석과 증언이나 의견의 진술을 요구할 수 있다.

② 국정감사 및 조사에 관한 절차 기타 필요한 사항은 법률로 정한다.

제62조 ① 국무총리·국무위원 또는 정부위원은 국회나 그 위원회에 출석하여 국정처리상황을 보고하거나 의견을 진술하고 질문에 응답할 수 있다.

② 국회나 그 위원회의 요구가 있을 때에는 국무총리·국무위원 또는 정부위원은 출석·답변하여야 하며, 국무총리 또는 국무위원이 출석요구를 받은 때에는 국무위원 또는 정부위원으로 하여금 출석·답변하게 할 수 있다.

제63조 ① 국회는 국무총리 또는 국무위원의 해임을 대통령에게 건의할 수 있다.

② 제1항의 해임건의는 국회재적의원 3분의 1 이상의 발의에 의하여 국회재적의원 과반수의 찬성이 있어야 한다.

제64조　① 국회는 법률에 저촉되지 아니하는 범위 안에서 의사와 내부규율에 관한 규칙을 제정할 수 있다.

② 국회는 의원의 자격을 심사하며, 의원을 징계할 수 있다.

③ 의원을 제명하려면 국회재적의원 3분의 2 이상의 찬성이 있어야 한다.

④ 제2항과 제3항의 처분에 대하여는 법원에 제소할 수 없다.

제65조　① 대통령 · 국무총리 · 국무위원 · 행정각부의 장 · 헌법재판소 재판관 · 법관 · 중앙선거관리위원회 위원 · 감사원장 · 감사위원 기타 법률이 정한 공무원이 그 직무집행에 있어서 헌법이나 법률을 위배한 때에는 국회는 탄핵의 소추를 의결할 수 있다.

② 제1항의 탄핵소추는 국회재적의원 3분의 1 이상의 발의가 있어야 하며, 그 의결은 국회재적의원 과반수의 찬성이 있어야 한다. 다만, 대통령에 대한 탄핵소추는 국회재적의원 과반수의 발의와 국회재적의원 3분의 2 이상의 찬성이 있어야 한다.

③ 탄핵소추의 의결을 받은 자는 탄핵심판이 있을 때까지 그 권한행사가 정지된다.

④ 탄핵결정은 공직으로부터 파면함에 그친다. 그러나 이에 의하여 민사상이나 형사상의 책임이 면제되지는 아니한다.

제4장 정　부

제1절 대 통 령

제66조　① 대통령은 국가의 원수이며, 외국에 대하여 국가를 대표한다.

② 대통령은 국가의 독립, 영토의 보전, 국가의 계속성과 헌법을 수호할 책무를 진다.

③ 대통령은 조국의 평화적 통일을 위한 성실한 의무를 진다.

④ 행정권은 대통령을 수반으로 하는 정부에 속한다.

제67조　① 대통령은 국민의 보통 · 평등 · 직접 · 비밀선거에 의하여 선출한다.

② 제1항의 선거에 있어서 최고득표자가 2인 이상인 때에는 국회의 재적의원 과반수가 출석한 공개회의에서 다수표를 얻은 자를 당선자로 한다.

③ 대통령후보자가 1인일 때에는 그 득표수가 선거권자 총수의 3분의 1 이상이 아니면 대통령으로 당선될 수 없다.

④ 대통령으로 선거될 수 있는 자는 국회의원의 피선거권이 있고, 선거일 현재 40세에 달하여야 한다.

⑤ 대통령의 선거에 관한 사항은 법률로 정한다.

제68조　① 대통령의 임기가 만료되는 때에는 임기만료 70일 내지 40일 전에 후임자를 선거한다.

② 대통령이 궐위된 때 또는 대통령당선자가 사망하거나 판결 기타의 사유로 그 자격을 상실한 때에는 60일 이내에 후임자를 선거한다.

제69조　대통령은 취임에 즈음하여 다음의 선서를 한다.

"나는 헌법을 준수하고 국가를 보위하며 조국의 평화적 통일과 국민의 자유와 복리의 증진 및 민족문화의 창달에 노력하여 대통령으로서의 직책을 성실히 수행할 것을 국민 앞에 엄숙히 선서합니다."

제70조　대통령의 임기는 5년으로 하며, 중임할 수 없다.

제71조　대통령이 궐위되거나 사고로 인하여 직무를 수행할 수 없을 때에는 국무총리, 법률이 정한 국무위원의 순서로 그 권한을 대행한다.

제72조　대통령은 필요하다고 인정할 때에는 외교 · 국방 · 통일 기타 국가안위에 관한 중요 정책을 국민투표에 붙일 수 있다.

제73조　대통령은 조약을 체결 · 비준하고,

외교사절을 신임·접수 또는 파견하며, 선전포고와 강화를 한다.

제74조 ① 대통령은 헌법과 법률이 정하는 바에 의하여 국군을 통수한다.

② 국군의 조직과 편성은 법률로 정한다.

제75조 대통령은 법률에서 구체적으로 범위를 정하여 위임받은 사항과 법률을 집행하기 위하여 필요한 사항에 관하여 대통령령을 발할 수 있다.

제76조 ① 대통령은 내우·외환·천재·지변 또는 중대한 재정·경제상의 위기에 있어서 국가의 안전보장 또는 공공의 안녕질서를 유지하기 위하여 긴급한 조치가 필요하고, 국회의 집회를 기다릴 여유가 없을 때에 한하여 최소한으로 필요한 재정·경제상의 처분을 하거나 이에 관하여 법률의 효력을 가지는 명령을 발할 수 있다.

② 대통령은 국가의 안위에 관계되는 중대한 교전상태에 있어서 국가를 보위하기 위하여 긴급한 조치가 필요하고, 국회의 집회가 불가능한 때에 한하여 법률의 효력을 가지는 명령을 발할 수 있다.

③ 대통령은 제1항과 제2항의 처분 또는 명령을 한 때에는 지체없이 국회에 보고하여 그 승인을 얻어야 한다.

④ 제3항의 승인을 얻지 못한 때에는 그 처분 또는 명령은 그 때부터 효력을 상실한다. 이 경우 그 명령에 의하여 개정 또는 폐지되었던 법률은 그 명령이 승인을 얻지 못한 때부터 당연히 효력을 회복한다.

⑤ 대통령은 제3항과 제4항의 사유를 지체없이 공포하여야 한다.

제77조 ① 대통령은 전시·사변 또는 이에 준하는 국가비상사태에 있어서 병력으로써 군사상의 필요에 응하거나 공공의 안녕질서를 유지할 필요가 있을 때에는 법률이 정하는 바에 의하여 계엄을 선포할 수 있다.

② 계엄은 비상계엄과 경비계엄으로 한다.

③ 비상계엄이 선포된 때에는 법률이 정하는 바에 의하여 영장제도, 언론·출판·집회·결사의 자유, 정부나 법원의 권한에 관하여 특별한 조치를 할 수 있다.

④ 계엄을 선포한 때에는 대통령은 지체없이 국회에 통고하여야 한다.

⑤ 국회가 재적의원 과반수의 찬성으로 계엄의 해제를 요구한 때에는 대통령은 이를 해제하여야 한다.

제78조 대통령은 헌법과 법률이 정하는 바에 의하여 공무원을 임면한다.

제79조 ① 대통령은 법률이 정하는 바에 의하여 사면·감형 또는 복권을 명할 수 있다.

② 일반사면을 명하려면 국회의 동의를 얻어야 한다.

③ 사면·감형 및 복권에 관한 사항은 법률로 정한다.

제80조 대통령은 법률이 정하는 바에 의하여 훈장 기타의 영전을 수여한다.

제81조 대통령은 국회에 출석하여 발언하거나 서한으로 의견을 표시할 수 있다.

제82조 대통령의 국법상 행위는 문서로써 하며, 이 문서에는 국무총리와 관계국무위원이 부서한다. 군사에 관한 것도 또한 같다.

제83조 대통령은 국무총리·국무위원·행정각부의 장 기타 법률이 정하는 공사의 직을 겸할 수 없다.

제84조 대통령은 내란 또는 외환의 죄를 범한 경우를 제외하고는 재직중 형사상의 소추를 받지 아니한다.

제85조 전직대통령의 신분과 예우에 관하여는 법률로 정한다.

제2절 행정부
제1관 국무총리와 국무위원

제86조 ① 국무총리는 국회의 동의를 얻어

대통령이 임명한다.

② 국무총리는 대통령을 보좌하며, 행정에 관하여 대통령의 명을 받아 행정각부를 통할한다.

③ 군인은 현역을 면한 후가 아니면 국무총리로 임명될 수 없다.

제87조 ① 국무위원은 국무총리의 제청으로 대통령이 임명한다.

② 국무위원은 국정에 관하여 대통령을 보좌하며, 국무회의의 구성원으로서 국정을 심의한다.

③ 국무총리는 국무위원의 해임을 대통령에게 건의할 수 있다.

④ 군인은 현역을 면한 후가 아니면 국무위원으로 임명될 수 없다.

제 2 관 국무회의

제88조 ① 국무회의는 정부의 권한에 속하는 중요한 정책을 심의한다.

② 국무회의는 대통령·국무총리와 15인 이상 30인 이하의 국무위원으로 구성한다.

③ 대통령은 국무회의의 의장이 되고, 국무총리는 부의장이 된다.

제89조 다음 사항은 국무회의의 심의를 거쳐야 한다.

1. 국정의 기본계획과 정부의 일반정책
2. 선전·강화 기타 중요한 대외정책
3. 헌법개정안·국민투표안·조약안·법률안 및 대통령령안
4. 예산안, 결산, 국유재산처분의 기본계획, 국가의 부담이 될 계약 기타 재정에 관한 중요사항
5. 대통령의 긴급명령·긴급재정경제처분 및 명령 또는 계엄과 그 해제
6. 군사에 관한 중요 사항
7. 국회의 임시회 집회의 요구
8. 영전수여

9. 사면·감형과 복권
10. 행정각부간의 권한의 획정
11. 정부안의 권한의 위임 또는 배정에 관한 기본계획
12. 국정처리상황의 평가·분석
13. 행정각부의 중요한 정책의 수립과 조정
14. 정당해산의 제소
15. 정부에 제출 또는 회부된 정부의 정책에 관계되는 청원의 심사
16. 검찰총장·합동참모의장·각군참모총장·국립대학교총장·대사 기타 법률이 정한 공무원과 국영기업체관리자의 임명
17. 기타 대통령·국무총리 또는 국무위원이 제출한 사항

제90조 ① 국정의 중요한 사항에 관한 대통령의 자문에 응하기 위하여 국가원로로 구성되는 국가원로자문회의를 둘 수 있다.

② 국가원로자문회의의 의장은 직전대통령이 된다. 다만, 직전대통령이 없을 때에는 대통령이 지명한다.

③ 국가원로자문회의의 조직·직무범위 기타 필요한 사항은 법률로 정한다.

제91조 ① 국가안전보장에 관련되는 대외정책·군사정책과 국내정책의 수립에 관하여 국무회의의 심의에 앞서 대통령의 자문에 응하기 위하여 국가안전보장회의를 둔다.

② 국가안전보장회의는 대통령이 주재한다.

③ 국가안전보장회의의 조직·직무범위 기타 필요한 사항은 법률로 정한다.

제92조 ① 평화통일정책의 수립에 관한 대통령의 자문에 응하기 위하여 민주평화통일자문회의를 둘 수 있다.

② 민주평화통일자문회의의 조직·직무범위 기타 필요한 사항은 법률로 정한다.

제93조 ① 국민경제의 발전을 위한 중요정책의 수립에 관하여 대통령의 자문에

응하기 위하여 국민경제자문회의를 둘 수 있다.

② 국민경제자문회의의 조직·직무범위 기타 필요한 사항은 법률로 정한다.

제 3 관 행정각부

제94조 행정각부의 장은 국무위원 중에서 국무총리의 제청으로 대통령이 임명한다.

제95조 국무총리 또는 행정각부의 장은 소관사무에 관하여 법률이나 대통령령의 위임 또는 직권으로 총리령 또는 부령을 발할 수 있다.

제96조 행정각부의 설치·조직과 직무범위는 법률로 정한다.

제 4 관 감 사 원

제97조 국가의 세입·세출의 결산, 국가 및 법률이 정한 단체의 회계검사와 행정기관 및 공무원의 직무에 관한 감찰을 하기 위하여 대통령소속하에 감사원을 둔다.

제98조 ① 감사원은 원장을 포함한 5인 이상 11인 이하의 감사위원으로 구성한다.

② 원장은 국회의 동의를 얻어 대통령이 임명하고, 그 임기는 4년으로 하며, 1차에 한하여 중임할 수 있다.

③ 감사위원은 원장의 제청으로 대통령이 임명하고, 그 임기는 4년으로 하며, 1차에 한하여 중임할 수 있다.

제99조 감사원은 세입·세출의 결산을 매년 검사하여 대통령과 차년도 국회에 그 결과를 보고하여야 한다.

제100조 감사원의 조직·직무범위, 감사위원의 자격, 감사대상공무원의 범위 기타 필요한 사항은 법률로 정한다.

제 5 장 법 원

제101조 ① 사법권은 법관으로 구성된 법원에 속한다.

② 법원은 최고법원인 대법원과 각급법원으로 조직된다.

③ 법관의 자격은 법률로 정한다.

제102조 ① 대법원에 부를 둘 수 있다.

② 대법원에 대법관을 둔다. 다만, 법률이 정하는 바에 의하여 대법관이 아닌 법관을 둘 수 있다.

③ 대법원과 각급법원의 조직은 법률로 정한다.

제103조 법관은 헌법과 법률에 의하여 그 양심에 따라 독립하여 심판한다.

제104조 ① 대법원장은 국회의 동의를 얻어 대통령이 임명한다.

② 대법관은 대법원장의 제청으로 국회의 동의를 얻어 대통령이 임명한다.

③ 대법원장과 대법관이 아닌 법관은 대법관회의의 동의를 얻어 대법원장이 임명한다.

제105조 ① 대법원장의 임기는 6년으로 하며, 중임할 수 없다.

② 대법관의 임기는 6년으로 하며, 법률이 정하는 바에 의하여 연임할 수 있다.

③ 대법원장과 대법관이 아닌 법관의 임기는 10년으로 하며, 법률이 정하는 바에 의하여 연임할 수 있다.

④ 법관의 정년은 법률로 정한다.

제106조 ① 법관은 탄핵 또는 금고 이상의 형의 선고에 의하지 아니하고는 파면되지 아니하며, 징계처분에 의하지 아니하고는 정직·감봉 기타 불리한 처분을 받지 아니한다.

② 법관이 중대한 심신상의 장해로 직무를 수행할 수 없을 때에는 법률이 정하는 바에 의하여 퇴직하게 할 수 있다.

제107조 ① 법률이 헌법에 위반되는 여부가 재판의 전제가 된 경우에는 법원은 헌법재판소에 제청하여 그 심판에 의하여 재판한다.

② 명령·규칙 또는 처분이 헌법이나 법률에 위반되는 여부가 재판의 전제가 된 경우에는 대법원은 이를 최종적으로 심사할 권한을 가진다.

③ 재판의 전심절차로서 행정심판을 할 수 있다. 행정심판의 절차는 법률로 정하되, 사법절차가 준용되어야 한다.

제108조 대법원은 법률에서 저촉되지 아니하는 범위 안에서 소송에 관한 절차, 법원의 내부규율과 사무처리에 관한 규칙을 제정할 수 있다.

제109조 재판의 심리와 판결은 공개한다. 다만, 심리는 국가의 안전보장 또는 안녕질서를 방해하거나 선량한 풍속을 해할 염려가 있을 때에는 법원의 결정으로 공개하지 아니할 수 있다.

제110조 ① 군사재판을 관할하기 위하여 특별법원으로서 군사법원을 둘 수 있다.

② 군사법원의 상고심은 대법원에서 관할한다.

③ 군사법원의 조직·권한 및 재판관의 자격은 법률로 정한다.

④ 비상계엄 하의 군사재판은 군인·군무원의 범죄나 군사에 관한 간첩죄의 경우와 초병·초소·유독음식물공급·포로에 관한 죄 중 법률이 정한 경우에 한하여 단심으로 할 수 있다. 다만, 사형을 선고한 경우에는 그러하지 아니하다.

제 6 장 헌법재판소

제111조 ① 헌법재판소는 다음 사항을 관장한다.

1. 법원의 제청에 의한 법률의 위헌여부 심판
2. 탄핵의 심판
3. 정당의 해산심판
4. 국가기관 상호간, 국가기관과 지방자치단체간 및 지방자치단체 상호간의 권한 쟁의에 관한 심판
5. 법률이 정하는 헌법소원에 관한 심판

② 헌법재판소는 법관의 자격을 가진 9인의 재판관으로 구성하며, 재판관은 대통령이 임명한다.

③ 제2항의 재판관 중 3인은 국회에서 선출하는 자를, 3인은 대법원장이 지명하는 자를 임명한다.

④ 헌법재판소의 장은 국회의 동의를 얻어 재판관 중에서 대통령이 임명한다.

제112조 ① 헌법재판소 재판관의 임기는 6년으로 하며, 법률이 정하는 바에 의하여 연임할 수 있다.

② 헌법재판소 재판관은 정당에 가입하거나 정치에 관여할 수 없다.

③ 헌법재판소 재판관은 탄핵 또는 금고 이상의 형의 선고에 의하지 아니하고는 파면되지 아니한다.

제113조 ① 헌법재판소에서 법률의 위헌결정, 탄핵의 결정, 정당해산의 결정 또는 헌법소원에 관한 인용결정을 할 때에는 재판관 6인 이상의 찬성이 있어야 한다.

② 헌법재판소는 법률에 저촉되지 아니하는 범위 안에서 심판에 관한 절차, 내부규율과 사무처리에 관한 규칙을 제정할 수 있다.

③ 헌법재판소의 조직과 운영 기타 필요한 사항은 법률로 정한다.

제 7 장 선거관리

제114조 ① 선거와 국민투표의 공정한 관리 및 정당에 관한 사무를 처리하기 위하여 선거관리위원회를 둔다.

② 중앙선거관리위원회는 대통령이 임명하는 3인, 국회에서 선출하는 3인과 대법원장이 지명하는 3인의 위원으로 구성한다. 위원장은 위원 중에서 호선한다.

③ 위원의 임기는 6년으로 한다.

④ 위원은 정당에 가입하거나 정치에 관여할 수 없다.

⑤ 위원은 탄핵 또는 금고 이상의 형의 선고에 의하지 아니하고는 파면되지 아니한다.

⑥ 중앙선거관리위원회는 법령의 범위 안에서 선거관리·국민투표관리 또는 정당사무에 관한 규칙을 제정할 수 있으며, 법률에 저촉되지 아니하는 범위 안에서 내부규율에 관한 규칙을 제정할 수 있다.

⑦ 각급 선거관리위원회의 조직·직무범위 기타 필요한 사항은 법률로 정한다.

제115조 ① 각급 선거관리위원회는 선거인명부의 작성 등 선거사무와 국민투표사무에관하여 관계 행정기관에 필요한 지시를 할 수 있다.

② 제1항의 지시를 받은 당해 행정기관은 이에 응하여야 한다.

제116조 ① 선거운동은 각급 선거관리위원회의 관리 하에 법률이 정하는 범위 안에서 하되, 균등한 기회가 보장되어야 한다.

② 선거에 관한 경비는 법률이 정하는 경우를 제외하고는 정당 또는 후보자에게 부담시킬 수 없다.

제8장 지방자치

제117조 ① 지방자치단체는 주민의 복리에 관한 사무를 처리하고 재산을 관리하며, 법령의 범위 안에서 자치에 관한 규정을 제정할 수 있다.

② 지방자치단체의 종류는 법률로 정한다.

제118조 ① 지방자치단체에 의회를 둔다.

② 지방의회의 조직·권한·의원선거와 지방자치단체의 장의 선임방법 기타 지방자치단체의 조직과 운영에 관한 사항은 법률로 정한다.

제9장 경 제

제119조 ① 대한민국의 경제질서는 개인과 기업의 경제상의 자유와 창의를 존중함을 기본으로 한다.

② 국가는 균형 있는 국민경제의 성장 및 안정과 적정한 소득의 분배를 유지하고, 시장의 지배와 경제력의 남용을 방지하며, 경제주체간의 조화를 통한 경제의 민주화를 위하여 경제에 관한 규제와 조정을 할 수 있다.

제120조 ① 광물 기타 중요한 지하자원·수산자원·수력과 경제상 이용할 수 있는 자연력은 법률이 정하는 바에 의하여 일정한 기간 그 채취·개발 또는 이용을 특허할 수 있다.

② 국토와 자원은 국가의 보호를 받으며, 국가는 그 균형 있는 개발과 이용을 위하여 필요한 계획을 수립한다.

제121조 ① 국가는 농지에 관하여 경자유전의 원칙이 달성될 수 있도록 노력하여야 하며, 농지의 소작제도는 금지된다.

② 농업생산성의 제고와 농지의 합리적인 이용을 위하거나 불가피한 사정으로 발생하는 농지의 임대차와 위탁경영은 법률이 정하는 바에 의하여 인정된다.

제122조 국가는 국민 모두의 생산 및 생활의 기반이 되는 국토의 효율적이고 균형 있는 이용·개발과 보전을 위하여 법률이 정하는 바에 의하여 그에 관한 필요한 제한과 의무를 과할 수 있다.

제123조 ① 국가는 농업 및 어업을 보호·육성하기 위하여 농·어촌종합개발과 그 지원 등 필요한 계획을 수립·시행하여야 한다.

② 국가는 지역간의 균형 있는 발전을 위하여 지역경제를 육성할 의무를 진다.

③ 국가는 중소기업을 보호·육성하여야 한다.

④ 국가는 농수산물의 수급균형과 유통구

조의 개선에 노력하여 가격안정을 도모함으로써 농·어민의 이익을 보호한다.

⑤ 국가는 농·어민과 중소기업의 자조조직을 육성하여야 하며, 그 자율적 활동과 발전을 보장한다.

제124조　국가는 건전한 소비행위를 계도하고, 생산품의 품질향상을 촉구하기 위한 소비자보호운동을 법률이 정하는 바에 의하여 보장한다.

제125조　국가는 대외무역을 육성하며, 이를 규제·조정할 수 있다.

제126조　국방상 또는 국민경제상 긴절한 필요로 인하여 법률이 정하는 경우를 제외하고는 사영기업을 국유 또는 공유로 이전하거나 그 경영을 통제 또는 관리할 수 없다.

제127조　① 국가는 과학기술의 혁신과 정보 및 인력의 개발을 통하여 국민경제의 발전에 노력하여야 한다.

② 국가는 국가표준제도를 확립한다.

③ 대통령은 제1항의 목적을 달성하기 위하여 필요한 자문기구를 둘 수 있다.

제10장　헌법개정

제128조　① 헌법개정은 국회재적의원 과반수 또는 대통령의 발의로 제안된다.

② 대통령의 임기연장 또는 중임변경을 위한 헌법개정은 그 헌법개정 제안 당시의 대통령에 대하여는 효력이 없다.

제129조　제안된 헌법개정안은 대통령이 20일 이상의 기간 이를 공고하여야 한다.

제130조　① 국회는 헌법개정안이 공고된 날로부터 60일 이내에 의결하여야 하며, 국회의 의결은 재적의원 3분의 2 이상의 찬성을 얻어야 한다.

② 헌법개정안은 국회가 의결한 후 30일 이내에 국민투표에 붙여 국회의원선거권자 과반수의 투표와 투표자 과반수의 찬성을

얻어야 한다.

③ 헌법개정안이 제2항의 찬성을 얻은 때에는 헌법개정은 확정되며, 대통령은 즉시 이를 공포하여야 한다.

부칙(제10호, 1987.10.29)

제1조　이 헌법은 1988년 2월 25일부터 시행한다. 다만, 이 헌법을 시행하기 위하여 필요한 법률의 제정·개정과 이 헌법에 의한 대통령 및 국회의원의 선거 기타 이 헌법시행에 관한 준비는 이 헌법시행 전에 할 수 있다.

제2조　① 이 헌법에 의한 최초의 대통령선거는 이 헌법시행일 40일 전까지 실시한다.

② 이 헌법에 의한 최초의 대통령의 임기는 이 헌법시행일로부터 개시한다.

제3조　① 이 헌법에 의한 최초의 국회의원선거는 이 헌법공포일로부터 6월 이내에 실시하며, 이 헌법에 의하여 선출된 최초의 국회의원의 임기는 국회의원선거 후 이 헌법에 의한 국회의 최초의 집회일로부터 개시한다.

② 이 헌법공포 당시의 국회의원의 임기는 제1항에 의한 국회의 최초의 집회일 전일까지로 한다.

제4조　① 이 헌법시행 당시의 공무원과 정부가 임명한 기업체의 임원은 이 헌법에 의하여 임명된 것으로 본다. 다만, 이 헌법에 의하여 선임방법이나 임명권자가 변경된 공무원과 대법원장 및 감사원장은 이 헌법에 의하여 후임자가 선임될 때까지 그 직무를 행하며, 이 경우 전임자인 공무원의 임기는 후임자가 선임되는 전일까지로 한다.

② 이 헌법시행 당시의 대법원장과 대법원판사가 아닌 법관은 제1항 단서의 규정에 불구하고, 이 헌법에 의하여 임명된 것으로 본다.

③ 이 헌법 중 공무원의 임기 또는 중임제한에 관한 규정은 이 헌법에 의하여 그 공무원이 최초로 선출 또는 임명된 때로부터 적용한다.

제 5 조 이 헌법시행 당시의 법령과 조약은 이 헌법에 위배되지 아니하는 한 그 효력을 지속한다.

제 6 조 이 헌법시행 당시에 이 헌법에 의하여 새로 설치될 기관의 권한에 속하는 직무를 행하고 있는 기관은 이 헌법에 의하여 새로운 기관이 설치될 때까지 존속하며, 그 직무를 행한다.

參考文獻

〔韓國文獻〕

桂禧悅,　　　「憲法學(上)」, 서울：博英社, 1995.

高等法院書記課(編纂),「朝鮮司法提要」, 京城：大成印刷社, 大正 5년.

郭舜根,　　　"憲法裁判과 假處分制度에 관한 研究," 博士學位論文, 延世大學校, 1995.

郭泰哲,　　　"法院의 裁判을 거친 行政處分의 憲法訴願審判 對象性,"「憲法問題와 裁判 (上)」, 서울：法院圖書館, 1997.

國會圖書館,　「憲法制定會議錄」憲政史資料 第 1 輯, 서울：國會圖書館, 1967.

權寧星,　　　「憲法學原論」, 서울：法文社, 1981/2001.

權寧卨,　　　"高次法思想과 司法審査의 制度化,"「公法研究」第25輯 第 4 號, 1997. 6.

權誠 등,　　　權誠/曹海鉉/張誠元/朴淳成/金尚遵,「假處分의 研究」, 서울：博英社, 1995.

權亨俊,　　　"條約의 違憲與否,"「憲法裁判의 理論과 實際」琴浪金哲洙教授華甲紀念論文 集, 서울：博英社, 1993.

金炳華,　　　「韓國司法史」(現世編), 서울：一潮閣, 1979/1982.

김상겸,　　　"독일연방헌법재판소 가처분절차의 심사방법에 대한 고찰,"「憲法學研究」제 4 집 제 3 호, 1998. 10.

金時徹a,　　　"憲法解釋에 관한 決定理由와 生例物束의 原則",「憲法論叢」第17輯, 2006.

金時徹b,　　　"憲法裁判所決定의 效力과 넓은 의미의 具體的 規範統制의 法的 性格"「憲法 論叢」第18輯, 2007.

金雲龍a,　　　"國家機關 相互間의 權限爭議審判,"憲法裁判所,「權限爭議審判制度에 관한 研究」憲法裁判研究 第 3 卷, 서울：憲法裁判所, 1991.

金雲龍b,　　　「違憲審査論」, 서울：三知院, 1998.

金元主,　　　"國家機關과 地方自治團體의 權限爭議에 관한 研究,"憲法裁判所,「權限爭議審 判制度에 관한 研究」憲法裁判研究 第 3 卷, 서울：憲法裁判所, 1991.

金裕煥,　　　"憲法裁判과 行政法의 發展,"「公法研究」第27輯 第 1 號, 1998. 12.

金柱賢,　　　"裁判의 前提性에 관한 考察,"「憲法論叢」第 8 輯, 1997.

金知衡,　　　"憲法裁判所決定의 旣判力,"「憲法論叢」第 3 輯, 1992.

金哲洙a,　　　「憲法學概論」, 서울：博英社, 1988/2001.

金哲洙b,　　　「比較憲法論(上)」, 서울：博英社, 1980.

金哲洙c,　　　「違憲法律審査制度論」, 서울：學研社, 1983.

金鐵容,　　　「行政法Ⅰ」, 서울：博英社, 2001.

金河烈,　　　"權限爭議審判에 관한 研究," 碩士學位論文, 高麗大學校 大學院, 1999.

金學成a,　　　"憲法訴願에 관한 研究," 博士學位論文, 서울大學校 大學院, 1989.

金學成b,　　　"憲法不合致決定에 관한 研究,"「憲法規範과 憲法現實」權寧星教授停年記念論 文集, 서울：法文社, 1999.

金孝全,   "憲法裁判所制度의 問題點과 그 改善策,"「公法研究」第27輯 第1號, 1998.
             12.

南福鉉a,   "法律의 違憲決定의 效力에 관한 研究," 博士學位論文, 漢陽大學校 大學院,
             1994.

南福鉉b,   "憲法裁判所 決定의 實效性 確保方案,"「全北産業大學校論文集」第18輯,
             1996.

南福鉉c,   "限定違憲決定의 羈束力과 大法院 判決,"「全北産業大學校論文集」第19輯,
             1997.

南福鉉d,   "法律에 관한 變形決定의 類型과 效力,"「憲法論叢」第9輯, 서울 : 憲法裁判
             所, 1998.

南福鉉e,   "合憲決定의 羈束力否認論에 관한 批判的 檢討,"「21世紀漢陽法學에의 落穗」
             石霞金基洙教授停年紀念論文集, 서울 : 石霞金基洙教授停年紀念論文集刊行委員
             會, 1998.

南福鉉f,   "憲法裁判과 法形成과의 關係,"「現代憲法學理論」佑齋李鳴九博士華甲紀念論
             文集, 서울 : 考試研究社, 1996.

明載眞a,   "獨逸에 있어서 機關訴訟의 沿革과 本質,"「司法行政」제65호, 1997. 12.

明載眞b,   "立法過程에 대한 憲法的 統制,"「憲法判例研究(Ⅰ)」, 서울 : 博英社, 1999.

明載眞c,   "國家機關間의 權限爭議에 관한 獨逸의 理論과 判例,"「延世法學研究」제5집
             제1권, 1998. 5.

文竣暎,   "帝國日本의 植民地 刑事司法制度의 形成,"「法史學研究」제23호, 2001. 4.

朴均省,   「行政救濟法」, 서울 : 博英社, 2000.

朴秉濠,   「近世의 法과 法思想」, 서울 : 진원, 1996.

朴承鎬a,   「憲法裁判研究(Ⅰ)」, 서울 : 경인, 1998.

朴承鎬b,   "獨逸의 行政法上 機關訴訟,"「安岩法學」통권 제9호, 1999. 8.

朴仁洙,   "違憲法律審判의 基準,"「公法研究」第26輯 第1號, 1998. 5.

朴一煥,   "憲法裁判 判決書 主文에 관한 研究,"「憲法裁判의 理論과 實際」憲法裁判資
             料 第3輯, 서울 : 憲法裁判所, 1990. 12.

朴正勳a,   "憲法과 行政法,"「서울대학교 法學」제39권 제4호, 1999. 2.

朴正勳b,   "取消訴訟의 訴訟物에 관한 研究,"「法曹」제526호, 2000. 7.

朴鍾普a,   "法令에 대한 憲法訴願," 博士學位論文, 서울大學校 大學院, 1994.

朴鍾普b,   "憲法訴願審判에 있어서 補充性의 原則,"「公法研究」第24輯 第3號, 1996. 6.

朴眞完a,   "立法者와 憲法裁判所,"「憲法學研究」第5卷 第2號, 1999. 10.

朴眞完b,   "法官의 法形成,"「公法研究」第29輯 第1號, 2000. 11.

方順元,   「民事訴訟法(下)」, 서울 : 普成文化社, 1976.

裵鍾大,   裵鍾大/李相敦,「刑事訴訟法」第3판, 서울 : 弘文社, 1999.

白潤基,   "權限爭議審判과 機關訴訟,"「韓國憲法學의 現況과 課題」, 서울 : 博英社,
             1998.

法務部,   「憲法裁判制度」, 서울 : 法務部, 1988.

法行,	法院行政處,「法院史」, 서울 : 法院行政處, 1995.
邊精一,	"命令·規則에 대한 憲法訴願,"「憲法論叢」第 1 輯, 1990.
石琮顯,	"獨逸에 있어서의 地方自治團體의 憲法訴願," 憲法裁判所,「權限爭議審判制度에 관한 硏究」, 서울 : 憲法裁判所, 1991.
申東雲a,	"日帝下의 刑事節次에 관한 硏究,"「韓國法史學論叢」瀛山朴秉濠敎授還甲記念論文集, 서울 : 博英社, 1991.
申東雲b,	「신형사소송법」, 서울 : 法文社, 2008.
辛奉起a,	"權限爭訟審判制度에 관한 比較法的 考察,"「憲法論叢」第 2 輯, 1991.
辛奉起b,	"우리 나라의 憲法裁判官 選任制度,"「憲法論叢」第 5 輯, 1994.
辛奉起c,	"權限爭訟法 改正 試論,"「憲法論叢」第 6 輯, 1995.
辛奉起d,	"憲法不合致決定의 理由에 基礎한 改善義務,"「憲法論叢」第 6 輯, 1995.
辛奉起e,	"원행정처분의 헌법소원심판 대상성,"「考試硏究」, 1995. 6.
安京煥,	Kyong Whan Ahn, "The Influence of American Constitutionalism on South Korea," *Southern Illinois University Law Journal*, Vol. 22, Fall 1997.
梁建 등a,	梁建/金文顯/南福鉉,「憲法裁判所法의 改正方向에 관한 硏究用役報告書」憲法裁判硏究 第10卷, 서울 : 憲法裁判所, 1999. 12.
梁建b,	「憲法硏究」, 서울 : 法文社, 1995.
梁三承,	"憲法硏究官制度의 改善方案,"「憲法論叢」第 3 輯, 1992.
梁彰洙,	"우리 나라 最初의 憲法裁判論議,"「서울대학교 法學」통권 제111호, 1999. 8.
柳至泰/辛奉起	"國家機關과 地方自治團體間의 權限爭議에 관한 硏究,"「'補償 없는 財産權制限의 限界'와 '國家機關과 地方自治團體間의 權限爭議」憲法裁判硏究 第 9 卷, 서울 : 憲法裁判所, 1997. 11.
劉南碩a,	"法院의 法律解釋權限과 違憲法律審判,"「憲法問題와 裁判(中)」, 서울 : 法院圖書館, 1997.
劉南碩b,	"憲法裁判所 決定의 執行規定,"「憲法裁判制度의 理解」, 서울 : 法院圖書館, 2001.
俞鎭午,	「憲法起草回顧錄」, 서울 : 一潮閣, 1981.
尹明善,	"司法審査制와 多數決主義,"「公法硏究」第18輯, 1990.
尹眞秀a,	"違憲法律의 效力,"「憲法論叢」第 1 輯, 1990.
尹眞秀b,	"憲法裁判所 違憲法律의 遡及效,"「憲法問題와 裁判」裁判資料 第75輯, 서울 : 法院圖書館, 1997.
尹眞秀c,	"相續의 單純承認規定에 대한 憲法不合致決定의 問題點,"「憲法論叢」第11輯, 2000.
尹眞秀d,	"獨逸法上「判例」의 意味,"「법조」통권 제544호, 2002. 1.
李光潤,	"地方自治團體相互間의 權限爭議審判," 憲法裁判所,「權限爭議審判制度에 관한 硏究」憲法裁判硏究 第 3 卷, 서울 : 憲法裁判所, 1991.
李基喆,	"憲法裁判所의 變形決定에 대한 論據,"「公法硏究」第26輯 第 2 號, 1998. 6.
李明雄a,	"憲法裁判에서 事實確認의 問題,"「憲法論叢」第10輯, 1999.

李明雄b,   "헌법소원의 심사기준,"「公法研究」第26輯 第 2 號, 1998. 6.

李石善a,   「保全訴訟(上)」, 서울:日新社, 1983.

李石善b,   「判例行政訴訟法」, 서울:韓國司法行政學會, 1996.

李石淵,   「憲法訴訟의 理論과 實際」, 서울:三善, 1993.

李聖煥 등,   이성환/정태호/송석윤/성선제,「政黨解散審判制度에 관한 研究」憲法裁判研究
                第15卷, 서울:憲法裁判所, 2004. 12.

李丞祐 등,   李丞祐/鄭萬喜/陰善澤,「彈劾審判制度에 관한 研究」憲法裁判研究 第12卷, 서
                울:憲法裁判所, 2001. 12.

李時潤a,   "憲法裁判에 관한 管見(Ⅰ),"「憲法論叢」第 1 輯, 1990.

李時潤b,   "憲法裁判에 관한 管見(Ⅱ),"「憲法論叢」第 2 輯, 1991.

李時潤c,   "憲法裁判에 관한 管見(Ⅲ),"「憲法論叢」第 3 輯, 1992.

李映錄,   "兪鎭午 憲法思想의 形成과 展開,"博士學位論文, 서울大學校 大學院, 2000.

李郁漢,   "憲法裁判과 法과 政治,"「憲法論叢」第 3 輯, 1992.

吳潤卿 등,   「21세기 現代 國際法秩序」, 서울:博英社, 2000/2001.

李憲煥,   "違憲決定의 方式에 관한 研究,"「憲法裁判의 理論과 實際」琴浪金哲洙教授華
                甲紀念論文集, 서울:博英社, 1993.

張明奉,   "憲法裁判所의 違憲政黨解散審判,"「憲法裁判의 理論과 實際」琴浪金哲洙教授
                華甲紀念論文集, 서울:博英社, 1993.

全光錫,   "憲法裁判에 있어서의 決定主文의 類型과 效力,"「憲法裁判 및 制度의 活性化
                에 관한 研究」憲法裁判研究 第 2 卷, 서울:博英社, 1993.

全鍾杙,   "美國 Law Clerk制度,"「憲法論叢」第14輯, 2003.

鄭求桓,   「不起訴 憲法訴願」, 서울:育法社, 2004.

鄭然宙a,   "憲法規範에 대한 違憲審査,"「公法研究」第19輯, 1991.

鄭然宙b,   "憲法 第29조 第 2 항에 대한 憲法訴願,"「憲法學研究」제 5 집 제 2 호, 1999.
                10.

鄭在晃a,   "憲法裁判의 基準,"「公法研究」第25輯 第 4 號, 1997. 6.

鄭在晃b,   「憲法裁判概論」제 2 판, 서울:博英社, 2003.

鄭宗燮a   "檢事의 不起訴處分에 대한 憲法訴願審判制度,"「人權과 正義」제237호,
                1996. 5.

鄭宗燮b,   「憲法裁判研究 1」, 서울:博英社, 1995/2005.

鄭宗燮c,   「憲法判例研究 1」, 서울:博英社, 1998/2005.

鄭宗燮d,   「韓國의 司法制度와 發展모델」, 서울:集文堂, 1998.

鄭宗燮e,   "發達史的 觀點에서 본 美合衆國 司法審査의 過程과 實際에 관한 研究,"「一
                鑑法學」제 3 권, 1998.

鄭宗燮f,   "權限爭議審判에서 處分에 대한 無效確認決定의 可能 與否," 韓國憲法判例研
                究會(編),「憲法判例研究(3)」, 서울:博英社, 2001.

鄭宗燮g,   "韓國의 民主化에 있어서 憲法裁判所와 基本權의 實現,"「서울대학교 法學」
                통권 제112호, 1999. 12.

鄭宗燮h,   "韓國의 民主化에 있어서 憲法裁判所와 權力統制,"「서울대학교 法學」통권
              제118호, 2001. 5.
鄭宗燮i,   "탄핵제도와 헌법디자인,"「법과 사회」통권 제30호, 2006. 6.
鄭宗燮j,   "1960년헌법에서의 헌법재판소의 최초 등장과 배경,"「법과 사회」통권 제36
              호, 2009. 6.
鄭宗燮k,   "韓國憲政史에서 憲法訴願制度의 出現과 制度化,"「憲法論叢」第20輯, 2009.
丁泰鎬a,   "原處分에 대한 憲法訴願對象性에 관한 小考,"「憲法論叢」第 6 輯, 1995.
丁泰鎬b,   "憲法訴願審判節次에 있어서의 請求取下의 效力의 制限에 관한 考察,"「公法
              研究」제24집 제 2 호, 1996. 6.
丁泰鎬c,   "憲法裁判官에 대한 忌避와 憲法訴訟法의 獨自性,"「憲法論叢」第 7 輯, 1996.
丁泰鎬d,   "法令憲法訴願에 있어서의 現在性要件에 관한 考察,"「現代憲法學理論」佑齋
              李鳴九博士華甲紀念論文集, 서울 : 考試研究社, 1996.
丁泰鎬e,   "憲法訴願의 槪念과 史的 發展,"「安岩法學」, 1996.
丁泰鎬f,   "인권보장제도로서의 헌법소원의 개념과 실제,"「헌법학연구」, 제14권 제 2 호,
              2008. 6.
崔甲先a,   "獨逸과 韓國에서의 權限爭議審判節次,"「憲法論叢」第 7 輯, 1996.
崔甲先b,   "韓國 憲法裁判에서의 評決方式 考察,"「憲法論叢」第 8 輯, 1997.
崔大權a,   「事例中心 憲法學」, 서울 : 博英社, 1997/2001.
崔大權b,   "憲法裁判所 決定의 政治的 意味,"「서울대학교 法學」통권 제120호, 2001. 9.
崔完柱,   "原處分의 憲法訴願 對象性에 관한 考察,"「憲法裁判과 憲法(上)」, 서울 : 法院
              圖書館, 1997.
崔熙洙,   "違憲政黨解散制度에 관한 研究,"「政黨과 憲法秩序」心泉桂禧悅博士華甲紀念
              論文集, 서울 : 博英社, 1995.
韓秀雄a,   "憲法裁判의 限界 및 審査基準,"「憲法論叢」第 8 輯, 1997.
韓秀雄b,   "憲法不合致決定의 憲法的 根據와 效力,"「憲法論叢」第 6 輯, 1995.
韓秀雄c,   "立法不作爲에 대한 憲法訴願,"「現代憲法學理論」佑齋李鳴九博士華甲紀念論
              文集, 서울 : 考試研究社, 1996.
韓秀雄d,   "憲法裁判所法의 제68조 제 1 항의 違憲與否,"「憲法論叢」第10輯, 1999.
許營a,   「憲法理論과 憲法」, 서울 : 博英社, 1995/2001.
許營b,   「韓國憲法論」, 서울 : 博英社, 1990/2001.
許營c,   "西獨에 있어서의 憲法裁判,"「憲法裁判制度의 諸問題」憲法裁判資料 第 1 輯,
              서울 : 憲法裁判所, 1989.
許營d,   「憲法訴訟法論」, 서울 : 博英社, 2008.
許完重,   "헌법재판소결정의 선례적 구속력",「저스티스」通卷 第110號, 2009.
憲裁a,   憲法裁判所 判例編纂課,「憲法委員會 및 大法院 憲法判例集(上)」, 서울 : 憲法
              裁判所 判例編纂課, 1990.
憲裁b,   憲法裁判所 判例編纂課,「憲法委員會 및 大法院 憲法判例集(中)」, 서울 : 憲法
              裁判所 判例編纂課, 1990.

憲裁c, 「헌법재판실무제요」, 서울：憲法裁判所, 1998/2002.

洪光植, "命令·規則에 대한 違憲審查權,"「憲法問題와 裁判(中)」, 서울：法院圖書館, 1997.

洪井善a, 「行政法原論(上)」, 서울：博英社, 2001.

洪井善b, 「地方自治法學」, 서울：法英社, 2001.

洪井善c, "權限爭議審判의 槪念,"「憲法裁判의 理論과 實際」琴浪金哲洙敎授華甲紀念論文集, 서울：博英社, 1993.

黃道洙, 「헌법재판실무연구」, 서울：지구촌, 2003.

黃祐呂, "違憲決定의 效力,"「憲法裁判의 理論과 實際」琴浪金哲洙敎授華甲紀念論文集, 서울：博英社, 1993.

〔日本國文獻〕

高見勝利, "立法府の豫測に對する裁判的統制について,"「憲法訴訟と人權の理論」, 東京：有斐閣, 1985.

高倉新喜a, "一事不再理の效力と旣判力(覊束力)(1),"「北大法學論集」第51卷 第1號, 2000.

高倉新喜b, "一事不再理の效力と旣判力(覊束力)(2),"「北大法學論集」第51卷 第2號, 2000.

高倉新喜c, "一事不再理の效力と旣判力(覊束力)(3),"「北大法學論集」第51卷 第3號, 2000.

高倉新喜d, "一事不再理の效力と旣判力(覊束力)(4),"「北大法學論集」第51卷 第4號, 2000.

工藤達明(編), 「ドイツの憲法裁判」, 東京：中央大學出版部, 2002.

金原恭子, "大統領と彈劾,"「千葉大學法學論集」第14卷 第3號, 2000. 1.

內野正幸, "法律の違 伽 伽宏完憲審查における「擧證責任」,"「憲法訴訟と人權の理論」, 東京：有斐閣, 1985.

大林文敏, "アメリカにおける司法的政策形成論の一考察,"「憲法訴訟と人權の理論」, 東京：有斐閣, 1985.

渡部萬藏, 「現行法律語の史的考察」, 東京：萬里閣書房, 1920.

藤井俊夫a, 「憲法訴訟の基礎理論」, 東京：成文堂, 1996.

藤井俊夫b, 「憲法訴訟と違憲審查基準」, 東京：成文堂, 1985.

林屋禮二, 「憲法訴訟の手續理論」, 東京：信山社, 1999.

木村將成, "「立法義務」の存否,"「法學政治學論究」第47號, 2000. 12.

服部高宏, "法と政治の力學と憲法裁判," 井上達夫/嶋津格/松浦好治(編),「法の臨界Ⅰ」, 東京：東京大學出版會, 1999.

山中永之佑(編), 「日本近代法論」, 京都：法律文化社, 1996.

杉浦一孝, "ロシアにおける體制轉換と憲法裁判制度,"「法律時報」通卷 第850號, 1997. 3.

渋谷秀樹, 「憲法訴訟要件論」, 東京：信山社, 1995.

小森田秋夫, "ポーランドの憲法法廷,"「法律時報」通卷 第850號, 1997. 3.

松井茂記, 「司法審查と民主主義」, 東京：有斐閣, 1991.

時國康夫, 「憲法訴訟とその判斷の手法」, 東京：第一法規, 1996.

植野妙實子, "憲法裁判官の正當性," 杉原泰雄/淸水睦(編),「憲法の歷史と比較」, 東京：日本評論社, 1998.

野中俊彦,　　　「憲法訴訟の原理と技術」, 東京：有斐閣, 1995.

野村敬造,　　　「憲法訴訟と裁判の拒絶」, 東京：成文堂, 1987.

宍戸常壽,　　　「憲法裁判權の動態」, 東京：弘文堂, 2005.

宇都宮純一,　　「憲法裁判權の理論」, 東京：信山社, 1996.

猪股弘貴,　　　「憲法論の再構築」, 東京：信山社, 2000.

田上耕太治,　　「西ドイツの憲法裁判」, 東京：信山社, 1988.

前田光夫,　　　「プロイセン憲法爭議研究」, 東京：風間書房, 1980.

田中耕太郎,　　「法の支配と裁判」, 東京：有斐閣, 1997.

早瀨勝明,　　　"憲法理論はいかに裁判官を拘束するのか," 「阪大法學」第50卷, 2001. 1.

早川弘道,　　　"ハンガリーにおける憲法裁判制度の成立," 「法律時報」通卷 第850號, 1997. 3.

佐藤立夫,　　　「彈劾制度の研究」, 東京：前野書店, 1979.

佐藤幸治,　　　「憲法訴訟と司法權」, 東京：日本評論社, 1985.

佐佐木雅壽,　　「現代における違憲審查權の性格」, 東京：有斐閣, 1995.

酒井文夫,　　　「國家と法の比較研究」, 上尾：聖學院大學出版會, 1994.

竹森正孝,　　　"舊ソ連・東中歐諸國の體制轉換と憲法裁判制度," 「法律時報」通卷 第850號, 1997. 3.

中谷實(編),　　「憲法訴訟の基本問題」, 東京：法曹同人, 1989.

土居靖美,　　　「アメリカ憲法と司法審查基準の研究」, 京都：嵯峨野書院, 1985.

樋口陽一/栗城壽夫,　「憲法と裁判」, 東京：法律文化社, 1985.

浦部法穗,　　　「違憲審查の基準」, 東京：勁草書房, 1985.

憲法理論研究會(編),　「違憲審查制の研究」, 東京：敬文堂, 1993.

芦部信喜a,　　　「憲法訴訟の理論」, 東京：有斐閣, 1973.

芦部信喜b,　　　「憲法訴訟の現代的展開」, 東京：有斐閣, 1981.

芦部信喜(編),　　「憲法訴訟」 第1卷, 東京：有斐閣, 1987.

　　　　　　　　「憲法訴訟」 第2卷, 東京：有斐閣, 1987.

　　　　　　　　「憲法訴訟」 第3卷, 東京：有斐閣, 1987.

戶松秀典a,　　　「憲法訴訟」, 東京：有斐閣, 2000.

戶松秀典b,　　　「平等原則と司法審查」, 東京：有斐閣, 1990.

和田英夫,　　　「大陸型違憲審查」, 東京：有斐閣, 1979.

〔外國文獻〕

Agresto, John. *The Supreme Court and Constitutional Democracy*, Ithaca：Cornell University Press, 1984.

Alshut, Jörg. *Der Staat in der Rechtsprechung des Bundesverfassungsgerichts,* Berlin：Duncker & Humblot, 1999.

Antieau, Chester J. *The Higher Law : Origins of Modern Constitutional Law*, Buffalo：William S. Hein & Co., Inc., 1994.

Auer, Andreas. *Die schweizerische Verfassungsgerichtsbarkeit*, Basel/Frankfurt a. M.：Helbing & Lichtenhahn, 1984.

Ax, Dorothee. *Prozeßstandschaft im Verfassungsbeschwerde-Verfahren*, Baden-Baden：Nomos, 1994.

Benda Ernst/Klein, Eckart. *Lehrbuch des Verfassungsprozeßrechts*, Heidelberg：C. F. Müller, 1991.

Benedict, Michal Les. *The Impeachment and Trial of Andrew Johnson*, New York/London：W. W. Norton & Company, 1973/1999.

Berger, Raoul. *Impeachment：The Constitutional Problems*, Cambridge, MA：Harvard University Press, 1973.

Bickel, Alexander. *The Supreme Court and the Idea of Progress*, New York：Harper & Row, 1970.

　　The Least Dangerous Branch：The Supreme Court at the Bar of American Politics, 2nd ed., New Haven, Conn.：Yale University Press, 1986.

Black, Charles L. *Impeachment*, New Haven/London：Yale University Press, 1974.

Blüggel, Jens, *Unvereinbarerklärung statt Normkassation durch das Bundesverfassungsgerichts*, Berlin：Duncker & Humblot, 1998.

Böckenförde, Ernst-Wolfgang. "Verfassungsgerichtsbarkeit," E.-W. Böckenförde, *Staat, Nation, Europa*, Frankfurt a. M.：Suhrkamp, 1999.

Bumke, Christian. "Der gesellschaftlicher Grundkonsens im Spiel der Rechtsprechung des Bundesverfassungsgerichts," Schuppert, G. F./Bumke, Ch. *Bundesverfassungsgericht und gesellschaftlicher Grundkonsens*, Baden-Baden：Nomos, 1994.

Canaris, Claus-Wilhelm. *Die Feststellung von Lücken im Gesetz*, 2. Aufl., Berlin：Duncker & Humblot, 1983.

Cappelletti Mauro. *Judicial Review in the Contemporary World*, Indianapolis/Kansa City/New York：The Bobbs-Merrill Company, 1971.

　　The Judicial Process in Comparative Perspective, Oxford：Oxford University Press, 1989/1991.

Chemerinsky, Erwin. *Constitutional Law*, New York：Aspen Law & Business, 1997.

Choper, Jesse H. *Judicial Review and the National Political Process*, Chicago：University of Chicago Press, 1980.

Chryssogonos, Kostas. *Verfassungsgerichtsbarkeit und Gesetzgebung*, Berlin：Duncker & Humblot, 1987.

Dean, Howard E. *Judicial Review and Democracy*, New York：Random House, 1966.

Detterbeck Steffen. *Streitgegenstand und Entscheidungswirkungen im Öffentlichen Recht*, Tübingen：J. C. B. Mohr, 1995.

Dörr, Dieter. *Die Verfassungsbeschwerde in der Prozeßpraxis*, 2. Aufl., Köln：Dr. Otto Schmidt, 1997.

Dreier, Horst(hrsg.). *Grundgesetz Kommentar*, Bd. Ⅱ, Tübingen：Mohr Siebeck, 1998.

Dworkin, Ronald. *Taking Rights Seriously*, Cambridge, MA：Harvard University Press, 1977.

Ebsen, Inrwer. "Der Beitrag des Bundesverfassungsgericht zum politischen Grundkonsens," Schuppert, G. F./Bumke, Ch. *Bundesverfassungsgericht und gesellschaftlicher Grundkonsens*, Baden-Baden：Nomos, 1994.

Ely, Hart John. *Democracy and Distrust*, Cambridge, MA/London：Harvard University Press, 1980.

Fleury, Roland. *Verfassungsprozeßrecht*, Neuwied/Kriftel：Luchterhand, 2000.

Gerhardt, Michael J. "The Lessons of Impeachment History," *The George Washington Law Review*, Vol. 67, No. 3, March 1999.

Ginsburg, Tom. *Judicial Review in New Democracies : Constitutional Courts in Asian Cases*, Cambridge : Cambridge University Press, 2003.

Gusy, Christoph. *Die Verfassungsbeschwerde,* Heidelberg : C. F. Müller, 1988.

Parlamentarischer Gesetzgeber und Bundesverfassungsgerichts, Berlin : Duncker & Humblot, 1985.

Häberle, Peter. *Verfassungsgerichtsbarkeit zwischen Politik und Rechtswissenschaft*, Königstein/Ts : Athenäum, 1980.

Haltern, R. Ulrich. *Verfassungsgerichtsbarkeit, Demokratie und Mißtrauen,* Berlin : Duncker & Humblot, 1998.

Hein, Peter E. *Die Unvereinbarerklärung verfassungswidriger Gesetze durch das Bundesverfassungsgericht*, Baden–Baden : Nomos, 1988.

Hesse, Konrad. *Grundzüge des Verfassungsrechts der Bundesrepublik Deutschland*, 20. Aufl., Heidelberg : C. F. Müller, 1999.

Heun, Werner. *Funktionell–rechtliche Schranken der Verfassungsgerichtsbarkeit*, Baden-Baden : Nomos, 1992.

Hillgruber, Christian/Goos, Christoph, *Verfassungsprozessrecht*, Heidelberg : C. F. Müller, 2004.

Holland, Kenneth M.(ed.). *Judicial Activism in Comparative Perspective*, New York, St. Martin's Press, 1991.

Hufen, Friedhelm. "Die Bewahrung gesellschaftlicher Werte durch das Bundesverfassungsgericht," Schuppert, G. F./Bumke, Ch. *Bundesverfassungsgericht und gesellschaftlicher Grundkonsens*, Baden–Baden : Nomos, 1994.

Ilipoulos–Strangas, Julia. *Rückwirkung und Sofortwirkung von Gesetzen*, Baden–Baden : Nomos, 1986.

Jackson, Donald W./Tate, C. Neal(eds.). *Comparative Judicial Review and Public Policy*, London/Westport : Greenwood Press, 1992.

Kahn, Paul W. *The Reign of Law : Marbury v. Madison and the Constitution of America*, New Haven : Yale University Press, 1997.

Kälin, Walter. *Das Verfahren der staatsrechtlichen Beschwerde*, Bern : Stämpfli & Cie AG, 1984.

Labovitz, John R. *Presidential Impeachment*, New Haven/London : Yale University Press, 1979.

Landfried, Christine(ed.). *Constitutional Review and Legislation*, Baden–Baden : Nomos, 1988.

Löwer, Wolfgang. "Zuständigkeiten und Verfahren des Bundesverfassungsgerichts," Isensee, J./Kirchhof, P.(Hrsg.), *Handbuch des Statsrechts der Bundesrepublik Deutschland*, Bd. Ⅱ, Heidelberg : C. F. Muller, 1987.

Ludwikowski, Rett R. *Constitution Making in the Countries of Former Soviet Dominance,* Durham, NC. : Duke University Press, 1996.

Luther, Jörg. *Die italienische Verfassungsgerichtsbarkeit*, Baden–Baden : Nomos, 1990.

Marcic, René. *Verfassungsgerichtsbarkeit und Reine Rechtslehre*, Wien : Franz Deuticke, 1966.

v. Mangoldt, v. Mangoldt, Hermann/Klein, Friedrich/Starck, Christian. *Das Bonner Grundgesetz Kommentar*, Bd. 2, 4. Aufl., Munchen : Franz Vahlen, 2000.

McGinnis, John D. "Impeachment : The Structural Understanding," *The George Washington Law Review*, Vol. 67, No. 3, March 1999.

Mireku, Obeng, *Constitutional Review in Federalised Systems of Government*, Baden–Baden : Nomos, 1999.

Monaghan, Henry P. "Constitutional Adjudication," *The Yale Law Journal*, Vol. 82, No. 7, June 1973.

Murphy, Walter F./Fleming, James E./Harris Ⅱ, William F. *American Constitutional Interpretation*, Mineola, NY : The Foundation Press, 1986.

Nelson, William E. *Marbury v. Madison : The Origins and Legacy of Judicial Review*, Lawrence : University Press of Kansas, 2000.

Perry, Michael J. *The Constitution, the Courts, and Human Rights*, New Haven : Yale University Press, 1982. *Morality, Politics, and Law*, New York : Oxford University Press, 1988.

Pestalozza, Christian. *Verfassunsprozeßrecht*, 3. Aufl., München : C. H. Beck, 1991.

Pieper, Ulrich Stefan. *Verfassungsrichterwahlen*, Berlin : Duncker & Humblot, 1998.

Posner, Richard A. *The Federal Courts, Cambridge*, Mass./London : Harvard University Press, 1996.

Posser, Herbert. *Die Subsidiarität der Verfassungsbeschwerde*, Berlin : Duncker & Humblot, 1993.

Rau, Christian, *Selbst entwickelte Grenzen in der Rechtsprechung des United States Supreme Court und des Bundesverfassungsgericht,* Berlin : Duncker & Humblot, 1996.

van Roermund, Bert(ed.). *Constitutional Review*, Boston : Kluwer Law and Taxation Publishers Deventer, 1993.

Rossen–Stadtfeld, H. "Verfassungsgericht und gesellschaftliche Integration," Schuppert, G. F./Bumke, Ch. *Bundesverfassungsgericht und gesellschaftlicher Grundkonsens*, Baden–Baden : Nomos, 1994.

Roosevelt Ⅲ, Kermit. *The Myth of Judicial Activism,* New Haven/London : Yale University Press, 2006.

Rueda Leal, Paul E. *Die verfassungsgerichtliche Unvereinbarerklärung verfassungswidriger Gesetze*, Frankfurt a. M. : Peter Lang GmbH, 1999.

Sartori, Giovanni. *Comparative Constitutional Engineering*, 2nd ed., New York : New York University Press, 1994.

Schlaich, Klaus. *Das Bundesverfassungsgericht*, 4. Aufl., München : C. H. Beck, 1997.

Schulze–Fielitz, Helmut. "Das Bundesverfassungsgericht und die öffentliche Meinung," Schuppert, G. F./Bumke, Ch. *Bundesverfassungsgericht und gesellschaftlicher Grundkonsens*, Baden–Baden : Nomos, 1994.

Seyfarth, Georg. *Die Anderung der Rechtsprechung durch das Bundesverfassungsgericht*, Berlin : Duncker & Humblot, 1998.

Smith, Eivind(ed.). *Constitutional Justice under Old Constitutions*, Hague/London/Boston : Kluwer Law International, 1995.

Starck, Christian. *Praxis der Verfassungauslegung*, Baden–Baden : Nomos, 1994.

Starck, Christian/Weber Albrecht(Hrsg.). *Verfassungsgerichtsbarkeit in Westeuropa,* Baden–Baden : Nomos, 1986.

Stoevesandt, Martin. *Aktivismus und Zurückhaltung im United States Supreme Court*, Berlin : Duncker & Humblot, 1999.

Stone Sweet, Alec. *The Birth of Judicial Politics in France*, New York : Oxford University Press, 1992.

Sunstein, Cass R. "Impeachment and Stability," *The George Washington Law Review*, Vol. 67, No. 3, March 1999.

Tate, Neal/Vallinder, Thorsten(eds.). *The Global Expansion of Judicial Power*, New York : New York University Press, 1995.

Tribe, Laurence H. *American Constitutional Law*, New York : Foundation Press, 2000.

Triepel, Heinrich. "Wesen und Entwicklung der Staatsgerichtsbarkeit," P. Häberle(hrsg.), *Verfassungsgerichtsbarkeit*, Darmstadt : Wissenschaftliche Buchgesellschaft, 1976.

Trute, Hans-Heinrich. *Die Forschung zwischen grundrechtlicher Freiheit und staatlicher Institutionalisierung*, Tübingen : J. C. B. Mohr, 1994.

Tushnet, Mark V. *Red, White, and Blue : A Critical Analysis of Constitutional Law*, Cambridge, Mass. : Harvard University Press, 1988.

   Taking the Constitution Away from the Court, Princeton : Princeton University Press, 1999.

Umbach, Dieter/Clemens, Thomas(Hrsg.). *Bundesverfassungsgerichtsgesetz,* Heidelberg : C. F. Müller, 1992.

Walter, Robert. *Össterreichisches Bundesverfassungsrecht*, Wien : Manzsche Verlag-und Universitätsbuchhandlung, 1972.

Walter, Robert/Mayer Heinz. *Grundriß des österreichischen Bundesverfassungsrechts*, Wien : Manzsche Verlag-und Universitätsbuchhandlung, 1992.

Warmke, Reinhard. *Die Subsidiarität der Verfassungsbeschwerde*, Berlin : Duncker & Humblot, 1993.

Wassermann, Rudolf. "Zur Richterablehnung in verfassungsgerichtlichen Verfahren," H. J. Vogel/H. Simon/A. Podlech(Hrsg.). *Die Freiheit der Anderen*, Festschrift für Martin Hirsch, Baden-Baden : Nomos, 1981.

Wellington, Harry H. "History and Morals in Constitutional Adjudication," *Harvard Law Review*, Vol. 97, November 1983.

Whittington, Keith E. *Constitutional Construction*, Cambridge, Mass./London : Harvard University Press, 1999.

Wischermann, Nobert. *Rechtskraft und Bindungswirkung verfassungsgerichtlicher Entscheidungen*, Berlin : Duncker & Humblot, 1979.

Wolfe, Christopher. *The Rise of Modern Judicial Review*, Lanham : Rowman & Littlefield Publishers, Inc., 1994.

Wolff, Hans J./Bachof Otto/Stober Rolf. *Verwaltungsrecht*, Bd. 2, 6. Aufl., München : C. H. Beck, 2000.

Wolff, Heinrich A. *Ungeschriebenes Verfassungsrecht unter dem Grundgesetz*, Tübingen : J. C. B. Mohr, 2000.

Zuck, Rüdiger. *Das Recht der Verfassungsbeschwerde,* 2. Aufl., München : C. H. Beck, 1988.

判 例 索 引

事項索引

著者略歷
서울大學校 法科大學 卒業
第24回 司法試驗 合格, 法學博士
憲法裁判所 憲法研究官, 建國大學校 教授
서울大學校 法科大學/法學大學院 教授
서울大學校 法科大學長/法學專門大學院長
韓國憲法學會 會長
安全行政部/行政自治部 長官
現在 國會議員

主要著作
「憲法學原論」
「憲法과 政治制度」
「憲法과 基本權」
「憲法訴訟法」
「憲法裁判講義」
「判例韓國憲法」
「判例憲法訴訟法」
「憲法研究 1」
「憲法研究 2」
「憲法研究 3」
「憲法研究 4」
「憲法研究 5」
「憲法裁判研究 1」
「憲法判例研究 1」
「韓國의 司法制度와 發展모델」
「韓國憲法史文類」
「基本權의 槪念」
「객관식 헌법」
「선비의 붓 명인의 칼」
「대한민국 헌법을 읽자」
「정종섭교수와 함께 보는 대한민국 헌법」
「대한민국 헌법」
「대한민국 헌법 이야기」

第 9 版
憲法訴訟法

초판발행	2002년 3월 15일
제 9 판인쇄	2019년 3월 25일
제 9 판발행	2019년 3월 30일
지은이	정종섭
펴낸이	안종만 · 안상준
편 집	정은희
기획/마케팅	조성호
표지디자인	조아라
제 작	우인도 · 고철민
펴낸곳	(주) 박영사
	서울특별시 종로구 새문안로3길 36, 1601
	등록 1959. 3. 11. 제300-1959-1호(倫)
전 화	02)733-6771
f a x	02)736-4818
e-mail	pys@pybook.co.kr
homepage	www.pybook.co.kr
ISBN	979-11-303-3385-4 93360

copyright©정종섭, 2019, Printed in Korea

정 가   58,000원